日本思想大系11

親鸞

星野元豊
石田充之
家永三郎

岩波書店刊行

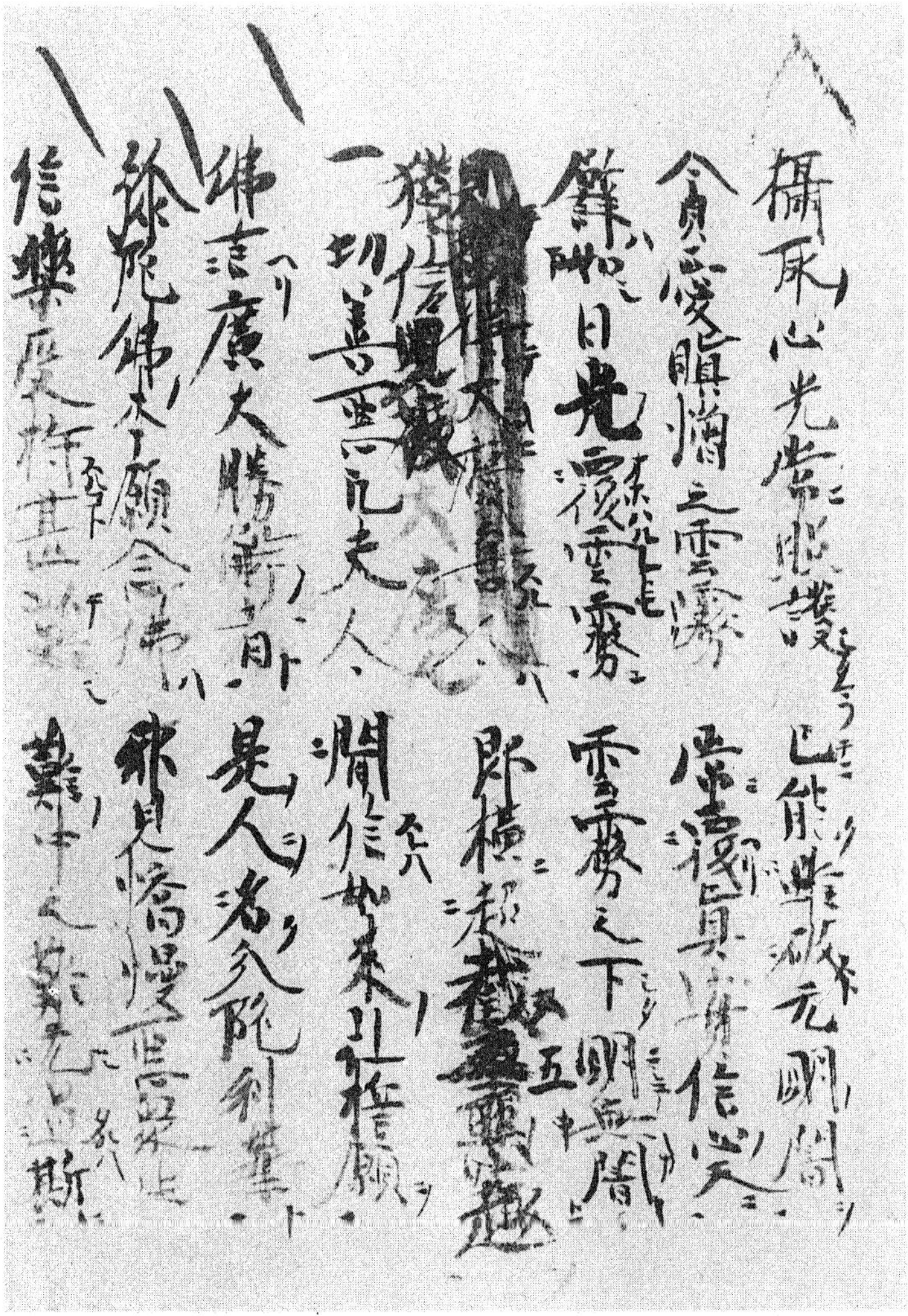
攝取心光常照護　已能雖破無明闇
貪愛瞋憎之雲霧　常覆眞實信心天
譬如日光覆雲霧　雲霧之下明無闇
獲信見敬大慶喜　即横超截五惡趣
一切善惡凡夫人　聞信如來弘誓願
佛言廣大勝解者　是人名分陀利華
彌陀佛本願念佛　邪見憍慢惡衆生
信樂受持甚以難　難中之難無過斯

坂東本　行巻（正信偈の部分）　　東本願寺蔵

目次

凡例

一　本書は親鸞自筆の坂東本(東本願寺蔵)をもって底本とし、訓み下し文を掲げたあとに原文を併載した。

一　本文

1　訓み下し文

①　原文の訓読にあたっては、底本に付されている訓みの再現につとめた。

②　読解に資するために、適宜、句読点をほどこし、改行を行なった。底本の割書きは小字にして〈　〉で括り、一行組みとした。また、底本の欄外頭注は小字にして〔　〕で括り、本文に挿入した。

③　読み易くするために、できるだけ通行の字体に改めた。例えば、

无↓無　鄣↓障　㝵↓碍　咒↓呪　癡↓痴　揔↓総　徧↓遍

副詞・接続詞などの中には、仮名で表記したものも少なくない。例えば、

甚だ↓はなはだ　若↓もし　設↓たとひ　各↓おのおの　豈↓あに　雖↓いへども　又復↓また

亦復↓またまた　或は↓あるいは

④　本文中、欠文の部分を西本願寺本により補入を試みたが、補入部分を〔　〕で示すことにより、坂東本の訓みの復

元を妨げないよう配慮した。

⑤　校注者の付した振り仮名のうち、字音については、主として呉音系の字音を用いた。その表記について、

(イ)　「ん」と「む」は「ん」で表わした。

(ロ)　半濁音は用いず、清音とした。

(ハ)　慣習の読みについては、それに従ったものもある。

ただし、「化身土巻」の中の「弁正論」については、底本振り仮名が漢音を主にしているので、その点を考慮に入れた。

2　原　文

適宜、読点をほどこし、改行を行なった。底本に付された返り点や振り仮名および送り仮名は、そのままの形で再現をはかった。詳細は原文凡例を参照されたい。

一　頭注・補注

1　頭注は主として経文の出典、仏教用語の注解につとめた。

2　出典を示すにあたって用いた略称は次の通りである。

大正蔵（大正新修大蔵経）　伝教全（伝教大師全集）　浄全（浄土宗全書）

3　補注は石田が執筆し、主として、各巻相互の関係、各節の大意、および引用文の引意を述べ、現行の引用原典との

相違点、親鸞独自の読み方、などについて注意した。若干の項目は家永が執筆し、その旨を明記した。

一 本書の底本の使用は東本願寺の好意による。

一 本文・頭注については藤下洸養氏に、梵語については大友利行氏の協力を得た。

一 訓み下し文については大野晋・林史典氏の御教示・御協力を仰いだ。あわせて感謝の意を表する。

教行信証

総序

この序文は、教行信証全体の序として総序ともいわれるが、㈠まず、往生浄土の真実の本願他力の法が悪逆・苦悩の多い人生を改転し救うべく常に活動されている故、㈡この勝れた実践し易い法に、未信《みしん》の人は速くめざめ、すでに信をえている人は遇《あ》いがたい法をめぐまれたことをよろこびなさいと勧め、㈢愚かな私（親鸞）はインド・中国・日本にわたる長い伝統の法縁を得せしめられたことを喜ぶ余りこの書物をしたためる、という意向を示すのである。

*顕浄土真実教行証文類序《けんじやうどしんじちけうぎやうしようもんるいじよ》

〔*竊《ひそ》かにおもんみれば、*難思《なんじ》の弘誓《ぐぜい》は*難度《なんど》海《かい》を度《ど》する大船《だいせん》、*無碍《むげ》の光明《くわうみやう》は*無明《むみやう》の闇《あん》を破《は》する恵《ゑ》日《にち》なり。しかれば則ち、*浄邦縁熟《じやうはうえんじゆく》して*調達《でうだち》・*闍世《じやせ》をして、逆害《ぎやくがい》を興《こう》ぜしむ。浄業機《じやうごふき》彰《あら》はれて、釈迦《しやか》、*韋《ゐ》提《だい》をして*安養《あんやう》を選《えら》ばしめたまへり。これ乃《すなは》ち*権化《ごんくゑ》の仁《にん》、済《ひと》しく苦悩《くなう》の*群萠《ぐんまう》を救済《くさい》し、*世《せ》雄《おう》の悲《ひ》、正《まさ》しく*逆謗《ぎやくはう》*闡提《せんだい》を恵《めぐ》まむと欲《おぼ》す。かるがゆへに知《し》んぬ、*円《ゑん》融至《ゆうし》徳《とく》の嘉《か》号《がう》は、悪《あく》を転《てん》じて徳《とく》を成《な》す正智《しやうち》、*難信金剛《なんしんこんがう》の信楽《しんげう》は、疑《うたが》ひを除《のぞ》き徳を獲《え》しむる真理《しんり》なりと。

*しかれば*凡小修《ぼんせうしゆ》し易《やす》き真教《しんけう》、愚鈍《ぐどんゆ》往き易《やす》き*捷径《せちけい》なり。*大聖《だいしやう》の一代の教《けう》、この徳海《とくかい》にしくなし。*穢《ゑ》を捨て*浄《じやう》を忻《ねが》ひ、行《ぎやう》に迷《まど》ひ信《しん》に惑《まど》ひ、心昏《こころくら》く識《さと》り寡《すくな》く、悪重《あくおも》く障《さは》り多《おほ》きもの、ことに*如来《によらい》の*発遣《はちけん》を仰《あふ》ぎ、必ず最勝《さいしよう》の直道《ちきだう》に帰《くゐ》して、専《もは》らこの行《ぎやう》に奉《つか》へ、ただこの信《しん》を崇《あが》めよ。ああ弘誓《ぐぜい》の強縁《がうえん》、多生《たしやう》にも値《まうあ》ひがたく、真実《しんじち》の浄信《じやうしん》、億劫《おくこふ》にも獲《え》がたし。たまたま行《ぎやう》信《しん》を獲《え》ば、遠《とを》く*宿縁《しくえん》を慶《よろこ》べ。もしまたこのたび疑網《ぎまう》に覆蔽《ふへい》せられば、更《か》へてまた曠劫《くわうごふ》を逕歴《きやうりやく》せむ。誠《まこと》なるかな、*摂取不捨《せふしゆふしや》の真言《しんごん》、*超世《てうせ》希有《けう》の正法《しやうぼふ》、聞思《もんし》して遅慮《ちりよ》することなかれ。

*ここに愚《ぐ》禿釈《とくしやく》の*親鸞《しんらん》、慶《よろこ》ばしいかな、*西蕃《せいばん》・*月支《ぐゑつし》の聖典《しやうでん》、*東夏《とうか》・*日域《じちゐき》の師釈《ししやく》に遇《あ》ひ難《がた》くして、今遇《いまあ》ふことを得たり。聞《き》き難《がた》くして已《すで》に聞《き》くことを得《え》たり。真宗《しんしゆう》の教行証《けうぎやうしよう》を敬信《きやうしん》

顕浄土真実教行証文類序　往生浄土の真実の教法と行業と証悟とを顕わす、経論釈の要文の類集の序文。

◇竊かに…　本願他力法の活動と意義を明かす。→補

難思の弘誓　阿弥陀如来のはかりがたい広弘の誓願即ち本願のこと。

難度海　渡り難い迷いの海。

無碍の光明　さまたげのない阿弥陀如来の光明。

無明　真理に暗くて真実を知らない人間の迷い。全ての煩悩の根本。

浄邦縁熟　浄土の教えをあらわすところの因縁が熟したという意味。

調達　梵名の音写。提婆達多のこと。釈尊の叔父斛飯王の子、即ち釈尊の従兄弟。出家して仏弟子となり、阿闍世王をそそのかして釈尊を亡ぼそうとしたが失敗し、逆罪のため生きながら地獄に堕ちたという悪人。

闍世　梵名の音写。阿闍世王のこと。中インド摩掲陀国の頻婆娑羅王の子。

韋提　梵名の音写。韋提希夫人。頻婆娑羅王の夫人。阿闍世王の母。

安養　阿弥陀如来の浄土。

権化の仁　衆生を救うために、仮りに人間の姿を現わされた聖者がた。

群萠　一切衆生をいう。

世雄　阿弥陀如来のこと。

逆謗　五逆と謗法。→二四頁注

闡提　梵語の音写。一闡提・断善根の意。即ち解脱のための因が絶えはてて成仏の望みのない衆生のこと。

して、ことに*如来《にょらい》の恩徳《おんどく》の深《ふか》きことを知《し》んぬ。ここを以て聞《き》くところを慶《よろこ》び、獲《う》るところを嘆《たん》ずるなりと。

無善の凡夫をさす。
円融至徳の嘉号　すべてのものを融合さす最上の功徳をもつ弥陀の名号。
難信金剛の信楽　自力のはからいでは信じ難い堅固な信心の意味。即ち如来回向の信心をさす。
◇しかれば…　他力法の勝れたことを述べ帰依を勧む。↓補
凡小　われわれ凡夫のこと。
捷径　ちか道。
大聖　釈尊をいう。
穢　穢土。娑婆世界。この世。
浄　浄土。
如来　仏のこと。真如に従って来たり、真如から現われ出たものという意味。ここでは釈尊をさす。
発遣　釈尊がこの世から浄土に往生せよとすすめる教え。
宿縁　過去世からの因縁。
摂取不捨の真言　如来の光明の中に、念仏の衆生をおさめ取って捨てないという真実の教え。
超世希有の正法　世に超えてたぐいまれな正しい法。南無阿弥陀仏の名号法をいう。
◇ここに…　本書製作の理由を述べる。↓補
親鸞　↓補
西蕃　インド。
月支　現在のパキスタン、アフガニスタン、西域にわたる国名。
東夏・日域　中国・日本。
如来　いま主に阿弥陀仏を指す。

教巻

教巻では、㈠最初に浄土真宗の真実の教が基本的に如何なるものであるかを明らかにし、㈡次に真実教が正しく大経の本願名号法であることを述べ、㈢しかして大経の諸文を引いてそれを証明して開説の意義を明らかにし、㈣最後に結び讃述するのである。

*大無量寿経《だいむりやうじゆきやう》　真実《しんじち》の教《けう》
*浄土真宗《じやうどしんしゆう》

真実《しんじち》の教《けう》を顕《あら》はす　一
真実《しんじち》の行《ぎやう》を顕《あら》はす　二
真実《しんじち》の信《しん》を顕《あら》はす　三
真実《しんじち》の証《しよう》を顕《あら》はす　四
真仏土《しんぶつど》を顕《あら》はす　五
化身土《くゑしんど》を顕《あら》はす　六

大無量寿経　二巻(大正蔵一二)。曹魏の康僧鎧訳。浄土三部経の一。無量寿経・大経・双巻経ともいう。法蔵菩薩が一切衆生を救おうとして第十八願を根本とする四十八願を立て、これを成就して阿弥陀仏となりたもうたこと、またこの願力に乗じて往生する衆生の因果、および釈尊の勧誡が述べられている。↓補

浄土真宗　往生浄土の真実の宗教の意味。略して真宗ともいう。第十八願即ち選択本願力の活動する教えという意で、法然より伝える浄土宗の意味もある。

◇謹んで…　総じて浄土真宗の大綱を示す。↓補

廻向　回向とも書く。廻はめぐらす、向はさしむける意。本来は自分の積んだ善根を他の衆生または自分の菩提のためにふりむけることであるが、真宗では阿弥陀仏からの廻向を説き、これを他力廻向・本願力廻向という。

往相　浄土に往生するすがた。

還相　浄土に往生した後、この世界へ還って来て、他の衆生を教化して仏道に向かわせるすがた。

◇それ…　正しく真実教の本義を述べる。↓補

功徳の宝　一切の功徳の宝をもった南無阿弥陀仏の名号のこと。

道教　仏道の教法。

光闡　明らかにして、広く述べる。

真実の利　真実の利益。即ち阿弥陀

顕浄土真実教文類《けんじやうどしんじつけうもんるい》 一

愚禿釈親鸞集《ぐとくしやくしんらんしふ》

*謹《つつし》んで浄土真宗《じやうどしんしゆう》を按《あん》ずるに、二種の*廻向《ゑかう》あり。一つには*往相《わうさう》、二つには*還相《ぐゑんさう》なり。往相《わうさう》の廻向《ゑかう》について真実《しんじち》の教行信証《けうぎやうしんしよう》あり。

*それ真実《しんじち》の教《けう》を顕《あら》はさば、則ち大無量寿経《だいむりやうじゆきやう》これなり。この経《きやう》の大意《たいい》は、弥陀《みだ》誓《ちかひ》を超発《てうほち》して、広く法蔵《ほふざう》を開きて、凡小《ぼんせう》を哀《あはれ》みて選《えら》びて*功徳《くどく》の宝《ほう》を施《せ》することを致《いた》す。釈迦《しやか》世《よ》に出興《しゆつこう》して、*道教《だうけう》を*光闡《くわうせん》して、群萠《ぐんまう》を拯《すく》ひ恵《めぐ》むに*真実《しんじち》の利《り》を以てせむと欲《おぼ》すなり。ここを以て、如来《によらい》の*本願《ほんぐわん》を説《と》きて経《きやう》の*宗致《しゆうち》とす、即ち仏《ぶつ》の名号《みやうがう》を以て経《きやう》の*体《たい》とするなり。

*何を以てか*出世《しゆつせ》の大事《だいじ》なりと知《し》ることを得《う》るとならば、大無量寿経《だいむりやうじゆきやう》に言《のたま》はく、「『今日《こんにち》*世尊《せそん》、*諸根悦予《しよこんえちよ》し、*姿《し》色清浄《しきしやうじやう》にして、*光顔巍巍《くわうげんぐゐぐゐ》とましますこと、明《あきら》かなる鏡《かがみ》、浄《きよ》き影《かげ》表裏《へうり》に暢《とを》るがごとし。威容顕曜《ゐようけんえう》にして、超絶《てうぜち》したまへること無量《むりやう》なり。いまだかつて瞻覩《せむと》せず、殊妙《しゆめう》なること今《けふ》のごとくましますをば。唯然《やゝしか》なり、大《だい》聖《しやう》、わが心《こころ》に念言《ねんごん》すらく、今日《けふ》世尊《せそん》、*奇特《きどく》の法《ほふ》に住《ぢう》したまへり。今日《けふ》*世眼《せげん》、導師《だうし》の行《ぎやう》に住《ぢう》したまへり。今日《けふ》*世英《せやう》、最勝《さいしよう》の道《だう》に住《ぢう》したまへり。今日《けふ》*世雄《せおう》、仏《ぶつ》の所住《しよぢう》に住《ぢう》したまへり。今日《けふ》*天尊《てんそん》、如来《によらい》の徳《とく》を行《ぎやう》じたまへり。去《こ》・来《らい》・現《げん》の仏《ぶつ》、仏《ぶつ》と仏《ぶつ》とあひ念《ねん》じたまへり。今《いま》の

如来の本願名号をいう。

本願　因位の本願との意味で、仏が因位の時に起こされた四十八願を指すが、今は特に、阿弥陀仏の四十八願の中の根本の願という意味で、第十八願をさす。

宗致　最もかなめの主旨。主要。

体　本質。

◇何を以てか…　大経および異訳などを引き証明する。↓補

出世の大事　釈尊のこの世に出られた最も重大な事がらとの意味。出世の本懐ともいう。

世尊　仏のこと。仏十号の一。いまは釈尊をさす。

諸根悦予　全身に喜びがあふれていること。諸根とは眼・耳・鼻・舌・身・意の六根をいう。

姿色清浄　姿が清らかなこと。

光顔巍巍　顔に気高くおごそかなかがやきが現われていること。

奇特の法　仏身の表に現われた勝れた相(以下の五相を五徳瑞現という)。

世雄　仏は煩悩を断じ魔を征服する世の雄者であるから、かくいう。

世眼　仏は迷いの世界を照らす眼であるから。

世英　仏は世に超えすぐれた智慧があるから。

天尊　仏は五天の中の第一義天であり最尊であるから。

仏《ぶつ》も諸仏《しよぶつ》を念《ねん》じたまふことを得《え》むや。なんが故《ゆゑ》ぞ威神《ゐじん》の光《ひかり》、光《ひかり》いましましかる」と。ここに世尊《せそん》、*阿難《あなん》に告げて曰《のたま》はく、「諸天《しよてん》の汝《なんぢ》を教《をし》へて来《きた》して仏《ぶつ》に問《と》はしむるや、自《みづか》ら慧見《ゑけん》を以て威顔《ゐげん》を問《と》へるや」と。阿難《あなん》、仏《ぶつ》に白《まう》さく、「諸天《しよてん》の来《きた》りて我《われ》を教《をし》ふる者《もの》あることなけむ。自《みづか》ら所見《しよけん》を以てこの義《ぎ》を問《と》ひたてまつるならくのみ」と。

仏《ぶつ》の言《のたま》はく、「善《よ》いかな、阿難《あなん》、問《と》へるところ甚《はなは》だ快《こころよ》し。深《ふか》き智慧《ちゑ》、*真妙《しんめう》の弁才《べんざい》を発《おこ》して、衆生《しゆじやう》を愍念《みんねん》せむとして、この慧義《ゑぎ》を問《と》へり。如来《によらい》、*無蓋《むかい》の大悲《だいひ》を以て*三界を矜哀《こうあい》したまふ。世《よ》に出興《しゆつこう》するゆへは、道教《だうけう》を光闡《くわうせん》して、群萠《ぐんまう》を拯《すく》ひ恵《めぐ》むに真実《しんじち》の利《り》を以てせむと欲《おぼ》してなり。無量億劫《むりやうおくこふ》に値《まうあ》ひ難《がた》く見《み》たてまつり難《がた》きこと、なほ※霊瑞華《りやうずいくゑ》の時《とき》ありて時《とき》にいまし出《い》づるがごとし。今問《いまと》へるところは*饒益《ねうやく》するところ多《おほ》し、一切の諸天人民《しよてんにんみん》を開化《かいくゑ》す。阿難《あなん》まさに知《し》るべし、如来《によらい》の正覚《しやうがく》は、その智量《ちはか》り難《がた》くして、導御《だうご》したまふところ多《おほ》し。慧見無碍《ゑけんむげ》にしてよく※遏絶《あちぜち》することなし」と。已上

*無量寿如来会《むりやうじゆによらいゑ》に言《のたま》はく、「阿難《あなん》、仏《ぶつ》に白《まう》して言《まう》さく、「世尊《せそん》、われ如来《によらい》の*光瑞希有《くわうずいけう》なるを見《み》たてまつるが故にこの念《ねん》を発《おこ》せり。天等《てんとう》に因《よ》るにあらず」と。仏《ぶつ》、阿難《あなん》に告《つ》げたまはく、「善哉善哉《よいかなよいかな》、なんじ今快《いまよ》く問《と》へり。よく微妙《みめう》の弁才《べんざい》を観察《くわんざち》して、よく如来《によらい》に如是《によぜ》の義《ぎ》を問《と》ひたてまつれり。なんじ一切如来《によらい》、*応《おう》、*正等覚《しやうとうがく》および大悲《だいひ》に安住《あんぢう》して*群生《ぐんじやう》を利益《りやく》せむがために、優曇華《うどんぐゑ》の希有《けう》なるがごとくして*大士《だいじ》世間《せけん》に出現《しゆつげん》したまへり。かるがゆへにこの義《ぎ》を問《と》ひたてまつる。またもろもろの有情《うじやう》を哀愍《あいみん》し*利楽《りらく》せむがための故に、よく如来《によらい》に如是《によぜ》の義《ぎ》を問《と》ひたてまつれり」」と。已上」

阿難　梵名の音写。阿難陀の略称。歓喜と訳す。多聞第一といわれた人。

真妙の弁才　真実で巧みな話術の才能。

無蓋の大悲　覆い隠されない大慈悲。

三界　欲界・色界・無色界の迷界。

霊瑞華　優曇華(うどんげ)のこと。三千年に一度花開くといわれる。

饒益　大きな利益。

遏絶　おさえ妨げること。

無量寿如来会　二巻(大正蔵一一)。唐の菩提流支の訳。大無量寿経の異訳。

光瑞希有　まれな輝かしい姿。

応　応供の意。仏十号の一。仏は世間の尊敬と供養に応ずべき資格があるから、応供という。

正等覚　等正覚・正徧知ともいう。仏十号の一。正しく平等の正理をさとられた方。

群生　生きとし生けるもの。衆生。

大士　菩薩のこと。ここでは釈尊。

利楽　利益を与え、安楽にさせること。

平等覚経　二巻(大正蔵一二)。無量清浄平等覚経。大無量寿経の異訳。

優曇鉢樹　梵語の音写。優曇華の花が咲く樹。

憬興師の云く　無量寿経連義述文賛三巻(大正蔵三七)の文。憬興は、新羅(朝鮮)の人(六八一頃)。玄奘・慈恩系の人。

神通輪　仏の身・口・意の三業のこ

*平等覚経《びやうどうがくきやう》に言《のたま》はく、「仏《ぶつ》、阿難《あなん》に告《つ》げたまはく、「世間《せけん》に*優曇鉢樹《うどんばじゆ》あり、ただ実《み》ありて華《はな》あることなし。天下《てんげ》に仏《ぶつ》ましします、いまし華《はな》の出《い》づるがごとしならくのみ。世間《せけん》に仏《ぶつ》ましませども、甚《はなは》だ値《まうあ》ふことを得《う》ること難《かた》し。今《いま》われ仏《ぶつ》に作《な》りて天下《てんげ》に出《い》でたり。もし大徳《だいとく》ありて、聡明善心《そうみやうぜんしん》にして、仏意《ぶつい》を知《し》るに縁《よ》りて、もし妄《わす》れずは仏辺《ぶつへん》にありて仏に侍《つか》へたまふなり。もし今《いま》問《と》へるところ、普《あまね》く聴《き》き、あきらかに聴《き》け」」と。已上

*憬興師《きやうごうし》の云《いは》く、「「今日世尊住奇特法《こんにちせそんぢうきどくほふ》」といふは〈*神通輪《じんづうりん》に依りて現《げん》じたまふところの相《さう》なり、ただ常に異《こと》なるのみにあらず、また等しき者《もの》なきが故に〉。「今日世雄住仏所住《こんにちせおうぢうぶつしよぢう》」といふは〈*普等三昧《ふとうさんまい》に住《ぢう》して、よく衆魔《しゆま》*雄健天《おうごんてん》を制《せい》するが故に〉。「今日世眼住導師行《こんにちせげんぢうだうしぎやう》」といふは〈*五眼《げん》を導師《だうし》の行《ぎやう》と名《な》づく、衆生《しゆじやう》を引導《いんだう》するに過上《くわじやう》なきが故に〉。「今日世英住最勝道《こんにちせやうぢうさいしようだう》」といふは〈仏《ぶつ》*四智《しち》に住《ぢう》したまふ、独《ひと》り秀《ひい》でたまへること、匹《ひと》しきことなきが故に〉。「今日天尊行如来徳《こんにちてんそんぎやうによらいとく》」といふは〈即ち*第一義天《だいいちぎてん》なり、*仏性不空《ぶつしやうふくう》の義《ぎ》を以ての故に〉。「阿難当知如来正覚《あなんたうちによらいしやうがく》」といふは〈即ち奇特《きどく》の法《ほふ》なり〉。「慧見無碍《ゑけんむげ》」といふは〈最勝《さいしよう》の道《だう》を述《じゆつ》するなり〉。「無能遏絶《むのうあちぜち》」といふは〈即ち如来《によらい》の徳《とく》なり〉」。已上

*しかれば則ちこの顕真実教《けんしんじちけう》の明証《みやうしよう》なり。誠《まこと》にこれ*如来興世《によらいこうせ》の正説《しやうせち》、*奇特最勝《きどくさいしよう》の妙典《めうでん》、*一乗究竟《いちじようくきやう》の極説《ごくせち》、*速疾円融《そくしちゑんゆう》の金言《きむげん》、*十方称讃《しようさん》の誠言《じやうごん》、*時機純熟《じきじゆんじゆく》の真教《しんけう》なり。知るべしと。

顕浄土真実教文類《けんじやうどしんじちけうもんるい》　一

とを三輪といい、神通輪はこの中の身輪にあたる。如来の身業の不思議なはたらきをいう。

普等三昧　一切の諸仏を一時にあまねく見たてまつる禅定のこと。

雄健天　多くの悪鬼神の中で最も勢力が強い欲界第六天の魔王のこと。

五眼　肉眼・天眼・慧眼・法眼・仏眼のこと。

四智　仏の智慧。大円鏡智・平等性智・妙観察智・成所作智。

第一義天　仏のこと。世天(世間の人王)、生天(三界の諸天)、浄天(声聞・縁覚)、義天(菩薩)、第一義天(仏)の五天の一。第一義である真如仏性の義をさとる天であるとの意。

仏性不空　仏性は常住であるとの意。

◇しかれば…　大経の教説を出世本懐とし讃す。↓補

如来興世の正説　釈尊がこの世に出られた本意を示された説法。

奇特最勝の妙典　たぐいなく勝れた法を説く経典。

一乗究竟の極説　一切衆生を悉く成仏させる大乗教の唯一最高の法を明かす教法。

速疾円融の金言　速かに功徳を円満させる法を説く仏の金口の誠言。

十方称讃の誠言　十方の諸仏がほめたたえられる誠の言葉。

時機純熟の真教　末法の時代と根機とによく応じた真実の教法。

行巻

行巻は最初に「諸仏称名の願」等の第十七願名などを標し、本文は、㈠まず行とは如何なるものであるかを具体的に明らかにし（謹んで往相等）、㈡次にその本質的意義を解明し（他力と言ふは等）、㈢最後に詩偈をもって讃述する（凡そ誓願に就いて等）、三段階に分かってみられる。最初の第一段階では、⑴まず、真実の行が、真如海の躍動する諸仏称揚の名号であり、衆生の称名念仏となる仏廻向の大行であることを直接的に総論し、⑵次に汎く浄土諸経論釈文を歴史的な伝統をたどって引用し、しかも、その引用の諸文意によって説明を展開して、真実行が一切の無明を根源的に破り証《さと》らしめる願行具足した大行で、光明となり名号となって迷妄に沈むものを念仏せしめ、信順の一念に必ず仏になるべく決定づける、他力廻向の大行としての意義内容をもつものであることを、実証的に具体的に解明し、⑶最後に特別に行一念釈を展開し、よってもって、真実行は真如海躍動の本願名号の活動態としての称名念仏行なるゆえ、無上の価値をもち、数の多少にかかわらない絶対他力易行としての大行であることを強調し、結ぶのである。次の第二段階では、他力釈・一乗海釈などを展開し、論註・涅槃経・華厳経などの諸経論釈によって、真実行の本質が本願力であり、さらに真如絶対唯一の大乗誓願一仏乗の道であることを力説し、最後に第三段階に至り、本願力絶対帰依の真実行実践の場に自《おのず》から開かれてくる次巻解明の信を顧みつつ、正信念仏偈としてその法悦を打ち出し、行信の要義を明らかにしてゆくのである。

*諸仏称名《しよぶつしようみやう》の願《ぐわん》

*浄土真実《じやうどしんじち》の行《ぎやう》

*選択本願《せんぢやくほんぐわん》の行《ぎやう》

諸仏称名の願　第十七願。一切の仏たちに南無阿弥陀仏の御名をほめよと誓われた願。↓補

浄土真実の行　往生浄土の真実の行業。

選択本願の行　法蔵菩薩が選ばれた第十八願の乃至十念の誓いの行、即ち称名念仏。

顕浄土真実行文類《けんじやうどしんじちぎやうもんるい》 二

*謹《つつし》んで*往相《わうさう》の*廻向《ゑかう》を按《あん》ずるに、大行《だいぎやう》あり大信《だいしん》あり。大行《だいぎやう》とは則ち*無碍光如来《むげくわうによらい》の名《みな》を称《しよう》するなり。この行《ぎやう》は即ちこれもろもろの善法《ぜんぼふ》を摂《せふ》し、もろもろの*徳本《とくほん》を具《ぐ》せり、*極速円満《ごくそくゑんまん》す、*真如一実《しんによいちじち》の功徳宝海《くどくほうかい》なり。かるがゆへに大行《だいぎやう》と名《な》づく。しかるにこの行《ぎやう》は*大悲《だいひ》の願《ぐわん》より出《い》でたり。即ちこれ諸仏《しよぶつ》*称揚《しようやう》の願《ぐわん》と名《な》づけ、また諸仏《しよぶつ》*称名《しようみやう》の願《ぐわん》と名づく、また諸仏《しよぶつ》*咨《し》嗟《しや》の願《ぐわん》と名《な》づく、また往相廻向《わうさうゑかう》の願《ぐわん》と名《な》づくべし、また*選択称名《せんぢやくしようみやう》の願《ぐわん》と名《な》づくべきなり。

*諸仏称名《しよぶつしようみやう》の願《ぐわん》、*大経《だいきやう》〔第十七願〕に言《のたま》はく、「たとひわれ仏を得《え》たらむに、十方世界の無量《むりやう》の諸仏《しよぶつ》ことごとく咨嗟《ししや》してわが名《な》を称《しよう》せずは、正覚《しやうがく》を取《と》らじ」と。已上

また言《のたま》はく、「*われ仏道《ぶつだう》を成《な》らむに至《いた》りて、名声十方《みやうしやうじふはう》に超《こ》えむ。究竟《くきやう》して聞《き》こゆるところなくは、誓《ちか》ふ、正覚《しやうがく》を成《な》らじと。衆《しゆう》のために宝蔵《ほうざう》を開《ひら》きて、広《ひろ》く功徳《くどく》の宝《ほう》を施《せ》せむ。常《つね》に大衆《だいしゆ》の中《なか》にして説法《せちほふ》*師子吼《ししく》せむこと」。抄要

*願成就《ぐわんじやうじゆ》の文《もん》、経《きやう》に言《のたま》はく、「十方*恒砂《ごうじや》の諸仏如来《しよぶつによらい》、皆《みな》ともに無量寿仏《むりやうじゆぶつ》の*威神功徳不可思議《ゐじんくどくふかしぎ》なるを讃嘆《さんだん》したまふ」。已上

また言《のたま》はく、「*無量寿仏《むりやうじゆぶつ》の威神極《ゐじんきはま》りなし。十方世界無量無辺不可思議《せかいむりやうむへんふかしぎ》の諸仏如来《しよぶつによらい》、かれを称嘆《しようたん》せざるはなし」と。已上

◇謹んで… 総じて真実行の意義を明かす。↓補

往相 浄土へ往生すること。

廻向 如来の功徳を廻施(ゑ)し、ふりむける。「往相の廻向」は、「還相の廻向」に対応して、親鸞の思想の基本的表現。

無碍光如来 なにものにも碍(さ)えられない光を放つ如来。阿弥陀仏。

徳本 功徳のもととなるもの。

極速円満 阿弥陀仏の功徳が、きわめて速やかに衆生の身に円かに満ち満つること。

真如一実 真如のみが唯一の真実の法であるということ。

大悲の願 阿弥陀仏の大慈悲の願い。四十八願中の第十七願。

称揚・称名・咨嗟 いずれも、ほめたたえる意。

選択称名 阿弥陀仏が称名を選び取る意。

◇諸仏称名の願… 経説を引き行の意義を明かす。↓補

大経 大無量寿経のこと。ここでは、その中の菩薩の第十七願文を指す。

われ仏道… 重誓の偈文。

師子吼 説法を獅子が吼えるのに喩える。

願成就の文 大経巻下、十七願成就の文。

恒砂 ガンジス河の砂の如く数限りないことの喩え。

威神 阿弥陀仏のいかめしい神力。

また言《のたま》はく、「*その仏《ぶつ》の本願力《*ほんぐわんりき》、名《みな》を聞《き》きて往生《わうじやう》せむと欲《をも》へば、皆《みな》ことごとくかの国《くに》に到《いた》りて、自《おのづか》ら*不退転《ふたいてん》に致《いた》る」と。已上

無量寿《むりやうじゆ》如来会《にょらいゑ》に言《のたま》はく、「今《いま》如来《にょらい》に対《たい》して弘誓《ぐぜい》を発《おこ》せり。まさに無上菩提《むじやうぼだい》の因《いん》を証《しよう》【証の字《じ》、諸応《しよおう》の反《かへし》、験《げん》なり】すべし。もしもろもろの*上願《じやうぐわん》を満足《まんぞく》せずは、*十力無等尊《じふりきむとうそん》を取《と》らじと。心《こころ》あるいは常行《じやうぎやう》に堪《た》へざらむものに施《せ》せむ。広《ひろ》く*貧窮《びんぐ》を済《すく》ひてもろもろの苦《く》を免《まぬか》れしめ、世間《せけん》を利益《りやく》して安楽《あんらく》ならしめむと。乃至 最勝丈夫修行《さいしようぢやうぶしゆぎやう》し已《をは》りて、かの貧窮《びんぐ》において*伏蔵《ぶくざう》とならむ。善法《ぜんぼふ》を円満《ゑんまん》して*等倫《とうりん》なけむ。大衆《だいしゆ》の中《なか》にして師子吼《ししく》せむ」と。已上抄出

また言《のたま》はく、「阿難《あなん》この*義利《ぎり》を以ての故に、無量無数不可思議無有等等無辺世界《むりやうむしゆふかしぎむうとうどうむへんせかい》の諸仏《しよぶつ》如来《にょらい》、皆《みな》ともに無量寿仏《むりやうじゆぶつ》の所有《しよう》の功徳《くどく》を称讃《しようさん》したまふ」と。已上

*仏説諸仏阿弥陀三那三仏薩楼仏檀過度人道経《ぶつせちしよぶつあみださんなさんぶつさるぶつだんくわどにんだうきやう》【大阿弥陀経《だいあみだきやう》といふ、二十四願経といふ】に言《のたま》はく、「第《だい》四に願《ぐわん》ずらく、「それがし作仏《さぶつ》せしめむとき、わが名字《みやうじ》をもて、みな八方上下*無央数《はうじやうげむあうしゆ》の仏国《ぶつこく》に聞《き》こへしめむ、みな諸仏《しよぶつ》おのおの*比丘僧大衆《びくそうだいしゆ》の中《なか》にして、*わが功徳《くどく》、*国土《こくど》の善《ぜん》を説《と》かしめむ。諸天人民《しよてんにんみん》、*蜎飛《けんひ》*蠕動《ねんどう》の類《たぐひ》、わが名字《みやうじ》を聞《き》きて慈心《じしん》せざるはなけむ、*歓喜踊躍《くわんぎゆやく》せむもの、みなわが国《くに》に来生《らいしやう》せしめむ、この願を得ていまし作仏せむ、この願《ぐわん》を得《え》ずは終《つひ》に作仏《さぶつ》せじ」」と。已上

無量清浄平等覚経《むりやうしやうじやうびやうどうがくきやう》の巻上《くわんじやう》に言《のたま》はく、「「われ作仏《さぶつ》せむとき、わが名《な》をして八方上下無《はうじやうげむ》数《しゆ》の仏国《ぶつこく》に聞《き》かしめむ。諸仏《しよぶつ》おのおの弟子《でし》衆《しゆ》の中《なか》にして、わが功徳《くどく》、国土《こくど》の善《ぜん》を嘆《たん》ぜむ。諸天人民《しよてんにんみん》、蠕動《ねんどう》の類《たぐひ》、わが名字《みやうじ》を聞《き》きて皆《みな》ことごとく踊躍《ゆやく》せむもの、わが国《くに》に来生《らいしやう》せしめ

無量寿仏の…　大経巻下の文。

その仏の…　大経巻下の諸仏讃勧の偈頌。

本願力　阿弥陀仏の本願の力。

不退転　一度えた功徳を、決して失わず、退くことのない位。ここは信心の一念で、浄土に往生し、仏となることに定まること。

上願　すぐれた願。

十力無等尊　仏のこと。十種のすぐれた智慧力をもつならびなく尊いお方の意。

貧窮　功徳のない無善の貧しい有様をいう。

伏蔵　つつみかくされてある宝。知られなかった宝のこと。

等倫　ひとしきともがら。

義利　大利益のこと。

仏説諸仏…経　無量寿経の異訳。大阿弥陀経という。二巻。呉の支謙の訳。三那三仏薩楼仏檀は梵語の音写。三藐三菩提のこと、完全に悟る者、即ち仏の意味。

無央数　無尽数。数かぎりないという意。

比丘僧　梵語の音写。仏の定められた戒をたもち、出家した男子のこと。僧は僧伽の意味で、本来比丘・比丘尼の集まりを指すが、いまでは一人でも僧という。

わが功徳　阿弥陀如来の仏身に具えている内証外用の功徳。

む。しからずはわれ作仏《さぶつ》せじ」と。

「われ作仏《さぶつ》せむとき、他方仏国《たはうぶつこく》の人民《にんみん》、前世《ぜんせ》に悪《あく》のためにわが名字《みやうじ》を聞《き》き、および正《まさ》しく道《だう》のためにわが国《くに》に来生《らいしやう》せむと欲《おも》はむ。寿《いのちを》終へて皆《みな》また*三悪道《さんあくだう》に更《かへ》らざらしめて、則《すなは》ちわが国《くに》に生《うま》れむこと、心《こころ》の所願《しよぐわん》にあらむ。しからずはわれ作仏《さぶつ》せじ」と。

*阿闍世《あじやせ》王太子《わうたいし》および五百《ごひやく》の*長者子《ちやうじやし》、*無量清 浄仏《むりやうしやうじやうぶつ》の二十四願を聞《き》きて、皆《みな》おほきに歓喜《くわんぎ》し踊躍《ゆやく》して、心中《しんちう》にともに願じて言《いは》く、「われらまた作仏《さぶつ》せむとき、みな無量清 浄仏《むりやうしやうじやうぶつ》のごとくならしめむ」と。仏《ぶつ》則ちこれを知《し》ろしめして、もろもろの比丘僧《びくそう》に告《つ》げたまはく、「この阿闍世《あじやせ》王太子《わうたいし》および五百《ごひやく》の長者子《ちやうじやし》、のち*無央数劫《むあうしゆこふ》を却《さ》りて、皆《みな》まさに作仏《さぶつ》して無量《むりやう》清浄仏《しやうじやうぶつ》のごとくなるべし」と。仏《ぶつ》の言《のたま》はく、「この阿闍世《あじやせ》王太子《わうたいし》五白《ごひやく》の長者子《ちやうじやし》、*菩薩《ぼさつ》の道《だう》を作《な》してこのかた無央数劫《むあうしゆこふ》に、皆《みな》おのおの四百億仏を供養《くやう》し已《をは》りて、今《いま》また来《きた》りてわれを供養《くやう》せり。この阿闍世《あじやせ》王太子《わうたいし》および五百人等、みな前世《ぜんせ》に*迦葉仏《かせふぶつ》のとき、わがために弟子《でし》と作《な》れりき。いま皆《みな》また会《あ》してこれ共《とも》に相ひあえるなり」。則ちもろもろの比丘僧《びくそう》、仏《ぶつ》の言《みこと》を聞《き》きて、みな心踊躍《こころゆやく》して歓喜《くわんぎ》せざる者《もの》なけむと。乃至

かくのごときの人《ひと》、仏《ぶつ》の名《みな》を聞《き》きて　快《こころよ》く安穏《あんをん》にして大利《だいり》を得《え》む

われらが類《たぐひ》、この徳《とく》を得《え》む　もろもろのこの刹《くに》に好《よ》きところを獲《え》む

*無量覚《むりやうかく》その*決《くゑち》を授《さづ》けむ　われ前世《ぜんせ》に本願《ほんぐわん》あり

一切の人《ひと》、法《ほふ》を説《と》くを聞《き》かば　皆《みな》ことごとくわが国《くに》に来生《らいしやう》せむ

わが願《ぐわん》ずるところみな具足《ぐそく》せむ　もろもろの国《くに》より来生《らいしやう》せむ者《もの》

国土の善　安楽国土の荘厳の善妙なること。
蜎飛　飛びあるく小虫。
蠕動　うごめくうじ虫。
歓喜踊躍　よろこびのあまり、天に踊り地に躍ること。
三悪道　地獄・餓鬼・畜生の三道。
阿闍世王太子　阿闍世王の太子和休のこと。阿闍世王とする説もある。
長者　豪族のこと。
無量清浄仏　阿弥陀仏のこと。
無央数劫　数え尽くすことのできないきわめて長い時間。
菩薩の道　自己の完成(自利)と他人の救い(他利)の二つをそなえた仏道修行者(菩薩)がおこなう、道にかなった修行。
迦葉仏　迦葉は梵名の音写。釈尊の前に出世した過去七仏の中の第六仏。釈尊はその第七仏とされる。
無量覚　阿弥陀仏のこと。無量は無量光寿の阿弥陀。覚は仏の意である。
決　決定すること。未来には必ず証果を得ることを予言し決定すること。

無量光明土　はかりなき光明のある国土。ここでは阿弥陀の真実報土(浄土)のこと。

皆《みな》ことごとくこの間に来到《らいたう》して　一生に不退転《ふたいてん》を得《え》む
速《すみや》かに疾《と》く超《こ》えて便《すなは》ち　安楽国《あんらくこく》の世界《せかい》に到《いた》るべし
*無量光明土《むりやうくわうみやうど》に至《いた》りて　無数《むしゆ》の仏《ぶつ》を供養《くやう》せむ
この功徳《くどく》あるにあらざる人《ひと》は　この経《きやう》の名《な》を聞《き》くことを得《え》ず
ただ清浄《しやうじやう》に戒《かい》を有《たも》てるもの　*いまし還《かへ》りてこの正法《しやうぼふ》を聞《き》く
悪《あく》と*憍慢《けうまん》と*蔽《へい》と懈怠《けだい》のものは　以てこの法《ほふ》を信《しん》ずること難《かた》し
*宿世《しうせ》のとき仏《ぶつ》を見《み》たてまつれるもの　楽《この》むで世尊《せそん》の教《けう》を聴聞《ちやうもん》せむ
人《ひと》の命希《いのちまれ》に得《う》べし　仏《ぶつ》、世《よ》にましませども、甚《はなは》だ値《まうあ》ひ難《がた》し
*信慧《しんゑ》ありて到《いた》るべからず　もし聞見《もんけん》せば精進《しやうじん》して求《もと》めよ
この法《ほふ》を聞《き》きて忘《わす》れず　便ち見《み》て敬《うやま》ひ得《え》て大《おほ》きに慶《よろこ》ばば
則ちわが善《よ》き*親原《しんぐゑん》なり　これを以ての故に*道意《だうい》を発《ほち》せよ
たとひ世界《せかい》に満《み》てらむ火《ひ》にも　この中《なか》を過《す》ぎて法《ほふ》を聞《き》くことを得《え》ば
会《かなら》ずまさに世尊《せそん》と作《な》りて　まさに一切生老死《しやうらうし》を度《ど》せむとすべし

*悲華経大施品《ひくゑきやうだいせほん》の二巻に言《のたま》はく〈*曇無讖三蔵《どんむしんさんざう》の訳《やく》〉、「願《ねが》はくはわれ*阿耨多羅三藐三菩提《あのくたらさんみやくさんぼだい》を成《な》り已《をは》らむに、無量無辺《むりやうむへん》*阿僧祇《あそうぎ》の余仏《よぶつ》の世界《せかい》の所有《しよう》の衆生《しゆじやう》わが名《な》を聞《き》かむもの、もろもろの善本《ぜんほん》を修《しゆ》してわが界《かい》に生《うま》れむと欲《おも》はむ。願《ねが》はくはそれ捨命《しやみやう》の後《のち》、必定《ひちぢやう》して生《しやう》を得《え》しめむ。ただ*五逆《ごぐゐやく》と聖人《しやうにん》を誹謗《ひはう》せむと、正法《しやうぼふ》を廃壊《はいゑ》せむとを除《のぞ》かむ」と。已上

しかれば名《みな》を称《しよう》するに、よく衆生《しゆじやう》の一切の無明《むみやう》を破《は》し、よく衆生《しゆじやう》の一切の志願《しぐわん》を満《み》てた

いまし還りて…　現行本平等覚経は「還」を「逮」(およ)とする。「この正法を聞くに逮び」と読む。
憍慢　おごりたかぶること。
蔽　聞き方の悪いこと。
宿世　過去世のこと。
信慧　信心の智慧。
親原　親しき友。経の原文は「親厚」。
道意　仏になろうと願う心。
悲華経大施品　悲華経の諸菩薩本授記品第四之一(大正蔵三)。
曇無讖三蔵　中天竺の人(三八五—四三三)。西域をへて、北涼にきて多くの経典を訳出した。三蔵とは、経・律・論の三蔵に精通して、天竺・中国の二カ国の言葉に明るい人をいう。
阿耨多羅三藐三菩提　梵語の音写。無上正等覚、無上正徧知と訳し、仏のさとりの智慧をいう。
阿僧祇　梵語の音写。無数・無央数と訳す。数えきれないほどの数。
五逆　恩にさからう五種の大罪悪。殺父、殺母、殺阿羅漢、破和合僧、出仏身血。
正業　正定業。浄土往生が決定する業因。
正念　称名と信心に通ず。今は信心。
◇十住…　師釈を引き、行の救済意義を解明する。↓補
十住毘婆沙論　十五巻(大正蔵二六)。竜樹(二〇〇頃)の作。羅什の訳。十住経(大正蔵一〇)または華厳経十地品

まふ。称名《しようみやう》は則ちこれ最勝《さいしよう》真妙《しんめう》の*正業《しやうごふ》なり、正業は則ちこれ念仏《ねんぶつ》なり、念仏は則ちこれ南《な》無《む》阿《あ》弥《み》陀《だ》仏《ぶつ》なり、南《な》無《む》阿《あ》弥《み》陀《だ》仏《ぶつ》は即ちこれ*正念《しやうねん》なりと、知《し》るべしと。

*十住毘婆沙論《じふぢうびばしやろん》に曰《いは》く、「ある人《ひと》の言《いは》く、*般舟三昧《はんじゆさんまい》および大悲《だいひ》を諸仏《しよぶつ》の家《いへ》と名《な》づく、この二法よりもろもろの如来《によらい》を生《しやう》ず。この中《なか》に般舟三昧《はんじゆさんまい》を父《ちち》とす、また大悲《だいひ》を母《はは》とす。また次に般舟三昧《はんじゆさんまい》はこれ父《ちち》なり、*無生法忍《むしやうぼふにん》はこれ母《はは》なり。*助菩提《じよぼだい》の中に説《と》くがごとし。「般舟三昧《はんじゆさんまい》の父《ちち》、大悲《だいひ》・無生《むしやう》の母《はは》、一切のもろもろの如来《によらい》、この二法より生《しやう》ず」と。家《いへ》に過咎《くわく》なければ家清浄《いへしやうじやう》なり。かるがゆへに清浄とは*六波羅蜜《ろくはらみつ》・*四功徳処《しくどくしよ》なり。方便《はうべん》・*般若波羅蜜《はんにやはらみつ》は善《ぜん》慧《ゑ》なり。般舟三昧《はんじゆさんまい》・大悲《だいひ》・諸忍《しよにん》、この諸法《しよほふ》清浄《しやうじやう》にして過《とが》あることなし。かるがゆへに家《いへ》清浄《しやうじやう》と名《な》づく。この菩薩《ぼさつ》この諸法《しよほふ》を以て家《いへ》とするが故に、過咎《くわく》あることなけむ。世間道《せけんだう》を転《てん》じて出世上道《しゆつせじやうだう》に入《い》るものなり。世間道《せけんだう》を即ちこれ凡夫《ぼんぶ》所行《しよぎやう》の道《だう》と名《な》づく。転《てん》じて休息《くそく》と名《な》づく。凡夫道《ぼんぶだう》は究竟《くきやう》して*涅槃《ねはん》に至《いた》ることあたはず、常《つね》に生死《しやうじ》に往来《わうらい》す、これを凡夫道《ぼんぶだう》と名《な》づく。出世間《しゆつせけん》は、この道《だう》に因《よ》りて*三界を出《い》づることを得《う》るが故に、出世間道《しゆつせけんだう》と名《な》づく。上《じやう》は妙《めう》なるが故に名《な》づけて上《じやう》とす。入《にふ》はまさしく道《だう》を行《ぎやう》ずるが故に名《な》づけて入《にふ》とす。この心《こころ》を以て*初地《しよぢ》に入《い》るを*歓喜地《くわんぎぢ》と名《な》づくと。

問《と》ふて曰《いは》く、初地《しよぢ》なんが故ぞ名《な》づけて歓喜《くわんぎ》とするや。答《こた》へて曰《いは》く、*初果《しよくわ》の究竟《くきやう》して涅槃《ねはん》に至《いた》ることを得《う》るがごとし。菩薩《ぼさつ》この地《ち》を得《う》れば、心常《こころつね》に歓喜多《くわんぎおほ》し。自然《じねん》に諸仏如来《しよぶつによらい》の種《しゆ》を増長《ぞうぢやう》することを得《う》。この故にかくのごときの人《ひと》を、賢善者《けんぜんしや》と名《な》づくることを得《う》。

初果《しよくわ》を得《う》るがごとしといふは、人《ひと》の*須陀洹道《しゆだをんだう》を得《う》るがごとし。よく三悪道《さんあくだう》の門《もん》を閉《と》づ。

(大正蔵九・一〇)の釈。

般舟三昧　梵語の音写。仏立三昧・現前三昧・常行三昧ともいう。心に諸々の想念を断ち、空観に徹底しようとする見仏のための禅定行。

無生法忍　無生法とは無生無滅の真如法に忍可決定し、さとる智慧。

助菩提　竜樹の菩提資糧論(大正蔵三二)。

六波羅蜜　波羅蜜は梵語の音写。度、到彼岸と訳す。菩薩の修行のこと。布施・持戒・忍辱・精進・禅定・般若の六種の修行のこと。

四功徳処　菩薩が説法するときに必要な功徳の法、即ち諦(真実をあらわす)、捨(惜しみなく施す)、滅(悪業煩悩を滅す)、慧(智慧を完成する)の四つの功徳をいう。

般若波羅蜜　真実の智慧のこと。

涅槃　梵語の音写。滅度と訳す。すべての煩悩を滅した仏のさとり。

三界　欲界・色界・無色界。

初地　真理の一分を悟って実行できる最初の位。十地の初めの位。

歓喜地　初地のこと。この位に入ると、必ず仏になることが定まり、非常に喜ぶので歓喜地という。

初果　須陀洹果のこと。

須陀洹道　須陀洹は梵語の音写。預流と訳す。小乗仏教の位。真理に迷う煩悩を断じ、(見道を得ること)、はじめて聖者のなかまに入る位。四果の中の初果。

法《ほふ》を見《み》て法《ほふ》に入《い》り、法《ほふ》を得《え》て堅牢《けんらう》の法《ほふ》に住《ぢう》して傾動《くゐやうどう》すべからず、究竟《くきやう》して涅槃《ねはん》に至《いた》る。*見《けん》諦所断《たいしよだん》の法《ほふ》を断《だん》ずるが故に、心大《こころおほ》きに歓喜《くわんぎ》す。たとひ睡眠《すいみん》し懶墮《らんだ》なれども*二十九有《う》に至《いた》らず。一毛《いちもう》を以て百分《ひやくふん》となして、一分《いちふん》の毛《もう》を以て大海《だいかい》の水《みづ》を分《わか》ち取《と》るがごときは、二三滴《たい》の苦《く》すでに滅《めち》せむがごとし。大海《だいかい》の水《みづ》は余《よ》のいまだ滅《めち》せざるもののごとし。二三滴《たい》のごとき心大《こころおほ》きに歓喜《くわんぎ》せむ。菩薩《ぼさつ》もかくのごとし、初地《しよち》を得《え》をはるを如来《によらい》の家《いへ》に生《うま》れむと名《な》づく。何《なに》一切天《てん》・*竜《りう》・*夜叉《やしや》・*乾闥婆《けんだつば》、乃至 *声聞《しやうもん》・*辟支等《びやくしとう》、ともに供養《くやう》し恭敬《くぎやう》するところなり。何《なに》を以ての故に、この家過咎《いへくわく》あることなし。かるがゆへに世間道《せけんだう》を転《てん》じて出世間道《しゆつせけんだう》に入《い》る。ただ仏《ぶつ》を楽敬《げうきやう》すれば、四功徳処《しくどくしよ》を得《え》、六波羅蜜《ろくはらみつ》の果報《くわほう》を得《え》む。滋味《じみ》もろもろの仏種《ぶつしゆ》を断《た》たざるが故に、心大《こころおほ》きに歓喜《くわんぎ》す。この菩薩所有《しよう》の余《よ》の苦《く》は二三の水滴《すいたい》のごとし。百千億劫《ひやくせんおくこふ》に阿耨多羅三藐三菩提《あのくたらさんみやくさんぼだい》を得《う》といへども、無始生死《むししやうじ》の苦《く》においては二三の水滴《すいたい》のごとし。滅《めち》すべきところの苦《く》は大海《だいかい》の水《みづ》のごとし。この故にこの地《ち》を名《な》づけて歓喜《くわんぎ》とす。

問《と》ふて曰《いは》く、初歓喜地《しよくわんぎぢ》の菩薩、この地《ち》の中《なか》に在《あ》りて多歓喜《たくわんぎ》と名《な》づけて、もろもろの功徳《くどく》を得《う》ることをなすが故に歓喜《くわんぎ》を地《ち》とす。法《ほふ》を歓喜すべし、何《なに》を以て歓喜するや。答《こた》へて曰《いは》く、常に諸仏《しよぶつ》および諸仏の大法《だいほふ》を念《ねん》ずれば、必定《ひちぢやう》して希有《けう》の行《ぎやう》なり。この故に歓喜多《くわんぎおほ》しと。

かくのごとき等《ら》の歓喜《くわんぎ》の因縁《いんえん》の故に、菩薩初地《しよち》の中《なか》に在《あ》りて心《こころ》に歓喜多《おほ》し。諸仏《しよぶつ》を念《ねん》ずといふは、*燃灯《ねんどう》等の過去《くわこ》の諸仏《しよぶつ》、阿弥陀《あみだ》等《とう》の現在《げんざい》の諸仏《しよぶつ》、*弥勒《みろく》等《とう》の将来《しやうらい》の諸仏《しよぶつ》を念《ねん》ずるなり。常《つね》にかくのごときの諸仏世尊《しよぶつせそん》を念《ねん》ずれば、現《げん》に前《まへ》に在《ましま》すがごとし。三界第一にしてよく勝《すぐ》れたる者《ひと》ましまさず。この故に歓喜多《くわんぎおほ》し。諸仏《しよぶつ》の大法《だいほふ》を念《ねん》ぜば、略《りやく》して諸仏《しよぶつ》の*四十不《ふ》

見諦所断の法　見道位で断ぜられる煩悩、即ち見惑のこと。仏教の真理に迷う煩悩。

二十九有　有とは迷いの境界のこと。初果の聖者は、どんなに修行をなまけても、生をくりかえすことが、人に七生、天に七生、これに中有(死んでから、次に生まれかわるまでの存在)の十四有を加えた二十八有をこえることがない。

竜　仏教を守る八部衆の一。

夜叉　梵語の音写。勇健・威徳などと訳す。人を悩まし害する鬼類。八部衆の一。

乾闥婆　梵語の音写。食香などと訳す。帝釈天の音楽を司る神で、香を食とするという。八部衆の一。

声聞　仏の教え(声)を聞いてさとれる者。もとは仏在世の頃の弟子を意味したが、後には小乗教の出家の聖者をいう。

辟支　梵語の音写。縁覚・独覚と訳す。仏の教えによらないで自ら真理をさとり、孤独を好むために説法教化をしない一種の聖者。

燃灯　梵名より錠光・然作と訳す。デーパンカラ仏のこと。無量寿経には五十三仏の最初にあげる。増一阿含経等には遠い昔に釈尊に授記された仏であると説く。

共《ぐ》法《ほふ》を説《と》かむと。一つには自在《じざい》の飛行《ひぎやう》意《こころ》に随《したが》ふ、二つには自在《じざい》の変化《へんぐゑ》辺《ほとり》なし、三つには自《じ》在《ざい》の所聞《しよもん》*無閡《むげ》なり、四つには自在《じざい》に無量《むりやう》種門《しゆもん》を以て一切衆生《しゆじやう》の心《しん》を知《し》ろしめすと。乃至　念必定《ねんひちぢやう》のもろもろの菩薩は、もし菩薩、阿耨多羅三藐三菩提《あのくたらさんみやくさんぼだい》の記《き》を得《う》つれば、*法位《ほふゐ》に入《い》り無生忍《むしやうにん》を得《う》るなり。千万億数《せんまんおくしゆ》の魔《ま》の軍衆《ぐんしゆ》壊《ゑ》乱《らん》することあたはず、大悲心《だいひしん》を得《え》て*大人法《だいにんぼふ》を成《じやう》ず。乃至　これを念必定《ねんひちぢやう》の菩薩《ぼさつ》と名づく。希有《けう》の行《ぎやう》を念《ねん》ずといふは、必定《ひちぢやう》の菩薩、*第一希《け》有《う》の行《ぎやう》を念《ねん》ずるなり。心《こころ》に歓喜《くわんぎ》せしむ。一切凡夫《ぼんぶ》の及《およ》ぶことあたはざるところなり。一切の声聞《しやうもん》・辟支仏《びやくしぶつ》の行《ぎやう》ずることあたはざるところなり。仏法《ぶつほふ》*無閡解脱《むげげだち》および*薩婆若智《さはにやち》を開示《かいじ》す。人《ひと》*十地《じふぢ》のもろもろの所行《しよぎやう》の法《ほふ》を念《ねん》ずれば、名《な》づけて心多歓喜《しんたくわんぎ》とす。この故に菩薩初《しよ》地《ぢ》に入《い》ることを得《う》れば、名《な》づけて歓喜《くわんぎ》とすと。

問《と》ふて曰《いは》く、凡夫人《ぼんぶにん》のいまだ*無上道心《むじやうだうしん》を発《ほち》せざるあり、あるいは発心《ほちしん》するものあり、いまだ歓喜地《くわんぎぢ》を得《え》ざらむ。この人諸仏《ひとしよぶつ》および諸仏《しよぶつ》の大法《だいほふ》を念《ねん》ぜむと、必定《ひちぢやう》の菩薩および希有《けう》の行《ぎやう》を念《ねん》じて、また歓喜《くわんぎ》を得《え》むと。初地《しよぢ》を得《え》む菩薩の歓喜と、この人《ひと》と、何《なん》の差別《さべち》あるや。

答《こた》へて曰《いは》く、菩薩初地《しよぢ》を得《え》ば、その心《こころ》歓喜多《おほ》し。諸仏無量《しよぶつむりやう》の徳《とく》、われまた定《さだ》んでまさに得《う》べし。

初地《しよぢ》を得《え》む必定《ひちぢやう》の菩薩は、諸仏《しよぶつ》を念《ねん》ずるに無量《むりやう》の功徳《くどく》います。われまさに必《かなら》ずかくのごときの事《こと》を得《う》べし。何《なに》を以ての故に、われすでにこの初地《しよぢ》を得《え》、必定《ひちぢやう》の中《うち》に入《い》れり。余《よ》はこの心《こころ》あることなけむ。この故に初地《しよぢ》の菩薩多《おほ》く歓喜《くわんぎ》を生《しやう》ず。余《よ》はしからず。何《なに》を以ての故に、余《よ》は諸仏《しよぶつ》を念《ねん》ずといへどもこの念《ねん》を作《な》すことあたはず、われ必《かなら》ずまさに作仏《さぶつ》すべし

弥勒　梵名の音写。慈氏と訳す。また阿逸多といい、無勝と訳す。現に兜率天の内院にいて、将来、人寿八万歳の時、この世に出て釈尊に次いで八相成道し、竜華樹下の三会説法によって衆生を化度する。それで補処の弥勒といわれ、賢劫千仏の第五と称せられる。

四十不共法　仏だけがもっている勝れた四十種の特質。

無閡　無碍と同じ意。さわりのないこと。

法位　不退転の位。

大人法　菩薩の自利・他利の法。

第一希有の行　十地の菩薩が修する十波羅蜜の行のこと。ここでは南無阿弥陀仏の大行をいう。

無閡解脱　無碍道(無間道)と解脱道。無碍道とは修行によって煩悩を断じてさとりに入ろうとする刹那をいい、解脱道は煩悩をとりのぞいてさとりを得たこと。

薩婆若智　薩婆若は梵語の音写。一切智と訳す。一切のものを知りつくしたさとりの智慧。仏智。

十地　菩薩の五十二位(十信・十住・十行・十廻向・十地・等覚・妙覚)の四十一位から五十位までをいう。

無上道心　この上ないさとりを求める心。

と。譬《たと》へば転輪聖子《てんりんじやうじ》の、*転輪王《てんりんわう》の家《いへ》に生《うま》れて、転輪王《てんりんわう》の相《さう》を成就《じやうじゆ》して、過去《くわこ》の転輪王《てんりんわう》の功《く》徳尊貴《どくそんくゐ》を念《ねん》じて、この念《ねん》を作《な》さむ。われ今《いま》またこの相《さう》あり、またまさにこの豪富尊貴《がうふそんくゐ》を得《う》べし。心大《こころおほ》きに歓喜《くわんぎ》せむ。もし転輪王《てんりんわう》の相《さう》なければ、かくのごときの喜《よろこ》びなからむがごとし。必定《ひちぢやう》の菩薩《ぼさつ》もし諸仏《しよぶつ》および諸仏《しよぶつ》の大功徳《だいくどく》・威儀《ゐぎ》・尊貴《そんくゐ》を念《ねん》ずれば、われこの相《さう》あり、必《かなら》ずまさに作仏《さぶつ》すべし、即ち大《おほ》きに歓喜《くわんぎ》せむ。余《よ》はこの事《こと》あることなけむ。定心《ちやうしん》は深《ふか》く仏《ぶつ》法《ほふ》に入《い》りて心動《しんどう》ずべからず」。

また云《いは》く、「信力増上《しんりきぞうじやう》はいかん、聞見《もんけん》するところありて必受《ひちじゆ》して疑《うたが》ひなければ増上《ぞうじやう》と名《な》づく、殊勝《しゆしよう》と名《な》づくと。

問《と》ふて曰《いは》く、二種の増上《ぞうじやう》あり。一つには多《た》、二つには勝《しよう》なり。今《いま》の説《せち》なにものぞと。答《こた》へて曰《いは》く、この中《なか》の二事ともに説《と》かむ。菩薩初地《しよぢ》に入《い》ればもろもろの功徳《くどく》の味《あぢは》ひを得《う》るが故に、信力転増《しんりきてんぞう》す。この信力《しんりき》を以て諸仏《しよぶつ》の功徳無量深妙《くどくむりやうじんめう》なるを*籌量《ちうりやう》してよく信受《しんじゆ》す。この故にこの心《しん》また多《た》なり、また*勝《しよう》なり。深《ふか》く大悲《だいひ》を行《ぎやう》ずれば、衆生《しゆじやう》を愍念《みんねん》すること骨体《こちたい》に徹《てち》入《にふ》するが故に、名《な》づけて深《じん》とす。一切衆生《しゆじやう》のために仏道《ぶつだう》を求《もと》むるが故に、名《な》づけて大《だい》とす。慈《じ》心《しん》は常《つね》に*利事《りじ》を求《もと》めて衆生《しゆじやう》を安穏《あんをん》す。*慈《じ》に三種あり」。乃至

また曰《いは》く、「仏法《ぶつほふ》に無量《むりやう》の門《もん》あり。世間《せけん》の道《だう》に難《なん》あり易《い》あり、陸道《ろくだう》の歩行《ぶぎやう》は則ち苦《くる》しく、水道《すいだう》の乗船《じようせん》は則ち楽《たの》しきがごとし。菩薩の道《だう》もまたかくのごとし。あるいは*懃行精進《ごんぎやうしやうじん》のものあり、あるいは*信方便《しんはうべん》の易行《いぎやう》を以て疾《と》く*阿惟越致《あゆいをつち》に至《いた》るものあり。乃至　もし人疾《ひと》く不退転地《ふたいてんぢ》に至《いた》らむと欲《おも》はば、恭敬《くぎやう》の心《しん》を以て執持《しふぢ》して名号《みやうがう》を称《しよう》すべし。もし菩薩この身《み》に

転輪王　インドの神話的な理想の君主。輪宝をまわして全世界を従え、正法をもって統治するという。

籌量　思いはかる。

勝　価値的にすぐれること。

利事　利益を与えること。衆生を救うこと。

慈に三種あり　慈悲に、小悲(衆生縁の慈悲)、中悲(法縁の慈悲)、大悲(無縁の慈悲)の三種あるということ。

懃行精進　修行を一所懸命にやること。

信方便の易行　信心称名の活動(方便)を易行とするという意。

阿惟越致　梵語の音写。阿毘跋致ともいい、不退転と訳す。菩薩が将来、仏になることに定まった位で、再び悪趣に転落しないこと。真宗では他力信心の行者の正定聚の位のことである。

おいて阿惟越致地《あゆいをつちち》に至《いた》ることを得《え》、阿耨多羅三藐三菩提《あのくたらさんみやくさんぼだい》を成《な》らむと欲《おも》はば、まさにこの十方諸仏を念《ねん》ずべし。名号《みやうがう》を称《しよう》すること、*宝月童子所問経《ほうぐわちどうじしよもんぎやう》の阿惟越致品《あゆいをつちほん》の中《なか》に説《と》くがごとしと。乃至　西方《さいはう》に善世界《ぜんせかい》の仏《ぶつ》を*無量明《むりやうみやう》と号《がう》す。身光《しんくわう》智慧《ちゑ》明《あきら》かにして照《て》らすところ辺際《へんざい》なし。それ名《みな》を聞《き》くことあるものは即ち不退転《ふたいてん》を得《う》と。乃至　過去《くわこ》無数劫《むしゆこふ》に仏《ぶつ》まします。海徳《かいとく》と号《がう》す。このもろもろの現在《げんざい》の仏《ぶつ》、皆《みな》かれに従《したが》ふて願《ぐわん》を発《おこ》せり。寿命量《じゆみやうはか》りあることなし。光明照《て》らして極《きは》まりなし。国土《こくど》はなはだ清浄《しやうじやう》なり。名《みな》を聞《き》きて定《さだ》んで仏《ぶつ》に作《な》らむと。乃至

問《と》ふて曰《いは》く、ただこの十仏の名号《みやうがう》を聞《き》きて執持《しふぢ》して心《こころ》におけば、便ち阿耨多羅三藐三菩提《あのくたらさんみやくさんぼだい》を退《たい》せざることを得《う》。また余仏・余菩薩の名《みな》ましまして、阿惟越致《あゆいをつち》に至《いた》ることを得《う》とやせむ。答《こた》へて曰《いは》く、阿弥陀等《あみだとう》の仏、および諸大菩薩、名《みな》を称《しよう》し一心に念《ねん》ずれば、また不退転《ふたいてん》を得《う》ることかくのごとし。

阿弥陀等《あみだとう》の諸仏《しよぶつ》、また恭敬礼拝《くぎやうらいはい》し、その名号《みやうがう》を称《しよう》すべし。今《いま》まさにつぶさに無量寿仏《むりやうじゆぶつ》を説《と》くべし。*世自在王仏《せじざいわうぶつ》〈乃至《ないし》その余《よ》の仏《ぶつ》まします〉、この諸仏世尊《しよぶつせそん》現在《げんざい》十方の清浄世界《しやうじやうせかい》に、みな名《みな》を称《しよう》し阿弥陀仏《あみだぶつ》の本願《ほんぐわん》を憶念《おくねん》することかくのごとし。もし人《ひと》われを念《れん》じ名《みな》を称《しよう》して自《おのづか》ら帰《くゐ》すれば、即ち必定《ひちぢやう》に入《い》りて阿耨多羅三藐三菩提《あのくたらさんみやくさんぼだい》を得《う》、この故に常《つね》に憶念《おくねん》すべしと。偈《げ》を以て称讃《しようさん》せむ。

*無量光明慧《むりやうくわうみやうゑ》　身《み》は真金《しんこん》の山《やま》のごとし
われいま身口意《しんくい》をして　合掌《がふしやう》し稽首《けいしゆ》し礼《らい》したてまつると　乃至
人《ひと》よくこの仏《ぶつ》の　無量力功徳《むりやうりきくどく》を念《ねん》ずれば

宝月童子所問経　現存しない。異訳に大乗宝月童子問法経一巻(大正蔵一四)がある。北宋の施護訳。

無量明　経では十方の十仏の中の西方の仏名をいう。

世自在王仏　世饒王仏ともいう。大経によれば、五十三仏の次に出世し、法蔵菩薩の師匠の仏であるという。

無量光明慧　阿弥陀仏のこと。阿弥陀仏は無量の光明と智慧とを持つから、無量光明慧という。

即《そく》の時《とき》に必定《ひちぢやう》に入《い》る　この故にわれ常《つね》に念《ねん》じたてまつる　乃至
もし人仏《ひとぶつ》に作《な》らむと願《ぐわん》じて　心《こころ》に阿弥陀《あみだ》を念《ねん》じたてまつれば
時《とき》に応《おう》じてために身《み》を現《げん》じたまはむ　この故にわれ
かの仏《ぶつ》の本願力《ほんぐわんりき》を帰命《くゐみやう》す　十方のもろもろの菩薩《ぼさつ》も
来《きた》りて供養《くやう》し法《ほふ》を聴《き》く　この故にわれ稽首《けいしゆ》したてまつると　乃至
もし人善根《ひとぜんごん》を種《う》えて　疑《うたが》へば即ち華開《はなひら》かず
信心清浄《しんじんしやうじやう》なる者は　華開《はなひら》きて則ち仏《ぶつ》を見《み》たてまつる
十方現在《げんざい》の仏《ぶつ》　種種《しゆじゆ》の因縁《いんえん》を以て
かの仏《ぶつ》の功徳《くどく》を嘆《たん》じたまふ　われ今帰命《いまくゐみやう》し礼《らい》したてまつると　乃至
かの*八道《だう》の船《ふね》に乗《じよう》じて　よく難度海《なんどかい》を度《ど》す
自《みづか》ら度《ど》しまたかれを度《ど》せむ　われ*自在人《じざいにん》を礼《らい》したてまつる
諸仏《しよぶつ》、無量劫《むりやうこふ》に　その功徳《くどく》を讃揚《さんやう》せむに
なほ尽《つ》くすことあたはず　*清浄人《しやうじやうにん》を帰命《くゐみやう》したてまつる
われ今《いま》またかくのごとし　無量《むりやう》の徳《とく》を称讃《しようさん》す
この福《ふく》の因縁《いんえん》を以て　願《ねが》はくは仏常《ぶつつね》にわれを念《ねん》じたまへ」と。抄出

*浄土論《じやうどろん》に曰《いは》く、
「われ*修多羅《しゆたら》　*真実功徳相《しんじつくどくさう》に依りて
*願偈総持《ぐわんげそうぢ》を説《と》きて　仏教《ぶつけう》と相応《さうおう》せりと

八道の船　八正道のこと。八正道（正見・正思惟・正語・正業・正命・正精進・正念・正定）とは、迷いの世界からさとりの世界へ渡す八種の行法のことだから、船にたとえた。
自在人　自由自在な阿弥陀仏。
清浄人　清浄真実な阿弥陀仏のこと。
浄土論　一巻。天親（世親）（四五〇頃）の著。北魏の菩提流支の訳。くわしくは無量寿経優婆提舎願生偈という。はじめに天親みずからの願生の意を述べ、次に極楽浄土の荘厳を讃嘆し、そこに往生する行として五念門行が説かれている。
修多羅　梵語の音写。経の意。
真実功徳相　真実の功徳ということで、親鸞は名号の意とされた。
願偈総持　願偈とは浄土論の偈の部分のこと。総持とは多くの意味を総括して散失せしめないこと。
遇ふ　親鸞は本願力を信ずることと解釈している。
功徳の大宝海　南無阿弥陀仏の名号。
四種の門　五念門の前四門。即ち礼拝・讃嘆・作願・観察の四種の門。
第五門　五念門の第五、廻向門。
論の註　往生論註二巻のこと。真宗七祖の第三祖曇鸞（四七六—五四〇?）の著。天親の浄土論の註釈書。曇鸞は北魏時代雁門の人。五台山で出家し、四論の宗義に通じた。梁の大通年中、江南に陶弘景を訪い仙術を学んだが、帰途洛陽で菩提流支に会い、浄土の

仏《ぶつ》の本願力《ほんぐわんりき》を観《くわん》ずるに　*遇《まうあ》ふて空《むな》しく過《す》ぐる者なし
よく速《すみや》かに　*功徳《くどく》の大宝海《だいほうかい》を満足《まんぞく》せしむ」と。

また曰《いは》く、「菩薩は四*種《しゆ》の門《もん》に入《い》りて自利《じり》の行成就《ぎやうじやうじゆ》したまへりと、知《し》るべし。菩薩は第*五門に出《い》でて回向利益他《ゑかうりやくた》の行成就《ぎやうじやうじゆ》したまへりと、知《し》るべし。菩薩は是《かく》のごとく五門の行《ぎやう》を修《しゆ》して、自利利他《じりりた》して速《すみや》かに阿耨多羅三藐三菩提《あのくたらさんみやくさんぼだい》を成就《じやうじゆ》することを得《え》たまへるが故に」と。

抄出

*論《ろん》の註《ちう》に曰《いは》く、「謹《つつし》んで*竜樹菩薩《りうじゆぼさつ》の十住毘婆沙《ぢうびばしや》を案《あん》ずるに云《いは》く、菩薩、阿毘跋致《あびばつち》を求《もと》むるに二種の道《だう》あり。一つには難行道《なんぎやうだう》、二つには易行道《いぎやうだう》なり。難行道とは、謂《いは》く*五濁《ごぢよく》の世《よ》、無《む》仏《ぶつ》の時《とき》において阿毘跋致《あびばつち》を求《もと》むるを難《なん》とす。この難《なん》にいまし多《おほ》くの途《みち》あり、ほぼ五三を言《い》ふて以て義《ぎ》の意《こころ》を示《しめ》さむ。一つには、*外道《ぐゑだう》の相《しやう》〈脩醬《しうしやう》の反《かへし》〉善《ぜん》は菩薩の法《ほふ》を乱《みだ》る、二つには、声聞《しやうもん》は自利《じり》にして大慈悲《だいじひ》を障《さ》ふ、三つには、*無顧《むこ》の悪人《あくにん》、他《た》の勝徳《しようとく》を破《は》す、四つには、*顚《てん》倒《だう》の善果《ぜんくわ》よく*梵行《ぼんぎやう》を壊《ゑ》す、五つには、ただこれ自力《じりき》にして他力《たりき》の持《たも》つなし。これらのごときの事《こと》、目《め》に触《ふ》るるにみな是《ぜ》なり。譬《たと》へば陸路《ろくろ》の歩行《ぶぎやう》は則ち苦《くる》しきがごとし。易行道《いぎやうだう》とは、謂《いは》くただ信仏《しんぶつ》の因縁《いんえん》を以て浄土《じやうど》に生《うま》れむと願《ぐわん》ず、仏願力《ぶつぐわんりき》に乗《じよう》じて便ちかの清浄《しやうじやう》の土《ど》に往生《わうじやう》を得《え》しむ。仏力住持《ぶつりきぢうぢ》して即ち大乗《だいじよう》*正定《しやうぢやう》の聚《じゆ》に入《い》る。正定は即ちこれ阿毘跋致《あびばつち》なり。譬《たと》へば水路《すいろ》に船《ふね》に乗《じよう》じて則ち楽《たの》しきがごとし。この*無量寿経優婆提舎《むりやうじゆきやううばだいしや》は、けだし*上衍《じやうえん》「かん反、衍《かん》の字、口且反《かへし》、楽《らく》なり」の極致《ごくち》、*不退《ふたい》の風航《ふうかう》「かう反、航《かう》の字、ほなり、ふなわたし」なるものなり。無《む》量寿《りやうじゆ》はこれ安楽浄土《あんらくじやうど》の如来《によらい》の別号《べちがう》なり。釈迦牟尼仏《しやかむにぶつ》、王舎城《わうしやじやう》および舎衛国《しやゑこく》に在《ましま》して、大衆《だいしゆ》

経典を授かり、仙経をすてて深く浄土教に帰した。晩年汾州の玄忠寺に住し衆徒とともに浄業を修し、平州遙山寺に寂した。往生論註二巻、讃阿弥陀仏偈一巻などの撰述がある。

竜樹　真宗七祖の第一祖。西暦二世紀の後半、南インドに生まれ、大乗仏教を興し、般若空の思想を大成した。古来八宗の祖といわれている。中論・十二門論・大智度論・十住毘婆娑論等の著作がある。

五濁　末世の時にあらわれる避けがたい五種の汚れをいう。㈠劫濁（時代の汚れ）、㈡見濁（悪思想がはびこること）、㈢煩悩濁（いろんな煩悩が盛んになること）、㈣衆生濁（衆生の身心の素質が低下すること）、㈤命濁（人間の寿命が短くなること）。

外道の相善　仏教以外の教えの善。即ち差別にとらわれた善。

無顧の悪人　反省のない悪人。

顚倒の善果　仏教の真理にそむいたかりそめの享楽的な幸福のこと。

梵行　真実で清浄な行。

正定の聚　正しく成仏するに決定したなかまという意味。正定聚に同じ。

無量寿経優婆提舎　浄土論のこと。優婆提舎は梵語の音写。

上衍　大乗のこと。衍(えん)は梵語の音写。のりもの(乗)の意。衍(かん)の頭注あるゆえ、楽の意味もある。

不退の風航　不退の位を得る帆かけ船。

の中《なか》にして、無量寿仏《むりやうじゆぶつ》の荘厳功徳《しやうごんくどく》を説《と》きたまふ。即ち仏《ぶつ》の名号《みやうがう》を以て経《きやう》の体《たい》とす。後《のち》の聖《しやう》者《じや》、*婆藪槃頭菩薩《ばそうばんづぼさつ》、如来大悲《によらいだいひ》の教《けう》を服膺《ふくゐよう》〈一升《しよう》の反《かへし》〉して、経《きやう》にそえて願生《ぐわんしやう》の偈《げ》を作《つく》れり」と。已上

また云《いは》く、「また所願軽《しよぐわんかろ》からず、もし如来《によらい》、威神《ゐじん》を加《か》せずは、まさに何《なに》を以てか達せむ。*神力《じんりき》を乞加《こちか》す、このゆへに仰《あふ》いで告《つ》げたまへり。我一心《がいちしん》とは天親菩薩《てんじんぼさつ》の*自督《じとく》「督《とく》の字《じ》、勧《くわん》なり、率《ひく》なり、正《しやう》なり、俗に昝に作る」の詞《ことば》なり。言《い》ふこころは、無碍光如来《むげくわうによらい》を念《ねん》じて安楽《あんらく》に生《うま》れむと願《ぐわん》ず、心心相続《しんしんさうぞく》して他想間雑《たさうけんざふ》することなし。乃至　*帰命尽十方無碍光如来《くゐみやうじんじふはうむげくわうによらい》とは、帰命《くゐみやう》は即ちこれ礼拝門《らいはいもん》なり、尽十方無碍光如来《じんじふはうむげくわうによらい》は即ちこれ讃嘆門《さんだんもん》なり。何《なに》を以てか知《し》らむ、帰命はこれ礼拝《らいはい》なりとは。竜樹菩薩《りうじゆぼさつ》、*阿弥陀如来《あみだによらい》の讃《さん》を造《つく》れる中《なか》に、あるいは稽首礼《けいしゆらい》と言ひ、あるいは我帰命《がくゐみやう》と言ひ、あるいは帰命礼《くゐみやうらい》と言《い》へり。この論《ろん》の*長行《ちやうぎやう》の中《なか》に、また五念門*を修《しゆ》すと言《い》へり。五念門の中《なか》に礼拝《らいはい》はこれ一つなり。天親菩薩《てんじんぼさつ》すでに往生《わうじやう》を願《ぐわん》ず、あに礼《らい》せざるべけむや。かるがゆへに知《し》んぬ、帰命《くゐみやう》は即ちこれ礼拝《らいはい》なりと。しかるに礼拝《らいはい》はただこれ恭敬《くぎやう》にして、かならずしも帰命《くゐみやう》ならず。帰命《くゐみやう》はこれ礼拝《らいはい》なり。もしこれを以て推《すい》するに、帰命《くゐみやう》は重《ぢう》とす。偈《げ》は己心《こしん》を申《の》ぶ、よろしく帰命「命《みやう》の字《じ》、眉病《みびやう》の反《かへし》、使《し》なり、教《けう》なり、道《だう》なり、信《しん》なり、計《け》なり、召《せう》なり」と言《い》ふべし。論《ろん》に偈義《げぎ》を解《げ》するに、汎《ひろ》く礼拝《らいはい》を談《だん》ず。彼此《ひし》あい成《じやう》ず、義《ぎ》においていよいよ顕《あら》はれたり。何《なに》を以てか知《し》らむ、尽《じん》十方無碍光如来《むげくわうによらい》はこれ讃嘆門《さんだんもん》なりとは。下《しも》の長行《ちやうぎやう》の中《なか》に言《のたま》はく、いかんが讃嘆《さんだん》する、謂《いは》くかの如来《によらい》の名《みな》を称《しよう》「称《しよう》の字《じ》、処陵《しよりよう》の反《かへし》、軽重《きやうぢう》を知《し》るなり。説文《せちもん》に曰《いは》く、銓《はかり》なり、是《これ》なり、等《とう》なり、俗《ぞく》に秤《はかり》に作《つく》る。斤両《きんりやう》を正《ただ》すを言《い》ふなり。昌孕《しやうよう》の反《かへし》、昌陵《しやうりよう》の反《かへし》」

婆藪槃頭　梵名の音写。天親のこと。天親は旧訳で、新訳では世親という。真宗七祖の第二祖。五世紀頃、北インドの人。はじめ小乗教であったが、後に大乗教に帰し、浄土論をはじめ、諸経の注釈や唯識・仏性論等多くの論書を著わした。世に千部の論師という。

神力　仏の威神力のこと。

自督　ここでは自己の領解の心のこと。

帰命　帰順教命の意で、信心と同じ意。ここではそれが身業にあらわれた礼拝のこと。

阿弥陀如来の讃　易行品の弥陀章の讃文。

長行　散文のこと。浄土論は偈頌(詩・うた)と長行とで出来ている。

五念門　浄土往生を願う衆生が修める行として天親の浄土論に示された五種の行業。即ち礼拝・讃嘆・作願・観察・廻向のこと。

す、かの如来《にょらい》の*光明智相《くわうみやうちさう》のごとく、かの*名義《みやうぎ》のごとく、実《じち》のごとく修行《しゆぎやう》し相応《さうおう》せむと欲《おも》ふが故にと。乃至　天親《てんじん》いま尽十方無碍光如来《じんじふはうむげくわうにょらい》と言《のたま》へり。即ちこれかの如来《にょらい》の名《みな》に依《よ》りて、かの如来《にょらい》の光明智相のごとく讃嘆《さんだん》するが故に、知《し》んぬ、この句《く》はこれ讃嘆門《さんだんもん》なりとは。願《ぐわん》生安楽国《しやうあんらくこく》とは、この一句はこれ作願門《さぐわんもん》なり、天親菩薩《てんじんぼさつ》、帰命《くゐみやう》の意《こころ》なり。乃至

問《と》ふて曰《いは》く、*大乗経論《だいじようきやうろん》の中に、処処《しよしよ》に「衆生畢竟無生《しゆじやうひちきやうむしやう》にして虚空《こくう》の如《ごと》し」と説《と》きたまへり。いかんぞ天親菩薩《てんじんぼさつ》、願生《ぐわんしやう》と言《のたま》ふや。答《こた》へて曰《いは》く、「衆生無生《しゆじやうむしやう》にして虚空《こくう》のごとし」と説《と》くに二種あり。一つには、凡夫《ぼんぶ》の実《じち》の衆生《しゆじやう》と謂《おも》ふところのごとく、凡夫《ぼんぶ》の所見《しよけん》の実《じち》の生死《しやうじ》のごとし、この所見《しよけん》の事《こと》、畢竟《ひちきやう》じてあらゆることなけむ、*亀毛《くゐもう》のごとし、虚空《こくう》のごとしと。二つには、謂《いは》く*諸法《しよほふ》は因縁生《いんえんしやう》の故に、即ちこれ不生《ふしやう》にして、あらゆることなきこと虚空《こくう》のごとしと。天親菩薩《てんじんぼさつ》、願生《ぐわんしやう》するところはこれ因縁《いんえん》の義《ぎ》なり。因縁《いんえん》の義《ぎ》なるが故に仮《かり》に生《しやう》と名《な》づく。凡夫《ぼんぶ》の実《じち》の衆生《しゆじやう》、実《じち》の生死《しやうじ》ありと謂《おも》ふがごときにはあらざるなり。

問《と》ふて曰《いは》く、何《なん》の義《ぎ》に依《よ》りて往生《わうじやう》と説《と》くぞや。答《こた》へて曰《いは》く、この間の*仮名《けみやう》の人《にん》の中《なか》において五念門を修《しゆ》せしむ、前念《ぜんねん》と後念《ごねん》と因《いん》と作《な》る。穢土《ゑど》の仮名《けみやう》の人《にん》、浄土《じやうど》の仮名《けみやう》の人《にん》、決《くゑち》定《ちやう》して一を得《え》ず、決定《くゑちぢやう》して異《い》を得《え》ず。前心《ぜんしん》・後心《ごしん》またかくのごとし。何《なに》を以ての故に、もし一ならば則ち因果《いんぐわ》なけむ、もし異《い》ならば則ち相続《さうぞく》にあらず。この義《ぎ》一異《いちい》を観《くわん》ずる門《もん》なり、*論《ろん》の中《なか》に委曲《ゐごく》なり。第一行《だいいちかう》の三念門を釈《しやく》し竟《をは》んぬと。乃至　「我依修多羅《がえしゆたら》　真実功徳相《しんじちくどくさう》　説《せち》願偈総持《ぐわんげそうぢ》　与《よ》仏教相応《ぶつけうさうおう》」とのたまへりと。乃至　いづれのところにか依《よ》る、何《なん》の故にか依《よ》る、いかんが依《よ》ると。いづれのところにか依《よ》るとならば、修多羅《しゆたら》に依《よ》るなり。何《なん》の故にか依《よ》る

光明智相　阿弥陀如来の智慧のすがたの象徴である光明。

名義　名号の意義。阿弥陀の名は一切衆生を救うという意義を具えている。

大乗　梵語の訳。小乗に対して大乗という。大きな乗り物の意で、菩薩が六度万行を修して仏果の大益を得る法門である。小乗が自分だけの解脱を目的とする声聞・縁覚の道、いわゆる自己完成(自利)だけなのに対し、大乗は自利・利他の両面にわたる積極的な涅槃の意義を高調する。日本に現行する仏教はすべて大乗仏教に属する。

亀毛　亀の身についた藻を毛と誤認するように、現実にはないものをあるかのように思ってとらわれることをいう。

諸法は因縁生　あらゆる現象的存在(諸法)は、実体がなく、因縁によって生じたものとの意。

仮名の人　因縁によって存在しているもので、固有の実体のない、仮りに人と名づけられる存在との意。

論　竜樹の中論巻三の観因果品など。

とならば、如来《によらい》即ち真実功徳《しんじちくどく》の相《さう》なるを以ての故に。いかんが依《よ》るとならば、五念門《ごねんもん》を修《しゆ》して相応《さうおう》せるが故にと。乃至　修多羅《しゆたら》は*十二部経《ぶきやう》の中《なか》の直説《ぢきせち》の者《もの》を修多羅《しゆたら》と名《な》づく。謂《いは》く*四阿含《あごん》・*三蔵等《さんざうとう》の外《ほか》の大乗《だいじよう》の諸経《しよきやう》をまた修多羅《しゆたら》と名《な》づく。この中《なか》に依修多羅《えしゆたら》と言《い》ふは、これ三蔵《ざう》の外《ほか》の*大乗修多羅《だいじようしゆたら》なり、阿含等《あごんとう》の経《きやう》にはあらざるなり。真実功徳相《しんじちくどくさう》とは二種の功徳《くどく》あり。一つには、*有漏《うろ》の心《しん》より生《しやう》じて*法性《ほふしやう》に順《じゆん》ぜず。いはゆる凡夫人天《ぼんぶにんでん》の諸善《しよぜん》、人天《にんでん》の果《くわ》報《ほう》、もしは因《いん》、もしは果《くわ》、みなこれ顛倒《てんだう》す、みなこれ虚偽《こぐゐ》なり。この故に不実《ふじち》の功徳《くどく》と名《な》づく。二つには、菩薩《ぼさつ》の智慧《ちゑ》清浄《しやうじやう》の業《ごふ》より起《お》こりて*仏事《ぶつじ》を荘厳《しやうごん》す。法性《ほふしやう》に依《よ》りて清浄《しやうじやう》の相《さう》に入《い》れり。この法《ほふ》、顛倒《てんだう》せず虚偽《こぐゐ》ならず、真実《しんじち》の功徳《くどく》と名《な》づく。いかんが顛倒せざる、法性により*二諦《にたい》に順《じゆん》ずるが故に。いかんが虚偽《こぐゐ》ならざる、衆生《しゆじやう》を摂《せふ》して*畢竟浄《ひちきやうじやう》に入《い》るが故なり。説願偈総持与仏教相応《せちぐわんげそうぢよぶつけうさうおう》とは、持《ぢ》は不散不失《ふさんふしち》に名《な》づく、総《そう》は少《せう》を以て多《た》を摂《せふ》するに名《な》づく。乃至　願は欲楽往生《よくげうわうじやう》に名《な》づく。乃至　与仏教相応《よぶつけうさうおう》とは、譬《たと》へば*函蓋相称《かんがいさうしよう》するがごとしとなり。乃至

「いかんが*廻向《ゑかう》する、一切苦悩《くなう》の衆生《しゆじやう》を捨《す》てずして、心《こころ》に常《つね》に作願《さぐわん》すらく、廻向《ゑかう》を首《しゆ》として大悲心《だいひしん》を成就《じやうじゆ》することを得《え》たまへるが故に」とのたまへり。廻向《ゑかう》に二種の相《さう》あり。一つには往相《わうさう》、二つには還相《ぐゑんさう》なり。往相とは、おのれが功徳《くどく》を以て一切衆生に廻施《ゑせ》して、作《さ》願《ぐわん》してともに阿弥陀如来《あみだにょらい》の安楽浄土《あんらくじやうど》に往生《わうじやう》せしめたまへるなり」と。抄出

*安楽集《あんらくしふ》に云《いは》く、「*観仏三昧経《くわんぶつさんまいきやう》に云《いは》く、「*父《ちち》の王《わう》を勧《すす》めて*念仏三昧《ねんぶつさんまい》を行《ぎやう》ぜしめたまふ。父《ちち》の王《わう》、仏《ぶつ》に白《まう》さく、*仏地《ぶつぢ》の果徳《くわとく》、*真如実相《しんによじちさう》*第一義空《だいいちぎくう》、何《なに》に因《よ》りてか弟子《でし》をしてこれを行《ぎやう》ぜ

十二部経　経典を形式や内容から十二種に分類したものの総称。

四阿含　小乗教の根本聖典である長・中・雑・増一の四部の阿含経。

三蔵　経・律・論の三蔵のこと。いまは小乗仏教の経典の総称。

大乗修多羅　大乗の経典をいう。十二部経の中の修多羅と区別していう。

有漏　漏は漏泄の義で、煩悩のこと。迷いの世界は、煩悩をもらすから有漏という。

法性　改変することのない法の法たる性という意で、一切の存在の本性。真如のこと。

仏事　仏が一切衆生を救おうとしてなすはたらき。

二諦　真諦と俗諦のこと。真諦とは差別的な相を超えた絶対平等な空の真理を示す面をいい、俗諦とは相対差別の面をいう。

畢竟浄　この上ない浄らかな涅槃のさとり。

函蓋相称　函(はこ)と蓋(ふた)とがよく合うように、三経の説と浄土論の説とが、全くあいかなうこと。

廻向　五念門の第五の廻向門のこと。

安楽集　二巻。真宗七祖の第四祖、道綽(五六二—六四五)の著。十二大門に分けて往生安楽の道を示す。

観仏三昧経　十巻(大正蔵一五)。詳しくは観仏三昧海経という。東晋の仏陀跋陀羅の訳。十二品に分かれ、仏の相好功徳を観想する相状や利益

しめざると。仏《ぶつ》、父《ちち》の王《わう》に告《つ》げたまはく、諸仏《しよぶつ》の果徳《くわとく》、無量深妙《むりやうじんめう》の境界《きやうがい》、*神通《じんづう》*解脱《げだち》まします。これ凡夫《ぼんぶ》の所行《しよぎやう》の境界《きやうがい》にあらざるが故に、父の王を勧《すす》めて念仏三昧《ねんぶつさんまい》を行《ぎやう》ぜしめたてまつると。父《ちち》の王《わう》、仏《ぶつ》に白《まう》さく、念仏《ねんぶつ》の功《くう》その状《かたち》いかんぞと。仏《ぶつ》、父《ちち》の王《わう》に告《つ》げたまはく、*伊蘭林《いらんりん》の方《はう》四十由旬《ゆじゆん》ならむに、一科《いちくわ》の*牛頭栴檀《ごづせんだん》あり。根芽《こんげ》ありといへども、なほいまだ土《つち》を出《い》でざるに、その伊蘭林《いらんりん》ただ臭《くさ》くして、香《かう》ばしきことなし。もしその華菓《くゑくわ》を*噉《だん》することあらば、狂《わう》を発《おこ》して死《し》せむ。後《のち》の時《とき》に栴檀《せんだん》の根芽《こんげ》やうやく生長《しやうちやう》して、わづかに樹《き》に成《な》らむとす。香気《かうげ》昌盛《しやうじやう》にして、遂《つひ》によくこの林《はやし》を改変《かいへん》してあまねくみな香美《かうみ》ならしむ。衆生《しゆじやう》見る者《もの》みな希有《けう》の心《しん》を生《しやう》ぜむがごとし。仏《ぶつ》、父《ちち》の王《わう》に告《つ》げたまはく、一切衆生、生死《しやうじ》の中《なか》にありて念仏《ねんぶつ》の心《しん》もまたかくのごとし。ただよく念《ねん》を繫《か》けて止《や》まざれば、定《さだ》んで仏前《ぶつぜん》に生《しやう》ぜむ。ひとたび往生を得《う》れば、即ちよく一切の諸悪《しよあく》を改変《かいへん》して大慈悲《だいじひ》を成《じやう》ぜむこと、かの香《かう》樹《じゆ》の伊蘭林《いらんりん》を改《あらた》むるがごとし」。言《い》ふところの伊蘭林《いらんりん》とは、衆生《しゆじやう》の身《み》の内《うち》の*三毒《どく》・*三障《しやう》無《む》辺《へん》の重罪《ぢうざい》に喩《たと》ふ。栴檀《せんだん》と言《い》ふは、衆生《しゆじやう》の念仏《ねんぶつ》の心《しん》に喩《たと》ふ。わづかに樹《き》とならむとすといふは、謂《いは》く一切衆生ただよく念《ねん》を積《つ》みてたへざれば*業道成弁《ごふだうじやうべん》するなり。

問《と》ふて曰《いは》く、一衆生の念仏《ねんぶつ》の功《くう》を計《はか》りてまた一切を知《し》るべし。何《なに》に因《よ》りてか一念の功力《くりき》、よく一切の諸障《しよしやう》を断《だん》ずること、一つの香樹《かうじゆ》の、四十由旬《ゆじゆん》の伊蘭林《いらんりん》を改《あらた》めてことごとく香美《かうみ》ならしむるがごとくならむや。

答《こた》へて曰《いは》く、諸部《しよぶ》の大乗《だいじよう》に依《よ》りて念仏三昧《ねんぶつさんまい》の功能《くのう》の不可思議《ふかしぎ》なるを顕《あら》はさむとなり。何《いか》んとならば、*華厳経《くゑごんぎやう》に云《い》ふがごとし。「譬《たと》へば人《ひと》ありて師子《しし》の筋《すぢ》をもて、以て琴《こと》の絃《を》とせむ

を説く。いまの引用は六譬品の第二譬の取意。
父の王　釈尊の父の浄飯王のこと。
念仏三昧　一心に弥陀仏を念じ、御名をとなえること。三昧とは定と訳し、一つのものに精神を集注して、ほかのことを思わないこと。
仏地の果徳　仏の功徳。
真如　一切の存在を存在の如く真実にあらしめる存在性。縁起・因縁生・空・無我無常・法性などと名づけられる存在性。
第一義空　真如の異名。真如は凡夫の執着をはなれた空の意味だから、第一義の空と名づけたもの。
神通　不思議な通力。
解脱　煩悩に心を縛られている状態から脱して自由になること。涅槃、さとりを得ること。
伊蘭　強い悪臭をはなつ木の名。
牛頭栴檀　梵語の音写。よい香りのする木の名。インド摩羅耶山(牛頭山)に産する。色は銅赤色で、赤檀ともいい、麝香に似た香気を有する。
噉する　食べる。
三毒　善根を毒害する貪欲(むさぼり)、瞋恚(いかり)、愚痴(おろかさ)の三つの煩悩のこと。
三障　さとりへの道をさまたげ、善心を害する惑・業・苦のこと。
業道成弁　浄土往生の行業の因が完成して、証果を得るに決定したこと。
華厳経　大方広仏華厳経(大正蔵九・

一〇のこと。釈尊が成道して最初に説かれた経典という。文殊・普賢等の大士のために正覚の内容をそのままあらわされたもの。これに三訳がある。㈠東晋の仏陀跋陀羅訳、六十巻。六十華厳と略称。㈡唐の実叉難陀訳、八十巻。八十華厳と略称。㈢唐の般若三蔵訳、四十巻。四十華厳と略称。

翳身薬　すがたをかくす薬。

摩訶衍　摩訶衍論の意。摩訶衍は梵語の音写。大乗のこと。ここでは、竜樹の大智度論(大正蔵二五)を指す。

大経の讃　曇鸞の讃阿弥陀仏偈のこと(大正蔵四七)。

徳号　名号。功徳の多い弥陀の尊号の意。

大利　往生成仏の大利益。

大千世界　須弥山を中心とした一小世界の一千倍を小千世界といい、その小千世界の一千倍を中千世界といい、中千世界の一千倍を大千世界という。また千の三重であるから、三千大千世界ともいう。

目連所問経　現存の目連所問経(北宋の法天の訳、大正蔵二四)にはこの文はない。

目連　梵名(摩訶目犍連)の音略。大目犍連といわれ、仏の十大弟子の一

に、音声《おんじやう》一たび奏《そう》するに一切の余《よ》の絃《を》ことごとくみな断壊《だんゑ》するがごとし。もし人《ひと》、菩提心《ぼだいしん》の中《なか》に念仏三昧《ねんぶつさんまい》を行《ぎやう》ずれば、一切の煩悩《ぼんなう》、一切の諸障《しよしやう》、ことごとくみな断滅《だんめち》すと。また人《ひと》ありて、牛《ご》・羊《やう》・驢馬《ろめ》一切の諸乳《しよにう》を搆《しぼ》し取《と》りて一器《き》の中《なか》に置《を》かむに、もし師子《しし》の乳《ち》一渧《たい》をもてこれを投《な》ぐるに、直《ただ》ちに過《す》ぎてはばかりなし、一切の諸乳《しよにう》ことごとくみな破壊《はゑ》して変《へん》じて清水《しやうずい》となるがごとし。もし人《ひと》、ただよく菩提心《ぼだいしん》の中《なか》に念仏三昧《ねんぶつさんまい》を行《ぎやう》ずれば、一切の悪《あく》魔《ま》諸障《しよしやう》ただちに過《す》ぐるに、はばかりなし」。またかの経《きやう》に云《いは》く、「譬《たと》へば人《ひと》ありて、*翳身薬《えいしんやく》をもて処処《しよしよ》に遊行《ゆぎやう》するに、一切の余行《よぎやう》この人《ひと》を見《み》ざるがごとし。もしよく菩提心《ぼだいしん》の中《なか》に念《ねん》仏三昧《ぶつさんまい》を行《ぎやう》ずれば、一切の悪神《あくしん》、一切の諸障《しよしやう》この人《ひと》を見《み》ず、もろもろの処処《しよしよ》に随《したが》ひてよく遮障《しやしやう》することなきなり。何《なん》が故ぞとならば、よくこの念仏三昧《ねんぶつさんまい》を念《ねん》ずるは、即ちこれ一切三昧《さんまい》の中《なか》の王《わう》なるが故なり」と。

また云《いは》く、「*摩訶衍《まかえん》の中《なか》に説《と》きて云《い》ふがごとし。「諸余《しよよ》の三昧《さんまい》、三昧《さんまい》ならざるにはあらず。何《なに》を以ての故に、あるいは三昧《さんまい》あり、ただよく瞋《しん》を除《のぞ》いて癡貪《ちとん》を除《のぞ》くことあたはず。あるいは三昧《さんまい》あり、ただよく貪《とん》を除《のぞ》いて瞋癡《しんち》を除《のぞ》くことあたはず。あるいは三昧《さんまい》あり、ただよく癡《ち》を除《のぞ》いて瞋《しん》を除《のぞ》くことあたはず。あるいは三昧《さんまい》あり、ただよく現在《げんざい》の障《さはり》を除《のぞ》いて過《くわ》去《こ》・未来《みらい》の一切諸障《しよしやう》を除《のぞ》くことあたはず。もしよく常《つね》に念仏三昧《ねんぶつさんまい》を修《しゆ》すれば、現在《げんざい》・過去《くわこ》・未来《みらい》の一切諸障を問《と》ふことなくみな除《のぞ》くなり」」。

また云《いは》く、「*大経の讃《だいきやうさん》に云《いは》く、「もし阿弥陀《あみだ》の*徳号《とくがう》を聞《き》きて、歓喜讃仰《くわんぎさんがう》し、心帰依《しんくゐえ》すれば、下《しも》一念《ねん》に至《いた》るまで*大利《だいり》を得《う》、則ち功徳《くどく》の宝《ほう》を具足《ぐそく》すとす。たとひ*大千世《だいせんせ》界《かい》に満《み》てらむ火《ひ》を

も、また直《ただ》ちに過《す》ぎて仏《ぶつ》の名《みな》を聞《き》くべし、阿弥陀《あみた》を聞《き》かば、また退《たい》せず。この故に心《しん》を至《いた》して稽《け》首《しう》し礼《らい》したてまつる」と。

また云《いは》く、「また*目連所問経《もくれんしよもんぎやう》のごとし。「仏《ぶつ》、*目連《もくれん》に告《つ》げたまはく、譬《たと》へば万川長流《まんせんちやうる》に草《さう》木《もく》ありて、前《まへ》は後《うしろ》を顧《かへり》みず、後《うしろ》は前《まへ》を顧《かへり》みず、すべて大海《たいかい》に会《ゑ》するがごとし。世間《せけん》もまたしかなり。豪貴富楽自在《がうくゐふらくじざい》なることありといへども、ことごとく生老病死《しやうらうびやうし》を勉《まぬか》るることを得《え》ず。ただ仏経《ぶつきやう》を信《しん》ぜざるに由《よ》りて、後世《ごせ》に人《ひと》と為《な》りて、さらにはなはだ困劇《こんぎやく》して*千仏《せんぶつ》の国《こく》土《ど》に生《うま》れむことを得《う》ることあたはず。この故にわれ説《と》かく、無量寿仏国《むりやうじゆぶつこく》は往《ゆ》き易《やす》く取《と》り易《やす》くして、人修行《ひとしゆぎやう》して往生することあたはず、反《かへ》りて*九十五種《しゆ》の邪道《じやだう》に事《つか》ふ。われこの人《ひと》を説《と》きて眼《まなこ》なき人《ひと》と名《な》づく、耳《みみ》なき人《ひと》と名《な》づく」と。経教《きやうげう》すでにしかなり。なんぞ難《なん》を捨《す》てて易行道《いぎやうだう》に依《よ》らざらむ」と。已上

*光明寺《くわうみやうじ》の和尚《くわしやう》の云《いは》く、「また*文殊般若《もんじゆはんにや》に云《い》ふがごとし。「*一行三昧《いちぎやうさんまい》を明《あ》かさむと欲《おも》ふ。ただ勧《すす》めて、独《ひと》り*空閑《くうげん》に処《しよ》してもろもろの乱意《らんい》を捨《す》てて、心《こころ》を一仏に係《か》けて、相貌《さうめう》を観《くわん》ぜず専《もは》ら名字《みやうじ》を称《しよう》すれば、即ち念《ねん》の中《なか》において、かの阿弥陀仏《あみだぶつ》および一切の仏等《ぶつとう》を見《み》ることを得《う》」といへり。

問《と》ふて曰《いは》く、何《なん》が故ぞ観《くわん》を作《な》さしめずして、直《ただ》ちに専《もは》ら名字《みやうじ》を称《しよう》せしむるは、何《なん》の意かあるや。答《こた》へて曰《いは》く、いまし衆生障《しゆじやうさは》り重《おも》くして、*境《きやう》は細《さい》なり、心《しん》は麁《そ》なり、識《しき》あがり神飛《じんと》んで観成就《くわんじやうじゆ》し難《がた》きに由《よ》りてなり。ここを以て*大聖悲憐《だいしやうひれん》して、直《ただ》ちに勧《すす》めて専《もは》ら名字《みやうじ》を称《しよう》せしむ。正《まさ》しく称名易《しようみやうやす》きに由《よ》[由《ゆ》の字、以周《いしゆ》の反《かへし》、行《ぎやう》なり、経《きやう》なり、従《じゆ》なり、用《よう》なり]るが故に、相続《さうぞく》

人。神通第一といわれた。

千仏の国土　千仏が出世したもう国。

九十五種の邪道　釈尊在世の時に仏教以外の教えを説く六人の師(六師外道)があり、そのおのおのに十五人の弟子があったので、師弟合すると、九十六種となる。このうち、仏教の教えに似た一派があるので、それを除いて、九十五種の邪道というのである。

光明寺の和尚の云く　善導の往生礼讃一巻(大正蔵四七)。光明寺の和尚は、善導(六一三―六八一)のこと。真宗七祖の第五祖。中国の長安の光明寺に住したからかく名づける。唐代の人。姓は朱氏。泗州の人。道綽の弟子。観経疏・往生礼讃・観念法門・般舟讃など五部九巻の著がある。

文殊般若　文殊師利所説摩訶般若波羅蜜経巻下(大正蔵八)、または大宝積経の文殊般若会の文(大正蔵一一)。

一行三昧　専修念仏、念仏三昧のこと。文殊般若経には真如法性の理を観ずることを一行三昧といい、一行三昧に入ろうと思えば一心にもっぱら念仏せよとある。善導はこの意をうけて専修念仏を一行三昧としたのである。

空閑　静かなところ。

境は細、心は麁　観想の対象たるものは細やかなのに、主体たる人間の心が粗いこと。

大聖　釈尊のこと。

して即ち生《しやう》ずと。
　問《と》ふて曰《いは》く、すでに専《もは》ら一仏を称《しよう》せしむるに、何《なん》が故ぞ境《きやう》、現《げん》ずること即ち多《おほ》き。これあに邪正《じやしやう》あひ交《まじ》り一多《いちた》雑現《ざふげん》するにあらずや。答《こた》へて曰《いは》く、仏《ぶつ》と仏《ぶつ》と斉《ひと》しく証《しよう》して形《かたち》二の別《べち》なし。たとひ一を念《ねん》じて多《た》を見《み》ること、何《なん》の大道理《だいだうり》にか乖《そむ》かむや。また観経《くわんぎやう》に云《い》ふがごとし。勧《すす》めて坐観《ざくわん》・礼念等《らいねんとう》を行《ぎやう》ぜしむ。皆《みな》すべからく面《おもて》を西方《さいはう》に向《む》かふは最勝《さいしよう》なるべし。樹《き》の先《さき》より傾《かたむ》けるが倒《たふ》るるに、必《かなら》ず曲《まが》るに随《したが》ふがごとし。かるがゆへに必《かなら》ず事《こと》の礙《さはり》ありて西《さい》方《はう》に向《む》かふにおよばずは、ただ西《にし》に向《む》かふ想《おもひ》を作《な》す、また得《え》たり。
　問《と》ふて曰《いは》く、一切諸仏*三身同《おな》じく証《しよう》し、*悲智《ひち》果円《くわゑん》にしてまた無二《むに》なるべし。方《はう》に随《したが》ふて一仏を礼念《らいねん》し課称《くわしよう》せむに、また生《うま》るることを得《う》べし。何《なん》が故ぞ、ひとへに西方《さいはう》を嘆《たん》じて専《もは》ら礼念等《らいねんとう》を勧《すす》むる、何《なん》の義《ぎ》かあるや。答《こた》へて曰《いは》く、諸仏《しよぶつ》の所証《しよしよう》は平等《びやうどう》にしてこれ一つなれども、もし願行《ぐわんぎやう》を以て来《き》たし取《をさ》むるに因縁《いんえん》なきにあらず。しかるに弥陀世尊《みだせそん》もと深重《じんぢう》の誓《せい》願《ぐわん》を発《おこ》して、光明《くわうみやう》・名号《みやうがう》を以て十方を摂化《せふくゑ》したまふ。ただ信心《しんじん》をして求念《ぐねん》せしむれば、上《かみ》*一形《いちぎやう》を尽《つ》くし、下《しも》十声《しやう》・一声等《しやうとう》に至《いた》るまで、仏願力《ぶつぐわんりき》を以て往生《わうじやう》を得《え》やすし。この故に釈《しや》迦《か》および諸仏《しよぶつ》勧《すす》めて西方《さいはう》に向《む》かうるを別異《べちい》とすならくのみと。またこれ余仏《よぶつ》を称念《しようねん》して障《さはり》を除《のぞ》き、罪《つみ》を滅《めち》することあたはざるにはあらざるなりと、知《し》るべし。もしよく上《かみ》のごとく念念相続《ねんねんさうぞく》して*畢命《ひちみやう》を期《ご》とする者《もの》は十即十生《じふそくじふしやう》、百即百生《ひやくそくひやくしやう》なり。何《なに》を以ての故に、外《ぐゑ》の*雑縁《ざふえん》なし、*正念《しやうねん》を得《え》たるが故に、仏《ぶつ》の本願《ほんぐわん》と相応《さうおう》を得《う》るが故に、教《けう》に違《ゐ》せざるが故に、仏語《ぶつご》に随順《ずいじゆん》するが故なり」と。已上

三身　仏身の三位態。法身(色もなく形もなき真如のさとりそのもの)、報身(因位における無量の願行によって報われて得る仏身)、応身(救いの相手に応じてあらわれた仏身)の三。

悲智果円　慈悲と智慧との仏果をまどかに。

一形　一生涯。

畢命　命がおわること。

雑縁　煩悩や悪業など念仏をさまたげる縁。

正念　信心。

智願海　阿弥陀如来の本願のこと。弥陀の本願は大智慧から起こったものであり、衆生を海のように広く深く救うから智願海という。

大千　大千世界。

万年　末法万年のこと。仏教においては釈尊の入滅後を正・像・末の三つの時代に分ける。正法は釈尊入滅後五百年間をいい、教(仏の教法)・行(その実践)・証(実践の結果としてのさとり)がすべて備わっている時代、像法は正法ののち千年間で、証はないが教・行の二法は存して、

また云《いは》く、「ただ念仏《ねんぶつ》の衆生《しゆじやう》をみそなはして、摂取《せふしゆ》して捨《す》てざるが故に、阿弥陀《あみた》と名《な》づく」と。已上

また云《いは》く、「弥陀《みだ》の*智願海《ちぐわんかい》は、深広《じんくわう》にして涯底《がいてい》なし。名《みな》を聞《き》きて往生《わうじやう》せむと欲《おも》へば、皆《みな》ことごとくかの国《くに》に到《いた》ると。たとひ*大千《だいせん》に満《み》てらむ火《ひ》にも、直《ただ》ちに過《す》ぎて仏《ぶつ》の名《みな》を聞《き》け。名《みな》を聞《き》きて歓喜《くわんぎ》し讃《さん》ずれば、皆《みな》まさにかしこに生《うま》れむことを得《う》べし。*万年《まんねん》に*三宝滅《さんぼうめち》せむに、この経《きやう》、住《ぢう》すること百年《ひやくねん》せむ。そのとき聞《き》きて一念せむ。皆《みな》まさにかしこに生《うま》れむことを得べし」と。抄要

また云《いは》く、「現《げん》にこれ生死《しやうじ》の凡夫《ぼんぶ》、罪障深重《ざいしやうじんぢう》にして*六道《だう》に輪回《りんゑ》せり。苦《くる》しみ言《い》ふべからず。いま*善知《ぜんぢ》識《しき》にあひて弥陀本願《みだほんぐわん》の名号《みやうがう》を聞《き》くことを得《え》たり。一心称念《しようねん》して往生《わうじやう》を求願《ぐぐわん》せよ。願《ねが》はくは仏《ぶつ》の慈悲《じひ》、本弘誓願《ほんぐぜいぐわん》を捨《す》てたまはざれば弟子《でし》を摂受《せふじゆ》したまふべし」と。已上

また云《いは》く、「問《と》ふて曰《いは》く、阿弥陀仏《あみだぶつ》を称念《しようねん》し礼観《らいくわん》して、現世《げんぜ》にいかなる功徳利益《くどくりやく》かあるや。答《こた》へて曰《いは》く、もし阿弥陀仏《あみだぶつ》を称《しよう》すること一声するに、即ちよく八十億劫《おくこふ》の生死《しやうじ》の重罪《ぢうざい》を除《ちよ》滅《めち》す。礼念已下《らいねんいげ》もまたかくのごとし。*十往生経《じふわうじやうきやう》に云《いは》く、「もし衆生《しゆじやう》ありて阿弥陀仏《あみだぶつ》を念《ねん》じて往生《わうじやう》を願《ぐわん》ずれば、かの仏《ぶつ》即ち*二十五菩薩を遣《つか》はして、行者《ぎやうじや》を擁護《おうご》して、もしは行《ぎやう》もしは坐《ざ》、もしは住《ぢう》もしは臥《ぐわ》、もしは昼《ちう》もしは夜《や》、一切時・一切処に、悪鬼《あくくゐ》・悪神《あくじん》をしてその*便《たより》を得《え》しめざるなり」。また観経《くわんぎやう》に云《い》ふがごとし。「もし阿弥陀仏《あみだぶつ》を称《しよう》し礼念《らいねん》してかの国《くに》に往《わう》生《じやう》せむと願《ねが》へば、かの仏《ぶつ》即ち無数《むしゆ》の*化仏《くゑぶつ》、無数《むしゆ》の化《くゑ》*観音《くわんおん》・*勢至《せいし》菩薩《ぼさつ》を遣《つか》はして行者《ぎやうじや》を護《ご》念《ねん》したまふ。また前《さき》の二十五菩薩等《とう》と百重千重《ひやくぢうせんぢう》行者《ぎやうじや》を囲遶《ゐねう》して、行住坐臥《ぎやうぢうざぐわ》、一切時処《じしよ》、も

なお正法に似ているからこういい、像法ののち万年を末法という。即ち教のみあって行・証がない末法の時代が万年つづくということ。

三宝　仏宝・法宝・僧宝。

六道　地獄・餓鬼・畜生・修羅・人間・天上の六つの境界。六趣に同じ。

善知識　正しい教えを説いて、仏教に導き入れてくれるかた。ここでは釈尊をさす。

十往生経　詳しくは十往生阿弥陀仏国経という。弥陀の浄土に往生する十種の法を説く。貞元録には偽経としている。

二十五菩薩　弥陀来迎のとき従って来る二十五の菩薩。即ち観世音・大勢至・薬王・薬上・普賢・法自在王・陀羅尼・白象王・虚空蔵・宝蔵・徳蔵・金蔵・光明王・金剛蔵・山海慧・華厳・日照王・月光王・衆宝王・三味王・師子吼・定自在王・大威徳・大自在王・無辺身の二十五菩薩。

便を得しめず　乗ずる隙を与えない。

化仏　人に応じ、時に応じて種々に形を変えて相手を救うためにあらわれる仏身をいう。化幻の仏。

観音　観世音・観自在ともいい、また救世菩薩ともいう。阿弥陀仏の左の脇士であって、仏の慈悲をあらわし、民間にもっとも広く信仰されている菩薩。

勢至　大勢至菩薩。阿弥陀仏の右の脇士で智慧をあらわす。

しは昼《ちう》もしは夜《や》を問《と》はず、常《つね》に行者《ぎやうじや》を離《はな》れたまはず」。今《いま》すでにこの*勝益《しようやく》まします、憑《たの》むべし。願《ねが》はくはもろもろの行者《ぎやうじや》、おのおの至心《ししん》をもちゐて往《ゆ》くことを求《もと》めよ。また無量寿《むりやうじゆ》経《きやう》に云《い》ふがごとし。「もしわれ成仏《じやうぶつ》せむに、十方の衆生《しゆじやう》わが名号《みやうがう》を称《しよう》せむ、下十声《しもじふしやう》に至《いた》るまで、もし生《うま》れずは正覚《しやうがく》をとらじ」と。かの仏《ぶつ》いま現《げん》にましまして成仏《じやうぶつ》したまへり。まさに知《し》るべし、本誓重願《ほんぜいぢうぐわん》むなしからず、衆生称念《しゆじやうしようねん》すれば、必《かなら》ず往生《わうじやう》を得《う》と。また弥陀経《みだきやう》に云《い》ふがごとし。「もし衆生《しゆじやう》ありて、阿弥陀仏《あみだぶつ》を説《と》くを聞《き》きて即ち名号《みやうがう》を執持《しふぢ》すべし。もしは一日《にち》、もしは二日《にち》、乃至《ないし》七日《にち》、一心に仏《ぶつ》を称《しよう》して乱《みだ》れざれ。命終《いのちをは》らむとするとき、阿弥陀仏《あみだぶつ》もろもろの聖衆《しやうじゆ》と現《げん》じてその前《まへ》にましまさむ。この人終《ひとをは》らむとき、心顛倒《しんてんだう》せず、即ちかの国《くに》に往生《わうじやう》することを得《え》む。仏《ぶつ》、舎利弗《しやりほつ》に告《つ》げたまはく、われこの利《り》を見《み》るが故にこの言《ごん》を説《と》く。もし衆生《しゆじやう》ありてこの説《せち》を聞《き》かむものは、まさに願《ぐわん》を発《おこ》し、かの国《くに》に生《うま》れむと願ずべし」。つぎ下《しも》に説《と》きて云《いは》く、「東方《とうばう》の如恒河沙等《によごうがしやとう》の諸仏《しよぶつ》、南西北方《なんざいほくはう》および上下《じやうげ》一一の方《はう》に*恒河沙等《ごうがしやとう》の諸仏《しよぶつ》のごとき、おのおの本国《ほんごく》にしてその舌相《ぜちさう》を出《いだ》して、あまねく三千大千世界《さんぜんだいせんせかい》に覆《おほ》ふて誠実《じやうじち》の言《ごん》を説《と》きたまはく、なんたち衆生みなこの一切諸仏の護念《ごねん》したまふところの経《きやう》を信《しん》ずべし。云何護念《いかんがごねん》と名《な》づくると。もし衆生ありて阿弥陀仏《あみだぶつ》を称念《しようねん》せむこと、もしは七日《にち》、一日《にち》、下至《げし》一声、乃至《ないし》十声一念等《とう》に及《およ》ぶまで、必《かなら》ず往生を得《う》と。この事《こと》を証誠《しようじやう》せるが故に護念経《ごねんぎやう》と名《な》づく」。つぎ下《しも》の文《もん》に云《いは》く、「もし仏《ぶつ》を称《しよう》して往生する者は、常《つね》に六*方恒河沙等《ごうがしやとう》の諸仏《しよぶつ》のために護念《ごねん》せらる、かるがゆへに護念経《ごねんぎやう》と名《な》づく」。いますでにこの*増上《ぞうじやう》の誓願《せいぐわん》います、憑《たの》むべし。もろもろの仏子等《ぶつしとう》、なんぞ意《こころ》を励《はげ》まして去《ゆ》かざらむや」

勝益　すぐれた利益。

恒河沙　ガンジス川の砂のように数多いこと。

六方　東・西・南・北・上・下の六方。

増上の誓願　この上なくすぐれた如来の本願。

智昇　史実・律、二乗の学に通じた唐代の学者。長安の崇福寺に住す。開元釈教録・集諸経礼懺儀・続古今訳経図紀など多くの著述がある。

集諸経礼懺儀　二巻(大正蔵四七)。智昇の著。諸経中の礼讃の文を集めたもので、上巻には諸経中の礼讃文、下巻には善導の往生礼讃の全文が収めてある。

弘願と……　善導の観経疏玄義分の文。弘願は広弘の誓願の意で、四十八願を摂める第十八願を指す。要門(第十九願の教え)、真門(第二十願の教え)の方便の教えに対して弘願という。

大願業力　大願力と大業力。即ち弥陀の五劫思惟の本願の力と、兆載永劫の修行の力。

増上縁　すぐれて強い縁の意で、浄土に生まれるための、阿弥陀如来のすぐれた強縁をいう。

発願廻向　浄土に生まれたいと願い、

と〈*智昇法師《ちしようほふし》の*集諸経礼懺儀《しふしよきやうらいさんぎ》の下巻は、善導和尚《ぜんだうくわしやう》の礼懺《らいさん》なり。これによる〉。

また云《いは》く、「*弘願《ぐぐわん》と言《い》ふは、大経《だいきやう》の説《せち》のごとし。一切善悪《さいぜんあく》の凡夫《ぼんぶ》生《しやう》ずることを得《う》るは、皆《みな》、阿弥陀仏《あみだぶつ》の*大願業力《だいぐわんごふりき》に乗《じよう》【乗《じよう》の字《じ》、食陵《じきりよう》の反《かへし》、また宝証《ほうしよう》の反《かへし》、駕《が》なり、勝《しよう》なり、登《とう》なり、守《しゆ》なり、覆《ふく》なり】じて、*増上縁《ぞうじやうえん》とせざるはなきなり」と。

また云《いは》く、「南無《なむ》と言《い》ふは、即ちこれ帰命《くゐみやう》なり。またこれ*発願回向《ほちぐわんゑかう》の義《ぎ》なり。阿弥陀仏《あみだぶつ》と言《い》ふは、即ちこれその行《ぎやう》なり。この義《ぎ》を以ての故に必《かなら》ず往生《わうじやう》を得《う》」と。

また云《いは》く、「*摂生増上縁《せふしやうぞうじやうえん》と言《い》ふは、無量寿経《むりやうじゆきやう》の四十八願の中《なか》に説《と》くがごとし。「仏《ぶつ》の言《のたま》はく、もしわれ成仏《じやうぶつ》せむに、十方の衆生《しゆじやう》、わが国《くに》に生《うま》れむと願じて、わが名字《みやうじ》を称《しよう》すること下《しも》十声に至《いた》るまで、わが願力《ぐわんりき》に乗《じよう》じてもし生《うま》れずは正覚《しやうがく》をとらじ」と。これ即ちこれ往生《わうじやう》を願ずる行人《ぎやうにん》、命終《いのちをは》らむとするとき、願力摂《せふ》して往生を得《え》しむ。かるがゆゑに摂生増上縁《せふしやうぞうじやうえん》と名《な》づく」と。

また云《いは》く、「善悪《ぜんあく》の凡夫《ぼんぶ》、*回心《ゑしん》し*起行《きぎやう》してことごとく往生を得《え》しめむと欲《ほつ》す。これまたこれ*証生増上縁《しようしやうぞうじやうえん》なり」と。已上

また云《いは》く、「*門門不同《もんもんふどう》にして*八万四なり。*無明《むみやう》と*果《くわ》と*業因《ごふいん》とを滅《めち》せむための利剣《りくゑん》は、即ちこれ弥陀《みだ》の号《みな》なり。一声称念《しようねん》するに、罪《つみ》みな除《のぞ》こると。*微塵《みぢん》の故業《ここふ》と随智《ずいち》と滅《めち》す。覚《おし》【覚の字、教《けう》の音《こゑ》なり】へざるに*真如《しんによ》の門《もん》に転入《てんにふ》す。*娑婆長劫《しやばぢやうごふ》の難《なん》を免《まぬか》るることを得《う》ることは、ことに知識釈迦《ちしきしやか》の恩《おん》を蒙《かふ》れり。種種《しゆじゆ》の思量巧方便《しりやうげうはうべん》をもて、選《えら》びて弥陀弘誓《みだぐぜい》の門《もん》を得《え》しめたまへり」と。已上抄要

すべての善根功徳を往生の目的にさしむけること。

摂生増上縁…　善導の観念法門の文。観念法門に念仏の利益として説く五種の増上縁の第四である。五種増上縁とは、滅罪・護念・見仏・摂生・証生の各増上縁をいい、摂生増上縁とは、衆生を摂して浄土に往生せしめるすぐれた強縁をいう。

回心　心をひるがえすこと。自力の心をひるがえして他力の教えに帰すること。

起行　信心の上から身・口・意の行業を起こすこと。

証生増上縁　五種増上縁の第五。釈迦・諸仏が衆生の往生を証誠・証明・保証されることをいう。

門門不同…　善導の般舟讃(大正蔵四七)の文。門門不同は、仏教の法門に種々の相違のあること。

八万四　八万四千の法門のこと。仏教が多門であることを示す。

無明　迷いの根本となるもので、真実の理にくらいこと。

果　生死の苦果。

業因　苦果をまねく惑と業との因。

微塵の故業　かずかぎりない古い業。無始よりこのかたの悪業。

真如の門　真如を証する門、即ち本願真実の念仏の門。般舟讃では弥陀の浄土に往生する意味となる。

娑婆　梵語の音写。忍土・堪忍土等と訳す。現実のこの世界のこと。

しかれば南無《なむ》の言《ごん》は帰命《くゐみやう》なり。帰《くゐ》の言《ごん》は〈至《し》なり〉、また帰説《くゐえち》なり、説《せち》の字《じ》は〈悦《えち》の音《こゑ》〉、また帰説《くゐさい》なり、説《せち》の字《じ》は〈税《さい》の音《こゑ》、悦税《えちさい》二つの音《こゑ》は告《つぐる》なり、述《のぶ》なり、人《ひと》の意《こころ》を宣述《のぶる》なり〉。命《みやう》の言《ごん》は〈業《ごふ》なり、招引《まねきひく》なり、使《し》なり、教《けう》なり、道《だう》なり、信《しん》なり、計《はからふ》なり、召《めす》なり〉。ここを以て帰命《くゐみやう》は*本願招喚《ほんぐわんせうくわん》の勅命《ちよくみやう》なり。発願回向《ほちぐわんゑかう》といふは、如来《にょらい》すでに発願《ほちぐわん》して衆生《しゆじやう》の行《ぎやう》を回施《ゑせ》したまふの心《しん》なり。即是其行《そくぜごぎやう》と言《い》ふは、即ち*選択本願《せんぢやくほんぐわん》これなり。必得往生《ひちとくわうじやう》といふは、不退《ふたい》の位《くらゐ》に至《いた》ることを獲《う》ることを彰《あら》はすなり。経《きやう》には「即得《そくとく》」と言《い》へり、釈《しやく》には「必定《ひちぢやう》」と云《い》へり。即《そく》の言《ごん》は、願力《ぐわんりき》を聞《き》くに由《よ》りて、*報土《ほうど》の真因決定《しんいんくゑちぢやう》する*時剋《じこく》の極促《ごくそく》を*光闡《くわうせん》せるなり。必《ひち》の言《ごん》は〈審《つまびらか》なり、然《しからしむる》なり、*分極《わかちきはむる》なり〉、金剛心成就《こんがうしんじやうじゆ》の貌《かをばせ》なり。

*浄土五会念仏略法事儀讃《じやうどごゑねんぶつりやくほふじぎさん》に云《いは》く、「それ如来《にょらい》、教《けう》を設《まう》けたまふに広略《くわうりやく》、根《こん》に随《したが》ふ、終《つひ》に*実相《じちさう》に帰《くゐ》せしめむとなり。真《しん》の*無生《むしやう》を得《え》む者には、熟《たれ》かよくこれを与《あた》へむや。しかるに念仏《ねんぶつ》三昧《さんまい》はこれ真《しん》の*無上深妙《むじやうじんめう》の門《もん》なり。弥陀法王《みだほふわう》四十八願の名号《みやうがう》を以て、ここに仏《ほとけ》、願力を事《こと》として衆生《しゆじやう》を度《ど》したまふ。乃至 如来《にょらい》つねに三昧海《さんまいかい》の中《なか》にして、細綿《さいめん》を挙《あ》げたまへるをや。父《ちち》の王《わう》に謂《い》ひて曰《のたま》はく、「王《わう》いま坐禅《ざぜん》してただまさに念仏《ねんぶつ》すべしと。あに離念《りねん》に同《どう》じて無念《むねん》を求《もと》めむや。生《しやう》を離《はな》れて無生《むしやう》を求《もと》めむや。*相好《さうがう》を離《はな》れて*法身《ほふしん》を求《もと》めむや。文《もん》を離《はな》れて解脱《げだち》を求《もと》めむや」。乃至 それ大《おほ》いなるかな、至理《しり》の真法《しんぼふ》、一如《いちによ》にしてものを化《くゑ》し、人《ひと》を利《り》す。弘誓《ぐぜい》各別《かくべち》なるが故に、わが釈迦《しやか》、*濁世《ぢよくせ》に応生《おうしやう》し、阿弥陀《あみだ》、浄土《じやうど》に出現《しゆつげん》したまふ。方《はう》は穢浄《ゑじやう》両殊《りやうしゆ》なりといへども利益斉一《りやくさいいち》なり。もし修《しゆ》し易《やす》く証《しよう》し易《やす》きは真《まこと》にただ浄土《じやうど》の教門《けうもん》なり。しかるに彼《か》の西方《さいはう》は殊妙《しゆめう》にしてその国土《こくど》に比《なら》び難《がた》し。また厳《かざ》るに百宝《ひやくほう》の蓮《はちす》を以てす。九品《ほん》に

本願招喚の勅命　如来が信ぜよとわれを招き喚びたもう仰せ。

選択本願これなり　選択本願の行の意味。如来の与えた功徳すなわち名号で、本願の行者の上にあらわれている相続の称名。

報土　浄土の異名。因位の願と行とに報いられた真実の浄土のこと。

時剋の極促　時間のきわめて短いこと。本願を聞いて信ずる最初の瞬間に往生浄土の因が定まるをいう。

光闡　光は広、闡は述べるの意。教えを広く述べあらわすこと。

分極　はっきりと決定すること。即ち正定聚の位にきまること。

浄土五会念仏略法事儀讃　一巻（大正蔵四七）。唐の法照（七六六—八二二頃）の著。略して五会法事讃という。五会念仏の修法を述べ、三十九種の讃文を集めたもの。

実相　真実のすがた。真如実相の真実のさとり。

無生　一切のものは本来、無生無滅であるということ。

無上深妙の門　この上もなく奥深い法門。現行本五会法事讃では「門」を「禅門」とする。

相好　仏の容貌形相。顕著なものを相、微細で見難いものを好という。

法身　仏の三身の一。色と形を超えたさとりそのものである仏身。

濁世　この世のこと。この世は五濁によごれた悪世であるという。

敷《ひら》いて以て人を収《をさ》むること、それ仏《ぶつ》の名号《みやうがう》なりと。　乃至

*称讃浄土経《しようさんじやうどきやう》に依《よ》る。　釈《しやく》*法照《ほふせう》

如来《によらい》の*尊号《そんがう》は甚《はなは》だ分明《ぶんみやう》なり　十方世界にあまねく流行《るぎやう》せしむ
ただ名《みな》を称《しよう》するのみありて皆往《みなゆ》くことを得《う》　観音《くわんおん》・勢至《せいし》自《おのづか》ら来《きた》り迎《むか》へたまふ
弥陀《みだ》の本願《ほんぐわん》ことに起殊《きしゆ》せり　慈悲方便《じひはうべん》して凡夫《ぼんぶ》を引《ひ》く
一切衆生みな*度脱《どだち》す　名《みな》を称《しよう》すれば即ち罪消除《つみせうぢよ》することを得《う》
凡夫《ぼんぶ》もし西方《さいはう》に到《いた》ることを得《う》れば　*曠劫塵沙《くわうごふぢんじや》の罪消亡《つみせうまう》す
*六神通《ろくじんづう》を具《ぐ》し自在《じざい》を得《う》　永《なが》く*老病《らうびやう》を除《のぞ》き無常《むじやう》を離《はな》る

*仏本行経《ぶつほんぎやうきやう》に依《よ》る。　法照《ほふせう》

何者《なにもの》おかこれを名《な》づけて正法《しやうぼふ》とする　もし道理《だうり》によらばこれ真宗《しんしゆう》なり
好悪今《かうあくいま》の時《とき》すべからく*決択《くゑちやく》すべし　一一《いちいち》に子細《しさい》*朦朧《もうりよう》することなかれ
正法《しやうぼふ》よく世間《せけん》を超出《てうしゆつ》す　持戒《ぢかい》・坐禅《ざぜん》を正法《しやうぼふ》と名づく
念仏成仏《ねんぶつじやうぶつ》はこれ真宗《しんしゆう》なり　仏言《ぶつごん》を取《と》らざるおば外道《げだう》と名《な》づく
因果《いんぐわ》を*撥無《はちぶ》する見《けん》を*空《くう》とす　正法《しやうぼふ》よく世間《せけん》を超出《てうしゆつ》す
禅律如何《ぜんりちいかんぞ》これ正法《しやうぼふ》ならむ　念仏三昧《ねんぶつさんまい》これ真宗《しんしゆう》なり
性《しやう》を見《み》、心《しん》をさとるは便ちこれ仏《ぶつ》なり　如何道理相応《いかんがだうりさうおう》せざらむ　略抄

阿弥陀経《あみだきやう》に依《よ》る。

西方《さいはう》は道《だう》に進《すす》むこと娑婆《しやば》に勝《すぐ》れたり　*五欲および邪魔《じやま》なきに縁《よ》りてなり

称讃浄土経　称讃浄土仏摂受経(大正蔵一二)の略。一巻。唐の玄奘の訳。阿弥陀経の異訳。

法照　唐代の浄土教者(七六六―八二二頃)。五会念仏を創唱した。善導の生まれがわりという意で後善導とよばれる。

尊号　阿弥陀如来の名号。

度脱　迷いをのがれて、さとりの彼岸にいたること。

曠劫塵沙の罪　ながいあいだ造ってきた数知れぬ罪。

六神通　六通ともいう。仏・菩薩が定・慧の力によって得る六種の不思議なはたらきを神通といい、それを六種に分類したもの。(一)宿命通、(二)天眼通、(三)天耳通、(四)他心通、(五)神足通、(六)漏尽通。なおこのうち第六、漏尽通を除いた前五を五神通という。

老病　生老病死の四苦を略して示す。

仏本行経　七巻。仏本行讃伝ともいう。劉宋の宝雲の訳。釈尊一代の行状を讃えたもの。

決択　智慧をもって決断し、理によって選びとること。

朦朧　ぼんやりと曖昧なこと。

撥無　否定すること。はねつけること。

空　この空の意味は、因果を否定する邪見のこと。

五欲　(一)人間の認識の対境である色・声・香・味・触の五境をいう。(二)あるいは財欲・色欲・飲食欲・名欲・睡眠欲の五種の欲望をいう。

津梁　救う力となること。津はわたし場、梁は浮き橋。

本師金口の説　釈尊の直説の意味。

般舟三昧経　一巻本と三巻本など(大正蔵一三)がある。いずれも後漢の支婁迦讖の訳。般舟三昧によって阿弥陀仏を見仏する法を明かす。

慈愍和尚　中国慈愍流浄土教の祖。山東省萊州の人。名は慧日(六八〇—七四八)。義浄のインドより帰るをみ、海路インドに入り、十三年間研究して、陸路より開元七(七一九)年、長安に帰った。玄宗皇帝より慈愍三蔵の号を賜わった。

恒沙曠劫　はかりしれぬ長い時間。

上華台　すぐれた蓮華のうてな。

七日の功　七日間の別時念仏の功徳。

成仏《じやうぶつ》にもろもろの善業《ぜんごふ》を労《いたは》しくせず　華台《くゑだい》に端坐《たんざ》して弥陀《みだ》を念《ねん》じたてまつる
五濁《ごぢよく》の修行《しゆぎやう》は多《おほ》く退転《たいてん》す　念仏《ねんぶつ》して西方《さいはう》に往《ゆ》くにはしかず
かしこに到《いた》れば自然《じねん》に正覚《しやうがく》を成《な》る　苦界《くかい》にかへりて*津梁《しんりやう》と作《な》らむ
万行《まんぎやう》の中《なか》に急要《きふえう》とす　迅速《じんそく》なること浄土門《じやうどもん》に過《す》ぎたるはなし
ただ*本師《ほんし》金口《こんく》の説《せち》のみにあらず　十方諸仏ともに伝《つた》へ証《しよう》したまふ
この界《かい》に一人仏《ぶつ》の名《みな》を念《ねん》ずれば　西方《さいはう》に便ち一つの蓮《はちす》ありて生《しやう》ず
ただし一生常《いちしやうつね》にして不退《ふたい》ならしむれば　一《ひとつ》の華《はな》この間に還《かへ》り到りて迎《むか》へたまふ　略抄

*般舟三昧経《はんじゆさんまいきやう》に依《よ》る。　*慈愍和尚《じみんくわしやう》

今日道場《こんにちだうぢやう》の諸衆等《しよしゆうとう》　*恒沙曠劫《ごうじやくわうごふ》より総《すべ》て経来《へかへ》れり
この人身《にんじん》を度《はか》るに値遇《ちぐう》しがたし　喩《たと》へば優曇華《うどんぐゑ》の始《はじ》めて開《ひら》くがごとし
正《まさ》しく希《まれ》に浄土《じやうど》の教《けう》を聞《き》くに値《まうあ》へり　正《まさ》しく念仏《ねんぶつ》の法門《ほふもん》の開《ひら》けるに値《まうあ》へり
正《まさ》しく弥陀《みだ》の弘誓《ぐぜい》の喚《よば》ひたまふに値《まうあ》へり　正《まさ》しく大衆《だいしゆ》の信心《しんじん》ありて回《ゑ》するに値《まうあ》へり
正《まさ》しく今日経《こんにちきやう》に依《よ》りて讃《さん》ずるに値《まうあ》へり　正《まさ》しく契《ちぎり》を*上華台《じやうくゑだい》に結《むす》ぶに値《まうあ》へり
正《まさ》しく道場《だうぢやう》に魔事《まじ》なきに値《まうあ》へり　正《まさ》しく無病《むびやう》にして総《すべ》てよく来《かへ》れるに値《まうあ》へり
正《まさ》しく*七日《にち》の功成就《くうじやうじゆ》するに値《まうあ》へり　四十八願かならずあひ携《たづさ》ふ
あまねく道場《だうぢやう》の同行《どうぎやう》の者《ひと》を勧《すす》む　ゆめゆめ回心《ゑしん》して帰去来《いざいなむ》
とふ、家郷《かがう》はいづれの処《ところ》にかある　極楽《ごくらく》の池《いけ》の中《うち》七宝の台《うてな》なり
かの仏《ぶつ》の因中《いんちう》に弘誓《ぐぜい》を立《た》てたまへり　名《みな》を聞《き》きて我《われ》を念《ねん》ぜば総《すべ》て迎《むか》へ来《かへ》らしめむ

貧窮《びんぐ》と富貴《ふくゐ》とをまさに簡《えら》ばず
下智《げち》と高才《かうざい》とを簡《えら》ばず
多聞《たもん》と浄戒《じやうかい》を持《たも》てるとを簡《えら》ばず
破戒《はかい》と罪根《ざいこん》の深《ふか》きを簡《えら》ばず
ただ回心《ゑしん》して多《おほ》く念仏《ねんぶつ》せしむれば
よく瓦礫《ぐわりやく》をして変《へん》じて金《こがね》と成《な》さむがごとくせしむ
語《ことば》を現前《げんぜん》の大衆等《だいしゆとう》に寄《よ》す
同縁去《どうえんさ》らむ者《ひと》はやくあひ尋《たづ》ねむ
とふ、いづれの処《ところ》をあひ尋《たづ》ねてか去《ゆ》かむと
報《こた》へていはく、弥陀浄土《みだじやうど》の中《うち》へ
とふ、何《なに》に縁《よ》りてか彼《かしこ》に生《うま》れむことを得《え》む
報《こた》へていはく、念仏《ねんぶつ》おのづから功《くう》を成《じやう》す
とふ、今生《こんじやう》の罪障《ざいしやう》多《おほ》し
如何《いかんぞ》浄土《じやうど》にあへてあひ容《い》らむや
報《こた》へていはく、名《みな》を称《しよう》すれば、罪消滅《つみせうめち》す
喩《たと》へば明灯《みやうとう》の闇中《あんちう》に入《い》るがごとし
とふ、凡夫《ぼんぶ》生《うま》れむことを得《う》や否《いな》や
如何《いかんぞ》一念《いちねん》に闇中明《あんちうあきら》かならむや
報《こた》へていはく、疑《うたが》ひを除《のぞ》きて多《おほ》く念仏《ねんぶつ》す
弥陀《みだ》決定《くゑちぢやう》して自《おのづか》ら親近《しんごん》したまふと　抄要

れば

*新無量寿観経《しんむりやうじゆくわんぎやう》に依《よ》る。　法照《ほふせう》

*十悪五逆至《じふあくごぎやくいた》れる愚人《ぐにん》、永劫《ゑやうごふ》に沈淪《ちんりん》して久塵《くぢん》にあり。一念弥陀《ねんみだ》の号《みな》を称得《しようとく》して、かしこに至《いた》れば還《かへ》りて法性身《ほふしやうしん》に同《どう》ず」と。已上

*憬興師《きやうごうし》の云《いは》く、「如来《にょらい》の広説《くわうぜち》に二つあり。初《はじ》めには広《ひろ》く如来浄土《にょらいじやうど》の果《くわ》、即ち*所行所成《しよぎやうしよじやう》を説《と》きたまへるなり。後《のち》には広《ひろ》く衆生往生《しゆじやうわうじやう》の因果《いんぐわ》、即ち*所摂所益《しよせふしやく》を顕《あら》はしたまへるなり」。

また云《いは》く、「*悲華経《ひくゑきやう》の諸菩薩本授記品《しよぼさつほんじゆきほん》に云《いは》く、「その時《とき》に宝蔵如来《ほうざうにょらい》、*転輪王《てんりんわう》を讃《ほ》めて言《いは》く、

新無量寿観経　浄土三部経の一である観無量寿経のこと。古い訳本がある意味で、新の字を加えたか、明らかでない。

十悪　身・口・意の三業が造る悪業のうち、十種の顕著なものをいう。即ち、殺生・偸盗・邪淫・妄語・両舌・悪口・綺語・貪欲・瞋恚・愚痴の十悪をいう。

憬興師の云く　新羅の憬興(六八一頃)の無量寿経連義述文賛三巻(大正蔵三七)の巻中よりの引用。

所行所成　因位の願行と果成のありさま。即ち法蔵菩薩の修行と、阿弥陀如来となったうえの徳のこと。

所摂所益　阿弥陀仏が摂化し利益せられるありさま。

悲華経　十巻(大正蔵三)。この下の文、述文賛(大正蔵三七)になし。北涼の曇無讖の訳。無諍念王とその千子とが、宝蔵如来の所で無上心をおこし、おのおの成仏の記を受けることを説く。中に阿弥陀仏の五十二願が出されてある。

転輪王　ここでは阿弥陀如来の因位の無諍念王のこと。

善哉善哉《よいかなよいかな》、乃至　大王《だいわう》なんじ西方《さいはう》をみるに、百千万億《ひやくせんまんおく》の仏土《ぶつど》を過《す》ぎて世界《せかい》あり、尊善無垢《そんぜんむく》と名《な》づく。かの界《かい》に仏《ぶつ》まします、*尊音王如来《そんおんわうによらい》と名《な》づく。乃至　今現在《いまげんざい》にもろもろの菩薩のために正法《しやうぼふ》を説《と》く。乃至　純一大乗《じゆんいちだいじよう》清浄《しやうじやう》にして雑《まじ》はることなし。その中《なか》の衆生《しゆじやう》、等一《とういち》に化生《くゑしやう》す。また女人《によにん》およびその名字《みやうじ》なし。かの仏世界《ぶつせかい》の所有《しよう》の功徳《くどく》、清浄《しやうじやう》の荘厳《しやうごん》なり。ことごとく大王《だいわう》の所願《しよぐわん》のごとくして異《い》なけむ。乃至　今《いま》なんぢが字《あざな》を改《あらた》めて無量清浄《むりやうしやうじやう》とす」と。已上

*無量寿如来会《むりやうじゆにょらいゑ》に云《いは》く、「広《ひろ》くかくのごとき大弘誓願《だいぐぜいぐわん》を発《おこ》して、皆《みな》すでに成就《じやうじゆ》したまへり。世間《せけん》に希有《けう》なり。この願《ぐわん》を発《おこ》しをはりて、実《じち》のごとく安住《あんぢう》して種種《しゆじゆ》の功徳具足《くどくぐそく》して、威徳《ゐとく》広大清浄《くわうだいしやうじやう》の仏土《ぶつど》を荘厳《しやうごん》したまへり」と。已上

また云《いは》く、「*福智《ふくち》の二厳成就《ごんじやうじゆ》したまへるが故に、*備《つぶさ》に等《ひと》しく衆生《しゆじやう》に行《ぎやう》を施《ほどこ》したまへるなり。おのれが所修《しよしゆ》を以て、衆生《しゆじやう》を利《り》したまふが故に、功徳成《くどくじやう》ぜしめたまへり」と。

また云《いは》く、「久遠《くをん》の因《いん》に籍《よ》りて、仏《ぶつ》に値《まうあ》ひ法《ほふ》を聞《き》きて慶喜《きやうき》すべきが故に」と。

また云《いは》く、「人聖《にんしやう》に、国妙《くにたへ》なり。たれか力《ちから》を尽《つ》くさざらむ。善《ぜん》を作《な》して生《しやう》を願《ぐわん》ぜよ、善《ぜん》に因《よ》りてすでに成《じやう》じたまへり、おのづから果《くわ》を獲《え》ざらむや。かるがゆへに自然《じねん》と云《い》ふ。貴賤《くゐせん》を簡《えら》ばず、みな往生《わうじやう》を得《え》しむ。かるがゆへに*著無上下《ちよむじやうげ》と云《い》ふ」と。

また云《いは》く、「『*易往而無人《いわうにむにん》、*其国不逆違《ごこくふぎやくゐ》、自然之所牽《じねんししよけん》』と。因《いん》を修《しゆ》すれば即ち往《ゆ》く、修《しゆ》することなければ生《うま》れむことすくなし。因《いん》を修《しゆ》して来生《らいしやう》するに、終《つひ》に違逆《ゐぎやく》せず。即ち易往《いわう》なり」。

尊音王如来　久遠の阿弥陀如来。

無量寿如来会に云く　この経文、述文賛になし。上の悲華経の文とともに述文賛の意味をとり、出すものか。

福智の二厳　福徳荘厳と智慧荘厳。福徳荘厳とは六波羅蜜行のうち、布施・持戒・忍辱・精進・禅定の前五をいい、智慧荘厳とは第六の般若波羅蜜の修行をいう。

備に等しく…　「備施等衆生行」は現存本(大正蔵三七)には「備施等衆聖行」とある。

著無上下　貴賤上下の差別のないこと。

易往而無人　浄土は往き易いにもかかわらず往く人がまれである。

其国不逆違、自然之所牽　かの国を信じさえすれば、拒むことなく願力自然にすべての人を受け入れてくださるという意。

また云《いは》く、「本願力《ほんぐわんりき》の故にといふは〈即ち往《ゆ》くこと、誓願《せいぐわん》の力《ちから》なり〉。満足願《まんぞくぐわん》故といふは〈願《ぐわん》として欠《か》くることなきが故に〉。明了願《みやうれうぐわん》故といふは〈これを求《もと》むるに虚《むな》しからざるが故に〉。堅固願《けんごぐわん》故といふは〈縁《えん》として壊《やぶ》ることあたはざるが故に〉。究竟願《くきやうぐわん》故といふは〈かならず果《はた》し遂《と》ぐるが故に〉」。

また云《いは》く、「惣《そう》じてこれを言《い》はば、凡小《ぼんせう》をして欲往生《よくわうじやう》の意《こころ》を増《ま》さしめむと欲《おも》ふが故に、すべからくかの土《ど》の勝《すぐ》れたることを顕《あら》はすべし」と。

また云《いは》く、「すでに、「この土《ど》にして菩薩の行《ぎやう》を修《しゆ》す」と言《のたま》へり。即ち知《し》んぬ、*無諍王《むじやうわう》この方《はう》にましますことを。*宝海《ほうかい》もまたしかなり」と。

また云《いは》く、「仏《ぶつ》の威《ゐ》徳広大《とくくわうだい》を聞《き》くが故に、不退転《ふたいてん》を得《う》るなり」と。已上

*楽邦文類《がくほうぶんるい》に云《いは》く、「総官《そうくわん》の*張掄《ちやうりん》云《いは》く、「仏号《ぶつがう》ははなはだ持《たも》ち易《やす》し、浄土《じやうど》ははなはだ往《ゆ》き易《やす》し。八万《まん》四千《せん》の法門《ほふもん》この捷径《せふけい》にしくなし。ただよく*清晨俛仰《しやうじむめんがう》のいとまをやめて、遂《つい》に永劫《ゐやうごふ》不壊《ゑ》の資《たすけ》をなすべし。これ則ち、力《ちから》を用《もち》ゐることは甚《はなは》だ徴《び》にして、功《くう》を収《おさ》むることいまし尽《つ》くることあることなけむ。衆生《しゆじやう》また何《なん》の苦《くる》しみあればか、自《みづか》ら棄《す》ててせざらむや。ああ夢《む》幻《ぐゑん》にして真《しん》にあらず。寿夭《じゆえう》して保《たも》ちがたし。呼吸《こきふ》の頃《あいだ》に即ちこれ来生《らいしやう》なり。一たび人身《にんじん》を失《うしな》ひつれば万劫《まんごふ》にも復《ふく》せず。この時《とき》、悟《さと》らずは仏《ぶつ》もし衆生《しゆじやう》をいかがしたまはむ。願《ねが》はくは深《ふか》く無常《むじやう》を念《ねん》じていたづらに後悔《こうくわい》を貽《のこ》すことなかれと。*浄楽《じやうらく》の*居士《こじ》張掄《ちやうりん》、縁《えん》を勧《すす》む」」と。

已上

*台教《だいけう》の祖師《そし》*山陰《さんいん》〈*慶文法師《けいもんほふし》〉の云《いは》く、「良《まこと》に仏名《ぶつみやう》は*真応《しんおう》の身《しん》よりして建立《こんりふ》せるが故に、慈悲《じひ》海《かい》よりして建立《こんりふ》せるが故に、誓願海《せいぐわんかい》よりして建立《こんりふ》せるが故に、智慧《ちゑ》海《い》よりして建立《こんりふ》せるが

無諍王　無諍念王。阿弥陀如来の前身(因位のとき)の名。

宝海　宝海梵志。釈迦の前身(因位のとき)の名。

楽邦文類　五巻(大正蔵四七)。南宋の宗暁(一一五一―一二一四)の著。西方浄土に関する諸経文や記文詩偈の類を集めたもの。

張掄　南宋代(一一六五頃)の人。高宗のころ総官となった。厚く念仏を尊び、晩年、自宅に道場を設け、慧遠の白蓮社にならって、妻子とともに日課念仏を唱えたという。

清晨俛仰のいとま　清らかなすがすがしい朝のわずかな暇。

浄楽　張掄の号。

居士　在家の仏道修行者の称。

台教　天台宗の教え。

山陰　中国の会稽山の北の地方の名。

慶文法師の云く　本拠明らかならず。慶文は、宋代会稽山陰の人。天台系の人。慈恵法師と号す。著に浄土文二篇があったという。

真応の身　仏の三身(法・報・応)の中の報身をいう。

故に、*法門海《ほふもんかい》よりして建立《こんりふ》せるによるが故に、もしただ専《もは》ら一仏の名号《みやうがう》を称《しよう》するは、則ちこれ具《つぶさ》に諸仏《しよぶつ》の名号《みやうがう》を称《しよう》するなり。功徳無量《くどくむりやう》なればよく罪障《ざいしやう》を滅《めち》す、よく浄土《じやうど》に生《しやう》ず。なんぞ必ず疑《うたが》ひを生《しやう》ぜむや」と。已上

律宗《りちしゆう》の祖師《そし》*元照《ぐわんぜう》の云《いは》く、「いはんやわが仏《ほとけ》の大慈、浄土《じやうど》を開示《かいじ》して慇懃《おんごん》にあまねく諸大乗《しよだいじよう》を勧囑《くわんぞく》したまへり。目《め》に見《み》、耳《みみ》に聞《き》きてことに疑謗《ぎはう》を生《しやう》じて、自《みづか》ら甘《あま》く沈溺《ちんにやく》して*超昇《てうしよう》を慕《ねが》はず。如来説《によらいと》きて憐愍《れんびん》すべき者《もの》のためにしたまへり。良《まこと》にこの法《ほふ》のひとり常途《じやうづ》に異《こと》なることを知《し》らざるに由りてなり。賢愚《けんぐ》を択《えら》ばず、*緇素《しそ》を簡《えら》ばず、修行《しゆぎやう》の*久近《くごん》を論《ろん》ぜず、造罪《ざうざい》の重軽《ぢうきやう》を問《と》はず、ただ決定《くゑちぢやう》の信心《しんじん》、即ちこれ往生《わうじやう》の因種《いんしゆ》ならしむ」と。已上

また云《いは》く、「いま浄土《じやうど》の諸経《しよきやう》に並《ならび》に魔《ま》を言《い》はず。即ち知《し》んぬ、この法《ほふ》に魔《ま》なきこと明《あきら》けしと。山陰《さんいん》の慶文法師《けいもんほふし》の*正信法門《しやうしんほふもん》にこれを弁《べん》ずること、甚《はなは》だ詳《つまび》らかなり。今《いま》ために具《つぶさ》にかの問《とひ》を引《ひ》きて曰《いは》く、「あるいは人《ひと》ありて云《いは》く、臨終《りんじゆう》に仏《ぶつ》・菩薩《ぼさつ》の光《ひかり》を放《はな》ち台《うてな》を持《ぢ》したまへるを見《み》たてまつり、天楽異香来迎往生《てんがくいかうらいかうわうじやう》す。並《ならび》にこれ魔事《まじ》なりと。この説《せち》いかんぞや。答《こた》へて曰《いは》く、*首楞厳《しゆりようごん》に依りて三昧《さんまい》を修習《しゆしふ》することあり、あるいは三昧《さんまい》を修習《しゆしふ》することあり、あるいは*時魅《じみ》を発動《ほちどう》す。あるいは*外魔《ぐゑま》〈天魔《てんま》をいふなり〉を発動《ほちどう》す、あるいは*陰魔《おんま》を発動《ほちどう》す。*止観論《しくわんろん》に依りて三昧《さんまい》を修《しゆ》習《しふ》することあり、あるいは*摩訶衍論《まかえんろん》に依りて三昧を修習することあり、あるいは時魅を発動す。これら並《ならび》にこれ禅定《ぜんぢやう》を修《しゆ》する人《ひと》、その自力《じりき》に約《やく》してまづ魔種《ましゆ》あり、定《さだ》んで撃発《ぎやくほち》を被《かふ》るが故にこの事《じ》を現《げん》ず。もしよく明《あきら》かに識《し》りておのおの対治《たいぢ》を用《もち》ゐれば、即ちよく除遣《ぢよけん》せしむ。もし*聖《しやう》の解《さとり》を作《な》せばみな魔障《ましやう》を被《かふ》るなりと〈上《かみ》にこの方《はう》の入道《にふだう》を明《あ》かす、即ち魔事《まじ》を発《はち》す〉。いま所修《しよしゆ》の念仏三昧《ねんぶつさんまい》に約《やく》するに、いまし仏力《ぶつりき》を憑《たの》む。

法門海　如来の説きたもう、われわれにはかり知れぬ真実の法門のこと。真如法性をいう。

元照の云く　観無量寿経義疏三巻(大正蔵三七)よりの引用。元照(一〇四八—一一一六)は、中国の宋代余杭銭塘の人。字は湛然。大智律師と呼ばれる。律および天台を学び、特に戒律の復興に努めた。西湖霊芝の崇福寺に住し、晩年、浄土教に帰依した。他に、阿弥陀経義疏一巻(大正蔵三七)などの著がある。

超昇　迷いの世界を超えてさとりを開くこと。

緇素　出家と在家。緇とは黒色、素とは白色。黒衣をつけた人(僧)と白衣をつけた人(在家の人)の意。

久近　時間の長短。

正信法門　慶文の浄土文の中の一篇か。

首楞厳　首楞厳経のこと。唐の波羅蜜三蔵の訳。大仏頂如来密因修証了義諸菩薩万行首楞厳経十巻のこと。ほかに鳩摩羅什訳の首楞厳三昧経三巻がある。

陰魔　四魔の一つである五陰魔のこと。人間を構成している色(物質)、受(印象感覚)、想(感想)、行(行動)、識(分別)の要素は、仏道修行のさまたげになるから五陰魔という。

摩訶衍論　大乗起信論のこと。

外魔　外部からくる悪魔。四魔のうちの天魔のこと。

帝王《ていわう》に近《ちか》づけばあえて犯《おか》すものなきがごとし。けだし阿弥陀仏《あみだぶつ》、大慈悲力《だいじひりき》・大誓願力《だいせいぐわんりき》・大《だい》智慧力《ちゑりき》・大三昧力《だいさんまいりき》・大威神力《だいゐじんりき》・大摧邪力《だいさいじやりき》・大降魔力《だいがうまりき》・天眼遠見力《てんげんおんけんりき》・天耳遙聞力《てんにえうもんりき》・他心徹鑒《たしんてつかん》力《りき》・光明遍照摂取衆生力《くわうみやうへんぜうせふしゆしゆじやうりき》ましますに由りてなり。かくのごとき等《ら》の不可思議功徳《ふかしぎくどく》の力《ちから》まします。あに念仏《ねんぶつ》の人《ひと》を護持《ごぢ》して、臨終《りんじゆう》のときに至《いた》るまで障碍《しやうげ》なからしむることあたはざらむや。もし護持《ごぢ》をなさずは、則ち慈悲力《じひりき》なんぞましまさむ。もし魔障《ましやう》を除《のぞ》くことあたはずは、智慧力《ちゑりき》・三昧力《さんまいりき》・威神力《ゐじんりき》・摧邪力《さいじやりき》・降魔力《がうまりき》またなんぞましまさむや。もし鑒察《くわんざつ》することあたはずして、魔《ま》、障《さはり》をなすことを被《かぶ》らば、天眼遠見力《てんげんをんけんりき》・天耳遙聞力《てんにえうもんりき》・他心徹鑒力またなんぞましまさむや。経《きやう》に云《いは》く、『阿弥陀仏《あみだぶつ》の相好《さうがう》の光明《くわうみやう》あまねく十方世界を照《て》らす。念仏《ねんぶつ》の衆生《しゆじやう》おば摂取《せふしゆ》して捨《す》てたまはず』と。もし念仏《ねんぶつ》して臨終《りんじゆう》に魔障《ましやう》を被《かぶ》るといはば、光《くわう》明遍照摂取衆生力《みやうへんぜうせふしゆしゆじやうりき》またなんぞましまさむや。いはんや念仏《ねんぶつ》の人《ひと》の臨終《りんじゆう》の感相《かんさう》、衆経《しゆきやう》より出《い》でたり。皆《みな》これ仏《ぶつ》の言《みこと》なり。なんぞ貶《へん》して魔境《まきやう》とすることを得《え》むや。今《いま》ために邪疑《じやぎ》を決《くゑち》破《は》す。まさに正信《しやうしん》を生《しやう》ずべし」と。已上彼の文

また〈元照律師《ぐわんぜうりつし》の*弥陀経義《みだきやうぎ》の文《もん》〉云《いは》く、「一乗の*極唱《ごくしやう》、終帰《しゆうくゐ》をことごとく楽邦《らくはう》を指《さ》す。万行《まんぎやう》の円《ゑん》修《しゆ》、最勝《さいしよう》をひとり*果号《くわがう》にゆづる。良《まこと》に以て因《いん》より願《ぐわん》を建《た》つ。志《こころざし》をとり行《ぎやう》を躬《きわ》め、*塵点劫《ぢんでんごふ》を歴《へ》て*済衆《さいしゆ》の仁《にん》を懐《いだ》けり。*芥子《けし》の地《ち》も*捨身《しやしん》のところにあらざることなし。*悲智六度《ひちろくど》摂化《せふくゑ》して以て遺《のこ》すことなし。*内外《ないぐゑ》の両財《りやうざい》求《もと》むるに随《したが》ふてかならず応《おう》ず。機《き》と縁《ゑん》と熟《じゆく》し、行満《ぎやうまん》じ、功《くう》成《な》り、一時に円《まど》かに*三身を証《しよう》す。万徳《まんどく》すべて*四字《じ》に彰《あら》はる」と。已上

また云《いは》く、「いはんやわが弥陀《みだ》は名《な》を以て物《もの》を接《せふ》したまふ。ここを以て、耳《みみ》に聞《き》き口《くち》に誦《じゆ》

止観論　摩訶止観十巻(大正蔵四六)。天台大師智顗(五三八―五九七)が述べたものを、弟子の灌頂が記録したもの。天台宗の仏道修行の方法を説いた書。天台三大部の一。

時魅　三鬼の中の時魅鬼のこと。時魅とは時刻によって姿をかえてあらわれ、仏道修行を妨げる物怪(もののけ)。

聖の解　魔と知らずして聖と思うこと。

弥陀経義　元照の阿弥陀経義疏。

極唱　至極の教え。唱は唱導の意味で、教えのこと。

果号　南無阿弥陀仏の名号のこと。

塵点劫　はかることのできない長い時間。

済衆の仁　衆生済度のあわれみごころ。

芥子の地　けし粒ほどの小さい土地。

捨身のところ　衆生を救うために身を捨てて修行したところ。

悲智六度　六度(布施・持戒・忍辱・精進・禅定・般若)のこと。六度のうち、前五は慈悲の行、後一は智慧の行であるから、悲智六度という。

内外の両財　身と財宝。身は内財、財宝は外財である。

三身　仏の法身・報身・応身。↓三八頁注

四字　阿弥陀仏の四字のこと。

するに、無辺《むへん》の*聖徳《しやうとく》、識心《しきしん》に*攬入《らんにふ》す。永《なが》く仏種《ぶつしゆ》となりて頓《とん》に億劫《おくこふ》の重罪《ちうざい》を除《のぞ》き、無上菩提《むじやうぼだい》を獲証《ぐゐやくしよう》す。信《まこと》に知《し》んぬ、少善根《せうぜんごん》にあらず、これ多功徳《たくどく》なり」と。已上

また云《いは》く、「*正念《しやうねん》の中《なか》に凡人《ぼんにん》の臨終《りんじゆう》は識神主《しきじんあるじ》なし。善悪《ぜんあく》の業種発現《ごふしゆはちげん》せざることなし。あるいは悪念《あくねん》を起《お》こし、あるいは邪見《じやけん》を起《お》こし、あるいは*繫恋《けれん》を生《しやう》じ、あるいは*猖狂悪相《しやうくわうあくさう》を発《ほち》せむ。もはらみな顚倒《てんだう》の因《いん》と名《な》づくるにあらずや。さきに仏《ぶつ》を誦《じゆ》して罪滅《つみめち》し、障除《さはりのぞ》こり、*浄業内《じやうごふうち》に熏《くん》じ、慈光外《じくわうほか》に摂《せふ》して、苦《く》を脱《まぬか》れ楽《らく》を得《う》ること一刹那《いちせちな》の間《あひだ》なり。下《しも》の文《もん》に生《しやう》を勧《すす》む、その利《り》ここにあり」と。已上

*慈雲法師《じうんほふし》【天竺寺《てんぢくじ》の遵式《じゆんじき》】の云《いは》く、「「ただ安養《あんやう》の浄業捷真《じやうごふせちしん》なり、修《しゆ》すべし。もし*四衆《しゆ》ありて、また速《すみや》かに無明《むみやう》を破《は》し、ながく五逆《ごぎやく》・十悪重軽《じふあくぢうきやう》等《とう》の罪《つみ》を滅《めち》せむと欲《おも》はば、まさにこの法《はふ》を修《しゆ》すべし。*大小《だいせう》の戒体《かいたい》、遠《とほ》くまた清浄《しやうじやう》なることを得《え》しめ、念仏三昧《ねんぶつさんまい》を得《え》しめ、菩薩《ぼさつ》の諸《しよ》波羅蜜《はらみつ》を成就《じやうじゆ》せむと欲《おも》はば、まさにこの法《はふ》を学《がく》すべし。臨終《りんじゆう》にもろもろの怖畏《ふい》を離《はな》れしめ、身心安快《しんしんあんくゑ》にして衆聖現前《しゆしやうげんぜん》し、授手接引《じゆしゆせふいん》せらるることを得《え》、はじめて*塵労《ちんらう》を離《はな》れて便ち不退《ふたい》に至《いた》り、長劫《ちやうごふ》を歴《へ》ず、即ち無生《むしやう》を得《え》むと欲《おも》はば、まさにこの法等《ほふとう》を学《がく》すべし」。*古賢《こけん》の法語《ほふご》によく従《したが》ふことなからむや。已上《いじやう》五門、綱要《かうえう》を略標《りやくへう》す。自余《じよ》は尽《つ》くさず、くわしく釈文《しやくもん》にあり。*開元《かいぐゑん》の蔵録《ざうろく》を按《あん》ずるに、この経《きやう》におほよそ両訳《りやうやく》あり。前本《ぜんほん》はすでに亡《まう》じぬ、いまの本《ほん》は乃ち*畺良耶舎《きやうりやうやしや》の訳《やく》なり。*僧伝《そうでん》に云《いは》く、畺良耶舎《きやうりやうやしや》ここには時称《じしよう》と云《い》ふ、宋《そう》の元嘉《ぐゑんか》のはじめに*京邑《きやうおう》に建《はじ》めたり、文帝《ぶんてい》のとき」。

*慈雲《じうん》【遵式《じゆんじき》なり】の讃《さん》に云《いは》く、「*了義《れうぎ》の中《なか》の了義《れうぎ》なり、*円頓《ゑんとん》の中《なか》の円頓《ゑんとん》なり」と。已上

聖徳　尊い功徳。
攬入　入り満つること。
正念の中に　臨終の正念についていえばの意。
繫恋　愛着の情。
猖狂　狂乱。気が狂うこと。
浄業　浄らかな行業。念仏のこと。
慈雲法師の云く　元照の観経義疏に取意し、引用する慈雲(九六四—一〇三二)の往生浄土懺願儀巻一(大正蔵四七)の序文の語。
四衆　比丘・比丘尼・優婆塞・優婆夷の四衆。仏教教団を構成する出家・在家の男女。
大小の戒体　大乗・小乗の戒体。戒体というのは戒をうけることによってできた、潜在的な力のこと。
塵労　煩悩。
古賢の法語　これより元照のことば。
開元の蔵録　開元釈教録二十巻(大正蔵五五)。唐の智昇の編。
畺良耶舎　梵名の音写。時称と訳す。西域の人。博く三蔵に通じた。劉宋の元嘉のはじめ(四二四)、中国に渡来し、観無量寿経などを訳出した。
僧伝　梁の高僧伝巻三(大正蔵五〇)のこと。十三巻。慧皎の著(五五三)。
京邑に建めたり　京(みやこ)に来られたという意。
慈雲の讃に云く　元照の観経疏巻上(大正蔵三七)所引の、慈雲の往生浄土決疑行願二門(大正蔵四七)の文。「円頓中の円頓」は原文にない。

*大智《だいち》[元照律師《ぐわんぜうりつし》なり]*唱《とな》へて云《いは》く、「円頓《ゑんとん》一乗なり、純一にして雑《ざふ》なし」と。已上

律宗《りちしゆう》の*戒度《かいど》[元照《ぐわんぜう》の弟子《でし》なり]の云《いは》く、「仏名《ぶつみやう》は乃ちこれ劫《こふ》を積みて薫修《くんしゆ》し、その万徳《まんどく》を攬《と》る、すべて四字《じ》に彰《あら》はる。この故にこれを称《しよう》するに益《やく》を獲《う》ること浅《あさ》きにあらず」と。已上

律宗《りちしゆう》の*用欽《ようきむ》[元照《ぐわんぜう》の弟子《でし》なり]の云《いは》く、「今《いま》もしわが心口《しんく》を以て一仏の嘉号《かがう》を称念《しようねん》すれば、則ち因《いん》より果《くわ》に至《いた》るまで、無量《むりやう》の功徳《くどく》具足《ぐそく》せざることなし」と。已上

また云《いは》く、「一切諸仏、*微塵劫《みぢんごふ》を歴《へ》て実相《じちさう》を了悟《れうご》して、一切を得《え》ざるが故に、*無相《むさう》の大願《だいぐわん》を発《おこ》して、修《しゆ》するに妙行《めうぎやう》に住《ぢう》することなし。証《しよう》するに菩提《ぼだい》を得《う》ることなし。住《ぢう》するに国土《こくど》を荘厳《しやうごん》するにあらず。現《げん》ずるに神通《じんづう》の神通なきが故に、舌相《ぜちさう》を大千《だいせん》に遍《あまね》くして*無説《むせち》の説《せち》を示《しめ》す。かるがゆへに*この経《きやう》を勧信《くわんしん》せしむ。あに心《こころ》に思《おも》ひ口《くち》に議《はか》るべけむや。私《わたくし》に謂《いは》く、諸《しよ》仏《ぶつ》の不思議《ふしぎ》の功徳《くどく》、須臾《しゆゆ》に弥陀《みだ》の*二報荘厳《にほうしやうごん》に収《おさ》む。持名《ぢみやう》の行法《ぎやうほふ》はかの諸仏《しよぶつ》の中《なか》に、またすべからく弥陀《みだ》を収むべきなり」と。已上

三論の祖師《そし》*嘉祥《かじやう》の云《いは》く、「問《と》ふ、念仏三昧《ねんぶつさんまい》は何《なに》に因《よ》りてか、よくかくのごとき多罪《たざい》を滅《めち》することを得《う》るやと。解《げ》して云《いは》く、仏《ぶつ》に無量《むりやう》の功徳《くどく》います。仏《ぶつ》の無量《むりやう》の功徳《くどく》を念《ねん》ずるが故に、無量《むりやう》の罪《つみ》を滅《めち》することを得《え》しむ」と。已上

法相《ほふさう》の祖師《そし》*法位《ほふゐ》の云《いは》く、「諸仏《しよぶつ》はみな徳《とく》を名《な》に施《ほどこ》す。名《な》を称《しよう》するは即ち徳《とく》を称《しよう》するなり。徳《とく》よく罪《つみ》を滅《めち》し福《ふく》を生《しやう》ず、名《な》もまたかくのごとし。もし仏名《ぶつみやう》を信《しん》ずれば、よく善《ぜん》を生《しやう》じ悪《あく》を滅《めち》すること決定《くゑちぢやう》して疑《うたが》ひなし。称名往生《しようみやうわうじやう》これなんの惑《まど》ひかあらむや」と。已上

禅宗《ぜんしゆう》の*飛錫《ひしやく》の云《いは》く、「念仏三昧《ねんぶつさんまい》の善《ぜん》これ最上《さいじやう》なり。万行《まんぎやう》の元首《ぐゑんしゆ》なるが故に三昧王《さんまいわう》と曰《い》

了義　明了な義理。真実を説く教え。

円頓　円満頓速という意。非常にすぐれた教え。

大智　元照律師のおくり名。

唱へて云く　元照の観経疏上の取意文か。現存現文は「皆是円頓一仏乗法更無二余途一」(大正蔵三七)とある。

戒度　南宋の律宗系の人(一一八九頃)。観経扶新論一巻等を著して、元照の主張をたすけた人。今は元照の観経疏によって書く観経疏正観記巻三(浄全五)中の引用文。

用欽　南宋の人(一二四一頃)。元照の弟子。引用の二文は、観経によって著す白蓮記、または小経による超玄記の文かと推測されるが、現存せず。

微塵劫　塵点劫に同じ。はかりしれぬほどの長い時間。

無相の大願　現象の相対差別を超えて、縁起・因縁生・空なる存在の真実につきおこされた大いなる願。

無説の説　説法にとらわれない説法。

この経　阿弥陀経のこと。

二報荘厳　浄土の正報(仏身)と依報(仏国土)の二荘厳のこと。

嘉祥の云く　嘉祥(五四九―六二三)の観経義疏(大正蔵四七)。

法位の云く…　新羅の法位(七世紀頃)の、現存しない大経義疏の文。

飛錫の云く…　唐代の天台系の飛錫(七四一―七七八頃)の念仏三昧宝王論巻三(大正蔵四七)の文。

ふ」と。已上

＊往生要集《わうじやうえうしふ》に云《いは》く、「＊雙巻経《さうくわんぎやう》の＊三輩《さんはい》の業《ごふ》、浅深《せんじん》ありといへども、しかるに通《つう》じて皆《みな》、「一向専念無量寿仏《かうせんねんむりやうじゆぶつ》」と云《い》へり。三つに四十八願の中に、念仏門《ねんぶつもん》において別《べち》して一つの願《ぐわん》を発《おこ》して云《のたま》はく、「乃至十念若不生者不取正覚《ないしじふねんにやくふしやうじやふしゆしやうがく》」と。四つに観経《くわんぎやう》には、「極重《ごくぢう》の悪人《あくにん》、他《た》の方便《はうべん》なし。ただ弥陀《みだ》を称《しやう》して極楽《ごくらく》に生《うま》れむことを得《う》」と。已上

また云《いは》く、「＊心地観経《しんぢくわんぎやう》の六種の功徳《くどく》に依《よ》るべし。一つには無上大功徳田《むじやうだいくどくでん》、二つには無上大《むじやうだい》恩徳《おんどく》、三つには＊無足《むそく》・二足および多足衆生《たそくしゆじやう》の中《なか》の尊《そん》なり。四つには極《きは》めて値遇《ちぐ》し難《がた》きこと優曇華《うどんぐゑ》のごとし。五つにはひとり三千大千界《さんぜんだいせんかい》に出《い》でたまふ。六つには世《せ》・出世間《しゆつせけん》の功徳円《くどくゑん》満《まん》せり。義《ぎ》つぶさにかくのごとき等《ら》の六種の功徳《くどく》に依《よ》る。常《つね》によく一切衆生《しゆじやう》を利益《りやく》したまふ」と。已上

この六種《しゆ》の功徳《くどく》に依《よ》りて信和尚《しんくわしやう》の云《いは》く、「一つには念《ねん》ずべし、一称南無仏皆已成仏道《いちしようなむぶつかいいじやうぶつだう》の故に、われ無上功徳田《むじやうくどくでん》を帰命《くゐみやう》し礼《らい》したてまつる。二つには念《ねん》ずべし、慈眼《じげん》をもて衆生《しゆじやう》をみそなはすこと、平等《びやうどう》にして一子のごとし。かるがゆへに、われ極大慈悲母《ごくだいじひも》を帰命《くゐみやう》し礼《らい》したてまつる。三つには念《ねん》ずべし、十方の諸大士《しよだいじ》、弥陀尊《みだそん》を恭敬《くぎやう》したてまつるが故に、われ＊無《む》上両足尊《じやうりやうぞくそん》を帰命《くゐみやう》し礼《らい》したてまつる。四つには念《ねん》ずべし、ひとたび仏名《ぶつみやう》を聞《き》くことを得《う》ること優曇華《うどんぐゑ》よりも過《す》ぎたり。かるがゆへに、われ＊極難値遇者《ごくなんちぐしや》を帰命《くゐみやう》し礼《らい》したてまつる。五つには念《ねん》ずべし、＊一百倶胝界《いちひやくくていかい》には二尊竝《なら》んで出《い》でたまはず。かるがゆへに、われ希有大法《けうだいほふ》王《わう》を帰命《くゐみやう》し礼《らい》したてまつる。六つには念《ねん》ずべし、仏法衆徳海《ぶつほふしゆどくかい》は三世《さんぜ》、同《おな》じく一体なり。か

往生要集　三巻。真宗の第六祖源信（九四二―一〇一七）の著。
雙巻経　大無量寿経二巻のこと。
三輩　往生する衆生に、上輩と中輩と下輩の三輩があるということ。
心地観経　大乗本生心地観経八巻（大正蔵三）のこと。
無足・二足および多足　生きとし生けるもののこと。無足は蛇など、二足は人間、多足は百足などのこと。
無上両足尊　無上に尊い阿弥陀仏の意。両足のある人間・天人のなかで最も尊いかたの意味。
極難値遇者　阿弥陀如来のこと。きわめて遇いがたい仏であるから。
一百倶胝界　三千大千世界のこと。倶胝は梵語の音写。数の単位。一千万に当たり、また億とも訳する。
円融万徳尊　阿弥陀仏のこと。
波利質多樹　波利質多は梵語の音写。香遍樹と訳す。忉利天の喜見城にあるという香木の名。
瞻蔔華　瞻蔔は梵語の音写。金色華、黄食華と訳する。強い香のある花。
波師迦華　波師迦は梵語の音写。雨時華と訳する。雨期に咲く香気の高き花。
石汁　梵語の訳。訶宅迦水。薬汁で、錬金術に用いるという。
雪山　ヒマラヤ山のこと。
醍醐　牛乳を精製して作る。極上の美味のものをいう。

るがゆへに、われ*円融万徳尊《ゑんゆうまんどくそん》を帰命《くゐみやう》し礼《らい》したてまつる」と。已上

また云《いは》く、「*波利質多樹《はりしちたじゆ》の華《はな》、一日衣《ころも》に薫《くん》ずるに、*瞻蔔華《せんふくぐゑ》・*波師迦華《はしかぐゑ》、千歳薫《せんざいくん》ずといへども、及《およ》ぶことあたはざるところなり」。已上

また云《いは》く、「一斤《いちこん》の*石汁《しやくじふ》よく千斤《せんこん》の銅《あかがね》を変《へん》じて金《こがね》となす。*雪山《せちせん》に草《くさ》あり、名《な》づけて忍辱《にんにく》とす。牛《うし》もし食《じき》すれば、即ち*醍醐《だいご》を得《う》。*月利沙《ぐわちりしや》、*昴星《ばうせい》を見《み》れば、則ち菓実《くわじち》を出《い》だすがごとし」。已上

*選択本願念仏集《せんぢやくほんぐわんねんぶつしふ》〈源空《ぐゑんくう》の集《しふ》〉に云《いは》く、「南無阿弥陀仏《なむあみだぶつ》〈往生《わうじやう》の業《ごふ》は念仏《ねんぶつ》を本《ほん》とす〉」と。

また云《いは》く、「それ速《すみや》かに生死《しやうじ》を離《はな》れむと欲《おも》はば、二種の勝法《しようぼふ》の中《なか》に、しばらく*聖道門《しやうだうもん》をさしおきて、選《えら》びて*浄土門《じやうどもん》に入《い》れ。浄土門に入《い》らむと欲《おも》はば、*正《しやう》・雑《ざふ》一行の中《なか》に、しばらくもろもろの雑行《ざふぎやう》を抛《なげう》ちて、選《えら》びて正行《しやうぎやう》に帰《くゐ》すべし。正行を修《しゆ》せむと欲《おも》はば、*正《しやう》・助《じよ》二業の中《なか》に、なほ助業《じよごふ》を傍《かたわら》にして、選《えら》びて正定《しやうぢやう》を専《もは》らすべし。正定《しやうぢやう》の業《ごふ》とは即ちこれ仏《ぶつ》の名《みな》を称《しよう》するなり。称名《しようみやう》は、必《かなら》ず生《うま》れむことを得《う》。仏《ぶつ》の本願《ほんぐわん》に依《よ》るが故に」と。已上

明《あきら》かに知《し》んぬ、これ*凡聖自力《ぼんしやうじりき》の行《ぎやう》にあらず。かるがゆへに*不回向《ふゑかう》の行《ぎやう》と名《な》づくるなり。*大小《だいせう》の聖人《しやうにん》、*重軽《ぢうきやう》の悪人《あくにん》、みな同《おな》じく斉《ひと》しく*選択《せんぢやく》の大宝海《だいほうかい》に帰《くゐ》して念仏成仏《ねんぶつじやうぶつ》すべし。

ここを以て論註《ろんちう》に曰《いは》く、「かの安楽国土《あんらくこくど》は、阿弥陀如来《あみだによらい》の*正覚浄華《しやうがくじやうくゑ》の化生《くゑしやう》するところにあらざることなし。同一に念仏《ねんぶつ》して別《べち》の道《みち》なきが故に」とのたまへり。已上

しかれば真実《しんじち》の行信《ぎやうしん》を獲《う》れば、心《こころ》に歓喜多《くわんぎおほ》きが故に、これを*歓喜地《くわんぎぢ》と名《な》づく。これを*初《しよ》果《くわ》に喩《たと》ふることは、初果《しよくわ》の聖者《しやうじや》なほ睡眠《すいみん》し懶墮《らだ》なれども二*十九有《う》に至《いた》らず。いかにいはん

月利沙 戸利沙の誤写。戸利沙とはねむの木のこと。
昴星 スバル星のこと。
選択本願念仏集 二巻。法然の著。
聖道門 浄土門に対する語。自力の修行により、この土でさとる法門。
浄土門 仏の願力により、浄土に往生しさとる法門。
正雑二行 浄土の三部経によって行ずる往生の行を正行という。読誦・観察・礼拝・称名・讃嘆供養の五種がある。この正行以外のすべての行を弥陀の浄土に往生するためにふりむける場合、これを雑行という。
正助二業 五正行のなかの第四の称名を正定業といい、他の前三後一の四行を助業という。正定業とは、正しく浄土往生の決定した業因。
凡聖 凡夫と聖者。
不回向の行 その称名は如来から廻向されたもので、衆生からはまったく不廻向の行であるということ。
大小の聖人 大乗・小乗の聖者。
重軽の悪人 重罪・軽罪の悪人。
選択の大宝海 阿弥陀仏の選択して成就された名号の大宝海の意。
正覚浄華の化生 阿弥陀如来のさとりから生じたものという意。
歓喜地 ↓二五頁注。真宗では現生正定聚の位と同義とする。
初果 預流果・須陀洹果のこと。↓二五頁注
二十九有 ↓二六頁注

や十方群生海《ぐんじやうかい》、この*行信《ぎやうしん》に帰命《くゐみやう》すれば摂取《せふしゆ》して捨《す》てたまはず。かるがゆへに阿弥陀仏《あみだぶつ》と名《な》づけたてまつると。これを他力《たりき》と曰《い》ふ。ここを以て竜樹大士《りうじゆだいじ》は、「*即時入必定《そくじにふひちぢやう》」と曰《い》へり。曇鸞大師《どんらんだいし》は、「*入正定聚之数《にふしやうぢやうじゆししゆ》」と云《い》へり。仰《あふ》いでこれを憑《たの》むべし、専《もは》らこれを行《ぎやう》ずべきなり。

良《まこと》に知《し》んぬ、*徳号《とくがう》の慈父《じぶ》ましまさずは*能生《のうしやう》の因闕《いんか》けなむ。*光明《くわうみやう》の悲母《ひも》ましまさずは*所生《しよしやう》の縁乖《えんそむ》きなむ。能所《のうじよ》の因縁和合《いんえんわがふ》すべしといへども、信心《しんじん》の*業識《ごふしき》にあらずは*光明土《くわうみやうど》に到《いた》ることなし。真実信《しんじちしん》の業識《ごふしき》これ則ち内因《ないいん》とす。*光明名《くわうみやうみやう》の父母《ぶも》これ則ち外縁《ぐゑえん》とす。内外《ないぐゑ》の因縁和合《いんえんわがふ》して*報土《ほうど》の真身《しんしん》を得証《とくしよう》す。かるがゆへに*宗師《しゆうし》は、「光明名号《くわうみやうみやうがう》を以て十方を*摂化《せふくゑ》したまふ、ただ信心《しんじん》をして求念《ぐねん》せしむ」と言《のたま》へり。また、「念仏成仏《ねんぶつじやうぶつ》これ真宗《しんしゆう》」と云《い》へり。また、「真宗遇《しんしゆうあ》ひがたし」と云《い》へるおや。知《し》るべしと。

*おほよそ往相回向《わうさうゑかう》の行信《ぎやうしん》について、行《ぎやう》に則ち一念あり、また信《しん》に一念あり。行《ぎやう》の一念と言《い》ふは、謂《いは》く*称名《しようみやう》の遍数《へんじゆ》について、*選択易行《せんぢやくいぎやう》の至極《しごく》を顕開《けんかい》す。

かるがゆへに*大本《だいほん》に言《のたま》はく、「仏《ぶつ》、弥勒《みろく》に語《かた》りたまはく、「それかの仏《ぶつ》の名号《みやうがう》を聞《き》くことを得《え》て、歓喜踊躍《くわんぎゆやく》して乃至《ないし》一念せむことあらむ。まさに知《し》るべし、この人《ひと》は大利《だいり》を得《う》とす。則ちこれ無上《むじやう》の功徳《くどく》を具足《ぐそく》するなり」と。已上

光明寺《くわうみやうじ》の和尚《くわしやう》は、「*下至一念《げしいちねん》」と云《い》へり。また、「*一声一念《いちしやういちねん》」と云《い》へり。また、「*専心専念《せんしんせんねん》」と云《い》へりと。已上

智昇師《ちしようし》の*集諸経礼懺儀《しふしよきやうらいさんぎ》の下巻に云《いは》く、「深心《じんしん》は即ちこれ真実《しんじち》の信心《しんじん》なり。自身《じしん》はこれ煩《ぼん》

行信に帰命する　名号を信ずること。

即時入必定　信心をいただくと同時に、必ず仏になることに定まった位に入ること。

入正定聚　曇鸞の論註の始めの語。仏になるに正しく決定した聚類(なかま)に入るという意。

徳号の慈父　名号をいつくしみ深い父にたとえていう。

能生の因　往生のための直接の原因。

光明の悲母　弥陀の智慧の光明を、あわれみ深い母にたとえていう。

所生の縁　往生のための間接の縁。

業識　父母の和合を縁として母胎に宿る生命の主体(心識)をいう。今は名号の活動の受け入れられた信心をいう。

光明土　無量光明土の意味で、阿弥陀仏の浄土のこと。

光明名　光明と名号。

報土の真身　浄土に生まれて阿弥陀仏と全く等しい真実の仏身をさとること。

宗師　善導大師。

摂化　化益すること。救うこと。

◇おほよそ…　別して行一念の意義を説明する。↓補

称名の遍数　称名の最初の一声。

選択易行の至極を顕開す　選択された第十八の本願に誓う「乃至十念」の称名が易行の至極の法であることをあらわすという意。

大本に言はく　大経の弥勒付属の文。

悩《なう》を具足《ぐそく》せる凡夫《ぼんぶ》、善根薄少《ぜんごんはくせう》にして*三界に流転《るてん》して*火宅《くわたく》を出《い》でずと信知《しんち》す。今弥陀《いまみだ》の本弘《ほんぐ》誓願《ぜいぐわん》は、名号《みやうがう》を称《しよう》すること下至《げし》十声聞等《じふしやうもんとう》に及《およ》ぶまで、定《さだ》んで往生《わうじやう》を得《え》しむと信知《しんち》して、一念に至《いた》るに及《およ》ぶまで疑心《ぎしん》あることなし。かるがゆへに深心《じんしん》と名《な》づく」と。已上

経《きやう》に「乃至《ないし》」と言《い》ひ、釈《しやく》に「下至《げし》」と曰《い》へり。乃下《ないげ》その言異《ことばこと》なりといへども、その意《こころ》これ一つなり。また乃至《ないし》とは一多《いちた》包容《はうよう》の言《ことば》なり。大利《だいり》と言《い》ふは小利《せうり》に対《たい》せるの言《ことば》なり。無上《むじやう》と言《い》ふは有上《うじやう》に対《たい》せるの言《ことば》なり。信《まこと》に知《し》んぬ、大利《だいり》無上《むじやう》は*一乗真実《いちじようしんじつ》の利益《りやく》なり。小利《せうり》有上《うじやう》は則ちこれ八万四千の仮門《けもん》なり。釈《しやく》に専心《せんしん》と云《い》へるは即ち一心なり、二心なきを形《あら》はすなり。専念《せんねん》と云《い》へるは即ち一行なり、二行なきことを形《あら》はすなり。今《いま》*弥勒付属《みろくふぞく》の一念は即ちこれ一声なり。一声即ちこれ一念なり。一念即ちこれ一行なり。一行即ちこれ正行《しやうぎやう》なり。正行即ちこれ正業《しやうごふ》なり。正業即ちこれ正念《しやうねん》なり。正念即ちこれ念仏《ねんぶつ》なり。則ちこれ南無阿弥陀仏《なむあみだぶつ》なり。

しかれば大悲《だいひ》の願船《ぐわんせん》に乗《じよう》じて光明《くわうみやう》の広海《くわうかい》に浮《うか》びぬれば、*至徳《しとく》の風静《かぜしづ》かに、*衆禍《しゆくわ》の波転《なみてん》ず。即ち無明《むみやう》の闇《あん》を破《は》し、速《すみや》かに無量光明土《むりやうくわうみやうど》に到《いた》りて*大般涅槃《だいはつねはん》を証《しよう》す。*普賢《ふげん》の徳《とく》にしたがふなり。知《し》るべしと。

安楽集《あんらくしふ》に云《いは》く、「十念相続《じふねんさうぞく》とは、これ*聖者《しやうじや》の一つの数《かず》の名《な》ならくのみ。即ちよく念《ねん》を積《つ》み、思《おも》ひを凝《こ》らして他事《たじ》を縁《えん》ぜざれば、*業道成弁《ごふだうじやうべん》せしめて便《すなは》ちやみぬ。またいたはしくこれを頭数《ずしゆ》を記《き》せざれとなり。また云《いは》く、もし*久行《くぎやう》の人《ひと》の念《ねん》は多《おほ》くこれに依《よ》るべし。もし*始行《しぎやう》の人《ひと》の念《ねん》は数《かず》を記《き》するまた好《よ》し。これまた聖教《しやうげう》に依《よ》るなり」と。已上

下至一念　観経疏散善義の文。
一声一念　礼讃の文。
専心専念　散善義の文。
集諸経礼懺儀の下巻に云く　善導の往生礼讃、序の文。→四〇頁注
三界　欲界・色界・無色界の三界。
火宅　迷いの境界のこと。
一乗　唯一絶対のただちに仏となる乗物としての道の意。声聞乗・縁覚乗と示す小乗の道、菩薩乗と示す大乗菩薩の道を合して三乗教というに対する。
弥勒付属　付属とは、法を授けてその伝持を付託すること。弥勒付属とは、大経の説法がおわる時、釈尊が、聴衆の一人でありまた当来の導師である弥勒菩薩に名号を付属せられたことをいう。上引の「弥勒付属の文」をいう。
至徳の風　名号大行の働き。
衆禍の波　よろずのわざわい。
大般涅槃　梵語の音訳。仏のさとりのこと。
普賢の徳　菩薩が慈悲をもって、普く生きとし生けるものを済度する行徳。今は特に大経の二十二願意により還相の救済をする行徳をいう。
聖者の一つの数の名ならくのみ　釈尊が説き示された一つの数の名にすぎないという意。
業道成弁　→三五頁注
久行の人　長い期間念仏した人。
始行の人　始めて念仏する人。

*これ乃ち真実《しんじち》の行《ぎやう》を顕《あら》はす明証《みやうしよう》なり。誠《まこと》に知《し》んぬ、*選択摂取《せんぢやくせふしゆ》の本願《ほんぐわん》、*超世希有《てうせけう》の勝行《しようぎやう》、*円融真妙《ゑんゆうしんめう》の正法《しやうぼふ》、*至極無碍《しごくむげ》の大行《だいぎやう》なり。知《し》るべしと。

*他力《たりき》と言《い》ふは、如来《にらい》の*本願力《ほんぐわんりき》なり。

*論《ろん》に曰《いは》く、「本願力《ほんぐわんりき》と言《い》ふは、*大菩薩《だいぼさつ》、法身《ほふしん》の中《なか》にして、常《つね》に三昧《さんまい》にましまして、種種《しゆじゆ》の身《しん》、種種《しゆじゆ》の神通《じんづう》、種種《しゆじゆ》の説法《せちほふ》を現《げん》じたまふことを示《しめ》す。みな本願力《ほんぐわんりき》より起《お》こるを以てなり。譬《たと》へば、*阿修羅《あしゆら》の琴《きん》の鼓《こ》するものなしといへども、しかも音曲自然《いむごくじねん》なるがごとし。これを*教化地《けうくゑぢ》の第《だい》五の功徳相《くどくさう》と名《な》づく。乃至

「菩薩は*四種の門《もん》に入《い》りて自利《じり》の行成就《ぎやうじやうじゆ》したまへりと、知《し》るべし」。成就とは、謂《いは》く自《じ》利《り》満足《まんぞく》せるなり。応知《おうち》といふは、謂《いは》く自利《じり》に由《よ》るが故に、則ちよく利他《りた》す、*これ自利《じり》にあたはずしてよく利他《りた》するにはあらざるなりと知《し》るべし。

「菩薩は第五門に出《い》でて廻向利益他《ゑかうりやくた》の行成就《ぎやうじやうじゆ》したまへりと、知《し》るべし」。成就とは、謂《いは》く廻《ゑ》向《かう》の因《いん》を以て教化地《けうくゑぢ》の果《くわ》を証《しよう》す。もしは因《いん》もしは果《くわ》、一事として利他《りた》にあたはざることあることなきなり。応知《おうち》といふは、謂《いは》く利他《りた》に由《よ》るが故に則ちよく自利《じり》す、これ利他《りた》にあたはずしてよく自利《じり》するにはあらざるなりと知《し》るべし。

「菩薩はかくのごとき五門《もん》の行《ぎやう》を修《しゆ》して、自利利他《じりりた》して、速《すみや》かに*阿耨多羅三藐三菩提《あのくたらさんみやくさんぼだい》を成就《じやうじゆ》することを得《え》たまへるが故に」。仏《ぶつ》の所得《しよとく》の法《ほふ》を、名《な》づけて阿耨多羅三藐三菩提とす。この菩提《ぼだい》を得《え》たまへるを以ての故に、名《な》づけて仏《ぶつ》とす。いま速得《そくとく》阿耨多羅三藐三菩提と言《い》へるは、これ早《はや》く仏《ぶつ》になることを得たまへるなり。阿《あ》おば無《む》に名《な》づく、耨多羅《のくたら》おば上《じやう》に名《な》

◇これ乃ち… 真実行の意義を結び歎ずる。↓補

選択摂取の本願 阿弥陀仏が特に選び取った第十八の本願の行という意味。第十七願位にて示す。

超世希有の勝行 世に超えてたぐい稀なすぐれた行。

円融真妙の正法 自利利他が円満し、一切の徳をそなえた、真実の妙理にかなった正法という意。

至極無碍の大行 いかなるものにもさまたげられぬこの上もない大行。

◇他力… 特に真実行の本質的意義を明かす。↓補

本願力 阿弥陀如来の第十八願の力のこと。論註では四十八願の力のこと。

論 往生論註。

大菩薩 論註では浄土に往生したもののこと。引用の意味では法蔵菩薩のこと。

阿修羅 梵語の音写。略して修羅ともいい、非天と訳す。六道の一。八部衆の一。戦闘を好み、いつも帝釈天と戦う鬼神とされる。またこの神の携える琴を阿修羅の琴といい、これを聴こうと思えばこの神の福徳によって、だれも弾じないのに自然に音を出すといわれる。

教化地 利他教化地といい、他の衆生を化益する地位をいう。

四種の門 五念門のはじめの前四、即ち礼拝・讃嘆・作願・観察の四種

づく、三藐《さんみやく》おば正《しやう》に名《な》づく、三《さん》おば遍《へん》に名《な》づく、菩提《ぼだい》おば道《だう》に名《な》づく。かねてこれを訳《やく》して、名《な》づけて無上正遍道《むじやうしやうへんだう》とす。無上とは、いふこころは、この道《だう》、理《り》を*窮《きわ》め、性《しやう》を尽《つ》くすこと、さらに過《す》ぎたる者《ひと》なけむ。何を以てか、これを言《い》はば、正《しやう》を以ての故に。正《しやう》は聖智《しやうち》なり。*法相《ほふさう》のごとくして知《し》るが故に、称《しよう》して正智《しやうち》とす。*法性《ほふしやう》は相《さう》なき故に*聖智無知《しやうちむち》なり。遍《へん》に二種あり。一つには*聖心《しやうしん》、あまねく一切の法《ほふ》を知《し》ろしめす。二つには法身《ほふしん》、あまねく法界《ほふかい》に満《み》てり。もしは身《み》、もしは心《こころ》遍《へん》せざることなきなり。道《だう》は無㝵《むげ》道《だう》なり。経《きやう》に言《いは》く、「十方の無碍人《むげにん》、一道より生死《しやうじ》を出《い》でたまへり」。一道は一無碍道《いちむげだう》なり。無碍《むげ》は、謂《いは》く生死《しやうじ》即ちこれ涅槃《ねはん》なりと知《し》るなり。かくのごとき等《ら》の*入不二《にふふに》の法門《ほふもん》は無㝵《むげ》の相《さう》なり。

問《と》ふて曰《いは》く、何の因縁《いんえん》ありてか、「速得成就阿耨多羅三藐三菩提《そくとくじやうじゆあのくたらさんみやくさんぼだい》」と言《い》へるや。答《こた》へて曰《いは》く、論《ろん》に、「五門の行《ぎやう》を修《しゆ》して、以て自利利他成就《じりりたじやうじゆ》したまへるが故に」と言《い》へり。しかるに*覈《まこと》にその本《もと》を求《もと》むれば、阿弥陀如来《あみだによらい》を*増上縁《ぞうじやうえん》とするなり。これを他利《たり》と利他《りた》と、談《だん》ずるに左右《さう》あり。もし自《おのづか》ら仏《ぶつ》をして言《い》はば、よろしく利他《りた》と言《い》ふべし。自《おのづか》ら衆生《しゆじやう》をして言《い》はば、よろしく他利《たり》と言《い》ふべし。今《いま》まさに仏力《ぶつりき》を談《だん》ぜむとす、この故に利他《りた》を以てこれを言《い》ふ。まさに知《し》るべし、この意《こころ》なり。おほよそこれかの浄土《じやうど》に生《うま》ると、及《およ》びかの菩薩《ぼさつ》・人《にん》・天《てん》の所起の諸行《しよぎやう》は、みな阿弥陀如来《あみだによらい》の本願力《ほんぐわんりき》に縁《よ》るが故に。何を以てこれを言《い》はば、もし仏力《ぶつりき》にあらずは、四十八願便《すなは》ちこれいたづらに設《まう》けたまへらむ。今《いま》*的《ひと》しく三願を取《と》りて、用て義《ぎ》の意《こころ》を証《しよう》せむ。

願《ぐわん》に言《のたま》はく、「たとひわれ仏《ぶつ》を得《え》たらむに、十方の衆生《しゆじやう》、心《こころ》を至《いた》し信楽《しんげう》してわが国《くに》に生《うま》れ

の門のこと。

これ自利に…　自利を満足することによってよく利他せられるのであって、自利を満足せずしては利他も十分できないと知るべし、という意。

阿耨多羅三藐三菩提　仏の無上のさとり。↓二四頁注

理を窮め性を尽くす　実相の理をきわめ、法性を知り尽くすこと。

法相　一切諸法のありのままの姿。

法性　諸法の本性。一切諸法の体性である真如のこと。

聖智無知　仏のさとりの智慧は、相対の分別を超えた智慧であるということ。

聖心　さとりの心。

入不二の法門　諸法不二の相にさとり入る教え。即ち煩悩即菩提、生死即涅槃という迷悟不二の境地にさとり入る教え。

覈にその本を求むれば　これ以下を論註の覈求其本釈といって、他力を示すものとして重要視される。

増上縁　最上にすぐれた強い因縁のこと。

的しく三願を取り　三願的証の文という。第十八願・第十一願・第二十二願の三願を引いて、衆生の往生は他力によることを的確に示す意味。

むと欲《おも》ふて、乃至《ないし》十念せむ。もし生《うま》れずは正覚《しやうがく》をとらじと。ただ五逆《ぎやく》と誹《ひ》謗正法《はうしやうぼふ》とおば除《のぞ》く」と。仏願力《ぶつぐわんりき》に縁《よ》るが故に、十念念仏《ねんぶつ》して便ち往生《わうじやう》を得《う》。往生を得るが故に、即ち三界《がい》の*輪転《りんでん》の事《こと》を勉《まぬか》る。輪転《りんでん》なきが故に、このゆへに速《すみや》かなることを得《う》る一の証《しよう》なり。

願《ぐわん》に言《のたま》はく、「たとひわれ仏《ぶつ》を得《え》たらむに、国《くに》の中《うち》の人天《にんでん》、*定聚《ぢやうじゆ》に住《ぢう》し、かならず*滅度《めちど》に至《いた》らずは、正覚《しやうがく》をとらじ」と。仏願力《ぶつぐわんりき》に縁《よ》るが故に、正定聚《しやうぢやうじゆ》に住《ぢう》せむ。正定聚に住せるが故に、かならず滅度《めちど》に至らむ。もろもろの*回《ゑ》伏《ぶく》の難《なん》なし、このゆへに速《すみや》かなることを得《う》る二の証《しよう》なり。

願《ぐわん》に言《のたま》はく、「たとひわれ仏《ぶつ》を得《え》たらむに、他《た》方仏土《はうぶつど》のもろもろの菩《ぼ》薩衆《さつしゆ》、わが国《くに》に来生《らいしやう》して、究竟《くきやう》して必《かなら》ず*一生補処《いちしやうふしよ》に至《いた》らしめむ。その本願《ほんぐわん》の*自《じ》在《ざい》の所化《しよくゑ》、衆生《しゆじやう》のための故に、*弘誓《ぐぜい》の鎧《かい》を被《き》て、徳本《とくほん》を積累《しやくるい》し、一切を度脱《どだち》して、諸仏《しよぶつ》の国《くに》に遊《あそ》び、菩薩の行《ぎやう》を修《しゆ》して、十方の諸仏如来《しよぶつによらい》を供養《くやう》し、恒沙無量《ごうじやむりやう》の衆生《しゆじやう》を開化《かいくゑ》して、無上正真《むじやうしやうしん》の道《だう》を立《りふ》せしめむおば除《のぞ》く。常倫《じやうりん》に超出《てうしゆつ》し、諸地《しよぢ》の行現前《ぎやうげんぜん》し、普賢《ふげん》の徳《とく》を修習《しゆしふ》せむ。もししからずは正覚《しやうがく》を取《と》らじ」と。仏願力《ぶつぐわんりき》に縁《よ》るが故に、常倫《じやうりん》に超出《てうしゆつ》し諸地《しよぢ》の行現前《げんぜん》し、普賢《ふげん》の徳《とく》を修習《しゆしふ》せむ。常倫《じやうりん》に超《てう》出《しゆつ》し諸地《しよぢ》の行現前《げんぜん》するを以ての故に、このゆえに速《すみや》かなることを得《う》る三の証《しよう》なり。これを以て他力《たりき》を推《すい》するに増上縁《ぞうじやうえん》とす。しからざることを得《え》むや。

まさにまた例《れい》を引《ひ》きて、自力《じりき》・他力《たりき》の相《さう》を示《しめ》すべし。人《ひと》*三塗《さんづ》を畏《おそ》るるが故に*禁戒《きんかい》を受《じゆ》持《ぢ》す、禁戒を受持するが故によく*禅定《ぜんぢやう》を修《しゆ》す、禅定を修するを以ての故に神通《じんづう》を修習《しゆしふ》す、神通を以ての故によく四天下《してんげ》に遊《あそ》ぶがごとし。かくのごとき等《ら》を名《な》づけて自力《じりき》とす。また

輪転　さまようこと。
定聚　正定聚のこと。浄土に往生するにまさしく決定した聚類(なかま)ということ。
滅度　涅槃のこと。涅槃に入ると永く生死の大苦を滅し煩悩の流れを越えるから滅度という。
回伏の難　はてしなく迷いの世界を輪廻する難。
一生補処　菩薩の最高の位である等覚の位のこと。わずかに一生をへるのみで次生には仏の位を補うとの意。
自在の所化　自由自在に衆生を教化し利益すること。
弘誓の鎧　広大な誓いの堅固なことをよろいにたとえる。
三塗　地獄・餓鬼・畜生の三悪道。
禁戒　釈尊が制定された掟。非を禁じ、悪を戒めたもの。
禅定　禅は梵語の音写で、その訳である定と熟語して禅定という。六度の行の一で、慮を静め、心を明らかにして真正の理に達すること。
自ら局分することなかれ　自力にこだわってはいけないということ。
元照律師の…　観経疏巻上の文。
他方　仏の浄土のこと。

劣夫《れちふ》の驢《ろ》に跨《またが》りて上《のぼ》らざれども、転輪王《てんりんわう》の行《ゆ》くに従《したが》へば、便ち虚空《こくう》に乗《じよう》じて四天下《してんげ》に遊《あそ》ぶに障碍《しやうげ》するところなきがごとし。かくのごとき等《ら》を名《な》づけて他力《たりき》とす。愚《おろか》なるかな後《のち》の学《がく》者《しや》、他力《たりき》の乗《じよう》ずべきを聞《き》きてまさに信心《しんじん》を生《しやう》ずべし。*自《みづか》ら局分《きよくぶん》［局《きよく》の字《じ》、古玉の反《かえし》、せばし、ちかし、かぎる］することなかれ」となり。已上

*元照律師《ぐわんぜうりちし》の云《いは》く、「あるいはこの方《はう》にして惑《わく》を破《は》し真《しん》を証《しよう》すれば、則ち自力《じりき》を運《はこ》ぶが故に、大小《だいせう》の諸経《しよきやう》に談《だん》ず。あるいは*他方《たはう》に往《ゆ》きて法《ほふ》を聞《き》き道《だう》を悟《さと》るは、すべからく他力《たりき》を憑《たの》むべきが故に、往生浄土《わうじやうじやうど》を説《と》く。彼此《ひし》異《こと》なりといへども*方便《はうべん》にあらざることなし。自心《じしん》を悟《さと》らしめむとなり」と。已上

*一乗海《いちじようかい》と言《い》ふは、一乗は*大乗《だいじよう》なり。大乗は*仏乗《ぶつじよう》なり。一乗を得《う》るは阿耨多羅三藐三菩提《あのくたらさんみやくさんぼだい》を得《う》るなり。阿耨菩提《あのくぼだい》は即ちこれ涅槃界《ねはんがい》なり。涅槃界は即ちこれ*究竟法身《くきやうほふしん》なり。究竟法身を得《う》るは則ち一乗を究竟《くきやう》するなり。異《い》の如来《によらい》ましまさず、異《い》の法身《ほふしん》ましまさず。如来は即ち法身《ほふしん》なり。一乗を究竟するは即ちこれ*無辺不断《むへんふだん》なり。大乗《だいじよう》は二乗・*三乗あることなし。二乗・三乗は一乗に入《い》らしめむとなり。一乗は即ち*第一義乗《だいいちぎじよう》なり。ただこれ*誓願一仏乗《せいぐわんいちぶつじよう》なり。

*涅槃経《ねはんぎやう》に言《のたま》はく、「善男子《ぜんなんし》、*実諦《じちたい》は名《な》づけて大乗《だいじよう》と曰《い》ふ。大乗《だいじよう》にあらざるは実諦《じちたい》と名《な》づけず。善男子《ぜんなんし》、実諦《じちたい》はこれ仏《ぶつ》の所説《しよせち》なり。魔《ま》の所説《しよせち》にあらず。もしこれ魔説《ませち》は仏説《ぶつせち》にあらざれば実諦《じちたい》と名《な》づけず。善男子《ぜんなんし》、実諦《じちたい》は一道清《いちだうしやう》にして浄《じやう》にして二つあることなきなり」。已上

また言《のたま》はく、「いかんが菩薩一*実に信順《しんじゆん》する。菩薩は一切衆生をして、みな一道に帰《くゐ》せし

方便　如来が衆生を救いたもう方法。

一乗海　一は唯一または大の意味。乗は運載の意味で教えのこと。一切の衆生をさとりの岸に運ぶ唯一絶対の教え。その教えが深く広いことを海にたとえる。

大乗　→三三頁注

仏乗　ただちに仏をみ、仏となる道の意。声聞乗・縁覚乗・菩薩乗に簡ぶ。

究竟法身　最上の智慧。

無辺不断　空間的に完全であり(無辺)、時間的にも完全である(不断)。

三乗　声聞乗・縁覚乗・菩薩乗の三。衆生の性質や能力に応じて、声聞・縁覚・菩薩に固有な三種のさとりの道があると説く教え。

第一義乗　最もすぐれた絶対真実の教法。

誓願一仏乗　弥陀の本願が、ただ一つの仏になる教えだという意。

涅槃経　大般涅槃経(大正蔵一二)の略。釈尊の入滅に際して説かれた経とされ、法身常住、大涅槃の名義、阿闍世王帰仏の因縁、拘尸那城入涅槃の因縁などを示されてある。これに南本と北本との二訳がある。即ち、(一)北本、四十巻、北涼の曇無讖訳。(二)南本、三十六巻、劉宋の慧観・慧厳・謝霊運が法顕訳の小乗涅槃経を参酌して北本を再治校合したもの。

実諦　真如実相。

一実　一乗のこと。唯一の真実の意。

むと了知《れうち》するなり。一道は謂《いは》く大乗《だいじよう》なり。諸仏《しよぶつ》・菩薩《ぼさつ》、衆生《しゆじやう》のための故に、これを分《わか》ちて三つとす。この故に菩薩、「*不逆《ふぎやく》に信順《しんじゆん》す」と。已上

また言《のたま》はく、「善男子《ぜんなんし》、畢竟《ひちきやう》に二種《しゆ》あり。一つには*荘厳畢竟《しやうごんひちきやう》、二つには*究竟畢竟《くきやうひちきやう》なり。一つには*世間畢竟《せけんひちきやう》、二つには*出世畢竟《しゆつせひちきやう》なり。荘厳畢竟は六波羅蜜《ろくはらみつ》なり。究竟畢竟は一切衆《いちさいしゆ》生得《じやうう》るところの一乗なり。一乗は名《な》づけて*仏性《ぶつしやう》とす。この義《ぎ》を以ての故に、われ一切衆生悉有仏性《しちうぶつしやう》と説《と》くなり。一切衆生ことごとく一乗あり。無明覆《むみやうおほ》へるを以ての故に、見《み》ることを得《う》ることあたはず」と。已上

また言《のたま》はく、「いかんが一とする、一切衆生ことごとく一乗なるが故に。いかんが非《ひ》一なる、三乗を説《と》くが故に。いかんが非《ひ》一・非非《ひひ》一なる、無数《むしゆ》の法《ほふ》なるが故なり」と。已上

*華厳経《くゑごんぎやう》に言《のたま》はく、「*文殊《もんじゆ》の法《ほふ》は*常《つね》にしかなり。*法王《ほふわう》はただ一法なり。*一切無碍人《むげにん》、一道より生死《しやうじ》を出《い》でたまへり。一切諸仏の身《しん》、ただこれ一法身《いちほふしん》なり。一心一智慧《いちしんいちちゑ》なり。*力無畏《りきむゐ》もまたしかなり」と。已上

しかれば、これらの覚悟《かくご》は、みな以て安養浄刹《あんやうじやうせち》の大利《だいり》、仏願難思《ぶつぐわんなんじ》の至徳《しとく》なり。

海《かい》と言《い》ふは、久遠《くをん》よりこのかた、凡聖所修《ぼんしやうしよしゆ》の*雑修雑善《ざふしゆざふぜん》の川水《せんすい》を転《てん》じ、*逆謗闡提《ぎやくはうせんだい》*恒沙無明《ごうじやむみやう》の海水《かいすい》を転《てん》じて、本願大悲智慧真実恒沙万徳《ほんぐわんだいひちゑしんじちごうじやまんどく》の*大宝海水《だいほうかいすい》となる、これを海《うみ》のごときに喩《たと》ふるなり。良《まこと》に知《し》んぬ、経《きやう》に説《と》きて、「煩悩《ぼんなう》の氷《こほり》とけて功徳《くどく》の水《みづ》となる」と言《のたま》へるがごとし。已上

願海《ぐわんかい》は二乗雑善《じようざふぜん》の*中下《ちうげ》の屍骸《しがい》を宿《やど》さず。いかにいはんや人天《にんでん》の虚仮邪偽《こけじやぐゐ》の善業《ぜんごふ》、雑毒《ざふどく》

不逆に信順す　信順して、さからわないという意。
荘厳畢竟　仏果を得るもっともすぐれた教え。大乗の因行である六波羅蜜のこと。
究竟畢竟　仏果そのものをいう。仏果は究極的なさとりであるからかくいう。
世間畢竟　世間の善根のこと。荘厳畢竟にあたる。
出世畢竟　仏果にいたるための一切の善根のこと。究竟畢竟にあたる。
仏性　仏になる可能性(因仏性)のこと。また仏の本性(果仏性)のこと。
華厳経　晋訳の大方広仏華厳経巻五、菩薩明難品の偈文(大正蔵九)。
文殊の法　念仏の法のこと。念仏は智慧の法であるから文殊の法とする。
常にしかなり　本来不変であるという意。
法王はただ一法なり　阿弥陀如来はただ真如法性の一法である。
一切無碍人　一切諸仏のこと。
力無畏　如来が持つ十種の智力(十力)と四種の畏れなき自信(四無所畏)。
雑修雑善　自力の善根。雑修とは自力心をまじえて修する行。雑善とは煩悩のけがれのまじった善という意。
逆謗闡提　五逆と謗法と闡提のこと。→一〇・二四頁注
恒沙無明　はかることができないほど多い煩悩のこと。

雑心《ざふしん》の屍骸《しがい》を宿《やど》さむや。

かるがゆへに*大本《だいほん》に言《のたま》はく、「声聞《しやうもん》あるいは菩薩、よく*聖心《しやうしん》をきはむることなし。譬《たと》へば生《むま》れてより盲《めしひ》たるものの、行《ゆ》いて人《ひと》を開導《かいだう》せむと欲《おも》はむがごとし。如来《によらい》の智《ち》慧《ゑ》海《かい》は、深《じん》広《くわう》にして涯底《がいてい》なし。*二乗の惻《はか》るところにあらず、ただ仏《ぶつ》のみ独《ひと》り明《あきら》かに了《さと》りたまへり」と。

已上

浄土論《じやうどろん》に曰《いは》く、「「何《なに》ものか荘厳《しやうごん》*不虚作住持功徳成就《ふこさぢうぢくどくじやうじゆ》、偈《げ》に、仏《ぶつ》の本願力《ほんぐわんりき》を観《くわん》ずるに、遇《まうあ》ふて空《むな》しく過《す》ぐるものなし。よく速《すみや》かに、功徳《くどく》の大宝海《だいほうかい》の満足《まんぞく》せしむるが故に」と言《のたま》へり。不虚作住持功徳成就《ふこさぢうぢくどくじやうじゆ》とは、けだしこれ阿弥陀如来《あみだによらい》の本願力《ほんぐわんりき》なり。今《いま》まさに略《りやく》して虚空《こくう》の相《さう》を住持《ぢうぢ》にあたはざるを示《しめ》して、用てかの不虚作住持《ふこさぢうぢ》の義《ぎ》を顕《あら》はす。乃至　言《い》ふところの不虚作住持は、もと*法蔵菩薩《ほふざうぼさつ》の四十八願と、今日阿弥陀如来《こんにちあみだによらい》の*自在神力《じざいしんりき》とに依《よ》る。願《ぐわん》以て力《りき》を成《じやう》ず、力《りき》以て願《ぐわん》に就《つ》く。願、徒然《とねん》ならず、力《りき》、虚設《こせち》ならず。力《りき》・願《ぐわん》あいかなふて畢竟《ひちきやう》じて差《たが》はず。かるがゆへに成就《じやうじゆ》と曰《い》ふ」。

また曰《いは》く、「海《かい》とは、言《い》ふこころは仏《ぶつ》の*一切種智《いちさいしゆち》、深広《じんくわう》にして涯《きし》なし、二乗雑善《にじようざふぜん》の中下《ちうげ》の屍骸《しがい》を宿《やど》さず、これを海《うみ》のごとしと喩《たと》ふ。この故に、「天人不動衆《てんにんふどうしゆ》、清浄智海生《しやうじやうちかいしやう》」と言《い》へり。不動《ふどう》とは、言《い》ふこころは、かの天人《てんにん》、大乗根《だいじようこん》を成就《じやうじゆ》して傾動《くゐやうどう》すべからざるなり」と。

已上

*光明師《くわうみやうし》の云《いは》く、「われ*菩薩蔵《ぼさつざう》、*頓教《とんげう》と一乗海《いちじようかい》とによる」。

*また云《いは》く、「*瓔珞経《やうらくきやう》の中《なか》には*漸教《ぜんげう》を説《と》けり。万劫《まんごふ》に功《くう》を修《しゆ》して不退《ふたい》を証《しよう》す。観経《くわんぎやう》・弥陀《みだ》

大宝海水　名号を海水にたとえたもの。

中下の屍骸　三乗のうち、中(縁覚)と下(声聞)の者は自利・利他の心を持たぬから屍骸にたとえる。

大本　大無量寿経。↓一四頁注

聖心　仏の心。さとりの心。

二乗　普通には声聞・縁覚のことであるが、いまは声聞と菩薩のことをいう。

不虚作住持功徳　阿弥陀仏の浄土の二十九種荘厳の中の、仏八種荘厳の第八の功徳であって、仏は真実によって虚偽のない功徳に安住すること。

法蔵菩薩　阿弥陀如来の因の位の菩薩のときの名。

自在神力　名号のはたらきのこと。名号は衆生を救う自在の不思議力があるから。

一切種智　仏智のなかの一。すべての存在に関して、平等の相に即して差別の相をさらにくわしく知る智慧。

光明師の云く　善導の観経疏玄義分。

菩薩蔵　菩薩の教えのこと。声聞蔵(小乗)に対して大乗をいう。

頓教　即座に仏になる教え。

また云く　般舟讃。

瓔珞経　菩薩瓔珞本業経のこと。二巻(大正蔵二四)。姚秦の竺仏念訳。菩薩の法である六度・四諦・修行の階級などについて説いた経。

漸教　長いあいだの修行によって、順序をふんで仏になる教え。

経等《きやうとう》の説《せち》は、即ちこれ頓教《とんげう》なり、*菩提蔵《ぼだいざう》なり」と。已上

楽邦文類《がくはうもんるい》に云《いは》く、「*宗釈禅師《しゆうしやくぜんじ》の云《いは》く、「*睘丹《くわんたん》の一粒《いちりふ》は鉄《くろがね》を変《へん》じて金《こがね》と成《な》す。*真理《しんり》の一言《いちごん》は悪業《あくごふ》を転《てん》じて善業《ぜんごふ》と成《な》す」」と。已上

しかるに教《けう》に就《つ》いて念仏諸善比挍対論《ねんぶつしよぜんひけうたいろん》するに、難易対《なんいたい》、頓漸対《とんぜんたい》、横竪対《わうじゆたい》、超渉対《てうせふたい》、順逆対《じゆんぎやくたい》、大小対《だいせうたい》、多少対《たせうたい》、勝劣対《しようれちたい》、親疎対《しんそたい》、近遠対《ごんをんたい》、深浅対《じんせんたい》、強弱対《がうにやくたい》、重軽対《ぢうきやうたい》、広狭対《くわうけふたい》、純雑対《じゆんざふたい》、径迂対《きやううたい》、捷遅対《せふちたい》、通別対《つうべちたい》、不退退対《ふたいたいたい》、直弁因明対《ぢきべんいんみやうたい》、名号定散対《みやうがうぢやうさんたい》、理尽非理尽対《りじんひりじんたい》、勧無勧対《くわんむくわんたい》、無間間対《むけんけんたい》、断不断対《だんふだんたい》、相続不続対《さうぞくふぞくたい》、無上有上対《むじやううじやうたい》、上上下下対《じやうじやうげげたい》、思不思議対《しふしぎたい》、因行果徳対《いんぎやうくわとくたい》、自説他説対《じせちたせちたい》、回不回向対《ゑふゑかうたい》、護不護対《ごふごたい》、証不証対《しようふしようたい》、讃不讃対《さんふさんたい》、付属不属対《ふぞくふぞくたい》、了不了教対《れうふれうけうたい》、機堪不堪対《きかむふかむたい》、選不選対《せんふせんたい》、真仮対《しんけたい》、仏滅不滅対《ぶつめちふめちたい》、*法滅利不利対《ほふめちりふりたい》、自力他力対《じりきたりきたい》、有願無願対《うぐわんむぐわんたい》、摂不摂対《せふふせふたい》、入定聚不入対《にふぢやうじゆふにふたい》、報化対《ほうくゑたい》あり。この義《ぎ》かくのごとし。しかるに本願一乗海《ほんぐわんいちじようかい》を按《あん》ずるに、円融満足極速無碍絶対不二《えんゆうまんぞくごくそくむげぜちたいふに》の教《けう》なり。

また*機《き》に就《つ》いて対論《たいろん》するに、信疑対《しんぎたい》、善悪対《ぜんあくたい》、正邪対《しやうじやたい》、是非対《ぜひたい》、実虚対《じちこたい》、真偽対《しんぐゐたい》、浄穢対《じやうゑたい》、利鈍対《りどんたい》、奢促対《しやそくたい》、豪賤対《がうせんたい》、明闇対《みやうあんたい》あり。この義《ぎ》かくのごとし。しかるに一乗海《いちじようかい》の機《き》を按《あん》ずるに、金剛《こんがう》の信心《しんじん》は絶対不二《ぜちたいふに》の機《き》なり。知《し》るべし。

敬《うやま》ひて一切往生人等《いちさいわうじやうにんとう》に白《まふ》さく。*弘誓一乗海《ぐぜいいちじようかい》は無碍無辺最勝深妙不可説不可称不可思議《むげむへんさいしようじんめうふかせちふかしようふかしぎ》の至徳《しとく》を成就《じやうじゆ》したまへり。何《なに》を以ての故に、誓願不可思議《せいぐわんふかしぎ》なるが故に。悲願《ひぐわん》は*喩《たと》へば太虚空《だいこくう》のごとし、もろもろの妙功徳広無辺《めうくどくくわうむへん》なるが故に。なほ大車《だいしや》のごとし、あまねくよくもろもろの凡聖《ぼんしやう》を運載《うんさい》するが故に。なほ妙蓮華《めうれんぐゑ》のごとし、一切世間《せけん》の法《ほふ》に染《ぜん》せられざるが故に。

菩提蔵　無上菩提に至らせる教え。

宗釈禅師　宗暁のこと（一一五一—一二一四）。南宋代の人。字は達先。石芝と号した。楽邦文類の編者。天台を学び、浄土を願生した人。

睘丹　錬金術に用いる薬の名。

真理の一言　真如にかなった名号の徳をいう。

法滅利不利対　愚禿鈔上巻の意などによれば、法滅不滅対、利不利対とすべきか。

機　仏になる機会をもつものとの意。

弘誓　第十八願のこと。

喩へば太虚空のごとし　以下二十八喩は、大方広仏華厳経（八十華厳）、巻七十八（入法界品）（大正蔵一〇）の経文に主としてよる。無量寿経巻下に一部よる。

*善見薬王《ぜんけんやくわう》のごとし、よく一切煩悩《ぼんなう》の病《やまひ》を破《は》するが故に。なほ利剣《りくゑん》のごとし、よく一切憍慢《けうまん》の鎧《かい》を断《た》つが故に。*勇将幢《ゆうしやうどう》のごとし、よく一切もろもろの魔軍《まぐん》を伏《ぶく》するが故に。なほ利鋸《りこ》のごとし、よく一切無明《むみやう》の樹《き》を截《き》るが故に。なほ利斧《りふ》のごとし、よく一切諸苦《しよく》の枝《えだ》を伐《き》るが故に。善知識《ぜんぢしき》のごとし、一切生死《しやうじ》の縛《ばく》を解《と》くが故に。なほ導師《だうし》のごとし、よく凡夫《ぼんぶ》*出要《しゆつえう》の道《だう》を知《し》らしむるが故に。なほ涌泉《ゆせん》のごとし、智慧《ちゑ》の水《みづ》を出《い》だして窮尽《ぐじん》することなきが故に。なほ蓮華《れんぐゑ》のごとし、一切もろもろの罪垢《ざいく》に染《ぜん》せられざるが故に。なほ疾風《しちふう》のごとし、よく一切諸障《しよしやう》の霧《きり》を散《さん》ずるが故に。なほ好蜜《かうみち》のごとし、一切功徳《くどく》の味《ありはひ》を円満《ゑんまん》せるが故に。なほ正道《しやうだう》のごとし、もろもろの群生《ぐんじやう》をして智城《ちじやう》に入《い》らしむるが故に。なほ磁石《じしやく》のごとし、*本願《ほんぐわん》の因《いん》を吸《す》ふが故に。*閻浮檀金《えんぶだんごん》のごとし、一切有為《うゐ》の善《ぜん》を映奪《えいだつ》するが故に。なほ*伏蔵《ふくざう》のごとし、よく一切諸仏《しよぶつ》の法《ほふ》を摂《せふ》するが故に。なほ大地《だいち》のごとし、三世十方一切如来出生《しゆつしやう》するが故に。日輪《にちりん》の光《ひかり》のごとし、一切凡愚《ぼんぐ》の痴闇《ちあん》を破《は》して信楽《しんげう》を出生《しゆつしやう》するが故に。なほ君王《くんわう》のごとし、一切*上乗人《じやうじようにん》に勝出《しようしゆつ》せるが故に。なほ厳父《げんぶ》のごとし、一切もろもろの凡聖《ぼんしやう》を訓導《くんだう》するが故に。なほ悲母《ひも》のごとし、一切凡聖《ぼんしやう》の報土《ほうど》真実《しんじち》の因《いん》を長生《ぢやうしやう》するが故に。なほ乳母《にうも》のごとし、一切善悪《ぜんあく》の往生人《わうじやうにん》を養育《やういく》し守護《しゆご》したまふが故に。なは大地《だいち》のごとし、よく一切の往生《わうじやう》を持《たも》つが故に。なほ大水《だいすい》のごとし、よく一切煩悩《ぼんなう》の垢《あか》を滌《すす》ぐが故に。なほ大火《だいくわ》のごとし、よく一切諸見《しよけん》の薪《たきぎ》を焼《や》くが故に。なほ大風《だいふう》のごとし、あまねく世間《せけん》に行《ぎやう》ぜしめて碍《さ》ふるところなきが故に。よく*三有《さんう》繋縛《けばく》の城《しろ》を出《い》だして、よく*二十五有《う》の門《もん》を閉《と》づ。よく真実《しんじち》の報土《ほうど》を得《え》しめ、よく邪正《じやしやう》の道路《だうろ》を弁《べん》ず。よく愚痴海《ぐちかい》を竭《かわ》かして、よく願海《ぐわんかい》に流入《るにふ》

善見薬王　雪山(ヒマラヤ山)に産するという薬樹の名。目にこれを見れば目が清浄となり、耳にこれを聞けば耳が清浄になると伝えられる妙薬で、薬樹の王であるから薬王という。

勇将幢　帝釈天が魔と戦うときの幢(はたほこ)。

出要の道　迷いの世界を出るに大切な道。

本願の因　仏の因位の願力のこと。

閻浮檀金　閻浮檀は梵語の音写。金の名。閻浮樹林の間を流れる川に産する砂金をいう。白金という説もあるが、経典には黄色・赤黄色とあるから、黄金のことであろう。

伏蔵　土地にうもれた金蔵。

上乗人　すぐれた人のこと。

三有　欲界・色界・無色界の三界のこと。迷いの世界のこと。

二十五有　迷いの世界の総称。衆生の流転する生死界を二十五種に分けたもの。即ち四州(人間界)・四悪趣(地獄・餓鬼・畜生・修羅)・六欲天(天上)・梵天・無想天・阿那含天・四禅天・四空処天をいう。

せしむ。一切智船《ちせん》に乗《じよう》ぜしめてもろもろの群生海《ぐんじやうかい》に浮《うか》ぶ。*福智蔵《ふくちざう》を円満《ゑんまん》し*方便蔵《はうべんざう》を開顕《かいけん》せしむ。良《まこと》に奉持《ぶち》すべし、ことに頂戴《ちやうだい》すべきなり。

*おほよそ誓願《せいぐわん》について真実《しんじち》の行信《ぎやうしん》あり、また方便《はうべん》の行信《ぎやうしん》あり。その真実《しんじち》の行《ぎやう》の願は*諸仏《しよぶつ》称名《しようみやう》の願《ぐわん》なり。その真実《しんじち》の信《しん》の願は*至心信楽《ししんしんげう》の願なり。これ乃ち*選択本願《せんぢやくほんぐわん》の行信《ぎやうしん》なり。その*機《き》は則ち一切善悪大小凡愚《ぜんあくだいせうぼんぐ》なり。往生《わうじやう》は則ち*難思議《なんじぎ》往生《わうじやう》なり。仏土《ぶつど》は則ち*報仏報土《ほうぶつほうど》なり。これ乃ち誓願不可思議《せいぐわんふかしぎ》一実真如海《いちじちしんによかい》なり。大無量寿経《だいむりやうじゆきやう》の宗致《しゆうち》、他力真宗《たりきしんしゆう》の正意《しやうい》なり。

ここを以て知恩報徳《ちおんほうとく》のために、*宗師《しゆうし》の釈《しやく》をひらきたるに言《のたま》はく、「それ菩薩《ぼさつ》は仏《ぶつ》に帰《くゐ》す、孝子《かうし》の父母《ぶも》に帰《くゐ》し、忠臣《ちうしん》の君后《くんご》に帰《くゐ》して、*動静《どうじやう》おのれにあらず、出没《しゆつもち》必ず由《ゆへ》あるがごとし。恩《おん》を知《し》りて徳《とく》を報《ほう》ず、理《り》よろしくまづ啓《けい》すべし。また所願軽《しよぐわんかろ》からず、もし如来威神《によらいゐじん》を加《か》したまはずは、まさに何《なに》を以てか達《たち》せむとする。神力《じんりき》を乞加《こちか》す、このゆへに仰《あふ》いで告《つ》ぐ」と。已上

しかれば*大聖《だいしやう》の真言《しんごん》に帰《くゐ》し、*大祖《だいそ》の解釈《げしやく》に閲《えち》して、仏恩《ぶつおん》の深遠《じんをん》なるを信知《しんち》して、正信念《しやうしんねん》仏偈《ぶつげ》を作《つく》りて曰《いは》く、

*無量寿如来《むりやうじゆにょらい》に帰命《くゐみやう》し　*不可思議光《ふかしぎくわう》に南無《なむ》したてまつる
法蔵菩薩《ほふざうぼさつ》の因位《いんゐ》の時《とき》　*世自在王仏《せじざいわうぶつ》のみもとにましまして
諸仏《しよぶつ》の浄土《じやうど》の因《いん》　国土人天《こくどにんでん》の善悪《ぜんあく》を覩見《とけん》して
無上殊勝《むじやうしゆしよう》の願《ぐわん》を建立《こんりふ》し　希有《けう》の大弘誓《だいぐぜい》を超発《てうほち》せり
五劫これを思惟《しゆい》して摂受《せふじゆ》す　かさねて誓《ちか》ふらくは*名声《みやうしやう》十方に聞《き》こえむと

福智蔵　福徳と智慧の二荘厳を完全に具えている教え(大経の教え)。即ち第十八願弘願の教えをいう。
方便蔵　真実の福智蔵に入らせるために、かりにてだてとして説かれた教え。第十九願要門、第二十願真門の教え。
◇おほよそ…　行活動の源泉と伝統を讃じ結ぶ。→補
諸仏称名の願　第十七願。
至心信楽の願　第十八願。
選択本願　第十八願のこと。
機　仏の教法をこうむるべきもので、人間のこと。
難思議往生　第十八願の真実の行者の往生。大経に説かれた第十八願の法は因果ともに不可思議であるからこういう。
報仏報土　法蔵菩薩は四十八願に報うて阿弥陀仏となり浄土を建立された。即ち因願に報われて成就された仏であり土であるから、報仏報土である。
宗師の釈　宗師は曇鸞。釈は論註。
動静おのれにあらず　自分の行動を身勝手にせずの意。
大聖の真言　釈尊の真実の教え。
大祖の解釈　七高僧の御釈。
無量寿如来　阿弥陀如来のこと。
不可思議光　阿弥陀如来のこと。
世自在王仏　法蔵菩薩の本師である仏の名。世間自在王仏、世饒王仏、饒王仏ともいう。

名声　南無阿弥陀仏の名号のこと。

無量…超日月光　十二光。阿弥陀仏の光明の徳を十二種に分けて称讃したもので、大経に述べてある。㈠無量光（はかりなき光明）、㈡無辺光（きわまりなき光明）、㈢無碍光（さわりなき光明）、㈣無対光（くらべものなき光明）、㈤炎王光（諸仏の光明の中で最尊第一のもの）、㈥清浄光（衆生のむさぼりを除くきよらかな光明）、㈦歓喜光（衆生のいかりを除きよろこびを与える光）、㈧智慧光（衆生のまどいを除き智慧を与える光）、㈨不断光（三世に絶えることのない光）、㈩難思光（声聞・菩薩さえも測りがたい光）、⑪無称光（たたえることの出来ないすぐれた光）、⑫超日月光（日月に超えすぐれた光）の十二光。

大涅槃　究極的な最高のさとり。

必至滅度の願　第十一願。

如来　今は、真如より来生した釈尊。

凡聖逆謗　凡夫、聖者、五逆を犯した罪人、正しい教えを謗る者。

無明　事理に迷う愚痴の心。真宗では特に本願を疑う自力の迷執とみる。

分陀利華　梵語の音写。白蓮華のこと。信心の人にたとえる。

邪見　よこしまな考え。

憍慢　おごりたかぶること。

信楽受持　本願を信ずること。

中夏　中国。

日域　日本。

あまねく*無量《むりやう》・無辺光《むへんくわう》　無碍《むげ》・無対《むたい》・光炎王《くわうえんわう》
清浄《しやうじやう》・歓喜《くわんぎ》・智慧光《ちゑくわう》　不断《ふだん》・難思《なんじ》・無称光《むしようくわう》
超日月光《てうにちぐわちくわう》を放《はな》ちて塵刹《ぢんせち》を照《て》らす　一切の群生《ぐんじやう》、光照《くわうせう》を蒙《かふ》る
本願《ほんぐわん》の名号《みやうがう》は正定《しやうぢやう》の業《ごふ》なり　至心信楽《ししんしんげう》の願《ぐわん》を因《いん》とす
等覚《とうがく》を成り*大涅槃《だいねはん》を証《しよう》することは　*必至滅度《ひちしめちど》の願成就《ぐわんじやうじゆ》なり
*如来《によらい》、世《よ》に興出《こうしゆつ》したまふゆゑは　ただ弥陀《みだ》の本願海《ほんぐわんかい》を説《と》かむとなり
五濁悪時《ぢよくあくじ》の群生海《ぐんじやうかい》　如来如実《によらいによじち》の言《みこと》を信《しん》ずべし
よく一念喜愛《きあい》の心《しん》を発《ほち》すれば　煩悩《ぼんなう》を断《だん》ぜずして涅槃《ねはん》を得《う》るなり
*凡聖逆謗斉《ぼんしやうぎやくはうひと》しく回入《ゑにふ》すれば　衆水《しゆすい》、海《うみ》に入《い》りて一味なるがごとし
摂取《せふしゆ》の心光《しんくわう》つねに照護《せうご》したまふ　すでによく*無明《むみやう》の闇《あん》を破《は》すといへども
貪愛瞋憎《とんあいしんぞう》の雲霧《うんむ》　常《つね》に真実信心《しんじちしんじん》の天《てん》に覆《おほ》へり
譬《たと》へば日光《にちくわう》の雲霧《うんむ》に覆《おほ》はるれども　雲霧《うんむ》の下明《したあきら》かにして闇《やみ》なきがごとし
信《しん》を獲《え》て見《み》て敬《うやま》ひ大《おほ》きに慶《よろこ》ぶ人《ひと》は　即ち横《わう》に五悪趣《あくしゆ》を超截《てうせち》す
一切善悪《ぜんあく》の凡夫人《ぼんぶにん》　如来《によらい》の弘誓願《ぐぜいぐわん》を聞信《もんしん》すれば
仏《ぶつ》、広大勝解《くわうだいしようげ》の者《ひと》と言《のたま》へり　この人《ひと》を*分陀利華《ふんだりくゑ》と名《な》づく
弥陀仏《みだぶつ》の本願念仏《ほんぐわんねんぶつ》は　*邪見《じやけん》*憍慢《けうまん》、悪衆生《あくしゆじやう》
*信楽受持《しんげうじゆち》すること、甚《はなは》だ以て難《かた》し　難《なん》の中《なか》の難《なん》、これに過《す》ぎたるはなし
印度西天《いんどさいてん》の論家《ろんげ》　*中夏《ちうか》・*日域《じちいき》の高僧《かうそう》

*大聖興世《だいしやうこうせ》の正意《しやうい》を顕《あら》はし
釈迦如来《しやかにょらい》 *楞伽山《りょうがせん》にして
南天竺《なんてんちく》に*竜樹大士《りうじゆだいじ》世《よ》に出《い》でて
大乗無上《だいじょうむじやう》の法《ほふ》を宣説《せんぜち》し
難行《なんぎやう》の陸路苦《ろくろく》しきことを顕示《けんじ》して
弥陀仏《みだぶつ》の本願《ほんぐわん》を憶念《おくねん》すれば
ただよく常《つね》に如来《にょらい》の号《みな》を称《しよう》して
*天親菩薩《てんじんぼさつ》、*論《ろん》を造《つく》りて説《と》かく
*修多羅《しゆたら》に依りて真実《しんじち》を顕《あら》はして
広《ひろ》く本願力《ほんぐわんりき》の回向《ゑかう》に由りて
*功徳大宝海《くどくだいほうかい》に帰入《くゐにふ》すれば
*蓮華蔵世界《れんぐゑざうせかい》に至《いた》ることを得《う》れば
煩悩《ぼんなう》の林《はやし》に遊《あそ》びて神通《じんづう》を現《げん》じ
本師曇鸞《ほんしどんらん》は梁《りやう》の天子《てんし》
*三蔵流支《さんざうるし》浄教《じやうけう》をさづけしかば
天親菩薩《てんじんぼさつ》の論《ろん》を註解《ちゆげ》して
*往還《わうぐゑん》の回向《ゑかう》は他力《たりき》に由《よ》る
惑染《わくぜん》の凡夫《ぼんぶ》、信心発《しんじんほち》すれば

如来《にょらい》の本誓《ほんぜい》、機《き》に応《おう》ぜることを明《あ》かす
衆《しゆう》のために告命《がうみやう》したまはく
ことごとくよく*有無《うむ》の見《けん》を摧破《さいは》せむ
歓喜地《くわんぎち》を証《しよう》して安楽《あんらく》に生《しやう》ぜむと
易行《いぎやう》の水道楽《すいだうたの》しきことを信楽《しんげう》せしむ
自然《じねん》に即《そく》のとき*必定《ひちぢやう》に入《い》る
大悲弘誓《だいひぐぜい》の恩《おん》を報《ほう》ずべしといへり
無碍光如来《むげくわうにょらい》に帰命《くゐみやう》したてまつる
*横超《わうてう》の大誓願《だいせいぐわん》を光闡《くわうせん》す
群生《ぐんじやう》を度《ど》せむがために一心を彰《あら》はす
必《かなら》ず*大会衆《だいゑしゆ》の数《かず》に入《い》ることを獲《う》
即ち*真如法性《しんにょほふしやう》の身《しん》を証《しよう》せしむと
生死《しやうじ》の薗《おん》に入《い》りて応化《おうぐゑ》を示《しめ》すといへり
常《つね》に鸞《らん》のところに向《むか》ひて菩薩と礼《らい》したてまつる
*仙経《せんぎやう》を梵焼《ぼんせう》して*楽邦《らくはう》に帰《くゐ》したまひき
報土《ほうど》の因果《いんぐわ》、誓願《せいぐわん》に顕《あら》はす
正定《しやうぢやう》の因《いん》はただ信心《しんじん》なり
生死《しやうじ》即ち涅槃《ねはん》なりと証知《しようち》せしむ

大聖興世　釈尊の出世。
楞伽山　楞伽は梵語の音写。難往・険絶と訳す。インド半島の東南部の海岸にある山であるが、またセイロン島の西南部の山で、現在のアダムスピークであるともいわれている。
竜樹　↓三一頁注
有無の見　あらゆる存在が因縁生のものであるとせず、実際に存在したり、無くなったりすると見る、かたよった見解。
必定　正定聚のこと。
天親　↓三二頁注「婆藪槃頭」
論　浄土論のこと。
修多羅　経典のこと。いまは浄土の経典を指す。
横超　横は他力のこと。超は頓教の意で、速くさとりを開く教えをいう。したがって横超とは名号を聞信する一念に他力をもって即得往生の身に定まる第十八願、浄土真宗の教えをさす。
功徳大宝海　あらゆる功徳をおさめた宝の海ということで、南無阿弥陀仏の名号をいう。
大会衆　浄土における阿弥陀仏の聖衆のこと。
蓮華蔵世界　この話はもとは華厳経の中の説示。ここは阿弥陀仏の浄土をさす。
真如法性の身　真如を体とし法性をさとる身。
三蔵流支　菩提流支三蔵のこと。北インドの人で、永平元(五〇八)年洛陽に来て永寧寺で翻訳に従事し、天親の浄土論をはじめ、三十九部百二十七巻を訳出した。

仙経　不老不死の法が説いてある道教の書。

楽邦　阿弥陀仏の浄土。

往還の回向　往相回向と還相回向ということ。往相とは衆生が浄土に往生して仏果を開く自利のすがたをいい、還相とは浄土へ往生したのち、再びこの世界に還って衆生を済度することをいう。そして往相・還相ともすべて仏力の回向によってなさしめられるから、往相回向・還相回向という。

三不三信　三不信(信心淳からず、一ならず、相続せず)と三信(淳心・一心・相続心)のこと。

定散と逆悪　定善・散善の人と五逆・十悪の人。善悪のすべての人。

金剛心　他力の信心。

三忍　喜忍・悟忍・信忍の三をいう。忍は認可決定の意で、ものをしかと確かめて決めこむこと。

法性の常楽　さとりの本性にかなった永遠絶対の楽しみの境地。

安養　阿弥陀仏の浄土のこと。

専雑の執心　専は専修念仏のこと。雑は雑修のこと。念仏一行に専注する心と、諸善をまじえて修する心。

報化二土　普通は報身仏の国土を報土、応身仏の国土を化土とするが、

必《かなら》ず無量光明土《むりやうくわうみやうど》に至《いた》れば　諸有《しよう》の衆生皆《しゆじやうみな》あまねく化《くゑ》すといへり
道綽聖道《だうしやくしやうだう》の証《しよう》しがたきことを決《くゑち》して　ただ浄土《じやうど》の通入《つうにふ》すべきことを明《あ》かす
万善《まんぜん》の自力《じりき》、勤修《ごんしゆ》を貶《へん》す　円満《ゑんまん》の徳号《とくがう》、専称《せんしよう》を勧《すす》む
*三不三信《さんふさんしん》の誨《をし》へ慇懃《をむごん》にして　像末法滅同《ざうまちほふめちおな》じく悲引《ひいん》す
一生悪を造《つく》れども弘誓《ぐぜい》に値《まうあ》ひぬれば　安養界《あんやうかい》に至りて妙果《めうくわ》を証《しよう》せしむといへり
善導独《ぜんだうひと》り仏《ぶつ》の正意《しやうい》を明《あきら》かにせり　*定散《ぢやうさん》と逆悪《ぎやくあく》とを矜哀《こうあい》して
光明名号因縁《くわうみやうみやうがういんえん》を顕《あら》はす　本願《ほんぐわん》の大智海《だいちかい》に開入《かいにふ》すれば
行者正《ぎやうじやまさ》しく*金剛心《こんがうしん》を受《う》けしめ　慶喜《きやうき》の一念相応《ねんさうおう》して後《のち》
韋提《ゐだい》と等《ひと》しく*三忍《さんにん》を獲《え》む　即ち*法性《ほふしやう》の常楽《じやうらく》を証《しよう》せしむといへり
源信広《ぐゑんしんひろ》く一代の教《けう》を開《ひら》きて　ひとへに*安養《あんやう》に帰《くゐ》して一切《さい》を勧《すす》む
*専雑《せんざふ》の執心《しふしん》、浅深《せんじん》を判《はん》じて　*報化《ほうくゑ》二土《ど》正《まさ》しく弁立《べんりふ》せり
極重《ごくぢう》の悪人《あくにん》はただ仏《ぶつ》を称すべし　われまたかの摂取《せふしゆ》の中にあれども
煩悩眼《ぼんなうまなこ》を障《さ》へて見《み》たてまつらずと雖《いへど》も　大悲倦《だいひもの》きことなくして常に我《われ》を照《て》らしたまふと
いへり
本師源空《ほんしぐゑんくう》は仏教《ぶつけう》に明《あきら》かにして　善悪《ぜんあく》の凡夫人《ぼんぶにん》を憐愍《れんみん》せしむ
真宗《しんしゆう》の教証《けうしよう》*片州《へんしう》に興《おこ》す　選択本願《せんぢやくほんぐわん》、悪世《あくせ》に弘《ひろ》む
生死輪転《しやうじりんでん》の家《いへ》にかへることは　決《くゑち》するに疑情《ぎじやう》を以て所止《しよし》とす
速《すみや》かに寂静無為《じやくじやうむゐ》の楽《みやこ》に入《い》ることは　必《かなら》ず信心《しんじん》を以て能入《のうにふ》とすといへり

弘経《ぐきやう》の*大士《だいじ》、*宗師等《しゆうしとう》　無辺《むへん》の極濁悪《ごくぢよくあく》を拯済《じようさい》したまふ
*道俗時衆《だうぞくじしゆう》ともに同心《どうしん》に　ただこの高僧《かうそう》の説《せち》を信《しん》ずべしと
六十行すでに畢《をは》りぬ。　一百二十句《く》なり。

顕浄土真実行文類《けんじやうどしんじちぎやうもんるい》　二

いまは弥陀の報土の中に真実と方便とを分けて、他力念仏のものが生まれる所を報土とし、自力の者がしばらく往く所を化土とする。

片州　日本の貶称。

大士　菩薩。竜樹菩薩・天親菩薩をさす。

宗師　一宗の祖師。曇鸞・道綽・善導・源信・源空の真宗の祖師たちをさす。

道俗時衆　末法の時の世の出家と在家の人々。

信巻

信巻は、まず最初に、特別に序文をおいて、行(願力・名号・称名)にともなう信が如来の願心より発起せしめられるものなることを明らかにし、次に「至心信楽の願」等の第十八願名などを標して、本文は、(一)初めに、総括的に行にあいまつ信が如何なるものであるかを明かし(謹んで往相廻向等)、(二)次に本願(第十八願)の誓いについて、信自体の意義内容を詳《つまびら》かにし(問ふ如来の本願等)、(三)最後に、信により救われる者は如何なる者であるかを明らかにする(それ仏難治の機等)、三段階に分かってみられる。本文中の第一段階では、(1)まず、真実の信が真如海の躍動する第十八願に特別に選択し誓われた仏の大悲廻向の大信であることを総論し、(2)次にそれを、第十八願文、同成就文、曇鸞・善導・源信などの経論釈文をもって証明し、真実行に組み合う真実の信がまったく仏廻向のものであることを明らかにするのである。次に第二段階では、(1)まず、第十八願文について、三心の信の意義を、問答をもって、字訓により、誓意により詳釈し、さらに大信海釈・大菩提心釈をもって信の本義を明らかにし、(2)次に、その成就文について、聞信の一念に往生決定し、正定聚に住することを説き、横超断四流釈・真仏弟子釈を展開して、正定聚に住することの意義内容を具体的に解明するのである。かくして最後に、第三段階では、涅槃経、本願の唯除五逆文等により、極悪人こそ救いの正《まさ》しく対象であることを明かすのである。

復有…　↓一一二頁
昔者…　↓一一三頁

復*有一臣名悉知義

昔*者有王名曰羅摩害其父得紹王位
跋提大王　毗楼真王　那睺沙王　迦帝迦王
毗舎佉王　月光明王　日光明王　愛王
持多人王　如是等王皆害其父得紹王位然无
一王入地獄者於今現在毗瑠璃王　優《う》陀《た》邪《や》王
悪性王　鼠王　蓮華王　如是等王皆
害其父悉无一王生愁悩者文

顕浄土真実信文類序《けんじやうどしんじちしんもんるいじよ》

愚禿《ぐとく》釈《しやく》親鸞《しんらん》集《しふ》

*それおもんみれば、*信楽《しんげう》を獲得《ぐゐやくとく》することは如来《によらい》*選択《せんぢやく》の願心《ぐわんしん》より発起《はちき》す。*真心《しんしん》を開闡《かいせん》することは、*大聖《だいしやう》*矜哀《こうあい》の*善巧《ぜんげう》より顕彰《けんしやう》せり。

しかるに末代《まちだい》の道俗《だうぞく》、近世《こんせ》の宗師《しゆうし》、*自性唯心《じしやうゆいしん》に沈《しづ》みて浄土《じやうど》の真証《しんしよう》を貶《へん》す、*定散《ぢやうさん》の自心《じしん》に迷《まど》ふて*金剛《こんがう》の真信《しんしん》に昏《くら》し。

ここに愚禿釈《ぐとくしやく》の親鸞《しんらん》、諸仏如来《しよぶつによらい》の真説《しんせち》に信順《しんじゆん》して、*論家《ろんげ》・*釈家《しやくけ》の宗義《しゆうぎ》を披閲《ひえち》す。広《ひろ》く*三経《ぎやう》の光沢《くわうたく》を蒙《かぶ》りて、ことに*一心の華文《くわもん》を開《ひら》く。しばらく疑問《ぎもん》を至《いた》して遂《つひ》に明証《みやうしよう》を出《い》だす。誠《まこと》に仏恩《ぶつおん》の深重《じんぢう》なるを念《ねん》じて*人倫《じんりん》の哢言《ろうげん》を恥《は》ぢず。*浄邦《じやうはう》を忻《ねが》ふ徒衆《としゆ》、穢域《ゑゐき》を厭《いと》ふ*庶類《しよるい》、取《しゆ》捨《しや》を加《くは》ふといへども*毀謗《くゐはう》を生《しやう》ずることなかれとなり。

*至心信楽《ししんしんげう》の願《ぐわん》　*正定聚《しやうぢやうじゆ》の機《き》

◇それおもんみれば…　↓補

信楽　第十八願に誓われた至心・信楽・欲生の三心の一。他力の信心。

選択の願心　阿弥陀如来が衆生を救うための因を選択された大慈悲心。

真心　真実の信心。

大聖　釈尊のこと。

矜哀　あわれみ。

善巧　たくみな救いのてだて、方便。

自性唯心　自己の心性を磨いてさとりを開こうとする心。

定散の自心　定は定善、浄土を観ずること。散は散善、日常心で修する善。自心は自力心。

金剛の真信　いかなるものによっても破壊動乱されない金剛のように堅固な絶対他力の信心。

論家　竜樹・天親の二祖をさす。論を造って経文の深意を解明する菩薩。

釈家　曇鸞・道綽・善導・源信・源空の五祖をさす。経・論の意味を解釈し著述する人師のこと。

三経の光沢　三部経の明らかなお示しや恩恵。

一心の華文　本願の三心を一心と顕わされた浄土論の立派な文。

人倫の哢言　人びとのあざけり。

浄邦　浄土のこと。浄らかな国の意。

庶類　人びと。

毀謗　けなしそしること。

◇至心信楽の願　第十八願。↓補

正定聚の機　浄土に往生し仏となることに正しく決定した者。↓補

顕浄土真実信文類《けんじやうどしんじちしんもんるい》　三

愚禿釈親鸞集《ぐとくしやくしんらんしふ》

*謹《つつし》んで*往相《わうさう》の廻向《ゑかう》を按《あん》ずるに、大信《だいしん》あり。大信心《だいしんじん》は、則ちこれ*長生不死《ちやうせいふし》の神方《しんぱう》、*忻浄《ごんじやう》厭穢《ゑんゑ》の妙術《めうじゆち》、*選択廻向《せんちやくゑかう》の直心《ぢきしん》、*利他深広《りたじんくわう》の信楽《しんげう》、*金剛不壊《こんがうふゑ》の真心《しんしん》、*易往無人《いわうむにん》の浄信《じやうしん》、*心光摂護《しんくわうせふご》の一心、*希有最勝《けうさいしよう》の大信《だいしん》、*世間難信《せけんなんしん》の捷径《せちけい》、*証大涅槃《しようだいねはん》の真因《しんいん》、*極速円融《ごくそくゑんゆう》の白道《びやくだう》、*真如一実《しんによいちじち》の信海《しんかい》なり。この心《しん》即ちこれ*念仏往生《ねんぶつわうじやう》の願《ぐわん》より出《い》でたり。この大願《だいぐわん》を選択本願《せんちやくほんぐわん》と名《な》づく、また*本願三心《ほんぐわんさんしん》の願《ぐわん》と名《な》づく、また至心信楽《ししんしんげう》の願と名づく、また*往相信心《わうさうしんじん》の願と名づくべきなり。しかるに*常没《じやうもち》の凡愚《ぼんぐ》、*流転《るてん》の群生《ぐんじやう》、無上妙果《むじやうめうくわ》の成《じやう》じ難《がた》きにあらず、真《しん》実《じち》の信楽《しんげう》実《まこと》に獲《う》ること難《かた》し。何を以ての故に、いまし如来《によらい》の*加威力《かゐりき》に由《よ》るが故《ゆへ》なり、博《ひろ》く*大悲広慧《だいひくわうゑ》の力《ちから》に因《よ》るが故なり。たまたま浄信《じやうしん》を獲《え》ば、この心顛倒《しんてんだう》せず、この心虚偽《しんこぐゐ》ならず。ここを以て極悪深重《ごくあくじんぢう》の衆生《しゆじやう》、*大慶喜心《だいきやうきしん》を得《え》、もろもろの聖尊《しやうそん》の重愛《ぢうあい》を獲《う》るなり。

*至心信楽《ししんしんげう》の本願《ほんぐわん》の文《もん》、大経《だいきやう》に言《のたま》はく、「たとひわれ仏《ぶつ》を得《え》たらむに、十方の衆生《しゆじやう》、心《こころ》を至《いた》し信楽《しんげう》してわが国《くに》に生《うま》れむと欲《おも》ふて乃至《ないし》十念《じふねん》せむ、もし生《うま》れざれば正覚《しやうがく》を取《と》らじと。ただ*五逆《ごぎやく》と*誹《ひ》謗正法《はうしやうぼふ》を除《のぞ》く」と。已上

*無量寿如来会《むりやうじゆによらいゑ》に言《のたま》はく、「もしわれ無上覚《むじやうかく》を証得《しやうとく》せむとき、余仏《よぶつ》の刹《せち》の中《うち》のもろもろの

◇謹んで往相の廻向を等…　総じて真実信の意義を明かす。↓補

往相の廻向　↓二一頁注

長生不死の神方　死ぬことのない長い命を得る不思議な方法。

忻浄厭穢の妙術　浄土をねがい娑婆をいとうすぐれたてだて。

選択廻向の直心　選択本願より回向せられる正直な信心。

利他深広の信楽　他力回向の深く広い徳のある信心。

金剛不壊の真心　金剛のごとく堅く、他に破壊されないまことの心。

易往無人の浄信　浄土へは往きやすいが、自力で得がたい浄らかな信。

心光摂護の一心　阿弥陀如来の光明に摂められて護られる信心。

希有最勝の大信　たぐいなくすぐれた如来回向の信心。

世間難信の捷径　世間の考えでは信じがたい浄土往生のちか道。

証大涅槃の真因　仏果をさとる真の原因。

極速円融の白道　たちどころに功徳を円満させる浄らかな道。

真如一実の信海　真如一実の道理にかなった信心。

念仏往生の願　称名念仏往生を誓う第十八願。

本願三心の願　至心・信楽・欲生の三心の往生を誓う第十八願の異名。

往相信心の願　他力回向の信心を誓う第十八願の異名。

*有情類《うじやうるい》、わが名《な》を聞《き》きをはりて、所有《しよう》の善根《ぜんごん》、*心心《しんしん》に廻向《ゑかう》せしむ、わが国《くに》に生《うま》れむと願《ぐわん》じて乃至《ないし》十念せむ、もし生《うま》れずは菩提《ぼだい》を取《と》らじと。ただ*無間《むけん》の悪業《あくごふ》を造《つく》り、正法《しやうぼふ》およびもろもろの聖人《しやうにん》を誹謗《ひはう》せむおば除《のぞ》く」と。已上

本願成就《ほんぐわんじやうじゆ》の文《もん》、経《きやう》に言《のたま》はく、「諸有衆生《あらゆるしゆじやう》、その名号《みやうがう》を聞《き》きて信心歓喜《しんじんくわんぎ》せむこと*乃至一念《ないしいちねん》せむ、*至心《ししん》に回向《ゑかう》せしめたまへり、かの国《くに》に生《うま》れむと願《ぐわん》ぜば即ち往生《わうしやう》を得《え》、不退転《ふたいてん》に住《ぢう》せむ、ただ五逆と誹謗正法《ひはうしやうぼふ》とおば除《のぞ》く」と。已上

無量寿如来会《むりやうじゆによらいゑ》に言《のたま》はく〈*菩提流支《ぼだいるし》〉、「他方《たはう》の仏国《ぶつこく》の所有《しよう》の有情《うじやう》、無量寿如来《むりやうじゆによらい》の名号《みやうがう》を聞《き》きてよく一念の浄信《じやうしん》を発《おこ》して*歓喜《くわんぎ》せしめ、所有《しよう》の善根《ぜんごん》回向《ゑかう》したまへるを愛楽《あいげう》して無量寿国《むりやうじゆこく》に生《うま》れむと願《ぐわん》ぜば、願に随《したが》ふてみな生《うま》れ、不退転乃至《ふたいてんないし》*無上正等菩提《むじやうしやうとうぼだい》を得《え》むと。*五無間《ごむけん》、誹謗《ひはう》正法《しやうぼふ》および謗聖者《はうしやうじや》を除く」と。已上

*また言《のたま》はく、「法《ほふ》を聞《き》きてよく忘《わす》れず、見《み》て敬《うやま》ひ、得《え》て大《おほ》きに慶《よろこ》ばば、則ちわがよき親友《しんう》なり。この故にまさに意《こころ》を発《おこ》すべし」と。已上

*また言《のたま》はく、「かくのごときらの類《るい》は*大威徳《だいゐとく》の者《ひと》なり、よく*広大仏法《くわうだいぶつほふ》の異門《いもん》に生《しやう》ぜむ」と。已上

また言《のたま》はく、「如来《によらい》の功徳《くどく》は仏《ぶつ》のみ自《みづか》ら知《し》ろしめせり、ただ世尊《せそん》ましましてよく開示《かいじ》したまふ。天《てん》・竜《りう》・夜叉《やしや》の及《およ》ばざるところなり。二乗自《おのづか》ら名言《みやうごん》を絶《た》つ。もしもろもろの有《う》情《じやう》まさに作仏《さぶつ》して、行《ぎやう》、*普賢《ふげん》に超《こ》え、彼岸《ひがん》に登《のぼ》りて、一仏《いちぶつ》の功徳《くどく》を敷演《ふえん》せむ。時《とき》、多劫《たこふ》の不思議《ふしぎ》を逾《こ》えむ。この中間《ちうげん》において身《み》は滅度《めちど》すとも、仏《ぶつ》の勝慧《しようゑ》はよく量《はか》ることなけむ。こ

常没の凡愚　常に迷いに沈む凡夫。
流転の群生　迷界を流転する人々。
加威力　私たちを救うために加被したもう不思議な力。
大悲広慧の力　仏の広大な悲智の力。
大慶喜心　信心のこと。
◇至心信楽の本願…　経釈を引き信の意味を詳らかにする。→補
五逆　㈠父を殺し、㈡母を殺し、㈢阿羅漢を殺し、㈣仏教教団の和合を破り、㈤仏身から血を出すこと。
誹謗正法　仏法をそしること。
無量寿如来会　二巻(大正蔵一一)。
有情　衆生に同じ。
心心に廻向せしむ　親鸞独特の読み。
無間の悪業　無間地獄に堕ちる五逆。
乃至一念　信心の一念のこと。
至心に回向せしめたまへり　親鸞特異の読み方。
菩提流支　唐代の如来会の訳者。
歓喜せしめ…廻向したまへるを　親鸞特異の読み方。
無上正等菩提　仏のさとりのこと。
五無間　五逆罪のこと。
また言はく法を聞きて…　大経東方偈文。
また言はくかくのごとき…　如来会文。
大威徳の者　すぐれた徳の人という意で、信心の者をほめたことば。
広大仏法の異門　広大な仏法による弥陀の特殊な世界。
普賢　普賢菩薩のこと。

の故に信《しん》・聞《もん》およびもろもろの*善友《ぜんう》の摂受《せふじゆ》を具足《ぐそく》して、かくの如《ごと》きの深妙《じんめう》の法《ほふ》を聞《き》くことを得《え》ば、まさに諸《もろもろ》の聖尊《しやうそん》に重愛《ぢうあい》せらるることを獲《う》べし。如来《によらい》の勝智遍虚空《しようちへんこくう》の所説《しよせち》の義言《ぎごん》は、ただ仏《ぶつ》のみ悟《さと》りたまへり。この故に博《ひろ》く*諸智土《しよちど》を聞《き》きて、わが教《けう》、如実《によじち》の言《ごん》を信《しん》ずべし。人趣《にんしゆ》の身《しん》得ること、甚《はなは》だ難《かた》し。如来《によらい》の出世遇《しゆつせまうあ》ふこともまた難《かた》し。信慧《しんゑ》多《おほ》き時《とき》まさにいまし獲《え》む。この故に修《しゆ》せむ者精進《ものしやうじん》すべし。かくのごときの妙法《めうほふ》すでに聴聞《ちやうもん》せば、常《つね》に諸仏《しよぶつ》をして喜《よろこ》びを生《しやう》ぜしめたてまつるなり」と。抄出

*論《ろん》の註《ちう》に曰《いは》く、「「かの如来《によらい》の名《みな》を称《しよう》し、かの如来《によらい》の光明智相《くわうみやうちさう》のごとく、かの名義《みやうぎ》のごとく、実《じち》のごとく修行《しゆぎやう》し相応《さうおう》せむと欲《おも》ふが故に」といへりと。「称彼如来名《しようひによらいみやう》」とは、謂《いは》く無《む》碍光如来《げくわうによらい》の名《みな》を称《しよう》するなり。「如彼《によひ》如来光明智相《によらいくわうみやうちさう》」とは、仏《ぶつ》の光明《くわうみやう》はこれ智慧《ちゑ》の相《さう》なり。この光明、十方世界を照《て》らすに障碍《しやうげ》あることなし、よく十方衆生の*無明《むみやう》の黒闇《こくあん》を除《のぞ》く。日《にち》月珠光《ぐわちしゆくわう》のただ室穴《しちくゑち》の中《うち》の闇《あん》を破《は》するがごときにはあらざるなり。「如彼《によひ》名義欲如実修行《みやうぎよくによじちしゆぎやう》相応《さうおう》」とは、かの無《む》碍光如来《げくわうによらい》の名号《みやうがう》は、よく衆生《しゆじやう》の一切の無明《むみやう》を破《は》す、よく衆生《しゆじやう》の一切の*志願《しぐわん》を満《み》てたまふ。しかるに称名憶念《しようみやうおくねん》することあれども無明《むみやう》なほ存《ぞん》して所願《しよぐわん》を満《み》てざるは何《いか》んとならば、実《じち》のごとく修行《しゆぎやう》せざると、名義《みやうぎ》と相応《さうおう》せざるに由《よ》るが故《ゆへ》なり。いかんが不如実修行《ふによじちしゆぎやう》と名義不相応《みやうぎふさうおう》とする。謂《いは》く、如来《によらい》はこれ*実相《じちさう》の身《しん》なり、これ*物《もの》の為《ため》の身《しん》なりと知《し》らざるなり。また三種の不相応あり。一つには*信心淳《しんじんあつ》「淳《じゆん》の字《じ》、常倫《じやうりん》の反《かへし》また音純《おんじゆん》なり、また厚朴《かうぼく》なり。朴《ぼく》の字《じ》、音卜《おんぼく》なり、薬《くすり》の名なり。諄《じゆん》の字《じ》、至《し》なり、誠懇《じやうこん》の皃《かほばせ》なり。上《かみ》の字《じ》に同《おな》じ」からず、存《ぞん》せるがごとし亡《まう》ぜるがごときの故に。二つには*信心《しんじん》一ならず、決定《くゑちぢやう》なきが故に。三つには信心相続《しんじんさうぞく》

善友の摂受　善知識の導きやいつくしみ。

諸智土　浄土のこと。あらゆる智慧によって成就された国土の意。

論の註　論註のこと。

無明　本願を疑う心となる迷いの根本。真如を真如と知らないこと。

志願　浄土に往生して仏になるという願い。

実相の身　実相真如をさとった自利成就の仏身のこと。法性法身にあたる。

物の為の身　為物身。衆生を救いたもう利他成就の仏身。方便法身にあたる。

信心淳からず　信心が純粋・素朴でないこと。

信心一ならず　信心が純一でなく、疑心のあること。

如実修行相応　名号法の真実義にかなって修行し、そのいわれに相応するという意。

論主　天親菩薩のこと。

讃阿弥陀仏偈　一巻。曇鸞の著。七言一句三百九十句の偈文で、大経に

せず、余念《よねん》間《へだ》つるが故に。この三句展転《てんでん》して相成《あひじやう》ず。信心淳《しんじんあつ》からざるを以ての故に決定《くゑちぢやう》なし、決定なきが故に念相続《ねんさうぞく》せず。また念相続せざるが故に決定の信《しん》を得《え》ず、決定の信を得ざるが故に心淳《しんあつ》からざるべし。これと相違《さうゐ》せるを*如実修行相応《にょじちしゆぎやうさうおう》と名《な》づく。この故に*論主《ろんじゆ》、建《はじ》めに我《が》一心《いちしん》と言《のたま》へり」と。已上

*讃阿弥陀仏偈《さんあみだぶつげ》に曰《いは》く〈曇鸞和尚《どんらんくわしやう》の造《ざう》なり〉、「あらゆるもの阿弥陀《あみだ》の*徳号《とくがう》を聞《き》きて、信心歓喜《しんじんくわんぎ》して聞《き》くところを慶《よろこ》ばむこと、いまし一念におよぶまでせむ。*至心《ししん》の者《ひと》、*回向《ゑかう》したまへり。生《うま》れむと願《ぐわん》ずれば皆往《みなゆ》くことを得《え》しむ。ただ五逆《ごぎやく》と謗正法《はうしやうぼふ》とおば除《のぞ》く。故にわれ頂礼《ちやうらい》して往生《わうじやう》を願《ぐわん》ず」と。已上

*光明寺《くわうみやうじ》の*観経義《くわんぎやうぎ》に云《いは》く、「如意《によい》と言《い》ふは二種あり。一つには衆生《しゆじやう》の意《こころ》のごとし、かの心念《しんねん》に随《したが》ふて皆《みな》これを度《ど》すべし。二つには弥陀《みだ》の意《おんこころ》のごとし、*五眼《ごげん》まどかに照《て》らし*六通《ろくつう》自在《じざい》にして機《き》の度《ど》すべきものを観《みそな》はして、一念の中《うち》に前《ぜん》なく後《ご》なく身心等《しんしんひと》しく赴《おもむ》き、*三輪《さんりん》開悟《かいご》しておのおの益《やく》すること同《おな》じからざるなり」と。已上

*また云《いは》く、「この*五濁《ごぢよく》・*五苦《ごく》等《とう》は*六道《ろくだう》に通《つう》じて受《う》けて、いまだ無《な》きものはあらず。常《つね》にこれに逼悩《ひちなう》す。もしこの苦《く》を受《う》けざる者《もの》は、即ち*凡数《ぼんじゆ》の摂《せふ》にあらざるなり」と。抄出

*また云《いは》く、「何等為三《がとうゐさん》」より下《しも》「必生彼国《ひちしやうひこく》」に至《いた》るまでこのかたは、正《まさ》しく三心を弁《べん》定《ぢやう》して、以て正因《しやういん》とすることを明《あ》かす。即ちそれ二つあり。一つには世尊《せそん》、機《き》に随《したが》ふて益《やく》を顕《あら》はすこと*意密《いみち》にして、知《し》りがたし、仏自《ぶつみづか》ら問《と》ふて、自《みづか》ら徴《ちよう》したまふにあらずは、解《さとり》を得《う》るに由《よし》なきを明《あ》かす。二つには如来《によらい》かへりて自《みづか》らさきの三心の数《かず》を答《こた》へたまふことを明《あ》

よって阿弥陀仏の徳、浄土の依正二報の荘厳を讃嘆したもの。
徳号 南無阿弥陀仏の名号のこと。
至心の者 阿弥陀仏。親鸞特異の理解。
回向したまへり 親鸞特異の読み方。
光明寺 善導のこと。
観経義 善導の観経疏定善義の文。
五眼 肉眼・天眼・慧眼・法眼・仏眼の五眼。仏はこの五眼をまどかにそなえて衆生を救済される。
六通 天眼・天耳・他心・宿命・神足・漏尽の六神通のこと。
三輪 阿弥陀仏の身(光明)・口(名号)・意(仏智)の三業のこと。
また云くこの五濁五苦等は… 観経疏序分義の文。
五濁 末世の時に発生する避けがたい社会的・精神的・生理的な五種のにごり。劫濁・見濁・煩悩濁・衆生濁・命濁の五濁のこと。
五苦 衆生の受ける五種の苦しみ。即ち㈠生老病死苦、㈡愛別離苦、㈢怨憎会苦、㈣求不得苦、㈤五陰盛苦。あるいは、生老病死苦を四に開き、それに愛別離苦を加えたもの。
六道 六趣に同じ。迷いの世界のこと。地獄・餓鬼・畜生・修羅・人間・天上の六つの迷界。
凡数の摂 凡夫のなかまの意。
また云く何等為三… 観経疏散善義の文。
意密 仏意が奥深いということ。

かす。

　経《きやう》に云《のたま》はく、「一者《いちしや》、至誠心《しじやうしん》」。至《し》とは真《しん》なり、誠《じやう》とは実《じち》なり。一切衆生《しゆじやう》の身口意業《しんくいごふ》の所《しよ》修《しゆ》の解行《げぎやう》、必ず*真実心《しんじちしん》の中《うち》に作《な》したまひしを須《もち》ゐることを明《あ》かさむと欲《おも》ふ。外《ほか》に*賢善精進《けんぜんしやうじん》の相《さう》を現《げん》ずることを得《え》ざれ、内《うち》に虚仮《こけ》を懐《うだ》いて、*貪瞋邪偽奸詐百端《とんじんじやぐゐかんさひやくたん》にして悪性侵《あくしやうや》め難《がた》し、事《こと》、*蛇蝎《じやかち》に同《おな》じ。三業《さんごふ》を起《お》こすといへども名《な》づけて雑毒《ざふどく》の善《ぜん》とす、また虚仮《こけ》の行《ぎやう》と名《な》づく、真実《しんじち》の業《ごふ》と名《な》づけざるなり。もしかくのごとき安心起行《あんじんきぎやう》を作《な》すは、たとひ身心《しんしん》を苦励《くれい》して日夜《にちや》十二時、急《きふ》に走《もと》め急《きふ》に作《な》して*頭燃《づねん》をはらふがごとくする者《もの》、すべて雑毒《ざふどく》の善《ぜん》と名《な》づく。この雑毒《ざふどく》の行《ぎやう》を回《ゑ》してかの仏《ぶつ》の浄土《じやうど》に求生《ぐしやう》せむと欲《ほっ》するは、これ必《かなら》ず不可《ふか》なり。何を以ての故に、正《まさ》しくかの阿弥陀仏《あみだぶつ》、因中《いんちう》に菩薩《ぼさつ》の行《ぎやう》を行《ぎやう》じたまひし時《とき》、乃至《ないし》一念一刹那《いちねんいちせちな》も、三《さん》業《ごふ》の所修《しよしゆ》みなこれ真実心《しんじちしん》のうちに作《な》したまひしに由《よ》【由《ゆ》の字《じ》、以《い》周《しゆ》の反《かへし》、経《きやう》なり、行《ぎやう》なり、従《じゆう》なり、用《よう》なり】りてなり。おほよそ*施《ほどこ》したまふところ趣求《しゆぐ》を為《な》す、またみな真実《しんじち》なり。また真実《しんじち》に二種あり。一つには*自利真実《じりしんじち》、二つには*利他真実《りたしんじち》なり。乃至　不善《ふぜん》の三業は必ず真実心《しんじちしん》の中《うち》に*捨《す》てたまへるを須《もち》ゐよ。またもし善《ぜん》の三業を起《お》こさば、必ず真実心《しんじちしん》の中《うち》に*作《な》したまひしを須《もち》ゐて、*内外明闇《ないぐゐみやうあん》を簡《えら》ばず、みな真実《しんじち》を須《もち》ゐるが故に至誠心《しじやうしん》と名《な》づく。

　「二者《にしや》、深心《じんしん》」。深心《じんしん》と言《い》ふは、即ちこれ深信《じんしん》の心《しん》なり。また二種あり。一つには決《くゑ》定《ぢやう》して深《ふか》く、自身《じしん》は現《げん》にこれ罪悪生死《ざいあくしやうじ》の凡夫《ぼんぶ》、*曠劫《くわうごふ》よりこのかた常《つね》に没《もち》し常《つね》に流転《るてん》して、*出離《しゆつり》の縁《えん》あることなしと信《しん》ず。二つには決定《くゑちぢやう》して深《ふか》く、かの阿弥陀仏《あみだぶつ》の四十八願は衆生《しゆじやう》を摂受《せふじゆ》して疑《うたが》ひなく慮《おもんぱか》りなく、かの願力《ぐわんりき》に乗《じよう》じて定《さだ》んで往生《わうじやう》を得《う》と信《しん》ず。また決定《くゑちぢやう》して

真実心の中に作したまひし　親鸞特異の読み方。
賢善精進の相　親鸞特異の読み方。賢善精進の相は賢者や善人らしく励むすがた。
貪瞋…　むさぼり、いかり、よこしまの煩悩、およびいつわり、わるだくみ。
蛇蝎　毒蛇・害虫のこと。蛇は毒蛇、蝎はさそり。
頭燃　頭上の火。
施したまふところ趣求を為す　親鸞特異の読み方。一般には「施為(利他)・趣求(自利)するところ」と読む。
自利真実　自力の真実のこと。親鸞特異の理解。
利他真実　他力回向の真実。親鸞特異の理解。
捨てたまへるを・作したまひしを　親鸞特異の読み方。
内外明闇　聖者と凡夫、智者と愚者の意。
曠劫よりこのかた　はかり知れぬ昔から。
出離の縁　迷いの世界を離れ出て救われるてがかり。
三福　㈠世福(世間の道徳)、㈡戒福(小乗の戒律)、㈢行福(大乗の善行)。
九品　浄土に往生を願うものを九品の階級に分ける。即ち上上・上中・上下・中上・中中・中下・下上・下中・下下の九品をいう。

深《ふか》く、釈迦仏《しやかぶつ》この観経《くわんぎやう》に*三福《さんぷく》*九品《くほん》・*定散二善《ぢやうさんにぜん》を説《と》きて、かの仏《ぶつ》の*依正二報《えしやうにほう》を証讃《しようさん》して、人《ひと》をして忻慕《ごんぼ》せしむと信《しん》ず。また決定《くゑちぢやう》して弥陀経《みだきやう》の中《なか》に、十方恒沙《ごうじや》の諸仏《しよぶつ》、一切凡夫《ぼんぶ》を証勧《しようくわん》して決定《くゑちぢやう》して生《うま》れむことを得《う》と深信《じんしん》するなり。また深信《じんしん》する者《もの》、仰《あふ》ぎ願《ねが》はくは一切の行者等《ぎやうじやとう》、一心にただ仏語《ぶつご》を信《しん》じて身命《しんみやう》を顧《かへりみ》ず、決定《くゑちぢやう》して行《ぎやう》に依《よ》りて、仏《ぶつ》の捨《す》てしめたまふおば即ち捨《す》て、仏《ぶつ》の行《ぎやう》ぜしめたまふおば即ち行《ぎやう》ず、仏《ぶつ》の去《さ》らしめたまふところおば即ち去《す》つ。これを、仏教《ぶつけう》に随順《ずいじゆん》し仏意《ぶつい》に随順すと名《な》づく。これを仏願《ぶつぐわん》に随順すと名《な》づく。これを*真《しん》の仏弟子《ぶつでし》と名《な》づく。また一切の行者《ぎやうじや》、ただよくこの経《きやう》に依《よ》りて行《ぎやう》を深信《じんしん》するは、必《かなら》ず衆生《しゆじやう》をあやまらざるなり。何を以ての故に、仏《ぶつ》はこれ満足大悲《まんぞくだいひ》の人《にん》なるが故に、実語《じちご》なるが故に。仏《ぶつ》を除《のぞ》きて已還《いぐゑん》は、*智行《ちぎやう》いまだ満《み》たず、それ*学地《がくぢ》にありてなほ*正習《しやうしふ》の二障《にしやう》ありていまだ除《のぞ》からず、*果願《くわぐわん》いまだ円《まどか》ならず。これらの凡聖《ぼんしやう》は、たとひ諸仏《しよぶつ》の教意《けうい》を測量《しきりやう》すれども、いまだ決了《くゑちれう》することあたはず。*平章《ひやうしやう》することありといへども、要《かなら》ずすべからく仏証《ぶつしよう》を請《こ》ふて定《ぢやう》とすべきなり。もし仏意《ぶつい》に称《かな》へば即ち*印可《いんか》して「*如是如是《によぜによぜ》」と言《のたま》ふ。もし仏意《ぶつい》にかなはざれば、即ち「なんたちが所説《しよせち》この義不如是《ぎふによぜ》」と言《のたま》ふ。印《いん》せざるは即ち*無記《むき》・無利《むり》・無益《むやく》の語《ご》に同《おな》じ。仏《ぶつ》の印可《いんか》したまふおば即ち仏《ぶつ》の正教《しやうけう》に随順《ずいじゆん》す。もし仏《ぶつ》の所有《しよう》の言説《ごんせち》は、即ちこれ正教《しやうけう》・*正義《しやうぎ》・*正行《しやうぎやう》・*正解《しやうげ》・*正業《しやうごふ》・*正智《しやうち》なり。もしは多《た》もしは少《せう》、すべて菩薩《ぼさつ》・人《にん》・天《てん》等《とう》を問《と》はず、その是非《ぜひ》を定《さだ》めむや。もし仏《ぶつ》の所説《しよせち》は、即ちこれ*了教《れうけう》なり。菩薩等の説《せち》は、ことごとく不了教《ふれうけう》と名《な》づくるなり、知《し》るべしと。この故に今《いま》の時仰《ときあふ》いで一切有縁《うえん》の往生人《わうじやうにん》等《とう》を勧《すす》む、ただ仏語《ぶつご》を深信《じんしん》して専注奉行《せんちうぶぎやう》すべし。菩薩等の*不相応《ふさうおう》の教《けう》を信用《しんよう》して、以て疑《ぎ》

定散二善　定善と散善のこと。定善とは雑念をやめ心をこらして行なう観法、散善とは心の乱れたままで悪を廃し善を修する行で、これに世・戒・行の三福がある。

依正二報　依報と正報との二種の果報ということで、浄土の、国土と仏と往生人のことをいう。

真の仏弟子　信心者のこと。

智行　菩提を求むる智慧と修行。

学地　修行中の地位。無学地(証果を得た位)に対する。

正習の二障　煩悩(正使)およびまだ残っている気分(習気即ち余習)の二つのさわり。これは仏道修行の障害となる。

果願　仏果をもとめる願い。

平章　道理を正しく明らかにする。

印可　認容する。

如是如是　そのとおりそのとおり。

無記　意義のないこと。無意味なこと。

正義　ただしい義理。

正解　ただしい解釈。

正業　ただしい身・口・意の三業の動作のこと。

正智　ただしい智慧。

了教　ただしい決了の教え。

不相応の教　仏意にかなわない教え。方便・不了義の教え。

碍《げ》をなし、惑《まどひ》を抱《いだ》きて、自《みづか》ら迷《まど》ひて往生《わうじやう》の大益《だいやく》を廃失《はいしち》すべからざれとなり。乃至　釈迦《しやか》一切の凡夫《ぼんぶ》を指勧《しくわん》して、この一身を尽《つ》くして専念専修《せんねんせんじゆ》して、捨命已後《しやみやういご》定《さだ》んでかの国《くに》に生《うま》るる者《もの》は、即ち十方諸仏、ことごとく皆同《みなおな》じく讃《ほ》め、同《おな》じく勧《すす》め、同《おな》じく証《しよう》したまふ。何を以ての故に、*同体《どうたい》の大悲《だいひ》なるが故に。一仏の所化《しよくゑ》は、即ちこれ一切仏の化《くゑ》なり。一切仏の化《くゑ》は、即ちこれ一仏の所化《しよくゑ》なり。即ち弥陀経《みだきやう》の中《なか》に説《と》かく、「釈迦《しやか》、極楽《ごくらく》の種種《しゆじゆ》の荘厳《しやうごん》を讃嘆《さんだん》したまふ。また一切の凡夫《ぼんぶ》を勧《すす》めて一日七日一心に弥陀《みだ》の名号《みやうがう》を専念《せんねん》せしめて、定《さだ》んで往生《わうじやう》を得《え》しめたまふ」と。つぎ下《しも》の文《もん》に云《のたま》はく、「十方におのおの恒河《ごうが》沙等《しやとう》の諸仏《しよぶつ》ましまして、同《おな》じく釈迦《しやか》よく五濁悪時《ぢよくあくじ》・悪世《あくせ》界《かい》・悪衆生《あくしゆじやう》・*悪見《あくけん》・悪煩悩《あくぼんなう》・悪邪《あくじや》・無信《むしん》の盛《さか》りなる時《とき》において、弥陀《みだ》の名号《みやうがう》を指讃《しさん》して衆生《しゆじやう》を勧励《くわんれい》せしめて、称念《しようねん》すれば必《かなら》ず往生《わうじやう》を得と讃《さん》じたまふ」、即ちその証《しよう》なり。また十方の仏等《ぶつとう》、衆生《しゆじやう》の釈迦《しやか》一仏の所説《しよせち》を信《しん》ぜざらむことを恐畏《おそれて》、即ち共《とも》に同心同時《どうしんどうじ》におのおの舌相《ぜちさう》を出《い》だして、あまねく三千世界に覆《おほ》ふて誠実《じやうじち》の言《ごん》を説《と》きたまはく、「なんたち衆生《しゆじやう》みなこの釈迦《しやか》の所説《しよせち》・所賛《しよさん》・所証《しよしよう》を信《しん》ずべし。一切の凡夫《ぼんぶ》、罪福《ざいふく》の多少《たせう》、時節《じせち》の*久近《くごん》を問《と》はず、ただよく上百年《かみひやくねん》を尽《つ》くし、下《しも》一日七日に至《いた》るまで、一心に弥陀《みだ》の名号《みやうがう》を専念《せんねん》して、定《さだ》んで往生《わうじやう》を得ること、必《かなら》ず疑《うたが》ひなきなり」。この故に一仏の所説《しよせち》をば、即ち一切仏同《おな》じくその事《こと》を*証誠《しようじやう》したまふなり。これを人《にん》について信《しん》を立《た》つと名《な》づくるなり。乃至　またこの*正《しやう》の中《なか》についてまた二種あり。一つには、一心に弥陀《みだ》の名号《みやうがう》を専念《せんねん》して、*行住坐臥《ぎやうぢうざぐわ》、時節《じせち》の久近《くごん》を問《と》はず念念《ねんねん》に捨《す》てざるをば、これを*正定《しやうぢやう》の業《ごふ》と名《な》づく、かの仏願《ぶつぐわん》に順《じゆん》ずるが故に。もし礼《らい》・誦等《じゆとう》に依《よ》らば、即ち名《な》づけて*助業《じよごふ》とす。この正《しやう》・

同体の大悲　同じさとりから起こる大悲であるから、仏の大悲はいずれの仏も同一であるという意。

悪見　あやまった見解。

久近　時間の長短。

証誠　証明すること。

正の中　五正行の中という意。

行住坐臥　歩むも立つも坐るも臥すもの意。仏道修行の形式のこと。

正定の業　まさしく往生が決定する原因の意。他力の称名をいう。

助業　正定業の称名にともなって起こる行の意。また正定業である称名を助ける行の意。五正行のなかの読誦・観察・礼拝・讃嘆供養をいう。

助《じよ》二行《ぎやう》を除《のぞ》きて已外《いぐゑ》の自余《じよ》のもろもろの善《ぜん》は、ことごとく雑行《ざふぎやう》と名《な》づく。乃至　すべて疎《そ》雑《ざふ》の行《ぎやう》と名《な》づくるなり。かるがゆへに深心《じんしん》と名《な》づく。

「三者《さんしや》、回向発願心《ゑかうほちぐわんしん》」乃至　また回向発願して生《しやう》ずるものは、必ず決定《くゑちぢやう》して真実心《しんじちしん》の中《うち》に*回向《ゑかう》したまへる願《ぐわん》を須《もち》ゐて*得生《とくしやう》の想《おもひ》を作《な》せ。この心深信《しんじんしん》せること金剛《こんがう》のごとくなるに由《よ》りて、一切の*異見《いけん》・異学《いがく》・*別解《べちげ》・別行《べちぎやう》の人等《にんら》のために動乱破壊《どうらんはゑ》せられず。ただこれ決定《くゑちぢやう》して一心に*捉《と》りて正直《しやうちき》に進《すす》みて、かの人《ひと》の語《ご》を聞《き》くことを得ざれ、即ち進退《しんたい》の心《しん》ありて怯弱《かうにやく》を生《しやう》じて回顧《ゑこ》すれば、道《だう》に落《お》ちて即ち往生《わうじやう》の大益《だいやく》を失《しち》するなり。

問《と》ふて曰《いは》く、もし解行不同《げぎやうふどう》の邪雑《じやざふ》の人等《ひとら》ありて、来《きた》りてあひ惑乱《わくらん》して、あるいは種種《しゆじゆ》の疑難《ぎなん》を説《と》きて「往生《わうじやう》を得じ」と導《い》ひ、あるいは云《い》はむ、「なんたち衆生《しゆじやう》、曠劫《くわうごふ》よりこのかた、および今生《こんじやう》の身口意業《しんくいごふ》に一切凡聖《ぼんしやう》の身《み》の上《うへ》において、具《つぶさ》に*十悪《じふあく》・*五逆《ごぎやく》・*四重《しぢう》・*謗法《はうぼふ》・*闡提《せんだい》・破戒《はかい》・*破見《はけん》等《とう》の罪《つみ》を造《つく》りて、いまだ除尽《ぢよじん》することあたはず。しかるにこれらの罪《つみ》は*三界悪道《さんがいあくだう》に繫属《けぞく》す。いかんぞ一生の修福念仏《しゆふくねんぶつ》をして、即ちかの*無漏無生《むろむしやう》の国《くに》に入《い》りて、永《なが》く不退《ふたい》の位《くらゐ》を証悟《しようご》することを得むや」。

答《こた》へて曰《いは》く、諸仏《しよぶつ》の教行《けうぎやう》、数《かず》*塵砂《ぢんじや》に越《こ》えたり。*識《さとり》をうくる機縁《きえん》、情《こころ》に随《したが》ふて一つにあらず。譬《たと》へば世間《せけん》の人《ひと》、眼《まなこ》に見《み》るべく信《しん》ずべきがごときは、明《みやう》のよく闇《あん》を破《は》し、空《くう》のよく有《う》を含《ふう》み、地《ち》のよく載養《さいやう》し、水《みづ》のよく生潤《しやうにん》し、火《ひ》のよく成壊《じやうゑ》するがごとし。これらのごときの事《こと》、ことごとく*待対《たいたい》の法《はふ》と名《な》づく。即ち目《め》に見《み》つべし、千差万別《せんしやまんべち》なり。いかにいはんや仏法不思議《ぶつほふふしぎ》の力《ちから》、あに種種《しゆじゆ》の益《やく》なからむや。随《したが》ふて一門を出《い》づるは、即ち一煩悩の門《もん》を出《い》

回向したまへる願　親鸞特異の読み方。

得生の想　往生することがまちがいないと確信して安堵するおもい。

異見・異学　浄土往生を願う場合と異なった見解や学びをする人。

別解・別行　浄土門の人と違う見解や行ないの人。

捉　現行一般の本は「投」に作る。

十悪　十種の悪業。殺生・偸盗・邪淫・妄語・両舌・悪口・綺語・貪欲・瞋恚・愚痴の十。

五逆　殺父・殺母・殺阿羅漢・破和合僧・出仏身血。→七三頁注

四重　比丘の守るべき最も厳重な四重禁戒を犯すこと。殺生・偸盗・邪淫・妄語の四。

謗法　仏法をそしること。

闡提　→一〇頁注

破見　仏法の正見を破ること。

三界　欲界・色界・無色界のこと。迷いの世界を三種に分類したもの。

無漏無生の国　煩悩のけがれがなく、生死のない弥陀の浄土のこと。

塵砂　塵や砂のように非常に数多いこと。

識をうくる機縁　さとりをさずかる機会・因縁。

待対の法　相対法の意。

づるなり。随《したが》ふて一門に入《い》るは、即ち一*解脱《げだち》智慧《ちゑ》の門《もん》に入《い》るなり。ここを為《も》［為《ゐ》の字《じ》、定《ぢやう》なり、用《よう》なり、彼《ひ》なり、作《さ》なり、是《ぜ》なり、相《さう》なり］て縁《えん》に随《したが》ふて行《ぎやう》を起《お》こして、おのおの解脱《げだち》を求《もと》めよ。なんじ何を以てか、いましまさに有縁《うえん》の要行《えうぎやう》にあらざるをもて、われを障惑《しやうわく》する。しかるにわが所愛《しよあい》は即ちこれわが有縁《うえん》の行《ぎやう》なり、即ち汝《なんぢ》が所求《しよぐ》にあらず。汝《なんぢ》が所愛《しよあい》は即ちこれ汝《なんぢ》が有縁《うえん》の行《ぎやう》なり、またわが所求《しよぐ》にあらず。この故におのおの所楽《しよげう》に随《したが》ふてその行《ぎやう》を修《しゆ》するは、必《かなら》ず疾《と》く解脱《げだち》を得るなり。行者《ぎやうじや》まさに知《し》るべし、もし解《げ》を学《まな》ばむと欲《おも》はば、凡《ぼん》より聖《しやう》に至《いた》るまで乃至《ないし》仏果《ぶつくわ》まで一切碍《さはり》なし、みな学《まな》ぶことを得るとなり。もし行《ぎやう》を学《まな》ばむと欲《おも》はば、必《かなら》ず有縁《うえん》の法《ほふ》に籍《よ》れ。少《すこ》しき功労《くらう》を用《もち》ゐるに、多《おほ》く益《やく》を得ればなりと。

また一切往生人等《わうじやうにんとう》に白《まう》さく、今《いま》さらに行者《ぎやうじや》のために一つの譬喩《ひゆ》［喩字、さとす］を説《と》きて、信心《しんじん》を守護《しゆご》して、以て*外邪異見《ぐゑじやいけん》の難《なん》を防《ふせ》がむ。何者《なにもの》かこれや。譬《たと》へば人《ひと》ありて西《にし》に向《む》かひて行《ゆ》かんとするに百千《ひやくせん》の里《り》ならむ。忽然《こちねん》として中路《ちうろ》に二つの河《かは》あり。一つにはこれ火《ひ》の河《かは》、南《みなみ》にあり。二つにはこれ水《みづ》の河《かは》、北《きた》にあり。二河おのおのひろさ百歩《ひやくぶ》、おのおの深《ふか》くして底《そこ》なし、南北辺《なんぼくほとり》なし。正《まさ》しく水火《すいくわ》の中間《ちうげん》に一つの白道《びやくだう》あり、ひろさ四五寸《すん》ばかりなるべし。この道東《みちひがし》の岸《きし》より西《にし》の岸《きし》に至《いた》るに、また長《なが》さ百歩《ひやくぶ》。その水《みづ》の波浪《はらう》交《まじは》り過《す》ぎて道《みち》を湿《うるほ》す。その火燄《くわえん》また来《きた》りて道《みち》を焼《や》く。水火相交《すいくわあひまじは》りて、常《つね》に休息《くそく》なけむ。この人《ひと》すでに*空曠《くうくわう》のはるかなる処《ところ》に至《いた》るに、さらに人物《にんもち》なし。多《おほ》く群賊《ぐんぞく》・悪獣《あくじゆ》ありて、この人《ひと》の単独《たんどく》なるをみて、競《きを》ひ来《きた》りてこの人《ひと》を殺《せ》せむとす。死《し》を怖《おそ》れて直《ただ》ちに走《はし》りて西《にし》に向《む》かふに、忽然《こちねん》としてこの大《だい》河《が》を見《み》て、即ち自《みづか》ら念言《ねんごん》すらく、この河南北《かはなんぼく》に辺畔《へんぱん》を見《み》ず、中間《ちうげん》に一つの白道《びやくだう》を見《み》る。極《きは》

解脱　涅槃の異名。煩悩の繋縛からはなれて、迷いの苦を脱すること。

外邪異見　外のまちがった異なる見解。

空曠のはるかなる処　広々として、はてしのない場所。

めてこれ狭少《けちせう》なり。二つの岸相去《きしあひさ》ること近《ちか》しといへども、何《なに》に由《よ》りてか行《ゆ》くべき。今日定《けふさだ》んで死《し》せむこと疑《うたが》はず。正《まさ》しく到《いた》り回《かへ》らむとすれば、群賊《ぐんぞく》・悪獣《あくじゅ》、漸漸《ぜんぜん》に来《きた》り逼《せ》む。正《まさ》しく南北《なんぼく》に避《さ》り走《はし》らむとすれば、悪獣《あくじゅ》・毒虫《どくちう》、競《きほ》ひ来《きた》りて我《われ》に向《む》かふ。正《まさ》しく西《にし》に向《む》かひて道《みち》を尋《たづ》ねて去《ゆ》かむとすれば、またおそらくはこの水火《すいくわ》の二河に堕《だ》せんことを。時《とき》に当《あた》りて*惶怖《くわうふ》することまた言《い》ふべからず。即ち自《みづか》ら思念《しねん》すらく、我《われ》いま回《かへ》らばまた死《し》せむ、住《とど》まらばまた死《し》せむ、去《ゆ》かばまた死《し》せむ。一種として死《し》を勉《まぬか》れざれば、我《われ》やすくこの道《みち》を尋《たづ》ねて前《さき》に向《む》かふて去《ゆ》かむ。すでにこの道《みち》あり、必《かなら》ず度《ど》すべしと。この念《ねん》をなすとき、東《ひがし》の岸《きし》に忽《たちま》ちに人《ひと》の勧《すす》むる声《こゑ》を聞《き》く。「きみただ決定《くゑちぢやう》してこの道《みち》を尋《たづ》ねて行《ゆ》け、必《かなら》ず死《し》の難《なん》なけむ。もし住《とど》まらば即ち死《し》せむ」と。また西《にし》の岸《きし》の上《うへ》に、人《ひと》ありて喚《よ》うて言《いは》く、「汝《なんぢ》、一心に*正念《しやうねん》にして直《ただ》ちに来《きた》れ、我《われ》よく汝《なんぢ》を護《まも》らむ。すべて水火《すいくわ》の難《なん》に堕《だ》せむことを畏《おそ》れざれ」と。この人《ひと》、すでにここに遣《つか》はし、かしこに喚《よば》ふを聞《き》きて、即ち自《みづか》ら正《まさ》しく身心《しんしん》に当《あた》りて、決定《くゑちぢやう》して道《みち》を尋《たづ》ねて直《ただ》ちに進《すす》みて、*疑怯退心《ぎかうたいしん》を生《しやう》ぜずして、あるいは行《ゆ》くこと一分二分《いちふんにふん》するに、東《ひがし》の岸《きし》の群賊《ぐんぞく》等喚《よば》うて言《いは》く、「きみ回《かへ》り来《きた》れ、この道嶮悪《みちけんあく》なり、過《す》ぐることを得じ。必《かなら》ず死《し》せむこと疑《うたが》はず。われらすべて悪心《あくしん》ありてあひ向《む》かふことなし」と。この人喚《ひとよば》ふ声《こゑ》を聞《き》くといへども、また回顧《かへりみ》ず、一心《しん》に直《ただ》ちに進《すす》みて道《みち》を念《ねん》じて行《ゆ》けば、須臾《しゆゆ》に即ち西《にし》の岸《きし》に到《いた》りて、永《なが》くもろもろの難《なん》を離《はな》る。善友《ぜんう》あひ見《み》て慶楽《きやうらく》することやむことなからむがごとし。これはこれ喩《たとへ》「喩字、おしへなり」なり。つぎに喩《たとへ》を合《がふ》せば、東《ひがし》の岸《きし》と言《い》ふは、即ちこの娑婆《しやば》の*火宅《くわたく》に喩《たと》ふるなり。西《にし》の岸《きし》と言《い》ふは、即ち極楽宝国《ごくらくほうこく》に喩《たと》ふるなり。群賊《ぐんぞく》・悪獣《あくじゅ》

惶怖　おそれおののくこと。

正念　正しい思い。

疑怯退心　疑いおそれて、しりごみする心。

火宅　迷いのこの娑婆世界のこと。

詐《いつは》り親《した》しむと言《い》ふは、即ち衆生《しゆじやう》の*六根《ろくこん》・*六識《ろくしき》・*六塵《ろくぢん》・*五陰《ごおむ》・*四大《しだい》に喩《たと》ふるなり。無人空《むにんくう》迥《くゐやう》の沢《さは》と言《い》ふは、即ち常《つね》に悪友《あくう》に随《したが》ふて、真《しん》の善知識《ぜんぢしき》に値《あ》はざるに喩《たと》ふるなり。水火《すいくわ》の二河と言《い》ふは、即ち衆生《しゆじやう》の貪愛《とんあい》は水《みづ》のごとし、瞋憎《しんぞう》は火《ひ》のごとしと喩《たと》ふるなり。中間《ちうげん》の白《びやく》道《だう》四五寸《すん》と言《い》ふは、即ち衆生《しゆじやう》の貪瞋煩悩《とんじんぼんなう》の中《なか》に、よく*清浄願往生《しやうじやうぐわんわうじやう》の心《しん》を生《しやう》ぜしむるに喩《たと》ふるなり。いまし貪瞋《とんじん》、強《こは》きに由《よ》るが故に、即ち水火《すいくわ》のごとしと喩《たと》ふ。善心微《ぜんしんみ》なるが故に白道《びやくだう》のごとしと喩《たと》ふ。また水波《すいは》つねに道《みち》を湿《うるは》すとは、即ち*愛心《あいしん》つねに起《お》こりてよく善心《ぜんしん》を染汚《ぜむわ》するに喩《たと》ふるなり。また火焔《くわえむ》つねに道《みち》を焼《や》くとは、即ち瞋嫌《しんけむ》の心《しん》よく功徳《くどく》の法財《はふざい》を焼《や》くに喩《たと》ふるなり。人《ひと》、道《みち》の上《うへ》を行《ゆ》いて、直《ただ》ちに西《にし》に向《む》かふと言《い》ふは、即ちもろもろの行《ぎやう》業《ごふ》を回《ゑ》して直《ただ》ちに西方《さいはう》に向《む》かふに喩《たと》ふるなり。東《ひがし》の岸《きし》に人《ひと》の声《こゑ》の勧《すす》め遣《つか》はすを聞《き》きて、道《みち》を尋《たづ》ねて直《ただ》ちに西《にし》に進《すす》むと言《い》ふは、即ち釈迦《しやか》すでに滅《めち》したまひて後《のち》の人《ひと》、見《み》たてまつらず、なほ教法《けうはふ》ありて尋《たづ》ぬべきに喩《たと》ふ、即ちこれを声《こゑ》のごとしと喩《たと》ふるなり。あるいは行《ゆ》くこと一分二分《いちふんにふん》するに群賊《ぐんぞくら》等喚《よ》び回《かへ》すと言《い》ふは、即ち別解《べちげ》・別行《べちぎやう》・悪見《あくけん》の人等《ひとら》、みだりに見解《けんげ》をもてたがひにあひ惑乱《わくらん》し、および自《みづか》ら罪《つみ》を造《つく》りて退失《たいしち》すと説《と》くに喩《たと》ふるなり。西《にし》の岸《きし》の上《うへ》に人《ひと》ありて喚《よば》ふと言《い》ふは、即ち弥陀《みだ》の願意《ぐわんい》に喩《たと》ふるなり。須臾《しゆゆ》に西《にし》の岸《きし》に到《いた》りて善友《ぜんう》あひ見《み》て喜《よろこ》ぶと言《い》ふは、即ち衆生久《しゆじやうひさ》しく生死《しやうじ》に沈《しづ》みて、曠劫《くわうごふ》より*淪回《りんゑ》し、*迷倒《めいたう》して自《みづか》ら纏《まと》うて、解脱《げだち》するによしなし。仰《あふ》いで釈迦《しやか》、発遣《はちけん》して指《をし》へて西方《さいはう》に向《む》かへたまふことを蒙《かぶ》り、また弥陀《みだ》の悲心招喚《ひしんせうくわん》したまふに籍《よ》りて、いま二尊《にそん》の意《おんこころ》に信順《しんじゆん》して、水火《すいくわ》の二河を顧《かへり》みず、念《ねん》念《ねん》に遺《わす》るることなくかの願力《ぐわんりき》の道《だう》に乗《じよう》じて、捨命已後《しやみやういご》かの国《くに》に生《うま》れむことを得て、仏《ぶつ》と

六根　外界を認識する六種の感覚器官。眼根・耳根・鼻根・舌根・身根・意根をいう。

六識　外界の対象を識別し、知覚する六種の心識。六根を依り所とする。眼識(見)・耳識(聞)・鼻識(臭)・舌識(味)・身識(触)・意識(知)のこと。

六塵　六識の対象となる六つの境界のこと。色・声・香・味・触・法の六境をいう。この六境は衆生の心を汚し惑わすから六塵という。

五陰　色・受・想・行・識の五蘊のこと。物質界と精神界の両面にわたる一切の存在を構成する五つの要素。

四大　地・水・火・風のこと。すべての物質的存在の構成要素。

清浄願往生の心　他力回向の信心をいう。

愛心　貪愛の心。ものをむさぼり執著する心。

淪回　輪回の意。迷いの世界を経めぐること。

迷倒　迷い、まちがうこと。

あひ見《み》て慶喜《きやうき》すること、なんぞ極《きは》まらむと喩《たと》ふるなり。

また一切の行者《ぎやうじや》、行住坐《ぎやうぢうざ》臥《ぐわ》に三業《さんごふ》の所修《しよしゆ》、昼夜《ちうや》時《じ》節《せち》を問《と》ふことなく、常《つね》にこの解《げ》をなし、常《つね》に*この想《さう》をなすが故に、回向発願心《ゑかうほちぐわんしん》と名《な》づく。また回向《ゑかう》と言《い》ふは、かの国《くに》に生《しやう》じ已《をは》りて、還《かへ》りて大悲《だいひ》を起《お》こして、生死《しやうじ》に回入《ゑにふ》して衆生《しゆじやう》を教化《けうくゑ》する、また回向《ゑかう》と名《な》づくるなり。

三心すでに具《ぐ》すれば行《ぎやう》として成《じやう》ぜざるなし。願行《ぐわんぎやう》すでに成《じやう》じて、もし生《しやう》ぜずは、この処《ことわり》あることなしとなり。またこの三心、また定善《ぢやうぜん》の義《ぎ》を通摂《つうせふ》すと、知《し》るべし」と。已上

*また云《いは》く、「敬《うやま》ふて一切往生《わうじやう》の*知識等《ちしきとう》に白《まう》さく、大《おほ》きにすべからく*慚愧《ざんぐゐ》すべし。釈迦如《しやかによ》来《らい》はまことにこれ慈悲《じひ》の父母《ぶも》なり。種種《しゆじゆ》の方便《はうべん》をして、われらが*無上《むじやう》の信心《しんじん》を発起《ほちき》せしめたまへり」と。已上

*貞元《ていぐゑん》の新定釈教《しんぢやうしやくけう》の目録《もくろく》、巻《くわん》第十一に云《いは》く、「*集諸経礼懺儀《しふしよきやうらいさんぎ》上下・大唐西崇福寺《だいたうさいしゆふくじ》の沙門《しやもん》智昇《ちしよう》の撰《せん》なり。貞元《ていぐゑん》十五年十月二十三日になずらへて勘編《かむべん》して入《い》る」と云云。懺儀《さんぎ》の上《じやう》巻《くわん》は智昇《ちしよう》、諸経《しよきやう》に依《よ》りて懺儀《さんぎ》を造《つく》る中《なか》に、観経《くわんぎやう》に依《よ》りては善導《ぜんだう》の礼懺《らいさん》の日中《にちちう》の時《とき》の礼《らい》を引《ひ》けり。下巻は「比丘善導《びくぜんだう》の集記《しふき》」と云云。*かの懺儀《さんぎ》に依《よ》りて要文《えうもん》を鈔《せう》して云《いは》く、「二つには深心《じんしん》、即ちこれ真実《しんじち》の信心《しんじん》なり。自身《じしん》はこれ煩悩《ぼんなう》を具足《ぐそく》せる凡夫《ぼんぶ》、善根薄少《ぜんごんはくせう》にして三界《さんがい》に流転《るてん》して火宅《くわたく》を出《い》でずと信知《しんち》す。いま弥陀《みだ》の本弘誓願《ほんぐぜいぐわん》は、名号《みやうがう》を称《しよう》すること下至十声聞《げしじふしやうもん》等《とう》に及《およ》ぶまで、定《さだ》んで往生《わうじやう》を得しむと信知《しんち》して、一念に至《いた》るに及《およ》ぶまで疑心《ぎしん》あることなし。かるがゆへに深心《じんしん》と名《な》づくと。乃至　それかの弥陀仏《みだぶつ》の名号《みやうがう》を聞《き》くことを得ることありて、歓喜《くわんぎ》して一心を至《いた》せば、皆《みな》まさにかしこに生《うま》れむことを得べし」と。抄出

この想　往生安堵のおもい。

また云く敬ひて…　善導の般舟讃の文。

知識　ここでは人々・友人の意。

慚愧　自分に対しても、他人に対しても過失をはじておそれいること。

無上の信心　他力回向の信心。

貞元の新定釈教の目録　三十巻(大正蔵五五)。貞元録と略称する。唐の徳宗の貞元十六(五)年(八〇〇)、勅命によって円照が編集した教典の目録。

集諸経礼懺儀　二巻(大正蔵四七)。開元十八(七三〇)年、唐の智昇の撰。仏名讃嘆および礼拝懺悔に関する文を抜き出したもの。上巻は善導の礼讃の観経による日中礼讃を含めて諸経による礼讃文を、下巻は善導の往生礼讃偈を収める。

かの懺儀　往生礼讃。

*往生要集《わうじやうえうしふ》に云《いは》く、「*入法界品《にふほふかいぼん》に言《のたま》はく、「譬《たと》へば人《ひと》ありて不可壊《ふかゑ》の薬《くすり》を得れば、一切の怨敵《をんてき》その便《たよ》りを得ざるがごとし。*菩薩摩訶薩《ぼさつまかさつ》もまたかくのごとし、菩提心不可壊《ぼだいしんふかゑ》の法薬《ほふやく》を得れば、一切の煩悩《ぼんなう》・諸魔《しよま》・怨敵《をんてき》壊《ゑ》することあたはざるところなり。譬《たと》へば人《ひと》ありて*住水《ぢうすい》宝珠《ほうしゆ》を得て、その身《み》に瓔珞《やうらく》とすれば、深《ふか》き水中《すいちう》に入《い》りて没溺《もちにやく》せざるがごとし。*菩提心《ぼだいしん》の住《ぢう》水宝珠《すいほうしゆ》を得れば、生死海《しやうじかい》に入《い》りて沈没《ちんもち》せず。譬《たと》へば金剛《こんがう》は百千劫《ひやくせんごふ》において水中《すいちう》に処《しよ》して*爛《らん》壊《ゑ》し、また異変《いへん》なきがごとし。菩提《ぼだい》の心《しん》もまたかくのごとし。無量劫《むりやうこふ》において生死《しやうじ》の中《なか》、もろもろの煩悩《ぼんなう》の業《ごふ》に処《しよ》するに、断滅《だんめち》することあたはず、また損減《そんげん》なし」」と。已上

また云《いは》く、「われまたかの摂取《せふしゆ》の中《なか》にあれども、煩悩《ぼんなう》、眼《まなこ》を障《さ》へて見《み》たてまつるにあたはずといへども、大悲《だいひ》、倦《もの》うきことなくして、常《つね》にわが身《み》を照《て》らしたまふ」と。已上

しかれば、もしは行《ぎやう》もしは信《しん》、一事として阿弥陀《あみだ》如来《によらい》の清浄《しやうじやう》願心《ぐわんしん》の回向成就《ゑかうじやうじゆ》したまふところにあらざることあることなし。因《いん》なくして他《た》の因《いん》のあるにはあらざるなりと、知《し》るべし。

*問《と》ふ、如来《によらい》の*本願《ほんぐわん》すでに至心《ししん》・信楽《しんげう》・欲生《よくしやう》の誓《ちかひ》を発《おこ》したまへり。何を以ての故に*論主《ろんじゆ》一心と言《い》ふや。答《こた》ふ、愚鈍《ぐどん》の衆生《しゆじやう》、解了易《げれうやす》からしめむがために、弥陀《みだ》如来《によらい》三心を発《おこ》したまふといへども、*涅槃《ねはん》の真因《しんいん》はただ信心《しんじん》を以てす。この故に論主《ろんじゆ》三を合《がふ》して一とせるか。

私《わたくし》に三心の字訓《じくん》をうかがふに三即ち一なるべし。その意《こころ》いかんとなれば、至心《ししん》と言《い》ふは、至《し》とは即ちこれ真《しん》なり実《じち》なり誠《じやう》なり、心《しん》とは即ちこれ種《しゆ》なり実《じち》なり。信楽《しんげう》と言《い》ふは、信《しん》とは即ちこれ真《しん》なり実《じち》なり誠《じやう》なり満《まん》なり極《ごく》なり成《じやう》なり用《ゆう》なり重《ちう》なり審《しん》なり験《げん》なり宣《せん》なり忠《ちう》な

往生要集に云く　往生要集の大文第四正修念仏の下の第三作願門下の文。
入法界品　晋訳六十華厳(大正蔵九)五十九巻の文。
菩薩摩訶薩　菩薩のこと。
住水宝珠　水中においても沈まないという宝の珠のこと。
菩提心　仏果を求める心。他力回向の信心を意味する。
爛壊　爛れてぼろぼろに壊れること。

◇問ふ如来の本願…　別して本願の三心の意義を解明する。→補
本願　第十八願のこと。
論主　浄土論の著者、天親のこと。
涅槃　梵語の音写。寂滅・滅度と訳す。さとりのこと。
真実誠種の心　至心は如来回向の真実心であり、仏果に至る因種であることを示す。
真実誠満の心　信楽は如来回向のものであるから、如来の真実が衆生の身に入り満ちていることを示す。
極成用重の心　信楽は如来回向の信であるから、至極すぐれて成就され、はたらきの深重なものであるとの意。
審験宣忠の心　信楽は如来回向の信であるから、つまびらかに(審)、確実に(験)、あきらかな(宣)、正しい(忠)信であることを示す。

り、楽《げう》とは即ちこれ欲《よく》なり願《ぐわん》なり愛《あい》なり悦《えち》なり歓《くわん》なり喜《き》なり賀《が》なり慶《きやう》なり。欲生《よくしやう》と言《い》ふは、欲《よく》とは即ちこれ願《ぐわん》なり楽《げう》なり覚《かく》なり知《ち》なり、生《しやう》とは即ちこれ成《じやう》なり作《さ》【作の字、則羅《そくら》の反《かへし》、則落《そくらく》の反《かへし》、蔵洛《ざうらく》の反《かへし》、為《ゐ》なり起《き》なり行《ぎやう》なり役《えき》なり始《し》なり生《しやう》なり】なり為《ゐ》なり興《こう》なり。明《あきら》かに知《し》んぬ、至心《ししん》は、即ちこれ*真実誠種《しんじちじやうしゆ》の心《しん》なるが故に、疑蓋《ぎがい》雑《まじ》はることなきなり。信楽《しんげう》は、即ちこれ*真実誠満《しんじちじやうまん》の心《しん》なり、*極成用重《ごくじやうゆうぢう》の心《しん》なり、*審験宣忠《しんげんせんちう》の心《しん》なり、*欲願愛悦《よくぐわんあいえち》の心《しん》なり、*歓喜賀慶《くわんぎがきやう》の心《しん》なるが故に、疑蓋《ぎがい》雑《まじ》はることなきなり。欲生《よくしやう》は、即ちこれ*願楽覚知《ぐわんげうかくち》の心《しん》なり、*成作為興《じやうさゐこう》の心《しん》なり。*大悲回向《だいひゑかう》の心《しん》なるが故に、疑蓋《ぎがい》雑《まじ》はることなきなり。いま二心の字訓《じくん》を按《あん》ずるに、真実《しんじち》の心《しん》にして虚仮《こけ》雑《まじ》はることなし、正直《しやうぢき》の心《しん》にして邪偽《じやぐゐ》雑《まじ》はることなし。まことに知《し》んぬ、*疑蓋間雑《ぎがいけんざふ》なきが故に、これを信楽《しんげう》と名《な》づく。信楽《しんげう》即ちこれ一心《いちしん》なり。一心即ちこれ真《しん》実信心《じちしんじん》なり。この故に論主《ろんじゆ》、建《はじ》めに一心と言《い》へるなりと、知《し》るべし。

また問《と》ふ、字訓《じくん》のごとき、論主《ろんじゆ》の意《こころ》三を以て一とせる義《ぎ》、その理《り》しかるべしといへども、愚悪《ぐあく》の衆生《しゆじやう》のために阿弥陀《あみだ》如来《によらい》すでに三心の願《ぐわん》を発《おこ》したまへり。いかんが思念《しねん》せむや。

答《こた》ふ、仏意《ぶつい》はかりがたし。しかりといへども、竊《ひそ》かにこの心《しん》を推《すい》するに、一切の*群生《ぐんじやう》海《かい》、無始《むし》よりこのかた乃至《ないし》今日今時《こんにちこんじ》に至《いた》るまで、*穢悪汚染《ゑあくわぜん》にして清浄《しやうじやう》の心《しん》なし、*虚仮諂偽《こけてんぐゐ》にして真実《しんじち》の心《しん》なし。ここを以て如来《によらい》、一切苦悩の衆生海《しゆじやうかい》を悲憫《ひびん》して不可思議《ふかしぎ》*兆載永劫《てうさいゑやうごふ》において菩薩《ぼさつ》の行《ぎやう》を行《ぎやう》じたまふしとき、三業《さんごふ》の所修《しよしゆ》、一念《ねん》一刹那《せちな》も清浄《しやうじやう》ならざることなし、真心《しんしん》ならざることなし。如来清浄《によらいしやうじやう》の真心《しんしん》を以て*円融無碍不可思議不可称不可説《ゑんゆうむげふかしぎふかしやうふかせち》の至徳《しとく》を成就《じやうじゆ》したまへり。如来《によらい》の至心《ししん》を以て諸有《しよう》の一切煩悩悪業邪智《いちさいぼんなうあくごふじやち》の群生海《ぐんじやうかい》に回施《ゑせ》したまへり。

欲願愛悦の心　信楽は如来回向の信であるから、如来の本願力にもよおされて、浄土に生まれようと思う愛悦(よろこび)の心が起こる意。

歓喜賀慶の心　信楽は如来回向のものであるから、往生は決定しており、そこで歓喜が起こり、賀しよろこぶ意味があることを示す。

願楽覚知の心　欲生は如来回向のものであるから、他力によって往生決定したことをよろこび(願楽)、必ず成仏することができると覚知する心であることを示す。

成作為興の心　欲生は如来回向のものであるから、みずから仏となると同時に他を仏ならしめようとする大悲心を起こす徳をもつとの意。

大悲回向の心　欲生は如来回向のもののゆえ、大悲の回向心として価値をもつことを示す。

疑蓋間雑　疑心がまじわること。

群生海　われわれ衆生のこと。

穢悪汚染　煩悩のためにけがされ、そまっていること。

虚仮諂偽　うそ、いつわり、へつらうこと。

兆載永劫　大変長い時間のこと。

円融無碍不可思議不可称不可説の至徳　あらゆるものをまどやかに融合させ、障碍なくさせる徳がおさまっており、心にはかり、口に述べ、文字に説くことの出来ない、この上ない智慧の徳(名号)の意。

則ちこれ利他《りた》の真心《しんしん》を彰《あら》はす、かるがゆへに疑《ぎ》蓋《がい》雑《まじ》はることなし。この至心《ししん》は則ちこれ至《し》徳《とく》の尊号《そんがう》をその体《たい》とせるなり。

ここを以て大経《だいきやう》に言《のたま》はく、「*欲覚《よくかく》・瞋覚《しんかく》・害覚《がいかく》を生《しやう》ぜず、*欲想《よくさう》・瞋想《しんさう》・害想《がいさう》を起《お》こさず、*色《しき》・声《しやう》・香《かう》・味《み》の法《ほふ》に著《ちやく》せず、*忍力成就《にんりきじやうじゆ》して衆苦《しゆく》を計《はか》らず、*少欲知足《せうよくちそく》にして*染《ぜん》・恚《い》・痴《ち》なし。*三昧常寂《さんまいじやうじやく》にして智慧《ちゑ》無碍《むげ》なり。*虚偽諂曲《こぐゐてむごく》の心《しん》あることなし。*和顔愛語《わげんあいご》にして意《こころ》を先《さき》にして承問《じようもん》す。勇猛《ゆうみやう》精進《しやうじん》にして志願《しぐわん》惓《ものう》きことなし。専《もは》ら清白《しやうびやく》の法《ほふ》を求《もと》めて、以て群《ぐん》生《じやう》を恵利《ゑり》しき。三宝《さんぼう》を恭敬《くぎやう》し、師長《しちやう》に奉事《ぶじ》しき。大荘厳《だいしやうごん》を以て衆行《しゆぎやう》を具足《ぐそく》して、もろもろの衆生《しゆじやう》をして功徳成就《くどくじやうじゆ》せしむ」とのたまへりと。已上

無量寿如来会《むりやうじゆにょらいゑ》に言《のたま》はく、「仏《ぶつ》、阿難《あなん》に告《つ》げたまはく、「かの*法処比丘《ほふしよびく》、*世間自在王如来《せけんじざいわうにょらい》および諸天《しよてん》・人《にん》・*魔《ま》・梵《ぼん》・沙門《しやもん》・婆羅門等《ばらもんとう》の前《まへ》にして、広《ひろ》くかくのごとき大弘誓《だいぐぜい》を発《おこ》しき。皆《みな》すでに成就《じやうじゆ》したまへり。世間《せけん》に希有《けう》にしてこの願《ぐわん》を発《おこ》し已《をは》りて、実《じち》のごとく安住《あんぢう》す。種《しゆ》種《じゆ》の功徳《くどく》具足《ぐそく》して威徳《ゐとく》広大《くわうだい》清浄仏土《しやうじやうぶつど》を荘厳《しやうごん》せり。かくのごとき菩薩の行《ぎやう》を修習《しゆしふ》せること、とき*無量無数《むりやうむしゆ》不可思議《ふかしぎ》無有等等《むうとうどう》億那由他《おくなゆた》百千劫《ひやくせんごふ》を経《ふ》る。内《うち》に初《はじ》めていまだかつて貪《とん》・瞋《しん》および癡《ち》、欲《よく》・害《がい》・恚《い》の想《おもひ》を起《お》こさず、色《しき》・声《しやう》・香《かう》・味《み》・触《そく》の想《おもひ》を起《お》こさず、もろもろの衆生《しゆじやう》において、常《つね》に愛敬《あいきやう》を楽《ねが》ふことなほ親属《しんぞく》のごとし。乃至　その性《しやう》、*調順《でうじゆん》にして暴悪《ぼうあく》あることなし。もろもろの有情《うじやう》において、常《つね》に慈忍《じにん》の心《こころ》を懐《いだ》いて*詐諂《さてん》せず、また懈怠《けだい》なし。善言《ぜんごん》*策進《しやくしん》して、もろもろの白法《びやくほふ》を求《もと》めしめ、あまねく群生《ぐんじやう》のために勇猛《ゆうみやう》にして退《たい》することなく、世間《せけん》を利益《りやく》する、大願円満《だいぐわんゑんまん》したまへり」」と。略出

欲覚・瞋覚・害覚　むさぼりの心と、怒りの心と、他を傷つける心。
欲想・瞋想・害想　貪りや怒りやそこないのおもい。想とは心のかすかなものである。想が因で覚が果だといい、また想は微、覚は粗、顕なるものともいう。
色・声・香・味の法　六識の対象になる客観界のこと。
忍力成就　耐え忍ぶ力をそなえていること。
少欲知足　欲を少なくして、足るを知ること。
染・恚・痴　貪欲・瞋恚・愚痴の三毒の煩悩のこと。
三昧　梵語の音写。禅定と訳す。心を一つの対象に集中して、散り乱さぬ状態。
虚偽諂曲　いつわり、こびへつらうこと。
和顔愛語　顔色をやわらげ、言葉をやさしくいうこと。
法処比丘　法蔵比丘のこと。
世間自在王如来　法蔵菩薩の本師である世自在王仏のこと。
魔・梵・沙門・婆羅門　魔とは欲界の第六天に住む魔王のこと。梵とは大梵天王のこと。沙門とは出家の修道者のこと。婆羅門とは古代インドの社会階級制度の最高に位する僧侶のこと。
無量無数…百千劫　無量無数のはかりしれぬほど長い年時をいう。

調順　おだやかなこと。

詐諂　いつわり、こびへつらうこと。

策進　むちうって励むこと。

光明寺の和尚の云く…　前引の散善義中の文。

大聖の真言　釈尊の真実のことば。

宗師　善導のこと。

一乗大智願海　唯一の乗物であるすぐれた如来の智慧の誓願のこと。

回向利益他　阿弥陀仏の回向して他を利益するという意。

涅槃経に言く実諦は…　北本(曇無讖訳)巻十三(大正蔵一二)。

実諦　第一義諦、勝義諦ともいう。真如実相のこと。

虚空　真如のこと。真如は一切のものにさえぎられないから、その徳から虚空という。

釈に…　上引の散善義中の文。

出世　出世間のこと。迷いの世間を出る聖者をいう。

世間　迷いの凡夫をいう。人間界などのこと。

涅槃経に言はく闇は…　北本巻三十八(大正蔵一二)。

満足大悲　阿弥陀仏の慈悲。

円融無碍　阿弥陀如来の智慧の内容。

*光明寺《くわうみやうじ》の和尚《くわしやう》の云《いは》く、「この雑毒《ざふどく》の行《ぎやう》を回《ゑ》して、かの仏《ぶつ》の浄土《じやうど》に求生《ぐしやう》せむと欲《おも》ふは、これ必《かなら》ず不可《ふか》なり。何を以ての故に、正《まさ》しくかの阿弥陀仏《あみだぶつ》、因中《いんちう》に菩薩の行《ぎやう》を行《ぎやう》ぜしとき、乃至《ないし》一念一刹那《いちねんいちせちな》も、三業《さんごふ》の所修《しよしゆ》、みなこれ真実心《しんじちしん》の中になしたまへるに由《よ》りてなり。おほよそ施《ほどこ》したまふところ趣求《しゆぐ》をなす、またみな真実《しんじち》なり。また真実《しんじち》に二種あり。一つには自《じ》利真実《りしんじち》、二つには利他真実《りたしんじち》なりと。乃至　不善《ふぜん》の三業おば、必《かなら》ず真実心《しんじちしん》の中に捨《す》てたまへるを須《もち》ゐよ。またもし善《ぜん》の三業を起《お》こさば、必《かなら》ず真実心《しんじちしん》の中になしたまへるを須《もち》ゐて、内《ない》外明闇《ぐゑみやうあん》を簡《えら》ばず、みな真実《しんじち》を須《もち》ゐるが故に、至誠心《しじやうしん》と名《な》づく」と。抄要

しかれば*大聖《だいしやう》の真言《しんごん》、*宗師《しゆうし》の釈義《しやくぎ》、まことに知《し》んぬ、この心《しん》則ちこれ不可思議《ふかしぎ》不可称不《ふかしようふ》可《か》説《せち》*一乗大智願海《いちじようだいちぐわんかい》、*回向利益他《ゑかうりやくた》の真実心《しんじちしん》なり。これを至心《ししん》と名《な》づく。

すでに「真実《しんじち》」と言《い》へり。真実《しんじち》と言《い》ふは、*涅槃経《ねはんぎやう》に言《のたま》はく、「*実諦《じちたい》は一道清浄《いちだうしやうじやう》にして二あることなきなり。真実《しんじち》と言《い》ふは即ちこれ如来《によらい》なり、如来《によらい》は即ちこれ真実《しんじち》なり。真実《しんじち》は即ちこれ*虚空《こくう》なり、虚空《こくう》は即ちこれ真実《しんじち》なり。真実《しんじち》は即ちこれ仏性《ぶつしやう》なり、仏性《ぶつしやう》は即ちこれ真実《しんじち》なり」と。已上

*釈《しやく》に「不簡内外明闇《ふけんないぐゑみやうあん》」と云《い》へり。内外《ないぐゑ》とは、内《ない》は即ちこれ*出世《しゆつせ》なり、外《ぐゑ》は即ちこれ*世間《せけん》なり。明闇《みやうあん》とは、明《みやう》は即ちこれ出世《しゆつせ》なり、闇《あん》は即ちこれ世間《せけん》なり。また明《みやう》は即ち智明《ちみやう》なり、闇《あん》は即ち無明《むみやう》なり。*涅槃経《ねはんぎやう》に言《のたま》はく、「闇《あん》は即ち世間《せけん》なり、明《みやう》は即ち出世《しゆつせ》なり。闇《あん》は即ち無《む》明《みやう》なり、明《みやう》は即ち智明《ちみやう》なり」と。已上

次に信楽《しんげう》と言《い》ふは、則ちこれ如来《によらい》の*満足大悲《まんぞくだいひ》、*円融無碍《ゑんゆうむげ》の信心海《しんじんかい》なり。この故に疑蓋間《ぎがいけん》

雑《ざふ》あることなし。かるがゆへに信楽《しんげう》と名《な》づく。即ち利他回向《りたゑかう》の至心《ししん》を以て信楽《しんげう》の体《たい》とするなり。しかるに無始《むし》よりこのかた、*一切群生海《いちさいぐんじやうかい》、*無明海《むみやうかい》に流転《るてん》し、*諸有輪《しようりん》に沈迷《ちんめい》し、*衆苦《しゆく》輪《りん》に繫縛《けばく》せられて、清浄《しやうじやう》の信楽《しんげう》なし、*法爾《ほふに》として真実《しんじち》の信楽《しんげう》なし。ここを以て無上《むじやう》の功徳《くどく》値遇《ちぐう》しがたく、最勝《さいしよう》の浄信《じやうしん》獲得《ぐゐやくとく》しがたし。一切凡小《ぼんせう》、一切時の中《うち》に、貪愛《とんあい》の心《しん》つねによく善心《ぜんしん》を汚《けが》し、瞋憎《しんぞう》の心《しん》つねによく*法財《ほふざい》を焼《や》く。急作《きふさ》急修《きふしゆ》して*頭燃《づねん》をはらふがごとくすれども、すべて雑毒雑修《ざふどくざふしゆ》の善《ぜん》と名《な》づく、また虚仮《こけ》諂偽《てんぐゐ》の行《ぎやう》と名《な》づく、真実《しんじち》の業《ごふ》と名《な》づけざるなり。この虚仮雑毒《こけざふどく》の善《ぜん》を以て*無量光明土《むりやうくわうみやうど》に生《しやう》ぜんと欲《ほつ》する、これ必《かなら》ず不可《ふか》なり。何を以ての故に、正《まさ》しく如来《によらい》、菩薩《ぼさつ》の行《ぎやう》を行《ぎやう》じたまふしとき、三業《さんごふ》の所修《しよしゆ》、乃至《ないし》一念一刹那《いちねんいちせちな》も疑《ぎ》蓋雑《がいまじ》はることなきに由《よ》りてなり。この心《しん》は即ち如来《によらい》の大悲心《だいひしん》なるが故に、必ず*報土《ほうど》の正定《しやうぢやう》の因《いん》となる。如来《によらい》苦悩の群生海《ぐんじやうかい》を悲憐《ひれん》して、無碍《むげ》広大《くわうだい》の浄信《じやうしん》を以て諸有《しよう》海《かい》に回施《ゑせ》したまへり。これを利他《りた》真実《しんじち》の信心《しんじん》と名《な》づく。

*本願信心《ほんぐわんしんじん》の願成就《ぐわんじやうじゆ》の文《もん》、経《きやう》に言《のたま》はく、「諸有《しよう》の衆生《しゆじやう》、その名号《みやうがう》を聞《き》きて信心歓喜《しんじんくわんぎ》せむこと乃至《ないし》一念せむ」と。已上

また言《のたま》はく、「他《た》方仏国《はうぶつこく》の所有《しよう》の衆生《しゆじやう》、無量寿如来《むりやうじゆによらい》の名号《みやうがう》を聞《き》きてよく一念の浄信《じやうしん》を発《おこ》して歓喜《くわんぎ》せむ」と。已上

*涅槃経《ねはんぎやう》に言《のたま》はく、「善男子《ぜんなんし》、*大慈大悲《だいじだいひ》を名《な》づけて*仏性《ぶつしやう》とす。何を以ての故に、大慈大悲《だいじだいひ》は常に菩薩に随《したが》ふこと、影《かげ》の形《かたち》に随《したが》ふがごとし。一切衆生《いちさいしゆじやう》、ついに定《さだ》んでまさに大慈大悲《だいじだいひ》を得べし。この故に説《と》きて一切衆生悉有仏性《いちさいしゆじやうしちうぶつしやう》と言《のたま》へるなり。大慈大悲《だいじだいひ》は名《な》づけて仏性《ぶつしやう》とす、

一切群生海　われわれ一切衆生のこと。生きとし生けるもの。

無明海　迷いの世界のこと。迷いの世界は無明によって起こるから無明海という。

諸有輪　迷いの世界のこと。迷いの世界のものは、車輪がまわるようにはてしなくさまよいめぐるからこういう。

衆苦輪　迷いの世界のこと。多くの苦しみが車輪がまわるようにはてしなくめぐってせまるからこういう。

法爾　本来あるがままのもの。

法財　法の功徳のこと。功徳を財宝にたとえていう。

頭燃　頭の毛についた火。

無量光明土　弥陀の浄土のこと。

報土　菩薩の本願と修行の報いとして成就された国土。

本願信心の…　第十八願。

涅槃経に言はく善男子…　北本巻三十二(大正蔵一二)。

大慈大悲　大慈とはすべての人に楽を与える心。大悲とはすべての人の苦を除く心。

仏性　仏になるべき性質。仏になる可能性。また仏の本性。仏のさとりそのものの性質をいう。

大喜大捨　仏は衆生が喜び楽しむ姿を見て自分のことのように喜び(大喜)、愛憎の心を捨てて一切のものを平等に救う(大捨)こと。前述の大慈大悲と合わせて、慈・悲・喜・捨

仏性《ぶっしゃう》は名《な》づけて如来《にょらい》とす。*大喜大捨《だいきだいしゃ》を名《な》づけて仏性《ぶっしゃう》とす。何を以ての故に、菩薩摩訶薩《ぼさつまかさつ》はもし*二十五有《う》にあたはず、則ち*阿耨多羅三藐三菩提《あのくたらさんみゃくさんぼだい》を得ることあたはず。もろもろの衆生《しゅじゃう》、ついにまさに得べきを以ての故に。この故に説《と》きて一切衆生悉有仏性《いちさいしゅじゃうしちうぶっしゃう》と言《い》へるなり。大喜大捨《だいきだいしゃ》は即ちこれ仏性《ぶっしゃう》なり、仏性《ぶっしゃう》は即ちこれ如来《にょらい》なり。仏性《ぶっしゃう》は大信心《だいしんしん》と名《な》づく。何を以ての故に、信心《しんじん》を以ての故に菩薩摩訶薩《ぼさつまかさつ》は則ちよく*檀波羅蜜乃至般若波羅蜜《だんばらみつないしはんにゃはらみつ》を具足《ぐそく》せり。一切衆生《いちさいしゅじゃうしち》悉は、ついに定《さだ》んでまさに大信心《だいしんじん》を得べきを以ての故に、この故に説《と》きて一切衆生《いちさいしゅじゃうしち》悉有《う》仏性《ぶっしゃう》と言《い》へるなり。大信心《だいしんじん》は即ちこれ仏性《ぶっしゃう》なり、仏性《ぶっしゃう》は即ちこれ如来《にょらい》なり。仏性《ぶっしゃう》は*一子《いちし》地《ぢ》と名《な》づく。何を以ての故に、一子《いちし》地《ぢ》の因縁《いんえん》を以ての故に菩薩は則ち一切衆生において平《びゃう》等心《どうしん》を得たり。一切衆生は、ついに定《さだ》んでまさに一子《いちし》地《ぢ》を得べきが故に、この故に説《と》きて一切衆生悉有仏性《いちさいしゅじゃうしちうぶっしゃう》と言《い》へるなり。一子《いちし》地《ぢ》は即ちこれ仏性《ぶっしゃう》なり、仏性《ぶっしゃう》は即ちこれ如来《にょらい》なり」と。已上

*また言《のたま》はく、「あるいは阿耨多羅三藐三菩提《あのくたらさんみゃくさんぼだい》を説《と》くに信心《しんじん》を因《いん》とす。これ菩提《ぼだい》の因《いん》また無量《むりゃう》なりといへども、もし信心《しんじん》を説《と》けば則ちすでに摂尽《せふじん》しぬ」と。已上

*また言《のたま》はく、「信《しん》にまた二種あり。一つには*聞《もん》より生《しゃう》ず、二つには*思《し》より生《しゃう》ず。この人《ひと》の信心《しんじん》、聞《もん》よりして生《しゃう》じて、思《し》より生《しゃう》ぜざる。この故に名《な》づけて信不具足《しんふぐそく》とす。また二種あり。一つには*道《だう》ありと信《しん》ず、二つには*得者《とくしゃ》を信《しん》ず。この人《ひと》の信心《しんじん》、ただ道《だう》ありと信《しん》じて、すべて得道《とくだう》の人《ひと》ありと信《しん》ぜざらむ。これを名《な》づけて信不具足《しんふぐそく》とす」といへり。已上抄出

*華厳経《くゑごんぎゃう》に言《のたま》はく、「この法《ほふ》を聞《き》きて信心《しんじん》を歓喜《くわんぎ》して、疑《うたが》ひなき者《もの》は、速《すみや》かに*無上道《むじゃうだう》を成《な》ら

を四無量心という。

二十五有にあたはず　現行涅槃経には「二十五有を捨つることあたはずは」とあって、「捨」の字が入っている。即ち二十五有の迷いを捨てることができねばの意。二十五有とは迷いの世界の総称。四悪趣・四洲・六欲天・梵天・無想天・阿那含天・四禅天・四空処天の二十五の迷界。

阿耨多羅三藐三菩提　無上の仏果。

檀波羅蜜乃至般若波羅蜜　六波羅蜜のこと。檀波羅蜜とは六波羅蜜の第一の布施のこと。乃至は中間の四波羅蜜を略したもの。般若波羅蜜とは六波羅蜜の第六の智慧波羅蜜のこと。

一子地　初地(歓喜地)の菩薩のこと。

また言はくあるいは阿耨多羅…　北本涅槃経巻三十五(大正蔵一二)。

また言はく信にまた二種…　北本涅槃経巻三十六(大正蔵一二)。

聞より生ず　ただ耳で聞くだけでそのいわれを知らぬ信という意。

思より生ず　そのいわれ・意味を思い考えたうえで起こる信という意。

道ありと信ず　さとりへの道があると信ずること。本願の大道があることを信ずること。

得者を信ず　さとりを得る人があると信ずること。本願の大道を体得した人があると信ずること。

華厳経に言はく　晋訳六十華厳巻六十のおわりの偈文(大正蔵九)。

無上道　無上の仏のさとりのこと。

む、もろもろの如来《によらい》と等《ひと》し」となり。

*また言《のたま》はく、「如来《によらい》よくながく、一切衆生の疑《うたが》ひを断《た》たしむ。その心《こころ》の*所楽《しよげう》に随《したが》ふて、あまねくみな満足《まんぞく》せしむ」となり。

*また言《のたま》はく、「信《しん》は*道《だう》の元《もと》とす、功徳《くどく》の母《はは》なり。一切もろもろの善法《ぜんぼふ》を長養《ちやうやう》す。*疑網《ぎまう》を断除《だんぢよ》して*愛流《あいる》を出《い》でて、涅槃無上道《ねはんむじやうだう》を開示《かいじ》せしむ。信《しん》には垢濁《くぢよく》の心《こころ》なし、清浄《しやうじやう》にして、憍《けう》慢《まん》を滅除《めちぢよ》す。恭敬《くぎやう》の本《もと》なり。また*法蔵第一《ほふざうだいいち》の財《たから》とす。清浄《しやうじやう》の手《て》として衆行《しゆぎやう》を受《う》く。信《しん》はよく恵施《ゑせ》して心《こころ》におしむことなし。信《しん》はよく歓喜《くわんぎ》して仏法《ぶつほふ》に入《い》る。信《しん》はよく*智功徳《ちくどく》を増長《ぞうちやう》す。信《しん》はよく必ず*如来地《によらいぢ》に到《いた》る。信《しん》は*諸根《しよこん》をして浄明利《じやうみやうり》ならしむ。信力堅固《しんりきけんご》なればよく壊《ゑ》することなし。信《しん》はよく永《なが》く煩悩《ぼんなう》の本《もと》を滅《めち》す。信《しん》はよく専《もは》ら仏《ぶつ》の功徳《くどく》に向《む》かへしむ。信《しん》は境界《きやうがい》において*所著《しよぢやく》なし。諸難《しよなん》を遠離《おんり》して無難《むなん》を得しむ。信《しん》はよく*衆魔《しゆま》の路《みち》を超出《てうしゆつ》し、*無上解脱《むじやうげだち》道《だう》を示現《じげん》せしむ。信《しん》は功徳《くどく》のために種《たね》を壊《やぶ》らず。信《しん》はよく*菩提《ぼだい》の樹《じゆ》を生長《しやうちやう》す。信《しん》はよく*最《さい》勝智《しようち》を*増益《ぞうやく》す。信《しん》はよく一切仏を示現《じげん》せしむ。この故に行《ぎやう》に依《よ》りて次第《しだい》を説《と》く。信楽《しんげう》、最《さい》勝《しよう》にして甚《はなは》だ得ること難《かた》し。乃至　もし常《つね》に諸仏《しよぶつ》を信奉《しんぶ》すれば、則ちよく大供養《だいくやう》を興集《こうじふ》す。もしよく大供養《だいくやう》を興集《こうじふ》すれば、かの人《ひと》、仏《ぶつ》の不思議《ふしぎ》を信《しん》ず。もし常《つね》に尊法《そんぼふ》に信奉《しんぶ》すれば、則ち仏法《ぶつほふ》を聞《き》きて*厭足《えんそく》なし。もし仏法《ぶつほふ》を聞《き》くに厭足《えんそく》なからむ、かの人《ひと》、法《ほふ》の不思議《ふしぎ》を信《しん》ず。もし常《つね》に*清浄僧《しやうじやうそう》に信奉《しんぶ》すれば、則ち信心退転《しんじんたいてん》せざることを得《う》。もし信心不退転《しんじんふたいてん》を得れば、かの人《ひと》の信力《しんりき》よく動《うご》くことなし。もし信力《しんりき》を得てよく動《うご》くことなければ、則ち諸根浄明《しよこんじやうみやう》利《り》を得む。もし諸根浄明利《しよこんじやうみやうり》を得れば、則ち*善知識《ぜんぢしき》に親近《しんごん》することを得《う》。則ち善知識《ぜんぢしき》に親《しん》

また言はく如来…　唐訳八十華厳巻六十おわりの偈文(大正蔵一〇)。
所楽　衆生が求めているもの、即ち浄土往生の願いをいう。
また言はく信…　唐訳八十華厳巻十四の偈文(大正蔵一〇)。
道の元　さとりのもとの意。
疑網　うたがいのこと。
愛流　愛欲の煩悩のこと。
法蔵第一の財　多くの功徳の中の第一の宝であるという意。
智功徳　智慧と功徳。
如来地　仏果、仏のさとりのこと。
諸根　眼・耳・鼻・舌・身・意の六つの感覚機能のこと。
所著　執著すること。
衆魔の路　生死の迷いの世界のこと。迷いの世界は煩悩などのいろいろな悪魔が往来するから。
無上解脱道　無上の仏のさとり。
菩提の樹　仏道を求める心のこと。
最勝智　すぐれた智慧。
増益　増進させること。
厭足　あきること。
清浄僧　戒律をかたく守る僧侶のこと。
善知識　正しい仏教道理を教え導いてくれる人をいう。真宗では特に念仏の教えを勧め導く人をいう。

近《こん》することを得れば、則ちよく広大《くわうだい》の善《ぜん》を修集《しゆしふ》す。もしよく広大《くわうだい》の善《ぜん》を修集《しゆしふ》すれば、かの人《ひと》、*大因力《だいいんりき》を成就《じやうじゆ》す。もし人《ひと》、大因力《だいいんりき》を成就《じやうじゆ》すれば、則ち殊勝《しゆしよう》決定《くゑちぢやう》の解《げ》を得《う》。もし殊勝《しゆしよう》決定《くゑちぢやう》の解《げ》を得れば、則ち諸仏《しよぶつ》の為《みため》に護念《ごねん》せらる。もし諸仏《しよぶつ》の為《みため》に護念《ごねん》せらるれば、則ちよく菩提心《ぼだいしん》を発起《ほちき》す。もしよく菩提心《ぼだいしん》を発起《ほちき》すれば、則ちよく仏《ぶつ》の功徳《くどく》を勤修《ごんじゆ》せむ。もしよく仏《ぶつ》の功徳《くどく》を勤修《ごんじゆ》すれば、則ちよく生《うま》れて如来《によらい》の家《いへ》に在《あ》らむ。もし生《うま》れて如来《によらい》の家《いへ》に在《あ》ることを得れば、則ち善《ぜん》をして*巧方便《げうはうべん》を修行《しゆぎやう》せむ。もし善《ぜん》をして巧方便《げうはうべん》を修行《しゆぎやう》すれば、則ち信楽《しんげう》の心清浄《しんしやうじやう》なることを得《う》。もし信楽《しんげう》の心清浄《しんしやうじやう》なることを得れば、則ち増上《ぞうじやう》の最勝心《さいしようしん》を得。もし増上《ぞうじやう》の最勝心《さいしようしん》を得れば、則ち常《つね》に*波羅蜜《はらみつ》を修習《しゆしふ》せむ。もし常《つね》に波羅蜜《はらみつ》を修習《しゆしふ》すれば、則ちよく*摩訶衍《まかえん》を具足《ぐそく》せむ。もしよく摩訶衍《まかえん》を具足《ぐそく》すれば、則ちよく法《ほふ》のごとく仏《ぶつ》を供養《くやう》せむ。もしよく如法《によほふ》に仏《ぶつ》を供養《くやう》すれば、則ちよく念仏《ねんぶつ》の心《しん》、動《どう》ぜず。もしよく念《ねん》仏《ぶつ》の心《しん》、動《どう》ぜざれば、則ち常《つね》に無量仏《むりやうぶつ》を観見《とけん》せむ。もし常《つね》に無量仏《むりやうぶつ》を観見《とけん》すれば、則ち如《によ》来《らい》の体常住《たいじやうぢう》を見《み》む。もし如来《によらい》の体常住《たいじやうぢう》を見《み》れば、則ちよく法《ほふ》の永《なが》く不滅《ふめち》なることを知《し》らむ。もしよく法《ほふ》の永《なが》く不滅《ふめち》なるを知《し》れば、弁才《べんざい》を得《え》、無障碍《むしやうげ》を得む。もし*弁才無障碍《べんざいむしやうげ》を得れば、則ちよく無辺《むへん》の法《ほふ》を開演《かいえん》せむ。もしよく無辺《むへん》の法《ほふ》を開演《かいえん》せば、則ちよく慈愍《じみん》して衆生《しゆじやう》を度《ど》せむ。もしよく衆生《しゆじやう》を慈愍《じみん》し度《ど》すれば、則ち堅固《けんご》の大悲心《だいひしん》を得む。もし堅固《けんご》の大悲心《だいひしん》を得れば、則ちよく甚深《じんじん》の法《ほふ》を愛楽《あいげう》せむ。もしよく甚深《じんじん》の法《ほふ》を愛楽《あいげう》すれば、則ちよく*有為《うゐ》の過《とが》を捨離《しやり》せむ。もしよく有為《うゐ》の過《とが》を捨離《しやり》すれば、則ち*憍慢《けうまん》および*放逸《はういち》を離《はな》る。もし憍慢《けうまん》および放逸《はういち》を離《はな》るれば、則ちよく一切衆《いちさいしゆ》を兼利《けんり》せむ。もしよく一切衆を兼利すれば、則ち生死《しやうじ》

大因力　仏のさとりを得る原因となる大きな力。

巧方便　仏が巧みに衆生を救う方法のこと。

波羅蜜　梵語の音写。到彼岸・度と訳す。迷いより悟りに到る菩薩の行。

摩訶衍　梵語の音写。大乗(↓三三頁注)のこと。

弁才無障碍　教法を自由自在に述べる弁舌の才能をいう。

有為　意志によって作り出されたものという意。ここでは特に迷いの意味を示す。

憍慢　おごりたかぶること。

放逸　放縦にして、欲望のままに動いて、善を励まないこと。

に処《しよ》して疲厭《ひえん》なけむ」となり。略抄
論註《ろんちう》に曰《いは》く、「如実修行相応《によじちしゆぎやうさうおう》と名《な》づく。この故に論主《ろんじゆ》、建《はじ》めに我一心《がいちしん》と言《のたま》へり」。已上
また言《いは》く、「経《きやう》の始《はじ》めに如是《によぜ》と称《しよう》することは、信《しん》を彰《あら》はして能入《のうにふ》とす」。已上
次に欲生《よくしやう》と言《い》ふは、則ちこれ如来《によらい》、諸有《しよう》の群生《ぐんじやう》を招喚《せうくわん》したまふの勅命《ちよくみやう》なり。則ち真実《しんじち》の信楽《しんげう》を以て欲生《よくしやう》の体《たい》とするなり。誠《まこと》にこれ*大小凡聖《だいせうぼんしやう》、*定散自力《ぢやうさんじりき》の回向《ゑかう》にあらず。かるがゆへに*不回向《ふゑかう》と名《な》づくるなり。しかるに*微塵界《みぢんかい》の*有情《うじやう》、煩悩海《ぼんなうかい》に流転《るてん》し、生死海《しやうじかい》に*漂没《へうもち》して、真実《しんじち》の回向心《ゑかうしん》なし、清浄《しやうじやう》の回向心《ゑかうしん》なし。この故に如来《によらい》、一切苦悩の*群生海《ぐんじやうかい》を*矜哀《こうあい》して、菩薩《ぼさつ》の行《ぎやう》を行《ぎやう》じたまうしとき、三業《さんごふ》の所修《しよしゆ》、乃至《ないし》一念一刹那《いちねんいちせちな》も、回向心《ゑかうしん》を首《しゆ》として大悲心《だいひしん》を成就《じやうじゆ》することを得たまへるが故に、利他《りた》真実《しんじち》の欲生心《よくしやうしん》を以て*諸有海《しようかい》に廻施《ゑせ》したまへり。欲生《よくしやう》即ちこれ廻向心《ゑかうしん》なり。これ則ち大悲心《だいひしん》なるが故に、疑蓋《ぎがい》雑《まじ》はることなし。
ここを以て本願《ほんぐわん》の欲生心成就《よくしやうしんじやうじゆ》の文《もん》、経《きやう》に言《のたま》はく、「至心《ししん》*廻向《ゑかう》したまへり。かの国《くに》に生《うま》れむと願《ぐわん》ずれば、即ち往生《わうじやう》を得《え》、不退転《ふたいてん》に住《ぢう》せむと。ただ五逆《ごぎやく》と誹謗正法《ひはうしやうぼふ》とを除《のぞ》く」と。已上
また言《のたま》はく、「所有《しよう》の善根《ぜんごん》*廻向《ゑかう》したまへるを愛楽《あいげう》して無量寿国《むりやうじゆこく》に生《しやう》ぜんと願《ぐわん》ずれば、願《ぐわん》に随《したが》ふてみな生《しやう》ぜしめ、不退転《ふたいてん》乃至《ないし》*無上正等菩提《むじやうしやうとうぼだい》を得むと。五無間《ごむけん》、誹謗正法《ひはうしやうぼふ》および謗《はう》聖者《しやうじや》を除《のぞ》く」と。已上
*浄土論《じやうどろん》に曰《いは》く、「「*いかんが廻向《ゑかう》したまへる、一切苦悩の衆生《しゆじやう》を捨《す》てずして、心《こころ》に常《つね》に作《さ》願《ぐわん》すらく、廻向《ゑかう》を首《しゆ》として大悲心《だいひしん》を成就《じやうじゆ》することを得たまへるが故に」とのたまへり。廻《ゑ》

大小凡聖　大乗・小乗を信奉する凡夫や聖者のこと。
定散自力　定善や散善などの自力。
不回向　衆生からの自力の回向でないということ。即ち如来よりの他力回向であることをいう。
微塵界　微塵のように数多い迷いの世界。
有情　衆生。
漂没　ただよい沈むこと。
群生海　一切衆生のこと。
矜哀　あわれみたもうこと。かわいそうに思うこと。
諸有海　迷いの衆生のこと。
廻向したまへり　親鸞特異の読み方。
廻向したまへるを愛楽して　親鸞特異の読み方。
無上正等菩提　この上なき仏のさとりのこと。
浄土論　ここは往生論註のこと。
いかんが廻向したまへる…　廻施したまひて…　往生せしめたまふなり…　向へしめたまふなり　親鸞特異の読み方。以上いずれも、仏の他力廻向の意味を特に明らかにせんとしたもの。
奢摩他　梵語の音写。止・止息・寂静と訳す。全ての想念を止めて心が寂静になること。
毗婆舎那　梵語の音写。観・見・観察と訳す。智慧によって対象を明ら

かに観察し照見すること。
方便力　止観によって生じた衆生救済の慈悲のはたらき。
生死の稠林　迷いの世界のこと。
浄入願心　清浄な浄土の依報・正報の二報が阿弥陀仏の清浄願心におさまるということで、天親の浄土論、解義分十章のうち、第四章の標目である。
荘厳仏土功徳　浄土の国土の十七種の荘厳功徳。
荘厳仏功徳　浄土の仏の八種の荘厳功徳。
荘厳菩薩功徳　浄土の菩薩の四種荘厳の功徳。
三種の荘厳　国土十七種・仏八種・菩薩四種の三厳二十九種をいう。
出第五門　五果門の第五薗林遊戯地門のこと。
応化の身　仏・菩薩が衆生を救うために、相手の根機や性情に応じて現ずるさまざまの姿。
生死の薗　迷いの世界。
教化地　衆生を教化する位のこと。
光明寺和尚の云はく…　観経疏散善義の文。
回向したまへる願　親鸞特異の読み方。
得生の想　往生することがまちがいないと確信して安堵するおもい。
異見・異学　↓七九頁注
別解・別行　↓七九頁注
怯弱　おそれおじける心のこと。

向《かう》に二種の相《さう》あり。一つには往相《わうさう》、二つには還相《ぐゑんさう》なり。往相《わうさう》とは、おのれが功徳《くどく》を以て一切衆生に*廻施《ゑせ》したまひて、作願《さぐわん》して共《とも》にかの阿弥陀如来《あみだにょらい》の安楽浄土《あんらくじやうど》に*往生《わうじやう》せしめたまふなり。還相《ぐゑんさう》とは、かの土《ど》に生《しやう》じ已《をは》りて、*奢摩他《しやまた》・*毗婆舎那《びばしやな》・*方便力成就《はうべんりきじやうじゆ》することを得て、*生死《しやうじ》の稠林《ちうりん》に廻入《ゑにふ》して、一切衆生を教化《けうくゑ》して、共《とも》に仏道《ぶつだう》に向《む》かへしめたまふなり。もしは往《わう》もしは還《ぐゑん》、みな衆生《しゆじやう》を抜《ぬ》きて生死海《しやうじかい》を渡《ど》せむがためにとのたまへり。この故に「廻向《ゑかう》為首得成就大悲心故《ゐしゆとくじやうじゆだいひしんこ》」とのたまへり」と。已上

また云《いは》く、「*浄入願心《じやうにふぐわんしん》とは、論《ろん》に曰《いは》く、「またさきに観察《くわんざち》*荘厳仏土功徳成就《しやうごんぶつどくどくじやうじゆ》・*荘厳仏《しやうごんぶつ》功徳成就《くどくじやうじゆ》・*荘厳菩《しやうごんぼ》薩《さつ》功徳成就《くどくじやうじゆ》を説《と》きつ。この三種の成就《じやうじゆ》は願心《ぐわんしん》の荘厳《しやうごん》したまへるなりと、知《し》るべし」といへりと。知《し》るべしとは、この*三種の荘厳成就《しやうごんじやうじゆ》はもと四十八願等《とう》の清浄《しやうじやう》の願心の荘厳《しやうごん》したまふところなるに由りて、因浄《いんじやう》なるが故に果浄《くわじやう》なり、因《いん》なくして他《た》の因《いん》のあるにはあらざるなりと知《し》るべしとなり」と。已上

また論《ろん》に曰《いは》く、「「*出第五門《しゆつだいごもん》とは、大慈悲《だいじひ》を以て一切苦悩の衆生《しゆじやう》を観察《くわんざち》して、*応化《おうぐゑ》の身《しん》を示《しめ》して*生死《しやうじ》の薗《その》、煩悩《ぼんなう》の林《はやし》の中に回入《ゑにふ》して、神通《じんづう》に遊戯《ゆげ》し*教化地《けうくゑぢ》に至る。本願力《ほんぐわんりき》の回向《ゑかう》を以ての故に。これを出第五門《しゆつだいごもん》と名《な》づく」とのたまへり」と。已上

*光明寺《くわうみやうじ》の和尚《くわしやう》の云《いは》く、「また回向発願《ゑかうほちぐわん》して生《うま》るるものは、必《かなら》ず決定真実心《くゑちぢやうしんじちしん》の中《なか》に*回向《ゑかう》したまへる願《ぐわん》を須《もち》ゐて*得生《とくしやう》の想《おもひ》を作《な》す。この心深《しんふか》く信《しん》ぜること金剛《こんがう》のごとくなるによて、一切の*異見《いけん》・異学《いがく》・*別解《べちげ》・別行《べちぎやう》の人等《にんら》のために動乱破《どうらんは》壊《ゑ》せられず。ただこれ決定《くゑちぢやう》して一心に捉《と》りて正直《しやうちき》に進《すす》んで、かの人《ひと》の語《ことば》を聞《き》くことを得《え》ざれ。即ち進退《しんたい》の心《しん》ありて*怯弱《かうにやく》を生《しやう》じ、

*回顧《ゑこ》すれば、道《だう》に落《お》ちて即ち往生《わうじやう》の大益《だいやく》を失《しち》するなり」と。已上

真《まこと》に知《し》んぬ、二河《にが》の譬喩《ひゆ》の中《なか》に「白道《びやくだう》四五寸《すん》」と言《い》ふは、白道《びやくだう》とは、白《びやく》の言《ごん》は黒《こく》に対《たい》するなり。白《びやく》は即ちこれ*選択摂取《せんぢやくせふしゆ》の白業《びやくごふ》、*往相回向《わうさうゑかう》の浄業《じやうごふ》なり。黒《こく》は即ちこれ無明煩悩《むみやうぼんなう》の*黒業《こくごふ》、*二乗・人《にん》・天《てん》の雑善《ざふぜん》なり。道《だう》の言《ごん》は路《ろ》に対《たい》せるなり。道《だう》は則ちこれ*本願一実《ほんぐわんいちじち》の直《ちき》道《だう》、*大般涅槃《だいはつねはん》、無上《むじやう》の大道《だいだう》なり。路《ろ》は則ちこれ*二乗・*三乗、万善諸行《まんぜんしよぎやう》の小路《せうろ》なり。四五寸と言《い》ふは、衆生《しゆじやう》の*四大《しだい》・*五陰《ごおん》に喩《たと》ふるなり。「能生清浄願心《のうしやうしやうじやうぐわんしん》」と言《い》ふは、金剛《こんがう》の真心《しんしん》を獲得《ぐゐやくとく》するなり。本願力《ほんぐわんりき》の回向《ゑかう》の大信心海《だいしんじんかい》なるが故に、破壊《はゑ》すべからず。これを金剛《こんがう》のごとしと喩《たと》ふるなり。

観経義《くわんぎやうぎ》に、「*道俗時衆等《だうぞくじしゆとう》おのおの*無上《むじやう》の心《しん》を発《おこ》せども、生死《しやうじ》はなはだ厭《いと》ひ難《がた》く、仏法《ぶつほふ》また忻《ねが》ひ難《がた》し。共《とも》に*金剛《こんがう》の志《こころざし》を発《おこ》して、横《よこさま》に*四流《しる》を超断《てうだん》せよ。正《まさ》しく金剛心《こんがうしん》を受《う》け、一念に相応《さうおう》して後《のち》、果《くわ》、涅槃《ねはん》を得む者《ひと》」と云《い》へり。抄要

また云《いは》く、「真心徹到《しんしんてちたう》して苦《く》の娑婆《しやば》を厭《いと》ひ、楽《らく》の*無為《むゐ》を忻《ねが》ひて、永《なが》く*常楽《じやうらく》に帰《くゐ》すべし。ただし無為《むゐ》の境《きやう》、*軽爾《きやうに》として即ち階《かな》ふべからず、苦悩《くなう》の娑婆《しやば》*輒然《てうねん》として離《はな》るることを得るによしなし。金剛《こんがう》の志《こころざし》を発《おこ》すにあらずよりは、永《なが》く生死《しやうじ》の元《もと》を絶《た》たむや。もしまのあたり*慈尊《じそん》に従《したが》ひたてまつらずは、なんぞよくこの長《なが》き歎《なげ》きを勉《まぬか》れむ」と。

また云《いは》く、「金剛《こんがう》と言《い》ふは、即ちこれ*無漏《むろ》の体《たい》なり」。已上

信《まこと》に知《し》んぬ、至心《ししん》・信楽《しんげう》・欲生《よくしやう》、その言《ことば》、異《こと》なりといへども、その意《こころ》これ一つなり。何を以ての故に、三心すでに疑《ぎ》蓋《かい》雑《まじ》はることなし、かるがゆへに真実《しんじち》の一心なり。これを金《こん》

回顧　ためらう。わき見する。
選択摂取の白業　法蔵菩薩が因位のときにあらゆる行の中から選び取られた清らかな業。即ち名号をいう。
往相回向の浄業　われらが浄土に往生する如来回向の清浄な業。即ち名号のこと。
黒業　悪業のこと。
二乗・人・天の雑善　自力の善根をいう。声聞・縁覚や人間・天人などの自力心のまじった善根の意。
本願一実の直道　第十八願のただ一つのまことなる道ということ。
大般涅槃　すぐれて完全な大乗の仏果(仏のさとり)のこと。
二乗　声聞乗(仏の説法を聞いてさとる)と縁覚乗(自分自身で縁により観法してさとる)。
三乗　声聞乗・縁覚乗に菩薩乗を加えた三乗をいう。
四大　地大・水大・火大・風大の四。↓八二頁注
五陰　↓八二頁注
道俗時衆等　出家も在家も全てを含めた、今の世の一切衆生のこと。
無上の心　仏果を求める心。菩提心。
金剛の志　他力の堅固な信心のこと。
四流　煩悩。↓一〇一頁「四暴流」注
無為　仏のさとり。浄土のこと。
常楽　浄土のこと。浄土は常に楽しむ国であるから。
軽爾　かるがるしくの意。

剛《がう》の真心《しんしん》と名《な》づく。金剛《こんがう》の真心《しんしん》、これを真実《しんじち》の信心《しんじん》と名《な》づく。真実《しんじち》の信心《しんじん》は、必《かなら》ず名号《みやうがう》を具《ぐ》す。名号《みやうがう》は必《かなら》ずしも願力《ぐわんりき》の信心《しんじん》を具《ぐ》せざるなり。この故に論主《ろんじゆ》、建《はじ》めに「我一心《がいちしん》」と言《のたま》へり。また「如彼名義欲如実修行相応故《にょひみやうぎよくにょじちしゆぎやうさうおうこ》」と言《のたま》へり。

*おほよそ大信海《だいしんかい》を按《あん》ずれば、貴賤《くゐせん》・*緇素《しそ》を簡《えら》ばず、男女老少《なんにょらうせう》を謂《い》はず、造罪《ざうざい》の多少《たせう》を問《と》はず、修行《しゆぎやう》の久近《くごん》を論《ろん》ぜず、行《ぎやう》にあらず善《ぜん》にあらず、*頓《とん》にあらず漸《ぜん》にあらず、*定《ぢやう》にあらず散《さん》にあらず、*正観《しやうくわん》にあらず邪観《じやくわん》にあらず、*有念《うねん》にあらず無念《むねん》にあらず、尋常《じんじやう》にあらず臨終《りんじゆう》にあらず、多念《たねん》にあらず一念にあらず、ただこれ不可思議不可説不可称《ふかしぎふかせちふかしよう》の信楽《しんげう》なり。喩《たと》へば*阿伽陀薬《あかだやく》のよく一切の毒《どく》を滅《めち》するがごとし。如来誓願《にょらいせいぐわん》の薬《くすり》はよく智愚《ちぐ》の毒《どく》を滅《めち》するなり。

しかるに菩提心《ぼだいしん》について二種あり。一つには*竪《じゆ》、二つには*横《わう》なり。また竪《じゆ》についてまた二種あり。一つには*竪超《じゆてう》、二つには*竪出《じゆしゆつ》なり。竪超《じゆてう》・竪出《じゆしゆつ》は権実《ごんじち》・顕密《けんみち》・大小《だいせう》の教《けう》に明《あ》かせり。*歴劫迂廻《りやくこふうゑ》の菩提心《ぼだいしん》、自力《じりき》の金剛心《こんがうしん》、菩薩《ぼさつ》の大心《だいしん》なり。また横《わう》についてまた二種あり。一つには横超《わうてう》、二つには横出《わうしゆつ》なり。横出《わうしゆつ》とは、*正雑《しやうざふ》・定散《ぢやうさん》、他力《たりき》のなかの自力《じりき》の菩提心《ぼだいしん》なり。横超《わうてう》とは、これ乃ち願力廻向《ぐわんりきゑかう》の信楽《しんげう》、これを*願作仏心《ぐわんさぶつしん》といふ。願作仏心《ぐわんさぶつしん》即ちこれ横《わう》の大菩提心《だいぼだいしん》なり。これを横超《わうてう》の金剛心《こんがうしん》と名《な》づくるなり。横竪《わうじゆ》の菩提心《ぼだいしん》、その言《ことば》一つにして、その心異《こころこと》なりといへども、入真《にふしん》を正要《しやうえう》とす、真心《しんしん》を根本《こんぽん》とす、邪雑《じやざふ》を錯《しやく》とす、疑情《ぎじやう》を失《しち》とするなり。*忻求浄刹《ごんぐじやうせち》の道俗《だうぞく》、深《ふか》く*信不具足《しんふぐそく》の金言《こんごん》を了知《れうち》し、永《なが》く*聞不具足《もんふぐそく》の邪心《じやしん》を離《はな》るべきなり。

輒然 たちまち、たやすくの意。
慈尊 慈悲のある世尊ということ。
無漏 煩悩の全くなくなった清浄な境地をいう。有漏(煩悩)の対。
◇おほよそ大信海を… 真実信の本義を明かす。→補
緇素 緇は出家(僧)、素は在家(俗)。
頓にあらず漸にあらず すばやくさとろうとする教えでもなく、ゆっくりさとろうとする教えでもない。
定にあらず散にあらず 定心で行ずる善でもなく、散心で行ずる善でもない。
正観にあらず邪観にあらず 正しい観法や邪なる観法でない。
有念にあらず無念にあらず 色形ある仏像を念ずるのでもなく、色形のない仏教の理念を念ずるのでもない。
阿伽陀薬 阿伽陀は梵語の音写。無病薬・不死薬と訳す。一切の病を治す不思議な力のある薬。
竪 自力聖道門。
横 他力浄土門。
竪超 自力のはやくさとる頓教。
竪出 自力の漸次さとる教え。
歴劫迂回 長い間かかってさとる意。
正雑・定散 正雑二行・定散二善。
願作仏心 仏になるべく願う心。
忻求浄刹 浄土に往生を願うこと。
信不具足 他力回向(真実)でない信心をいう。
聞不具足 聞信の十分でないこと。

論註《ろんちう》に曰《いは》く、「王舎城所説《わうしやじやうしよせち》の無量寿経《むりやうじゆきやう》を按《あん》ずるに、*三輩生《さんはいしやう》の中《なか》に行《ぎやう》に優劣《うれち》ありといへども、皆《みな》、無上菩提《むじやうぼだい》の心《しん》を発《はち》せざるはなし。この無上菩提心《むじやうぼだいしん》は即ちこれ願作仏心《ぐわんさぶつしん》なり、願作《ぐわんさ》仏心《ぶつしん》は即ちこれ度《ど》衆生心《しゆじやうしん》なり、度《ど》衆生心《しゆじやうしん》は即ちこれ衆生《しゆじやう》を摂取《せふしゆ》して有《う》仏《ぶつ》の国土《こくど》に生《しやう》ぜしむる心《しん》なり。この故にかの安楽浄土《あんらくじやうど》に生《うま》れむと願《ぐわん》ずる者《もの》は、かならず無上菩提心《むじやうぼだいしん》を発《はち》するなり。もし人《ひと》、無上菩提心《むじやうぼだいしん》を発《はち》せずして、ただかの国土《こくど》の受楽間《じゆらくひま》なきを聞《き》きて、楽《らく》のための故に生《うま》れむと願《ぐわん》ぜむ、またまさに往生《わうじやう》を得ざるべきなり。この故に言《い》ふこころは、自身住《じしんぢう》持《ぢ》の楽《らく》を求《もと》めず、一切衆生の苦《く》を抜《ぬ》かむと欲《おも》ふが故にと。住持《ぢうぢ》楽《らく》とは、謂《いは》くかの安楽浄土《あんらくじやうど》は阿弥陀如来《あみだによらい》の本願力《ほんぐわんりき》のために住持《ぢうぢ》せられて受楽間《じゆらくひま》なきなり。おほよそ廻向《ゑかう》の名義《みやうぎ》を釈《しやく》せば、謂《いは》く、おのれが所集《しよしふ》の一切の功徳《くどく》を以て一切衆生に施与《せよ》したまひて、共《とも》に仏道《ぶつだう》に向《む》かへしめたまふなり」と。抄出

*元照律師《ぐわんぜうりちし》の云《いは》く、「他《た》のなすことあたはざるが故に甚難《じんなん》なり。世《よ》を挙《こぞ》りていまだ見《み》たてまつらざるが故に希有《けう》なり」といへり。

また云《いは》く、「念仏法門《ねんぶつほふもん》は愚智《ぐち》・*豪賤《がうせん》を簡《えら》ばず、久近《くごん》・善悪《ぜんあく》を論《ろん》ぜず、ただ*決誓猛信《くゑちせいみやうしん》をとれば臨終悪相《りんじゆうあくさう》なれども、十念に往生《わうじやう》す。これ乃ち*具縛《ぐばく》の凡愚《ぼんぐ》、*屠沽《とこ》の下類《げるい》、刹那《せちな》に超越《てうをち》する成仏《じやうぶつ》の法《ほふ》なり。世間甚難信《せけんじんなんしん》と謂《い》ふべきなり」。

また云《いは》く、「この悪世《あくせ》にして修行《しゆぎやう》成仏《じやうぶつ》するを難《なん》とするなり。もろもろの衆生《しゆじやう》のために、この法門《ほふもん》を説《と》くを二つの難《なん》とするなり。前《さき》の二難を承《う》けて、則ち諸仏所讃《しよぶつしよさん》の虚《むな》しからざる意《こころ》を彰《あら》はす。衆生聞《しゆじやうき》きて信受《しんじゆ》せしめよとなり」と。已上

三輩生　大経巻下の上中下輩。
元照律師の云く　元照(↓四八頁注)の阿弥陀経義疏(大正蔵三七)の文。
豪賤　富めるものと貧しきもの。
決誓猛信　決定の信心のこと。
具縛の凡愚　煩悩にしばられた、愚かな凡夫のこと。
屠沽の下類　賤しい職業の者のこと。屠は獣を殺す者、沽は酒の小売りをする者。
用欽　南宋代の人。元照の弟子。観経疏白蓮記・小経疏超玄記があったと伝えられる。この文は現存せざる超玄記の文か。
大本　大経のこと。
易往而無人　浄土は往きやすくて、しかもこれを信ずるものが少ないということ。
聞持記　阿弥陀経聞持記(浄全五)の略。律宗の戒度(―一一六九頃)の著。元照系の人。元照の阿弥陀経義疏の注釈。戒度が六方段まで解釈し逝去したので、その後数十年して(―一二二七)、石鼓の法久がこれを完成した。
二惑　見惑と思惑のこと。見惑とは見道(初地)で滅せられる惑で、ものごとの道理に惑うものと解される。思惑とは修道(第二地以上)で滅せられる惑で、現象的な事物にとらわれ

律宗《りちしゅう》の*用欽《ようきん》の云《いは》く、「法《はふ》の難《なん》を説《と》く中《なか》に、良《まこと》にこの法《はふ》を以て凡《ぼん》を転《てん》じて聖《しやう》と成《な》すこと、なほし掌《たなごころ》を反《かへ》すがごとくなるおや。大《おほ》きにこれ易《やす》かるべきが故に、おほよそ浅《あさ》き衆生《しゆじやう》は多《おほ》く疑惑《ぎわく》を生《しやう》ぜむ。即ち*大本《だいほん》に「*易往而無人《いわうにむにん》」と云《い》へり。かるがゆへに知《し》んぬ、難信《なんしん》なり」と。

*聞持記《もんぢき》に云《いは》く、「「不簡愚智《ふかんぐち》」〈性《しやう》に利鈍《りどん》あり〉、「不択豪賤《ふぢやくがうせん》」〈報《ほう》に強弱《がうにやく》あり〉、「不論久近《ふろんくごん》」〈功《くう》に浅深《せんじん》あり〉、「不選善悪《ふせんぜんあく》」〈行《ぎやう》に好醜《かうしゆ》あり〉、「取決誓猛信臨終悪相《しゆくゑちせいみやうしんりんじゆうあくさう》」〈即ち観経《くわんぎやう》の下品中生《げほんちうしやう》に地獄《ぢごく》の衆火《しゆくわ》一時にともに至《いた》ると等《ら》〉、「具縛凡愚《ぐばくぼんぐ》」〈*二惑《に》全《わくまた》く在《あ》るが故に〉、「屠沽下類刹那超越成仏之法可謂一切世間甚難信《とこげるいせちなてうをちじやうぶつしほふかゐいちさいせけんじんなんしん》」〈屠《と》は謂《いは》く、殺《せち》を宰《つかさ》どる。沽《こ》は即ち*醞売《うんばい》。かくのごとし*悪人《あくにん》、ただ十念に由りて便ち超往《てうわう》を得、あに難信《なんしん》にあらずや〉。

*阿弥陀如来《あみだにょらい》は*真実明《しんじちみやう》・*平等覚《びやうどうがく》・*難思議《なんじぎ》・*畢竟依《ひちきやうえ》・*大応供《だいおうぐ》・*大安慰《だいあんゐ》・*無等等《むとうどう》・不可思議光《ふかしぎくわう》と号《がう》したてまつるなり」と。已上

*楽邦文類《がくほうぶんるい》の後序《ごじよ》に曰《いは》く、「浄土《じやうど》を修《しゆ》する者《もの》つねに多《おほ》けれども、その門《もん》を得て径《ただ》ちに造《いた》る者《もの》いくばくもなし。浄土《じやうど》を論《ろん》ずる者《もの》つねに多《おほ》けれども、その要《えう》を得て、直《ただ》ちに指《おし》ふる者《もの》あるいは寡《すくな》し。かつていまだ聞《き》かず、*自障《じしやう》*自蔽《じへい》を以て説《せち》をなすことある者《もの》。得《う》るに因りて以てこれを言《い》ふ。それ自障《じしやう》は愛《あい》にしくなし、自蔽《じへい》は疑《ぎ》にしくなし。ただ疑《ぎ》・愛《あい》の二心ついに障碍《しやうげ》なからしむるは、則ち浄土《じやうど》の一門なり。いまだ始《はじ》めて間隔《けんきやく》せず、弥陀《みだ》の*洪願《ぐくわん》つねに自《おのづか》ら摂持《せふぢ》したまふ。必然《ひちねん》の理《り》なり」と。已上

*それ真実《しんじち》の信楽《しんげう》を按《あん》ずるに、信楽《しんげう》に一念あり。一念とはこれ*信楽開発《しんげうかいほち》の時剋《じこく》の極促《ごくそく》を顕《あら》

て迷う迷事の惑である。

醞売　酒を作って売ること。

悪人　→補

阿弥陀如来…　以下、聞持記の現存本にない。

真実明　阿弥陀如来は真実の智慧の光明によって一切世界を照らすから。

平等覚　阿弥陀如来の智慧と慈悲はすべてに平等に与え、如来と平等のさとりを開かしめる。

難思議　阿弥陀如来は我々が思議することのできない光明をもっている。

畢竟依　阿弥陀如来は一切のものの究極のより所である。

大応供　阿弥陀如来は尊敬され供養されるにふさわしいお方であるから。

大安慰　阿弥陀如来は一切のものに安心を与えるから。

無等等　阿弥陀如来はみずから無等の徳があり、しかも衆生をしてその徳に等しからしめるから。

楽邦文類の後序　宗暁が編集した楽邦文類に出す柏庭善月の後序。

自障　みずからさとりの道をさまたげること。

自蔽　みずから正道をおおいかくす。

洪願　弥陀の広大な本願。

◇それ真実の信楽を…　別して成就の一念の意義を解明す。→補

信楽開発の時剋の極促　信心をいただく最初の瞬間。信心を獲た時刻のきわまり。

はし、*広大難思《くわうだいなんじ》の慶心《きやうしん》を彰《あら》はすなり。

ここを以て*大経《だいきやう》に言《のたま》はく、「あらゆる衆生《しゆじやう》、その名号《みやうがう》を聞《き》きて信心歓喜《しんじんくわんぎ》せむこと乃至《ないし》一《いち》念《ねん》せむ、至心《ししん》に廻向《ゑかう》したまへり、かの国《くに》に生《うま》れむと願《ぐわん》ずれば、即ち往生《わうじやう》を得《え》、不退転《ふたいてん》に住《ぢう》せむ」と。

また、*「他方仏国《たはうぶつこく》の所有《しよう》の衆生《しゆじやう》、無量寿如来《むりやうじゆによらい》の名号《みやうがう》を聞《き》きて、よく一念の浄信《じやうしん》を発《おこ》して歓喜《くわんぎ》せむ」と言《のたま》へり。また「*その仏《ぶつ》の本願《ほんぐわん》の力《ちから》、名《みな》を聞《き》きて往生《わうじやう》せむと欲《おも》へ」と言《のたま》へり。また、「*仏《ぶつ》の聖徳《しやうとく》の名《みな》を聞《き》く」と言《のたま》へり。已上

*涅槃経《ねはんぎやう》に言《のたま》はく、「いかんが名《な》づけて聞不具足《もんふぐそく》とする。如来《によらい》の所説《しよせち》は*十二部経《ぶきやう》なり。ただ六部《ろくぶ》を信《しん》じていまだ六部を信《しん》ぜず、この故に名《な》づけて聞不具足《もんふぐそく》とす。またこの六部の経を受持《じゆぢ》すといへども、読誦《どくじゆ》にあたはずして他《た》のために解説《げせち》するは利益《りやく》するところなけむ、この故に名《な》づけて聞不具足《もんふぐそく》とす。またこの六部の経を受《う》けをはりて、論議《ろんぎ》のための故に、*勝他《しようた》のための故に、*利養《りやう》のための故に、諸有《しよう》のための故に、持読誦説《ぢどくじゆせち》せむ、この故に名《な》づけて聞不具足《もんふぐそく》とす」とのたまへり。已上

光明寺《くわうみやうじ》の和尚《くわしやう》は「*一心専念《いちしんせんねん》」と云《い》ひ、また「*専心専念《せんしんせんねん》」と云《い》へりと。已上

しかるに経《きやう》に「聞《もん》」と言《い》ふは、衆生《しゆじやう》*仏願《ぶつぐわん》の生起本末《しやうきほんまち》を聞《き》きて疑心《ぎしん》あることなし、これを聞《もん》といふなり。「信心《しんじん》」と言《い》ふは、則ち本願力廻向《ほんぐわんりきゑかう》の信心《しんじん》なり。「歓喜《くわんぎ》」と言《い》ふは、*身心《しんしん》の悦予《えちよ》の皃《かほばせ》を形《あら》はすなり。「乃至《ないし》」と言《い》ふは、*多少《たせう》の言《ごん》を摂《せふ》するなり。「一念」といふは、信心《しんじん》二心なきが故に一念と曰《い》ふ、これを一心と名《な》づく。一心は則ち清浄報土《しやうじやうほうど》の真因《しんいん》なり。

広大難思の慶心　広大で思いはかれない徳をそなえている信心の意味。
大経に言はく…　第十八願成就文。
他方仏国…　如来会文。
その仏の…　大経巻下、東方偈文。
仏の聖徳…　如来会文。
涅槃経に言はく…　北本涅槃経巻三十六の文(大正蔵一二)。
十二部経　十二分教ともいう。仏の説法を形式・内容から十二種に区分したもの。
勝他　他のものよりすぐれようとする憍慢のこと。
利養　名聞利養のこと。名誉の欲や、財に対する欲をいう。
一心専念・専心専念　善導の観経疏散善義の文。
仏願の生起本末を…　第十八願を起こされた理由と、どうして、どうできあがったかという本と末とのいわれを聞くこと。即ち第十八願の意味を聞くということになる。
身心の悦予の皃　身も心も非常によろこぶこと。
多少の言を摂する　多いのも少ないのもかねおさめることばという意味。
五趣　五悪趣、即ち地獄・餓鬼・畜生・人間・天上の五をいう。
八難　仏を見、正法を聞くことのできない難に八種あること。㈠地獄、㈡餓鬼、㈢畜生、㈣長寿天、㈤北倶盧洲、㈥聾・盲・瘖・瘂、㈦世智弁聡、㈧仏前仏後の八をいう。

金剛《こんがう》の真心《しんしん》を獲得《ぐゐやくとく》すれば、横《わう》に*五趣《ごしゆ》*八難《はちなん》の道《だう》を超《こ》へ、必《かなら》ず現生《げんしやう》に十種の益《やく》を獲《う》。何者《なにもの》か十とする。一つには*冥衆護持《みやうしゆごぢ》の益《やく》、二つには*至徳具足《しとくぐそく》の益《やく》、三つには*転悪成善《てんあくじやうぜん》の益《やく》、四つには*諸仏護念《しよぶつごねん》の益《やく》、五つには*諸仏称讃《しよぶつしようさん》の益《やく》、六つには*心光常護《しんくわうじやうご》の益《やく》、七つには*心多歓喜《しんたくわんぎ》の益《やく》、八つには*知恩報徳《ちおんほうとく》の益《やく》、九つには*常行大悲《じやうぎやうだいひ》の益《やく》、十には*正定聚《しやうぢやうじゆ》に入《い》る益《やく》なり。

*宗師《しゆうし》の「専念《せんねん》」と云《い》へるは、即ちこれ一行なり。「専心《せんしん》」と云《い》へるは、即ちこれ一心なり。しかれば願成就《ぐわんじやうじゆ》の「一念」は即ちこれ専心《せんしん》なり、専心は即ちこれ深心《じんしん》なり、深心は即ちこれ深信《じんしん》なり、深信は即ちこれ堅固深信《けんごじんしん》なり、堅固深信は即ちこれ決定心《くゑちぢやうしん》なり、決定心は即ちこれ無上上心《むじやうじやうしん》なり、無上上心は即ちこれ真心《しんしん》なり、真心は即ちこれ相続心《さうぞくしん》なり、相続心は即ちこれ*淳心《じゆんしん》なり、淳心は即ちこれ*憶念《おくねん》なり、憶念は即ちこれ真実《しんじち》の一心なり、真実の一心は即ちこれ大慶喜心《だいきやうきしん》なり、大慶喜心は即ちこれ真実信心《しんじちしんじん》なり、真実信心は即ちこれ金剛心《こんがうしん》なり、金剛心は即ちこれ願作仏心《ぐわんさぶつしん》なり、願作仏心は即ちこれ度衆生心《どしゆじやうしん》なり、度衆生心は即ちこれ衆生《しゆじやう》を摂取《せふしゆ》して安楽浄土《あんらくじやうど》に生《しやう》ぜしむる心《しん》なり。この心《しん》即ちこれ大菩提心《だいぼだいしん》なり、この心《しん》即ちこれ大慈悲心《だいじひしん》なり。この心《しん》即ちこれ*無量光明慧《むりやうくわうみやうゑ》に由りて生《しやう》ずるが故に。*願海平等《ぐわんかいびやうどう》なるが故に*発心等《ほちしんひと》し、発心等《ほちしんひと》しきが故に道等《だうひと》し、道等《だうひと》しきが故に大慈悲等《だいじひひと》し、大慈悲《だいじひ》はこれ仏道《ぶつだう》の正因《しやういん》なるが故に。

論《ろん》の註《ちう》に曰《いは》く、「かの安楽浄土《あんらくじやうど》に生《うま》れむと願《ぐわん》ずる者は、発無上菩提心《ほちむじやうぼだいしん》を要《えう》す」とのたまへり。

また云《いは》く、「*是心作仏《ぜしんさぶつ》とは、言《い》ふこころは心《しん》よく作仏《さぶつ》するなり。*是心是仏《ぜしんぜぶつ》とは、心《しん》の外《ほか》

冥衆護持の益　眼に見えぬかたがたのお護りを受けるという利益。
至徳具足の益　この上もない尊い功徳がそなわるという利益。
転悪成善の益　罪悪を転じて名号の功徳に一味になるという利益。
諸仏護念の益　諸仏に護られるという利益。
諸仏称讃の益　諸仏にほめられるという利益。
心光常護の益　弥陀の光明におさめとられて常に護られるという利益。
心多歓喜の益　心に法の喜びが多いという利益。
知恩報徳の益　如来の恩を知って報謝の生活をするという利益。
常行大悲の益　常に如来の大悲をひろめる徳をいただくという利益。
正定聚に入る益　仏になることの定まった位に入るという利益。
宗師　善導大師をさす。
淳心　純朴な心。
憶念　仏・菩薩・浄土などを心におもい念ずること。今は他力の信心。
無量光明慧　阿弥陀如来の智慧。
願海平等　弥陀の本願は平等に救うものであるからかくいう。
発心　信心のこと。
是心作仏　信心には、弥陀の仏心が衆生の心中に入り満ちて必ず仏となるべき徳をもつことをいう。
是心是仏　信心の徳が仏でありうる価値をもつことをいう。

に仏《ぶつ》ましまさずとなり。譬《たと》へば火、木より出《い》でて、火《ひ》、木《き》を離《はな》るることを得《え》ざるなり。木《き》を離《はな》れざるを以ての故に則ちよく木《き》を焼《や》く。木《き》、火《ひ》のために焼《や》かれて、木《き》即ち火《ひ》となるがごときなり」。

*光明《くわうみやう》の云《いは》く、「この心作仏《しんさぶつ》す、この心《しん》これ仏《ぶつ》なり、この心《しん》の外《ほか》に異仏《いぶつ》ましまさず」とのたまへり。已上

かるがゆへに知《し》んぬ、一心これを*如実修行相応《にょじちしゅぎやうさうおう》と名《な》づく。即ちこれ正教《しやうけう》なり、これ正義《しやうぎ》なり、これ正行《しやうぎやう》なり、これ正解《しやうげ》なり、これ正業《しやうごふ》なり、これ正智《しやうち》なり。

三心即ち一心なり、一心即ち金剛真心《こんがうしんしん》の義《ぎ》、答《こた》へ竟《をは》んぬ。知《し》るべしと。

*止観《しくわん》の一に云《いは》く、「菩提《ぼだい》とは天竺《てんぢく》の語《ことば》、ここには道《だう》と称《しよう》す。*質多《しちた》とは天竺《てんぢく》の音《こゑ》なり、この方《はう》には心《しん》と云《い》ふ、心《しん》とは即ち慮知《りよち》なり」。已上

*横超断四流《わうてうだんしる》と言《い》ふは、横超《わうてう》とは横《わう》は竪超《じゆてう》・竪出《じゆしゆつ》に対《たい》す、超《てう》は迂《う》に対《たい》し廻《ゑ》に対《たい》するの言《ことば》なり。竪超《じゆてう》とは*大乗真実《だいじようしんじち》の教《けう》なり。竪出《じゆしゆつ》とは*大乗権方便《だいじようごんはうべん》の教《けう》、二乗・三乗迂廻《うゑ》の教《けう》なり。横超《わうてう》とは即ち願成就一実円満《ぐわんじやうじゆいちじちゑんまん》の真教《しんけう》、真宗《しんしゆう》これなり。またまた横出《わうしゆつ》あり、即ち*三輩《さんはい》・九品《くほん》、定散《ぢやうさん》の教《けう》、*化土《くゑど》・懈慢《けまん》、迂廻《うゑ》の善《ぜん》なり。大願清浄《だいぐわんしやうじやう》の報土《ほうど》には*品位階次《ほんゐかいし》を云《い》はず、一念須臾《いちねんしゆゆ》の傾《あひだ》に、速《すみや》かにとく*無上正真道《むじやうしやうしんだう》を超証《てうしよう》す。かるがゆへに横超《わうてう》と曰《い》ふなり。

*大本《だいほん》に言《のたま》はく、「無上殊勝《むじやうしゆしよう》の願《ぐわん》を超発《てうほち》す」と。

また言《のたま》はく、「われ超世《てうせ》の願《ぐわん》を建《た》つ。必《かなら》ず無上道《むじやうだう》に至《いた》らむと。*名声《みやうしやう》十方に超《こ》えて、究竟《くきやう》じて聞《き》こゆるところなくは、誓《ちか》ふ、正覚《しやうがく》を成《な》らじ」と。

光明の云く　善導の観経疏定善義の文。
如実修行相応　各号法の真実にかなうて修行し、相応すること。
止観　摩訶止観（大正蔵四六）のこと。二十巻。隋の智者大師智顗の説を弟子の灌頂が記したもの。天台三大部の一で、天台宗の観法を説く。
質多　梵語の音写。思慮分別する心のこと。
◇横超断四流と言ふは…　大信の利益を明かす。→補
大乗真実の教　大乗の中で聖道の真実の教。
大乗権方便の教　大乗の中で聖道の方便の教。
三輩・九品　弥陀の浄土を願う行者に、上輩・中輩・下輩の三輩があり、その三輩のおのおのに上中下の三生を説くので九品となる。
化土・懈慢　本願を疑う自力疑心の者が生まれる世界。
品位階次　次第階級。九品の位の差別、修行の成就の階級のこと。
無上正真道　この上ない仏のさとりのこと。
大本　大経のこと。
名声　名号のこと。

また言《のたま》はく、「必《かなら》ず超絶《てうぜち》して去《す》つることを得て、安養国《あんやうこく》に往生《わうじやう》して、横《わう》に*五悪趣《ごあくしゅ》を截《き》り、悪趣自然《あくしゅじねん》に閉《と》ぢむ。道《だう》に昇《のぼ》るに窮極《ぐうごく》なし。往《ゆ》き易《やす》くして人《ひと》なし。その国逆違《くにぎやくゐ》せず、自然《じねん》の牽《ひ》くところなり」。已上

大阿弥陀経《だいあみだきやう》〈友謙*〉に言《のたま》はく、「超絶《てうぜち》して去《す》つることを得べし。阿弥陀仏国《あみだぶっこく》に往生《わうじやう》すれば、横《わう》に五悪道《ごあくだう》を截《き》りて自然《じねん》に閉塞《へいそく》す。道《だう》に昇《のぼ》るにこれ極《きはま》りなし。往《ゆ》き易《やす》くして人《ひと》あることなし。その国土逆違《こくどぎやくゐ》せず、自然《じねん》の牽《ひ》くところなり」と。已上

断《だん》と言《い》ふは、*往相《わうさう》の一心を発起《ほちき》するが故に、生《しやう》としてまさに受《う》くべき生《しやう》なし、趣《しゅ》としてまた到《いた》るべき趣《しゅ》なし。すでに*六趣《ろくしゅ》・*四生《ししやう》、因亡《いんまう》じ果滅《くわめち》す、かるがゆへに即ち頓《とん》に*三有《さんう》の生《しやう》死《じ》を断絶《だんぜち》す。かるがゆへに断《だん》と曰《い》ふなり。四流《しる》とは則ち*四暴流《しぼる》なり、また生《しやう》・老《らう》・病《びやう》・死《し》なり。

*大本《だいほん》に言《のたま》はく、「会《かなら》ず、まさに仏道《ぶつだう》を成《な》りて、広《ひろ》く生死《しやうじ》の流《なが》れを度《ど》すべし」と。

*また言《のたま》はく、「会《かなら》ずまさに世尊《せそん》と作《な》りて、まさに一切生《しやう》・老《らう》・死《し》を度《ど》せむとすべし」と。已上

*涅槃経《ねはんぎやう》に言《のたま》はく、「また涅槃《ねはん》は名《な》づけて*洲渚《すしょ》とす。何を以ての故に、四大《しだい》の暴河《ぼが》に漂《ただよ》ふことあたはざるが故に。何等《なんら》おか四つとする、一つには欲暴《よくぼ》、二つには有暴《うぼ》、三つには見《けん》暴《ぼ》、四つには無明暴《むみやうぼ》なり。この故に涅槃《ねはん》を名《な》づけて洲渚《すしょ》とす」と。已上

*光明寺《くわうみやうじ》の和尚《くわしやう》の云《いは》く、「もろもろの行者《ぎやうじや》に白《まふ》さく、凡夫《ぼんぶ》の生死貪《しやうじとん》じて厭《いと》はざるべからず、弥陀《みだ》の浄土軽《じやうどかろ》めて忻《ねが》はざるべからず。厭《いと》へば則ち娑婆《しやば》永《なが》く隔《へだ》つ、忻《ねが》へば則ち浄土《じやうど》に常《つね》に居《こ》

五悪趣　地獄・餓鬼・畜生・人間・天上の五界のこと。

友謙　支謙をさす。

往相の一心　往生の果をひらく信心ということで、如来の信心のこと。

六趣　六道ともいう。地獄・餓鬼・畜生・人間・天上の五趣(五悪趣)に阿修羅を加えたもの。

四生　胎・卵・湿・化の四生のこと。一切衆生はみなこの四種の出生形式に摂められるから、迷界の総称ともされる。

三有　欲界・色界・無色界の三界のこと。迷界をいう。

四暴流　煩悩の異名。㈠欲暴流(欲界五欲の境に執着して起こる煩悩)、㈡有暴流(色界・無色界における見惑と思惑)、㈢見暴流(三界の見惑、即ちあやまった見解)、㈣無明暴流(三界の四諦などに対する無智)の四種の暴流のことで、煩悩は一切の善を押し流すから暴流という。

大本に言はく…　大経巻下、東方偈文。

また言はく会ず…　平等覚経文。

涅槃経に言はく　北本涅槃経巻二十七(大正蔵一二)。

洲渚　川の中の島のこと。

光明寺の和尚の云く…　善導の般舟讃の文。

形と名　迷いの形と名。

また云はく仰ぎ…　善導の往生礼讃の文。

畢命を期とす　生命のあるかぎりという意味。

一形　一生涯の意。

金剛心　他力の信心のこと。

大本に言はく…　大経の三十三願・三十四願文。

無生法忍　不生・不滅の法性の道理を忍知して決定安住すること。また真如の理が一部理解された菩薩の位をいう。

深総持　深妙の智慧。即ち名号をさす。

無等界　無数の世界のこと。

また法を聞きて…　大経の文。

また広大…　如来会文。

せり。隔《へだ》つれば則ち六道の因亡《いんまう》じ、淪廻《りんゑ》の果自《くわおのづか》ら滅《めち》す。因果《いんぐわ》すでに亡《まう》じて則ち*形《かたち》と名《な》と頓《とん》に絶《た》ふるおや」と。

*また云《いは》く、「仰《あふ》ぎ願《ねが》はくは一切往生人等《わうじやうにんとう》、よく自《みづか》ら己《おのれ》が能《のう》を思量《しりやう》せよ。今身《こんじん》にかの国《くに》に生《うま》れむと願《ねが》はむ者《もの》は、行住坐臥《ぎやうぢうざぐわ》に必《かなら》ずすべからく心《こころ》を励《はげ》まし己《おのれ》に剋《こく》して、昼夜《ちうや》に廃《はい》することなかるべし。*畢命《ひちみやう》を期《ご》として、上《かみ》、*一形《いちぎやう》に在《あ》るは、少《すこ》しき苦《くる》しきに似《に》たれども、前念《ぜんねん》に命終《みやうじゆう》して、後念《ごねん》に即ちかの国《くに》に生《うま》れて、長時永劫《ちやうじゐやうごふ》に常《つね》に無為《むゐ》の法楽《ほふらく》を受《う》く、乃至成仏《ないしじやうぶつ》まで に生死《しやうじ》を逕《へ》ず。あに快《たのし》みにあらずや。知《し》るべし」と。已上

真《しん》の仏弟子《ぶつでし》と言《い》ふは、真《しん》の言《ごん》は偽《ぐゐ》に対《たい》し仮《け》に対《たい》するなり。弟子《でし》とは釈迦《しやか》諸仏《しよぶつ》の弟子《でし》なり、*金剛心《こんがうしん》の行人《ぎやうにん》なり。この信行《しんぎやう》に由りて必《かなら》ず大涅槃《だいねはん》を超証《てうしよう》すべきが故に真《しん》の仏弟子《ぶつでし》と曰《い》ふ。

*大本《だいほん》に言《のたま》はく、「たとひわれ仏《ぶつ》を得たらむに、十方無量不可思議《じふはうむりやうふかしぎ》の諸仏世界《しよぶつせかい》の衆生《しゆじやう》の類《るい》、わが光明《くわうみやう》を蒙《かぶ》りて、その身《み》に触《そく》する者、身心柔軟《しんしんにうなん》にして人天《にんでん》に超過《てうくわ》せむ。もししからずは正覚《しやうがく》をとらじ」と。「たとひわれ仏《ぶつ》を得たらむに、十方無量不可思議《じふはうむりやうふかしぎ》の諸仏世界《しよぶつせかい》の衆生《しゆじやう》の類《るい》、わが名字《みやうじ》を聞《き》きて菩薩《ぼさつ》の*無生法忍《むしやうぼふにん》もろもろの*深総持《じんそうぢ》を得ずは正覚《しやうがく》をとらじ」と。已上

無量寿如来会《むりやうじゆによらいゑ》に言《のたま》はく、「もしわれ成仏《じやうぶつ》せむに、周遍十方無量無辺不可思議《しうへんじふはうむりやうむへんふかしぎ》*無等界《むとうかい》の衆《しゆ》生《じやう》（底本傍書―有情《うじやう》）の輩《ともがら》、仏《ぶつ》の威光《ゐくわう》を蒙《かぶ》りて照触《せうそく》せらるる者、身心安楽《しんしんあんらく》にして人天《にんでん》に超過《てうくわ》せむ。もししからずは菩提《ぼだい》をとらじ」と。已上

*また、「法《ほふ》を聞《き》きてよく忘《わす》れず、見《み》て敬《うやま》ひ得《え》て大《おほ》きに慶《よろこ》ばば、則ちわがよき親友《しんう》なり」と言《のたま》へりと。

また言《のたま》はく、「それ至心《ししん》ありて安楽国《あんらくこく》に生《うま》れむと願《ぐわん》ずれば、智慧《ちゑ》明《あきら》かに達し、功徳殊勝《くどくしゆしよう》なることを得べし」と。

また、「*広大勝解者《くわうだいしようげしや》」と言《のたま》へりと。

また「かくの如《ごと》き等《ら》の類《るい》、大威徳《だいゐとく》の者《ひと》、よく*広大異門《くわうだいいもん》に生《うま》る」と言《のたま》へりと。

*また言《のたま》はく、「もし念仏《ねんぶつ》する者《ひと》は、まさに知《し》るべし、この人《ひと》はこれ人中《にんちう》の*分陀利華《ふんだりくゑ》なり」と。已上

*安楽集《あんらくしふ》に云《いは》く、「諸部《しよぶ》の大乗《だいじよう》に拠《よ》りて*説聴《せちちやう》の方軌《はうき》を明《あ》かさば、*大集経《だいしふきやう》に云《のたま》はく、「説法《せちほふ》の者《ひと》においては、医王《いわう》の想《おもひ》をなせ、抜苦《ばちく》の想《おもひ》をなせ。所説《しよせち》の法《ほふ》おば甘露《かんろ》の想《おもひ》をなせ、*醍醐《だいご》の想《おもひ》をなせ。それ聴法《ちやうほふ》の者《ひと》おば*増長勝解《ぞうぢやうしようげ》の想《おもひ》をなせ、*愈病《ゆびやう》の想《おもひ》をなせ。もしよくかくのごとき説者《せちしや》・聴者《ちやうしや》は、みな仏法《ぶつほふ》を*紹隆《せうりう》するに堪《た》えたり。常《つね》に仏前《ぶつぜん》に生《しやう》ぜむ」と。乃至

涅槃経《ねはんぎやう》に依《よ》るに「仏《ぶつ》の言《のたま》はく、もし人《ひと》、ただよく心《こころ》を至《いた》して、常《つね》に念仏三昧《ねんぶつさんまい》を修《しゆ》すれば、十方諸仏恒《しよぶつつね》にこの人《ひと》を見《みそな》はすこと、現《げん》に前《まへ》にましますがごとし」。この故に、*涅槃経《ねはんぎやう》に云《のたま》はく、「仏《ぶつ》、迦葉菩薩《かせふぼさつ》に告《つ》げたまはく、もし善男子《ぜんなんし》・善女人《ぜんによにん》ありて、常《つね》によく心《こころ》を至《いた》し、専《もは》ら念仏《ねんぶつ》する者《ひと》は、もしは山林《せんりん》にもあれ、もしは*聚落《じゆらく》にもあれ、もしは昼《ひる》もしは夜《よる》、もしは坐《ざ》もしは臥《ぐわ》、諸仏世尊《しよぶつせそん》、常《つね》にこの人《ひと》を見《みそな》はすこと目《め》の前《まへ》に現《げん》ぜるがごとし。恒《つね》にこの人《ひと》のためにして受施《じゆせ》をなさむ」と。乃至

*大智度論《だいちどろん》に依《よ》るに、三番の解釈《げしやく》あり。第一には、仏《ぶつ》はこれ無上法王《むじやうほふわう》なり、菩薩は法臣《ほふじん》とす。尊《たふと》ぶところ、重《おも》くするところ、ただ仏世尊《ぶつせそん》なり。この故に、まさに常《つね》に念仏《ねんぶつ》すべきな

広大勝解者　広大な識見をもつ者。即ちすぐれた他力信心を得た者。

広大異門　浄土のこと。他の法と異なった広大な功徳をもつ仏法という意味。

また言はくもし念仏…　観経の文。

分陀利華　梵語の音写。白蓮華と訳す。

安楽集　二巻。道綽禅師(五六二―六四五)の著。十二大門に分けて往生安楽の道を示す。

説聴の方軌　仏法を説く人と聴く人の心得。

大集経　大方等大集経の略。六十巻。北涼の曇無讖等の訳。今の文は巻十一の取意文(大正蔵一三)。

醍醐　醍醐味。涅槃経にいう五味の一。醍醐は牛乳を最も精製して作ったもので、美味の最上のものをあらわす語として用いられ、最高の教えの意味にたとえられる。

増長勝解の想　信を深めていくおもい。

愈病の想　病のなおるおもい。

紹隆　うけついで盛んにすること。

涅槃経に云はく仏…　北本涅槃経巻十八の取意文(大正蔵一二)。

聚落　村落。

大智度論　智度論・大論ともいう。百巻(大正蔵二五)。竜樹著という。姚秦の鳩摩羅什訳。摩訶般若波羅蜜経(大正蔵八)を解釈したもの。今の文は巻七の取意文。

り。第二にもろもろの菩薩《ぼさつ》ありて自《みづか》ら云《いは》く、「われ曠劫《くわうごふ》よりこのかた、世尊《せそん》われらが*法《はふ》身《しん》・智《ち》身《しん》・大慈《だいじ》悲《ひ》身《しん》を長養《ちやうやう》することを蒙《かふ》ることを得たりき。禅定《ぜんぢやう》・智慧《ちゑ》、無量《むりやう》の行願《ぎやうぐわん》、仏《ぶつ》に由《よ》りて成《じやう》ずることを得たり。報恩《はうおん》のための故に、つねに仏《ぶつ》に近《ちか》づかむことを願《ぐわん》ず。また大臣《だいじん》の、王《わう》の恩寵《おんちやう》を蒙《かふ》りてつねにその王《わう》を念《おも》ふがごとし」。第三に、もろもろの菩薩ありて、またこの言《ごん》を作《な》さく、「われ因地《いんぢ》にして*善知識《ぜんぢしき》に遇《あ》ふて、*波若《はにや》を誹謗《ひはう》して悪道《あくだう》に堕《だ》しき。無量劫《むりやうこふ》を逕《へ》て余行《よぎやう》を修《しゆ》すといへども、いまだ出《い》づることあたはず。後《のち》に一時において善知識《ぜんぢしき》の辺《ほとり》に依《よ》りしに、われを教へて念仏三昧《ねんぶつさんまい》を行《ぎやう》ぜしむ。その時に即ちよくしかしながらもろもろの障《さはり》、まさに解脱《げだち》することを得しむ。この大益《だいやく》あるが故に願《ぐわん》じて仏《ぶつ》を離《はな》れず」と。

乃至

大経《だいきやう》に云《のたま》はく、「おほよそ浄土《じやうど》に往生《わうじやう》せむと欲《おも》はば、発菩提心《はちぼだいしん》を須《もち》ゐるを要《えう》とするを源《みなもと》とす。いかんぞ菩提《ぼだい》は乃《すなわ》ちこれ無上仏道《むじやうぶつだう》の名《な》なり。もし発心作《はちしんさ》仏《ぶつ》せむと欲《おも》はば、この心《しん》広大にして法界《はふかい》に周遍《しうへん》せむ、この心《しん》、長遠《ちやうをん》にして未来際《みらいさい》を尽《つ》くす、この心普《しんあまね》くつぶさに*二乗の障《さはり》を離《はな》る。もしよく一たび発心《ほちしん》すれば、無始《むし》生死《しやうじ》の有輪《うりん》を傾《かたぶ》く」と。乃至

*大悲経《だいひきやう》に云《のたま》はく、「いかんが名《な》づけて大悲《だいひ》とする。もし専《もは》ら念仏相続《ねんぶつさうぞく》して断《た》へざれば、その命終《みやうじゆう》に随《したが》ふて定《さだ》んで*安楽《あんらく》に生《しやう》ぜむ。もしよく展転《てんでん》してあひ勧《すす》めて念仏《ねんぶつ》を行《ぎやう》ぜしむるは、これらを悉《ことごと》く大悲《だいひ》を行《ぎやう》ずる人《ひと》と名《な》づく」と。已上抄出

*光明師《くわうみやうし》の云《いは》く、「ただ恨《うら》むらくは衆生《しゆじやう》の疑《うたが》ふまじきを疑《うたが》ふことを。浄土対面《じやうどたいめん》してあひ忤《たが》はず。弥陀《みだ》の摂《せふ》と不《ふ》摂《せふ》を論《ろん》ずることなかれ。意専心《こころせんしん》にして廻《ゑ》すると廻《ゑ》せざるとにあり。乃

法身・智身・大慈悲心　法・報・応の三身（→三八頁注）のこと。法身＝法身、智身＝報身、大慈悲心＝応身。

善知識　安楽集の現行原本は「悪知識」とし、西本願寺本は「悪知識」と訂正している。

波若　梵語の音写。慧・智慧と訳す。般若に同じ。

二乗の障　二乗（声聞・縁覚）に堕する障のこと。

大悲経　五巻（大正蔵一二）。隋の那連提耶舎と法智との共訳。仏が涅槃に臨んで法を梵天・帝釈および迦葉・阿難に付属し、滅後弘法の人を記し、舎利を供養する功徳および滅後結集の法を示したもの。今の文は巻二の取意文。

安楽　安楽国、浄土のこと。

光明師の云はく…　善導の般舟讃の文。

至　あるいは導《いは》く、今《けふ》より仏果《ぶつくわ》に至《いた》るまで、長劫《ぢやうごふ》に仏《ぶつ》を讃《ほ》めて慈恩《じおん》を報《ほう》ぜむと。弥陀《みだ》の弘誓《ぐぜい》の力《ちから》を蒙《かふ》らずは、いづれの時《とき》いづれの劫《こふ》にか娑婆《しやば》を出《い》でむと。乃至　いかんが今日《こんにち》*宝国《ほうこく》に至《いた》ることを期《ご》せむ。実《まこと》にこれ*娑婆《しやば》本師《ほんし》の力《ちから》なり。もし本師《ほんし》知識《ちしき》の勧《すす》めにあらずは、弥陀《みだ》の浄土《じやうど》いかんしてか入《い》らむ」と。

*また云《いは》く、「仏世《ぶつせ》甚《はなは》だ値《まうあ》ひがたし。人《ひと》、*信慧《しんゑ》あること難《かた》し。たまたま希有《けう》の法《ほふ》を聞《き》くこと、これまた最《もと》も難《かた》しとす。自《みづか》ら信《しん》じ、人《ひと》を教《おし》へて信《しん》ぜしむ、難《かた》きがなかに転《うた》たまた難《かた》し。大悲《だいひ》弘《ひろ》く普《あまね》く化《くゑ》する。真《まこと》に仏恩《ぶつおん》を報《ほう》ずるに成《な》る」と。

また云《いは》く、「弥陀《みだ》の身色《しんじき》は金山《こんぜん》のごとし、*相好《さうがう》の光明《くわうみやう》は十方を照《て》らす。ただ念仏《ねんぶつ》するありて*光摂《くわうせふ》を蒙《かふ》る。まさに知《し》るべし、本願《ほんぐわん》最《もと》も強《こは》しとす。十方の如来《によらい》、舌《みした》を舒《の》べて証《しよう》したまふ。専《もは》ら名号《みやうがう》を称《しよう》して西方《さいはう》に至《いた》る。かの*華台《くゑだい》に到《いた》りて妙法《めうほふ》を聞《き》く。*十地《しふぢ》の願行《ぐわんぎやう》、自然《じねん》に彰《あら》わる」と。

*また云《いは》く、「ただ阿弥陀仏《あみだぶつ》を専念《せんねん》する衆生《しゆじやう》ありて、かの仏心《ぶつしん》の光《ひかり》つねにこの人《ひと》を照《て》らして摂護《せふご》して捨《す》てたまはず。すべて余《よ》の雑業《ざふごふ》の行者《ぎやうじや》を照《て》らし摂《をさ》むと論《ろん》ぜず。これまたこれ*現《げん》生護《しやうご》念増上縁《ねんぞうじやうえん》なり」と。已上

*また云《いは》く、「心歓喜得忍《しんくわんぎとくにん》と言《い》ふは、これは阿弥陀仏国《あみだぶつこく》の清浄《しやうじやう》の光明《くわうみやう》、たちまちに眼《まなこ》の前《まへ》に現《げん》ぜむ、なんぞ踊躍《ゆやく》に勝《た》えむ。この喜《よろこ》びに因《よ》るが故に、即ち*無生《むしやう》の忍《にん》を得《う》。また*喜忍《きにん》と名《な》づく、また*悟忍《ごにん》と名《な》づく、また*信忍《しんにん》と名《な》づく。これ乃ち玄《はるか》に談《だん》ずるに、いまだ得処《とくしよ》を標《あら》わさず、夫人《ぶにん》をして等《ひと》しく心《こころ》にこの益《やく》を悕《ねが》はしめむと欲《おも》ふ。勇猛専精《ゆうみやうせんしやう》にして心《こころ》に見《み》むと想《おも》

宝国　浄土のこと。
娑婆本師　釈尊のこと。この娑婆世界に出られた本師釈尊という意。
また云く仏世…　善導の往生礼讃の文。
信慧　信心のこと。
相好　仏の肉身上にそなわるすぐれた形相、すがたのこと。
光摂　阿弥陀如来の光明が十方世界を照らして本願の行者を摂取すること。
華台　蓮華をかたどった台座のこと。
十地の願行　菩薩の十地の位における願と行のこと。十波羅蜜をさす。
また云くただ…　善導の観念法門の文。
現生護念増上縁　この世において阿弥陀如来が信心の人を護念したもうこと。善導の観念法門に示される五種増上縁（滅罪・護念・見仏・摂生・証生）の一。
また云く心歓喜…　善導の観経疏序分義の文。
無生の忍　無生法忍の利益のこと。
喜忍　無生法忍の内容である三忍（喜忍・悟忍・信忍）の一。他力の信を得て喜ぶ心をいう。
悟忍　三忍の一。疑い晴れた心をいう。
信忍　三忍の一。疑いのない心をいう。

ふ時《とき》に、まさに忍《にん》を悟《さと》るべし。これ多《おほ》くこれ十*信のなかの忍《にん》なり、*解行已上《げぎやういじやう》の忍《にん》にはあらざるを明《あ》かすなり」と。

*また云《いは》く、「「若念仏者《にやくねんぶつしや》」より、下《しも》「生諸仏家《しやうしよぶつけ》」に至《いた》るまでこのかたは、正《まさ》しく念仏《ねんぶつ》三昧《さんまい》の功能超絶《くのうてうぜち》して、実《まこと》に*雑善《ざふぜん》をして比類《ひるい》とすることを得《う》るにあらざることを顕《あら》はす。即ちそれに五つあり。一つには、弥陀仏《みだぶつ》の名《みな》を専念《せんねん》することを明《あ》かす。二つには、能念《のうねん》の人《ひと》を指讃《しさん》することを明《あ》かす。三つには、もしよく相続《さうぞく》して念仏《ねんぶつ》する者《ひと》、この人甚《ひとはなは》だ希有《けう》なりとす、さらに物《もの》として以てこれに方《たくら》ぶべきことなきことを明《あ》かす。かるがゆへに芬陀利《ふんだり》を引《ひ》きて喩《たとへ》とす。分陀利《ふんだり》と言《い》ふは、人中《にんちう》の好華《かうくゑ》と名《な》づく、また希有華《けうくゑ》と名《な》づく、また人中《にんちう》の上上華《じやうじやうくゑ》と名《な》づく、また人中《にんちう》の妙好華《めうかうくゑ》と名《な》づく。この華《はな》あひ伝《つた》へて*蔡華《さいくゑ》と名《な》づくるこれなり。もし念仏《ねんぶつ》の者《ひと》は即ちこれ人中《にんちう》の好人《かうにん》なり、人中《にんちう》の妙好人《めうかうにん》なり、人中《にんちう》の上上人《じやうじやうにん》なり、人中《にんちう》の希有人《けうにん》なり、人中《にんちう》の最勝人《さいしようにん》なり。四つには、弥陀《みだ》の名《みな》を専念《せんねん》すれば、即ち*観音《くわんおん》・勢至《せいし》つねに随《したが》ふて影護《やうご》したまふこと、また親友知識《しんうちしき》のごとくなることを明《あ》かすなり。五つには、今生《こんじやう》にすでにこの益《やく》を蒙《かふ》れり、いのちを捨《す》てて即ち諸仏《しよぶつ》の家《いへ》に入《い》らむ、即ち浄土《じやうど》これなり。かしこに到《いた》りて長時《ぢやうじ》に法《ほふ》を聞《き》き*歴事供養《りやくじくやう》せむ。因円《いんまど》かに果満《くわまん》ず、道場《だうぢやう》の座《ざ》あにはるかならむやといふことを明《あ》かす」。已上

*王日休云《わうにちきういは》く、「われ無量寿経《むりやうじゆきやう》を聞《き》くに、「衆生《しゆじやう》、この仏名《ぶつみやう》を聞《き》きて信心歓喜《しんじんくわんぎ》せむこと乃至《ないし》一念せむもの、かの国《くに》に生《うま》れむと願《ぐわん》ずれば、即ち往生《わうじやう》を得《え》、不退転《ふたいてん》に住《ぢう》す」と。不退転《ふたいてん》は梵語《ぼんご》にはこれを阿惟越致《あゆいをっち》と謂《い》ふ。法華経《ほふくゑきやう》には謂《いは》く、「*弥勒菩薩《みろくぼさつ》の所得《しよとく》の*報地《ほうぢ》なり」。一念往《いちねんわう》

十信　菩薩には五十二位(十信・十住・十行・十回向・十地・等覚・妙覚)があって、そのもっとも初歩の位を十信という。菩薩としては最低の位で、教えは信じているが実行にうつしえない凡夫の位にあたる。

解行已上の忍　三賢位(十信・十行・十回向)以上の菩薩の得る智慧をいう。菩薩の行を理解して実践するやや位の上の人の忍のこと。

また云く若念…　善導の観経疏散善義の文。

雑善　雑行のこと。自力の善根。

蔡華　めでたい花のこと。蔡は亀のこと。聖者の出世の時、白亀が千葉の白蓮華に乗ってあらわれるという。

観音・勢至　阿弥陀仏の左右に侍する二菩薩。観音は慈悲を、勢至は智慧をあらわす。

歴事供養　諸仏の浄土に遊歴して供養すること。

王日休　南宋の人(—一一七三)。竜舒に生まれた。儒学に通じたが、のち深く浄土教に帰依し、竜舒浄土文十二巻(大正蔵四七)を編した。今の文は巻十おわりに出る荊渓周葵の跋文。

弥勒菩薩　梵名の音写。慈氏と訳す。菩薩の最高位の等覚の位で、釈尊に次いで、次生に成仏する菩薩である。

報地　因位の修行の功徳に報いられて得た地位。

生《じやう》、便《すなは》ち弥勒《みろく》に同じ。仏語《ぶつご》虚《むなし》からず、この経《きやう》はまことに往生《わうじやう》の*径術《けいじゆつ》、*脱苦《だちく》の*神方《しんはう》なり。みな信受《しんじゆ》すべし」と。已上

大経《だいきやう》に言《のたま》はく、「仏《ぶつ》、弥勒《みろく》に告《つ》げたまはく、「この世界《せかい》より六十七億の不退《ふたい》の菩薩《ぼさつ》ありて、かの国《くに》に往生《わうじやう》せむ。一一の菩薩は、すでにむかし無数《むしゆ》の諸仏《しよぶつ》を供養《くやう》せりき、次《つ》いで弥勒《みろく》のごとし」」と。

また言《のたま》はく、「仏《ぶつ》、弥勒《みろく》に告《つ》げたまはく、「この仏土《ぶつど》の中に七十二億の菩薩あり、かれは無量億那由他百千《むりやうおくなゆたひやくせん》の仏《ぶつ》の所《みもと》にして、もろもろの善根《ぜんごん》を種《う》ゑて不退転《ふたいてん》を成《じやう》ぜるなり。まさに彼《か》の国《くに》に生《しやう》ずべし」」と。抄出

律宗の*用欽師《ようきむし》の云《いは》く、「至《いた》れること、華厳《くゑごん》の*極唱《ごくしやう》、法華《ほふくゑ》の*妙談《めうだん》にしかむや。かつはいまだ*普授《ふじゆ》あることを見《み》ず。衆生《しゆじやう》一生にみな*阿耨多羅三藐三菩提《あのくたらさんみやくさんぼだい》の記《き》を得ることは、誠《まこと》に謂《い》ふところの不可思議功徳《ふかしぎくどく》の利《り》なり」と。已上

真《まこと》に知《し》りぬ、弥勒大士《みろくだいじ》は*等覚《とうがく》の金剛心《こんがうしん》を窮《きわ》むるが故に、*竜華三会《りうぐゑさんゑ》の暁《あかつき》、まさに*無上覚位《むじやうかくゐ》を極むべし。念仏《ねんぶつ》の衆生《しゆじやう》は*横超《わうてう》の金剛心を窮むるが故に、*臨終《りんじゆう》一念の夕べ、*大般涅槃《だいはつねはん》を超《てう》証《しよう》す。かるがゆへに便同《べんどう》と曰《い》ふなり。しかのみならず金剛心を獲《う》る者《もの》は、則ち韋提《ゐだい》と等《ひと》しく、即ち喜《き》・悟《ご》・信《しん》の忍《にん》を獲得《ぐゐやくとく》すべし。これ則ち往相廻向《わうさうゑかう》の真心徹到《しんしんてちたう》するが故に、不可思《ふかし》議《ぎ》の*本誓《ほんぜい》に籍《よ》るが故《ゆへ》なり。

禅宗《ぜんしゆう》の*智覚《ちかく》、念仏《ねんぶつ》の行者《ぎやうじや》を讃《は》めて云《いは》く、「奇《まれ》なるかな、仏力難思《ぶつりきなんじ》なれば、古今《ここん》もいまだあらず」と。

径術　ちか道。
脱苦　苦しい迷いの世界を出るという意味。
神方　不思議な方法。
用欽　→九六頁注。この文は超玄記の文か。
極唱　高い教え。きわめてすぐれた教え。
妙談　不思議ないわれ。
普授　すべての衆生に、成仏するにまちがいないと予言を授けること。
阿耨多羅三藐三菩提　無上のさとり。
等覚　菩薩五十二位の階級中、第五十一位のこと。ほとんど妙覚の仏果と等しいから等覚という。その他、等覚の語は、仏の異称、他力の信を獲た念仏者の意としてもつかわれる。
竜華三会の暁　弥勒菩薩がこの世に下生して、竜華樹の下でさとりを開いて、三回の説法をされる時のこと。
無上覚位　この上ない仏のさとり。
横超の金剛心　他力回向の信心のこと。
臨終一念の夕　この世の命が終ると同時にという意味。
大般涅槃　仏果。仏のさとりのこと。
本誓　第十八願。本願。
智覚　名は延寿(九〇四―九七五)。智覚は賜号。宋代の人。中国禅宗五家七宗の一である法眼宗の第三祖。念仏を修し、万善同帰集(大正蔵四八)・宗鏡録百巻(同四八)など、著述は多い。今の文は楽邦文類巻五の文。

*律宗の元昭師《ぐわんぜうし》の云《いは》く、「ああ*教観《けうくわん》に明《あきら》かなること、たれか*智者《ちしや》にしかむや。終《をはり》に臨《のぞ》んで観経《くわんぎやう》を挙《きよ》し、浄土《じやうど》を讃《さん》じて長《なが》く逝《ゆ》きむき。法界《ほふかい》に達せること、たれか*杜順《とじゆん》にしかむや。*四《し》衆《しゆ》を勧《すす》め仏陀《ぶつだ》を念《ねん》じて勝相《しやうさう》を感《かん》じて西《にし》に邁《ゆ》きき。禅《ぜん》に参《まじ》わり性《しやう》を見《み》ること、たれか*高玉《かうぎよく》・智覚《ちかく》にしかむや。みな社《しや》を結《むす》び、仏《ぶつ》を念《ねん》じて、ともに上品《じやうぼん》に登《のぼ》りき。*業儒《げふじゆ》、才《さい》ある、たれか*劉《りう》・*雷《らい》・*柳子厚《りうしかう》・*白楽天《はくらくてん》にしかむや。しかるにみな筆《ふで》を乗《と》り、誠《さこと》を書《しよ》して、かの土《ど》に生《うま》れむと願《ぐわん》じき」と。已上

仮《け》と言《い》ふは、即ちこれ*聖道《しやうだう》の諸機《しよき》、*浄土《じやうど》の定散《ぢやうさん》の機《き》なり。かるがゆへに*光明師《くわうみやうし》の云《いは》く、「仏教多門《ぶつけうたもん》にして八万四なり。正《まさ》しく衆生《しゆじやう》の機不同《きふどう》なるがためなり」と。また云《いは》く、「*方便《はうべん》の仮門《けもん》、等《ひと》しくして殊《こと》なることなし」と。また云《いは》く、「*門門不同《もんもんふどう》なるを漸教《ぜんげう》と名《な》づく。万劫苦行《まんごふくぎやう》して無生《むしやう》を証《しよう》す」と。已上

偽《ぐゐ》と言《い》ふは、則ち*六十二見・*九十五種の邪道《じやだう》これなり。

*涅槃経《ねはんぎやう》に言《のたま》はく、「世尊《せそん》つねに説《と》きたまはく、「一切の外《ぐゑ》は九十五種を学《まな》ふて、みな悪道《あくだう》に趣《おもむ》く」」と。已上

*光明師《くわうみやうし》の云《いは》く、「九十五種みな世《よ》を汚《けが》す。ただ仏《ぶつ》の一道のみ独《ひと》り清閑《しやうげん》なり」と。已上

誠《まこと》に知《し》んぬ、悲《かな》しきかな愚禿鸞《ぐとくらん》、愛欲《あいよく》の広海《くわうかい》に沈没《ちんもち》し、名利《みやうり》の太山《たいせん》に迷惑《めいわく》して、*定聚《ぢやうじゆ》の数《かず》に入《い》ることを喜《よろこ》ばず、*真証《しんしよう》の証《さとり》に近《ちか》づくことを快《たの》しまざることを、恥《は》づべし傷《いた》むべしと。

*それ仏《ぶつ》、*難治《なんぢ》の機《き》を説《と》きて、涅槃経《ねはんぎやう》に言《のたま》はく、「迦葉《かせふ》、世《よ》に三人あり、その病治《やまひち》しがたし。一つには*謗大乗《はうだいじやう》、二つには五逆罪《ごぎやくざい》、三つには*一闡提《いちせんだい》なり。かくのごとき三病、世《よ》の

律宗の元昭師の云く…　楽邦文類巻三の文。
教観　教理と観法のこと。
智者　天台大師智顗(五三八—五九七)。
杜順　華厳宗の第一祖(五五七—六四〇)。
四衆　比丘・比丘尼・優婆塞・優婆夷のこと。
高玉　唐の人。律法に通じた。また熱心な西方願生者。
業儒　儒教の学者のこと。
劉　劉程之(三五二—四一〇)のこと。廬山十八賢の一人。老荘をよくし、慧遠の白蓮社に入り念仏を勤修した。
雷　雷次宗(三八六—四四八)のこと。廬山十八賢の一人。博学で詩・礼に通じた。慧遠の白蓮社に加わった。
柳子厚　名は宗元(七七三—八一九)。唐代の儒学者。韓退之と並ぶ学者。
白楽天　名は居易(七七二—八四六)。唐代の有名な詩人。
聖道の諸機　聖道門の自力の行者。
浄土の定散の機　浄土門における自力の人たちをいう。
光明師の云く仏教…　善導の般舟讃の文。
方便の仮門　法華讃の文。衆生を真実の教えに導くために仮りに設けた教門。
門門不同　般舟讃の文。人の性質などに応じて種々異なる法を説くこと。
六十二見　インドにおける外道の所説を分類して六十二種としたもの。
九十五種　釈尊在世当時のインドに

中《なか》に極重《ごくぢう》なり、ことごとく声聞《しやうもん》・縁覚《えんがく》・菩薩《ぼさつ》のよく治《ぢ》するところにあらず。善男子《ぜんなんし》、譬《たと》へば病《やまひ》あれば、必《かなら》ず死《し》するに治《ぢ》することなからむに、もし＊瞻病《せんびやう》、＊随意《ずいい》の医薬《いやく》あらむがごとし。もし瞻病《せんびやう》、随意《ずいい》の医薬《いやく》なからむ、かくのごときの病定《やまひさだ》んで治《ぢ》すべからず。まさに知《し》るべし、この人必《ひとかなら》ず死《し》せむこと疑《うたが》はずと。善男子《ぜんなんし》、この三種の人《ひと》またまたかくのごとし。仏《ぶつ》・菩薩《ぼさつ》に従《したが》ふて＊聞治《もんぢ》を得已《えをは》りて、すなはちよく阿耨多羅三藐三菩提心《あのくたらさんみやくさんぼだいしん》を発《ほち》せむ。もし声聞《しやうもん》・縁覚《えんがく》・菩薩《ぼさつ》ありて、あるいは法《ほふ》を説《と》き、あるいは法《ほふ》を説《と》かざるあらむ、それをして阿耨多羅《あのくたら》三藐三菩提心《さんみやくさんぼだいしん》を発《ほち》せしむることあたはず」と。已上

＊また言《のたま》はく、「その時《とき》に王舎大城《わうしやだいじやう》に阿闍世《あじやせ》王《わう》あり。その性《しやう》、弊悪《へいあく》にしてよく殺戮《せちろく》を行《ぎやう》ず。＊口《くち》の四悪《しあく》、貪《とん》・恚《い》・愚痴《ぐち》を具してその心熾盛《こころしじやう》なり。乃至　しかるに眷属《くゑんぞく》のために現世《げんぜ》の＊五《ご》欲《よく》の楽《らく》に貪著《とんぢやく》するが故に、父《ちち》の王辜《わうつみ》なきに、横《よこさま》に逆害《ぎやくがい》を加《か》す。父《ちち》を害《がい》するに因りて、おのれが心《こころ》に＊悔熱《くゑねち》を生《しやう》ず。乃至　心《こころ》悔熱するが故に、遍体《へんたい》に瘡《かさ》を生《しやう》ず。その瘡臭穢《かさしうゑ》にして附近《ふごん》すべからず。すなはち自《みづか》ら念言《ねんごん》すらく、われ今《いま》この身《み》にすでに＊華報《くゑほう》を受《う》けたり、地獄《ぢごく》の＊果《くわ》報《ほう》、まさに近《ちか》づきて遠《とほ》からずとす。その時《とき》に、その母《はは》、韋提希《ゐだいけ》后《こう》、種種《しゆじゆ》の薬《くすり》を以てためにこれを塗《ぬ》る。その瘡《かさ》つひに増《ぞう》すれども降損《がうそん》あることなし。王《わう》即ち母《はは》に白《まう》さく、「かくのごときの瘡《かさ》は心《こころ》よりして生《しやう》ぜり、四大《しだい》より起《お》これるにあらず。もし衆生《しゆじやう》よく治《ぢ》することありと言《い》はば、この処《ことわり》あることなけむ」と。

時《とき》に大臣《だいじん》あり、日月称《にちぐわちしよう》と名《な》づく。王《わう》のところに往至《わうし》して、一面にありて立《た》ちて白《まう》して言《まう》さく、「大王《だいわう》なんが故ぞ愁悴《しうすい》して顔容悦《げんようよろこ》ばざる。身《み》痛《いた》むとやせむ、心痛《こころいた》むとやせむ」と。

は九十五種の外道があったという。

涅槃経に言はく…　北本涅槃経巻十の文(大正蔵一二)。

光明師の云く九十五種…　法事讃文。

定聚の数　この世ですでに往生し仏になることが決定した位である正定聚の仲間になることをいう。

真証の証　浄土のさとりのこと。

◇それ仏難治の機を…　救いの対象を明かす。↓補

難治の機　治しがたい病いをもった根機ということで、救われがたい人間をいう。

涅槃経に言はく…　北本涅槃経巻十一の文(大正蔵一二)。

謗大乗　大乗の法をそしること。

一闡提　梵語の音写。信不具足・断善根と訳す。解脱のための因がたえはてて成仏の望みのない衆生のこと。

瞻病　看病人。看病すること。

随意の医薬　適切な医薬。

聞治　法を聞き、病を治すこと。即ち弥陀の名号を聞いて信を得ること。

また言はくその時…　以下は北本涅槃経巻十九の文(大正蔵一二)。

口の四悪　口で行なう四つの悪。悪口・両舌・妄語・綺語のこと。

五欲　財欲・色欲・飲食欲・名欲・睡眠欲の五種の欲望。

悔熱　後悔の心の苦しみ。

華報　現世でうける報い。

果報　来世でうける報い。

王《わう》、臣《じん》に答《こた》へて言《いは》まく、「われいま身心《しんしん》あに痛《いた》まざることを得むや。わが父《ちち》辜《つみ》なきに横《よこさま》に逆害《ぎやくがい》を加《か》す。われ智者《ちしや》に従《したが》ふて、かつてこの義《ぎ》を聞《き》きき。世《よ》に五人あり、地獄《ちごく》を脱《まぬか》れずと。謂《いは》く五逆罪《ごぎやくざい》なり。われいますでに*無量無《むりやうむ》辺阿《へんあ》僧祇《そうぎ》の罪《つみ》あり。いかんぞ身心《しんしん》をして痛《いた》まざることを得む。また良医《らうい》のわが身心《しんしん》を治《ぢ》せむものなけむ」と。臣《じん》、大王《だいわう》に言《まう》さく、「大《おほ》きに愁苦《しうく》することなかれ」と。即ち偈《げ》を説《と》きて言《いは》く、「もし常《つね》に愁苦《しうく》せば、愁《うれ》へつひに増長《ぞうちやう》せむ。人眠《ひとねむ》りを喜《この》めば、眠《ねむ》り則ち滋《しげ》く多《おほ》きがごとし、婬《いん》を貪《とん》し酒《さけ》を嗜《たし》むも、またまたかくのごとしと。王《わう》の言《のたま》ふところのごとし、世《よ》に五人あり、地獄《ちごく》を脱《まぬか》れずとは、たれか往《ゆ》きてこれを見《み》てきたりて王《わう》に語《かた》るや。地獄《ちごく》と言《い》ふは、直《ただ》ちにこれ世間《せけん》に多《おほ》く智者《ちしやと》説かく、王《わう》の言《のたま》ふところのごとし、世《よ》に良医《らうい》の身心《しんしん》を治《ぢ》する者《もの》なけむ。いま大医《だいい》あり、*富闌那《ふらんな》と名《な》づく。一切知見《ちけん》して自在《じざい》を得《え》て、定《さだ》んで畢竟《ひちきやう》じて清浄梵行《しやうじやうぼんぎやう》を修習《しゆしふ》して、常《つね》に無量無《むりやうむ》辺《へん》の衆生《しゆじやう》のために、無上涅槃《むじやうねはん》の道《だう》を演説《えんぜち》す。もろもろの弟子《でし》のために、かくのごときの法《ほふ》を説《と》けり。*黒業《こくごふ》あることなければ、黒業《こくごふ》の報《ほう》なし。*白業《びやくごふ》あることなければ、白業《びやくごふ》の報《ほう》なし。黒白業《こくびやくごふ》なければ黒白《こくびやく》の業報《ごふほう》なし。上業《じやうごふ》および下業《げごふ》あることなしと。この師《し》いま王舎城《わうしやじやう》の中《うち》にいます。やや願《ねが》はくは大王《だいわう》、屈駕《くつか》してかしこに往《ゆ》け。この師《し》をして身心《しんしん》を療治《れうぢ》せしむべし」と。時《とき》に王答《わうこた》へて言《いは》まく、「審《あきら》かによくかくのごときわが罪《つみ》を滅除《めちぢよ》せば、われまさに帰依《くゐえ》すべし」と。

またひとりの臣《じん》あり、名《な》づけて蔵徳《ざうとく》と曰《い》ふ。また王《わう》のところに往《ゆ》きてこの言《ごん》を作《な》さく、「大王《だいわう》、なんが故ぞ面貌憔悴《めんめうせうすい》して、脣口《せうく》乾燋《かんせう》し、音声微細《おんじやうみさい》なるや」と。乃至「なんの苦《くる》し

無量無辺阿僧祇　はかることのできない多くの数をいう。

富闌那　梵名の音写。六師外道の一。釈尊在世当時、中インドに勢力のあった六人の外道のうちの一人の富闌那迦葉のこと。因果の道理を否定し、一切の法は虚空のごとくして生滅なしと説き、空見を主張した。

黒業　悪業のこと。

白業　善業のこと。

むところありてか、身《み》痛《いた》むとやせむ、心《こころ》痛《いた》むとやせむ」と。王《わう》即答《こた》へて言《いは》く、「われいま身心《しんしん》いかんぞ痛《いた》まざらむ。われ痴盲《ちまう》にして慧目《ゑもく》あることなし。もろもろの悪友《あくう》に近《ちか》づきて、これよく*提婆達多《だいばだつた》悪人《あくにん》の言《ことば》に随《したが》ふて、正法《しやうぼふ》の王《わう》に横《よこさま》に逆害《ぎやくがい》を加《か》す。われ昔《むかし》かつて智人《ちにん》の偈説《げせち》を聞《き》きき。もし父母《ぶも》、仏《ぶつ》および弟子《でし》において、不善《ふぜん》の心《しん》を生《しやう》じ、悪業《あくごふ》を起《お》こさむ、かくのごときの果報《くわほう》、阿鼻獄《あびごく》にありと。この事《こと》を以ての故に、われ心怖《しんふ》して大苦悩《だいくなう》を生《しやう》ぜしむと。また良医《らうい》の救療《くれう》を見《み》ることなけむ」と。大臣《だいじん》また言《いは》く、「やや願《ねが》はくは大王《だいわう》、しばらく愁怖《しうふ》することなかれ。法《ほふ》に二種あり。一つには出家《しゆつけ》、二つには王法《わうぼふ》なり。王法《わうぼふ》とは、謂《いは》く、その父《ちち》を害《がい》せり、則ち国土《こくど》に王《わう》たるなり。これ逆《ぎやく》なりと云《い》ふといへども、実に罪《つみ》あることなけむ。*迦羅羅虫《かららちう》の要《かなら》ず母《はは》の腹《はら》を壊《やぶ》りて、しかして後《のち》いまし生《しやう》ずるがごとし。生《しやう》の法《ほふ》かくのごとし。母《はは》の身《み》を破《やぶ》るといへども実にまた罪《つみ》なし。*騾腹《らふく》の懐妊《くわいにん》等《とう》またまたかくのごとし。治国《ぢこく》の法《はふ》、法《はふ》としてかくのごとくなるべし。父兄《ぶくゐやう》を殺《ころ》すといへども、実に罪《つみ》あることなけむ。出家《しゆつけ》の法《ほふ》は、乃至《ないし》蚊蟻《もんぎ》を殺《せち》するに、また罪《つみ》あり。乃至　王《わう》の言《い》ふところのごとし、世《よ》に良医《らうい》の身心《しんしん》を治《ぢ》する者《もの》なけむと。今、大師《だいし》あり、*末伽梨拘賒梨子《まかりくしやりし》と名づく。一切知見《ちけん》して衆生《しゆじやう》を憐愍《れんみん》すること、赤子《しやくし》のごとし。すでに煩悩《ぼんなう》を離《はな》れて、よく衆生《しゆじやう》の三毒《さんどく》の*利箭《りぜん》を抜《ぬ》く」と。乃至　「この師《し》いま王舎大城《わうしやだいじやう》にいます。やや願《ねが》はくは大王《だいわう》、そのところに往至《わうし》して、王《わう》もし見《み》ば衆罪消滅《しゆざいせうめち》せむ」と。時《とき》に王答《わうこた》へて言《いは》く、「審《あきら》かによく、かくのごときわが罪《つみ》を滅除《めちぢよ》せば、われまさに帰依《くゐえ》すべし」と。

またひとりの臣《じん》あり、名《な》づけて実徳《じちとく》と曰《い》ふ。また王《わう》の所《ところ》に到《いた》りて、即ち偈《げ》を説《と》きて言《いは》く、

提婆達多　梵名の音写。天授と訳す。釈尊の叔父斛飯王の子。即ち釈尊の従兄弟にあたる。はじめ釈尊教団の重要な弟子であったが、晩年には釈尊に背き、阿闍世王を唆かして父王を殺させ、自分は釈尊を三度殺さんとして、生きながら無間地獄に堕ちたといわれる。

迦羅羅虫　黒虫。生まれるとき必ず母虫を害するといわれる。

騾腹の懐妊　騾馬は子をはらみ、これを生めば死ぬといわれている。

末伽梨拘賒梨子　梵名の音写。六師外道の一。邪命外道である。万物の実体的要素を認め、無因論・自然論を主張し、衆生のあらゆる業報は自然に決定して存すると説いた。

利箭　するどい矢。

「大王《だいわう》なんが故ぞ、身《み》の瓔珞《やうらく》を脱《ぬ》ぎ、首《かうべ》の髪蓬乱《かみはうらん》せる、乃至《ないし》かくのごときなるや」と。乃至「これ心痛《こころいた》むとやせむ、身《み》いたむとやせむ」と。王《わう》即ち答《こた》へて言《いは》く、「われいま身心《しんしん》あに痛《いた》まざることを得《え》むや。わが父先王《ちちせんわう》、慈愛仁惻《じあいにんしき》して、ことに見《み》て矜念《こうねん》せり。実に辜《つみ》なきに、往《ゆ》きて*相師《さうし》に問《と》ふ。相師《さうし》答《こた》へて言《まう》さく、この児《こ》、生《うま》れ已《をは》りて、定《さだ》んでまさに父《ちち》を害《がい》すべしと。この語《ご》を聞《き》くといへども、なを見《み》て*瞻養《せんやう》す。むかし智者《ちしや》の、かくのごときの言《ごん》を作《な》ししを聞《き》きき。もし人《ひと》*通の母とおよび比丘尼《びくに》を汚《けが》し、*僧祇物《そうぎもち》を偸《ぬす》み、無上菩提心《むじやうぼだいしん》を発《おこ》せる人《ひと》を殺《ころ》し、およびその父《ちち》を殺《せち》せむ。かくのごときの人《ひと》は必定《ひちぢやう》してまさに*阿鼻地獄《あびぢごく》に堕《だ》すべしと。われいま身心《しんしん》あに痛《いた》まざることを得むや」。大臣《だいじん》また言《いは》く、「やや願《ねが》はくは大王《だいわう》、また愁苦《しうく》することなかれ」と。乃至「一切衆生みな余業《よごふ》あり。業縁《ごふえん》を以ての故に数数生死《しばしばしやうじ》を受《う》く。もし先生《せんしやう》に余業《よごふ》あらしめば、王《わう》いまこれを殺《せち》せむに、竟《つい》に何《なん》の罪《つみ》かあらむ。やや願《ねが》はくは大王《だいわう》、意《こころ》をゆたかにして愁《うれ》ふることなかれ。何《なに》を以ての故に、もし常《つね》に愁苦《しうく》すれば、愁《うれ》へついに増長《ぞうちやう》す、人眠《ひとねむ》りを喜《この》めば、眠《ねむ》り則ち滋《しげ》く多《おほ》きがごとし、婬《いん》を貪《とん》し酒《さけ》を嗜《たし》むもまたまたかくのごとし」。乃至「*刪闍邪《さんじやや》毘《び》羅《ら》胝子《せんし》」。

またひとりの臣《じん》あり、悉知義《しちちぎ》と名《な》づく。即ち王《わう》のところに至《いた》りて、かくのごときの言《ごん》を作《な》さく。乃至　王《わう》即ち答《こた》へて言《いは》く、「われいま身心《しんしん》あに痛《いた》みなきことを得むや」。乃至「先王辜《せんわうつみ》なきに横《よこさま》に逆害《ぎやくがい》を興《こう》ず。われまたかつて智者《ちしや》の説《と》きて言《い》ひしを聞《き》きき。もし父《ちち》を害《がい》することあれば、まさに無量阿僧祇劫《むりやうあそうぎこふ》において大苦悩《だいくなう》を受《う》くべしと。われいま久《ひさ》しからずして必《かなら》ず地獄《ぢごく》に堕《だ》せむ。また良医《らうい》のわが罪《つみ》を救療《くれう》することなけむ」と。大臣《だいじん》即ち言《まう》さく、

相師　人相を見る人。

瞻養　いつくしみ育てること。

通の母と　現行本は一般的には「母に通じ」とよむ。

僧祇物　僧伽即ち比丘・比丘尼の出家教団に属する財物。

阿鼻地獄　阿鼻は梵語の音写。無間地獄のこと。五逆罪を造り、因果を否定し、大乗を誹謗し、空しく信施を食する者が堕ちる地獄で、苦を受けることが絶え間がないから無間地獄という。

刪闍邪毘羅胝子　梵名の音写。舎利弗・目連の最初の師である。六師外道の一。人はすべて前世の宿業によって果報を得たのであって、人間の意志ではどうすることもできない、これを知らないから人は苦しむのであると主張した。

「やや願《ねが》はくは大王《だいわう》、愁苦《しうく》を放捨《はうしや》せよ。王聞《わうき》かずや、むかし王《わう》ありき、名《な》づけて羅摩《らま》と曰《い》ひき。その父《ちち》を害《がい》し已《をは》りて王位《わうゐ》を紹《つ》ぐことを得たりき。跋提大王《ばつだいだいわう》・毗楼真王《びるしんわう》・那睺沙王《なごしやわう》・迦帝迦王《かていかわう》・毗舎佉王《びしやかわう》・月光《ぐわちくわう》明王《みやうわう》・日光《にちくわう》明王《みやうわう》・愛王《あいわう》・持多人王《ぢたにんわう》、かくのごときらの王《わう》、皆《みな》その父《ちち》を害《がい》して王位《わうゐ》を紹《つ》ぐことを得たりき。しかるに、ひとりとして王《わう》の地獄《ちごく》に入《い》る者《もの》なし。いま現在《げんざい》に毗瑠璃王《びるりわう》・優陀邪王《うだやわう》・悪性王《あくしやうわう》・鼠王《そわう》・蓮華王《れんぐゑわう》、かくのごときらの王《わう》、皆《みな》その父《ちち》を害《がい》せりき。ことごとくひとりとして王《わう》の愁悩《しうなう》を生《しやう》ずる者《もの》なし。地獄《ちごく》・餓鬼《がくゐ》・天中《てんちう》と言《い》ふといへども、たれか見《み》るものあるや。大王《だいわう》、ただ*二つの有《う》あり。一つには人道《にんだう》、二つには畜生《ちくしやう》なり。この二つありといへども、*因縁生《いんえんしやう》にあらず因縁死《いんえんし》にあらず。もし因縁《いんえん》にあらずは、なにものか善悪《ぜんあく》あらむ。やや願《ねが》はくは大王《だいわう》、愁怖《しうふ》を懐《いだ》くことなかれ。何《なに》を以ての故に、もし常《つね》に愁苦《しうく》すれば、愁《うれ》へついに増長《ぞうちやう》す、人眠《ひとねむ》りを喜《この》めば、眠《ねむ》り則ち滋《しげ》く多《おほ》きがごとし、婬《いん》を貪《とん》し酒《さけ》を耆《たし》むも、またまたかくのごとし」と。乃至「*阿耆多翅金欽婆羅《わぎたしきむきんはら》」。

また大臣《だいじん》あり、名《な》づけて吉徳《きちとく》と曰《い》ふ。乃至「地獄《ちごく》と言《い》ふは、何《なん》の義《ぎ》ありとかせむと。臣《じん》まさにこれを説《と》くべしと。地《ち》は地《ち》に名《な》づく、獄《ごく》は破《は》に名《な》づく。地獄《ちごく》を破《は》せむ、罪報《ざいはう》あることなけむ。これを地獄《ちごく》と名《な》づく。また地《ち》は人《にん》に名《な》づく、獄《ごく》は天《てん》に名《な》づく。その父《ちち》を害《がい》するを以ての故に人天《にんでん》に到《いた》らむ。この義《ぎ》を以ての故に、婆蘇仙人《ばそせんにん》唱《とな》えて言《いは》く、羊《ひつじ》を殺《ころ》して人天《にんでん》の楽《らく》を得く。これを地獄《ちごく》と名《な》づく。また地《ち》は命《みやう》に名《な》づく、獄《ごく》は長《ちやう》に名《な》づく。*殺《せつ》、かの寿《じゆ》命《みやう》の長《ちやう》を以ての故に、地獄《ちごく》と名《な》づく。大王《だいわう》この故にまさに知《し》るべし、実に地獄《ちごく》なけむと。大王《だいわう》、麦《むぎ》を種《う》ゑて麦《むぎ》を得《え》、稲《いね》を種《う》ゑて稲《いね》を得るがごとし。地獄《ちごく》を殺《ころ》しては、還《かへ》りて地獄《ちごく》を

二つの有　二つの迷界のこと。「有」は迷いを意味する。

因縁生　一切の存在はすべて因と縁とによって生じ、因縁によって滅するとする。したがって一切の存在は固定性がなく、仮名生、無所有とする。仏教の根本理念である。

阿耆多翅金欽婆羅　梵名の音写。悉知義の師。六師外道の一。自然生を主張する外道。善悪因果を否定し、弊衣を着け苦行することによって来世の楽を得ようとした。現行本は一般には「阿耆多翅舎欽婆羅」と、「金」を「舎」とする。

殺、かの寿命の…　現行涅槃経では「以㆓殺生㆒故得㆓寿命長㆒。故名㆓地獄㆒」とある。ここは親鸞独自の解釈。

得む。人《にん》を殺害《せちがい》しては、還《かへ》りて人《にん》を得べし。大王《だいわう》いままさに臣《じん》の所説《しよせち》を聴《き》くに、実に殺害《せちがい》なかるべし。もし有我《うが》ならば実にまた害《がい》なし。もし無我《むが》ならばまた害《がい》するところなけむ。何《なに》を以ての故に、もし有我《うが》ならば常《つね》に変易《へんやく》なし、常住《じやうぢう》を以ての故に殺害《せちがい》すべからず。不《ふ》破《は》・不《ふ》壊《ゑ》、不《ふ》繋・不《ふ》縛《ばく》、不《ふ》瞋《しん》・不《ふ》喜《き》は虚空《こくう》のごとし。いかんぞまさに殺害《せちがい》の罪《つみ》あるべき。もし無我《むが》ならば諸法無常《しよほふむじやう》なり。無常《むじやう》を以ての故に念念《ねんねん》に壊滅《ゑめち》す。念念《ねんねん》に滅《めち》するが故に殺《せち》者《しや》・死者《ししや》みな念念《ねんねん》に滅《めち》す。もし念念《ねんねん》に滅《めち》せば、たれかまさに罪《つみ》あるべきや。大王《だいわう》、火《ひ》、木《き》を焼《や》くに、火《ひ》則ち罪《つみ》なきが如《ごと》し。斧《おの》、樹《き》を斫《き》るに、斧《おの》また罪《つみ》なきがごとし。鎌《かま》、草《くさ》をかるに、鎌《かま》、実に罪《つみ》なきがごとし。刀《かたな》、人《ひと》を殺《ころ》すに、刀《かたな》、実に人《ひと》にあらず、刀《かたな》すでに罪《つみ》なきがごとし。人《ひと》いかんぞ罪《つみ》あらむや。*毒《どく》、人《ひと》を殺《ころ》すに、毒《どく》、実に人《ひと》にあらず、毒薬《どくやく》、罪人《ざいにん》にあらざるがごとし。いかんぞ罪《つみ》あらむや。一切万物《まんもち》みなまたかくのごとし。実に殺害《せちがい》なけむ。いかんぞ罪《つみ》あらむや。やや願《ねが》はくは大王《だいわう》、愁苦《しうく》を生《しやう》ずることなかれ。何《なに》を以ての故に、もし常《つね》に愁苦《しうく》せば、愁《うれ》へつひに増長《ぞうぢやう》せむ、人眠《ひとねむ》りを喜《この》めば、眠《ねむ》り則ち滋《しげ》く多《おほ》きがごとし、婬《いん》を貪《とん》し酒《さけ》を嗜《たし》むも、またまたかくのごとし」。「いま大師《だいし》あり、*迦羅鳩駄迦旃延《からくだかせんえん》と名《な》づく」。乃至

　またひとりの臣《しん》あり、無所畏《むしよゐ》と名《な》づく。「いま大師《だいし》あり、*尼乾陀若犍子《にけんだにやけんし》と名《な》づく」。乃至

　その時《とき》に大医《だいい》あり、名《な》づけて*耆婆《ぎば》と曰《い》ふ。王《わう》のところに往至《わうし》して白《まう》して言《まう》さく、「大王《だいわう》、いづくんぞ眠《ねむ》ることを得むや、いなや」と。王《わう》、偈《げ》を以て答《こた》へて言《いは》まく、乃至「耆婆《ぎば》、われいま病重《やまひおも》し。正法《しやうぼふ》の王《わう》において悪逆害《あくぎやくがい》を興《こう》す。一切の良医《らうい》・妙薬《めうやく》・呪術《じゆじゆち》・*善巧瞻病《ぜんげうせんびやう》の治《ち》することあたはざるところなり。何を以ての故に、わが父法王《ちちほふわう》、法《ほふ》のごとく国《くに》を治《おさ》む、実

毒人を殺すに…　親鸞独自の読み方。

迦羅鳩駄迦旃延　梵名の音写。吉徳の師。六師外道の一。自在天外道といわれる。一切の現象は自在天の所作であるとし、これに犠牲を供えることによって福祉をうけると説いた。また巧妙な思弁を弄して罪悪を否定した。

尼乾陀若犍子　梵名の音写。六師外道の一。ジャイナ教の祖。現世に苦行を修することにより来世に福徳を得ると説いた。後にこの派は空衣・白衣の二派に分かれ、空衣派は裸体で生活し苦行することを主張した。

耆婆　梵名の音写。釈尊当時のインドの名医。深く仏教に帰依し、頻婆娑羅王や釈尊の病をしばしば治した。また阿闍世王が父王を殺して悔恨したとき、これをすすめて仏に帰依せしめた。

善巧瞻病　たくみな看病。

に辜《つみ》なし。横《よこさま》に逆害《ぎやくがい》を加《か》す、魚《うお》の陸《くが》に処《しよ》するがごとし」。乃至「われ昔《むかし》かつて智者《ちしや》の説《と》きて言《い》ひしことを聞《き》きき。身口《しんく》意業《いごふ》もし清浄《しやうじやう》ならずは、まさに知るべし、この人必《ひとかなら》ず地獄《ぢごく》に堕《だ》せむと。われまたかくのごとし。いかんぞまさに安穏《あんをん》に眠《ねむ》ることを得べきや。いまわれまた無上《むじやう》の大医《だいい》なし、法薬《ほふやく》を演説《えんぜち》せむに、わが病苦《びやうく》を除《のぞ》きてむや」と。耆婆《ぎば》答《こた》へて言《いは》く、「善哉善哉《よいかなよいかな》、王《わう》、罪《つみ》を作《な》すといへども、心《こころ》に重悔《ぢうくゑ》を生《しやう》じて慙愧《ざんぐゐ》を懐《いだ》けり。大王《だいわう》、諸仏世尊《しよぶつせそん》つねにこの言《ごん》を説《と》きたまはく、二つの白法《びやくほふ》あり、よく衆生《しゆじやう》を救《たす》く。一つには慙《ざん》、二つには愧《くゐ》なり。慙《ざん》は自《みづか》ら罪《つみ》を作《つく》らず、愧《くゐ》は他《た》を教《をし》へて作《な》さしめず。慙《ざん》は内《うち》に自《みづか》ら羞恥《しゆち》す、愧《くゐ》は発露《ほちろ》して人《ひと》に向《む》かふ。慙《ざん》は人《ひと》に羞《は》づ、愧《くゐ》は天《てん》に羞《は》づ。これを慙愧《ざんぐゐ》と名《な》づく。無慙愧《むざんぐゐ》は名《な》づけて人《にん》とせず、名《な》づけて畜生《ちくしやう》とす。慙愧《ざんぐゐ》あるが故に、則ちよく父母《ぶも》・師長《しちやう》を恭敬《くぎやう》す。慙愧《ざんぐゐ》あるが故に父母《ぶも》・兄弟《くゐやうだい》・姉妹《しまい》あることを説《と》く。善哉大王《よいかなだいわう》、具《つぶさ》に慙愧《ざんぐゐ》あり」と。乃至「王《わう》の言《のたま》ふところのごとし。よく治《ぢ》する者なけむ。大王《だいわう》まさに知《し》るべし、*迦毘羅城《かひらじやう》に浄飯王《じやうぼんわう》の子《こ》、姓《しやう》は*瞿曇氏《くどむし》、悉達多《しつたつた》と字《な》づく。師《し》なくして自然《じねん》に覚悟《かくご》して阿耨多羅《あのくたら》三藐三菩提《さんみやくさんぼだい》を得たまへり」と。乃至「これ仏世尊《ぶつせそん》なり。金剛智《こんがうち》ましまして、よく衆生《しゆじやう》の一切悪罪《あくざい》を破《は》せしむること、もしあたはずと言《い》はば、この処《ことわり》あることなけむ」と。乃至「大王《だいわう》、如来《によらい》に弟、提婆達多《だいばだつた》あり。衆僧《しゆそう》を破壊《はゑ》し、仏身《ぶつしん》より血《ち》を出《い》だし、*蓮華比丘尼《れんぐゑびくに》を害《がい》す。三逆罪《さんぎやくざい》を作《つく》れり。如来《によらい》このために種種《しゆじゆ》の法要《ほふえう》を説《と》きたまふに、その重罪《ぢうざい》をして尋《すなわ》ち微薄《みはく》なることを得しめたまふ。この故に如来《によらい》を大良医《だいらうい》とす。六師《ろくし》にはあらざるなり」と。乃至「大王一逆《だいわういちぎやく》を作《つく》れば、すなはち具《つぶさ》にかくのごときの一罪を受《う》く。もし二逆罪《にぎやくざい》を造《つく》らば、則ち二倍ならむ。五逆《ごぎやく》具《つぶさ》ならば

迦毘羅城　釈尊が誕生された故城。今のネパール国タラーイ地方にある。

瞿曇　梵名の音写。釈迦族の姓。釈尊をゴータマ・ブッダあるいはゴータマと呼ぶ。

蓮華比丘尼　蓮華色比丘尼。王舎城の人。複雑な異性関係を恥じて出家し、ついに阿羅漢果を証した。神通第一といわれた。提婆が仏に逆心を起こしたときこれを諫めたので、かえって提婆の怒りを買い撲殺された。

ば、罪《つみ》もまた五倍ならむと。大王《だいわう》いま定《さだ》んで知《し》んぬ、王《わう》の悪業《あくごふ》必《かなら》ず勉《まぬか》るることを得じ。やや願《ねが》はくは大王《だいわう》、速《すみや》かに仏《ぶつ》の所《みもと》に往《まう》づべし。仏世尊《ぶつせそん》を除《のぞ》きて余《よ》は、よく救《たす》くることなけむ。われいま汝《なんぢ》を愍《あは》れむが故に、あひ勧《すす》めて導《みちび》くなり」と。その時《とき》に大王《だいわう》、この語《ご》を聞《き》き已《をは》りて、心《こころ》に怖懼《ふく》【或る本、惶字に作る】を懐《いだ》けり。身《み》を挙《あ》げて*戦慄《せんぺう》す。五体《ごたい》*梓動《しむどう》して芭蕉樹《ばせうじゆ》のごとし。仰《あふ》ぎて答《こた》へて曰《いは》く、「天《てん》にこれ誰《たれ》とかせむ、色像《しきざう》を現《げん》ぜずしてただ声《こゑ》のみあることは」。「大王《だいわう》、われこれ汝《なんぢ》が父頻婆沙羅《ちちびんばしやら》なり。汝《なんぢ》いままさに耆婆《ぎば》の所説《しよせち》に随《したが》ふべし。邪見六臣《じやけんろくじん》の言《ことば》に随《したが》ふことなかれ」。時《とき》に聞《き》き已《をは》りて*悶絶躃地《もんぜちびやくち》す。身《み》の瘡増劇《かさぞうぎやく》して臭穢《しうゑ》なること前《さき》よりも倍《まさ》れり。冷薬《りやうやく》を以て塗《ぬ》り、瘡《かさ》を治療《ぢれう》すといへども、瘡蒸《かさあつかわ》し。毒熱《どくねち》ただ増《ま》せども損《そん》することなし」と。已上略出

一　大臣《だいじん》、日月称《にちぐわちしよう》と名づく　　一　富蘭那《ふらんな》と名《な》づく
二　蔵徳《ざうとく》　　二　末伽梨拘賖梨子《まかりくしやりし》と名《な》づく
三　一《ひとり》の臣《じん》あり、名《な》づけて実徳《じちとく》と曰《い》ふ　　三　那闍邪毗羅胝子《なせんやびらせんし》と名《な》づく
四　一《ひとり》の臣《じん》あり、悉知義《しちちぎ》と名《な》づく　　四　阿嗜多翅金欽婆羅《わぎたしきむきんばら》と名《な》づく
五　大臣《だいじん》、名《な》づけて吉徳《きちとく》と曰《い》ふ　　五　婆蘇仙《ばそせん》
六　加羅鳩駄迦旃延《からくだかせんえん》　　六　尼乾陀若犍子《にけんだにやけんし》と名《な》づく

*また言《のたま》はく、「「善男子《ぜんなんし》、わが言《い》ふところのごとし、阿闍世王《あじやせわう》の為《ため》に涅槃《ねはん》に入《い》らず。かくのごときの*蜜義《みちぎ》、汝《なんぢ》いまだ解《と》くことあたはず。何《なに》を以ての故に、われ『為《ため》』と言《い》ふは一切凡夫《ぼんぶ》、『阿闍世《あじやせ》』とは*普《あまね》くおよび一切五逆《ごぎやく》を造《つく》る者《もの》なり。また『為《ため》』とは即ちこれ一切*有《う》

戦慄　現行涅槃経では「戦慄」。
梓動　「掉動」は江戸時代より。
悶絶躃地す　悶えのあまり気絶して大地にたおれること。
また言はく善男子…　以下、北本涅槃経巻二十の文。
蜜義　奥深い教義のこと。
普くおよび…　親鸞独自の読み方。
有為　はからいをもって為作・造作する意。ここでは迷いのこと。

為《ゐ》の衆生《しゆじやう》なり。われ終《つひ》に*無為《むゐ》の衆生《しゆじやう》のためにして世《よ》に住《ぢう》せず。何《なに》を以ての故に、それ無為《むゐ》は衆生《しゆじやう》にあらざるなり。『阿闍世《あじやせ》』とは即ちこれ煩悩等《ぼんなうとう》を具足《ぐそく》せる者《もの》なり。また『為《ため》』とは即ちこれ仏性《ぶつしやう》を見《み》ざる衆生《しゆじやう》なり。もし仏性《ぶつしやう》を見《み》むものには、われ終《つひ》にために久《ひき》しく世《よ》に住《ぢう》せず。何《なに》を以ての故に、仏性《ぶつしやう》を見《み》るものは衆生《しゆじやう》にあらざるなり。『阿闍世《あじやせ》』とは即ちこれ一切いまだ阿耨多羅三藐三菩提心《あのくたらさんみやくさんぼだいしん》を発《ほち》せざる者なり。乃至　また『為《ため》』とは名《な》づけて仏性《ぶつしやう》とす。『阿闍《あじや》』は名《な》づけて不生《ふしやう》とす、『世《せ》』は怨《をん》に名《な》づく。仏性《ぶつしやう》を生《しやう》ぜざるを以ての故に、則ち煩悩《ぼんなう》の怨生《あたしやう》ず。煩悩《ぼんなう》の怨生《あたしやう》ずるが故に、仏性《ぶつしやう》を見《み》ざるなり。煩悩《ぼんなう》を生《しやう》ぜざるを以ての故に、則ち仏性《ぶつしやう》を見《み》る。仏性《ぶつしやう》を見《み》るを以ての故に、則ち大般涅槃《だいはつねはん》に安住《あんぢう》することを得。これを不生《ふしやう》と名《な》づく。この故に名《な》づけて『阿闍世《あじやせ》』とす。善男子《ぜんなんし》、『阿闍《あじや》』は不生《ふしやう》に名《な》づく、不生《ふしやう》は涅槃《ねはん》と名《な》づく。世《せ》は世法《せほふ》に名《な》づく。『為《ため》』とは不汚《ふわ》に名《な》づく。*世《せ》の八法を以て汚《けが》さざるところなるが故に、無量無辺《むりやうむへん》*阿僧祇劫《あそうぎこふ》に涅槃《ねはん》に入《い》らずと。この故にわれ『阿闍世《あじやせ》の為《ため》に無量億劫《むりやうおくこふ》に涅槃《ねはん》に入《い》らず』と言《のたま》へり。善男子《ぜんなんし》、如来《によらい》の密語《みちご》不可思議《ふかしぎ》なり。仏法衆僧《ぶつほふしゆそう》また不可思議《ふかしぎ》なり。菩薩摩訶薩《ぼさつまかさつ》また不可思議なり。大涅槃経《だいねはんぎやう》また不可思議なり」。

その時《とき》に世尊大悲導師《せそんだいひだうし》、阿闍世王《あじやせわう》のために*月愛三昧《ぐわちあいさんまい》に入《い》れり。三昧《さんまい》に入《い》り已《をは》りて大光明《だいくわうみやう》を放《はな》つ。その光清涼《ひかりしやうりやう》にして、往《ゆ》きて王《わう》の身《み》を照《て》らしたまふに、身《み》の瘡《かさ》即ち愈《い》えぬ。乃至

*王《わう》に白《まう》して耆婆《ぎば》に言《いわ》まく、「かれは天中《てんちう》の天《てん》なり。何《なん》の因縁《いんねん》を以てこの光明《くわうみやう》を放《はな》ちたまふぞや」と。「大王《だいわう》、今《いま》この瑞相《ずいさう》は、*および王《わう》のためにあひ似《に》たり。まづ言まく、世《よ》に良医《らうい》の身心《しんしん》を療治《れうぢ》するものなきが故に、この光《ひかり》を放《はな》ちて、まづ王《わう》の身《み》を治《ぢ》す。しかうして後《のち》

無為　本来のもの、自然にあるがままという意味。執着なきこと。

世の八法　人生生活には必ず、㈠利(利得)、㈡衰(損失)、㈢毀(かげでそしること)、㈣誉(かげでほめること)、㈤称(面前でほめること)、㈥譏(面前でそしること)、㈦苦、㈧楽、の八事があって、自分をも他人をもけがすといわれる。

阿僧祇劫　長い時間のこと。数えられないくらい長い時間。

月愛三昧　釈尊が阿闍世王の身心の苦悩を除くために入られた三昧の名。涅槃経に説かれている。清らかな月の光がよく衆生の心を清め悪心を除くように、王の身心の苦悩もこの三昧によって除去された。

王に…　「王の耆婆に言まく」の意。

および…　「王のために及ぼすにあひ似たり」の意か。親鸞独自の読み方。

六住の菩薩　六住は六地の意。
種姓　氏すじょう。
工巧　手仕事をする者。
下賤　いやしい人。
僮僕　しもべ。
婢使　召使い。
優鉢羅華　梵語の音写。青蓮華のこと。

に心《こころ》に及《およ》ぶ」。王《わう》の耆婆《ぎば》に言《いは》まく、「如来世《によらいせ》尊《そん》また見《み》たてまつらむと念《おも》ふをや」と。耆婆《ぎば》、答《こた》へて言《いは》く、「譬《たと》へば一人《いちにん》にして七子《しちし》あらむ。この七子の中《なか》に病《やまひ》に遇《あ》へば、父母《ぶも》の心平等《こころびやうどう》ならざるにあらざれども、しかるに病子《びやうし》において心《こころ》則ち偏《ひと》へに重《おも》きがごとし。大王《だいわう》、如来《によらい》もまたしかなり。もろもろの衆生《しゆじやう》において平等《びやうどう》ならざるにあらざれども、しかるに罪者《ざいしや》において心《こころ》則ち偏《ひと》へに重《おも》し。放逸《はういち》の者《もの》において仏《ぶつ》則ち慈念《じねん》したまふ。不放逸《ふはういち》の者は心《こころ》則ち放捨《はうしや》す。なんらおか名《な》づけて不放逸《ふはういち》の者とすると、謂《いは》く*六住《ろくぢう》の菩薩《ぼさつ》なりと。大王《だいわう》、諸仏世尊《しよぶつせそん》、もろもろの衆生《しゆじやう》において、*種姓《しゆしやう》・老少中年《らうせうちうねん》・貧富・時節《じせち》・日月星宿《にちぐわちしやうしう》・*工《く》巧《げう》・*下《げ》賤《せん》・*僮《どう》僕《ぼく》・*婢《ひ》使《し》を観《みそな》はさず、ただ衆生《しゆじやう》の善心《ぜんしん》ある者を観《みそな》はす。もし善心《ぜんしん》あればすなはち慈念《じねん》したまふ。大王《だいわう》、まさに知《し》るべし、かくのごときの瑞相《ずいさう》は、即ちこれ如来《によらい》、月愛三昧《ぐわちあいさんまい》に入《い》りて放《はな》つところの光明《くわうみやう》なり」と。王《わう》即ち問《と》ふて言《いは》まく、「なんらおか名《な》づけて月愛三昧《ぐわちあいさんまい》とする」と。耆婆《ぎば》答《こた》へて言《いは》まく、「譬《たと》へば月《つき》の光《ひかり》よく一切の*優《う》鉢《は》羅《ら》華《くゑ》をして開敷《かいふ》し鮮明《せんみやう》ならしむるがごとし。月愛三昧《ぐわちあいさんまい》もまたまたかくのごとし。よく衆生《しゆじやう》をして善心開敷《ぜんしんかいふ》せしむ。この故に名《な》づけて月愛三昧《ぐわちあいさんまい》とす。大王《だいわう》、譬《たと》へば月《つき》の光《ひかり》よく一切、路《みち》を行《ゆ》く人《ひと》の心《こころ》に歓喜《くわんぎ》を生《しやう》ぜしむるがごとし。月愛三昧《ぐわちあいさんまい》もまたまたかくのごとし。よく涅槃道《ねはんだう》を修習《しゆしふ》せむ者の心に歓喜《くわんぎ》を生《しやう》ぜしむ。この故にまた月愛三昧《ぐわちあいさんまい》と名《な》づく」と。乃至　「諸善《しよぜん》の中《なか》の王《わう》なり。甘露味《かんろみ》とす、一切衆生の愛楽《あいげう》するところなり。この故にまた月愛三昧《ぐわちあいさんまい》と名《な》づく」と。乃至

その時《とき》に、仏《ぶつ》もろもろの大衆《だいしゆ》に告《つ》げて言《のたま》はく、「一切衆生、阿《あ》耨《のく》多《た》羅《ら》三藐三菩提《さんみやくさんぼだい》に近《ちか》づく因縁《いんえん》のためには、善友《ぜんう》を先《さき》とするにはしかず。何《なに》を以ての故に、阿《あ》闍世《じやせ》王《わう》、もし耆《ぎ》婆《ば》の

語《ことば》に随順《ずいじゆん》せずは、来月《らいぐわち》の七日《なぬか》に必定《ひちぢやう》して命終《みやうじゆう》して阿鼻獄《あびごく》に堕《だ》せむ。この故に*日《ひ》に近《ちか》づきにたり、善友《ぜんう》にしくことなかれ」。阿闍世王《あじやせわう》また前路《ぜんろ》において聞《き》く、「*舎婆提《しやばだい》に*毗瑠璃王《びるりわう》、船《ふね》に乗《じよう》じて海辺《かいへん》に入《い》りて災《さい》して死《し》んぬ。*瞿伽離比丘《くかりびく》、生身《しやうじん》に地《ち》に入《い》り、阿鼻獄《あびごく》に至《いた》れり。*須《しゆ》那刹多《なせつた》は種種《しゆじゆ》の悪《あく》を作《つく》りしかども、仏所《ぶつしよ》に到《いた》りて衆罪消滅《しゆざいせうめち》しぬ」と。この語《ことば》を聞《き》き已《をは》りて、耆婆《ぎば》に語《かた》りて言《いは》まく、「われ今《いま》かくのごときの二つの語《ことば》を聞《き》くといへども、なほいまだ審《あきら》かならず。定《さだ》んで汝来《なんぢきた》れり、耆婆《ぎば》、われ汝《なんぢ》と同《おな》じく一象《いちざう》に載《の》らむと欲《おも》う。たとひ我《われ》まさに阿鼻地獄《あびぢごく》に入《い》るべくとも、冀《ねが》はくは、汝投持《なんぢとうぢ》して我《われ》をして堕《お》とさしめざれと。何《なに》を以ての故に、われ昔《むかし》かつて聞《き》きき、得道《とくだう》の人《ひと》は地獄《ぢごく》に入《い》らず」と。乃至

「いかんぞ説《と》きて定《さだ》んで地獄《ぢごく》に入《い》らむと言《い》はむ。大王《だいわう》、一切衆生の所作《しよさ》の罪業《ざいごふ》におほよそ二種あり。一つには軽《きやう》、二つには重《ぢう》なり。もし心《こころ》と口《くち》とに作《つく》るは則ち名《な》づけて軽《きやう》とす。身《み》と口《くち》と心《こころ》とに作《つく》るは則ち名《な》づけて重《ぢう》とすと。大王《だいわう》、心《こころ》に念《おも》ひ口《くち》に説《し》きて、身《み》になさざれば、得《う》るところの報《ほう》、軽《きやう》なり。大王《だいわう》、むかし口《くち》に殺《ころ》せよと勅《ちよく》せず、ただ足《あと》を削《けづ》れと言《い》へりき。大王《だいわう》もし侍臣《じじん》に勅《ちよく》せましかば、たちどころに王《わう》の首《かうべ》を斬《き》らまし。坐《ざ》の時《とき》に乃《すなわ》ち斬《き》るとも、なほ罪《つみ》を得じ。いはんや王勅《わうちよく》せず、いかんぞ罪《つみ》を得む。王《わう》もし罪《つみ》を得ば、諸仏世尊《しよぶつせそん》もまた罪《つみ》を得たまふべし。何《なに》を以ての故に、汝《なんぢ》が父《ちち》、先王頻婆沙羅《せんわうびんばしやら》、つねに諸仏《しよぶつ》においてもろもろの善根《ぜんごん》を種《う》へたりき。この故に今日《けふ》王位《わうゐ》に居《こ》することを得たり。諸仏《しよぶつ》もしその供養《くやう》を受《う》けたまはざらましかば、則ち王《わう》たらざらまし。もし王《わう》たらざらましかば、汝《なんぢ》則ち国《くに》のために害《がい》を生《しやう》ずることを得ざらましと。もし汝父《なんぢちち》を殺《ころ》してまさに罪《つみ》あるべくは、我等諸仏《われらしよぶつ》

日に近づき…　親鸞独自の解釈。

舎婆提　舎衛城のこと。コーサラ国の都城である。阿弥陀経の説かれた祇園精舎のあるところ。

毗瑠璃王　梵名の音写。波斯匿王の子。迦毗羅城を攻め、釈迦族五百人を殺し、みずからも非業の死をとげた。

瞿伽離比丘　梵名の音写。提婆達多の仲間の一人。仏弟子の舎利弗・目連を誹謗したために、悪瘡を生じ、ついに地獄に堕ちたといわれる。

須那刹多　梵名の音写。好星と訳す。見仏の因縁によって地獄へ堕ちる罪が除かれ、色天に生じたといわれる。

また罪《つみ》ましますべし。もし諸仏世尊《しよぶつせそん》、罪《つみ》を得たまふことなくは、汝独《なんぢひと》りいかんぞ罪《つみ》を得むや。

大王《だいわう》、頻婆沙羅《びんばしやら》むかし悪心《あくしん》ありて、*毗富羅山《びぶらせん》にして遊行《ゆぎやう》し、鹿《しし》を射猟《しやれふ》して曠野《くわうや》に周遍《しうへん》しき。ことごとく得《う》るところなし。ただひとりの*仙《せん》の*五通具足《ごつうぐそく》せるを見《み》る。見已《みをは》りて即ち瞋《しん》恚《い》悪心《あくしん》を生《しやう》じき。『われいま遊猟《ゆれふ》す、このゆへにまさしく*坐《え》を得ず。この人駈《ひとか》りてつひに去《さ》らしむ』。即ち左右《さう》に勅《ちよく》してこれを殺《ころ》せしむ。その人終《ひとをは》りに臨《のぞ》んで瞋《いか》りて、悪心《あくしん》を生《しやう》ず。神通《じんづう》を退失《たいしち》して誓言《せいごん》を作《な》さく、『われ実に辜《つみ》なし、汝心口《なんぢしんく》を以て横《よこさま》に戮害《ろくがい》を加《か》す。われ来《らい》世《せ》においてまたまさにかくのごとく還《かへ》りて心口《しんく》を以てして、汝《なんぢ》を害《がい》すべし』と。時《とき》に王《わう》、聞《き》き已《をは》りて、即ち悔心《くゑしん》を生《しやう》じて死屍《しし》を供養《くやう》しき、先王《せんわう》かくのごとくなほ軽《かる》く受《う》くることを得て、地獄《ぢごく》に堕《お》ちず。いはんや王《わう》しからずして、まさに地獄《ぢごく》の果報《くわほう》を受《う》くべけむや。先王《せんわう》自《みづか》ら作《つく》りて、還《かへ》りて自《みづか》らこれを受《う》く。いかんぞ王《わう》をして殺罪《せちざい》を得しめむ。王《わう》の言《い》ふところのごとし。父《ちち》の王辜《わうつみ》なくは、大王《だいわう》いかんぞ、失《とが》なきに罪《つみ》ありと言《い》はば、則ち罪報《ざいほう》あらむ。悪業《あくごふ》なくは則ち罪報《ざいほう》なけむ。汝《なんぢ》が父先王《ちちせんわう》もし辜罪《こざい》なくは、いかんぞ報《ほう》あらむ。頻婆沙羅《びんばしやら》、現世《げんぜ》の中《なか》において、また善果《ぜんくわ》および悪果《あくくわ》を得たり。この故に先王《せんわう》またまた不定《ふぢやう》なり。不定《ふぢやう》を以ての故に殺《せち》もまた不定《ふぢやう》なり。殺不定《せちふぢやう》ならば、云何《いかん》してか定《さだ》んで地獄《ぢごく》に入《い》らむと言《い》はむと。

大王《だいわう》、衆生《しゆじやう》の狂惑《わうわく》におほよそ四種あり。一つには*貪狂《とんわう》、二つには*薬狂《やくわう》、三つには*呪狂《じゆわう》、四つには*本業縁狂《ほんごふえんわう》なり。大王《だいわう》、わが弟子《でし》の中《なか》に、この四狂《しわう》あり。多《おほ》く悪《あく》を作《つく》るといへども、

毗富羅山　梵語の音写。広山と訳す。王舎城五山の一で、摩掲陀国旧王舎城の東北にある。

仙　仙人のこと。

五通　五神通の略。六神通から漏尽通を除いた天眼・天耳・他心・宿命・神足の五神通のこと。

坐　西本願寺本は「ツミ」と訓じ、存覚延書は「坐スルコトヲ」と訓じている。

貪狂　貪欲が原因で発狂する。

薬狂　薬に中毒して発狂する。

呪狂　人に呪われたため発狂する。

本業縁狂　過去の業因によって発狂する。

われつひにこの人戒《ひとかい》を犯《ぼん》せりと記《き》せず。この人《ひと》の所作《しよさ》、三悪《さんあく》に至《いた》らず。もし還《かへ》りて心《しん》を得ば、また犯《ぼん》と言《い》はず。王《わう》もと国《くに》を貪《とん》してこれ父《ちち》の王《わう》を逆害《ぎやくがい》す。貪狂《とんわう》の心《こころ》をもてために作《な》せり。いかんぞ罪《つみ》を得む。大王《だいわう》、人《ひと》の耽酔《たむすい》してその母《はは》を逆害《ぎやくがい》せむ。すでに醒悟《しやうご》し已《をは》りて心《こころ》に悔恨《くゑこん》を生《しやう》ぜむがごとし。まさに知《し》るべし、この業《ごふ》また報《はう》を得じ。王《わう》いま貪酔《とんすい》せり、本心《ほんしん》の作《な》せるにあらず。もし本心《ほんしん》にあらずは、いかんぞ罪《つみ》を得むや。

大王《だいわう》、譬《たと》へば幻師《ぐゑんし》の*四衢道《しくだう》の頭《ほとり》にして、種種《しゆじゆ》の男女《なんによ》・象《ざう》・馬《め》・瓔珞《やうらく》・衣服《えぶく》を幻作《ぐゑんさ》するがごとし。愚痴《ぐち》の人《ひと》は謂《おも》ふて真実《しんじち》とす、有智《うち》の人《ひと》は真《しん》にあらずと知《し》れり。殺《せち》もまたかくのごとし。凡夫《ぼんぶ》は実《じち》と謂《おも》へり、諸仏世尊《しよぶつせそん》はそれ真《しん》にあらずと知《し》ろしめせり。大王《だいわう》、譬《たと》へば*山谷《せんこく》の響《ひびき》の声《こゑ》のごとし。愚痴《ぐち》の人《ひと》はこれを実《じち》の声《こゑ》と謂《おも》へり、有智《うち》の人《ひと》はそれ真《しん》にあらずと知《し》れり。殺《せち》もまたかくのごとし。凡夫《ぼんぶ》は実《じち》と謂《おも》へり、諸仏世尊《しよぶつせそん》はそれ真《しん》にあらずと知《し》ろしめせり。大王《だいわう》、人《ひと》の怨《あた》あるが、詐《いつは》り来《きた》りて親附《しんぷ》するがごとし。愚痴《ぐち》の人《ひと》は謂《おも》ふて実《まこと》に親《した》しむとす、智者《ちしや》は了達《れうだち》して乃ちそれ虚《むな》しく詐《いつは》れりと知《し》る。殺《せち》もまたかくのごとし。凡夫《ぼんぶ》は実と謂《おも》ふ、諸仏世尊《しよぶつせそん》はそれ真《しん》にあらずと知《し》ろしめせり。大王《だいわう》、人鏡《ひとかがみ》を執《と》りて自《みづか》ら面像《めんざう》を見《み》るがごとし。愚痴《ぐち》の人《ひと》は謂《おも》ふて真《しん》の面《おもて》とす、智者《ちしや》は了達《れうだち》してそれ真《しん》にあらずと知《し》れり。殺《せち》もまたかくのごとし。凡夫《ぼんぶ》は実と謂《おも》ふ、諸仏世尊《しよぶつせそん》はそれ真《しん》にあらずと知《し》ろしめせり。大王《だいわう》、熱《ねち》の時《とき》の炎《ほのほ》のごとし。愚痴《ぐち》の人《ひと》はこれはこれ水《みづ》と謂《おも》はむ、智者《ちしや》は了達《れうだち》してそれ水《みづ》にあらずと知《し》らむ。殺《せち》もまたかくのごとし。凡夫《ぼんぶ》は実と謂《おも》はむ、諸仏世尊《しよぶつせそん》はそれ真《しん》にあらずと知《し》ろしめせり。大王《だいわう》、*乾闥婆城《けんだつばじやう》のごとし。愚痴《ぐち》の人《ひと》は謂《おも》ふて真実《しんじち》とす、智者《ちしや》は了達《れうだち》してそれ真《しん》にあ

四衢道　街の四つ角。

山谷の響　やまびこ。

乾闥婆城　蜃気楼のこと。竜神が空中に現わす城郭。全てのものが実体がなく(空)、仮の存在(仮有)であることのたとえとする。

らずと知《し》れり。殺《せち》もまたかくのごとし。凡夫《ぼんぶ》は実と謂《おも》へり、諸仏世尊《しよぶつせそん》はそれ真《しん》にあらずと了知《れうち》せしめたまへり。大王《だいわう》、人《ひと》の夢《ゆめ》の中《うち》に*五欲《ごよく》の楽《らく》を受《う》くるがごとし。愚痴《ぐち》の人《ひと》はこれを謂《おも》ふて実とす、智者《ちしや》は了達《れうだち》してそれ真《しん》にあらずと知《し》れり。殺《せち》もまたかくのごとし。凡夫《ぼんぶ》は実と謂《おも》へり、諸仏世尊《しよぶつせそん》はそれ真《しん》にあらずと知《し》ろしめせり。大王《だいわう》、*殺法《せちほふ》・殺業《せちごふ》・殺者《せちしや》・殺果《せちくわ》および解脱《げだち》、われ皆《みな》これを了《さと》れり、則ち罪《つみ》あることなけむ。王《わう》、殺《せち》を知《し》るといへども、いかんぞ罪《つみ》あらむや。大王《だいわう》、譬《たと》へば人主《にんしゆ》ありて酒《さけ》を典《つかさど》れりと知《し》れども、もしそれ飲《の》まざれば則ちまた酔《ゑ》はざるがごとし。また火《ひ》と知《し》るといへども焼燃《せうねん》せず。王《わう》もまたかくのごとし。また殺《せち》を知《し》るといへども、いかんぞ罪《つみ》あらむや。大王《だいわう》、もろもろの衆生《しゆじやう》ありて、日《ひ》の出《い》づる時《とき》において種種《しゆじゆ》の罪《つみ》を作《つく》る、月《つき》の出《い》づる時《とき》においてまた劫盗《こふたう》を行《ぎやう》ぜむ。日月出《にちぐわちい》でざるに則ち罪《つみ》を作《つく》らず。日月《にちぐわち》によりて、それ罪《つみ》を作《つく》らしむといへども、しかるにこの日月《にちぐわち》、実に罪《つみ》を得《え》ず。殺《せち》もまたかくのごとし」。乃至

「大王《だいわう》、譬《たと》へば涅槃《ねはん》は非有《ひう》・非無《ひむ》にしてまたこれ有《う》なるがごとし。殺《せち》もまたかくのごとし。非有《ひう》・非無《ひむ》にしてまたこれ有《う》なりといへども、慚愧《ざんぐゐ》の人《ひと》は則ち非有《ひう》とす、無慚愧《むざんぐゐ》の者《もの》は則ち非無《ひむ》とす。果報《くわほう》を受《う》くる者、これを名《な》づけて有《う》とす。*空見《くうけん》の人《ひと》は則ち非有《ひう》とす、*有《う》見《けん》の人《ひと》は則ち非無有《ひむう》とす。有見《うけん》の者はまた名《な》づけて有《う》とす。何《なに》を以ての故に、*有有見《ううけん》の者は果報《くわほう》を得るが故に。*無有見《むうけん》の者は則ち果報《くわほう》なし。*常見《じやうけん》の人《ひと》は則ち非有《ひう》とす。*無常見《むじやうけん》の者は則ち非無《ひむ》とす。*常常見《じやうじやうけん》の者は無《む》とすることを得ず。何《なに》を以ての故に、常常見《じやうじやうけん》の者は悪《あく》業《ごふ》の果《くわ》あるが故に。この故に常常見《じやうじやうけん》の者は無《む》とすることを得ず。この義《ぎ》を以ての故に、非《ひ》

五欲　財欲・色欲・飲食欲・名欲・睡眠欲の五種の欲望のこと。

殺法・殺業・殺者・殺果　殺害の方法と殺害の行為と殺害する人と殺害の結果。

空見の人　諸法の体が空であると知った人のこと。

有見の人　諸法の体は有であると考える人。有の考えに執われた人。

有有見の者　有見の人のこと。有見を肯定して、有見に執われた人のこと。

無有見の者　空見の人のこと。有見に執われない人。

常見の人　涅槃の常住をさとっている人のこと。

無常見の者　涅槃の常住をさとらぬ人のこと。

常常見の者　涅槃の常住に執われている人のこと。

有《う》・非無《ひむ》にしてまたこれ有《う》なりといへども、大王《だいわう》、それ衆生《しゆじやう》は出入《しゆつにふ》の息《いき》に名《な》づく。出入《しゆつにふ》の息《いき》を断《た》つ、かるがゆへに名《な》づけて殺《せち》とす。諸仏《しよぶつ》、俗《ぞく》に随《したが》ふて、また説《と》きて殺《せち》とす」。乃至

「世尊《せそん》、われ世間《せけん》を見《み》るに、＊伊蘭子《いらんし》より伊蘭樹《いらんじゆ》を生《しやう》ず、伊蘭《いらん》より＊栴檀樹《せんだんじゆ》を生《しやう》ずるをば見《み》ず。われ今始《いまはじ》めて伊蘭子《いらんし》より栴檀樹《せんだんじゆ》を生《しやう》ずるを見《み》る。伊蘭子《いらんし》は、わが身《み》これなり。栴檀樹《せんだんじゆ》は、即ちこれわが心《こころ》、＊無根《むこん》の信《しん》なり。無根《むこん》とは、われ初《はじ》めて如来《によらい》を恭敬《くぎやう》せむことを知《し》らず、法僧《ほふそう》を信《しん》ぜず、これを無根《むこん》と名《な》づく。世尊《せそん》、われもし如来世尊《によらいせそん》に遇《まうあ》はずは、まさに無量阿《むりやうあ》僧祇劫《そうぎこふ》において、大地獄《だいぢごく》に在《あ》りて無量《むりやう》の苦《く》を受《う》くべし。われいま仏《ぶつ》を見《み》たてまつる、これ仏《ぶつ》を見《み》たてまつるを以て得るところの功徳《くどく》、衆生《しゆじやう》の煩悩悪心《ぼんなうあくしん》を破壊《はゑ》せしむ」と。仏《ぶつ》の言《のたま》はく、「大王《だいわう》、善哉善哉《よいかなよいかな》、われいま汝必《なんぢかなら》ずよく衆生《しゆじやう》の悪心《あくしん》を破壊《はゑ》することを知《し》れり」。「世尊《せそん》もしわれ審《あきら》かによく衆生《しゆじやう》のもろもろの悪心《あくしん》を破壊《はゑ》せば、われ常《つね》に阿鼻地獄《あびぢごく》に在《あ》りて、無量《むりやう》劫《こふ》の中《うち》にもろもろの衆生《しゆじやう》のために苦悩《くなう》を受《う》けしむ、以て苦《く》とせず」。その時《とき》に＊摩伽陀国《まかだこく》の無量《むりやう》の人民《にんみん》、ことごとく阿耨多羅三藐三菩提心《あのくたらさんみやくさんぼだいしん》を発《おこ》しき。かくのごとき等《ら》の無量《むりやう》の人民《にんみん》、大心《だいしん》を発《ほち》するを以ての故に、阿闍世王《あじやせわう》所有《しよう》の重罪《ぢうざい》即ち微薄《みはく》なることを得しむ。王《わう》および夫《ぶ》人《にん》、＊後宮《こうきう》・采女《さいによ》ことごとくみな同《おな》じく阿耨多羅三藐三菩提心《あのくたらさんみやくさんぼだいしん》を発《おこ》しき。その時《とき》に阿闍世王《あじやせわう》、耆婆《ぎば》に語《かた》りて言《いは》まく、「耆婆《ぎば》、われ今《いま》、いまだ死《し》せざるに已《すで》に＊天身《てんしん》を得たり、短命《たんみやう》を捨《す》て長命《ちやうみやう》を得、無常《むじやう》の身《しん》を捨《す》てて常身《じやうしん》を得たり。もろもろの衆生《しゆじやう》をして阿耨多羅三藐三菩提《あのくたらさんみやくさんぼだい》心《しん》を発《ほち》せしむ」。乃至　＊諸仏《しよぶつ》の弟子《でし》、この語《ことば》を説《と》き已《をは》りて、即ち種種《しゆじゆ》の＊宝幢《ほうどう》を以て、乃至

また偈頌《げじゆ》を以て、讃嘆《さんだん》して言《まふ》さく、

伊蘭子　伊蘭樹の種子のこと。伊蘭樹はインドの植物の一種で、悪臭が強く遠くまで臭うので、栴檀樹の香気と対照される。その花は紅く美しいが、果実を食べると発狂して死ぬといわれる。

栴檀樹　インドなどに産する香木の名。非常によい香をはなつ。赤檀・白檀・紫檀の種類がある。高さ数丈に及ぶ巨木で、その木材や根を粉末にしたものを栴檀香といい、貴重な香料である。この木がわずかに芽をふけば伊蘭子の悪臭をみな消すという。

無根の信　如来回向の信心のこと。凡夫には元来信心を生ずる根性がないが、仏の力によって信心が生ずるからかくいう。

摩伽陀国　釈尊当時の中インドの王国。王舎城のあるところ。頻婆娑羅王や阿闍世王らはその国王であった。

後宮・采女　きさきと女官のこと。

天身　清浄な身。さとりをひらいたということ。

諸仏の弟子　仏の弟子たる阿闍世という意味。信を獲得した阿闍世を、真の仏弟子として称讃する。

宝幢　宝でかざったはたほこ。

実語　如来のおおせ。言葉と内容とが一致し、また行が言葉に相応した語。
善巧句義　言葉も意味も巧みであるという意。
甚深秘密の蔵　はかり知れぬいわれが蔵されているという意味。
所有広博の言　如来の広大なみ法(のり)のこと。

軟語　やさしい言葉。
麁語　あらあらしい言葉。
第一義　第一義諦のこと。真如・涅槃・中道・実相等の語であらわされるところの仏教の真理をいう。
第一諦　第一義諦のこと。
無無義のみこと　仏語に無意味なことばはないという意味。

無因また無果　因もなければ果もないという意味で、因果にとらわれないことを示す。
無生また無滅　生もなければ滅もないという意味。
諸結　もろもろの煩悩のこと。

*実語《じちご》、甚《はなは》だ微妙《みめう》なり
*甚深秘密《じんじんひみち》の蔵《ざう》なり
*所有広博《しようくわうはく》の言《ごん》を顕示《けんじ》す
かくのごときの語《ご》を具足《ぐそく》して
もしもろもろの衆生《しゆじやう》ありて
もしは信《しん》および不信《ふしん》
諸仏《しよぶつ》つねに*軟語《なんご》をもて
*麁語《そご》および軟語《なんご》
この故にわれいま
如来《によらい》の語《みことば》一味なること
これを*第一諦《だいいちたい》と名《な》づく
如来《によらい》いま説《と》きたまふところの
男女大小聞《なんによだいせうき》きて
*無因《むいん》また無果《むくわ》なり
これを大涅槃《だいねはん》と名《な》づく
如来《によらい》一切のために
まさに知《し》るべしもろもろの衆生《しゆじやう》は
世尊大慈悲《せそんだいじひ》は

*善巧句義《ぜんげうくぎ》において
衆《しゆう》のための故に
衆《しゆう》のための故に略《りやく》して説《と》かく
よく衆生《しゆじやう》を療《れう》す
この語《ご》を聞《き》くことを得る者《もの》は
定《さだ》んでこの仏説《ぶつせち》を知《し》らむ
衆《しゆう》のための故に麁《そ》を説《と》きたまふ
みな*第一義《だいいちぎ》に帰《くゐ》せむ
世尊《せそん》に帰依《くゐえ》したてまつる
なほ大海《だいかい》の水《みづ》のごとし
かるがゆへに*無無義《むむぎ》の語《みこと》にして
種種無量《しゆじゆむりやう》の法《ほふ》
同《おな》じく第一義を獲《え》しめむ
*無生《むしやう》また無滅《むめち》なり
聞《き》くもの*諸結《しよけち》を破《は》す
常《つね》に慈父母《じぶも》と作《な》りたまへり
皆《みな》これ如来《によらい》の子《こ》なり
衆《しゆう》のために苦行《くぎやう》を修《しゆ》したまふこと

人《ひと》の鬼魅《くゐみ》にくるわされて　狂乱《わうらん》して所為《しよゐ》多《おほ》きがごとし
われいま仏《ぶつ》を見《み》たてまつることを得《え》たり　得《う》るところの三業《さんごふ》の善《ぜん》
願《ねが》はくはこの功徳《くどく》を以て　*無上道《むじやうだう》に廻向《ゑかう》せむ
われいま供養《くやう》するところの　仏《ぶつ》・法《ほふ》および衆僧《しゆそう》
願《ねが》はくはこの功徳《くどく》を以て　*三宝《さんぼう》つねに世《よ》にましまさむ
われいままさに獲《う》べきところの　種種《しゆじゆ》のもろもろの功徳《くどく》
願《ねが》はくはこれを以て　衆生《しゆじやう》の*四種の魔《ま》を破壊《はゑ》せむ
われ悪知識《あくちしき》に遇《あ》ふて　三世《さんぜ》の罪《つみ》を造作《ざうさ》せり
いま仏前《ぶつぜん》にして悔《く》ゆ　願《ねが》はくは後《のち》にまた造《つく》ることなからむ
願《ねが》はくはもろもろの衆生等《しゆじやうひと》しく　ことごとく菩提心《ぼだいしん》を発《ほち》せしむ
心《こころ》を繋《か》けて常《つね》に　十方一切仏を思念《しねん》せむ
また願《ねが》はくはもろもろの衆生《しゆじやう》　永《なが》くもろもろの煩悩《ぼんなう》を破《は》し
了了《れうれう》に仏性《ぶつしやう》を見《み》ること　なほ*妙徳《めうとく》のごとくして等《ひと》しからむと

その時《とき》に世尊《せそん》、*阿闍世王《あじやせわう》を讃《ほ》めたまはく、「善哉善哉《よいかなよいかな》、もし人《ひと》ありてよく菩提心《ぼだいしん》を発《ほち》せむ。まさに知《し》るべし、この人《ひと》は則ち諸仏大衆《しよぶつだいしゆ》を荘厳《しやうごん》すとす。大王《だいわう》、汝昔《なんぢむかし》すでに*毗婆尸仏《びばしぶつ》のみもとにして、初《はじ》めて阿耨多羅三藐三菩提心《あのくたらさんみやくさんぼだいしん》を発《ほち》しき。これよりこのかたわが出世《しゆつせ》に至《いた》るまで、その中間《ちうげん》においていまだかつてまた地獄《ぢごく》に堕《だ》して苦《く》を受《う》けず。大王《だいわう》、まさに知《し》るべし、菩提《ぼだい》の心《しん》は、いましかくのごとき無量《むりやう》の果報《くわほう》あり。大王今《だいわうけふ》より已往《いわう》に、常《つね》にまさに菩《ぼ》

無上道　無上の仏果のこと。

三宝　仏・法・僧の三は仏教徒として等しく尊重供養すべき宝であるから三宝という。

四種の魔　(一)五陰魔、(二)煩悩魔、(三)死魔、(四)天魔の四をいう。

妙徳　南本涅槃経では「文殊」。

阿闍世王　頻婆娑羅王の王子。提婆に誘惑され父王を幽閉して王位についた。さらに母の韋提希夫人をも幽閉した。しかし後に深く懺悔して釈尊に帰依し、仏法の外護者となった。

毗婆尸仏　梵名の音写。過去七仏の第一。人寿八万歳のとき般頭婆提城に生まれ、波波羅樹下に成道せられた。釈尊がかつて菩薩であったとき、この仏をたたえた功徳によって劫を経て成仏されたといわれる。

提《だい》の心《しん》を勲修《ごんしゆ》すべし。何《なに》を以ての故に、この因縁《いんえん》に従《したが》ふて、まさに無量《むりやう》の悪《あく》を消滅《せうめち》することを得べきが故《ゆへ》なり」。その時《とき》に阿闍世《あじやせ》王《わう》および*摩伽陀国《まかだこく》の人民《にんみん》挙《こぞ》りて座《ざ》よりして起《た》ちて、仏《ぶつ》を遶《めぐ》ること三帀《さんざう》して、辞退《じたい》して宮《みや》に還《かへ》りにき」と。已上抄出

*また言《のたま》はく、「善男子《ぜんなんし》、*羅閲祇《らえちぎ》の王《わう》頻婆《びんば》沙羅《しやら》、その王《わう》の太子《たいし》名《な》づけて*善見《ぜんけん》と曰《い》ふ。*業因縁《ごふいんえん》の故に悪逆《あくぎやく》の心《こころ》を生《しやう》じて、その父《ちち》を害《がい》せむとするに、しかるに便《たよ》りを得ず。その時《とき》に悪人《あくにん》提婆達多《だいばだつた》、また過去《くわこ》の業因縁《ごふいんえん》によるが故に、またわが所《ところ》において不善《ふぜん》の心《こころ》を生《しやう》じて、われを害《がい》せむとす。即ち五通《ごつう》を修《しゆ》して、久《ひさ》しからずして善見太子《ぜんけんたいし》とともに*親原《しんぐゑん》たることを獲《ぐゑやく》得《とく》せり。太子《たいし》のための故に、種種《しゆじゆ》の神通《じんづう》の事《こと》を現作《げんさ》す。門《もん》にあらざるより出《い》でて門《もん》よりして入《い》りて、門《もん》よりして出《い》でて門《もん》にあらざるして入《い》る。ある時《とき》は象《ざう》・馬《め》・牛《ご》・羊《やう》・男子《なんし》の身《しん》を示現《じげん》す。善見太子《ぜんけんたいし》見已《みをは》りて、即ち愛心《あいしん》・喜心《きしん》・敬信《きやうしん》の心《こころ》を生《しやう》ず。これを本《ほん》とするが故に、厳《きび》しく種種《しゆじゆ》の供養《くやう》の具《ぐ》を説《と》きてこれを供養《くやう》す。また白《まう》して言《まう》さく、「*大師聖人《だいししやうにん》、われいま*曼陀羅華《まんだらくゑ》を見《み》むと欲《おも》ふ」と。時《とき》に提婆達多《だいばだつた》、すなはち法《ほふ》として*三十三天に至《いた》りて、かの天人《てんにん》に従《したが》ふてこれを求索《ぐしやく》するに、その福尽《ふくつ》くるが故に都《すべ》て与《あた》ふる者なし。すでに華《はな》を得ず、この思惟《しゆい》を作《な》さく、曼陀羅樹《まんだらじゆ》は*我《が》・我所《がしよ》なし、もし自《みづか》ら取《と》らむにまさに何《なん》の罪《つみ》かあるべき。即ちすすむで取《と》らむとするに、便ち神通《じんづう》を失《うしな》へり。還《かへ》りて己身《こしん》を見《み》れば、王舎城《わうしやじやう》にあり。心《こころ》に慙愧《ざんぐゐ》を生《しやう》ずるに、また見《み》ることあたはず。善見太子《ぜんけんたいし》またこの念《ねん》を作《な》さく、われ今《いま》まさに如来《によらい》の所《みもと》に往至《わうし》して大衆《たいしゆ》を求索《ぐしやく》すべしと。仏《ぶつ》もし聴《ゆる》さば、われまさに意《こころ》に随《したが》ふて教《をし》へて、便ち*舎利《しやり》弗等《ほつら》に詔勅《せうちよく》すべしと。その時《とき》に提婆達多《だいばだつた》、便ちわが所《ところ》に来《きた》りてかくのごときの言《ごん》

摩伽陀国　→一二三頁注

また言はく善男子…　北本涅槃経巻三十四の文。

羅閲祇　梵語の音写。王舎城のこと。

善見　阿闍世太子のこと。

業因縁　過去につくった業の因縁のこと。

親原　親しくすること。

大師聖人　提婆達多に対する善見太子の敬語。

曼陀羅華　曼陀羅は梵語の音写。曼陀羅華は天妙華・白華と訳す。色は美しく香よく、見るものの心をよろこばしめるから適意華ともいう。

三十三天　忉利天のこと。欲界六天の第二で須弥山の頂上にある。中央の大城に帝釈天が住し、四方に各八城があってその眷属の天衆が住するので、合わせて三十三天となる。

我・我所　われと執着し、わがものと執着すること。

舎利弗　梵名の音写。王舎城の近く

に生まれ、釈尊の弟子中の最高の人。智慧第一といわれた。目連とともに六師外道の一人である删闍邪毗羅胝子に従っていたが、釈尊成道後まもなくともに弟子となった。仏に先んじて没したといわれる。

瞿曇 ↓一一五頁注

汚坌 汚すこと。

大悪 現行涅槃経では「大怨」。

顔容憔悴 顔かたちがやつれること。

罵辱 ののしること。

を作《な》さく、「やや願《ねが》はくは如来《にょらい》、この大衆《だいしゅ》を以てわれに付属《ふぞく》せよ。われまさに種種《しゅじゅ》に法《ほふ》を説《と》きて教化《けうくゑ》して、それをして調伏《でうぶく》せしむべし」と。われ痴人《ちにん》に言《いは》く、「舎利弗《しゃりほつ》等、大智《だいち》を聴聞《ちゃうもん》して世《よ》に信伏《しんぶく》するところなり。われなほ大衆《だいしゅ》を以て付属《ふぞく》せじ。いはんや汝痴人《なんぢちにん》、唾《つばき》を食《くら》ふ者をや」と。時《とき》に提婆達多《だいばだった》またわがところにおいてますます悪心《あくしん》を生《しゃう》じて、かくのごときの言《ごん》を作《な》さく、「*瞿曇《くどん》、汝《なんぢ》いままた大衆《だいしゅ》を調伏《でうぶく》すといへども、勢《いきお》ひまた久《ひさ》しからじ。まさに見《み》るに磨滅《まめち》すべし」と。この語《ご》を作《な》し已《をは》るに、大地《だいぢ》即時《そくじ》に六反震動《しんどう》す。提婆達多《だいばだった》、尋《すなわ》ちの時《とき》に地《ち》に躃《たふ》れて、その身《み》の辺《へん》より大暴風《だいぼうふう》を出《い》だして、もろもろの塵土《ぢんど》を吹《ふ》きてこれを*汚坌《わふん》す。提婆達多《だいばだった》、悪相《あくさう》を見《み》已《をは》りて、またこの言《ごん》を作《な》さく、「もしわれこの身《み》、現世《げんぜ》に必《かなら》ず阿鼻地獄《あびぢごく》に入《い》らば、わが悪《あく》まさにかくのごときの*大悪《だいあく》を報《むく》うべし」と。時《とき》に提婆達多《だいばだった》、尋《すなわ》ち起《た》ちて善見太子《ぜんけんたいし》の所《ところ》に往至《わうし》す。善見《ぜんけん》、見《み》已《をは》りて即ち聖人《しゃうにん》に問《と》はく、「何《なん》が故ぞ*顔容憔悴《げんようせうすい》して憂《うれへ》の色《いろ》あるや」と。提婆達多《だいばだった》言《いは》く、「われ常《つね》にかくのごとし。汝知《なんぢし》らずや」と。善見《ぜんけん》答《こた》へて言《いは》く、「その意《こころ》を領説《りゃうせち》す、何《なん》の因縁《いんえん》ありてか、しかる」と。提婆達《だいばだつ》の言《いは》く、「われ今汝《いまなんぢ》がために、極《きは》めて親愛《しんあい》をなす。外人汝《ぐわいじんなんぢ》を罵《の》りて、以て非理《ひり》とす。われこの事《こと》を聞《き》くに、あに憂《うれ》へざることを得むや」と。善見太子《ぜんけんたいし》またこの言《ごん》を作《な》さく、「国《くに》の人《ひと》いかんぞわれを*罵辱《めにく》する」と。提婆達《だいばだつ》の言《いは》く、「国《くに》の人汝《ひとなんぢ》を罵《の》りて未生怨《みしゃうをん》とす」。善見《ぜんけん》また言《いは》く、「何《なん》が故ぞ、われを名《な》づけて未生怨《みしゃうをん》とする、誰《たれ》かこの名《な》を作《な》す」と。提婆達《だいばだつ》の言《いは》く、「汝《なんぢ》いまだ生《うま》れざりし時《とき》、一切の相師《さうし》みなこの言《ごん》を作《な》さく、この児生《こうま》れ已《をは》りて、まさにその父《ちち》を殺《ころ》すべしと。この故に外人みなことごとく汝《なんぢ》を号《がう》して未生怨《みしゃうをん》とす。一切内《ない》の人《ひと》、汝《なんぢ》が心《こころ》を護《まも》るが

毗提夫人　韋提希夫人のこと。

婆羅留枝　折指の意味といわれる。梵語不詳。

行雨　正しくは「雨行」。雨行は釈尊当時の王舎城の老臣。

四種の兵　象兵・馬兵・車兵・歩兵の四種の兵士のこと。

故に、謂《い》ふて善見《ぜんけん》とす。*毗提夫人《びだいぶにん》この語《ご》を聞《き》き已《をは》りて、すでに汝《なんぢ》を生《うま》むとして、身《み》を高楼《かうろう》の上《うへ》にしてこれを地《ぢ》に棄《す》てしに、汝《なんぢ》が一つの指《ゆび》を壊《やぶ》れり。この因縁《いんえん》を以て、人《ひと》また汝《なんぢ》を号《がう》して*婆羅留枝《ばらおんし》とす。われこれを聞《き》き已《をは》りて心《こころ》に愁憤《しうふん》を生《しやう》じて、また汝《なんぢ》に向《む》かひてこれを説《と》くことあたはず」。提婆達多《だいばだつた》、かくのごとき等《ら》の種種《しゆじゆ》の悪事《あくじ》を以て教《をし》へて父《ちち》を殺《せち》せしむ。「もし汝《なんぢ》が父死《ちちし》せば、われまたよく瞿曇沙門《くどんしやもん》を殺《せち》せむ」と。善見太子《ぜんけんたいし》ひとりの大臣《だいじん》に問《と》はく、名《な》づけて*行雨《ぎやうう》【或る本、雨行】と曰《い》ふ。「大王《だいわう》、なんが故ぞ、わが字《あざな》を立《た》てむとするに、未《み》生怨《しやうをん》と作《つく》るや」と。大臣《だいじん》即ちためにその本末《ほんまち》を説《と》く、提婆達《だいばだつ》の所説《しよせち》のごとくして異《い》なけむ。善見聞《ぜんけんき》き已《をは》りて、即ち大臣《だいじん》とともに、その父《ちち》の王《わう》を収《と》りて、これを城《しろ》の外《ほか》に閉《と》づ、*四種の兵《つはもの》を以て、しかうしてこれを守衛《しゆゑ》せしむ。毗提夫人《びだいぶにん》、この事《こと》を聞《き》き已《をは》りて即ち王《わう》の所《ところ》に至《いた》る。時《とき》に王《わう》を守《まも》りて人《ひと》をして遮《しや》して入《い》ることを聴《ゆる》さず。その時《とき》に夫人《ぶにん》、瞋恚《しんい》の心《こころ》を生《しやう》じて便ちこれを呵罵《かめ》す。時《とき》にもろもろの守人《しゆにん》、即ち太子《たいし》に告《つ》ぐらく、「大王《だいわう》の夫人《ぶにん》、父《ちち》の王《わう》を見《み》むと欲《おも》ふおば、いぶかし、聴《ゆる》してむや、いなや」と。善見聞《ぜんけんき》き已《をは》りてまた瞋嫌《しんけむ》を生《しやう》じて、即ち母《はは》の所《ところ》に往《ゆ》きて、すすむで母《はは》の髪《かみ》を牽《ひ》きて刀《かたな》を抜《ぬ》きて斫《き》らむとす。その時《とき》に耆婆《ぎば》白《まう》して大王《だいわう》に言《いは》く、「国《くに》を有《たも》ちてより已来《このかた》、罪極《つみきは》めて重《おも》しといへども、女人《によにん》に及《およ》ばず。いはむや所生《しよしやう》の母《はは》おや」と。善見太子《ぜんけんたいし》この語《ご》を聞《き》き已《をは》りて耆婆《ぎば》のための故にすなはち放捨《はうしや》して、遮《さえぎ》りて大王《だいわう》の衣服《えぶく》・臥具《ぐわぐ》・飲食《をんじき》・湯薬《たうやく》を断《た》つ。七日《なぬか》を過《す》ぎ已《をは》るに、王《わう》の命《いのち》便ち終《をは》りぬ。善見太子《ぜんけんたいし》、父《ちち》の喪《さう》を見《み》已《をは》りて、まさに悔心《くゐしん》を生《しやう》ず。行雨《ぎやうう》【或る本、行雨】大臣《だいじん》、また種種《しゆじゆ》の悪邪《あくじや》の法《ほふ》を以て、しかうしてためにこれを説《と》く。「大王《だいわう》一切の業行《ごふぎやう》、すべて罪《つみ》あることなし。何《なん》が故ぞ、いま悔心《くゑしん》を生《しやう》ずるや」と。耆婆《ぎば》また言《いは》く、「大王《だいわう》まさに知《し》るべし、かくのごときの業《ごふ》は罪業二重《ざいごふにぢう》なり。一つには父《ちち》の王《わう》を殺《ころ》す、二つには*須陀洹《しゆだをん》を殺《ころ》せり。かくのごときの罪《つみ》は、仏《ぶつ》を除《のぞ》きてさらによく除滅《ぢよめち》したまふ者《ひと》なけむ」と。善見王《ぜんけんわう》言《いは》く、「如来《によらい》は清浄《しやうじやう》にして穢濁《あぢよく》ましますことなし。われら罪人《ざいにん》いかんしてか、見《み》たてまつることを得む」。

善男子《ぜんなんし》、われこの事《こと》を知《し》らむと、阿難《あなん》に告《つ》げたまはく、「三月《みつき》を過《す》ぎ已《をは》りて、われまさに涅槃《ねはん》すべきが故に」と。善見《ぜんけん》聞き已《をは》りて、即ちわが所《ところ》に来《きた》れり。*わがために法《ほふ》を説《と》きて重《ぢう》罪《ざい》をして薄《うす》きことを得《え》しめ、無根《むこん》の信《しん》を獲《え》しめたまへと。

善男子《ぜんなんし》、わがもろもろの弟子《でし》、この説《せち》を聞き已《をは》りてわが意《こころ》を解《さと》らざるが故に、この言《ごん》を作《な》さく、「如来定《によらいさだ》んで畢竟涅槃《ひちきやうねはん》を説《と》きたまへり」。善男子《ぜんなんし》、菩薩《ぼさつ》に二種あり。一つには実義《じちぎ》、二つには仮名《けみやう》なり。仮名《けみやう》の菩薩、われ三月《みつき》ありてまさに涅槃《ねはん》に入《い》るべしと聞《き》きて、みな退《たい》心《しん》を生《しやう》じてこの言《ごん》を作《な》さく、「もしそれ如来《によらい》、無常《むじやう》にして住《ぢう》したまはずは、われらいかがせむ。この事《こと》のための故に、無量世《むりやうせ》の中《うち》に大苦悩《だいくなう》を受《う》けき。如来世尊《によらいせそん》は無量《むりやう》の功徳《くどく》を成就《じやうじゆ》し具足《ぐそく》したまひて、なほ壊《ゑ》することあたはず。かくのごときの死魔《しま》おや。いはんやわれらがともがら、まさによく壊《ゑ》すべけむや」。善男子《ぜんなんし》、この故に、われかくのごときの菩薩のためにしてこの言《ごん》を作《な》さく、「如来《によらい》は常住《じやうぢう》にして*変易《へんやく》あることなし」。わがもろもろの弟子《でし》、この説《せち》を聞き已《をは》りてわが意《こころ》を解《さと》らざれば、定《さだ》んで言《いは》く、「如来《によらい》は終《つひ》に畢竟《ひちきやう》じて涅槃《ねはん》に入《い》りたまはず」と。已上抄出

ここを以て、いま大聖《だいしやう》の真説《しんせち》に拠《よ》るに、*難化《なんぐゑ》の三機、*難治《なんぢ》の三病は、大悲《だいひ》の弘誓《ぐぜい》を憑《たの》み、

須陀洹　梵語の音写。預流・入流などと訳す。小乗仏教の修道の階位である四向四果のうちの初果。三界の見惑を断じ尽くし、はじめて聖者の流類に預かり入ったという意味。

わがために…　親鸞独自の解釈。

変易　変化しかわること。

難化の三機　教化しがたい三種の機類。五逆・謗法・闡提の三種の人をいう。

難治の三病　治療できない重病人という意味。難化の三機に同じ。

*利他《りた》の信海《しんかい》に帰《くゐ》すれば、これを矜哀《こうあい》して治《ち》す、これを憐愍《れんびん》して療《れう》したまふ。喩《たと》へば*醍醐《だいご》の妙薬《めうやく》の一切の病《やまひ》を療《れう》するがごとし。*濁世《ぢよくせ》の庶類《しよるい》、穢《ゑ》悪《あく》の群生《ぐんじやう》、*金剛不壊《こんがうふゑ》の真心《しんしん》を求念《ぐねん》すべし、本願醍醐《ほんぐわんだいご》の妙薬《めうやく》を執持《しふぢ》すべきなりと、知《し》るべし。

それ諸大乗《しよだいじよう》に拠《よ》るに、難化《なんぐゑ》の機《き》を説《と》けり。いま大経《だいきやう》には「唯除《ゆいぢよ》*五逆誹謗正法《ごぎやくひはうしやうぼふ》」と言《い》ひ、あるいは「唯除造《ゆいぢよざう》*無間悪業誹謗正法及諸聖人《むけんあくごふひはうしやうぼふぎふしよしやうにん》」と言《のたま》へり。観経《くわんぎやう》には五逆《ごぎやく》の往生《わうじやう》を明《あ》かして謗法《はうぼふ》を説《と》かず。涅槃経《ねはんぎやう》には難治《なんぢ》の機《き》と病《やまひ》とを説《と》けり。これらの真教《しんけう》、いかんが思量《しりやう》せむや。

報《こた》へて導《いは》く、論《ろん》の註《ちう》に曰《いは》く、「問《と》ふて曰《いは》く、無量寿経《むりやうじゆきやう》に言《のたま》はく、「往生《わうじやう》を願《ぐわん》ぜむ者、みな往生《わうじやう》を得《え》しむ。ただ五逆《ごぎやく》と誹謗正法《ひはうしやうぼふ》とを除《のぞ》く」と。観無量寿経《かんむりやうじゆきやう》に「五逆《ごぎやく》・*十悪《じふあく》もろもろの不善《ふぜん》を具《ぐ》せるもの、また往生《わうじやう》を得」と言《い》へり。この二経いかんが会《ゑ》せむや。答《こた》へて曰《いは》く、一経には二種の重罪《ぢうざい》を具《ぐ》するを以てなり。一つには五逆《ごぎやく》、二つには誹謗正法《ひはうしやうぼふ》なり。この二種の罪《つみ》を以ての故に、このゆへに往生《わうじやう》を得ず。一経にはただ十悪《じふあく》・五逆等《ごぎやくとう》の罪《つみ》を作《つく》ると言《い》ふて、正法《しやうぼふ》を誹謗《ひはう》すと言《い》はず。正法《しやうぼふ》を謗《はう》せざるを以ての故に、この故に生《しやう》を得しむと。

問《と》ふて曰《いは》く、たとひ一人《いちにん》は五逆罪《ごぎやくざい》を具《ぐ》して正法《しやうぼふ》を誹謗《ひはう》せざれば、経《きやう》に得生《とくしやう》を許《ゆる》す。また一人ありてただ正法《しやうぼふ》を誹謗《ひはう》して、五逆《ごぎやく》もろもろの罪《つみ》なきもの往生《わうじやう》を願《ぐわん》ぜば、生《うま》るることを得るやいなや。答《こた》へて曰《いは》く、ただ正法《しやうぼふ》を誹謗《ひはう》せしめて、さらに余《よ》の罪《つみ》なしといへども、必《かなら》ず生《うま》るることを得じ。何《なに》を以てこれを言《い》ふとならば、経《きやう》に言《いは》く、「五逆《ごぎやく》の罪人《ざいにん》、*阿鼻大地《あびだいち》獄《ごく》の中《なか》に堕《だ》して、具《つぶさ》に一劫《いちこふ》の重罪《ぢうざい》を受《う》く。誹謗正法《ひはうしやうぼふ》の人《ひと》は阿《あ》鼻《び》大地《だいち》獄《ごく》の中《なか》に堕《だ》して、この

利他の信海 他力回向の信心のこと。

醍醐 醍醐味。涅槃経にいう五味の一。醍醐は牛乳を最も精製して作ったもので、美味の最上のものをあらわす語として用いられ、真実教の意にたとえられる。

濁世の庶類 よごれたこの迷いの世界の人々。

金剛不壊の真心 金剛のようなくだくことのできない信心。

五逆 五逆罪・五無間業ともいう。父母師長など恩ある人をそこなうから逆といい、無間地獄などにおちる行ないであるから無間業という。普通、小乗の五逆をあげて示す。即ち㈠殺父、㈡殺母、㈢殺阿羅漢、㈣破和合僧、㈤出仏身血。また大乗の五逆とは、㈠塔・経像、三宝付属物の破壊、㈡三乗の教法の排斥、㈢出家者の修行の妨害、㈣小乗の五逆、㈤業報を無視して十悪を犯すこと。

無間悪業 無間地獄に堕ちる悪しき行為。五逆罪をいう。

十悪 十種の悪業。殺生・偸盗・邪婬・妄語・綺語・悪口・両舌・貪欲・瞋恚・愚痴。

阿鼻大地獄 無間地獄のこと。↓一二頁注

劫《こふ》もし尽《つ》くれば、また転《てん》じて他方《たはう》の阿鼻大地獄《あびだいぢごく》の中《なか》に至《いた》る。かくのごとく展転《てんでん》して百千《ひやくせん》の阿鼻大地獄《あびだいぢごく》を逕《ふ》」。仏出《ぶつい》づることを得る時節《じせち》を記《き》したまはず。誹謗正法《ひはうしやうぼふ》の罪《つみ》、極重《ごくぢう》なるを以ての故《ゆゑ》なり。また正法《しやうぼふ》は即ちこれ仏法《ぶつほふ》なり。この愚痴《ぐち》の人《ひと》、すでに誹謗《ひはう》を生《しやう》ず、いづくんぞ仏土《ぶつど》に願生《ぐわんしやう》するの理《ことわり》あらむや。たとひただかの安楽《あんらく》に生《うま》れむことを貪《とむ》じて生《しやう》を願《ぐわん》ぜむは、また水《みづ》にあらざるの氷《こほり》、烟《けむり》なきの火《ひ》を求《もと》めむがごとし。あに得《う》る理《ことはり》あらむや。

問《と》ふて曰《いは》く、なんらの相《さう》か、これ「誹謗正法《ひはうしやうぼふ》」なるや。答《こた》へて曰《いは》く、もし無仏《むぶつ》・無仏《むぶつ》法《ほふ》・無菩薩《むぼさつ》・無菩薩法《むぼさつほふ》と言《い》はむ。かくのごとき等《ら》の見《けん》をもて、もしは心《こころ》に自《みづか》ら解《さと》り、もしは他《た》に従《したが》ひてその心《こころ》を受《う》けて決定《くゑちぢやう》するを、みな「誹謗正法《ひはうしやうぼふ》」と名《な》づくと。

問《と》ふて曰《いは》く、かくのごときらの計《け》はただこれ己《おのれ》が事《こと》なり。衆生《しゆじやう》において何《なん》の苦悩《くなう》あればか、五逆《ごぎやく》の重罪《ぢうざい》に踰《こ》へむや。答《こた》へて曰《いは》く、もし諸仏《しよぶつ》・菩薩《ぼさつ》、世間《せけん》・出世間《しゆつせけん》の善道《ぜんだう》を説《と》きて衆生《しゆじやう》を教化《けうくゐ》する者《ひと》ましまさずは、あに仁《じん》・義《ぎ》・礼《れい》・智《ち》・信《しん》あることを知《し》らむや。かくのごとき世間《せけん》の一切善法《ぜんぼふ》みな断《だん》じ、出世間《しゆつせけん》の一切賢聖《げんじやう》みな滅《めち》しなむ。汝《なんち》ただ五逆罪《ごぎやくざい》の重《ぢう》たることを知《し》りて、五逆罪《ごぎやくざい》の正法《しやうぼふ》なきより生《しやう》ずることを知《し》らず。この故に謗正法《はうしやうぼふ》の人《ひと》は、その罪《つみ》最重《さいぢう》なりと。

問《と》ふて曰《いは》く、*業道経《ごふだうきやう》に言《いは》く、「業道《ごふだう》は称《はかり》のごとし、重《おも》きものまづ牽《ひ》く」と。観無量寿経《くわんむりやうじゆきやう》に言《い》ふがごとし。「人《ひと》ありて五逆《ごぎやく》・十悪《じふあく》を造《つく》り、もろもろの不善《ふぜん》を具《ぐ》せらむ、悪道《あくだう》に堕《だ》して多劫《たこふ》を逕歴《きやうりやく》して無量《むりやう》の苦《く》を受《う》くべし。命終《みやうじゆう》の時《とき》に臨《のぞ》んで、善知識《ぜんぢしき》の教《おし》へて南無無量寿仏《なむむりやうじゆぶつ》を称《しよう》せしむるに遇《あ》はむ。かくのごとき心《こころ》を至《いた》して、声《こゑ》をして絶《た》へざらしめて十念を具足《ぐそく》す

業道経　経典の名ではなく、業道因果の道理を説いた経典という意味。業道地経(大正蔵一五)の文意が近い。

れば、便《すなは》ち安楽浄土《あんらくじやうど》に往生《わうじやう》することを得て、即ち大乗正定《だいじようしやうぢやう》の聚《じゆ》に入《い》りて、畢竟《ひちきやう》じて不退《ふたい》ならむ。「*三塗《さんづ》のもろもろの苦《く》と永《なが》く隔《へだ》つ」。まづ牽《ひ》くの義《ぎ》、理《り》においていかんぞ。また曠《くわう》劫《ごふ》よりこのかた備《つぶさ》にもろもろの行《ぎやう》を造《つく》れる、有漏《うろ》の法《はふ》は*三界《さんがい》に繫属《けぞく》せり。ただ十念《じふねん》を以て阿弥陀仏《あみだぶつ》を念《ねん》じて便ち三界《さんがい》を出《い》でば、*繫業《けごふ》の義《ぎ》またいかんがせむとするや。

答《こた》へて曰《いは》く、汝《なんぢ》、五逆《ごぎやく》・十悪《じふあく》・繫業《けごふ》等《とう》を重《ぢう》とし、下下品《げげほん》の人《ひと》の十念を以て軽《きやう》として、罪《つみ》のために牽《ひ》かれてまづ地獄《ぢごく》に堕《だ》して三界に繫在《けざい》すべしと謂《い》はば、今《いま》まさに義《ぎ》を以て軽重《きやうぢう》の義《ぎ》を校量《けうりやう》すべし。心《しん》に在《あ》り、縁《えん》に在《あ》り、決定《くゑちぢやう》に在《あ》り、時節《じせち》の久近《くごん》・多少《たせう》にあるにはあらざるなり。いかんが心《しん》に在《あ》ると。かの罪《つみ》を造《つく》る人《ひと》は、自《みづか》ら*虚妄顚倒《こまうてんだう》の見《けん》に依止《えし》して生《しやう》ず。この十念は善知識《ぜんちしき》の方便安慰《はうべんあんゐ》して実相《じちさう》の法《はふ》を聞《き》かしむるに依りて生《しやう》ず。一つは実《じち》、一つは虚《こ》なり、あに相《あ》ひ比《たくら》ぶることを得《え》むや。譬《たと》へば、千歳《せんざい》の闇室《あんしち》に光《ひかり》もしばらく至《いた》れば、すなはち明朗《みやうらう》なるがごとし。闇《やみ》あに室《しち》に在《あ》ること千歳《せんざい》にして去《さ》らじと言《い》ふことを得《え》むや。これを在心《ざいしん》と名《な》づく。いかんが縁《えん》に在《あ》ると。かの罪《つみ》を造《つく》る人《ひと》は、自《みづか》ら妄想《まうさう》の心《しん》に依止《えし》し、煩悩《ぼんなう》虚妄《こまう》の果報《くわほう》の衆生《しゆじやう》に依りて生《しやう》ず。この十念は無上《むじやう》の信心《しんじん》に依止《えし》し、阿弥陀如来《あみだにょらい》の方便荘厳《はうべんしやうごん》真実清浄無量功徳《しんじちしやうじやうむりやうくどく》の名号《みやうがう》に依りて生《しやう》ず。譬《たと》へば人《ひと》ありて毒《どく》の箭《や》を被《かふ》りて、中《あた》るところ筋《すぢ》を截《き》り、骨《ほね》を破《やぶ》るに、滅除薬《めちぢよやく》の鼓《つづみ》を聞《き》けば、即ち箭《や》出《ぬ》け、毒除《どくのぞ》こるがごとし〈*首楞厳経《しゆりようごんぎやう》に言《いは》く、「譬《たと》へば薬《くすり》あり、名《な》づけて滅除《めちぢよ》と曰《い》ふ。もし闘戦《とうせん》の時《とき》にもて鼓《つづみ》に塗《ぬ》るに、鼓《つづみ》の声《こゑ》を聞《き》く者、箭《や》出《ぬ》け毒除《どくのぞ》こるがごとし。菩薩摩訶薩《ぼさつまかさつ》もまたまたかくのごとし。*首楞厳三昧《しゆりようごんさんまい》に住《ぢう》してその名《な》を聞《き》く者、三毒の箭《や》、自然《じねん》に抜出《ばちしゆつ》す」と〉。あにかの箭《や》深《ふか》く、毒《どく》はげしからむと、鼓《つづみ》の音声《おんじやう》を聞《き》くとも箭《や》を抜《ぬ》き毒《どく》を去《さ》ることあたはじ

三塗　地獄道の猛火に焼かれる火塗、畜生道の互いにあい食う血塗、餓鬼道の刀剣杖をもって逼迫せられる刀塗の三悪道のこと。

三界　欲界・色界・無色界の三。迷いの世界のこと。

繫業　無始以来三界につないでいる業。衆生を迷界につなぎとめる行為のこと。

虚妄顚倒の見　真如にそむいた誤った考え。

首楞厳経　首楞厳三昧経二巻(大正蔵一五)。姚秦の鳩摩羅什訳。仏が堅意菩薩の請に応じて、頓証菩提の法として首楞厳三昧を説いたもの。

首楞厳三昧　梵語の音写。勇健定・健相定と訳す。菩薩がこの三昧を得れば、もろもろの煩悩魔や魔人も破壊することができないからこう名づける。

と言《い》ふことを得べけむや。これを在縁《ざいえん》と名《な》づく。いかんが決定《くゑちぢやう》に在《あ》ると。かの罪《つみ》を造《つく》る人《ひと》は*有後心《うごしん》・*有間心《うけんしん》に依止《えし》して生《しやう》ず。この十念は*無後心《むごしん》・*無間心《むけんしん》に依止《えし》して生《しやう》ず。これを決《くゑち》定《ぢやう》と名《な》づく。三つの義《ぎ》を校量《けうりやう》するに、十念は重《ぢう》なり。重《おも》きものまづ牽《ひ》きて、よく*三有《さんう》を出《い》づ。両経《りやうきやう》一義なるならくのみと。

問《と》ふて曰《いは》く、幾《いく》ばくの時《とき》おか名《な》づけて一念とするや。答《こた》へて曰《いは》く、百一の生滅《しやうめち》を一刹那《いちせちな》と名《な》づく。六十の刹那《せちな》を名《な》づけて一念とす。この中《なか》に念《ねん》と云《い》ふは、この時節《じせち》を取《と》らざるなり。ただ阿弥陀仏《あみだぶつ》を憶念《おくねん》して、もしは*総相《そうさう》もしは*別相《べちさう》、所観《しよくわん》の縁《えん》に随《したが》ふて心《こころ》に他想《たさう》なくして十念相続《さうぞく》するを名《な》づけて十念とすと言《い》ふなり。ただし名号《みやうがう》を称《しよう》することもまたまたかくのごとし。

問《と》ふて曰《いは》く、心《こころ》もし他縁《たえん》せば、これを摂《せふ》して還《かへ》らしめて念《ねん》の多少《たせう》を知《し》るべし。ただ多少《たせう》を知《し》らば、また間《ひま》なきにあらず。もし心《こころ》を凝《こ》らし想《おもひ》を注《とど》めば、また何《なに》に依りてか念《ねん》の多少《たせう》を記《き》することを得べきや。答《こた》へて曰《いは》く、経《きやう》に十念と言《い》ふは*業事成弁《ごふじじやうべん》を明《あ》かすならくのみと。必《かなら》ずしも、すべからく頭数《づしゆ》を知《し》るべからざるなり。*蟪蛄《けいこ》春秋《しゆんじう》を識《し》らず、*伊虫《いちう》あに*朱陽《しゆやう》の節《せち》を知《し》らむやと言《い》ふがごとし。知《し》る者これを言《い》ふならくのみと。十念業成《じふねんごふじやう》とはこれまた*神《じん》に通《つう》ずる者これを言《い》ふならくのみと。ただ念《ねん》を積《つ》み相続《さうぞく》して他事《たじ》を縁《えん》ぜざれば便《すなは》ち罷《や》みぬ。またなんぞ、仮《かり》に念《ねん》の頭数《づしゆ》を知《し》ることを須《もち》ゐむや。もし必《かなら》ず知《し》ることを須《もち》ゐば、また方便《はうべん》あり。必《かなら》ず口授《くじゆ》を須《もち》ゐよ、これを筆点《ひちてん》に題《だい》することを得ざれ」と。已上

*光明寺《くわうみやうじ》の和尚《くわしやう》云《いは》く、「問《と》ふて曰《いは》く、四十八願の中《なか》のごときは、ただ五逆《ごぎやく》と誹《ひ》謗《はう》正法《しやうぼふ》と

有後心　まだ後があるというゆっくりした考え。
有間心　いろいろの間雑する心。
無後心　もはや後がないという考え。
無間心　専念の心。
三有　迷いの世界のこと。
総相　全体のすがた。
別相　一つ一つのすがた。一部分のすがた。
業事成弁　往生の業事が成就すること。往生の因が完成して必ず浄土に生まれることが決定すること。
蟪蛄　ひぐらし蟬。
伊虫　この虫ということ。即ち蟪蛄をさす。
朱陽の節　夏。
神に通ずるもの　神通力をもっている仏のこと。
光明寺の和尚云く　善導の観経疏散善義の文。

を除《のぞ》きて、往生《わうじやう》を得《え》しめず。今《いま》この観経《くわんぎやう》の下品下生《げほんげしやう》の中《なか》には、誹謗《ひはう》をきらいて五逆《ごぎやく》を摂《せふ》せるは、何《なん》の意《こころ》かあるや。答《こた》へて曰《いは》く、この義《ぎ》、仰《あふ》いで*抑止門《おくしもん》の中《なか》について解《げ》す。四十八願の中《なか》のごとき、謗法《はうぼふ》・五逆《ごぎやく》を除《のぞ》くことは、しかるにこの二業《にごふ》その障《さは》り極重《ごくぢう》なり。衆生《しゆじやう》もし造《つく》れば、直《ただ》ちに阿鼻《あび》に入《い》りて*歴劫周章《りやくこふしうしやう》して出《い》づべきに由《よし》なし。ただ如来《によらい》それこの二つの過《とが》を造《つく》らむを恐《おそ》れて、方便《はうべん》して止《とど》めて往生《わうじやう》を得ずと言《のたま》へり。またこれ摂《せふ》せざるにはあらざるなり。また下品下生《げほんげしやう》の中《なか》に五逆《ごぎやく》を取《と》りて謗法《はうぼふ》を除《のぞ》くことは、それ五逆《ごぎやく》は、すでに作《つく》れり、捨《す》てて流転《るてん》せしむべからず。還《かへ》りて大悲《だいひ》を発《おこ》して摂取《せふしゆ》して往生《わうじやう》せしむ。しかるに謗法《はうぼふ》の罪《つみ》は、いまだ為《つく》らざれば、また止《とど》めて、もし謗法《はうぼふ》を起《お》こさば即ち生《うま》るることを得じと言《のたま》ふ。これは未造業《みざうごふ》について解《げ》するなり。もし造《つく》らば、還《かへ》りて摂《せふ》して生《うま》るることを得しめむ。かしこに生《うま》るることを得《う》といへども華合《はながふ》して多劫《たこふ》を逕《へ》む。これらの罪人《ざいにん》、華《はな》の内《うち》に在《あ》る時《とき》、三種の障《さは》りあり。一つには仏《ぶつ》およびもろもろの聖衆《しやうじゆ》を見《み》ることを得じ、二つには正法《しやうぼふ》を聴聞《ちやうもん》することを得じ、三つには歴事供養《りやくじくやう》を得じと。これを除《のぞ》きて已外《いぐゑ》はさらにもろもろの苦《く》なけむ。*経《きやう》に云《いは》く、「なほ比丘《びく》の*三禅《さんぜん》の楽《らく》に入《い》るがごときなり」と。知《し》るべし。華《はな》の中《なか》にありて多劫開《たこふひら》けずといへども、阿鼻地獄《あびぢごく》の中《なか》にして長時永劫《ぢやうじゐやうごふ》にもろもろの苦痛《くつう》を受《う》けむに勝《すぐ》れざるべけむや。この義《ぎ》、抑止門《おくしもん》について解《げ》し竟《をは》んぬ」と。已上

*また云《いは》く、「永《なが》く譏嫌《きげん》を絶《た》ち、等《ひと》しくして憂悩《うなう》なし。人天善悪《にんでんぜんあく》みな往《ゆ》くことを得。かしこに到《いた》りて殊《こと》なることなし、*斉同不退《さいどうふたい》なり。何《なに》の意《こころ》かしかるとならば、いまし弥陀《みだ》の因地《いんぢ》にして*世饒王仏《せねうわうぶつ》の所《みもと》にして、位《くらゐ》を捨《す》てて家《いへ》を出《い》づ、即ち悲智《ひち》の心《しん》を起《お》こして広《ひろ》く四十八願

抑止門　おさえ止めること。如来が罪を造らせまいとしておさえ制止する法門という意味。

歴劫周章　長いあいだ苦しみへめぐること。

経　涅槃経・悲華経・観仏三昧経などの経典。

三禅の楽　色界四禅天の中の第三禅天の楽のこと。この三禅天に入れば、行捨(平静な心)・正念・正慧・受楽・定の五支があるとされる。

また云はく永く…　善導の法事讃の文。

斉同不退　同じように不退の位を得るという意味。

世饒王仏　世自在王仏のこと。法蔵菩薩の本師である仏の名。

回心　自力心をひるがえして他力に帰すること。

淄州　唐代の人。法相宗の慧沼のことをいう(六五〇—七一四)。淄州はその生地。玄奘・窺基に随って学を受け、淄州の大雲寺に住して法相の宗義を顕揚した。今の文は、慧沼の最勝王経疏巻三(大正蔵三九)等の文意による永観の往生拾因(大正蔵八四)より引用するもの。

羅漢　阿羅漢(梵語の音写)のこと。小乗声聞四果の最高位。学ぶべきもののなく世の供養を受ける位に至った者。

和合僧　僧衆の和合。

恩田　父母や師等、その恩に報いる

べき人のこと。報恩福田の略。
福田 福徳を育ててくれるもののこと。如来または比丘を福田という。仏僧などに供養すれば、その福徳の生ずることは田地に穀物の生ずるようであるから福田という。
倶舎論 阿毘達磨倶舎論(大正蔵二九)三十巻のこと。天(世)親の著。玄奘の訳。倶舎宗の根本聖典。
無学の尼 阿羅漢果を得た比丘尼のこと。さとりをひらいた尼僧をいう。
住定の菩薩 長い菩薩の修行を一応完成して、さらに仏の相を得るために修行している菩薩のこと。
有学 小乗四果の聖者のうち、前の三果をいう。いまだなお学修すべきものがあるから有学という。
無学 煩悩を断じつくして阿羅漢のさとりを得たもの。
卒都波 梵語の音写。塔のこと。
薩遮尼乾子経 大薩遮尼乾子所説経(大正蔵九)の略称。十巻。北魏の菩提流支訳。
障破留難 仏法の流布するを妨げ、危難を加える。
隠蔽落蔵 仏法の光を覆いかくしてひろまらぬようにする。
駈使債調 かりたててこき使い、責めさいなむこと。
かの経に云く 大乗大集地蔵十輪経巻三(大正蔵一三)。
羅漢の尼 無学尼に同じ。

を弘《ひろ》めしめたまふしに由《よ》りてなり。仏願力《ぶつぐわんりき》を以て、五逆《ごぎやく》と十悪《じふあく》と罪滅《つみめち》し生《うま》るることを得しむ。謗法《はうぼふ》・闡提《せんだい》、*回心《ゑしん》すれば みな往《ゆ》く」と。抄出

五逆《ごぎやく》と言《い》ふは、「もし*淄州《ししう》に依るに五逆《ごぎやく》に二つあり。一つには三乗《さんしよう》の五逆《ごぎやく》なり。謂《いは》く、一つにはことさらに思《おも》ふて父《ちち》を殺《ころ》す、二つにはことさらに思《おも》ふて母《はは》を殺《ころ》す、三つにはことさらに思《おも》ふて*羅漢《らかん》を殺《ころ》す、四つには倒見《たうけん》して*和合僧《わがふそう》を破《は》す、五つには悪心《あくしん》をもて仏身《ぶつしん》より血《ち》を出《い》だす。*恩田《おんでん》に背《そむ》き*福田《ふくでん》に違《ゐ》するを以ての故に、これを名《な》づけて逆《ぎやく》とす。この逆《ぎやく》を執《しふ》する者は、身《み》壊《やぶ》れ命《いのち》終《お》えて、必定《ひちぢやう》して無間地獄《むけんぢごく》に堕《だ》して一大劫《いちだいこふ》の中《うち》に無間《むけん》の苦《く》を受《う》けむ、無間業《むけんごふ》と名《な》づくと。

また*倶舎論《くしやろん》の中《なか》に、五無間《ごむけん》の同類《どうるい》の業《ごふ》あり。かの頌《じゆ》に云《いは》く、「母《はは》 無学《むがく》の尼《に》を汚《けが》す〈母《はは》を殺《ころ》す罪《つみ》の同類《どうるい》〉。*住定《ぢうぢやう》の菩薩《ぼさつ》〈父《ちち》を殺《ころ》す罪《つみ》の同類《どうるい》〉および*有学《うがく》・*無学《むがく》を殺《ころ》す〈羅漢《らかん》を殺《ころ》す同類《どうるい》〉。僧《そう》の和合《わがふ》縁《えん》を奪《うば》ふ〈僧《そう》を破《は》する罪《つみ》の同類《どうるい》〉。*卒都波《そとば》を破壊《はゑ》する〈仏身《ぶつしん》より血《ち》を出《い》だす〉」。二つには大乗《だいじよう》の五逆《ごぎやく》なり。*薩遮尼乾子経《さつしやにけんしきやう》に説《と》くがごとし。「一つには塔《たふ》を破壊《はゑ》し経蔵《きやうざう》を焚焼《ぼんせう》する、および三宝《さんぼう》の財物《さいもち》を盗用《たうよう》する。二つには三乗の法《ほふ》を謗《そし》りて聖教《しやうげう》にあらずと言《い》ふて、*障破留難《しやうはるなん》し*隠蔽落蔵《らくざう》する。三つには一切出家《しゆつけ》の人《ひと》、もしは戒《かい》・無戒《むかい》・破戒《はかい》のものを打罵《ちやうめ》し呵責《かしやく》して、過《とが》を説《と》き禁閉《きむへい》し還俗《ぐゑんぞく》せしめ、*駈使債調《くしさいてう》し断命《だんみやう》せしむる。四つには父《ちち》を殺《ころ》し、母《はは》を害《がい》し、仏身《ぶつしん》より血《ち》を出《い》だし、和合僧《わがふそう》を破《は》し、阿羅漢《あらかん》を殺《ころ》すなり。五つには謗《はう》して因果《いんぐわ》なく、長夜《ぢやうや》に常《つね》に十不善業《じふふぜんごふ》を行《ぎやう》ずるなり」と。已上　*かの経《きやう》に云《いは》く、「一つには不善心《ふぜんしん》を起《お》こして独覚《どくかく》を殺害《せちがい》する、これ殺生《せちしやう》なり。二つには*羅漢《らかん》の尼《に》を婬《いん》する、これを邪行《じやぎやう》と云《い》ふなり。三つには所施《しよせ》の三宝《さんぼう》

物《もち》を侵損《しむそん》する、これ*不与取《ふよしゅ》なり。四つには倒見《たうけん》して和合僧衆《わがふそうしゅ》を破《は》する、これ虚誑語《こわうご》なり」。

略出

顕浄土真実信文類《けんじやうどしんじちしんもんるい》　三

不与取　偸盗のこと。与えられざるものを取ること。他人の財物等をひそかにあるいは脅迫して盗むこと。

証巻

証巻は、最初に「必至滅度の願」等と第十一願名などを標し、本文は、㈠まず真実の往相廻向の行信の因によってうる真実の証果(自利)が如何なるものであるかを明らかにし(謹んで真実の証等)、㈡次にその真実の証果のところに直ちに必現せしめられてくる還相廻向(利他)の内容を具体的に解明し(二つに還相の回向等)、㈢最後に往還二廻向の証果について結論する(しかれば大聖の真言等)、といった三段階に分かってみられる。本文中の第一段階では、(1)最初に、信巻に明かす所に応じて、信一念の即時に正定聚不退転の位に住するゆえ、臨終の一念に浄土に往生すると同時に他力により無上の覚り(涅槃)を極めることを明らかにし、(2)そのことを、次に第十一願文、成就文、曇鸞の論註、道綽の安楽集、善導の疏文などを引いて、具体的に解明し、(3)最後に、行信の因により覚りの果を極めることが全く如来の廻向によることを説き示すのである。次に第二段階では、(1)まず、還相の廻向が、如来の廻向によってなさしめられる、果を極めた往生者の利他摂化の働きであることを第二十二願によって明らかにし、(2)次に還相利他摂化の内容を、浄土論・論註の指示を詳しく顧みることによって解明するのである。かくして、第三段階は、論・論註の指示による往還二廻向の証果開顕の意義を明らかにするのである。

*必《ひち》至《し》滅《めち》度《ど》の願《ぐわん》
*難《なん》思《じ》議《ぎ》往《わう》生《じやう》

必至滅度の願　第十一願のこと。阿弥陀仏の浄土に往生した者は必ず滅度のさとりをひらかせようということを誓われた願。
難思議往生　如来の願力によって、真実の報土に往生する第十八願の往生をいう。難思議とは不思議の意で、大経に説かれた第十八願の法は因果ともに不可思議であるから難思議往生というのである。

◇謹んで真実の…　まず真実証果の意義を明かす。↓補
利他円満の妙位　他力より与えられる功徳のかけめないすぐれた位。
無上涅槃の極果　あらゆる煩悩を断じつくした結果としてあらわれたこの上ないさとりの果報。
煩悩成就の凡夫　あらゆる煩悩をもっているわれわれ。
生死罪濁の群萠　迷いの罪に濁れる衆生。
往相回向の心行　衆生が浄土に往生する因として如来より回向された信と、そののちに一生涯の念仏となっ

顕浄土真実証文類《けんじやうどしんじちしようもんるい》 四

愚禿釈親鸞集《ぐとくしやくしんらんしふ》

*謹《つつし》んで真実《しんじち》の証《しよう》を顕《あら》はさば、則ちこれ*利他円満《りたゑんまん》の妙位《めうゐ》、*無上涅槃《むじやうねはん》の極果《ごくくわ》なり。即ちこれ必至滅度《ひちしめちど》の願《ぐわん》より出《い》でたり、また証大涅槃《しようだいねはん》の願《ぐわん》と名《な》づくるなり。しかるに*煩悩成就《ぼんなうじやうじゆ》の凡夫《ぼんぶ》、*生死罪濁《しやうじざいぢよく》の群萠《ぐんまう》、*往相回向《わうさうゑかう》の心行《しんぎやう》を獲《う》れば、即《そく》の時に大乗正定聚《だいじようしやうぢやうじゆ》の数《かず》に入《い》るなり。*正定聚に住するが故に、必ず*滅度《めちど》に至《いた》る。必ず滅度《めちど》に至《いた》るは即ちこれ*常楽《じやうらく》なり、常楽《じやうらく》は即ちこれ*畢竟寂滅《ひちきやうじやくめち》なり、寂滅《じやくめち》は即ちこれ無上涅槃《むじやうねはん》なり、無上涅槃《むじやうねはん》は即ちこれ*無為法身《むゐほふしん》なり、無為法身《ゐほふしん》は即ちこれ*実相《じちさう》なり、実相《じちさう》は即ちこれ*法性《ほふしやう》なり、法性《ほふしやう》は即ちこれ*真如《しんによ》なり、真如《しんによ》は即ちこれ*一如《いちによ》なり。しかれば弥陀如来《みだによらい》は*如《によ》より来生《らいしやう》して、*報《ほう》・応《おう》・化《くゑ》、種種《しゆじゆ》の身《しん》を示《しめ》し現《げん》じたまふなり。

*必至滅度《ひちしめちど》の願文《ぐわんもん》、大経《だいきやう》に言《のたま》はく、「たとひわれ仏《ぶつ》を得《え》たらむに、国《くに》の中《うち》の人天《にんでん》、定聚《ちやうじゆ》に住《ぢう》し、必《かなら》ず滅度《めちど》に至《いた》らずは、正覚《しやうがく》を取《と》らじ」と。已上

無量寿如来会《むりやうじゆによらいゑ》に言《のたま》はく、「もしわれ成仏《じやうぶつ》せむに、国《くに》の中《うち》の有情《うじやう》、もし決定《くゑちぢやう》して*等正覚《とうしやうがく》を成《な》り大涅槃《だいねはん》を証《しよう》せずは、菩提《ぼだい》を取《と》らじ」と。已上

願成就《ぐわんじやうじゆ》の文《もん》、*経《きやう》に言《のたま》はく、「それ衆生《しゆじやう》ありて、かの国《くに》に生《うま》るれば、皆《みな》ことごとく正定《しやうぢやう》の

て相続するところの称名をいう。

正定聚　正しく往生するに決定した聚類。

滅度　涅槃。涅槃に入ると永く生死の大苦を滅し、煩悩の流れを越えるから滅度という。

常楽　常におとろえることのない楽しみ。涅槃は常住であって変易のない楽しみであるから。

畢竟寂滅　究極の静けさ。煩悩を滅した最終的寂静の意味。

無為法身　仏の法身は湛然寂静で、色も形もなく常住にして相対の造作を離れているから無為法身という。

実相　一切世間のありのままなる真実のすがた。

法性　一切諸法の本性である真如。

真如　真実で常のごとく永遠に変わらぬものの意。縁起因縁生的存在。

一如　真如は唯一無二で、常の如くあるから一如という。

如より来生して　一如より形を現わしての意味。

報・応・化　報身・応身・化身。

◇必至滅度の願文…　経釈を引き、証の意味を詳らかにする。↓補

等正覚　等覚に同じ。①仏の異称。②菩薩五十二位の階級中、最高位の第五十一位のこと、ほとんど妙覚の仏果と等しいからかくいう、③他力の信を獲た念仏者、の三意があるが、いまは②の意味。

経に言はく…　大経の十一願成就文。

聚《じゆ》に住《ぢう》す。所以《ゆえ》はいかん、かの仏国《ぶつこく》の中《うち》には、もろもろの*邪聚《じやじゆ》および*不定聚《ふぢやうじゆ》なければなり」と。

また言《のたま》はく、「かの仏国土《ぶつこくど》は、清浄安穏《しやうじやうあんをん》にして微妙快楽《みめうくあらく》なり、*無為泥洹《むゐないをん》の道《だう》にちかし。それもろもろの声聞《しやうもん》・菩薩《ぼさつ》・天《てん》・人《にん》、智慧高明《ちゑかうみやう》にして、神通洞達《じんづうどうだち》せり。ことごとく同《おな》じく一類にして、形異状《かたちいじやう》なし。ただ余方《よはう》に因順《いんじゆん》するが故に、人天《にんでん》の名《な》あり。顔貌端正《げんめうたんじやう》にして世《よ》に超《こ》えて希有《けう》なり。容色微妙《ようしきみめう》にして天《てん》にあらず人《にん》にあらず、みな*自然虚無《じねんこむ》の身《しん》、無極《むごく》の体《たい》を受《う》けたるなり」と。

*また言《のたま》はく、「かの国《くに》の衆生《しゆじやう》、もしまさに生《うま》れむ者、皆《みな》ことごとく無上菩提《むじやうぼだい》を究竟《くきやう》し、涅槃《ねはん》のところに到《いた》らしめむ。何《なに》を以ての故に、もし邪定聚《じやぢやうじゆ》および不定聚《ふぢやうじゆ》は、*かの因《いん》を建立《こんりふ》せることを了知《れうち》することあたはざるが故《ゆゑ》なり」と。已上抄要

*浄土論《じやうどろん》に曰《いは》く、「「*荘厳妙声功徳成就《しやうごんめうしやうくどくじやうじゆ》とは、偈《げ》に、*梵声悟深遠《ぼんしやうごじんをん》、微妙聞十方《みめうもんじふはう》の故にと言《のたま》へり」と。これいかんぞ不思議《ふしぎ》なるや。経《きやう》に言《のたま》はく、「もし人《ひと》ただかの国土《こくど》の清浄安楽《しやうじやうあんらく》なるを聞《き》きて、*剋念《こくねん》して生《うま》れむと願《ぐわん》ぜむものと、また往生《わうじやう》を得《う》るものとは、即ち正定聚《しやうぢやうじゆ》に入《い》る」。これはこれ国土《こくど》の名字《みやうじ》、仏事《ぶつじ》をなす、いづくんぞ思議《しぎ》すべきやと。

「*荘厳主功徳成就《しやうごんしゆくどくじやうじゆ》とは、偈《げ》に、正覚阿弥陀法王善住持《しやうがくあみだほふわうぜんぢうぢ》の故にと言《のたま》へり」。これいかんが不思議《ふしぎ》なるや。正覚《しやうがく》の阿弥陀不可思議《あみだふかしぎ》にまします。かの安楽浄土《あんらくじやうど》は正覚阿弥陀《しやうがくあみだ》の善力《ぜんりき》のために住持《ぢうぢ》せられたり、いかんが思議《しぎ》することを得《う》べきや。住《ぢう》は不異不滅《ふいふめち》に名《な》づく、持《ち》は不散不失《さんぷしち》に名《な》づく。不朽薬《ふきうやく》を以て種子《しゆし》に塗《ぬ》りて、水《みづ》におくに蘭《みだ》れず、火《ひ》におくに燋《こが》れず、因《いん》

邪聚　邪定聚のこと。第十九願の方便要門の者で、信罪福心をもって定散の諸行を行じ化土に生ずるから、機法因果ともに邪である。ゆえに邪定聚という。

不定聚　第二十願の方便真門の者で、名号法を聞きながら自力の回向を用いるから、法は正であるが機は邪であって正・邪不定である。また化土の生と決定はしているが、名号法そのものは邪ではない。このように正・邪定まらないから不定聚という。

無為泥洹の道　無為涅槃のさとりの道理。

自然虚無の身、無極の体　仏のはかり知れぬさとりの身体のこと。自然とは無為、虚無は無色無形、無極とは最上の意味。

また言はく…　如来会十一願成就文。

かの因を…　親鸞独自の読み方。

浄土論　天親菩薩の浄土論を解釈する論註の文。

荘厳妙声功徳　浄土論に説く浄土の三厳二十九種荘厳のうち国土十七種荘厳の一。浄土のすぐれた名声は遠く十方の世界に響き、聞くものをして開悟せしめる功徳のあること。

梵声悟深遠　浄土のきよき名は深く遠く悟らせるということ。

剋念して…　親鸞独自の読み方。

荘厳主功徳　浄土論に浄土の荘厳として三厳二十九種をあげる中の一。国土功徳十七種の中の一で、阿弥陀

縁《えん》を得《え》て、即ち生《しやう》ずるがごとし。何《なに》を以ての故に、不朽薬《ふきうやく》の力《ちから》なるが故《ゆへ》なり。もし人《ひと》、ひとたび安楽浄土《あんらくじやうど》に生《しやう》ずれば、後《のち》の時《とき》に意《こころ》に三界《さんがい》に生《うま》れて衆生《しゆじやう》を教化《けうくわ》せむと願《ぐわん》じて、浄土《じやうど》の命《いのち》を捨《す》てて願《ぐわん》に随《したが》ふて生《しやう》を得《え》て、※三界雑生《さんがいざふしやう》の火《ひ》の中《なか》に生《うま》るといへども、無上菩提《むじやうぼだい》の種子《しゆし》、畢竟《ひちきやう》じて朽《く》ちず。何《なに》を以ての故に、正覚阿弥陀《しやうがくあみだ》のよく住持《ぢうぢ》を遥《ふ》るを以ての故にと。

「※荘厳眷属功徳成就《しやうごんくゑんぞくくどくじやうじゆ》とは、偈《げ》に、如来浄華衆《によらいじやうくゑしゆ》、正覚華化生《しやうがくくゑくゑしやう》の故にと言《のたま》へり」。これいかんぞ不思議《ふしぎ》なるや。おほよそこれ雑生《ざふしやう》の世界《せかい》には、もしは胎《たい》もしは卵《らん》もしは湿《しち》もしは化《くゑ》、眷属《くゑんぞく》そこばくなり。苦楽万品《くらくまんぼん》なり。雑業《ざふごふ》を以ての故に。かの安楽国土《あんらくこくど》はこれ阿弥陀如来《あみだによらい》*正覚浄華《しやうがくじやうくゑ》の化生《くゑしやう》するところにあらざることなし。同一《どういつ》に念仏《ねんぶつ》して別《べち》の道《みち》なきが故に。遠《とほ》く通《つう》ずるにそれ四海《しかい》の内《うち》みな兄弟《くゐやうだい》とするなり。眷属無量《くゑんぞくむりやう》なり、いづくんぞ思議《しぎ》すべきや。また言《いは》く、往生《わうじやう》を願《ねが》ふ者、本《もと》は則ち*三三の品《ほん》なれども、今《いま》は一二の殊《しゆ》なし。また*淄澠《しじよう》〈食《しよく》陵《りよう》の反《かへし》〉の一味なるがごとし、いづくんぞ思議《しぎ》すべきや」。

*また論《ろん》に曰《いは》く、「「*荘厳清浄功徳成就《しやうごんしやうじやうくどくじやうじゆ》とは、偈《げ》に、観彼世界相《くわんびせかいさう》、勝過三界道《しようぐわさんがいだう》の故にと言《のたま》へり」。これいかんぞ不思議《ふしぎ》なるや。凡夫人《ぼんぶにん》の煩悩成就《ぼんなうじやうじゆ》せるありて、またかの浄土《じやうど》に生《うま》るることを得《う》れば、三界《さんがい》の繋業畢竟《けごふひちきやう》じて牽《ひ》かず。則ちこれ煩悩《ぼんなう》を断《だん》ぜずして*涅槃分《ねはんぶん》を得《う》、いづくんぞ思議《しぎ》すべきや」。已上抄要

安楽集《あんらくしふ》に云《いは》く、「しかるに、*二仏の神力《じんりき》また斉等《さいとう》なるべし。ただし釈迦如来《しやかによらい》おのれが能《のう》を申《の》べずして、ことさらに*彼《か》の長《ちやう》ぜるを顕《あら》はしたまふことは、一切衆生をして斉《ひと》しく帰《くゐ》せざることなからしめむと欲《おぼ》してなり。この故に釈迦《しやか》処処《しよしよ》に嘆帰《たんくゐ》せしめたまへり。すべからく

仏の仏力によって保たれている浄土をあらわす。

三界雑生の火の中に生る　迷いの世界である火宅のような娑婆世界に生まれるという意味。

荘厳眷属功徳　浄土論に説く浄土の三厳二十九種荘厳のうち国土十七種荘厳の一。阿弥陀仏の眷属である往生者の功徳が、仏の願力によって成就されているということ。

正覚浄華の化生　阿弥陀如来と同体の証を開くこと。浄華は仏の座である。往生人は弥陀の覚の座へと化生する。

三三の品　九品の別のこと。観経に上品上生から下品下生までの九品に分けて往生人を説いている。品は階級、品次の意味。

淄澠　淄水と澠水。中国山東省にある河の名。

また論に曰く…　論註の文。

荘厳清浄功徳　浄土論に浄土の三厳二十九種荘厳を説く中の、国土に属する荘厳十七種の一であるが、阿弥陀仏の国土は三界の因果を超越した無漏清浄業によって成就されたことをいうのであるから、他のすべての荘厳に通ずる。

涅槃分　涅槃のこと。分は分際の意。

二仏　釈迦と弥陀の二仏。

彼の長ぜる　阿弥陀如来の徳のすぐれていること。

この意《こころ》を知《し》るべしとなり。この故に曇鸞法師《どんらんほふし》の正意《しやうい》、*西《にし》に帰《かへ》るが故に、大経《だいきやう》に傍《そ》へて奉讃《ぶさん》して曰《いは》く、「安楽《あんらく》の声聞《しやうもん》・菩薩衆《ぼさつしゆ》・人天《にんでん》、智慧《ちゑ》ことごとく洞達《どうだち》せり。身相荘厳殊異《しんさうしやうごんしゆい》なし。ただ他方《たはう》に順《じゆん》ずるが故に名《な》を列《つら》ぬ。顔容端正《げんようたんじやう》にして比《なら》ぶべきなし。精微妙軀《しやうみめうく》にして人天《にんでん》にあらず。虚無《こむ》の身《しん》、無極《むごく》の体《たい》なり。この故に平等力《びやうどうりき》を頂礼《ちやうらい》したてまつる」と。已上

*光明寺《くわうみやうじ》の疏《しよ》に云《いは》く、「弘願《ぐぐわん》と言《い》ふは、大経《だいきやう》の説《せち》のごとし。一切善悪《いちさいぜんあく》の凡夫《ぼんぶ》、生《うま》ることを得《う》るは、みな阿弥陀仏《あみだぶつ》の大願業力《だいぐわんごふりき》に乗《じよう》じて増上縁《ぞうじやうえん》とせざるはなしとなり。また仏《ぶつ》の密意《みちい》弘深《ぐじん》なれば、教門《けうもん》をして暁《さと》りがたし。*三賢《さんげん》・*十聖《じふしやう》、惻《はか》りて闚《うかが》ふところにあらず。いはんやわれ*信外《しんぐゑ》の軽毛《きやうもう》なり、あえて旨趣《しいしゆ》を知《し》らむや。仰《あふ》いでおもんみれば、釈迦《しやか》はこの方《はう》より*発遣《ほち》し、弥陀《みだ》は即ちかの国《くに》より*来迎《らいかう》す。彼《かしこ》に喚《よ》ばひ此《ここ》に遣《つか》はす、あに去《ゆ》かざるべけむや。ただねんごろに法《ほふ》に奉《つか》へて*畢命《ひちみやう》を期《ご》として、この穢身《ゑしん》を捨《す》てて、即ちかの法性《ほふしやう》の常楽《じやうらく》を証《しよう》すべし」と。

また云《いは》く、「西方《さいはう》*寂静無為《じやくじやうむゐ》の楽《みやこ》には、畢竟《ひちきやう》*逍遙《せうえう》にして*有無《うむ》を離《はな》れたり。大悲《だいひ》、心《こころ》に熏《くん》じて法界《ほふかい》に遊《あそ》ぶ。分身《ぶんしん》して物《もの》を利《り》すること等《ひと》しくして殊《こと》なることなし。あるいは神通《じんつう》を現《げん》じて法《ほふ》を説《と》き、あるいは*相好《さうがう》を現《げん》じて*無余《むよ》に入《い》る。変現《へんげん》の荘厳《しやうごん》、意《こころ》に随《したが》ふて出《い》づ。群生《ぐんじやう》見《み》る者罪《つみ》みな除《のぞ》こると。また讃《さん》じて云《いは》く、帰去来《いざいなむ》、魔郷《まがう》には停《とど》まるべからず。曠劫《くわうごふ》よりこのかた*六道《ろくだう》に流転《るてん》して、ことごとくみな逕《へ》たり。到《いた》るところに余《よ》の楽《たのしみ》なし。ただ*愁歎《しうたん》［或る本、生死の字なり］の声《こゑ》を聞《き》く。この*生平《しやうびやう》を畢《お》へて後《のち》、かの涅槃《ねはん》の城《みやこ》に入《い》らむ」と。已上

*それ真宗《しんしゆう》の教行信証《きやうぎやうしんしよう》を案《あん》ずれば、如来《によらい》の大悲回向《だいひゑかう》の利益《りやく》なり。かるがゆへに、もしは

西に帰る　西方浄土に帰依する意。
光明寺の疏　善導の観経疏のこと。観経疏は玄義分・序分義・定善義・散善義の四帖からできている。
三賢　賢は賢善調和の義で、善根を修して煩悩を制伏し心の調った位。
十聖　初地から第十地までの菩薩。
信外の軽毛　初信にも入らない、軽毛のような愚かな凡夫のこと。
発遣　釈迦の、浄土往生のすすめ。
来迎　阿弥陀仏の、浄土からの迎え。
畢命　生命の終わるまで、一生涯。
寂静無為の楽　絶対に静かであり、生滅変化を超えていること。西方浄土の意。楽は洛陽の洛の意味で、都府をさす。
逍遙　ものにとらわれないこと。
有無　現象的存在はそれぞれ固有な本性があって実有であるとしたり、あるいは因果の道理を否定して全く虚無に帰するとしたりする迷妄の考え。
相好　相貌。仏のすぐれた姿のこと。
無余　涅槃のこと。煩悩業苦をあますところなく完全に滅し尽した状態。
六道　地獄・餓鬼・畜生・修羅・人間・天上のこと。
愁歎　嘆き悲しむこと。
生平　今生一生のこと。
◇それ真宗の…　行信の因・証果、みな回向なることを結論する。↓補
因浄なるが故に…　往生の因が法性にかなって浄らかであるから、浄土

因《いん》もしは果《くわ》、一事として阿弥陀如来《あみだにょらい》の清浄願心《しやうじやうぐわんしん》の回向成就《ゑかうじやうじゆ》したまへるところにあらざることあることなし。*因浄《いんじやう》なるが故に果《くわ》また浄《じやう》なり。知《し》るべしとなり。

*二つに還相《ぐゑんさう》の回向《ゑかう》と言《い》ふは、則ちこれ*利他教化地《りたけうくゑぢ》の益《やく》なり。則ちこれ*必至補処《ひちしふしよ》の願《ぐわん》より出《い》でたり。また*一生補処《いちしやうふしよ》の願《ぐわん》と名《な》づく、また*還相回向《ぐゑんさうゑかう》の願《ぐわん》と名《な》づくべきなり。註論《ちうろん》に顕《あら》はれたり。かるがゆへに願文《ぐわんもん》を出《い》ださず。論《ろん》の註《ちう》を披《ひら》くべし。

*浄土論《じやうどろん》に曰《いは》く、「*出第五門《しゆつだいごもん》とは、大慈悲《だいじひ》を以て一切苦悩の衆生《しゆじやう》を観察《くわんざち》して、*応化《おうぐゑ》の身《しん》を示《しめ》す。生死《しやうじ》の薗《その》、煩悩《ぼんなう》の林《はやし》の中《なか》に回入《ゑにふ》して、神通《じんづう》に遊戯《ゆげ》して教化地《けうくゑぢ》に至《いた》る。本願力《ほんぐわんりき》の回向《ゑかう》を以ての故に。これを出第五門《しゆつだいごもん》と名《な》づく」と。已上

論註《ろんちう》に曰《いは》く、「還相《ぐゑんさう》とは、かの土《ど》に生《しやう》じ已《をは》りて、*奢摩他《しやまた》・*毗婆舎那《びばしやな》・方便力成就《はうべんりきじやうじゆ》することを得《え》て、*生死《しやうじ》の稠林《ちうりん》に回入《ゑにふ》して、一切衆生を教化《けうくゑ》して、共《とも》に仏道《ぶつだう》に向《む》かへしむるなり。もしは往《わう》、もしは還《ぐゑん》、みな衆生《しゆじやう》を抜《ぬ》いて生死海《しやうじかい》を渡《ど》せむがためなり。この故に、「回向《ゑかう》を首《しゆ》として大悲心《だいひしん》を成就《じやうじゆ》することを得《え》たまへるが故に」と言《のたま》へり」と。

また言《いは》く、「「即ちかの仏《ぶつ》を見《み》たてまつれば、*未証浄心《みしようじやうしん》の菩薩《ぼさつ》、畢竟《ひちきやう》じて*平等法身《びやうどうほふしん》を得証《とくしよう》す。*浄心《じやうしん》の菩薩《ぼさつ》と、*上地《じやうぢ》のもろもろの菩薩と、畢竟《ひちきやう》じて同《おな》じく*寂滅平等《じやくめつびやうどう》を得《う》るが故に」とのたまへり。平等法身《びやうどうほふしん》とは八地《はちぢ》已上《いじやう》*法性生身《ほふしやうしやうじん》の菩薩なり。寂滅平等《じやくめちびやうどう》の法《ほふ》なり。この寂《じやく》滅平等《めちびやうどう》の法《ほふ》を得《う》るを以ての故に、名《な》づけて平等法身《びやうどうほふしん》とす。平等法身《びやうどうほふしん》の菩薩の所得《しよとく》なるを以ての故に、名《な》づけて寂滅平等《じやくめちびやうどう》の法《ほふ》とするなり。この菩薩は*報生三昧《ほうしやうさんまい》を得《う》。三昧神力《さんまいじんりき》を以て、よく一処《いちしよ》・一念《いちねん》・一時《いちじ》に、十方世界に遍《へん》じて、種種《しゆじゆ》に一切諸仏および*諸仏大会衆海《しよぶつだいゑしゆかい》を供養《くやう》

の果もまた清浄である。

◇二つに還相の…　還相回向の意義を明かす。↓補

還相の回向　阿弥陀仏の回向により往生人が現世に還り、他人を教化し仏道に向かわすこと。

利他教化地の益　自分が滅度のさとりを開いて、自利成就した上に起こすところの、他の衆生を教化するはたらきのこと。

必至補処の願　第二十二願のこと。

一生補処　第二十二願は、一生をおわれば必ず次生に成仏する意。

還相回向の願　第二十二願は、菩薩が衆生救済のために、迷いの世界に還りくることを誓っているから、還相回向の願という。

◇浄土論に…　論・論註により還相の意味を明らかにする。↓補

出第五門　薗林遊戯地門のこと。五念門の果として五功徳門を説く中、その第五門の説。

応化の身　機に応じて姿を示すこと。

奢摩他　梵語の音写。止息、寂静と訳す。もろもろのおもいを止めて心を一つに集中すること。

毗婆舎那　梵語の音写。観察と訳す。正しく対象を観ること。

生死の稠林　迷いの世界の密林の意。

未証浄心の菩薩　初地から七地までの純粋清浄でない菩薩。

平等法身　平等寂静の理を証した八地以上の菩薩のこと。

す。よく無量世界《むりやうせかい》に仏法僧《ぶつほふそう》ましまさぬところにして、種種《しゆじゆ》に示現《じげん》し、種種《しゆじゆ》に一切衆生を教化《けうくゑ》し度脱《どだち》して、常《つね》に仏事《ぶつじ》をなす。初《はじ》めに往来《わうらい》の想《おもひ》、*供養《くやう》の想《おもひ》、*度脱《どだち》の想《おもひ》なし。この故にこの身《しん》を名《な》づけて平等法身《びやうどうほふしん》とす、この法《ほふ》を名《な》づけて寂滅平等《じやくめちびやうどう》の法《ほふ》とす。未証浄心《みしようじやうしん》の菩薩《ぼさつ》とは初地《しよぢ》已上七地《いじやうしちぢ》以還《いぐゑん》のもろもろの菩薩なり。この菩薩、またよく身《み》を現《げん》ずること、もしは百《ひやく》、もしは千《せん》、もしは万《まん》、もしは億《おく》、もしは百千万億《ひやくせんまんおく》、無仏《むぶつ》の国土《こくど》にして仏事《ぶつじ》を施作《せさ》す。要《かなら》ず心《こころ》を作《な》して三昧《さんまい》に入《い》りて、いましよく*作心《さしん》せざるにあらず。作心《さしん》を以ての故に、名《な》づけて未証浄心《みしようじやうしん》とす。この菩薩、安楽浄土《あんらくじやうど》に生《うま》れて即ち阿弥陀仏《あみだぶつ》を見《み》むと願《ぐわん》ず。阿弥陀仏《あみだぶつ》を見《み》る時、上地《じやうぢ》のもろもろの菩薩と畢竟《ひちきやう》じて身等《しんひと》しく、法等《ほふひと》しと。竜樹菩薩《りうじゆぼさつ》・*婆藪槃頭菩薩《ばそばんづぼさつ》のともがら、かしこに生《うま》れむと願《ぐわん》ずるは、まさにこのためなるべくならくのみと。

問《と》ふて曰《いは》く、*十地経《じふぢきやう》を案《あん》ずるに、菩薩の進趣階級《しんしゆかいきう》、やうやく無量《むりやう》の功勲《くくん》あり、多《おほ》くの劫数《こふしゆ》を逕《ふ》。しかうして後《のち》いましこれを得《う》。いかんぞ阿弥陀仏《あみだぶつ》を見《み》たてまつる時《とき》、畢竟《ひちきやう》じて上地《じやうぢ》のもろもろの菩薩と身等《しんひと》しく、法等《ほふひと》しきや。答《こた》へて曰《いは》く、畢竟《ひちきやう》はいまだ即ち等《ひと》しと言《い》ふにはあらずとなりと。畢竟《ひちきやう》じてこの等《ひと》しきことを失《しち》せざるが故に、等《ひと》しと言《い》ふならくのみと。

問《と》ふて曰《いは》く、もし即ち等《ひと》しからずは、またなんぞ菩薩と言《い》ふことを得《え》む。ただ初地《しよぢ》に登《のぼ》れば、以てやうやく増進《ぞうしん》して、自然《じねん》にまさに仏《ぶつ》と等《ひと》しかるべし。なんぞ仮《かり》に上地《じやうぢ》の菩薩と等《ひと》しと言《い》ふや。答《こた》へて曰《いは》く、菩薩七地《しちぢ》の中《なか》にして*大寂滅《だいじやくめち》を得《う》れば、上《かみ》に諸仏《しよぶつ》の求《もと》むべきを見《み》ず、下《しも》に衆生《しゆじやう》の度《ど》すべきを見《み》ず、仏道《ぶつだう》を捨《す》てて*実際《じちさい》を証《しよう》せむと欲《ほつ》す。その時《とき》にもし十方

浄心の菩薩　八地の菩薩。
上地の菩薩　八地以上の菩薩。
寂滅　生滅なき静寂の涅槃の異名。
法性生身の菩薩　法性真如から衆生救済にあらわれた菩薩の意味。
報生三昧　八地以上の菩薩が自然に得る果報の三昧。
諸仏大会衆海　諸仏の説法の会座に集まる大衆のこと。

供養の想　諸仏を供養するおもい。
度脱の想　衆生を済度するおもい。
作心　心をはたらかして努力すること。七地までを有功用地といい、八地以上を無功用地という。
婆藪槃頭菩薩　天親のこと。→三二頁注
十地経　唐の尸羅達摩訳があるが、今は華厳経十地品か、あるいは羅什訳の十住経、または菩提流支訳の十地経論によるか。
大寂滅　さとり、涅槃のこと。生もなく滅もなく絶対平等の静寂境。
実際　さとり、涅槃のこと。涅槃は真実の極際であるから実際という。

諸仏の神力《じんりき》*加勧《かくわん》を得《え》ずは、すなはち滅度《めちど》して*二乗と異《い》なけむ。菩薩もし安楽《あんらく》に往生《わうじやう》して阿弥陀仏《あみだぶつ》を見《み》たてまつるに、即ちこの難《なん》なけむ。この故にすべからく畢竟平等《ひちきやうびやうどう》と言《い》ふべし。また次《つぎ》に無量寿経《むりやうじゆきやう》の中《なか》に、阿弥陀如来《あみだにょらい》の本願《ほんぐわん》に言《のたま》はく、「たとひわれ仏《ぶつ》を得《え》たらむに、他方《たはう》仏土《ぶつど》のもろもろの菩薩衆《ぼさつしゆ》、わが国《くに》に来生《らいしやう》して究竟《くきやう》じて必《かなら》ず一生補処《いちしやうふしよ》に至《いた》らむ。その本願《ほんぐわん》の自在《じざい》の所化《しよくゑ》、衆生《しゆじやう》のための故に、弘誓《ぐぜい》の鎧《よろひ》をきて*徳本《とくほん》を積累《しやくるい》し、一切を度脱《どだち》せしめ、諸仏《しよぶつ》の国《くに》に遊《あそ》びて、菩薩の行《ぎやう》を修《しゆ》し、十方の諸仏如来《しよぶつにょらい》を供養《くやう》し、恒沙無量《ごうじやむりやう》の衆生《しゆじやう》を開化《かいくゑ》して無《む》上正真《じやうしやうしん》の道《だう》を立《りふ》せしめむおば除《のぞ》く。常倫《じやうりん》に超出《てうしゆつ》し、諸地《しよぢ》の行現前《ぎやうげんぜん》し*普《ふ》賢《げん》の徳《とく》を修習《しゆしふ》せむ。もししからずは正覚《しやうがく》を取《と》らじ」と。

この経《きやう》を按《あん》じて、かの国《くに》の菩薩を推《すい》するに、あるいは一地《いちぢ》より一地《いちぢ》に至《いた》らざるべし。十《じふ》地《ぢ》の階次《かいじ》と言《い》ふは、これ釈迦如来《しやかにょらい》、*閻浮提《えんぶだい》にして一つの応化道《おうぐゑだう》ならくのみと。他方《たはう》の浄土《じやうど》は、なんぞ必《かなら》ずしもかくのごとくせむ。*五種の不思議《ふしぎ》の中《なか》に仏法最《ぶつほふもと》も不可思議《ふかしぎ》なり。もし菩薩必《かなら》ず一地より一地に至《いた》りて、超越《てうをち》の理《り》なしと言《い》はば、いまだあえて詳《つまびらか》ならざるなり。たとへば樹《き》あり、名《な》づけて*好堅《かうけん》と曰《い》ふ。この樹《き》、地《ち》より生《しやう》じて百歳《ひやくさい》ならむ。いまし、つぶさに一日に長高《たけたか》くなること百丈《ひやくぢやう》なるがごとし。日日《にちにち》にかくのごとし。百歳《ひやくさい》の長《たけ》を計《はか》るに、あに循松《しうしよう》に類《るい》せむや。松《まつ》の生長《しやうぢやう》するを見《み》るに、日に寸《すん》を過《す》ぎず。かの好堅《かうけん》を聞《き》きて、なんぞよく即日《そくにち》を疑《うたが》はざらむ。人《ひと》ありて、釈迦如来《しやかにょらい》*羅漢《らかん》を一聴《いちちやう》に証《しよう》し、*無生《むしやう》を終朝《しうてう》に制《せい》すとのたまへるを聞《き》きて、これ接誘《せふいう》の言《みこと》にして称実《しようじち》の説《せち》にあらずと謂《おも》へり。この論事《ろんじ》を聞《き》きて、またまさに信《しん》ぜざるべし。それ非常《ひじやう》の言《ことば》は、常人《じやうにん》の耳《みみ》に入《い》らず、これをしからずと謂《おも》へり。

加勧　諸仏が神力を加えて菩薩に前進を勧める。
二乗　声聞と縁覚。即ち小乗の聖者。
徳本　功徳善根のこと。宗教的に純粋な善行為には、すぐれた結果を招くはたらきが具わっていて、さとりのもととなるからいう。
普賢の徳　普賢の行徳で、慈悲をもって化益済度する利他大悲の行徳のことである。真宗では阿弥陀仏の回向によって、衆生が成仏したのち因相を示現して化他すること。即ち還相回向の徳とする。
閻浮提　梵語の音写。須弥山の南方にあたる大洲の名で、南閻浮提ともいう。もとはインドを意味したが、のちにわれわれ人間の住処、即ちこの娑婆世界の意味となる。
五種の不思議　㈠衆生多少不思議、㈡業力不思議、㈢竜力不思議、㈣禅定力不思議、㈤仏法力不思議。
好堅　想像の木で、実在のものではない。
羅漢を一聴に証す　一度の説法を聞いて、阿羅漢のさとりを開くということ。智度論に、舎利弗が一度の説法を聞いて阿羅漢のさとりをひらいたとある。
無生を終朝に制す　朝のあいだに無生法忍に至るということ。央掘摩羅は朝飯前(終朝)のひと時の釈尊の教化によって改心し、無生法忍を得たという。

八句　仏荘厳の八種の功徳のこと。八種とは座・身業・口業・心業・大衆・上首・主・不虚作住持である。

十七句　国土荘厳十七種の功徳のこと。十七種とは清浄・量・性・形相・種々事・妙色・触・三種(水・地・虚空)・雨・光明・妙声・主・眷属・受用・無諸難・大義門・一切所求満足である。

長劫　現行本論註では「長幼」。

不虚作住持　不虚作住持功徳のこと。阿弥陀仏の浄土の二十九種荘厳のうち、仏八種荘厳の一。阿弥陀仏の四十八願と自在神力とは虚妄の所作でなく真実のもので、念仏の行者をしてすみやかに往生成仏せしめる功徳のあることをいう。

真如　梵語の訳。真実で永遠に変わらぬものの意で万有の本体をいう。即ち全ての存在の本性があらゆる差別的な相を越えて絶対一如であるから真如という。

またそれよろしかるべきなり。

「略《りやく》して*八句《はちく》を説《と》きて、如来《によらい》の自利利他《じりりた》の功徳荘厳《くどくしやうごん》、次第《しだい》に成就《じやうじゆ》したまへるを示現《じげん》したまへるなりと、知《し》るべし」。これはいかんが次第《しだい》なるとならば、前《さき》の*十七句《く》はこれ荘厳国土《しやうごんこくど》の功徳成就《くどくじやうじゆ》なり。すでに国土《こくど》の相《さう》を知《し》んぬ、国土《こくど》の主《しゆ》を知《し》るべし。この故に次《つぎ》に仏《ぶつ》の荘厳功徳《しやうごんくどく》を観《くわん》ず。かの仏《ぶつ》もし荘厳《しやうごん》をなして、いづれのところにしてか坐《ざ》すると。この故にまづ座《ざ》を観《くわん》ずべし。すでに座《ざ》を知《し》んぬ、すでによろしく座主《ざしゆ》を知《し》るべし。この故に次《つぎ》に仏《ぶつ》の身業《しんごふ》を荘厳《しやうごん》したまへるを観《くわん》ず。すでに身業《しんごふ》を知《し》んぬ、いかなる声名《しやうみやう》かましますと知《し》るべし。この故に次《つぎ》に仏《ぶつ》の口業《くごふ》を荘厳《しやうごん》したまへるを観《くわん》ず。すでに名聞《みやうもん》を知《し》んぬ、よろしく得名《とくみやう》の所《ゆ》以《へ》を知《し》るべし。この故に次《つぎ》に仏《ぶつ》の心業《しんごふ》を荘厳《しやうごん》したまへるを観《くわん》ず。すでに三業具足《さんごふぐそく》したまへるを知《し》んぬ、人天《にんでん》の大師《だいし》となりて化《くゑ》を受《う》くるに堪《た》へたる者《ひと》はこれ誰《たれ》ぞと知《し》るべし。この故に次《つぎ》に大衆《だいしゆ》の功徳《くどく》を観《くわん》ず。すでに大衆《だいしゆ》、無量《むりやう》の功徳《くどく》いますことを知《し》んぬ、よろしく上首《じやうしゆ》は誰《たれ》ぞと知《し》るべし。この故に次《つぎ》に上首《じやうしゆ》を観《くわん》ず。上首《じやうしゆ》はこれ仏《ぶつ》なり。すでに上首《じやうしゆ》おそらくは*長劫《ちやうごふ》に同《おな》じきことを知《し》んぬ。この故に次《つぎ》に主《しゆ》を観《くわん》ず。すでにこの主《しゆ》を知《し》んぬ、主《しゆ》いかなる増上《ぞうじやう》かましますと。この故に次《つぎ》に荘厳《しやうごん》*不虚作住持《ふこさちうぢ》を観《くわん》ず。八句の次第成《しだいじやう》ぜるなり。

菩薩《ぼさつ》を観《くわん》ぜば、

「いかんが菩薩の荘厳功徳成就《しやうごんくどくじやうじゆ》を観察《くわんざち》する。菩薩の荘厳功徳成就《しやうごんくどくじやうじゆ》を観察《くわんざち》せば、かの菩薩を観《くわん》ずるに、四種の正修行功徳成就《しやうしゆぎやうくどくじやうじゆ》したまへることありと、知《し》るべし」。*真如《しんによ》はこれ諸法《しよほふ》の正体《しやうたい》なり。体《たい》、如《によ》にして行《ぎやう》ずれば則ちこれ不行《ふぎやう》なり。不行《ふぎやう》にして行《ぎやう》ずるを、如実修行《によじちしゆぎやう》と名《な》づく。体《たい》はただ一如《いちによ》にして義《ぎ》をして分《わ》かちて四つとす。この故に四行、一を以てまさしくこれを統《か》ぬ。

「なにものおか四つとする。一つには、一仏土《いちぶつど》において身《み》、動揺《どうえう》せずして十方に遍《へん》す、種種《しゆじゆ》に応化《おうぐゑ》して実のごとく修行《しゆぎやう》してつねに仏事《ぶつじ》をなす。偈《げ》に、安楽国《あんらくこく》は清浄《しやうじやう》にして、つねに*無垢輪《むくりん》を転《てん》ず、化仏《くゑぶつ》・菩薩《ぼさつ》は、日《ひ》の、*須弥《しゆみ》に住持《ぢうぢ》するがごときの故にと言《のたま》へり。もろもろの衆生《しゆじやう》の*淤泥華《おでいくゑ》を開《ひら》くが故に」とのたまへり。八地《はちぢ》已上《いじやう》の菩薩は、つねに*三昧《さんまい》にありて、三昧力《さんまいりき》を以て身《み》、本処《ほんじよ》を動《どう》ぜずしてよく遍《あまね》く十方に至《いた》りて、諸仏《しよぶつ》を供養《くやう》し、衆生《しゆじやう》を教化《けうくゑ》す。無垢輪《むくりん》は仏地《ぶつぢ》の功徳《くどく》なり。仏地《ぶつぢ》の功徳《くどく》は*習気《しふけ》・煩悩《ぼんなう》の垢《く》ましまさず。仏《ぶつ》もろもろの菩薩のために、つねにこの法輪《ほふりん》を転《てん》ず。もろもろの大菩薩《だいぼさつ》、またよくこの法輪《ほふりん》を以て、一切を開《かい》導《だう》して暫時《ざんじ》も休息《くそく》なけむ。かるがゆへに常転《じやうてん》と言《い》ふ。法身《ほふしん》は日《ひ》のごとくして、応化身《おうぐゑしん》の光《ひかり》もろもろの世界《せかい》に遍《へん》ずるなり。日《ひ》と言《い》はばいまだ以て不動《ふどう》を明《あ》かすに足《た》らざれば、また如《によ》須弥住持《しゆみぢうぢ》と言《い》ふなり。淤泥華《おでいくゑ》とは、経《きやう》に言《のたま》はく、「高原《かうぐゑん》の陸地《ろくぢ》には蓮華《れんぐゑ》を生《しやう》ぜず、卑湿《ひしち》の淤泥《おでい》にいまし蓮華《れんぐゑ》を生《しやう》ず」。これは凡夫《ぼんぶ》、煩悩《ぼんなう》の泥《どろ》の中《なか》にありて、菩薩のために開導《かいだう》せられて、よく仏《ぶつ》の正覚《しやうがく》の華《はな》を生《しやう》ずるに喩《たと》ふ。まことにそれ*三宝《さんぼう》を紹隆《しようりう》して、つねに絶《た》へざらしむと。

「二つには、かの応化身《おうぐゑしん》、一切の時《とき》、前《ぜん》ならず後《ご》ならず、一心一念《いちしんいちねん》に大光明《だいくわうみやう》を放《はな》ちて、ことごとくよく遍《あまね》く十方世界に至《いた》りて、衆生《しゆじやう》を教化《けうくゑ》す。種種《しゆじゆ》に方便《はうべん》し、修行所作《しゆぎやうしよさ》して、一切衆生の苦《く》を滅除《めちぢよ》するが故に。偈《げ》に、無垢荘厳《むくしやうごん》の光《ひかり》、一念および一時に、普《あまね》く諸仏《しよぶつ》の会《ゑ》を

無垢輪　垢れのない法輪。煩悩のけがれのない仏の教法の流通することは、車輪がめぐるように自在であるから無垢輪という。
須弥　梵語の音写。須弥山。古代インドの世界観によるもので、世界の中央金輪の上にある高山。妙高山のこと。
淤泥華　蓮華のこと。淤泥はどろのことで、蓮花はどろの中にのみ咲くから淤泥華という。衆生の煩悩の心の中に信心の生ずることにたとえる。
三昧　梵語の音写。定・正受と訳す。心を一処にかけて動ぜず、所観の境と一致すること。
習気　余残の気。煩悩がなくなったが、そのあとに残る気分。
三宝　仏宝・法宝・僧宝。仏・法・僧の三は仏教徒として等しく尊重供養すべき宝であるからこういう。

照《て》らして、もろもろの群生《ぐんじやう》を利益《りやく》する故に」と言《のたま》へり。上《かみ》に不動《ふどう》にして至《いた》ると言《い》へり。あるいは至《いた》るに前後《ぜんご》あるべし。この故にまた一念一時《いちねんいちじ》、無前無後《むぜんむご》と言《のたま》へるなり。

「三つには、かれ一切の世界《せかい》において、余《よ》なくもろもろの仏会《ぶつゑ》を照《て》らす。大衆余《だいしゆよ》なく広《くわう》大無量《だいむりやう》にして、諸仏如来《しよぶつによらい》の功徳《くどく》を供養《くやう》し恭敬《くぎやう》し讃嘆《さんだん》す。偈《げ》に、天《てん》の楽《がく》・華《くゑ》・衣《え》・妙香等《めうかうとう》を雨《ふ》りて、諸仏《しよぶつ》の功徳《くどく》を供養《くやう》し讃《さん》ずるに、分別《ふんべち》の心《しん》あることなきが故に」と言《のたま》へりと。無余《むよ》とは遍《あまね》く一切世界、一切諸仏の大会《だいゑ》に至《いた》りて、一世界《いちせかい》・一仏会《いちぶつゑ》として至《いた》らざることあることなきことを明《あ》かすなり。*肇公《でうこう》の言《いは》く、「*法身《ほふしん》は像《かたち》なくして形《かたち》を殊《こと》にす、ならびに至韻《しゐん》に応《おう》ず。言《ことば》なくして玄籍《ぐゑんせき》いよいよ布《し》き、冥権謀《みやうごんはか》りごとなくして動《どう》じて事《じ》と会《ゑ》す」と。けだしこの意《こころ》なり。

「四つには、かれ十方一切の世界《せかい》に三宝《さんぼう》ましまさぬところにおいて、仏法僧宝《ぶつほふそうぼう》、功徳大《くどくだい》海《かい》を住持《ぢうぢ》し荘厳《しやうごん》して、遍《あまね》く示《しめ》して如実《によじち》の修行《しゆぎやう》を解《さと》らしむ。偈《げ》に、なんらの世界《せかい》にか仏法功《ぶつほふく》徳宝《とくほう》ましまさざらん。われ願《ねが》はくは、みな往生《わうじやう》して、仏法《ぶつほふ》を示《しめ》して仏《ぶつ》のごとくせむと言《のたま》へるが故に」と。

上《かみ》の三句に、遍《あまね》く至《いた》ると言《い》ふといへども、みなこれ有仏《うぶつ》の国土《こくど》なり。もしこの句《く》なくは、便《すなは》ちこれ法身《ほふしん》ところとして法《ほふ》ならざることあらむ、上善《じやうぜん》ところとして善《ぜん》ならざることあらむ。観行《くわんぎやう》の体相《たいさう》は竟《をは》りぬ。

已下《いげ》はこれ*解義《げぎ》の中《なか》の第四重《だいしぢう》なり、名《な》づけて*浄入願心《じやうにふぐわんしん》とす。浄入願心とは、「またさきに観察荘厳仏土功徳成就《くわんざちしやうごんぶつどくどくじやうじゆ》と荘厳仏功徳成就《しやうごんぶつくどくじやうじゆ》と荘厳菩薩功徳成就《しやうごんぼさつくどくじやうじゆ》とを説《と》きつ。この三種

肇公　僧肇（三八四―四一四）のこと。東晋の代、長安の人。羅什門下四哲の一。

法身は像…動じて事と会す　さとりの身は、一定のかたちに捉われないで、あらゆる形を現わしてすべてに応ずる。仏のことばは、定まった形がなくて、いろいろなことばで説法し、そのことばがあまねく行きわたる。また、われらの考えることのできない仏の心のはたらきは、一定に捉われないで、動いてすべてにかなうという意味。

解義の中の第四重　論註巻下の解義分十章の中の第四章ということ。即ち論註では、浄土論を、㈠願偈大意、㈡起観生信、㈢観行体相、㈣浄入願心、㈤善巧摂化、㈥障菩提門、㈦順菩提門、㈧名義摂対、㈨願事成就、㈩利行満足の十章に分かって釈する中の第四浄入願心。

浄入願心　清浄な浄土の依報・正報の二報が阿弥陀仏の清浄願心におさまるということで、論註解義分十章のうち、第四章の標目である。

一法句　真如一実の功徳。

広略相入　広の三厳二十九種と略の真実清浄の一法句とが互いにおさめるということ。

法性法身　色もなく形もましまさぬ如来の法身のこと。方便法身の所証の内容で、湛然寂静たる真如の理で

の成就《じやうじゆ》は願心《ぐわんしん》の荘厳《しやうごん》したまへるなりと、知《し》るべし」といへり。応知《おうち》とは、この三種の荘厳《しやうごん》成就《じやうじゆ》は、もと四十八願等《とう》の清浄《しやうじやう》の願心《ぐわんしん》の荘厳《しやうごん》せるところなるに由りて、因浄《いんじやう》なるが故に果《くわ》浄《じやう》なり、因《いん》なくして他《た》の因《いん》のあるにはあらずと知《し》るべしとなり。

「略《りやく》して入《にふ》*一法句《いちほふく》を説《と》くが故に」とのたまへり。上《かみ》の国土《こくど》の荘厳《しやうごん》十七句と、如来《によらい》の荘《しやう》厳《ごん》八句と、菩薩《ぼさつ》の荘厳《しやうごん》四句とを広《くわう》とす。入一法句《にふいちほふく》は略《りやく》とす。何が故ぞ*広略相入《くわうりやくさうにふ》を示現《じげん》するとならば、諸仏菩薩《しよぶつぼさつ》に二種の法身《ほふしん》あり。一つには*法性法身《ほふしやうほふしん》、二つには*方便法身《はうべんほふしん》なり。法《ほふ》性法身《しやうほふしん》に由りて方便法身《はうべんほふしん》を生《しやう》ず、方便法身《はうべんほふしん》に由りて法性法身《ほふしやうほふしん》を出《い》だす。この二の法身《ほふしん》は異《い》にして分《わ》かつべからず、一にして同《おな》じかるべからず。この故に広略相入《くわうりやくさうにふ》して、統《か》ぬるに法《ほふ》の名《な》を以てす。菩薩もし広略相入《くわうりやくさうにふ》を知《し》らざれば、則ち自利利他《じりりた》するにあたはず。

「一法句《いちほふく》とは、謂《いは》く清浄句《しやうじやうく》なり。清浄句《しやうじやうく》とは、謂《いは》く真実《しんじち》の智慧《ちゑ》、*無為法身《むゐほふしん》なるが故に」とのたまへり。この*三句は展転《てんでん》してあひ入《い》る。何の義《ぎ》に依《よ》りてかこれを名《な》づけて法《ほふ》とする、清浄《しやうじやう》を以ての故に。何の義《ぎ》に依りてか名《な》づけて清浄《しやうじやう》とする、真実《しんじち》の智慧《ちゑ》、無為法身《むゐほふしん》を以ての故になり。真実《しんじち》の智慧《ちゑ》は*実相《じちさう》の智慧《ちゑ》なり。*実相《じちさう》は無相《むさう》なるが故に、真智《しんち》、無知《むち》なり。無《む》為法身《ゐほふしん》は法性身《ほふしやうしん》なり。法性寂滅《ほふしやうじやくめち》なるが故に法身《ほふしん》は無相《むさう》なり。無相《むさう》の故によく相《さう》ならざることなし。この故に相好荘厳《さうがうしやうごん》即ち法身《ほふしん》なり。無知《むち》の故によく知《し》らざることなし。この故に*一切種智《いちさいしゆち》即ち真実《しんじち》の智慧《ちゑ》なり。真実《しんじち》を以てして智慧《ちゑ》に目《な》づくることは、智慧《ちゑ》は作《さ》にあらず非作《ひさ》にあらざることを明《あ》かすなり。無為《むゐ》を以てして法身《ほふしん》を樹《た》つることは、*法身《ほふしん》は色《しき》にあらず非色《ひしき》にあらざることを明《あ》かすなり。*非《ひ》にあらざれば、あに非《ひ》のよく是《ぜ》なるにあらざら

ある。

方便法身 法性法身が衆生救済のために因果の態をとって、名を示し形をあらわされた仏身のこと。方便とはここでは真実(法性法身)が具体的な態をとったという意味。よって前出の法性法身と方便法身とは常に相即し、不一不異であい離れぬものである。

無為法身 仏の法身は湛然寂静で、色もなく形もなく常住にして因縁の造作を離れているから無為法身という。

三句は展転してあひ入る 一法句と清浄句と真実智慧無為法身との三句は互いにあいかなって同一の意味をもっているということ。

実相 一切世間のありのままなる真実のすがたのこと。

実相は無相…無知なり 実相は定まった相がないから、これをさとった智慧は無分別の智慧であるという意味。

一切種智 すべての存在に関して、平等の相に即して差別の相をさらにくわしく知る智慧。三智(一切智・道種智・一切種智)の一。

法身は色にあらず非色に… 法身はすがたがあるのでもなく、すがたがないのでもないという意味。

非にあらざれば… 非を否定すれば、どうして非を否定したものを肯定されようかという意味。

むや。けだし非《ひ》なき、これを是《ぜ》と曰《い》ふなり。自《おのづか》ら是《ぜ》にして、また是《ぜ》にあらざることを待《ま》つことなきなり。是《ぜ》にあらず非《ひ》にあらず、*百非《ひやくひ》の喩《たと》へざるところなり。この故に清浄句《しやうじやうく》と言《い》へり。清浄句《しやうじやうく》とは、謂《いは》く真実《しんじち》の智慧《ちゑ》、無為《むゐ》法身《ほふしん》なり。

「この清浄《しやうじやう》に二種あり、知《し》るべし」といへり。上《かみ》の転入句《てんにふく》の中《なか》に、一法に通《つう》じて清浄《しやうじやう》に入《い》る、清浄《しやうじやう》に通《つう》じて法身《ほふしん》に入《い》る。今《いま》まさに清浄《しやうじやう》を別《わ》かちて二種を出《い》だすが故《ゆへ》なり。かるがゆへに知《し》るべしと言《い》へり。

「なんらか二種。一つには器世《きせ》間清浄《けんしやうじやう》、二つには衆生世《しゆじやうせ》間清浄《けんしやうじやう》なり。器世《きせ》間清浄《けんしやうじやう》とは、さきに説《と》くがごときの十七種の荘厳仏土《しやうごんぶつど》功《く》徳成就《どくじやうじゆ》、これを器世《きせ》間清浄《けんしやうじやう》と名《な》づく。衆生世《しゆじやうせ》間清浄《けんしやうじやう》とは、さきに説《と》くがごときの八種の荘厳仏《しやうごんぶつ》功《く》徳成就《どくじやうじゆ》と、四種の荘厳菩《しやうごんぼ》薩《さつ》功《く》徳成就《どくじやうじゆ》と、これを衆生世《しゆじやうせ》間清浄《けんしやうじやう》と名《な》づく。かくのごときの一法句《いちほふく》に二種の清浄《しやうじやう》の義《ぎ》を摂《せふ》すと、知《し》るべし」とのたまへり。それ衆生《しゆじやう》は*別報《べちほう》の体《たい》とす、国土《こくど》は*共報《ぐほう》の用《いふ》とす。体用一ならず、このゆへに知《し》るべし。しかるに諸法《しよほふ》は心《しん》をして無余《むよ》の境界《きやうがい》を成《じやう》ず。衆生《しゆじやう》および器《き》、また異《い》にして一ならざることを得《え》ず、則ち義《ぎ》をして分《わ》かつに異《い》ならず、おなじく清浄《しやうじやう》なり。器《き》は用なり。謂《いは》くかの浄土《じやうど》はこれかの清浄《しやうじやう》の衆生《しゆじやう》の受用するところなるが故に、名《な》づけて器《き》とす。浄食《じやうじき》に不浄《ふじやう》の器《き》を用《もち》ゐれば、器不浄《きふじやう》なるを以ての故に、食《じき》また不浄《ふじやう》なり。不浄《ふじやう》の食《じき》に浄器《じやうき》を用《もち》ゐれば、食不浄《じきふじやう》なるが故に、器《き》また不浄《ふじやう》なるがごとし。要《かなら》ず二つともに潔《いさぎ》よくして、いまし浄《じやう》と称《しよう》することを得《え》しむ。ここを以て一つの清浄《しやうじやう》の名《な》、必《かなら》ず二種を摂《せふ》す。

問《と》ふて曰《いは》く、衆生《しゆじやう》清浄《しやうじやう》と言《い》へるは、則ちこれ仏《ぶつ》と菩薩《ぼさつ》となり。かのもろもろの人天《にんでん》、

百非の喩へざるところなり　無限の否定を意味するもので、絶対を示さんとするもの。非非と百度くりかえしても十分ではないという意味。

別報の体　各別の業によって報われた主体。衆生が各自にうける果報の身体のこと。

共報の用　多くの衆生の共通した業によって報いられた共通のもののこと。

この清浄《しやうじやう》の数《かず》に入《い》ることを得《え》むや、いなや。答《こた》へて曰《いは》く、清浄《しやうじやう》と名《な》づくることを得《う》るは、実《じち》の清浄《しやうじやう》にあらず。たとへば出家《しゆつけ》の聖人《しやうにん》は、煩悩《ぼんなう》の賊《ぞく》を殺《ころ》すを以ての故に名《な》づけて比丘《びく》と す、凡夫《ぼんぶ》の出家《しゆつけ》の者《もの》を、また比丘《びく》と名《な》づくるがごとし。また*灌頂王子《くわんぢやうわうじ》、初生《しよしやう》の時《とき》、*三十二相を具《ぐ》して、即ち*七宝のために属《ぞく》せらる、いまだ*転輪王《てんりんわう》の事《じ》をなすことあたはずといへども、また転輪王《てんりんわう》と名《な》づくるがごとし。それ必《かなら》ず転輪王《てんりんわう》たるべきを以ての故に。かのもろもろの人天《にんでん》もまたまたかくのごとし。みな大乗正定《だいじようしやうぢやう》の聚《じゆ》に入《い》りて、畢竟《ひちきやう》じてまさに清浄《しやうじやう》法身《ほふしん》を得《う》べし。まさに得《う》べきを以ての故に、清浄《しやうじやう》と名《な》づくることを得《う》るなりと。

*善巧摂化《ぜんげうせふくゑ》とは、「かくのごときの菩薩は、*奢摩他《しやまた》・毗婆舎那《びばしやな》、*広略修行成就《くわうりやくしゆぎやうじやうじゆ》して*柔濡《にうなん》心《しん》なり」とのたまへり。柔濡心《にうなんしん》とは、謂《いは》く*広略《くわうりやく》の止観相順《しくわんさうじゆん》し修行《しゆぎやう》して、不二《ふに》の心《しん》を成《じやう》ずるなり。たとへば水《みづ》を以て影《かげ》を取《と》るに、清《しやう》と静《じやう》と相資《あひたす》けて成就《じやうじゆ》するがごとしとなり。

「実《じち》のごとく広略《くわうりやく》の諸法《しよほふ》を知《し》る」とのたまへり。如実知《によじちち》とは、実相《じちさう》のごとくして知《し》るなり。広《くわう》の中《なか》の二十九句、略《りやく》の中《なか》の一句、実相《じちさう》にあらざることなきなり。

「かくのごとき*巧方便回向《げうはうべんゑかう》を成就《じやうじゆ》したまへり」とのたまへり。かくのごときといふは、前後《ぜんご》の広略《くわうりやく》みな実相《じちさう》なるがごときなり。実相《じちさう》を知《し》るを以ての故に、則ち三界《さんがい》の衆生《しゆじやう》の虚妄《こまう》の相《さう》を知《し》るなり。衆生《しゆじやう》の虚妄《こまう》を知《し》れば、則ち真実《しんじち》の慈悲《じひ》を生《しやう》ずるなり。真実《しんじち》の法身《ほふしん》を知《し》るは、則ち真実《しんじち》の帰依《くゑえ》を起《お》こすなり。慈悲《じひ》と帰依《くゑえ》と巧方便《げうはうべん》とは、下《しも》にあり。

「何《なに》ものか菩薩《ぼさつ》の巧方便回向《げうはうべんゑかう》。菩薩の巧方便回向《げうはうべんゑかう》とは、謂《いは》く礼拝等《らいはいとう》の*五種の修行《しゆぎやう》を説《と》く所集《しよしふ》の一切の功徳善根《くどくぜんごん》は、自身住持《じしんぢうぢ》の楽《らく》を求《もと》めず、一切衆生の苦《く》を抜《ぬ》かむと欲《おぼ》すが故に、

灌頂王子　転輪王の王子。やがて灌頂を受けて王位に昇るからこういう。

三十二相　現身仏(応身)や転輪王のそなえている三十二種のすぐれた相のこと。

七宝　転輪聖王が所有する輪・象・馬・珠・女・居士・主兵臣の七宝。

転輪王　転輪聖王・輪王ともいう。輪宝(戦具の一種)を転ずる王の意。七宝を有し四徳を具え、正法によって全世界を統治する理想的な王者のこと。しばしば仏に比況せられ、仏の説法を転法輪というのも、転輪の語に基づくものである。

善巧摂化　仏が種々のたくみな方法をもって衆生を救済すること。論註の解義分十章の中の第五章に示されている。

奢摩他・毗婆舎那　心を静かにして浄土の相を観察すること。↓九二頁注

広略修行　広門の三厳二十九種と、略門の一法句とを止観すること。

柔濡心　「柔軟心」。

広略の止観…不二の心…　三厳の広を観じ一法句の略を観ずる止と観とが、相応して、所観の境徳すなわち実相と、能観の心とが、境智不二となったという意味。

巧方便回向　衆生に応じて巧みな方法で救うこと。

五種の修行　五念門行のこと。

作願《さぐわん》して一切衆生《いちさいしゆじやう》を摂取《せふしゆ》して、共《とも》に同《おな》じくかの安楽仏国《あんらくぶつこく》に生《しやう》ぜしむ。これを菩薩《ぼさつ》の巧方便《げうはうべん》回向成就《ゑかうじやうじゆ》と名《な》づく」とのたまへり。*王舎城所説《わうしやじやうしよせち》の無量寿経《むりやうじゆきやう》を案《あん》ずるに、*三輩生《さんはいしやう》の中《なか》に、行《ぎやう》に優劣《うれち》ありといへども、みな*無上菩提《むじやうぼだい》の心《しん》を発《ほち》せざるはなけむ。この無上菩提心《むじやうぼだいしん》は即ちこれ*願作仏心《ぐわんさぶつしん》なり、願作仏心《ぐわんさぶつしん》は即ちこれ*度衆生心《どしゆじやうしん》なり、度衆生心《どしゆじやうしん》は即ちこれ衆生《しゆじやう》を摂取《せふしゆ》して有仏《うぶつ》の国土《こくど》に生《しやう》ぜしむる心《しん》なり。この故にかの安楽浄土《あんらくじやうど》に生《うま》れむと願《ぐわん》ずる者は、要《かなら》ず無上《むじやう》菩提心《ぼだいしん》を発《ほち》するなり。もし人《ひと》、無上菩提心《むじやうぼだいしん》を発《ほち》せずして、ただかの国土《こくど》の受楽無間《じゆらくむけん》なるを聞《き》きて、楽《らく》のための故に生《うま》れむと願《ぐわん》ずるは、またまさに往生《わうじやう》を得《え》ざるべきなり。この故に「自身住持《じしんぢうぢ》の楽《らく》を求《もと》めず、一切衆生の苦《く》を抜《ぬ》かんと欲《おぼ》すが故に」と言《のたま》へり。住持楽《ぢうぢらく》とは、謂《いは》くかの安楽浄土《あんらくじやうど》は阿弥陀如来《あみだによらい》の本願力《ほんぐわんりき》のために住持《ぢうぢ》せられて、楽《らく》を受《う》くること間《ひま》なきなり。おほよそ回向《ゑかう》の名義《みやうぎ》を釈《しやく》せば、謂《いは》く、おのれが所集《しよしふ》の一切の功徳《くどく》を以て一切衆生に施《せ》与《よ》して、共《とも》に仏道《ぶつだう》に向《む》かへしめたまふなりと。巧《げう》*〔方〕《はう》便《べん》とは謂《いは》く、菩薩願《ぐわん》ずらく、おのれが智慧《ちゑ》の火《ひ》を以て一切衆生の煩悩《ぼんなう》の草木《さうもく》を焼《や》かむと、もし一衆生として成仏《じやうぶつ》せざることあらば、われ仏《ぶつ》にならじと。しかるに衆生《しゆじやう》、いまだことごとく成仏《じやうぶつ》せざるに、菩薩すでに自《みづか》ら成仏《じやうぶつ》せむは、たとへば*火擿《くわてむ》〈聴念の反〉〔擿の字、他暦の反《かへし》、排除《はらいのぞく》なり。とる、つむ、おく、たく〕して、一切の草木《さうもく》を擿《つ》〈聴歴の反〉むで焼《や》きて尽《つ》くさしめむと欲《ほち》するに、草木《さうもく》いまだ尽《つ》きざるに、火《くわ》擿《てん》すでに尽《つ》きむがごとし。その身《み》を後《のち》にして身《み》を先《さき》にするを以ての故に、方便《はうべん》と名《な》づく。この中《なか》に方便《はうべん》と言《い》ふは、謂《いは》く作願《さぐわん》して一切衆生を摂取《せふしゆ》して、共《とも》に同《おな》じくかの安楽仏国《あんらくぶつこく》に生《しやう》ぜしむ。かの仏国《ぶつこく》は即ちこれ畢竟成仏《ひちきやうじやうぶつ》の道路《だうろ》、無上《むじやう》の方便《はうべん》なり。

王舎城　インド中部マカダ国の都城。紀元前六世紀ごろ頻婆娑羅王によって築かれた。大無量寿経をはじめ、釈尊の最も多く説法せられた所。

三輩生　浄土に往生する衆生に、上輩・中輩・下輩の三種のあることをとくこと。

無上菩提の心　無上の仏果を得ようと欲う心のこと。

願作仏心　自分の成仏を願う心。

度衆生心　衆生を済度する心。

方　底本にこの字なし。西本願寺本は「方」を補う形式を残している。

火擿　現行の論註では「擿」を「掭」につくり、火をはさむもの、火をつけた杖、火つけ木などとして解釈している。

*障菩提門《しやうぼだいもん》とは、「菩薩かくのごとくよく回向成就《ゑかうじやうじゆ》したまへるを知《し》れば、即ちよく三種の菩提門相違《ぼだいもんさうゐ》の法《ほふ》を遠離《をんり》するなり。なんらか三種。一つには智慧門《ちゑもん》に依《よ》りて、*自楽《じらく》を求《もと》めず、わが心自《こころじ》身《しん》に*貪著《とんぢやく》するを遠離《をんり》せるが故に」とのたまへり。進《すす》むを知《し》りて退《しりぞ》くを守《まほ》るを智《ち》と曰《い》ふ、*空無《くうむ》我《が》を知《し》るを慧《ゑ》と曰《い》ふ。智《ち》に依《よ》るが故に自楽《じらく》を求《もと》めず、慧《ゑ》に依《よ》るが故にわが心自《こころじ》身《しん》に貪著《とんぢやく》するを遠離《をんり》せり。

「二つには慈悲門《じひもん》に依《よ》れり、一切衆生の苦《く》を抜《ぬ》いて、*無安衆生心《むあんしゆじやうしん》を遠離《をんり》せるが故に」とのたまへり。苦《く》を抜《ぬ》くを慈《じ》と曰《い》ふ、楽《らく》を与《あた》ふるを悲《ひ》と曰《い》ふ。慈《じ》に依《よ》るが故に一切衆生の苦《く》を抜《ぬ》く、悲《ひ》に依《よ》るが故に無安衆生心《むあんしゆじやうしん》を遠離《をんり》せり。

「三つには方便門《はうべんもん》に依《よ》れり、一切衆生を憐愍《れんみん》したまふ心《こころ》なり、自身《じしん》を供養《くやう》し恭敬《くぎやう》する心《こころ》を遠離《をんり》せるが故に」とのたまへり。正直《しやうぢき》を方《はう》と曰《い》ふ、己《おのれ》を外《ほか》にするを便《べん》と曰《い》ふ。正直《しやうぢき》に依《よ》るが故に一切衆生を憐愍《れんみん》する心《こころ》を生《しやう》ず、己《おのれ》を外《ほか》にするに依《よ》るが故に自身《ししん》を供養《くやう》し恭敬《くぎやう》する心《こころ》を遠離《をんり》せり。「これを三種の菩提門相違《ぼだいもんさうゐ》の法《ほふ》を遠離《をんり》すと名《な》づく」。

*順菩提門《じゆんぼだいもん》とは、「菩薩はかくのごとき三種の菩提門相違《ぼだいもんさうゐ》の法《ほふ》を遠離《をんり》して、三種の随順菩提《ずいじゆんぼだい》門《もん》の法満足《ほふまんぞく》することを得《え》たまへるが故に。なんらか三種。一つには*無染清浄心《ぜんしやうじやうしん》、自身《じしん》のためにもろもろの楽《らく》を求《もと》めざるを以ての故に」とのたまへり。菩提《ぼだい》はこれ無染清浄《むぜんしやうじやう》の処《ところ》なり。もし身《み》のために楽《らく》を求《もと》めば、即ち菩提《ぼだい》に違《ゐ》しなむ。この故に無染清浄心《むぜんしやうじやうしん》は、これ菩提門《ぼだいもん》に順《じゆん》ずるなり。

「二つには*安清浄心《あんしやうじやうしん》、一切衆生の苦《く》を抜《ぬ》くを以ての故に」とのたまへり。菩提《ぼだい》はこれ

障菩提門　障菩提とは菩提のためにさまたげになるものとの意で、それをとり除くことを明かしてある。論註の解義分十章のうち、第六章の標目である。

自楽　自分の楽しみ。

貪著　むさぼる。固執する。

空無我　すべてのものは因縁によって生じたものであって、そのものに本来的に固有な本性というものがあるのではないということ。大乗仏教の根本思想となっている。

無安衆生心　人を安らかにすることのない心。

順菩提門　論註解義分十章のうちの七章。菩提に順ずる無染清浄心・安清浄心・楽清浄心の三種の清浄心の法を明かす。

無染清浄心　煩悩のけがれのない清らかな心。

安清浄心　人を安らかにする清浄心。

一切衆生《いちさいしゆじやう》を安穏《あんをん》する清浄《しやうじやう》の処《ところ》なり。もし作心《さしん》して一切衆生を抜《ぬ》きて生死《しやうじ》の苦《く》を離《はな》れしめずは、即《すなは》ち菩提《ぼだい》に違《ゐ》しなむ。この故に一切衆生の苦《く》を抜《ぬ》くは、これ菩提門《ぼだいもん》に順《じゆん》ずるなりと。

「三つには*楽清浄心《らくしやうじやうしん》、一切衆生をして大菩提《だいぼだい》を得《え》しむるを以ての故に、衆生《しゆじやう》を摂取《せふしゆ》してかの国土《こくど》に生《しやう》ぜしむるを以ての故に」とのたまへり。菩提《ぼだい》はこれ畢竟常楽《ひちきやうじやうらく》の処《ところ》なり。もし一切衆生をして畢竟常楽《ひちきやうじやうらく》を得《え》しめずは、則ち菩提《ぼだい》に違《ゐ》しなむ。この畢竟常楽《ひちきやうじやうらく》は何《なに》に依りてか得《う》る、大乗《だいじよう》【或る本、義字に作る】門《もん》に依《よ》るなり。大乗門《だいじようもん》とは、謂《いは》くかの安楽仏国土《あんらくぶつこくど》これなり。この故にまた「衆生《しゆじやう》を摂取《せふしゆ》してかの国土《こくど》に生《しやう》ぜしむるを以ての故に」と言《のたま》へり。「これを三種の随順菩提門《ずいじゆんぼだいもん》の法満足《ほふまんぞく》せりと、知《し》るべしと名《な》づく」と。

*名義摂対《みやうぎせふたい》とは、「さきに*智慧《ちゑ》・*慈悲《じひ》・*方便《はうべん》の三種の門《もん》、*般若《はんにや》を摂取《せふしゆ》す、般若《はんにや》、方便《はうべん》を摂取《せふしゆ》すと説《と》きつ。知《し》るべし」とのたまへり。*般若《はんにや》とは如《によ》に達するの慧《ゑ》の名《な》なり、*方便《はうべん》とは権《ごん》に通《つう》ずるの智《ち》の称《しやう》なり。如《によ》に達すれば則ち*心行寂滅《しんぎやうじやくめち》なり、権《ごん》に通《つう》ずれば則ちつぶさに衆機《しゆき》に*省《はぶ》くの智なり。〔*機《き》を省《かへり》みるの智《ち》〕、つぶさに応《おう》じて無知《むち》なり。寂滅《じやくめち》の慧《ゑ》、また無知《むち》にしてつぶさに省《はぶ》く。しかれば則ち智慧《ちゑ》と方便《はうべん》と、あひ縁《えん》じて動《どう》じ、あひ縁《えん》じて静《じやう》なり。動《どう》、静《じやう》を失《しち》せざることは智慧《ちゑ》の功《くう》なり、静《じやう》、動《どう》を廃《はい》せざることは方便《はうべん》の力《ちから》なり。この故に智慧《ちゑ》と慈悲《じひ》と方便《はうべん》と、般若《はんにや》を摂取《せふしゆ》す、般若《はんにや》、方便《はうべん》を摂取《せふしゆ》す。知《し》るべしとは、謂《いは》く智慧《ちゑ》と方便《はうべん》はこれ菩薩の父母《ぶも》なり、もし智慧《ちゑ》と方便《はうべん》とに依《よ》らずは、菩薩の法則成就《ほふそくじやうじゆ》せざることを知《し》るべし。何《なに》を以ての故に、もし智慧《ちゑ》なくして衆生《しゆじやう》のためにする時《とき》んば、則ち*顚倒《てんだう》に堕《だ》せむ。もし方便《はうべん》なくして*法性《はふしやう》を観《くわん》ずる時《とき》んば、則ち実際《じちさい》を証《しよう》せむ。この故に知《し》るべしと。

楽清浄心　人に楽を与える清浄心。
名義摂対　論註の解義分十章の中の第八の章目。智慧・慈悲・方便の権智が般若の実智と相摂することを明かす。
智慧　すべての事物や道理を明らかに見ぬいて、よく知ること。智は世間のことを知ること。相対的な道理を知ること。慧は出世間(仏法)のことを知ること。空慧ともいい、空・無我を知ること。中国では智慧と熟語にし、一つにして、空慧の意味に用いることが多い。
慈悲　衆生を愛しいつくしんで楽を与え(慈)、衆生を憐みいたんで苦を抜く(悲)をいう。
方便　ここでは、衆生の機に応じて巧みな救いの方法を考える方便権智。
般若　梵語の音写。慧・智慧・明と訳す。すべての事物や道理を明らかに見抜く深い智慧。実智・根本智。
般若とは如に…　般若とは平等の一如をさとる慧の名であるという意味。
方便とは権に…　方便とは差別の事相に通ずる智をいうという意味。
心行寂滅　心のはたらきがしずかであること。
省く　反省する。かえりみる。
機を省みるの智　西本願寺本によって補う。
顚倒　真理にたがうこと。
法性　一切諸法の体性である真如のこと。

「さきに*遠離《をんり》我《が》心《しん》貪著《とんぢやく》自《じ》身《しん》・*遠離《をんり》無《む》安衆生心《あんしゆじやうしん》・*遠離《をんり》供養《くやう》恭敬《くぎやう》自《じ》身心《しんしん》を説《と》きつ、この三種の法《ほふ》は、障菩提心《しやうぼだいしん》を遠離《をんり》するなりと、知《し》るべし」とのたまへり。諸法《しよほふ》におのおの障碍《しやうげ》の相《さう》あり。風《かぜ》はよく静《じやう》を障《さ》ふ、土《つち》はよく水《みづ》を障《さ》ふ、湿《しつ》はよく火《ひ》を障《さ》ふ、*五黒《ごこく》・十悪《じふあく》は人天《にんでん》を障《さ》ふ、*四顚倒《してんだう》は声聞《しやうもん》の果《くわ》を障《さ》ふるがごとし。この中《なか》の三種は菩提《ぼだい》を障《さ》ふる心を遠離《をんり》せずと。知《し》るべしとは、もし無障《むしやう》を得《え》むと欲《おも》はば、まさにこの三種の障碍《しやうげ》を遠離《をんり》すべしとなり。

「さきに無染《むぜん》清浄心《しやうじやうしん》・安清浄心《あんしやうじやうしん》・楽清浄心《らくしやうじやうしん》を説《と》きつ、この三種の心《しん》は略《りやく》して一処《いちしよ》にして、*妙楽勝真心《めうらくしようしんしん》を成就《じやうじゆ》したまへりと、知《し》るべし」とのたまへり。楽《らく》に三種あり。一つには外楽《ぐゑらく》、謂《いは》く*五識所生《ごしきしよしやう》の楽《らく》なり。二つには内楽《ないらく》、謂《いは》く初禅《しよぜん》・二《に》禅《ぜん》・三禅《さんぜん》の意《い》識所生《しきしよしやう》の楽《らく》なり。三つには*法楽《ほふがく》〈五角の反《かくかえし》〉楽《らく》〈魯各の反《ろかくかえし》〉、謂《いは》く智慧《ちゑ》所生《しよしやう》の楽《らく》なり。この智慧《ちゑ》所生《しよしやう》の楽《らく》は、仏《ぶつ》の功徳《くどく》を愛《あい》するより起《お》これり。これは遠離《をんり》我《が》心《しん》と遠離《をんり》無《む》安衆生心《あんしゆじやうしん》と遠離《をんり》自《じ》供養心《くやうしん》と、この三種の心《しん》清浄《しやうじやう》に増進《ぞうしん》して、略《りやく》して妙楽勝真心《めうらくしようしんしん》とす。妙《めう》の言《ごん》はそれ好《かう》なり、この楽《らく》は仏《ぶつ》を縁《えん》じて生《しやう》ずるを以ての故に。勝《しよう》の言《ごん》は*三界《さんがい》の中《うち》の楽《らく》に勝出《しようしゆつ》せり。真《しん》の言《ごん》は虚偽《こぐゐ》ならず、顚倒《てんだう》せざるなり。

願事成就《ぐわんじじやうじゆ》とは、「かくのごとき菩薩は智慧心《ちゑしん》・方便心《はうべんしん》・無障心《むしやうしん》・勝真心《しようしんしん》をもて、よく清《しやう》浄仏国土《じやうぶつこくど》に生《しやう》ぜしめたまへりと、知《し》るべし」とのたまへり。知《し》るべしとは、謂《いは》くこの四種の清浄《しやうじやう》の功徳《くどく》、よくかの清浄仏国土《しやうじやうぶつこくど》に生《しやう》ずることを得《え》しむ、これ他縁《たえん》をして生《しやう》ずるにはあらずと知《し》るべしとなり。

「これを菩薩摩訶薩《ぼさつまかさつ》、*五種の法門《ほふもん》に随順《ずいじゆん》して、所作《しよさ》、意《こころ》に随《したが》ふて自在《じざい》に成就《じやうじゆ》したまへり

遠離我心貪著自身　我が心が自身に執著する心を離れるという意味。
遠離無安衆生心　人を安らかにすることのない心を離れるという意味。
遠離供養恭敬自身心　自身を利養・愛重する心を離れるという意味。
五黒　五逆のこと。黒は悪業の意。
四顚倒　真理にそむいた四つのまちがった見解。即ち無常・苦・無我・不浄のこの世を常・楽・我・浄であると思うこと。
妙楽勝真心　五念門を行じて得る自利利他円満の真実心。親鸞はこれを法蔵菩薩の成就とし、他力信心にそなわる徳を示すものとする。
五識　六識の中の前五識。即ち眼・耳・鼻・舌・身の五。
法楽楽　仏道を求める智慧から生ずる楽のこと。
三界　欲界・色界・無色界。迷いの世界を三種に分類したもの。
五種の法門　五念門をさす。

と名《な》づく。さきの所説《しよせち》のごとき身業《しんごふ》・口業《くごふ》・意業《いごふ》・智業《ちごふ》・方便智業《はうべんちごふ》、法門《ほふもん》に随順《ずいじゆん》せるが故に」とのたまへり。随意自在《ずいいじざい》とは、言ふこころは、この五種の功徳力《くどくりき》よく清浄仏土《しやうじやうぶつど》に生《しやう》ぜしめて、出没自在《しゆつもちじざい》なるなり。身業《しんごふ》とは*礼拝《らいはい》なり、口業《くごふ》とは*讃嘆《さんだん》なり、意業《いごふ》とは*作願《さぐわん》なり、智業《ちごふ》とは*観察《くわんざち》なり、方便智業《はうべんちごふ》とは回向《ゑかう》なり。この五種の業和合《ごふわがふ》せり、則ちこれ往生浄土《わうじやうじやうど》の法門《ほふもん》に随順《ずいじゆん》して自在《じざい》の業成就《ごふじやうじゆ》したまへりと言《のたま》へりと。

*利行満足《りぎやうまんぞく》とは、「また*五種の門《もん》ありて、漸次《ぜんじ》に五種の功徳《くどく》を成就《じやうじゆ》したまへりと、知《し》るべしと。何《なに》ものか五門。一つには*近門《ごんもん》、二つには*大会《だいゑ》衆門《しゆもん》、三つには*宅門《たくもん》、四つには*屋門《おくもん》、五つには*薗林遊戯地門《おんりんゆげぢもん》なり」とのたまへり。この五種は、*入出《にふしゆつ》の次第《しだい》の相《さう》を示現《じげん》せしむ。入《にふ》相《さう》の中《なか》に、初《はじ》めに浄土《じやうど》に至《いた》るは、これ近相《ごんさう》なり。謂《いは》く大乗正定聚《だいじようしやうぢやうじゆ》に入《い》るは、阿耨多羅三《あのくたらさん》藐三菩提《みやくさんぼだい》に近《ちか》づくなり。浄土《じやうど》に入《い》り已《をは》るは、便《すなは》ち如来《によらい》の大会衆《だいゑしゆ》の数《かず》に入《い》るなり。衆《しゆう》の数《かず》に入《い》り已《をは》りぬれば、まさに修行安心《しゆぎやうあんじん》の宅《たく》に至《いた》るべし。宅《たく》に入《い》り已《をは》れば、まさに修行所居《しゆぎやうしよこ》の屋《おく》寓《う》〈尤挙《うこ》の反《かへし》〉に至《いた》るべし。修行成就《しゆぎやうじやうじゆ》し已《をは》りぬれば、まさに教化地《けうくゑぢ》に至《いた》るべし。教化地《けうくゑぢ》は即ちこれ菩薩《ぼさつ》の自娯楽《じごらく》の地《ぢ》なり。この故に出門《しゆつもん》を薗林遊戯地門と称《しよう》すと。

「この五種の門《もん》は、初《はじ》めの四種の門《もん》は入《にふ》の功徳《くどく》を成就《じやうじゆ》したまへり、第五門《だいごもん》は出《しゆつ》の功徳《くどく》を成就《じやうじゆ》したまへり」とのたまへり。この入出《にふしゆつ》の功徳《くどく》は、何《なに》ものかこれや。釈《しやく》すらく、

「入第一門《にふだいいちもん》と言《い》ふは、阿弥陀仏《あみだぶつ》を礼拝《らいはい》して、かの国《くに》に生《しやう》ぜしめむがためにするを以ての故に、安楽世界《あんらくせかい》に生《うま》るることを得《え》しむ。これを第一門と名《な》づく」。仏《ぶつ》を礼《らい》して仏国《ぶつこく》に生《うま》れむと願《ぐわん》ずるは、これ初《はじ》めの功徳《くどく》の相《さう》なりと。

礼拝　身に仏をうやまいおがむこと。

讃嘆　口に仏名をとなえて仏の徳をほめたたえること。

作願　心に一心に往生を願うこと。

観察　心をしずめて仏菩薩や浄土のすがたを思い浮かべること。

利行満足　論註の解義分十章の中の第十章。自利(自らさとること)と利他(人をもさとらしめること)の二行である五念の因行が成就して五果門を得、ついに菩提を証得することを明かす。親鸞は「証巻」において、五果ともに他力によって往生した行者の従果降因の還相の益とする。

五種の門　五果門をさす。

近門　二度と迷いにおちこまぬ身となって仏のさとりに近づく。

大会衆門　聖者の仲間入りをする。大会衆は浄土の聖衆。

宅門　奢摩他すなわち止を成就する。

屋門　毗婆娑那すなわち観を完成する。

薗林遊戯地門　さとりの世界から迷いの世界に再びたちかえってすべてのものを救うことを楽しみとすること。

入出　自利と利他のこと。入は浄土に入る自利行。出は衆生救済の利他行のこと。

光明智相　如来の智慧の相たる光明。

奢摩他寂静三昧　よこしまな乱心を離れ、思いを止めて心の寂静になっ

「入第二門《にふだいにもん》とは、阿弥陀仏《あみだぶつ》を讃嘆《さんだん》し、名義《みやうぎ》に随順《ずいじゆん》して如来《によらい》の名《みな》を称《しよう》せしめ、如来《によらい》の*光《くわう》明智相《みやうちさう》に依りて修行《しゆぎやう》せるを以ての故に、大会衆《だいゑしゆ》の数《かず》に入《い》ることを得《え》しむ。これを入第二門《にふだいにもん》と名《な》づく」とのたまへり。如来《によらい》の名義《みやうぎ》に依りて讃嘆《さんだん》する、これ第二の功徳《くどく》の相《さう》なりと。

「入第三門《にふだいさんもん》とは、一心に専念《せんねん》し作願《さぐわん》して、かしこに生《しやう》じて*奢摩他《しやまた》寂静三昧《しやくじやうさんまい》の行《ぎやう》を修《しゆ》するを以ての故に、*蓮華蔵世《れんぐゑざうせ》界《かい》に入《い》ることを得《え》しむ。これを入第三門《にふだいさんもん》と名《な》づく」。*寂静止《じやくじやうし》を修《しゆ》せむための故に、一心にかの国《くに》に生《うま》れむと願《ぐわん》ずる、これ第三の功徳《くどく》の相《さう》なりと。

「入第四門《にふだいしもん》とは、かの妙荘厳《めうしやうごん》を専念《せんねん》し観察《くわんざち》して、*毗婆舎那《びばしやな》を修《しゆ》せしむるを以ての故に、かの所《ところ》に到《いた》ることを得《え》て、種種《しゆじゆ》の法味《ほふみ》の楽《らく》を受用《じゆよう》せしむ。これを入第四門《にふだいしもん》と名《な》づく」とのたまへり。種種《しゆじゆ》の法味《ほふみ》の楽《らく》とは、毗婆舎那《びばしやな》の中《なか》に、*観仏国土清《くわんぶつこくどしやう》浄味《じやうみ》・*摂受衆生大乗《せふじゆしゆじやうだいじよう》味《み》・*畢竟住持不虚作味《ひちきやうぢうぢふこさみ》・*類事起行願取仏土味《るいじきぎやうぐわんしゆぶつどみ》あり。かくのごとき等の無量《むりやう》の荘厳仏道《しやうごんぶつだう》の味《み》あるが故に、種種《しゆじゆ》と言《のたま》へり。これ第四の功徳《くどく》の相《さう》なりと。

「出第五門《しゆつだいごもん》とは、大慈悲《だいじひ》を以て一切苦悩《くなう》の衆生《しゆじやう》を観察《くわんざち》して、応化身《おうぐゑしん》を示《しめ》して、*生死《しやうじ》の薗《その》、煩悩《ぼんなう》の林《はやし》の中《なか》に回入《ゑにふ》して、神通《じんづう》に遊戯《ゆげ》し、教化地《けうくゑぢ》に至《いた》る。本願力《ほんぐわんりき》の回向《ゑかう》を以ての故に。これを出第五門《しゆつだいごもん》と名《な》づく」とのたまへり。示《じ》応化身《おうぐゑしん》とは、法華経《ほふくゑきやう》の*普門示現《ふもんじげん》の類《るい》のごときなり。遊戯《ゆげ》に二つの義《ぎ》あり。一つには自在《じざい》の義《ぎ》。菩薩衆生《しゆじやう》を度《ど》す、たとへば師子《しし》の鹿《しか》を搏《う》つに、所為《しよゐ》はばからざるがごときは、遊戯《ゆげ》するがごとし。二つには*度無所度《どむしよど》の義《ぎ》なり。菩薩、衆生《しゆじやう》を観《くわん》ずるに、*畢竟《ひちきやう》じてあらゆるところなし。無量《むりやう》の衆生《しゆじやう》を度《ど》すといへども、実に一衆《いちしゆ》生《じやう》として*滅度《めちど》を得《う》る者なし。衆生《しゆじやう》を度《ど》すと示《しめ》すこと遊戯《ゆげ》するがごとし。本願力《ほんぐわんりき》と言《い》ふは、

た状態。

蓮華蔵世界　この語は本来、華厳経・梵網経などに出ているが、いまは阿弥陀仏の極楽世界のこと。

寂静止　奢摩他寂静三昧に同じ。

毗婆舎那　観(察)・見の意味。如実の智慧をもって対境を明らかに観察し照見すること。

観仏国土清浄味　仏土の清浄なる徳を観ずる味。

摂受衆生大乗味　衆生を摂めて大乗のさとりを開かせる徳を観ずる味。

畢竟住持不虚作味　いつまでも変わらずに衆生に利益を与える徳を観ずる味。

類事起行願取仏土味　衆生の類に応じて化益し、仏土をそこにあらわして衆生を済度する徳を観ずる味。

生死の薗　迷いの世界。

普門示現　法華経の普門品に、観音菩薩が衆生救済のために三十三身を現わし、その機に応じて種々の方法で救われることが説いてある。浄土の菩薩の活動も、普門品の観音のようだと示す意味。

度無所度　衆生を済度しながら済度したとの執着をもたないこと。

畢竟じてあらゆるところなし　ついに衆生という実体があるとは見ないという意味。

滅度を得るものなし　実に一人の衆生も滅度を得させたという想いがないという意味。

大菩薩《だいぼさつ》、法身《ほふしん》の中《なか》において、常《つね》に三昧《さんまい》にましまして、種種《しゆじゆ》の身《しん》、種種《しゆじゆ》の神通《じんづう》、種種《しゆじゆ》の説法《せちはふ》を現《げん》ずることを示《しめ》すこと、みな本願力《ほんぐわんりき》より起《お》これるを以てなり。たとへば*阿修羅《あしゆら》の琴《きん》の鼓《こ》する者なしといへども、しかも音曲自然《いむきよくじねん》なるがごとし。これを教化地《けうくゑぢ》の第五の功徳《くどく》の相《さう》と名《な》づくとのたまへり」。已上抄出

*しかれば*大聖《だいしやう》の真言《しんごん》、誠《まこと》に知《し》んぬ、大涅槃《だいねはん》を証《しよう》することは願力《ぐわんりき》の回向《ゑかう》に籍《よ》りてなり。還相《ぐゑんさう》の利益《りやく》は利他《りた》の正意《しやうい》を顕《あら》はすなり。ここを以て*論主《ろんじゆ》は広大無碍《くわうだいむげ》の一心を宣布《せんぷ》して、あまねく*雑染堪忍《ざふぜんかむにん》の群萠《ぐんまう》を開化《かいくゑ》す。*宗師《しゆうし》は*大悲往還《だいひわうぐゑん》の回向《ゑかう》を顕示《けんじ》して、ねむごろに他利利他《たりりた》の深義《じんぎ》を弘宣《ぐせん》したまへり。仰《あふ》いで奉持《ぶぢ》すべし、ことに頂戴《ちやうだい》すべしと。

顕浄土真実証文類《けんじやうどしんじちしようもんるい》 四

阿修羅の琴 阿修羅は八部衆の一で、戦闘を好み、いつも帝釈天と戦う鬼神である。この神の携える琴を阿修羅の琴といい、これを聴こうと思えば、この神の福徳によって、だれも弾じないのに自然に音を出すといわれる。

◇しかれば大聖の… 往還二回向の証果開顕の意義を明かす。↓補

大聖 釈尊のこと。

論主 天親菩薩のこと。

雑染堪忍の群萠を開化す 煩悩によって汚された、この娑婆世界に住む多くの者を化導するという意味。

宗師 曇鸞大師のこと。

大悲往還の回向を顕示して わたしたちの往相も還相も、みな阿弥陀如来の大悲回向であることを顕わしてという意味。

真仏土巻

真仏土巻は、最初に「光明無量の願」等と第十二・第十三願を標示し、本文は、㈠まず、真仏土が如何なるものであるかを直ちに明らかにし(謹んで真仏土等)、㈡次にそれを、次巻に詳述する化身土に対比して、結論的に解明する(それ報を按ずれば等)、二段階に分かってみられる。その第一段階では、(1)最初に真仏土が光寿二無量の願に報いる不可思議無量光の真実の報仏土であることを直接総論し、(2)次に、大経の第十二・十三願文や同成就文・異訳如来会・平等覚経文、さらに涅槃経文、浄土論・論註の文、善導の観経疏の文などを汎《ひろ》く引用して浄土の本質・状態・性格などを詳《つまびら》かにし、(3)最後に真実報仏土の本質仏性は惑《まど》いの衆生が現世で自らが証って見るということの不可能な存在であることを明らかにするのである。かくして第二段階では、その真仏土が選択本願なる真実の第十八願を根本の願とする四十八願海に報い結果された報仏土として、次巻に明かす方便仮の願である第十九・二十願に報いた化土をも報仏土中に孕《はら》むことを示唆しつつ、その方便仮の化土に対比して真仏土の存在意義を明らかにし勧めるのである。

*光明《くわうみやう》无量《むりやう》の願《ぐわん》

*寿命《じゆみやう》无量《むりやう》の願《ぐわん》

光明無量の願　第十二願の願名。阿弥陀仏が正覚を成じたとき、その身の光明が限りなく、はかりなく一切の国土を照らすと誓われた願。

寿命無量の願　第十三願の願名。阿弥陀仏が正覚を成じたとき、その寿命に限量がなく、はかりないことを誓われた願。前の第十二願の光明無量の願とともに阿弥陀仏の仏身仏土の徳をあらわす願である。

◇謹んで真仏土を…　真仏土の意義を直接総論する。↓補

不可思議光如来　阿弥陀如来の別名。阿弥陀如来は心もことばも及ばぬ光明の存在との意味。如来会による。

無量光明土　浄土は量りなき光明の世界であるとの意。平等覚経による。

報仏土　因願に報われて建立された浄土ということ。

光明　仏身より出す光。身光(色光)と、智光(心光)とにわける。

◇大経に言はく…　以下、大経や異訳如来会の文により、仏土のあり方を明かす。↓補。この引文は第十二願文。

百千億那由他　数かぎりなく無数と

光明《くわうみやう》无量《むりやう》の願《ぐわん》　寿命《じゆみやう》无量《むりやう》の願《ぐわん》

顕《けん》浄《じやう》土《ど》真《しん》仏《ぶつ》土《ど》文《もん》類《るい》　五

愚《ぐ》禿釈親鸞集《とくしやくしんらんしふ》

*謹《つつし》んで真仏土《しんぶつど》を按《あん》ずれば、仏《ぶつ》は則ちこれ*不可思議光如来《ふかしぎくわうにょらい》なり、土《ど》はまたこれ*無量光明土《むりやうくわうみやうど》なり。しかれば則ち大悲《だいひ》の誓願《せいぐわん》に酬報《しうほう》するが故に、真《しん》の*報仏土《はうぶつど》と曰《い》ふなり。すでにして願《ぐわん》います、即ち*光明《くわうみやう》・寿命《じゆみやう》の願《ぐわん》これなり。

*大経《だいきやう》に言《のたま》はく、「たとひわれ仏《ぶつ》を得《え》たらむに、光明《くわうみやう》よく限量《げんりやう》ありて、下《しも》、*百千億那由他《ひやくせんおくなゆた》の諸仏《しよぶつ》の国《くに》を照《て》らさざるに至《いた》らば、正覚《しやうがく》を取《と》らじ」と。

*また願《ぐわん》に言《のたま》はく、「たとひわれ仏《ぶつ》を得《え》たらむに、寿命《じゆみやう》よく限量《げんりやう》ありて、下《しも》、百千億那由他《ひやくせんおくなゆた》の劫《こふ》に至《いた》らば、正覚《しやうがく》を取《と》らじ」と。

*願成就《ぐわんじやうじゆ》の文《もん》に言《のたま》はく、「仏《ぶつ》、阿難《あなん》に告《つ》げたまはく、「*無量寿仏《むりやうじゆぶつ》の威神光明《ゐじんくわうみやう》、最尊第一《さいそんだいいち》にして、諸仏《しよぶつ》の光明《くわうみやう》の及《およ》ぶことあたはざるところなり。乃至　この故に無量寿仏《むりやうじゆぶつ》をば*無量光仏《むりやうくわうぶつ》・無辺光仏《むへんくわうぶつ》・無《む》碍光仏《げくわうぶつ》・無対光仏《むたいくわうぶつ》・炎王光仏《えんわうくわうぶつ》・清浄光仏《しやうじやうくわうぶつ》・歓喜光仏《くわんぎくわうぶつ》・智《ち》慧光仏《ゑくわうぶつ》・不断光仏《ふだんくわうぶつ》・難思光仏《なんじくわうぶつ》・無称光仏《むしようくわうぶつ》・超日月光仏《てうにちぐわちくわうぶつ》と号《がう》す。それ衆生《しゆじやう》ありて、この光《ひかり》に遇《まう》ふ者は、*三垢《さんく》消滅《せうめち》

いう意味。那由他はインドの数の単位で、兆・溝の意味。

また願に言はく…　第十三願文。

願成就の文に言はく…　大経巻上の第十二・十三願成就文。

無量寿仏　阿弥陀仏の別名。この仏の寿命は長久にして限りなく、またその浄土に往生する者も無量寿を得させるから無量寿仏という。

無量光仏…超日月光仏　大経に示す阿弥陀仏の十二の別名。阿弥陀仏の光明の徳を十二種に分けて示す。㈠無量光仏(測りなき光明をもつ仏)、㈡無辺光仏(極まりなき光明をもつ仏)、㈢無碍光仏(さわりなき光明をもつ仏)、㈣無対光仏(くらべもののなき光明をもつ仏)、㈤炎王光仏(諸仏の光明の中で最尊第一の光明をもつ仏)、㈥清浄光仏(衆生のむさぼりを除く、きよらかな光明をもつ仏)、㈦歓喜光仏(衆生のいかりを除き喜びを与える光明をもつ仏)、㈧智慧光仏(衆生のまどいを除き智慧を与える光明をもつ仏)、㈨不断光仏(三世に絶えることのない光明をもつ仏)、㈩難思光仏(声聞・菩薩さえも測りがたい光明をもつ仏)、⑾無称光仏(たたえることのできないすぐれた光明をもつ仏)、⑿超日月光仏(日月に超えすぐれた光明をもつ仏)。

三垢　三毒のこと。貪欲(むさぼり)・瞋恚(いかり)・愚痴(おろか)の三。

し身意《しんい》*柔濡《にうなん》なり、歓喜踊躍《くわんぎゆやく》し善心生《ぜんしんしやう》ず。もし*三塗《さんづ》勤苦《ごんく》の処《ところ》にありて、この光明《くわうみやう》を見《み》ば、みな休息《くそく》を得《え》てまた苦悩《くなう》なけむ。寿《いのちを》終へての後《のち》、みな解脱《げだち》を蒙《かふ》る。無量寿仏《むりやうじゆぶつ》の光明顕赫《けんかく》にして、十方諸仏《しよぶつ》の国土《こくど》を照曜《せうえう》して聞《き》こへざることなし。ただわれ今その光明《くわうみやう》を称《しよう》するにあらず、一切の諸仏《しよぶつ》・*声聞《しやうもん》・*縁覚《えんがく》、もろもろの菩薩衆《ぼさつしゆ》、ことごとく共《とも》に嘆誉《たんよ》すること、またまたかくのごとし。もし衆生《しゆじやう》ありて、その光明《くわうみやう》の威《ゐ》神功徳《じんくどく》を聞《き》きて、日夜《にちや》に称説《しようせち》し、心《こころ》を至《いた》して断《た》へざれば、意《こころ》の所願《しよぐわん》に随《したが》ふて、その国《くに》に生《うま》るることを得《え》て、もろもろの菩薩《ぼさつ》・声《しやう》聞大衆《もんだいしゆ》のために、共《とも》にその功徳《くどく》を嘆誉《たんよ》し称《しよう》せられむ。それ、しかうして後《のち》、仏道《ぶつだう》を得《う》る時《とき》に至《いた》りて、普《あまね》く十方の諸仏《しよぶつ》・菩薩《ぼさつ》のために、その光明《くわうみやう》を嘆《たん》ぜられむこと、また今《いま》のごときならむ」となり。仏《ぶつ》の言《のたま》はく、「われ無量寿仏《むりやうじゆぶつ》の光明威神《くわうみやうゐじん》、巍巍殊妙《ぐゐぐゐしゆめう》なるを説《と》かむに、昼夜《ちうや》一劫《いちこふ》すともなほいまだ尽《つ》くすことあたはじ」と。

仏《ぶつ》、阿難《あなん》に語《かた》りたまはく、「無量寿仏《むりやうじゆぶつ》は寿命長久《じゆみやうちやうく》にして勝計《しようげ》すべからず。汝《なんぢ》、むしろ知《し》らむや。たとひ十方世界《せかい》の無量《むりやう》の衆生《しゆじやう》、みな人身《にんじん》を得《え》て、ことごとく声聞《しやうもん》・縁覚《えんがく》を成就《じやうじゆ》せしめて、すべて共《とも》に集会《しふゑ》して、思《おも》ひを禅《もは》らにし、心《こころ》を一つにして、その智力《ちりき》を竭《つく》して、百《ひやく》千万劫《せんまんごふ》においてことごとく共《とも》に推算《すいさん》して、その寿命《じゆみやう》の長遠《ちやうをん》の数《かず》を計《かぞ》えむに、窮尽《ぐうじん》してその限極《げんごく》を知《し》ることあたはじ」」と。抄出

※無量寿如来会《むりやうじゆによらいゑ》に言《のたま》はく、「阿難《あなん》、この義《ぎ》を以ての故に、無量寿仏《むりやうじゆぶつ》にまた異名《いみやう》まします。謂《いは》く無量光《むりやうくわう》・無辺光《むへんくわう》・無著光《むぢやくくわう》・無碍光《むげくわう》・光照王《くわうせうわう》・端厳光《たんごんくわう》・愛光《あいくわう》・喜光《きくわう》・可観光《かくわんくわう》・不可思議光《ふかしぎくわう》・無等《むとう》不可称《ふかしよう》量光《りやうくわう》・暎蔽日光《えいへいにちくわう》・暎蔽月光《えいへいぐわちくわう》・掩奪日月光《あんだちにちぐわちくわう》なり。かの光明《くわうみやう》、清浄広大《しやうじやうくわうだい》にし

柔濡　「柔軟」の意。

三塗　三悪道のこと。火塗(地獄道の猛火に焼かれる)・血塗(畜生道の互いにあい食む)・刀塗(餓鬼道の刀剣杖をもって逼迫せられる)をいう。

声聞　梵語の訳。仏の声教を聞いてさとる者の意。もとは仏在世時の弟子をさしたが、縁覚とともに二乗、また縁覚・菩薩とともに三乗の一と数える場合は、四諦の教えによって修行し阿羅漢のさとりを得て、心身ともに滅し尽くす涅槃に入るのを目的とする出家の聖者のこととする。縁覚に比して性質・能力の低いものとされる。

縁覚　梵語の訳。小乗の聖者の一。辟支仏・独覚ともいう。独自に縁を覩じ覚る者の意。

無量寿如来会に言く　巻上の文(大正蔵一一)。唐の菩提流志訳。大経の異訳。

て、普《あまね》く衆生《しゆじやう》をして身心悦楽《しんしんえちらく》せしむ。また一切余《よ》の仏刹《ぶつせち》の中《うち》の天《てん》・竜《りう》・夜叉《やしや》・阿修羅等《あしゆらとう》みな歓悦《くわんえち》を得《え》しむ」と。已上

*無量清浄平等覚経《むりやうしやうじやうびやうどうがくきやう》【帛延訳《はくえんやく》つくる】に言《のたま》はく、「速疾《そくしち》に超《こ》へて、便ち安楽国《あんらくこく》の世界《せかい》に到《いた》るべし。無量光明土《むりやうくわうみやうど》に至《いた》りて、無数《むしゆ》の仏《ぶつ》を供養《くやう》す」と。已上

*仏説諸仏阿弥陀三那三仏薩楼仏檀過度人道経《ぶつせちしよぶつあみださんなさんぶつさるぶつだんくわどにんだうきやう》〈友謙《うけん》の訳《やく》〉に言《のたま》はく、「仏《ぶつ》の言《のたま》はく、「阿弥陀《あみだ》仏《ぶつ》の光明《くわうみやう》は最尊《さいそん》第一にして比《なら》びなし。諸仏《しよぶつ》の光明《くわうみやう》みな及《およ》ばざるところなり。八方・上下、*無央数《むあうしゆ》の諸仏《しよぶつ》の中《なか》に、仏《ぶつ》の頂中《ちやうちう》の光明《くわうみやう》七丈《ぢやう》を照《て》らすあり、仏《ぶつ》の頂中《ちやうちう》の光明《くわうみやう》一里を照《て》らすあり、乃至 仏《ぶつ》の頂中《ちやうちう》の光明《くわうみやう》二百万仏国《ぶつこく》を照《て》らすあり」。仏《ぶつ》の言《のたま》はく、「もろもろの八方・上下、無央数《むあうしゆ》の仏《ぶつ》の頂中《ちやうちう》の光明《くわうみやう》の炎照《えんせう》するところ、みなかくのごとくなり。阿弥陀仏《あみだぶつ》の頂《ちやう》中《ちう》の光明《くわうみやう》の炎照《えんせう》するところ千万仏国《せんまんぶつこく》なり。諸仏《しよぶつ》の光明《くわうみやう》の照《て》らすところに近遠《ごんをん》ある所以《ゆへ》はいかんとなれば、もとそれ*前世《ぜんせ》の宿命《しうみやう》に、道《だう》を求《もと》めて菩薩《ぼさつ》たりしに、所願《しよぐわん》を照《て》らすに功徳《くどく》おのおの自《おのづか》ら大小《だいせう》あり。それしかうしてのち仏《ぶつ》に作《な》るときに至《いた》りて、おのおの自《みづか》らこれを得《え》たり。この故に光明《くわうみやう》うたた同等《どうとう》ならざらしむ。諸仏《しよぶつ》の威神同等《ゐじんどうとう》なるならくのみと。自在《じざい》の意《こころ》の所欲《しよよく》、作為《さゐ》してあらかじめ計《はか》らず。阿弥陀仏《あみだぶつ》の光明《くわうみやう》の照《て》らすところ最大《さいだい》なり。諸仏《しよぶつ》の光明《くわうみやう》みな及《およ》ぶことあたはざるところなり」。仏《ぶつ》、阿弥陀仏《あみだぶつ》の光明《くわうみやう》の極善《ごくぜん》なることを称誉《しようよ》したまふ。「阿弥陀仏《あみだぶつ》の光明《くわうみやう》は極善《ごくぜん》にして、善《ぜん》の中《なか》の明好《みやうかう》なり。それ快《こころよ》きこと比《なら》びなし、絶殊《ぜちしゆ》無極《むごく》なり。阿弥陀仏《あみだぶつ》の光明《くわうみやう》は清潔《しやうけち》にして*瑕穢《かゑ》なし、欠滅《くゑちげん》なきなり。阿弥陀仏《あみだぶつ》の光明《くわうみやう》は殊好《しゆかう》なること、日月《にちぐわち》の明《みやう》よりも勝《すぐ》れたること、百千億万倍《ひやくせんおくまんばい》なり。諸仏《しよぶつ》の光明《くわうみやう》の中《なか》の極明《ごくみやう》なり。

無量清浄平等覚経に言はく 巻二の文(大正蔵一二)。大経の異訳。後漢の支婁迦讖の訳とするが、皇延三蔵の訳とする説もある。親鸞もこれに随っている。

仏説諸仏阿弥陀三那三仏薩楼仏檀過度人道経に言はく 巻上の文(大正蔵一二)。呉の支謙の訳。呉訳と通称され、大阿弥陀経ともいう。大経の異訳。

無央数 きわめて大きい数の単位。

前世の宿命 過去世から定まっている運命。

瑕穢 けがれ。

光明《くわうみやう》の中《なか》の極好《ごくかう》なり。光明《くわうみやう》の中《なか》の極雄傑《ごくおうけち》なり。光明《くわうみやう》の中《なか》の快善《くゑぜん》なり。諸仏《しよぶつ》の中《なか》の王《わう》なり。光明《くわうみやう》の中《なか》の極尊《ごくそん》なり。光明《くわうみやう》の中《なか》の最明無極《さいみやうむごく》なり。もろもろの無数天下《むしゆてんげ》の幽冥《えうみやう》のところを炎《えん》照《せう》するに、みな常《つね》に大明《だいみやう》なり。諸有《しよう》の人民《にんみん》・*蜎飛《けんひ》*蠕動《ねむどう》の類《たぐひ》、阿弥陀仏《あみだぶつ》の光明《くわうみやう》を見《み》ざることなきなり。見《み》たてまつるもの慈心歓喜《じしんくわんぎ》せざるものなけむ。世間諸有《せけんしよう》の*婬泆《いんいち》・*瞋怒《しんぬ》・愚痴《ぐち》のもの、阿弥陀仏《あみだぶつ》の光明《くわうみやう》を見《み》たてまつりて、善《ぜん》をなさざるはなきなり。もろもろの*泥犁《でいり》・*禽《きむ》狩《しゆ》・*辟荔《へきれい》・*考掠《かうりやう》、勤苦《ごんく》のところにありて、阿弥陀仏《あみだぶつ》の光明《くわうみやう》を見《み》たてまつれば、至《いた》りてみな休止《くし》して、また治《ぢ》することを得《え》ざれども、死《し》して後《のち》、憂苦《うく》を解脱《げだち》することを得《え》ざるものはなきなり。阿弥陀仏《あみだぶつ》の光明《くわうみやう》と名《みな》とは、八方・上下、無窮無極無央数《むぐうむごくむあうしゆ》の諸仏《しよぶつ》の国《くに》に聞《き》かしめたまふ。諸天人民《しよてんにんみん》、聞知《もんち》せざることなし。聞知《もんち》せむもの度脱《どだち》せざるはなきなり」。仏《ぶつ》の言《のたま》はく、「ひとりわれ阿弥陀仏《あみだぶつ》の光明《くわうみやう》を称誉《しようよ》せざるなり。八方・上下、無央数《むあうしゆ》の仏《ぶつ》・*辟支仏《びやくしぶつ》・菩薩《ぼさつ》・*阿羅漢《あらかん》、称誉《しようよ》するところみなかくのごとし」。仏《ぶつ》の言《のたま》はく、「それ人民《にんみん》、善男子《ぜんなんし》・善《ぜん》女人《によにん》ありて阿弥陀仏《あみだぶつ》の声《みな》を聞《き》きて、光明《くわうみやう》を称誉《しようよ》して、朝暮《てうぼ》に、常《つね》にその光好《くわうがう》を称誉《しようよ》して、心《こころ》を至《いた》して断絶《だんぜち》せざれば、心《こころ》の所願《しよぐわん》にありて、阿弥陀仏国《あみだぶつこく》に往生《わうじやう》す」と。已上

*不空羂索神変真言経《ふくうくゑんじやくじんべんしんごんきやう》に言《のたま》はく、「汝《なんぢ》*当生《たうしやう》のところは、これ阿弥陀仏《あみだぶつ》の清浄報土《しやうじやうほうど》なり。蓮《れん》華《ぐゑ》より化生《くゑしやう》して、常《つね》に諸仏《しよぶつ》を見《み》たてまつる、もろもろの法忍《ほふにん》を証《しよう》せむ。寿命無量百千劫《じゆみやうむりやうひやくせんこふ》数《しゆ》ならむ。直《ただ》ちに*阿耨多羅三藐三菩提《あのくたらさんみやくさんぼだい》に至る、また退転《たいてん》せず。われ常《つね》に祐護《いうご》す」と。已上

*涅槃経《ねはんぎやう》に言《のたま》はく、「『また*解脱《げだち》は名《な》づけて*虚無《こむ》と曰《い》ふ。虚無《こむ》は即ちこれ解脱《げだち》なり、解脱《げだち》は即ちこれ如来《によらい》なり、如来《によらい》は即ちこれ虚無《こむ》なり、*非作《ひさ》の所作《しよさ》なり。乃至　真解脱《しんげだち》は不生不滅《ふしやうふめち》

蜎飛　飛びあるくこまかな虫けら。
蠕動　うごめいているうじ虫。
婬泆　みだらな欲望。貪欲のこと。
瞋怒　いかり。瞋恚のこと。
泥犁　梵語の音写。地獄。
禽狩　畜生のこと。
辟荔　梵語の音写。餓鬼。
考掠　拷掠。むちうつこと。互いに打ち争い苦しむこと。阿修羅のこと。
辟支仏　縁覚のこと。
阿羅漢　→一三四頁「羅漢」注
不空羂索神変真言経　二十巻(大正蔵二〇)。唐の菩提流志訳。七十八品より成り、不空羂索観音の真言陀羅尼・念誦法・曼荼羅・功徳などを説いたもの。
当生のところ　来世に生まれる処。
阿耨多羅三藐三菩提　無上仏果。
◇涅槃経に言はく…　涅槃経等により、浄土の本質と存在性を明かす。↓補
涅槃経　北本巻五の文(大正蔵一二)。
解脱　煩悩の繋縛から解き放たれて、迷いの苦を脱すること。涅槃の異名。
虚無　執すべき実体のない無。
非作の所作　作為を離れるということ。人間の分別を離れ、あるがままにおのずとなすはたらき。現行涅槃経では「作所作に非ず」とも読める。

なり、この故に解脱《げだち》即ちこれ如来《にょらい》なり。如来《にょらい》またしかなり。不生不滅《ふしやうふめち》、不老不死《ふらうふし》、不破不壊《ふはふゑ》にして*有為《うゐ》の法《ほふ》にあらず。この義《ぎ》を以ての故に名《な》づけて如来入大涅槃《にょらいにふだいねはん》と曰《い》ふ。乃至

また解脱《げだち》は無上上《むじやうじやう》と名《な》づく。乃至　無上上《むじやうじやう》は即ち真解脱《しんげだち》なり、真解脱《しんげだち》は即ちこれ如来《にょらい》なり。乃至　もし阿耨多羅三藐三菩提《あのくたらさんみやくさんぼだい》を成《じやう》ずることを得已《えをは》りて、*無愛無疑《むあいむぎ》なり。無愛無疑《むあいむぎ》は即ち真解脱《しんげだち》なり、真解脱《しんげだち》は即ちこれ如来《にょらい》なり。乃至　如来《にょらい》は即ちこれ涅槃《ねはん》なり、涅槃《ねはん》は即ちこれ*無尽《むじん》なり、無尽《むじん》は即ちこれ*仏性《ぶつしやう》なり、仏性《ぶつしやう》は即ちこれ決定《くゑちぢやう》なり、決定《くゑちぢやう》は即ちこれ阿耨多羅三藐三菩提《あのくたらさんみやくさんぼだい》なり」と。迦葉菩薩《かせふぼさつ》、仏《ぶつ》に白《まう》して言《まう》さく、「世尊《せそん》、もし涅槃《ねはん》と仏性《ぶつしやう》と決定《くゑちぢやう》と如来《にょらい》とこれ一義名《いちぎみやう》ならば、いかんぞ説《と》きて*三帰依《さんくゐえ》ありと言《のたま》へるや」と。仏《ぶつ》、迦葉《かせふ》に告《つ》げたまはく、「善男子《ぜんなんし》、一切衆生《しゆじやう》、生死《しやうじ》を怖畏《ふゐ》するが故に三帰を求《もと》む。三帰を以ての故に、則ち仏性《ぶつしやう》と決定《くゑちぢやう》と涅槃《ねはん》とを知《し》るなりと。善男子《ぜんなんし》、法《ほふ》の名*一義異《みやういちぎい》なるあり、法《ほふ》の*名義倶異《みやうぎぐい》なるあり。名一義異《みやういちぎい》とは、仏《ぶつ》と*常法《じやうほふ》と*常比丘僧《じやうびくそう》とは常《じやう》なり。涅槃《ねはん》・虚空《こくう》、皆またこれ常《じやう》なり。これを名一義異《みやういちぎい》と名《な》づく。名義倶異《みやうぎぐい》とは、仏《ぶつ》を名《な》づけて覚《かく》とす、法《ほふ》を*不覚《ふかく》と名《な》づく、僧《そう》を和合《わがふ》と名《な》づく、涅槃《ねはん》を解脱《げだち》と名《な》づく、虚空《こくう》を*非善《ひぜん》と名《な》づく、また無碍《むげ》と名《な》づく。これを名義倶異《みやうぎぐい》とす。善男子《ぜんなんし》、三帰依《さんくゐえ》とは、またまたかくのごとし」と。略出

また言《のたま》はく、「*光明《くわうみやう》は*不羸劣《ふるいれち》に名《な》づく、不羸劣とは名《な》づけて如来《にょらい》と曰《い》ふ。また光明《くわうみやう》は名《な》づけて智慧《ちゑ》とす」と。已上

また言《のたま》はく、「*善男子《ぜんなんし》、一切*有為《うゐ》は、皆《みな》これ無常《むじやう》なり。虚空《こくう》は*無為《むゐ》なり、この故に常《じやう》とす。仏性《ぶつしやう》は無為《むゐ》なり、この故に常《じやう》とす。虚空《こくう》は即ちこれ仏性《ぶつしやう》なり、仏性《ぶつしやう》は即ちこれ如来《にょらい》なり、

有為の法　因縁の和合によって造作された変化する現象。

無愛無疑　愛著や疑念が無いこと。

無尽　尽きはてることがないこと。

仏性　仏になる可能性、仏の本性、仏のさとりそのものの性質などの意味。

三帰依　仏・法・僧の三宝を敬い信じて依りどころとすること。三帰ともいう。

名一義異　法の名は一つでもその意味が異なること。

名義倶異　法の名も意味もともに異なること。

常法　永遠の真理。

常比丘僧　永遠の教団。

不覚　法は覚られるものであって覚るものでないから不覚と名づける。

非善　善悪という相対的なものを超えているから。

光明は…　北本涅槃経巻六の文。

不羸劣　衰えないもの。常に衆生を照らしつづけるからいう。

善男子…　北本涅槃経巻十四の文。

有為　作為があること。迷い。

無為　作為のないこと。悟り。

如来《によらい》は即ちこれ無為《むゐ》なり、無為《むゐ》は即ちこれ常《じやう》なり、常《じやう》は即ちこれ法《はふ》なり、法《はふ》は即ちこれ僧《そう》なり、僧《そう》は即ち無為《むゐ》なり、無為《むゐ》は即ちこれ常《じやう》なり」。乃至

「善男子《ぜんなんし》、譬《たと》へば牛《うし》より乳《にう》を出《い》だす、乳《にう》より酪《らく》を出《い》だす、酪《らく》より生酥《しやうそ》を出《い》だす、生酥《しやうそ》より熟酥《じゆくそ》を出《い》だす、熟酥《じゆくそ》より醍醐《だいご》を出《い》だす。醍醐《だいご》最上《さいじやう》なり、もし服《ふく》することあるものは衆病《しゆびやう》みな除《のぞ》こる。所有《しよう》のもろもろの薬《くすり》ことごとくその中《なか》に入《い》るがごとし。善男子《ぜんなんし》、仏《ぶつ》もまたかくのごとし。仏《ぶつ》より*十二部経《きやう》を出《い》だす、十二部経《きやう》より*修多羅《しゆたら》を出《い》だす、修多羅《しゆたら》より*方等経《はうどうきやう》を出《い》だす、方等経《はうどうきやう》より*般若波羅蜜《はんにやはらみつ》を出《い》だす、般若波羅蜜《はんにやはらみつ》より*大涅槃《だいねはん》を出《い》だす。なほし醍醐《だいご》のごとし。醍醐《だいご》と言《い》ふは仏性《ぶつしやう》に喩《たと》ふ、仏性《ぶつしやう》は即ちこれ如来《によらい》なり。善男子《ぜんなんし》、かくのごときの義《ぎ》の故に、説《と》きて如来所有《によらいしよう》の功徳《くどく》、無量無辺不可称計《むりやうむへんふかしようげ》と言《のたま》へり」と。抄出

また言《のたま》はく、「*善男子《ぜんなんし》、道《だう》に二種あり。一つには常《じやう》、二つには無常《むじやう》なり。菩薩《ぼさつ》の相《さう》にまた二種あり。一つには常《じやう》、二つには無常《むじやう》なり。涅槃《ねはん》もまたしかなり。外道《ぐゑだう》の道《だう》を名《な》づけて無常《むじやう》とす、内道《ないだう》の道《だう》は、これを名《な》づけて常《じやう》とす。声聞《しやうもん》・縁覚所有《えんがくしよう》の菩提《ぼだい》を名《な》づけて無常《むじやう》とす、菩薩《ぼさつ》・諸仏《しよぶつ》の所有《しよう》の菩提《ぼだい》、これを名《な》づけて常《じやう》とす。外《ぐゑ》の解脱《げだち》は名《な》づけて無常《むじやう》とす、内《ない》の解脱《げだち》はこれを名《な》づけて常《じやう》とすと。善男子《ぜんなんし》、道《だう》と菩提《ぼだい》および涅槃《ねはん》と、ことごとく名《な》づけて常《じやう》とす。一切衆生《しゆじやう》は、常《つね》に無量《むりやう》の煩悩《ぼんなう》のために覆《おほ》われて、慧眼《ゑげん》なきが故に見《み》ることを得《う》ることあたはず。*しかるにもろもろの衆生《しゆじやう》、戒《かい》・定《ぢやう》・慧《ゑ》を修《しゆ》せんことを見むと欲ふがために、修《しゆ》行《ぎやう》を以ての故に、道《だう》と菩提《ぼだい》および涅槃《ねはん》とを見《み》る。これを*菩薩《ぼさつ》の得道菩提涅槃《とくだうぼだいねはん》と名《な》づく。道《だう》の*性相《しやうさう》、実に不生滅《ふしやうめち》なり。この義《ぎ》を以ての故に*投持《とうぢ》すべからず。乃至　道《だう》は*色像《しきざう》なしと

十二部経　十二分教ともいう。仏の説法を形式・内容から十二種に区分したもの。
修多羅　梵語の音写。経のこと。
方等経　大乗経典の総称であるが、いまは、この中から華厳・般若・法華・涅槃の諸経を除いたものをいう。
般若波羅蜜　いまは般若波羅蜜多経をさす。般若の空理を説く経典の総称。
大涅槃　涅槃経をさす。
善男子、道に…　北本涅槃経巻十七の文。
しかるに…　親鸞独自の読み方。
菩薩の得道菩提涅槃と名づく　菩薩が道と菩提と涅槃とを得るという意味。
性相　本性のすがた。
投持　捉えること。
色像　かたちのこと。

いへども見《み》つべし、称量《しようりやう》して知《し》んぬべし、しかるに実に*用《いふ》ありと。乃至 衆生《しゆじやう》の心《しん》のごときは、これ色《しき》にあらず、長《ちやう》にあらず短《たん》にあらず、麁《そ》にあらず細《さい》にあらず、縛《ばく》にあらず解《げ》にあらず、見《けん》にあらずといへども、法《ほふ》としてまたこれ有《う》なり」と。抄出

また言《のたま》はく、「*善男子《ぜんなんし》、大楽《だいらく》あるが故に大涅槃《だいねはん》と名《な》づく。*涅槃《ねはん》は*無楽《むらく》なり、四楽《しらく》を以ての故に大涅槃《だいねはん》と名《な》づく。なんらおか四つとする。一つには*諸楽《しよらく》を断《だん》ずるが故に。楽《らく》を断《だん》ぜざるは則ち名《な》づけて苦《く》とす。もし苦《く》あらば大楽《だいらく》と名《な》づけず。楽《らく》を断《だん》ずるを以ての故に則ち苦《く》あることなけむ、*無苦無楽《むくむらく》をいまし大楽《だいらく》と名《な》づく。涅槃《ねはん》の性《しやう》は無苦無楽《むくむらく》なり、この故に涅槃《ねはん》を名《な》づけて大楽《だいらく》とす。この義《ぎ》を以ての故に、大涅槃《だいねはん》と名《な》づく。また次《つぎ》に善男子《ぜんなんし》、楽《らく》に二種あり、一つには凡夫《ぼんぶ》、二つには諸仏《しよぶつ》なり。*凡夫《ぼんぶ》の楽《らく》は無常敗壊《むじやうはいゑ》なり、この故に無楽《むらく》なり。諸仏《しよぶつ》は常楽《じやうらく》なり、*変易《へんやく》あることなきが故に大楽《だいらく》と名《な》づく。また次《つぎ》に善男子《せんなんし》、三種の受《じゆ》あり、一つには苦受《くじゆ》、二つには楽受《らくじゆ》、三つには不苦不楽受《ふくふらくじゆ》なり。不苦不楽《ふくふらく》これまた苦《く》とす。涅槃《ねはん》も不苦不楽《ふくふらく》に同《おな》じといへども、しかるに大楽《だいらく》と名《な》づく。大楽《だいらく》を以ての故に大涅槃《だいねはん》と名《な》づく。二つには大寂静《だいじやくじやう》の故に名《な》づけて大楽《だいらく》とす。涅槃《ねはん》の性《しやう》、これ大寂静《だいじやくじやう》なり。何《なに》を以ての故に、一切*憒閙《くわいねう》の法《ほふ》を遠離《をんり》せる故に。大寂《だいじやく》を以ての故に大涅槃《だいねはん》と名《な》づく。三つには一切智の故に名《な》づけて大楽《だいらく》とす。一切智にあらざるをば大楽《だいらく》と名《な》づけず。諸仏如来《しよぶつによらい》は、一切智の故に名《な》づけて大《だい》楽《らく》とす。大楽《だいらく》を以ての故に大涅槃《だいねはん》と名《な》づく。四つには身不壊《しんふゑ》の故に名《な》づけて大《だい》楽《らく》とす。身《しん》もし壊《ゑ》すべきは、則ち楽《らく》と名《な》づけず。如来《によらい》の身《しん》は金剛《こんがう》にして壊《ゑ》なし、煩悩《ぼんなう》の身《しん》、無常《むじやう》の身《しん》にあらず、故に大楽《だいらく》と名《な》づく。大楽《だいらく》を以ての故に大涅槃《だいねはん》と名《な》づく」。已上

用 はたらき。

善男子、大楽… 北本涅槃経巻二十三の文。

涅槃 燃えさかる煩悩の火を滅して菩提の智慧が完成されたことをいう。即ち迷いの世界をこえたさとりの世界であり、これが仏教の実践目的の究極である。

無楽 凡夫のいう楽ではないということ。苦楽をこえた絶対的な楽しみ。

諸楽 世間の楽。

無苦無楽 世間でいうような苦もなく楽もないということ。

凡夫の楽は…無楽 凡夫の楽しみは無常でこわれるものであるから真の楽ではないということ。

変易 生滅変化してうつりかわること。

憒閙の法 煩悩のさわぎのこと。心身を悩ませ苦しませる悪しきもの。

また言《のたま》はく、「*不可称量不可思議《ふかしようりやうふかしぎ》なるが故に、名《な》づけて大般涅槃《だいはつねはん》とすることを得《う》。純浄《じゆんじやう》を以ての故に大涅槃《だいねはん》と名《な》づく。いかんが純浄《じゆんじやう》なる、浄《じやう》に四種あり。なんらおか四つとする。一つには*二十五有《う》を名《な》づけて不浄《ふじやう》とす、よく永《なが》く断《だん》ずるが故に名《な》づけて浄《じやう》とすることを得《う》。浄《じやう》は即ち涅槃《ねはん》なり。かくのごときの涅槃《ねはん》、また有《う》にして、これ涅槃《ねはん》と名《な》づくることを得《う》。実にこれ有《う》にあらず。諸仏如来《しよぶつによらい》、世俗《せぞく》に随《したが》ふが故に涅槃有《ねはんう》なりと説《と》きたまへり。譬《たと》へば世《せ》人《にん》の父《ちち》にあらざるを父《ちち》と言《い》ひ、母《はは》にあらざるを母《はは》と言《い》ふ、実に父母《ぶも》にあらずして父母《ぶも》と言《い》ふがごとし。涅槃《ねはん》もまたしかなり。世俗《せぞく》に随《したが》ふが故に、説《と》きて諸仏《しよぶつ》有にして大涅槃《だいねはん》なりと言《のたま》へり。二つには*業清浄《ごふしやうじやう》の故に。一切凡夫《ぼんぶ》の業《ごふ》は不清浄《ふしやうじやう》の故に涅槃《ねはん》なし。諸仏如来《しよぶつによらい》は業《ごふ》清浄《しやうじやう》の故に、かるがゆへに大浄《だいじやう》と名《な》づく。大浄《だいじやう》を以ての故に大涅槃《だいねはん》と名《な》づく。三つには身清浄《しんしやうじやう》の故に。身《み》もし無常《むじやう》なるを則ち不浄《ふじやう》と名《な》づく。如来《によらい》の身《み》は常《じやう》なるが故に大浄《だいじやう》と名《な》づく。大浄《だいじやう》を以ての故に大涅槃《だいねはん》と名《な》づく。四つには心清浄《しんしやうじやう》の故に。心《こころ》もし*有漏《うろ》なるを名《な》づけて不浄《ふじやう》と曰《い》ふ。仏心《ぶつしん》は*無漏《むろ》なるが故に大浄《だいじやう》と名《な》づく。大浄《だいじやう》を以ての故に大涅槃《だいねはん》と名《な》づく。善男子《ぜんなんし》、これを善男子《ぜんなんし》・善女人《ぜんによにん》と名《な》づく」と。抄出

また言《のたま》はく、「*善男子《ぜんなんし》、諸仏如来《しよぶつによらい》は煩悩《ぼんなう》起《お》こらず、これを涅槃《ねはん》と名《な》づく。所有《しよう》の智慧《ちゑ》、法《ほふ》において無碍《むげ》なり、これを如来《によらい》とす。如来《によらい》はこれ凡夫《ぼんぶ》・声聞《しやうもん》・縁覚《えんがく》・菩薩《ぼさつ》にあらず、これを仏性《ぶつしやう》と名《な》づく。如来《によらい》は身心智慧《しんしんちゑ》、無量無辺《むりやうむへん》*阿僧祇《あそうぎ》の土《ど》に遍満《へんまん》したまふに障碍《しやうげ》するところなし、これを虚空《こくう》と名《な》づく。如来《によらい》は常住《じやうぢう》にして変易《へんやく》あることなければ名《な》づけて実相《じつさう》と曰《い》ふ。この義《ぎ》を以ての故に、如来《によらい》は実に*畢竟涅槃《ひちきやうねはん》にあらざる、これを菩薩《ぼさつ》と名《な》づく」と。已上

不可称量…　北本涅槃経巻二十二の文。

二十五有　迷いの世界を二十五種に分けたもの。即ち四州・四悪趣・六欲天・梵天・無想天・阿那含天・四禅天・四空処天をいう。

業清浄　仏の身口意の活動が清らかであること。

有漏　漏は漏泄の意で煩悩の異名。煩悩をおびていることを有漏という。

無漏　有漏の対。煩悩を離れた清浄な境地をいう。

善男子…　北本涅槃経巻二十五の文。

阿僧祇　大きい数の単位。

畢竟涅槃　如来はたえず迷いの世界で活動されるから、涅槃の一辺にとどまらないということ。

また言《のたま》はく、「*迦葉菩薩《かせふぼさつ》言《のたまは》く、「世尊《せそん》、仏性《ぶつしやう》は常《じやう》なり、なを虚空《こくう》のごとし、なんが故ぞ如《によ》来説《らいと》きて未来《みらい》と言《のたま》ふやと。如来《によらい》、もし*一闡提《いちせんだい》のともがら善法《ぜんぼふ》なしと言《のたま》はば、一闡提《いちせんだい》のともがら、それ同学《どうがく》・同師《どうし》・父母《ぶも》・親族《しんぞく》・妻子《さいし》において、あにまさに*愛念《あいねん》の心《しん》を生《しやう》ぜざるべきや。もしそれ生《しやう》ぜば、これ善《ぜん》にあらずや」と。仏《ぶつ》の言《のたま》はく、「善哉善哉《よいかなよいかな》、善男子《ぜんなんし》、快《こころよ》くこの問《とひ》を発《ほち》せり。仏性《ぶつしやう》はなほ虚空《こくう》のごとし、過去《くわこ》にあらず、未来《みらい》にあらず、現在《げんざい》にあらず。一切衆生《しゆじやう》に三種の身《しん》あり、いはゆる過去《くわこ》・未来《みらい》・現在《げんざい》なり。衆生《しゆじやう》、未来《みらい》に荘厳《しやうごん》清浄《しやうじやう》の身《しん》を具足《ぐそく》して、仏性《ぶつしやう》を見《み》ることを得《え》む、この故にわれ仏性未来《ぶつしやうみらい》と言《い》へりと。善男子《ぜんなんし》、あるいは衆生《しゆじやう》のために、ある時《とき》は因《いん》を説《と》きて果《くわ》とす、ある時《とき》は果《くわ》を説《と》きて因《いん》とす。この故に経《きやう》の中《なか》に命《みやう》を説《と》きて食《じき》とす、色《しき》を見《み》て触《そく》と名《な》づく。未来《みらい》の身《しん》、浄《じやう》なるが故に仏性《ぶつしやう》と説《と》く」。「世尊《せそん》、仏《ぶつ》の所説《しよせち》の義《ぎ》のごとし。かくのごときの者、なんが故ぞ説《と》きて一切衆生悉有仏性《いちさいしゆじやうしちうぶつしやう》と言《のたま》へるや」と。「善男子《ぜんなんし》、衆生《しゆじやう》の仏性《ぶつしやう》は現在《げんざい》に無《む》なりといへども、無《む》と言《い》ふべからず。虚空《こくう》のごとし。性《しやう》は無《む》なりといへども、現在《げんざい》に無《む》と言《い》ふことを得《え》ず。一切衆生また無常《むじやう》なりといへども、しかもこれ仏性《ぶつしやう》は常住《じやうぢう》にして変《へん》なし。この故にわれこの経《きやう》の中《なか》において、衆生《しゆじやう》の仏性《ぶつしやう》は非内非外《ひないひぐゑ》にして、なを虚空《こくう》のごとしと説《と》きたまふ。非内非外《ひないひぐゑ》にして、それ虚空《こくう》のごとくして有《う》なり。内外《ないぐゑ》は虚空《こくう》なれども、名《な》づけて一とし、常《じやう》とせず。また一切処有《しよう》と言《い》ふことを得《え》ず。虚空《こくう》はまた非内非外《ひないひぐゑ》なりといへども、しかれども、もろもろの衆生《しゆじやう》ことごとく皆《みな》これあり。衆生《しゆじやう》の仏性《ぶつしやう》もまたまたかくのごとし。汝言《なんぢい》ふところの一闡提《いちせんだい》の輩《ともがら》のごとし、もし身業《しんごふ》・口業《くごふ》・意業《いごふ》・*取業《しゆごふ》・*求業《ぐごふ》・*後業《ごごふ》・*解業《げごふ》、かくのごときらの業《ごふ》あれども、こ

迦葉菩薩言く… 北本涅槃経巻三十三の文。
一闡提 梵語の音写。解脱のための因が絶えはてて成仏の望みのない衆生のこと。
愛念の心 愛する心。

取業 ものを取るはたらき。欲のこと。
求業 求めるはたらき。願望のこと。
後業 ほどこそうとする心のはたらき。施業のこと。
解業 ことがらを了解しようとする心のはたらき。

とごとくこれ邪業《じやごふ》なり。何《なに》を以ての故に、因果《いんぐわ》を求《もと》めざるが故なりと。善男子《ぜんなんし》、*訶梨勒《かりろく》の果《くわ》、根《こん》・茎《きやう》・枝《し》・葉《えふ》・華《くゑ》・実《じち》、ことごとく苦《にが》きがごとし。一闡提《いちせんだい》の業《ごふ》もまたまたかくのごとし」と。已上

また言《のたま》はく、「「*善男子《ぜんなんし》、如来《によらい》は*知諸根力《ちしよこんりき》を具足《ぐそく》したまへり。この故によく衆生《しゆじやう》の上中下《じやうちうげ》の根《こん》を解《さと》り分別《ふんべち》して、よくこの人《ひと》を知《し》ろしめして下《げ》を転《てん》じて中《ちう》と作《な》す、よくこの人《ひと》を知《し》ろしめして中を転《てん》じて上《じやう》と作《な》す、よくこの人《ひと》を知《し》ろしめして上《じやう》を転《てん》じて中《ちう》と作《な》す、よくこの人《ひと》を知《し》ろしめして中《ちう》を転《てん》じて下《げ》と作《な》す。この故にまさに知《し》るべし、衆生《しゆじやう》の根性《こんじやう》に決定《くゑちぢやう》あることなし。定《ぢやう》なきを以ての故に、あるいは善根《ぜんごん》を断《だん》ず、断《だん》じ已《をは》りて還《かへ》りて生《しやう》ず。もしもろもろの衆生の根性定《こんじやうぢやう》ならば、つひに先《さき》に断《だん》じて断《だん》じ已《をは》りてまた生《しやう》ぜざらむ。また一闡提《いちせんだい》の輩《ともがら》、地獄《ぢごく》に堕《だ》して寿命一劫《じゆみやういちこふ》なりと説《と》くべからずと。善男子《ぜんなんし》、この故に如来《によらい》、一切の法《ほふ》は*定相《ぢやうさう》あることなしと説《と》きたまへり」。迦葉菩薩《かせふぼさつ》、仏《ぶつ》に白《まう》して言《まう》さく、「世尊《せそん》、如来《によらい》は知諸根《ちしよこん》力《りき》を具足《ぐそく》して、定《さだ》んで*善星《ぜんしやう》まさに善根《ぜんごん》を断《だん》ずべしと知《し》ろしめさむ、何《なん》の因縁《いんえん》を以てその出《しゆつ》家《け》を聴《ゆる》したまふ」と。仏《ぶつ》の言《のたま》はく、「善男子《ぜんなんし》、われ往昔《わうじやく》のそのかみにおいて出家《しゆつけ》の時《とき》、わが弟《おとうと》*難陀《なんだ》、弟《おとうと》*阿難《あなん》・*提婆達多《だいばだつた》、子《こ》*羅睺羅《らごら》に従《したが》ふ、かくのごときらの輩《ともがら》、皆《みな》ことごとく我《われ》に随《したが》ふて家《いへ》を出《い》でて道《だう》を修《しゆ》しき。われもし善星《ぜんしやう》が出家《しゆつけ》を聴《ゆる》さずは、その人《ひと》、次《つぎ》にまさに王《わう》位《ゐ》を紹《つ》ぐことを得《う》べし。その力自在《ちからじざい》にして、まさに仏法《ぶつほふ》を壊《ゑ》すべし。この因縁《いんえん》を以て、われ便《すなは》ちその家《いへ》を出《い》でて道《だう》を修《しゆ》することを聴《ゆる》す。善男子《ぜんなんし》、善星比丘《ぜんしやうびく》もし出家《しゆつけ》せずは、また善《ぜん》根《こん》を断《だん》ぜむ、無量世《むりやうぜ》においてすべて利益《りやく》なけむ。いま出家《しゆつけ》し已《をは》りて善根《ぜんごん》を断《だん》ずといへども、

訶梨勒　果樹の名。果実は卵形で酢苦味にとみ薬用とされる。

善男子…　北本涅槃経巻三十三の文。

知諸根力　十力の一。ありのままに衆生の能力や性質等の勝劣を見わけ知る力。

定相　定まったすがた。

善星　梵名の訳。善星比丘のこと。仏弟子の一。

難陀　梵名の音写。釈尊の異母弟で、弟子となる。

阿難　阿難陀の略称。釈尊常随の弟子として、多聞第一といわれる。

提婆達多　提婆・調達ともいう。釈尊の叔父の斛飯王の子。即ち釈尊の従兄弟にあたる。

羅睺羅　梵名の音写。釈尊の子。

耆旧・長宿　長老・先輩。

初禅乃至四禅　初禅・第二禅・第三禅・第四禅をいう。欲界の惑を越えて色界に生ずる四種の禅定。

十力　仏のみが具えている十種の智力で、㈠処非処智力、㈡業異熟智力、㈢静慮解脱等持等至智力、㈣根上下智力、㈤種種勝解智力、㈥種種界智力、㈦遍趣行智力、㈧宿住随念智力、㈨死生智力、㈩漏尽智力。

四重禁　四重禁戒のこと。比丘の犯さざるべきもっとも厳重な禁戒。殺生・偸盗・邪淫・妄語の四をいう。

よく戒《かい》を受持《じゆぢ》して＊耆旧《ぎきう》・長宿《ちやうじゆく》・有徳《うとく》の人《ひと》を供養《くやう》し恭敬《くぎやう》せむ、＊初禅《しよぜん》乃至《ないし》四禅《しぜん》を修習《しゆしふ》せむ。これを善因《ぜんいん》と名《な》づく。かくのごときの善因《ぜんいん》、よく善法《ぜんぼふ》を生《う》む。善法《ぜんぼふ》すでに生《しやう》ぜば、よく道《だう》を修習《しゆしふ》せむ。すでに道《だう》を修習《しゆしふ》せば、まさに阿耨多羅三藐三菩提《あのくたらさんみやくさんぼだい》を得《う》べし。この故にわれ善星《ぜんしやう》が出家《しゆつけ》を聴《ゆる》す。善男子《ぜんなんし》、もしわれ善星比丘《ぜんしやうびく》が出家《しゆつけ》を聴《ゆる》し戒《かい》を受《う》けずは、則ちわれを称《しよう》して如来具足《によらいぐそく》＊十力《じふりき》とすることを得《え》ざらむと。乃至　善男子《ぜんなんし》、如来《によらい》よく衆生《しゆしやう》のかくのごとき上中《じやうちう》下《げ》の根《こん》と知《し》ろしめす、この故に仏《ぶつ》は具知根力《ぐちこんりき》と称《しよう》せむ」。迦葉菩薩《かせふぼさつ》、仏《ぶつ》に白《まう》して言《まう》さく、「世尊《せそん》、如来《によらい》はこの知根力《ちこんりき》を具足《ぐそく》したまへり。この故によく一切衆生《しゆしやう》上中下《じやうちうげ》の根《こん》、利鈍《りどん》の差別《しやべち》を知《し》ろしめして、人《ひと》に随《したが》ひ、意《こころ》に随《したが》ひ、時《とき》に随《したが》ふが故に、如来知諸根力《によらいちしよこんりき》と名《な》づけたてまつる。乃至　あるいは説《と》きて犯《ぼん》＊四重禁《しぢうきん》、作《さ》＊五逆罪《ごぎやくざい》、一闡提等《いちせんだいとう》、みな仏性《ぶつしやう》ありと言《い》ふことあり」と。乃至「如来世尊《によらいせそん》、＊国土《こくど》のための故に、時節《じせち》のための故に、他語《たご》のための故に、人《ひと》のための故に、衆根《しゆこん》のための故に、一法《いちほふ》の中《なか》において二種の説《せち》を作《な》す。一名《いちみやう》の法《ほふ》において無量《むりやう》の名《な》を説《と》く、一義《いちぎ》の中《なか》において無量《むりやう》の名《な》を説《と》く、無量《むりやう》の義《ぎ》において無量《むりやう》の名《な》を説《と》く。いかんが一名に無量《むりやう》の名《な》を説《と》くや。なほ涅槃《ねはん》のごとし。また＊涅槃《ねはん》と名《な》づく、また＊無生《むしやう》と名《な》づく、また＊無出《むしゆつ》と名《な》づく、また＊無作《むさ》と名《な》づく、また＊無為《むゐ》と名《な》づく、また＊帰依《くゐえ》と名《な》づく、また＊窟宅《くつたく》と名《な》づく、また＊解脱《げだち》と名《な》づく、また＊光明《くわうみやう》と名《な》づく、また＊灯明《とうみやう》と名《な》づく、また＊彼岸《ひがん》と名《な》づく、また＊無畏《むゐ》と名《な》づく、また＊無退《むたい》と名《な》づく、また＊安処《あんしよ》と名《な》づく、また＊寂静《じやくじやう》と名《な》づく、また＊無相《むさう》と名《な》づく、また＊無二《むに》と名《な》づく、また＊一行と名《な》づく、また＊清涼《しやうりやう》と名《な》づく、また＊無闇《むあん》と名《な》づく、また＊無碍《むげ》と名《な》づく、また＊無諍《むじやう》と名《な》づく、また＊無濁《むぢよく》と名《な》づく、また広大と

五逆罪　五逆・五無間業ともいう。普通、小乗の五逆を示す。㈠父を殺し、㈡母を殺し、㈢阿羅漢を殺し、㈣教団の和合を破り、㈤仏身から血を出すこと。

国土のため…衆根のため　国土に応ずるために、時節に応ずるために、他のことばに応ずるために、人に応ずるために、いろいろの根機に応ずるために。

涅槃　→二五頁注

無生　実の生滅が無いということ。

無出　ふたたび迷いの世界に出ない。

無作　造作を離れているということ。

無為　為作を離れていること。

帰依　すべての依りどころ。

窟宅　堅固な宅。

解脱　迷いの束縛を離れている。

光明　智慧が明らかである。

灯明　闇を照らすもの。

彼岸　迷いの此岸を超えていること。

無畏　何ものも畏れるところがない。

無退　迷いに退転しない。

安処　安穏な処。

寂静　煩悩のさわぎを離れている。

無相　あらゆる相を離れている。

無二　迷悟不二である。

一行　涅槃寂静の一行。

清涼　煩悩の熱を離れている。

無闇　無明の闇を離れている。

無碍　さわりがない。

無諍　煩悩の諍いがない。

無濁　煩悩の濁りがない。

名《な》づく、また*甘露《かんろ》と名《な》づく、また*吉祥《きちじやう》と名《な》づく。これを一名《いちみやう》に無量《むりやう》の名《な》を作《つく》ると名《な》づく。いかんが一義《いちぎ》に無量《むりやう》の名《な》を説《と》くや。なほ帝釈《たいしやく》のごとし。乃至 いかんが無量《むりやう》の義《ぎ》において無量《むりやう》の名《な》を説《と》くやと。仏《ぶつ》・如来《によらい》の名《みな》のごとし。如来《によらい》の義異名異《ぎいみやうい》とす、また*阿羅呵《あらか》と名《な》づく、義異名異《ぎいみやうい》なり。また*三藐三仏陀《さんみやくさんぶつだ》と名《な》づく、義異名異《ぎいみやうい》なり。また*船師《せんし》と名《な》づく、また導師《だうし》と名《な》づく、また正覚《しやうがく》と名《な》づく、また*明行足《みやうぎやうそく》と名《な》づく、また大師子王《だいししわう》と名《な》づく、また沙門《しやもん》と名《な》づく、また婆羅門《ばらもん》と名《な》づく、また寂静《じやくじやう》と名《な》づく、また施主《せしゆ》と名《な》づく、また到彼岸《たうひがん》と名《な》づく、また大医王《だいいわう》と名《な》づく、また大象王《だいざうわう》と名《な》づく、また大竜王《だいりうわう》と名《な》づく、また*施眼《せげん》と名《な》づく、また大力士《だいりきし》と名《な》づく、また*大無畏《だいむゐ》と名《な》づく、また*宝聚《ほうじゆ》と名《な》づく、また*商主《しやうしゆ》と名《な》づく、また*得解脱《とくげだち》と名《な》づく、また大丈夫《だいぢやうぶ》と名《な》づく、また天人師《てんにんし》と名《な》づく、また*大分陀利《だいふんだり》と名《な》づく、また*独無等侶《どくむとうりよ》と名《な》づく、また大福田《だいふくでん》と名《な》づく、また大智海《だいちかい》と名《な》づく、また*無相《むさう》と名《な》づく、また*具足八智《ぐそくはちち》と名《な》づく。かくのごとき一切、義異名異《ぎいみやうい》なりと。善男子《ぜんなんし》、これを無量義《むりやうぎ》の中《なか》に無量《むりやう》の名《な》を説《と》くと名《な》づく。また一義《いちぎ》に無量《むりやう》の名《な》を説《と》くことあり、いはゆる*陰《おん》のごとし。また名《な》づけて陰《おん》とす、また*顛倒《てんだう》と名《な》づく、また名《な》づけて*諦《たい》とす、また名《な》づけて*四念処《しねんじよ》とす、また*四食《しじき》と名《な》づく、また*四識住処《ししきぢうしよ》と名《な》づく、また名《な》づけて*有《う》とす、また名《な》づけて*道《だう》とす、また名《な》づけて*時《じ》とす、また名《な》づけて*衆生《しゆじやう》とす、また名《な》づけて*世《せ》とす、また*第一義《だいいちぎ》と名《な》づく、また*三修《さんしゆ》と名《な》づく、謂《いは》く身《しん》・戒《かい》・心《しん》なり。また*因果《いんぐわ》と名《な》づく、また*煩悩《ぼんなう》と名《な》づく、また*解脱《げだち》と名《な》づく、また*十二因縁《いんえん》と名《な》づく、また声聞《しやうもん》・辟支仏《びやくしぶつ》と名《な》づく、仏《ぶつ》をまた地獄《ちごく》・餓鬼《がくゐ》・畜生《ちくしやう》・人《にん》・天《てん》と名《な》づく、また過去《くわこ》・現在《げんざい》・未来《みらい》と名《な》づく。これを一義に無量《むりやう》の名《な》を説《と》くと

甘露 微妙の味がある。
吉祥 めでたいきざし。
阿羅呵 阿羅漢のこと。
三藐三仏陀 正等覚者。さとれる方。
船師 生死の流れを渡す船師。
明行足 明らかな智慧と浄らかな行を具足している方。
施眼 智慧の眼を施すから。
大無畏 何ものにも畏れないから。
宝聚 功徳の宝を聚めているから。
商主 隊商の主に喩えられるから。
得解脱 生死から解脱し得た方。
大分陀利 迷いの泥にけがれない。
独無等侶 世にたぐいなく尊いから。
無相 あらゆる相を離れるから。
具足八智 八智をそなえているから。
陰 五陰(新訳では五蘊)のこと。物質・精神のすべての構成要素。色(物質)・受(印象感覚)・想(知覚表象)・行(心作用)・識(心の主体)の五。
顛倒 真如に反するからこういう。
諦 有漏の五陰は苦・集二諦で、無漏の五陰は道諦であるから。
四念処 さとりを得るための行法の類別。身念処・受念処・心念処・法念処の四。身を不浄、受(感覚)を苦、心を無常、法を無我と観じて、誤ってこれを常・楽・我・浄とみる見解を正すのである。
四食 衆生の生存長養に必要な四種の食物。㈠段食(飲食物など)、㈡触食(感触により身心を養うこと)、㈢思食(思想や願望により身心を支え

名《な》づく。善男子《ぜんなんし》、如来世尊《にょらいせそん》、衆生《しゅじゃう》のための故に、広《くわう》の中《なか》に略《りゃく》を説《と》く。略《りゃく》の中《なか》に広《くわう》を説《と》く。＊第一義諦《だいいちぎたい》を説《と》きて＊世諦《せたい》とす、世諦《せたい》の法《ほふ》を説《と》きて第一義諦《だいいちぎたい》とす」と。略出

また言《のたま》はく、「＊迦葉《かせふ》また言《まう》さく、「世尊《せそん》、第一義諦《だいいちぎたい》をまた名《な》づけて道《だう》とす、また菩提《ぼだい》と名《な》づく、また涅槃《ねはん》と名《な》づく」」と。乃至

また言《のたま》はく、「＊善男子《ぜんなんし》、われ経《きゃう》の中《なか》に如来《にょらい》の身《しん》を説《と》くに、おほよそ二種あり。一つには生《しゃう》身《じん》、二つには法身《ほふしん》なり。生身《しゃうじん》と言《い》ふは、即ちこれ方便応化《はうべんおうぐゑ》の身《しん》なり。かくのごときの身《しん》は、これ生老病死《しゃうらうびゃうし》、長短黒白《ちゃうたんこくびゃく》、＊是此是彼《ぜしぜひ》、＊是学無学《ぜがくむがく》と言《い》ふことを得《う》べし。わがもろもろの弟子《でし》、この説《せち》を聞《き》き已《をは》りて、わが意《こころ》を解《さと》らざれば、唱《とな》へて言《いは》く、「如来定《にょらいさだ》んで仏身《ぶっしん》はこれ＊有為《うゐ》の法《ほふ》なりと説《と》かむ」と。法身《ほふしん》は即ちこれ常楽我浄《じゃうらくがじゃう》なり。永《なが》く一切生老病死《しゃうらうびゃうし》、非白非黒《ひびゃくひこく》、非長《ひちゃう》非短《ひたん》、非此非彼《ひしひひ》、非学非無学《ひがくひむがく》を離《はな》れたまへれば、もし仏《ぶつ》の出世《しゅっせ》および不出世《ふしゅっせ》に、常《つね》に動《どう》ぜずして、変易《へんやく》あることなけむ。善男子《ぜんなんし》、わがもろもろの弟子《でし》この説《せち》を聞《き》き已《をは》りて、わが意《こころ》を解《さと》らざれば、唱《とな》へて言《いは》く、「如来定《にょらいさだ》んで仏身《ぶっしん》はこれ＊無為《むゐ》の法《ほふ》なりと説《と》きたまへり」と。

また言《のたま》はく、「＊わが所説《しょせち》の＊十二部経《きゃう》のごとし、あるいは＊随自意説《ずいじいせち》、あるいは＊随他意説《ずいたいせち》、あるいは随自他意説《ずいじたいせち》なり。乃至 善男子《ぜんなんし》、わが所説《しょせち》のごとき、＊十住《じふぢう》の菩薩《ぼさつ》、少《すこ》しき仏性《ぶっしゃう》を見《み》る、これを随他意説《ずいたいせち》と名《な》づく。何《なに》を以ての故に少見《せうけん》と名《な》づくるやと。十住《じふぢう》の菩薩《ぼさつ》は＊首楞《しゅりょう》厳等《ごんとう》の三昧《さんまい》、三千の法門《ほふもん》を得《え》たり。この故に声聞《しゃうもん》自《みづか》ら知《し》りて、まさに阿耨多羅三藐三菩提《あのくたらさんみゃくさんぼだい》を得《う》べくとも、一切衆生定《さだ》んで阿耨多羅三藐三菩提《あのくたらさんみゃくさんぼだい》を得《え》むことを見《み》ず。この故に、われ十《じふ》住《ぢう》の菩薩《ぼさつ》、少分仏性《せうぶんぶっしゃう》を見《み》ると説《と》くなり。善男子《ぜんなんし》、常《つね》に一切衆生悉有仏性《いちさいしゅじゃうしちうぶっしゃう》と宣説《せんぜち》する、これ

ること）、㈣識食（精神の主体。心の力はよく身心を支えるから）の四。
四識住処 色・受・想・行の四陰は識の所依所住であるから。
有 生死の果報が有るから。
道 六道に迷うから。
時 五陰は時間的な変化があるゆえ。
衆生 五陰が仮に和合したものゆえ。
世 現象の縁起差別のすがた。
第一義 実相平等の真如第一義諦。
三修 色は身修・戒修、受・想・行・識は心修であるから。
因果 因により五陰が報われるから。
煩悩 迷いの五陰は煩悩より生ずるから。
解脱 さとりの五陰となるから。
十二因縁 五陰が十二因縁の体であるから。
第一義諦 真諦。究極絶対の真理。
世諦 世俗諦。第一義諦に対する。
迦葉また… 北本涅槃経巻十七の文。
善男子… 北本涅槃経巻三十四の文。
是此是彼 彼此の相対分別すること。
是学無学 学と無学の分別すること。
有為 生滅する迷いの存在。
無為 迷いの生滅作為を超える存在。
わが所説… 北本涅槃経巻三十五の文。
十二部経 →一六六頁注
随自意説 仏自身の意より説くこと。
随他意説 相手に応じて説くこと。
十住の菩薩 第十地の菩薩。
首楞厳等の三昧 →一三二頁注

を随自意説《ずいじいせち》と名《な》づく。一切衆生不断不滅《いちさいしゆじやうふだんふめち》にして、乃至阿耨多羅三藐三菩提《ないしあのくたらさんみやくさんぼだい》を得《う》る、これを随自意説《ずいじいせち》と名《な》づく。一切衆生はことごとく仏性《ぶつしやう》あれども煩悩覆《ぼんなうおお》えるが故に見《み》ることを得《う》ることあたはずと。わが説《せち》かくのごとし、汝《なんぢ》が説またしかなりと、これを随自他意説《ずいじたいせち》と名《な》づく。善男子《ぜんなんし》、如来《によらい》ある時は一法《ほふ》のための故に無量《むりやう》の法《ほふ》を説《と》く」と。抄出

また言《のたま》はく、「『*一切覚者《いちさいかくしや》を名《な》づけて仏性《ぶつしやう》とす。十住《じふぢう》の菩薩《ぼさつ》は名《な》づけて一切覚《いちさいかく》とすることを得《え》ざるが故に、この故に見《み》るといへども明了《みやうれう》ならず。善男子《ぜんなんし》、見《けん》に二種あり。一つには眼見《げんけん》、二つには聞見《もんけん》なり。諸仏世尊《しよぶつせそん》は眼《まなこ》に仏性《ぶつしやう》を見《み》そなはす、掌《たなごころ》の中《うち》において*阿摩勒菓《あまろくくわ》を観《くわん》ずるがごとし。十住《じふぢう》の菩薩《ぼさつ》、仏性《ぶつしやう》を聞見《もんけん》すれども、ことさらに了了《れうれう》ならず。十住《じふぢう》の菩薩《ぼさつ》、ただよく自《みづか》ら定《さだ》んで阿耨多羅三藐三菩提《あのくたらさんみやくさんぼだい》を得《う》ることを知《し》りて、一切衆生はことごとく仏性《ぶつしやう》ありと知《し》ることあたはず。善男子《ぜんなんし》、また眼見《げんけん》あり。諸仏如来《しよぶつによらい》なり。十住《じふぢう》の菩薩《ぼさつ》は、仏性《ぶつしやう》を眼見《げんけん》し、また聞見《もんけん》することあり。一切衆生乃至《ないし》九地までに、仏性《ぶつしやう》を聞見《もんけん》す。菩薩《ぼさつ》、もし一切衆生、ことごとく仏性《ぶつしやう》ありと聞《き》けども、心《こころ》に信《しん》を生《しやう》ぜざれば聞見《もんけん》と名《な》づけず」と。

乃至　師子吼菩薩摩訶薩《ししくぼさつまかさつ》言《まう》さく、「世尊《せそん》、一切衆生は如来《によらい》の心相《しんさう》を知《し》ることを得《う》ることあたはず。まさにいかんが観《くわん》じて知《し》ることを得《う》べしや」と。「善男子《ぜんなんし》、一切衆生は実に如来《によらい》の心《しん》相《さう》を知《し》ることあたはず。もし観察《くわんざち》して知《し》ることを得《え》むと欲《おも》はば、二つの因縁《いんえん》あり。一つには眼見《げんけん》、二つには聞見《もんけん》なり。もし如来所有《によらいしよう》の身業《しんごふ》を見《み》たてまつらむは、まさに知《し》るべし、これ則ち如来《によらい》とするなり。これを眼見《げんけん》と名《な》づく。もし如来所有《によらいしよう》の口業《くごふ》を観《くわん》ぜむ、まさに知《し》るべし、これ則ち如来《によらい》とするなり。これを聞見《もんけん》と名《な》づく。もし色貌《しきめう》を見《み》たてまつること、

一切覚者…　北本涅槃経巻二十七の文。

阿摩勒菓　梵語の音写。無垢と訳す。果実の名。形はくるみに似て味はやや苦く渋味があるが、液汁は美味であるという。

利養　おのれの名誉や利益。

他心智　六神通の一。他心智通のこと。他人の心中に思っている全ての事や、心のうごきなどを知るはたらき。

◇浄土論に曰く…　論・論註等により、浄土の本質と存在性を解明す。

→補

安楽国　阿弥陀仏の浄土のこと。

三界　迷いの世界の総称。欲界・色

一切衆生のともに等《ひと》しき者なけむ、まさに知《し》るべし、これ則ち如来《にょらい》とするなり。これを眼《げん》、見《けん》と名《な》づく。もし音声微妙最勝《おんじやうみめうさいしよう》なるを聞《き》かむ、衆生所有《しよう》の音声《おんじやう》には同《おな》じからじ、まさに知《し》るべし、これ則ち如来《にょらい》とするなり。これを聞見《もんけん》と名《な》づく。もし如来所作《にょらいしよさ》の神通《じんづう》を見《み》たてまつらむに、衆生《しゆじやう》のためとやせむ、*利養《りやう》のためとやせむ、もし衆生《しゆじやう》のためにして利養《りやう》のためにせず、まさに知《し》るべし、これ則ち如来《にょらい》とするなり。これを眼見《げんけん》と名づく。もし如来《にょらい》を観《くわん》ずるに、*他心智《たしんち》を以て衆生《しゆじやう》を観《みそな》はすとき、利養《りやう》のために説《と》き、衆生《しゆじやう》のために説《と》かむ。もし衆生《しゆじやう》のためにして利養《りやう》のためにせざらむ、まさに知《し》るべし、これ則ち如来《にょらい》とするなり。これを聞見《もんけん》と名《な》づく」」。略出

*浄土論《じやうどろん》に曰《いは》く、「世尊《せそん》、われ一心に尽《じん》十方の無碍光如来《むげくわうにょらい》に帰命《くゐみやう》したてまつりて*安楽国《あんらくこく》に生《うま》れむと願《ぐわん》ず。かの世界《せかい》の相《さう》を観《くわん》ずるに、*三界《さんがい》の道《だう》に勝過《しようぐわ》せり。究竟《くきやう》して虚空《こくう》のごとし、広大《くわうだい》にして辺際《へんざい》なし」とのたまへり。已上

註論《ちうろん》に曰《いは》く、「「荘厳《しやうごん》*清浄功徳成就《しやうじやうくどくじやうじゆ》とは、偈《げ》に、観彼世界相《くわんびせかいさう》、勝過三界道故《しようぐわさんがいだうこ》と言《のたま》へり」。これいかんが不思議《ふしぎ》なるや。凡夫人《ぼんぶにん》、煩悩成就《ぼんなうじやうじゆ》せるありて、またかの浄土《じやうど》に生《うま》るることを得《う》るに、三界の*繫業《けごふ》、畢竟《ひちきやう》じて牽《ひ》かず。則ちこれ煩悩《ぼんなう》を断《だん》ぜずして*涅槃分《ねはんぶん》を得《う》、いづくんぞ思議《しぎ》すべきや」と。

また云《いは》く、「「*正道《しやうだう》の大慈悲《だいじひ》は、出世《しゆつせ》の善根《ぜんごん》より生《しやう》ず」とのたまへり。この二句は、荘厳《しやうごん》*性功徳成就《しやうくどくじやうじゆ》と名《な》づく。乃至 性《しやう》はこれ本《ほん》の義《ぎ》なり。言《い》ふこころはこれ浄土《じやうど》は*法性《ほふしやう》に随順《ずいじゆん》して法本《ほふほん》に乖《そむ》かず、事《こと》、華厳経《くゑごんぎやう》の*宝王如来《ほうわうにょらい》の性起《しやうき》の義《ぎ》に同《おな》じ。また言《い》ふこころは、積習《しやくしふ》して

界・無色界の三。三有ともいう。

清浄功徳 浄土論に浄土の二十九種荘厳を説く中の、国土に属する荘厳十七種の一であるが、阿弥陀仏の国土は三界の因果を超越した無漏清浄業によって成就されたことをいうのであるから、他のすべての荘厳に通ずる。

繫業 迷いの世界につなぎとめる原因となる業。

涅槃分 涅槃のこと。分は分際・全分の意。

正道 平等の大道、一如平等のさとり。

性功徳 浄土論に説かれる浄土の三厳二十九種の荘厳のうち、国土の十七種荘厳の一で、これに四義があげられている。㈠阿弥陀仏の浄土は法性にかなって成就されている。㈡法蔵菩薩のもろもろの清浄な行業によって成就されている。㈢聖種性中において起こされた法蔵菩薩の四十八願によって浄土が建立されている。㈣その浄土は必ず衆生を往生させるに間違いなく、しかも浄土の性質はいささかも変化しない。以上の四義である。

法性 一切諸法の体性である真如のこと。

宝王如来の性起の義 華厳経の宝王如来性起品(晋訳の第三十四巻にある)に、如来のはたらきは全て法性の顕現であると説いていること。

性《しやう》を成《じやう》ず。法蔵菩薩《ほふざうぼさつ》を指《さ》す、もろもろの*波羅蜜《はらみつ》を集《あつ》めて積習《しやくしふ》して成《じやう》ぜるところなり。また性《しやう》といふは、これ*聖種性《しやうしゆしやう》なり。序《はじ》めに法蔵菩薩《ほふざうぼさつ》、世自在王仏《せじざいわうぶつ》のみもとにして*無生忍《むしやうにん》を悟《さと》る、その時《とき》の位《くらゐ》を聖種性と名《な》づく。この性《しやう》の中《なか》において四十八の大願《だいぐわん》を発《おこ》して、この土《ど》を修起《しゆき》したまへり。即ち安楽浄土《あんらくじやうど》と曰《い》ふ。これかの因《いん》の所得《しよとく》なり。果《くわ》の中《なか》に因《いん》を説《と》く、かるがゆへに名《な》づけて性《しやう》とす。また性《しやう》と言《い》ふは、これ*必然《ひちねん》の義《ぎ》なり、*不改《ふかい》の義《ぎ》なり。海《うみ》の性《しやう》、一味《いちみ》にして衆流《しゆる》入《い》るもの必《かなら》ず一味《いちみ》と為《な》りて、海《うみ》の味《あぢは》ひ、彼《かれ》に随《したが》ふて改《あらた》まらざるがごとしとなり。また人身《にんじん》の性不浄《しやうふじやう》なるが故に、種種《しゆじゆ》の妙好色《めうかうしき》・香《かう》・美味《みみ》、身《み》に入《い》りぬれば、みな不《ふ》浄《じやう》となるがごとし。安楽浄土《あんらくじやうど》はもろもろの往生《わうじやう》の者《ひと》、不浄《ふじやう》の色《しき》なし、不浄《ふじやう》の心《しん》なし、畢竟《ひちきやう》じてみな清浄平等*無為法身《しやうじやうびやうどうむゐほふしん》を得《え》しむ。安楽国土《あんらくこくど》清浄《しやうじやう》の性《しやう》、成就《じやうじゆ》したまへるを以ての故なり。正道《しやうだう》の大道大慈悲《だいだうだいじひ》は出世《しゆつせ》の善根《ぜんごん》より生《しやう》ずといふは、平等《びやうどう》の大道《だいだう》なり。平等《びやうどう》の道《だう》を名《な》づけて正道《しやうだう》とする所以《ゆへ》は、平等《びやうどう》はこれ諸法《しよほふ》の体相《たいさう》なり。諸法平等《しよほふびやうどう》なるを以ての故に発心等《ほちしんひと》し、発心等《ほちしんひと》しきが故に道等《だうひと》し、道等《だうひと》しきが故に大慈悲等《だいじひひと》し。大慈悲《だいじひ》はこれ仏道《ぶつだう》の正因《しやういん》なるが故に、正道大慈悲《しやうだうだいじひ》と言《のたま》へり。*慈悲《じひ》に三縁《さんえん》あり。一つには衆生縁《しゆじやうえん》、これ小悲《せうひ》なり。二つには法縁《ほふえん》、これ中悲《ちうひ》なり。三つには無縁《むえん》、これ大悲《だいひ》なり。大悲《だいひ》は即ちこれ出世《しゆつせ》の善《ぜん》なり。安《あん》楽浄土《らくじやうど》はこの大悲《だいひ》より生《しやう》ぜるが故《ゆへ》なればなり。かるがゆへにこの大悲《だいひ》を謂《い》ひて浄土《じやうど》の根《こん》とす。かるがゆへに出世善根生《しゆつせぜんごんしやう》と曰《い》ふなり」と。

また云《いは》く、「問《と》ふて曰《いは》く、*法蔵菩薩《ほふざうぼさつ》の本願力《ほんぐわんりき》、および*竜樹菩薩《りうじゆぼさつ》の所讃《しよさん》を尋《たづ》ぬるに、皆《みな》かの国《くに》に声聞《しやうもん》、衆多《しゆた》なるを以て奇《き》とするに似《に》たり。これなんの義《ぎ》かあるや。答《こた》へて曰《いは》く、声聞《しやうもん》

波羅蜜　梵語の音写。度・到彼岸と訳す。迷いの此岸からさとりの彼岸に到ること。いまはその行をいう。

聖種性　六種性の第四。十地の位をいう。

無生忍　無生法忍のこと。不生・不滅の法性の道理を忍知して決定安住すること。

必然の義　必ず他をして自身に同化させるいわれ。

不改の義　自身の体は変わらぬという意味。

無為法身　仏の法身は湛然寂静で、色も形もなく常住にして作為の造作を離れているから無為法身という。

慈悲に三縁　慈悲の三種類。㈠衆生縁の慈悲(衆生の実体があるとみて起こす慈悲で、小悲ともいう)。㈡法縁の慈悲(衆生の実体はないと知るが、なお五蘊仮和合の法があるとみて起こす慈悲で、中悲ともいう)。㈢無縁の慈悲(あらゆる差別の見解を離れた平等絶対の慈悲で、大悲ともいう)。

法蔵菩薩の本願　第十四願。

竜樹菩薩の所讃　易行品(いぎょうぼん)。

実際　ただ三界の生死を出るだけをいう。

鴆鳥　一種の毒鳥で蛇を食べるといわれる。この鳥の羽根を酒に浸すと

は*実際《じちさい》を以て証《しよう》とす。計《はか》るにさらによく仏道《ぶつだう》の根芽《こんげ》を生《しやう》ずべからず。しかるを仏《ぶつ》、本願《ほんぐわん》の不可思議《ふかしぎ》の神力《じんりき》を以て、摂《せふ》してかしこに生《しやう》ぜしむるに、必《かなら》ずまさにまた神力《じんりき》を以て、それをして無上道心《むじやうだうしん》を生《しやう》ぜしむべし。譬《たと》へば*鴆鳥《ちむてう》、水《みづ》に入《い》れば*魚蜂《ぎよはう》ことごとく死《し》す、犀牛《さいご》これに触《ふ》るれば死《し》するものみな活《よみがへ》るがごとし。かくのごとき生《しやう》ずべからずして生《しやう》ぜしむ、この所以《ゆへ》に奇《き》とすべし。しかるに五不思議《ごふしぎ》の中《なか》に、仏法最《ぶつほふもと》も不可思議《ふかしぎ》なり。仏《ぶつ》よく声聞《しやうもん》をしてまた無上道心《むじやうだうしん》を生《しやう》ぜしめたまふ、真《まこと》に不可思議《ふかしぎ》の至《いた》りなり」。

また云《いは》く、「不可思議力《ふかしぎりき》とは、総《すべ》てかの仏国土《ぶつこくど》の*十七種荘厳功徳力不可得思議《しやうごんくどくりきふかとくしぎ》なることを指《さ》すなり。諸経《しよきやう》に説《と》きて言《のたま》はく、五種の不可思議《ふかしぎ》あり。一つには*衆生多少不可思議《しゆじやうたせうふかしぎ》、二つには*業力不可思議《ごふりきふかしぎ》、三つには*竜力不可思議《りうりきふかしぎ》、四つには*禅定力不可思議《ぜんぢやうりきふかしぎ》、五つには*仏法力《ぶつほふりき》不可思議《ふかしぎ》なり。この中《なか》に仏土不可思議《ぶつどふかしぎ》に二種の力《ちから》あり。一つには業力《ごふりき》、謂《いは》く法蔵菩薩《ほふざうぼさつ》の*出世《しゆつせ》の善根《ぜんごん》と*大願業力《だいぐわんごふりき》の所成《しよじやう》なり。二つには正覚《しやうがく》の阿弥陀法王《あみだほふわう》のよく*住持力《ぢうぢりき》をして摂《せふ》したまふところなり」。

また云《いは》く、「自利利他《じりりた》を示現《じげん》すといふは、「略《りやく》して、かの阿弥陀仏《あみだぶつ》の国土《こくど》の十七種の荘厳《しやうごん》功徳成就《くどくじやうじゆ》を説《と》きつ、如来《によらい》の自身利益大功徳力成就《じしんりやくだいくどくりきじやうじゆ》と利益他功徳成就《りやくたくどくじやうじゆ》とを示現《じげん》したまへるが故に」とのたまへり。略《りやく》と言《い》ふは、かの浄土《じやうど》の功徳無量《くどくむりやう》にして、ただ十七種のみにあらざることを彰《あら》はすなり。それ須弥《しゆみ》をこれを芥子《けし》に入《い》れ、毛孔《もうく》にこれを大海《だいかい》を納《おさ》む、あに山海《さんかい》の神《じん》ならむや、毛芥《もうけ》の力《ちから》ならむや、*能神《のうじん》の者《ひと》の神《じん》ならくのみ」と。

また云《いは》く、「「何者《なにもの》か荘厳《しやうごん》*不虚作住持功徳成就《ふこさぢうぢくどくじやうじゆ》。偈《げ》に、仏《ぶつ》の本願力《ほんぐわんりき》を観《くわん》ずるに、遇《まうあ》ふてむ

毒酒となる。

魚蜂　魚や貝など。

十七種荘厳功徳力不可得思議　阿弥陀仏の浄土の国土に関する十七種のうるわしい徳の働きが、われわれの思惟や言語を絶してはかりがたく不可思議であること。

衆生多少不可思議　生きとし生ける者の数に増減がないことの不思議。

業力不可思議　あらゆる個々の存在の差別が業のはたらきによって生ずることの不思議。

竜力不可思議　竜が一滴の水で大雨を降らせることの不思議。

禅定力不可思議　精神統一の力によってさまざまな超自然的な働きをあらわすことの不思議。

仏法力不可思議　仏法の力によってさとりを得ることの不思議。

出世の善根　迷いの世界を出てさとりに向かう無漏の善根。

大願業力　四十八の大願を発された大願力と永劫の修行をせられた大業力。

住持力　ささえる力。

能神の者　神通力をもっている人。如来をさす。

不虚作住持功徳　阿弥陀仏の浄土の三厳二十九種荘厳のうちの、仏八種荘厳の一。阿弥陀仏の四十八願と自在神力とは虚妄の所作でなく、念仏の行者をしてすみやかに往生成仏せしめる功徳のあることをいう。

なしく過《す》ぐる者《もの》なし。よく速《すみや》かに*功徳大宝海《くどくだいほうかい》を満足《まんぞく》せしむるが故にと言《のたま》へり」。不虚作住《ふこさぢう》持《ぢ》功徳成就《くどくじやうじゆ》とは、けだしこれ阿弥陀如来《あみだによらい》の本願力《ほんぐわんりき》なり。乃至　言《い》ふところの不虚作住持《ふこさぢうぢ》は、もと法蔵菩薩《ほふざうぼさつ》の四十八願と、今日《こんにち》の阿弥陀如来《あみだによらい》の自在神力《じざいじんりき》とに依《よ》りてなり。*願《ぐわん》以て力《りき》を成《じやう》ず、*力《りき》以て願《ぐわん》に就《つ》く。*願徒然《ぐわんとねん》ならず、*力虚設《りきこせち》ならず。力願《りきぐわん》あい府《かな》ふて、畢竟《ひちきやう》じて差《たが》はず。かるがゆへに成就《じやうじゆ》と曰《い》ふ」と。抄出

〔*讃阿弥陀仏偈《さんあみだぶつげ》に曰《いは》く、曇鸞和尚《どんらんくわしやう》の造《ざう》、「南無阿弥陀仏《なむあみだぶつ》〈釈《しやく》して無量寿傍経《むりやうじゆばうきやう》と名《な》づく〉」、賛《ほ》めたてまつりてまた安養《あんやう》と曰《い》ふ〉、成仏《じやうぶつ》よりこのかた十劫《じふこふ》を歴《へ》たまへり。寿命《じゆみやう》まさに量《はか》りあることなけむ。法身《ほふしん》の光輪《くわうりん》、法界《ほふかい》に遍《へん》じて、*世《せ》の盲冥《まうみやう》を照《て》らす。かるがゆへに頂礼《ちやうらい》したてまつる。智慧《ちゑ》の光明量《くわうみやうはか》るべからず。かるがゆへに仏《ぶつ》をまた無量光《むりやうくわう》と号《がう》す。*有量《うりやう》の諸相《しよさう》、光暁《くわうげう》を蒙《かぶ》る。この故に*真実明《しんじちみやう》を*稽首《けいしゆ》したてまつる。解脱《げだち》の光輪限斉《くわうりんげんざい》なし。かるがゆへに仏《ぶつ》をまた無辺光《むへんくわう》と号《がう》す。光触《くわうそく》を蒙《かぶ》るもの有無《うむ》を離《はな》る。この故に*平等覚《びやうどうがく》を稽首《けいしゆ》したてまつる。光雲《ひかりくも》のごとくにして、無碍《むげ》なること虚空《こくう》の如《ごと》し。かるがゆへに仏《ぶつ》をまた無碍光《むげくわう》と号《がう》す。一切の有碍《うげ》、光《くわう》沢《たく》を蒙《かぶ》る。この故に*難思議《なんじぎ》を頂礼《ちやうらい》したてまつる。清浄《しやうじやう》の光明《くわうみやう》、対《たい》あることなし。かるがゆへに仏《ぶつ》をまた無対光《むたいくわう》と号《がう》す。この光《ひかり》に遇《まうあ》ふ者《もの》は*業繋《ごふけ》除《のぞ》こる。この故に*畢竟依《ひちきやうえ》を稽首《けいしゆ》したてまつる。仏光照耀《ぶつくわうせうえう》して最第一《さいだいいち》なり。かるがゆへに仏《ぶつ》をまた光炎王《くわうえんわう》と号《がう》す。*三塗《さんづ》の黒闇《こくあん》、光啓《くわうけい》を蒙《かぶ》る。この故に*大応供《だいおうぐ》を頂礼《ちやうらい》したてまつる。道光明朗《だうくわうみやうらう》にして色超絶《しきてうぜち》したまへり。かるがゆへに仏《ぶつ》をまた清浄光《しやうじやうくわう》と号《がう》す。ひとたび光照《くわうせう》を蒙《かぶ》るに罪垢《さいく》除《のぞ》こる、みな解脱《げだち》を得《え》しむ。かるがゆへに頂礼《ちやうらい》したてまつる。慈光《じくわう》はるかに被《かぶ》らしめ安楽《あんらく》を施《ほどこ》す。かるがゆへに仏《ぶつ》をま

功徳大宝海　阿弥陀仏の名号の功徳。

願以て力を成ず　因位の願が果上の不思議力を成就するという意味。

力以て願に就く　果上の不思議力は因位の願について離れぬという意味。

願徒然ならず　因位の願はいたずらに起こしたのではないという意味。

力虚設ならず　果上の力はいつわりの法ではないという意味。

讃阿弥陀仏偈　曇鸞の著。大経により浄土の荘厳を讃嘆したもの。一七五頁「浄土論に曰く…」補注参照。

世の盲冥　闇い迷いの衆生をさす。

有量の諸相　限りあるすべての者。

真実明　阿弥陀如来をさす。阿弥陀如来の徳号の一。明は智慧の意。

稽首　頭を下げて地につける礼法。

平等覚　阿弥陀如来の徳号の一。阿弥陀如来は諸法の平等をさとった方であるから平等覚という。

難思議　阿弥陀仏の徳号の一。その徳は思議することが困難であるから難思議という。

業繋　迷いの世界につなぎとめて自由にさせない業のはたらき。

畢竟依　阿弥陀仏の徳号の一。阿弥陀仏は究極のよりどころとなるの意。

三塗　地獄・餓鬼・畜生の三悪道。

大応供　阿弥陀如来の徳号の一。供養に応ずべき最高の資格者の意。

た歓喜光《くわんぎくわう》と号《がう》す。光《ひかり》の至《いた》るところの処《ところ》に法喜《はふき》を得《え》しむ。*大安慰《だいあんゐ》を稽首《けいしゆ》し頂礼《ちやうらい》したてまつる。仏光《ぶつくわう》よく無明《むみやう》の闇《あん》を破《は》す。かるがゆへに仏《ぶつ》をまた智慧光《ちゑくわう》と号《がう》す。一切諸仏《しよぶつ》・*三乗衆《さんじようしゆ》ことごとく共《とも》に嘆誉《たんよ》す。かるがゆへに稽首《けいしゆ》したてまつる。光明《くわうみやう》一切の時《とき》、普《あまね》く照《て》らす。かるがゆへに仏《ぶつ》をまた不断光《ふだんくわう》と号《がう》す。*聞光力《もんくわうりき》の故に心断《しんた》へずして、みな往生《わうしやう》を得《え》しむ。かるがゆへに頂礼《ちやうらい》したてまつる。その光《ひかり》、仏《ぶつ》を除《のぞ》きてはよく測《はか》ることなけむ。かるがゆへに仏《ぶつ》をまた難思光《なんじくわう》と号《がう》す。十方諸仏《しよぶつ》、往生《わうじやう》を嘆《たん》じ、その功徳《くどく》を称《しよう》せしむ。かるがゆへに稽首《けいしゆ》したてまつる。神光《じんくわう》は相《さう》を離《はな》れたること名《な》づくべからず。かるがゆへに仏《ぶつ》をまた無称光《むしようくわう》と号《がう》す。光《ひかり》によりて成仏《じやうぶつ》したまふ、光赫然《ひかりかくねん》たり。諸仏《しよぶつ》の嘆《たん》じたまふところなり。かるがゆへに頂礼《ちやうらい》したてまつる。光明照曜《くわうみやうせうえう》して日月《にちぐわち》に過《す》ぎたり。かるがゆへに仏《ぶつ》を超日月光《てうにちぐわちくわう》と号《がう》す。釈迦《しやか》仏《ぶつ》、嘆《たん》じたまふことなを尽《つ》きず。かるがゆへにわれ*無等等《むとうどう》を稽首《けいしゆ》したてまつると。乃至　本《ほん》師竜樹摩訶薩《しりうじゆまかさつ》、形像《ぎやうざう》を誕《たん》ず。始《はじ》めて*頽綱《たいかう》を理《ことわ》る【頽《たい反》の字、崩《たふる》なり、破なり、落《おつる》なり、纏《まつはる》なり】、*邪扇《じやせん》を関閉《くわんぺい》して正轍《しやうてち》を開《ひら》く【轍の字、直剎の反、通《かよふ》なり、車なり、跡《あと》なり】。これ*閻浮提《えんぶだい》の一切の眼《まなこ》なり。*尊語《そんご》を伏承《ぶくしよう》して歓喜地《くわんぎち》にして、阿弥陀《あみだ》に帰《くゐ》して安楽《あんらく》に生《しやう》ぜしむ。われ無始《むし》より三界《さんがい》にめぐりて、*虚妄輪《こまうりん》のために回転《ゑてん》せらる。一念一時《いちねんいちじ》に造《つく》るところの*業足《ごふそく》、*六道《ろくだう》に繫《つな》がれ三途《さんづ》に滞《とど》まる。やや願《ねが》はくは慈光《じくわう》われを護念《ごねん》して、われをして菩提心《ぼだいしん》を失《しち》せざらしめたまへ。われ*仏恵功徳《ぶつゑくどく》の音《こゑ》を讃《さん》ず。願《ねが》はくは、十方のもろもろの有縁《うえん》に聞《き》かしめて、安楽《あんらく》に往生《わうじやう》を得《え》むと欲《おも》はむ者《もの》、普《あまね》くみな意《こころ》のごとくして障碍《しやうげ》なからしめむ。あらゆる功徳《くどく》、もしは大小《だいせう》、一切に回施《ゑせ》してともに往生《わうじやう》せしめむ。不可思議光《ふかしぎくわう》に南無《なむ》し、一心に帰命《くゐみやう》し稽首《けいしゆ》し礼《らい》したてま

大安慰　阿弥陀如来の徳号の一。如来は衆生を安穏ならしめる意。

三乗　声聞・縁覚・菩薩。

聞光力　智慧の光明の力を聞信すること。

無等等　阿弥陀如来の徳号の一。如来は自ら無等の徳があり、しかも衆生をしてその徳に等しからしめるから無等等という。

頽綱を理る　正しい教えの大綱が崩壊したのを整理するということで、廃れた仏法をととのえるという意味。

邪扇を関閉して正轍を開く　よこしまな教えを閉ざして、正しい仏法の道を明らかにすること。

閻浮提　→一四五頁注

尊語を伏承して　釈尊が楞伽経に預言されたみ言葉をうけたてまつりて。

虚妄輪　惑業のこと。

業足　業を足にたとえる。

六道　六趣ともいう。地獄・餓鬼・畜生・人間・天上・阿修羅。

仏恵功徳の音　仏の智慧・功徳のみ名。

つる。十方三世の無量慧《むりやうゑ》、同《おな》じく一如《いちによ》に乗《じよう》じて正覚《しやうがく》と号《がう》す。*二智円満《にちゑんまん》して道平等《だうびやうどう》なり。摂《せふ》化《くゑ》すること縁《えん》に随《したが》ふ、故《まこと》にそこばくならむ。われ阿弥陀《あみだ》の浄土《じやうど》に帰《くゐ》するは、即ちこれ諸仏《しよぶつ》の国《くに》を帰命《くゐみやう》するなり。われ一心を以て一仏を賛《さん》ず。願《ねが》はくは、*十方無碍人《むげにん》に遍《へん》ぜむ。かくのごとき十方無量仏《むりやうぶつ》、咸《ことごと》くおのおの心《こころ》を至《いた》して頭面《づめん》に礼《らい》したてまつるなり」と。已上抄出

*光明寺《くわうみやうじ》の和尚云《くわしやういは》く、「問《と》ふて曰《いは》く、弥陀《みだ》の浄国《じやうこく》は、はたこれ報《ほう》なりや、これ化《くゑ》なりとやせむ。答《こた》へて曰《いは》く、これ報《ほう》にして化《くゑ》にあらず。いかんが知《し》ることを得《う》る。大乗同性経《だいじようどうしやうきやう》に説《と》くがごとし。「西方《さいはう》の安楽《あんらく》、阿弥陀仏《あみだぶつ》は、これ*報仏報土《ほうぶつほうど》なり」と。また無量寿経《むりやうじゆきやう》に云《のたま》はく、「法蔵比丘《ほふざうびく》、*世饒王仏《せねうわうぶつ》の所《みもと》にましまして、菩薩《ぼさつ》の道《だう》を行《ぎやう》じたまふし時《とき》、四十八願を発《おこ》して、一一の願《ぐわん》に言《のたま》はく、もしわれ仏《ぶつ》を得《え》たらむに、十方の衆生《しゆじやう》、わが名号《みやうがう》を称《しよう》して、わが国《くに》に生《うま》れむと願《ぐわん》ぜむ、下《しも》、十念《じふねん》に至《いた》るまで、もし生《うま》れずは正覚《しやうがく》を取《と》らじ」と。いますでに成仏《じやうぶつ》したまへり、即ちこれ酬因《しゆいん》の身《しん》なり。また観経《くわんぎやう》の中《なか》に、*上輩《じやうはい》の三人、命終《みやうじゆう》の時《とき》に臨《のぞ》んで皆《みな》「阿弥陀仏《あみだぶつ》および*化仏《くゑぶつ》と与《とも》に、この人《ひと》を来迎《らいかう》す」と言《のたま》へり。しかるに*報身《ほうじん》、化《くゑ》を兼《か》ねて共《とも》に来《きた》りて手《みて》を授《さづ》くと、かるがゆへに名《な》づけて与《よ》とす。この文証《もんじよう》を以ての故に、知《し》んぬ、これ報《ほう》なりと。しかるに報《ほう》・応《おう》二身とは、眼目《げんもく》の異名《いみやう》なり。*前《さき》には報《ほう》を翻《ほん》じて応《おう》となる、*後《のち》には応《おう》を翻《ほん》じて報《ほう》となる。おほよそ報《ほう》と言《い》ふは、因行虚《いんぎやうむな》しからず、定《さだ》んで来果《らいくわ》を招《まね》く、果《くわ》を以て因《いん》に応《おう》ず、かるがゆへに名《な》づけて報《ほう》とす。また*三大僧祇《さんだいそうぎ》の所修《しよしゆ》の万行《まんぎやう》、必定《ひちぢやう》して菩《ぼ》提《だい》を得《う》べし。今《いま》すでに道《だう》、成《じやう》ぜり、即ちこれ*応身《おうじん》なり。これ乃ち過《くわ》・現《げん》の諸仏《しよぶつ》、*三身《さんしん》を弁《べん》立《りふ》す、これを除《のぞ》きて已外《いぐゑ》はさらに別《べち》の体《たい》ましまさず。たとひ無窮《むぐう》の*八相《はちさう》、名号塵沙《みやうがうぢんじや》なりと

二智円満　智慧と慈悲を円満する。
十方無碍人　十方の仏。諸仏をさす。
光明寺の和尚云く…　善導の観経疏玄義分。
報仏報土　法蔵菩薩の四十八願にむくいた仏土の意。
世饒王仏　世自在王仏。法蔵の師仏。
上輩の三人　観経に説く上品上生・上品中生・上品下生。
化仏　報身より化現する仏をいう。
報身　仏の三身（法・報・応）の一。
前　梁の真諦訳の摂大乗論（大正蔵三一）。
後　隋の笈多訳の摂大乗論釈（大正蔵三一）。
三大僧祇　無数の長い間の意。
応身　根機に応じてあらわれる仏身。
三身　法身・報身・化身の三身。
八相　八相成道のこと。諸仏が衆生救済のためにこの世界に出られ、八種の相を示されること。大経によれば次の八種である。㈠降兜率、㈡託胎、㈢降生、㈣出家、㈤降魔、㈥成道、㈦説法、㈧涅槃。
観音授記経　一巻（大正蔵一二）。仏が華徳菩薩に対して、観音・勢至二菩薩の過現未を説き、阿弥陀仏の滅後に観音が成仏し、観音の滅後に勢至が成仏することを説く。
三乗浅智　声聞・縁覚・菩薩などの浅い智慧。
大品経　摩訶般若波羅蜜経（大正蔵八）のこと。大品般若経ともいう。

二十七巻。鳩摩羅什訳。諸法皆空の理を広説している。

須菩提　梵語の音写。善吉・善現と訳す。

一切種智　すべての存在に関して、平等の相に即して差別の相をさらにくわしく知る智慧。三智の一。

四念処　↓一七二頁

四正勤　四種の正しい努力。㈠行儀断、㈡断断、㈢随護断、㈣修断。

四如意足　㈠欲如意足、㈡精進如意足、㈢心如意足、㈣思惟如意足の四。欲願と努力と心念と観慧との力によってひき起こされた精神統一の境地。その境地(定)をよりどころ(足)として種々に神変(如意)を表わす。

五根　さとりに至るための行法。信・精進・念・定・慧の五無漏根。

五力　信・精進・念・定・慧の五力。

七覚分　修行に当たり、その真偽善悪を観察覚了すること。㈠念覚分、㈡択法覚分、㈢精進覚分、㈣喜覚分、㈤転安覚分、㈥定覚分、㈦捨覚分の七。

八聖道分　三十七道品の第八。八聖道のこと。さとりに至るための八種の正しい行法。㈠正見、㈡正思惟、㈢正語、㈣正業、㈤正命、㈥正精進、㈦正念、㈧正定の八。

三解脱門　解脱を得るための三種の方法。㈠空解脱門、㈡無相解脱門、㈢無願解脱門。

仏の十力　仏の十種の智力をいう。

も、体《たい》に剋《こく》して論《ろん》ぜば、すべて化《くゑ》に帰《くゐ》して摂《せふ》す。今《いま》かの弥陀《みだ》、現《げん》にこれ報《ほう》なりと。

問《と》ふて曰《いは》く、すでに報《ほう》と言《い》ふは、報身常住《ほうしんじやうぢう》にして、永《なが》く生滅《しやうめち》なし。何《なん》が故《ゆへ》ぞ*観音授記《くわんおんじゆき》経《きやう》に説《と》かく、「阿弥陀仏《あみだぶつ》また入涅槃《にふねはん》の時《とき》あり」と。この一義いかんが通釈《つうしやく》せむや。

答《こた》へて曰《いは》く、入《にふ》・不入《ふにふ》の義《ぎ》は、ただこれ諸仏《しよぶつ》の境界《きやうがい》なり。なほ*三乗浅智《さんじようせんち》の闚《うかが》ふところにあらず。あにいはんや。小凡《せうぼん》たやすくよく知《し》らむや。しかりといへども、必《かなら》ず知《し》らむと欲《おも》はば、あへて仏経《ぶつきやう》を引《ひ》きて以て明証《みやうしよう》とせむ。いかんとならば*大品経《だいほんぎやう》の涅槃非化品《ねはんひくゑほん》の中《なか》に説《と》きて云《い》ふがごとし。「仏《ぶつ》、*須菩提《しゆぼだい》に告《つ》げたまはく、『汝《なんぢ》が意《こころ》においていかん、もし化人《くゑにん》ありて化人《くゑにん》を作《な》す、この化《くゑ》、すこぶる実事《じちじ》ありやいなや、空《むな》しきものなりやいなや』。須菩提《しゆぼだい》の言《まう》さく、『いなや、世尊《せそん》』。仏《ぶつ》、須菩提《しゆぼだい》に告《つ》げたまはく、『色《しき》即ちこれ化《くゑ》なり、受《じゆ》・想《さう》・行《ぎやう》・識《しき》即ちこれ化《くゑ》なり、乃至《ないし》*一切種智《しゆち》即ちこれ化《くゑ》なり』。須菩提《しゆぼだい》、仏《ぶつ》に白《まう》して言《まう》さく、『世尊《せそん》、もし世間《せけん》の法《ほふ》これ化《くゑ》なりや、出世間《しゆつせけん》の法《ほふ》またこれ化《くゑ》なりや、いはゆる*四念処《しねんじよ》・*四正勤《ししやうごん》・*四如意足《しによいそく》・*五根《ごこん》・*五力《ごりき》・*七覚分《しちかくぶん》・*八聖道分《はちしやうだうぶん》・*三解脱門《さんげだちもん》、*仏《ぶつ》の十力《じふりき》・*四無所畏《しむしよゐ》・*四無碍智《しむげち》・*十八不共法《ふぐほふ》、ならびに諸法《しよほふ》の果《くわ》、および賢聖人《げんじやうにん》、いはゆる*須陀洹《しゆだをん》・*斯陀含《しだごん》・*阿那含《あなごん》・*阿羅漢《あらかん》・*辟支仏《びやくしぶつ》・菩薩摩訶薩《ぼさつまかさつ》・諸仏世尊《しよぶつせそん》、この法《ほふ》またこれ化《くゑ》なりやいなや』と。仏《ぶつ》、須菩提《しゆぼだい》に告《つ》げたまはく、『一切の法《ほふ》はみなこれ化《くゑ》なり。この法《ほふ》の中《なか》において、声聞《しやうもん》の法《ほふ》の変化《へんぐゑ》あり、辟支《びやくし》仏《ぶつ》の法《ほふ》の変化《へんぐゑ》あり、菩薩《ぼさつ》の法《ほふ》の変化《へんぐゑ》あり、諸仏《しよぶつ》の法《ほふ》の変化《へんぐゑ》あり、煩悩《ぼんなう》の法《ほふ》の変化《へんぐゑ》あり、業《ごふ》因縁《いんえん》の法《ほふ》の変化《へんぐゑ》あり。この因縁《いんえん》を以ての故に、須菩提《しゆぼだい》、一切の法《ほふ》みなこれ化《くゑ》なり』とのたまへり。須菩提《しゆぼだい》、仏《ぶつ》に白《まう》して言《まう》さく、『世尊《せそん》、このもろもろの煩悩断《ぼんなうだん》は、いはゆる須陀洹《しゆだおん》果《くわ》・斯《し》陀《だ》含果《ごんくわ》・阿《あ》那《な》含果《ごんくわ》・阿《あ》羅《ら》漢果《かんくわ》・辟支仏道《びやくしぶつだう》は、もろもろの煩悩《ぼんなう》の*習《しう》を断《だん》ず。皆《みな》これ変《へん》化《ぐゑ》なりやいなや』と。仏《ぶつ》、須《しゆ》菩《ぼ》提《だい》に告《つ》げたまはく、『もし法《ほふ》の生滅《しやうめち》の相《さう》あるは、皆《みな》これ変化《へんぐゑ》なり』とのたまへり。須菩《しゆぼ》提言《だいまう》さく、『世《せ》尊《そん》、なんらの法《ほふ》か変化《へんぐゑ》にあらざる』と。仏《ぶつ》の言《のたま》はく、『もし法《ほふ》の無生無《むしやうむ》滅《めち》なる、これ変化《へんぐゑ》にあらず』と。須菩《しゆぼ》提言《だいまう》さく、『なんらかこれ不生《ふしやう》不《ふ》滅《めち》にして変化《へんぐゑ》にあらざる』と。仏《ぶつ》の言《のたま》はく、『*誑相《わうさう》なき涅《ね》槃《はん》、この法変化《ほふへんぐゑ》にあらず』と。『世《せ》尊《そん》、仏自《ぶつみづか》ら説《と》きたまふがごとき、諸法平等《しよほふびやうどう》にして声聞《しやうもん》の作《さ》にあらず、辟支仏《びやくしぶつ》の作《さ》にあらず、もろもろの菩《ぼ》薩摩《さつま》訶《か》薩《さつ》の作《さ》にあらず、諸仏《しよぶつ》の作《さ》にあらず。有《う》仏無《ぶつむ》仏《ぶつ》、諸法《しよほふ》の性《しやう》つねに空《くう》なり。性空《しやうくう》なる、即ちこれ涅《ね》槃《はん》なり。いかんぞ涅《ね》槃《はん》の一法、化《くゑ》のごとくにあらざる』と。仏《ぶつ》、須《しゆ》菩《ぼ》提《だい》に告《つ》げたまはく、『かくのごとし、かくのごとし。諸法《しよほふ》は平等《びやうどう》にして声聞《しやうもん》の所作《しよさ》にあらず、乃至《ないし》性空《しやうくう》なれば即ちこれ涅《ね》槃《はん》なり。もし*新発意《しんぼちい》の菩《ぼ》薩《さつ》、この一切の法《ほふ》みな畢竟《ひちきやう》じて性空《しやうくう》なり、乃至《ないし》涅《ね》槃《はん》もまたみな化《くゑ》のごとしと聞《き》かば、心《こころ》則ち驚怖《きやうふ》しなむ。この新《しん》発意《ぼちい》の菩《ぼ》薩《さつ》のために、ことさらに生滅《しやうめち》の者《もの》は化《くゑ》のごとし、不生不《ふしやうふ》滅《めち》の者《もの》は化《くゑ》のごときにあらざるを分別《ふんべち》するをや』」。いますでにこの聖教《しやうげう》を以て、あきらかに知《し》んぬ、弥《み》陀《だ》は定《さだ》んでこれ報《ほう》なり。たとひ後《のち》に涅《ね》槃《はん》に入《い》らむ、その義《ぎ》さまたげなけむ。もろもろの有智《うち》の者《もの》、知《し》るべしと。

問《と》ふて曰《いは》く、かの仏《ぶつ》および土《ど》、すでに報《ほう》と言《い》はば、*報法高妙《ほうほふかうめう》にして小聖《せうしやう》かなひ難《がた》し、垢《く》障《しやう》の凡夫《ぼんぶ》いかんが入《い》ることを得《え》むや。答《こた》へて曰《いは》く、もし衆生《しゆじやう》の垢障《くしやう》を論《ろん》ぜば、実に*忻趣《ごんしゆ》し難《がた》し。まさしく仏願《ぶつぐわん》に託《たく》するに由《よ》りて、以て強縁《がうえん》となりて*五乗斉《ごじようひと》しく入《い》らしむることをい

四無所畏　畏れるところのない四種の自信。㈠正等覚無所畏、㈡漏永尽無所畏、㈢説障道無所畏、㈣説尽苦道無所畏。

四無碍智　仏・菩薩の自在無碍な四種の弁才。㈠法無碍弁、㈡義無碍弁、㈢辞無碍弁、㈣楽説無碍弁。

十八不共法　仏のみの十八種の功徳。

須陀洹　梵語の音写。預流・入流など訳す。小乗仏教の修道の階位である四向四果のうちの初果。はじめて聖者の流類に預かり入ったという意味。

斯陀含　梵語の音写。一来と訳す。小乗四向四果の第二。

阿那含　梵語の音写。不還・不来と訳す。四向四果の第三位。

阿羅漢　梵語の音写。応供と訳す。小乗四向四果の最高位。

辟支仏　小乗の縁覚・独覚のこと。

習　習気。余残の気。

誑相　いつわりの相。

新発意の菩薩　新たに発心した大乗の修道者。十信位の菩薩をいう。

報法高妙にして小聖かなひ難し　その報身・報土のものがらは、非常に高く妙なるもので、初地の位に至らない菩薩や二乗のようなものは入ることができない。

忻趣　浄土に往生しようとねがうこと。

五乗　人乗・天乗・声聞乗・縁覚

たす」と。

*また云《いは》く、「『我《が》今楽生《こんげうしやう》弥陀《みだ》』より已下《いげ》は、正《まさ》しく夫人別《ぶにんべち》して所求《しよぐ》を選《えら》ぶことを明《あ》かす。これは弥陀《みだ》の本国《ほんごく》、四十八願なることを明《あ》かす。願願《ぐわんぐわん》みな増上《ぞうじやう》の勝因《しよういん》を発《ほち》せり、因《いん》に依りて勝行《しようぎやう》を起《お》こせり、行《ぎやう》に依りて勝果《しようくわ》を感《かむ》ず、果《くわ》に依りて勝報《しようほう》を感成《かんじやう》せり、報《ほう》に依りて極楽《ごくらく》を感成《かんじやう》せり、楽《らく》に依りて悲化《ひくゑ》を顕通《けんつう》す、悲化《ひくゑ》に依りて智慧《ちゑ》の門《もん》を顕開《けんかい》せり。しかるに悲心《ひしん》無尽《むじん》にして、智《ち》また無窮《むぐう》なり。悲《ひ》・智《ち》ならべ行《ぎやう》じて、即ち広《ひろ》く*甘露《かんろ》を開《ひら》けり。これに因《よ》りて、法潤《ほふにん》あまねく群生《ぐんじやう》を摂《せふ》したまふなり。諸余《しよよ》の経典《きやうでん》に勧《すす》むるところひろく多《おほ》し。衆聖《しゆしやう》、心《こころ》を斉《ひと》しくして、みな同《おな》じく指讃《しさん》したまふ。この因縁《いんえん》ありて、如来《によらい》竊《ひそ》かに夫人《ぶにん》を遣《つか》はして、別《べち》して選《えら》ばしめたまふことを致すなり」。

*また云《いは》く、「西方寂静《さいはうじやくじやう》*無為《むゐ》の楽《みやこ》は、畢竟逍遥《ひちきやうせうえう》して有無《うむ》を離《はな》れたり。大悲《だいひ》、心《こころ》に薫《くん》じて法《ほふ》界《かい》に遊《あそ》ぶ。分身《ぶんしん》して物《もの》を利《り》すること等《ひと》しくして殊《こと》なることなし。帰去来《いざいなむ》、魔郷《まがう》には停《とど》まるべからず。曠劫《くわうごふ》よりこのかた六道《ろくだう》に流転《るてん》して、ことごとくみな逕《へ》たり。いたるところに余《よ》の楽《たのしみ》なし。ただ愁歎《しうたん》の声《こゑ》を聞《き》く。この生平《しやうびやう》を畢《を》へて後《のち》、かの涅槃《ねはん》の城《みやこ》に入《い》らむ」と。

*また云《いは》く、「極楽《ごくらく》は無為涅槃《むゐねはん》の界《かい》なり。*随縁《ずいえん》の雑善《ざふぜん》おそらくは生《しやう》じ難《がた》し。かるがゆへに如来要法《によらいえうほふ》を選《えら》んで、教《をし》へて弥陀《みだ》を念《ねん》ぜしめて専《もは》らにしてまた専《もは》らならしめたまへり」。

また云《いは》く、「仏《ぶつ》に従《したが》ひて逍遥《せうえう》して自然《じねん》に帰《くゐ》す。自然《じねん》は即ちこれ弥陀《みだ》の国《くに》なり。*無漏《むろ》*無生《むしやう》、還《かへ》りて即ち真《しん》なり。行来進止《ぎやうらいしんし》に常《つね》に仏《ぶつ》に随《したが》ひて、*無為法性身《むゐほふしやうしん》を証得《しようとく》す」と。

また云《いは》く、「弥陀《みだ》の妙果《めうくわ》おば、号《がう》して無上涅槃《むじやうねはん》と曰《い》ふ」と。已上抄出

乗・菩薩乗。

また云く我今… 観経疏序分義。

甘露 不死の霊薬。仏法を指す。

また云く西方… 観経疏定善義。

無為 因縁によって造作されたものではなく、生滅変化を離れた常住絶対の法。

また云く極楽… 善導の法事讃。

随縁の雑善 その時々に外から与えられた縁に随って修めるような、煩悩の毒のまじりけのある善根功徳。

無漏 煩悩を離れた清浄な境地。有漏の対。

無生 生まれたり死んだりという生滅変化がない。

無為法性身 作為のない法の本質をさとる身。

*憬興師《きやうこうし》の云《いは》く、「無量光仏《むりやうくわうぶつ》〈算数《さんじゆ》にあらざるが故に〉、無辺光仏《むへんくわうぶつ》〈縁《えん》として照《て》らさざることなきが故に〉、無碍光仏《むげくわうぶつ》〈人法《にんぽふ》としてよく障《さ》ふることあることなきが故に〉、無対光仏《むたいくわうぶつ》〈もろもろの菩薩《ぼさつ》の及《およ》ぶところにあらざるが故に〉、光炎王仏《くわうえんわうぶつ》〈光明《くわうみやう》自在《ざい》にしてさらになすこと上《じやう》なきが故に〉、清浄光仏《しやうじやうくわうぶつ》〈無貪《むとん》の善根《ぜんごん》よりして現《げん》ずるが故に、また衆生《しゆじやう》の貪濁《とんぢよく》の心《こころ》を除《のぞ》くなり。貪濁《とんぢよく》の心《こころ》なきが故に清浄《しやうじやう》と云ふ〉、歓喜光仏《くわんぎくわうぶつ》〈無瞋《むしん》の善根《ぜんごん》よりして生《しやう》ずるが故に、よく衆生《しゆじやう》の*瞋恚盛心《しんいじやうしん》を除《のぞ》くが故に〉、智慧光仏《ちゑくわうぶつ》〈無痴《むち》の善根《ぜんごん》の心《しん》より起《お》これば、また衆生《しゆじやう》の無明《むみやう》品心《ぼんしん》を除《のぞ》くが故に〉、不断光仏《ふだんくわうぶつ》〈仏《ぶつ》の常光《じやうくわう》つねに照益《せうやく》をなすが故に〉、難思光仏《なんじくわうぶつ》〈もろもろの二乗《にじよう》の測度《しきたく》するところにあらざるが故に〉、無称光仏《むしようくわうぶつ》〈また余乗等《よじようとう》、説《と》くこと堪《た》ふるところにあらざるが故に〉、超日月光仏《てうにちぐわちくわうぶつ》〈日《ひ》は応《おう》じてつねに照《て》らすこと周《あまね》からざること、娑婆《しやば》一耀《いちえう》の光《ひかり》なるが故に〉、皆《みな》これ光触《くわうそく》を身《み》に蒙《かほ》るものは*身心柔濡《しんしんにうなん》の願《ぐわん》の致《いた》すところなり」。已上抄要

*しかれば*如来《によらい》の真説《しんせち》、*宗師《しゆうし》の釈義《しやくぎ》、明《あきら》かに知《し》んぬ、*安養浄刹《あんやうじやうせち》は真《しん》の報土《ほうど》なることを顕《あら》はす。惑染《わくぜん》の衆生《しゆじやう》、ここにして性《しやう》を見《み》ることあたはず、煩悩《ぼんなう》に覆《おほ》はるるが故に。*経《きやう》には「われ*十住《ぢう》の菩薩《ぼさつ》、少分《せうぶん》、*仏性《ぶつしやう》を見《み》ると説《と》く」と言《のたま》へり。かるがゆへに知《し》んぬ、安楽仏国《あんらくぶつこく》に到《いた》れば、即ち必《かなら》ず仏性《ぶつしやう》を顕《あら》はす。本願力《ほんぐわんりき》の回向《ゑかう》に由《よ》るが故に。また経《きやう》には「衆生未来《しゆじやうみらい》に清浄《しやうじやう》の身《しん》を具足《ぐそく》し荘厳《しやうごん》して仏性《ぶつしやう》を見《み》ることを得《う》」と言《のたま》へり。

*起信論《きしんろん》に曰《いは》く、「「もし説《と》くといへども能説《のうせち》のありて説《と》くべきもなく、*また能念《のうねん》の念《ねん》ずべきもなしと知《し》るを、名《な》づけて随順《ずいじゆん》とす。もし念《ねん》を離《はな》るるを名《な》づけて得入《とくにふ》とす」。得入《とくにふ》とは*真如三昧《しんによさんまい》なり。いかにいはんや、*無念《むねん》の位《くらゐ》は*妙覚《めうがく》にあり、けだし以て了心《れうしん》は初生《しよしやう》の相《さう》なり。「しかも初相《しよさう》を知《し》ると言《い》ふは、いはゆる無念《むねん》」は菩薩十地《ぼさつじふぢ》の知《し》るところにあらず。しかる

憬興師の云く…　述文賛。一七五頁「浄土論に曰く…」補注参照。

瞋恚盛心　瞋恚(いかり)が盛んにおきる心。

身心柔濡の願　第三十三願。「濡」は「軟」。

◇しかれば如来の真説…　真仏土・仏性を現世で顕わすことの不可能なることを明かす。↓補

如来の真説　大経や異訳の教説。

宗師の釈義　論註や善導疏。

安養浄刹　浄土のこと。

経　上引の涅槃経(一七三・一六九頁)。

十住の菩薩　第十地の菩薩。

仏性　如来性・覚性・如来蔵ともいう。仏になる可能性、仏の本性、仏のさとりそのものの性質など、いろいろ解釈される。

起信論に曰く…　飛錫(七四一―七七八頃)の念仏三昧宝王論巻下の、馬鳴の作と伝える起信論による浄土教的実践主張の語。

また　この上に、現行の起信論には「雖念」(念ずといへども)の二字あり。

真如三昧　ありのままの真実の姿にひたりきった境地。

無念　念慮を離れること。

妙覚　たえなる仏のさとりの位。

に今《いま》の人《ひと》、なほいまだ十信《じふしん》にかなはず、即ち馬鳴大士《めみやうだいじ》に依《よ》らざらむや、説《せち》より無説《むせち》に入《い》り、念《ねん》より無念《むねん》に入《い》る」とのたまへり。略抄

*それ報《ほう》を按《あん》ずれば、如来《によらい》の願海《ぐわんかい》に由りて果成《くわじやう》の土《ど》を酬報《しうほう》せり。かるがゆへに報《ほう》と曰《い》ふなり。しかるに願海《ぐわんかい》について真《しん》あり仮《け》あり。ここを以てまた仏土《ぶつど》について真《しん》あり仮《け》あり。選《せん》択本願《ぢやくほんぐわん》の正因《しやういん》に由りて、真仏土《しんぶつど》を成就《じやうじゆ》せり。

真仏《しんぶつ》と言《い》ふは、大経《だいきやう》には「無辺光仏《むへんくわうぶつ》・無碍光仏《むげくわうぶつ》」と言《のたま》へり、また「*諸仏中《しよぶつちう》の王《わう》なり、光《くわう》明中《みやうちう》の極尊《ごくそん》なり」と言《のたま》へり。已上

論《ろん》には「帰命尽十方無碍光如来《くゐみやうじんじふはうむげくわうによらい》」と曰《い》へるなり。

真土《しんど》と言《い》ふは、大経《だいきやう》には「*無量光明土《むりやうくわうみやうど》」と言《のたま》へり、あるいは「*諸智土《しよちど》」と言《のたま》へり。已上

論《ろん》には「究竟《くきやう》じて虚空《こくう》のごとし、広大《くわうだい》にして辺際《へんざい》なし」と曰《い》ふなり。

往生《わうじやう》と言《い》ふは、大経《だいきやう》には「*皆受自然虚無之身無極之体《かいじゆじねんこむしししんむごくしたい》」と言《のたま》へり。已上

論《ろん》には「如来浄華衆《によらいじやうくゑしゆ》、*正覚華化生《しやうがくくゑくゑしやう》」と曰《い》へり。または「*同一念仏《どういつねんぶつ》して無別《むべち》の道故《だうこ》」と云《い》へり。已上

また「*難思議往生《なんじぎわうじやう》」と云《い》へるこれなり。

仮《け》の仏土《ぶつど》とは、下《しも》にありて知《し》るべし。すでに以て真仮《しんけ》みなこれ*大悲《だいひ》の願海《ぐわんかい》に酬報《しうほう》せり。かるがゆへに知《し》んぬ、報仏土《ほうぶつど》なりといふことを。良《まこと》に仮《け》の仏土《ぶつど》の業因千差《ごふいんせんじや》なれば、土《ど》もまた千差《せんじや》なるべし。これを方便化身《はうべんくゑしん》・化土《くゑど》と名《な》づく。真仮《しんけ》を知《し》らざるに由りて、如来広大《によらいくわうだい》の恩徳《おんどく》を迷失《めいしち》す。これに因りて、いま真仏《しんぶつ》・真土《しんど》を顕《あら》はす。これ乃《すなは》ち真宗《しんしゆう》の正意《しやうい》なり。*経《きやう》

馬鳴大士　一・二世紀頃のインドの舎衛国の人。博識・智弁・詩才で世に知られた。カニシカ王の保護を受けて大乗仏教を弘めた。大乗起信論を著わしたといわれる。

◇それ報を按ずれば…　化仏土に対応して真仏土の存在性を解明す。↓補

諸仏中の王なり…　大阿弥陀経。

無量光明土　平等覚経による名称。

諸智土　如来会による名称。

皆受自然虚無之身無極之体　すべての者が、実にはかり知られないさとりの身を受けるという意味。

正覚華化生　如来の正覚の華の中より化生するということ。

同一念仏して無別の道故　同じく念仏によって往生するのであって、別の道がないからであるという意味。論註。

難思議往生　法事讃。

大悲の願海に酬報せり　如来が衆生を救いたもう大悲の願に報いて成就されたものであるという意味。

経家　経を説かれる釈尊。

家《け》・*論家《ろんげ》の正説《しやうせち》、*浄土宗師《じやうどしゆうし》の解義《げぎ》、仰《あふ》いで敬信《きやうしん》すべし。ことに奉持《ぶち》すべきなり。知《し》るべしとなり。

顕《けん》浄土《じやうど》真仏土《しんぶつど》文類《もんるい》　五

論家の正説　竜樹・天親などの説示。

浄土宗師の解義　曇鸞・善導大師などの解釈。

化身土巻

化身土巻は、最初に「至心発願の願」・「至心回向の願」等と第十九願・二十願名などを標示し、本文は、㈠まず前巻の真仏土に応対して化身土を総括して明かし（謹んで化身土等）、㈡次に、その化土に往生する第十九願に誓い観経に開説する要門の教えと実践などについて詳述し（しかるに濁世等）、㈢さらにまた、化土に往生する第二十願に誓い小経に開説する真門の教えと実践などについて詳しく述べ（また問ふ大本等）、㈣かくしてさらに、浄土門外の聖道門一般や仏教外の迷信的な宗教一般などに言及し（しかるに正真の教等）、㈤最後に、仏教界の現状や法の伝統を顧み、著作の理由を明らかにする後書《あとが》きを述べる（竊かにおもんみれば等）、といった五段階に分かってみられる。まず第一段階では、化身土が観経の真身観の仏や九品の浄土、処胎経の懈慢界、大経の疑城胎宮の如きものであることを明かすのである。次に第二段階では、⑴最初に第十九願の誓意《もう》の解明を中心に経釈文を引き、要門に関連し化土往生の状態を全般的に明かし、⑵次に問答を設けて観経開説の要門の三心（信）の解明を中心に、観経に隠顕の両意あることなどを善導疏等によって明らかにし、要門の実践的意義を詳《つまび》らかにするのである。第三段階では、⑴まず、問答を設けて小経開説の真門の一心（信）の解明を中心に、観経に準じて小経に隠顕のみられることを明かし、⑵次に二十願の誓いを中心に、汎く経釈文を引き真門の意義を解明するのである。かようにして、第四段階では、⑴まず道綽の末法思想などにより聖道仏教の修しがたく方便仮となさざるをえないことを明かし、⑵次に化巻末に至り、仏教を知らない迷信的な諸宗教の邪偽性を汎く諸経論釈文により明らかにし、後書《あとが》きに至るのである。

無量寿仏観経《むりやうじゆぶつくわんぎやう》の意《こころ》

*至《し》心《しん》発《ほち》願《ぐわん》の願《ぐわん》

*邪定聚《じやぢやうじゆ》の機《き》

*雙樹林下《さうじゆりんげ》往生《わうじやう》

阿弥陀経《あみだきやう》の意《こころ》なり

*至《し》心《しん》回《ゑ》向《かう》の願《ぐわん》

*不定聚《ふぢやうじゆ》の機《き》

*難思《なんじ》往生《わうじやう》

至心発願の願　第十九願の願名の一。弥陀の浄土に往生しようと願って諸行を修し、浄土に回向する者を化土に往生させることを誓われたもの。↓補

邪定聚　第十九願方便要門の機で、自力心をもって定散の諸行を行じ化土に生ずるから、機法因果ともに邪である。故に邪定聚という。

雙樹林下往生　観経、顕説十九願の往生。十九願自力諸行の往生は釈尊の化身入滅の沙羅雙樹下の往生のごとくであると喩えての名称。

至心回向の願　第二十願の願名の一。弥陀の名号を聞いて自力心をもって称え、至心に回向する者を化土に往生させることを誓われたもの。↓補

不定聚　第二十願方便真門の機で、名号法を聞きながら自力の回向を用いるから、法は正であるが機は邪であって正・邪不定である。また化土の生と決定はしているが、名号法そのものは邪ではない。このように正・邪定まらないから不定聚という。

難思往生　阿弥陀経、顕説の第二十願の往生。自力の機執をもって称える往生なるゆえ、「議」の一字を省いて名づける。

◇謹んで化身土…　化身土の意味を総括的に明かす。↓補

化身土　阿弥陀仏の化身と化土。真仏土に導く手だてとして、相手の心に応じて変化して現われる報仏土中

顕浄土方便化身土文類《けんじやうどはうべんくゑしんどもんるい》 六

愚禿釈親鸞集《ぐとくしやくしんらんしふ》

*謹《つつし》んで*化身土《くゑしんど》を顕《あら》はさば、仏《ぶつ》は無量寿仏観経《むりやうじゆぶつくわんぎやう》の説《せち》のごとし、*真身観《しんしんくわん》の仏《ぶつ》これなり。土《ど》は観経《くわんぎやう》の浄土《じやうど》これなり。また*菩薩処胎経《ぼさつしよたいきやう》等《とう》の説《せち》のごとし、即ち*懈慢界《けまんがい》これなり。また大《だい》無量寿経《むりやうじゆきやう》の説《せち》のごとし、即ち*疑城《ぎじやう》・胎宮《たいく》これなり。

*しかるに濁世《ぢよくせ》の群萠《ぐんまう》、*穢悪《ゑあく》の含識《がむしき》、いまし九十五種の邪道《じやだう》を出《い》でて*半満権実《はんまんごんじち》の法門《ほふもん》に入《い》るといへども、真《しん》なる者は甚《はなは》だ以て難《かた》く、実なる者は甚《はなは》だ以て希《まれ》なり。偽《ぐゐ》なる者は、甚《はなは》だ以て多《おほ》く、虚《こ》なる者は甚《はなは》だ以て滋《しげ》し。ここを以て釈迦牟尼仏《しやかむにぶつ》、*福徳蔵《ふくとくざう》を顕説《けんぜち》して*群生海《ぐんじやうかい》を誘引《いういん》し、阿弥陀如来《あみだによらい》もと誓願《せいぐわん》を発《おこ》して普《あまね》く*諸有《しよう》海《かい》を化《くゑ》したまふ。すでにして悲願《ひぐわん》います、*修諸功徳《しゆしよくどく》の願《ぐわん》と名《な》づく。また臨終現前《りんじゆうげんぜん》の願《ぐわん》と名《な》づく。また現前導生《げんぜんだうしやう》の願《ぐわん》と名《な》づく、また来迎引接《らいかういんぜふ》の願《ぐわん》と名《な》づく、また至心発願《ししんほちぐわん》の願《ぐわん》と名《な》づくべきなり。

ここを以て*大経《だいきやう》の願《ぐわん》に言《のたま》はく、「たとひわれ仏《ぶつ》を得《え》たらむに、十方の衆生《しゆじやう》、菩提心《ぼだいしん》を発《おこ》し、もろもろの功徳《くどく》を修《しゆ》し、心《こころ》を至《いた》し発願《ほちぐわん》してわが国《くに》に生《うま》れむと欲《おも》はむ。寿終《じゆじゆう》の時《とき》に臨《のぞ》んで、たとひ大衆《だいしゆ》と囲繞《ゐねう》してその人の前《まへ》に現《げん》ぜずは、正覚《しやうがく》を取《と》らじ」と。

*悲華経《ひくゑきやう》の大施品《だいせほん》に言《のたま》はく、「願《ねが》はくはわれ阿耨多羅三藐三菩提《あのくたらさんみやくさんぼだい》を成《な》り已《をは》らむに、その余《よ》の

の仮の仏身と仏土。

真身観　観経の第九観。

菩薩処胎経　七巻(大正蔵一二)。姚秦の竺仏念訳。懈慢界のことに言及。

懈慢界　阿弥陀仏の浄土のうちの化土の異称。懈慢辺地ともいい、懈怠憍慢の者が生まれる土との意味。即ち第十九・二十願の行者の生まれる世界。

疑城・胎宮　阿弥陀仏の化土の一である。第十九・二十願の疑心自力の行者の生まれる所であるから疑城といい、それは母の胎内にあるように不自由で、真実の三宝を見聞することができないから胎宮という。

◇しかるに濁世…　十九願につき要門の意味を明かす。↓補

穢悪の含識　煩悩に穢れ悪重き衆生。含識とはこころを持つ者、有情の意。

半満権実　半・満と権・実との二種の教判。即ち半字教は小乗。満字教は大乗。権教は実教に入らしめるための方便の教え。実教は真実の教えたる実大乗の教えである。

福徳蔵　小善根福徳因縁の自力諸行をもって往生することを誓う第十九願要門の法義をいう。三蔵の一。

群生海　多くの人々。

諸有海　迷いの人々。

修諸功徳の願等　第十九願の願名。

大経の願　第十九願文。

悲華経　巻三(大正蔵三)。諸菩薩本授記品の文。

無量無《むりやうむ》辺阿《へんあ》僧祇《そうぎ》の諸仏世《しよぶつせ》界《かい》の所有《しよう》の衆生《しゆじやう》、もし阿耨多羅三藐三菩提心《あのくたらさんみやくさんぼだいしん》を発《おこ》し、もろもろの善根《ぜんごん》を修《しゆ》して、わが界《かい》に生《うま》れむと欲《おも》はむ者、臨終《りんじゆう》の時《とき》、われまさに大衆《だいしゆ》と囲繞《ゐねう》して、その人の前《まへ》に現《げん》ずべし。その人、われを見《み》て、即ちわが前《まへ》にして心《こころ》に歓喜《くわんぎ》を得《え》む。われを見《み》るを以ての故にもろもろの*障閡《しやうげ》を離《はな》れて、すなはち身《み》を捨《す》ててわが界《かい》に来生《らいしやう》せしめむ」と。

已上

この願成就《ぐわんじやうじゆ》の文《もん》は、即ち三*輩の文《もん》これなり、観経《くわんぎやう》の*定散九品《ぢやうさんくほん》の文《もん》これなり。

また*大経《だいきやう》に言《のたま》はく、また無量寿仏《むりやうじゆぶつ》のその道場樹《だうぢやうじゆ》は、高《たか》さ四百万里なり、そのもと周囲《しうゐ》五十由旬《ゆじゆん》なり、枝葉《しえふ》四に布《し》きて二十万里なり。一切の衆宝《しゆほう》自然《じねん》に合成《がふじやう》せり。*月光摩尼《ぐわちくわうまに》・*持《ぢ》海輪宝《かいりんぼう》の衆宝《しゆほう》の王《わう》たるを以て、これを荘厳《しやうごん》せり。乃至　阿難、もしかの国《くに》の人天《にんでん》、この樹《き》を見《み》る者は*三法忍《さんぼふにん》を得《え》む。一つには音響忍《おんかうにん》、二つには柔順忍《にうじゆんにん》、三つには無生法忍《むしやうぼふにん》なり。これみな無量寿仏《むりやうじゆぶつ》の威神力《ゐじんりき》の故《ゆゑ》に、本願力《ほんぐわんりき》の故《ゆゑ》に、満足願《まんぞくぐわん》の故に、明了願《みやうれうぐわん》の故に、堅固願《けんごぐわん》の故に、究竟願《くきやうぐわん》の故《ゆゑ》なりと。乃至　また講堂《かうだう》・精舎《しやうじや》・宮殿《くでん》・楼観《ろうくわん》、みな七宝をもて荘厳《しやうごん》し、自《じ》然《ねん》に化成《くゑじやう》せり。また真珠《しんじゆ》・明月摩尼《みやうぐわちまに》衆宝《しゆほう》を以て、以て*交露《けうろ》とす、その上《うへ》に覆蓋《ふかい》せり。内外《ないぐゑ》左右《さう》にもろもろの浴池《よくち》あり。十由旬《ゆじゆん》、あるいは二十、三十乃至《ないし》百千由旬《ひやくせんゆじゆん》なり。縦広深浅《じゆうくわうじんせん》、おのおのみな一等なり。*八功徳水《はちくどくすい》、湛然《たんねん》として盈満《やうまん》せり、清浄香潔《しやうじやうかうけち》にして味《あぢわ》い甘露《かんろ》のごとし」と。

また言《のたま》はく、「それ*胎生《たいしやう》の者《もの》は、処《しよ》するところの宮殿《くでん》、あるいは百由旬《ひやくゆじゆん》、あるいは五百由《ゆ》旬《じゆん》なり。おのおのその中《なか》にして、もろもろの快楽《くゑらく》を受《う》くること*忉利天上《たうりてんじやう》のごとし、またみ

障閡　さわり、さまたげ。

三輩の文　大経巻下のはじめに、弥陀の浄土を願う行者について、その修行の別によって上輩・中輩・下輩の三種の別があることを説く文。

定散九品　定散二善と九品。定散二善とは、雑念をやめ心をこらして行なう観法である定善と、心の乱れたままで悪を廃し善を修する行である散善のこと。九品とは散善を修める往生人に上品上生から下品下生の九階級があること。

大経に言はく　第二十八、道場樹の願成就文等を指す。

月光摩尼　その光が月のような宝珠をいう。明月摩尼ともいう。

持海輪宝　海中にある美しい珠宝。

三法忍　忍とはものごとの道理を認識してさとり、心を安んずる意。ゆえに三法忍とは三種の法理を理解してこれを認証するという意味。音響忍・柔順忍・無生法忍の三法忍。

交露　幔幕（まんまく）。

八功徳水　八種のすぐれた特質のある水のこと。八種の特質とは、清浄・潤沢・不臭・軽・冷・輭・美・飲時調適・飲已無患の八つのこと。

胎生　第十九・二十願の疑心自力の人は阿弥陀仏の報土に往生しながら真実の三宝を見聞することが出来ない。それはあたかも母の胎内にあって不自由であることに似ているから胎生という。

な自然《じねん》なり。その時《とき》に*慈氏《じし》菩薩《ぼさつ》、仏《ぶつ》に白《まう》して言《まう》さく、「世尊《せそん》、なんの因《いん》なんの縁《えん》ありてか、かの国《くに》の人民胎生《にんみんたいしやう》*化生《くゑしやう》なる」と。仏《ぶつ》、慈氏《じし》に告《つ》げたまはく、「もし衆生《しゆじやう》ありて、疑惑《ぎわく》の心《しん》を以て、もろもろの功徳《くどく》を修《しゆ》して、かの国《くに》に生《うま》れむと願《ぐわん》ぜむ。*仏智《ぶつち》・*不思議智《ふしぎち》・*不可称智《ふかしよう》智《ち》・*大乗広智《だいじようくわうち》・*無等無倫最上勝智《むとうむりんさいじやうしようち》を了《さと》らずして、この諸智《しよち》において疑惑《ぎわく》して信《しん》ぜず。しかもなほ罪福《ざいふく》を信《しん》じて、善本《ぜんぼん》を修習《しゆしふ》して、その国《くに》に生《うま》れむと願《ぐわん》ぜむ。このもろもろの衆《しゆ》生《じやう》、かの宮殿《くでん》に生《うま》れて、寿《いのち》、五百歳《ごひやくさい》、常《つね》に仏《ぶつ》を見《み》たてまつらず、経法《きやうぼふ》を聞《き》かず、菩薩《ぼさつ》・声《しやう》聞聖衆《もんしやうじゆ》を見《み》ず。この故にかの国土《こくど》にはこれを胎生《たいしやう》と謂《い》ふ。乃至　弥勒《みろく》まさに知《し》るべし、かの化生《くゑしやう》の者《もの》は智慧《ちゑ》勝《すぐ》れたるが故に、その胎生《たいしやう》の者《もの》はみな智慧《ちゑ》なきなり」。乃至　仏《ぶつ》、弥勒《みろく》に告《つ》げたまはく、「たとへば*転輪聖王《てんりんじやうわう》のごとし。七宝の牢獄《らうごく》あり。種種《しゆじゆ》に荘厳《しやうごん》し*牀帳《しやうちやう》を張《ちやう》設《せち》し、もろもろの*繒幡《ぞうばん》を懸《か》けたらむ。もしもろもろの小王子《せうわうじ》、罪《つみ》を王《わう》に得《え》たらむ、輒《すなわ》ちかの獄《ごく》の中《うち》に内《い》れて、繫《つな》ぐに金鎖《こんさ》を以てせむ」。乃至　仏《ぶつ》、弥勒《みろく》に告《つ》げたまはく、「このもろもろの衆生《しゆじやう》、またまたかくのごとし。仏智《ぶつち》を疑惑《ぎわく》するを以ての故に、かの*胎宮《たいく》に生《うま》れむ。乃至　もしこの衆生《しゆじやう》、その本《もと》の罪《つみ》を識《し》りて、深《ふか》く自《みづか》ら悔責《くゑしやく》してかのところを離《はな》るることを求《もと》めむ。乃至　弥勒《みろく》まさに知《し》るべし、それ菩薩《ぼさつ》ありて疑惑《ぎわく》を生《しやう》ぜば大利《だいり》を失《しち》すとす」。已上

抄出

如来会《にょらいゑ》に言《のたま》はく、「仏《ぶつ》、弥勒《みろく》に告《つ》げたまはく、「もし衆生《しゆじやう》ありて、疑悔《ぎくゑ》に随《したが》ふて善根《ぜんごん》を積《しやく》集《しふ》して、仏智《ぶつち》・*普遍智《ふへんち》・*不思議智《ふしぎち》・*無等智《むとうち》・*威徳智《ゐとくち》・*広大智《くわうだいち》を希求《けぐ》せむ。自《みづか》らの善根《ぜんごん》において信《しん》を生《しやう》ずることあたはず。この因縁《いんえん》を以て、五百歳において宮殿《くでん》の中《うち》に住《ぢう》せむ。乃至

忉利天　欲界六天の第二で、須弥山の頂上にあって、帝釈天が住むという天上界。
慈氏菩薩　梵名の訳。弥勒菩薩。
化生　すべて浄土に生まれることを蓮の花の開くのにたとえて化生というが、ここでは胎生に対する化生の意で、真実信心の行者が真実の浄土に生まれることをいう。
仏智　さとりの智慧。
不思議智　人間の思いも及ばぬ智慧。
不可称智　はかりしれぬ智慧。
大乗広智　すべての者を救う智慧。
無等無倫最上勝智　ならびなく最上のすぐれた智慧。
転輪聖王　転輪王・輪王ともいう。輪宝(戦具の一種)を転ずる王の意。七宝を有し四徳を具え、正法によって須弥四洲すなわち全世界を統治すると考えられた理想的な王である。しばしば仏に比況せられる。
牀帳　寝台を覆うためのたれぎぬ。
繒幡　絹にぬいとりした幡(はた)。
胎宮　疑心自力の胎生の者の生まれる宮殿。現行の観経では「宮殿」とある。
普遍智　あまねくゆきわたる智慧。
不思議智　人間の思いもおよばぬ、はかり知られぬ智慧。
無等智　ならびなくすぐれた智慧。
威徳智　すぐれた徳をそなえた智慧。
広大智　広く一切を知りたもうた智慧。

*阿逸多《あいつた》、汝《なんぢ》、*殊勝智《しゆしようち》の者《もの》を観《くわん》ずるに、かれは広慧《くわうゑ》の力《ちから》に因《よ》るが故に、かの*導華《だうくゑ》の中《なか》に化生《くゑしやう》することを受《う》けて*結跏趺坐《けちかふざ》せむ。汝《なんぢ》、下劣《げれち》の輩《ともがら》を観《くわん》ずるに、乃至　もろもろの功徳《くどく》を修習《しゆしふ》することあたはず。かるがゆへに因《いん》なくして無量寿仏《むりやうじゆぶつ》に奉事《ぶじ》せむ。このもろもろの人らは、皆、昔《むかし》の縁《えん》、疑悔《ぎくゑ》をなして致すところなればなり」と。乃至　仏《ぶつ》、弥勒《みろく》に告《つ》げたまはく、「かくのごとし、かくのごとし、もし疑悔《ぎくゑ》に随《したが》ふて、もろもろの善根《ぜんごん》を種《う》ゑて、仏智《ぶつち》乃至《ないし》広大智《くわうだいち》を希求《けぐ》することあらむ。自《みづか》らの善根《ぜんごん》において信《しん》を生《しやう》ずることあたはず。仏《ぶつ》の名《みな》を聞《き》くに由《よ》りて信心《しんじん》を起《お》こすが故に、かの国《くに》に生《うま》れむといへども、蓮華《れんぐゑ》の中《うち》にして出現《しゆつげん》することを得《え》ず。かれらの衆生《しゆじやう》、*華胎《くゑたい》の中《うち》に処《しよ》すること、なほ*園苑宮殿《おんゑんくでん》の想《おもひ》のごとし」と。抄要

大経《だいきやう》に〔*言《のたま》はく、「もろもろの*小行《せうぎやう》の菩薩《ぼさつ》、および少功徳《せうくどく》を修習《しゆしふ》するもの称計《しようげ》すべからず。皆まさに往生《わうじやう》すべし」と。

*また言《のたま》はく、「いはんや余《よ》の菩薩《ぼさつ》、少善根《せうぜんごん》に由《よ》りて、かの国《くに》に生《しやう》ずるもの称計《しようげ》すべからず」と。已上

*光明寺《くわうみやうじ》の釈《しやく》に云《いは》く、「華《はな》に含《ふう》みていまだ出《い》でず。あるいは辺界《へんがい》に生《しやう》じ、あるいは宮胎《くたい》に堕《だ》せむ」と〕。已上

*憬興師《きやうごうし》の云《いは》く、「仏智《ぶつち》を疑《うたが》ふに由《よ》りて、かの国《くに》に生《むま》れて、辺地《へんぢ》にありといへども、聖化《しやうくゑ》の事《じ》を被《かふ》らず。もし胎生《たいしやう》せばよろしくこれを*重《おも》く捨《す》つべし」と。已上

*首楞厳院《しゆりようごんゐん》の要集《えうしふ》に*感禅師《かんぜんじ》の釈《しやく》を引《ひ》きて云《いは》く、「問《と》ふ、菩薩処胎経《ぼさつしよたいきやう》の第二に説《と》かく、「西方《さいはう》この*閻浮提《えんぶだい》を去《さ》ること十二億那由他《おくなゆた》に*懈慢界《けまんがい》あり。乃至　意《こころ》を発《おこ》せる衆生《しゆじやう》、阿弥陀仏国《あみだぶつこく》に

阿逸多　梵語の音写。無能勝と訳す。いまは弥勒菩薩の別名に用いる。
殊勝智　すぐれた智慧。
導華　さとりの華。
結跏趺坐　両足を組んで坐る坐法。
華胎　蓮華の胎内。化土に生まれた人は三宝を見聞することができず、蓮華の中に閉じこめられて、ちょうど母の胎内にあって不自由なようであるからこういう。
園苑宮殿　花園の中の宮殿。
言はく…　以下〔 〕の中は坂東本になし。西本願寺本で補う。
小行の菩薩　十信外凡の菩薩をいうが、いまは諸行を修する、行の劣った聖者をいう。
また言はく　如来会の文。
光明寺の釈　善導の観経疏定善義。
憬興師の云く　憬興の述文賛(大正蔵三七巻)。
重く　述文賛原文は「応に」となる。
首楞厳院　比叡山横川の首楞厳院にいた源信(九四二—一〇一七)。
感禅師の釈　懐感禅師(唐代の人)の釈浄土群疑論をさす。
閻浮提　→一四五頁注
懈慢界　→一八九頁注

生《うま》れむと欲《ほつ》する者、みな深《ふか》く懈慢国土《けまんこくど》に着《ぢやく》して、前進《すす》むで阿弥陀仏国《あみだぶつこく》に生《うま》るることあたはず。億千万《おくせんまん》の衆《しゆう》、時《とき》に一人《いちにん》ありて、よく阿弥陀仏国《あみだぶつこく》に生《しやう》ず」と、云云。この経《きやう》を以て准難《じゆんなん》するに、生《しやう》ずることを得《う》べしや。答《こた》ふ、*群疑論《ぐんぎろん》に善導和尚《ぜんだうくわしやう》の前《さき》の文《もん》を引《ひ》きて、この難《なん》を釈《しやく》して、また自《みづか》ら助成《じよじやう》して云《いは》く、「この経《きやう》の下《しも》の文《もん》に言《いは》く、何《なに》を以ての故に、みな懈慢《けまん》に由《よ》りて執心牢固《しふしんらうこ》ならずと。ここに知《し》んぬ、雑修《ざふしゆ》の者《もの》は執心不牢《しふしんふらう》の人《ひと》とす。かるがゆへに懈慢国《けまんごく》に生《しやう》ずなり。もし雑修《ざふしゆ》せずして、専《もは》らこの業《ごふ》を行《おこな》ふは、これ即ち執心牢固《しふしんらうこ》にして、定《さだ》んで極楽国《ごくらくこく》に生《しやう》ぜむ。乃至　また*報《ほう》の浄土《じやうど》に生《しやう》ずる者《もの》は、極《きは》めて少《すく》なし。*化《くゑ》の浄土《じやうど》の中《なか》に生《しやう》ずる者《もの》は少《すく》なからず。かるがゆへに経《きやう》の別説《べちせち》、実に相違《さうゐ》せざるなり」と。已上略抄

しかれば、それ*楞厳《りようごん》の和尚《くわしやう》の解義《げぎ》を按《あん》ずるに、念仏証拠門《ねんぶつしようこもん》の中《なか》に、第十八の願《ぐわん》は別願《べちぐわん》の中《なか》の別願《べちぐわん》なりと顕開《けんかい》したまへり。観経《くわんぎやう》の定散《ちやうさん》の諸機《しよき》は、極重悪人《ごくぢうあくにん》、唯称弥陀《ゆいしようみだ》と勧励《くわんれい》したまへるなり。濁世《ぢよくせ》の道俗《だうぞく》、よく自《みづか》ら己《おのれ》が能《のう》を思量《しりやう》せよとなり。知るべし。

*問《と》ふ、*大本《だいほん》の三心と観経《くわんぎやう》の三心と一異《いちい》いかんぞや。答《こた》ふ、*釈家《しやくけ》の意《こころ》に依《よ》りて無量寿仏観《むりやうじゆぶつくわん》経《ぎやう》を按《あん》ずれば、*顕彰隠密《けんしやうおんみち》の義《ぎ》あり。顕《けん》と言《い》ふは、即ち定散諸善《ちやうさんしよぜん》を顕《あら》はし、*三輩三心を開《ひら》く。しかるに*二善・三福は報土《ほうど》の真因《しんいん》にあらず。諸機《しよき》の三心は自利各別《じりかくべち》にして利他《りた》の一心にあらず。*如来《によらい》の異《い》の方便《はうべん》、*忻慕浄土《ごんぼじやうど》の善根《ぜんごん》なり。これはこの経《きやう》の意《こころ》なり、即ちこれ顕《けん》の義《ぎ》なり。彰《しやう》と言《い》ふは、如来《によらい》の弘願《ぐぐわん》を彰《あら》はし利他通入《りたつうにふ》の一心を演暢《えんちやう》す。達多《だつた》・闍世《じやせ》の悪逆《あくぎやく》に縁《よ》りて、*釈迦微咲《しやかみせう》の素懐《そくわい》を彰《あら》はす。*韋提別選《ゐだいべちせん》の正意《しやうい》に因《よ》りて、弥陀大悲《みだだいひ》の本願《ほんぐわん》を開闡《かいせん》す。これ乃ちこの*経《きやう》の隠彰《おんしやう》の義《ぎ》なり。

群疑論　善導の弟子懐感の撰(大正蔵四七)。七巻。
報の浄土　阿弥陀仏の報仏土。
化の浄土　仏が相手に応じてかりにあらわされた浄土。ふつう応化身の仏の浄土を意味するが、いまは報土の中を報と化の二土に分けた中の化土をいう。
楞厳の和尚　源信和尚。
◇問ふ大本の三心…　観経の隠顕を論じ、要門の実践的意義を解明す。
↓補
大本の三心　大経第十八願の三心。
釈家　善導。
顕彰隠密　顕とは表面にあらわに説かれてあること。彰は裏に見える意味、それはまた密なる意であるから彰隠密という。文の表面に見える意味と、裏にかくされたひそかな意味。
三輩三心　上輩・中輩・下輩の三種の往生人と、その人々の自力の三心。
二善・三福　定善・散善の二善と、散善の世福・戒福・行福の三福。
如来の異の方便　釈迦如来の説かれた、弘願と異なる方便の法。
忻慕浄土の善根　浄土をねがい慕わせるための善根。
釈迦微咲の素懐　釈迦如来がこの世にあらわれた出世の本懐。
韋提別選の正意　韋提希夫人がとくに弥陀の浄土を選んだ正意。
この経　観経をさす。

ここを以て経《きやう》には「教我観於清浄業処《けうがくわんおしやうじやうごふしよ》」と言《い》へり。清浄業処《しやうじやうごふしよ》と言《い》ふは、則ちこれ本願《ほんぐわん》成就《じやうじゆ》の報土《ほうど》なり。「教我思惟《けうがしゆい》」と言《い》ふは、即ち方便《はうべん》なり。「教我正受《けうがしやうじゆ》」と言《い》ふは、即ち金剛《こんがう》の真心《しんしん》なり。「諦観彼国浄業成者《たいくわんひこくじやうごふじやうじや》」と言《い》へり、本願成就《ほんぐわんじやうじゆ》の尽十方無碍光如来《じんじふはうむげくわうにょらい》を観知《くわんち》すべしとなり。「*広説衆譬《くわうぜちしゆび》」と言《い》へり、則ち十三観これなり。「汝是凡夫心想羸劣《にょぜぼんぶしんさうるいれち》」と言《い》へり、*則ちこれ悪人往生《あくにんわうじやう》の機《き》たることを彰《あら》はすなり。「諸仏如来有異方便《しよぶつにょらいういはうべん》」と言《い》へり、則ちこれ定《ぢやう》散諸善《さんしよぜん》は方便《はうべん》の教《けう》たることを顕《あら》はすなり。「以仏力故見彼国土《いぶつりきこけんぴこくど》」と言《い》へり、これ乃《すなは》ち他力《たりき》の意《こころ》を顕《あら》はすなり。「若仏滅後諸衆生等《にやくぶつめちごしよしゆじやうとう》」と言《い》へり、即*ちこれ未来《みらい》の衆生《しゆじやう》、往生《わうじやう》の正機《しやうき》たることを顕《あら》はすなり。「若有合者名為麁想《にやくうがふしやみやうゐそさう》」と言《い》へり、これ定観《ぢやうくわん》、成《じやう》じ難《がた》きことを顕《あら》はすなり。「於現身中得念仏三昧《おげんしんちうとくねんぶつさんまい》」と言《い》へり、即ちこれ定観成就《ぢやうくわんじやうじゆ》の益《やく》は、念仏三昧《ねんぶつさんまい》を獲《う》るを以て観《くわん》の益《やく》とすることを顕《あら》はす。即ち観門《くわんもん》を以て方便《はうべん》の教《けう》とせるなり。「発三種心即便往生《ほちさんじゆしんそくべんわうじやう》」と言《い》へり、また「復有三種衆生当得往生《ぶうさんじゆしゆじやうたうとくわうじやう》」と言《い》へり。これらの文《もん》に依《よ》るに、三輩について、*三種の三心あり。また*二種の往生《わうじやう》あり。

良《まこと》に知《し》んぬ、これいましこの*経《きやう》に顕彰隠密《けんしやうおんみち》の義《ぎ》あることを。*二経《にきやう》の三心まさに一異《いちい》を談《だん》ぜむとす、よく思量《しりやう》すべきなり。大経《だいきやう》・観経《くわんぎやう》、顕《けん》の義《ぎ》に依《よ》れば異《い》なり、彰《しやう》の義《ぎ》に依《よ》れば一なり。知《し》るべし。

しかれば*光明寺《くわうみやうじ》の和尚《くわしやう》の云《いは》く、「しかるに*娑婆《しやば》の化主《くゑしゆ》、その請《こひ》に因《よ》るが故に、即ち広《ひろ》く*浄土《じやうど》の要門《えうもん》を開《ひら》く。*安楽《あんらく》の能人《のうにん》は*別意《べちい》の弘願《ぐぐわん》を顕彰《けんしやう》す。それ要門《えうもん》とは即ちこの観経《くわんぎやう》の定《ちやう》散《さん》二門これなり。定《ちやう》は即ち慮《おもんぱかり》を息《や》めて以て心《こころ》を凝《こ》らす。散《さん》は即ち悪《あく》を廃《はい》して以て善《ぜん》を修《しゆ》

広説衆譬　広くもろもろの数多くの譬を説く。

則ちこれ悪人…　↓補

即ちこれ未来…　↓補

三種の三心　定の三心(自力)、散の三心(自力)、非定非散の三心(他力)の三種の三心。

二種の往生　即往生(弘願の報土化生)と便往生(要門の化土胎生)。

この経　観経をいう。

二経　大経と観経。

光明寺の和尚の云く　善導の観経疏玄義分の文。

娑婆の化主　この現実世界を教化したもう釈尊。

浄土の要門　浄土の方便権仮の法。即ち観経に顕説された法門(第十九願の立場)。

安楽の能人　安楽浄土の阿弥陀如来。

別意の弘願　第十八願をさす。

す。この二行《にぎやう》を回《ゑ》して往生《わうじやう》を求願《ぐぐわん》せよとなり。弘願《ぐぐわん》と言《い》ふは大経《だいきやう》の説《せち》のごとしといへり」。

また云《いは》く、「今《いま》この観経《くわんぎやう》は即ち*観仏三昧《くわんぶつさんまい》を以て宗《しゆう》とす、また*念仏三昧《ねんぶつさんまい》を以て宗《しゆう》とす。一心《しん》に回願《ゑぐわん》して浄土《じやうど》に往生《わうじやう》するを体《たい》とすと。教《けう》の大小《だいせう》と言《い》ふは、問《と》ふて曰《いは》く、この経《きやう》は*二蔵の中《なか》には、いづれの蔵にか摂《せふ》する、*二教の中《なか》には、いづれの教にか収《をさ》むるや。答《こた》へて曰《いは》く、今《いま》この観経《くわんぎやう》は菩薩蔵《ぼさつざう》に収《をさ》む。頓教《とんげう》の摂《せふ》なり」と。

*また云《いは》く、「また如是《によぜ》と言《い》ふは、即ちこれは法《ほふ》を指《さ》す、定散両門《ぢやうさんりやうもん》なり。これ即ち定《さだ》むる辞《ことば》なり。機《き》、行《ぎやう》ずれば必ず益《やく》す。これは如来《によらい》の所説《しよせち》の言《みこと》、*錯謬《しやくめう》なきことを明《あ》かす。かるがゆへに如是《によぜ》と名づく。また如《によ》と言《い》ふは衆生《しゆじやう》の意《こころ》のごとしとなり。心《こころ》の*所楽《しよげう》に随《したが》ふて仏《ぶつ》即ちこれを度《ど》したまふ。機教相応《きけうさうおう》せるをまた称《しよう》して是《ぜ》とす。かるがゆへに如是《によぜ》と言《い》ふ。また如《によ》是《ぜ》と言《い》ふは、如来《によらい》の所説《しよせち》を明《あ》かさむと欲す。*漸《ぜん》を説《と》くことは漸《ぜん》のごとし、*頓《とん》を説《と》くことは頓《とん》のごとし。相《さう》を説《と》くことは相《さう》のごとし、空《くう》を説《と》くことは空《くう》のごとし。*人法《にんぼふ》を説《と》くことは人法《にんぼふ》のごとし、*天法《てんぼふ》を説《と》くことは天法《てんぼふ》のごとし。*小《せう》を説《と》くことは小《せう》のごとし、*大《だい》を説《と》くことは大《だい》のごとし。凡《ぼん》を説《と》くことは凡《ぼん》のごとし、聖《しやう》を説《と》くことは聖《しやう》のごとし。因《いん》を説《と》くことは因《いん》のごとし、果《くわ》を説《と》くことは果《くわ》のごとし。苦《く》を説《と》くことは苦《く》のごとし、楽《らく》を説《と》くことは楽《らく》のごとし。遠《をん》を説《と》くことは遠《をん》のごとし、近《ごん》を説《と》くことは近《ごん》のごとし。同《どう》を説《と》くことは同《どう》のごとし、別《べち》を説《と》くことは別《べち》のごとし。浄《じやう》を説《と》くことは浄《じやう》のごとし、穢《ゑ》を説《と》くことは穢《ゑ》のごとし。一切の法《ほふ》を説《と》くことは千差万別《せんしやまんべち》なり。*如来《によらい》の観知歴歴了然《くわんちりやくりやくれうねん》として、心《こころ》に随《したが》ふて行《ぎやう》を起《お》こして、おのおの益《やく》すること同《おな》じからず。*業果法然《ごふくわほふねん》としてすべて錯失《しやくしち》なし、また称《しよう》

観仏三昧　ひたすら仏の相好を観ずること。
念仏三昧　ひたすら仏名を称えること。
二蔵　声聞蔵（小乗）と菩薩蔵（大乗）。
二教　漸教と頓教。漸教とは漸次に修行して長時間ののちに仏果を得ることを説く教え。頓教とはただちにさとりを得ることを説く真実の教え。
また云く…　善導の観経疏序分義の文。
錯謬　間違い。
所楽　願い。
漸　漸教。
頓　頓教。
人法　人間界に生まれることを説く道徳教。
天法　天上界に生まれることを説く道徳教。
小　自己の解脱を求める小乗の教え。
大　自利・利他の二行を修める大乗の教え。
如来の観知歴歴了然　如来がすべての法を見られる智慧は明らかである。
業果法然としてすべて錯失なし　業因と果報とが自然の道理としてすべてあやまりがない。

して是《ぜ》とす。かるがゆへに如是《によぜ》と言《い》ふ」。
　また云《いは》く、「「欲生彼国者《よくしやうひこくしや》」より、下《しも》「名為浄業《みやうゐじやうごふ》」に至《いた》るまでこのかたは、正《まさ》しく*三福の行《ぎやう》を勧修《くわんしゆ》することを明《あ》かす。これは一切衆生《しゆじやう》の機《き》に二種あることを明《あ》かす。一つには定《ぢやう》、二つには散《さん》なり。もし定行《ぢやうぎやう》によれば、即ち生《しやう》を摂《せふ》するに尽《つ》きず。これを以て如来方便《によらいはうべん》して三福を顕開《けんかい》して、以て散動《さんどう》の根機《こんき》に応《おう》じたまへり」と。
　*また云《いは》く、「また真実《しんじち》に二種あり。一つには*自利真実《じりしんじち》、二つには*利他真実《りたしんじち》なり。自利真実《じりしんじち》と言《い》ふはまた二種あり。一つには、真実心《しんじちしん》の中《うち》に自他《じた》の諸悪《しよあく》および穢国等《ゑこくとう》を制作《せいさ》して、行住坐臥《ぎやうぢうざぐわ》に、一切菩薩《ぼさつ》の諸悪《しよあく》を制捨《せいしや》するに同《おな》じく、われもまたかくのごとくせむと想《おも》ふなり。二つには、真実心《しんじちしん》の中《うち》に自他凡聖等《じたぼんしやうとう》の善《ぜん》を懃修《ごんしゆ》す。真実心《しんじちしん》の中《うち》の口業《くごふ》に、かの阿弥陀《あみだ》仏《ぶつ》および*依正二《えしやうに》報《ほう》を讃嘆《さんだん》す。また真実心《しんじちしん》の中《うち》の口業《くごふ》に、*三界・*六道等《とう》の自他《じた》依正《えしやう》の二報の苦悪《くあく》の事《こと》を毀厭《くゐえん》す。また一切衆生《しゆじやう》の三業所為《さんごふしよゐ》の善《ぜん》を讃嘆《さんだん》す。もし善業《ぜんごふ》にあらずは、敬《つつし》むでこれを遠《とほ》ざかれ、また随喜《ずいき》せざれとなり。また真実心《しんじちしん》の中《うち》の身業《しんごふ》に合掌《がふしやう》し礼敬《らいきやう》し、*四事等《しじとう》をもてかの阿弥陀仏《あみだぶつ》および依正《えしやう》二報を供養《くやう》す。また真実心《しんじちしん》の中《うち》の身業《しんごふ》に、この生死《しやうじ》三界等《とう》の自他《じた》の依正《えしやう》二報を軽慢《きやうまん》し厭捨《えんしや》す。また真実心《しんじちしん》の中《うち》の意業《いごふ》に、かの阿弥陀仏《あみだぶつ》および依正《えしやう》二報《ほう》を思想《しさう》し観察《くわんざち》し憶念《おくねん》して、目《め》の前《まへ》に現《げん》ぜるがごとくす。また真実心《しんじちしん》の中《うち》の意業《いごふ》に、この生死《しやうじ》三界等《とう》の自他《じた》の依正《えしやう》二報を軽賤《きやうせん》し厭捨《えんしや》すと。乃至
　また決定《くゑちぢやう》して釈迦仏《しやかぶつ》、この観経《くわんぎやう》に三福・九品・定散《ぢやうさん》二善を説《と》きて、かの仏《ぶつ》の依正《えしやう》二報を証讃《しようさん》して人をして忻慕《ごんぼ》せしむと深信《じんしん》すと。乃至　また深心《じんしん》の深信《じんしん》とは、決定《くゑちぢやう》して自心《じしん》を建《こん》

三福　観経に定善とともに説かれた散善の行を世福・戒福・行福の三種に分類したもの。

また云く…　善導の観経疏散善義の文。

自利真実　自力の真実。

利他真実　他力の真実。

依正二報　依報と正報との二種の果報。各自の業力によって招感した果報のうち、その主となる自らの身体を正報といい、それによって依用される国土や器物を依報という。ここでは仏・菩薩などと浄土をいう。

三界　欲界・色界・無色界。この迷いの世界のこと。

六道　地獄・餓鬼・畜生・修羅・人間・天上。

四事　衣服・飲食・臥具・湯薬。

往生経　浄土の三部経(大経・観経・小経)をさす。

観経　観無量寿経のこと。一巻。劉宋の畺良耶舎訳。浄土三部経の一。わが子阿闍世のために王舎城内の奥深く幽閉された韋提希夫人の請によ

立《りふ》して、教《けう》に順《じゆん》じて修行《しゆぎやう》し、永《なが》く疑錯《ぎしやく》を除《のぞ》きて、一切の別解《べちげ》・別行《べちぎやう》・異学《いがく》・異見《いけん》・異執《いしふ》のためにに退失傾動《たいしちくゐやうどう》せられざるなりと。乃至 次《つぎ》に行《ぎやう》について信《しん》を立《た》てば、しかるに行《ぎやう》に二種あり。一つには正行《しやうぎやう》、二つには雑行《ざふぎやう》なり。「正行《しやうぎやう》と言《い》ふは、専《もは》ら*往生経《わうじやうきやう》の行《ぎやう》に依りて行《ぎやう》ずるものは、これを正行《しやうぎやう》と名づく。何者《なにもの》かこれや、一心に専《もは》らこの*観経《くわんぎやう》・*弥陀経《みだきやう》・*無量寿《むりやうじゆ》経等《きやうとう》を読誦《どくじゆ》する。一心にかの国《くに》の二報荘厳《しやうごん》を専注《せんちう》し思想《しさう》し観察《くわんざち》し憶念《おくねん》する。もし礼《らい》せば即ち一心に専《もは》らかの仏《ぶつ》を礼《らい》する。もし口《くち》に称《しよう》せば即ち一心に専《もは》らかの仏《ぶつ》を称《しよう》せよ。もし讃《さん》嘆供養《だんくやう》せば即ち一心に専《もは》ら讃嘆供養《さんだんくやう》する。これを名《な》づけて正《しやう》とすと。」またこの正《しやう》の中《なか》について、また二種あり。一つには、一心に弥陀《みだ》の名号《みやうがう》を専念《せんねん》して、「行住坐臥《ぎやうぢうざぐわ》に時節《じせち》の久近《くごん》を問《と》はず、念念《ねんねん》に捨《す》てざる者はこれを*正定《しやうぢやう》の業《ごふ》と名づく。かの仏願《ぶつぐわん》に順《じゆん》ずるが故に。もし礼誦等《らいじゆとう》によるを、即ち名づけて*助業《じよごふ》とす。この正助《しやうじよ》二行を除《のぞ》きて已外《いくゑ》の自余《じよ》の諸善《しよぜん》は、ことごとく雑行《ざふぎやう》と名《な》づく。もし前《さき》の正助《しやうじよ》二行を修《しゆ》するは、心《こころ》つねに親近《しんごん》し、憶念《おくねん》、断《た》へず、名づけて無間《むけん》とす。もし後《のち》の雑行《ざふぎやう》を行《ぎやう》ずるは、即ち心《こころ》つねに間断《けんだん》す。」回向《ゑかう》して生《うま》ることを得《う》べしといへども、すべて疎雑《そざふ》の行《ぎやう》と名《な》づくるなり。かるがゆへに深心《じんしん》と名づくと。

「三つには回向発願心《ゑかうほちぐわんしん》」。回向発願心《ゑかうほちぐわんしん》と言《い》ふは、過去《くわこ》および今生《こんじやう》の*身口《しんく》意業《いごふ》に修《しゆ》するところの世《せ》・出世《しゆつせ》の善根《ぜんごん》および他《た》の一切の凡聖《ぼんしやう》の身口《しんく》意業《いごふ》に修《しゆ》するところの世《せ》・出世《しゆつせ》の善根《ぜんごん》を随喜《ずいき》して、この自他《じた》所修《しよしゆ》の善根《ぜんごん》を以て、ことごとくみな真実《しんじち》の深信《じんしん》の心《しん》の中《うち》に回向《ゑかう》して、かの国《くに》に生《うま》れむと願《ぐわん》ず。かるがゆへに回向発願心《ゑかうほちぐわんしん》と名づくるなり」と。

*また云《いは》く、「定善《ちやうぜん》は観《くわん》を示《しめ》す縁《えん》なり」と。

って、釈尊が霊鷲山での説法を中止し、獄中に降臨して説法されたもの。十六観にわたって定善・散善および念仏の往生法を示され、経末に至って南無阿弥陀仏の名号のたもつことを述べて、後世にこれを伝持せよと付属されている。

弥陀経　阿弥陀経のこと。姚秦の弘始四(四〇二)年、鳩摩羅什訳。小経ともいう。浄土三部経の一。内容は、始めに極楽浄土の美しい荘厳相とそこに住する阿弥陀仏の名義、および声聞・菩薩たちについて述べ、次にその極楽に生ずる因は、自力の少善根・少福徳でなく、他力念仏にあることを述べ、終わりに六方の諸仏がこの念仏往生の法を証誠されることが説かれている。

無量寿経　大無量寿経のこと。二巻。曹魏の康僧鎧の訳。浄土三部経の一。法蔵菩薩が一切衆生を救おうとして四十八願を立て、これを成就して阿弥陀仏となりたもうたこと、またこの願力に乗じて往生する衆生の因果、および釈尊の勧誡が述べられている。

正定の業　まさしく往生の決定する業との意で、他力の称名念仏をいう。

助業　正定業を助ける行で、五正行のうち前三後一(読誦・観察・礼拝・讃嘆供養)の行を助業という。

身口意業　身業・口業・意業の三業。

また云く定善は…　善導の序分義の文。

*また云《いは》く、「散善《さんぜん》は行《ぎやう》を顕《あら》はす縁《えん》なり」と。
*また云《いは》く、「浄土《じやうど》の要逢《えうあ》ひ難《がた》し」と。文抄出
*また云《いは》く、「観経《くわんぎやう》の説《せち》のごとし。まづ三心を具《ぐ》して必《かなら》ず往生《わうじやう》を得《う》。なんらおか三つとする。一つには至誠心《しじやうしん》。いはゆる*身業《しんごふ》にかの仏《ぶつ》を礼拝《らいはい》す、*口業《くごふ》にかの仏《ぶつ》を讃嘆《さんだん》し称揚《しようやう》す、*意《い》業《ごふ》にかの仏《ぶつ》を専念《せんねん》し観察《くわんざち》す。おほよそ*三業《さんごふ》を起《お》こすに、必《かなら》ず真実《しんじち》を須《もち》ゐるが故に至誠心《しじやうしん》と名《な》づくと。乃至　三つには回向発願心《ゑかうほちぐわんしん》。所作《しよさ》の一切の善根《ぜんごん》、ことごとくみな回《ゑ》して往生《わうじやう》を願《ぐわん》ず、かるがゆへに回向発願心《ゑかうほちぐわんしん》と名づく。この三心を具《ぐ》して必《かなら》ず生《うま》るることを得《う》るなり。もし一心かけぬれば即ち生《うま》るることを得《え》ず。観経《くわんぎやう》につぶさに説《と》くがごとし。知《し》るべしと。

乃至

また菩薩《ぼさつ》はすでに生死《しやうじ》を免《まぬか》れて、所作《しよさ》の善法《ぜんぼふ》回《ゑ》して仏果《ぶつくわ》を求《もと》む、即ちこれ自利《じり》なり。衆生《しゆじやう》を教化《けうくゑ》して未来際《みらいさい》を尽《つ》くす、即ちこれ利他《りた》なり。しかるに今《いま》の時《とき》の衆生《しゆじやう》、ことごとく煩悩《ぼんなう》のために繋縛《けばく》せられて、いまだ悪道生死等《あくだうしやうじとう》の苦《く》を免《まぬか》れず。縁《えん》に随《したが》ふて行《ぎやう》を起《お》こして、一切の善根《ぜんごん》つぶさに速《すみや》かに回《ゑ》して、阿弥陀仏国《あみだぶつこく》に往生《わうじやう》せむと願《ぐわん》ぜむ。かの国《くに》に致《いた》り已《をは》りて、さらに畏《おそ》るるところなけむ。上《かみ》のごときの*四修《ししゆ》、自然任運《じねんにんうん》にして、自利利他具足《じりりたぐそく》せざることなしと、知《し》るべし」と。

また云《いは》く、「もし*専《せん》を捨《す》てて*雑業《ざふごふ》を修《しゆ》せむと欲する者《もの》は、百《ひやく》は時《とき》に希《まれ》に一二を得《う》、千はときに希《まれ》に五三を得《う》。何を以ての故に、いまし*雑縁乱動《ざふえんらんどう》す。正念《しやうねん》を失《しち》するに由《よ》るが故に、仏《ぶつ》の本願《ほんぐわん》と相応《さうおう》せざるが故に、教《けう》と相違《さうゐ》せるが故に、仏語《ぶつご》に順《じゆん》ぜざるが故に、*係念相続《けねんさうぞく》せ

また云く散善は…　善導の観経疏序分義の文。

また云く浄土の…　善導の観経疏散善義の文。

また云く観経の…　善導の往生礼讃の文。

身業　からだのはたらきのすべてをいう。

口業　語業ともいう。口でつくる業。即ち善・悪種々の言葉をいう。

意業　思業ともいう。心のはたらき。

三業　身・口・意の三業。

四修　仏道修行の相貌に四種を分けたもの。㈠恭敬修(仏や一切の聖者を恭敬礼拝すること)、㈡無余修(余業を雑じえないこと)、㈢無間修(絶えまなく修すること)、㈣長時修(長時に修すること)。

専を捨てて　念仏を専修することを捨てて。

雑業　専修念仏以外のあらゆる行為。

雑縁　修道をさまたげるいろいろなさわり。

係念　浄土におもいをかけること。

ざるが故に、*憶想間断《おくさうけんだん》するが故に、回願慇重真実《ゑぐわんいんぢうしんじち》ならざるが故に、貪瞋諸見《とんじんしよけん》の煩悩《ぼんなう》きたり間断《けんだん》するが故に、*慚愧《ざんぐゐ》*懺悔《さんぐゑ》の心《こころ》あることなきが故に。懺悔《さんぐゑ》に三品《さんぼん》あり。乃至

上《じやう》・中《ちう》・下《げ》なり。上品《じやうぼん》の懺悔《さんぐゑ》とは、身《み》の毛孔《もうく》の中《うち》より血《ち》を流《なが》し、眼《まなこ》の中《うち》より血出《ちい》だすおば上品《じやうぼん》の懺悔《さんぐゑ》と名《な》づく。中品《ちうぼん》の懺悔《さんぐゑ》とは、遍身《へんしん》に熱《あつ》きあせ毛孔《もうく》より出《い》づ、眼《まなこ》の中《うち》より血《ち》の流《なが》るるをば中品《ちうぼん》の懺悔《さんぐゑ》と名《な》づく。下品《げほん》の懺悔《さんぐゑ》とは、遍身徹《へんしんとほ》り熱《あつ》く、眼《まなこ》の中《うち》より涙出《なみだい》づるおば下品《げほん》の懺悔《さんぐゑ》と名《な》づく。これらの三品、差別《しやべち》ありといへども、これ久《ひさ》しく*解脱分《げだちぶん》の善根《ぜんごん》を種《う》ゑたる人《ひと》なり。今生《こんじやう》に法《ほふ》を敬《うやま》ひ、人《ひと》を重《おも》くし、身命《しんみやう》を惜《お》しまず、乃至小罪《ないしせうざい》も、もし懺《さん》すれば、即ちよく心髄《しんずい》に徹《とほ》りて、よくかくのごとく懺《さん》すれば、久近《くごん》を問《と》はず、所有《しよう》の重障《ぢうしやう》みな頓《たちまち》に滅尽《めちじん》せしむることを致す。もしかくのごとくせざれば、たとひ日夜《にちや》十二時、急《きふ》に走《もと》むれども、終《つひ》にこれ益《やく》なし。差《たが》ふて作《な》さざる者《もの》は知《し》んぬべしと。流涙《るるい》・流血等《るくゑちとう》にあたはずといへども、ただよく*真心徹到《しんしんてちたう》するものは、即ち上《かみ》と同《おな》じ」と。已上

*また云《いは》く、「すべて余《よ》の雑業《ざふごふ》の行者《ぎやうじや》を照摂《せうせふ》すと論《ろん》ぜず」と。

*また云《いは》く、「如来五濁《によらいごぢよく》に出現《しゆつげん》して、よろしきに随《したが》ふて方便《はうべん》して*群萌《ぐんまう》を化《くゑ》したまふ。あるいは多聞《たもん》にして*得度《とくど》すと説《と》き、あるいは少《すこ》しき解《さと》りて*三明《さんみやう》を証《しよう》すと説《と》く。あるいは*福慧《ふくゑ》ならべて障《さはり》を除《のぞ》くと教《をし》へ、あるいは*禅念《ぜんねん》して坐《ざ》して思量《しりやう》せよと教《をし》ふ。種種《しゆじゆ》の法門《ほふもん》みな解脱《げだち》す」と。

*また云《いは》く、「万劫《まんごふ》、功《くう》を修《しゆ》せむこと実《まこと》に続《つづ》き難《がた》し。一時に煩悩百《ぼんなうもも》たび千《ち》たび間《まじ》わる。もし娑婆《しやば》にして*法忍《ほふにん》を証《しよう》せむことを待《ま》たば、六道《ろくだう》にして恒沙《ごうじや》の劫《こふ》にもいまだ期《ご》あらじ。門門《もんもん》

憶想　如来をおもう心。

慚愧　自ら恥じ、他に対しても恥じる。

懺悔　つみとがを悔いてゆるしをこう。

解脱分　順解脱分のこと。即ち解脱を願って有漏の善を修める段階をいう。

真心徹到　信心が奥深く貫きとどくこと。

また云くすべて…　善導の観念法門の文。

また云く如来…　善導の法事讃の文。

群萌　生きとし生けるもの。衆生。

得度　迷いの此岸からさとりの彼岸にわたることを得る。

三明　仏の持つ三種の智明。愚痴の闇を破るから三明という。㈠宿住智証明、㈡死生智証明、㈢漏尽智証明の三明。

福慧　菩薩が仏になるために積む布施・持戒等の福徳と、さとりをひらくための般若の智慧。

禅念　坐禅と観念。

また云く万劫…　善導の般舟讃の文。

法忍　無生法忍のこと。不生・不滅の法性の道理を忍知して決定安住すること。

三悪　三悪趣・三悪道のこと。地獄・餓鬼・畜生の三つの境界。

不同《ふどう》なるを漸教《ぜんげう》と名《な》づく。万劫苦行《まんごふくぎやう》して無生《むしやう》を証《しよう》す。畢命《ひちみやう》を期《ご》として専《もは》ら念仏《ねんぶつ》すべし。須《しゆ》臾《ゆ》に命《いのち》断《た》ふれば、仏《ほとけ》迎《むか》へ将《ゐ》てまします。一食《いちじき》の時《とき》なほ間《ひま》あり。いかんが万劫《まんごふ》、貪瞋《とんじん》せざらむ。貪瞋《とんじん》は人天《にんでん》を受《う》くる路《みち》を障《さ》ふ。*三悪《さんあく》・*四《し》趣《しゆ》の内《うち》に身《み》を安《やす》んず」と。抄要

また云《いは》く、「定散《ぢやうさん》ともに回《ゑ》して宝国《ほうこく》に入《い》れ、即ちこれ如来《によらい》の異《い》の方便《はうべん》なり。*韋提《ゐだい》は即ちこれ女人《によにん》の相《さう》、貪瞋具足《とんじんぐそく》の凡夫《ぼんぶ》の位《くらゐ》なり」と。已上

論《ろん》の註《ちう》に曰《いは》く、「二種の功徳相《くどくさう》あり。一つには*有漏《うろ》の心《しん》より生《しやう》じて*法性《ほふしやう》に順《じゆん》ぜず。いはゆる凡夫人天《ぼんぶにんでん》の諸善《しよぜん》、人天《にんでん》の果報《くわほう》、もしは因《いん》、もしは果《くわ》、皆《みな》これ*顚倒《てんだう》す、皆《みな》これ*虚偽《こぐゐ》なり。かるがゆへに不実《ふじち》の功徳《くどく》と名《な》づく」と。已上

*安楽集《あんらくしふ》に云《いは》く、「*大集経《だいしふきやう》の月蔵分《ぐわちざうぶん》を引《ひ》きて言《い》はく、「わが末法《まちほふ》の時《とき》の中《なか》に、億億《おくおく》の衆生《しゆじやう》、行《ぎやう》を起《お》こし道《だう》を修《しゆ》せむに、いまだ一人《いちにん》も得《う》る者《もの》あらじ」と。当今《たうこん》は末法《まちほふ》なり、この*五濁悪《ごぢよくあく》世《せ》にはただ浄土《じやうど》の一門ありて通入《つうにふ》すべき路《みち》なり」と。

また云《いは》く、「いまだ一万劫《いちまんごふ》を満《み》たざるこのかたは、恒《つね》にいまだ*火宅《くわたく》を勉《まぬか》れず、顚倒墜堕《てんだうついだ》するが故に。おのおの用功《いうくう》は至《いた》りて重《おも》く、獲《う》る報《ほう》は偽《ぐゐ》なり」と。已上

しかるに、いま*大本《だいほん》に拠《よ》るに真実方便《しんじちはうべん》の願《ぐわん》を超発《てうほち》す。また観経《くわんぎやう》には方便真実《はうべんしんじち》の教《けう》を顕彰《けんしやう》す。*小本《せうほん》には、ただ*真門《しんもん》をひらきて方便《はうべん》の善《ぜん》なし。ここを以て三経《さんぎやう》の真実《しんじち》は*選択本願《せんぢやくほんぐわん》を宗《しゆう》とするなり。また三経の方便《はうべん》は、即ちこれもろもろの善根《ぜんごん》を修《しゆ》するを要《えう》とするなり。

これに依りて方便《はうべん》の願《ぐわん》を按《あん》ずるに、仮《け》あり真《しん》あり、また行《ぎやう》あり信《しん》あり。願《ぐわん》とは即ちこれ*臨終現前《りんじゆうげんぜん》の願《ぐわん》なり。行《ぎやう》とは即ちこれ*修諸功徳《しゆしよくどく》の善《ぜん》なり。信《しん》とは即ちこれ*至心発願欲生《ししんほちぐわんよくしやう》

四趣　四悪趣のこと。地獄・餓鬼・畜生の三悪趣(道)に修羅を加える。

韋提　梵名の音写。韋提希夫人。↓一〇頁注

有漏の心　煩悩をおびている心。↓三四頁注

法性　一切諸法の体性である真如。

顚倒　真理にたがうこと。

虚偽　いつわり。

安楽集　道綽禅師の著。二巻。十二大門に分けて往生安楽の道を示す。七祖聖教の一。

大集経　大方等大集経(大正蔵一三)。

五濁　劫濁・見濁・煩悩濁・衆生濁・命濁。

火宅　われわれの住むこの迷いの世界を火のついた家にたとえる。

大本　大無量寿経。

小本　阿弥陀経。

真門　名号の真実を明かして弘願に導くてだてとする法門。阿弥陀経に顕説される第二十願の立場を指す。自力の念仏をいう。

選択本願　第十八願のこと。

臨終現前の願　第十九願の願名。

修諸功徳の善　乱れた心をおさえて一心に真理をみきわめたり、悪をやめて善を修するなど、あらゆる善根功徳を修める善。

至心発願欲生の心　第十九願の心。まごころをいたして、浄土に生まれたいと欲う心。

要門　第十九願を開説した観経。

の心《しん》なり。この願《ぐわん》の行信《ぎやうしん》に依りて浄土《じやうど》の*要門《えうもん》、方便権仮《はうべんごんけ》を顕開《けんかい》す。この要門《えうもん》より*正《しやう》・助《じよ》・雑《ざふ》の三行を出《い》だせり。この正助《しやうじよ》のなかについて、専修《せんじゆ》あり雑修《ざふしゆ》あり。機《き》について二種あり。一つには*定機《ぢやうき》、二つには*散機《さんき》なり。また二種の三心あり。また二種の往生《わうじやう》あり。二種の三心とは、一つには*定《ぢやう》の三心、二つには*散《さん》の三心なり。定散《ぢやうさん》の心《しん》は即ち自利《じり》各別《かくべち》の心《しん》なり。二種の往生《わうじやう》とは、一つには即往生《そくわうじやう》、二つには便往生《べんわうじやう》なり。便往生《べんわうじやう》とは即ちこれ*胎生《たいしやう》・*辺地《へんち》、*雙樹林下《さうじゆりんげ》の往生《わうじやう》なり。即往生《そくわうじやう》とは即ちこれ*報土《ほうど》化生《くゑしやう》なり。また*この経《きやう》に真実《しんじち》あり、これ乃ち金剛《こんがう》の真心《しんしん》を開《ひら》きて、摂取不捨《せふしゆふしや》を顕《あら》はさむと欲す。しかれば濁世能化《ぢよくせのうくゑ》の*釈迦《しやか》善逝《ぜんぜい》、至《し》心信楽《しんしんげう》の願心《ぐわんしん》を宣説《せんぜち》したまふ。報土《ほうど》の真因《しんいん》は信楽《しんげう》を正《しやう》とするが故《ゆへ》なり。ここを以て大経《だいきやう》には「信楽《しんげう》」と言《のたま》へり、如来《にょらい》の誓願《せいぐわん》*疑蓋《ぎかい》雑《まじ》はることなきが故に信《しん》と言《のたま》へるなり。観経《くわんぎやう》には「深心《じんしん》」と説《と》けり、諸機《しよき》の浅信《せんしん》に対《たい》せるが故に深《じん》と言《のたま》へるなり。小本《せうほん》には「一心」と言《のたま》へり、二行、雑《まじ》はることなきが故に一と言《のたま》へるなり。また一心について深《じん》あり浅《せん》あり。深《じん》とは利他《りた》真実《しんじち》の心《しん》これなり、浅《せん》とは定散自利《ぢやうさんじり》の心《しん》これなり。

*宗師《しゆうし》の意《こころ》に依《よ》るに、「心《こころ》に依《よ》りて勝行《しようぎやう》を起《お》こせり、門《もん》八万四千に余《あま》れり。漸頓《ぜんとん》則ちおのおの所宜《しよぎ》に称《かな》ひて、縁《えん》に随《したが》ふもの則ちみな解脱《げだち》を蒙《かぶ》れり」と云《い》へり。しかるに常没《じやうもち》の凡愚《ぼんぐ》、定心修《ぢやうしんしゆ》し難《がた》し、*息慮凝心《そくりよぐよしん》の故に。散心行《さんしんぎやう》じ難《がた》し、*廃悪修善《はいあくしゆぜん》の故に。ここを以て*立相住心《りふさうぢうしん》なを成《じやう》じ難《がた》きが故に、「*たとい千年《せんねん》の寿《じゆ》を尽《つ》くすとも*法眼《はふげん》いまだかつて開《ひら》けず」と言《い》へり。いかにいはんや*無相《むさう》離《り》念誠《ねんまこと》に獲《え》難《がた》し。かるがゆへに、「*如来《にょらい》はるかに末代罪濁《まちだいざいぢよく》の凡夫《ぼんぶ》を知《し》ろしめす。立相住心《りふさうぢうしん》なを得《う》ることあたはずと。いかにいはんや、相《さう》を離《はな》れて事《じ》を求《もと》むるは、

正・助・雑の三行　五正行の中の正定業(称名)と、それを助ける助業(前三後二)と、および五正行以外のすべての善行。
定機　定善の機。雑念をやめ心をこらして観法を行なう者。
散機　散善の機。心のみだれたままで悪を廃し善を修する行をする者。
定の三心　定善にともなう三心。
散の三心　散善にともなう三心。
胎生　第十九・二十願の疑心自力の人は阿弥陀仏の報土に往生しながら真実の三宝を見聞することが出来ない。それを胎生という。
辺地　極楽浄土のかたほとり。
雙樹林下往生　→一八八頁注
報土化生　真実報土の生。
この経に真実　観経の真実弘願。
釈迦善逝　釈尊の善き勧め。
疑蓋　うたがい。
宗師の意　善導の観経疏玄義分。
息慮凝心　思いをとどめて心を専ら一つところに注ぐこと。定善のこと。
廃悪修善　悪をやめて善根を修めること。散善のこと。
立相住心　浄土の事相を観じて心をそれに専注する観法。
たとい千年…　善導の観経疏定善義。
法眼　まことを見る智慧のまなこ。
無相離念　仏国土などの事相を観ぜず、実相の真如そのものを観ずること。
如来はるかに…　観経疏定善義の文。

*術通《じゆちつう》なき人《ひと》の空《くう》に居《ゐ》て舎《や》を立《た》てんがごときなり」と言《い》へり。「*門余《もんよ》」と言《い》ふは、門《もん》は即ち八万四千の仮門《けもん》なり、余《よ》は則ち本願一乗海《はんぐわんいちじようかい》なり。

おほよそ一代の教《けう》について、この界《かい》の中《うち》にして入聖得果《にふしやうとくくわ》するを聖道門《しやうだうもん》と名《な》づく、難行《なんぎやう》道《だう》と云《い》へり。この門《もん》の中《なか》について、*大《だい》・小《せう》、*漸《ぜん》・頓《とん》、一乗《いちじよう》・二乗《にじよう》・三乗《さんじよう》、*権《ごん》・実《じち》、*顕《けん》・密《みち》、*竪出《じゆしゆつ》・*竪超《じゆてう》あり。則ちこれ自力利他教化地《じりきたけうくゑぢ》、方便権門《はうべんごんもん》の道路《だうろ》なり。*安養浄刹《あんやうじやうせち》にして*入聖《にふしやう》証果《しようくわ》するを浄土門《じやうどもん》と名《な》づく、易行道《いぎやうだう》と云《い》へり。この門《もん》の中《なか》について、*横出《わうしゆつ》・*横超《わうてう》、*仮《け》・真《しん》、*漸《ぜん》・頓《とん》、助正《じよしやう》・*雑行《ざふぎやう》・*雑修《ざふしゆ》・*専修《せんじゆ》あるなり。正《しやう》とは五種の正行《しやうぎやう》なり。助《じよ》とは名号《みやうがう》を除《のぞ》きて已外《いぐゑ》の五種これなり。雑行《ざふぎやう》とは、正助《しやうじよ》を除《のぞ》きて已外《いぐゑ》をことごとく雑行《ざふぎやう》と名《な》づく。これ乃ち横出漸教《わうしゆつぜんげう》、定散《ぢやうさん》・三福、三輩・九品、自力仮門《じりきけもん》なり。横超《わうてう》とは、本願《ほんぐわん》を憶念《おくねん》して自力《じりき》の心《しん》を離《はな》るる、これを横超他力《わうてうたりき》と名《な》づくるなり。これ即ち専《せん》の中《なか》の専《せん》、頓《とん》の中《なか》の頓《とん》、真《しん》の中《なか》の真《しん》、乗《じよう》の中《なか》の一乗《いちじよう》なり。これ乃ち真宗《しんしゆう》なり。すでに真実行《しんじちぎやう》の中《なか》に顕《あら》はし畢《をは》んぬ。

それ雑行《ざふぎやう》・雑修《ざふしゆ》その言《ことば》一つにしてその意《こころ》これ異《こと》なり。雑《ざふ》の言《ごん》において万行《まんぎやう》を摂入《せふにふ》す。五《ご》正行《しやうぎやう》に対《たい》して五種の雑行《ざふぎやう》あり。雑《ざふ》の言《ごん》は*人天《にんでん》・菩《ぼ》薩等《さつとう》の解行《げぎやう》、雑《ざふ》せるが故に雑《ざふ》と曰《い》へり。もとより往生《わうじやう》の因種《いんしゆ》にあらず、*廻《ゑ》心回向《しんゑかう》の善《ぜん》なり。かるがゆへに浄土《じやうど》の雑行《ざふぎやう》と曰《い》ふなり。また雑行《ざふぎやう》について、専行《せんぎやう》あり専心《せんしん》あり、また雑行《ざふぎやう》あり雑心《ざふしん》あり。専行《せんぎやう》とは専《もは》ら一善を修《しゆ》す、かるがゆへに専行《せんぎやう》と曰《い》ふ。専心《せんしん》とは回《ゑ》向《かう》を専《もは》らにするが故に専心《せんしん》と曰《い》へり。雑行雑心《ざふぎやうざふしん》とは、諸善兼行《しよぜんけんぎやう》するが故に雑行《ざふぎやう》と曰《い》ふ、定散心雑《ぢやうさんしんざふ》するが故に雑心《ざふしん》と曰《い》ふなり。また正助《しやうじよ》について専修《せんじゆ》あり雑修《ざふしゆ》あり。雑修《ざふしゆ》について専心《せんしん》あり雑心《ざふしん》あり。専修《せんじゆ》について二種あり。一つにはた

術通　神通力。
門余　善導の観経疏玄義分の文。
大・小　大乗と小乗。
漸・頓　漸教と頓教。
権・実　権教と実教。権教とは大乗の真実教に入らしめるために仏が方便して説かれた教え。実教とは大乗の真実教のこと。
顕・密　顕教と密教。顕教とは衆生の機根に応じて顕わに説かれた教え。密教とは秘密に説かれまたその内容が深くて表面から測り知れない教え。
竪出　自力で長時に修行して漸次にさとりを開こうとする法相宗・三論宗などの教えをいう。
竪超　自力で即身成仏・一念頓悟する聖道門の華・天・密・禅等の大乗教。
安養浄刹　安楽浄土。
入聖証果　仏のさとりを得ること。
横出　他力によりながらも、なお自力を用いて化土に往生する第十九・二十願の要門真門の法。
横超　名号を聞信する一念に他力で往生即成仏の身に定まる十八願の法。
仮・真　権仮と真実。
漸・頓　漸教と頓教。
雑行　阿弥陀仏と浄土を対象としない一切の行を、阿弥陀仏の浄土に往生するために回向する場合に、それらの行業を雑行という。
雑修　助業と正業とをまじえ修する。
専修　五正行のうち専ら一行を修す

だ仏名《ぶつみやう》を称《しよう》す、二つには五専《こせん》あり。この行業《ぎやうごふ》について専心《せんしん》あり雑心《ざふしん》あり。五専とは、一つには*専礼《せんらい》、二つには*専読《せんどく》、三つには*専観《せんくわん》、四つには*専名《せんみやう》、五つには*専讃嘆《せんさんだん》なり。これを五つの専修《せんじゆ》と名《な》づく。専修《せんじゆ》その言《ことば》一つにして、その意《こころ》これ異《こと》なり。即ちこれ定専修《ぢやうせんじゆ》なり、また散専修《さんせんじゆ》なり。専心《せんしん》とは五正行《ごしやうぎやう》を専《もは》らして二心なきが故に専心《せんしん》と曰《い》ふ。即ちこれ定専心《ぢやうせんしん》なり。またこれ散専心《さんせんしん》なり。雑修《ざふしゆ》とは*助正兼行《じよしやうけんぎやう》するが故に雑修《ざふしゆ》と曰《い》ふ。雑心《ざふしん》とは定散《ぢやうさん》の心《しん》、雑《ざふ》するが故に雑心《ざふしん》と曰《い》ふなり。知《し》るべし。

おほよそ浄土《じやうど》の一切諸行《しよぎやう》において、*綽和尚《しやくくわしやう》は万行《まんぎやう》と云《い》ひ、*導和尚《だうくわしやう》は雑行《ざふぎやう》と称《しよう》す。*感禅師《かんぜんじ》は諸行《しよぎやう》と云《い》へり。*信和尚《しんくわしやう》は感師《かんし》に依《よ》れり、*空聖人《くうしやうにん》は導和尚《だうくわしやう》に依《よ》りたまふなり。経家《きやうけ》に拠《よ》りて師釈《ししやく》を披《ひら》くに、雑行《ざふぎやう》の中《なか》の雑行雑心《ざふしん》・雑行専心《せんしん》・専行雑心《ざふしん》あり、また正行《しやうぎやう》の中《なか》の専修専心《せんじゆせんしん》・専修雑心《せんじゆざふしん》・雑修雑心《ざふしゆざふしん》は、これみな辺地《へんぢ》・胎宮《たいく》・懈慢《けまんがい》界の業因《ごふいん》なり。かるがゆへに*極楽《ごくらく》に生《うま》るといへども三宝《さんぼう》を見《み》たてまつらず。仏心《ぶつしん》の光明《くわうみやう》、余《よ》の雑業《ざふごふ》の行者《ぎやうじや》を照摂《せうせふ》せざるなり。*仮令《けりやう》の誓願《せいぐわん》まことに由《ゆへ》あるかな。*仮門《けもん》の教《けう》、*忻慕《ごんぼ》の釈《しやく》これいよいよ明《あきら》かなり。

二経の三心、顕《けん》の義《ぎ》に依《よ》れば異《い》なり、彰《しやう》の義《ぎ》に依《よ》れば一なり。三心一異の義《ぎ》、答《こた》へ竟《をは》んぬと。

*また問《と》ふ、大本《だいほん》と観経《くわんぎやう》の三心と小本《せうほん》の一心と、一異いかんぞや。

答《こた》ふ、いま方便《はうべん》*真門《しんもん》の誓願《せいぐわん》について、行《ぎやう》あり信《しん》あり。また真実《しんじち》あり方便《はうべん》あり。願《ぐわん》とは即ち*植諸徳本《じきしよとくほん》の願《ぐわん》これなり。行《ぎやう》とはこれに二種あり。一つには*善本《ぜんぼん》、二つには*徳本《とくほん》なり。信《しん》とは即ち*至心回向欲生《ししんゐかうよくしやう》の心《しん》これなり【二十願なり】。機《き》について定《ぢやう》あり散《さん》あり。往生《わうじやう》とはこ

人天菩薩等の解行　人間に生まれる因(五戒)、天上に生まれる因(十善)、菩薩の行(六度)などの解行。
廻心回向の善　聖道の心を転じて弥陀の浄土を願い、そのつとめた功を往生の因とする善根。
専礼　専ら弥陀を礼拝する。
専読　専ら浄土三部経を読誦する。
専観　専ら弥陀の依正二報を観察する。
専名　専ら弥陀の名号を称える。
専讃嘆　専ら弥陀を讃嘆する。
助正兼行　五正行を二つ以上兼ねて行ずること。
綽和尚　道綽禅師。
導和尚　善導大師。
感禅師　懐感禅師。
信和尚　源信和尚。
空聖人　法然上人。
極楽　阿弥陀仏の浄土。
仮令の誓願　仮りに設ける第十九願。
仮門の教　観経顕説の権仮方便の教。
忻慕の釈　浄土を願わす善導の釈。
◇また問ふ大本…　小経の隠顕を論じ、真門の実践的意義を解明する。
↓補
真門　第二十願を開説した阿弥陀経顕説の法門。
植諸徳本の願　第二十願の願名。諸徳の本である称名往生を誓う願。
善本　諸善の本。名号・称名。
徳本　諸仏徳号の本。名号・称名。

至心回向欲生の心　第二十願の自力の信。

難思往生　↓一八八頁注

疑城・胎宮　↓一八九頁注

この経　阿弥陀経。

経家　釈尊のこと。阿弥陀経。

経には多善根…　襄陽石刻阿弥陀経文。

釈には…　善導の法事讃の文。

無過念仏往西方　念仏して西方浄土に往生するにまさるものはない。

釈に直ちに…　善導の法事讃。

経　阿弥陀経。

修多羅　梵語の音写。経。

無問自説経　問う人がないのに仏みずからその思し召しを説かれた経。即ち仏の自意による教説。

四依弘経　浄土の教えを弘めた尊い位の菩薩がた。即ち、出世の凡夫と三賢と十聖と等覚妙覚の四種の菩薩。

三朝　インド・シナ・日本。

経　三経を指す。

真実の楽邦　真実の浄土。

三経一心の義　三経の心が同じであるという義。

◇それ濁世…　二十願につき真門の意味を明かす。↓補

道俗　出家と在家。即ち出家と在家を含めた人々をいう。

円修至徳　阿弥陀仏の因位における円満の修行と、果位の至極の功徳。

れ*難思往生《なんじわうじやう》これなり。仏《ぶつ》とは即ち化身《くゑしん》なり。土《ど》とは即ち*疑城《ぎじやう》・胎宮《たいく》これなり。観経《くわんぎやう》に准知《じゆんち》するに、*この経《きやう》にまた顕彰隠密《けんしやうおんみち》の義《ぎ》あるべし。顕《けん》と言《い》ふは、*経家《きやうけ》は一切諸行《しよぎやう》の少善《せうぜん》を嫌貶《けんへん》して、善本《ぜんぽん》・徳本《とくほん》の真門《しんもん》を開示《かいじ》し、自利《じり》の一心を励《はげ》まして難思《なんじ》の往生《わうじやう》を勧《すす》む。ここを以て*経《きやう》には「多《た》善根《ぜんごん》・多《た》功徳《くどく》・多《た》福徳因縁《ふくとくいんえん》」と説《と》き、*釈《しやく》には「九品ともに回《ゑ》して不退《ふたい》を得《え》よ」と云《い》へり。あるいは「*無過念仏往西方《むくわねんぶつわうさいはう》、三念五念仏来迎《さんねんごねんぶつらいかう》」と云《い》へり。これはこれこの経《きやう》の顕《けん》の義《ぎ》を示《しめ》すなり。これ乃ち真門《しんもん》の中《なか》の方便《はうべん》なり。彰《しやう》と言《い》ふは、真実難信《しんじちなんしん》の法《ほふ》を彰《あら》はす。これ乃ち不可思議《ふかしぎ》の願海《ぐわんかい》を光闡《くわうせん》して無碍《むげ》の大信心海《だいしんじんかい》に帰《くゐ》せしめむと欲《おぼ》す。まことに勧《すす》め、すでに恒沙《ごうじや》の勧《すす》めなれば、信《しん》もまた恒沙《ごうじや》の信《しん》なり。かるがゆへに甚難《じんなん》と言《い》へるなり。*釈《しやく》に「直《ただ》ちに弥陀《みだ》の弘誓《ぐぜい》、重《かさ》なれるに為《よ》りて、凡夫《ぼんぶ》念《ねん》ずれば即ち生《しやう》ぜしむることをいたす」と云《い》へり。これはこれ隠彰《おんしやう》の義《ぎ》を開《ひら》くなり。*経《きやう》に「執持《しふぢ》」と言《のたま》へり。また「一心《いちしん》」と言《のたま》へり。執《しふ》の言《ごん》は心堅牢《しんけんらう》にして移転《いてん》せざることを彰《あら》はすなり。持《ぢ》の言《ごん》は不散不失《ふさんふしち》に名《な》づくるなり。一の言《ごん》は無二《むに》に名《な》づくるの言《みこと》なり。心《しん》の言《ごん》は真実《しんじち》に名《な》づくるなり、この経《きやう》は大乗《だいじよう》*修多羅《しゆたら》の中《なか》の*無問自説経《むもんじせちきやう》なり。しかれば如来《によらい》、世《よ》に興出《こうしゆつ》したまふ所以《ゆへ》は、恒沙《ごうじや》の諸仏証護《しよぶつしようご》の正意《しやうい》、ただこれにあるなり。ここを以て*四依弘経《しえぐきやう》の大士《だいじ》、*三朝浄土《さんてうじやうど》の宗師《しゆうし》、真宗念仏《しんしゆうねんぶつ》を開《ひら》きて、濁世《ぢよくせ》の邪偽《じやぐゐ》を導《みちび》く。三経の大綱《たいかう》、顕彰隠密《けんしやうおんみち》の義《ぎ》ありといへども、信心《しんじん》を彰《あら》はして能入《のうにふ》とす。かるがゆへに*経《きやう》の始《はじ》めに「如是《によぜ》」と称《しよう》す。如是《によぜ》の義《ぎ》は則ちよく信《しん》ずる相《さう》なり。いま三経を按《あん》ずるに、みな以て金剛《こんがう》の真心《しんしん》を最要《さいえう》とせり。真心《しんしん》は即ちこれ大信心《だいしんじん》なり。大信心《だいしんじん》は希有《けう》最勝真妙清浄《さいしようしんめうしやうじやう》なり。何《なに》を以ての故に、大信心海《だいしんじんかい》は、甚《はなは》だ以て入《い》りがたし、仏力《ぶつりき》より発起《ほちき》

するが故に。*真実《しんじち》の楽邦《らくはう》、甚《はなは》だ以て往《ゆ》き易《やす》し、願力《ぐわんりき》によりて即ち生《しやう》ずるが故《ゆへ》なり。今《いま》まさに一心一異の義《ぎ》を談《だん》ぜむとす、まさにこの意《こころ》なるべしとなり。

*三経一心の義《ぎ》、答《こた》へ竟《をは》んぬ。

*それ濁世《ぢよくせ》の*道俗《だうぞく》、速《すみや》かに*円修至《ゑんしゆし》徳《とく》の真門《しんもん》に入《い》りて、難思《なんじ》往生《わうじやう》を願《ねが》ふべし、真門《しんもん》の方便《はうべん》につきて善本《ぜんぽん》あり徳本《とくほん》あり。また定専心《ぢやうせんしん》あり、また散専心《さんせんしん》あり、また定散雑心《ぢやうさんざふしん》あり。雑心《ざふしん》とは、大小凡聖《だいせうぼんしやう》一切善悪《ぜんあく》、おのおの*助正間雑《じよしやうけんざふ》の心《しん》を以て名号《みやうがう》を称念《しようねん》す。良《まこと》に教《けう》は頓《とん》にして根《こん》は漸機《ぜんき》なり。行《ぎやう》は専《せん》にして心《しん》は間雑《けんざふ》す、かるがゆへに*雑心《ざふしん》と曰《い》ふなり。定散《ぢやうさん》の専心《せんしん》とは、罪福《ざいふく》を信《しん》ずる心《しん》を以て本願力《ほんぐわんりき》を願求《ぐわんぐ》す、これを自力《じりき》の専心《せんしん》と名《な》づくるなり。善本とは如来《によらい》の*嘉名《かみやう》なり。この嘉名《かみやう》は万善円備《まんぜんゑんび》せり、一切善法《ぜんぼふ》の本《もと》なり、かるがゆへに善本と曰《い》ふなり。徳本《とくほん》とは如来《によらい》の*徳号《とくがう》なり。この徳号《とくがう》は一声称念《いちしやうしようねん》するに、至《し》徳成満《とくじやうまん》し衆禍《しゆくわ》みな転《てん》ず、十方三世《さんぜ》の徳号《とくがう》の本《もと》なり、かるがゆへに徳本《とくほん》と曰《い》ふなり。しかれば則ち釈迦牟尼仏《しやかむにぶつ》は、*功徳蔵《くどくざう》を開演《かいえん》して、十方濁世《ぢよくせ》を勧化《くわんくゑ》したまふ。阿弥陀如来《あみだによらい》はもと*果遂《くわすい》の誓《ちかひ》【この果遂《くわすい》の願《ぐわん》とは二十願なり】を発《おこ》して、諸有《しよう》の群生海《ぐんじやうかい》を悲引《ひいん》したまへり。すでにして悲願《ひぐわん》います、植諸徳本《じきしよとくほん》の願《ぐわん》と名《な》づく、また*係念定生《けねんぢやうしやう》の願《ぐわん》と名《な》づく、また*不果遂者《ふくわすいしや》の願《ぐわん》と名《な》づく、また*至心回向《ししんゑかう》の願《ぐわん》と名《な》づくべきなり。

ここを以て大経《だいきやう》の願《ぐわん》に言《のたま》はく、「たとひわれ仏《ぶつ》を得《え》たらむに、十方の衆生《しゆじやう》、わが名号《みやうがう》を聞《き》きて、念《ねん》をわが国《くに》に係《か》けて、もろもろの徳本《とくほん》を植《う》ゑて、心《こころ》を至《いた》し回向《ゑかう》して、わが国《くに》に生《うま》れむと欲《おも》はむ、果遂《くわすい》せずは正覚《しやうがく》をとらじ」と。

助正間雑の心　称名の正定業と読誦・観察・礼拝・讃嘆供養の助業の区別を知らずに、雑じえて修めようとする、自力のなお捨てきれない不純な心。

雑心　定心と散心とを雑じえる意味と、自力心を示す意味とがある。

嘉名　よき御名。因の位についていう。

徳号　徳をこめたみ名。果の位についていう。

功徳蔵　㈠あらゆる功徳をそなえているというところから弥陀の名号を指す。㈡名号の不可思議功徳による往生を誓う第二十願真門の法義をいう。

果遂の誓い　第二十願のこと。自力念仏のものも遂には必ず他力念仏の第十八願に引き入れさせようとの誓願であるからこういう。

係念定生の願　第二十願の願名の一。弥陀の名号を聞いてその国に念を係け徳本を植えるものは、遂にはそのことを果たさせようとの願い。

不果遂者の願　第二十願の願名の一。仏の名号を自力心をもって称えるものを化土に生まれさせようとの願。また遂には第十八願他力念仏に入らしめようとの意も含む。

至心回向の願　第二十願の願名の一。弥陀の名号を聞いて自力心をもって称え、至心に回向するものを化土に往生させることを誓われたもの。

*また言《のたま》はく、「この諸智《しよち》において疑惑《ぎわく》して信《しん》ぜず、しかるになほ罪福《ざいふく》を信《しん》じて善本《ぜんぽん》を修《しゆ》習《しふ》して、その国《くに》に生《うま》れむと願《ぐわん》ぜむ。このもろもろの衆生《しゆじやう》、かの宮殿《くでん》に生《うま》る」と。

*また言《のたま》はく、「もし人《ひと》、善本なければ、この経《きやう》を聞《き》くことを得《え》ず。清浄《しやうじやう》に戒《かい》をたもてる者《もの》、いまし正法《しやうぼふ》を聞《き》くことを獲《え》む」と。已上

*無量寿如来会《むりやうじゆにょらいゑ》に言《のたま》はく、「もしわれ成仏《じやうぶつ》せむに、無量国《むりやうこく》の中《なか》の所有《しよう》の衆生《しゆじやう》、わが名《な》を説《と》かむを聞《き》きて、以ておのれが善根《ぜんごん》として極楽《ごくらく》に回向《ゑかう》せむ、もし生《うま》れずは菩提《ぼだい》を取《と》らじ」と。已上

*平等覚経《びやうどうかくきやう》に言《のたま》はく、「*この功徳《くどく》あるにあらざる人《ひと》は、この経《きやう》の名《な》を聞《き》くことを得《え》ず。ただ清浄《しやうじやう》に戒《かい》をたもてる者《もの》、いまし還《かへ》りてこの正法《しやうぼふ》を聞《き》く。悪《あく》と*憍慢《けうまん》と*蔽《へい》と*懈怠《けだい》とは、以てこの法《ほふ》を信《しん》ずること難《かた》し。宿世《しゆせ》の時《とき》に仏《ぶつ》を見《み》たてまつれる者《もの》、楽《この》みて世尊《せそん》の教《をしへ》を聴聞《ちやうもん》せむ。人《ひと》の命《いのち》まれに得《う》べし。仏《ぶつ》は世《よ》にましませども甚《はなは》だ値《まうあ》ひ難《がた》し。*信慧《しんゑ》ありて致《いた》るべからず。もし聞見《もんけん》せば精進《しやうじん》して求《もと》めよ」と。已上

観経《くわんぎやう》に言《のたま》はく、「仏《ぶつ》、阿難《あなん》に告《つ》げたまはく、「汝《なんぢ》よくこの語《ことば》を持《たも》て。この語《ことば》を持《たも》てといふは、即ちこれ無量寿仏《むりやうじゆぶつ》の名《みな》を持《たも》てとなり」」と。已上

阿弥陀経《あみだきやう》に言《のたま》はく、「*少善根福徳《せうぜんごんふくとく》の因縁《いんえん》を以て、かの国《くに》に生《うま》るることを得《う》べからず。阿《あ》弥陀仏《みだぶつ》を説《と》くを聞《き》きて名号《みやうがう》を執持《しふぢ》せよ」と。已上

*光明寺《くわうみやうじ》の和尚《くわしやう》の云《いは》く、「自余《じよ》の衆行《しゆぎやう》、これ善《ぜん》と名《な》づくといへども、もし念仏《ねんぶつ》に比《たくら》ぶれば全《また》く比校《ひけう》にあらざるなり。この故に諸経《しよきやう》の中《なか》に処処《しよしよ》に広《ひろ》く念仏《ねんぶつ》の功能《くのう》を讃《ほ》めたり。無量寿《むりやうじゆ》

また言はくこの諸智…　大経巻下の文(大正蔵一二)。

また言はくもし人…　大経、東方偈文。

無量寿如来会　巻上の二十願文(大正蔵一一)。大経異訳。

平等覚経　巻二、東方偈文(大正蔵一二)。大経異訳。

この功徳　宿善をいう。

憍慢　おごりたかぶる。

蔽　聞き方がわるい。教えを悪く聞く。

懈怠　なまけおこたる。

信慧　信心の智慧。

少善根福徳　自力をたのんで修める定善や散善などの少善と、その結果としての徳。

光明寺の和尚の云く…　善導の観経疏定善義の文。

経《きやう》の四十八願の中《なか》のごとき、ただ弥陀《みだ》の名号《みやうがう》を専念《せんねん》して生《うま》るることを得《う》と明《あ》かす。また弥陀経《みだきやう》の中《なか》のごとし、〔一*日・七日弥陀《みだ》の名号《みやうがう》を専念《せんねん》して生《うま》るることを得《う》と。また十方恒沙《ごうじや》の諸仏《しよぶつ》の証成《しようじやう》むなしからざるなり。*またこの経《きやう》の定散《ちやうさん》の文《もん》の中《なか》に、ただ名号《みやうがう》を専念《せんねん》して生《うま》るることを得《う》と標《あら》はす。この例《れい》一つにあらざるなり。広《ひろ》く念仏三昧《ねんぶつさんまい》を顕《あら》はし竟《をは》んぬ」と〕。

*また云《いは》く、「また決定《くゑちぢやう》して、弥陀経《みだきやう》の中《なか》に十方恒沙《ごうじや》の諸仏《しよぶつ》、一切凡夫《ぼんぶ》を証勧《しようくわん》して、決定《くゑちぢやう》して生《うま》るることを得《う》と深信《じんしん》せよと。乃至　諸仏《しよぶつ》は言行《ごんぎやう》あひ違失《ゐしち》したまはず、たとひ釈迦《しやか》おしへて一切凡夫《ぼんぶ》を勧《すす》めて、この一身《いちしん》を尽《つ》くして専念専修《せんねんせんじゆ》して、捨命已後《しやみやういご》、定《さだ》んでかの国《くに》に生《うま》るる者《もの》は、即ち十方の諸仏《しよぶつ》ことごとくみな同《おな》じく讃《ほ》め同じく勧《すす》め同じく証《しよう》したまふ。何《なに》を以ての故に、*同体《どうたい》の大悲《だいひ》の故に。一仏の所化《しよくゑ》は即ちこれ一切仏の化《くゑ》なり、一切仏の化《くゑ》は即ちこれ一仏の所化《しよくゑ》なり。即ち弥陀経《みだきやう》の中《なか》に説《と》かく、乃至　また一切〔*凡夫《ぼんぶ》を勧《すす》めて一日・七日、一心にして弥陀《みだ》の名号《みやうがう》を専念《せんねん》すれば、定《さだ》んで往生《わうじやう》を得《え》むと。次下の文《もん》に云《いは》く、十方におのおの恒河沙等《ごうがしやとう》の諸仏《しよぶつ》ましまして、同《おな》じく釈迦《しやか》を讃《ほ》めたまはく、よく五濁悪時《ごぢよくあくじ》・悪世《あくせ》界《かい》・悪衆生《あくしゆじやう》〕・悪煩悩《あくぼんなう》・悪邪《あくじや》・無信《むしん》の盛《さか》んなる時《とき》において、弥陀《みだ》の名号《みやうがう》を指讃《しさん》して衆生《しゆじやう》を勧励《くわんれい》して、称念《しようねん》せしむれば必《かなら》ず往生《わうじやう》を得《う》と。即ちその証《しよう》なり。また十方仏等《ぶつとう》、衆生《しゆじやう》の釈迦《しやか》一仏の所説《しよせち》を信《しん》ぜざらむことを恐畏《おそれて》、即ちともに同心同時《どうしんどうじ》におのおの舌相《ぜちさう》を出《い》だして、遍《あまね》く*三千世界《さんぜんせかい》に覆《おほ》ひて誠実《じやうじち》の言《ごん》を説《と》きたまはく、「なんたち衆生《しゆじやう》、皆《みな》この釈迦《しやか》の所説《しよせち》・所讃《しよさん》・所証《しよしよう》を信《しん》ずべし。一切の凡夫《ぼんぶ》、罪福《ざいふく》の多少《たせう》、時節《じせち》の久近《くごん》を問《と》はず、ただよく上《かみ》、百年を尽《つ》くし、下《しも》、一日・七日に至《いた》るまで、一心に弥陀《みだ》の名号《みやうがう》を専念《せんねん》すれば、定《さだ》んで往生《わうじやう》を得《う》るこ

一日七日…　以下〔　〕内は坂東本になく、西本願寺本で補う。

またこの経…　観無量寿経。

また云く…　善導の観経疏散善義の文。

同体の大悲　同じさとりから起こる大悲。

凡夫を…　以下〔　〕内は坂東本になく、西本願寺本で補う。

三千世界　三千大千世界の略。大千世界ともいう。日・月・須弥山・四大洲および四天王等の六天を含む欲界と、梵衆・梵輔および大梵の三天より成る色界初禅天とを総じて一世界とし、これを単位として、この一世界を千あつめた世界を小千世界、小千世界を千あつめた世界を中千世界、中千世界を千あつめた世界を大千世界あるいは三千大千世界という。

と必《かなら》ず疑《うたが》ひなきなり」。この故に一仏の所説《しよせち》は一切仏同《おな》じくその事《こと》を証成《しようじやう》したまふなり。これを人《にん》について信《しん》を立《た》つと名《な》づくるなり」。抄要

*また云《いは》く、「しかるに仏願《ぶつぐわん》の意《こころ》を望《のぞ》むには、ただ正念《しやうねん》を勧《すす》め名《みな》を称《しよう》せしむ。往生《わうじやう》の義《ぎ》、疾《と》きことは雑散《ざふさん》の業《ごふ》には同《おな》じからず。この経《きやう》および諸部《しよぶ》の中《なか》に、処処《しよしよ》に広《ひろ》く嘆《たん》ずるがごときは、勧《すす》めて名《みな》を称《しよう》せしむるを、まさに要益《えうやく》とせむとするなり。知《し》るべし」と。

*また云《いは》く、「「仏告阿難汝好持是語《ぶつがうあなんにょかうぢぜご》」より已下《いげ》は、まさしく弥陀《みだ》の名号《みやうがう》を付属《ふぞく》して遐代《かだい》に流通《るつう》することを明《あ》かす。上《かみ》よりこのかた定散両門《ぢやうさんりやうもん》の益《やく》を説《と》くといへども、仏《ぶつ》の本願《ほんぐわん》の意《こころ》を望《のぞ》まむには衆生《しゆじやう》をして一向に専《もは》ら弥陀仏《みだぶつ》の名《みな》を称《しよう》するにあり」と。

*また云《いは》く、「極楽《ごくらく》は*無為《むゐ》涅槃《ねはん》の界《かい》なり。*随縁《ずいえん》の雑善《ざふぜん》おそらくは生《しやう》じがたし。かるがゆへに如来《によらい》、要法《えうほふ》を選《えら》びて、教《をし》えて弥陀《みだ》を念《ねん》ぜしめて専《もは》らにしてまた専《もは》らならしめたまへり」と。

*また云《いは》く、「劫尽《こふつ》きなむと欲するとき五濁盛《ごぢよくさか》んなり。衆生邪見《しゆじやうじやけん》にして、甚《はなは》だ信《しん》じ難《がた》し、専《もは》らにして専《もは》らなれと指授《しじゆ》して西路《さいろ》に帰《くゐ》せしめしに、他《た》のために破壊《はゑ》せられて還《かへ》りてもとのごとし。曠劫《くわうごふ》よりこのかた常《つね》にかくのごとし。これ今生《こんじやう》に始《はじ》めて自《みづか》ら悟《さと》るにあらず。正《まさ》しくよき強縁《がうえん》に遇《あ》はざるに由りて、*輪回《りんゑ》して*得度《とくど》し難《がた》からしむることを致す」と。

*また云《いは》く、「種種《しゆじゆ》の法門《はふもん》みな解脱《げだち》すれども、念仏《ねんぶつ》して西方《さいはう》に往《ゆ》くに過《す》ぎたるはなし。*上《かみ》一形《いちぎやう》を尽《つ》くし、十念・三念・五念に至《いた》るまで仏来迎《ぶつらいかう》したまふ。直《ただ》ちに弥陀《みだ》の弘誓重《ぐぜいかさ》なれるをもて、凡夫念《ぼんぶねん》ずれば即ち生《しやう》ぜしむることを致す」と。

また云くしかるに…　善導の観経疏散善義の文。

また云く仏告…　善導の観経疏散善義の文。

また云く極楽…　善導の法事讃の文。

無為涅槃の界　生滅したり変化したりすることのない絶対不変の涅槃のさとりの境界。

随縁の雑善　おのおのの根機に随った自力の善根。

また云く劫尽…　法事讃の文。

輪回　迷いの世界にはてしなくさまようこと。

得度　迷いの世界をこえてさとりの世界にわたることを得ること。

また云く種種…　法事讃の文。

上一形を尽くし　かみをいえば生涯の念仏から。

*また云《いは》く、「一切如来方便《にょらいはうべん》を設《まう》けたまふこと、また今日《こんにち》の釈迦尊《しゃかそん》に同《おな》じ。機《き》に随《したが》ふて法《はふ》を説《と》くにみな益《やく》を蒙《かふ》る。おのおの悟解《ごげ》を得《え》て真門《しんもん》に入《い》れと。乃至　仏教多門《ぶつけうたもん》にして八万四なり。正《まさ》しく衆生《しゅじゃう》の機《き》不同《ふどう》なるがためなり。安身常住《あんしんじゃうぢう》の処《ところ》をもとめむと欲《おも》はば、まづ要行《えうぎゃう》を求《もと》めて真門《しんもん》に入《い》れ」と。

また云《いは》く【智昇師《ちしょうし》の礼懺儀《らいさんぎ》の文《もん》に云《いは》く、光明寺《くわうみゃうじ》の礼讃《らいさん》なり】、「それこのごろ、自《みづか》ら諸方《しょはう》の道俗《だうぞく》を見《けん》聞《もん》するに、解行不同《げぎゃうふどう》にして*専《せん》・修異《しゅい》あり。ただ意《こころ》を専《もは》らにして作《な》さしむれば、十は即ち十ながら生《しゃう》ず。雑《ざふ》を修《しゅ》するは至心《ししん》ならざれば、千《せん》が中《なか》に一《ひと》りもなし」と。已上

*元照律師《ぐわんぜうりちし》の*弥陀経《みだきゃう》の義疏《ぎしょ》に云《いは》く、「如来持名《にょらいぢみゃう》の功勝《くうすぐ》れたることを明《あ》かさむと欲《ほっ》す。まづ余善《よぜん》を貶《へん》して少善根《せうぜんごん》とす。いはゆる布施《ふせ》・持戒《ぢかい》・立寺《りふじ》・造像《ざうざう》・礼誦《らいじゅ》・坐禅《ざぜん》・懺念《さんねん》・苦行《くぎゃう》、一切福業《ふくごふ》、もし正信《しゃうしん》なければ回《ゑ》向願求《かうぐわんぐ》するにみな少善《せうぜん》とす。往生《わうじゃう》の因《いん》にあらず。もしこの経《きゃう》に依りて名号《みゃうがう》を執持《しふぢ》せば決定《くゑちぢゃう》して往生《わうじゃう》せむ。即ち知《し》んぬ、称名《しょうみゃう》はこれ多善根《たぜんごん》・多福徳《たふくとく》なりと。昔《むかし》この解《げ》を作《な》しし、人《ひと》なほ遅疑《ちぎ》しき。近《ちか》く*襄陽《じゃうやう》の石碑《しゃくひ》の経《きゃう》の本文《ほんもん》を得《え》て、理《り》、*冥符《みゃうふ》せり。始《はじ》めて深信《じんしん》を懐《いだ》く。かれに云《いは》く、「善男子《ぜんなんし》・善女人《ぜんにょにん》、阿弥陀仏《あみだぶ》を説《と》くを聞《き》きて、一心にして乱《みだ》れず名号《みゃうがう》を専称《せんしょう》せよ。称名《しょうみゃう》を以ての故に、諸罪消滅《しょざいせうめち》す。即ちこれ多功徳《たくどく》・多善《たぜん》根《こん》・多《た》福徳因縁《ふくとくいんえん》なり」」と。已上

*孤《こ》山《ざん》の疏《しょ》に云《いは》く、「執持名号《しふぢみゃうがう》とは、執《しふ》は謂《いは》く執受《しふじゅ》なり、持《ち》は謂《いは》く住持《ぢうぢ》なり。信力《しんりき》の故に執《しふ》受心《じゅこころ》にあり、念力《ねんりき》の故に住持《ぢうぢ》して忘《わす》れず」と。已上

*大本《だいほん》に言《のたま》はく、「如来《にょらい》の興世《こうせ》値《まうあ》ひ難《がた》く見《み》たてまつり難《がた》し。諸仏《しょぶつ》の経道《きゃうだう》、得《え》難《がた》く聞《き》き難《がた》し。

また云く一切…　善導の般舟讃の文。

専・修異あり　専・雑異あり、とすべきか。西本願寺蔵本には修の右傍に「雑歟」とあり。

元照律師　→四八頁注

弥陀経の義疏　元照の阿弥陀経義疏（大正蔵三七）。

襄陽　中国湖北省の地名。襄陽の石経は、隋の陳仁稜が「一心不乱」の下に「専称名号」等の二十一文字を含む阿弥陀経を碑面に刻し、同地の竜興寺に安置したので有名である。

冥符　符節を合わせたように暗に一致する。

孤山の疏　智円の阿弥陀経疏（大正蔵三七）。

大本　大無量寿経。

菩薩《ぼさつ》の勝法諸波羅蜜《しようぼふしよはらみつ》、聞《き》くことを得《う》ることまた難《かた》し。*善知識《ぜんぢしき》に遇《あ》ひ法《ほふ》を聞《き》きよく行《ぎやう》ずること、これまた難《かた》しとす。もしこの経《きやう》を聞《き》きて信楽受持《しんげうじゆぢ》すること、難《なん》のなかの難《なん》これに過《す》ぎて難《かた》きはなけむ。この故にわが法《ほふ》かくのごとく作《な》しき、かくのごとく説《と》く、かくのごとく教《をし》ふ。まさに信順《しんじゆん》して法《ほふ》のごとく修行《しゆぎやう》すべし」と。已上

*涅槃経《ねはんぎやう》に言《のたま》はく、「経《きやう》の中《なか》に説《と》くがごとし。一切の*梵行《ぼんぎやう》の因《いん》は*善知識《ぜんぢしき》なり。一切梵行《ぼんぎやう》の因無量《いんむりやう》なりといへども、善知識《ぜんぢしき》を説《と》けば則ちすでに摂尽《せふじん》しぬ。わが所説《しよせち》のごとし、一切の悪行《あくぎやう》は邪見《じやけん》なり。一切悪行《あくぎやう》の因無量《いんむりやう》なりといへども、もし邪見《じやけん》を説《と》けば則ちすでに摂尽《せふじん》しぬ。あるいは説《と》かく、*阿耨多羅三藐三菩提《あのくたらさんみやくさんぼだい》は信心《しんじん》を因《いん》とす。これ菩提《ぼだい》の因《いん》また無量《むりやう》なりといへども、もし信心《しんじん》を説《と》けば則ちすでに摂尽《せふじん》しぬ」と。

*また言《のたま》はく、「善男子《ぜんなんし》、信《しん》に二種あり。一つには信《しん》、二つには求《ぐ》なり。かくのごときの人《ひと》、また信《しん》ありといへども、推求《すいぐ》にあたはざる、この故に名《な》づけて信不具足《しんふぐそく》とす。信《しん》にまた二種あり。一つには聞《もん》より生《しやう》ず、二つには思《し》より生《しやう》ず。この人《ひと》の信心《しんじん》、聞《もん》よりして生《しやう》じて思《し》より生《しやう》ぜず、この故に名《な》づけて信不具足《しんふぐそく》とす。また二種あり。一つには道《だう》あることを信《しん》ず、二つには得者《とくしや》を信《しん》ず。この人《ひと》の信心《しんじん》、ただ道《だう》あることを信《しん》じて、すべて得道《とくだう》の人あることを信《しん》ぜず、これを名《な》づけて信不具足《しんふぐそく》とす。また二種あり。一つには*信正《しんしやう》、二つには*信邪《しんじや》なり。因果《いんぐわ》あり、仏《ぶつ》・法《ほふ》・僧《そう》ありと言《い》はむ、これを信正《しんしやう》と名《な》づく。*因果《いんぐわ》、三宝《さんぼう》の性異《しやうこと》なることなしと言《い》ふてもろもろの邪語《じやご》・*富蘭那《ふらんな》等《とう》を信《しん》ずる、これを信邪《しんじや》と名《な》づく。この人《ひと》、仏法僧宝《ぶつほふそうぼう》を信《しん》ずといへども、*三宝同一《さんぼうどういつ》の性相《しやうさう》を信《しん》ぜず。因果《いんぐわ》を信《しん》ずといへども得者《とくしや》を信《しん》ぜず。こ

善知識　正しい仏教道理を教え導いてくれる人をいう。真宗では念仏の教えを勧め導く人を善知識といい、また門主・法主を呼ぶ名とされる。

涅槃経　北本涅槃経巻三十五の文(大正蔵一二)。この経は釈尊の入滅に際して説かれたという経で、法身常住、大涅槃の名義、阿闍世王帰仏の因縁、拘尸那城入涅槃の因縁などが示されている。これに二訳があって、㈠北本、四十巻、北涼の曇無讖の訳。㈡南本、三十六巻、劉宋の慧観・慧厳・謝霊運が法顕訳の小乗涅槃経を参酌して北本を再治校合したもの。

梵行　清浄な行。仏道。

善知識なり　いまは如来を指す。

阿耨多羅三藐三菩提　無上の仏果。

また言はく…　北本涅槃経巻三十六の文。

信正　正を信ずる。

信邪　邪を信ずる。

因果三宝の性…　「因果なく、三宝の性異なりと言ひて」と読むべきか。

富蘭那　六師外道の一である富蘭那迦葉のこと。因果の道理を否定し一切の法は虚空のごとくして生滅なしと説き空見を主張した。いまは彼によって一切の邪教を代表させている。

三宝同一の性相　仏・法・僧の三宝の性のありさまが同一であるということ。

の故に名《な》づけて信不具足《しんふぐそく》とす。この人《ひと》、不具足信《ふぐそくしん》を成就《じやうじゆ》すと。乃至　善男子《ぜんなんし》、四つの善事《ぜんじ》あり、悪果《あくくわ》を獲得《ぐゐやくとく》せむ。なんらおか四つとする。一つには*勝他《しようた》のための故に経典《きやうでん》を読誦《どくじゆ》す、二つには*利養《りやう》のための故に禁戒《きんかい》を受持《じゆぢ》せむ、三つには*他属《たぞく》のための故にして布施《ふせ》を行《ぎやう》ぜむ、四つには*非想非非想処《ひさうひひさうしよ》のための故に*繫念思惟《けねんしゆい》せむ。この四つの善事《ぜんじ》、悪果報《あくくわほう》を得《え》む。もし人《ひと》かくのごときの四事を修習《しゆしふ》せむ、これを没《もち》して没《もち》し已《をは》りて還《かへ》りて出《い》づ、出《い》で已《をは》りて還《かへ》りて没《もち》すと名《な》づく。なんが故ぞ没《もち》と名《な》づくる、*三有《さんう》を楽《ねが》ふが故に。なんが故ぞ出《しゆつ》と名《な》づくる、明《みやう》を見《み》るを以ての故に。明《みやう》は即ちこれ*戒《かい》・施《せ》・定《ぢやう》を聞《き》くなり。何《なに》を以ての故に還《かへ》りて出没《しゆつもち》するや、邪見《じやけん》を増長《ぞうちやう》し憍慢《けうまん》を生《しやう》ずるが故に。この故に、われ経《きやう》の中において偈《げ》を説《と》かく、もし衆生《しゆじやう》ありて*諸有《しよう》を楽《この》みて、有《う》のために善悪《ぜんあく》の業《ごふ》を造作《ざうさ》する。この人《ひと》は*涅槃道《ねはんだう》を迷失《めいしち》するなり。これを暫出還復没《ざんしゆつぐゑんぶもち》と名《な》づく。黒闇生死海《こくあんしやうじかい》を行《ぎやう》じて、解脱《げだち》を得《う》といへども煩悩《ぼんなう》を雑《ざふ》するは、この人還《ひとかへ》りて悪果報《あくくわほう》を受《う》く。これを暫出還復没《ざんしゆつぐゑんぶもち》と名《な》づくと。如来《によらい》に則ち二種の涅《ね》槃《はん》あり。一つには有為《うゐ》、二つには無為《むゐ》なり。*有為涅槃《うゐねはん》は*無常《むじやう》なり、楽《らく》・我《が》・浄《じやう》は*無為涅槃《むゐねはん》なり。常人《じやうにん》ありて深《ふか》く、この*二種の戒《かい》ともに因果《いんぐわ》ありと信《しん》ぜむ、この故に名《な》づけて戒《かい》とす、戒不具足《かいふぐそく》、この人《ひと》は信《しん》・戒《かい》の二事を具《ぐ》せず、所楽多聞《しよげうたもん》にしてまた不具足《ふぐそく》なり。いかなるおか名《な》づけて聞不具足《もんふぐそく》とする。如来《によらい》の所説《しよせち》は*十二部経《ぶきやう》なり、ただ六部を信《しん》じていまだ六部を信《しん》ぜず、この故に名《な》づけて聞不具足《もんふぐそく》とす。またこの六部の経《きやう》を受持《じゆぢ》すといへども読誦《どくじゆ》にあたはずして他《た》のために解説《げせち》するは、利益《りやく》するところなけむ。この故に名《な》づけて聞不具足《もんふぐそく》とす。またこの六部の経《きやう》を受《う》け已《をは》りて、論議《ろんぎ》のための故に、勝他《しようた》のための故に、利養《りやう》のため

勝他　他の人より勝れたいと思うこと。

利養　財をむさぼり自己の利益をはかろうとすること。

他属　他の人を自分に属させること。

非相非非想処　つぶさには非有想非無想処という。外道が究極の理想境とする境地。三界のうち無色界の第四天で、三界の最上位にあるから有頂天ともいう。

繫念思惟　おもいをかけて、じっと考える。

三有　三界(欲界・色界・無色界)。迷いの世界の総称。

戒・施・定　持戒(おきてを守ること)と布施(ほどこし)と禅定(精神統一)。

諸有を楽みて　人天などの果報を願って。

涅槃道　さとりの道。

有為涅槃　常・楽・我・浄の四徳をそなえていない小乗の涅槃をいう。

無常なり…　親鸞独自の読み方。

無為涅槃　涅槃のさとりのこと。涅槃は一切の為作・造作を離れ、常・楽・我・浄の四徳をそなえているからこういう。

二種の戒　仏教でいう正しい戒と外道でいう邪なる戒。

十二部経　十二分教ともいう。仏の説法を形式・内容から十二種に区分したもの。

の故に、諸有《しよう》のための故に、持読誦説《ちどくじゆせち》せむ、この故に名《な》づけて聞不具足《もんふぐそく》とす」と。略抄

　また言《のたま》はく、「善男子《ぜんなんし》、第一真実《だいいちしんじち》の善知識《ぜんぢしき》はいはゆる菩薩《ぼさつ》・諸仏《しよぶつ》なり。世尊《せそん》、何《なに》を以ての故に、常に三種の*善調御《ぜんでうご》を以ての故《ゆへ》なり。なんらおか三つとする。一つには*畢竟軟語《ひちきやうなんご》、二つには*畢竟呵責《ひちきやうかしやく》、三つには*軟語呵責《なんごかしやく》なり。この義《ぎ》を以ての故に、菩薩《ぼさつ》・諸仏《しよぶつ》は即ちこれ真《しん》実《じち》の善知識《ぜんぢしき》なり。また次《つぎ》に善男子《ぜんなんし》、仏および菩薩《ぼさつ》を大医《だいい》とするが故に、善知識《ぜんぢしき》と名《な》づく。何《なに》を以ての故に、病《やまひ》を知《し》りて薬《くすり》を知《し》る、病《やまひ》に応《おう》じて薬《くすり》を授《さづ》くるが故に。譬《たと》へば良医《らうい》のよき八種の術《じゆち》のごとし。まづ病相《びやうさう》を観《くわん》ず。相《さう》に三種あり。なんらをか三つとする。謂《いは》く風《ふう》・熱《ねち》・水《すい》なり。*風病《ふうびやう》の人《ひと》にはこれに*蘇油《そゆ》を授《さづ》く。熱病《ねちびやう》の人《ひと》にはこれに*石蜜《しやくみち》を授《さづ》く。*水病《すいびやう》の人《ひと》にはこれに*薑湯《きやうたう》を授《さづ》く。病根《びやうこん》を知《し》るを以て薬《くすり》を授《さづ》くるに、差《しや》することを得《う》。かるがゆへに良医《らうい》と名《な》づく。仏および菩薩《ぼさつ》もまたまたかくのごとし。もろもろの凡夫《ぼんぶ》の病《やまひ》を知《し》るに三種あり。一つには*貪欲《とんよく》、二つには*瞋恚《しんい》、三つには*愚痴《ぐち》なり。貪欲《とんよく》の病《やまひ》には教《をし》へて骨相《こちさう》を観《くわん》ぜしむ。瞋恚《しんい》の病《やまひ》には慈悲《じひ》の相《さう》を観《くわん》ぜしむ。愚痴《ぐち》の病《やまひ》には十二*縁相《えんさう》を観《くわん》ぜしむ。この義《ぎ》を以ての故に諸仏・菩薩を善知識《ぜんぢしき》と名《な》づく。善男子《ぜんなんし》、譬《たと》へば船師《せんし》のよく人《ひと》を度《わた》すが故に大船師《だいせんし》と名《な》づくるがごとし。諸仏・菩薩もまたかくのごとし。もろもろの衆生《しゆじやう》をして生死《しやうじ》の大海《だいかい》を度《ど》す。この義《ぎ》を以ての故に善知識《ぜんぢしき》と名《な》づく」と。抄出

　*華厳経《くゑごんぎやう》に言《のたま》はく、「汝善知識《なんぢぜんぢしき》を念《ねん》ずるに、われを生《う》める父母《ぶも》のごとし。われを養《やしな》ふ乳母《にうも》のごとし。*菩提分《ぼだいぶん》を増長《ぞうちやう》す。衆《しゆう》の疾《しち》を医療《いれう》するがごとし。天《てん》の甘露《かんろ》を灑《そそ》ぐがごとし。日《ひ》の正道《しやうだう》を示《しめ》すがごとし。月《つき》の浄輪《じやうりん》を転《てん》ずるがごとし」。

善調御　衆生の心を善くととのえる方法。

畢竟軟語　この上なくやわらかい言葉。

畢竟呵責　この上なくきびしい言葉。

軟語呵責　やわらかい言葉ときびしい言葉を兼ねて用いること。

風病　肺病。

蘇油　㈠牛酪よりとった油で、食用または塗身に用いる。㈡蘇摩那の花汁で作った香油。

石蜜　氷砂糖。

水病　体の冷える病気。

薑湯　しょうが湯。

貪欲　むさぼり。三毒の一。

瞋恚　いかり。三毒の一。

愚痴　おろか。三毒の一。

十二縁相　十二因縁のすがた。十二因縁とは、迷界の衆生の存在が、無明・行・識・名色・六処・触・受・愛・取・有・生・老死の十二の条件の相依相成によって成り立っているということ。

華厳経　釈尊成道第二十七日に、文殊・普賢等の大士のために、自内証のありのままを説かれたという経典である。これに晋訳六十巻(大正蔵九)・唐訳八十巻(大正蔵一〇)・同四十巻(大正蔵一〇)の三訳がある。いま第一文は唐訳巻七十七、第二文は同巻六十の文である。

菩提分　菩提にかかわりのある一切のもの。

また言《のたま》はく、「如来大慈悲《によらいだいじひ》、世間《せけん》に出現《しゆつげん》して、普《あまね》くもろもろの衆生《しゆじやう》のために、無上法輪《むじやうほふりん》を転《てん》じたまふ。如来無数劫《にょらいむしゆこふ》に、勤苦《ごんく》せしことは衆生《しゆじやう》のためなり。いかんぞもろもろの世間《せけん》、よく大師《だいし》の恩《おん》を報《ほう》ぜむ」と。已上

*光明寺《くわうみやうじ》の和尚《くわしやう》の云《いは》く、「ただ恨《うら》むらくは衆生《しゆじやう》の疑《うたが》ふまじきを疑《うたが》ふことを、浄土対面《じやうどたいめん》してあひたがはず。弥陀《みだ》の摂《せふ》と不摂《ふせふ》とを論《ろん》ずることなかれ。意《こころ》、専心《せんしん》にして回《ゑ》すると回《ゑ》せざるにあり。あるいは導《いは》く、今《けふ》より仏果《ぶつくわ》に至《いた》るまで、長劫《ちやうごふ》に仏《ぶつ》を讃《ほ》めて慈恩《じおん》を報《ほう》ぜむ。弥陀《みだ》の弘誓《ぐぜい》の力《ちから》を蒙《かぶ》らずは、いづれの時《とき》いづれの劫《こふ》にか娑婆《しやば》を出《い》でむ。いかんしてか今日《こんにち》*宝国《ほうこく》に至《いた》ることを期《ご》せむ。実《まこと》にこれ娑婆本師《しやばほんし》の力《ちから》なり。もし本師知識《ほんしちしき》の勧《すす》めにあらずは、弥陀《みだ》の浄土《じやうど》いかんしてか入《い》らむ。浄土《じやうど》に生《うま》るることを得《え》て慈恩《じおん》を報《ほう》ぜよ」と。

*また云《いは》く、「仏《ぶつ》の世《よ》に甚《はなは》だ値《まうあ》ひ難《がた》し。人《ひと》、*信慧《しんゑ》あること難《かた》し。たまたま希有《けう》の法《ほふ》を聞《き》くこと、これまた最《もと》も難《かた》しとす。自《みづか》ら信《しん》じ、人《ひと》を教《をし》へて信《しん》ぜしむること、難《なん》の中《なか》にうたたまた難《かた》し。大悲弘《だいひひろ》【弘の字《じ》、智昇法師《ちしようほふし》の懺儀《さんぎ》の文《もん》なり】く普《あまね》く化《くゑ》するは、真《まこと》に仏恩《ぶつおん》を報《ほう》ずるになる」と。

*また云《いは》く、「帰去来《いざいなむ》、*他郷《たがう》には停《とど》まるべからず。仏《ぶつ》に従《したが》ふて*本家《ほんけ》に帰《くゐ》せよ。*本国《ほんごく》に還《かへ》りぬれば一切の行願自然《ぎやうぐわんじねん》に成《じやう》ず。悲喜《ひき》交《まじ》わり流《なが》る。深《ふか》く自《みづか》ら度《はか》るに、釈迦仏《しやかぶつ》の開悟《かいご》に因《よ》らずは、弥陀《みだ》の*名願《みやうぐわん》いづれの時《とき》にか聞《き》かむ。仏《ぶつ》の慈恩《じおん》を荷《にな》ふても実《じち》に報《ほう》じ難《がた》し」と。

また云《いは》く、「十方六道、同《おな》じくこれ輪回《りんゑ》して際《きわ》なし、*循循《しうしう》として愛波《あいは》に沈《しづ》みて苦海《くかい》に沈《しづ》む。仏道人身《ぶつだうにんじん》、得難《えがた》くして今《いま》すでに得《え》たり。浄土聞《じやうどき》き難《がた》くして今《いま》すでに聞《き》けり。信心発《しんじんおこ》し

光明寺の和尚の云く…　善導の般舟讃の文。

宝国　極楽浄土。

また云く仏の…　善導の往生礼讃の文。

信慧　いまは信心のこと。

また云く帰去来…　善導の法事讃の文。

他郷　娑婆であるこの現実世界をさす。

本家　浄土をさす。

本国　浄土をさす。

名願　名号として成就せられた本願。

循循として愛波に沈みて…　「循」は「循(じゅん)」。ながいあいだ愛欲の波に沈む意。

難《がた》くして今《いま》すでに発《おこ》せり」と。已上

真《まこと》に知《し》んぬ、*専修《せんじゅ》にして雑心《ざふしん》なる者《もの》は大慶喜心《だいきやうきしん》を獲《え》ず。かるがゆへに*宗師《しゆうし》は「かの仏恩《ぶつおん》を念報《ねんぼう》することなし。業行《ごふぎやう》を作《な》すといへども心《こころ》に軽慢《きやうまん》を生《しやう》ず。常《つね》に名利《みやうり》と相応《さうおう》するが故に。人我《にんが》自《おのづか》ら覆《おほ》ふて同行善知識《どうぎやうぜんぢしき》に親近《しんごん》せざるが故に。楽《この》みて*雑縁《ざふえん》に近《ちか》づきて往生《わうじやう》の正行《しやうぎやう》を自障障他《じしやうしやうた》するが故に」と云《い》へり。

悲《かな》しきかな、*垢障《くしやう》の凡愚《ぼんぐ》、無際《むさい》よりこのかた*助正間雑《じよしやうけんざふ》し、*定散心雑《ぢやうさんしんざふ》するが故に、出離《しゆつり》その期《ご》なし。自《みづか》ら流転輪回《るてんりんゑ》を度《はか》るに、*微塵劫《みぢんごふ》を超過《てうくわ》すれども仏願力《ぶつぐわんりき》に帰《くゐ》しがたく大信海《だいしんかい》に入《い》りがたし。良《まこと》に傷嗟《しやうさ》すべく、深《ふか》く悲歎《ひたん》すべし。おほよそ大小聖人《だいせうしやうにん》、一切善人《ぜんにん》、本願《ほんぐわん》の*嘉《か》号《がう》を以ておのれが善根《ぜんごん》とするが故に信《しん》を生《しやう》ずることあたはず、仏智《ぶつち》を了《さと》らず、かの因《いん》を建《こん》立《りふ》せることを了知《れうち》することあたはざる故に*報土《ほうど》に入《い》ることなきなり。

*ここを以て愚禿釈《ぐとくしやく》の鸞《らん》、*論主《ろんじゆ》の解義《げぎ》を仰《あふ》ぎ、*宗師《しゆうし》の勧化《くわんくゑ》に依りて、久《ひさ》しく*万行諸善《まんぎやうしよぜん》の仮《け》門《もん》を出《い》でて、永《なが》く双樹林下《さうじゆりんげ》の往生《わうじやう》を離《はな》る。*善本徳本《ぜんぽんとくほん》の真門《しんもん》に回入《ゑにふ》して、ひとへに*難思往生《なんじわうじやう》の心《しん》を発《おこ》しき。しかるに、今《いま》まことに、方便《はうべん》の真門《しんもん》を出《い》でて、選択《せんぢやく》の願海《ぐわんかい》に転入《てんにふ》せり。速《すみや》かに難思往生《なんじわうじやう》の心《しん》を離《はな》れて、*難思議往生《なんじぎわうじやう》を遂《と》げむと欲《おも》ふ。*果遂《くわすい》の誓《ちかひ》まことに由《ゆへ》あるかな。ここに久《ひさ》しく願海《ぐわんかい》に入《い》りて、深《ふか》く仏恩《ぶつおん》を知《し》れり。至徳《しとく》を報謝《ほうしや》のために、真宗《しんしゆう》の簡要《かんえう》をひろふて、恒常《ごうじやう》に不可思議《ふかしぎ》の徳海《とくかい》を称念《しようねん》す。いよいよこれを喜愛《きあい》し、ことにこれを頂戴《ちやうだい》するなり。

信《まこと》に知《し》んぬ、聖道《しやうだう》の諸教《しよけう》は*在世《ざいせ》・正法《しやうぼふ》のためにして、全《また》く*像末《ざうまち》・*法滅《ほふめち》の時機《じき》にあらず。

専修にして雑心なる者は… 専ら念仏を修めていても、心が自力である者は。

宗師は… 善導の往生礼讃の文。

雑縁 修道をさまたげるいろいろなさわり。

垢障の凡愚 煩悩悪業の障りをもった愚かな凡夫。

助正間雑 五正行のうち助業と正定業(称名)とをまじえて修する。

定散心雑する 定善や散善を修めようとする自力の心がまじる。

微塵劫 無限の長い時間。

嘉号 南無阿弥陀仏の名号。

報土 本願に報われて作られた真実の浄土。

ここを以て… ↓補

論主の解義 竜樹・天親二菩薩の解釈。

宗師の勧化 曇鸞大師以下の宗師のすすめ。

万行諸善の仮門 定散二善を修することを教える第十九願の要門。

善本徳本の真門 自力念仏を教える第二十願の真門。

難思往生 第二十願の往生。

難思議往生 第十八願の往生。弘願の法門によって浄土に往生することは、われわれのおもいも言葉も絶した不可思議のことであるから、かく名づける。

果遂の誓 ↓二〇五頁注

在世・正法 釈尊が在世せられた時

すでに時《とき》を失《しち》し機《き》に乖《そむ》けるなり。浄土真宗《じやうどしんしゆう》は在世《ざいせ》・正法《しやうぼふ》、像末《ざうまち》・法滅《ほふめち》、濁悪《ぢよくあく》の群萠《ぐんまう》ひとしく悲引《ひいん》したまふをや。

ここを以て経家《きやうけ》に拠《よ》りて師釈《ししやく》を披《ひら》きたるに、説人《せちにん》の差別《しやべち》を弁《べん》ぜば、おほよそ諸経《しよきやう》の起説《きせち》五種に過《す》ぎず。一つには仏説《ぶつせち》、二つには聖弟子説《しやうでしせち》、三つには天仙説《てんせんせち》、四つには鬼神説《くゐじんせち》、五つには変化説《へんぐゑせち》なり。しかれば四種の所説《しよせち》は信用《しんよう》にたらず。この三経は則ち大聖《だいしやう》の自説《じせち》なり。

*大論《だいろん》に*四依《しえ》を釈《しやく》して云《い》はく、「涅槃《ねはん》に入《い》りなむと欲せしとき、もろもろの比丘《びく》に語《かた》りたまはく、「今日《こんにち》より法《ほふ》に依《よ》りて人《にん》に依《よ》らざるべし、義《ぎ》に依《よ》りて語《ご》に依《よ》らざるべし、智《ち》に依《よ》りて識《しき》に依《よ》らざるべし、*了義経《れうぎきやう》に依《よ》りて不了義《ふれうぎ》に依《よ》らざるべしと。法《ほふ》に依《よ》るとは、法《ほふ》に十二部《ぶ》あり、この法《ほふ》に随《したが》ふべし、人《にん》に随《したが》ふべからず。依義《えぎ》とは、義《ぎ》の中《なか》に好悪《かうお》・罪福《ざいふく》・虚実《こじち》を諍《あらそ》ふことなし、かるがゆへに語《ご》はすでに義《ぎ》を得《え》たり、義《ぎ》は語《ご》にあらざるなり。人《ひと》、指《ゆび》を以て月《つき》を指《おし》ふ、以てわれを示教《じけう》す、指《ゆび》を看視《かんし》して月《つき》を視《み》ざるがごとし。人《ひと》、語《かた》りて言《い》はむ、われ指《ゆび》を以て月《つき》を指《おし》ふ、汝《なんぢ》をしてこれを知《し》らしむ、汝《なんぢ》なんぞ指《ゆび》を看《み》て、月《つき》を視《み》ざるやと。これまたかくのごとし、語《ご》は義《ぎ》の指《ゆび》とす。語《ご》は義《ぎ》にあらざるなり。これを以ての故に語《ご》に依《よ》るべからず。依智《えち》とは、智《ち》はよく善悪《ぜんあく》を*籌量《ちうりやう》し分別《ふんべち》す。識《しき》は常《つね》に楽《らく》を求《もと》む、正要《しやうえう》に入《い》らず、この故に不応依識《ふおうえしき》と言《い》へり。依了義経《えれうぎきやう》とは、一切智人《ちにん》います、仏《ぶつ》第一なり。一切諸経書《しよきやうしよ》の中《なか》に仏法《ぶつほふ》第一なり。一切衆の中《なか》に比丘僧《びくそう》第一なり」。無仏世《むぶつせ》の衆生《しゆじやう》を、仏《ぶつ》これを重罪《ぢうざい》としたまへり、見仏《けんぶつ》の善根《ぜんごん》を種《う》へざる人《ひと》なり」と。已上

しかれば末代《まちだい》の道俗《だうぞく》、よく四依《しえ》を知《し》りて法《ほふ》を修《しゆ》すべきなりと。

代と正法の時代。正法とは釈尊の滅後五百年間をいい、教(仏の教法)・行(その実践)・証(実践の結果としてのさとり)がすべて備わっている時代をいう。

像末 像法と末法。像法とは正法後の一千年間、証はないが教・行の二法は存して、なお正法に似ているからこういう。末法とは像法後の一万年で、教のみあって行・証のない末代徴劣の時をいう。

法滅 正・像・末の三時を終わって仏法が滅尽すること。

大論 大智度論巻九の文(大正蔵二五)。この論百巻。竜樹著。姚秦の鳩摩羅什の訳。摩訶般若波羅蜜経二十七巻九十品を解釈したもの。

四依 ㈠人四依。これは衆生の依りどころとすべき四種の大士のこと。㈡法四依。仏道を成ずるためには、正法のみに依って、そうでないものに依ってはならないこと。これに四種ある。

了義経 了義の経ということで、仏の真実の教義を明了に説いた経。不了義経の対。

籌量 はかりかぞえる。いまはもののよしあしをはかり知る。

*しかるに正真《しやうしん》の教意《けうい》に拠《よ》りて古徳《ことく》の伝説《でんせち》を披《ひら》く、*聖道《しやうだう》・浄土《じやうど》の真仮《しんけ》を顕開《けんかい》して、邪偽異《じやぐゐい》執《しふ》の外教《ぐゑけう》を教誡《けうかい》す。如来涅槃《によらいねはん》の時代《じだい》を勘決《かむくゑち》して正《しやう》・像《ざう》・末法《まちほふ》の旨際《しさい》を開示《かいじ》す。

ここを以て玄忠寺《ぐゑんちうじ》の*綽和尚《しやくくわしやう》の云《いは》く、「しかるに修道《しゆだう》の身《しん》、相続《さうぞく》して絶《た》へずして一万劫《いちまんごふ》を逕《へ》て、始《はじ》めて不退《ふたい》の位《くらゐ》を証《しよう》す。当今《たうこん》の凡夫《ぼんぶ》は現《げん》に*信想軽毛《しんさうきやうもう》と名《な》づく、また*仮名《けみやう》と曰《い》へり、また*不定聚《ふぢやうじゆ》と名《な》づく、また*外《ぐゑ》の凡夫《ぼんぶ》と名《な》づく、いまだ火宅《くわたく》を出《い》でず。何《なに》を以て知《し》ることを得《え》むと、*菩薩瓔珞経《ぼさつやうらくきやう》に拠《よ》りて、具《つぶさ》に入道行位《にふだうぎやうゐ》を弁《べん》ずるに、法爾《ほふに》なるが故に難行道《なんぎやうだう》と名《な》づく」と。

また云《いは》く、「教興《けうこう》の所由《しよゆ》を明《あ》かして、時《じ》に約《やく》し機《き》に被《かふ》らしめて浄土《じやうど》に勧帰《くわんくゐ》することあらむには、もし機《き》と教《けう》と時《じ》と乖《そむ》けば修《しゆ》し難《がた》く入《い》り難《がた》し。*正法念経《しやうぼふねんぎやう》に云《いは》く、「行者《ぎやうじや》一心に道《だう》を求《もと》めむ時《とき》、常《つね》にまさに時《とき》と方便《はうべん》とを観察《くわんざち》すべし。もし時《とき》を得《え》ざれば方便《はうべん》なし。これを名《な》づけて失《しち》とす。利《り》と名《な》づけず。いかんとならば、湿《うるほ》える木《き》をきりて以て火《ひ》を求《もと》めむに、火《ひ》、得《う》べからず、時《とき》にあらざるが故に。もし乾《か》れたる薪《たきぎ》を折《お》りて以て水《みづ》を覓《もと》めむに、水《みづ》、得《う》べからず、智《ち》なきがごときの故に」と。*大集《だいしふ》の月蔵経《ぐわちざうきやう》に云《のたま》はく、「仏滅度《ぶつめちど》の後《のち》の第一の五百年にはわがもろもろの弟子《でし》、慧《ゑ》を学《まな》ぶこと堅固《けんご》を得《え》む。第二の五百年には定《ぢやう》を学《まな》ぶこと堅固《けんご》を得《え》む。第三の五百年には多聞読誦《たもんどくじゆ》を学《まな》ぶこと堅固《けんご》を得《え》む。第四の五百年には塔寺《たふじ》を造《ざう》立《りふ》し、福《ふく》を修《しゆ》し、懺悔《さんぐゑ》すること堅固《けんご》を得《え》む。第五の五百年には*白法隠滞《びやくほふおんたい》しておほく諍訟《じやうじゆ》あらむ、すこしき善法《ぜんぼふ》ありて堅固《けんご》を得《え》む」。今《いま》の時《とき》の衆生《しゆじやう》を計《はか》るに、即ち仏世《ぶつよ》を去《さ》りたまふて後《のち》の第四の五百年に当《あ》たれり、正《まさ》しくこれ懺悔《さんぐゑ》し、福《ふく》を修《しゆ》し、仏《ぶつ》の名号《みやうがう》を称《しよう》すべき時《とき》の

◇しかるに正真の…　聖道門の方便仮なることを明らかにする。↓補

聖道・浄土の真仮を顕開し…　聖道門は名あって実なき虚仮の法であり、浄土真宗は名と実とが揃った法であるということを明らかにする。

綽和尚の云く…　道綽の安楽集の文。

信想軽毛　信心の薄いことは軽い毛のようであるとの意。

仮名　名ばかりの菩薩をいう。即ち十信位の者。

不定聚　仏となることに決定していない者。

外の凡夫　十住位以前の外凡の位にある者、転じて機根がつたなくおろかな者のこと。

菩薩瓔珞経　菩薩瓔珞本業経（大正蔵二四）のこと。二巻。姚秦の竺仏念訳。菩薩の法である六度・四諦・修行の階級などについて説いたもの。

正法念経　正法念処経（大正蔵一七）。この引文は坐禅三昧経巻下（大正蔵一五）の取意か。

大集の月蔵経　大集経（大正蔵一三）の月蔵分。この経は北涼の曇無讖訳の三十巻に、隋の僧就が那連提耶舎訳の日蔵経などを合して六十巻としたもの。

白法　白とは清浄なる意。即ち仏法をいう。

住滅　とどまるのとほろびるのと。

三時の教　正・像・末の三時を説い

者《もの》なり。一念阿弥陀仏《いちねんあみだぶつ》を称《しよう》するに、即ちよく八十億劫《こふ》の生死《しやうじ》の罪《つみ》を除却《ちよきやく》せむ。一念すでにしかなり、いはむや常念《じやうねん》を修《しゆ》するは、即ちこれ恒《つね》に懺悔《さんぐゑ》する人《ひと》なり」。

また云《いは》く、「経《きやう》の*住滅《ぢうめち》を弁《べん》ぜば、謂《いは》く釈迦牟尼仏《しやかむにぶつ》一代、正法《しやうぼふ》五百年、像法《ざうぼふ》一千年、末法《まちほふ》一万年には、衆生減《しゆじやうげん》じ尽《つ》き、諸経《しよきやう》ことごとく滅《めち》せむ。如来《によらい》、痛焼《つうせう》の衆生《しゆじやう》を悲哀《ひあい》して、ことにこの経《きやう》を留《とど》めて止住《しぢう》せむこと百年ならむ」と。

また云《いは》く、「大集経《だいしふきやう》に云《のたま》はく、「わが末法《まちほふ》の時《とき》の中《なか》の億億《おくおく》の衆生《しゆじやう》、行《ぎやう》を起《お》こし道《だう》を修《しゆ》せむに、いまだ一人《いちにん》も得《う》る者あらじ」と。当今《たうこん》は末法《まちほふ》にしてこれ五濁悪世《ごぢよくあくせ》なり。ただ浄土《じやうど》の一門のみありて通入《つうにふ》すべき路《みち》なり」と。已上

しかれば穢悪濁世《ゑあくぢよくせ》の群生《ぐんじやう》、末代《まちだい》の旨際《しさい》を知《し》らず、僧尼《そうに》の威儀《ゐぎ》を毀《そし》る。今《いま》の時《とき》の道俗《だうぞく》おのれが分《ぶん》を思量《しりやう》せよ。

*三時《さんじ》の教《けう》を按《あん》ずれば、如来《によらい》*般涅槃《はつねはん》の時代《じだい》を勘《かんが》ふるに、周《しう》の第五の主《しゆ》、穆王《ぼくわう》五十一年壬申《みづのへさる》に当《あた》れり。その壬申よりわが*元仁元年《ぐゑんにんぐわんねん》【*元仁《ぐゑんにん》とは後堀川院《ごほりかはゐん》諱茂仁《いみなもちひと》の聖代《しやうだい》なり】甲申《きのえさる》に至《いた》るまで、二千一百八十三歳《さい》なり。また*賢劫経《けんごふきやう》・*仁王経《にんわうきやう》・*涅槃《ねはん》等《とう》の説《せち》に依《よ》るに、すでに以て末法《まちほふ》に入《い》りて六百八十三歳《さい》なり。

*末法灯明記《まちほふとうみやうき》〈最澄《さいてう》の製作《せいさく》〉を披閲《ひえち》するに曰《いは》く、「それ*一如《いちによ》に範衛《はんゑ》して、以て*化《くゑ》を流《なが》す者《もの》は法王《ほふわう》、四海《しかい》に*光宅《くわうたく》して、以て風《ふう》に乗《じよう》ずる者《もの》は*仁王《にんわう》なり。しかれば則ち仁王《にんわう》・法王《ほふわう》たがひに顕《あら》われて物《もの》を開《かい》し、*真諦《しんたい》・俗諦《ぞくたい》たがひに因《よ》りて教《けう》を弘《ひろ》む。このゆへに*玄籍《ぐゑんせき》宇内《うない》に盈《み》ち、*嘉猶《かいう》天下《てんげ》に溢《み》てり。ここに愚僧《ぐそう》等《ら》、率《そち》して*天網《てんまう》に容《い》り、俯《ふ》して*厳科《ごんくわ》を仰《あふ》ぐ。いまだ*寧処《みやうしよ》にいとま

た教え。
般涅槃　円寂・完全なさとりの意味だが、いまは釈尊の入滅をさす。
元仁元年　↓補
元仁とは…　↓補
賢劫経　西晋の竺法護の訳(大正蔵一四)。八巻。菩薩の請問に対して賢劫千仏の因縁につき述べたもの。
仁王経　仁王護国般若波羅蜜多経(大正蔵八)の略。二巻。般若波羅蜜多に無量の功徳のあることを鎮護国家の方面から述べたもの。
涅槃　いまは涅槃経をさす。
末法灯明記　一巻。伝教大師最澄の著という。仏法王法・真諦俗諦相依の理を説き、仏法に正・像・末の三時があって、末法には破戒無慚の僧侶が出るが、それらも世宝として国王の擁護を受くべきことを説く。
一如に範衛して　一如をまもる意。
化を流すもの　教えをひろめる者。
光宅　「光沢」か。
仁王　人民をあわれみ徳をそなえた帝王。
真諦・俗諦　仏法と世間の法をいう。
玄籍　奥深い意義をもつ書籍。すなわち仏典をさす。
嘉猶　「猶」は「猷」にも作る(伝教全三)。善き教えをいう。
天網　国家の法律の厳正なこと。
厳科　厳しいとがめ。
寧処にいとまあらず　心身を落ち着け安んずる時を得ない。

あらず。しかるに法《ほふ》に三時《さんじ》あり、人《ひと》また三品《さんぼん》なり。*化制《くゑせい》の旨《むね》、時《とき》に依りて*興讃《こうさん》す。*毀讃《くゐさん》の文《もん》、人《ひと》に遂《したが》ふて取捨《しゆしや》す。それ*三石《さんせき》の運《うん》、減衰《げんすい》、同《おな》じからず。*後五《ごご》の機《き》、慧悟《ゑご》また異《こと》なり。あに一途《いちづ》に抛《よ》りて済《すく》はむや、一理《いちり》につきて整《ただ》さむや。かるがゆへに正《しやう》・像《ざう》・末《まち》の旨際《しさい》を詳《つばびらか》にして、試《ため》しに*破持僧《はちそう》の事《じ》を彰《あら》はさむ。中《なか》において三あり。初《はじ》めには正《しやう》・像《ざう》・末《まち》を決《くゑち》す。次《つぎ》に破持僧《はちそう》の事《じ》を定《さだ》む。後《のち》に教《けう》をあげて比例《ひれい》す。

初《はじ》めに正《しやう》・像《ざう》・末《まち》を決《くゑち》するに、諸説《しよせち》を出《い》だすこと同《おな》じからず。しばらく一説を述《ずち》せむ。*大乗基《だいじようき》に、賢劫経《けんごふきやう》を引《ひ》きて言《いは》く、「仏涅槃《ぶつねはん》の後《のち》、正法《しやうぼふ》五百年、像法《ざうぼふ》一千年ならむ。この千五百年の後《のち》、釈迦《しやか》の法《ほふ》、滅尽《めちじん》せむ」と。末法《まちほふ》を言《い》はず。余《よ》の所説《しよせち》に准《なずら》ふるに、尼《に》、*八敬《はちきやう》に順《したが》はずして懈怠《けだい》なるが故に法《ほふ》、更増《きやうぞう》せず。かるがゆへに彼《かれ》に依《よ》らず。また涅槃経《ねはんぎやう》に、「末《まち》法《ほふ》の中《なか》において十二万の大菩薩《だいぼさつ》衆《しゆ》ましまして、法《ほふ》を持《たも》ちて滅《めち》せず」と。これは上位《じやうゐ》に抛るが故にまた同《おな》じからず。

問《と》ふ、もししからば千五百年の内《うち》の行事《ぎやうじ》いかんぞや。

答《こた》ふ、*大術経《だいじゆちきやう》に依《よ》るに、仏涅槃《ぶつねはん》の後《のち》の初《はじ》めの五百年には、*大迦葉《だいかせふ》等《とう》の*七賢聖僧《しちげんじやうそう》、次第《しだい》に正法《しやうぼふ》を持《たも》ちて滅《めち》せず、五百年の後《のち》、正法滅尽《しやうぼふめちじん》せむと。六百年に至《いた》りて後《のち》、九十五種の外《ぐゑ》道競《だうきお》ひ起《お》こらむ、*馬鳴《めみやうよ》世に出《い》でてもろもろの外道《ぐゑだう》を伏《ぶく》せむ。七百年の中《うち》に、*竜樹《りうじゆよ》世に出《い》でて邪見《じやけん》の幢《はたぼこ》を摧《くだ》かむ。八百年において、比丘《びく》縦逸《じゆういち》にしてわづかに一二道果《だうくわ》を得《う》るものあらむ。九百年に至《いた》りて、*奴《ぬ》を比丘《びく》とし、婢《ひ》を尼《に》とせむ、一千年の中《うち》に、不浄観《ふじやうくわん》を*開《ひら》かむ、瞋《しん》恚《い》して欲《ほつ》せじ。千一百年に、*僧尼《そうに》嫁娶《かじゆ》せむ、僧《そう》*毗尼《びに》を毀謗《くゐはう》せむ。千二百年に、諸僧尼《しよそうに》等《とう》と

化制　教えや制度。
興讃　「興替」か。変化があること。
毀讃の文　誡めたり讃めたりする文。
三石の運　三古の運。中国の古い時代を三期に分けた上代・中代・下代の時のめぐり。
後五　仏滅後の五つの五百年。
破持僧の事　破戒・持戒の僧の行事。
大乗基に…　慈恩大師窺基の観弥勒上生兜率天経賛(大正蔵三八)上の文。
八敬　比丘尼八敬戒のこと。比丘尼のたもつべき八種の戒法。
大術経　摩訶摩耶経(大正蔵一二)ともいう。二巻。蕭斉の曇景訳。仏が忉利天に昇って摩耶夫人のために説法し、後、入涅槃と大法伝持のことが述べられている。
大迦葉　迦葉菩薩。摩訶迦葉(梵語の音写)のこと。
七賢聖僧　仏滅後に大法を伝え守る七僧。即ち摩訶迦葉・阿難・優婆掬多・尸羅難陀・青蓮華比丘・牛口比丘・宝天比丘をさす。
馬鳴　一・二世紀ころ、中インドの人。大乗起信論の著者とは別人か。
竜樹　↓三一頁注
奴を比丘とし婢を尼とせむ　比丘を召使いのように、尼を下婢(はしため)のように軽んずる。
開かむ　「閙かむ」か。
僧尼嫁娶せむ　僧尼も婿となり嫁となる。

もに子息《しそく》あらむ。千三百年に、*袈裟《けさ》変《へん》じて白《しろ》からむ。千四百年に*四部《しぶ》の弟子《でし》みな猟師《れうし》のごとし、*三宝物《さんぼうもち》を売《う》らむ。ここに曰《いは》く、千五百年に*拘睒弥国《くせんみこく》に二《ふたり》の僧《そう》ありて、たがひに是非《ぜひ》を起《お》こしてつひに殺害《せちがい》せむ、よりて教法竜宮《けうほふりうぐ》に蔵《おさ》まるなり。涅槃《ねはん》の十八および仁王等《にんわうとう》にまたこの文《もん》あり。これらの経文《きやうもん》に準《じゆん》ずるに、千五百年の後《のち》、戒《かい》・定《ぢやう》・慧《ゑ》あることなきなり。かるがゆへに大集経《だいしふきやう》の五十一に言《いは》く、「わが滅度《めちど》の後《のち》、初《はじ》めの五百年にはもろもろの比丘《びく》等《とう》、わが正法《しやうぼふ》において*解脱堅固《げだちけんご》ならむ〈初《はじ》めに聖果《しやうくわ》を得《う》るを名《な》づけて解脱《げだち》とす〉。次《つぎ》の五百年には*禅《ぜん》定堅固《ぢやうけんご》ならむ。次《つぎ》の五百年には*多聞堅固《たもんけんご》ならむ。次《つぎ》の五百年には造寺堅固《ざうじけんご》ならむ。後《のち》の五百年には*闘諍堅固《とうじやうけんご》ならむ、*白法隠没《びやくほふおんもち》せむ」と、云云。この意《こころ》初《はじ》めの三分《さんぶん》の五百年は、ついでのごとく戒《かい》・定《ぢやう》・慧《ゑ》の三法堅固《さんぼふけんご》に住《ぢう》することを得《え》む。即ち上《かみ》に引《ひ》くところの正法《しやうぼふ》五百年、像法《ざうぼふ》一千の二時《にじ》これなり。造寺已後《ざうじいご》は、ならびにこれ末法《まちほふ》なり。かるがゆへに*基《き》の般若会《はんにやゑ》の釈《しやく》に云《いは》く、「正法《しやうぼふ》五百年、像法《ざうぼふ》一千年、この千五百年の後《のち》、正法滅尽《しやうぼふめちじん》せむ」と。かるがゆへに知《し》んぬ、已後《いご》はこれ末法《まちほふ》に属《ぞく》す。

問《と》ふ、もししからば、今《いま》の世《よ》は、正《まさ》しくいづれの時《とき》にか当《あ》たれるや。

答《こた》ふ、滅後《めちご》の年代《ねんだい》多説《たせち》ありといへども、しばらく両説《りやうせち》を挙《あ》ぐ。一つには*法上師等《ほふじやうしとう》*周異《しうい》の説《せち》に依りて言《いは》く、「仏《ぶつ》、*第五の主《しゆ》、穆王満《ぼくわうまん》五十一年 壬 申《みづのへさる》にあたりて入滅《にふめち》したまふ」と。もしこの説《せち》に依《よ》らば、その壬申よりわが延暦《えんりやく》二十年 辛 巳《かのとのみ》に至《いた》るまで一千七百五十歳《さい》なりと。二つには*費長房等《ひちやうばうとう》、魯《ろ》の*春秋《しゆんじう》に依《よ》らば、仏《ぶつ》、周《しう》の第二十の主《しゆ》、匡王班《くゐやうわうはん》四年 壬 子《みづのへね》に当《あた》りて入滅《にふめち》したまふ。もしこの説《せち》に依《よ》らば、その壬子よりわが延暦《えんりやく》二十年 辛 巳《かのとのみ》に至《いた》る

毗尼　仏が定めた教団の生活規則。

袈裟　僧侶の衣服のこと。もとは美しくない濁った色という意味。出家者は棄てられたぼろぎれを綴って衣服としたのでその色からいう。

四部の弟子　比丘・比丘尼・清信士(優婆塞)・清信女(優婆夷)。

三宝物　仏物・法物・僧物。

拘睒弥国　憍賞弥国ともいう。インド十六大国の一で、釈尊在世当時には優塡王があって仏教を保護した。

解脱堅固　解脱を得ることが確か。

禅定堅固　禅定を修めることが確か。

多聞堅固　仏の教えを多く聞くことが確か。

闘諍堅固　争いが盛んになる。

白法隠没　善法(仏法)がこの世からかくれる。

基　慈恩大師窺基。

法上師　地論宗南道派の学者(四九四―五八〇)。

周異の説　周異記のこと。現存しないが、法琳(五七三―六四〇)の破邪論(大正蔵五二、四七八頁)などに引用す。

第五　周の第五世。現行本(伝教全、三)は「五十一年」を「五十三年」とする。

費長房　隋代。その著、歴代三宝記一巻(大正蔵四九)。

春秋　魯国の史官の記録を孔子が筆删したもの。魯国王歴代の事蹟を収め、時事の当否を断じ王道を明らかにした歴史書。

まで一千四百十歳なり。かるがゆへに今《いま》の時《とき》のごときは、これ*最末《さいまち》の時《とき》なり。かの時《とき》の行《ぎやう》事《じ》すでに末法《まちほふ》に同《どう》ぜり。しかれば則ち末法《まちほふ》の中《なか》においては、ただ言教《ごんげう》のみありて行証《ぎやうしよう》なけむ。もし*我が法《ほふ》あらば破戒《はかい》あるべし。すでに戒法《かいほふ》なし、いづれの戒《かい》を破《は》せむに由《よ》りてか破《は》戒《かい》あらむや。破戒《はかい》なほ無《な》し、いかにいはんや持戒《ぢかい》をや。かるがゆへに*大集《だいしふ》に云《いは》く、「仏涅《ぶつね》槃《はん》の後《のち》、無戒洲《むかいくに》に満《み》たむ」と、云云。

問《と》ふ、諸経律《しよきやうりち》の中《なか》に、広《ひろ》く破戒《はかい》を制《せい》して衆《しゆう》に入《い》ることを聴《ゆる》さず。破戒《はかい》なほしかなり、いかにいはんや無戒《むかい》おやと。しかるに今重《いまかさ》ねて末法《まちほふ》を論《ろん》ずるに、戒《かい》なし。あに瘡《かさ》なくして、自《みづか》ら以て傷《いた》まむやと。

答《こた》ふ、この理《り》しからず。正《しやう》・像《ざう》・末法《まちほふ》の所有《しよう》の行事《ぎやうじ》、広《ひろ》く諸経《しよきやう》に載《の》せたり。内外《ないぐゐ》の道俗《だうぞく》たれか披諷《ひふう》せざらむ。あに自身《じしん》の*邪活《じやくわち》を貪求《とんぐ》して持国《ぢこく》の正法《しやうぼふ》を隠蔽《おんへい》せむや。ただし、いま論《ろん》ずるところの末法《まちほふ》には、ただ名字《みやうじ》の比丘《びく》のみあらむ。この名字《みやうじ》を世《よ》の真宝《しんぼう》とせむ。福田《ふくでん》なからむや。たとひ末法《まちほふ》の中《なか》に持戒《ぢかい》あらば、すでにこれ怪異《くゐい》なり、市《いち》に虎《とら》あらむがごとし。これたれか信《しん》ずべきや。

問《と》ふ、正《しやう》・像《ざう》・末《まち》の事《じ》すでに衆経《しゆきやう》に見《み》えたり。末法《まちほふ》の名字《みやうじ》を世《よ》の真宝《しんぼう》とせむことは、聖《しやう》典《でん》に出《い》でたりや。

答《こた》ふ、*大集《だいしふ》の第九に云《いは》く、「譬《たと》へば真金《しんこん》を*無価《むけ》の宝《たから》とするがごとし。もし真金《しんこん》なくは銀《しろがね》を無価《むけ》の宝《たから》とす。もし銀《しろがね》なくは*鍮石偽宝《ちうしやくぐゐほう》を無価《むけ》とす。もし偽宝《ぐゐほう》なくは赤白銅《しやくびやくどう》・鉄《てち》・白鑞《びやくらう》・*鈆《えん》を無価《むけ》とす。かくのごとき一切世間《せけん》の宝《たから》なれども、仏法無価《ぶつほふむけ》なり。もし仏宝《ぶつほう》ましまさ

最末の時　像法最末時。像法とは正法後の一千年間で、証はないが教・行の二法は存して、なお正法に似ているからこういう。

我が法　「戒法」か。西本願寺本は「戒法」と訂正。

大集　大集経巻五十五(大正蔵一三)等の取意か。

邪活　よこしまな生活。

大集の第九…　大集経巻五十五の文(大正蔵一三)。

無価　あたいをつけることが出来ない無上の価値。

鍮石偽宝　鍮石とは自然銅の精選されたもの。金・銀を真宝というのに対する。

鈆　鉛。

ずは*縁覚無上《えんがくむじやう》なり。もし縁覚《えんがく》なくは羅漢無上《らかんむじやう》なり。もし羅漢《らかん》なくは余《よ》の賢聖衆《げんじやうしゆ》以て無上《むじやう》なり。もし余《よ》の賢聖衆《げんじやうしゆ》なくは*得定《とくぢやう》の凡夫《ぼんぶ》以て無上《むじやう》とす。もし得定《とくぢやう》の凡夫《ぼんぶ》なくは*浄持戒《じやうぢかい》を以て無上《むじやう》とす。もし浄持戒《じやうぢかい》なくは*漏戒《ろかい》の比丘《びく》を以て無上《むじやう》とす。もし漏戒《ろかい》なくは剃除鬚髪《たいぢよしゆほち》して身《み》に袈裟《けさ》を著《き》たる名字《みやうじ》の比丘《びく》を無上《むじやう》の宝《たから》とす。余《よ》の*九十五種の異道《いだう》に比《ひ》するに最《もと》も第一とす。世《よ》の供《く》を受《う》くべし、物《もの》のための初《はじ》めの福田《ふくでん》なり。何《なに》を以ての故に、よく身《しん》を破《やぶ》る衆生《しゆじやう》、怖《ふ》畏《ゐ》するところなるが故に。護持《ごぢ》し養育《やういく》して、この人《ひと》を安置《あんち》することあらむは、久《ひさ》しからずして*忍地《にんぢ》を得《え》む」と。已上経文　この文《もん》のなかに八重の無価《むけ》あり。いはゆる如来像《によらいざう》、縁覚《えんがく》・声聞《しやうもん》および*前三果《ぜんさんくわ》、得定《とくぢやう》の凡夫《ぼんぶ》、持戒《ぢかい》・破戒《はかい》・無戒名字《むかいみやうじ》、それついでのごとし、名《な》づけて正《しやう》・像《ざう》・末《まち》の時《とき》の無価《むけ》の宝《たから》とするなり。初《はじ》めの四つは正法時《しやうぼふじ》、次《つぎ》の三つは像法時《ざうぼふじ》、後《のち》の一つは末法時《まちほふじ》なり。これに由りて明《あきら》かに知《し》んぬ、破戒《はかい》・無戒《むかい》ことごとくこれ真宝《しんぼう》なりと。

問《と》ふ、伏《ふ》して前《さき》の文《もん》を観《み》るに、破戒名字《はかいみやうじ》、真宝《しんぼう》ならざることなし。なんが故ぞ涅槃《ねはん》と*大《だい》集経《しふきやう》に、「国王《こくわう》・大臣《だいじん》、破戒《はかい》の僧《そう》を供《く》すれば、国《くに》に*三災起《さんさいお》こり、つひに地獄《ちごく》に生《しやう》ず」と。破《は》戒《かい》なほしかなり、いかにいはんや無戒《むかい》おや。しかるに如来《によらい》、一つの破戒《はかい》において、あるいは毀《そし》りあるいは讃《ほ》む。あに一聖《いちしやう》の説《せち》に両判《りやうはん》の失《とが》あるおや。

答《こた》ふ、この理《り》しからず。涅槃等《ねはんとう》の経《きやう》に、しばらく正法《しやうぼふ》の破戒《はかい》を制《せい》す、像末代《ざうまちだい》の比丘《びく》にはあらず。その名《な》同《おな》じといへども、時《とき》に異《い》あり。時《とき》に随《したが》ふて制許《せいこ》す。*これ大聖《だいしやう》の旨《し》破《は》なり。世尊《せそん》において両判《りやうはん》の失《とが》ましまさず。

問《と》ふ、もししからば何《なに》を以てか知《し》らむ、涅槃等《ねはんとう》の経《きやう》は、ただ正法所有《しやうぼふしよう》の破戒《はかい》を制止《せいし》して、

縁覚　小乗の聖者の一。辟支仏ともいう。各自に覚った者の意で、十二因縁を観じて覚るから縁覚という。二乗(声聞・縁覚)、または三乗(声聞・縁覚・菩薩)の一。
得定の凡夫　禅定を得た凡夫。
浄持戒　浄らかに戒をたもつ人。
漏戒　戒を破ること。
九十五種の異道　九十五種の外道。外道とは仏教以外の教のこと。釈尊在世当時のインドには九十五種の外道があったといわれる。
忍地　無生法忍(不生・不滅の法性の道理を忍知して決定安住すること)の地位。
前三果　声聞の階位である預流・一来・不還・阿羅漢の四果のうちの前三をいう。
大集経に…　巻二十四(大正蔵一三)の文。
三災　飢饉・兵乱・疫病の三つの災。
これ大聖の旨破なり…　「これ大聖の旨なり、故に世尊において両判の失ましまさず」とすべきか。

像末《ざうまち》の僧《そう》にあらずとは。

答《こた》ふ、引《ひ》くところの大集所説《だいしふしよせち》の八重の真宝《しんばう》のごとし、これその証《しよう》なり。みな時《とき》に当《あ》たりて無価《むけ》となす故に。ただし正法《しやうぼふ》の時《とき》の破戒比丘《はかいびく》は、清浄衆《しやうじやうしゆ》を穢《けが》す、かるがゆへに仏《ぶつ》かたく禁制《きんぜい》して衆《しゆう》に入《い》れず。しかる所以《ゆえ》は、*涅槃《ねはん》の第三に云《のたま》はく、「如来《にょらい》いま無上《むじやう》の正法《しやうぼふ》を以て諸王《しよわう》・大臣《だいじん》・宰相《さいさう》・比丘《ひく》・比丘尼《ひくに》に付属《ふぞく》したまへり。乃至　破戒《はかい》ありて正法《しやうぼふ》を毀《そし》らば、王《わう》および大臣《だいじん》、*四部《しぶ》の衆《しゆう》、まさに苦治《くぢ》すべし。かくのごときの王臣等《わうじんとう》、無量《むりやう》の功徳《くどく》を得《え》む。乃至　これわが弟子《でし》なり、真《しん》の声聞《しやうもん》なり。福《ふく》を得《う》ること無量《むりやう》ならむ」。乃至　かくのごときの制文《せいもん》の法《ほふ》、往往衆多《わうわうしゆた》なり。皆《みな》これ正法《しやうぼふ》に明《あ》かすところの制文《せいもん》なり、像末《ざうまち》の教《けう》にあらず。しかる所以《ゆへ》は、*像季末法《ざうくゐまちほふ》には正法《しやうぼふ》を行《ぎやう》ぜざれば法《ほふ》として毀《そし》るべきなし、何《なに》おか毀法《くゐほふ》と名《な》づけむ。戒《かい》として破《は》すべきなし、たれおか破戒《はかい》と名《な》づけむ。またそのとき大王《だいわう》、行《ぎやう》として護《まも》るべきなし。何《なに》に由りてか*三災《さんさい》を出《い》だし、および*戒慧《かいゑ》を失《しち》せむや。また像末《ざうまち》には証果《しようくわ》の人《ひと》なし。いかんぞ*二聖《にしやう》に聴護《ちやうご》せらるることを明《あ》かさむ。かるがゆへに知《し》んぬ、上《かみ》の所説《しよせち》はみな正法《しやうぼふ》の世《よ》に持戒《ちかい》あるときに約《やく》して、破戒《はかい》あるが故《ゆえ》なり。

次《つぎ》に像法《ざうぼふ》千年の中《うち》に、初《はじ》めの五百年には持戒《ちかい》やうやく減《げん》じ、破戒《はかい》やうやく増《ぞう》せむ。戒行《かいぎやう》ありといへども証果《しようくわ》なし。かるがゆへに*涅槃《ねはん》の七に云《のたま》はく、「迦葉菩薩《かせふぼさつ》、仏《ぶつ》に白《まう》して言《さう》さく、『世尊《せそん》、仏《ぶつ》の所説《しよせち》のごときは*四種の魔《ま》あり。もし魔《ま》の所説《しよせち》および仏《ぶつ》の所説《しよせち》、われまさにいかんしてか分別《ふんべち》することを得べき。もろもろの衆生《しゆじやう》ありて魔行《まぎやう》に随逐《ずいちく》せむ、また仏説《ぶつせち》に随順《ずいじゆん》することあらば、かくのごときらの輩《ともがら》またいかんが知《し》らむ』と。仏《ぶつ》、迦葉《かせふ》に告《つ》げたま

涅槃の第三　北本涅槃経巻三の文（大正蔵一二）。

四部の衆　比丘・比丘尼・清信士・清信女のこと。

像季末法　像法のすえ、末法の時。

三災　→二二一頁注

戒慧　戒行と智慧のこと。

二聖　預流果と羅漢果の聖者。

涅槃の七　北本涅槃経巻七の文（大正蔵一二）。

四種の魔　魔が仏に似せて説いた経と律と、およびその経・律を奉ずる人。

魔波旬　波旬は梵名の音写。殺者と訳す。第六天の魔王の名。仏・仏弟子などをまどわし、人の慧命善根を

はく、『われ涅槃《ねはん》して七百歳《さい》の後《のち》に、これ*魔波旬《まはじゅん》やうやく起《お》こりて、まさにしきりにわが正《しやう》法《ぼふ》を壊《あ》すべし。譬《たと》へば猟師《れふし》の身《み》に法衣《ほふえ》を服《ぶく》せむがごとし。魔波旬《まはじゅん》もまたまたかくのごとし。*比丘像《びくざう》・比丘尼像《びくにざう》、優婆塞《うばそく》・優婆夷像《うばいざう》とならむこと、またまたかくのごとしと。乃至　もろもろの比丘《びく》、奴《ぬ》・僕使《ぼくし》、牛《ご》・羊《やう》・象《ざう》・馬《め》、乃至《ないし》銅鉄《どうてち》*釜錫《こくちやう》、大小銅盤《だいせうどうばん》、所須《しよしゆ》のものを受畜《じゆちく》し、耕田《かうでん》・種《しゆ》、*敗売《はいばい》・市易《しやく》して、穀米《こくまい》を儲《まふ》くることを聴《ゆる》すと。かくのごときの衆事《しゆじ》、仏大《ぶつだい》悲《ひ》の故に衆生《しゆじやう》を憐愍《れんみん》してみな畜《たくわ》うることを聴《ゆる》さむと。かくのごときの経律《きやうりち》はことごとくこれ魔説《ませち》なり』」と、云云。すでに「七百歳《さい》の後《のち》に波旬《はじゆん》やうやく起《お》こらむ」と云《い》へり。かるがゆへに知《し》んぬ、かの時《とき》の比丘《びく》、やうやく*八不浄物《はちふじやうもち》を貪畜《とんちく》せむ。この妄説《まうせち》を作《な》さむ、即ちこれ魔《ま》の流《ともがら》なり。これらの経《きやう》の中《なか》に明《あき》らかに年代《ねんだい》を指《さ》して、具《とも》に行事《ぎやうじ》を説《と》けり。さらに疑《うたが》ふべからず。それ一文《いちもん》を挙《あ》ぐ、余《よ》みな準知《じゆんち》せよ。

次《つぎ》に像法《ざうぼふ》の後半《のちなかば》は持《ち》戒減少《かいげんせう》し、破《は》戒巨多《かいこた》ならむ。かるがゆへに涅槃《ねはん》の六に云《のたま》はく、乃至　また*十輪《じふりん》に言《のたま》はく、「もしわが法《ほふ》に依りて出家《しゆつけ》して悪行《あくぎやう》を造作《ざうさ》せむ。これ*沙門《しやもん》にあらずして、自《みづか》ら沙門《しやもん》と称《しよう》し、また*梵行《ぼんぎやう》にあらずして自《みづか》ら梵行《ぼんぎやう》と称《しよう》せむ。かくのごときの比丘《びく》、よく一切*天《てん》・*竜《りう》・*夜《や》叉《しや》、一切善法《ぜんぼふ》功徳《くどく》の伏蔵《ぶくざう》を開示《かいじ》して、衆生《しゆじやう》の善知《ぜんち》識《しき》とならむ。少欲《せうよく》知足《ちそく》ならずといへども、剃除鬚髪《たいぢよしゆはち》して、法服《ほふぶく》を被著《ひぢやく》せむ。この因縁《いんえん》を以ての故に、よく衆生《しゆじやう》のために善根《ぜんごん》を増長《ぞうぢやう》せむ、もろもろの天人《てんにん》において善道《ぜんだう》を開示《かいじ》せむ。乃至《ないし》破《は》戒《かい》の比丘《びく》、これ死《し》せる人《ひと》なりといへども、しかも戒《かい》の余《よ》才《さい》、*牛《ご》黄《わう》のごとし。これ死《し》するものといへども、人《ひと》ことさらにこれを取《と》る。また*麝香《じやかう》の復《のち》に用《ゆう》あるがごとし」、云云。*すでに「*迦羅《から》林《りん》の中《うち》

断とうとする魔。
比丘像…優婆夷像　比丘・比丘尼・清信士・清信女の似すがた。
釜錫　かま・かなえ。釜鍑(ふく)のこと。
敗売　「販売」か。
八不浄物　僧侶の貯わえてはならない八種のもの。㈠田宅園林、㈡野菜植物など、㈢穀物、㈣奴婢、㈤畜類、㈥金銭財宝、㈦象牙刻鏤などの愛玩物、㈧釜鍋などの炊事道具。これについては異説もある。
十輪　大方広十輪経巻三の文(大正蔵一三)。訳者不明。新訳は玄奘訳の地蔵十輪経。
沙門　梵語の音写。勤息・修道等と訳す。出家して仏道を修する人をいう。
梵行　浄らかな行。
天　六欲天・四禅天などに住む天人。
竜　八部衆の一で、仏法守護の竜神をいう。
夜叉　八部衆の一。羅刹とならび称せられ、人を傷害し悪を事とする。
牛黄　牛の内臓に生ずる一種の玉で、薬に用いられるという。
麝香　鹿に似た一種の獣。その分泌物を香料に用いる。
すでに迦羅林…　北本涅槃経巻六の文(大正蔵一二)。
迦羅林　迦羅樹の林のこと。迦羅は梵語の音略。黒果と訳す。樹木の名。その果実は有毒である。

に一つの*鎮頭迦樹《ちんづかじゆ》あり」と云へり。これは像運《ざううん》すでに衰《おとろ》へて、破戒濁世《はかいぢよくせ》に僅《わづ》かに一二持戒《ぢかい》の比丘《びく》あらむに喩《たと》ふるなりと。*また云《いは》く、「破戒《はかい》の比丘《びく》、これ死《し》せる人《ひと》なりといへども、なほ麝香《じやかう》の死《し》して用《ゆう》あるがごとし、衆生《しゆじやう》の善知識《ぜんぢしき》となること」。明《あき》らかに知《し》んぬ、この時《とき》やうやく破戒《はかい》を許《ゆる》して世《よ》の福田《ふくでん》とす。前《さき》の大集《だいしふ》に同《おな》じと。

次《つぎ》に像季《ざうくゐ》の後《のち》、全《また》くこれ戒《かい》なし。仏《ぶつ》、時運《じうん》を知《し》ろしめして、末俗《まちぞく》を済《すく》はむがために*名字《みやうじ》の僧《そう》を讃《ほ》めて世《よ》の福田《ふくでん》としたまへり。また*大集《だいしふ》の五十二に云《のたま》はく、「もし後《のち》の末世《まちせ》に、わが法《ほふ》の中《なか》において剃除鬚髪《たいぢよしゆはち》し身《み》に袈裟《けさ》を著《き》たらむ名字《みやうじ》の比丘《びく》、もし*檀越《だんおち》ありて*供養《くやう》を捨《す》てば、無量《むりやう》の福《ふく》を得《え》む」と。また*賢愚経《けんぐきやう》に言《のたま》はく、「もし檀越、将来末世《しやうらいまちせ》に法乗尽《ほふじようつ》きむとせむに、正《まさ》しく妻《つま》を蓄《たくは》へ、子《こ》を挾《わきばさ》ましめむ四人以上《いじやう》の名字《みやうじ》の僧衆《そうしゆ》、まさに礼敬《らいきやう》せむこと、*舎《しや》利《り》弗《ほつ》・*大目連等《だいもくれんとう》のごとくすべし」と。*また云《のたま》はく、「もし、破戒《はかい》を打罵《ちやうめ》し、身《み》に袈裟《けさ》を着《き》たるを知《し》ることなからむ、罪《つみ》は万億《まんおく》の仏身《ぶつしん》より血《ち》を出《い》だすに同《おな》じからむと。もし衆生《しゆじやう》ありて、わが法《ほふ》のために剃除鬚髪《たいぢよしゆはち》し袈裟《けさ》を被服《ひぶく》せむは、たとひ戒《かい》を持《たも》たずとも、かれらは悉《ことごと》くすでに涅槃《ねはん》の印《いん》のために印《いん》せらるるなり」。乃至　*大悲経《だいひきやう》に云《のたま》はく、「仏《ぶつ》、阿難《あなん》に告《つ》げたまはく、将来世《しやうらいせ》において法《ほふ》、滅尽《めちじん》せむと欲《ほち》せむ時《とき》、まさに比丘《びく》・比丘尼《びくに》ありて、わが法《ほふ》の中《なか》において出家《しゆつけ》を得《え》たらむもの、おのれが手《て》に児《こ》の臂《ひぢ》を牽《ひ》きて、共《とも》に遊行《ゆぎやう》してかの酒家《しゆけ》より酒家《しゆけ》に至《いた》らむ。わが法《ほふ》の中《なか》において*非梵行《ひぼんぎやう》を作《な》さむ。かれら酒《さけ》の因縁《いんえん》たりといへども、この*賢劫《けんごふ》の中《なか》において、まさに千仏《せんぶつ》ましまして興出《こうしゆつ》したまはむに、わが弟子《でし》となるべしと。次《つぎ》に後《のち》に弥勒《みろく》まさにわが所《ところ》を補《つ》ぐべし。乃至《ないし》、最後《さいご》*盧至如来《るしによらい》まで、かくのごとき次第《しだい》に、

鎮頭迦樹　梵語の音写。柿樹科の植物で、セイロン南部、インド西海岸、東インドに多い。材は堅く、果汁は粘質のため用途が広い。

また云く破戒の…　大方広十輪経巻三の文(大正蔵一三)。取意。

名字の僧　名ばかりの僧。

大集の五十二　大集経巻五十五の文(大正蔵一三)。

檀越　梵語の音写。施主。施しをする人。

供養を捨てば…　親鸞独自の読み方。

賢愚経　巻十三の文(大正蔵四)。種々の譬喩因縁を収集せるもの。

舎利弗　仏十大弟子の一人で、智慧第一といわれる。

大目蓮　仏十大弟子の一人で、神通第一といわれる。

また云はくもし…　大集経巻五十三の文。

大悲経　巻三の文(大正蔵一二)。仏涅槃の時に臨んで滅後の法蔵伝持者等を説いてある。

非梵行　浄らかでない行為。淫事を犯すことをさす。

賢劫　現在の時代。一大劫(成・住・壊・空各二十小劫)のうち、現在の住劫には多くの仏(千仏)が出現するから賢劫という。

盧至如来　賢劫千仏のうちの最後に出世する仏。

無余涅槃　無余依涅槃の略で、有余依涅槃に対する。煩悩のさわりを断

汝《なんぢ》まさに知《し》るべし。阿難《あなん》、わが法《はふ》の中《なか》において、ただ性《しやう》はこれ沙門《しやもん》の行《ぎやう》にして自《みづか》ら沙門《しやもん》と称《しよう》せむ、形《かたち》は沙門《しやもん》に似《に》てひさしく袈裟《けさ》を被着《ひぢやく》することあらしめむは、賢劫《けんごふ》において弥勒《みろく》を首《しゆ》として乃至《ないし》盧至《るし》如来《によらい》まで、かのもろもろの沙門《しやもん》、かくのごときの仏《ぶつ》のみもとにして、*無《む》余《よ》涅槃《ねはん》において次第《しだい》に涅槃《ねはん》に入《い》ることを得《え》む。遺余《ゆいよ》あることなけむ。何《なに》を以ての故に、如《によ》来《らい》一切沙門《しやもん》の中《なか》に、乃至《ないし》ひとたび仏《ぶつ》の名《みな》を称《しよう》し、ひとたび信《しん》を生《しやう》ぜむ者《もの》、所作《しよさ》の功徳《くどく》つひに虚設《こせち》ならじ。われ仏智《ぶつち》を以て法界《はふかい》を測知《しきち》するが故《ゆへ》なり」と、云云。乃至　これらの諸経《しよきやう》に、みな年代《ねんだい》を指《さ》して将来末世《しやうらいまちせ》の名字《みやうじ》の比丘《びく》を世《よ》の尊師《そんし》とすと。もし正法《しやうぼふ》の時《とき》の制文《せいもん》を以て、末法世《まちほふせ》の名字《みやうじ》の僧《そう》を制《せい》せば、教機《けうき》あひ乖《そむ》き、人法合《にんぼふがふ》せず。これに由りて*律《りち》に云《いは》く、「非制《ひせい》を制《せい》するは、則ち*三明《さんみやう》を断《だん》ず。記説《きせち》するところこれ罪《つみ》あり」と。この上《かみ》に経《きやう》を引《ひ》きて配当《はいたう》し已訖《おはぬ》。

後《のち》に*教《けう》を挙《あ》げて比例《ひれい》せば、末法法爾《まちほふほふに》として正法毀壊《しやうぼふくゐゑ》し*三業記《さんごふしるし》なし。*四《し》儀《ぎ》乖《そむ》くことあらむ。しばらく*像法決疑経《ざうぼふくゑちぎきやう》に云《のたま》ふがごとしと。乃至　また*遺教経《ゆいけうきやう》に云《のたま》はく、乃至　また*法行経《はふぎやうきやう》に云《のたま》はく、乃至　*鹿子母経《ろくしもきやう》に云《のたま》はく、乃至　また*仁王経《にんわうきやう》に云《のたま》はく。乃至」。已上略抄

じたところに得る涅槃で、有漏の身体が滅して所依がないからこういう。
律に…　四分律巻五十七の文(大正蔵二二)。
三明　仏の持つ三種の智明。愚痴の闇を破るから三明という。㈠宿住智証明、㈡死生智証明、㈢漏尽智証明の三で、六神通のうちの宿命通・天眼通・漏尽通にあたる。
教を挙げて比例せば　仏の在世や正法の時の教えをあげて、末法のありさまと比べると。
三業　身・口・意の三業。
四儀　四威儀。行・住・坐・臥。即ち日常生活のすべての作法。
像法決疑経　一巻。訳者未詳。仏入滅の際、滅後に起こるであろう僧俗の非法をあげてこれを誡め、大慈布施を勧められている。
遺教経　一巻。姚秦の鳩摩羅什訳。仏入滅のとき、諸弟子のために遺訓を垂れたもの。
法行経　四巻。隋の天竺三蔵闍那崛多訳。
鹿子母経　一巻。西晋の竺法護訳。現存しない。鹿子母は釈尊時代の人で深く仏法に帰依した女人である。五百の羅漢を別請したのに対して、釈尊がこれをいましめ、僧衆を別請すべきでないことを示された。
仁王経　→二一七頁注

顕浄土方便化身土文類《けんじやうどはうべんくゑしんどもんるい》　六*

愚禿釈親鸞集《ぐとくしやくしんらんしふ》

*それもろもろの*修多羅《しゆたら》に拠《よ》りて、真偽《しんぐゐ》を勘決《かむくゑち》して、外教邪偽《ぐゑけうじやぐゐ》の異執《いしふ》を教誡《けうかい》せば、*涅槃経《ねはんぎやう》に言《のたま》はく、「仏《ぶつ》に帰依《くゑえ》せば、終《つひ》にまたその余《よ》のもろもろの天神《てんじん》に帰依《くゑえ》せざれ」と。略出

*般舟三昧経《はんじゆさんまいきやう》に言《のたま》はく、「*優婆夷《うばい》、この三昧《さんまい》を聞《き》きて学《まな》ばむと欲《ほつ》せむ者《もの》は、乃至　自《みづか》ら仏《ぶつ》に帰命《くゐみやう》し、法《ほふ》に帰命《くゐみやう》し、比丘僧《びくそう》に帰命《くゐみやう》せよ。余道《よだう》に事《つか》ふることを得《え》ざれ、天《てん》を拝《はい》することを得《え》ざれ、鬼神《くゐじん》を祠《まつ》ることを得《え》ざれ、*吉良日《きちらうにち》を視《み》ることを得《え》ざれ」と。已上

また言《のたま》はく、「優婆夷《うばい》、三昧《さんまい》を学《まな》ばむと欲《ほつ》せば、乃至　天《てん》を拝《はい》し神《じん》を祠祀《しし》することを得《え》ざれ」と。略出

*大乗大方等日蔵経《だいじようだいはうどうにちざうきやう》巻第八、魔王波旬星宿品《まわうはじゆんしやうしうほん》第八の二に言《のたま》はく、「その時《とき》に*佉盧虱吒《かるしちた》、天衆《てんしゆ》に告《つ》げて言《のたま》はく、「このもろもろの月等《ぐわちとう》、おのおの*主儅《しゆたう》あり。汝《なんぢ》、四種の衆生《しゆじやう》を救済《くさい》すべし。何ものおか四つとする。地上《ちじやう》の人《にん》、諸竜《しよりう》・夜叉《やしや》、乃至《ないし》蝎等《かちとう》を救《たす》けむ。かくのごときの類《たぐひ》、皆《みな》ことごとくこれを救《たす》けむ。われもろもろの衆生《しゆじやう》を安楽《あんらく》するを以ての故に、星宿《しやうしう》を布置《ふち》す。おのおの分部《ふんぶ》乃至《ないし》*模呼羅《まくこら》の時等《じとう》あり。また皆《みな》つぶさに説《と》かむ。その国土《こくど》方面《はうめん》の

六　この見出しは後に「六末」となった。

◇それもろもろの修多羅…　仏教外の迷信的な宗教の邪偽なることを明かす。↓補

修多羅　経。経典。

涅槃経　北本涅槃経巻八の文(大正蔵一二)。

般舟三昧経　↓四四頁注

優婆夷　梵語の音写。在家の女子の仏教信者。

吉良日　縁起のよい日。

大乗大方等日蔵経　大集経巻四十二の文(大正蔵一三)。

佉盧虱吒　仙人の名。身体美しくただ唇のみ驢のようであった。釈尊の前身といわれる。

主儅　主として司どるところ。

模呼羅　梵語の音写。時間の長さをいう単位の一で、倶舎論には牟呼栗多と音写している。三大牟呼栗多が一昼夜である。

有六時…　「六時ありとするや」と読むべきか。寂如本には「為《スルヤ》レ有《リト》二六時一也」とある。

ところに随《したが》ふて、所作《しよさ》の事業《じごふ》、随順《ずいじゆん》し増長《ぞうちやう》せむ」。佉盧虱吒《かるしつた》、大衆《だいしゆ》の前《まへ》にして掌《たなごころ》を合《あ》はせて説《と》きて言《いは》まく、「かくのごとき日月《にちぐわち》・年時《ねんじ》、大小星宿《だいせうしやうしう》を安置《あんち》す。何ものおか名《な》づけて*有《いう》六時《ろくじ》とするや。正月・二月を*暄暖時《えんくわんじ》と名《な》づく。三月・四月を*種作時《しゆさじ》と名《な》づく。五月・六月は*求降雨時《ぐかううじ》なり。七月・八月は*物欲熟時《もちよくじゆくじ》なり。九月・十月は寒涼《かんれい》の時《し》なり。十有《いう》一月、合《がふ》して十二月は大雪《だいせち》の時《じ》なり。これ十二月を分《わか》ちて六時とす。また大星宿《だいしやうしう》その数《かず》、八つあり。いはゆる*歳星《さいしやう》・*熒惑《けいこく》・*鎮星《ちんしやう》・*太白《たいはく》・*辰星《しんしやう》・日《にち》・月《ぐわち》・*荷羅睺星《からごしやう》なり。また小星宿《せうしやうしう》二十八あり。いはゆる*昴《ばう》より胃《ゐ》に至《いた》るまでの諸宿《しよしう》これなり。われかくのごとき次第安置《しだいあんち》を作《な》す、その法《ほふ》を説《と》き已《をは》んぬ。なんたち、皆《みな》すべからくまた見《み》、また聞《き》くべし。一切大衆、意《こころ》においていかん。わが置《お》くところの法《ほふ》は、その事《こと》これ*二十八宿《しう》および八大星《はちだいしやう》の所行諸業《しよぎやうしよごふ》にあらず。汝《なんぢ》が喜楽《きらく》は、是《ぜ》のために、非《ひ》のためにせず。よろしくおのおの宣説《せんぜち》すべし」。その時《とき》に一切天人《てんにん》・仙人《せんにん》・*阿修羅《あしゆら》・竜《りう》および*緊那羅《きんなら》等《とう》、皆《みな》ことごとく掌《たなごころ》を合《あ》はせて、ことごとくこの言《ごん》を作《な》さく、「いま大仙《だいせん》のごときは、天人《てんにん》の間《あひだ》において最《もと》も尊重《そんぢう》とす。乃至《ないし》諸竜《しよりう》および阿《あ》修羅《しゆら》、よく勝《すぐ》れたる者《もの》なけむ。智慧《ちゑ》・慈悲《じひ》最も第一とす。無量劫《むりやうこふ》において忘《わす》れず、一切衆生を憐愍《れんみん》するが故に、福報《ふくほう》を獲《え》、誓願《せいぐわん》満《み》ち已《をは》りて、功徳海《くどくうみ》のごとし。よく過去《くわこ》・現在《げんざい》・当来《たうらい》の一切諸事《しよじ》、天人《てんにん》の間《あひだ》を知《し》るに、かくのごときの智慧《ちゑ》の者《もの》あることなし。かくのごときの*法用《ほふゆう》、日夜《にちや》・刹那《せちな》および*迦羅時《からじ》、大小星宿《だいせうしやうしう》、*月半《ぐわちはん》・*月満《ぐわちまん》・*年満《ねんまん》の法用《ほふゆう》、さらに衆生《しゆじやう》よくこの法《ほふ》を作《な》すことなし。皆《みな》ことごとく随喜《ずいき》し安楽《あんらく》せむ。われら、善哉《よいかな》、大徳《だいとく》、衆生を安《あん》穏《おん》す」。このとき佉盧虱吒《かるしつた》仙人《せんにん》、またこの言《ごん》を作《な》さく、「この十二月一年始終かくのごとき

暄暖時　暄暖時(けんだんじ)。あたたかい季節。
種作時　種をまき耕作する季節。
求降雨時　降雨の季節。
物欲熟時　作物の熟しみのる季節。
歳星　木星。
熒惑　火星。
鎮星　土星。
太白　金星。
辰星　水星。
荷羅睺星　暗障星といい、むかしインド・中国では日蝕・月蝕はこの星の作用によると考えられた。
昴　スバル星。
二十八宿　黄道に沿って天球を二十八に区分して定めた角宿から軫宿までの二十八星宿(星座)をいう。太陰(月)は大体一日に一宿ずつ運行する。
阿修羅　↓五六頁注
緊那羅　梵名の音写。八部衆の一。美しい声を持ち、上手に歌舞する妖鬼で、神とも人畜とも定めがたい。
法用　法則と作用。
迦羅時　迦羅は梵語の音写で時と訳し、実時の意味に用いられる。即ち何月何日というような一定した具体的時間をいう。
月半　朔日(ついたち)より十五日まで。
月満　十六日より晦日(みそか)に至るまで。
年満　十二箇月。

方便《はうべん》なる。大小星等《だいせうしやうとう》、刹那《せちな》の時法《じほふ》、皆《みな》すでに説《と》き竟《をは》んぬ。また*四天大王《してんだいわう》を須弥山《しゆみせん》の四方《しはう》面所《めんしよ》に安置《あんち》す、おのおの一王を置《お》く。このもろもろの方所《はうしよ》にして、おのおの衆生《しゆじやう》を領《りやう》す。北方《ほくはう》の天王《てんわう》を*毗沙門《びしやもん》と名《な》づく、これその界《かい》の内《うち》に多《おほ》く夜叉《やしや》あり。南方《なんはう》の天王《てんわう》を*毗留茶《びるだ》と名《な》づく、倶《とも》にこれその界《かい》の内《うち》に多《おほ》く*鳩槃茶《くはんだ》あり。西方《さいはう》の天王《てんわう》を*毗留博叉《びるはくしや》と名《な》づく、これその界《かい》の内《うち》に多《おほ》く諸竜《しよりう》あり。東方《とうはう》の天王《てんわう》を*題頭隷吒《だいづらた》と名《な》づく、これその界《かい》の内《うち》に*乾闥婆《けんだつば》多《おほ》し。四方四維《しはうしゆい》みなことごとく一切洲渚《すしよ》およびもろもろの城邑《じやうをう》を擁護《をうご》す。また鬼神《くゐじん》を置《お》いてこれを守護《しゆご》せしむ」。その時《とき》に佉盧虱吒《かるしつた》仙人《せんにん》、諸天《しよてん》・竜《りう》・夜叉《やしや》・阿修羅《あしゆら》・緊那羅《きんなら》・*摩睺羅伽《まごらが》、*人非人等《にんひにんとう》一切大衆《だいしゆ》において、みな称《しよう》して善哉《よいかな》、歓喜無量《くわんぎむりやう》なることをなす。この時《とき》に天《てん》・竜《りう》・夜叉《やしや》・阿修羅等《あしゆらとう》、日夜《にちや》に佉盧虱吒《かるしつた》を供養《くやう》す。次《つぎ》にまた後《のち》に無量世《むりやうせ》を過《す》ぎて、また仙人《せんにん》あらむ、伽力伽《かりきか》と名《な》づけむ。世《よ》に出現《しゆつげん》して、またさらに別《べち》して、もろもろの星宿《しやうしう》、小大月《せうだいぐわち》の法《ほふ》、時節要略《じせちえうりやく》を説《と》き置《お》かむ。その時《とき》に諸竜《しよりう》、*佉羅氐山聖人《からていせんしやうにん》の住処《ぢうしよ》にありて、*光味仙人《くわうみせんにん》を尊重《そんぢう》し恭敬《くぎやう》せむ、その竜力《りうりき》を尽《つ》くしてこれを供養《くやう》せむ」と。已上抄出

*日蔵経《にちざうきやう》巻第九、念仏三昧品《ねんぶつさんまいほん》の第十に言《のたま》はく、「その時《とき》に*波旬《はじゆん》、この偈《げ》を説《と》き已《をは》るに、かの衆《しゆう》の中《なか》に一《ひと》りの魔女《まによ》あり、名《な》づけて離暗《りあん》とす。この魔女《まによ》は、むかし過去《くわこ》においてもろもろの徳本《とくほん》を植《う》へたりき。この説《せち》を作《な》して言《い》はまく、「沙門《しやもん》*瞿曇《くどん》は名《な》づけて福徳《ふくとく》と称《しよう》す。もし衆生《しゆじやう》ありて仏名《ぶつみやう》を聞《き》くことを得て一心に帰依《くゐえ》せむ、一切の諸魔《しよま》かの衆生《しゆじやう》において悪《あく》を加《くは》ふることあたはず。いかにいはんや仏《ぶつ》を見たてまつり、まのあたり法《ほふ》を聞《き》かむ人《ひと》、種種《しゆじゆ》に方便《はうべん》し慧解《ゑげ》深広《じんくわう》ならむ。乃至　たとひ千万億《せんまんおく》の一切魔軍《まぐん》、つひに*須臾《しゆゆ》も害《がい》をなすことを得

四天大王　四天王のこと。帝釈天の外将として四王天にいて、仏法を守護する四人の天王。四天大王ともいう。東は持国天(題頭隷吒)、南は増長天(毗留茶倶)、西は広目天(毗留博叉)、北は多聞天(毗沙門)である。

毗沙門　梵名の音写。四天王または十二天の一で、北方の守護と世人に福徳を与えることをつかさどる神。

毗留茶　梵名の音写。増長天のこと。四天王の一。毗留茶倶の倶を「ともに」としたのは親鸞独自の読み方。

鳩槃茶　梵名の音写。人の精気をくらう鬼。

毗留博叉　梵名の音写。毗楼博叉とも書く。広目天のこと。四天王の一。

題頭隷吒　梵名の音写。題頭頼吒とも書く。持国天のこと。四天王の一。

乾闥婆　帝釈天の楽神で須弥山の南金剛窟に住み、酒肉を食べずにただ香のみを食する神。→二六頁注

摩睺羅伽　梵名の音写。人身蛇首の大蟒(うわばみ)神。仏法を守護する鬼神の一種とする。八部衆の一。

人非人　ふつうには緊那羅の訳語にあてるが、ここは人間および人間以外の者(天・竜・夜叉・悪鬼等)とみてよい。

佉羅氐山　螺林山と訳する。須弥山の近くにある高山の名。大聖人の住処。光味仙人はその聖人の一人で、この経を説けるもの。

光味仙人　梵名の訳。殊致阿羅婆と

ることあたはず。如来《にょらい》いま涅槃道《ねはんだう》を開《ひら》きたまへり。女《にょ》、かしこに往《ゆ》きて仏《ぶつ》に帰依《くゐえ》せむと欲《おも》ふ」と。即ちその父《ちち》のためにして偈《げ》を説《と》きて言《い》はまく、乃至「三世《さんぜ》の諸仏《しょぶつ》の法《ほふ》を修学《しゅがく》して、一切苦《く》の衆生《しゅじゃう》を度脱《どだち》せむ。よく諸法《しょほふ》において自在《じざい》を得、当来《たうらい》に願《ねが》はくは、われ還《かへ》りて仏《ぶつ》のごとくならむ」と。

その時《とき》に離暗《りあん》この偈《げ》を説《と》き已《をは》るに、父《ちち》の王宮《わうぐ》の中《うち》の五百の魔女《まにょ》、姉妹眷属《しまいくゑんぞく》、一切みな菩《ぼ》提《だい》の心《しん》を発《はち》せしむ。この時《とき》に魔王《まわう》、その宮《みや》の中《うち》の五百の諸女《しょにょ》、みな仏《ぶつ》に帰《くゐ》して菩提心《ぼだいしん》を発《おこ》さしむるを見《み》るに、大《おほ》きに*瞋忿《しんふん》・*怖畏《ふゐ》・*憂愁《うしう》を益《ま》す。乃至 この時《とき》に五百のもろもろの魔《ま》女等《にょとう》、また波旬《はじゅん》のためにして偈《げ》を説《と》きて言《い》はまく、

もし衆生《しゅじゃう》ありて仏《ぶつ》に帰《くゐ》すれば　かのひと千億《せんおく》の魔《ま》を畏《おそ》れず
いかにいはんや生死《しゃうじ》の流《ながれ》を度《ど》せむと欲《おも》ふ　*無為涅槃《むゐねはん》の岸《きし》に到《いた》らむ
もしよく一香華《いちかうぐゑ》を以て　三宝仏法僧《さんぼうぶつほふそう》に持散《ぢさん》することありて
*堅固勇猛《けんごゆうみゃう》の心《しん》を発《おこ》さむ　一切の衆魔《しゅまゑ》壊することあたはじ　乃至
われら過去《くわこ》の無量《むりゃう》の悪《あく》　一切また滅《めち》して余《よ》あることなけむ
至誠専心《しじゃうせんしん》に仏《ぶつ》に帰《くゐ》したてまつり已《おは》らば　決《さだ》めて*阿耨菩提《あのくぼだい》の果《くわ》を得むと。

その時《とき》に魔王《まわう》この偈《げ》を聞《き》き已りて、大《おほ》きに瞋恚《しんい》・怖畏《ふゐ》を倍《ま》して、心《こころ》を煎《こが》し、憔悴憂愁《せうすいうしう》して、ひとり宮《みや》の内《うち》に坐《ざ》す。この時《とき》に*光味菩薩摩訶薩《くわうみぼさつまかさつ》、仏《ぶつ》の説法《せちほふ》を聞《き》きて、一切衆生ことごとく*攀縁《へんえん》を離《はな》れ*四梵行《しぼんぎゃう》を得しむと。乃至「浄《きよ》く洗浴《せんよく》し、鮮潔《せんけち》の衣《ころも》を着《き》て、菜食《さいじき》*長斎《ちゃうさい》して、辛《から》く臭《くさ》きものを噉《だん》することなかるべし。寂静処《じゃくじゃうしょ》にして道場《だうぢゃう》を荘厳《しゃうごん》して正念結跏《しゃうねんけちか》し、あるい

もいう。雪山の辺に住んだ六聖人の一。
日蔵経巻第九　大集経巻四十三の文（大正蔵一三）。
波旬　↓二二二頁注
瞿曇　釈氏の姓。転じて釈尊のことにも用いる。
須臾も　ほんのしばらくの間も。

瞋忿　怒り。
怖畏　怖(おそ)れ。
憂愁　うれい。

無為涅槃　涅槃のさとりのこと。↓二一一頁注。

堅固勇猛の心　堅く道を求める心。
阿耨菩提　阿耨多羅三藐三菩提。無上の仏果。
光味菩薩摩訶薩　光味仙人のこと。
攀縁　煩悩の異名。猿が木の枝を飛びまわって、暫くも休むひまのないように、常に外界の現象に動かされて心が安まらぬからいう。
四梵行　慈・悲・喜・捨の四つの浄らかな行。
長斎　長い期間、生活をつつしんで身心をきよめること。

は行《ぎやう》じ、あるいは坐《ざ》して、仏《ぶつ》の身相《しんさう》を念《ねん》じて乱心《らんしん》せしむることなかれ。さらに他縁《たえん》し、その余《よ》の事《こと》を念《ねん》ずることなかれ。あるいは一日夜《いちにちや》、あるいは七日夜《しちにちや》、余《よ》の業《ごふ》を作《な》さざれ。至《し》心念仏《しんねんぶつ》すれば、乃至《ないし》、仏《ぶつ》を見《み》たまへる。小念《せうねん》は小《せう》を見《み》たてまつり、大念《だいねん》は大《だい》を見《み》たてまつる。乃至《ないし》無量《むりやう》の念《ねん》は、仏《ぶつ》の色身無量無辺《しきしんむりやうむへん》なるを見《み》たてまつらむ」と。略抄

*日蔵経《にちざうきやう》巻第十、護塔品《ごたふほん》第十三に言《のたま》はく、「時《とき》に*魔波旬《まはじゆん》、その眷属《くゑんぞく》八十億衆《しゆ》と、前後《ぜんご》に囲《ゐ》遶《ねう》して仏所《ぶつしよ》に往至《わうし》せしむ。到《いた》り已《をは》りて、*接足《せふそく》して世尊《せそん》を頂礼《ちやうらい》したてまつる。かくのごときの偈《げ》を説《と》かく、乃至

三世《さんぜ》の諸仏大慈悲《しよぶつだいじひ》　わが礼《らい》を受《う》けたまへ、一切の殃《つみ》を懺《さん》せしむ

法《ほふ》・僧《そう》二宝もまたまたしかなり　至《し》心帰依《しんくゐえ》したまへるに異《い》あることなし

願《ねが》はくは、われ今日《こんにちよ》世の導師《だうし》を、　供養《くやう》し恭敬《くぎやう》し尊重《そんぢう》したまへるところなり

もろもろの悪《あく》は永《なが》く尽《つ》くしてまた生《しやう》ぜじ　寿《いのち》を尽《つ》くすまで如来《によらい》の法《ほふ》に帰依《くゐえ》せむと。

時《とき》に魔波旬《まはじゆん》、この偈《げ》を説《と》き已《をは》りて、仏《ぶつ》に白《まふ》して言さく、「世尊《せそん》、如来《によらい》われおよびもろもろの衆生《しゆじやう》において平等無二《びやうどうむに》の心《しん》にして常《つね》に歓喜《くわんぎ》し、慈悲《じひ》*含忍《がむにん》せむ」と。仏《ぶつ》の言《のたま》はく、「かくのごとし」。時《とき》に魔波旬《まはじゆん》、大歓喜《だいくわんぎ》を生《しやう》じて、清浄《しやうじやう》の心《しん》を発《おこ》す。重《かさ》ねて仏前《ぶつぜん》にして接足頂礼《せふそくちやうらい》し、右《みぎ》に遶《めぐ》ること三帀《さんざふ》して恭敬合掌《くぎやうがふしやう》して、却《しりぞ》きて一面に住《ぢう》して、世尊《せそん》を*瞻仰《せんがう》したてまつるに、心《こころ》に厭足《えんそく》なし」と。已上

*大方等大集月蔵経《だいはうどうだいしふぐわちざうきやう》巻第五、諸悪鬼神得敬信品《しよあくくゐじんとくきやうしんぼん》第八の上《じやう》に言《のたま》はく、「もろもろの仁者《にんしや》、かの邪見《じやけん》を遠離《をんり》する因縁《いんえん》において、十種の功徳《くどく》を獲《え》む。なんらおか十とする。一つには心《しん》

日蔵経巻第十　大集経巻四十五の文（大正蔵一三）。

魔波旬　波旬は欲界の第六天である他化自在天の魔王をいう。↓二二二頁注。

接足　み足にぬかずくこと。

含忍　摂受し許す。

瞻仰　仰ぎみる。

大方等大集月蔵経巻第五　大集経巻五十の文（大正蔵一三）。

性柔《しやうなん》(底本傍書—煗)善《ぜん》にして伴侶賢良《はんりよけんらう》ならむ。二つには業報乃至奪命《ごふほうないしだちみやう》あることを信《しん》じて、もろもろの悪《あく》を起《お》こさず。三つには三宝《さんばう》を帰敬《くゐきやう》して天神《てんじん》を信《しん》ぜず。四つには正見《しやうけん》を得て歳次《さいじ》日月《にちぐわち》の吉凶《きちくゐよう》を択《えら》ばず。五つには常《つね》に人天《にんでん》に生《しやう》じてもろもろの悪道《あくだう》を離《はな》る。六つには賢善《けんぜん》の心明《しんあきら》かなることを得《え》、人《ひと》、讃誉《さんよ》せしむ。七つには世俗《せぞく》を捨《す》てて常《つね》に聖道《しやうだう》を求《もと》めむ。八つには*断《だん》・常見《じやうけん》を離《はな》れて*因縁《いんえん》の法《ほふ》を信《しん》ず。九つには常《つね》に*正信《しやうしん》・正行《しやうぎやう》・正発心《しやうほちしん》の人《ひと》とともにあひ会《あつ》まり遇《あ》はむ。十には善道《ぜんだう》に生《しやう》ずることを得しむ。この邪見《じやけん》を遠離《をんり》する善根《ぜんごん》を以て、阿耨多羅三藐三菩提《あのくたらさんみやくさんぼだい》に廻向《ゑかう》せむ、この人速《ひとすみや》かに*六波羅蜜《ろくはらみつ》を満《まん》ぜむ、*善浄仏土《ぜんじやうぶつど》にして正覚《しやうがく》を成《な》らむ。菩提《ぼだい》を得已《えをは》りて、かの仏土《ぶつど》にして、功徳《くどく》・智慧《ちゑ》・一切善根《ぜんごん》、衆生《しゆじやう》を荘厳《しやうごん》せむ。その国《くに》に来生《らいしやう》して天神《てんじん》を信《しん》ぜず、悪道《あくだう》の畏《おそ》れを離《はな》れて、かしこにして命終《みやうじゆう》して還《かへ》りて善道《ぜんだう》に生《しやう》ぜむ」と。略抄

*月蔵経《ぐわちざうきやう》巻第六、諸悪鬼神得敬信品《しよあくくゐじんとくきやうしんぼん》第八の下《げ》に言《のたま》はく、「仏《ぶつ》の出世《しゆつせ》はなはだ難《かた》し。法《はふ》・僧《そう》もまた難《かた》し。衆生《しゆじやう》の浄信難《じやうしんかた》し。諸難《しよなん》を離《はな》るることまた難《かた》し。衆生《しゆじやう》を哀愍《あいみん》すること難《かた》し。*知足《ちそく》第一に難《かた》し。正法《しやうぼふ》を聞《き》くことを得ること難《かた》し。よく修《しゆ》すること第一に難《かた》し。難《かた》きを知《し》ることを得て平等《びやうどう》なれば、世《よ》において常《つね》に楽《らく》を受《う》く。この*十平等処《じふびやうどうしよ》は、智者《ちしや》つねに速《すみや》かに知《し》らむと。乃至

その時《とき》に世尊《せそん》、かのもろもろの悪鬼神衆《あくくゐじんしゆ》の中《なか》にして法《はふ》を説《と》きたまふ時《とき》に、「かのもろもろの悪鬼神衆《あくくゐじんしゆ》の中《なか》にして、かの悪鬼神《あくくゐじん》は、むかし仏法《ぶつはふ》において決定《くゑちぢやう》の信《しん》を作《な》せりしかども、かれ後《のち》の時《とき》において、悪知識《あくちしき》に近《ちか》づきて心《こころ》に他《た》の過《とが》を見《み》る。この因縁《いんえん》を以て悪鬼神《あくくゐじん》に生《う》ま

断・常見　断見と常見。死後は我が断滅して滅無に帰するとする見解(断見)と、死後も我は永遠に存続するとする見解(常見)。どちらも偏った考え。

因縁の法　すべての存在は因と縁とが和合して生じた仮象であるという道理。

正信・正行・正発心　正しい信・正しい行・正しい心。

六波羅蜜　涅槃に至るために大乗の菩薩の修めねばならぬ六種の行業のことで、六度ともいう。㈠布施(恵み、ほどこし)、㈡持戒(自身および教団の掟を完全に守ること)、㈢忍辱(忍耐)、㈣精進(努力)、㈤禅定(心の統一)、㈥智慧(人間的理性を越えた完全な智慧)の六種がそれである。

善浄仏土　清浄な仏土。

月蔵経巻第六　大集経巻五十一の文(大正蔵一三)。

知足第一に難し　足ることを知るのは第一の難である。

十平等　大菩薩の有する十種の徳。㈠衆生平等、㈡法平等、㈢清浄平等、㈣布施平等、㈤戒平等、㈥忍平等、㈦精進平等、㈧禅平等、㈨般若平等、㈩一切法清浄平等。

る」と。略出

大方等大集経《だいはうどうだいしふきやう》 巻第六、月蔵分《ぐわちざうぶん》の中《なか》に諸天王護持品《しよてんわうごちほん》第九に言《のたま》はく、

「その時《とき》に世尊《せそん》、世間《せけん》を示《しめ》すが故に、娑婆世界《しやばせかい》の主《しゆ》、*大梵天王《だいぼんてんわう》に問《と》ふて言《のたま》はく、「この四天下《てんげ》に、これ誰《たれ》かよく護持養育《ごちやういく》を作《な》す」と。

ときに娑婆世界《しやばせかい》の主《しゆ》、大梵天王《だいぼんてんわう》かくのごときの言《ごん》を作《な》さく、「*大徳《だいとく》 *婆伽婆《ばがば》、*兜率陀天王《とそつだてんわう》、無量百千の兜率陀天子《とそつだてんし》とともに*北欝単越《ほくうつたんおち》を護持《ごち》し養育《やういく》せしむ。*他化自在天王《たくゑじざいてんわう》、無量百千の他化自在天子《たくゑじざいてんし》とともに*東弗婆提《とうほつばだい》を護持《ごち》し養育《やういく》せしむ。*化楽天王《くゑらくてんわう》、無量百千の化楽天子《くゑらくてんし》とともに*南閻浮提《なんえんぶだい》を護持《ごち》し養育《やういく》せしむ。*須夜摩天王《しゆやまてんわう》、無量百千の須夜摩天子《しゆやまてんし》とともに*西瞿陀尼《さいくだに》を護持《ごち》し養育《やういく》せしむ。

大徳婆伽婆《だいとくばがば》、*毘沙門天王《びしやもんてんわう》、無量百千の諸夜叉衆《しよやしやしゆ》とともに北欝単越を護持《ごち》し養育《やういく》せしむ。*提頭頼吒天王《だいづらたてんわう》、無量百千の乾闥婆衆《けんだつばしゆ》とともに東弗婆提《とうほつばだい》を護持《ごち》し養育《やういく》せしむ。*毘楼勒天王《びるろくてんわう》、無量百千《むりやうひやくせん》の*鳩槃荼衆《くはんだしゆ》とともに南閻浮提《なんえんぶだい》を護持《ごち》し養育《やういく》せしむ。*毘楼博叉天王《びるはくしやてんわう》、無量百千の竜《りう》衆《しゆ》とともに西瞿陀尼《さいくだに》を護持《ごち》し養育《やういく》せしむ。

大徳婆伽婆《だいとくばがば》、天仙《てんせん》*七宿《しちしう》・*三曜《さんえう》・三天童女《さんてんどうによ》、北欝単越を護持《ごち》し養育《やういく》せしむ。かの天仙七宿《てんせんしちしう》は虚《きよ》・危《くゐ》・室《しち》・壁《へき》・奎《けい》・婁《ろう》・胃《ゐ》なり。三曜《さんえう》は*鎮星《ちんしやう》・歳星《さいしやう》・熒惑星《けいこくしやう》なり。三天童女《さんてんどうによ》は鳩槃《くはん》・弥那《みな》・迷沙《めいしや》なり。大徳婆伽婆《だいとくばがば》、かの天仙七宿《てんせんしちしう》の中《なか》に虚《きよ》・危《くゐ》・室《しち》の三宿《さんしう》はこれ鎮星《ちんしやう》の*土境《どきやう》なり、鳩槃《くはん》はこれ辰《しむ》なり。壁《へき》・奎《けい》の二宿《にしう》はこれ歳星《さいしやう》の土境《どきやう》なり、弥那《みな》はこれ辰なり。婁《ろう》・胃《ゐ》の二宿はこれ熒惑《けいこく》の土境《どきやう》なり、迷沙《めいしや》はこれ辰なり。大徳婆伽婆《だいとくばがば》、かくのごとき天仙七宿《てんせんしちしう》・

大梵天王　三界のうち、色界初禅天の第三天の主。深く仏法を信じ、仏の出世ごとに必ず最初にその会座に列して聴聞するといわれる。

大徳　仏の尊称。大いなる徳をもつ者。

婆伽婆　梵語の音写。世尊と訳す。仏の尊称。

兜率陀天王　兜率は梵語の音写。妙足・智足等と訳す。欲界六天のうちの第四兜率天の王をいう。

北欝単越　欝単越は梵名の音写。須弥四洲の一で、北方の洲である。形は方座のようで地盤は他の洲よりも高い。人寿一千歳で中夭なく快楽も極まりないといわれる。

他化自在天王　他化は梵語の訳。欲界六欲天のうちの最高天の主。

東弗婆提　弗婆提は梵名の音写。須弥四洲の一で、須弥山の東方にある。半月形をした大洲でその住民は寿二百五十歳、身長八肘で身形が勝れているから、東勝身洲ともいわれる。

化楽天王　化楽は梵語の訳。欲界六欲天の第五。楽変化天のことで、自ら妙楽の境を化作して楽しむからこういう。

南閻浮提　閻浮提は梵名の音写。須弥山の南方にあたる大洲の名。即ちわれわれ人間の住処のことで、もとはインドに名づけられたものである。

須夜摩天王　須夜摩は梵名の音写。善妙と訳す。欲界六欲天の第三、夜

摩天の主夜摩天王のこと。
西瞿陀尼　瞿陀尼は梵名の音写。須弥四洲のうち西方の大洲で、その形は円く縦横各八百由旬、人寿五百歳である。この地は牛を貨幣とするから西牛貨とも呼ばれる。
毗沙門天王　四天王または十二天の一で、北方の守護と世人に福徳を与えることをつかさどる天王。
提頭頼吒天王　題頭隷吒天王に同じ。→二二八頁注
毗楼勒天王　毗楼勒叉天王に同じ。増長天のこと。四天王の一。
鳩槃荼　→二二八頁注
毗楼博叉天王　→二二八頁注
七宿　二十八宿を四方に分けると、各七宿になる。
三曜　曜は大きい星のこと。
鎮星・歳星・熒惑星　→二二七頁注
土境　分野・境域。

三曜《さんえう》・三天童女《さんてんどうによ》、北欝単越を護持《ごち》し養育《やういく》せしむ。

大徳婆伽婆《だいとくばがば》、天仙七宿《てんせんしちしう》・三曜《さんえう》・三天童女《さんてんどうによ》、東弗婆提《とうほつばだい》を護持《ごち》し養育《やういく》せしむ。かの天仙七宿は昴《ばう》・畢《ひち》・觜《し》・参《しむ》・井《せい》・鬼《くゐ》・柳《りう》なり。三曜は太白星《たいはくしやう》・歳星《さいしやう》・月《ぐわち》なり。三天童女は毗利沙《びりしや》・弥偸那《みちうな》・羯迦吒迦《かちかたか》なり。大徳婆伽婆《だいとくばがば》、かの天仙七宿の中《なか》に、昴《ばう》・畢《ひち》の二宿はこれ太白《たいはく》の土《ど》境《きやう》なり、毗利沙《びりしや》はこれ辰《しん》なり。觜《し》・参《しむ》・井《せい》の三宿はこれ歳星《さいしやう》の土境《どきやう》なり、弥偸那《みちうな》はこれ辰なり。鬼《くゐ》・柳《りう》の二宿はこれ月《ぐわち》の土境《どきやう》なり、羯迦吒迦《かちかたか》はこれ辰《しん》なり。大徳婆伽婆《だいとくばがば》、かくのごとき天仙七宿・三曜・三天童女、東弗婆提《とうほつばだい》を護持《ごち》し養育《やういく》せしむ。

大徳婆伽婆《だいとくばがば》、天仙七宿・三曜・三天童女、南閻浮提《なんえんぶだい》を護持《ごち》し養育《やういく》せしむ。かの天仙七宿は星《せい》・張《ちやう》・翼《よく》・軫《しむ》・角《かく》・亢《かう》・氐《てい》なり。三曜は日《にち》・辰星《しんしやう》・太白星《たいはくしやう》なり。三天童女は線訶《しやくか》・迦《か》若《にや》・兜《と》羅《ら》なり。大徳婆伽婆《だいとくばがば》、かの天仙七宿の中《なか》に、星《せい》・張《ちやう》・翼《よく》はこれ日《にち》の土境《どきやう》なり、線訶《しやくか》はこれ辰《しん》なり。軫・角の二宿はこれ辰星《しんしやう》の土境《どきやう》なり、迦若《かにや》はこれ辰なり。亢《かう》・氐《てい》の二宿はこれ太白《たいはく》の土境《どきやう》なり、兜羅《とら》はこれ辰なり。大徳婆伽婆《だいとくばがば》、かくのごとき天仙七宿・三曜・三天童女、南閻浮提《なんえんぶだい》を護持《ごち》し養育《やういく》せしむ。

大徳婆伽婆《だいとくばがば》、かの天仙七宿・三曜・三天童女、西瞿陀尼《さいくだに》を護持《ごち》し養育《やういく》せしむ。かの天仙七宿は房《ばう》・心《しむ》・尾《び》・箕《き》・斗《と》・牛《ぎう》・女《ぢよ》なり。三曜は熒惑星《けいこくしやう》・歳星《さいしやう》・鎮星《ちんしやう》なり。三天童女は毗《び》離支迦《りしか》・檀兎婆《たとば》・摩伽羅《まから》なり。大徳婆伽婆《だいとくばがば》、かの天仙七宿の中《なか》に、房《ばう》・心《しん》の二宿はこれ熒《けい》惑《こく》の土境《どきやう》なり、毗利支迦《びりしか》はこれ辰《しん》なり。尾《び》・箕《き》・斗《と》の三宿はこれ歳星《さいしやう》の土境《どきやう》なり、檀兎婆《たとば》はこれ辰なり。牛《ぎう》・女《ぢよ》の二宿はこれ鎮星《ちんしやう》の土境《どきやう》なり、摩伽羅《まから》はこれ辰なり。大徳婆伽婆《だいとくばがば》、

かくのごときの天仙七宿《てんせんしちしう》・三曜《さんえう》・三天童女《さんてんどうによ》、西瞿陀尼《さいくだに》を護持《ごち》し養育《やういく》せしむ。何《なに》を以ての故に、閻浮提《えんぶだい》の人《ひと》は、勇健聡慧《ゆうごんそうゑ》にして、梵行《ぼんぎやう》、仏《ぶつ》に相応《さうおう》す、婆伽婆《ばがば》、中《なか》において出世《しゆつせ》したまふ。この故に大徳婆伽婆《だいとくばがば》、この四天下《てんげ》に*南閻浮提《なんえんぶだい》は最《もと》も殊勝《しゆしよう》なりとす。何《なに》を以ての故に、閻浮提の人は、勇健聡慧にして、梵行、仏に相応す、

四大天王《しだいてんわう》、ここに倍増《ばいぞう》してこの閻浮提《えんぶだい》を護持《ごち》し養育《やういく》せしむ。*十六の大国《だいこく》あり。謂《いは》く、鴦伽《あうか》摩伽陀国《まかだこく》・傍伽摩伽陀国《ばうかまかだこく》・阿槃多国《あはんたこく》・支提国《しだいこく》なり。この四つの大国《だいこく》は毗沙門天王《びしやもんてんわう》、夜叉衆《やしやしゆ》と囲遶《ゐねう》して護持《ごち》し養育《やういく》せしむ。迦尸国《かしこく》・都薩羅国《とさらこく》・婆蹉国《ばしやこく》・摩羅国《まらこく》、この四つの大国《だいこく》は、提頭頼吒天王《だいづらたてんわう》、乾闥婆衆《けんだつばしゆ》と囲遶《ゐねう》して護持《ごち》し養育《やういく》せしむ。鳩羅婆国《くらばこく》・毗時国《びじこく》・槃遮羅国《はんしやらこく》・疎《そ》那国《なこく》、この四つの大国《だいこく》は、毗楼勒叉天王《びるろくしやてんわう》、鳩槃茶衆《くはんだしゆ》と囲遶《ゐねう》して護持《ごち》し養育《やういく》せしむ。阿湿婆《あしふば》国《こく》・蘇摩国《そまこく》・蘇羅吒国《そらたこく》・甘満闍国《かんまんしやこく》、この四つの大国《だいこく》は毗楼博叉天王《びるはくしやてんわう》、もろもろの竜衆《りうしゆ》と囲《ゐ》遶《ねう》して護持《ごち》し養育《やういく》せしむ。

大徳婆伽婆《だいとくばがば》、過去《くわこ》の天仙《てんせん》この四天下《してんげ》を護持《ごち》し養育《やういく》せしが故に、また皆《みな》かくのごとき分布《ぶんふ》安置《あんち》せしむ。後《のち》においてその国土《こくど》、*城邑《じやうおう》・村落《しゆらく》・塔寺《たふじ》・園林《をんりん》・樹下《じゆげ》・*塚間《ちよけん》・山谷《せんこく》・曠野《くわうや》・河泉《かせん》・*陂泊《ははく》、乃至《ないし》、海中宝洲《かいちうほうす》・天祠《てんし》に随《したが》ふて、かの卵生《らんしやう》・胎生《たいしやう》・湿生《しふしやう》・化生《くゑしやう》において、もろもろの竜《りう》・*夜叉《やしや》・*羅刹《らせつ》・*餓鬼《がくゐ》・*毗舎遮《びしやしや》・*富単那《ふたんな》・*迦吒富単那《かたふたんな》等《とう》、かの中《なか》に生《しやう》じて、かの処《ところ》に還住《ぐゑんぢう》して、繋属《けぞく》するところなし、他《た》の教《おし》へを受《う》けず。この故に願《ねが》はくは仏《ぶつ》、この閻浮《えんぶ》提《だい》の一切国土《こくど》において、かのもろもろの鬼神分布《くゐじんぶんふ》安置《あんち》して、護持《ごち》のための故《ゆへ》に、一切もろもろの衆生《しゆじやう》を護《まも》らむがための故に。われらこの説《せち》において随喜《ずいき》せむと欲《おも》ふ」と。

仏《ぶつ》の言《のたま》はく、「かくのごとき、*大梵《だいぼん》、汝《なんぢ》が所説《しよせち》のごとし」と。そのときに世尊《せそん》重《かさ》ねてこの

南閻浮提　→二三二頁注

十六の大国　閻浮提にある十六の大国。古代インドの国々をさす。

城邑　都城。

塚間　墓地。

陂泊　大池。

夜叉　梵名の音写。勇健・暴悪などと訳す。八部衆の一。羅刹とならび称せられ、人を傷害し暴悪を事とする。

羅刹　梵名の音写。可畏・暴悪と訳す。悪鬼の通名で、よく人を魅しまた人を食べるといわれる。

餓鬼　無財餓鬼と有財餓鬼とがある。前者は飢餓に苦しめられるが、後者の中には天と同じような福楽をうける者もある。

毗舎遮　梵名の音写。癲狂鬼などと訳す。羅刹に似た鬼神の一種。東方持国天王の領する鬼である。

富単那　梵名の音写。鬼神の一種。乾闥婆とともに持国天の眷族として東方を守護する。

迦吒富単那　梵名の音写。極臭鬼・奇臭鬼と訳す。刹帝利種の者でおとった行ないをした者は、この種の鬼形となり、下界に住して餓鬼の苦を受けるとされる。

大梵　大梵天王のこと。→二三二頁注

義《ぎ》を明《あ》かさむと欲《おぼ》しめして、偈《げ》を説《と》きて言《のたま》はく、

世間《せけん》に示現《じげん》するが故に　導師《だうし》、梵王《ぼんわう》に問《と》はまく
この四天下《してんげ》において　誰《たれ》か護持《ごぢ》し養育《やういく》せむと
かくのごとき*天師梵《てんしぼん》　諸天王《しよてんわう》を首《しゆ》として
*兜率《とそつ》・*他化天《たくゑてん》　*化楽《くゑらく》・*須夜摩《しゆやま》
よくかくのごとき四天下《してんげ》を　護持《ごぢ》し養育《やういく》せしむ
*四王《しわう》および眷属《くゑんぞく》　またまたよく護持《ごぢ》せしむ
*二十八宿等《しうとう》　および十二辰《しん》
十二天童女《てんどうによ》　四天下《してんげ》を護持《ごぢ》せしむ
その所生《しよしやう》の処《ところ》に随《したが》ふて　竜《りう》・鬼《くゐ》・羅刹等《らせつとう》
他《た》の教《をし》へを受《う》けずは　かしこにおいて還《かへ》りて護《ご》を作《な》さしむ
天神等差別《てんじんとうしやべち》して　願《ぐわん》じて仏分布《ぶつぶんふ》せしめたまへり
衆生《しゆじやう》を憐愍《れんみん》せむが故に　正法《しやうぼふ》の灯《ともしび》を熾然《しねん》ならしむ

その時《とき》に仏《ぶつ》、月蔵菩薩摩訶薩《ぐわちざうぼさつまかさつ》に告《つ》げて言《のたま》はく、「清浄士《しやうじやうじ》を了知《れうち》するに、この賢劫《けんごふ》の初《はじ》め人寿《にんじゆ》四万歳の時《とき》、*鳩留孫仏《くるそんぶつ》、世《よ》に出興《しゆつこう》したまふ。かの仏《ぶつ》、無量阿僧祇億那由他百千《むりやうあそうぎおくなゆたひやくせん》の衆生のために生死《しやうじ》に廻《ゑ》して、*正法輪《しやうぼふりん》を輪転《りんでん》せしむ。追《お》ふて*悪道《あくだう》に廻《ゑ》して、*善道《ぜんだう》および解脱《げだち》の果《くわ》を安置《あんち》せしむ。かの仏《ぶつ》、この四大天下《しだいてんげ》を以て、娑婆世界の主大梵大王《だいぼんしんわう》・他化自在天王《たくゑじざいてんわう》・化楽天王《くゑらくてんわう》・兜率陀天王《とそつだてんわう》・須夜摩天王等《しゆやまてんわうとう》に付属《ふぞく》せしむ。護持《ごぢ》の故に、養育《やういく》の故に、衆生《しゆじやう》を*憐《れん》

天師梵　天界の師たる梵天王。
兜率　兜率陀天王のこと。↓二三二頁注
他化天　他化自在天王のこと。↓二三二頁注
化楽　化楽天王のこと。↓二三二頁注
須夜摩　須夜摩天王のこと。↓二三二頁注
四王　四天王のこと。↓二二八頁注
二十八宿　↓二二七頁注
鳩留孫仏　梵語の音写。所応断已断と訳す。過去七仏の第四。賢劫千仏の第一。人寿四万歳のとき成道し、衆生のために説法し度生されたという。
正法輪　仏の正しい説法が、悪をくだき、止まることなくめぐって次々に教化されるのを、輪にたとえる。
悪道　悪しき生存状態。道とは、業によって通入し、むくいが別々であり、はてしなく輪転するからいう。地獄・餓鬼・畜生を三悪道という。
善道　善き生存状態。人間界や天上界をさす。
憐陀　現行本大集経は「憐愍」。

陀《だ》の故に、三宝《さんぼう》の種《しゆ》をして断絶《だんぜち》せざらしめむが故に、熾然《しねん》ならむが故に、*地《ち》の精気《しやうけ》、*衆生《しゆじやう》の精気《しやうけ》、*正法《しやうぼふ》の精気《しやうけ》、久《ひさ》しく住《ぢう》せしめ増長《ぞうぢやう》せむが故に、もろもろの衆生《しゆじやう》をして三悪道《さんあくだう》を休《く》息《そく》せしめむが故に、三善道《さんぜんだう》に趣向《しゆかう》せむが故に、四天下《してんげ》を以て大梵《だいぼん》および諸天王《しよてんわう》に付属《ふぞく》せしむ。

かくのごとき漸次《ぜんじ》に劫尽《こふつ》き、もろもろの天人尽《てんにんつ》き、一切の善業白法尽滅《ぜんごふびやくほふじんめち》して、大悪《だいあく》もろもろの煩悩溺《ぼんなうにやく》を増長《ぞうぢやう》せむ。人寿《にんじゆ》三万歳の時《とき》、*拘那含牟尼仏《くなごんむにぶつ》、世《よ》に出興《しゆつこう》したまはむ。かの仏《ぶつ》この四大天下《しだいてんげ》を以て、娑婆世界の主大梵天王《だいぼんてんわう》・他化自在天王《たくゑじざいてんわう》、乃至《ないし》四大天王《しだいてんわう》、およびもろもろの眷属《くゑんぞく》に付属《ふぞく》したまふ。護持養育《ごぢやういく》の故に、乃至《ないし》一切衆生をして三悪道《さんあくだう》を休息《くそく》して三善道《さんぜんだう》に趣向《しゆかう》せしめむが故に、この四天下《してんげ》を以て大梵《だいぼん》および諸天王《しよてんわう》に付属《ふぞく》したまふ。

かくのごとき次第《しだい》に劫尽《こふつ》き、もろもろの天人尽《てんにんつ》き、白法《びやくほふ》また尽《つ》きて、大悪《だいあく》もろもろの煩悩溺《ぼんなうにやく》を増長《ぞうぢやう》せむ。人寿《にんじゆ》二万歳の時《とき》、*迦葉如来《かせふによらい》世《よ》に出興《しゆつこう》したまふ。かの仏《ぶつ》この四大天下《しだいてんげ》を以て、娑婆世界の主大梵天王《だいぼんてんわう》・他化自在天王《たくゑじざいてんわう》・化楽天王《くゑらくてんわう》・兜率陀天王《とそつだてんわう》・須夜摩天王《しゆやまてんわう》・*憍尸迦《けうしか》帝釈《たいしやく》・四天王等《してんわうとう》、およびもろもろの眷属《くゑんぞく》に付属《ふぞく》したまへり。護持養育《ごぢやういく》の故に、乃至《ないし》一切衆生をして三悪道《さんあくだう》を休息《くそく》せしめ三善道《さんぜんだう》に趣向《しゆかう》せしめむが故に。かの迦葉仏《かせふぶつ》、この四天下《してんげ》を以て、大梵《だいぼん》・四天王等《してんわうとう》に付属《ふぞく》し、およびもろもろの天仙衆《てんせんしゆ》・七曜《しちえう》・十二天童女《てんどうによ》・二十八宿等《しうとう》に付《ふ》したまへり。護持《ごぢ》の故に、養育《やういく》の故に。

清浄土《しやうじやうじ》を了知《れうち》するに、かくのごとき次第《しだい》に、いま*劫濁《こふぢよく》・*煩悩濁《ぼんなうぢよく》・*衆生濁《しゆじやうぢよく》・大悪煩悩濁《だいあくぼんなうぢよく》・*闘諍悪世《とうじやうあくせ》の時《とき》、人寿百歳《にんじゆひやくさい》に至《いた》るまで、一切の白法《びやくほふ》尽き、*一切の諸悪闇翳《しよあくあんえい》ならむ。世間《せけん》は

地の精気　地の精気によって草木や穀物がよくできる。

衆生の精気　衆生の精気によって道徳が行なわれる。

正法の精気　正法の精気によって仏法が行なわれる。

拘那含牟尼仏　賢劫千仏の第二。過去七仏の第五で、人寿三万歳のときに成仏して説法したという。

迦葉如来　迦葉仏。過去七仏の第六、賢劫千仏の第三である。釈尊の前の仏で、人寿二万歳のとき出世した。

憍尸迦帝釈　帝釈天がもと人間であった時の姓といわれる。

劫濁　時代のけがれ。

煩悩濁　心のけがれ。煩悩が盛んとなることをいう。

衆生濁　根機がおとり、人々の性質が悪くなる。

闘諍悪世　人々が互いに諍うような悪い時代。

一切の諸悪闇翳ならむ　すべての悪がこの世を暗くするであろう。

たとへば海水《かいすい》の一味《み》にして大鹹《だいかむ》なるがごとし、大煩悩《だいぼんなう》の味《あじはひ》、世《よ》に遍満《へんまん》せむ。集会《しふゑ》の悪党《あくたう》、手《て》に髑髏《どくろ》を執《と》り、血《ち》をその掌《たなごころ》に塗《ぬ》らむ、ともにあひ殺害《せちがい》せむ。かくのごときの悪《あく》の衆生《しゆじやう》の中《なか》に、われいま菩提樹下《ぼだいじゆげ》に出世《しゆつせ》して初《はじ》めて正覚《しやうがく》を成《な》れり。*提《だい》(底本傍書―経名なり)謂《いはく》*波利《はり》もろもろの商人《しやうにん》の食《じき》を受《う》けて、かれらがための故に、この閻浮提《えんぶだい》を以て天《てん》・竜《りう》・*乾闥婆《けんだつば》・*鳩槃茶《くはんだ》・夜叉等《やしやとう》に分布《ぶんぷ》せしむ。護持養育《ごぢやういく》の故に。

これを以て大集《だいしふ》十方所有《しよう》の仏土《ぶつど》、一切無余《むよ》の菩薩摩訶薩等《ぼさつまかさつとう》、ことごとくここに来集《らいしふ》せしむ。乃至《ないし》この娑婆仏土《しやばぶつど》において、そのところの百億《ひやくおく》の日月《にちぐわち》、百億の四天下《してんげ》、百億の四大海《しだいかい》、百億の鉄囲山《てちゐせん》・大鉄囲山《だいてちゐせん》、百億の須弥山《しゆみせん》、百億の四阿脩羅城《しあしゆらじやう》、百億の四大天王《しだいてんわう》、百億の*三十三天、乃至《ないし》百億の*非想非非想処《ひさうひひさうしよ》、かくのごときの数《かず》を略《りやく》せり。娑婆《しやば》の仏土《ぶつど》、われこのところにして仏事《ぶつじ》を作《な》す。乃至《ないし》娑婆仏土《しやばぶつど》の所有《しよう》のもろもろの梵天王《ぼんてんわう》およびもろもろの眷属《くゑんぞく》、魔《ま》天王《てんわう》・他化自在天王《たくゑじざいてんわう》・化楽天王《くゑらくてんわう》・兜率陀天王《とそつだてんわう》・須夜摩天王《しゆやまてんわう》・帝釈天王《たいしやくてんわう》・四大天王《しだいてんわう》・阿修羅《あしゆら》王《わう》・竜王《りうわう》・夜叉王《やしやわう》・羅刹王《らせつわう》・乾闥婆王《けんだつばわう》・緊那羅王《きんならわう》・迦楼羅王《かるらわう》・摩睺羅伽王《まごらがわう》・鳩槃茶王《くはんだわう》・餓《が》鬼王《くゐわう》・毗舎遮王《びしやしやわう》・富単那王《ふたんなわう》・迦吒富単那王等《かたふたんなわうとう》において、ことごとくまさに眷属《くゑんぞく》としてここに大集《だいしふ》せり。法《ほふ》を聞《き》かむための故に。乃至《ないし》ここに娑婆仏土《しやばぶつど》の所有《しよう》のもろもろの菩薩摩訶薩《ぼさつまかさつ》等《とう》およびもろもろの声聞《しやうもん》、一切余《よ》なく、ことごとくここに来集《らいしふ》せり。聞法《もんぼふ》のための故に。われ今《いま》この所集《しよしふ》の大衆《だいしゆ》のために甚深《じんじん》の仏法《ぶつほふ》を顕示《けんじ》せしむ。また世間《せけん》を護《まも》らむがための故に、この閻浮提所集《えんぶだいしよしふ》の鬼神《くゐじん》を以て、分布安置《ぶんぷあんち》す、護持養育《ごぢやういく》すべし」と。

その時《とき》に世尊《せそん》、また娑婆世界《しやばせかい》の主《しゆ》、*大梵天王《だいぼんてんわう》に問《と》ふて言《のたま》はく、「過去《くわこ》の諸仏《しよぶつ》この四大天下《しだいてんげ》

提謂く　現行本大集経は「提謂と波利もろもろの商人の」。提謂は東インドの人。釈尊成道後、波利とともに最初にこれに帰依した商人である。

波利　釈尊成道後、提謂とともに最初に帰依した商人。

乾闥婆　→二二八頁注

鳩槃茶　→二二八頁注

三十三天　忉利天。→一九一頁注

非想非非想処　つぶさには非有想非無想処という。三界のうち無色界の第四天で、三界の最上位にあるから有頂天ともいう。

大梵天王　→二三二頁注

を以て、曾《かつ》てだれに付属《ふぞく》して護持養育《ごぢやういく》を作《な》さしめたまふぞ」と。時《とき》に娑婆世界《しやばせかい》の主《しゆ》、大梵《だいぼん》天王《てんわう》言《まふ》さく、「過去《くわこ》の諸仏《しよぶつ》、この四天下《てんげ》を以て、曾《かつ》てわれおよび*憍尸迦《けうしか》に付属《ふぞく》したまへりき。*護持《ごち》作《な》さしめて、われ失《とが》ありやいなや。おのれが名《な》および帝釈《たいしやく》の名《な》を彰《あら》はす。ただ諸余《しよよ》の天王《てんわう》および宿《しう》・曜《えう》・辰《しん》を称《しよう》せしむ、護持養育《ごぢやういく》すべし」と。その時《とき》に娑婆世界《しやばせかい》の主《しゆ》、大梵天《だいぼんてん》王《わう》および憍尸迦帝釈《けうしかたいしやく》、仏足《ぶつそく》を頂礼《ちやうらい》してこの言《ごん》を作《な》さく、「*大徳婆伽婆《だいとくばがば》、*大徳修伽陀《だいとくしゆがだ》、われいま過《とが》を謝《しや》すべし。われ小児《せうに》のごとくして愚痴無智《ぐちむち》にして、如来《によらい》の前《みまへ》にして自《みづか》ら称名《しようみやう》せざらむや。大徳婆伽婆《だいとくばがば》、やや願《ねが》はくは容恕《ようじよ》したまへ。大徳修伽陀《だいとくしゆがだ》、やや願《ねが》はくは容恕《ようじよ》したまへ。諸来《しよらい》の大衆《だいしゆ》、また願《ねが》はくは容恕《ようじよ》したまへ。われ境界《きやうがい》において言説教令《ごんせちけうりやう》す、自在《じざい》のところを得《え》て護持養育《ごぢやういく》すべし。乃至《ないし》もろもろの衆生《しゆじやう》をして善道《ぜんだう》に趣《おもむ》かしめむが故に。われらむかし*鳩留孫仏《くるそんぶつ》のみもとにして、すでに教勅《けうちよく》を受《う》けたまはりて乃至《ないし》三宝《さんぼう》の種《しゆ》をしてすでに熾然《しねん》作《な》らしむ。*拘那含牟尼仏《くなごんむにぶつ》、*迦葉仏《かせふぶつ》のもとにして、われ教勅《けうちよく》を受《う》けたまはりしこと、またかくのごとし、三宝《さんぼう》の種《しゆ》においてすでに勤《ねむごろ》にして熾然《しねん》ならしむ。地《ち》の精気《しやうけ》、衆生《しゆじやう》の精気《しやうけ》、正法《しやうぼふ》の味《あじはひ》、*醍醐《だいご》の精気《しやうけ》、久《ひさ》しく住《ぢう》し増長《ぞうぢやう》せしむるが故に。またわがごときも、いま世尊《せそん》のみもとにして、*教勅《けうちよく》して、おのれが境界《きやうがい》に頂受《ちやうじゆ》し、言説教令《ごんせちけうりやう》す。自在《じざい》のところを得《え》て、*一切闘《とう》諍《じやう》飢饉《けごん》を休息《くそく》せしめ、乃至《ないし》三宝《さんぼう》の種《しゆ》断絶《だんぜち》せざらしむるが故に、三種の精気久《しやうけひさ》しく住《ぢう》して増《ぞう》長《ちやう》せしむるが故に、悪行《あくぎやう》の衆生《しゆじやう》を遮障《しやしやう》して行法《ぎやうほふ》の衆生《しゆじやう》を護養《ごやう》するが故に、衆生《しゆじやう》をして三悪《さんあく》道《だう》を休息《くそく》せしめ三善道《さんぜんだう》に趣向《しゆかう》するが故に、仏法《ぶつほふ》をして久《ひさ》しく住《ぢう》せむことを得《え》しめむがための故に、勤《ねむごろ》に護持《ごち》を作《な》す」と。

憍尸迦　→二三六頁注

護持作さしめて…　「護持することを作さしめたまふ。しかるにわれ失ありて、おのれが名および帝釈の名を彰はさず」と読むべきか。

大徳婆伽婆　大徳世尊のこと。

大徳修迦陀　大徳善逝のこと。善逝は仏の十号の一。妙往の意で、無量の智慧をもってもろもろの惑を断じ、世間を出過するから善逝という。

鳩留孫仏　→二三五頁注

拘那含牟尼仏　→二三六頁注

迦葉仏　→二三六頁注

醍醐の精気　醍醐は牛乳を精製して作ったもので、美味の最上のものをあらわす語として用いられ、真実教、真実の仏法の意にたとえられる。

教勅しておのれが　西本願寺本には「教勅を頂受し、おのれが境界において…」と訓読してある。

一切闘諍飢饉を休息せしめ　すべての諍いをとどめ、飢饉をなくす。

妙丈夫　すぐれた人。いまは梵天・帝釈をさす。

賢首　賢者の首たるもの。賢いすぐ

仏《ぶつ》の言《のたま》はく、「善哉善哉《よいかなよいかな》、*妙丈夫《めうぢやうぶ》、汝《なんぢ》かくのごとくなるべし」と。その時《とき》に仏《ぶつ》、百億《ひやくおく》の大梵天王《だいぼんてんわう》に告《つ》げて言《のたま》はく、「所有《しよう》の行法《ぎやうほふ》、法《ほふ》に住《ぢう》し法《ほふ》に順《じゆん》じて悪《あく》を厭捨《えんしや》せむ者《もの》は、今《いま》ことごとくなんたちが手《て》の中《うち》に付属《ふぞく》す。なんたち*賢首《けんじゆ》、百億の四天下《してんげ》各各《かくかく》の境界《きやうがい》において言説《ごんせち》教令《けうりやう》す。自在《じざい》のところを得《え》て、所有《しよう》の衆生《しゆじやう》、弊悪《へいあく》・*麁獷《そくわう》・*悩害《なうがい》、他《た》において慈愍《じみん》あることなし、後世《ごせ》の畏《おそ》れを観《くわん》ぜずして、*刹利心《せちりしん》および*婆羅門《ばらもん》・*毗舎《びしや》・*首陀《しゆだ》の心《こころ》を触悩《そくなう》せむ。乃至《ないし》畜生《ちくしやう》の心《こころ》を触悩《そくなう》せむ。かくのごとき殺生《せちしやう》を作《な》す因縁乃至《いんえんないし》邪見《じやけん》を作《な》す因縁《いんえん》、その所作《しよさ》に随《したが》ふて非時《ひじ》の風雨《ふうう》あらむ、乃至《ないし》地《ち》の精気《しやうけ》、衆生《しゆじやう》の精気《しやうけ》、正法《しやうぼふ》の精気《しやうけ》、損減《そんげん》の因縁《いんえん》を作《な》さしめば、汝《なんぢ》、遮止《しやし》して善法《ぜんぼふ》に住《ぢう》せしむべし。もし衆生《しゆじやう》ありて、善《ぜん》を得《え》むと欲《おも》はむ者、法《ほふ》を得《え》むと欲《おも》はむ者、生死《しやうじ》の彼岸《ひがん》に度《ど》せむと欲《おも》はむもの、*檀波羅蜜《だんばらみつ》を修行《しゆぎやう》することあらむところの者、乃至《ないし》*般若波羅蜜《はんにやはらみつ》を修行《しゆぎやう》せむ者、所有《しよう》の行法《ぎやうほふ》、法《ほふ》に住《ぢう》せむ衆生《しゆじやう》、および行法《ぎやうほふ》のために事《じ》を営《いとな》まむ者、かのもろもろの衆生《しゆじやう》、なんたちまさに護持養育《ごちやういく》すべし。もし衆生《しゆじやう》ありて、受持《じゆぢ》読誦《どくじゆ》して、他《た》のために演説《えんぜち》し、種種《しゆじゆ》に経論《きやうろん》を解説《げせち》せむ。なんたちまさにかのもろもろの衆《しゆ》生《じやう》と*念持方便《ねんぢはうべん》して*堅固力《けんごりき》を得《う》べし。所聞《しよもん》に入《い》りて忘《わす》れず、諸法《しよほふ》の相《さう》を智信《ちしん》して生死《しやうじ》を離《はな》れしめ、*八聖道《はちしやうだう》を修《しゆ》して三昧《さんまい》の根《こん》、相応《さうおう》せむ。もし衆生《しゆじやう》ありて、汝《なんぢ》が境界《きやうがい》において法《ほふ》に住《ぢう》せむ、*奢摩他《しやまた》・毗婆舎那《びばしやな》、次第方便《しだいはうべん》してもろもろの三昧《さんまい》と相応《さうおう》して、勤《ねむごろ》に三種の菩提《ぼだい》を修習《しゆしふ》せむと求《もと》めむ者、なんたちまさに遮護《しやご》し摂受《せふじゆ》して、勤《ねんごろ》に捨施《しやせ》を作《な》して、乏少《ぼふせう》せしむることなかるべし。もし衆生《しゆじやう》ありて、その飲食《をんじき》・衣服《えぶく》・臥具《ぐわぐ》を施《ほどこ》し、病患《びやうぐゑん》の因縁《いんえん》に湯薬《たうやく》を施《せ》せむ者、なんたちまさにかの施主《せしゆ》をして*五利増長《ごりぞうぢやう》せしむべし。なんらおか五つとする。一つに

れた人。

麁獷　あらあらしい。粗暴。

悩害　人を悩まし、そこなう。

刹利心　刹利の心。刹利は梵語の音写。インド四姓のうち婆羅門につぐ第二階級である王族・武人をいう。

婆羅門　梵語の音写。インドにおける四姓制度の最上位の階級で、梵天の子孫であると称し、吠陀を誦し祭祀を行なうをつとめとする。

毗舎　梵語の音写。インドにおける四姓の第三で、農・牧・工・商などのいわゆる一般庶民階級を指す。

首陀　梵語の音写。インドの四姓制度の最下位に属する奴隷の階級をいう。

檀波羅蜜　完全な布施の行。さとりに至るための六波羅蜜の行の第一。

般若波羅蜜　一切諸法の真空の理に達した智慧によってさとりの岸に至ること。

念持方便　心が乱れないようにおもいをかけ、まことをうるためにあらゆる手段をめぐらす。

堅固力　何ものにも妨げられないかたい力。

八聖道　八正道に同じ。さとりに至るための八種の正しい行法。㈠正見、㈡正思惟、㈢正語、㈣正業、㈤正命、㈥正精進、㈦正念、㈧正定のこと。

奢摩他・毗婆舎那　禅定と智慧。止・観のこと。→九二頁注

五利増長　五種の利益を増すこと。

は*寿増長《じゆぞうちやう》せむ、二つには財増長《ざいぞうちやう》せむ、三つには*楽増長《らくぞうちやう》せむ、四つには善行増長《ぜんぎやうぞうちやう》せむ、五つには*慧増長《ゑぞうちやう》するなり。なんたち長夜《ちやうや》に利益安楽《りやくあんらく》を得《え》む。この因縁《いんえん》を以て、なんたちよく*六《ろく》波羅蜜《はらみつ》を満《み》てむ、久《ひさ》しからずして一切種智《いちさいしゆち》を成《じやう》ずることを得《え》む」。

時《とき》に娑婆世界《しやばせかい》の主《しゆ》、*大梵天王《だいぼんてんわう》を首《しゆ》として、百億《ひやくおく》のもろもろの梵天王《ぼんてんわう》とともに、ことごとくこの言《ごん》を作《な》さく、「かくのごとし、かくのごとし。*大徳婆伽婆《だいとくばがば》、われら各各《かくかく》におのれが境《きやう》界《がい》、弊悪《へいあく》・麁獷《そくわう》・悩害《なうがい》において、他《た》において慈愍《じみん》の心《こころ》なく、後世《ごせ》の畏《おそ》れを観《くわん》ぜざらむ、乃《ない》至《し》われまさに遮障《しやしやう》し、かの施主《せしゆ》と五事《ごじ》を増長《ぞうちやう》すべし」と。仏《ぶつ》の言《のたま》はく、「善哉善哉《よいかなよいかな》、汝《なんち》かくのごとくなるべし」。その時《とき》にまた一切の菩薩摩訶薩《ぼさつまかさつ》、一切の諸大声聞《しよだいしやうもん》、一切の天《てん》・竜《りう》、乃《ない》至《し》一切の人非人等《にんひにんとう》ありて、讃《ほ》めて言《まう》さく、「善哉善哉《よいかなよいかな》、*大雄猛士《だいおうみやうじ》、なんたちかくのごとき法《はふ》久《ひさ》しく住《ぢう》することを得《え》、もろもろの衆生《しゆじやう》をして悪道《あくだう》を離《はな》るることを得《え》、速《すみや》かに善道《ぜんだう》に趣《おもむ》かしめむ」と。

その時《とき》に、世尊重《せそんかさ》ねてこの義《ぎ》を明《あきら》かならむと欲《おぼ》しめして、偈《げ》を説《と》きて言《のたま》はく、

われ月蔵《ぐわちざう》に告《つ》げて言《いは》く　この*賢劫《けんごふ》の初《はじ》めに入《い》りて
*鳩留仏《くるぶつ》　梵等《ぼんとう》に四天下《してんげ》を付属《ふぞく》したまふ
諸悪《しよあく》を遮障《しやしやう》するが故に　正法《しやうぼふ》の眼《まなこ》を熾然《しねん》ならしむ
もろもろの悪事《あくじ》を捨離《しやり》し　行法《ぎやうほふ》の者を護持《ごぢ》し
三宝《さんぼう》の種《しゆ》を断《た》たず　三精気《さんしやうけ》を増長《ぞうちやう》し
もろもろの悪趣《あくしゆ》を休息《くそく》し　もろもろの善道《ぜんだう》に向《む》かへしむ

寿増長　寿命が増すこと。
楽増長　楽しみが増すこと。
慧増長　智慧が増すこと。
六波羅蜜　涅槃に至るために大乗の菩薩の修めねばならぬ六種の行業のことで、六度ともいう。㈠布施、㈡持戒、㈢忍辱、㈣精進、㈤禅定、㈥智慧の六種がそれである。
大梵天王　→二三二頁注
大徳婆伽婆　大徳世尊。→二三二頁注
大雄猛士　雄雄しい者。即ち仏のこと。
賢劫　一大劫(成・住・壊・空各二十小劫)のうち、現在の住劫には多くの仏(千仏)が出現するから賢劫という。
鳩留仏　鳩留孫仏のこと。→二三五頁注

拘那含牟尼　→二三六頁注
他化　他化自在天王。→二三二頁注
化楽天　化楽天王。二三二頁注
迦葉仏　→二三六頁注
帝釈　帝釈天のこと。須弥山頂である忉利天善見城に住する天の神で、仏法守護の神である。
天仙　天は六欲天・四禅天などに住む天人。
曜宿　星。四方におのおの三曜・七宿を安置する。

三宝　仏・法・僧を三宝という。仏・法・僧の三は仏教徒として等しく尊重供養すべき宝であるからこういう。

*拘那含牟尼《くなごんむに》
*他化《たくゑ》・*化楽天《くゑらくてん》
次《つぎ》のちに*迦葉仏《かせふぶつ》
化楽等《くゑらくとう》の四天《してん》
過去《くわこ》のもろもろの*天仙《てんせん》に属《ぞく》したまふ
もろもろの*曜宿《えうしう》を安置《あんち》して
濁悪世《ぢよくあくせ》に至《いた》りて
われ独覚無上《どくかくむじやう》にして
いま大衆《だいしゆ》の前《まへ》にして
まさに説法《せちほふ》を捨《す》つべし
十方のもろもろの菩薩《ぼさつ》
天王《てんわう》もまたこの
われ大梵王《だいぼんわう》に問《と》はく
帝釈《たいしやく》・大梵天《だいぼんてん》
時《とき》に釈《しやく》・梵王《ぼんわう》
われら王《わう》の処《ところ》の所《みもと》にして
*三宝《さんぼう》の種《しゆ》を熾然《しねん》ならしめ
諸悪《しよあく》の朋《とも》を遮障《しやしやう》して

また大梵王《だいぼんわう》
乃至《ないし》四天王《してんわう》に属《ぞく》したまふ
また梵天王《ぼんてんわう》
*帝釈《たいしやく》・護世王《ごせわう》
もろもろの世間《せけん》のための故に
護持《ごぢ》し養育《やういく》せしめたまへり
白法尽滅《びやくほふじんめち》せむとき
人民《にんみん》を安置《あんち》し護《まも》らむ
しばしばわれを悩乱《なうらん》せむ
われを置《たも》ちて護持《ごぢ》せしめよ
一切ことごとく来集《らいしふ》せむ
娑婆仏国土《しやばぶつこくど》に来《きた》らしめむ
たれかむかし護持《ごぢ》する者と
余《よ》の天王《てんわう》を指示《しじ》す
過《とが》を導師《だうし》に謝《しや》して言《い》はまく
一切の悪《あく》を遮障《しやしやう》し
三精気《さんしやうけ》を増長《ぞうちやう》せむ
善《ぜん》の朋党《ぼうたう》を護持《ごぢ》せしむ」と。已上抄出

月蔵経巻第七　大集経巻五十二の文（大正蔵一三）。

＊月蔵経《ぐわちざうきやう》巻第七、諸魔《しよま》得敬信品《とくきやうしんぼん》第十に言《のたま》はく、「その時《とき》にまた百億《ひやくおく》の諸魔《しよま》あり、ともに同時《どうじ》に座《ざ》よりして起《た》ちて、合掌《がふしやう》して仏《ぶつ》に向《む》かひたてまつりて、仏足《ぶつそく》を頂礼《ちやうらい》して仏《ぶつ》に白《まう》して言《まう》さく、「世尊《せそん》、われらまたまさに大勇猛《だいゆうみやう》を発《おこ》して仏《ぶつ》の正法《しやうぼふ》を護持《ごぢ》し養育《やういく》して、三宝《さんぼう》の種《しゆ》を熾然《しねん》ならしめて、久《ひさ》しく世間《せけん》に住《ぢう》せしむ。いま地《ち》の精気《しやうけ》、衆生《しゆじやう》の精気《しやうけ》、法《はふ》の精気《しやうけ》、皆《みな》ことごとく増長《ぞうちやう》せしむべし。もし世尊《せそん》、声聞弟子《しやうもんでし》ありて、法《はふ》に住《ぢう》し法《はふ》に順《じゆん》じて三業相応《さんごふさうおう》して修行《しゆぎやう》せば、われら皆《みな》ことごとく護持《ごぢ》し養育《やういく》して、一切の所須《しよしゆ》ともしきところなからしめむ」と。乃至

この娑婆界《しやばかい》にして　はじめ賢劫《けんごふ》に入《い》りし時《とき》
拘楼孫如来《くるそんによらい》　すでに四天《してん》を
帝釈《たいしやく》・梵天王《ぼんてんわう》に属《ぞく》せしめて　護持《ごぢ》し養育《やういく》せしむ
三宝《さんぼう》の種《しゆ》を熾然《しねん》ならしめ　三精気《さんしやうけ》を増長《ぞうちやう》せしめたまひき
拘那含牟尼《くなごんむに》　また四天下《してんげ》を
梵《ぼん》・釈《しやく》・諸天王《しよてんわう》に属《ぞく》して　護持《ごぢ》し養育《やういく》せしむ
迦葉《かせふ》もまたかくのごとし　すでに四天下《してんげ》を
梵《ぼん》・釈《しやく》・護世王《ごせわう》に属《ぞく》して　行法《ぎやうはふ》の者《ひと》を護持《ごぢ》せしめき
過去《くわこ》の諸仙衆《しよせんしゆ》　および諸天仙《しよてんせん》
星辰《しやうしん》もろもろの宿曜《しうえう》　また属《ぞく》し分布《ぶんぷ》せしめき
われ五濁世《ごぢよくせ》に出《い》でて　もろもろの魔《ま》の怨《あた》を降伏《がうぶく》して

大集会《だいしふゑ》を作《な》して　仏《ぶつ》の正法《しやうぼふ》を顕現《けんげん》せしむ　乃至
一切の諸天衆《しよてんしゆ》　ことごとくともに仏《ぶつ》に白《まう》して言《まう》さく
われら王《わう》の処《ところ》の所《みもと》にして　みな正法《しやうぼふ》を護持《ごぢ》し
三宝《さんぼう》の種《しゆ》を熾然《しねん》ならしめ　三精気《さんしやうけ》を増長《ぞうちやう》せしめむと
もろもろの病疫《びやうやく》　飢饉《けごん》および闘諍《とうじやう》をやめしむ」と。乃至略出

*提頭頼吒天王護持品《だいづらたてんわうごぢほん》に云《のたま》はく、「仏《ぶつ》の言《のたま》はく、「*日天子《にちてんし》・*月天子《ぐわちてんし》、汝《なんち》わが法《ほふ》において護持《ごぢ》し養育《やういく》せば、汝《なんち》、長寿《ちやうじゆ》にしてもろもろの衰患《すいぐゑん》なからしめむ」と。その時《とき》にまた百億《ひやくおく》の*提頭頼吒天王《だいづらたてんわう》、百億の*毗楼勒叉天王《びるろくしやてんわう》、百億の*毗楼博叉天王《びるはくしやてんわう》、百億の*毗沙門天王《びしやもんてんわう》あり。かれら同時《どうじ》に、および眷属《くゑんぞく》と座《ざ》よりして起《た》ちて、衣服《えぶく》を整理《しやうり》し、合掌《がふしやう》し敬礼《きやうらい》して、かくのごときの言《ごん》を作《な》さく、「大徳婆伽婆《だいとくばがば》、われら各各《かくかく》おのれが天下《てんげ》にして、懃《ねむごろ》に仏法《ぶつほふ》を護持《ごぢ》し養育《やういく》を作《な》さむ。三宝《さんぼう》の種《しゆ》熾燃《しねん》[然]として久《ひさ》しく住《ぢう》し、三種《さんしゆ》の精気《しやうけ》みなことごとく増長《ぞうちやう》せしめむ」と。

乃至「われいままた上首毗《じやうしゆび》沙門天王《しやもんてんわう》と同心《どうしん》に、この*閻浮提《えんぶだい》と北方《ほくはう》との諸仏《しよぶつ》の法《ほふ》を護持《ごぢ》す」」と。已上略抄

*月蔵経《ぐわちざうきやう》巻第八、忍辱品《にんにくほん》第十六に言《のたま》はく、「仏《ぶつ》の言《のたま》はく、「かくのごとしかくのごとし。汝《なんち》が言《い》ふところのごとし。*もしおのれが苦《く》を厭《いと》ひ楽《らく》を求《もと》むるを愛《あい》することあらむ、まさに諸仏《しよぶつ》の正法《しやうぼふ》を護持《ごぢ》すべし。これよりまさに無量《むりやう》の福報《ふくほう》を得《う》べし。もし衆生《しゆじやう》ありて、わがために出家《しゆつけ》し、鬚髪《しゆはち》を剃除《たいぢよ》して袈裟《けさ》を被服《ひぶく》せむ、たとひ戒《かい》を持《たも》たざらむ、かれらことごとくすでに涅槃《ねはん》の印《いん》のために印《いん》せらるるなり。もしまた出家《しゆつけ》して戒《かい》を持《たも》たざらむ者、非法《ひほふ》を以

提頭頼吒天王護持品　大集経巻五十二の文（大正蔵一三）。
日天子　十二天の一で、四天王に属す。太陽を神格化したもの。
月天子　十二天の一で、四天王に属す。月を神格化したもの。
提頭頼吒天王　題頭隷吒に同じ。持国天のこと。四天王の一。
毗楼勒叉天王　増長天のこと。四天王の一。
毗楼博叉天王　広目天のこと。四天王の一。
毗沙門天王　四天王の一。北方の守護と、世人に福徳を与えることをつかさどる神。
閻浮提　須弥山の南方にあたる大洲の名で、その意味から南閻浮提ともいう。即ちわれわれ人間の住処のことで、もとはインドに名づけられたものである。
月蔵経巻第八　大集経巻五十三の文（大正蔵一三）。
もしおのれが…　親鸞独自の読み方。

てして悩乱《なうらん》を作《な》し、罵辱《めにく》し毀呰《くゐし》せむ、手《て》を以て刀杖《たうぢやう》打縛《ちやうばく》し斫截《しやくせち》することあらむ。もし衣《え》鉢《はち》を奪《うば》ひ、および種種《しゆじゆ》の資生《ししやう》の具《ぐ》を奪《うば》はむ者《もの》、この人《ひと》は則ち三世《さんぜ》の諸仏《しよぶつ》の真実《しんじち》の報身《ほうしん》を壊《ゑ》するなり。則ち一切天人《てんにん》の眼目《げんもく》を排《はら》ふなり。*この人《ひと》、諸仏《しよぶつ》所有《しよう》の正法三宝《しやうぼふさんぼう》の種《しゆ》を隠没《おんもち》せむと欲《おも》ふがための故に、もろもろの天人《てんにん》をして利益《りやく》を得《え》ざらしむ。地獄《ぢごく》に堕《だ》せむ故に、三悪《さんあく》道増長《だうぞうぢやう》し盈満《やうまん》をなすなり」と。已上

*また言《のたま》はく、「その時《とき》にまた一切の天《てん》・竜《りう》、乃至《ないし》一切の*迦吒富単那《かたふたんな》・人非人《にんぴにん》等《とう》ありて、皆《みな》ことごとく合掌《がふしやう》してかくのごときの言《ごん》を作《な》さく、「われら、仏《ぶつ》の一切声聞弟子《しやうもんでし》、乃至《ないし》もしまた禁戒《きむかい》を持《たも》たざれども、鬚髪《しゆほち》を剃除《たいぢよ》し袈裟《けさ》を片《かた》に著《き》む者《もの》において、師長《しちやう》の想《おもひ》を作《な》さむ。護持養育《ごぢやういく》してもろもろの所須《しよしゆ》を与《あた》へて乏少《ぼふせう》なからしめむ。もし余《よ》の天《てん》・竜《りう》、乃至《ないし》迦吒富単那《かたふたん》等《とう》、その悩乱《なうらん》を作《な》し、乃至《ないし》悪心《あくしん》をして眼《まなこ》を以てこれを視《み》ば、われらことごとくともに、かの天《てん》・竜《りう》・富単那《ふたんな》等《とう》、所有《しよう》の諸相《しよさう》欠減《くゑちげん》し醜陋《しゆる》ならしめむ。かれをしてまたわれらとともに住《ぢう》し、ともに食《じき》を与《あた》ふることを得《え》ざらしめむ。またまた同処《どうしよ》にして戯咲《げせう》を得《え》じ。かくのごとく擯罰《ひんばち》せむ」」と。已上

〔*また言《のたま》はく、「占相《せむさう》を離《はな》れて正見《しやうけん》を修習《しゆしふ》せしめ、決定《くゑちぢやう》して深《ふか》く罪福《ざいふく》の因縁《いんえん》を信《しん》ずべし」と。抄出〕

*首楞厳経《しゆりやうごんきやう》に言《のたま》はく、「かれらの諸魔《しよま》、かのもろもろの鬼神《くゐじん》、かれらの群邪《ぐんじや》、また徒衆《としゆ》ありて、おのおの自《みづか》ら謂《い》はむ。無上道《むじやうだう》を成《な》りて、*わが滅度《めちど》ののち末法《まちほふ》の中《なか》に、この魔民《まみん》おほからむ、この鬼神《くゐじん》おほからむ、この妖邪《えうじや》おほからむ。世間《せけん》に熾盛《しじやう》にして、善知識《ぜんぢしき》となりて

この人…　親鸞独自の読み方。

また言はく…　大集経巻五十三の文(大正蔵一三)。

迦吒富単那　梵語の音写。極臭鬼・奇臭鬼と訳す。刹帝利種の者でおとった行ないをした者は、この種の鬼形となり、下界に住して餓鬼の苦を受けるとされる。

また言はく占相…　西本願寺本により補う。華厳経巻二十四の文(大正蔵九)。

首楞厳経　首楞厳三昧経巻六の文(大正蔵一五)。姚秦の鳩摩羅什訳。仏が堅意菩薩の請に応じて、頓証菩提の法として首楞厳三昧を説いたもの。

わが滅度ののち　釈迦仏が入滅してのち。

もろもろの衆生《しゆじやう》をして愛見《あいけん》の坑《あな》に落《おと》さしめむ。菩提《ぼだい》の路《みち》を失《しち》し、眩惑《ぐゑんわく》無識《むしき》にして、おそらくは心《こころ》を失《しち》せしめむ。所過《しよくわ》のところに、その家《いへ》、耗散《もうさん》して、愛見《あいけん》の魔《ま》と成《な》りて如来《によらい》の種《しゆ》を失《しち》せせむ」と。已上

*灌頂経《くわんぢやうきやう》に言《のたま》はく、「*三十六部の神王《じんわう》、万億恒沙《まんおくごうじや》の鬼神《くゐじん》を眷属《くゑんぞく》として、相《さう》を陰《かく》し番《ばん》に代《かは》りて、*三帰《さんくゐ》を受《う》くる者《ひと》を護《まも》る」と。已上

*地蔵十輪経《ぢざうじふりんぎやう》に言《のたま》はく、「具《つぶさ》に正《まさ》しく帰依《くゐえ》して、一切の妄執吉凶《まうしふきちく》を遠離《をんり》せむものは、終《つひ》に邪神《じやしん》・外道《ぐゑだう》に帰依《くゐえ》せざれ」と。

*また言《のたま》はく、「あるいは種種《しゆじゆ》に、もしは少《せう》もしは多《た》、吉凶《きちく》の相《さう》を執《しふ》じて、鬼神《くゐじん》を祭《まつ》りて、乃至　極重《ごくぢう》の大罪悪業《だいざいあくごふ》を生《しやう》じ、*無間罪《むけんざい》に近《ちか》づく。かくのごときの人《ひと》、もしいまだかくのごときの大罪悪業《だいざいあくごふ》を懺悔《さんぐゑ》し除滅《ちよめち》せずは、出家《しゆつけ》して、および*具戒《ぐかい》を受《う》けしめざらむも、もしは出家《しゆつけ》してあるいは具戒《ぐかい》を受《う》けしめむも、すなはち罪《つみ》を得《え》む」と。已上

*集一切福徳三昧経《しふいちさいふくとくさんまいきやう》の中《なか》に言《のたま》はく、「余乗《よじよう》に向《む》かはざれ、余天《よてん》を礼《らい》せざれ」と。已上

*本願薬師経《ほんぐわんやくしきやう》に言《のたま》はく、「もし浄信《じやうしん》の善男子《ぜんなんし》・善女人等《ぜんによにんとう》ありて、乃至尽形《ないしじんぎやう》までに余天《よてん》に事《つか》へざれ」と。

また言《のたま》はく、「また世間《せけん》の邪魔《じやま》・*外道《ぐゑだう》、*妖孽《えうげき》の師《し》の妄説《まうせち》を信《しん》じて、禍福《くわふく》便《すなは》ち生《しやう》ぜむ。おそらくはややもすれば心自《こころみづか》ら正《ただ》しからず、卜問《ぼくもん》して禍《わざはい》を覓《もと》め、種種《しゆじゆ》の衆生《しゆじやう》を殺《せち》せむ。神明《じんみやう》に解奏《げそう》し、もろもろの*魍魎《まうりやう》を呼《よ》ばふて、福祐《ふくゆ》を請乞《しやうこち》し、延年《えんねん》を冀《ねが》はむとするに、つひに得《う》ることあたはず。愚痴《ぐち》迷惑《めいわく》して邪《じや》を信《しん》じ、*倒見《たうけん》して遂《つい》に横死《わうし》せしめ、地獄《ぢごく》に入《い》りて出期《しゆつご》あ

灌頂経　大灌頂神呪経ともいう。十二巻。東晋の帛尸梨蜜多羅訳。

三十六部の神王　灌頂経にいう三十六部の神王で、多くの鬼神を眷属とし、仏・法・僧の三宝に帰依した男女を守護するといわれる。

三帰　三帰依。仏・法・僧の三宝に帰依すること。

地蔵十輪経　大乗大集地蔵十輪経巻六の文(大正蔵一三)。唐の玄奘訳。地蔵菩薩の功徳を讃嘆したもの。

また言はく…　十輪経巻三の文。

無間罪　無間地獄に生まれるべき原因となる罪、即ち五逆罪。

具戒　具足戒。比丘二百五十戒、比丘尼三百四十八戒がある。

集一切福徳三昧経　巻中の文(大正蔵一二)。姚秦の鳩摩羅什訳。大乗の菩薩の修道とその福徳とを説く。

本願薬師経　一巻(大正蔵一四)。具には薬師瑠璃光如来本願功徳経という。異訳に四本ある。薬師如来の本願とその徳とについて述べた経。

外道　仏教以外の教え。

妖孽の師　奇怪のことをいって人の心を惑わすもの。妖は衣服・歌謡・草木の怪、孽は鳥獣・虫類の怪をさすという。

魍魎　妖鬼のこと。山や川の精とも、木や石の妖怪ともいう。

倒見　真理にそむいたさかさまの見解。

ることなけむ。乃至　八つには、横《よこさま》に毒薬《どくやく》・*厭禱《えんたう》・*呪咀《じゆしよ》し、*起屍鬼等《きしくゐとう》のために中害《ちうがい》せらる」と。已上抄出

*菩薩戒経《ぼさつかいきやう》に言《のたま》はく、「出家《しゆつけ》の人《ひと》の法《ほふ》は、国王《こくわう》に向《む》かひて礼拝《らいはい》せず、父母《ぶも》に向《む》かひて礼拝《らいはい》せず、*六親《ろくしん》に務《つか》へず、鬼神《くゐじん》を礼《らい》せず」と。已上

*仏本行集経《ぶつほんぎやうじふきやう》【闍那崛多《じやなくつた》の訳《やく》】の第四十二巻に優婆斯那品《うばしなほん》に言《のたま》はく、「その時《とき》に、かの*三迦葉《さんかせふ》兄弟《くゐやうだい》にひとりの*外甥《ぐわいせい》、*螺髻梵志《らけぼんじ》あり。その梵志《ぼんじ》を優婆斯那《うばしな》と名《な》づく。乃至　恒《つね》に二百五十の螺髻梵志《らけぼんじ》弟子《でし》とともに*仙道《せんだう》を修学《しゆがく》しき。かれその*舅迦葉《きうかせふ》三人を聞《き》くに、もろもろの弟子《でし》、かの大沙門《だいしやもん》の辺《へん》に往詣《わうげい》して、阿舅鬚髪《あきうしゆほち》を剃除《たいぢよ》し、袈裟衣《けさえ》を着《き》ると。見已《みをは》りて、舅《きう》に向《む》かひて偈《げ》を説《と》きて言《いは》く、「舅等虚《きうとうむな》しく火《ひ》を祀《まつ》ること百年、またまた空《むな》しくかの苦行《くぎやう》を修《しゆ》しき。今日《こんにち》同《おな》じくこの法《ほふ》を捨《す》つること、なほ蛇《じや》の故《ふる》き皮《かは》を脱《ぬ》ぐがごとくするおや」。その時《とき》にかの舅《きう》、迦葉《かせふ》三人、同《おな》じくともに偈《げ》を以て、その外甥《ぐわいせい》、優波斯那《うばしな》に報《ほう》じて、かくのごときの言《ごん》を作《な》さく、「われら昔空《むかしむな》しく火神《くわじん》を祀《まつ》りて、またまたいたづらに苦行《くぎやう》を修《しゆ》しき。われら今日《こんにち》この法《ほふ》を捨《す》つること、実《まこと》に蛇《じや》の故《ふる》き皮《かは》を脱《ぬ》ぐがごとくす」」と。抄出

*起信論《きしんろん》に曰《いは》く、「あるいは衆生《しゆじやう》ありて善根力《ぜんごんりき》なければ、則ち諸魔《しよま》・外道《ぐゐだう》・鬼神《くゐじん》のために誑惑《わうわく》せらる。もしは坐中《ざちう》にして形《かたち》を現《げん》じて恐怖《くふ》せしむ、あるいは端正《たんじやう》の男女等《なんによとう》の相《さう》を現《げん》ず。まさに唯心《ゆいしん》の境界《きやうがい》を念《ねん》ずべし、則ち滅《めち》してつひに悩《なう》をなさず。あるいは天像《てんざう》・菩薩像《ぼさつざう》を現《げん》じ、また如来像《によらいざう》の相好《さうがう》具足《ぐそく》せるを作《な》して、もしは*陀羅尼《だらに》を説《と》き、もしは布施《ふせ》・持戒《ちかい》・忍辱《にんにく》・精進《しやうじん》・禅定《ぜんぢやう》・智慧《ちゑ》を説《と》き、あるいは平等《びやうどう》、空《くう》・無相《むさう》・無願《むぐわん》、無怨無親《むをんむしん》、無因無果《むいんむくわ》、畢《ひち》

厭禱　いけにえを供え、邪神を飽かせて祈ること。

呪咀　のろい。

起屍鬼　屍鬼とは死体の中にある一種の気で、呪術を死体に加えると、この屍鬼がはたらき出して、人に害を加えるとされる。

菩薩戒経　梵網経巻下の文(大正蔵二四)。大乗の戒法たる十重四十八軽戒を説いてある部分。

六親　六種の親族。父・子・兄・弟・夫・婦、または父・母・兄・弟・妻・子の総称。

仏本行集経　巻四十二の文(大正蔵一二)。隋の闍那崛多訳。釈尊の誕生より出家・成道等のことを説き、仏弟子の帰入に関する因縁を示している。

三迦葉兄弟　優楼頻羅迦葉・伽耶迦葉・那提迦葉の三人兄弟。事火外道であったが、釈尊成道の二年後に仏弟子となった。

外甥　おい。

螺髻梵志　もとどりを螺のように束ねている婆羅門。今は事火外道。

仙道　世俗を捨てて山林に入り、道を修めること。ここでは苦行をさす。

舅迦葉　おじの迦葉。

起信論　大乗起信論(大正蔵三二)。馬鳴の著。真諦訳と実叉難陀訳がある。一巻。大乗の法門を釈し、これを実修すべきことを五段に分けて整然と述べている。

竟空寂《きやうくうじやく》、これ真《しん》の涅槃《ねはん》なりと説《と》かむ。あるいは人《ひと》をして宿命過去《しゆみやうくわこ》の事《こと》を知《し》らしめ、また未来《みらい》の事《こと》を知《し》る。*他心智《たしんち》を得《え》、*弁才無碍《べんざいむげ》ならしむ。よく衆生《しゆじやう》をして世間《せけん》の名利《みやうり》の事《こと》に貪著《とんぢやく》せしむ。また人《ひと》をしてしばしば瞋《いか》り、しばしば喜《よろこ》ばしめ、性無常《しやうむじやう》の准《ならひ》ならしむ。あるいは多《おほ》く慈愛《じあい》し、多《おほ》く睡《ねむ》り、多《おほ》く宿《やど》る、多《おほ》く病《やまひ》す、その心懈怠《こころけだい》なり。あるいはにはかに精進《しやうじん》を起《お》こして、後《のち》には便《すなは》ち休廃《くはい》す。不信《ふしん》を生《しやう》じて疑《うたが》ひ多《おほ》く、慮《おもんぱかり》多《おほ》し。あるいはもとの勝行《しようぎやう》を捨《す》てて、さらに雑業《ざふごふ》を修《しゆ》せしめ、もしは世事《せじ》に著《ちやく》せしめ、種種《しゆじゆ》に牽纏《けんでん》せらる。またよく人《ひと》をしてもろもろの三昧《さんまい》の少分相似《せうぶんさうじ》せるを得しむ。皆《みな》これ外道《ぐゐだう》の所得《しよとく》なり、真《しん》の三昧《さんまい》にあらず。あるいはまた人《ひと》をして、もしは一日、もしは二日、もしは三日、乃至《ないし》七日、定中《ぢやうちう》に住して自然《じねん》の香味《かうみ》飲食《をんじき》を得しむ。身心適悦《しんしんちやくえち》して、飢《う》えず渇《かは》かず、人《ひと》をして愛著《あいぢやく》せしむ。あるいはまた人《ひと》をして食《じき》に分斉《ぶんざい》なからしむ、たちまちに多《おほ》く、たちまちに少《すくな》くして、顔色変異《げんしきへんい》す。この義《ぎ》を以ての故に、行者《ぎやうじや》つねに智慧《ちゑ》をして観察《くわんざち》して、この心《こころ》をして邪網《じやまう》に堕《だ》せしむることなかるべし。まさに勤《つと》めて正念《しやうねん》にして、取《と》らず着《ちやく》せずして、則ちよくこのもろもろの業障《ごふしやう》を遠離《をんり》すべし。知《し》るべし、外道《ぐゐだう》の所有《しよう》の三昧《さんまい》は、みな*見愛我慢《けんあいがまん》の心《こころ》を離《はな》れず、世間《せけん》の名利恭敬《みやうりくぎやう》に貪著《とんぢやく》するが故なり」と。已上

*弁正論《べんしやうろん》〈*法琳《ほふりん》の撰《せん》〉に曰《いは》く、「十喩《じふゆ》・九箴篇《きうしむへん》、答《たふ》す、*李道士《りだうじ》*十異九述《じふいきうじゆつ》。

*外の一異《いちい》に曰《いは》く、「*太子老君《たいしらうくん》は、*神《しん》を*玄妙玉女《ぐゑんべうぎよくぢよ》に託《つ》きて、左腋《さえき》を割《ひら》きて生《うま》れたり。釈迦《しやか》牟尼《むに》は、胎《たい》を*摩耶夫人《まやぶにん》に寄《よ》せて、右脇《いうけふ》を開《ひら》きて出《い》でたり」と。乃至

*内の一喩《いちゆ》に曰《いは》く、「老君《らうくん》は常《じやう》にたがひ、牧女《ぼくぢよ》に託《つ》きて左《ひだり》より出《い》づ。世尊《せそん》は化《くゑ》に順《したが》ふて、

陀羅尼　梵語の音写。総持・能遮と訳す。もろもろの善法をたもち悪法を起こさしめない力用に名づける。

他心智　他人の心を知る智慧。

弁才無碍　自在の弁才。

見愛我慢　見は邪しまな見解、愛は貪愛、我慢は自らをたのんで心がおごりたかぶることの意味。

弁正論　八巻十二篇(大正蔵五二)。唐の法琳の著。道教・儒教の所説を論じ、仏教がこれらに勝っている理由を明らかにしたもの。

法琳　唐代の僧(五八〇―六四〇)。俗姓は陳氏。潁川の人。幼時に出家し儒・仏二道に通じた。道教に対して弁正論を著わしておおいに反論を加えた。

李道士　李仲卿のこと。名は思慎。唐の太史令伝奕の友人で、十異九迷をあげて仏教を攻撃した。これに対する反駁文が法琳の弁正論である。

十異九述　弁正論には「十異九迷」とある。

外の一異に曰く　外論たる道教から第一の異(ちがい)をあげていう。

太子老君　太上老君のこと。老子の尊称。大正蔵には「太上老君」に作る。

神　たましい。

玄妙玉女　仙人の名。

摩耶夫人　釈尊の生母。

内の一喩に曰く　内道たる仏教から、第一の喩(さとし)をたてていう。

聖母《せいぼ》に因《よ》りて右《みぎ》より出《い》でたまふ」と。

*開士《かいし》の曰《いは》く、「*盧景裕《りよけいゆ》・*戴詵《たいしん》・*韋処玄《ゐしよぐゑんら》等が*解五千文《かいごせんぶん》、および*梁《りやう》の元帝《ぐゑんてい》、*周弘政《しうこうせいら》等が*老義《らうぎ》類《るい》を案《あん》ずるに云《いは》く、太上《たいじやう》に四つあり、謂《いは》く*三皇《さんくわう》および*堯舜《げうしゆん》これなり。言《い》ふこころは、上古《じやうこ》にこの大徳《だいとく》の君《くん》あり、万民の上《かみ》に臨《のぞ》めり。かるがゆへに太上《たいじやう》と云《い》ふなり。*郭荘《くわくさう》が云《いは》く、『時《とき》にこれを賢《けん》とするところの者を君《くん》とす。材《さい》、世《よ》に称《しよう》せられざる者を臣《しん》とす』。*老子《らうし》、帝《てい》にあらず、皇《くわう》にあらず、四種のかぎりにあらず。いづれの典拠《てんきよ》ありてか、たやすく太上《たいじやう》と称《しよう》するや。道家が玄妙《ぐゑんべう》および中胎《ちうたい》・朱韜《しゆたう》・*王礼《わうれいとう》等の経《けい》、ならびに*出塞記《しゆつさいき》を検《かむが》ふるに云《いは》く、老《らう》はこれ李母《りぼ》が生《う》めるところ、玄妙玉女《ぐゑんべうぎよくぢよ》ありと云《い》はず。すでに正説《せいせつ》にあらず、もとも仮《かり》の謬《べう》談《だん》なり。*仙人玉録《せんにんぎよくろく》に云《いは》く、『仙人《せんにん》は妻《さい》なし、玉女《ぎよくぢよ》は夫《ふ》なし。女形《ぢよけい》を受《う》けたりといへども、ついに産《さん》せず』。もしこの瑞《ずい》あらば、誠《まこと》に嘉《か》とすべしと曰《い》ふ。いづれぞせむ、*史記《しき》にも文《ぶん》なし、*周書《しうしよ》に載《の》せず。虚《きよ》を求《もと》めて実《じつ》を責《せ》めば、矯盲《きやうわう》の者の言《ことば》を信《しん》ずるならくのみと。*礼《らい》に云《いは》く、『官《くわん》を退《しりぞ》きて位《くらゐ》なき者は左遷《させん》す』。*論語《ろんご》に云《いは》く、『*左衽《さじむ》は礼《れい》にあらざるなり』と。もし左《ひだり》を以て右《みぎ》に勝《すぐ》るとせむは、*道上行道《だうじやうこうだう》するに、なんぞ左《ひだり》に旋《めぐ》らずして右《みぎ》に還《かへ》りて転《めぐ》るや。国の詔書《せうしよ》にみな云《いは》く、『右《みぎ》のごとし』。ならびに天《てん》の常《じやう》に順《したが》ふなり」。乃至

外の四異に曰《いは》く、「老君《らうくん》は*文王《ぶんわう》の日《ひ》、*隆周《りうしう》の宗師《そうし》たり。釈迦《しやか》は*荘王《さうわう》の時、*罽賓《けいひん》の教主《けうしゆ》たり」。

内の四喩に曰《いは》く、「*伯楊《はくやう》は職小臣《しよくせうしん》におり、かたじけなく*蔵吏《ざうり》に充《あた》れり。文王《ぶんわう》の日《ひ》に在《あ》らず、また隆周《りうしう》の師《し》にあらず。牟尼《むに》は、位《くらゐ》、太子《たいし》に居《こ》して、身《み》、特尊《とくそん》を証《しよう》したまへり。*昭王《せうわう》

開士　菩薩のこと。正道を開き衆生を開導する丈夫の意。
盧景裕　老子注二巻の作者。
戴詵　老子義疏九巻、荘子義疏九巻の作者。
韋処玄　老子疏四巻の作者。
解五千文　老子経五千文の注釈。
梁の元帝　梁の武帝の第七子。
周弘政　北周の人。老荘の疏を造る。
老義類　大正蔵には「考義類」に作る。
三皇　伏羲・神農・黄帝の三皇。
堯舜　中国古代の伝説的な王である堯と舜。模範的に国を治めた。
郭荘　郭象(字は子玄)が著わした「荘子」の注釈のこと。
老子　道家の祖。
王礼　「玉札(ぎょくきつ)」か。大正蔵には「玉机」に作る。
出塞記　道教の書。
仙人玉録　仙人玉籙。道教の書。
史記　前漢の司馬遷の著。
周書　二十四史の一。北周の史書。
礼　礼記のこと。五経の一。周末から秦・漢時代の儒者の古礼に関する説を集めた書。
論語　四書の一。二十篇。孔子の歿後、門弟等が孔子の性行・論説等を編集したもの。
左衽　衣服を左まえに着ること。
道上　「道士」か。
文王　周の初代たる武王の父。
隆周　周の国が最も栄えたころ。

の盛年《せいねん》に当《あ》たれり、*閻浮《えんぶ》の教主《けうしゆ》たり」と。乃至

外の六異に曰《いは》く、「老君《らうくん》は世《よ》に降《かう》して、始《はじ》め*周文《しうぶん》の日《ひ》より*孔丘《こうきう》の時《とき》に訖《おは》れり。釈迦《しやか》ははじめて*浄飯《じやうぼむ》の家《いへ》に下生《かせい》して、わが荘王《さうわう》の世《よ》に当《あ》たれり」。

内の六喩に曰《いは》く、「*迦葉《かせふ》は*桓王丁卯《くわんわうていばう》の歳《とし》に生《うま》れて、*景王壬午《けいわうじんご》の年《とし》に終《を》ふ。孔丘《こうきう》の時《とき》に訖《お》ふといへども、*姫昌《きよしやう》の世《よ》に出《い》でず。*調御《でうご》は昭王甲寅《せうわうかういん》の年《とし》に誕《たん》じて、*穆王壬申《ぼくわうじんしん》の歳《とし》に終《を》ふ。これ浄飯《じやうぼむ》の胤《いん》たり。もと荘王《さうわう》の前《さき》に出《い》でたまへり」。

開士《かいし》の曰《いは》く、「*孔子《こうし》周《しう》に至《いた》りて、*老聃《らうさん》を見《み》て、礼《れい》を問《と》ふ。ここに史記《しき》に具《つぶさ》に顕《あら》はる。文《ぶん》王《わう》の師《し》たること、則ち典証《てんしよう》なし。周《しう》の末《すゑ》に出《い》でたり、*そのこと周《しう》の初《はじ》めに尋《たづ》ぬべし。史文《しぶん》に載《の》せず」。乃至

外の七異に曰《いは》く、「老君《らうくん》、初《はじ》めて周《しう》の代《よ》に生《うま》れて、晩《のち》に*流沙《りうさ》にゆく。始終《ししゆう》を測《はか》らず、方《はう》所《しよ》を知《し》ることなし。釈迦《しやか》は*西国《さいこく》に生《しやう》じて、かの*提河《だいが》に終《をは》りぬ。弟子《でし》胸《むね》をうち、*群胡《ぐんこ》おほきに叫《さけ》ぶ」。

内の七喩に曰《いは》く、「老子《らうし》は頼郷《れいけい》に生《うま》れて、槐里《くわいり》に葬《はふ》らる。*秦佚《しんいち》の弔《てう》につまびらかにす。責《せ》め*遁天《とんでん》の形《けい》にあり。*瞿曇《くどん》はかの王宮《わうぐ》に出《い》でて、この鵠樹《かくしゆ》に隠《かく》れたまふ。漢明《かんめい》の世《よ》に伝《つた》はりて、ひそかに*蘭台《らんたい》の書《しよ》にまします」。

開士《かいし》の曰《いは》く、「荘子《さうし》の内篇に云《いは》く、『老聃死《らうさんし》して秦佚弔《しんいちとぶら》ふ。ここに三たび號《さけ》むで出《い》づ。弟《で》子《し》怪《あやし》むで問《と》ふ、夫子《ふうし》のともがらにあらざるか。秦佚曰《しんいちいは》く、さきにわれ入《い》りて少者《せうしや》を見《み》るに、これを哭《こく》す、その父《ちち》を哭《こく》するがごとく、老者《らうしや》これを哭《こく》す、その子《こ》を哭《こく》するがごとし。古《いにしへ》は

荘王　周の第十五代の王。
罽賓　罽賓国のこと。現代のカシミール。
伯楊　伯陽のこと。老子の字(あざな)。
蔵吏　書蔵を守る役。
昭王　周の第四代。
閻浮　閻浮提のこと。↓一四五頁注
周文　周の文王。
孔丘の時　孔子の時代。
浄飯　浄飯王のこと。釈尊の父で、のち釈尊に帰依す。
迦葉　迦葉の生まれかわりであるという老子のこと。
桓王　周の第十四代。
景王　周の第二十四代。
姫昌　周の文王の姓名。
調御　釈迦仏のこと。
穆王　周の第五代の王。
孔子　儒家の祖(前五五二―四七九)。
老聃　老聃。老子のこと。
そのこと周の初めに…　「そのこと尋ぬべし。周の初めにありしことは史文に載せず」とすべきか。
流沙　西域方面の大砂漠。
西国　インドをさす。
提河　跋提河のこと。この西側の沙羅林で釈尊は入滅した。
群胡　異国人たち。多くの夷。
秦佚　老子の友人の名。
遁天の形　身を人の世から隠す仙人のすがた。
瞿曇　釈尊のこと。
蘭台　御史台。天子の書庫。

これを遁天《とんでん》の形《けい》と謂《い》ふ。始《はじ》めはおもへらく、その人《ひと》なりと、しかるにいま非《ひ》なり』。遁《とん》は隠《いん》なり、天《てん》は免縛《べんばく》なり、形《けい》は身《しん》なり。言《い》ふこころは、始《はじ》め老子《らうし》を以て免縛形《べんばくけい》の仙《せん》とす、いま則ち非《ひ》なり。ああ、その*諂《いつは》れる典《てん》、人《ひと》の情《こころ》を取《と》る、ことさらに死《し》を免《まぬか》れず。わが友《とも》にあらず」と。乃至

内の十喩、答《たふ》す、外の十異。

外は生《しやう》より左右《さいう》異《こと》なる一。内は生《しやう》より勝劣《しようれつ》あり。

内に喩《さと》して曰《いは》く、「左衽《さじむ》は則ち*戎狄《じゆてき》の尊《たふと》むところ、*右命《いうめい》は中華《ちうくわ》の尚《たふと》むところとす。かるがゆへに*春秋《しゆんじう》に云《いは》く、『*冢卿《ちようけい》は命《めい》なし、*介卿《かいけい》はこれあり、また左《ひだり》にあらざるや』。史記《しき》に云《いは》く、『*藺相如《りんしやうじよ》は功大《こうおほ》きにして、位《くらゐ》、*麁頗《そは》が右《みぎ》にあり、これを恥《は》づ』。また云《いは》く、『*張儀相《ちやうぎしやう》、秦《しん》を右《みぎ》にして魏《ぐゐ》を左《ひだり》にす。*犀首相《せいしゆしやう》、*緯《ゐ》を右《みぎ》にして魏《ぐゐ》を左《ひだり》にす』。*けだし云《いは》く、便《たよ》りならずや。礼《らい》に云《いは》く、『*左道乱群《さだうらんぐん》おばこれを殺《ころ》す』。あに右《みぎ》は優《まさ》りて左《ひだり》は劣《おと》れるにあらずや。*皇甫《くわうほ》謐《ひち》が高士伝《かうしでん》に云《いは》く、『老子《らうし》は楚《そ》の相人《しやうじん》、*温水《をんすい》の陰《きた》に家《いゑ》とす。*事を常従子《じやうしようし》にひとし。常子疾《じやうしやまふ》あるにおよびて*李耳《りじ》ゆきて疾《やまひ》を問《と》ふ』。ここに*嵇康《けいかう》の云《いは》く、『李耳《りじ》、涓子《けんし》に従《したが》ふて九仙《きうせん》の術《じゆつ》を学《まな》ぶ』。*撥《はい》するに*太史《たいし》に云《いは》く衆画《しうくわ》を等《ひと》しきが、老子《らうし》、左腋《さえき》を剖《ひら》いて生《うま》ると云《い》はず。すでにまさしく出《い》でたることなし、承信《しようしん》すべからざることあきらけし。あきらかに知《し》んぬ、戈《くわ》を揮《ふる》ひ翰《かん》をあやつれば、けだし文武《ぶんぶ》の先《せん》、*五気《ごき》・*三光《さんくわう》は、まことに陰陽《おんやう》の首《はじめ》なり。ここを以て釈門《しやくもん》には右《みぎ》に転《てん》ずること、また人用《じんよう》を*快《たのし》くす。*張陵《ちやうりよう》左道《さだう》にす、*逆天《げきてん》の常《じやう》に信《しん》ず。いかんとなれば、釈迦《しやか》、無縁《むえん》の慈《じ》を*超して、有機《うき》の召《てう》に応《ゐよう》ず、その迹《あと》を語《かた》るなり。乃至

諂れる典　「諂曲して」と読むべきか。

戎狄　西のえびすと北のえびす。

右命　命は命令のこと。命令は上より出されるが、中国では右を尊ぶから、命令の出てくるもとを示して右命という。

春秋　魯国の史官の記録を孔子が筆刪したもの。魯国王歴代の事蹟を収め、時事の当否を断じ王道を明らかにした歴史書。

冢卿　六卿(周代の官制)の長。

介卿　介は助・次の意で、官省の長官や執政の大臣などの卿に次ぐ位。

藺相如　廉頗とともに戦国時代の趙の上卿。恵文王に仕えて功績があったので、廉頗の右(上席)に位した。そこで廉頗は大いにこれを恥じたといわれる。

麁頗　廉頗(れんぱ)のこと。藺相如とともに趙の臣であった。

張儀相　張儀という宰相。

犀首相　犀首という宰相。

緯　「韓」か。

けだし　底本「蓋に」。

左道乱群　正しくない政道を行なって群集を乱す。

皇甫謐　西晋の学者(二一六―二八二)。

温水　「渦水」のことか。

事を常従子にひとし　「常従子に師事す」と読むべきか。

李耳　老子のこと。

嵇康　竹林七賢の一。三国の魏の人

それ釈氏《しやくし》は、天上天下に介然《かいぜん》として、その尊《そん》に居《きよ》す。三界六道卓爾《たくじ》として、その妙《べう》を推《お》す」。乃至

外論に曰《いは》く、「老君《らうくん》、範《はん》と作《な》す、ただ孝《かう》ただ忠《ちう》、世《よ》を救《すく》ひ人《ひと》を度《ど》す、慈《じ》を極《きは》め愛《あい》を極《きは》む。ここを以て声教《せいかう》ながく伝《つた》へ、百王《はくわう》あらたまらず、玄風《ぐゑんふう》ながく被《かふ》らしめて万古《ばんこ》たがふことなし。このゆへに国《くに》を治《おさ》め家《いへ》を治《おさ》むるに、常然《しやうぜん》たり楷式《かいしよく》たり。*釈教《しやくかう》は義《ぎ》を棄《す》て親《しん》を棄《す》て、仁《じん》ならず孝《かう》ならず。*闍王《じやわう》、父《ちち》を殺《ころ》せる、翻《ほん》じて愆《とが》なしと説《と》く。*調達《でうだつ》、兄《あに》を射《い》て*無間《むけん》に罪《つみ》を得《う》。これを以て凡《ぼん》を導《みちび》く、さらに悪《あく》をますことをなす。これをもて世《よ》に範《のり》とする、なんぞよく善《ぜん》を生《しやう》ぜむや。これ逆順《げきじゆん》の異《い》、十なり」。

内喩に曰《いは》く、「義《ぎ》は乃ち道徳《だうとく》の卑《いやし》うするところ、礼《れい》は忠信《ちうしん》の薄《うす》きより生《しやう》ず。*瓆仁《さじん》、匹婦《ひちふ》を譏《そし》り、大孝《たいかう》は*不遺《ふゐ》を存《そん》す。しかうして凶《くゐよう》に対《むか》ふて歌《うた》ひ咲《わら》ふ、中夏《ちうか》の容《かたち》に乖《くわい》す。喪《も》に臨《のぞ》んで盆《ほとぎ》をたたく、華俗《くわぞく》の訓《おしへ》にあらず。〈*原壊《ぐゑんじやう》母《はは》死《し》して騎棺《きくわん》して譏《そし》らず。子桑《しさう》死《し》するとき子貢《しこう》とぶらふ、四子あひ視《み》て歌《うた》ふて孔子《こうし》時《とき》に助《たす》け祭《まつ》りて咲《わら》ふ。荘子《さうし》妻《め》死《し》す、盆《ほとぎ》をたたきて歌《うた》ふなり。〉かるがゆへにこれを教《をし》ふるに孝《かう》を以てす、天下《てんか》の人父たるを敬《けい》するゆへなり。これを教《をし》ふるに忠《ちう》を以てす、天下《てんか》の人君《じんくん》たるを敬《けい》するゆへなり。化《くわ》、万国《ばんこく》に周《あまね》し、乃ち明辟《めいへき》の至《いた》れるなり。仁《じん》、四海に形《あら》はる、実《まこと》に聖王《せいわう》の臣孝《しんかう》なり。仏経《ふつけい》に言《のたま》はく、『*識体六趣《しよくていりくしゆ》に輪回《りんくわい》す、父母《ふぼ》にあらざるなし。生死三界に変易《はんえき》す、たれか怨親《ゑんしん》を弁《わきま》えむ』。また言《のたま》はく、『無明慧眼《ぶめいけいがん》を覆《おほ》ふ、*いまだ生死《せいし》の中《なか》に往《ゆ》かず。往来《わうらい》して所作《しよさ》す、さらにたがひに父子《ふし》たり。怨親《ゑんしん》しばしば*知識《ちしき》たり、知識《ちしき》しばしば怨親《ゑんしん》たり』。ここを以て沙門俗《しやもんしよく》を捨《す》てて真《しん》におもむく。*庶類《しよるい》を*天属《てんしよく》に均《ひと》しうす。栄《ゑい》を遺《す》て

(三三一―三六二)。
撥するに太史に云く…　「大史公等の衆書を検ふるに」と読むべきか。
太史　太史公。前漢の歴史家である司馬遷のこと。
五気　五運のこと。㈠太易、㈡太初、㈢太始、㈣太素、㈤太極の五で、天地生成の原質である。異説あり。
三光　日・月・星の三。
快くす　「扶く」か。
張陵　後漢順帝の世の人。張道陵。道書を作り、愚民を惑わしたという。
逆天の常に信ず　「信(まこと)に天の常に逆ふ」と読むべきか。
超して　「起こして」か。
釈教　釈迦の教え。
闍王　阿闍世王のこと。↓一〇頁注
調達　提婆達多のこと。↓一〇頁注
無間に罪を得　「罪を得ることを聞くことなし」と読むべきか。
瓆仁　「瑣仁」か。
不遺　「不匱」か。
原壊母死して…歌ふなり　「原壊、母死す、棺に騎りて歌ふ。孔子、祭を助けて譏らず。子桑死す、子貢とぶらふ、四子あひ視て咲(わら)ふ。荘子妻死す、盆をたたきて歌ふなり」と読むべきか。
識体　精神の主体。
いまだ生死の中に往かず　「生死の中に来往す」と読むべきか。
知識　ともだち。
庶類　すべての衆生。

て道《だう》につく。*含気《がむき》を*己《こ》親《しん》に等《ひと》しうす〈普《あまね》く正《ただ》しき心《こころ》を行《ぎやう》じて普《あまね》き親《した》しき志《こころざし》を等《ひと》しくす〉。また道《だう》は清《せい》虚《きよ》を尚《たふと》ぶ、なんぢは恩愛《おんあい》を重《おも》くす。法《はふ》は平等《びやうどう》を貴《たふと》ぶ、なんぢは怨親《ゑんしん》を簡《きら》はむや。あに惑《まどひ》にあらずや。勢競《せいけい》、親《しん》を遺《わす》る、文史《ぶんし》事《こと》を明《あ》かす、*斉桓《せいくわん》・*楚《そ》穆《ぼく》これその流《ともがら》なり。以て聖《せい》をそしらむと欲《おも》ふ、あに謬《あやま》れるにあらずや。なんぢが道《だう》の劣《れち》、十なり」。乃至

「二皇化《くわ》を統《す》べて〈*須弥四域経《しゆみしゐききやう》に云《いは》く、*応声菩薩《おうしやうぼさつ》を*伏羲《ふつぎ》とす、*吉祥菩薩《きちしやうぼさつ》を*女媧《ぢよくわ》とするなり〉、*渟風《ていふう》の初《はじ》めに居《お》り、*三聖言《ことば》を立《た》てて〈*空寂所問経《くうじやくしよもんぎやう》に云《いは》く、迦葉《かせふ》を老子《らうし》とす、儒童《じゆどう》を孔子《こうし》とす、光浄《くわうじやう》を顔回《がんくわい》とするなり〉、已澆《いげう》の末《すゑ》を興《おこ》す。*玄虚沖一《ぐゑんきよちういつ》の旨《むね》、*黄《くわう》・*老《らう》その談《だん》を盛《さか》りにす。詩《し》書礼楽《しよれいがく》の文《ぶん》、*周《しう》・*孔《こう》その教《かう》をたかくす。謙《けむ》を明《あきら》かにし、質《しち》を守《まも》る、乃ち聖《せい》に登《のぼ》るの階梯《かいてい》なり。三畏《さんゐ》・*五常《ごじやう》は人天《にんでん》の由《いう》漸《ぜん》とす。けだし冥《みやう》に仏理《ぶつり》にかなふ、*正弁極談《せいへんきよくだん》にあらずや。なお道《だう》を*瘖聾《おむりよう》に謗《そし》る、方《はう》をおしまどいて遠邇《ゑんじ》を窮《きわ》むることなかれ。*律《りつ》を兎馬《とば》に問《と》ふ、済《わた》るを知《し》りて浅深《せんじん》を測《はか》らず。これに因《よ》りて談《だん》ずるに、殷《いん》・周《しう》の世《よ》は釈教《しやくかう》のよろしく行《かう》すべきところにあらざるなり。なほ炎威《えんゐ》耀《ひかり》をかがやかす、童子《どうじ》、目《め》を正《ただ》しくして視《み》ることあたはず。迅雷《じんらい》、奮《ふる》ひ撃《う》つ、*儒夫《だんふ》耳《みみ》を張《は》りて聴《き》くことあたはず。ここを以て河池《かち》涌《わ》き浮《うか》ぶ、昭王《せうわう》、*神《しん》を誕《たん》ずることを懼《おそ》る。雲霓色《うんげい》を変《はん》じ、穆后《ぼくこう》、*聖《せい》を亡《うしな》はむことを欣《よろこ》ぶ。〈周書異記《しうしよいき》に云《いは》く、昭王《せうわう》二十四年四月八日、江河《かうが》泉水《せんすい》ことごとく泛漲《はんちやう》せり。穆王《ぼくわう》五十二年二月十五日、暴風《ぼうふう》起《た》ちて樹木《しうぼく》おれ天《てん》くもり雲《くも》くらし、白虹《はくこう》の怪《くゑい》あり。〉あによく*忝河《そうか》を越《こ》えて化《くわ》を稟《う》け、雪嶺《せつれい》を踰《こ》えて誠《まこと》をいたさむや。浄名《じやうみやう》に云《いは》く、これ*盲者遇《まうじやまうあ》へり、日月の咎《とが》にあらずと。たまたまその磐𥧄《しやんけき》の弁《はん》を窮《きわ》めんと欲《おも》ふ、おそらくは吾子《ごし》混沌《こんとむ》の性《せい》を傷《いた》む。なんぢの知《し》るところにあらず。その盲《まう》、一なり」。

天属　父母・肉親のこと。
含気　あらゆる衆生。
己親　肉親。
斉桓　斉の桓公(在位前六八五—六四三)。春秋時代の斉の国王。桓公の妹哀姜は魯国へ嫁し湣公を生んだが、哀姜は魯公の子慶父と情を通じ、湣公を殺して慶父を王位に立てようとしたので、桓公は義のために妹哀姜を殺して湣公を立てたといわれる。
楚穆　楚の穆王(在位前六二五—六一四)。宮衛兵をもって父の成王を囲み父王を自殺せしめ自ら王位についた。
須弥四域経　一巻。偽経。
応声菩薩　三皇の一なる伏羲の本地。
伏羲　伏羲。中国古伝説の三皇の一。
吉祥菩薩　女媧の本地。
女媧　中国三皇の一である伏羲の姉。
渟風　「淳風」か。
三聖　老子・孔子・顔回。
空寂所問経　偽経。蔵中に見えず。
玄虚沖一　己をむなしくして道と一つになるという教の旨。
黄　黄帝。伏羲・神農と三皇とす。
老　老子。
周　周公。
孔　孔子。
五常　仁・義・礼・智・信。
正弁極談　正しい至極の談。
瘖聾に謗る　「瘖聾に訪ふに」と読むべきか。
律　「津」か。

内には像塔《ざうたふ》を建造《けんさう》す、指《し》の二。

「*漢明《かんめい》より已下、*斉《せい》・梁《りやう》、王《わう》・*公《こう》・*守牧《しうぼく》、清信《せいしん》の士《し》・女《ちよ》、および比丘《ひく》・比丘尼《びくに》等《とう》に訖《お》ふ。冥《みやう》に至聖《しせい》を感《かん》じ、国《くに》に神光《じんくわう》を観《み》る者、おほよそ二百余人。あとを万山《ばんざん》に見《み》、耀《ひかり》を滬瀆《ことく》に浮《うか》べ、清台《せいたい》のもとに満月の容《かたち》を覩《み》、雍門《ゐようもん》の外《ほか》に相輪《さうりん》の影《かげ》を観《み》るがごときに至《いた》りては、南平《なんへい》は瑞像《ずいざう》に応《おう》を獲《え》、文宣《ぶんせん》は夢《ゆめ》を聖牙《せいが》に感《かん》ず。蕭后《さうこう》一たび鋳《い》て剋成《こくせい》し、宗皇《そうくわう》四たび摸《ぼ》してならず。その例《れい》、甚《はなは》だおほし、具《つぶさ》に陳《の》ぶべからず。あになむぢが無目《ぶぼく》を以てかの有霊《いうれい》を斥《きら》はむや。しかるに徳《とく》として備《そな》はらざるものなし、これを謂《い》ひて涅槃《ていはん》とす。道《だう》として通《とう》せざるものなし、これを名《な》づけて菩提《ほてい》とす。智《ち》として周《あまね》からざるものなし、これを称《しやう》して仏陀《ふつた》とす。この漢語《かんぎよ》を以てかの梵言《はんげん》を訳《やく》す、則ち彼此《ひし》の仏《ぶつ》、昭然《せうぜん》として信《しん》ずべきなり。何《なに》を以てかこれを明《あ》かすとならば、それ仏陀《ふつた》は漢《かん》には大覚《たいかく》と言《い》ふなり、菩提《ほてい》をば漢《かん》には大道《たいたう》と言《い》ふなり、涅槃《ていはん》は漢《かん》には無為《ぶゐ》と言《い》ふなり。しかるに吾子《ごし》終日《しうじつ》に菩提《ほてい》の地《ち》をふんで、*大道《たいたう》を知《し》らず、即ち菩提《ほてい》の異号《いがう》なり。形《かたち》を大覚《たいかく》の境に稟《う》けて、*いまだ大覚《たいかく》をならはず、即ち仏陀《ふつた》の訳名なり。かるがゆへに*荘周公《さうしうこう》、『また大覚《たいかく》あれば、後《のち》にその大夢《たいぼう》を知《し》るなり』。*郭《かく》が註《ちう》に云《いは》く『覚《かく》は聖人《せいじん》なり。言《い》ふこころは患《うれ》へ懐《こころ》にあるは皆夢《みなゆめ》なり』。註《ちう》に云《いは》く、『*夫子《ふうし》と*子淤《しお》と、いまだ言《い》ふことを忘《わす》れて*神解《しんかい》することあたはず。かるがゆへに大覚《たいかく》にあらざるなり』。君子《くんし》の曰《いは》く、『*孔丘《こうきう》の談《たん》、ここにまた尽《つ》きぬ』。*涅槃寂照《ていはんせきせう》、識《しき》として識《さと》るべからず、智《ち》をして智《し》るべからず、則ち言語断《げんぎよた》えて心行滅《しんかうめつ》す。かるがゆへに言《ことば》を忘《わす》るるなり。法身《ほふしん》は乃ち*三点・*四徳の成《せい》するところ、蕭然《せうぜん》として*無累《ぶるい》なり。かるがゆへに解脱《かいだつ》と称《しやう》す。これその神解《しんかい》として患息《ぐゑんそく》す

懦夫　気の弱い者。
神　釈迦仏。
聖　釈迦仏。
葱河　「葱河」のこと。
盲者遇へり　「盲者の過(あやまち)にして」とよむべきか。
漢明　後漢の明帝。
斉・梁…比丘尼等に訖ふ　「斉・梁に訖るまで、王・公・守牧、清信の士・女、および比丘・比丘尼等」と読むべきか。
公　公卿。
守牧　群守・官吏。
大道を知らず即ち…　「大道は即ち菩提の異号なることを知らず」と読むべきか。
いまだ大覚をならはず即ち…　「いまだ大覚は、即ち仏陀の訳名なることをならはず」と読むべきか。
荘周　荘子。名は周。
郭　郭象のこと。中国の人。字は子玄。荘子の注釈をもって有名である。
夫子　孔子のこと。
子淤　子游のこと。孔子の弟子。
神解　こころにさとる。
孔丘　孔子のこと。
涅槃寂照　涅槃の静かに照らす境地。
三点　涅槃の徳の内容である法身・般若・解脱の三徳が相即不離であることを、梵字の伊字の三点に喩える。
四徳　常・楽・我・浄の涅槃の四徳。
無累　わずらわされることがない。

るなり。夫子《ふうし》、聖《せい》なりといへども、はるかに以て功《こう》を仏《ぶつ》にゆづれり。いかんとなれば*劉向《りうきやう》が古旧二録《こきうじりよく》を按《あん》ずるに云《いは》く、『*仏流《ぶつりう》、中夏《ちうか》を経《へ》て一百五十年の後《のち》、老子《らうし》まさに五千文を説《と》けり』。しかるに周《しう》と老《らう》と、ならびに仏経《ぶつきやう》の所説《しよせつ》を見《み》る。言教往往《げんかうわうわう》たり、験《かうが》へつべし」。乃至

*正法念経《しやうぼふねんぎやう》に云《のたま》はく、「人《ひと》、戒《かい》を持《たも》たざれば諸天減少《しよてんげんせう》し、*阿修羅《あしゆら》さかりなり。善竜力《ぜんりうちから》なし、悪竜《あくりう》力あり。悪竜《あくりう》力あれば、則《すなは》ち霜雹《しやうばう》を降《くだ》して非時《ひじ》の暴風疾雨《ばうふうしちう》ありて、五穀《ごこく》みのらず、疾《しち》疫競《やくきよ》い起《お》こり、人民飢饉《にんみんけごん》す、たがひにあひ残害《ざんがい》す。もし人、戒《かい》を持《たも》てば多《おほ》く諸天威光《しよてんゐくわう》を増《ぞう》足《そく》す。修羅減少《しゆらげんせう》し、悪竜《あくりう》力なし、善竜《ぜんりう》力あり。善竜《ぜんりう》力あれば風雨《ふうう》ときに順《じゆん》じ、*四気《しき》和暢《わちやう》なり。甘雨降《かんうくだ》りて稔穀豊《ねいこくゆたか》なり、人民安楽《じんみんあんらく》にして兵戈戦息《ひやうくわせんそく》す。疾疫行《しちやくぎやう》ぜざるなり」。乃至

君子曰《くんしいは》く、「道士《だうし》の大霄《だいせう》が隠書《いんしよ》、*元上《むじやう》が真書等《しんしよとう》に云《いは》く、*元上大道君《むじやうだいだうくん》の治《ち》は五十五重無極大《てうぶきよくたい》羅天《らてん》の中《うち》、玉京の上《うへ》、七宝の台《だい》、金床玉机《きんしやうぎよくき》にあり、仙童《せんどう》・王女《ぎよくぢよ》の侍衛《じゑい》するところ、*三十二天三界の外《ほか》に住《ぢう》す。神仙五岳図《しんせんごがくづ》を按《あん》ずるに云《いは》く、大道天尊《だいだうてんそん》は、太玄都《たいぐゑんと》、玉光州《ぎよくくわうしう》、金真《きんしん》の郡《ぐゑん》、天保《てんほう》の県《くゑん》、元明《ぐゑんめい》の郷《けい》、定志《ていし》の里《り》を治《ち》す。災《わざはひ》およばざるところなり。霊書経《れいしよけい》に云《いは》く、大羅《たいら》はこれ五億五万五千五百五十五重天《てうてん》の上天なり。五岳図《ごがくづ》に云《いは》く、都《と》とは都《みやこ》なり。太上《たいじやう》は大道《だいだう》なり。道《だう》の中《なか》の道《だう》、神明君最《しんめいくんさい》、静《せい》を守《まも》りて太玄《たいぐゑん》の都《と》に居《お》り。諸天内音《しよてんだいいむ》に云《いは》く、天《てん》、諸仙《しよせん》と楼都《ろうと》の鼓《つづみ》を鳴《な》らす。玉京《ぎよくきやう》に朝晏《てうあん》して、以て道君《だうくん》を楽《たの》しましむ」と。

道士《だうし》のあぐるところの経《けい》の目《な》を案《あん》ずるに、皆云《みないは》く、「宋人《そうじん》*陸修静《りくしうせい》に依《よ》りて一千二百二十八巻《けん》を列《つら》ねたり」。もと雑書《ざふしよ》、*諸子《しよし》の名《な》なし。しかるに道士《だうし》いま列《つら》ぬるに、乃ち二千四十巻あり。その中《なか》に多《おほ》く漢書芸文志《かんじよげいもんし》の目《な》を取《と》りて、みだりに八百八十四巻を註《ちう》して道《だう》の経論《けいろん》と

劉向が古旧二録　前漢成帝の時の都水使者で光禄大夫であった劉向は、あまねく古書を渉猟して列仙伝を著わした。これに、黄帝より六代の間に仙道を得た人として七百余人をあげ、その中より虚実を検して百四十六人を得、その中で七十四人は仙経を見たとしている。古旧二録とは列仙伝をさすか、また他に一書あったかは不明である。

仏流中夏を経て　「仏経、中夏に流(つた)はりて」と読むべきか。

正法念経　正法念処経巻十八の文(大正蔵一七)。元魏の瞿曇般若流支訳。六道生死の因果を観じ、これを厭離すべきことを説く。

阿修羅　→五六頁注

四気　春・夏・秋・冬の四つの時気。四季。

元上が真書　「無上真書」のことか。

元上大道君　「無上大道君」か。老子のこと。

三十二天　三十三天のこと。

陸修静　金陵の道士で、南北朝の宋・斉両代の人。梁祖が道教を捨てたので、門人とともに北斉へ移ったが、僧曇顕と議論して負けたといわれる。

諸子　韓非子・孟子・淮南子などをさす。

す。乃至

*陶朱《たうしゅ》を案《あん》ずれば、即ちこれ*范蠡《はんれい》なり。まのあたり越《ゑつ》の王《わう》、勾践《こうせん》に事《つか》へて、君臣《くんしん》ことごとく呉《ご》に囚《とらわ》れて屎《ふん》をなめ尿《ねう》を飲《の》んで、また以て甚《はなは》だし。また范蠡《はんれい》の子《こ》は、斉《せい》に戮《ころ》さる。父《ちち》すでに変化《はんくわ》の術《じゅつ》あらば、何《なん》ぞ以て変化《はんくわ》してこれを免《まのか》るることあたはざらむ。造立天地《ざうりふてんち》の記《き》を案《あん》ずるに称《しょう》すらく、「老子《らうし》、*幽王《いうわう》の皇后《くわうごう》の腹《はら》の中《なか》に託生《たくせい》す」。即ちこれ幽王《いうわう》の子《こ》なり。また「身《み》、柱史《ちうし》たり」。またこれ幽王《いうわう》の臣《しん》なり。化胡経《くわこけい》に言《いは》く、「老子《らうし》、漢《かん》にありては東方朔《とうばうさく》とす」。もし審《あきら》かにしからば、知《し》んぬ、幽王犬戎《いうわうけんじゅ》のために殺《ころ》さる。あに君父《くんふ》を愛《あい》して神符《しんふ》を与《あた》へて、君父《くんふ》をして死《し》せざらしめざるべけむや。乃至

陸修静《りくしうせい》が目録《もくろく》を指《さ》す、すでに正本《せいほん》なし。なんぞ謬《あやま》りの甚《はなは》だしきをや。しかるに修静《しうせい》、目《な》をなすこと、すでにこれ大偽《たいぐゐ》なり。いま玄都録《ぐゑんとろく》またこれ偽中《ぐゐちう》の偽《ぐゐ》なり」。乃至

*また云《いは》く、「*大経《だいきやう》の中《なか》に説《と》かく、「道《だう》に九十六種あり、ただ仏《ぶつ》の一道これ正道《せいだう》なり、その余《よ》の九十五種《しょう》においては皆《みな》これ外道《ぐゑだう》なり」と。朕《ちん》、外道を捨《す》てて以て如来《にょらい》に事《つか》ふ。もし公《こう》卿《けい》ありて、よくこの誓《ちかひ》に入《い》らむ者《もの》は、おのおの菩薩《ぼさつ》の心《しん》を発《おこ》すべし。老子《らうし》・周公《しうこう》・孔子《こうし》等《とう》、これ如来《にょらい》の弟子《でし》として化《くわ》をなすといへども、すでに邪《じゃ》なり。ただこれ世間《せけん》の善《ぜん》なり、凡《はん》を隔《へだ》てて聖《せい》と成《な》すことあたはず。公卿《こうけい》・百官《はくくわん》・侯王《こうわう》・宗室《そうしつ》、よろしく偽《ぐゐ》を反《かへ》し真《しん》につき、邪《じゃ》を捨《す》て正《せい》に入《い》るべし。かるがゆへに経教《きやうけう》、*成実論《じゃうじちろん》に説《と》きて云《いは》く、「もし外道《ぐゑだう》に事《つか》へて心重《しんおも》く、仏法《ぶつほふ》は心軽《しんかろ》し、即ちこれ邪見《じゃけん》なり。*もし心一等なる、これ無記《むき》にして当《あ》たらず。もし善悪仏《ぜんあくぶつ》に事《つか》へて、孝子《かうし》に強《こわ》くして心少なきは、乃ちこれ清信《せいしん》なり。清《せい》と言《い》ふは、清《せい》はこれ

陶朱　范蠡のこと。

范蠡　春秋時代、楚の人。越王勾践の功臣で大富豪。勾践をして呉王夫差に復讐させ、後に野に下って、いわゆる陶朱公の富をなした。

幽王　周の第十二代の王。

また云く…　弁正論八(大正蔵五二の五四九頁)。

大経　涅槃経のこと。北本涅槃経巻十の文(大正蔵一二)。

成実論　巻十の文(大正蔵三二)。訶梨跋摩造、姚秦の鳩摩羅什訳。

もし心一等…心少なきは　「もし心一等なる、これ無記にして善悪に当たらず。仏に事へて、心強(こわ)くして、孝子に心少なくは」と読むべきか。

表裏《へうり》ともに浄《きよ》く、垢穢《くゑ》惑累《わくるい》みな尽《つ》くす、信《しん》はこれ正《せい》を信《しん》じて邪《じや》ならざるが故に、清信《せいしん》の仏《ぶつ》弟子《でし》と言《い》ふ。その余等《よひと》しくみな邪見《じやけん》なり、清信《せいしん》と称《しよう》することを得《え》ざるなり」。乃至　老子《らうし》の邪風《じやふう》を捨《す》てて法《ほふ》の真教《しんけう》に入流《にふりう》せよとなり」。已上抄出

*光明寺《くわうみやうじ》の和尚《くわしやう》の云《いは》く、「上方《じやうはう》の諸仏《しよぶつ》、恒沙《ごうじや》のごとし、還《かへ》りて舌相《ぜちさう》を舒《の》べたまふことは、娑婆《しやば》の十悪《じふあく》・五逆《ごぎやく》、多《おほ》く疑謗《ぎはう》し、邪《じや》を信《しん》じ、鬼《くゐ》に事《つか》へ、神魔《じんま》をあかしめて、みだりに想《おも》ふて恩《おん》を求《もと》めて福《ふく》あらむとおもへば、災障禍横《さいしやうくわよこさま》にうたたいよいよ多《おほ》し。連年《れんねん》に病《やまひ》の床枕《しやうしん》に臥《ふ》す。聾《みみしひ》・盲《めしひ》、脚《あし》おれ、手《て》ひきおる。神明《じんみやう》に承事《しようじ》してこの報《ほう》を得《う》るもののためなり。いかんぞ捨《す》てて弥陀《みだ》を念《ねん》ぜざらむ」と。已上

天台《てんだい》の*法界次第《ほふかいしだい》に云《いは》く、「一つには仏《ぶつ》に帰依《くゐえ》す。*経《きやう》に云《のたま》はく、「仏《ぶつ》に帰依《くゐえ》せむ者、ついに更《か》へてその余《よ》のもろもろの外天神《ぐゑてんじん》に帰依《くゐえ》せざれ」と。また云《のたま》はく、「仏《ぶつ》に帰依《くゐえ》せむ者、ついに悪趣《あくしゆ》に堕《お》ちず」と云《い》へり。二つには法《ほふ》に帰依《くゐえ》す。謂《いは》く大聖《だいしやう》の所説《しよせち》、もしは教《けう》もしは理《り》、帰依《くゐえ》し修習《しゆしふ》せよとなり。三つには僧《そう》に帰依《くゐえ》す。謂《いは》く心、家《いへ》を出《い》でたる三乗正行《しやうぎやう》の伴《とも》に帰《くゐ》するが故に。経《きやう》に云《のたま》はく、「永《なが》くまた更《か》へて、その余《よ》のもろもろの外道《ぐゑだう》に帰依《くゐえ》せざるなり」」と。已上

*慈雲大師《じうんだいし》の云《いは》く、「しかるに祭祀《さいし》の法《ほふ》は、天竺《てんぢく》には*韋陀《ゐだ》、支那《しな》、祀典《しでん》といへり。すでにいまだ世《よ》を逃《のが》れず、真《しん》を論《ろん》ずれば俗《ぞく》を誘《こしら》ふるの権方《ごんぱう》なり」と。又

高麗《かうらい》の*観法師《くわんほふし》の云《いは》く、「餓鬼道《がくゐだう》、梵語《ぼんご》には闍黎多《しやれいた》。この道《だう》また諸趣《しよしゆ》に遍《へん》す。福徳《ふくとく》ある者は*山林塚広神《せんりんちよくわうじん》となる。福徳《ふくとく》なき者は、不浄所《ふじやうしよ》に居《こ》し、飲食《をんじき》を得《え》ず、常《つね》に鞭打《べんちやう》を受《う》く。河《かは》を

光明寺の和尚の云く…　善導の法事讃の文。

法界次第　法界次第初門(大正蔵四六)という。六巻。隋の智顗撰。義理の次第を追って、法数三百科を解釈したもの。

経　涅槃経巻八の文(大正蔵一二)。

慈雲大師　天台宗の僧(九六四—一〇三二)。名は遵式。宋代、天台郡寧の人。四明の義通などについて天台を学んだ。ここは楽邦文類巻二の文(大正蔵四七)。

韋陀　梵語の音写。吠陀とも。インド最古の書。婆羅門教の根本聖典で四種ある。アーリヤ民族が五河地方よりガンジス河の流域に居を占めた間の讃歌を集めたもの。

観法師　諦観法師のこと。天台宗。高麗の人。呉越王が高麗に経疏を求めた時、彼はこれを奉じて中国に入り、天台宗第十五祖義寂に師事した。天台四教儀一巻(大正蔵四六)の著がある。ここはその文。

山林塚広神となる　山林や塚廟の神となる。

ふさぎ海《うみ》をふさぎて、苦《く》を受《う》くること無量《むりやう》なり。*諂誑《てんわう》の心意《しんい》なり、下品《げほん》の五逆《ごぎやく》・十悪《じふあく》を作《つく》りて、この道《だう》の身《しん》を感《かん》ず」と。已上

*神智法師《じんちほふし》、釈《しやく》して云《いは》く、「餓鬼道《がきだう》は常《つね》に飢《う》へたるを餓《が》と曰《い》ふ、鬼《くゐ》の言《ごん》は*尸《し》に帰《くゐ》す。子《し》の曰《いは》く、「古《いにしへ》は人死《にんし》を名《な》づく、帰人《くゐにん》とす」。また天神《てんじん》を鬼《くゐ》と云《い》ふ、地神《ちじん》を祇《ぎ》と曰《い》ふなり。乃至 形《かたち》あるいは人《ひと》に似《に》たり、あるいは獣等《けだものとう》のごとし。心正直《こころしやうぢき》ならざれば名《な》づけて諂誑《てんわう》とす」と。

*大智律師《だいちりちし》の云《いは》く、「神《じん》は謂《いは》く鬼神《くゐじん》なり、すべて四趣《ししゆ》、天《てん》・修《しゆ》・鬼《くゐ》・獄《ごく》に収《おさ》む」と。

*度律師《どりちし》の云《いは》く、「魔《ま》は即ち悪道《あくだう》の所収《しよしゆ》なり」と。

*止観《しくわん》の魔事境《まじきやう》に云《いは》く、「二つに魔《ま》の発相《ほちさう》を明《あ》かさば、管属《くわんぞく》に通《つう》じて、みな称《しよう》して魔《ま》とす。くはしく枝異《しい》を尋《たづ》ぬれば三種《しゆ》を出《い》でず。一つには*慢帳鬼《まんちやうくゐ》、二つには*時媚鬼《じみくゐ》、三つには*魔羅《まら》鬼《くゐ》なり。三種の発相各各不同《ほちさうかくかくふどう》なり」と。

*源信《ぐゑんしん》、止観《しくわん》に依《よ》りて云《いは》く、「魔《ま》は煩悩《ぼんなう》によりて菩提《ぼだい》を妨《さまた》ぐるなり。鬼《くゐ》は病悪《びやうあく》を起《お》こす、命根《みやうこん》を奪《うば》ふ」。已上

論語《ろんご》に云《いは》く、「季路《きろ》、問《と》はく、「鬼神《くゐしん》に事《つか》へむか」と。子《し》の曰《いは》く、「事《つか》ふることあたはず、人《ひと》いづくんぞよく鬼神《くゐしん》に事《つか》へむや」」と。已上抄出

*竊《ひそ》かにおもんみれば、聖道《しやうだう》の諸教《しよけう》は行証《ぎやうしやう》ひさしく廃《すた》れ、浄土《じやうど》の真宗《しんしゆう》は証道《しようだう》いま盛《さか》りなり。しかるに諸寺《しよじ》の釈門《しやくもん》、教《けう》に昏《くら》くして真仮《しんけ》の門戸《もんこ》を知《し》らず、洛都《らくと》の儒林《じゆりん》、行《ぎやう》に迷《まど》ふて邪正《じやしやう》の道路《だうろ》をわきまふることなし。ここを以て、*興福寺《こうぶくじ》の学徒《がくと》、太上天皇《だじやうてんわう》〈後鳥羽《ごとば》の院《ゐん》と号《がう》す〉〈諱尊《いみなたか》成《なり》〉、*今上《きんじやう》〈土御門《つちみかど》の院《ゐん》と号《がう》す〉〈諱為仁《いみなためひと》〉聖暦《せいれき》、承元丁卯《じようげんひのとのう》の歳《とし》、仲春上旬《ちうしゆんじやうじゆん》の候《こう》に奏達《そうだち》す。主上《しゆじやう》

諂誑　へつらい。

神智法師　宋代、平陽の人(一〇四二—一〇九一)。天台宗。名は従義。天台の正統派(山家)に対して異なる説を立てたから山外派と呼ばれる。ここはその著、天台四教儀集解の文。

尸　しかばね。

大智律師　元照のこと。宋代、余杭銭塘の人(一〇四八—一一一六)。大智律師と呼ばれる。

度律師　戒度(→五一一頁注)のこと。南宋の律宗系の僧。

度律師の云く　観経扶新論(浄全五)をさす。

止観　摩訶止観巻八下の文(大正蔵四六)。

慢帳鬼　現行本摩訶止観には「慞惕鬼(きってき)」とある。慞惕鬼とは、修行者が坐っていると、頭をなでたり、体にさわったりしていらいらさせる鬼をいう。

時媚鬼　仏道修行をしている人の所へ、昼夜十二時の刻に応じて、老若男女禽獣などの相をあらわし、修道者を魅する鬼。

摩羅鬼　修道者の心を乱して、正しい善を破り、悪を増長させる悪魔。

源信…　往生要集巻中の文。

◇竊におもんみれば…　後書き。→補

興福寺の学徒…　→補

今上諱為仁　→補

臣下《じんげ》、法《はふ》に背《そむ》き義《ぎ》に違《ゐ》し、忿《いかり》をなし怨《うらみ》を結《むす》ぶ。これに因《よ》りて、真宗興隆《しんしゆうこうりう》の大祖《だいそ》*源空法師《ぐゑんくうほふし》ならびに門徒《もんと》数輩《しゆはい》、罪科《ざいくわ》を考《かむが》へず、みだりがわしく死罪《しざい》に坐《つみ》す。あるいは僧儀《そうぎ》を改《あらた》めて姓《しやう》名《みやう》を賜《たま》ふて遠流《をんる》に処《しよ》す。予《よ》はその一なり。しかればすでに*僧《そう》にあらず俗《ぞく》にあらず。この故に禿《とく》の字《じ》を以て姓《しやう》とす。*空師《くうし》ならびに弟子《でし》等、諸方《しよはう》の辺州《へんしう》に坐《つみ》して五年の居諸《きよしよ》を経《へ》たりき。

皇帝《くわうてい》【佐土の院《さどのゐん》】〈諱守成《いみなもりなり》〉聖代《せいたい》、建暦辛未《けんりやくかのとのひつじ》の歳《とし》、子月《しぐわち》の中旬《ちうじゆん》第七日に、勅免《ちよくめん》を蒙《かふ》りて入洛《じゆらく》して已後《いご》、空《くう》、洛陽《らくやう》の東山《ひがしやま》の西《にし》の麓《ふもと》、鳥部野《とりべの》の北《きた》の辺《ほとり》、大谷《おほたに》に居《ゐ》たまひき。同《おな》じき二年壬申寅月《みづのえさるいんぐわち》の下旬《げじゆん》第五日午《うま》の時《とき》に入滅《にふめち》したまふ。奇瑞称計《きずいしようげ》すべからず。別伝《べちでん》に見《み》えたり。

しかるに愚禿釈《ぐとくしやく》の鸞《らん》、*建仁辛酉《けんにんかのとのとり》の暦《れき》、雑行《ざふぎやう》を棄《す》てて本願《ほんぐわん》に帰《くゐ》す。元久乙丑《ぐゑんきうきのとのうし》の歳《とし》、恩恕《おんじよ》を蒙《かふ》りて選択《せんぢやく》を書《しよ》しき。同《おな》じき年《とし》の初夏《そか》中旬《ちうじゆん》第四日に、*「選択本願念仏集《せんぢやくほんぐわんねんぶつしふ》」の内題《ないだい》の字《じ》、ならびに「南無阿弥陀仏《なむあみだぶつ》、往生之業《わうじやうしごふ》、念仏為本《ねんぶつゐほん》」と「釈綽空《しやくのしやくくう》」の字《じ》と、空《くう》の真筆《しんひち》を以て、これを書《か》かしめたまひき。同《お》じき日《ひ》、空《くう》の真影《しんえい》申《まう》し預《あづか》りて、図画《づゑ》したてまつる。同《おな》じき二年閏《うるう》七月下旬《げじゆん》第九日、真影《しんえい》の銘《めい》に、真筆《しんひち》を以て「南無阿弥陀仏《なむあみだぶつ》」と「若我成仏十方《にやくがじやうぶつじふはう》衆《しゆ》生《じやう》、称我名号下至十声《しようがみやうがうげしじふしやう》、若不生者不取正覚《にやくふしやうじやふしゆしやうがく》、彼仏今現在成仏《ひぶつこんげんざいじやうぶつ》、当知本誓重願不虚《たうちほんぜいぢうぐわんふこ》、衆《しゆ》生称念必得往生《じやうしようねんひちとくわうじやう》」の真文《しんもん》とを書《か》かしめたまふ。また*夢《ゆめ》の告《つげ》に依《よ》りて、綽空《しやくくう》の字《じ》を改《あらた》めて、同《おな》じき日《ひ》御筆《ごひち》を以て名《な》の字《じ》を書《か》かしめたまひ畢《をは》んぬ。本師聖人《ほんししやうにん》、今年《こんねん》は七旬三の御歳《おんとし》なり。

選択本願念仏集《せんぢやくほんぐわんねんぶつしふ》は、*禅定博陸《ぜんぢやうはくりく》〈月輪殿兼実《つきのわどのかねざね》、法名円照《ほふみやうゑんせう》〉の教命《かうめい》に依《よ》りて撰集《せんじふ》せしむるところなり。真宗《しんしゆう》の簡要《けんえう》、念仏《ねんぶつ》の奥義《あうぎ》、これに摂在《せふざい》せり。見《み》るもの諭《さと》りやすし。誠《まこと》にこれ*希有《けう》最勝《さいしよう》の華文《くわもん》、*無上甚深《むじやうじんじん》の宝典《ほうでん》なり。年《とし》を渉《わた》り日《ひ》を渉《わた》りて、その教誨《けうくゑ》を蒙《かふ》るの人《ひと》、千万《せんまん》なり

源空法師　法然上人のこと。姓は漆間氏。美作国(岡山県)南条稲岡庄の人。父の不慮の死を縁として叡山に登って源光・皇円・叡空に師事した。黒谷の報恩蔵で大蔵経を閲すること五回、善導の観経疏散善義の「一心専念弥陀名号」の文によってはじめて他力念仏に帰した。時に四十三歳。その後山を下り、東山吉水に住して専修念仏を弘通した。旧仏教の嫉奏によって七十五歳のとき讃岐国(香川県)に流された。八十歳で入滅。隆寛・弁長・幸西・証空・長西・親鸞等、その門下が多い。主著、選択本願念仏集二巻は浄土教独立の書である。

僧にあらず…　→補

空　源空のこと。

建仁辛酉…　→補

選択本願念仏集　略して選択集という。関白九条兼実の請によって法然上人が著わした書。浄土三部経の意によって「往生之業念仏為本」の旨を述べたもので、十六章に分かち、章ごとにまず経釈の要文を引き、次にそれを解釈している。

夢の告　→補

禅定博陸　入道せられた関白。ここは九条兼実をさす。

希有最勝の華文　たぐいまれな立派な文。

無上甚深の宝典　この上もなく奥深い宝典。

といへども、親《しん》と云《い》ひ疎《そ》と云《い》ひ、この見写《けんしや》を獲《う》るの徒《ともがら》、甚《はなは》だ以て難《かた》し。しかるにすでに製《せい》作《さく》を書写《しよしや》し、真影《しんえい》を図画《づゑ》せり。これ*専念正業《せんねんしやうごふ》の徳《とく》なり、これ*決定往生《くゑちぢやうわうじやう》の徴《ち》「徴の字、千の反《かへし》、あらはす」なり。よりて悲喜《ひき》の涙《なみだ》を抑《おさ》へて由来《ゆらい》の縁《えん》を註《しる》す。

慶《よろこば》しいかな、心《こころ》を弘誓《ぐぜい》の仏地《ぶつち》に樹《た》て、念《おもひ》を*難思《なんじ》の法海《はふかい》に流《なが》す。深《ふか》く如来《によらい》の矜哀《こうあい》を知《し》りて、まことに師教《しけう》の恩厚《おんかう》を仰《あを》ぐ。慶喜《きやうき》いよいよ至《いた》り、至孝《しかう》いよいよ重《おも》し。これに因《よ》りて、真宗《しんしゆう》の詮《せん》を鈔《せう》し、浄土《じやうど》の要《えう》を摭《ひろ》ふ。ただ仏恩《ぶつおん》の深《ふか》きことを念《おも》ふて、人倫《じんりん》の嘲《あざけ》りを恥《は》ぢず。もしこの書《しよ》を見聞《けんもん》せむ者《もの》、信順《しんじゆん》を因《いん》とし、疑謗《ぎはう》を縁《えん》として、信楽《しんげう》を願力《ぐわんりき》に彰《あら》はし、妙果《めうくわ》を安養《あんやう》に顕《あら》はさむと。

*安楽集《あんらくしふ》に云《いは》く、「真言《しんごん》を採《と》り集《あつ》めて、往益《わうやく》を助修《じよしゆ》せしむ。いかんとなれば、前《さき》に生《うま》れむ者《もの》は後《のち》を導《みちび》き、後《のち》に生《うま》れむ者《ひと》は前《さき》を訪《とぶら》へ、連続無窮《れんぞくむぐう》にして、願《ねが》はくは休止《し》せざらしめむと欲《ほち》す。無《む》辺《へん》の生死海《しやうじかい》を尽《つ》くさむがための故《ゆへ》なり」と。已上

しかれば、末代《まちだい》の道俗《だうぞく》、仰《あふ》いで信敬《しんきやう》すべきなり。知《し》るべし。

*華厳経《くゑごんぎやう》の偈《げ》に云《のたま》ふがごとし。「もし菩薩《ぼさつ》、種種《しゆじゆ》の行《ぎやう》を修行《しゆぎやう》するを見《み》て、善《ぜん》・不善《ふぜん》の心《しん》を起《お》こすことありとも、菩薩《ぼさつ》みな摂取《せふしゆ》せむ」と。已上

専念正業の徳　念仏行者となったしあわせ。

決定往生の徴　必ず往生するにまちがいない身になったしるし。

難思の法海　凡夫の思慮の及ばぬ不思議な真実の法の海。

安楽集　→三四頁注

華厳経　唐訳華厳経巻七十五の文（大正蔵一〇）。

弘安陸癸未二月二日釈明性譲預之

沙門性信 （花押）

〈原　文〉

顕浄土真実教行証文類

凡例

一　底本には東本願寺蔵真蹟本(国宝)を用いた。

二　底本の「総序」および「一」は欠失部分が多いので、上段に底本を欠失のまま掲げ、下段に西本願寺本を掲げて対照できるようにした。

三　その他の本文の欠失部分は西本願寺本で補い、その部分を〔　〕で示した。

四　底本で欄外または行間に補記してあるものは本文に組み入れた。

五　句読点・四声点、その他意味不明の記号はすべて省略した。返り点を点数で表示しているものは数字に統一し、欠画文字はふつうの活字に改めた。

六　適宜、改行を施したが、底本の改行個所は「で示した。

□浄土真実教行証文類序

□《ニ》以《ミレハ》難思《ノ》弘誓《ハ》度《スル》難度海《ヲ》大□□□□□破《スル》
无明《ノ》闇《ヲ》恵日《ナリ》然《レハ》則浄邦《ハウ》□□□□□□《ロ》興《セシム》逆害《ヲ》
浄業機彰《レテ》□□□□□　□□□乃《チ》権化《ノ》仁
斉《ヒトシク》救済苦悩□□□□□□□□　□□□□《ヲ》
□《ニ》□□□□□□　□　□□□□□□□□
□□□□□□□□□□□□□□□□□
□□□□□□□□　□□□□□□□□□
□□□□□□□《ヲ》迷《ロヒ》行《ニ》惑《ヒ》□□□　識　□□□□
□　□　□□来《ノ》発遣□帰《シテ》最勝《ノ》□□□□□□
唯崇《アカメヨ》斯《ノ》信《ヲ》噫《アヽ》弘誓《ノ》強縁多生《ニモ》叵《ク》値《マウアヒ》□□《ノ》浄信億
劫《ニ》叵《シ》獲《ユ》遇《タマ〳〵》獲《エハ》行信《ヲ》遠《トヲク》　慶《ヨロコヘ》□□若《シ》也《マタ》此《コノ》廻《タヒ》覆蔽《セラレハ》
疑網《ニ》更《カヘテ》復《タ》逕歴《セム》　□□□　□□□□捨《ノ》真言
超世希有《ノ》正法□□□□　□□□□□□□
□《ヨロコハシイカナ》□□□□□□□□□□□□□□□□

顕浄土真実教行証文類序

竊《カニ》以《ミレハ》難思《ノ》弘誓《ハ》度《スル》難度海《ノ》大船无㝵光明《ハ》破《スル》
无明《ノ》闇《ヲ》恵日《ナリ》然《レハ》則浄邦《ハウ》《クニ》縁熟《シテ》調達闍世《ヲシテ》興《セシム》逆害《ヲ》
浄業機彰《シテ》《シヤウ反》釈迦韋提《ヲシテ》選《ハシメタマヘリ》安養《ヲ》斯《レ》乃《チ》権化《ノ》仁
斉《ヒトシクタスケスクフ》救済《サイシ》苦悩《ノ》群萠《ヲ》世雄《オウ》《ノ》悲正《シク》欲《オホス》恵《メクマムト》逆謗闡提《ヲ》
故《ニ》知《ヌ》円融《トオル》至徳《ノ》嘉《カ反》号《カウハ》《ヨシ反スクル反ミナ反》転《シテ》悪《ヲ》成《ナス》徳《ヲ》正智難信
金剛《ノ》信楽《ハ》除《キ》疑《ヲ》獲《エシムル》徳《ヲ》真理也《ト》爾者《ハ》凡小易《キ》修《シ》
真教愚鈍易《キ》往《キ》捷《セチ》《トシ反スクチナリ》径《ケイナリ》大聖《ノ》一代《ノ》教無《シ》如《シク》是《ノ》之
徳海《ニ》捨《テ》穢《ヲ》忻《ネカヒ》浄《ヲ》迷《トヒ》行《ニ》惑《ヒ》信《ニ》心昏《クラク》識《サトリ》寡《スクナク》《クワ反》悪重《ク》鄣《リ》
多《キモノ》特《コトニ》仰《キ》如来《ノ》発《ハチ》遣《ケンヲ》必《ス》帰《シテ》最勝《モトモスクレ》《ノ》直道《ニ》専《ハラツカヘ》奉斯《ノ》行《ニ》
唯崇《アカメヨ》斯《ノ》信《ヲ》噫《アヽ》《ナケク》弘誓《ノ》強縁多生《ニモ》叵《ク》値《マウアヒ》真実《ノ》浄信億
劫《ニモ》叵《シ》獲《エ》遇《タマ〳〵》獲《エハ》行信《ヲ》遠《トヲク》慶《ヨロコヘ》宿縁《ヲ》若《シ》也《マタ》此《コノ》廻《タヒ》覆蔽《セラレハ》
疑網《ニ》更《カヘテ》復《マタ》逕《キヤウリヤクセム》歴曠劫《ヲ》誠《マコトナルカナ》哉摂取不捨《ノ》真言
超世希有《ノ》正法聞思《シテ》莫《レ》遅《チ》《オソク》慮《オモハカリ》《スルコト》爰《コヽニ》愚禿釈《ノ》親鸞
慶《ヨロコハシイカナ》哉西《セイ》蕃《ハン》《サカイ》月支《ノ》聖典東夏《カ》日域《シチキキノ》師釈《ニ》難《シテ》遇《テ》今

□□ □□□□□ □□□□□□□□□□

□□□□ □□□□□□ □□□

得《タリ》二遇《コトヲ》一難《シテ》二聞《コトヲ》一已《ニ》得《タリ》二聞《コトヲ》一敬《キヤウ》信《シテ》真宗《ノ》教行証《ヲ》一特《ニ》知《ヌ》二如来《ノ》恩徳深《コトヲ》一斯《ヲ》以《テ》慶《ヒ》三所《ヲ》二聞《ク》一嘆《タンスルナリト》《ホム》三 所《ヲ》二獲《ウル》一矣《イヒオハルコトハナリ》

大無量寿経 真実之教 浄土真宗

顕真実之教 一

顕真実之行 二

顕真実之信 三

顕真実之証 四

顕真仏土 五

顕化身土 六

□□□□実教文類　一

□□□□□□ヲ有二二種ノ廻向一　一者往相□□
□□□□□□□□□□□□□□
□□□□□□□□□□□□□□□□□
□□□□□□□□□□□□□□□□□□
□□□□□□□□□□□□ □□□ □□
□ □□ □□□□□□□□□□□□□□
□□□□□□□□□□
□□□ □ □□□□
□□□□□□ □□□□□□□ □ □
□□□ □□ □□ □□□□□□ □ □
□ □ □□ □□ □□□□□ □□ □
□ □□□□□□□□□ □□□□□
□□□□□□ □□ □□□□□□□□ヘリ
□□ノ□ニ□□《ケフ》□ 英《ヤウ》住ニ《シタマヘリ》 最□□□□□□□

顕浄土真実教文類　一

愚禿釈親鸞集

謹テ按スルニ浄土真宗ヲ一有リ二二種ノ廻向一　一ニ者ハ往相　二ニ者ハ還相ナリ　就テ二往相ノ廻向ニ一有リ二真実ノ教行信証一

「夫レ顕サ二真実ノ教ヲ一者ハ則チ大无量寿経是也　斯ノ経ノ大《タイ》意《イ》者ハ弥陀超三発シテ於二誓ヲ一広ク開テ二法蔵ヲ一致ス下哀テ二凡小ヲ一選テ施スルコトヲ中功徳之宝《ホウ》ヲ上釈迦出三興シテ於二世ニ一光四闡《ヒロシ》《ヒラク》センシテ道教ヲ一欲オホスナリ下《オモテナリ イ本》拯スクヒ二群萌《マウ》ヲ一恵メクムニ以テセムト中真実之利ヲ上是ヲ以テ説テ二如来ノ本願ヲ一為ス二経ノ宗致《チト》《ムネト》一即以テ二仏ノ名号ヲ一為スル二経ノ體ト一也

何ヲ以テカ得ルトナラハ三知コトヲ二出世ノ大事ナリト一

「大无量寿経ニ言ノタマハク　今日世尊諸根悦《エチ》《ヨロコヒ》予《ヨシ》《ヨロコフ》姿《スカタ》色清浄ニシテ光顔《カオハセ》《スカタ》巍《クキ》巍トマシマスコトシ如下明ナル鏡《カヽミ》ノ浄キ影《カケ》暢トヲルカ中表《ヘウ》《オモテ》裏《リ》《ウラ》ニ上威《キ》《スカタ》容《ヨウ》《カオハセ》顕《ケン》曜《エウ》《カヽヤク》ニシテ超絶《タエタリ》シタマヘルコト无量ナリ未タ二曾テ《ス》瞻《セム》《ミタテマツラ》覩《トセ》一殊《シユ反》《スグレ》妙ナルコト如二《クマシマスヲハ》今一唯《ケフノ》然《ヤヽ》ナリ大聖我カ心ニ《シク》念言スラク　今日《ケフ》世尊住シタマヘリ二奇《キ》特ノ法ニ一今日《ケフ》世雄《オウ》《ニスクレタリト》住シタマヘリ二仏ノ所住ニ一今日《ケフ》世眼住シタマヘリ二導師ノ行ニ一今日《ケフ》世英《ヤウ》住シタマヘリ二最勝ノ道ニ一今日《ケフ》天尊行シタマヘリ二

□□□□□□《ノ》仏仏《ト》□□□　□□　□□□
□□□□□《ツ》威神《ノ》□□□　□　□□□□□□
□□　□□□□□□　□□□　□□□□□
□□□□□□□□□□□□□□□　□□□
□　□□□　□□□□□□□□□□　□
□□□□□□□□□　□□□□□□□□
□□□　□□□□　□□□　□□□□□□
□□□□　□□□□□　□□□□□□□
□□□　□□□□□□□　□□□　□□□□
□三所二□□□□□□□□□□□□当《ニ》《シ》知《ル》一□□
□□□□□　□□□二導御《シタマフ》一慧見无导《ニシテ》无《シトク》二能遏《アチ》《トヽム》
絶《スルコト》一上已
　□□□□□会《ニ》言《ク》阿難白《シテ》仏《ニ》一言《サク》世尊我□
□□□□希有《ナルヲ》一故《ニ》発《セリ》二斯《ノ》念《ヲ》一非《スト》三因《ニ》二天等《ニ》一仏告二阿難《ニ》
□哉《カナ》善哉汝今快《ヨク》問《ヘリ》善《ク》能観二察《シテ》微□□才《ヲ》一能《ク》
問《タテマツレリ》二　如□□是之義《ヲ》一汝為《ニ》下一切□□応正等覚
及《ヒ》安二住《シテ》大悲《ニ》一利益《セムカ》□□□　□□□□□　□□

如来《ノ》徳《ヲ》一去来現《ノ》仏仏《ト》仏《ト》相《ヒ》念《シタマヘリ》　得《ム》四无《コトヲ》三今《イマノ》仏《モ》念《シタマフコト》二
諸仏《ヲ》一邪《ヤ》何《カ》故《ソ》威神《ノ》光《ヒカリ》光《リ》乃《イマシ》爾《シカルト》於《ニ》二是《コ、》一世尊告《テ》二阿
難《ニ》一曰《ノタマハク》　諸天《ノ》教《テ》二汝《ヲ》一来《シテ》問《ハシムル》二仏《ニ》一邪《ヤ》自《ミツカラ》以《テ》二慧見《ヲ》一問《ル》二威《カヲ》
顔《ヲ》《ハセ》一乎《ヤト》阿難白《ク》二仏《ニ》一無《ケム》レ有《コト》四諸天《ノ》来《テ》教《ル》二我《ヲ》一者《ノ》三自《ミツカラ》以《テ》二所見《ヲ》一
問《トヒタテマツル》二　斯《ノ》義《ヲ》一耳《ナラクノミト》仏言《ハク》善哉阿難所二問《ヘル》一甚《タ》快《コ、ロヨシ》発《シテ》二
深《カキ》智慧真妙《ノ》弁才《ヲ》一愍三念《セムトシテ》衆生《ヲ》二問《ヘリ》二斯《ノ》慧義《ヲ》一如来
以《テ》二无蓋《カイノ反》《オホフ反》《ケタシ反》大悲《ヲ》一矜二哀《アイシタマフ》三界《ヲ》一所《ユヘ》四以《ハ》出三興《スル》於《ニ》二世一光三
闡《シテ》道教《ヲ》一欲《オホシテナリ》下拯《スクヒ》二群萌《ヲ》一恵《メクムニ》以《テセムト》中真実之利《ヲ》上无量億
劫《ニ》難《ク》二値《マウアヒ》一難《コト》二見《ツリ》一猶《トシ》下霊瑞華《ノ》時時《キアテニ》乃《シ》出《ツルカ》上今《マ》所二問《ヘルハ》一者
多《オホシ》三所二饒益《スル》一開三化《ス》一切《ノ》諸天人民《ヲ》一阿難当《シ》《ニ》知《ル》一如来
正覚《ハ》其《ノ》智難《クシテ》二量《リ》一多《シ》三所《ロ》二導御《コシタマフ》一慧見无导《ニシテ》无《シトク》二能遏《アチ》《トヽム》
絶《スルコト》一上已
「无量寿如来会《ニ》言《ク》阿難白《シテ》仏《ニ》一言《サク》世尊我《レ》見《マツルカ》二
如来《ノ》光瑞希有《ナルヲ》一故《ニ》発《セリ》二斯《ノ》念《ヲ》一非《スト》三因《ヨルニ》二天等《ニ》一仏告《ハク》二阿難《ニ》一
善哉《カナ》善哉汝今快《ヨク》問《ヘリ》善一能《ク》観二察《シテ》《ミソナハシクカ、ミテ》微妙《ノ》弁《ワキマヘシル》才《ヲ》一能《ク》
問《タテマツレリ》二　如来《ニ》如是之義《ヲ》一汝為《タメニ》下一切如来応正等覚
及《ヒ》安三住《シテ》大悲《ニ》一利中益《セムカ》群《ムラカル》生《ヲ》上如《クシテ》下優曇華《ノ》希有《ナルカ》上大士

□□□□□□□□□□□□

出現セリ世間ニ故ニ問フ斯ノ義ヲ又為ニ哀愍シ利ニ楽セシメンガ諸有

平等覚経言、仏告阿難、如下世間有三優曇鉢樹一

但有レ実無レ華天下有レ仏乃華出耳

有レ仏甚難レ得コト値ヒマフコトマフコト

有二大徳聡明善心一縁知仏意若不レ安在仏辺

侍ヘタマフ

仏也若今所問普聴諦聴

憬興師云、今日世尊住奇特法一依神通所現之相

今日世雄住仏所住住普等三昧ナルガ故

健天今日世眼住導師行五眼、名導師行、引今衆生無過上故

故

日世英住最勝道仏住四智故独無過

亦無等者、故

非唯異常、

如来徳仏性不空義故阿難当知如来正覚

即第一義天以述勝之道无能過絶

之即法奇特慧見无导

上已

爾者則此、顕真実教明証也

誠是如来興世之正説奇特最勝之妙典一

乗究竟之極説速疾円融之金言十方称讃之
誠言時機純熟之真教也応《ヘシ》知《トル》一

顕浄土真実教文類 一

乗究竟之極説速《ソク》疾《シチ》円《エン》融《ユ》之金《キム》言《ケン》十方称讃之
誠言《シヤウコン》時《シ》機純熟《シユンシユク》之真教也《ト》応《ヘシ》レ知《トル》

顕浄土真実教文類 一

諸仏称名之願　浄土真実之行　選択本願之行

顕浄土真実行文類 二

謹テ按ズルニ㆓往相ノ廻向ヲ㆒有リ㆓大行㆒有リ㆓大信㆒大行者ハ則称スルナリ㆓无㝵光如来ノ名《ミナ》ヲ㆒斯ノ行ハ即是摂シ㆓諸ノ善法ヲ㆒具セリ㆓諸ノ徳本ヲ㆒極速円満ス真如一実ノ功徳宝海ナリ故ニ名ク㆓大行ト㆒然ニ斯ノ行者ハ出タリ㆔於ヨリ㆓大悲ノ願㆒即是名ケ㆓諸仏称揚之願ト㆒復名ク㆓諸仏称名之願ト㆒復名ク㆓諸仏咨嗟之願ト㆒亦可シ㆔名ク㆓往相廻向之願ト㆒亦可キ㆔名ク㆓選択称名之願ト㆒也

第十七願

諸仏称名ノ願大経ニ言ハク設我得ムニ仏ヲ㆒十方世界ノ无量ノ諸仏不ス㆔悉咨嗟《ホムルナリ》シテ称㆓我名ヲ㆒者ハ不シト㆔取ラ㆓正覚ヲ㆒已上

又言我至テ㆔成ニ㆓仏道ヲ㆒名声超ム㆓十方ニ㆒究竟シテ靡ナクハ㆔所㆓聞ユル㆒誓《チカフ》不シト㆔成ラ㆓正覚ヲ㆒為ニ㆓衆ノ㆒開テ㆓宝蔵ヲ㆒広ク施セム㆓功徳ノ宝《ホウ》ヲ㆒常ニ於テ㆓大衆ノ中ニ㆒説法師子吼セムコト　抄要

願成就ノ文経ニ言ク十方恒砂ノ諸仏如来皆共ニ讃㆓嘆シタマフ无量寿仏ノ威神功徳不可思議ナルヲ㆒已上

又言无量寿仏ノ威神无シ㆓極㆒十方世界无量无辺不可思議ノ諸仏如来莫ナシト五不ルハ㆕称嘆セ於ヲ㆓彼《カレ》㆒已上

証《ソウ》字諸応反　験也

又言其ノ仏ノ本願力聞テ㆓名ヲ㆒欲ヲモヘハ㆓往生セムト㆒皆悉ク到テ㆓彼ノ国ニ㆒自《オノツカラ》致ルト㆓不退転ニ㆒已上

无量寿如来会ニ言ク今対シテ㆓如来ニ㆒発セリ㆓弘誓ヲ㆒当ニ証ス㆓无上菩提ノ因ヲ㆒若シ不スハ㆔満㆓足セ諸ノ上願ヲ㆒不シト㆔取ラ㆓十力无

等尊《ヲ》一心或《ハ》不《ラムモノ》三堪《タヘ》二常行《ニ》一施《セム》広《ク》済《テ》二貧窮《ヲ》一免《シメ》二諸《ノ》苦《ヲ》一利二益《シテ》世間《ヲ》一使《シメムト》二安楽《ナラ》一至乃最勝丈夫修行《シ》已《テ》於《テ》二彼《ノ》貧窮《ニ》一為《ナラム》二伏蔵《ト》一円二満《シテ》善法《ヲ》一无《ケム》二等倫《リン》一於《シテ》二大衆《ノ》中《ニ》一師子吼《セムト》已上抄出

又言阿難以《ノ》二此《ノ》義利《ヲ》一故《ニ》无量无数不可思議无有等等无辺世界《ノ》諸仏如来皆共《ニ》称二讃《シタマフト》无量寿仏《ノ》所有《ノ》功徳《ヲ》一已上

大阿弥陀経云 廿四願経ト云

仏説諸仏阿弥陀三耶三仏薩楼仏檀過度人道経言第四《ニ》願《スラク》使《ム》二某《ソレカシ》作仏一時令《メムカ》三我名字《ヲモテ》皆聞《ヘ》二八方上下无央数《ノ》仏国《ニ》一皆令《シメム》下諸仏各於《シテ》二比丘僧大衆《ノ》中《ニ》一説《カ》中我功徳国土之善《ヲ》上諸天人民蜎《ケン反》《ムクメク》飛蠕《ネン反》《ムクメク》動之類聞《テ》二我名字《ヲ》一莫《ケム》三不《ルハ》二慈心《セ》一歓喜踊躍《セムノ》者皆令《メ》三来二生《セ》我国《ニ》一得《テ》二是《ノ》願《ヲ》一乃作《マシ》仏《セム》不《スハ》三得二是願《ヲ》一終《ニ》不《シト》二作仏《セ》一已上

无量清浄平等覚経巻上《ニ》言我《レ》作仏《セム》時令《メムカ》三我名聞《ヲシテカ》二八方上下无数《ノ》仏国《ニ》一諸仏各《ノ》於《シテ》二弟子衆《ノ》中《ニ》一嘆《セムカ》二我功徳国土之善《ヲ》一諸天人民蠕《ネン反》動之類聞《テカ》二我名字《ヲ》一皆悉《ク》踊躍《セムモノ》来二生《セシメム》我国《ニ》一不《ス》二爾一者《ハ》我《レ》不《シト》二作仏《セ》一我作仏《セム》時他方仏国《ノ》人民前世《ニ》為《メニノ》二悪一聞《キ、》二我名字《ヲ》一及《ヒ》正《シク》為《ニ》二道《ノ》一欲《オモハム》三来二生《セムトカ》我国《ニ》一寿終《オヘテ》皆令《メテ》四不《マタ》三復更《カヘラ》二三悪道《ニ》一則生《レムコト》二我国《ニ》一在《ラム》二心《ノ》所願《ニ》一不《ス》二尓一者《ハ》我不《シト》二作仏《セ》一阿闍世王太子及《ヒ》五百《ノ》長者子聞《テ》二无量清浄仏《ノ》二十四願《ヲ》一皆大《ニ》歓喜《シ》踊躍《シテ》心中《ニ》倶《ニ》願《シテ》言《ク》令《シメムト》三我等復《タ》作《ラ》仏《セム》時皆如《クナラ》二无量清浄仏《ノ》一仏則知《シロシメシテ》二之《ヲ》一告《ハク》二諸《ノ》比丘僧《ニ》一是《ノ》阿闍世王太子及《ヒ》五百長者子却《サリテ》二後无央数劫《ヲ》一皆当《ニ》《ヘシト》作仏如《クナル》二无量清浄仏《ノ》一仏言《ノタマハク》是《ノ》阿闍世王太子五百長者子作《ナシテ》二菩薩《ノ》道《ヲ》一以《コノカタ》来无央数劫《ニ》皆各供《シ》二養四百億仏《ヲ》一已《テ》今復来《テ》供二養《セリ》我《ヲ》是《ノ》阿闍世王太子及五百人等皆前世《ニ》迦葉仏《ノ》時為《ニ》二我《カ》作《レリキ》二弟子《ト》一今皆復会《シテ》是共《ニ》相《ヒ》値《アエル》也則諸《ノ》比丘僧聞《テ》二仏《ノ》言《ノミコトヲ》一皆心踊躍《シテ》莫《ケムトル》四不二歓喜《セ》一者《ノ》三至乃

如ノ二是一人聞テ二仏ノ名一　快安穏ニシテ得エム二大利ヲ一
吾等ラカ類得ム二是ノ徳ヲ一　諸ノ此刹ニ獲ム三所ヲ二好ヨキ一
无量覚授ツケム二其ノ決ヲ一　我レ前世ニ有リ二本願一
一切人聞カハ三説クヲ二法ヲ一　皆悉ク来ニ生セム我カ国ニ一
吾カ所二願スル一皆具足セム　従ヨリ二衆ノ国一来生セム者ノ
皆悉ク来ニ到シテ此ノ間ニ一　一生ニ得ム二不退転ヲ一
速カニ疾トク超テ便スナハチ可三到ル二　安楽国之世界ニ一
至テ无量光明土ニ一　供三養セム於二无数ノ仏ヲ一
非ル三有ニ二是ノ功徳一人ハ、　不ス四得エ三聞コトヲ二是ノ経ノ名ヲ一
唯有タモテル二清浄ニ戒ヲ一者ノ　乃シ還テ聞ク二斯ノ正法ヲ一
悪ト憍ト慢ト蔽ト懈怠ノモノハ　難シ四以テ信スルコト三於二此ノ法ヲ一
宿シウ世ノ時見マツレル二仏ヲ一者ノ　楽コノムテ聴二聞セム世尊ノ教ヲ一
人之命希ニ可シ二得ウ一　仏在セトモ二世ニ一甚タ難シ二値マウアヒ一
有テ二信慧一不ス三可ル二致一　若シ聞見セハ精進シテ《コノミス、ムナリ》求メヨ
聞キ、二是ノ法ヲ一而テ不ス二忘一　便チ見テ敬ヒ得テ大ニヨロコハ、慶
則我之善ヨキ親原ナリ　以ノ二是ヲ一故ニ発セヨ二道意ヲ一
設タトヒ令満ラム二世界ニ一火ニモ　過テ二此ノ中ヲ一得エハ三聞コトヲ二法ヲ一

会《カナラス》当《ニ》《シト》作《テ》二世尊《ト》一将《ニ》《ス》三　度《セムト》二一切生老死《ヲ》一上已

悲華経大施品之二巻言 訳曇無讖三蔵 願《ハ》我《レ》成二阿耨多羅三藐三菩提《ヲ》一已《ラムニ》无量无辺阿僧祇《ノ》余仏《ノ》世界《ノ》所有《ノ》衆生聞《ム》二我《カ》名《ヲ》一者《ノ》修《シテ》二諸《ノ》善本《ヲ》一欲《ム》三生《ト》二我界《ニ》一願《クハ》レ其捨命之後必定《シテ》得《シメム》二生《ヲ》一唯除《カムト》下五逆《ト》誹二謗《セムト》聖人《ヲ》一廃中壊《セムトヲ》正法《ヲ》上上已

尒者称《スルニ》二名《ヲ》一能《ク》破《シ》二衆生《ノ》一切《ノ》无明《ヲ》一能《ク》満《テタマフ》二衆生《ノ》一切《ノ》志願《ヲ》一称名《ハ》則是最勝真妙《ノ》正業《ナリ》正業則是念仏《ナリ》念仏則是南无阿弥陀仏《ナリ》南无阿弥陀仏即是正念也《ト》可《シト》知一

十住毘婆沙論曰有《ル》人《ノ》言《ク》般舟三昧及大悲《ヲ》名《ク》二諸仏《ノ》家《ト》一従二此《ノ》二法一生《ス》二諸《ノ》如来《ヲ》一此《ノ》中《ニ》般舟三昧《ヲ》為《ス》父《ト》一又大悲《ヲ》為母《ト》一復次《ニ》般舟三昧《ハ》是父《ナリ》无生法忍《ハ》是母《ナリ》如《シ》二助菩提《ノ》中《ニ》説《カ》一般舟三昧《ノ》父大悲无生《ノ》母一切《ノ》諸《ノ》如来従二是《ノ》二法一生《スト》家《ニ》无《レ》二過咎《ク》一者《ハ》家清浄《ナリ》故《ニ》清浄者《ハ》六波羅蜜四功徳処《ナリ》方便般若波羅蜜《ハ》善慧《ナリ》般舟三昧大悲諸忍是《ノ》諸法清浄《ニシテ》无《シ》三有《コト》二過一故《ニ》名《ク》家清浄《ト》一是《ノ》菩薩以《テ》二此《ノ》諸法《ヲ》一為《ルカ》二家《ト》一故《ニ》无《ケム》三有《コト》二過咎一転《シテ》三於二世間道《ヲ》一入《ル》二出世上道《ニ》一者《ノナリ》世間道《ヲ》名《ク》二即是凡夫所行《ノ》道《ト》一転《シテ》名《ク》二休息《ト》一凡夫道者《ハ》不《ス》四能三究竟《シテ》至《コト》二涅槃《ニ》一常《ニ》往二来《ス》生死《ニ》一是《ヲ》名《ク》二凡夫道《ト》一出世間者《ハ》因《テ》是《ノ》道《ニ》一得《ルカ》三出《コトヲ》二三界《ヲ》一故《ニ》名《ク》出世間道《ト》一上者《ハ》妙《ナルカ》故《ニ》名《テ》為《ス》上《ト》一入者《ハ》正《シク》行《ルカ》道《ヲ》一故《ニ》名《テ》為《ス》入《ト》一以《テ》二是心《ヲ》一入《ルヲ》初地《ニ》一名《クト》二歓喜地《ト》一問曰初地何《カ》故《ソ》名《テ》為《ルヤ》二歓喜《ト》一答曰如《シ》レ得《ルカ》四於三初果《ノ》究竟《シテ》至《コトヲ》二涅槃《ニ》一菩薩得《レハ》二是地《ヲ》一心常《ニ》多《シ》二歓喜一自然《ニ》得《ウ》三増二長《コトヲ》諸仏如来《ノ》種《ヲ》一是故《ニ》如《キノ》此《ノ》人《ヲ》得《ウ》三名《コトヲ》二賢善者《ト》一如《シトイフカ》三得《ルカ》二初果《ヲ》一者《ハ》如《シ》三人《ノ》得《ルカ》二須陀洹道《ヲ》一善《ク》閉《ツ》二三悪道《ノ》門《ヲ》一見法《ヲ》一入《リ》法《ニ》一得《テ》法《ヲ》一住《シテ》二堅牢《ノ》法《ニ》一不三可二傾動一究竟《シテ》至《ル》涅槃《ニ》一断《スルカ》二見諦所断《ノ》法《ヲ》一故《ニ》心大《ニ》歓喜《ス》設使《タトヒ》睡眠《シ》懶墯《ナレトモ》不《ス》三至《ラ》二二十九有《ニ》一如《キハ》下以《テ》二一毛《ヲ》一為《シテ》二百分《ト》一以《テ》二一分《ノ》毛《ヲ》一分《チ》中取《カ》大海《ノ》水《ヲ》上若《コトシ》二二三渧《ノ》苦已《ニ》滅《ムカ》一

如大海水余未滅者、如二三渧心大歓喜菩薩如是得初地已名生如来家一切天竜夜叉乾闥婆乃至声聞辟支等所共供養恭敬何以故是家无有過咎故転世間道入出世間道但楽敬仏得四功徳処得六波羅蜜果報滋味不断諸仏種故心大歓喜是菩薩所有余苦如二三水渧雖百千億劫得阿耨多羅三藐三菩提於无始生死苦如二三水渧所可滅苦如大海水是故此地名為歓喜問曰初歓喜地菩薩在此地中名多歓喜為得諸功徳故歓喜為地法応歓喜以何而歓喜答曰常念於諸仏及諸仏大法必定希有行是故多歓喜如是等歓喜因縁故菩薩在初地中心多歓喜念諸仏者念然燈等過去諸仏阿弥陀等現在諸仏弥勒等将来諸仏常念如是諸仏世尊如現在前三界第一无能勝者是故多歓喜念諸仏大法者略説諸仏四十不共法一自在飛行随意二自在変化无辺三自在所聞无閡四自在以无量種門知一切衆生心乃至念必定諸菩薩者若菩薩得阿耨多羅三藐三菩提記入法位得无生忍千万億数魔之軍衆不能壊乱得大悲心成大人法乃至是名念必定菩薩念希有行者念必定菩薩第一希有行令心歓喜一切凡夫所不能及一切声聞辟支仏所不能行開示仏法无閡解脱及薩婆若智人念十地諸所行法名為心多歓喜是故菩薩得入初地名為歓喜問曰有凡夫人未発无上道心或有発心者未得歓喜地是人念諸仏及諸仏大法念必定菩薩及希有行亦得歓喜得初地菩薩歓喜与此人有何差別答曰菩薩得初地其心多歓喜諸仏无量徳我亦定当得得初地必定菩薩念諸仏有无量功徳我当必得如是之事何以故我已得此

初地一入レリ二必定ノ中ニ一余者ハ无ケム三有コト二是ノ心一是ノ故ニ初地ノ菩薩多ク生ス二歓喜ヲ一余者ハ不ス爾ラ一何ヲ以ノ故ニ余者ハ雖モト三念スト二諸仏ヲ一不ス四能三作コト二是ノ念ヲ一我必当ニ作仏スト一譬ハ如シ下転輪聖子ノ生テ二転輪王ノ家ニ一成二就シテ転輪王ノ相ヲ一念シテ二過去ノ転輪王ノ功徳尊貴ヲ一作サム二是ノ念ヲ一我今亦有リ二是相一亦当ニ三得二是豪《カウ》富《フ》尊貴ヲ一心大ニ歓喜セム若无ケレ二転輪王ノ相一者ハ无ラムカ中如ノ是一喜ヒ上必定ノ菩薩若シ念スレハ二諸仏及諸仏ノ大功徳威儀尊貴ヲ一我有リ二是相一必当ニ作仏ス一即大ニ歓喜セム余者无ケム三有コト二是事一定心者ハ深ク入テ仏法ニ一心不可動ス一

又云信力増上者ハ何カン名ク下有テ三所二聞見スル一必受シテ无レハ疑一増上ト上名クト二殊勝ト一問曰有リ二二種ノ増上一者多二者勝ナリ今ノ説何ニ者モノソト答曰此ノ中ノ二事倶ニ説カム菩薩入レハ初地ニ一得ルカ二諸ノ功徳ノ味ヲ一故ニ信力転増ス以テ是ノ信力ヲ一籌《チウ》《ハカラフ》二量シテ諸仏ノ功徳无量深妙一ナルヲ能ク信受ス是ノ故ニ此心亦多ナリ亦勝ナリ深ク行レ二大悲ヲ一者ハ愍二念スルコト衆生ヲ一徹二入スルカ骨體《タイ》ニ一故ニ名テ為ス深ト一為ニ二一切衆生ノ一求ルカ二仏道ヲ一故ニ名テ為ス大ト一慈心者ハ常ニ求テ二利事ヲ一安二穏ス衆生ヲ一慈ニ有二三種一乃至

又曰仏法ニ有リ二无量ノ門一如シ下世間ノ道ニ有リ難一有リ易一陸道ノ歩行ハ則苦シク水道ノ乗船ハ則楽シキカ上菩薩ノ道モ亦如シ是ノ一或ハ有リ二懃行精進ノモノ一或ハ有リ下以テ二信方便ノ易行ヲ一疾トク至ル二阿惟《ユイ》越《ヲチ》致《チ》《フタイノクライナリ》ニ一者ノ上乃至若人疾ク欲オモハ三至ラムト二不退転地ニ一者ハ応シ下以テ二恭敬心ヲ一執持シテ称ス中名号ヲ上若シ菩薩欲オモハテ下於二此ノ身ニ一得エ三至ルコトヲ二阿惟越致地ニ一成ラムト中阿耨多羅三藐三菩提ヲハ上者応シ三当ニ念ス二是ノ十方諸仏ヲ一称コト二名号ヲ一如シト二宝月童《トウ》子所問経ノ阿惟越致品ノ中ニ説カ一乃至西方ニ善世界ノ仏ヲ号ス二无量明ト一身光智慧明ニシテ所ロ二照ス一无シ二辺際一其レ有ル三聞コト二名ヲ一者ノハ即得ウト二不退転ヲ一乃至過去无数劫ニ有ス二仏一号ス二海徳ト一是ノ諸ノ現在ノ仏皆従シタカテ二彼レニ一発セリ二願ヲ一寿命无シ三有コト二量一光明照シテ无シ極リ二国土甚タ清浄ナリ聞テ二名ヲ一定テ作ムト二仏ニ一乃至問曰但聞テ二是ノ十仏ノ名号ヲ一執持シテ在オケハ二心ニ一便チ得ウ四不ルコトヲ三退セ二阿耨多羅三藐三菩提ヲ一為セム五更マタ有マシテ下余仏余菩薩ノ名上一得ウト三至コトヲ二阿惟越致ニ一邪ヤ四答曰阿弥陀等ノ仏及諸大菩薩称シ二名ヲ一一心ニ念スレハ亦得コト二不退転ヲ一如シ是ノ一阿

弥陀等ノ諸仏亦応ニ三恭敬礼拝シ称ス二其ノ名号ヲ一今当ニ三具ニ説ク二无量寿仏ヲ一世自在王仏乃至有其余仏是ノ諸仏
世尊現在十方ノ清浄世界ニ皆称シ二名ヲ一憶二念スルコト阿弥陀仏ノ本願ヲ一如シ是ノ若シ人念シテ我ヲ称シテ名ヲ自《オノツカラ》帰スレハ即
入テ二必定ニ一得ウ二阿耨多羅三藐三菩提ヲ一是ノ故ニ常ニ応シト二憶念ス一以テ偈ヲ一称讃セム

无量光明慧　身ハ如シ二真金ノ山ノ一　我今身口意ヲシテ
合掌シ稽首シ礼マツルト乃至　人能ク念スレハ二是ノ仏ノ　无量力功徳ヲ一
即ノ時ニ入ル二必定ニ一　是ノ故ニ我常ニ念ツル乃至　若シ人願シテ三作ント二仏ト一
心ニ念ツレハ二阿弥陀ヲ一　応シテ時ニ為ニ現ハム身ヲ一　是ノ故ニ我帰二命ス
彼ノ仏ノ本願力ヲ一　十方ノ諸ノ菩薩モ　来テ供養シ聴キク二法ヲ一
是ノ故ニ我稽首マツルト乃至　若シ人種ウエテ善根ヲ一　疑ヘハ則華不ス開ケ
信心清浄ナル者ノハ　華開テ則見ツル二仏ヲ一　十方現在ノ仏
以テ二種種ノ因縁ヲ一　嘆シタマフ二彼ノ仏ノ功徳ヲ一　我今帰命シ礼マツルト乃至
乗シテ二彼ノ八道ノ船ニ一　能ク度ス二難度海ヲ一　自ミ度シ亦度セム二彼レヲ一
我礼ツル二自在人ヲ一　諸仏无量劫ニ　讃二揚《ヤウ》セムニ其ノ功徳ヲ一
猶《ナホ》尚不ス三能ニ尽ス二　帰二命マツル清浄人ヲ一　我今亦如シ是ノ
称二讃ス无量徳ヲ一　以テ二是ノ福因縁ヲ一　願ハ仏常ニ念シタマヘト二我ヲ一抄出

浄土論ニ曰ク

我依テ二修多羅　真実功徳相ニ一　説テ二願偈ヲ捴《スヘテ》持ヲ一

与仏教相応　観仏本願力　遇无空過者
能令速《スミヤカニ》満足　功徳大宝海
又曰菩薩入四種門自利行成就　応知菩薩出第五門回向利益他行成就　応知菩薩如是修五門行自利利他速得成就阿耨多羅三藐三菩提故　出抄
論註《チユニ》曰謹《ツツシテ》案竜樹菩薩十住毗婆沙云菩薩求阿毗跋致有二種道一者難行道二者易行道難行道者謂於五濁之世无仏時求阿毗跋致為難此難乃有多途粗言五三以示《シメサム》義意一者外道相《シヤウ》善　循醤反　乱菩薩法二者声聞自利鄣大慈悲三者無顧《カヘリミル》悪人破他勝徳四者顛《テン》倒善果能壊《エス》梵行五者唯是自力无他力持如斯等事触目皆是譬如陸路歩行則苦易行道者謂但以信仏因縁願生浄土乗仏願力便得往生彼清浄土仏力住持即入大乗正定之聚正定即是阿毗跋致譬如水路乗船則楽此无量寿経優婆提舎蓋《ケタシ》上衎　エン反　之極致不退之風航　カウ反　者也无量寿是安楽浄土如来別号釈迦牟尼仏在王舎城及舎衛国於大衆之中説无量寿仏荘厳功徳即以仏名号為経体後聖者婆藪槃頭菩薩服《フク》膺《キヨウシテ》　升反　如来大悲之教傍経作願生偈　已上
又云又所願不軽若如来不加威神将何以達《サトル》乞《コチ》加神力所以仰告　我一心者天親菩薩自督　トク反　之詞言念无导光如来願生安楽心心相続无他想間雑　乃至　帰命尽十方无导光如来者帰命即是礼拝門尽十方无导光如来即是讃嘆門何以知帰命是礼拝竜樹菩薩造阿弥陀如来讃中或言稽首礼或言我帰命或言帰命礼此論長行中亦言

衎字　カン反　口且反　楽也
航字　カウ反　フナワタシナリ
膺字　俗作也
督字　トク反　正也　勧也
命字　眉病反

使也 信也 教也 計也 道也 召也

称字 処陵反 俗作レ秤 昌孕反 知二軽重一也 説文曰 銓也 是也 等也 云正斤両也 昌陵反

修二五念門一五念門中礼拝是一天親菩薩既願二往生一豈容三不二礼一故知帰命即是礼拝然
礼拝但是恭敬不二必帰命一帰命是礼拝若以レ此推帰命為レ重偈申二己心一宜三言二帰命一論解二
偈義一汎談二礼拝一彼此相成於レ義弥顕何以知尽十方无㝵光如来是讃嘆門下長行
中言云何讃嘆謂称二彼如来名一如二彼如来光明智相一如二彼名義一欲下如レ実修行相応上故至乃天
親今言二尽十方无㝵光如来一即是依二彼如来名一如二彼如来光明智相一讃嘆故知此句是
讃嘆門願生安楽国者此一句是作願門天親菩薩帰命之意也至乃問曰大乗経論中
処処説三衆生畢竟无生如二虚空一云何天親菩薩言二願生一邪答曰説三衆生无生如二虚空一有二
二種一一者如四凡夫所レ謂実衆生如下凡夫所見実生死上此所見事畢竟无三所レ有如二亀毛一如二虚
空一二者謂諸法因縁生故即是不生无三所レ有如二虚空一天親菩薩所レ願生者是因縁義因
縁義故仮名生非五如四凡夫謂レ有二実衆生実生死一也問曰依二何義一説二往生一答曰於二此間一仮
名人中修二五念門一前念与後念作因穢土仮名人浄土仮名人不三得二決定一一不三得二決定異一
前心後心亦如レ是何以故若一則无二因果一若異則非二相続一是義観二一異門論中委曲釈二
第一行三念門一竟至乃我依修多羅真実功徳相説願偈捴持与仏教相応至乃何所依何
故依云何依何所依者依二修多羅一何故依者以二如来即真実功徳相一故云何依者修二五
念門一相応故至乃修多羅者十二部経中直説者名二修多羅一謂四阿含三蔵等外大乗諸経
亦名二修多羅一此中言二依修多羅一者是三蔵外大乗修多羅非二阿含等経一也真実功徳相者
有二二種功徳一一者従二有漏心一生不三順二法性一所レ謂凡夫人天諸善人天果報若因若果皆是

顚倒皆是虚偽是故名不実功徳二者従菩薩智慧清浄業起荘厳仏事依法性入清浄
相是法不顚倒不虚偽名真実功徳云何不顚倒依法性順二諦故云何不虚偽摂衆生
入畢竟浄故説願偈総持与仏教相応者持名不散不失総名以少摂多乃至願名欲楽往
生乃至与仏教相応者譬如函蓋相称也乃至云何廻向不捨一切苦悩衆生心常作願廻
向為首得成就大悲心故 廻向有二種相一者往相二者還相往相者以己功
徳廻施一切衆生作願共往生阿弥陀如来安楽浄土出抄
安楽集云観仏三昧経云令勧父王行念仏三昧父王白仏仏地果徳真如実相第
一義空何因不遣弟子行之仏告父王諸仏果徳有無量深妙境界神通解脱是非凡
夫所行境界故勧父王行念仏三昧父王白仏念仏之功其状云何仏告父王如
伊蘭林方四十由旬有一科牛頭栴檀雖有根芽猶未出土其伊蘭林唯臭無香
若有噉其華菓発狂而死後時栴檀根芽漸漸生長纔欲成樹香気昌盛遂能改変
此林普皆香美衆生見者皆生希有心仏告父王一切衆生在生死中念仏之心亦復
如是但能繋念不止定生仏前一得往生即能改変一切諸悪成大慈悲如彼香樹改
伊蘭林所言伊蘭林者喩衆生身内三毒三鄣無辺重罪言栴檀者喩衆生念仏之心纔
欲成樹者謂一切衆生但能積念不断業道成弁也問曰計一衆生念仏之功亦応一
切知何因一念之功力能断一切諸鄣如一香樹改四十由旬伊蘭林悉使香美也
答曰依諸部大乗顕念仏三昧功能不可思議也何者如華厳経云譬如有人用師

子《ノ》筋《スヂヲ》一以《テ》為《セムニ》二琴《コトノヲト》絃一音声一奏《タヒソウスルニ》一切《ノ》余《ノ》絃悉皆断壊《スルカ》上若人菩提心《ノ》中《ニ》行《スレ》二念仏三昧《ヲハ》一者一切《ノ》煩悩一切《ノ》諸鄣悉《ク》皆断滅《スト》亦如《シ》下有人一構《シホシ》二取《テ》牛羊驢《ロ》馬一切諸乳《ヲ》一置《ワカムニ》二一器《ノ》中《ニ》若《シ》将《モテ》《マサニ》二師子《ノ》乳一滴《ヲ》一投《トウニ》《ナクルニ》之《ヲ》二直《ニ》過《スギテ》无《シ》二難《ハヽカリ》一一切《ノ》諸乳悉《ク》皆破壊《シテ》《ヤフル》変《シテ》為《ナルカ》中清水《ト》上若人但能《ク》菩提心《ノ》中《ニ》行《ハレ》二念仏三昧《ヲハ》一者一切《ノ》悪魔諸鄣直《ニ》過《スクルニ》無《シ》二難《ハヽカリ》一又彼《ノ》経《ニ》云《ク》譬如四有《テ》人一持《モテ》二翳《エイ》《カクス》身薬《ヲ》一処処《ニ》遊行《スルニ》一切《ノ》余行不《ルカ》三見二是人《ヲ》一若能《ク》菩提心《ノ》中《ニ》行《スレ》二念仏三昧《ヲハ》一者一切《ノ》悪神一切《ノ》諸鄣不三見二是《ノ》人《ヲ》一随《テ》二諸《ノ》処処《ニ》一无《キ》二能《ク》遮《シャ》《サイキル》鄣《ルコト》一也何《カ》故《ソトナラハ》能《ク》念《スルハ》二此念仏三昧《ヲ》一即是一切三昧《ノ》中《ノ》王《ナルカ》故《ヘ》也《ト》

又云如《シ》二摩訶衍《カン反》《エン反》《ノ》中《ニ》説《テ》云《カ》一諸余《ノ》三昧非《ス》三不《ルニハ》二三昧《ナラ》一何《ヲ》以《ノ》故《ニ》或《ハ》有《リ》二三昧一但能《ク》除《イテ》貪《トンヲ》二不三能二除《コト》瞋癡《チヲ》一或《ハ》有二三昧一但能《ク》除《テ》瞋《ヲ》一不四能三除《コト》二癡貪《ヲ》一或有三昧一但能除《テ》癡《ヲ》一不能除《コト》二瞋《ヲ》一或《ハ》有三昧但能除《テ》二現在《ノ》鄣《ヲ》一不四能三除《コト》二過去未来《ノ》一切諸鄣《ヲ》一若能常《ニ》修《スレハ》二念仏三昧《ヲ》一无《ク》三問《コト》二現在過去未来《ノ》一切諸鄣《ヲ》一皆除《ク》也

又云大経《ノ》賛《ニ》云若聞《テ》二阿弥陀《ノ》徳号《カウヲ》一歓喜賛仰《シ》心帰依《スレハ》下《モ》至《マテ》一念《ニ》一得二大利《ヲ》一則為《ス》三具二足《スト》功徳《ノ》宝《ヲ》一設満《ラム》二大千世界《ニ》一火《ヲモ》亦応《シ》三直《ニ》過《テ》聞《ク》二仏《ノ》名《ヲ》一聞《カハ》二阿弥陀《ヲ》一不《ス》二復退《セ》一是《ノ》故《ニ》至《シテ》心一稽《ケ》首《シウ》礼《マツルト》

又云《ク》又如《シ》二目連所問経《ノ》一仏告《ハク》二目連《ニ》一譬《ハ》如《シ》下万川長流《ニ》有《テ》二草木一前《ハ》不三顧《カヘリミ》二後《ヲ》一後《ハ》不三顧二前《ヲ》一都《スヘテ》会《スルカ》中大海《ニ》上世間《モ》亦爾《ナリ》雖《モ》三有《ト》二豪貴富《フ》楽自在《ナルコト》一悉《ク》不《ス》四得《マヌカル、コトヲ》三勉二生老病死《ヲ》一只由《テ》四不《ルニ》三信《セ》二仏経《ヲ》一後世《ニ》為《ナテ》人《ト》一更《サラニ》甚《タ》困《コン》劇《キヤクシテ》《ハケシ》不五能四得《コト》三生《コトヲ》二千仏《ノ》国土《ニ》一是《ノ》故《ニ》我説《トカク》无量寿仏国《ハ》易《ク》往一易《ク》取一而《シテ》人不《ス》三能二修行《シテ》往生《コト》一反《カヘテ》事《ツカフ》二九十五種《ノ》邪道《ニ》一我説《テ》二是《ノ》人《ヲ》一名《ク》下无《キ》眼一人《ト》上名《クト》下无《キ》耳一人《ト》上経教既《ステニ》爾《ナリ》何《ソ》不下捨《ムトテ、》難《ヲ》一依《ラ》中易行道《ニ》上矣已上

光明寺和尚云又如《シ》二文殊般若《ニ》云《カ》一欲《フ》三明《ト》二一行三昧《ヲ》一唯勧《テ》独《リ》処《シテ》空閑《ケンニ》《シツカナリ》一捨《テ》二諸《ノ》乱《ラン》意《ヲ》一係《カケテ》二心《ヲ》一一

由字以周反 経也従也 行也 用也

仏不観相貌専称名字即於念中得見彼阿弥陀仏及一切仏等問曰何故不令作観直遣専称名字者有何意也答曰乃由衆生鄣重境細心麁識颺神飛観難成就也是以大聖悲憐直勧専称名字正由称名易故相続即生問曰既遣専称一仏何故境現即多此豈非邪正相交一多雑現也答曰仏仏斉証形无二別縦使念一見多乖何大道理也又如観経云行勧座観礼念等皆須面向西方者最勝如樹先傾倒必随曲故必有事礙不及向西方者但作向西想亦得問曰一切諸仏三身同証悲智果円亦応无二随方礼念課称一仏亦応得生何故偏嘆西方勧専礼念等有何義也答曰諸仏所証平等是一若以願行来取非无因縁然弥陀世尊本発深重誓願以光明名号摂化十方但使信心求念上尽一形下至十声一声等以仏願力易得往生是故釈迦及以諸仏勧向西方為別異耳亦非是称念余仏不能除鄣滅罪也応知若能如上念念相続畢命為期者十即十生百即百生何以故無外雑縁得正念故与仏本願得相応故不違教故随順仏語故上已

又云唯観念仏衆生摂取不捨故名阿弥陀上已

又云弥陀智願海深広无涯底聞名欲往生皆悉到彼国設満大千火直過聞仏名聞名歓喜讃皆当得生彼万年三宝滅此経住百年爾時聞一念皆当得生彼要抄

又云現是生死凡夫罪鄣深重輪回六道苦不可言今遇善知識得聞弥陀本願名号一心称念求願往生願仏慈悲不捨本弘誓願摂受弟子上已

又云問曰称念礼観阿弥陀仏現世有何功徳利益答曰若称阿弥陀仏一声即能除滅八十億劫生死重罪礼念已下亦如是十往生経云若有衆生念阿弥陀仏願往生者彼仏即遣二十五菩薩擁護行者若行若座若住若臥若昼若夜一切時一切処不令悪鬼悪神得其便也又如観経云若称礼念阿弥陀仏願往生彼国者彼仏即遣无数化仏无数化観音勢至菩薩護念行者復与前二十五菩薩等百重千重囲遶行者不問行住座臥一切時処若昼若夜常不離行者今既有斯勝益可憑願諸行者各須至心求往又如无量寿経云若我成仏十方衆生称我名号下至十声若不生者不取正覚彼仏今現在成仏当知本誓重願不虚衆生称念必得往生又如弥陀経云若有衆生聞説阿弥陀仏即応執持名号若一日若二日乃至七日一心称仏不乱命欲終時阿弥陀仏与諸聖衆現在其前此人終時心不顛倒即得往生彼国仏告舎利弗我見是利故説是言若有衆生聞是説者応当発願願生彼国次下説云東方如恒河沙等諸仏南西北方及上下一一方如恒河沙等諸仏各於本国出其舌相徧覆三千大千世界説誠実言汝等衆生皆応信是一切諸仏所護念経云何名護念若有衆生称念阿弥陀仏若七日及一日下至一声乃至十声一念等必得往生証成此事故名護念経次下文云若称仏往生者常為六方恒河沙等諸仏之所護念故名護念経今既有此増上誓願可憑諸仏子等何不励意去也 智昇法師集諸経礼懺儀下巻者善導和尚礼懺也依之

又云言弘願者如大経説一切善悪凡夫得生者莫不皆乗阿弥陀仏大願業力為増

乗字 食陵反 駕也 勝也 又宝証反 登也 守也 覆也

上縁《トト》也

又云言南无者《トハ》即是帰命《ナリ》亦是発願回向之義《ナリ》言阿弥陀仏者《トハ》即是其行《ナリ》以斯義故必

得《ウト》往生

又云言摂生増上縁者如无量寿経四十八願中説仏言若我成仏十方衆生願生我

国称我名字下至十声乗我願力若不生者不取正覚此即是願往生行人命欲終時願

力摂得《シテエシム》往生故名摂生増上縁

又云欲使《シメムト》善悪凡夫回心起行尽得往生此亦是証生増上縁《ナリト》已上

又云門門不同八万四為滅无明果業因利劔即是弥陀号一声称念罪皆除微塵

故業随智滅不覚転入真如門得免娑婆長劫難特蒙知識釈迦恩種種思量巧方便

覚字教音

選得《エシメ玉ヘリ》弥陀弘誓門 已上抄要

爾者南无之言帰命帰言至也又帰説《ヨリタノムナリ》也説字悦《エチ》音又帰説《ヨリカヽルナリ》也説字税《サイ》音悦税二音告也述也宣述人意也 命言

業也招引《マネキヒク》也使也教也道也信也計也召也 是以帰命者本願招喚《マネクヨハウ》之勅命《オホセ》也言発願回向者如来已発願回施

衆生行之心也言即是其行者即選択本願是也言必得往生者彰《アラハス》獲至不退位也経

言即得釈云必定即言由聞願力光闡報土真因決定時剋《キワム》之極促也必言 審也然也分極也 金

剛心成就之皃《カヲハセ》也

浄土五会念仏略法事儀讃云夫如来設《マウケタマフニ》教広略随根終帰実相得真无生

者熟能与於此哉然念仏三昧是真无上深妙門矣以弥陀法王四十八願名号焉仏

事《トシテ》㆓願力《ヲ》㆒度《シタマフ》㆓衆生《ヲ》㆒乃至 如来常《ニ》於《テ》㆓三昧海《ノ》中《ニ》㆒挙《アケタマヘルヲ》㆓細綿《メンヲ》《クワシ》㆒乎《ヤ》謂《テ》㆓父《ノ》王《ニ》㆒曰《ク》王今座禅《シテ》但当《ニ》《シト》念仏《ス》㆒豈《アニ》

同《シテ》㆓離《リ》念《ニ》㆒求《ムヤヲ》㆔乎㆓无念㆒離《テ》生《ヲ》㆒求《ム》㆔於㆓无生㆒乎《ヤ》離《テ》㆓相好《ヲ》㆒求《ムヤヲ》㆔乎㆓法身㆒離《テ》文《ヲ》㆒求《ムヤ》㆓解脱《ヲ》㆒乃至 爾《レ》大《ナルカナ》哉至理《ノ》《コトワリ》真法

一如《ニシテ》化《シ》㆓物《ヲ》㆒利《ス》人《ヲ》㆒弘誓各別《ナルカ》故《ニ》我《カ》釈迦応㆔生《シ》於㆓濁世㆒阿弥陀出㆔現《シタマフ》於㆓浄土《ニ》㆒方《ハ》雖《モ》㆓穢浄両殊《シユナリト》《コトナリ》㆒

利益斉《サイ》《ヒトシ》一《ナリ》若《ク》修《シ》㆒易《キハ》証《シ》㆒真《トニ》唯浄土《ノ》教門《ナリ》然《ニ》彼《ノ》西方《ハ》殊妙《ニシテ》難《シ》㆔比《ナラヒ》㆓其《ノ》国土《ニ》㆒也《マタ》厳《ルサルニ》以《テス》㆓百宝《ノ》蓮《ヲ》㆒敷《ヒライテ》㆓

九品《ニ》㆒以《テ》収《ヲサムルコト》人《ヲ》㆒其《ソレ》仏《ノ》名号也《ト》乃至

依称讃浄土経　釈法照《セウ》

如来《ノ》尊号《ハ》甚《タ》分明《ナリ》　十方世界《ニ》普《ク》流行《セシム》

但有《テ》㆔称《スルノミ》㆓名《ヲ》㆒皆得《ウ》㆓往《コトヲ》㆒　観音勢至自《オノツカラ》来《リ》迎《ヘタマフ》

弥陀《ノ》本願特《コトニ》起《タツ》《ヲコス》殊《シユセリ》《スクレ》　慈悲方便《シテ》引《ク》㆓凡夫《ヲ》㆒

一切衆生皆度脱《ス》　称《スレハ》㆓名《ヲ》㆒即得《ウ》㆓罪《ミ》消除《コトヲ》㆒

凡夫若《シ》得《レハ》㆔到《コトヲ》㆓西方《ニ》㆒　曠劫塵沙《ノ》罪消亡《ス》《ホロフ》

具《シ》㆓六神通《ヲ》㆒得《ウ》㆓自在《ヲ》㆒　永《ク》除《キ》㆓老病《ヲ》㆒離《ル》㆓无常《ヲ》㆒

依㆓仏本行経㆒　法照

何者《ノオカ》名《テ》之《ヲ》㆒為《スル》㆓正法《ト》㆒　若《シ》箇《ヨラハ》㆓道理《ニ》㆒是真《マコト》宗《ナリ》《ムネ》

好悪今《ノ》時須《スヘカラク》《ヘシ》㆓決択《チヤク》《チヤクス》《エラフ》㆒　一一《ニ》子細莫《ナカレ》㆓朦《モウ》《クラシ》朧《リヨウスルコト》《コモル》㆒

正法能《ク》超㆓出《ス》世間《ヲ》㆒　持戒座禅《ヲ》名《ク》㆓正法《ト》㆒

念仏成仏《ハ》是《レ》真宗《ナリ》　不《ルオハ》㆔取《ラ》㆓仏言《ヲ》㆒名《ク》㆓外道《ト》㆒

撥《ハチ》《スツ》無《フスル》因果《ヲ》見《ヲ》為《ス》空《ト》　正法能《ク》超出《ス》世間《ヲ》
禅《セン》律《リチ》如何《イカンソ》是正法《ナラム》　念仏三昧是真宗《ナリ》
見《ミ》性《ヲ》了《ルハ》心《ヲ》便《チ》是仏《ナリ》　如何《イカンカ》道理不《ラム》相応《セ》 抄略

依阿弥陀経《ニ》

「西方《ハ》進《ムコト》道《ニ》勝《タリ》娑婆《ニ》　縁《テナリ》无《キニ》五欲及邪魔
成仏《ニ》不《ス》労《イタハシクセ》諸《ノ》善業《ヲ》　華台《ニ》端《ナヲシ》《ウルワシ》座《シテ》念弥陀《ヲ》
五濁《ノ》修行《ハ》多《ク》退転《ス》　不《ス》如《シカ》念仏《シテ》往《ニハ》西方《ニ》
到《レハ》彼《ニ》自然《ニ》成《ル》正覚《ヲ》　還《カヘリテ》来苦界《ニ》作《ナラム》津《ツ》樑《シンリヤウト》《ヤナ》
万行之中《ニ》為《イソカハシ》急《キウ》要《ト》　迅《シンソクナルコト》《トシ》速《スミヤカ也》无《シ》過《タルハ》浄土門《ニ》
不《アラス》但本師金口《ノ》説《ノミニ》　十方諸仏共《ニ》伝《ヘ》証《シタマフ》
此界《ニ》一人念《レハ》仏《ノ》名《ミナヲ》　西方《ニ》便《チ》有《テ》一《ノ》蓮生《ス》
但《シ》使《レハ》一生常《ニシテ》不退《ナラ》　一華還《カヘリイタテ》到此間《ニ》迎《フ》 抄略

依般舟三昧経　慈愍和尚

「今日道場《ノ》諸衆等　恒沙曠劫《ヨリ》捴《スヘテヘ》経来《カヘレリ》
度《ハカルニ》此《ノ》人身《ヲ》難《シ》値《チ》遇《クシ》　喩《ヘ》若《コトシ》優曇華《ノ》始《ハシメテ》開《クカ》
正値《アヘリ》希《レニ》聞《ニ》浄土《ノ》教《ヲ》　正値《マウアヘリ》念仏法門開《ヒラケルニ》
正値《マウアヘリ》弥陀《ノ》弘誓《ノ》喚《ヨハイ》《ヨフタマフニ》《クワン》　正値《ヘリ》大衆信心《アテ》回《スルユ》

正値《ヘリ》四今日依《テ》経《ニ》一賛《スルニ》三　正値《ヘリ》三結《ムスフニ》二契《チキリヲ》上華台《ニ》一
正値《アヘリ》三道場《ニ》無《キニ》二魔事一　正値《ヘリ》二无病《ニシテ》捴《ヘテ》能《ク》来《レルニ》一
正値《ヘリ》二七日功成就《スルニ》一　四十八願要《カナラス》相《ヒ》携《タツサフ》《セイ》《ケイ》
普《ク》勧《ム》二道場《ノ》同行《ノ》者《ヒトヲ》一　努《ユメ》力《、、》回心《シテ》帰去来《イサイナム》
借《シヤクトフ》《カル》-問家《カ》郷《ハ》、何《ノ》処《ニカ》在《アル》　極楽池《ノ》中七宝《ノ》台《テナ、リ》
彼《ノ》仏《ノ》因中《ニ》立《テタマヘリ》二弘誓《ヲ》一　聞《テ》二名《ミヲ》一念《セハ》我《ヲ》一捴《スヘテ》迎《ヘ》来《ヘラシメム》
不四簡《エラハ》三貧窮《ト》将《マサニ》二富貴《トヲ》一　不四簡三下智《ト》与《トヲ》二高才一
不四簡三多聞《ト》持《テルトヲ》二浄戒《ヲ》一　不三簡二破戒《ト》罪根深《キヲ》一
但使《レハ》二回心《シテ》多《ク》念仏《セ》一　能《ク》令《シム》三瓦礫《ヲシテ》変《シテ》成《サムカコトクセ》二金《ト》一
寄《ヨス》二語《コトハヲ》現前大衆等《ニ》一　同縁去《ラム》《スツ》者《ヒト》早《ク》相《ヒ》尋《タツネム》
借《ト》問《フ》相《ヒ》二尋《タツネテカ》何《ノ》処《ヲ》一去《ユカムト》　報《コタヘテイハク》導弥陀浄土《ノ》中《ウチヘ》
借《ト》問《フ》何《ニ》縁《テカ》得《エム》三生《ヲ》二彼《コニ》一　報《コタヘテイワク》導念仏自《オノツカラ》成《ス》二功《ヲ》一
借《ト》問《フ》今生《ノ》多《シ》二罪鄣一　如何《イカンソ》浄土《ニ》肯《アヘテ》《コウ》《ウケス》相《ヒ》容《イラムヤ》
報《テ》導《ク》称《スレハ》名《ヲ》一罪《ミ》消滅《ス》　喩《ヘハ》若《コトシ》三明燈《トウノ》入《カ》二闇中《ニ》一
借《ト》問《フ》凡夫得《ウヤ》二生《ヲ》一否《イナヤ》　如何《イカンソ》一念《ニ》闇中明《アキラカナラムヤ》
報《テ》導《ク》除《テ》疑《ヲ》一多《ク》念仏《スレハ》　弥陀決定《シテ》自《オノツカラ》親近《シンコンシタマフト》　要抄

依新无量寿観経　法照

「十悪五逆至《レル》愚人永劫《ニ》沈淪《シテ》在《リ》久塵《ニ》一念称得《シテ》弥陀《ノ》号《ヲ》至《レハ》彼《ニ》還《テ》同《スト》法性身《ニ》已上

憬興《キヤウコウ》師《ノ》云如来《ノ》広説《ニ》有《リ》二初《メニハ》広《ク》説《ヘリ》如来浄土《ノ》果即《チ》所行所成《ヲ》也後《ニハ》広《ク》顕《シタマヘル》衆生往生《ノ》因果即所摂所益《ヲ》也

又云悲華経《ノ》諸菩薩本授《シユ》記品《ニ》云《ク》爾時《ニ》宝蔵如来讃《テ》転輪王《ヲ》言《ハク》善哉善哉乃至大王汝見《ニ》西方《ニ》過《クワ》《キテ》百千万億仏土《ヲ》有《リ》世界名《ク》尊善无垢《ト》彼《ノ》界《ニ》有《マシマス》仏名《ク》尊音王如来《ト》乃至今現在《ニ》為《ニ》諸《ノ》菩薩《ノ》説《ク》於正法《ヲ》乃至純《シユン》一大乗清浄《ニシテ》无《シ》雑《マシワルコト》其《ノ》中《ノ》衆生等一《ニ》化生《ス》亦无《シ》女人及其《ノ》名字彼《ノ》仏世界《ノ》所有《ノ》功徳清浄《ノ》荘厳《ナリ》悉《ク》如《クシテ》大王《ノ》所願《ノ》无異《ケム》乃至今改《アラタメテ》汝《カ》字《ナヲ》為《スト》无量清浄《ト》已上

无量寿如来会《ニ》云《ク》広《ク》発《シテ》如《キ》是《ノ》大弘誓願《ヲ》皆已《ニ》成就《シタマヘリ》世間《ニ》希有《ナリ》発《シ》是《ノ》願《ヲ》已《テ》如《ク》実《ノ》安住《シテ》種種《ノ》功徳具足《シテ》荘厳《シタマヘリト》威徳広大清浄仏土《ヲ》已上

又云福智二厳《カサリ》成就《シタマヘルカ》故《ニ》備《ソナハル》《ツフサニ》施《シタマヘル》等《ヒトシク》衆生《ニ》行《ヲ》也以《テ》己《オノレカ》所修《ヲ》利《シタマフカ》衆生《ヲ》故《ニ》令《シメタマヘリト》功徳成《セ》

又云籍《シヤク》《ヨリテ》久遠《ノ》因《ニ》値《マウアヒ》仏《ニ》聞《テ》法《ヲ》可《キカ》慶喜《スヘニト》故

又云人聖国妙《ヘナリ》誰《クレカ》不《ラムヤ》尽《サ》力《ヲ》作《シテ》善《ヲ》願《セヨ》生《ヲ》因《テ》善《ニ》既《テニ》成《シタマヘリ》不《ラムヤ》自《ミツカラ》《オノ》獲《エ》果《ヲ》故《ニ》云《フ》自然《ト》不《ス》簡《ハ》貴《タフトク》賤《イヤシ》《ヲ》皆得《エシム》往生《ヲ》故《ニ》云《フト》箸《チヤク》《アラハス》无上下《ト》

又云《ク》易往而无人其国不逆違自然之所牽《ケント》《ヒク》修《レハ》因《ヲ》即往《ク》无《レハ》修《コト》生尠《コトスクナシ》修《シテ》因《ヲ》来生《スルニ》終《ニ》不《ス》違逆《セ》即易往也

又云本願力《ノ》故《ニトイハ》即往誓《コト》願之力《ナリ》満足願故《トイハ》願无《トシテ》欠《カクルコト》故明了願故求《ムルニ》之不《カ》虚故堅固願故縁《トシテ》不能《サルカ》壊《ヤフルコト》故究竟願

故必果遂《ハタシトグルカ》《スイ》故

又云惣《スヘテ》而《テ》言《ハ》、之《ヲ》欲《カ》四令《メムト》三凡小増《マサ》《スヽム》二欲往生之意《ヲ》一故《ニ》須《ク》三顕《ス》《シト》二彼《ノ》土《ノ》勝《ルコトヲ》一

又云既《ニ》言《マヘリ》下於《シテ》二此土《ニ》一修《スト》中菩薩《ノ》行《ヲ》上即《チ》知《ヌ》无諍王在《マスコトヲ》三於二此《ノ》方一宝海《モ》亦然《ナリト》

又云聞《クカ》二仏《ノ》威徳広大《ヲ》一故《ニ》得《ル》二不退転《ヲ》一也《ト》上已

楽《ク》邦《ハウ》文《フン》類《ニ》云《ク》総《ソウ》官《ノ》張掄《リン反》云仏号甚《タ》易《シ》持《チ》一浄土甚《タ》易《シ》往《キ》一八万四千《ノ》法門無《シ》三如《ク》二是《コ》之《ノ》捷《セフ》《トキ》径《ケイニ》《スチ》一但能《ク》輟《ヤメテ》二清晨《シム》《アシタノケフス》俛《メン》仰之暇《イトマヲ》一遂《ツイニ》可《シ》三為《ナス》二永劫不壊《ノ》《ヤフル》之資《タスケヲ》一是則《チ》用《ルコトハ》二力《ヲ》一甚《タ》微《ヒニ》而《シテ》収《オサムルコト》二功《ヲ》一乃《シ》无《ケム》三有《コト》二尽《コト》一衆生亦何《ノ》苦《クルシミアレハカミツカラステテ》自弃而《テ》不《ラムセ》二為《ヤ》一乎噫《アヽ》夢《ユメ》幻《クエンニシテ》《マホロシ》非《ス》二真《ニ》一寿夭《エウシテ》《モロシ》難《シ》二保《タモチ》一呼《コ》吸《キウ》之頃《ケイキヤウトモ》《アイタ》《アイタニ》《クキヤウ》即《チ》是来生《ナリ》一《タヒ》失《ウシナヒツレハ》二人身《ヲ》一万劫《ニモ》不《セ》二復《カヘル》一此《ノ》時《キ》不《スハ》二悟《サトラ》一仏如《モシ》衆生《ヲ》何《イカヽシタマハムハ》願《ハ》深《ク》念《シテ》三於二无常一勿《ナカレト》四徒《イタツラニ》《ト》貽《ノコスコト》三於二後悔《ヲ》一浄楽《ノ》居《オトコヱ》《キル》士《ヒト》張掄勧《スヽムト》二縁《ヲ》一上已

台《タイ》教《ノ》祖《ソ》師山陰《インノ》慶文法師云《ク》良《マコトニ》由《ルカ》下仏名《ハ》従《リ》二真応《ノ》身一而《シテ》建立《セルカ》故《ニ》従《リ》二慈悲海一而《シテ》建立《セルカ》故《ニ》従二誓願海一而《シテ》建立《セルカ》故《ニ》従智慧海一而《シテ》建立《セルカ》故《ニ》従二法門海一而《シテ》建立《セルニ》上故《ニ》若《シ》但専《ラ》称《スルハ》二一仏《ノ》名号《ヲ》一則《チ》是具《ニ》称《スルナリ》二諸仏《ノ》名号《ヲ》一功徳无量《ナレハ》能《ク》滅《ス》二罪鄣《ヲ》一能《ク》生《ス》二浄土《ニ》一何《ソ》必生《セム》二疑《ヲ》一乎《ヤト》上已

律宗《ノ》祖師元照《ノ》云況《イハンヤ》我仏《ケ》大慈開《シテ》二示浄土《ヲ》一慇《オン》懃《コンニ》勧嘱《スヽメツケテ》《シタマヘリ》偏《ネク》諸大乗《ヲ》目《ユ》見《ミ》耳《ニ》聞《テ》特《コトニ》生《シテ》二疑謗《ヲ》一自《ミツカラ》甘《アマク》沈溺《ニヤクシテ》《オホル》不《ス》三慕《ネカハ》二超昇《ヲ》一如来説《テ》為《ニシタマヘリ》四可《キ》二憐《レン》《アワレミアワレム》憫《ヒンス》一者《ノ》、三良《マコトニ》由《テナリ》五不《ルニ》四知《ラ》三此法《ノ》特《ヒトリ》《コトニ》異《ナルコトヲ》一常途《ニ》《ミチ》一不三択《エラハ》二賢《カシコシ》愚《ヲ》一不三簡《ハ》二緇《シ》《クロク》《ソウナリ》素《ソヲ》《シロシ》《ヲトコナリ》一不三論二修行《ノ》久近《ヲ》一不《ス》三問二造罪《ノ》重軽《ヲ》一但令《シムト》下決定《ノ》信心即《チ》是《レ》往生《ノ》因種《ナラ》上上已

又云今浄土《ノ》諸経《ニ》並《ナラヒニ》不《ス》三言《ハ》二魔《ヲ》一即知《ヌ》此法《ニ》無《コト》二魔一明《ケシト》矣山陰《ノ》慶文法師《ノ》正信法門《ニ》弁《スルコトヲ》《ワキマウ》二之《ヲ》一甚《タ》

詳《ツマヒラカナリ》　今為ニ具ニ引テ二彼ノ問ヲ一曰ク或有テ二人一云ク臨終ニ見《タテマツリ》三仏菩薩ノ放チ二光ヲ一持シタマヘルヲ二台ヲ一天楽異香来迎往生スト並ニ是魔事ナリ此ノ説如何ソヤ答曰有リ下依テ二首楞《イツクシ》厳《イツクシ》ニ一修中習《シウスルコト》三昧ヲ上或ハ発二動スル陰魔ヲ一有下依テ二摩訶衍論ニ一修中習コト三昧ヲ上或発二動ス外魔ヲ一魔謂二天魔一也有リ下依テ二止観論ニ一修中習三昧ヲ上或発二動ス時魅《ミ》《カクキ》ヲ一此等ラ並ニ是修スル二禅定ヲ一人約《ヤクシテ》《ヨル》二其ノ自力ニ一先ツ有リ二魔種一被《カフル》カ二定テ撃《キヤク》《ウツ》ヲ一発ス故ニ現ス二此ノ事ヲ一儻《モシ》能ク明ニ識《シリテ》各用レハ二対治ヲ一即能除《ノソク》遣《ケンセシムシ》《ツカハス》若作セハ二聖ノ解《サトリ》ヲ一皆被《カフルナリト》二魔鄣ヲ一上明ス二此方ノ入道ヲ一則発ス二魔事ヲ一　今約《ヤクスルニ》《ツク》二所修ノ念仏三昧ニ一乃シ憑《タノム》二仏力ヲ一如シ下近《ケハ》二帝王ニ一無キカ中敢《アエテ》于犯《オカスモノ》上蓋《ケタシ》由《テナリ》下阿弥陀仏有《マシマスニ》中大慈悲力大誓願力大智慧力大三昧力大威神力大摧《サイ》《クタク》邪力大降魔力天眼遠《オン》見力天耳遙《エウ》聞力他心徹《テチ》《トヲリ》鑒《カン》《カヽム》力光明偏照摂取衆生力上有《マシマス》下如キ二是ラノ一等不可思議功徳之力上豈《アニ》不ラム五能ハ四護二持シテ念仏之人ヲ一至マテ二臨終ノ時ニ一令ルコトラ三無二鄣礙《ケ》《サワリ》一邪ヤ若シ不ス三為《ナサ》二護持ヲ一者ハ則慈悲力何ソ在《マシマサム》シ若不ス四能三除コト二魔鄣ヲ一者ハ智慧力三昧力威神力摧邪力降魔力復何ソ在《マサムヤ》邪若シ不三能スシテ二鑒《カン》《カヽム》察《サチスルコト》《カヽム》一被《カフラ》三魔為《ナスコトヲ》二鄣一者ハ天眼遠見力天耳遙聞力他心徹鑒力復何ソ在《マサムヤ》邪経云阿弥陀仏ノ相好ノ光明偏ク照ス二十方世界ヲ一念仏ノ衆生《オハ》摂取シテ不《スト》二捨《タマハシ》一若シ謂ハ三念仏シテ臨終ニ被《フルト》二魔鄣ヲ一者ハ光明偏照摂取衆生力復何ソ在ムヤ邪況《イハンヤ》念仏ノ人ノ臨終ノ感《カム》《カヽム》相出タリ三自リ二衆経一皆是仏ノ言《ミコトナリ》何ソ得ム三貶《ヘンシテ》《ヲトシム》為《スルコトヲ》二魔境《サカイ》ト一乎ヤ今為ニ決二破ス邪疑ヲ一当ニ生ス《シト》三正信ヲ一已上彼文

又云元昭律師弥陀経義文一乗ノ極唱《シヤウ》《トナフ》終帰ヲ咸《コトヽク》指ス三於ニ楽邦《ハウ》《クニ》ニ万行ノ円修最勝ヲ独リ推《ユツル》三於二果号ニ一良トニ以テ従リ二因一建《タツ》願ヲ一秉《トリ》志ヲ一躬《キワメ》行ヲ一歴《ヘ》二塵《チン》点《テン》《シルス》劫ヲ一懐《イタケリ》二済《サイ》《タスク》衆之仁ヲ一無シ三芥《ケ》子ノ地モ非ルコト二捨身之処ニ一悲智六度摂化シテ以テ無シ二遺《ノコスコト》一内外ノ両財随《シタカフ》二求ニテ一而必応ス機ト与トニ縁《エン》熟《シユクシ》行満シ功成リ一時ニ円ニ証ス三於二三身一万徳捴《スヘテ》彰《アラハルト》三於二四字一已上

又云況《イハンヤ》我カ弥陀ハ以テ名ヲ一接《シタマフ》物ヲ一是以《コヲテ》耳ニ聞キ、口ニ誦《スルニ》《ヨム》无辺ノ聖徳攬《ラン》《トル》《ミルト》二入ス識心ニ一永ク為《ナリテ》二仏種ト一頓《トシ》《ニワカニ》ニ除キ二億劫ノ重罪ヲ一獲《クキヤク》《ウル》二証《カナウ》ス无上菩提ヲ一信《トニ》知ヌ非ス二少善根ニ一是多功徳也ト已上又云正念中ニ凡人ノ臨終ハ識神無ニ主ニ善悪ノ業種無三不ニ発現セ一或ハ起シニ悪念ヲ一或ハ起シニ邪見ヲ一或ハ生シニ繋《ツナク》恋《レンヲ》一或ハ発《セム》ニ猖狂《シヤウクワウ》悪相ヲ一非三一皆名ニ顛倒《クルニ》一因一前ニ誦《シユシテ》ニ仏ヲ一罪滅シ郭リ除コリ浄業内ニ熏シ慈光外ニ摂シテ脱《ヌカレ》ニ苦ヲ一得ニ楽ヲ一一刹那ノ間ナリ下ノ文ニ勧ムニ生ヲ一其ノ利在リトニ此一上已

天竺寺遵式

慈雲法師ノ云唯安養ノ浄業捷《セチ》真ナリ可シニ修ス一若シ有テニ四衆一欲ハ下復タ速ヤカニ破シニ无明ヲ一永ク滅セムト中五逆十悪重軽等ノ罪ヲ上当ニ修スニ此法ヲ一欲ハ下得エシメ二大小ノ戒体遠ク復清浄ナルコトヲ一得エシメ二念仏三昧ヲ一成中就セムト菩薩ノ諸波羅蜜ヲ上当ニ学スニ此法ヲ一欲ハ下得ニ臨終ニ離レシメニ諸ノ怖畏《オソレ》ヲ一身心安快ニシテ衆聖現前シ授手接引セラル、コトヲ一初メテ離レテニ塵労ヲ一便チ至リニ不退ニ一不スシテ三歴ヘニ長劫ヲ一即チ得ムト中无生ヲ上当ニ学スニ此法等ヲ一古賢《カシコシ》ノ法語能ク無ニ従《シタカフコトヤ》一乎已上五門略ニ標《ヘウス》綱要《カウ》ヲ自余ハ不スニ尽《ツクサ》一委《クワシク》ハ在リニ釈文ニ一按スルニ開元ノ蔵録ヲ一此ノ経凡ソ有リニ両訳一前本ハ已ニ亡シヌ今ノ本ハ乃チ畺《キヤウ》良邪舎ノ訳ナリ僧伝ニ云ク畺良邪舎此ニハ云フニ時称ト一宋ノ元嘉ノ初メニ建ハシメタリ三ニ京邑《キヤウオウ》ニ文帝ノ

遵式也

「慈雲讃云了義ノ中ノ了義ナリ円頓ノ中ノ円頓ナリト上已

元照律師也

「大智唱《トナヘテ》云円頓一乗ナリ純一ニシテ無シト二雑サウ一上已

元照之弟子也

「律宗ノ戒度ノ云仏名ハ乃チ是レ積劫ニ薫修シテ攬《トル》ニ其ノ万徳ヲ一総ヘテ彰ルニ四字ニ一是ノ故ニ称スルニ之ヲ一獲ウルコト益ヲ一非スト浅キニ一上已

元照之弟子也

「律宗ノ用欽《ヨウキム》ノ云今若シ以テニ我カ心ニ一口ニ称スレハニ念ヲ一一仏ノ嘉《ヨキ》号ヲ則チ従リニ因一至マテニ果ニ一无量ノ功徳无シト三不ルコト二具足セ一上已

「又云一切諸仏歴テニ微塵劫ヲ一了シテニ悟実相ヲ一不ルカエニ得ニ一切ヲ一故ニ発シテニ无相ノ大願ヲ一修スルニシ无ニ住ルコト二妙行ニ一証スルニシ无シニ得コト一菩提ヲ一住スルニス非三荘ニ厳スルニ国土ヲ一現スルニ無キカ二神通一之神通ヲ一故ニ舌相ヲ遍《アマネクシテ》ニ於大千ニ一示《シメス》ニ无説之説ヲ一故ニ勧ニ信セシム是ノ経ヲ一豈《アニ》容《ヘケム》ニ心ニ思ヒ口ニ議《ハカルヤ》ニ邪私《ワタクシニ》ク謂ク諸仏ノ不思議ノ功徳須臾ニ収《オサム》ニ弥陀ノ二報荘厳ニ一持名ノ行法ハ彼ノ諸仏ノ

杙

中ニ亦須クム四取ニ於ニ弥陀ヲ一也ト上已

三論《ノ》祖師嘉《ヨシ》祥《シヤウノ》《ツハヒラカナリ》云問《フ》念仏三昧《ハ》何《ニ》因《テカ》能《ク》得《ル》五滅《コトヲ》四如《キ》二此《ノ》一多罪《ヲ》三邪《ヤト》解《ケシテ》《サトス》云仏《ニ》有《イマス》二无量《ノ》功徳一念《スルカ》二
仏《ノ》无量《ノ》功徳《ヲ》一故《ニ》得《エシムト》三滅《コトヲ》二无量《ノ》罪《ヲ》一已上
法相《ノ》祖師法位《ノ》云諸仏《ハ》皆徳《ヲ》施《ス》《ホトコス》二名《ニ》一称《スルハ》名《ヲ》一即称《スルナリ》二徳《ヲ》一徳能《ク》滅《シ》罪《ヲ》一生《ス》福《ヲ》一名《モ》亦如《シ》是《ノ》一若《シ》信《レハ》二仏
名《ヲ》一能《ク》生《シ》二善《ヲ》一滅《スルコトヲ》悪《ヲ》一決定《シテ》無《シ》二疑《ヒ》一称名往生此有《ラムヤトノ》二何惑《マトイカ》一已上
禅宗《ノ》飛錫《シヤクノ》云念仏三昧《ノ》善之《コレ》最上《ナリ》万行《ノ》元《ハシメ》首《ナルカ》《カウヘ》故《ニ》曰《フト》二三昧王《ト》一焉已上
往生要集《ニ》云《ク》雙《サウ》《ナラフ》巻経《ノ》三輩《ハイ》《トモカラ》之業雖《モ》三有《ト》二浅深《ルニ》一然通《シテ》皆云《ヘリ》二一向専念无量寿仏《ト》一三《ニ》四十八願《ノ》
中《ニ》於《テ》二念仏門《ニ》一別《シテ》発《シテ》二一《ノ》願《ヲ》一云《ハク》乃至十念若不生者不取正覚《ト》四《ニ》観経《ニハ》極重《ノ》悪人无《シ》二他《ノ》方便一唯
称《シテ》二弥陀《ヲ》一得《ウト》三生《ヲ》二極楽《ニ》一已上
又云応《シ》三依《ル》二心地観経《ノ》六種《ノ》功徳《ニ》一一《ニハ》无上大功徳田二《ニハ》无上大恩徳三《ニハ》无足《タル》二足及《ヒ》以多
足衆生《ノ》中《ノ》尊《ナリ》四《ニ》極《テ》難《キコト》二値《チ》《アイ》遇《クシ》一如《シ》二優曇華《ノ》一五《ニ》独《リ》出《タマフ》二三千大千界《ニ》一六《ニ》世出世間《ノ》功徳円満義《セリ》依《ル》下
具《ツフサニ》如《キ》二此《ノ》一等《ラノ》六種《ノ》功徳《ニ》上常《ニ》能《ク》利二益《シタマフト》一切衆生《ヲ》一已上
依《テ》二此《ノ》六種《ノ》功徳《ニ》一信和尚《ノ》云《ク》一《ニハ》応《シ》念《ス》二一称南无仏皆已成仏道《ノ》故《ニ》我《レ》帰《シ》二命礼《シタテマツル》无上功徳
田《ヲ》一二《ニ》応《シ》念《ス》一慈眼《ヲモテ》視《ミソナハスコト》二衆生《ヲ》平等《ニシテ》如《シ》二一子《ノ》一故《ニ》我《レ》帰《シ》二命礼《シタテマツル》極大慈悲母《ヲ》一三《ニ》応《シ》念《ス》二十方《ノ》諸大
士恭《シタテマツルカ》二敬弥陀尊《ヲ》一故《ユヘニ》我《レ》帰《シ》二命礼《シタテマツル》无上両足尊《ヲ》一四《ニ》応《シ》念《ス》二一《タヒ》得《コト》三聞《コトヲ》二仏名《ヲ》一過《キタリ》三於《ヨリモ》二優曇華一故《ニ》
我《レ》帰《シ》二命礼《シタテマツル》極難値遇者《ヲ》一五《ニ》応《シ》念《ス》二一百倶胝《テイ》界《ニハ》二尊不《ス》二竝《ナランテ》《ヒヤウ》出《テタマハ》一故《ニ》我帰《シ》二命礼《シタテマツル》希有大
法王《ヲ》一六《ニ》応《シ》念《ス》一仏法衆徳海《ハ》三世同《シク》一體《ナリ》故《ニ》我《レ》帰《シ》二命礼《シタテマツルト》円融《ユ》万徳尊《ヲ》一已上
又云波利質《シチ》多樹《ノ》華《ナ》一日薫《スルニ》二衣《ニ》一瞻《セン》《ミル》蔔《フク》華波師迦華雖《モ》二千歳薫《スト》一所《ナリ》四不《ル》三能《ハ》二及《フコト》一已上

又云如シ下一斤《コン》ノ石汁《シフ》能ク変シテ二千斤ノ銅《アカカネ》ヲ一為ナスト二金ト一雪山ニ有リ草一名テ為ス二忍辱ト一牛シ若シ食スレハ者即得ウ二醍醐《タイコ》ヲ一月利沙見レハ二昴《ハウ》星《セイ》ヲ一則出スカ中菓《ハナ》実ヲ上 已上

選択本願念仏集ニ 源空集 云ク南无阿弥陀仏 往生之業ハ念仏ヲ為ス二本ト一

又云ク夫レ速カニ欲ハ三離ムト二生死ヲ一二種ノ勝法ノ中ニ且《シハラク》閣《サシオキテ》二聖道門ヲ一選テ入レ二浄土門ニ一欲ハ三入ムト二浄土門ニ一正雑二行ノ中ニ且ク抛《ナケウテ》、諸ノ雑行ヲ一選テ応シ三帰ス二正行ニ一欲ハ四修セムト三於二正行一正助二業ノ中ニ猶《ナホ》傍《カタワラニシテ》三於二助業一選テ応シ三専ラス二正定ヲ一正定之業トハ者即是称スルナリ二仏ノ名ヲ一称名ハ必得ウ二生ヲ一依ルカ二仏ノ本願ニ一故ニト 已上

明ニ知ヌ是非ス二凡聖自力之行ニ一故ニ名ル二不回向之行ト一也大小聖人重軽悪人皆ナ同シク斉《ヒトシク》応シ下帰シテ二選択大宝海ニ一念仏成仏ス上

是ヲ以テ論註曰ク彼ノ安楽国土ハ莫ナシ四非コト三阿弥陀如来ノ正覚浄華之所ニ二化生スル一同一ニ念仏シテ无キカ二別ノ道一故ニトノタマヘリ 已上

尒者ハ獲ウレ二真実ノ行信ヲ一者ハ心ニ多キカ二歓喜一故ニ是ヲ名ク二歓喜地ト一是ヲ喩ルコト二初果ニ一者ハ初果ノ聖者尚《ナホ》睡眠シ懶《ラ》墮《タ》ナレトモ不ス三至ラ二二十九有ニ一何カニ況ハンヤ十方群生海帰二命スレノ斯行信ニ一者ハ摂取シテ不ス二捨テタマハ一故ニ名ツルト二阿弥陀仏ト一是ヲ曰フ二他力ト一是以テ竜樹大士ハ曰ヘリ二即時入必定ト一曇鸞大師ハ云ヘリ二入正定聚之数ト一仰テ可シ三憑タノム二斯ヲ一専ラ可キ三行ス二斯ヲ一也

良トニ知ヌ无マシマサスハ二徳号ノ慈父一能生ノ因闕《カケナム》《クエチ》无マシマサスハ二光明ノ悲母一所生ノ縁乖《ソムキナム》能所ノ因縁雖モ三可ト二和合ス一非スハ二信心ノ業識ニ一无シ三到コト二光明土ニ一真実信ノ業識斯レ則為ス二内因ト一光明名ノ父母斯則為ス二外縁ト一内外因縁和合シテ得二証ス報土ノ真身ヲ一故ニ宗師ハ言ヘリ二以テ光明名号ヲ一摂二化十方ヲ一但使ムト二信心求念セ一又云ヘリ二念仏成仏是真宗ト一又云ルオ三真宗叵《カタシト》二遇一也ヤ可シトル知一

「凡《ソ》就《イテ》二往相回向《ノ》行信《ニ》一行《ニ》則有《リ》二一念一亦信《ニ》有《リ》二一念一言二行之一念《ト》一者《ハ》謂《ワク》就《テ》二称名《ノ》偏数《ニ》一顕二開《ス》選択易行《ノ》至極《ヲ》一故《ニ》大本《ニ》言《ク》仏語《リタマハク》二弥勒《ニ》一其《レ》有《ラム》下得《テ》三聞《ヲ》二彼《ノ》仏《ノ》名号《ヲ》一歓喜踊躍《シテ》乃至一念《セムコト》上当《ニ》《シ》知《ル》一此《ノ》人《ハ》為《ス》三得《ト》二大利《ヲ》一則《チ》是具二足《スルナリト》无上《ノ》功徳《ヲ》一上已

光明寺《ノ》和尚《ハ》云《ヘリ》二下至一念《ト》一又云《ヘリ》二一声一念《ト》一又云《ヘリト》二専心専念《ト》一上已

智昇師《ノ》集諸経礼懺儀《ノ》下巻《ニ》云《ク》深心《ハ》即是真実《ノ》信心《ナリ》信下知《ス》自身是具二足《セル》煩悩《ヲ》一凡夫善根薄少《ニシテ》流二転《シテ》三界《ニ》一不上三出《テ》二火宅《ヲ》一今《マ》信下知《シテ》弥陀《ノ》本弘誓願《ハ》及《オヨフマテ》二称《コト》二名号《ヲ》一下至十声聞等《ニ》一定《テ》得《シムト》中往生《ヲ》上及《マテ》三至《ニ》二一念《ニ》一无《シ》三有《コト》二疑心一故《ニ》名《ク》二深心《ト》一上已

経《ニ》言《ヒ》二乃至《ト》一釈《ニ》曰《ヘリ》二下至《ト》一乃下其《ノ》言《ハ》雖《モ》二異《ナリト》一其《ノ》意惟《コレ》一也復乃至《トハ》者一多包《ハウ》《カヌ》容《ヨウ》《イル、》之言《コトハナリ》言《フ》二大利《ト》一者《ハ》対《セル》二小利《ニ》一之言《ハナリ》言二无上《ト》一者《ハ》対《セル》二有上《ニ》一之言也信《マコトニ》知《ヌ》大利无上者《ハ》一乗真実之利益也小利有上者《ハ》則是八万四千《ノ》仮《カリ》門也釈《ニ》云《ヘル》二専心《ト》一者《ハ》即一心《ナリ》形《アラハス》三无《トヲ》二二心一也云《ヘル》二専念《ト》一者《ハ》即一行《ナリ》形《ハス》三无《キコトヲ》二二行一也今弥勒付嘱之一念《ハ》即是一声《ナリ》一声即是一念《ナリ》一念即是一行《ナリ》一行即是正行《ナリ》正行即是正業《ナリ》正業即是正念《ナリ》正念即是念仏《ナリ》則是南无阿弥陀仏也

爾《レ》者《ハ》乗《シテ》二大悲《ノ》願船《ニ》一浮《フ》《ウカヒヌレハ》二光明《ノ》広海《ニ》一至徳《ノ》風静《シツカニ》衆禍《クワノ》《ワサワイ》波転《ス》即《チ》破《シ》二无明《ノ》闇《ヲ》一速《ヤカニ》到《テ》二无量光明土《ニ》一証《ス》二大般涅槃《ヲ》一遵《シタカフ》《シユン》普賢之徳《ニ》一也可《シ》知《トル》一

安楽集《ニ》云《ク》十念相続《ト》者《ハ》是聖者《ノ》一《ノ》数《ス》之名《ナ》耳《ナラクノミ》即能《ク》積《ツミ》二念《ヲ》一凝《コラシテ》二思《ヲ》一不三縁《レハセ》二他事《ヲ》一使《メテ》二業道成弁《セ》《スナハチ》一便《スナハチ》罷《ヤミヌ》亦不《レト》三労《イタハシク》記《セ》二之《ヲ》頭《ハシ》数《ヲ》一也

又云《ク》若《シ》久行《ノ》人《ノ》念《ハ》多《ク》応《シ》三依《ル》二此《ニ》一若始《シ》《ハシメ》行《ノ》人《ノ》念者《ハ》記《スル》二数《ヲ》一亦好《ヨシ》此亦依《ルナリト》聖教《ニ》一上已

斯乃顕真実行明証誠知選択摂取之本願超世希有之勝行円融真妙之正法至極无导之大行也可知

「言他力者如来本願力也

論曰言本願力者示大菩薩於法身中常在三昧而現種種身種種神通種種説法皆以本願力起譬如阿修羅琴雖无鼓《ウツ》者而音曲自然是名教化地第五功徳相乃至菩薩入四種門自利行成就応知成就者謂自利満足也応知者謂応知由自利故則能利他非是不能自利而能利他也菩薩出第五門廻向利益他行成就応知成就者謂以回向因証教化地果若因若果无有一事不能利他也応知者謂応知由利他故則能自利非是不能利他而能自利也菩薩如是修五門行自利利他速得成就阿耨多羅三藐三菩提故仏所得法名為阿耨多羅三藐三菩提以得此菩提故名為仏今言速得阿耨多羅三藐三菩提是得早作仏也阿名无耨多羅名上三藐名正三名徧《アマネシ》菩提名道統而訳之名為无上正徧道无上者言此道窮理尽性更无過者何以言之以正故正者聖智也如法相而知故称為正智法性无相故聖智无知也徧有二種一者聖心徧知一切法二者法身徧満法界若身若心无不徧也道者无导道也経言十方无导人一道出生死一道者一无导道也无导者謂知生死即是涅槃如是等入不二法門无导相也問曰有何因縁言速得成就阿耨多羅三藐三菩提答曰論言修五門行以自利利他成就故然覈《アキラカ》求其本阿弥陀如来為増上縁他利之与利他談有

チカシ　セハシ カキル　古玉反　局 キヨク反 コク反 字

左右若《シ》自《オノツカラ》仏《ヲ》而《シテ》言《ハ、》宜《ヨロシク》言《フ》利他《ト》自《オノツカラ》衆生《ヲ》而《シテ》言《ハ、》宜《シク》言《フ》他利《ト》今将《ユ》談《セムト》仏力《ヲ》是《ノ》故《ニ》以《テ》利他言《フ》之《ヲ》当《ニ》知《ル》此意也凡《ソ》是《レ》生《ルト》彼《ノ》浄土《ニ》及彼《ノ》菩薩人天《ノ》所起《ノ》諸行《ハ》皆縁《ヨルカ》阿弥陀如来《ノ》本願力《ニ》故《ニ》何《ヲ》以《テ》言《ハ、》之《ヲ》若非《スハ》仏力《ニ》四十八願便《チ》是徒設《イタツラニマウケタマヘラム》今的《ヒトシクテ》取三願《ヲ》用《テ》証《セム》義《ノ》意《ヲ》願言《ハク》設我得《ラムニ》仏《ヲ》十方《ノ》衆生至《シ》心信楽《シテ》欲《フテ》生《ト》我国《ニ》乃至十念若《セムシ》不《ス》生者《ハ》不《シト》取正覚《ヲ》唯除《クト》五逆誹謗正法《トオハ》縁《カ》仏願力《ニ》故《ニ》十念念仏《シテ》便得《ウ》往生《ヲ》得《カ》往生《ヲ》故《ニ》即勉《マヌカル》三界輪転之事《ヲ》无輪転《ニ》故《ニ》所以《コノユヘニ》得《ル》速《コトヲ》一《ノ》証也願言設我得《ラムニ》仏《ヲ》国《ノ》中《ウチノ》人天不《ス》住《シ》定聚《ニ》必至《ラ》滅度《ニ》者《ハ》不《シト》取正覚《ヲ》縁《カ》仏願力《ニ》故《ニ》住《セム》正定聚《ニ》住《セルカ》正定聚《ニ》故《ニ》必至《ラム》滅度《ニ》无《シ》諸《ノ》回伏《フク》之難所以《コノユヘニ》得《ル》速《コトヲ》二《ノ》証也願言設我得《ラムニ》仏《ヲ》他方仏土《ノ》諸《ノ》菩薩衆来生《シテ》我国《ニ》究竟《シテ》必至《ラシメム》一生補処《ニ》除《ク》其《ノ》本願《ノ》自在《ノ》所化為《ノ》衆生《ノ》故《ニ》被《キテ》弘誓《ノ》鎧《カイヲ》積累《シ》徳本《ヲ》度脱《シテ》一切《ヲ》遊《ヒ》諸仏《ノ》国《ニ》修《シテ》菩薩《ノ》行《ヲ》供養《シ》十方諸仏如来《ヲ》開化《シテ》恒砂无量《ノ》衆生《ヲ》使《メムオハ》立《セ》无上正真之道《ヲ》超出《シ》常倫《ニ》諸地之行現前《シ》修習《セム》普賢之徳《ヲ》若《シ》不《ス》爾《ラ》者《ハ》不《シト》取《ラ》正覚《ヲ》縁《カ》仏願力《ニ》故《ニ》超出《シ》常倫《ニ》諸地之行現前《シ》修習《セム》普賢之徳《ヲ》以《ノ》超出《シ》常倫《ニ》諸地之行現前《スルヲ》故《ニ》所以《コノユヘニ》得《ル》速《ヲ》三《ノ》証也以《テ》斯而推《スルニ》他力《ヲ》為《ス》増上縁《ト》得《ム》不《ルコトヲ》然《ラ》乎《ヤ》当《ニ》復引《テ》例《レイヲ》示《シメス》自力他力《ノ》相《ヲ》如《シ》人畏《オソルルカ》三塗《ヲ》故《ニ》受持《ス》禁《キム》戒《ヲ》受持《スルカ》禁戒《ヲ》故《ニ》能《ク》修《ス》禅定《ヲ》以《ノ》修《ヲ》禅定《ヲ》故《ニ》修習《シフス》神通《ヲ》以《ノ》神通《ヲ》故《ニ》能《ク》遊《カ》四天下《ニ》如《キ》是《ノ》等《ラヲ》名《テ》為《ス》自力《ト》又如《シ》劣《レチ》夫《ノ》跨《マタカテ》驢《ロニ》不《レトモ》上《ノホラ》従《シタカヘハ》転輪王《ノ》行《クニ》便乗《シテ》虚空《ニ》遊《フニ》四天下《ニ》无《キカ》所《ロ》鄣礙《スル》如《キ》是《ノ》等《ラヲ》名《テ》為《ス》他力《ト》愚《ナルカナ》哉後之学者聞《テ》他力《ノ》可《キヲ》乗《ス》当《ニ》生《ス》信心《ヲ》勿《レト》自《ミツカラ》局《キヨク》分《スルコト》也已上

元照律師《ノ》云《ク》或《ハ》於《シテ》此方《ニ》破《シ》惑《ヲ》証《スレハ》真《ヲ》則運《ハコフカ》自力《ヲ》故《ニ》談《ス》大小《ノ》諸経《ニ》或《ハ》往《テ》他方《ニ》聞《キ、》法《ヲ》悟《ルハ》道《ヲ》須《ク》憑《タノム》他力《ヲ》故《ニ》説《ク》往生浄土《ヲ》彼此雖《モ》異《ナリト》莫《シ》非《ルコト》方便《ニ》令《メムトナリト》悟自心《ヲ》已上

言一乗海《ト》者《ハ》一乗者《ハ》大乗《ナリ》大乗者《ハ》仏乗《ナリ》得《ル》二一乗《ヲ》一者《ハ》得《ルナリ》二阿耨多羅三藐三菩提《ヲ》一阿耨菩提者《ハ》即是涅槃界《ナリ》涅槃界者《ハ》即是究竟法身《ナリ》得二究竟法身《ヲ》一者《ハ》則究二竟《スルナリ》一乗《ヲ》一无《マシマサ》二異《コト》如来一无《マシマサ》二異《コト》法身一如来《ハ》即法身《ナリ》究二竟《スル》一乗《ヲ》一者《ハ》即是无辺不断《ナリ》大乗《ハ》无《シ》三有《コト》二二乗三乗二乗三乗者《ハ》入《ラシメムトナリ》三於二一乗一一乗者《ハ》即第一義乗《ナリ》唯是誓願一仏乗也

涅槃経《ニ》言善男子実諦者《ハ》名《テ》曰大乗《ト》非《ル》二大乗一者《ハ》不《ス》三名二実諦《ト》一善男子実諦者《ハ》是仏《ノ》所説《ナリ》非《ス》二魔《ノ》所説《ニ》一若是魔説《ハ》非《レ》二仏説《ニ》一不《ス》三名二実諦《ト》一善男子実諦者《ハ》一道清《ニシテ》浄《ニシテ》无《シ》三有《コト》二二一也上已

又言云何《ソカ》菩薩信二順《スル》一実《ニ》一菩薩《ハ》了三知《スルナリ》一切衆生《ヲシテ》皆帰《セシムト》二一道《ニ》一一道者《ハ》謂《ク》大乗也諸仏菩薩為《ノ》二衆生《ノ》一故《ニ》分《テ》之《ヲ》為《ス》三三《ト》一是《ノ》故《ニ》菩薩信二順《スト》不逆《ニ》一上已

又言《ク》善男子畢竟有《リ》二二種一一者《ハ》荘厳畢竟二者究竟畢竟《ナリ》一者《ハ》世間畢竟二者出世畢竟《ナリ》荘厳畢竟者《ハ》六波羅蜜《ナリ》究竟畢竟者《ハ》一切衆生所《ノ》得《ル》一乗《ナリ》一乗者《ハ》名《テ》為《ス》仏性《ト》以《ノ》是《ノ》義《ヲ》故《ニ》我説《クナリ》二一切衆生悉有仏性《ト》一一切衆生悉《ク》有《リ》二一乗一以《ノ》二无明覆《ヘルヲ》一故《ニ》不《スト》四能《ハ》三得《ト》二見《コトヲ》一上已

又言《ハク》云何《カ》為《スル》一《ト》一一切衆生悉《ク》一乗《ナルカ》故《ニ》云何《イカンカ》非《ナル》一説《クカ》三乗《ヲ》故《ニ》云何《ソンカ》非一非非一《ナル》无数《ノ》法《ナルカ》故《ヘナリト》上已

華厳経言文殊《ノ》法《ハ》常《ニ》爾《シカナリ》法王《ハ》唯一法《ナリ》一切无导人一道《ヨリ》出《テタマヘリ》二生死《ヲ》一一切諸仏《ノ》身唯是一法身《ナリ》一心一智慧《ナリ》力无畏《モ》亦然《ナリト》上已

爾者《ハ》斯《レ》等《ノ》覚悟《サトリ》《ハ》皆《ナ》以《テ》安養浄刹之大利仏願難思之至徳也

言二海一者《ハ》従《リ》二久遠《ヨリ》已《コノカタ》来転《シ》二凡聖所修《ノ》雑修雑善《ノ》川水《ヲ》一転《シテ》二逆謗闡提恒沙无明《ノ》海水《ヲ》一成《ル》二本願

大悲智慧真実恒沙万徳ノ大宝海水ト一喩ル三之ヲ如キニ二海ノ一也。良トニ知ヌ如シ四経ニ説テ言ヘルカ三煩悩ノ氷リ解《トケテ》成ルト二功徳ノ水ト一上已

願海者ハ不ス三宿《ヤトサ》二二乗雑善ノ中下ノ屍骸《カハネ》ヲ一何ニ況ヤ宿ム二人天ノ虚仮邪偽《イツワル》ノ善業雑毒雑心ノ屍骸ヲ一乎ヤ

故ニ大本ニ言ク声聞或ハ菩薩莫シ三能ク究《コト》二聖心ヲ一譬ハ如シ下従《ヨリ》二生《ムマレテ》一盲《メシヒタルモノヽ》、欲《ハムカ》下行《ユイテ》開中導《セムト》人ヲ上如来ノ智慧海ハ深広ニシテ无ニ涯底二乗ノ非ス三所ニ二測《ハカル》一唯仏ノミ独リ明ニ了《リタマヘリト》上已

浄土論ニ曰ク何ニ者カ荘厳不虚作住持功徳成就偈ニ言ヘリ二観ニ仏本願力ヲ一遇テ无ニ空ク過ル者一能令三速カニ満二足功徳ノ大宝海ノ一故ニト一不虚作住持功徳成就者ハ蓋《ケタシ》是レ阿弥陀如来ノ本願力也。今当ニ略シテ示シテ四虚空之相ヲ不ルヲ三能二住持ニ一用テ顕ス二彼ノ不虚作住持之義ヲ一乃至所ノ二言《イフ》一不虚作住持者ハ依ル下本ト法蔵菩薩ノ四十八願ト今日阿弥陀如来ノ自在神力トニ上願以テ成ス二力ヲ一力以テ就ク二願ニ一願不ス二徒《イタツラ》然ナラ一力不ス二虚設《マウク》ナラ一力願相イ府《カナフテ》畢竟シテス不ニ差《タカハ》一故ニ曰《イフ》二成就ト一

又曰ク海者ハ言《イフコヽロハ》仏ノ一切種智深広ニシテ无ニ涯《キシ》一不ス三宿《ヤトサ》二二乗雑善ノ中下ノ屍骸ヲ一喩ルカ三之ヲ如シトニ海ノ一是ノ故ニ言ヘリ二天人不動衆清浄智海生ト一不動者ハ言《イフコヽロハ》彼ノ天人成ニ就シテ大乗根ヲ一不ルヲ三可ラ二傾動ス一也ト上已

光明師云我依ル二菩薩蔵頓教ト一乗海トニ一

又云瓔珞経ノ中ニハ説ケリ二漸教ヲ一万劫修シテ二功ヲ一証ス二不退ヲ一観経弥陀経等ノ説ハ即是頓教ナリ菩提蔵ナリト上已

楽邦文類ニ云ク宗釈禅師ノ云ク睘《クワン反》丹《タンノ》一粒《リフハ》変シテ二鉄ヲ一成ス二金ト一真理ノ一言ハ転シテ二悪業ヲ一成ス二善業ト一上已

然ニ就テ二教ニ一念仏諸善比挍《ケウ》《タクラフ》対論スルニ有リ下難易対《ムカウ》頓《タチマチ》漸《ヤウヤク》対横竪《タヽサマ》対超渉《セウ》《ヤウヤク》対順逆《サカサマ》対大小対多少対勝劣《オトル》対親踈《ソ》《ウトキ》対近《チカシ》遠対深浅《アサシ》対強《カウ》弱《コハクヨハシ》対重軽《カロシ》対広狭《ケウ》《セハシ》対純《モハラ》雑対径《スヽナリ》汚《ウ》《メクル》対捷《セフ》《トシ》遅《チ》《ワツシ》対通《カヨウ》別《ワカツ》対不退退《シリソク》対直《マサシク》弁《ワキマウ》因《チナミ》明対名号定散対理尽《コトハリツクス》非理尽対勧《スヽム》無勧対無間《ヒマ》間対断《タツ》不断対相

続《ツク》不続対无上有上対上上下下対思不思議対因行果徳対自説他説対回不回向対護《マモル》不護対証不証対讃不讃対付《ツケ》嘱不嘱対了不了教対機《ハタモノ》堪カム《タヘタリ》不堪対選不選対真仮《カリナリ》対仏滅不滅対法滅利不利対自力他力対有願無願対摂不摂対入定聚不入対報化対斯ノ義如シ斯ノ然ニ按スルニ本願一乗海ヲ円融《トホル》満足《タル》極速《トシ》无导絶セチ対不二之教也

亦就テ機ニ対論スルニ有リ信疑対善悪対正邪対是非対実虚対真偽クヰ《イツワル》対浄穢対利《トシ》鈍《ニフシ》対奢《オソシ》促《トシ》対豪賤対明闇対斯ノ義如シ斯ノ然ニ按スルニ一乗海之機ヲ金剛ノ信心ハ絶対不二之機也可シ知ル

敬テ白《マフサク》一切往生人等ニ弘誓一乗海者ハ成就シタマヘリ无导无辺最《モトモ》勝深妙不可説不可称不可思議ノ至徳ヲ何ヲ以ノ故ニ誓願不可思議ナルカ故ニ悲願ハ喩ハ如シ太虚空ノ諸妙功徳広无辺ナルカ故ニ猶ナホ如シ大車キヨ反普ク能ク運載《ハコフノス》スルカ諸ノ凡聖ヲ故ニ猶如シ妙蓮華ノ不ルカ染《ソム》セラレ一切世間法ニ故ニ如シ善見薬王ノ能ク破カ一切煩悩ノ病ヲ故ニ猶如シ利剣ノ能ク断タツカ一切憍慢ノ鎧《カフト》カイヲ故ニ如シ勇《タケシ》将幢《ハタホコ》ノ能ク伏《シタカフ》スルカ一切諸魔軍ヲ故ニ猶如シ利鋸《ノコキリ》ニノ能ク截キルカ一切无明ノ樹ヲ故ニ猶如シ利斧《オノ》フノ能ク伐《ハチ》キルカ一切諸苦ノ枝ヲ故ニ如シ善知識ノ解トクカ一切生死ノ縛《シハル》ハクヲ故ニ猶如シ導師ノ善ク令ルカ知ラ凡夫出要ノ道ヲ故ニ猶如シ涌《ワク》ユ泉《イツミ》ノ出シテ智慧ノ水ヲ无キカ窮《キワメ》尽故ニ猶如シ蓮華ノ不ルカ染センセラレ一切諸ノ罪垢《アカ》ニ故ニ猶如シ疾《トキ》風ノ能ク散スルカ一切諸郭ノ霧《キリ》ヲ故ニ猶如シ好蜜ノ円満セルカ一切功徳ノ味ヲ故ニ猶如シ正道ノ令ルカ諸ノ群生ヲシテ入ラ智城《ミヤコ》ニ故ニ猶如シ磁石ノ吸スフカ本願ノ因ヲ故ニ如シ閻浮檀金ノ映エイ奪《カヽヤキウハフ》タツスルカ一切有為ノ善ヲ故ニ猶如シ伏蔵ノ能ク摂スルカ一切諸仏ノ法ヲ故ニ猶如シ大地ノ三世十方一切如来出生スルカ故ニ如シ日輪ノ光ノ破シテ一切凡愚ノ癡チ《オロカナリ》闇ヲ出生スルカ信楽ヲ故ニ猶如シ君王ノ勝出セルカ一切上乗人ニ故ニ猶如シ厳ケム《キヒシ》父ノ訓クン《オシヘ》導《ミチヒク》スルカ一切諸ノ凡聖ヲ故ニ猶ナホ如シ悲母ノ長生ルカ一切凡聖ノ報土真実ノ因ヲ故ニ猶如シ乳母ノ養育イクシ守《マモリ》護シタマフカ一切善悪ノ往生人ヲ故ニ猶如シ大地ノ能ク持ツカ一切ノ往生ヲ故ニ

猶如《シ》大水《ノ》能《ク》滌《スヽクカ》一切煩悩《ノ》垢《アカヲ》故《ニ》猶如《シ》大火《ノ》能《ク》焼《クカ》一切諸見《ノ》薪《タキヽヲ》故《ニ》猶如《シ》大風《ノ》普《ク》行《セシメテ》世間《ニ》无《キカ》所㝵《ル》故《ニ》能《ク》出《テ》三有繋縛《ツナキシハル》《ノ》城《ヲ》能《ク》閉《ツ》二十五有《ノ》門《ヲ》能《ク》得《エシメ》真実《ノ》報土《ヲ》能《ク》弁《ス》《ワキマフ》邪正《ノ》道路《ヲ》能《ク》竭《カワカシテ》《カチ》愚癡海《ヲ》能《ク》流《ニ》入《セシム》願海《ニ》乗《セシメテ》一切智船《ニ》浮《ウカフ》諸《ノ》群生海《ニ》円満《シ》福智蔵《ヲ》開顕《セシム》方便蔵《ヲ》良《ニ》可《シ》奉《ツカウ》《ウケタマハル》持《ス》特《コトニ》《ヒトリ》可《キ》頂戴《タイス》《イタヽキイタヽク》也

凡《ソ》就《テ》誓願《ニ》有《リ》真実《ノ》行信亦有《リ》方便《ノ》行信其《ノ》真実《ノ》行願者諸仏称名《ノ》願《ナリ》其《ノ》真実《ノ》信願者《ハ》至心信楽《ノ》願《ナリ》斯《レ》乃《チ》選択本願之行信也其《ノ》機者《ハ》則一切善悪大小凡愚也往生者《ハ》則難思議《ハカラウ》往生也仏土者《ハ》則報仏報土也斯《レ》乃《チ》誓願不可思議一実真如海《ナリ》大无量寿経之宗致《チ》《ムネ》他力真宗之正意也

是以《テ》為《ニ》知恩《メクム》報徳《ノ》披《ヒラキタルニ》宗師《ノ》釈《ヲ》言《ク》夫《レ》菩薩《ハ》帰《ス》仏《ニ》如《シ》孝子之帰《シ》父母《ニ》忠《コヽロサシ》臣之帰《シテ》《ヨリタノム》君后《コウニ》動静《シツカナリ》非《ス》己《オノレニ》出没必由《ユヘアルカ》知《テ》恩《ヲ》報《ス》徳《ヲ》理宜《ヨロシク》《ヘシ》先《ツ》啓《ケイス》《ヒラク》又所願不《ス》軽《カラ》若《シ》如来不《スハ》加《カシタマハ》威神《ヲ》将《サニ》《スル》何《ヲ》以《テカ》達《セムト》《サトル》乞《コウ》加《ス》《クワウ》神力《ヲ》所以《コノユヘニ》仰《テ》告《クト》已

爾者《ハ》帰《シ》大聖《ノ》真言《ニ》閲《エチシテ》《ミル》大祖《ノ》《オホチ》解釈《ニ》信知《シテ》仏恩《ノ》深遠《ナルヲ》作《テ》正信念仏偈《ヲ》曰《ク》

「帰命《シ》无量寿如来《ニ》　南无《シタテマツル》不可思議光《ニ》
法蔵菩薩《ノ》因位《ノ》時　在《テ》世自在王仏《ノ》所《ミモトニ》
覩見《シテ》諸仏《ノ》浄土《ノ》因　国土人天之善悪《ヲ》
建立《シ》《ハシメナス》无上殊勝《ノ》願《ヲ》　超発《セリ》希有《ノ》大弘誓《ヲ》
五劫思惟《シテ》之《ヲ》摂受《ス》　重誓《テチカフラクハ》名声聞《キコエムト》十方《ニ》

普《ク》放《ハナテ》下无量无辺光　无导无対光炎王
清浄歓喜智慧光　不断難思无称光
超日月光《ヲ》上照《ス》塵《チリ》《チン》刹《ヲ》《クニ》一　一切《ノ》群《ムラカル》生蒙《ル》二光照《ヲ》一
本願《ノ》名号《ハ》正定《ノ》業《ナリ》　至心信楽《ノ》願《ヲ》為《ス》二因《ト》一
成《リ》二等覚《ヲ》一証《スルコトハ》二大涅槃《ヲ》一　必至滅度《ノ》願成就《ナリ》
如来所《ユヱ》三以《ハ》興《オコル》二出《シタマフ》世《ニ》一　唯説《ムトナリ》二弥陀本願海《ヲ》一
五濁悪時《ノ》群生海　応《シ》三信《ス》二如来如実《ノ》言《ヲ》一
能《ク》発《スレハ》二一念喜愛《ヨミスノ》《メグム》心《ヲ》一　不《スシテ》三断《セ》二煩悩《ヲ》一得《ウルナリ》二涅槃《ヲ》一
凡聖逆謗斉《ヒトシク》回入《レハ》　如《シ》下衆水入《テ》二海《ニ》一一味《ナルカ》上
摂取《ノ》心光常《ニ》照護《シタマフ》　已《テニ》能《ク》雖三破《スト》二无明《ノ》闇《ヲ》一
貪愛瞋憎之雲霧《キリ》　常《ニ》覆《ヘリ》二真実信心《ノ》天《ニ》一
譬《ヘハ》如《シ》下日光《ノ》覆《オホハルレトモ》二雲霧《ニ》一　雲霧之下《シタ》明《ニシテ》無《キカ》中闇《キ》上
獲信見敬大慶人　即《チ》横《ニ》超《キル》二截《セチス》五悪《ノ》趣《ヲ》一
一切善悪凡夫人　聞二信《スレハ》如来《ノ》弘誓願《ヲ》一
仏言《ヘリ》二広大勝解《ノ》者《ト》一　是《ノ》人《ヲ》名《ク》二分陀利華《ト》一
弥陀仏《ノ》本願念仏《ハ》　邪見憍《オコル》慢《アナトル》悪衆生
信楽受持《スルコト》甚《タ》以《テ》難《シ》　難《ノ》中之難无《シ》三過《タルハ》二斯《ニ》一

印《イン》度西天之論家、　中夏《カ》日域《サカイ》之高僧

顕シ㆓大聖興世ノ正意ヲ㆒　明ス㆔如来ノ本誓応セルコトヲ㆓機ニ㆒

釈迦如来楞伽山ニシテ　為ニ㆓衆ノ㆒告命《オホセ》シタマハク　南天竺ニ

竜樹大士出テ㆔於㆓世㆒　悉ク能ク摧《クタク》㆓破セム有無ノ見ヲ㆒

宣《ノフ》㆓説シ大乗无上ノ法ヲ㆒　証シテ㆓歓喜地ヲ㆒生セムト㆓安楽ニ㆒

顕㆓示シテ難行ノ陸路苦キコトヲ㆒　信㆓楽セシム易行ノ水道楽キコトヲ㆒

憶㆓念スレハ弥陀仏ノ本願ヲ㆒　自然ニ即ノ時《トキ》入ル㆓必定ニ㆒

唯能ク常ニ称シテ㆓如来ノ号ミナヲ㆒　応㆔シトイヘリ　報ス㆓大悲弘誓ノ恩ヲ㆒

天親菩薩造リテ論ヲ‐説トカク　帰㆓命シタテマツル　无导光如来ニ㆒

依テ㆓修多羅ニ㆒顕シテ㆓真実ヲ㆒　光㆓闡《ヒラク》ス横超ノ大誓願ヲ㆒

広ク由テ㆓本願力ノ回向ニ㆒　為ニ㆔度ムカ㆓群生ヲ㆒彰アラハス㆓一心ヲ㆒

帰㆓入スレハ功徳大宝海ニ㆒　必獲ウ㆔入コトヲ㆓大会衆ノ数ニ㆒

得ウレハ㆔至コトヲ㆓蓮華蔵世界ニ㆒　即証セシムト㆓真如法性ノ身ヲ㆒

遊テ㆓煩悩ノ林ニ㆒現シ㆓神通ヲ㆒　入テ㆓生死ノ薗《ソノ》オンニ㆒示ストイヘリ㆓応化ヲ㆒

本師曇鸞ハ梁ノ天子　常ニ向イテ㆓鸞ノ処ニ㆒菩薩ト礼シタテマツル

三蔵流支授サツケシカハ㆓浄教ヲ㆒　焚《ホム》《ヤク》㆓焼シテ仙経ヲ㆒帰シタマヒキ㆓楽邦ニ㆒

天親菩薩ノ論註《チュ》《ツウ シルス》解シテ　報土ノ因果顕ス㆓誓願ニ㆒

往還《カヘル》ノ回向ハ由ル二他力ニ一　正定之因《イン》ハ唯信心ナリ
惑染ノ凡夫信心発スレハ　証二知セシム生死即涅槃ナリト一
必至レハ二无量光明土ニ一　諸有ノ衆生皆普ク化ストイヘリ
道綽決《サタム》シテ三聖道ノ難キコトヲ二証シ一　唯明ス三浄土ノ可ヘキコトヲ二通入ス一
万善ノ自力貶《オトシム》ヘンス二勤修ヲ一　円満ノ徳号勧ム二専称ヲ一
三不三信ノ誨《オシヘ》慇《ヲム》懃《ネムコロ》ニシテ　像末法滅同シク悲《カナシミ》引ス
一生造レトモ悪ヲ一値《マウアヒヌレハ》チ弘誓ニ一　至テ二安養界ニ一証セシムトイヘリ妙果ヲ一
善導独リ明セリ二仏ノ正意ヲ一　矜《コウ》《オホキニ》三哀シテ定散ト与トヲ二逆悪一
光明名号顕ス二因縁《ネン》ヲ一　開二入スレハ本願ノ大智海ニ一
行者正シク受ケシメ二金剛心ヲ一　慶喜ノ一念相応シテ後チ
与ト二韋提一等ヒトシク獲エ二三忍ヲ一　即証セシムトイヘリ二法性之常楽ヲ一
源信広ク開テ二一代ノ教ヲ一　偏エニ帰シテ二安養ニ一勧ム二一切ヲ一
専雑ノ執《トル》心判《ハン》シテ二浅深ヲ一　報化二土正ク弁《ワキマヘ》立セリ
極重ノ悪人ハ唯称スヘシ二仏ヲ一　我亦在レトモ二彼ノ摂取ノ中ニ一
煩悩鄣テ眼ヲ一雖モ三不スト二見一　大悲无ナク二倦モノウキコト一常照シタマフトイヘリ二我ヲ一
本師源空ハ明カニシテ二仏教ニ一　憐《レン》二愍《アワレム》セシム善悪ノ凡夫人ヲ
真宗ノ教証興《オコス》ス二片州ニ一　選択本願弘《ヒロム》二悪世ニ一

還カヘルコトハ二来生死輪転ノ家ニ一　決スルニ以テ二疑情ヲ一為ス二所止ト一
速ヤカニ入ルコトハ二寂静无為ノ楽ミヤコニ一　必ス以テ二信心ヲ一為ストイヘリ二能入ト一
弘経ノ大士宗師等　拯《ショウ》二済シタマフ无辺ノ極濁悪ヲ一
道俗時衆共ニ同心ニ　唯可ヘシト三信ス二斯ノ高僧ノ説ヲ一
六十行カ已ニ畢リヌ　一百二十句ナリ

顕浄土真実行文類 二

弘安陸癸未二月二日　釈明性譲預之

顕浄土真実信文類 三

復有一臣名悉知義

昔者有王名曰羅摩害其父得紹王位　跋提大王　毗楼真王　那睺沙王　迦帝迦王　毗舎佉王　月光明王　日光明王　愛王　持多人王　如是等王皆害其父得紹王位然无一王入地獄者於今現在毗瑠璃王　優《ウ》陀《タ》邪《ヤ》王　悪性王　鼠王　蓮華王　如是等王皆害其父悉无一王生愁悩者 文

顕浄土真実信文類序

愚禿釈親鸞集

夫以《オモンミレハ》獲得信楽発起自如来選択願心開闡真心顕彰従大聖矜哀善巧然末代道俗近世宗師沈自性唯心貶《オトシム》浄土真証迷定散自心昏《クラシ》金剛真信爰愚禿釈親鸞信順諸仏如来真説披閲論家釈家宗義広蒙三経光沢特開一心華文且至疑問遂出明証誠念仏恩深重不恥《ハチ》人倫哢言忻浄邦徙衆厭穢域庶《ショ》類雖加取捨莫生毀謗矣

至心信楽之願 正定聚之機

顕浄土真実信文類 三

愚禿釈親鸞集

謹《テ》按《スルニ》往相《ノ》廻向《ヲ》有《リ》大信《一》大信心者《ハ》則《チ》是《レ》長生《セイ》不死《フシ》之神方《シンホウ》忻浄厭穢之妙術選択廻向之直心利他深広之信楽金剛不壊之真心易往無人之浄信心光摂護之一心希有最勝之大信世間難信之捷《セチ》径《ケイ》証大涅槃之真因極速円融之白道真如一実之信海也斯《ノ》心即《チ》是《レ》出《タリ》於《ヨリ》念仏往生之願《ニ》斯《ノ》大願《ヲ》名《ク》選択本願《ト》亦名《ク》本願三心之願《ト》復名《ク》至心信楽之願《ト》亦可《キ》名《ク》往相信心之願《ト》也然《ニ》常没《ノ》凡愚流転《ノ》群生无上妙果《ノ》不《ス》難《キニ》成《シ》真実《ノ》信楽実《ニ》難《シ》獲《ルコト》何《ヲ》以《ノ》故《ニ》乃《イマシ》由《カ》如来《ノ》加威力《ニ》故《ヘナリ》博《ク》因《カ》大悲広慧《ノ》力《ニ》故《ヘナリ》遇《タマ〳〵》獲《エ》浄信《ヲ》者《ハ》是心不《ス》顛倒《セ》是心不《ス》虚偽《ナラ》是《ヲ》以《テ》極悪深重《ノ》衆生得《エ》大慶喜心《ヲ》獲《ル》諸《ノ》聖尊《ノ》重愛《ヲ》也

至心信楽《ノ》本願《ノ》文大経《ニ》言《ノタマハク》設我得《ラムニ》仏《ヲ》十方《ノ》衆生至《シ》心《ヲ》信楽《シテオモフテ》欲《ト》生《カ》我国《ニ》乃至十念若《セムシ》不《レ》生者《ハ》不《シト》取《ラ》正覚《ヲ》唯除《タヽクト》五逆《ト》誹謗正法《ヲ》已上

无量寿如来会《ニ》言《ノタマハク》若我証《セム》得无上覚《ヲ》時余仏《ノ》刹中《ノ》諸有情類聞《キヽ》我名《ヲ》已《テ》所有《ノ》善根心心《ニ》廻向《セシム》願《シテ》生《ト》我国《ニ》乃至十念若不《ス》生者《ハ》不《シト》取《ラ》菩提《ヲ》唯除《クトリ》造《リ》无間悪業《ヲ》誹謗《セムオハ》正法及諸《ノ》聖人《ヲ》已上

本願成就文経言諸有衆生聞其名号信心歓喜乃至一念至心回向願生彼国即得往生住不退転唯除五逆誹謗正法　已上

無量寿如来会言菩提流支他方仏国所有有情聞无量寿如来名号能発一念浄信歓喜愛楽所有善根回向願生无量寿国者随願皆生得不退転乃至无上正等菩提除五无間誹謗正法及謗聖者　已上

又言聞法能不忘見敬得大慶則我善親友是故当発意　已上

又言如是等類大威徳者能生広大仏法異門　已上

又言如来功徳仏自知唯有世尊能開示天竜夜叉所不及二乗自絶於名言若諸有情当作仏行超普賢登彼岸敷演一仏之功徳時逾多劫不思議於是中間身滅度仏之勝慧莫能量是故具足於信聞及諸善友之摂受得聞如是深妙法当獲重愛諸聖尊如来勝智偏虚空所説義言唯仏悟是故博聞諸智士応信我教如実言人趣之身得甚難如来出世遇亦難信慧多時方乃獲是故修者応精進如是妙法已聴聞常令諸仏而生喜　抄出

「論註曰称彼如来名如彼如来光明智相如彼名義欲如実修行相応故称彼如来名者謂称无㝵光如来名也如彼如来光明智相者仏光明是智慧相也此光明照十方世界无有鄣㝵能除十方衆生无明黒闇非如日月珠光但破室穴中闇也如彼名義欲如実修行相応者彼无㝵光如来名号能破衆生一切无明能満衆生一切志願然

誠懇之貌也　至也同上字　諄字　厚也一名又藥名　又音純也音卜　常倫反朴字又朴也　淳字

有レ称名憶念一而无明由存而不三満二所願一者何者由下不二如実修行一与中名義不中相応上故也云何為下不如実修行与中名義不相応上謂不五知四如来是実相身是為二物一身三又有二三種不相応一一者信心不二淳一若存若亡故二者信心不一無二決定一故三者信心不二相続一余念間故此三句展転相成以三信心不二淳一故無二決定一無二決定一故念不二相続一亦可下念不二相続一故不三得二決定信一不三得二決定信一故心不中淳上与二此一相違名二如実修行相応一是故論主建言二我一心一已上

讃阿弥陀仏偈曰曇鸞和尚造也諸聞二阿弥陀徳号一信心歓喜慶三所二聞一乃暨二一念一至心者回向願二生一皆得二往一唯除二五逆誹謗正法一故我頂礼願二往生一已上

「光明寺観経義云言二如意一者有二二種一一者如二衆生意一随二彼心念一皆応三度二之一二如二弥陀之意一五眼円照六通自在観四機可二度一者三一念之中无前无後身心等赴三輪開悟各益不二同一也已上

又云此五濁五苦等通六道一受未三有二无者一常逼二悩之一若不三受二此苦一者即非二凡数一摂一也抄出

又云従二何等為三一下至二必生彼国一已来正明下弁二定三心一以為中正因上即有二其二一一明五世尊随二機一顕二益一意蜜難二知一非二仏自問自徴一无四由三得二解一二明三如来還自答二前三心之数一経云一者至誠心至者真誠者実欲下明下一切衆生身口意業所修解行必須中真実心中作上不四得三外現二賢善精進之相一内懐二虚仮一貪瞋邪偽奸詐百端悪性難侵一事同二蛇蝎一雖三起二三業一名為二雑毒之善一亦名二虚仮之行一不三名二真実業一也若作下如二此一安心起行上者

由字以周反従也用也経也行也

縦使《タトヒ》苦二励《レイシテ》《ハゲマス》身心《ヲ》一日夜十二時急《ニ》《イソカワシ》走《モトメ》急《ニ》作《シテ》如《クスル》三炙《ハラフカ》《キウ反》二頭燃《ヲ》一者《ノ》衆《スヘテ》《ミナコトヽヽク》名《ク》二雑毒之善《ト》一欲《スル》下回《シテ》二此《ノ》雑毒
之行《ヲ》一求中生《ト》彼《ノ》仏《ノ》浄土《ニ》上者《ハ》此《レ》必《ス》不可也《ナリ》何《ヲ》以《ノ》故《ニ》正《シク》由《テナリ》下彼《ノ》阿弥陀仏因中《ニ》行《シ》二菩薩《ノ》行《ヲ》一時乃至
一念一刹那《モ》三業《ノ》所修皆是真実心《ノ》中《ニ》作《シタマヒシニ》上凡《ソ》所《ロ》二施《シタマフ》《ホトコス》《ハツストモ》一為《ナス》二趣求《ヲ》一亦皆真実《ナリ》又真実《ニ》有《リ》二二種一
一《ニ》者《ハ》自利真実二《ニ》者《ハ》利他真実《ナリ》乃至不善《ノ》三業《ハ》必須《モチキヨ》二真実心《ノ》中《ニ》捨《テタマヘルヲ》一又若《シ》起《サ》二善《ノ》三業《ヲ》一者《ハ》必
須《モチキテ》二真実心《ノ》中《ニ》作《ナシタマヒシヲ》一不三簡《エラハ》二内外明闇《ヲ》一皆須《モチキルカ》二真実《ヲ》一故《ニ》名《ク》二至誠心《ト》一二者深心言深心《ト》者《ハ》即是
深信之心也亦有《リ》二二種一一《ニ》者《ハ》決定《シテ》深《ク》信《ス》四自身《ハ》現《ニ》是罪悪生死《ノ》凡夫曠劫《ヨリ》已《タ》来常《ニ》没《シ》《シツム》常《ニ》流転《シテ》
无《シト》三有《コト》二出離之縁一二《ニ》者《ハ》決定《シテ》深《ク》信《ス》下彼《ノ》阿弥陀仏《ノ》四十八願《ハ》摂二受《シテ》衆生《ヲ》一无《ク》疑一无《ク》慮《オモムハカリ》一乗《シテ》二彼《ノ》願力《ニ》一定《テ》
得《ト》中往生《ヲ》上又決定《シテ》深《ク》信《ス》下釈迦仏説《テ》二此《ノ》観経《ニ》三福九品定散二善《ヲ》一証二讃《シテ》彼《ノ》仏《ノ》依正二報《ヲ》一使《ムト》中人《ヲシテ》忻《コン》《ネカイ》
慕《ホセ》《シタフ》上又決定《シテ》深《ク》信《スルナリ》下弥陀経《ノ》中《ニ》十方恒沙《ノ》諸仏証《カナフ》二勧《シテ》一切凡夫《ヲ》一決定《シテ》得《ト》中生《ヲ》上又深信《スル》者《ノ》仰願《ハ》一
切行者等一心《ニ》唯信《シテ》二仏語《ヲ》一不三顧《カヘリミ》二身命《ヲ》一決定《シテ》依《テ》行《ニ》一仏《ノ》遣《シメタマフオ》二捨一者《ハ》即捨《テ》仏《ノ》遣《シメタマフオセハ》二行一者即行《ス》仏《ノ》遣《シメタマフ》二
去一処《オハ》即去《スツ》《ユク》是《ヲ》名《ク》下随二順《シ》仏教《ニ》一随中順《スト》仏意《ニ》上是《ヲ》名《ク》三随二順《スト》仏願《ニ》一是《ヲ》名《ク》二真《ノ》仏弟子《ト》一又一切《ノ》行者但能《ク》依《テ》二
此《ノ》経《ニ》一深二信《スル》行《ヲ》一者《ハ》必《ス》不《ル》三悞《アヤマラ》《コ》二衆生《ヲ》一也何《ヲ》以《ノ》故《ニ》仏《ハ》是満足大悲《ノ》人《ナルカ》故《ニ》実語《ナルカ》故《ニ》除《テ》二仏《ヲ》一已還《ハ》智行未《タ》《ス》
満《ミタ》一在《テ》二其《レ》学地《ニ》一由《ヨテ》《ナホ》下有《テ》二正習《シウノ》《ナラフ》二二鄣一未《タ》《スサルニ》中除《カラ》上果願未《タ》《ス》円《ナラ》一此等《ノ》凡聖《ハ》縦使《タトヒ》測《ハカラウ》二量《スレトモ》諸仏《ノ》教意《ヲ》一未《タ》《ス》三能二決了《スルコト》一
雖《モ》三有《ト》二平章《ノリハカラフトモ》一要《カナラス》須《ク》《ヘキ》下請《コフテヲ》二仏証《ヲ》一為中定《ト》上也若《シ》称《カナヘハ》二仏意《ニ》一即印《オシテ》可《シテ》言《ノタマフ》二如是如是《ト》一若《シ》不《レ》三可《カナハ》二仏意《ニ》一者《ハ》即言《ノタマフ》二
汝《ナン》等《タチカ》所説是《ノ》義不如是《ト》一不《ル》印《セ》《ヒク》一者《ハ》即同《シ》二无記无利《メクミ》无益之語《ニ》一仏《ノ》印可《シタマフオハ》者即随二順《ス》仏之正教《ニ》一
若《シ》仏《ノ》所有《ノ》言説《ハ》即是《レ》正教正義正行正解正業正智《ナリ》若《シハ》多若《ハ》少衆《スヘテ》不《ス》三問《ハ》二菩薩人天等《ヲ》一定《メム》二其《ノ》

是非一也若仏所説即是了教菩薩等説尽名二不了教一也応知是故今時仰勧二一切有縁往生人等一唯可下深信二仏語一専注奉行上不下可信二用菩薩等不相応教一以為二疑礙一抱二惑一自迷廃中失往生之大益上也 至乃 釈迦指二勧一切凡夫尽二此一身一専念専修捨命已後定生二彼国一者即十方諸仏悉皆同讃同勧同証何以故同體大悲故一仏所化即是一切仏化一切仏化即是一仏所化即弥陀経中説釈迦讃二嘆極楽種種荘厳一又勧二一切凡夫一日七日一心専二念弥陀名号一定得二往生一次下文云十方各有二恒河砂等諸仏一同讃下釈迦能於二五濁悪時悪世界悪衆生悪見悪煩悩悪邪无信盛時一指二讃弥陀名号一勧二励衆生一称念必得中往生上即其証也又十方仏等恐四畏衆生不三信二釈迦一仏所説一即共同心同時各出二舌相一徧覆二三千世界一説二誠実言一汝等衆生皆応三信二是釈迦所説所讃所証一一切凡夫不三問二罪福多少時節久近一但能上尽二百年一下至二一日七日一一心専二念弥陀名号一定得二往生一必无疑也是故一仏所説即一切仏同証二誠其事一也此名三就人立二信一也 至乃 又就二此正中一復有二二種一一者一心専二念弥陀名号一行住座臥不三問二時節久近一念念不捨者是名二正定之業一順二彼仏願一故若依二礼誦等一即名為二助業一除二此正助二行一已外自余諸善悉名二雑行一 至乃 衆名二疎雑之行一也故名二深心一三者回向発願心 至乃 又回向発願生者必須下決定真実心中回向願上作二得生想一此心深信由三若二金剛一不下為二一切異見異学別解別行人等之所一中動乱破壊上唯是決定一心捉正直進不四得三聞二彼人語一即有二進退心一生二怯弱一回顧落二道即失二往生之大益一也問曰若有二解行不同邪雑人等一来相惑乱或説二種種疑難一導四不三得二往

生或云汝等《タチ》衆生曠劫已来及《オヨヒ》以今生身口意業於一切凡聖身上具《ツフリニ》造十悪五逆四
重謗法闡提破戒破見等罪未能除尽然此等之罪繫《ツナキツク》属三界悪道云何一生修福念
相彼也
仏即入彼无漏无生之国永得証悟不退位也答曰諸仏教行数越塵砂稟《ウクル》識《サトリヲ》機縁
是用也
随情《ココロ》非一譬如世間人眼可見可信者如明能破闇空能含《カム》有《フウミ》地能載《ノセ》養《シナウ》水能生潤《ウルヲス》火
為字作定也
能成《ナシ》壊《ヤフル》如此等事悉名待《マツ》対《ムカウ》之法即目可見千差《シナ》万別何況仏法不思議之力豈无種
種益也随出一門者即出一煩悩門也随入一門者即入一解脱智慧門也為此随縁起
行各求解脱汝何以乃将非有縁之要行鄣惑於我然我之所愛即是我有縁之行即非
汝所求汝之所愛即是汝有縁之行亦非我所求是故各随所楽而修其行者必疾得解
脱也行者当知若欲学解従凡至聖乃至仏果一切无㝵皆得学也若欲学行者必籍《シャク反》
喩字サトス
有縁之法少用功労多得益也又白一切往生人等今更為行者説一譬喩守護信心
以防外邪異見之難何者是也譬如有人欲向西行百千之里忽然中路有二河一
是火河在南二是水河在北二河各闊《クワチ》百歩各深无底南北无辺正水火中間有一白道
可闊《ヒロサ》四五寸許此道従東岸至西岸亦長《ナカサ》百歩其水波浪《大ナミ小ナミ》交過湿道其火燄《ホノヲ》亦来焼道
焰《ホノヲ》ケムリアルナリ
水火相交常无休息此人既至空曠迥処更无人物多有群《ムラカル》賊悪獣《ケタモノ》見此人単《ヒトヘ》独《ヒトリ》競来
炎ケムリナキホノオナリ
欲殺此人怖死直走向西忽然見此大河即自念言此河南北不見辺畔《ホトリ》中間見一白
道極是狭少二岸相去雖近何由可行今日定死不疑正欲到回群賊悪獣漸漸来
逼正欲南北避走悪獣毒虫競来向我正欲向西尋道而去復恐堕此水火二河当

時《ニ》一惶《オソレオソル》怖《スルコト》不三復《ス》可《ラ》二言《フ》一即自《ミツカラ》思念《スラク》我今回《カヘラハ》亦死《セム》住《トトマラハ》亦死《セム》去《ユカハ》亦死《セム》一種《トシテ》不三勉《メン》《マヌカレ》二死《ヲ》一者《ハ》我《レ》寧《ヤスク》
尋《タツネテ》二此道《ヲ》一向《フ》前《キニ》一而《テ》去《ユカム》既《テニ》有《リ》二此《ノ》道一必応《ヘシ》二可《ト》度《ス》一作《ス》二此《ノ》念《ヲ》一時東《ノ》岸《ニ》忽《タチマチニ》聞《ク》二人《ノ》勧《ル》声《ヲ》一仁《キ》者《ミ》但決定《シテ》尋《シンシン》《タツネテ》二
此《ノ》道《ヲ》一行《ユケ》必无《ケム》二死《ノ》難一若住《シ》《ラハ》即死《セムト》又西《ノ》岸《ノ》上《ニ》有《テ》人一喚《ヨハウテ》言《ハク》汝一心《ニ》正念《ニシテ》直《ニ》来《レ》我能《ク》護《ラム》二汝《ヲ》一衆不五畏《ヘテ》《レト》《ソレ》四
堕《コトヲ》三於《ニ》二水火之難《ニ》一此《ノ》人既《ニ》聞《テ》二此遣《コヽニツカハシ》彼《コニ》喚《ハフヲ》一即自《ミツカラ》正《シク》当《テ》二身心《ニ》一決定《シテ》尋《テ》二道《ヲ》一直《ニ》進《テ》不三生《スシテ》《セ》二疑怯《カウ》退《コワクシリソク》心《ヲ》一
或《ハ》行《ユクコト》一分二分《スルニ》東《ノ》岸《ノ》群賊等《ラ》喚《テ》言《ハク》仁《キ》者《ミ》回《カヘリ》来《レ》此《ノ》道《チ》嶮《ケン》《サカシ》悪《ナリシ》不三得《エ》二過《コトヲ》一必死《セムコトス》不二疑《ハ》一我等《ラ》衆《テ》无《シト》二
悪心《アテ》相《ヒ》向《コトノ》一此人《ト》雖《モ》三聞《ト》二喚《フ》声《ヲ》一亦不《ス》二回顧《カヘリミ》一一心《ニ》直《ニ》進《テ》念二道一而《シテ》行《ユケハ》須臾《ニ》即到《テ》二西《ノ》岸《ニ》一永《ク》離《ル》二諸難《ヲ》一善友
喩字オふくナリ
相《ヒ》見《テ》慶《ヨロコフ》楽《スルコト》无中《ラムカ》已上《ヤムコト》《ハ》此是喩《タトヘ》也次《ニ》合《セ》二喩《ヲ》一者《ハ》言二東岸《ト》一者《ハ》即喩二此娑婆之火宅《ニ》一也言二西岸《ト》一者《ハ》即
喩二極楽宝国《ニ》一也言二羣賊悪獣詐《サソ》《イツワリシタシム》親《ト》一者《ハ》即喩二衆生《ノ》六根六識《シキ》《コヽロ》六塵五陰《オム》四大《ニ》一也言二无人空迥《クキヤウノ》《ハルカナリ》
沢《サワトハ》一者即喩四常《ニ》随《テ》二悪友《ニ》一不《ルニ》三値《アワ》二真《ノ》善知識《ニ》一也言二水火二河《トハ》一者即喩下衆生《ノ》貪愛《ハ》如《シ》二水《ノ》一瞋憎《ハ》如中《シトノ》火上也
言二中間《ノ》白道四五寸《トハ》一者即喩下衆生《ノ》貪瞋煩悩《ノ》中《ニ》能生《セシムルニ》中清浄願往生《ノ》心《ヲ》上也乃《シ》由《カ》二貪瞋強《コハキニ》一故《ニ》
即喩《フ》三如《シト》二水火《ノ》一善心微《ナルカ》《スクナシ》故《ニ》喩三如《シト》二白道《ノ》一又水波常《ニ》湿《ウルホス》二道《ヲハ》一者即喩下愛心常《ニ》起《テ》能《ク》染《セム》《ソメ》中汚《ワスルニ》《ケカス》善心《ヲ》上也又
火焔《エム》常《ニ》焼《ク》二道《ヲハ》一者即喩下瞋《シン》《イカリキラフ》嫌《ケム》之心能《ク》焼《クニ》中功徳之法財《ヲ》上也言下人行《ユイテ》二道《ノ》上《ヲ》一直《ニ》向中《フト》西上《ニハ》者即喩下回《シテノ》二諸行
業《ヲ》一直《ニ》向中《フニ》西方《ニ》上也言下東岸《ニ》聞《テ》二人《ノ》声《ノ》勧遣《メツカハスヲ》一尋《テ》二道《ヲ》一直《ニ》西《ニ》進上《トハ》者即喩下釈迦已《ニ》滅《シタマヒテノ》後人不《ス》二見《タテマツラ》一由《ナホ》有《テ》二
教法《キニ》一可中尋《タツヌ》上即喩《ル》三之《ヲ》如《シトノ》二声一也言二或《ハ》行《コト》一分二分《スルニ》群賊等《ラ》喚《ヨヒ》回《カヘストハ》一者即喩下別解別行悪見人等《ラ》
妄《マウ》《ミタリニ》説《ニ》《クニ》見《ケン》解《ヲモテタカイニ》迭《ヒ》相惑乱《シ》及自《ミツカラ》造《テ》二罪《ヲ》一退失上《スト》《スト》也言四西《ノ》岸《ノ》上《ニ》有《テ》二人一喚《フトハ》三者即喩二弥陀《ノ》願意《ニ》一也言下須臾《ニ》
到《テ》二西《ノ》岸《ニ》一善友相見《テ》喜上《フトハ》者即喩《ル》下衆生久《シク》沈《ミテ》二生死《ニ》一曠劫《ヨリ》淪回《シ》迷《メイ》倒《シテミツカラマトウテ》自纏《シ》无三由《ヨシ》二解脱《ニ》一仰《カフリ》蒙三釈迦
発遣《シテヲシヘテ》指《ヘタマフコトヲ》向二西方《ニ》一又籍《ヨテ》二弥陀《ノ》悲心招喚《セウクワンシタマフニ》《マネキヨフ》一今信二順《シテ》二尊之意《オンコヽロニ》一不《ス》三顧《カヘリミ》二水火二河《ヲ》一念念《ニ》

无《ク》二遺《ワスルヽコト》一乗《シテ》二彼《ノ》願力之道《ニ》一捨命已後得《テ》三生《ヲ》二彼《ノ》国《ニ》一与《ト》二仏《ト》一相見《テ》慶喜《スルコト》何《ゾ》極《ラムト》上也又一切《ノ》行者行住座臥《ニ》三業《ノ》所修无《ク》三問《コト》二昼夜時節《ヲ》一常《ニ》作《シ》二此《ノ》解《ヲ》一常《ニ》作《スカ》二此《ノ》想《ヲ》一故《ニ》名《ク》二迴向発願心《ト》一又言《ハ》二回向《ト》一者生《シテ》二彼《ノ》国《ニ》一已《テ》還《テ》起《シテ》二大悲《ヲ》一回《シテ》二入生死《ニ》一教《スル》二化衆生《ヲ》一亦名《ル》二回向《ト》一也三心既《ニ》具《スレハ》无《シ》三行《トシテ》不《ル》二成《セ》一願行既《ニ》成《シテ》若不《ス》二生《ハ》一者无《シ》三有《コト》二是《ノ》処《コトハリ》一也又此《ノ》三心亦通《ス》二摂《スト》定善之義《ヲ》一応《シト》知《ル》上已

又云敬《テ》白《サク》二一切往生《ノ》知識等《ニ》一大《ニ》須《ク》二慚愧《ス》一釈迦如来《ハ》実《ニ》是慈悲《ノ》父母《ナリ》種種《ノ》方便《ヲシテ》発《セシメタマヘリト》二起我《ラカ》等无上《ノ》信心《ヲ》上已

貞元《ノ》新定釈教《ノ》目録巻第十一《ニ》云《ク》集諸経礼懺儀上下大唐西崇福寺《ノ》沙門智昇《ノ》撰也准《ナスラヘテ》二貞元十五年十月廿三日《ニ》勘《カムカフ》一編《ヘンシテ》入《ルト》云云懺儀《ノ》上巻《ハ》智昇依《テ》諸経《ニ》造《ル》二懺儀《ヲ》一中《ニ》依《テハ》二観経《ニ》一引《ケリ》二善導《ノ》礼懺日中《ノ》時《ノ》礼《ヲ》一下巻《ハ》者比丘善導《ノ》集記云云依《テ》二彼《ノ》懺儀《ニ》一鈔《シテ》二要文《ヲ》一云《ク》二者深心即是真実《ノ》信心《ナリ》信《ス》下知《ス》自身《ハ》是具《セル》二足《ヲ》煩悩《ヲ》一凡夫善根薄少《ニシテ》流《シテ》二転《ヌク》三界《ニ》一不《ト》中出《エラフトモ》二火宅《ヲ》上今信《シテ》下知《シテ》弥陀《ノ》本弘誓願《ハ》上及《ヨフマテ》下称《スルコト》二名号《ヲ》一下至十声聞等《ニ》上定《テ》得《エシムト》中往生《ヲ》上及《ヨフマテ》三至《ニ》二一念《ニ》一無《シト》三有《コト》二疑心《ニ》一故《ニ》名《ク》二深心《ト》一至乃其有《レテ》四得《コト》三聞《コトヲ》二彼弥陀仏《ノ》名号《ヲ》一歓喜《スルコト》至《セハ》二一心《ヲ》一皆当《ニ》四得《シト》三生《ウ》二彼《ニ》一出抄

往生要集《ニ》云《ク》入法界品《ニ》言《ク》譬《ハ》如《シ》下有《テ》二人《レハ》一得《ヲ》二不可壊《ノ》薬《ヲ》一一切《ノ》怨敵不《ル》上三得《ルカ》二其《ノ》便《タヨリヲ》一菩薩摩訶薩《モ》亦復如《シ》是《レハ》得《タ》二菩提心不可壊《ノ》法薬《ヲ》一一切《ノ》煩悩諸魔怨敵所《ナリ》四不《ル》三能《ル》二壊《ヤフル》一譬《ハ》如《シ》下有《テ》人《ニ》一得《テ》二住水宝珠《ヲ》一瓔《ニ》珞《トスレハ》其《ノ》身《ニ》一入《リキ》二深水中《ニ》一而不《ルカ》中没《シツミオホル》溺《セ》上得《レハ》二菩提心住水宝珠《ヲ》一入《リ》二生死海《ニ》一而不《テ》二沈没《セ》一譬《ハ》如《シ》下金剛《ハ》於《テ》二百千劫《ニ》一処《シテ》三於《テ》二水中《ニ》一而爛《ランシ》壊《シ》亦無《キカ》中異変《カハル》上菩提之心《モ》亦復如《シ》是《ノ》於《テ》二无量劫《ニ》一処《スルニ》二生死《ノ》中《ニ》諸《ノ》煩悩業《ニ》一不《ス》三能《ハ》二断滅《スルコト》一亦无《シ》二損《ソン》減《ケン》一上已

又云、我亦在二彼摂取之中一、煩悩鄣二眼一雖レ不レ能レ見、大悲无レ惓常照二我身一 已上

爾者若行若信无レ有二一事非一阿弥陀如来清浄願心之所二回向成就一、非下无二因一他因有上也可レ知

「問、如来本願已発二至心信楽欲生誓一。何以故論主言二一心一也。答、愚鈍衆生解了為レ令レ易、弥陀如来雖レ発二三心一、涅槃真因唯以二信心一、是故論主合レ三為レ一歟。私闚二三心字訓一、三即合レ一。其意何者、言二至心一者、至者即是真也実也誠也、心者即是種也実也。言二信楽一者、信者即是真也実也誠也満也極也成也用也重也審也験也宣也忠也、楽者即是欲也願也愛也悦也歓也喜也賀也慶也。言二欲生一者、欲者即是願也楽也覚也知也、生者即是成也作也為也興也。明知、至心即是真実誠種之心、故疑蓋无レ雑也。信楽即是真実誠満之心、極成用重之心、審験宣忠之心、欲願愛悦之心、歓喜賀慶之心、故疑蓋无レ雑也。欲生即是願楽覚知之心、成作為興之心、大悲回向之心、故疑蓋无レ雑也。今按二三心字訓一、真実心而虚仮无レ雑、正直心而邪偽无レ雑、真知疑蓋无二間雑一故、是名二信楽一。信楽即是一心、一心即是真実信心、是故論主建言二一心一也、応レ知。

作字 則羅反 起也 行也 則落反 役也 始也 蔵也 生也 為也

「又問、如二字訓一、論主意以レ三為レ一義、其理雖レ可レ然、為二愚悪衆生一阿弥陀如来已発二三心願一、云何思念也。答、仏意難レ測、雖レ然竊推二斯心一、一切群生海自レ従二无始一已来乃至今日至二今時一、穢悪汚染无二清浄心一、虚仮諂偽无二真実心一。是以如来悲二憫一切苦悩衆生海一、於二

不可思議兆《テウ》載永劫行菩薩行時三業所修一念一刹那无不清浄无不真心如来以清浄真心成就円融无导不可思議不可称不可説至徳以如来至心回施諸有一切煩悩悪業邪智群生海則是彰《アラハス》利他真心故疑蓋无雑斯至心則是至徳尊号為其體也

是以大経言不生欲覚瞋覚害覚不起欲想瞋想害想不著色声香味之法忍力成就不計衆苦少欲知足无染恚癡三昧常寂智慧无导无有虚偽諂曲之心和顔愛語先意承問勇猛精進志願无惓専求清白之法以恵利群生恭敬三宝奉事師長以大荘厳《カサリイツクシ》具足衆行令諸衆生功徳成就已上

无量寿如来会言仏告阿難彼法処比丘於世間自在王如来及諸天人魔梵沙門婆羅門等前広発如是大弘誓皆已成就世間希有発是願已如実安住種種功徳具足荘厳威徳広大清浄仏土修習如是菩薩行時経於无量无数不可思議无有等等億那由他百千劫内初未曾起貪瞋及癡欲害恚想不起色声香味触想於諸衆生常楽愛敬猶如親属乃至其性調順無有暴悪於諸有情常懐慈忍心不詐諂亦无懈怠善言策《ムチウツ》進求諸白法普為群生勇猛无退利益世間大願円満出略

光明寺和尚云欲回此雑毒之行求生彼仏浄土者此必不可也何以故正由彼阿弥陀仏因中行菩薩行時乃至一念一刹那三業所修皆是真実心中作凡所施為

趣《オモムク》求《ヲ》一亦皆真実《ナリ》又真実《ニ》有《リ》二二種一一《ニ》者《ハ》自利真実二《ニ》者《ハ》利他真実《ナリト》乃至不善《ノ》三業《オハス》必須《モチヰヨ》二真実心《ノ》中《ニ》捨《ステタマヘルヲ》一 又若《シ》起《サ》二善《ノ》三業《ヲ》一者《ハ》必須《モチヰテ》二真実心《ノ》中《ニ》作《ナシタマヘルヲ》一 不三簡《エラハ》二内外明闇《ヲ》一皆須《モチヰルカ》二真実《ヲ》一故《ニ》名《クト》二至誠心《ト》一要抄

爾者《ハ》大聖《ノ》真言宗師《ノ》釈義信《トニ》知《ヌ》斯《ノ》心則是不可思議不可称不可説一乗大智願海回向利益他之真実心《ナリ》是《ヲ》名《ク》二至心《ト》一既《スニ》言《ヘリ》二真実《ト》一言《フ》二真実《ト》一者《ハ》涅槃経《ニ》言《ク》実諦者《ハ》一道清浄《ニシテ》无《キ》三有《コト》二二一也言二真実《ト》一者《ハ》即是如来《ナリ》如来者《ハ》即是真実《ナリ》真実者《ハ》即是虚空《ナリ》虚空者《ハ》即是真実《ナリ》真実者《ハ》即是仏性《ナリ》仏性者《ハ》即是真実《ナリト》已上

釈《ニ》云《ヘリ》二不簡内外明闇《ト》一内外者《ハ》内者《ハ》即是出世《ナリ》外者《ハ》即是世間《ナリ》明闇者《ハ》明者《ハ》即是出世《ナリ》闇者《ハ》即是世間《ナリ》又復明者即智明《ナリ》闇者《ハ》即无明也涅槃経言闇《ハ》即世間《ナリ》明《ハ》即出世《ナリ》闇《ハ》即无明《ナリ》明《ハ》即智明《ナリト》已上

次《ニ》言二信楽《ト》一者《ハ》則是如来《ノ》満足大悲円融无㝵《ノ》信心海《ナリ》是《ノ》故《ニ》疑蓋无《シ》三有《コト》二間雑一故《ニ》名《ク》二信楽《ト》一即以《テ》二利他回向之至心《ヲ》一為二信楽《ノ》體《ト》一也然《ニ》従二无始一已来《タ》一切群生海流二転《シ》无明海《ニ》一沈《シツミマトフ》二迷《シ》諸有輪《ニ》一繋《ツナクシハル》二縛《セラレテ》衆苦輪《ニ》一无《シ》二清浄《ノ》信楽一法爾《トシテ》无《シ》二真実《ノ》信楽《ヲ》一是《ヲ》以《テ》无上功徳難《カタクハ》二叵《カタシ》値《アフ》遇《アフ》《シ》一最勝《ノ》浄信難二叵《カタシ》獲《ウ》得《ル》《シ》一一切凡小一切時《ノ》中《ニ》貪愛之心常《ニ》能《ク》汚《ケカシ》二善心《ヲ》一瞋憎之心常《ニ》能《ク》焼《ク》二法財《ヲ》一急作急修《シテ》如《クスレトモ》三炙《ハラフカ》二頭燃《ヲ》一衆《テ》名《ク》二雑毒雑修之善《ト》一亦名《ク》二虚仮諂《テン》偽《クキ》之行《ト》一不《ル》三名二真実《ノ》業《ト》一也以《テ》二此《ノ》虚仮雑毒之善《ヲ》一欲《スルト》三生二无量光明土《ニ》一此必不可也何《ヲ》以《ノ》故《ニ》正《シク》由《テナリ》下如来行《タマフシ》二菩薩《ノ》行《ヲ》一時《キ》三業《ノ》所修乃至一念一刹《クニ》那《ナニ》《モ》疑蓋无《キニ》中雑《コト》上斯《ノ》心者《ハ》即如来《ノ》大悲心《ナルカ》故《ニ》必成《スル》二報土《ノ》正定之因《ト》一如来悲二憐《レンシテ》《アワレム》苦悩《ノ》群生海《ヲ》一

以无㝵広大浄信回施諸有海是名利他真実信心

本願信心願成就文経言諸有衆生聞其名号信心歓喜乃至一念已上

又言他方仏国所有衆生聞无量寿如来名号能発一念浄信歓喜已上

涅槃経言善男子大慈大悲名為仏性何以故大慈大悲常随菩薩如影随形一切衆生畢定当得大慈大悲是故説言一切衆生悉有仏性大慈大悲者名為仏性仏性者名為如来大喜大捨名為仏性何以故菩薩摩訶薩若不能捨二十五有則不能得阿耨多羅三藐三菩提以諸衆生畢当得故是故説言一切衆生悉有仏性大喜大捨者即是仏性仏性者即是如来仏性者名大信心何以故以信心故菩薩摩訶薩則能具足檀波羅蜜乃至般若波羅蜜一切衆生畢定当得大信心故是故説言一切衆生悉有仏性大信心者即是仏性仏性者即是如来仏性者名一子地何以故以一子地因縁故菩薩則於一切衆生得平等心一切衆生畢定当得一子地故是故説言一切衆生悉有仏性一子地者即是仏性仏性者即是如来已上

又言或説阿耨多羅三藐三菩提信心為因是菩提因雖復无量若説信心則已摂尽已上

又言信復有二種一従聞生二従思生是人信心従聞而生不従思生是故名為信不具足復有二種一信有道二信得者是人信心唯信有道都不信有得道之人是名為信不具足已上抄出

華厳経《ニ》言《ノタマハク》 聞《テ》二此法《ヲ》一歓二喜《シテ》信心《ヲ》一无《キ》二疑《ハ》一者速《ニ》成《ラム》二无上道《ヲ》一与《ト》二諸如来《ノ》一等《ヒトシトナリ》

又言《マハク》 如来能《ク》永《ク》断《タヽシム》二一切衆生《ノ》疑《ヲ》一随《テ》二其心《ノ》所《ニ》一楽《ク》普皆令《シムトナリ》二満足《セ》一

又言《マハクハ》 信《ハ》為《ス》二道《ノ》元《ト》一功徳《ノ》母《ナリ》長二養《ス》一切諸善法《ヲ》一断二除《シテ》疑網《ヲ》一出《テ》二愛流《ヲ》一開二示《セシム》涅槃无上道《ヲ》一信《ハ》無《シ》二垢濁《ノ》心一清浄《ニシテ》滅二除《ス》憍慢《ヲ》一恭敬《ノ》本《ナリ》亦為《ス》二法蔵第一《ノ》財《ト》一為《シテ》二清浄《ノ》手《ト》一受二衆行《ヲ》一信《ハ》能恵施《シテ》心無《シ》二悋《オシムコト》一信《ハ》能歓喜《シテ》入《ル》二仏法《ニ》一信《ハ》能増二長《ス》智功徳《ヲ》一信《ハ》能必到《タル》二如来地《ニ》一信《ハ》令《シム》二諸根《ヲシテ》浄明利《ナラ》一信力堅固《ナレハ》無《シ》二能《ク》壊《コトハ》一信《ハ》能永《ク》滅《ス》二煩悩《ノ》本《ヲ》一信《ハ》能専《ラ》向《ヘシム》二仏功徳《ニ》一信《ハ》於《テ》二境界《ニ》一無《シ》二所著《ノ》一遠二離《シテ》諸難《ヲ》一得《シム》二无難《ヲ》一信《ハ》能《ク》超二出《シ》衆魔《ノ》路《ヲ》一示二現《セシム》无上解脱道《ヲ》一信《ハ》為《ニ》二功徳《ノ》一不《ヤフラ》三壊《ネ》二種《ヲ》一信《ハ》能生二長《ス》菩提樹《ヲ》一信《ハ》能増二益《ス》最勝智《ヲ》一信《ハ》能《ク》示二現《セシム》一切仏《ヲ》一是故《ニ》依《テ》行《ニ》説《ク》次第《ヲ》一信楽最勝《ニシテ》甚難《シ》二得《コト》一乃至 若常《ニ》信二奉《スレハ》於二諸仏《ニ》一則能《ク》興二集《ス》大供養《ヲ》一若能興二集《スレハ》大供養《ヲ》一彼人信《ス》二仏《ノ》不思議《ヲ》一若常《ニ》信二奉《スレハ》於尊法《ニ》一則聞《ニ》二仏法《ヲ》一无《シ》二厭足《イトヒタル》一若聞《ニ》二仏法《ヲ》一无《ケレハ》二厭足《ラム》一彼人信《ス》二法《ノ》不思議《ヲ》一若常《ニ》信二奉《スレハ》清浄僧《ニ》一則得《ウ》三信心不《ルコトヲ》二退転《セ》一若得《レハ》二信心不退転《ヲ》一彼《ノ》人《ノ》信力无《シ》二能《ク》動《コト》一若得《テ》二信力《ヲ》一无《レハ》二能《ク》動《コト》一則得《ム》二諸根浄明利《ヲ》一若得《レハ》二諸根浄明利《ヲ》一則得《ウ》三親二近《スルコトヲ》善知識《ニ》一則得《レハ》三親二近《コトヲ》善知識《ニ》一則能《ク》修二集《ス》広大善《ヲ》一若能《ク》修二集《スレハ》広大善《ヲ》一彼人成二就《ス》大因力《ヲ》一若人成二就《スレハ》大因力《ヲ》一則得《ウ》二殊勝決定《ノ》解《ヲ》一若得《レハ》二殊勝決定《ノ》解《ヲ》一則為《ミタメニ》二諸仏《ノ》所《ル》二護念《セ》一若為《ニ》二諸仏《ノ》所《ルレハ》二護念《セ》一則能《ク》発二起《ス》菩提心《ヲ》一若能《ク》発二起《スレハ》菩提心《ヲ》一則能《ク》勤二修《セシム》仏功徳《ヲ》一若能《ク》勤二修《スレハ》仏功徳《ヲ》一則能《ク》生《テ》在《ラム》二如来《ノ》家《ニ》一若得《レハ》三生《テ》在《コトヲ》二如来《ノ》家《ニ》一則善《ク》修二行《セム》巧方便《ヲ》一若善《ク》修二行《スレハ》巧方便《ヲ》一則得《ウ》二信楽《ノ》心清浄《ナルコトヲ》一若得《レハ》二信楽《ノ》心清浄《ヲ》一則得《ウ》二増上《ノ》最勝心《ヲ》一若得《レハ》二増上《ノ》最勝心《ヲ》一則常《ニ》修二習《ナラウ》波羅蜜《ヲ》一若常《ニ》修二習《スレハ》波羅蜜《ヲ》一則能《ク》具二足《セム》摩訶衍《エンヲ》一若能《ク》具二足《スレハ》摩訶衍《ヲ》一則能《ク》如《ク》法《ノ》供二養《セム》仏《ヲ》一若能如法《ニ》供二養《スレハ》仏《ヲ》一則能念仏《ノ》心

不ス二動セ一若能ク念仏ノ心不レハ動セ則常ニ観二見セム无量仏ヲ一若常ニ観二見スレハ无量仏ヲ一則見ム二如来ノ躰常住ヲ一若見レハ二如来ノ躰常住ヲ一則能ク知ラム二法永ク不滅ナルコトヲ一若能ク知ハ二法永ク不滅ナルヲ一得ム下得ム二弁才ヲ一无鄣导ヲ上若得レハ二弁才无鄣导ヲ一則能ク開二演セム无辺ノ法ヲ一若能ク開二演セハ无辺ノ法ヲ一則能ク慈愍シテ度セム二衆生ヲ一若能ク慈愍シテ度スレハ衆生ヲ一則得ム二堅固ノ大悲心ヲ一若得レハ二堅固ノ大悲心ヲ一則能ク愛二楽セム甚《ハナハタ》深ノ法ヲ一若能ク愛二楽スレハ甚深ノ法ヲ一則能ク捨二離セム有為ノ過《トカ》ヲ一若能ク捨二離スレハ有為ノ過ヲ一則離ル二憍慢及放逸《ハウイチ》ヲ一若離レハ二憍慢及放逸ヲ一則能ク兼《カヌ》二利セム一切衆ヲ一若能ク兼二利スレハ一切衆ヲ一則処シテ二生死ニ一无《ナケムトナリ》二疲厭《ツカレイトフ》ヒ一 略抄

論註曰名ク二如実修行相応ト一是故論主建《ハシメニ》言タマヘリ二我一心ト一已上

又言経ノ始《ハシメ》ニ称スルコトハ二如是ト一彰テ二信ヲ一為ス二能入ト一已上

次ニ言二欲生ト一者則是如来招二喚《セウクワンシタマフ》《マネキヨフ》諸有ノ群生ヲ一之勅命ナリ即以テ二真実ノ信楽ヲ一為スル二欲生ノ體ト一也誠ニ是非ス二大小凡聖定散自力之回向ニ一故ニ名ル二不回向ト一也然ニ微塵界ノ有情流二転シ煩悩海ニ一漂《ヘウ》《タヨウ》二没シ生死海ニ一无シ二真実ノ回向心一无シ二清浄ノ回向心一是ノ故ニ如来矜《コウ》二哀《オホキニアワレム》シテ一切苦悩ノ群生海ヲ一行《マウシ》二菩薩ノ行ヲ一時キ三業ノ所修乃至一念一刹那モ回向心ヲ為シテ首ト一得《タマヘルカ》三成二就《コトヲ》大悲心ヲ一故ニ以テ二利他真実ノ欲生心ヲ一廻二施《シタマヘリ》諸有海ニ一欲生即是廻向心ナリ斯レ則チ大悲心ナルカ故ニ疑蓋无シ二雑コト一

是ヲ以テ本願ノ欲生心成就ノ文経ニ言《マハク》至心廻向《シタマヘリ》願ハ三生ト二彼ノ国ニ一即得ヘ二往生ヲ一住セムト二不退転ニ一唯除ク二五逆ト誹謗正法トヲ一已上

又言《マハク》愛二楽シテ所有ノ善根廻向《シタマヘルヲ》一願スレハ三生ト二无量寿国ニ一者ハ随テ二願ニ一皆ナ生セシメ得ムト二不退転乃至无上正等菩提ヲ一除クト二五无間誹謗正法及謗聖者ヲ一已上

浄土論曰云何廻向《シタマヘル》不《スシテ》三捨二一切苦悩《ノ》衆生一心《ヲ》常《ニ》作願《スラク》廻向《ヲ》為二首《トシテ》一得三成二就《エタマヘルカ》大悲心《ヲ》一故《ニトノタマヘリ》廻向有《リ》二二種相一《ニ》一者往相二者還相往相者以《テ》二己《オノレカ》功徳《ヲ》一廻二施《シタマヒテ》一切衆生《ニ》一作願《シテ》共《ニ》往二生《セシメタマフナリ》彼阿弥陀如来安楽浄土《ニ》一還相者生《シ》二彼土《ニ》一已《ハリテ》得二奢摩他毗婆舎那方便力成就《スルコトヲ》一廻二入《シテ》生死《ノ》稠林《ニ》一教二化《シテ》一切衆生《ヲ》一共《ニ》向《ヘシメタマフナリ》二仏道《ニ》一若《ハ》往若《ハ》還皆為下《ニトノタマヘリ》抜二衆生《ヲ》一渡《セムカ》中生死海《ヲ》上是故《コノユヘニ》言《ノタマヘリ》二廻向為首得成就大悲心故《ト》一上已

又云《ク》浄入願心者《ハ》論《ニ》曰《ク》又向《サキニ》説《キツ》二観察荘厳仏土功徳成就荘厳仏功徳成就荘厳菩薩功徳成就《ヲ》一此三種《ノ》成就《ハ》願心《ノ》荘厳《シタマヘルナリト》応《シトイヘリ》知一応知者《ハ》応下知《シトル》中此《ノ》三種荘厳成就《ハ》由下本四十八願等《ノ》清浄《ノ》願心之所中荘厳上《シタマフ》因浄《ナルカニ》故果浄《ナリ》非《ナリト》四上无《クシテ》二因一他因《ノ》有《ニハト》三也上已

又論曰出第五門者《ハ》以《テ》二大慈悲《ヲ》一観二察《シテ》一切苦悩《ノ》衆生《ヲ》一示二応化《ノ》身《ヲ》一廻二入《シテ》生死《ノ》薗《オン》煩悩《ノ》林《ノ》中《ニ》一遊二戯《ケシタワフル》神通《ニ》一至《ル》二教化地《ニ》一以《ノ》二本願力《ノ》回向《ヲ》一故《ニ》是《ヲ》名《クトノタマヘリト》二出第五門《ト》一上已

光明寺和尚云《ク》又回向発願《シテ》生《ル、モノハ》者必《ス》須下決定真実心《ノ》中《ニ》回向《シタマヘル》願上作二得生《ノ》想《ヲ》一此心深信《セルコト》由《ナホ》三若二金剛《ノ》一不《コトクナルニ》下為二一切異見異学別解別行人等之所一中動乱破壊上《セラレ》唯是決定《シテ》一心《ニ》捉《トテ》正直《ニ》進《テ》不《レ》四得三聞《コトヲ》二彼人語《ヲ》一即有二進退《ノ》心一生二怯弱《ヲ》一回顧《スレハ》落二道《ニ》一即失《スル》二往生之大益《ヲ》一也上已

真知《ヌ》二河《ノ》譬喩《ノ》中《ニ》言《イフ》二白道四五寸《トイフハ》一者白道者白之言対《スル》二黒《ニ》一也白者即是選択摂取之白業往相回向之浄業也黒者即是无明煩悩之黒業二乗人天之雑善也道之言《ハ》対《セルナリ》二路《ニ》一道者則是本願一実之直道大般涅槃无上之大道也路者則《チ》是《レ》二乗三乗万善諸行之小路也言二四五寸《ト》一者喩《フル》二衆生《ノ》四大五陰《ニ》一也言二能生清浄願心《トハ》一者獲二得《スル》金剛《ノ》真心《ヲ》一也本願力

回向大信心海故不可破壊喩之如金剛也

観経義云道俗時衆等各発无上心生死甚難厭仏法復難忻共発金剛志横超断四流正受金剛心相応一念後果得涅槃者上要抄

又云真心徹到厭苦娑婆忻楽无為永帰常楽但无為之境不可軽爾即階苦悩娑婆无由輒然得離自非発金剛之志永絶生死之元若不親従慈尊何能勉斯長歎

又云言金剛者即是无漏之體也上已

信知至心信楽欲生其言雖異其意惟一何以故三心已疑蓋无雑故真実一心是名金剛真心金剛真心是名真実信心真実信心必具名号名号必不具願力信心也是故論主建言我一心又言如彼名義欲如実修行相応故凡按大信海者不簡貴賤緇素不謂男女老少不問造罪多少不論修行久近非行非善非頓非漸非定非散非正観非邪観非有念非无念非尋常非臨終非多念非一念唯是不可思議不可説不可称信楽也喩如阿伽陀薬能滅一切毒如来誓願薬能滅智愚毒也

然就菩提心有二種一者竪二者横又就竪復有二種一者竪超二者竪出竪超竪出明権実顕蜜大少之教歴劫迂廻之菩提心自力金剛心菩薩大心也亦就横復有二種一者横超二者横出横出者正雑定散他力中之自力菩提心也横超者斯乃願力廻向之信楽是曰願作仏心願作仏心即是横大菩提心是名横超金剛心也横竪菩提心其

言一而其心雖異入真為正要真心為根本邪雑為錯《シャク》疑情為失也忻求浄刹道俗深了知信不具足之金言永応離聞不具足之邪心也

論註曰按王舎城所説无量寿経三輩生中雖行有優劣莫不発皆无上菩提之心此无上菩提心即是願作仏心願作仏心即是度衆生心度衆生心即是摂取衆生生有仏国土心是故願生彼安楽浄土者要発无上菩提心也若人不発无上菩提心但聞彼国土受楽无間為楽故願生亦当不得往生也是故言不求自身住持之楽欲抜一切衆生苦故住持楽者謂彼安楽浄土為阿弥陀如来本願力之所住持受楽无間也凡釈廻向名義謂以己所集一切功徳施与一切衆生共向仏道 抄出

元昭律師云他不能為故甚難挙世未見故希有

又云念仏法門不簡愚智豪賤不論久近善悪唯取決誓猛信臨終悪相十念往生此乃具縛凡愚屠沽下類刹那超越成仏之法可謂世間甚難信也

又云於此悪世修行成仏為難也為諸衆生説此法門為二難也承前二難則彰諸仏所讃不虚意使衆生聞而信受已上

律宗用欽云説法難中良以此法転凡成聖猶反掌乎大為容易故凡浅衆生多生疑惑即大本云易往而無人故知難信矣

聞持記云不簡愚智性有利鈍不択豪賤報有強弱不論久近功有浅深不選善悪行有好醜取決誓猛《ミヤウ》信臨終悪相即観経下品中生地獄衆火一時倶至等具縛凡愚二惑全在故屠沽下類刹那超越成仏之法可謂一切世間

甚難信也 屠《ヘ》謂宰《ツカサトル》殺《ヲ》一沽《ヘ》即醞売《ハイ》如《シ》二此《ノ》悪人一 止由二十念一便得《ウ》二超往《ヲ》一豈《ニ》非《スヤ》二難信《ニ》一 阿弥陀如来《ハ》号《シタテマツルナリト》二真実明平等覚難思議畢竟依大応供大安慰无等等不可思議光上已

楽邦文類《ノ》後序《ニ》曰《ク》修《スル》二浄土《ヲ》一者《ノ》常《ニ》多《ケレトモ》得《エ》二其《ノ》門《ヲ》一而《テ》径《タヽチニイタル》造者《ノ》無《シ》二幾《イクハク》一論《スル》二浄土《ヲ》一者《ノ》常《ニ》多《ケレトモ》得《エ》二其《ノ》要《ヲ》一而《テ》直《ニ》指《オシフル》者《ノ》或《ハ》寡《スクナシ》矣曾《カツテ》未《タ》《ス》二聞《キカ》一有《ル》下以《テ》二自蔀自蔽《ヲ》一為《ナスコト》中説《ヲ》上者《モノ》因《テ》二得《ニ》一以《テ》言《フ》二之《ヲ》一夫《レ》自蔀《ハ》莫《シ》三若《シク》二愛《ニ》一自蔽《ハ》莫《ナシ》三若《シク》二疑《ニ》一但使《シムルハ》三疑愛《ノ》二心了《ツイニ》無《ラ》二蔀礙一則浄土《ノ》一門《ナリ》未《タ》《ス》二始《テ》間隔《セ》一弥陀《ノ》洪願常《ニ》自《オノツカラ》摂持《シタマフ》必然之理也上已

「夫按《スルニ》二真実信楽《ヲ》一信楽《ニ》有《リ》二一念一一念者《ハ》斯《レ》顕《シ》二信楽開発《ノ》時剋之極促《ヲ》一彰《ス》二広大難思《ノ》慶心《ヲ》一也

是《ヲ》以《テ》大経《ニ》言《ノタマハクアラユル》諸有衆生聞《テ》二其《ノ》名号《ヲ》一信心歓喜《セムコト》乃至一念《セム》至心廻向《シタマヘリ》願《スレハ》三生《ト》二彼《ノ》国《ニ》一即得《エ》二往生《ヲ》一住《セムト》二不退転《ニ》一

又言《ノタマヘリ》下他方仏国《ノ》所有《ノ》衆生聞《テ》二无量寿如来《ノ》名号《ヲ》一能《ク》発《シテ》二一念《ノ》浄信《ヲ》一歓喜《ヤムト》上

又言《ノタマヘリ》下其《ノ》仏《ノ》本願《ノ》力《ヲ》聞《テ》二名一欲《ヘト》中往生《セムト》上

又言聞《クト》二仏《ノ》聖徳《ノ》名《ヲ》一上已

涅槃経《ニ》言《ノタマハクイカンカ》云何名《テ》為《スル》二聞不具足《ト》一如来《ノ》所説《ハ》十二部経《ナリ》唯《タ》信《シテ》二六部《ヲ》一未《タ》《ス》三信《セ》二六部《ヲ》一是《ノ》故《ニ》名《テ》為《ス》二聞不具足《ト》一雖《モ》三復《タ》受二持《スト》是《ノ》六部《ノ》経《ヲ》一不《スシテハ》三能二読誦《ニ》一為《ニ》二他《ノ》一解説《スルハ》无《ケム》三所《ロ》二利益《スル》一是《ノ》故《ニ》名《ツ》為《ス》二聞不具足《ト》一又復受《ケ》二是《ノ》六部《ノ》経《ヲ》一已《テ》為《ノ》二論議《ノ》一故《ニ》為《ノ》二勝他《ノ》一故《ニ》為《ノ》二利養《ノ》一故《ニ》為《ノ》二諸有《ノ》一故《ニ》持読誦説《ヤム》是《ノ》故《ニ》名《テ》為《ストノタマヘリ》二聞不具足《ト》一上已

光明寺ノ和尚ハ云ヒ二一心専念ト一又云ヘリト二専心専念ト一上已

然ニ経ニ言《イフ》二聞ト一者ハ衆生聞テ二仏願ノ生起本末ヲ一無シ三有コト二疑心一是ヲ曰フ二聞ト一也言二信心ト一者ハ則チ本願力廻向之信心也言二歓喜ト一者ハ形《アラハス》二身心ノ悦予之兒《カホハセヲ》一也言二乃至ト一者ハ摂スル二多少之言一也言二一念ト一者ハ信心无キカ二二心一故ニ曰フ二一念ト一是ヲ名ク二一心ト一一心ハ則清浄報土ノ真因也獲二得スレ金剛ノ真心ヲ一者ハ横ニ超ヘ二五趣八難ノ道ヲ一必ス獲ウ二現生ニ十種ノ益ヲ一何ニ者《モノカ》為スル二十ト一一ニ者ハ冥衆護持ノ益二者ハ至徳具足ノ益三者ハ転悪成善ノ益四ニ者ハ諸仏護念ノ益五者ハ諸仏称讃ノ益六ニ者ハ心光常護ノ益七ニ者ハ心多歓喜ノ益八ニ者ハ知恩報徳ノ益九ニ者ハ常行大悲ノ益十ニ者ハ入ル二正定聚ニ一益也宗師ノ云ヘルハ二専念ト一即是レ一行ナリ云ヘルハ二専心ト一即是レ一心也然レハ者願成就ノ一念ハ即是専心ナリ専心即是深心ナリ深心即是深信ナリ深信即チ是レ堅固深信ナリ堅固深信即是決定心ナリ決定心即チ是レ无上上心ナリ无上上心即是真心ナリ真心即是相続心ナリ相続心即是淳《シュン》心ナリ淳心即是憶念ナリ憶念即是真実一心ナリ真実一心即是大慶喜心ナリ大慶喜心即是真実信心ナリ真実信心即是金剛心ナリ金剛心即是願作仏心ナリ願作仏心即是度衆生心ナリ度衆生心即是摂二取シテ衆生ヲ一生セシムル二安楽浄土ニ一心ナリ是ノ心即是大菩提心ナリ是ノ心即是大慈悲心ナリ是ノ心即是レ由テ二无量光明慧ニ一生スルカ故ニ願海平等ナルカ故ニ発心等ヒトシ発心等シキカ故ニ道等ヒトシ道等シキカ故ニ大慈悲等ヒトシ大慈悲者ハ是仏道ノ正因ナルカユヘ故

論ノ註ニ曰ク願スル三生ト二彼ノ安楽浄土ニ一者ハ要ストノタマヘリル二発无上菩提心ヲ一也

又云是心作仏者ハ言イフコ、ロハ心能ク作仏也是心是仏者ハ心ノ外ニ无マシマサスト二仏一也譬ハ如キ下火従二木一出テ、火不ル四得エ三離コトヲ二木ヲ一也以ノ四不ルヲ三離レ二木ヲ一故ニ則チ能ク焼ク二木ヲ一木為ニ二火ノ一焼テ木即為ナルカト中火上也

光明云是心作仏是心是仏是心外无異仏已上

故知一心是名如実修行相応即是正教是正義是正行是正解是正業是正智也三心即一心一心即金剛真心之義答竟可知

止観一云菩提者天竺語此称道質多者天竺音此方云心心者即慮知也已上

言横超断四流者横超者横者対竪超竪出超者対迂対廻之言竪超者大乗真実之教也竪出者大乗権方便之教二乗三乗迂廻之教也横超者即願成就一実円満之真教真宗是也亦復有横出即三輩九品定散之教化土懈慢迂廻之善也大願清浄報土不云品位階次一念須臾傾速疾超証无上正真道故曰横超也

大本言超発无上殊勝之願

又言我建超世願必至无上道名声超十方究竟靡所聞誓不成正覚

又言必得超絶去往生安養国横截五悪趣悪趣自然閉昇道无窮極易往而无人其国不逆違自然之所牽已上

大阿弥陀経支謙言可得超絶去往生阿弥陀仏国横截於五悪道自然閉塞昇道之无極易往无有人其国土不逆違自然之随牽已上

言断者発起往相一心故无生而当受生无趣而更応到趣已六趣四生因亡果滅故即頓断絶三有生死故曰断也四流者則四暴流又生老病死也

大本言会当成仏道広度生死流

又言会当作世尊将度一切生老死已

涅槃経言又涅槃者名為洲渚何以故四大暴河不能漂故何等為四一者欲暴二者有暴三者見暴四无明暴是故涅槃名為洲渚已

光明寺和尚云白諸行者凡夫生死不可貪而不厭弥陀浄土不可軽而不忻厭則娑婆永隔忻則浄土常居隔則六道因亡淪廻之果自滅因果既亡則形名頓絶也

又云仰願一切往生人等善自思量已能今身願生彼国者行住座臥必須励心剋己昼夜莫廃畢命為期上在一形似如少苦前念命終後念即生彼国長時永劫常受无為法楽乃至成仏不逕生死豈非快哉応知已

言真仏弟子者真言対偽対仮也弟子者釈迦諸仏之弟子金剛心行人也由斯信行必可超証大涅槃故曰真仏弟子

大本言設我得仏十方无量不可思議諸仏世界衆生之類蒙我光明触其身者身心柔燸超過人天若不爾者不取正覚設我得仏十方无量不可思議諸仏世界衆生之類聞我名字不得菩薩无生法忍諸深捴持者不取正覚已

无量寿如来会言若我成仏周偏十方无量无辺不可思議无等界衆生《有情》之輩蒙仏威光所照触者身心安楽超過人天若不爾者不取菩提已

又言聞法能不忘見敬得大慶則我善親友已

又言其有至心願生安楽国者可得智慧明達功徳殊勝又言広大勝解者又言

如キ二是ノ一等ラノ類大威徳ノ者ヒト能ク生ルト中広大異門ニ上又言ハク若シ念仏者スルヒトハ当ニ知ル一此ノ人ハ是人中ノ分陀利華ナリト已上

安楽集ニ云ク拠テ二諸部ノ大乗ニ一明サ二説聴ノ方軌ヲ一者ハ大集経ニ云ク於テハ二説法ノ者ヒトニ一作セ二医王ノ想ヲ一作セ二抜苦ノ想ヲ一所説之法オハ作セ二甘露ノ想ヲ一作セ二醍醐ノ想ヲ一其レ聴法ノ者ヒトオハ作セ二増長勝解ノ想ヲ一作セ二愈病ノ想ヲ一若シ能ク如キ二是ノ一説者聴者ハ皆堪タエタリ三紹隆《セウリウ》スルニ二仏法ヲ一常ニ生セムト二仏前ニ一 至乃 依ニ二涅槃経ニ一仏ノ言ノタマハク若シ人但能ク至シテ二心ヲ一常ニ修スレ二念仏三昧ヲ一者ハ十方諸仏恒ニ見ミツナハスコト此ノ人ヲ如シ三現ニ在マスカ二前ニ一是ノ故ニ涅槃経ニ云ノタマハク仏告ハク二迦葉菩薩ニ一若シ有テ二善男子善女人一常ニ能ク至シ心ヲ一専ラ念仏者スルヒトハ若シハ在アレ二山林ニモ一若ハ在レ二聚落ニモ一若ハ昼ヒル若ハ夜若ハ座若ハ臥諸仏世尊常ニ見ミツナハスコト二此ノ人ヲ一如シ三現セルカ二目ノ前ニ一恒ニ与タメニ二此人ノ一而シテ作サムト二受施ヲ一 至乃 依ニ二大智度論ニ一有リ二三番ノ解釈一第一ニハ仏ハ是レ无上法王ナリ菩薩ハ為ス二法臣ト一所ニ尊フ一所重スル一唯仏世尊ナリ是ノ故ニ応ヘキ二当ニ常ニ念仏ス一也第二ニ有テ二諸ノ菩薩一自ミツカラ云ク我レ従ニ二曠劫一已来コノカタ得タリキ四蒙フルコトヲ三世尊長ニ養スルコトヲ我等ラカ法身智身大慈悲身ヲ一禅定智慧无量ノ行願由テ二仏ニ一得タリ二成コトヲ一為ノ二報恩ノ一故ニ常ニ願ス三近チカツカムコトヲ二仏ニ一亦如シ下大臣ノ蒙テ二王ノ恩寵ヲ一常ニ念中フカク其ノ王ヲ上第三ニ有テ二諸ノ菩薩一復作サク二是ノ言ヲ一我於シテ二因地ニ一遇テ二善知識ニ一誹二謗シテ波若ヲ一堕シキ三於ニ二悪道一逕テ二无量劫ヲ一雖モ三修スト二余行ヲ一未タ三能二出コト一後ニ於テ二一時ニ一依リシニ二善知識ノ辺ニ一教ヘテ二我ノ一行セム二念仏三昧ヲ一其ノ時ニ即チ能ク併シカシナカラ遣シム三諸ノ鄣リヲ一方ニ得エ二解脱ヲ一有ルカ二斯ノ大益一故ニ願シテ不ストレ三離二仏ヲ一 至乃 大経ニ云ノタマハク凡ソ欲ハヽ三往二生セムト浄土ニ一要トスルヲ三須モチキルヲ二発菩提心ヲ一為ス二源ト一云イカンソ何菩提者ハ乃スナワチ是レ无上仏道之名也若シ欲オモハヽ発心作仏セムト一者ハ此ノ心広大ニシテ周二偏セム法界ニ一此ノ心長遠ニシテ尽ス二未来際ヲ一此ノ心普ク備ツフサニ離ル二二乗ノ鄣リヲ一若シ能ク一タヒ発心スレハ傾カタフクト二无始生死ノ有輪ヲ一 至乃 大悲経ニ云ノタマハク云何イカンカ名テ為スル二大悲ト一若シ専ラ念仏相続シテ不レ断ヘ一者ハ随テ二其ノ命終ニ一定テ生セム二安楽ニ一若シ能ク展転シテアヒ相勧テ行セシムル二念仏ヲ一者ハ此等ラヲ悉ク名ク四行スル二大悲一人ト三 已上抄出

光明師云唯タヽ恨ウラムラクハ衆生ノ疑ウタカフコトヲ三不二疑マシキヲ一浄土対面シテ不ス二相アヒ忤タカハ一莫ナカレ三論コト二弥陀ノ摂ト不摂ヲ一意在アリ三専心ニシテ迴スルト

不《ルトニ》二廻《セ》一乃至或《ハ》遵《イハク》従二今《ケフ》一至《マテ》二仏果《ニ》一長劫《ニ》讃《テ》二仏《ヲ》一報《セムト》二慈恩《ヲ》一不《スハ》三蒙《フ》二弥陀《ノ》弘誓《ノ》力《ヲ》一何《ツレノ》時何《ツレノ》劫《ニカ》出《テムト》二娑婆《ヲ》一乃至何《イカンカ》期《セム》三今日至《コトヲ》二宝国《ニ》一実《ニ》是《レ》娑婆本師《ノ》力《ナリ》若《シ》非《スハ》二本師知識《ノ》勧《ス、メニ》一弥陀《ノ》浄土云何《イカンシテカ》入《ラムト》

又云《ク》仏世甚《タ》難《シ》二値《マウアヒ》一人有《コト》二信慧一難《シ》遇《タマ、、》聞《コト》二希有《ノ》法《ヲ》一斯《コレ》復最《トモ》為《ス》二難《シト》一自《ミツカラ》信《シ》教《オシヘテ》二人《ヲ》一信《セシム》難《カ》中《ニ》転《ウタ、》更《マタ》難《シ》大悲弘《ク》普《ク》化《スル》真《ニ》成《ナルト》三報《スルニ》二仏恩《ヲ》一

又云弥陀《ノ》身色《ハ》如《シ》二金山《ノ》一相好《ノ》光明《ハ》照《ス》二十方《ヲ》一唯有《テ》二念仏《スル》一蒙《フル》二光摂《ヲ》一当《ユ》知《ル》一本願最《モ》為《ス》二強《コワシト》一十方《ノ》如来舒《テ》二舌《ミシタヲ》一証《シタマフ》専《ラ》称《シテ》二名号《ヲ》一至《ル》二西方《ニ》一到《テ》二彼《ノ》華台《ニ》一聞《ク》二妙法《ヲ》一十地《ノ》願行自然《ニ》彰《アラワルト》

又云但有《テ》下専二念《スル》阿弥陀仏《ヲ》一衆生上彼《ノ》仏心《ノ》光《リ》常《ニ》照《シテ》二是《ノ》人《ヲ》一摂護《シテ》不《ス》二捨《テタマハ》一捴《テ》不《ス》四論《セ》三照《シ》二摂《ムト》余《ノ》雑業《ノ》行者《ヲ》一此《レ》亦《タ》是《レ》現生護念増上縁《ナリト》已上

又云言二心歓喜得忍《ト》一者《ハ》此《ハ》明《ス》下阿弥陀仏国《ノ》清浄《ノ》光明忽《タチマチニ》現《セム》二眼前《ニ》一何《ソ》勝《タエム》二踊躍《ニ》一因《ルカ》二玆《コノ》喜《ニ》一故《ニ》即得《ウ》二无生之忍《ヲ》一亦名《ク》二喜忍《ト》一亦名《ク》二悟忍《ト》一亦名《ク》二信忍《ト》一此《レ》乃玄《ニ》談《タンスルニ》未《タ》三標《アラワサ》二得処《ヲ》一欲《フ》四令《シメムト》三夫人等《ヲシテ シク》悕《ネカハ》二心《ニ》此《ノ》益《ヲ》一勇猛専精《ニシテ》心《ニ》想《フ》二見《ト》一時《ニ》方《ニ》応《シ》三悟《ル》二忍《ヲ》一此《レ》多《ク》是《レ》十信《ノ》中《ノ》忍《ナリ》非《ル》中解行已上《ノ》忍《ニハ》上也《ト》

又云従《ヨリ》二若念仏者《ト》一下《モ》至《マテ》二生諸仏家《ニ》一已《コノカタハ》来正《シク》顕《ス》五念仏三昧《ノ》功能超絶《シテ》実《ニ》非《ルコトヲ》四雑善《ヲシテ》得《ウルニ》三為《スルコトヲ》二比類《ト》一即《チ》有《リ》二其《レニ》五一一《ニハ》明《ス》三専二念《スルコトヲ》弥陀仏《ノ》名《ミナヲ》一二《ニハ》明《ス》指二讃《スルコトヲ》能念之人《ヲ》一三《ニハ》明《ス》下若《シ》能《ク》相続《シテ》念仏《スル》者《ヒト》此《ノ》人甚《タ》為《ス》二希有《ナリトニ》一更無《コトヲ》四上物《トシテ》可《キコト》三以《テ》方《タクラフ》二之《コレニ》一故《ニ》引《テ》二芬陀利《ヲ》一為《ス》二喩《ト》一言分陀利《ト》者《ハ》名《ク》二人中《ノ》好華《ト》一亦名《ク》二希有華《ト》一亦名《ク》二人中《ノ》上上華《ト》一亦名《ク》二人中《ノ》妙好華《ト》一此《ノ》華相《アヒ》伝《ツタヘテ》名《ツクル》二蔡《サイ》華《ト》一是《ナリ》若《シ》念仏《ノ》者《ヒトハ》即是《レ》人中《ノ》好人《ナリ》人中《ノ》妙好人《ナリ》人中《ノ》上上人《ナリ》人中《ノ》希有人《ナリ》人中《ノ》最勝人也四《ニハ》明《ス》下専二念《スレ》弥陀名《ヲ》一者《ハ》即観音勢至常《ニ》随《テ》影護《シタマフコト》亦如《ナルコトヲ》中親友知識《ノ》上也五《ニハ》明《ス》下今生《ニ》既《ニ》蒙《レリ》二此《ノ》益《ヲ》一捨《ステ、》二命《ヲ》一即入《ラム》二諸仏之家《ニ》一即浄上

是也到《テ》二彼《コニ》一長時《ニ》聞《キ》二法《ヲ》一歴事供養《セム》因円《ニ》果満《ス》道場之座豈《ニ》賒《ハルカナラムヤトイフコトヲ》上已

王日休《キウ》云《ク》我《レ》聞《ニ》二无量寿経《ヲ》一衆生聞《テ》二是《ノ》仏名《ヲ》一信心歓喜《セムコト》乃至一念《セムモノ》願《スレハ》三生《ト》二彼《ノ》国《ニ》一即《チ》得《エ》二往生《ヲ》一住《スト》二不退転《ニ》一不退転者《ハ》梵語《ニハ》謂《イフ》二之《ヲ》阿惟越致《ト》一法華経《ニハ》謂《ク》弥勒菩薩《ノ》所得《ノ》報地也一念往生便《チ》同《シ》二弥勒《ニ》一仏語不《ス》二虚《カラ》一此《ノ》経《ハ》寔《マコトニ》往生之径《ケイ》術《シユチ》脱《タチ》苦之神《シン》方《ホウナリ》応《シト》二皆信受《ス》一上已

大経《ニ》言《ハク》仏告《ハク》二弥勒《ニ》一於《ヨリ》二此《ノ》世界一有《テ》二六十七億《ノ》不退《ノ》菩薩一往二生《セム》彼《ノ》国《ニ》一一一《ノ》菩薩《ハ》已《ニ》曾《ムカシ》供養《セリキ》无数《ノ》諸仏《ヲ》一次《テ》如《シト》二弥勒《ノ》一

又言《ノタマハク》仏告《ハク》弥勒《ニ》一此《ノ》仏土《ノ》中《ユ》有《リ》二七十二億《ノ》菩薩一彼《レハシテ》於二无量億那由佗百千《ノ》仏《ノ》所《トニ》一種《テ》二諸《ノ》善根《ヲ》一成《セルナリ》二不退転《ヲ》一当《ニ》三生《ス》二彼《ノ》国《ニ》一出抄

律宗《ノ》用《ヨウ》欽《キム》師《ノ》云《ク》至《レルコト》如《シカムヤ》二華厳《ノ》極《コク》唱《シヤウ》法華《ノ》妙談《ニ》一且《カツハ》未《タ》四見《ス》三有《コトヲ》普授衆生一生《ニ》皆得《ルコト》二阿耨多羅三藐三菩提《ノ》記《ヲ》一者《ハ》誠《ニ》所《ノ》二謂《フ》一不可思議功徳之利也《ト》上已

真《ニ》知《リヌ》弥勒大士窮《キワムルカ》二等覚金剛心《ヲ》一故《ニ》竜華三会之暁当《ニ》三極《ム》二无上覚位《ヲ》一念仏衆生《ハ》窮《ルカ》二横超《ノ》金剛心《ヲ》一故《ニ》臨終一念之夕超《ス》二証大般涅槃《ヲ》一故《ニ》曰《フ》二便同《ト》一也加之《シカノミナラス》獲《ル》二金剛心《ヲ》一者《ノハ》則与《ト》二韋提一等《ヒトシク》即可《ニ》三獲《ス》二得喜悟信之忍《ヲ》一是則往相廻向之真心徹到《スルカ》故《ニ》籍《ヨルカ》二不可思議之本誓《ニ》一故《ヘ》也

禅宗《ノ》智覚讃《テ》二念仏行者《ヲ》一云《ク》奇《マレナルカナ》哉仏力難思《ナレハ》古今《モ》未《タ》有《ラ》一

律宗《ノ》元昭師《ノ》云《ク》嗚呼《ア、》明《ナルコト》二教観《ニ》一熟《タレカ》如《シカム》二智者《ニ》一乎《ヤ》臨《テ》二終《ニ》一挙《キヨシ》二観経《ヲ》一讃《テ》二浄土《ヲ》一而長《リ》逝《ユキムキ》矣達《セルコト》二法界《ニ》一熟《タレカ》如《シカム》二杜《ト》順《シユン》一乎《ニヤ》勧《メ》二四衆《ヲ》一念《シテ》二仏陀《ヲ》一感《シテ》二勝相《ヲ》一而西邁《ニユキ、》矣参《マシワリ》二禅《ニ》一見《ルコトヲ》性一熟《タレカ》如《シカム》二高玉智覚《ニ》一乎《ヤ》皆結《ムスヒ》二社《ヲ》一念二仏《ヲ》一而倶《シテ》登《ノホリキ》二上品《ニ》一矣業《ケフ》儒《シユ》有《ル》二才一熟《タレカ》如《シカム》二劉《リウ》雷《ライ》柳《リウ》子《シ》厚《カウ》白楽天《ニ》一乎《ヤ》然《ニ》皆秉《トリ》二筆《ヲ》一書《シヨ》一誠《ヲ》一而願《シテ》三生《シキト》二彼《ムトノ》土《ニ》一

矣上已
言二仮《ト》一者《ハ》即是聖道《ノ》諸機浄土《ノ》定散《ノ》機也故《ニ》光明師《ノ》云《ク》仏教多門《ニシテ》八万四《ナリ》正《シク》為二《メナリト》衆生《ノ》機
不同《ナルカ》一
又云《ク》方便《ノ》仮門等《ヒトシクシテ》無二《シト》殊一
又云《ク》門門不同《ナルヲ》名《ク》二漸教《ト》一万劫苦行《シテ》証二《スト》无生《ヲ》一上已
言二偽《ト》一者《ハ》則六十二見九十五種之邪道是也
涅槃経《ニ》言《ノタマハク》世尊常《ニ》説《トキタマハク》一切《ノ》外《ハ》学二《マナフテ》九十五種《ヲ》一皆趣二《ムクト》悪道《ニ》一上已
光明師《ノ》云《ク》九十五種皆汚二《ケカス》世《ヲ》一唯仏《ノ》一道独《ヒトリ》清閑《ナリト》上已
誠知悲哉愚禿鸞沈三没《シ》於《ニ》二愛欲《ノ》広海一迷三惑《シテ》於《ニ》二名利《ノ》太山一不《ス》三喜《ヨロコハ》二入《コトヲ》二定聚之数《ニ》一不《サルコトヲ》四快《タノシマ》三近《クコトヲ》二
真証之証《ニ》一可《シ》二恥《ハツ》一可《シト》二傷《イタム》一矣
夫《レ》仏説《テ》二難治《ノ》機《ヲ》一涅槃経《ニ》言《ノタマハク》迦葉世《ニ》有《リ》二三人一其《ノ》病難《カタシ》二治《シ》一一《ニハ》謗大乗二《ニハ》五逆罪三《ニハ》一闡提《ナリ》
如《ノ》二是《ノ》一三病世《ノ》中《ニ》極重《ナリ》悉《ク》非三《ス》声聞縁覚菩薩之所《ニ》二能《ク》治《スル》一善男子譬《ハ》如《シ》下有《レハ》二病一必死《スルニ》無《ナカラムニ》二治一若《シ》有《ムカ》中
瞻病随意《ノ》医薬上若《シ》無《ラム》二瞻病随意《ノ》医薬一如《キ》二是《ノ》一之病定《テ》不三可二治一当《ニ》《シ》知《ル》二是《ノ》人必死《セムコト》一不《スト》二疑一善男子
是《ノ》三種《ノ》人亦復如《シ》二是《ノ》一従《テ》二仏菩薩《ニ》一得《エ》二聞治《ヲ》一已《テ》即便能《ク》発《セム》二阿耨多羅三藐三菩提心《ヲ》一若《シ》有《テ》二声聞
縁覚菩薩一或《ハ》有《ラム》四説《トキ》二法《ヲ》一或《ハ》不《ル》三説《カ》二法《ヲ》一不《スト》五能《ハ》四令《コトヲ》三其《ヲシテ》発《セ》二阿耨多羅三藐三菩提心《ヲ》一上已
又言爾時《ニ》王舎大城《ニ》阿闍世王《アリ》其《ノ》性弊悪《ニシテ》善《ク》行《ス》二殺戮《ロクヲ》一具《シテ》二口《ノ》四悪貪恚愚癡《ヲ》一其心熾盛《ナリ》至乃
而《ニ》為《ニ》二眷属《ノ》一貪二著《スルカ》現世《ノ》五欲《ノ》楽《ニ》一故《ニ》父《ノ》王无《キニ》二辜《ツミ》一横《ニ》加《ス》二逆害《ヲ》一因《テ》三害《スルニ》二父《ヲ》一己《オノレカ》心《ニ》生《ス》二悔熱《ヲ》一至乃心悔熱《スルカ》故《ニ》

偏体生瘡其瘡臭穢不可附近尋自念言我今此身已受華報地獄果報将近不遠
爾時其母韋提希后以種種薬而為塗之其瘡遂増無有降損王即白母如是瘡者従心而生非四大起若言衆生有能治者无有是処時有大臣名曰月称往至王所在一面立白言大王何故愁悴顔容不悦為身痛邪為心痛乎王答臣言我今身心豈得不痛我父無辜横加逆害我従智者曽聞是義世有五人不脱地獄謂五逆罪我今已有无量无辺阿僧祇罪云何身心而得不痛又无良医治我身心臣言大王莫大愁苦
即説偈言若常愁苦愁遂増長如人喜眠眠則滋多貪婬嗜酒亦復如是如王所言世有五人不脱地獄誰往見之来語王邪言地獄者直是世間多智者説如王所言世无良医治身心者今有大医名富蘭那一切知見得自在定畢竟修習清浄梵行常為无量无辺衆生演説无上涅槃之道為諸弟子説如是法无有黒業无黒業報无有白業无白業報无黒白業无黒白業報无有上業及以下業是師今在王舎城中惟願大王屈駕往彼可令是師療治身心時王答言審能如是滅除我罪我当帰依復有一臣名曰蔵徳復往王所而作是言大王何故面貌憔悴脣口乾燋音声微細乃至何所苦為身痛邪為心痛乎王即答言我今身心云何不痛我之癡盲无有慧目近諸悪友而為善随提婆達多悪人之言正法之王横加逆害我昔曽聞智人偈説若於父母仏及弟子生不善心起於悪業如是果報在阿鼻獄以是事故令我心怖生大苦悩又无良医而見救療大臣復言惟願大王且莫愁怖法有二種一者出家二者王法王法者謂害其父則王国

土雖《モ》三云《フト》二是《レ》逆《ナリト》一実《ニ》无《ケム》三有《コト》二罪一如《シ》下迦羅羅虫《ノ》要《ス》壊《リテ》二母《ノ》腹《ヲ》一然《シテ》後《チ》乃生《スルカ》上生《ノ》法如《シ》是《ノ》一雖《モ》三破《ト》二母《ノ》身《ヲ》一実亦无《シ》二罪一騾《ラ》腹懐妊等亦復如《シ》二是《ノ》一治国之法《ハフ》法《トシテ》応《シ》三如《クナル》二是《ノ》一雖《モ》三殺《スト》二父兄《ヲ》一実《ニ》无《ケム》三有《コト》二罪一出家《ノ》法者《ハ》乃至蚊蟻殺《スル》亦有《リ》二罪一至乃如《シ》三王《ノ》所《ノ》二言一世无《ケムト》三良医《ノ》治《スル》二身心《ヲ》一者《ノ》三今有《リ》二大師一名《ク》二末《マ》伽《カ》梨《リ》拘《ク》賒《シヤ》梨《リ》子《シト》一切知見《シテ》憐二愍《コト》衆生《ヲ》一猶《コト》二如《シ》赤子《ノ》一已《ニ》離《テ》二煩悩《ヲ》一能《ク》抜《クト》二衆生《ノ》三毒《ノ》利箭《ヲ》一至乃是《ノ》師今在《イマス》王舎大城《ニ》一惟《ヤ》、願《ハ》、大王往《ニ》至《シテ》其《ノ》所《ニ》一王若《シ》見《ミ》者《ハ》衆罪消滅《セムトニ》時王答《テ》言《ク》審《アキラカニ》能《ク》如《キ》二是《ノ》一滅二除《セハ》我《カ》罪《ヲ》一我当《ニ》二帰依《ス》一復有《リ》二一《ノ》臣一名《テ》曰《フ》二実徳《ト》一復到《テ》二王《ノ》所《ニ》一即説《テ》偈《ヲ》一言《ク》大王何《カ》故《ソ》身《ノ》脱《ヌキ》二瓔珞《ヲ》一首《ノ》髪《カミ》蓬《ホウ》乱《セル》乃至如《キナルヤト》二是一至乃為《セム》二是《レ》心痛《ト》邪《ヤ》一為《セム》二身痛《ト》邪《ヤ》二王即答言《ク》我今身心豈《ニ》得《ムヤ》三不《ルコトヲ》二痛一我《カ》父先王慈愛仁惻《シテ》特《ニ》見《テ》矜念《セリ》実《ニ》無《ニ》二辜《ツミ》一往《テ》問《フ》二相師《ニ》一相師答《テ》言《ク》是《ノ》児生《レ》已《テ》定《テ》当《ニ》三害二父《ヲ》一雖《モ》三聞《ト》二是《ノ》語《ヲ》一猶《ヲ》見《テ》瞻養《ス》曾《シ》聞《キ、キ》五智者《ノ》作《ナシ、ヲ》四如《ノ》二是《ノ》一言《ヲ》三若《シ》人通《ノ》母《ト》及汚《ケカシ》二比丘尼《ヲ》一偸《ヌスミ》二僧祇物《ヲ》一殺《シ》四発《セル》二无上菩提心《ヲ》一人《ヲ》及殺《セム》二其《ノ》父《ヲ》一如《キ》二是一之人《ハ》必定《シテ》当《ニ》三堕《ス》二阿鼻地獄《ニ》一我今身心豈《ニ》得《ムヤ》三不《ルコトヲ》二痛《マ》一大臣復言《ク》惟《ヤ》、願《ハ》、大王且《マタ》莫《レト》二愁苦《スルコト》一至乃一切衆生皆有《リ》二余業一以《ノ》二業縁《ヲ》一故《ニ》数《シハ》数《シハ》受《ク》二生死《ヲ》一若《シ》使《シメ》三先生《ニ》有《ラ》二余業一者《ハ》王今殺《セム》之《ヲ》一竟《ツイニ》有《ラム》二何《ノ》罪《カ》一惟《ヤ》、願《ハ》、大《ニ》王寛《ユタカニシテ》二意《ヲ》一莫《レ》二愁《コト》一何《ヲ》以《ノ》故《ニ》若《シ》常《ニ》愁苦《スレハ》愁遂《ツイニ》増長《ス》如《シ》下人喜《コノメハ》二眠一眠則《チ》滋《シケク》多《キカ》上貪《シ》二婬《ヲ》一嗜《タシムモ》二酒《ヲ》一亦復如《シ》二是《ノ》一至乃刪《サン》闍《シヤ》邪《ヤ》毗《ヒ》羅《ラ》肱《セン》子《シ》復有《リ》二一《ノ》臣一名《ク》悉知義《ト》一即至《テ》二王《ノ》所《ニ》一作《サク》四如《ノ》二是《ノ》一言《ヲ》三至乃王即《チ》答《テ》言《イハマク》我今身心豈《ニ》得《ムヤ》三无《コトヲ》二痛《ミ》一至乃先王無《キニ》二辜《ツミ》一横《ニ》興《ス》二逆害《ヲ》一我亦曾《テ》聞《キ、キ》二智者説《テ》言《シヲ》一若《シ》有《レハ》三害《コトヲ》二父一当《ニ》下於《テ》二无量阿僧祇劫《ニ》一受《ク》中大苦悩《ヲ》上我今不《シテ》二久《ラ》一必堕《セム》二地獄《ニ》一又无《ケムト》三良医《ノ》救二療《スルコト》我《カ》罪《ヲ》一大臣即言《サク》惟《ヤ》、願《ハ》、大王放二捨《セヨ》愁苦《ヲ》一王不《ス》二聞《カ》一邪《ヤ》昔者《ムカシ》有《リキ》二王一名《テ》曰《ヒキ》二羅摩《ト》一害《シ》二其《ノ》父《ヲ》一已《テ》得《タリキ》三紹《ツクコトヲ》二王位《ヲ》一跋提大王毗楼真王那睺沙王迦帝迦王毗舎佉王月光明王日光明王愛王持多人王如《キ》二是一等《ラノ》王皆《ナ》害《シテ》二其《ノ》父《ヲ》一得《タリキ》三紹《ツクコトヲ》二王位《ヲ》一然《ニ》无《シ》四一《トシテ》王《ノ》入《ル》二地獄《ニ》一者《ノ》三於今《イマ》現在《ニ》毗瑠璃王優陀邪王悪性王鼠王蓮華王如是等王皆害其父悉无一工生愁悩者雖言地獄餓鬼天中誰有見者大王唯有二有一者人道二者畜生雖有是二非因縁生非因縁死若非因縁何者有善悪惟願大王勿懐愁怖何以故若常愁苦愁遂増長如人喜眠眠則滋多貪婬嗜酒亦復如是乃至阿耆多翅金欽婆羅復有大臣名曰吉徳乃至言地獄者為有何義臣当説之地者名地獄者名破破於地獄无有罪報是名地獄又復地者名人獄者名天以害其父故到人天以是義故婆蘇仙人唱言殺羊得人天楽是名地獄又復地者名命獄者名長以殺彼寿命長故名地獄大王是故当知実无地獄大王如種麦得麦種稲得稲殺地獄者還得地獄殺害於人応還得人大工今当聴臣所説実无殺害若有我者実亦无害若无我者復无所害何以故若有我者常無変易以常住故不可殺害不破不壊不繋不縛不瞋不喜猶如虚空云何当有殺害之罪若无我者諸法无常以无常故念念壊滅念念滅故殺者死者皆念念滅若念念滅誰当有罪大王如火焼木火則无罪如斧斫樹斧亦无罪如鎌刈草鎌実无罪如刀殺人刀実非人刀既无罪人云何罪如毒殺人毒実非人毒薬非罪人云何罪一切万物皆亦如是実无殺害云何有罪惟願大王莫生愁苦何以故若常愁苦愁遂増長如人喜眠眠則滋多貪婬嗜酒亦復如是今有大師名迦羅鳩駄迦旃延復有一臣名无所畏今有大師名尼乹陀若犍子乃至爾時大医名曰耆婆往至王所白言大王得安眠不王以偈答言乃至耆婆我今病重於正法王興悪逆害一切良医妙薬呪術善巧瞻病所不能治何以

故ニ我カ父法王如二ク法一ノ治《オサム》二国一ヲ実ニ无二シ辜《ツミ》一横ニ加二ス逆害一ヲ如三シ魚《ウオ》ノ処二スルカ陸《クカ》一ニ　至乃　我レ昔《ムカシ》曽テ聞《キ、キ》二智者説テ一言《コト》ヲ身口意業
若シ不《スハ》二清浄一ナラ当ニ三知ル二是ノ人必ス堕《セムト》二地獄一ニ我レ亦如シ二是ノ一云何ソ当ニ三得ウ二安穏ニ眠一《コトヲヤ》邪今我レ又无シ二无上ノ大医ノ演二
説《セムニ》法薬ヲ除二《キテムヤカ》我病苦一ヲ耆婆答テ言ク善哉善哉王雖モ三作二ルト罪一ヲ心ニ生二シ重悔一ヲ而懐二《イタケリ》慚愧一ヲ大王諸仏世
尊常ニ説二ク是ノ言一ヲ有リ二二ノ白法一能ク救《タスク》二衆生一ヲ一ニハ慚二ニハ愧ナリ慚ハ者自《ミツカラ》不三作二ラ罪一ヲ愧ハ者不四教二テ他一ヲ作《ナサシメ》三慚ハ者内ニ自《ミツカラ》
羞《シュ》《ハチ》恥《チス》《ハツ》愧ハ者発露シテ向フ二人一ニ慚ハ者羞《ハツ》二人一ニ愧ハ者羞《ハツ》二天一ニ是ヲ名ク二慚愧一ト无キ慚愧一者ハ不三名テ為二人一ト名テ為ス二畜生一ト有ルカ二慚
愧一故ニ則能ク恭二敬ス父母師長一ヲ有カ二慚愧一故ニ説ク三有リト二父母兄弟姉妹一善哉大王具《ツフサニ》有リト二慚愧一　至乃　如シ三王ノ所二
言一ノ无《ケム》二能ク治スル者一ノ大王当ニ知ル二迦毗羅城ニ浄飯王ノ子姓ハ瞿《ク》曇《トム》氏シ字《ナツク》二悉達多一ト无二シテ師一覚二悟シテ自然ニ一而得《タマヘリ》二
阿耨多羅三藐三菩提一ヲ　至乃　是レ仏世尊《ナリ》有《マシマシテ》二金剛智一能ク破《セシムルコト》二衆生ノ一切悪罪一ヲ若シ言《イハヽ》三不《スト》二能ハ无《ケムト》三有《コト》二
是ノ処《コトワリ》一　至乃　大王如来有リ二弟提婆達多一破二壊シ衆僧ヲ一出シ二仏身血ヨリ一害ス二蓮華比丘尼ヲ一作レリ三三逆罪ヲ一如来為ニ
説《タマフニ》二種種ノ法要ヲ一令《メタマフ》下其重罪ヲシテ尋《スナワチ》得エ中微薄ナル《コトヲ》上是ノ故ニ如来ヲ為ス二大良医一ト非ス二六師ニハ一也　至乃　大王作レ二一逆ヲ一
者ハ則便具ニ受クル下如キ二是ノ一罪ヲ上若シ造ラハ二二逆罪ヲ一則二倍《ナラム》五逆具《ナラハ》者罪モ亦五倍《ナラムト》大王今定テ知ヌ王之悪
業必不三得エ二勉《マヌカル、コトヲ》一惟ハ願ハ大王速カニ往《マウツヘシ》二仏所ニ一除二テ仏世尊ヲ一余ハ无ケム能ク救《クコト》我今愍《ムカ》二汝ヲ一故ニ相ヒ勧導《チヒクナリト》爾ノ

或本作惶字

時ニ大王聞《キ、》二是ノ語ヲ一已テ心ニ懐《タケリ》二怖懼《クヲ》一挙《アケテ》二身ヲ一戦《セン》《オノ、ク》慄《ヘウス》《オソル》五體梓《シム》動《シテシハ》如シ二芭蕉《セウ》樹ノ一仰テ而答テ曰ク天ニ為《セム》二是レ誰一《レトカス》不三現セ二
色像ヲ一而但有《ルコトハノミ》二声一大王吾《ワレ》是レ汝チ父頻婆沙羅ナリ汝今当シ三随フ二耆婆ノ所説ニ一莫レ三随《コト》二邪見六臣之言ニ一時ニ
聞《キ、》已テ悶絶躃地ス身ノ瘡《カサ》増劇《キヤクシテ》臭穢《ナルコト》倍《マサレリ》二前ヨリモ一雖モ下以テ二冷薬ヲ一塗《ヌリ》治ス二療上《ストヲ》瘡ノ瘡蒸《アツカワシ》毒熱但増《マセトモ》无シ二損《コト》一

已上略出

一「大臣名日月称ト　一名富《フ》蘭《ラン》那《ナト》

二蔵徳　二名末《マ》伽《カ》梨《リ》拘《ク》賖《シャ》梨《リ》子《シト》
三有一臣名曰実徳《ト》　三名那《ナ》闍《セン》邪《ヤ》毗《ヒ》羅《ラ》胝《セン》子《シト》
四有一臣名悉《シチ》知《チ》義《キト》　四名阿《ア》嗜《キ》多《タ》翅《シ》金《キム》欽《キン》婆《ハ》羅《ラト》
五大臣名曰吉徳《ト》　五婆《ハ》蘇《ソ》仙《セン》
六加《カ》羅《ラ》鳩《ク》駄《タ》迦《カ》旃《セン》延《エン》　六名尼《ニ》乾《ケン》陀《タ》若《ニャ》犍《ケン》子《シト》

「又言《ノタマハク》善男子如《シ》三我《カ》所《ノ》二言《フ》一為《ニ》二阿闍世王《ノ》一不《ス》三入《ラ》二涅槃《ニ》一如《ノ》是《ノ》蜜義汝未《タ》三能《ハ》二解《コトナ》一何以《ノ》故《ニ》我言《フ》二為《ト》一者《ハ》一切凡夫阿闍世者《ハ》普《ク》及《ヒ》一切造《ル》五逆《ヲ》者《ノナリ》又復為者《ハ》即是一切有為衆生《ナリ》我終《ニ》不《ス》四為《ニ》三无為《ノ》衆生《ノ》而住《シテ》三於二世《ニ》一何以《ノ》故《ニ》夫无為者《ハ》非《ル》二衆生《ニ》一也阿闍世者《ハ》即是具《セル》二足煩悩等《ヲ》一者《ノナリ》又復為者《ハ》即是不《ル》三見《ミ》二仏性《ヲ》一衆生《ナリ》若見《ミムモノニハ》二仏性《ヲ》一我《レ》終《ニ》不《ス》四為《ニ》三久《シク》住《セ》三於二世《ニ》一何以《ノ》故《ニ》見《ル》二仏性《ヲ》一者《ノハ》非《ル》二衆生《ニ》一也阿闍世者《ハ》即是一切未《タ》三発《セ》二阿耨多羅三藐三菩提心《ヲ》一者《ノナリ》乃至又復為者《ハ》名《テ》為《ス》二仏性《ト》一阿闍者《ハ》名《テ》為《ス》二不生《ト》一世者《ハ》名《ク》二怨《ニ》一以《ノ》四不《ル》三生《セ》二仏性《ヲ》一故《ニ》則煩悩《ノ》怨《アタ》生《ス》煩悩《ノ》怨《アタ》生《スルカ》故《ニ》不《ルナリ》三見《ミ》二仏性《ヲ》一以《ノ》四不《ル》三生《セ》二煩悩《ヲ》一故《ニ》則見《チル》二仏性《ヲ》一以《テ》三見《ヲ》二仏性《ヲ》一故《ニ》則得《チウ》三安《ニ》住《コトヲ》二大般涅槃《ニ》一是《ヲ》名《ク》二不生《ト》一是《ノ》故《ニ》名《テ》為《ス》二阿闍世《ト》一善男子阿闍者《ハ》名《ク》二不生《ニ》一不生者《ハ》名《ク》二涅槃《ト》一世《ハ》名《ク》二世法《ニ》一為者《ハ》名《ク》二不汙《ニ》一以《テ》二世《ノ》八法《ヲ》一所《ナルカ》三不《ル》二汙《ケカサ》一故《ニ》无量无辺阿僧祇劫《ニ》不《スト》三入《ラ》二涅槃《ニ》一是《ノ》故《ニ》我《レ》言《ノタマヘリ》四為《ニ》二阿闍世《ノ》一无量億劫《ニ》不《スト》三入《ラ》二涅槃《ニ》一善男子如来蜜語不可思議《ナリ》仏法衆僧亦不可思議《ナリ》菩薩摩訶薩亦不可思議《ナリ》大涅槃経亦不可思議《ナリノ》爾《ニ》時世尊大悲導師為《ニ》二阿闍世王《ノ》一入《リ》二月愛三昧《ニ》一入《リ》三昧《ニ》已《テ》放《ツ》二大光明《ヲ》一其光清涼《ニシテ》往《テ》照《シタマフニ》二王身《ヲ》一身瘡《カサ》即愈《イエヌ》乃至白《シテ》王《ニ》言《イワマク》二耆婆《ニ》一彼天中天以《ナリテ》二何因縁《ノ》一放《タマフソヤト》二斯光明《ヲ》一大王今是瑞相《ハ》相《ヒ》似《ニタリ》三為《ニ》二及《オヨヒ》一以《ノ》王《ニ》一先言《マク》二世无《キカ》三良医《ノ》

療治身心故放此光先治王身然後及心王言耆婆如来世尊亦見念邪耆婆答言譬如一人而有七子是七子中遇病父母之心非不平等然於病子心則偏重大王如来亦爾於諸衆生非不平等然於罪者心則偏重於放逸者仏則慈念不放逸者心則放捨何等名為不放逸者謂六住菩薩大王諸仏世尊於諸衆生不観種姓老少中年貧富時節日月星宿工巧下賤僮僕婢使唯観衆生有善心者若有善心則便慈念大王当知如是瑞相即是如来入月愛三昧所放光明王即問言何等名為月愛三昧耆婆答言譬如月光能令一切優鉢羅華開敷鮮明月愛三昧亦復如是能令衆生善心開敷是故名為月愛三昧大王譬如月光能令一切行路之人心生歓喜月愛三昧亦復如是能令修習涅槃道者心生歓喜是故復名月愛三昧乃至諸善中王為甘露味一切衆生之所愛楽是故復名月愛三昧乃至爾時仏告諸大衆言一切衆生為阿耨多羅三藐三菩提近因縁者无先善友何以故阿闍世王若不随順耆婆語者来月七日必定命終堕阿鼻獄是故近日莫若善友阿闍世王復於前路聞舎婆提毗瑠璃王乗船入海遇災而死瞿伽離比丘生身入地至阿鼻獄須那刹多作種種悪到於仏所衆罪消滅聞是語已語耆婆言吾今雖聞如是二語猶未審定汝来耆婆吾欲与汝同載一象設我当入阿鼻地獄冀汝投持不令我堕何以故吾昔曾聞得道之人不入地獄乃至云何説言定入地獄大王一切衆生所作罪業凡有二種一者軽二者重若心口作則名為軽身口心作則名為重大王心念口説身不作者所得報軽大王昔日口不

或本遇火

勅二《セ》殺一《ヨト》但言三《ヘリキ》削二《ケツレト》足一《アトヲ》大王若《シ》勅二《セマシカハ》侍臣一《シンニ》立《タチトコロニ》斬二《キラマシ》王《ノ》首一《ヲ》坐《ノ》時《ニ》乃《スナワチ》斬《キルトモ》猶《ナホ》不三《シ》得二《エ》罪一《ヲ》況《ヤ》王不二《ス》勅一《セ》云何《ソ》得二《ム》罪一《ヲ》王若《シ》得二《エハ》罪一《ヲ》諸仏世尊《モ》亦応三《シ》得二《エタマフ》罪一《ヲ》何以《ノ》故《ニ》汝《カ》父先王頻婆沙羅常《ニ》於二《テ》諸仏一《ニ》種二《ヘタリキ》諸《ノ》善根一《ヲ》是《ノ》故《ニ》今《ケ》日《フ》得三《タリ》居二《スルコトヲ》王位一《ニ》諸仏若《シ》不三《サラマシシカハ》受二《タマハ》其《ノ》供養一《ヲ》則不三《ラマシ》為二《タラ》王一若《シ》不《サラマシカハ》為二《タラ》王一汝則不下《ラマシト》得下《エ》為二《ニ》国《ノ》生中《コトヲ》害上《ヲ》若汝殺二《シテ》父一《ヲ》当三《ニ》《ク》有二《ル》罪一者《ハ》我等諸仏亦応三《シ》有二《マシマス》罪一若《シ》諸仏世尊无三《シ》得二《タマフコト》罪一《ヲ》者《ハ》汝独《リ》云何《ソ》而得二《ム》罪一《ヲ》邪《ヤ》大王頻婆沙羅往《ムカシ》有二《テ》悪心一於二《シテ》毘富羅山一《ニ》遊行《シ》射二猟《レウシテ》鹿一《ヲ》周二偏《シキ》曠野一《ニ》悉《ク》无三《シ》所二《コロ》得一《ル》唯見二《ル》一《ノ》仙《ノ》五通具足一《セルヲ》見《ミ》已《テ》即生二《シキ》瞋恚悪心一《ヲ》我今遊猟《レウス》所以《コノユヘニ》不三《ス》得二《エ》正《シク》坐一此人断逐《カリテ》令二《シム》去一《ラ》即勅二左右一《ニ》而《シテ》令三《シム》殺二《セ》之一《ヲ》其《ノ》人臨二《テ》終一《ニ》生二《ス》瞋《イカテ》悪心一退二《シチ》失神通一《ヲ》而《シテ》作二《ク》誓言一《ヲ》我実《ニ》無辜一《ツミ》汝以二《テ》心口一《ヲ》横《ニ》加二《ス》戮《ロク》害一《ヲ》我於二《テ》来世一《ニ》亦当下《ニ》如二《ク》是《ノ》還《テ》以二《テ》心口一《ヲ》而《シテ》害中《ス》於二《ヲ》汝一上時《ニ》王聞《キヽ》已《テ》即生二《シテ》悔心一《ヲ》供二養《シキ》死屍一《ヲ》先王如《ク》是《ノ》尚《ナホ》得二《テ》軽《ク》受一《コトヲ》不三《ス》堕二《チ》地獄一《ニ》況《ヤ》王不二《ス》爾一《シカラ》而《シテ》当三《ニ》地《ケム》獄《ノ》受二《ク》果報一《ヲ》邪《ヤ》先王自《ミツカラ》作《テ》還《テ》自《ミツカラ》受二《ク》之一《ヲ》云何《イカンソ》令三《メム》王《ヲ》而《シテ》得二《エ》殺罪一《ヲ》如三《シ》王《ノ》所二《ノ》言一《フ》父《ノ》王無二《ク》辜一《ツミ》者《ハ》大王云何《イカンソ》言五《イハ》無二《キニ》失一《トカ》有四《ト》罪三者《ハ》則有二《ラム》罪報一无二《ク》悪業一者《ハ》則无二《ケム》罪報一汝《カ》父先王若《シ》無二《クハ》辜《コ》罪一云何《ソ》有二《ラム》報一頻婆沙羅於二《テ》現世《ノ》中一《ニ》亦得二《タリ》善果及以悪果一《ヲ》是《ノ》故《ニ》先王亦復不定《ナリ》以二《ノ》不定一《ヲ》故《ニ》殺《モ》亦不定《ナリ》殺不定《ハ》云何《イカン》而《シテカ》言三《ハムト》定《テ》入二《ト》地獄一《ニ》大王衆生《ノ》狂惑《ニ》凡《ソ》有二《リ》四種一一《ニ》者《ハ》貪狂二《ニ》者《ハ》薬狂三《ニ》者《ハ》呪狂四《ニ》者《ハ》本業縁狂《ナリ》大王我《カ》弟子《ノ》中《ニ》有二《リ》是《ノ》四狂一雖三《モ》多《ク》作二《ト》悪一《ヲ》我終《ニ》不四《ス》記三《セ》是《ノ》人犯二《セリト》戒一《ヲ》是《ノ》人《ノ》所作不三《ス》至二《ラ》三悪一《ニ》若《シ》還《テ》得二《エハ》心一《ヲ》亦不三《ス》言二《イハ》犯一《ト》王本《ト》貪二《シテ》国一《ヲ》此《レ》逆二害《ス》父《ノ》王一《ヲ》貪狂《ノ》心《ヲモテ》与《タメニ》作《ナセリ》云何《ソ》得二《ム》罪一《ヲ》大王如下《シ》人躭《タム》酔《スイシテ》逆二害《セム》其《ノ》母一《ヲ》既《ニ》醒《シヤウ》悟《シ》已《テ》心《ニ》生中《セムカ》悔恨上《ヲ》当《ニ》知一《ル》是《ノ》業亦不三《シ》得二《エ》報一《ヲ》王今貪酔《セリ》非二《ス》本心《ノ》作一《セルニ》若《シ》非二《スハ》本心一《ニ》云何《ソ》得二《ムヤ》罪一《ヲ》大王譬《ハ》如下《シ》幻師《ノ》於二《シテ》四衢道《ノ》頭一《ホトリニ》幻中作《スルカ》種種《ノ》男女象馬瓔珞衣服上《ヲ》愚癡之人《ハ》謂《オモフテ》為二《ス》真実一《ト》有智之人《ハ》知三《レリ》非二《スト》真一《ニ》殺《モ》亦如二《シ》是《ノ》凡夫《ハ》謂二《ヘリ》実一《ト》諸仏世尊《ハ》知三《シロシメセリ》其《レ》非二《スト》

真一大王譬如二山谷響声一愚癡之人謂二之実声一有智之人知三其非二真一殺亦如二是一凡夫謂二実一諸仏世尊知三其非二真一大王如下人有二怨詐一来親附上愚癡之人謂為二実親一智者了達乃知二其虚詐一殺亦如二是一凡夫謂二実一諸仏世尊知三其非二真一大王如下人執二鏡一自見中面像上愚癡之人謂為二真面一智者了達知三其非二真一殺亦如二是一凡夫謂二実一諸仏世尊知三其非二真一大王如二熱時炎一愚癡之人謂二之是水一智者了達知三其非二水一殺亦如二是一凡夫謂二実一諸仏世尊知三其非二真一大王如二乾闥婆城一愚癡之人謂為二真実一智者了達知三其非二真一殺亦如二是一凡夫謂二実一諸仏世尊了三知其非二真一大王如三人夢中受二五欲楽一愚癡之人謂二之一為二実一智者了達知三其非二真一殺亦如二是一凡夫謂二実一諸仏世尊知三其非二真一大王殺法殺業殺者殺果及以解脱我皆了二之一則无三有二罪一王雖三知二殺一云何有二罪一大王譬如下有二人主一知三典二酒一如其不二飲一則亦不中酔上雖三復知二火一不二焼燃一王亦如二是一雖三復知二殺一云何有二罪一大王有二諸衆生一於二日出時一作二種種罪一於二月出時一復行二劫盗一日月不二出一則不三作二罪一雖下因二日月一令下其作中罪上然此日月実不三得二罪一殺亦如二是一乃至大王譬如下涅槃非有非無而亦是有上殺亦如二是一雖下非有非无而亦是有上慚愧之人則為二非有一无慚愧者則為二非无一受二果報一者名二之一為二有一空見之人則為二非有一有見之人則為二非无一有有見者亦名為二有一何以故有有見者得二果報一故无有見者則无二果報一常見之人則為二非有一无常見者則為二非无一常常見者不四得三為二无一何以故常常見者有二悪業果一故是故常常見者不四得三為二无一以二是義一故雖二非有非无一而亦是有一大王夫衆生者名二出入息一断二出入息一故名為二殺一諸仏随二俗一亦説為二殺一乃至世尊我見二世間一従二伊蘭子一生二伊蘭樹一不五

見《ミ》四伊蘭《ヨリ》生《スルヲ》二栴檀樹《ヲ》一者《ハ》三我今始《テ》見《ル》下従二伊蘭子一生《スルヲ》中栴檀樹《ヲ》上伊蘭子者《ハ》我《カ》身是也栴檀樹者《ハ》即是我《カ》心无根《ノ》信也无根者《ハ》我初《テ》不《ス》四知《ラ》三恭二敬《セムコトヲ》如来《ヲ》一不《ス》三信《セ》二法僧《ヲ》一是《ヲ》名《ク》二无根《ト》一世尊我若《シ》不《スハ》三遇《マウアハ》二如来世尊《ニ》一当《ニ》《シ》下於《テ》二无量阿僧祇劫《ニ》一在《テ》二大地獄《ニ》一受《ク》中无量《ノ》苦《ヲ》上我今見《マツル》二仏《ヲ》一以三是《レ》見二仏一所《ノ》二得《ル》一功徳破二壊《セシムト》衆生《ノ》煩悩悪心《ヲ》一仏《ノ》言《ハク》大王善哉善哉我今知《レリ》三汝必能《ク》破二壊《スルコトヲ》衆生《ノ》悪心《ヲ》一世尊若《シ》我《レ》審《アキラカニ》能《ク》破二壊衆生《ノ》諸《ノ》悪心《ヲ》一者《ハ》使《シム》下我《レ》常《ニ》在《テ》二阿鼻地獄《ニ》一无量劫《ノ》中《ニ》為《ニ》二諸《ノ》衆生《ノ》一受《ケ》中苦悩《ヲ》上不《ス》三以《テ》為《セ》二苦《ト》一爾《ノ》時《ニ》摩伽陀国《ノ》无量《ノ》人民悉《ク》発《シキ》阿耨多羅三藐三菩提心《ヲ》一以《ノ》下如《キ》二是《ノ》一等《ノ》无量《ノ》人民発《スルヲ》中大心《ヲ》上故《ニ》阿闍世王所有《ノ》重罪即得《エシム》二微薄《ナルコトヲ》一王及夫人後《コウ》宮《キウ》采《サイ》女悉《ク》皆同《シク》発《シキ》二阿耨多羅三藐三菩提心《ヲ》一爾《ノ》時《ニ》阿闍世王語《テ》二耆婆《ニ》一言《イハマク》耆婆我《レ》今《マ》未《タ》《サルニ》二死《セ》一已《ニ》得《タリ》二天身《ヲ》一捨《ステ》三於《ヲ》二短命一而《テ》得《エ》二長命《ヲ》一捨《ステ》二无常《ノ》身《ヲ》一而《テ》得《タリ》二常身《ヲ》一令《シム》下諸《ノ》衆生《ヲシテ》発《セ》中阿耨多羅三藐三菩提心《ヲ》一乃至諸仏《ノ》弟子説《キ》二是《ノ》語《ヲ》一已《テ》即以《テ》二種種《ノ》宝幢《ヲ》一乃至復以二偈頌《ヲ》一而讃嘆言《シテマフサク》

「実語甚《タ》微妙《ナリ》　善巧於《テ》二句義《ニ》一　甚深秘蜜《ノ》蔵《ナリ》

為《ノ》二衆《ノ》一故《ニ》顕二示《ス》　所有広博《ノ》言《ヲ》一　為《タメノ》二衆《ノ》一故《ニ》略《シテ》説《トカク》

具四足《シテ》如《ノ》二是《ノ》一語《ヲ》三　善能《ク》療《ス》二衆生《ヲ》一　若《シ》有《テ》二諸《ノ》衆生一

得《ル》三聞《コトヲ》二是《ノ》語《ヲ》一者《ノハ》　若《ハ》信及不信　定《テ》知《ラム》二是《ノ》仏説《ヲ》一

諸仏常《ニ》輭《ナン》語《ヲモテ》　為《タメノ》二衆《ノ》一故《ニ》説《キタマフ》二麁《ヲ》一　麁語及輭《ナン》語《コ》

皆《ナ》帰《セム》二第一義《ニ》一　是《ノ》故《ニ》我《レ》今《イ》者《マ》　帰三依《シタテマツル》於《ニ》二世尊一

如来《ノ》語《ミコトハ》一味《ナルコト》　猶《ナホ》如《シ》二大海《ノ》水《ノ》一　是《ヲ》名《ク》二第一諦《ト》一

故《ニ》无无義《ノ》語《ミコトニシテ》　如来今所《ノ》説《タマフ》　種種无量《ノ》法

男女大小聞《キ、テ》　同《シク》獲《エシメム》第一義《ヲ》　无因亦无果《ナリ》

无生亦无滅《ナリ》　是《ヲ》名《ク》大涅槃《ト》　聞《ク》者《ノ》破《ス》諸結《ヲ》

如来為《ニ》一切《ノ》　常《ニ》作《タマヘリ》慈父母《ト》　当《ニ》《シ》知《ル》諸《ノ》衆生《ハ》

皆是《レ》如来《ノ》子《ナリ》　世尊大慈悲《ハ》　為《ニ》衆《ノ》修《シタマフコト》苦行《ヲ》

如《シ》人《ノ》著《クルワサレテ》鬼魅《ニ》　狂乱《シテ》多《キカ》所為　我今得《タリ》見《コト》仏《ヲ》

所《ノ》得三業《ノ》善　願《ハ》以《テ》此《ノ》功徳《ヲ》　廻向《セム》无上道《ニ》

我今所《ノ》供養《スル》　仏法及衆僧　願《ハ》以《テ》此《ノ》功徳《ヲ》

三宝常《ニ》在《マシマサム》世《ニ》　我《レ》今《マ》所《ノ》当《ヘキ》獲《ウ》　種種《ノ》諸功徳

願《ハ》以《テ》此《ヲ》破壊《セム》　衆生《ノ》四種《ノ》魔《ヲ》　我遇《フテ》悪知識《ニ》

造作《セリ》三世《ノ》罪《ヲ》　今於《シテ》仏前《ニ》悔《クユ》　願《ハ》後《ノチニ》更《マタ》莫《ラム》造《コト》

願《ハ》諸《ノ》衆生等《ヒトシク》　悉《ク》発《セシム》菩提心《ヲ》　繋《テ》心《ヲ》常《ニ》思念《セム》

十方一切仏《ヲ》　復願《ハ》諸《ノ》衆生　永《ク》破《シ》諸《ノ》煩悩《ヲ》

了了《ニ》見《コト》仏性《ヲ》　猶《コトクシテ》如妙徳《ノ》等《ヒトシカラムト》

「尒時《ニ》世尊讃《メタマハク》阿闍世王《ヲ》善哉《ヨイカナ》善哉《カナ》若《シ》有《テ》人能《ク》発《セム》菩提心《ヲ》当《ニ》《シ》知《ル》是《ノ》人《ハ》則《チ》為《ス》荘厳《スト》諸仏大衆《ヲ》大王汝《チ》昔《カムシ》已《ニ》於《シテ》毗婆尸仏《ノミモトニ》初《テ》発《シキ》阿耨多羅三藐三菩提心《ヲ》従是已来《コノカタ》至《マテ》我出世《ニ》於《テ》其《ノ》中間《ニ》未《タ》《ス》曾《テ》復《マタ》堕《シテ》於《ニ》地獄受《ケ》苦大王当《ニ》《シ》知《ル》菩提之心《ハ》乃《イマシ》有《キ》如是《ノ》无量《ノ》果報大王従今《ケフ》已往《ニ》常《ニ》

当勲修菩提之心。何以故、従是因縁当得消滅无量悪故。爾時阿闍世王及摩伽陀挙国人民従座而起、遶仏三帀辞退還宮。已上抄出

又言、善男子、羅閲祇王頻婆沙羅、其王太子名曰善見。業因縁故生悪逆心、欲害其父、而不得便。爾時悪人提婆達多亦因過去業因縁故、復於我所生不善心、欲害於我。即修五通、不久獲得与善見太子共為親原。為太子故現作種種神通之事。従非門出従門而入、従門而出非門而入。或時示現象馬牛羊男子之身。善見太子見已、即生愛心喜心敬信之心。為是本故、厳説種種供養之具而供養之。又復白言、大師聖人、我今欲見曼陀羅華。時提婆達多即便法至三十三天、従彼天人而求索之。其福尽故都无与者。既不得華、作是思惟、曼陀羅樹无我我所、若自取当有何罪。即前欲取、便失神通。還見己身在王舎城。心生慚愧、不能復見善見太子。復作是念、我今当往至如来所、求索大衆。仏若聴者、我当随意教詔勅使舎利弗等。爾時提婆達多便来我所、作如是言、唯願如来以此大衆付嘱於我。我当種種説法教化令其調伏。我言、癡人、舎利弗等聴聞大智世所信伏。我猶不以大衆付嘱。況汝癡人食唾者乎。時提婆達多復於我所倍生悪心、作如是言、瞿曇、汝今雖復調伏大衆、勢亦不久当見磨滅。作是語已、大地即時六反震動。提婆達多尋時躃地。於其身辺出大暴風、吹諸塵土而汚坌之。提婆達多見悪相已、復作是言、若我此身現世必入阿鼻地獄、我悪当報如是大悪。時提婆達多尋起往至善見太子所。善見見已、即問、聖人何故顔容憔悴有憂色邪。提婆達多言、我常如是。

汝不二知一乎。善見答言、領二説其意一。何因縁爾。提婆達言、我今与二汝一極成二親愛一。外人罵二汝一以為二非理一。我聞二是事一、豈得レ不レ憂。善見太子復作二是言一、国人云何罵二辱於我一。提婆達言、国人罵二汝一為二未生怨一。善見復言、何故名レ我為二未生怨一。誰作二此名一。提婆達言、汝未レ生時、一切相師皆作二是言一、是児生已当三殺二其父一。是故外人皆悉号レ汝為二未生怨一。一切内人護二汝心一故、謂為二善見一。毗提夫人聞二是語一已、既生二汝身一、於二高楼上一棄三之於二地一、壊二汝一指一。以二是因縁一人復号レ汝為二婆羅留枝一。我聞二是一已、心生二愁憤一、而復不下能向レ汝説中之上。提婆達多以二如是等一種種悪事教令三殺二父一。若汝父死、我亦能殺二瞿曇沙門一。善見太子問二一大臣名曰二行雨一（或本雨行）。大王何故為レ我立レ字作二未生怨一。大臣即為説二其本末一、如二提婆達所説一无レ異。善見聞已、即与二大臣一収二其父王一、閉二之城外一、以二四種兵一而守二衛之一。毗提夫人聞二是事一已、即至二王所一。時守レ王人遮不レ聴レ入。爾時夫人生二瞋恚心一、便呵二罵之一。時諸守人即告二太子一、大王夫人欲レ見二父王一、不審聴不。善見聞已、復生二瞋嫌一、即往二母所一、前牽二母髪一、抜レ刀欲レ斫。爾時耆婆白言、大王、有レ国已来、罪雖二極重一不レ及二女人一、況所生母。善見太子聞二是語一已、為二耆婆一故、即便放捨、遮二断大王衣服臥具飲食湯薬一。過二七日一已、王命便終。善見太子見二父喪一已、方生二悔心一。行雨（或本行雨）大臣復以二種種悪邪之法一而為説レ之、大王、一切業行都无レ有レ罪、何故今者而生二悔心一。耆婆復言、大王当レ知、如レ是業者罪業二重。一者殺二父王一、二者殺二須陀洹一。如レ是罪者、除レ仏更无二能除滅者一。善見王言、如来清浄无レ有二穢濁一、我等罪人云何得レ見。善男子、我知二是事一、告二阿難一、過二三月一已吾当二涅槃一。故善見聞已、即来二我所一。我為説レ法、重罪得レ薄、獲二无根信善男子我諸弟子聞是説已不解我意故作是言如来定説畢竟涅槃善男子菩薩二種一者実義二者仮名仮名菩薩聞我三月当入涅槃皆生退心而作是言如其如来无常不住我等何為為是事故无量世中受大苦悩如来世尊成就具足无量功徳尚《ナホ》不能壊《ヤブル》如是死魔況我等輩当《ヘケム》能壊邪善男子是故我為如是菩薩而作是言如来常住无有変易我諸弟子聞是説已不解我意定言如来終不畢竟入於涅槃

已上抄出

是以今拠大聖真説難化三機難治三病者憑大悲弘誓帰利他信海矜哀《オホキニアハレム》斯治憐《アハレミ》愍《アハレム》斯療喩如醍醐妙薬療一切病濁世庶《モロ〳〵》類穢悪群生応求念金剛不壊真心可執《トル》持本願醍醐妙薬也応知

「夫拠諸大乗説難化機今大経言唯除五逆誹謗正法或言唯除造无間悪業誹謗正法及諸聖人観経明五逆往生不説謗法涅槃経説難治機与病斯等真教云何思量邪

報導論註曰問曰无量寿経言願往生者皆得往生唯除五逆誹謗正法観无量寿経言五逆十悪具諸不善亦得往生此二経云何会《ワカツ》答曰一経以具二種重罪一者五逆二者誹謗正法以此二種罪故所以不得往生一経但言作十悪五逆等罪不言誹謗正法以不謗正法故是故得生

問曰仮使一人具五逆罪而不誹謗正法経許得生復有一人但誹謗正法而无五逆諸罪願往生者得生以不答曰但令誹謗正法雖更无余罪必不得生何以言之経言

五逆ノ罪人堕シテ二阿鼻大地獄ノ中ニ一具サニ受ク二一劫重罪ヲ一誹謗正法ノ人ハ堕シテ二阿鼻大地獄ノ中ニ一此ノ劫若シ尽レハ復転シテ至ル二他方ノ阿鼻大地獄ノ中ニ一如ク是ノ一展転シテ逕フ二百千ノ阿鼻大地獄ヲ一仏不ス五記シタマハ四得ル二出コトヲ一時節ヲ三以ノ二誹謗正法ノ罪極重ナルヲ一故ヘナリ又正法者ハ即是仏法ナリ此ノ愚癡ノ人既ニ生ス二誹謗ヲ一安イツクンソ有ラムヤ四願二生スル仏土ニ一之理ワリ三仮使但貪トム三彼ノ生コトヲ二安楽ニ一而シテ願セム二生ヲ一者ハ亦如シ下求メムカル中非二水ニ一之冰コホリ无キ二烟ケムリ一之火ヲ上豈ニ有ラムヤ二得ル理ハリ一

問曰何等ノ相カ是誹謗正法ナルヤ答曰若言ハム下无仏无仏法无菩薩无菩薩法ト上如キ二是ノ一等ノ見ヲモテ若ハ心ニ自ミツカラ解リ若ハ従シヒテ二他ニ一受ケテ二其ノ心ヲ一決定スルヲ皆名ク二誹謗正法ト一

問曰如キ二是ノ一等ノ計《ハカラフ》ケハ但是已レカ事ナリ於テ二衆生ニ一有レハ二何ノ苦悩カ一踰コヘム三於ニ二五逆重罪一邪ヤ答曰若シ无マシマサスハ下諸仏菩薩説テ二世間出世間ノ善道ヲ一教化スル二衆生ヲ一者ヒト上豈ニ知ラム三有コトヲ二仁義礼智信一邪ヤ如キ二是ノ一世間ノ一切善法皆断シ出世間ノ一切賢聖皆滅シナム汝但知テ三五逆罪ノ為タルコトヲ二重一而不ス下知ラ中五逆罪ノ従ヨリ三无キ二正法一生コトヲ上是ノ故ニ謗正法ノ人ハ其ノ罪最スル《モトモ》重ナリト

問曰業道経ニ言ク業道ハ如シ二称ハカリノ一重キ者モノ先ツ牽ヒクト如シ二観无量寿経ニ言カ一有テ人一造ツクリ二五逆十悪ヲ一具セラム二諸ノ不善ヲ一応シ下堕シテ二悪道ニ一逕二歴シテ多劫ヲ一受ク中无量ノ苦ヲ上臨テ二命終ノ時ニ一遇ハム三善知識教オシヘテ称セシムルニ二南无无量寿仏ヲ一如キ二是ノ一至シテ二心ヲ一令メテ三声ヲシテ不ラ二絶ヘ一具二足スレハ十念ヲ一便得エテ三往二生ヲ安楽浄土ニ一即入テ二大乗正定之聚ニ一畢竟シテ不退ナラム与二三塗《ミチ》ノ諸ノ苦一永ク隔ヘタツ先マツ牽ヒク之義於テ二理ニ一如イ何ツ又曠劫ヨリ已来タ備ツフサニ造レル二諸ノ行ヲ一有漏之法ハ繫《ツナキツク》二属セリ三界ニ一但以テ二十念ヲ一念シテ二阿弥陀仏ヲ一便出テハ二三界ヲ一繫業之義復欲セムトスルヤ二云何カ一

答曰汝謂イハ下五逆十悪繫業等ヲ為シ二重ト一以テ二下下品ノ人ノ十念ヲ一為シテ二軽ト一応ト下為ニ二罪ノ一所レテ二牽ヒカ一先マツ堕シテ二地獄ニ一繫中在ス三界ニ上者ハ今当ニ《シ》下以テ二義ヲ一校《ハカラフ》中量ス軽重之義ヲ上在リ二心ニ一在リ二縁ニ一在リ二決定ニ一不アル三在ルニハ二時節ノ久近多少ニ一也云何カ在ルト二心ニ一

彼造罪人自依止虚妄顛倒見生此十念者依善知識方便安慰聞実相法生一実一虚豈得相比譬如千歳闇室光若蹔至即便明朗闇豈得言在室千歳而不去耶是名在心云何在縁彼造罪人自依止妄想心依煩悩虚妄果報衆生生此十念者依止无上信心依阿弥陀如来方便荘厳真実清浄无量功徳名号生譬如有人被毒箭所中截筋破骨聞滅除薬鼓即箭出毒除（首楞厳経言譬如有薬名曰滅除若闘戦時用以塗鼓聞鼓声者箭出毒除菩薩摩訶薩亦復如是住首楞厳三昧聞其名者三毒之箭自然抜出）豈可得言彼箭深毒厲聞鼓音声不能抜箭去毒耶是名在縁云何在決定彼造罪人依止有後心有間心生此十念者依止无後心无間心生是名決定校量三義十念者重重者先牽能出三有両経一義耳

問曰幾時名為一念答曰百一生滅名一刹那六十刹那名為一念此中云念者不取此時節也但言憶念阿弥陀仏若捴相若別相随所観縁心无他想十念相続名為十念但称名号亦復如是

問曰心若他縁摂之令還可知念之多少但知多少復非无間若凝心注想復依何可得記念之多少答曰経言十念者明業事成弁耳不必須知頭数也如言蟪蛄不識春秋伊虫豈知朱陽之節乎知者言之耳　十念業成者是亦通神者言之耳　但積念相続不縁他事便罷復何仮須知念之頭数也若必須知亦有方便必須口授不得題之筆点已

光明寺和尚云問曰如四十八願中唯除五逆誹謗正法不得往生今此観経下品下

生中簡二誹謗一摂二五逆一者有二何意一也答曰此義仰就二抑止門中一解如三四十八願中除二謗法

五逆一者然此之二業其鄣極重衆生若造直入二阿鼻一歴劫周章无四由三可二出一但如来恐三其

造二斯二過一方便止言四不三得二往生一亦不三是不二摂一也又下品下生中取二五逆一除二謗法一者其

五逆已作不四可三捨令二流転一還発二大悲一摂取往生然謗法之罪未為一又止言四若起二謗法一即

不三得二生一此就二未造業一而解也若造還摂得二生一雖四得三生二彼華合逕二於多劫一此等罪人在二華

内一時有二三種鄣一一者不四得三見二仏及諸聖衆一二者不四得三聴二聞正法一三者不三得二歴事供養一除二此一

已外更无二諸苦一経云猶如三比丘入二三禅之楽一也応レ知雖下在二華中一多劫不中開上可下不下勝下阿鼻

地獄之中長時永劫受中諸苦痛上也此義就二抑止門一解竟上已

又云永絶二譏嫌一等无二憂悩一人天善悪皆得レ往到二彼无一殊斉同不退何意然者

乃由下弥陀因地世饒王仏所捨レ位出レ家即起二悲智之心一広弘中四十八願上以二仏願

力一五逆之与二十悪一罪滅得レ生謗法闡提回心皆往抄出

言二五逆一者若依二淄州一五逆有二二一者三乗五逆謂一者故思殺レ父二者故思殺レ母三

者故思殺二羅漢一四者倒見破二和合僧一五者悪心出二仏身血一以下背二恩田一違中福田上故名レ之為二

逆一執二此逆一者身壊命終必定堕二无間地獄一一大劫中受二无間苦一名二无間業一

又倶舎論中有二五无間同類業一彼頌云汚二母无学尼一同類殺母罪殺二住定菩薩一同類殺父罪及有学

无学同類殺羅漢罪奪二僧和合縁一同類破僧罪破二壊窣都波一同類出仏身血罪二者大乗五逆如二薩遮尼乾子経説一一

者破二壊塔一焚二焼経蔵一及以盗二用三宝財物一二者謗二三乗法一言レ非二聖教一鄣破留難隠蔽落

蔵《カクス》スル三者ハ一切出家ノ人若ハ戒無戒破戒ノモノヲ打《ウツ》チヤウ罵《ノル》シ呵《セメ》責《セム》シヤクシテ説キ二過一トカヲ禁キム閉《イマシメトツ》シ還俗セシメ駈《カリ》ク使債《ツクノウ》サイ調《ト、ノウ》テウシ断命セシムル四者殺父一害母一出仏身血一破和合僧一殺阿羅漢ナリ一五者ハ謗シテ無二因クモ果一長夜ニ常ニ行二スルナリト十不善業ヲ一已上

彼ノ経ニ云一ニハ起シテ二不善心ヲ一殺二害スル独《ヒトリ》覚ヲ一是レ殺生ナリ二ニハ婬二スル羅漢ノ尼ヲ一是ヲ云フ二邪行ト一也三ニハ侵《ヲカス》二損スル所施ノ三宝物ヲ一是レ不与《アタヘ》取ナリ四ニハ倒見シテ破二スル和合僧衆ヲ一是虚誑語一也出略

顕浄土真実信文類 三

顕浄土真実証文類 四

必至滅度之願

難思議往生

釈 蓮位

顕浄土真実証文類 四

愚禿釈親鸞集

謹《テ》顕《サ》二真実証《ヲハ》一者則是利他円満之妙位無上涅槃之極果也即是出《タリ》三於《ヨリ》二必至滅度之願一亦名《ル》証大涅槃之願《ト》一也然《ニ》煩悩成就《ノ》凡夫生死罪濁《ノ》羣《ムラカル》萠《キサス》獲《ウレハ》二往相回向《ノ》心行《ヲ》一即《ノ》時《ニ》入《ルナリ》二大乗正定聚《トモカラ》之数《カスニ》一住《スルカ》二正定聚《ニ》一故《ニ》必至《ル》二滅度《ニ》一必至《ルハ》二滅度一即是常楽《ナリ》常楽《ハ》即是畢《オハリ》竟《キワマル》寂滅《ナリ》寂滅《ハ》即是無上涅槃《ナリ》無上涅槃《ハ》即是無為法身《ナリ》無為法身《ハ》即是実相《ナリ》実相《ハ》即是法性《ナリ》法性《ハ》即是真如《ナリ》真如《ハ》即是一如《ナリ》然者《ハ》弥陀如来《ハ》従二如一来生《シテ》示《シメシ》二現《シタマフ》報応化種種《ノ》身《ヲ》一也

必至滅度《ノ》願文大経《ニ》言《ク》設我得《ニ》仏一国《ノ》中《チノ》人天不《ス》下住《シ》二定聚《ニ》一必至《ラ》中滅度《ニ》上者不《シト》三取《ラ》二正覚《ヲ》一上已

無量寿如来会《ニ》言《ク》若我成仏《セムニ》国《ノ》中《ノ》有情《ナサケコヽロ》若《シ》不《スハ》下決定《シテ》成《リ》二等正覚《ヲ》一証《セ》中大涅槃《ヲ》上者不《シト》三取《ラ》二菩提《ヲ》一

已上

願成就文経言ク、其レ有テ二衆生一生ルレ二彼ノ国ニ一者ハ、皆悉ク住ス二於正定之聚ニ一。所ユ以エ者ハ何ン、彼ノ仏国ノ中ニハ无レハナリト二諸ノ邪聚及不定聚一。

又言ク、彼ノ仏国土ハ清浄安穏《オタシ》ニシテ微妙快《タノシ》楽《コヽロヨシ》ナリ。次《チカシ》三於二无為泥洹之道ニ一。其レ諸ノ声聞菩薩天人、智慧高明ニシテ、神通洞《アキラカナリ》《ホカラカナリ》達《サトル》セリ。咸《コトヽク》同シク一類ニシテ、形チ无シ二異状《カタチ》一。但因二順スルカ余方ニ一故ニ、有リ二人天之名一。顔《カヲハセ》貌《カヲハセ》端《ナヲシ》政《タヽシ》ニシテ超テ二世ニ一希《マレナリ》有ナリ。容《カヲハセ》色微《コマカナリ》妙ニシテ、非ス二天ニ一非ス二人ニ一。皆受ケタルナリト二自然虚无之身、无極之體ヲ一。

又言ク、彼ノ国ノ衆生、若当ニ生レム者ノ、皆悉ク究《キワメ》二竟《キワム》シ无上菩提ヲ一到《タラシメム》ル二涅槃ノ処ニ一。何ヲ以ノ故ニ。若シ邪定聚及不定聚ハ、不ルカ五能ハ四了三知スルコト建二立セルコトヲ彼ノ因ヲ一故ヘナリト。已上 抄《ヌキイフ》要ヲ一

浄土論曰ク、荘厳妙声功徳成就者ハ、偈ニ言ヘリト二梵声《ナ》悟《サトリ》深遠微妙聞十方ノ故一ト。此レ云何ソ不思議ナルヤ。経言ク、若シ人但聞テ二彼ノ国土ノ清浄安楽ナルヲ一、剋《キサス》念シテ願セムモノト二生ト一、亦得ルモノトハ二往生ヲ一、即入ル二正定聚ニ一。此ハ是国土ノ名字《アサナ》為ナス二仏事ヲ一。安《イツクンソ》可ヤト二思議《ハカラウ》ス一。荘厳主功徳成就者ハ、偈ニ言ヘリ二正覚阿弥陀法王善住持ノ故ニト一。此レ云何カ不思議ナルヤ。正覚ノ阿弥陀不可思議ニマシマス。彼ノ安楽浄土ハ為ニ二正覚阿弥陀ノ善力ノ一住持セラレタリ。云何可キ三得二思議コトヲヤ一。住ハ名ク二不異《コトナリ》不滅ニ一。持ハ名ク二不散不失ニ一。如シ下以テ二不朽《クチサル》キウ薬《クスリ》ヲ一塗ヌリテ二種《タネ》子ニ一、在オクニ二水ニ一不ス二蘭ミクレ一、在オツニ二火ニ一不ス二燋コカレ一、得テ二因《タネ》縁《タスク》ヲ一即生スルカ上。何ヲ以ノ故ニ。不朽薬ノ力ナルカ故ヘナリ。若シ人一タヒ生スレハ二安楽浄土ニ一、後ノ時ニ意願シテ下生テ二三界ニ一教化セムト中衆生ヲ上、捨テヽ二浄土ノ命ヲ一、随テ二願ニ一得テ二生ヲ一、雖三生ト二三界雑生ノ火ノ中ニ一、无上菩提ノ種子畢竟シテ不ス朽《クチ》キウ一。何ヲ以ノ故ニ。以テ三逕フルヲ二正覚阿弥陀ノ善ク住持ヲ一故ニト。荘厳眷属功徳成就者ハ、偈ニ言ヘリ二如来浄華衆正覚華化生ノ故ニト一。此レ云何ソ不思議ナルヤ。凡ソ是雑生ノ世界ニハ、若胎《ハラム》若卵《ラン》《カイコ》若湿《シチ》《ウルオウ》若化、眷属若干《ソコハクナリ》、苦楽万品ナリ。以ノ二雑業ヲ一故ニ。彼ノ安楽国土ハ莫シ四非ルコト三是阿弥

陀如来正覚《サトル》浄華之所ユ二化生スル一同一ニ念仏シテ无キカ二別ノ道一故ニ遠ク通スルニ夫レ四海之内皆為スル二兄弟ト一也眷属

无量ナリ焉《イツクンソ》可キヤ二思議ス一又言ク願フ二往生ヲ一者ノハ本則三三之品ナレトモ今ハ无シ二一二之殊シユ《コトナル》一亦如シ二溜シ《水》澠シヨウノ《水名》食陵反一味一ナルカ焉《イツクンソ》

可ヤ思議ス一

又論ニ曰ク荘厳清浄功徳成就者ハ偈ニ言タマヘリ二観彼世界相勝過《スクル》三界道ノ一故ニト此云何不思議ナルヤ有テ二

凡夫人ノ煩悩成就セル一亦得レハ三生コトヲ二彼浄土ニ一三界ノ繋《ツナク》業畢竟シテ不ニ牽カ一《ケン反》則是不シテ三断セ二煩悩ヲ一得ウ二涅槃分ヲ一焉《イツクンソ》可キヤ二

思議ス一已上抄要

安楽集云然ルニ二仏ノ神力応シ二亦斉《ヒトシ》等ナル一但釈迦如来不シテ三申ノヘ二己カ能ヲ一故コトサラニ顕シタマフコトハ二彼ノ長セルヲ一欲オホシテナリ五使メムト四一

切衆生ヲシテ莫ラ三不ルコト二斉《サイ》トシク《タスクトモ》帰セ一是ノ故ニ釈迦処処ニ嘆《ホメ》帰セシメタマヘリ須スヘカラク三《シト》知ル二此ノ意ヲ一也是ノ故ニ曇鸞法師ノ正意帰ヘルカ二

西ニ一故ニ傍ソヘテ二大経ニ一奉《タテマツル》讃シテ曰ク安楽ノ声聞菩薩衆人天智慧咸《コトコトク》ク洞《アキラカニサトル》達セリ身相荘厳无シ二殊異《コトニスクルトモ》一但順スルカ二

他方ニ一故ニ列《レチ》ツラヌ二名ヲ一顔《カヲハセ》容《カヲハセ》端《ナヲシ》政《タヽシ》ニシテ无シ三可キ二比《ナラフ》一精《ヨシ》微《ヨシ》妙躯《ミ》クニシテ非ス二人天ニ一虚无之身无極ノ體ナリ是ノ故ニ頂二礼シタテマツルト平

等力ヲ一已上

光明寺ノ疏云言フ二弘願ト一者ハ如シ二大経ノ説ノ一一切善悪ノ凡夫得ル二生ヲ一者ハ莫シト下不サルハ下皆乗シテ二阿弥陀仏ノ大願

業力ニ一為セ中増上縁ト上也又仏ノ蜜意弘深ナレハ教門ヲシテ難シ二暁サトリ一三賢《カシコシ》十聖弗アラス三惻ハカリテ所ニキ二闚《ウカヽフ》一況イハンヤ我レ信外ノ軽毛ナリ敢アエテ知ムヤ二

旨趣ヲ一仰テ惟モンミレハ釈迦ハ此ノ方ヨリニシテ発遣シ弥陀ハ即彼ノ国ヨリ来迎ス彼コニ喚ヒ此ニ遣ツカハス豈ニ容ヘケム三不ル二去ヤ一也唯可シト下勤ネンコロニ奉ツカヘテ《ウケタマハリテ》二

法ニ一畢命ヲ為シテ二期ト一捨テヽ二此ノ穢身ヲ一即証ス中彼ノ法性之常楽ヲ上

又云西方寂静无為ノ楽ミヤコニハ畢竟逍《ハルカニ》遙《ハルカナリ》シテ離レタリ二有無ヲ一大悲熏クムシテ二心ニ一遊フ二法界ニ一分身シテ利スルコトヲ二物一等クシテ无シ二殊ナルコト一

或ハ現シ二神通ヲ一而シテ説キ二法ヲ一或ハ現シテ二相好ヲ一入ル二无余ニ一変現ノ荘厳随テ二意ニ一出ツ群生見ル者ノ罪ツミ皆除コルト又賛シテ云帰イサイナ去

来魔郷不可停曠劫来流転六道尽皆逕到処无余楽唯聞愁歎声畢此生平後入彼
或本生死字也
涅槃城已上

夫案真宗教行信証者如来大悲回向之利益故若因若果无有一事非阿弥陀如来清浄願心之所回向成就因浄故果亦浄也応知

「二言還相回向者則是利他教化地益也則是出於必至補処之願亦名一生補処之願亦可名還相回向之願也顕註論故不出願文可披論註

浄土論曰出第五門者以大慈悲観察一切苦悩衆生示応化身回入生死薗煩悩林中遊戯神通至教化地以本願力回向故是名出第五門已上

論註曰還相者生彼土已得奢摩他毘婆舎那方便力成就回入生死稠林教化一切衆生共向仏道若往若還皆為抜衆生渡生死海是故言回向為首得成就大悲心故又言即見彼仏未証浄心菩薩畢竟得証平等法身与浄心菩薩与上地諸菩薩畢竟同得寂滅平等故平等法身者八地已上法性生身菩薩也寂滅平等之法也以得此寂滅平等法故名為平等法身以平等法身菩薩所得故名為寂滅平等法也此菩薩得報生三昧以三昧神力能一処一念一時遍十方世界種種供養一切諸仏及諸仏大会衆海能於无量世界无仏法僧処種種示現種種教化度脱一切衆生常作仏事初无往来想供養想度脱想是故此身名為平等法身此法名為寂滅平等法也未証浄心菩薩者初地已上七地以還諸菩薩也此菩薩亦能現身若百若千若万若億若

百千万億无仏国土施作仏事要作心入三昧乃能非不作心以作心故名為未証浄心此菩薩願生安楽浄土即見阿弥陀仏見阿弥陀仏時与上地諸菩薩畢竟身等法等竜樹菩薩婆藪槃頭菩薩輩願生彼者当為此耳　問曰案十地経菩薩進趣階級漸有无量功勲逕多劫数然後乃得此云何見阿弥陀仏時畢竟与上地諸菩薩身等法等邪　答曰畢竟者未言即等也畢竟不失此等故言等耳　問曰若不即等復何得言菩薩但登初地以漸増進自然当与仏等何仮言与上地菩薩等　答曰菩薩於七地中得大寂滅上不見諸仏可求下不見衆生可度欲捨仏道証於実際爾時若不得十方諸仏神力加勧即便滅度与二乗无異菩薩若往生安楽見阿弥陀仏即无此難是故須言畢竟平等

　復次无量寿経中阿弥陀如来本願言設我得仏他方仏土諸菩薩衆来生我国究竟必至一生補処除其本願自在所化為衆生故被弘誓鎧積累徳本度脱一切遊諸仏国修菩薩行供養十方諸仏如来開化恒砂无量衆生使立无上正真之道超出常倫諸地之行現前修習普賢之徳若不爾者不取正覚

　按此経推彼国菩薩或可不従一地至一地言十地階次者是釈迦如来於閻浮提一応化道耳他方浄土何必如此五種不思議中仏法最不可思議若言菩薩必従一地至一地无超越之理未敢詳也譬如有樹名曰好堅是樹地生百歳乃具一日長高百丈日日如此計百歳之長豈類循松耶見松生長日不過寸聞彼好堅何能不

疑即日有人聞釈迦如来証羅漢於一聴制无生於終朝謂是接誘之言非称実之説聞此論事亦当不信夫非常之言不入常人之耳謂之不然亦可其宜也略説八句示現如来自利利他功徳荘厳次第成就応知此云何次第前十七句是荘厳国土功徳成就既知国土相応知国土之主是故次観仏荘厳功徳彼仏若為荘厳於何処座是故先観座既知座已宜知座主是故次観仏荘厳身業既知身業応知有何声名是故次観仏荘厳口業既知名聞宜知得名所以是故次観仏荘厳心業既知三業具足応為人天大師堪受化者是誰是故次観大衆功徳既知大衆有无量功徳宜知上首者誰是故次観上首上首是仏既知上首恐同長劫是故次観主既知是主主有何増上是故次観荘厳不虚作住持八句次第成也観菩薩者云何観察菩薩荘厳功徳成就観察菩薩荘厳功徳成就者観彼菩薩有四種正修行功徳成就応知真如是諸法正體體如而行則是不行不行而行名如実修行體唯一如而義分為四是故四行以一正統之何者為四一者於一仏土身不動揺而偏十方種種応化如実修行常作仏事偈言安楽国清浄常転无垢輪化仏菩薩日如須弥住持故開諸衆生淤泥華故八地已上菩薩常在三昧以三昧力身不動本処而能偏至十方供養諸仏教化衆生无垢輪者仏地功徳也仏地功徳无習気煩悩垢仏為諸菩薩常転此法輪諸大菩薩亦能以此法輪開導一切无暫時休息故言常転法

身如日而応化身光偏諸世界也言日未足以明不動復言如須弥住持也淤泥華者経言高原陸地不生蓮華卑湿淤泥乃生蓮華此喩凡夫在煩悩泥中為菩薩開導能生仏正覚華諒夫紹隆三宝常使不絶二者彼応化身一切時不前不後一心一念放大光明悉能偏至十方世界教化衆生種種方便修行所作滅除一切衆生苦故偈言无垢荘厳光一念及一時普照諸仏会利益諸群生故上言不動而至容或至有前後是故復言一念一時无前无後也三者彼於一切世界无余照諸仏会大衆无余広大无量供養恭敬讃嘆諸仏如来功徳偈言雨天楽華衣妙香等供養讃諸仏功徳无有分別心故上无余者明偏至一切世界一切諸仏大会无有一世界一仏会不至也肇公言法身无像而殊形並応至韻无言而玄籍弥布冥権无謀而動与事会蓋斯意也四者彼於十方一切世界无三宝処住持荘厳仏法僧宝功徳大海偏示令解如実修行偈言何等世界无仏法功徳宝我願皆往生示仏法如仏故上三句雖言偏至皆是有仏国土若无此句便是法身有所不法上善有所不善観行體相竟已下是解義中第四重名為浄入願心浄入願心者又向説観察荘厳仏土功徳成就荘厳仏功徳成就荘厳菩薩功徳成就此三種成就願心荘厳応知応知者応知此三種荘厳成就由本四十八願等清浄願心之所荘厳因浄故果浄非无因他因有也略説入一法句故上国土荘厳十七句如来荘厳八句菩薩荘厳四句為広入一法句者為略何故示現広略相入諸仏菩薩有二種法身一者法性法身二者方便法身由法性法身生方便法

身由方便法身出法性法身。此二法身異而不可分。一而不可同。是故広略相入絯以法名。菩薩若不知広略相入則不能自利利他。一法句者謂清浄句。清浄句者謂真実智慧无為法身故。此三句展転相入。依何義名之為法。以清浄故。依何義名為清浄。以真実智慧无為法身故。真実智慧者実相智慧也。実相无相故真智无知也。无為法身者法性身也。法性寂滅故法身无相也。无相故能无不相。是故相好荘厳即法身也。无知故能无不知。是故一切種智即真実智慧也。以真実而目智慧。明智慧非作非非作也。以无為而樹法身。明法身非色非非色也。非于非者豈非非之能是乎。蓋无非之曰是也。自是无待復非是也。非是非非百非之所不喩。是故言清浄句。清浄句者謂真実智慧无為法身也。此清浄有二種。応知。上転入句中通一法入清浄。通清浄入法身。今将別清浄出二種故。故言応知。何等二種。一者器世間清浄。二者衆生世間清浄。器世間清浄者如向説十七種荘厳仏土功徳成就。是名器世間清浄。衆生世間清浄者如向説八種荘厳仏功徳成就四種荘厳菩薩功徳成就。是名衆生世間清浄。如是一法句摂二種清浄義応知。夫衆生為別報之體。国土為共報之用。體用不一。所以応知。然諸法心成无余境界。衆生及器復不得異不一。則義分不異同清浄。器者用也。謂彼浄土是彼清浄衆生之所受用故名為器。如浄食用不浄器。以器不浄故食亦不浄。不浄食用浄器。食不浄故器亦不浄。要二俱潔乃得称浄。是以一清浄名必摂二種。問曰。言衆生清浄則是仏与菩薩。彼諸人天得入此清浄数不。答曰。得名清浄非実清

浄ニ一譬ハ如シ下出家ノ聖人ハ以ノ三殺スヲ二煩悩ノ賊《アタ》ヲ一故ニ名テ為ス二比丘ト一凡夫ノ出家者ヲ亦名ルカ中比丘ト上又如シ下灌《クワン》《ソヽク》頂王子初生
之時具シテ二三十二相ヲ一即為ニ二七宝ノ一所ラル属セ一雖モ五未タ四能ハ三為スコト二転輪王ノ事ヲ一亦名ルカ中転輪王ト上以ノ三其レ必為タルヘキヲ二転輪王一
故ニ彼ノ諸ノ人天モ亦復如シ二是ノ一皆入テ二大乗正定之聚ニ一畢竟シテ当ニ三得ウ二清浄法身ヲ一以ノ当ニ二得キヲ一故ニ得ルナリト三名コトヲ二清浄ト一
善巧《タクミ》摂化トハ者如ノ是一菩薩ハ奢摩他毘婆舎那広略修行成就シテ柔濡《ヤハラカナリ》心ナリトノタマヘリ　柔濡心ハ者謂ク広略ノ
止観相順シ修行シテ成セル二不二ノ心ヲ一也譬ハ如シト下以テ二水ヲ一取ルニ二影《カゲ》ヲ一清ト静《シツカナリ》ト相ヒ資《タスケテ》而成就スルカ上也如ク実ノ知トノタマヘリ二広略ノ諸
法ヲ一如実知トハ者如ク二実相ノ一而テ知也広ノ中ノ二十九句略ノ中ノ一句莫キ三非ルコト二実相ニ一也如キ是ノ一成二就シタマヘリトノタマヘリ　巧
方便回向ヲ一如トイフ二是ノ一者ハ如キ二前後ノ広略皆実相ナルカ一也以ノ三知ヲ二実相ヲ一故ニ則チ知ル二三界ノ衆生ノ虚妄ノ相ヲ一也知レハ二衆
生ノ虚妄ヲ一則チ生スル二真実ノ慈悲ヲ一也知ルハ二真実ノ法身ヲ一則起ス二真実ノ帰依ヲ一也慈悲ト之与トハ二帰依ト一巧方便トハ在リ下ニ一何ニ
者ノカ菩薩ノ巧方便回向菩薩ノ巧方便回向ハ者謂ク説ク二礼拝等ノ五種ノ修行ヲ一所集ノ一切ノ功徳善根ハ不ス三
求メ二自身住持之楽ヲ一欲オホスカ三抜ムト二一切衆生ノ苦ヲ一故ニ作願シテ摂二取シテ一切衆生ヲ一共ニ同シク生セシム二彼ノ安楽仏国ニ一是ヲ
名下クトノタマヘリ　菩薩ノ巧方便回向成就ト上案スルニ二王舎城所説ノ无量寿経ヲ一三輩生ノ中ニ雖三行ニ有ト二優《マサル》劣《オトル》一莫ケム四不ルハ三発セ二
皆ナ无上菩提之心ヲ一此ノ无上菩提心ハ即是願作仏心ナリ願作仏心ハ即是度衆生心ナリ度衆生心ハ即
是摂二取シテ衆生ヲ一生セシムル二有仏ノ国土ニ一心ナリ是ノ故ニ願スル三生ト二彼ノ安楽浄土ニ一者ハ要ス発スル二无上菩提心ヲ一也若人不スシテ三発セ二
无上菩提心ヲ一但聞テ二彼ノ国土ノ受楽无間ナルヲ一為ノ二楽ノ一故ニ願スルハ二生ト一亦当ニ四不ル三得エ二往生ヲ一也是ノ故ニ言ヘリ下不三求二自身
住持之楽ヲ一欲オホスカ三抜カント二一切衆生ノ苦ヲ一故ト上住持楽トハ者謂ク彼ノ安楽浄土ハ為ニ二阿弥陀如来ノ本願力之一所レテ二
住持セ一受楽コトヲ一无キ間マ一也凡ソ釈セハ二回向ノ名義ヲ一謂ク以二己ノレカ所集ノ一切ノ功徳ヲ一施二与シテ一切衆生ニ一共ニ向ヘシメタマフナリト二仏
道ニ一巧便トハ者謂ク菩薩願スラク以テ二己レカ智慧ノ火ヲ一焼カムト二一切衆生ノ煩悩ノ草木ヲ一若シ有ラハ三一衆生トシテ不ルコト二成仏セ一我不シト三

擿字 チャク反 テキ反 他暦反　排除也

作仏而衆生未尽成仏菩薩已自成仏譬如火擿〈聴念反〉欲擿〈聴歴反〉一切草木焼令使尽草木未尽火擿已尽以後其身而身先故名方便此中言方便者謂作願摂取一切衆生共同生彼安楽仏国彼仏国即是畢竟成仏道路無上方便也

鄣菩提門者菩薩如是善知回向成就即能遠離三種菩提門相違法何等三種一者依智慧門不求自楽遠離我心貪著自身故　知進守退曰智知空無我曰慧　依智故不求自楽依慧故遠離我心貪著自身二者依慈悲門抜一切衆生苦遠離無安衆生心故　抜苦曰慈与楽曰悲依慈故抜一切衆生苦依悲故遠離無安衆生心　三者依方便門憐愍一切衆生心遠離供養恭敬自身心故　正直曰方外己曰便　依正直故生憐愍一切衆生心依外己故遠離供養恭敬自身心是名遠離三種菩提門相違法

順菩提門者菩薩遠離如是三種菩提門相違法得三種随順菩提門法満足故何等三種一者無染清浄心以不為自身求諸楽故　菩提是無染清浄処若為身求楽即違菩提是故無染清浄心是順菩提門　二者安清浄心以抜一切衆生苦故　菩提是安穏一切衆生清浄処若不作心抜一切衆生離生死苦即便違菩提是故抜一切衆生苦是順菩提門　三者楽清浄心以令一切衆生得大菩提故以摂取衆生生彼国土故　菩提是畢竟常楽処若不令一切衆生得畢竟常楽則違菩提此畢竟常楽依何而得依大乗門大乗門者謂彼安楽仏国土是也是故又言以摂取衆生生

或本作義字

彼ノ国土上ユ故一ニト是ヲ名三クト三種ノ随順菩提門ノ法満足セリト応二シトル知一

名義摂対《ムカフ》者ハ向サキニ説下キツ智慧慈悲方便三種ノ門摂二取ス般若ヲ一般若摂中取スト方便ヲ上応二シトノタマヘリ知一般若者

達《サトル》二スル如一ニ之慧《サトル》ノ名ナリ方便者通二スル権一ニ之智ノ称《ナツク》ナリ達二スレハ如一則心行寂滅ナリ通二スレハ権一則備ツフサニ省シヤウ二ハフク衆機一ニ之智ナリ備ニ応而シテ无

知ナリ寂滅之慧亦无知ニシテ而備ニ省ク然ハ則チ智慧ト方便ト相ヒ縁《ヨル》而シテ動シ相縁而シテ静ナリ動不三ルコトハ失二セ静ヲ一智慧之功

也静不三ルコトハ廃ハイセ二スタル動ヲ一方便之力也是ノ故ニ智慧ト慈悲ト方便ト摂二取ス般若ヲ一般若摂二取ス方便ヲ一応知者ハ謂ク応下シ

知ル智慧方便是菩薩ノ父母ナリ若不三ハ依ラ二智慧方便ニ一菩薩ノ法則不中コトヲ成就セ上何以ノ故ニ若无クシテ二智慧一為ニスル二衆

生ノ一時キンハ則堕セム二顛倒ニ一若无シテ二方便一観スル二法性ヲ一時キンハ則証セム二実際ヲ一是ノ故ニ応シトル二知ル一向ニ説二ツ遠離我心貪著自身遠

離无安衆生心遠離供養恭敬自身心ヲ一此ノ三種ノ法ハ遠二離スルナリト鄣菩提心ヲ一応シトノタマヘリ二知諸法ニ各有リ二

鄣ノ㝵ノ相一シ如下ハ風ク能鄣フ二静ツ一シツカナリ土ハ能鄣ク水ヲ一湿シツハ能鄣フ火ヲ一五黒十悪ハ鄣フ二人天ヲ一四顛倒ハ鄣中フルカ声聞ノ果ヲ上此ノ中ノ三

種ハ不五ストサウル遠四離セ鄣フ菩提ヲ一心ヲ三応知者ハ若欲三ハ得ムト二无鄣ヲ一当三シ遠二離ス此ノ三種ノ鄣㝵ヲ一也向ニ説二ツ无染清浄心安清

浄心楽清浄心ヲ一此ノ三種ノ心ハ略シテ一処ニシテ成二就シタマヘリト妙楽勝真心ヲ一応二トノタマヘリ知一ル楽ニ有リ二三種一一者外楽謂ク

五識サトル所生ノ楽ナリ二者内楽謂ク初禅二禅三禅ノ意識所生ノ楽ナリ三者法楽楽五角反楽魯各反謂ク智慧所生ノ

楽ナリ此ノ智慧所生ノ楽ハ従ヨリ三愛二スル仏功徳ヲ一起レリ是ハ遠離我心ト遠離无安衆生心ト遠離自供養心ト是ノ三種ノ

心清浄ニ増進シテ略シテ為二ス妙楽勝真心ト一妙言ハ其好ナリ以四此ノ楽ハ縁シテ二仏ヲ一生スルヲ三故ニ勝言ハ勝二出セリ三界ノ中ノ楽ニ一真言ハ

不二スイツワル虚偽一ナラ不二ルナリ顛倒一セ

願事成就者如キ二是ノ一菩薩ハ智慧心方便心无鄣心勝真心ヲモテク能生ニシメタマヘリト清浄仏国土ニ一応トノタマヘリ二

知ル一応知者ハ謂ク応シト下知ル此ノ四種ノ清浄ノ功徳能ク得エシムト三生ヲ二彼ノ清浄仏国土ニ一非スト中是他縁ヲシテ而生スルニハ上也是ヲ名ク下菩

薩摩訶薩随㆓順シテ五種ノ法門ニ㆒所作随テ㆓意ニ㆒自在ニ成就シタマヘリト㆖如キ㆓向ノ所説ノ㆒身業口業意業智業方便智業随㆓順セルカ法門ニ㆒故ニトノタマヘリ　随意自在者ハ言《イフコヽロハ》此ノ五種ノ功徳力能ク生セシメテ㆓清浄仏土ニ㆒出没《イルトモ》自在ナル也身業者礼《オカム》拝也口業者讃嘆也意業者作願也智業者観察也方便智業者回向也言ノタマヘリト㆘此ノ五種ノ業和合セリ則是随㆓順シテ往生浄土ノ法門ニ㆒自在ノ業成就シタマヘリト㆖

トシ利行満足者ハ復有テ㆓五種ノ門㆒漸《ヤウヤク》次ニ成㆓就シタマヘリト五種ノ功徳ヲ㆒応シト知ル何者ノカ五門一者近門二者大会衆門三者宅門四者屋《オク》門五者薗《オン》《ソノ》林遊戯《ケ》《タワフル》地門ナリトノタマヘリ此ノ五種ハ示㆓現セシム入出ノ次第ノ相ヲ㆒入相ノ中ニ初ニハ至㆓浄土ニ㆒是近相ナリ謂ク入ルハ㆓大乗正定聚ニ㆒近ツクナリ㆓阿耨多羅三藐三菩提ニ㆒入リ㆓浄土ニ㆒已ルハ便入ルナリ㆓如来ノ大会衆ノ数ニ㆒入リ㆓衆ノ数ニ㆒已リヌレハ当シニ㆔至ル㆓修行安心之宅ニ㆒入リ㆓宅ニ㆒已レハ当シニ㆔至ル㆓修行所居《ヰル》《コノ》屋《イエ》寓《イエ》ウニ㆒（尤《ウ》挙《コ》反）修行成就シ已ヌレハ当シニ㆔至ル㆓教化地ニ㆒教化地ハ即是菩薩ノ自娯《コ》《タノシミ》楽ノ地ナリ是ノ故ニ出門ヲ称《イフ》スト㆓薗林遊戯地門ト㆒此ノ五種ノ門ハ初ノ四種ノ門ハ成㆓就シタマヘリ入ノ功徳ヲ㆒第五門ハ成㆓就シタマヘリトノタマヘリ出ノ功徳ヲ㆒此ノ入出ノ功徳ハ何者ノカ是レヤ釈スラク言ニ㆓入第一門ト㆒者以㆕礼㆓拝シテ阿弥陀仏ヲ㆒為ニスルヲ㆔生セシメムカ㆓彼ノ国ニ㆒故ニ得ルヲ㆔生コトヲ㆓安楽世界ニ㆒是ヲ名ク㆓第一門ト㆒礼シテ㆓仏ヲ㆒願スルハト㆔生ニ㆓仏国ニ㆒是初ノ功徳ノ相ナリト入第二門者ハ以ノ㆘讃㆓嘆シ阿弥陀仏ヲ㆒随㆓順シテ名義ニ㆒称セシメ㆓如来ノ名ヲ㆒依テ㆓如来ノ光明智相ニ㆒修行セルヲ㆖故ニ得シム㆔入コトヲ㆓大会衆ノ数ニ㆒是ヲ名クトノタマヘリ㆓入第二門ト㆒依テ㆓如来ノ名義ニ㆒讃嘆スル是第二ノ功徳相ナリト入第三門者ハ以ノ㆘一心ニ専念シ作願シテ生シテ㆓彼ニ㆒修コニヲ㆗奢摩他寂静三昧ノ行ヲ㆖故ニ得シム㆔入コトヲ㆓蓮華蔵世界ニ㆒是ヲ名ク㆓入第三門ト㆒為ノ㆔修セム㆓寂静止ヲ㆒故ニ一心ニ願スル㆔生ト㆓彼ノ国ニ㆒是コレ第三ノ功徳相ナリト入第四門者以ノ㆘専ニ念シ観㆔察シテ彼ノ妙荘厳ヲ㆒修セシムルヲ㆗毘婆舎那ヲ㆖故ニ得テ㆔到コトヲ㆓彼ノ所ニ㆒受㆓用セシム種種ノ法味ノ楽ヲ㆒是ヲ名クトノタマヘリ㆓入第四門ト㆒種種ノ法味ノ楽者ハ毘婆舎那ノ中ニ有リ㆓観仏国土清浄味摂受衆生大乗味畢竟住持不虚作味類事起行願取仏土味㆒有ルカ㆘如キ㆓是ノ㆒

等ノ无量ノ荘厳仏道ノ味上故ニ言ノタマヘリ二種種ト一是レ第四ノ功徳相ナリト出第五門者ハ以テ二大慈悲ヲ一観二察《カヽム》シテ一切苦悩ノ衆生ヲ一示シテ二応化身ヲ一回二入シテ生死ノ薗ノ煩悩ノ林ノ中ニ一遊二戯シ神通ニ一至ル二教化地ニ一以ノ二本願力ノ回向ヲ一故ニ是ヲ名トノタマヘリ二出第五門ト一示応化身ト者ハ如キ二法華経ノ普門示現之類《タクイ》ノ一也遊戯ニ有二二ノ義一一ニハ者自在ノ義菩薩度ス二衆生ヲ一譬ハ如《コトキハ》三師子ノ搏ウツニ二鹿シヽヲ一所為不サルカ二難ハヽカラ一如二似シ遊戯スルカ一二ニハ者度无所度ノ義ナリ菩薩観スルニ二衆生ヲ一畢竟シテ无シ三所二有ユル一雖モ三度スト二无量ノ衆生ヲ一実ニ无シ三一衆生トシテ得ル二滅度ヲ一者ノ三示スコト三度スト二衆生ヲ一如-似シ遊戯スルカ一言二本願力ト一者ハ示コト下大菩薩於テ二法身ノ中ニ一常ニ在マシ〳〵二三昧ニ一而テ現コトヲ中種種ノ身種種ノ神通種種ノ説法ヲ上皆以テナリ二本願力ヨリ起レルヲ一譬ハ如シ下阿修羅ノ琴ノ雖モ三无ト二鼓《ウツ》コスルノ者一而音曲自然ナルカ上是ヲ名クトノタマヘリ二教化地ノ第五ノ功徳相ト一 已上抄出

爾《カレ》者大聖ノ真言誠ニ知ヌ証スルコトハ二大涅槃ヲ一籍ヨリテナリ二願力ノ回向ニ一還相ノ利益ハ顕スナリ二利他ノ正意ヲ一是ヲ以テ論主ハ宣ノヘ二布シテ《シク》広大无㝵ノ一心ヲ一普《アマネク》遍開二化ス雑染《ソム》堪《カム》忍《カナフ》ノ群《ムラカル》萌《キサス》ヲ一宗師ハ顕二示シテ大悲往還ノ回向ヲ一慇懃《ネムコロニ》弘二宣シタマヘリ他利利他ノ深義ヲ一仰テ可シ二奉《ウケタマハル》持ス一特《トク》コトニ可シト二頂戴《イタヽク》ス一矣

顕浄土真実証文類　四

顕浄土真仏土文類　五

釈　蓮　位

顕浄土真仏土文類　五

愚禿釈親鸞集

謹《ウヤマフ》《テ》按《レ》二真仏土《ヲ》一者《ハ》仏者《ハ》則是不可思議光如来《ナリ》土者《ハ》亦是无量光明土也然《レハ》則《チ》酬《コタフ》《シユ》二報《スルカ》大悲《ノ》誓願《ニ》一故《ニ》曰《フナリ》二真《ノ》報仏土《ト》一既《ニシテ》而有《イマス》二願一即光明寿命之願是也

大経《ニ》言《ク》設我得《ラムニ》二仏《ヲ》一光明有《テ》二能《ク》限量一下《モ》至《ラ》四不《ルニ》三照《ラ》二百千億那由他《ノ》諸仏《ノ》国《ヲ》一者《ハ》不《シト》三取二正覚《ヲ》一

又願《ニ》言《ク》設我得《ムニ》二仏《ヲ》一寿命有《テ》二能《ク》限量一下《モ》至《ラ》二百千億那由他《ノ》劫《ニ》一者《ハ》不《シト》三取《ラ》二正覚一

願成就《ノ》文《ニ》言《ク》仏告《ハク》二阿難《ニ》一无量寿仏《ノ》威神光明最尊第一《ニシテ》諸仏《ノ》光明《ノ》所《ナリ》四不《ル》三能二及《コト》一乃至是《ノ》故《ニ》无量寿仏《ハ》号《ス》下无量光仏无辺光仏无㝵光仏无対光仏炎王光仏清浄光仏歓喜光仏智慧

光仏不断光仏難思光仏无称光仏超日月光仏其有衆生遇斯光者三垢消滅身意柔濡歓喜踊躍善心生焉若在三塗懃苦之処見此光明皆得休《ヤミ》息《ヤム》無復苦悩寿終之後皆蒙解脱无量寿仏光明顕赫《カヽヤク》照耀《カヽヤク》十方諸仏国土莫不聞焉不但我今称其光明一切諸仏声聞縁覚諸菩薩衆咸《コト〱》共嘆《ホメ》誉《ホム》亦復如是若有衆生聞其光明威神功徳日夜称説至心不断随意所願得生其国為諸菩薩声聞大衆所共嘆誉称其功徳至其然後得仏道時普為十方諸仏菩薩嘆其光明亦如今也仏言我説无量寿仏光明威神巍《ヨシ》巍殊《スグレ》妙昼夜一劫尚未能尽仏語阿難无量寿仏寿命長久不可勝計汝寧知乎仮使十方世界无量衆生皆得人身悉令成就声聞縁覚都共集会禅思一心竭其智力於百千万劫悉共推筭《オシテカソフ》計其寿命長遠之数不能窮尽《キワメツクス》知其限極《カギリ》 抄出

无量寿如来会言阿難以是義故无量寿仏復有異名謂无量光无辺光无著《ツククルウトモ》光无导光光照王端《タン》厳《ナホシ》光愛光喜光可観光不可思議光无等不可称量光暎《エイ》蔽《ヘイ》日光暎蔽月光掩《アン》奪《タチ》日月光彼之光明清浄広大普令衆生身心悦《ヨロコフ》楽復令一切余仏刹《クニ》中天竜夜叉阿修羅等皆得歓悦《クワンエチ》 已上

无量清浄平等覚経帛延訳言速疾超便可到安楽国之世界至无量光明土供養於无数仏 已上

仏説諸仏阿弥陀三耶三仏薩楼仏檀過度人道経友謙訳言仏言阿弥陀仏光明最尊第一无比諸仏光明皆所不及也八方上下无央《アウ》数諸仏中有仏頂中光明照七丈有

仏頂中光明照一里乃至有仏頂中光明照二百万仏国仏言諸八方上下无央数仏頂中光明所炎照皆如是也阿弥陀仏頂中光明所炎照千万仏国所以諸仏光明所照有近遠者何本其前世宿命求道為菩薩照所願功徳各自有大小至其然後作仏時各自得之是故令光明転不同等諸仏威神同等耳自在意所欲作為不予計阿弥陀仏光明所照最大諸仏光明皆所不能及也仏称誉阿弥陀仏光明極善阿弥陀仏光明極善善中明好其快無比絶殊无極也阿弥陀仏光明清潔无瑕穢无欠咸《ケン》也阿弥陀仏光明殊好勝於日月之明百千億万倍諸仏光明中之極明也光明中之極好也光明中之極雄《オウ》傑《ケチ》也光明中之快《クエ》善也諸仏中之王也光明中之極尊也光明中之最明无極也炎照諸无数天下幽冥之処皆常大明諸有人民蜎《ケン》飛蠕《ネム》動之類莫不見阿弥陀仏光明也見者莫不慈心歓喜者世間諸有婬《イン》泆《イチ》瞋怒愚癡者見阿弥陀仏光明莫不作善也諸在泥梨《テイリ》禽《キム》狩《シユ》辟《ヘキ》荔《レイ》考《カウ》掠《リヤウ》勤苦之処見阿弥陀仏光明至皆休止不得復治死後莫不得解脱憂苦者也阿弥陀仏光明名聞八方上下无窮无極无央数諸仏国諸天人民莫不聞知聞知者莫不度脱也仏言不独我称誉阿弥陀仏光明也八方上下无央数仏辟支仏菩薩阿羅漢所称誉皆如是仏言其有人民善男子善女人聞阿弥陀仏声称誉光明朝暮常称誉其光好至心不断絶在心所願往生阿弥陀仏国已上

「不空羂索《クエンシャク》神変真言経ニ言ク、汝当生ノ処ハ是阿弥陀仏ノ清浄報土ナリ。蓮華ヨリ化生シテ常ニ見ツル二諸仏ヲ一証セム二諸ノ法忍ヲ一寿命无量百千劫数ナラム。直ニ至ル二阿耨多羅三藐三菩提ニ一不二復タ退転セ一。我常ニ祐《イウ・タスク》護《マモル》スト已上

涅槃経ニ言ク、又解脱《サトリ サトル》者ハ名テ曰フ二虚无ト一。虚无即是解脱ナリ。解脱即是如来ナリ。如来即是虚无ナリ。非ノ作所作ナリ乃至 真解脱者ハ不生不滅ナリノ二是故ニ解脱即是如来ナリ。如来亦尓《カナリ》。不生不滅不老不死不破《ヤフレ》不壊《ヤフル》ニシテ非ス二有為ノ法ニ一。以テノ二是ノ義ヲ一故ニ名テ曰フ二如来入大涅槃ト一乃至

又解脱者ハ名ク二无上上ト一乃至 无上上者ハ即真解脱ナリ。真解脱者ハ即是如来ナリ乃至 若得エ四成ルコトヲ三於二阿耨多羅三藐三菩提ヲ一已テ无愛无疑ナリ。无愛无疑ハ即真解脱ナリ。真解脱者ハ即是如来ナリ乃至 如来者ハ即是涅槃ナリ。涅槃者ハ即是无尽ナリ《ヨミス》。无尽者ハ即是仏性ナリ。仏性者ハ即是決定ナリ。決定者ハ即是阿耨多羅三藐三菩提ナリト。迦葉菩薩白シテ二仏ニ一言サク、世尊若シ涅槃ト仏性ト決定ト如来ト是一義名ナラハ、云何ソ説テ言フ三タマヘルヤト有ト二三帰依一。仏告ハク二迦葉ニ一、善男子、一切衆生怖《ヲソレ》二畏《キ・オソル》イスルカ生死ヲ一故ニ求ム二三帰ヲ一。以ノ二三帰ヲ一故ニ則知ルナリト二仏性ト決定ト涅槃トヲ一。善男子、有リ二法ノ名一義異ナル一、有リ二法ノ名義倶ニ異ナル一。名一義異ト者ハ、仏常ト法常ト比丘僧常トハナリ、涅槃虚空皆亦是常ナリ。是ヲ名ク二名一義異ト一。名義倶異ト者ハ、仏ヲ名テ為ス二覚ト一、法ヲ名ク二不覚ト一、僧ヲ名ク二和合ト一、涅槃ヲ名ク二解脱ト一、虚空ヲ名ク二非善ト一、亦名ク二无导ト一。是ヲ為ス二名義倶異ト一。善男子、三帰依者ハ亦復如シト是ノ略出

又言ハク、光明者ハ名ク二不羸《ルイ・オトロヘ》劣《レチ・オトロフ》ニト一。不羸劣者ハ名テ曰フ二如来ト一。又光明者ハ名テ為スト二智慧ト一已上

又言ハク、善男子、一切有為ハ皆是无常ナリ。虚空ハ无為ナリノ是故ニ為ス二常ト一。仏性ハ无為ナリノ是故ニ為ス二常ト一。虚空者ハ即是仏性ナリ。仏性者ハ即是如来ナリ。如来者ハ即是无為ナリ。无為者ハ即是常ナリ。常者ハ即是法ナリ。法者即是僧ナリ。僧即无為ナリ。无為者ハ即是常ナリ乃至 善男子、譬ハ如シ下従二牛一出シ二乳ヲ一、従乳一出ス酪ヲ一、従酪一出ス生蘇ヲ一、従二生蘇《ヨミカヘル》一出ス二熟蘇ヲ一

従熟蘇出醍醐。醍醐最上。若有服者、衆病皆除。所有諸薬悉入其中。善男子、仏亦如是。従仏出十二部経、従十二部経出修多羅、従修多羅出方等経、従方等経出般若波羅蜜、従般若波羅蜜出大涅槃。猶如醍醐。言醍醐者、喩於仏性。仏性者即是如来。善男子、如是義故説言如来所有功徳无量无辺不可称計。出抄

又言、善男子、道有二種。一者常、二者无常。菩薩之相亦有二種。一者常、二者无常。涅槃亦尒。外道道名為无常、内道道者名之為常。声聞縁覚所有菩提名為无常、菩薩諸仏所有菩提名之為常。外解脱者名為无常、内解脱者名之為常。善男子、道与菩提及以涅槃悉名為常。一切衆生常為无量煩悩所覆《オホワ》、无慧眼故不能得見。而諸衆生為欲見故修戒定慧。以修行故見道菩提及以涅槃。是名菩薩得道菩提涅槃。道之性相実不生滅。以是義故不可投《トウ》持。乃至道者雖无色像、可見称量可知、而実有用。乃至如衆生心雖非是色、非長非短、非麁《アラシ》非細《コマカナリ》、非縛《シハル》非解、非見法、而亦是有。出抄

又言、善男子、有大楽故名大涅槃。涅槃无楽、以四楽故名大涅槃。何等為四。一者断諸楽故。不断楽者則名為苦。若有苦者不名大楽。以断楽故則无有苦。无苦无楽乃名大楽。涅槃之性无苦无楽。是故涅槃名為大楽。以是義故名大涅槃。復次善男子、楽有二種。一者凡夫、二者諸仏。凡夫之楽无常敗壊。是故无楽。諸仏常楽无有変易。故名大楽。復次善男子、有三種受。一者苦受、二者楽受、三者不苦不楽受。不苦不楽是亦為苦。涅槃雖同不苦不楽、然名大楽。以大楽故名大涅槃。二者大寂静故名為大楽。涅槃之性是大寂静。何

以ノ故ニ遠二離セル一切憒閙《クワイネウ》《イツワルイツワル ワロキコトナリ》ノ法ヲ一故ニ以ノ二大寂ヲ一故ニ名ク二大涅槃ト一三者一切智ノ故ニ名テ為ス二大楽ト一非ルヲハ二一切智ニ一不三名二大楽ト一諸仏如来ハ一切智ノ故ニ名テ為ス二大楽ト一以ノ二大楽ヲ一故ニ名ク二大涅槃ト一四者身不壊ノ故ニ名テ為二大楽ト一身若シ可キハ二壊ス一則不ス三名二楽ト一如来之身ハ金剛ニシテ无シ二壊一非ス二煩悩ノ身无常之身ニ一故ニ名ク二大楽ト一以ノ二大楽ヲ一故ニ名ク二大涅槃ト一上已

又言ク不可称量不可思議ナルカ故ニ得ウ三名テ為コトヲ二大般《カサヌ》涅槃ト一以ノ二純《シユン》《モハラ》浄ヲ一故ニ名ク二大涅槃ト一云何カ純浄ナル浄ニ有リ二四種一何等オカ為スル四ト一一者二十五有名テ為ス二不浄ト一能ク永ク断スルカ故ニ得ウ三名テ為コトヲ二浄ト一浄即涅槃ナリ如ノ是ノ涅槃亦得ウ三名二有コトヲ一而シテ是レ涅槃ト実ニ非ス二是レ有ニ一諸仏如来随フカ二世俗ニ一故ニ説ヘリ二涅槃有ナリト一譬ハ如シ下世人ノ非ヲ二父ニ一言ヒ父ト非ヲ母ニ一言フ二母ト一実ニ非ス二父母ニ一而シテ言カ中父母ト上涅槃モ亦尒ナリ随カ二世俗ニ一故ニ説テ言ヘリ二諸仏有ニシテ大涅槃ナリト一二者業清浄ノ故ニ一切凡夫ノ業ハ不清浄ノ故ニ无シ二涅槃一諸仏如来ハ業清浄ノ故ニ故ニ名ク二大浄ト一以ノ二大浄ヲ一故ニ名ク二大涅槃ト一三者身清浄ノ故ニ身若シ无常ナルヲ則名ク二不浄ト一如来ノ身ハ常ナルカ故ニ名ク二大浄ト一以ノ二大浄ヲ一故ニ名ク二大涅槃ト一四者心清浄ノ故ニ心若シ有漏《モラス》ナルヲテ名曰二不浄ト一仏心ハ无漏ナルカ故ニ名ク二大浄ト一以ノ二大浄ヲ一故ニ名ク二大涅槃ト一善男子是ヲ名クト二善男子善女人ト一出抄

又言ク善男子諸仏如来ハ煩悩不ス二起ラ一是ヲ名ク二涅槃ト一所有ノ智慧於テ二法ニ一无导ナリ是ヲ為ス二如来ト一如来ハ非ス二是凡夫声聞縁覚菩薩ニ一是ヲ名ク二仏性ト一如来ハ身心智慧偏二満シタマフニ无量无辺阿僧祇《マコト》ノ土ニ一无シ三所二鄣导スル一是ヲ名二虚空ト一如来ハ常住ニシテ无レハ三有コト二変易一名テ曰フ二実相ト一以ノ二是ノ義ヲ一故ニ如来ハ実ニ不ル二畢竟涅槃ニ一是ヲ名クト二菩薩ト一上已

又言ク迦葉菩薩言ハク世尊仏性者ハ常ナリ猶ヲ如シ二虚空ノ一何故ソ如来説テ言フヤト二未来ト一如来若シ言三一闡《セン》提ノ輩《モカラ》ト无キ二善法一者ハ一闡提ノ輩於テ二其レ同学同師父母親族《ソク》《ヤカラメ》妻子ニ一豈ニ当キニ四不ル三生セ二愛念ノ心ヲ一邪ヤ如《モシ》其レ生セハ者

非《ス》二是《レ》善《ニ》一乎《ヤト》仏《ノ》言《ク》善哉《カナ》善哉善男子快《コヽロヨク》発《セリ》二斯《ノ》問《ヲ》一仏性者猶《ナホ》如《シ》二虚空《ノ》一非《ス》二過去《ニ》一非《ス》二未来《ニ》一非《ス》二現在《ニ》一
一切衆生有《リ》二三種《ノ》身一所《ル》二謂《ハ》一過去未来現在《ナリ》衆生未来《ニ》具三足荘厳清浄之身《ヲ、シテ》一而得《ム》三見《コトヲ》二仏性《ヲ》一
是《ノ》故《ニ》我言《ヘリト》二仏性未来《ト》一善男子或為《ニ》二衆生《ノ》一或時《ハ》説《テ》因《ヲ》一為《ス》果《ト》一或時《ハ》説《テ》果《ヲ》一為《ス》因《ト》一是《ノ》故《ニ》経《ノ》中《ニ》説《テ》二命《ヲ》一
為《ス》二食《ト》一見《テ》色《ヲ》一名《ク》触《ソクト》《フル、》一未来《ノ》身浄《ナルカ》故《ニ》説《ク》二仏性《ト》一世尊如《シ》二仏《ノ》所説《ノ》義《ノ》一如《キノ》是一者《ノ》何《カ》故《ソ》説《テ》言《マヘルヤト》二一切衆生
悉有仏性《ト》一善男子衆生《ノ》仏性《ハ》雖《モ》二現在《ニ》无《ナリト》一不四可三言二无《ト》一如《シ》二虚空《ノ》性《ハ》雖《モ》二无《ナリト》一現在《ニ》不《ス》四得《エ》三言《コトヲ》二无《ト》一一切
衆生雖二復无常《ナリト》一而是《レ》仏性《ハ》常住《ニシテ》无《シ》二変一是《ノ》故《ニ》我《レ》於《テ》二此経《ノ》中《ニ》一説《タマフ》三衆生《ノ》仏性《ハ》非内非外《ニシテ》猶《ヲ》如《シト》二
虚空《ノ》一非内非外《ニシテ》如《クシテ》二其《レ》虚空《ノ》一有《ナリ》内外者虚空《ナレトモ》不下名《テ》為《シ》二一《ト》一為《セ》中常《ト》上亦不《ス》四得《エ》三言《コトヲ》二一切処有《ト》一虚空
上
雖《モ》二復非内非外《ナリト》一而《トモ》諸《ノ》衆生悉皆有《リ》二之《コレ》一衆生《ノ》仏性《モ》亦復如《シ》二是《ノ》一如《シ》下汝《ノ》所《ノ》二言《フ》一一闡提《ノ》輩《ノ》上若《シ》有《レトモ》下身
業口業意業取業求業後業解業如二是一等《ラノ》業上悉《ク》是邪業《ナリ》何《ヲ》以《ノ》故《ニ》不三求《ルカ》二因果《ヲ》一故《ナリト》善男子如《シ》二
訶梨勒《ノ》果根茎枝葉華実悉《ク》苦《ニカキカ》一一闡提《ノ》業《モ》亦復如《シ》是《ノ》一上已
中
又言《ハク》善男子如来《ハ》具二足《シタマヘリ》知諸根力《ヲ》一是《ノ》故《ニ》善《ク》解《リ》二分三別《シテ》衆生《ノ》上中下《ノ》根《ヲ》一能《ク》知《シメシテ》二是《ノ》人《ヲ》一転《シテ》二下《ヲ》一
下
作《ナスト》二中《ト》一能《ク》知《シメシテ》二是《ノ》人《ヲ》一転《シテ》中《ヲ》一作《スト》二上《ト》一能《ク》知《テ》二是《ノ》人《ヲ》一転《シテ》二上《ヲ》一作《スト》中《ト》一能《ク》知《シテ》二是《ノ》人《ヲ》一転《シテ》中《ヲ》一作《スト》下《ト》一是《ノ》故《ニ》当《シ》《ニ》知《ル》一衆生《ノ》根
性《ニ》无《シ》三有《コト》二決定一以《ノ》三无《ヲ》二定一故《ニ》或《ハ》断《ス》二善根《ヲ》一断《シ》已《テ》還《テ》生《ス》若《シ》諸《ノ》衆生《ノ》根性定者《ナラハ》終《ニ》不《ラム》二先《キニ》断《シテ》断《シ》已《テ》復《タ》生《セ》一亦
不《スト》下下応《ラ》下説《ク》中一闡提《ノ》輩《ラ》堕《シテ》三於二地獄一寿命一劫《ナリト》上善男子是《ノ》故《ニ》如来説《キタマヘリ》四一切《ノ》法《ハ》无《シト》三有《コト》二定相一迦葉
菩薩白《シテ》二仏《ニ》一言《ク》世尊如来《ハ》具二足《シテ》知諸根力《ヲ》一定《テ》知《シメサム》四善星当《シト》《ニ》三断《ス》二善根《ヲ》一以《テ》二何《ノ》因縁《ヲ》一聴《シタマフト》二其《ノ》出家《ヲ》一仏《ノ》
言《ノタマハク》善男子我《レ》於《テ》二往昔《シヤクノソノカミニ》《ムカシ》初一出家《ノ》時《キ》吾《カ》弟難陀従《シタカフ》二弟阿難提婆達多子羅睺羅《ニ》一如《キノ》是一等《ノ》輩《トモカラ》
皆悉《ク》随《テ》我《ニ》一出《テ》家一修《シキ》道《ヲ》一我《レ》若《シ》不《スハ》三聴《ユルサ》二善星《カ》出家《ヲ》一其《ノ》人次《ニ》当《シ》《ニ》四得《ウ》三紹《ツクコトヲ》二王位《ヲ》一其《ノ》力自在《ニシテ》当《シ》《ニ》三壊《ス》二仏法《ヲ》一以《テ》二

是因縁我便聴其出家修道善男子善星比丘若不出家亦断善根於無量世都无利益今出家已雖断善根能受持戒供養恭敬耆旧長宿有徳之人修習初禅乃至四禅是名善因如是善因能生善法善法既生能修習道既修習道当得阿耨多羅三藐三菩提是故我聴善星出家善男子若我不聴善星比丘出家受戒則不得称我為如来具足十力善男子如来善知衆生如是上中下根是故称仏具知根力迦葉菩薩白仏言世尊如来具足是知根力是故能知一切衆生上中下根利鈍差別随人随意随時故名如来知諸根力或有説言犯四重禁作五逆罪一闡提等皆有仏性至如来世尊為国土故為時節故為他語故為人故為衆根故於一法中作二種説於一名法説无量名於一義中説无量名於无量義説无量名云何一名説无量名猶如涅槃亦名涅槃亦名无生亦名无出亦名无作亦名无為亦名帰依《タノム》亦名窟《アナ》宅亦名解脱亦名光明亦名燈明亦名彼岸亦名无畏亦名无退亦名安処亦名寂静《シツカナリ》亦名无相亦名无二亦名一行亦名清涼《スヽシ》亦名无闇《ヤミ》亦名无㝵亦名无静亦名无濁亦名広大亦名甘露亦名吉祥《アキラカナリ》是名一名作无量名云何一義説无量名猶如帝釈至云何於无量義説无量名如仏如来名為如来義異名異亦名阿羅呵義異名異亦名三藐三仏陀義異名異亦名船《フネ》師亦名導師亦名正覚亦名明行足亦名大師子王亦名沙門亦名婆羅門亦名寂静亦名施《アタウ》主亦名到彼岸亦名大医王亦名大象王亦名大竜王亦名施眼亦名大力士亦名大无畏亦名宝聚《トモカラ》亦名商《アキナイ》主亦名得解脱亦名大丈夫亦名天人師亦名大分陀利亦名独《ヒトリ》无

等侶《リョトモ》《トモカラ》一亦名二大福田ト一亦名二大智《サトル》海ト一亦名二无相ト一亦名ク二具足八智ト一如キ二是ノ一切義異名異ナリト善男子是ヲ名ク三无量義ノ中ニ説ト二无量ノ名ヲ一復有リ三一義ニ説コト二无量ノ名ヲ一所ユル二謂ハ一如シ二陰ノ一亦名テ為ス二陰ト一亦名ク二顚《タフレ》倒《タフル》ト一亦名テ為ス二諦《タイト》《アキラカナリ》一亦名テ為ス二四念処ト一亦名ク二四食ト一亦名ク二四識《シル》住処ト一亦名テ為ス二有ト一亦名テ為ス二道ト一亦名テ為ス二時ト一亦名テ為ス二衆生ト一亦名テ為ス二世ト一亦名ク二第一義ト一亦名ク二三修《ツクロウ》ト一謂ハク身戒《イマシム》心ナリ亦名ク二因果ト一亦名ク二煩悩ト一亦名ク二解脱ト一亦名ク二十二因縁ト一亦名ク二声聞辟《アヤマル》支仏ト一仏ヲ亦《マタ》名ク二地獄餓鬼畜生人天ト一亦名ク二過去現在未来ト一是ヲ名ツ三一義ニ説ト二无量ノ名ヲ一善男子如来世尊為ノ二衆生ノ一故ニ広ノ中ニ説ク二略ヲ一略ノ中ニ説ク二広ヲ一第一義諦《アキラカナリ》ヲ説テ為ス二世諦ト一説テ二世諦ノ法ヲ一為スト二第一義諦ト一略出

又言ハク迦葉復言ク世尊第一義諦ヲ亦名テ為ス二道ト一亦名ク二菩提ト一亦名ク二涅槃ト一乃至

又言ク善男子我レ以経ノ中ニ説ニ如来ノ身ヲ一凡《ヨソ》有二二種一一者生身二者法身ナリ言二生身ト一者ハ即是方便応化之身ナリ如ノ二是ノ一身者ハ可シ四得ウ三言コトヲ二是レ生老病死長短黒白是此是彼是学无学ト一我カ諸ノ弟子聞キ二是ノ説ヲ一已テ不レハ三解ラ二我カ意ヲ一唱《サカリ》ナヘテ言ハク如来定テ説カムト二仏身ハ是レ有為ノ法ナリト一法身ハ即是常楽我浄ナリ永ク離レタマヘレハ二一切生老病死非白非黒非長非短非此非彼非学非无学ヲ一若シ仏ノ出世及ヒ不出世ニ常ニ不シテ二動セ一无ケム三有コト二変《カヘ》易《カウル》一善男子我カ諸ノ弟子聞キ二是ノ説ヲ一已テ不レハ三解ラ二我カ意ヲ一唱テ言ハク如来定テ説タマヘリト二仏身ハ是レ无為ノ法ナリト一

又言ク如シ二我カ所説ノ十二部経ノ一或ハ随自意説或ハ随他意説或ハ随自他意説ナリ乃至善男子如キ二我カ所説ノ十住ノ菩薩少《シキ》見ルト二仏性ヲ一是ヲ名ク二随他意説ト一何ヲ以ノ故ニ名クルヤト二少見ト一十住ノ菩薩ハ得タリ二首楞厳等ノ三昧三千ノ法門ヲ一是ノ故ニ声聞自《ミツカラ》知テ当《クトモ》ニ三得ウ二阿耨多羅三藐三菩提ヲ一不スミ四見三一切衆生定テ得ムコトヲ二阿耨多羅三藐三菩提ヲ一是ノ故ニ我説クナリ三十住ノ菩薩少分見ルト二仏性ヲ一善男子常ニ宣《セン》《ノフ》二説スル一切衆生悉有仏性ト一是ヲ名ク二随

自意説一切衆生不断不滅乃至得阿耨多羅三藐三菩提是名随自意説一切衆生悉有仏性煩悩覆故不能得見我説如是汝説亦尒是名随自他意説善男子如来或時為一法故説无量法 出抄

又言一切覚者名為仏性十住菩薩不得名為一切覚故是故雖見而不明了善男子見有二種一者眼見二者聞見諸仏世尊眼見仏性如於掌中観阿摩勒菓十住菩薩聞見仏性故不了了十住菩薩唯能自知定得阿耨多羅三藐三菩提而不能知一切衆生悉有仏性善男子復有眼見諸仏如来十住菩薩眼見仏性復有聞見一切衆生乃至九地聞見仏性菩薩若聞一切衆生悉有仏性心不生信不名聞見 乃至

「師子吼菩薩摩訶薩言世尊一切衆生不能得知如来心相当云何観而得知邪善男子一切衆生実不能知如来心相若欲観察而得知者有二因縁一者眼見二者聞見若見如来所有身業当知是則為如来也是名眼見若観如来所有口業当知是則為如来也是名聞見若見色貌一切衆生无与等者当知是則為如来也是名眼見若聞音声微妙最勝不同衆生所有音声当知是則為如来也是名聞見若見如来所作神通為為衆生為為利養若為衆生不為利養当知是則為如来也是名眼見若観如来以他心智観衆生時為利養説為衆生説若為衆生不為利養当知是則為如来也是名聞見 略出

浄土論曰世尊我一心帰命尽十方无㝵光如来願生安楽国観彼世界相勝過

三界《ノ》道《ニ》一究竟《シテ》如《シ》二虚空《ノ》一広大《ニシテ》无《シトノタマヘリ》二辺際一上已

註論《ニ》曰《ク》荘厳清浄功徳成就者《ハ》偈《ニ》言《ノタマヘリ》二観彼世界相勝過三界道故《ト》一此云何不思議《ナルヤ》有《テ》二凡夫人煩悩成就《セル》一亦得《ニ》三生《ヲ》二彼浄土《ニ》一三界《ノ》繋業畢竟《シテ》不《ス》二牽《ケン》《ヒカ》一則《チ》是不《シテ》三断《セ》二煩悩《ヲ》一得《ワ》二涅槃分《ヲ》一焉《イツクンソ》可《キヤト》二思議《ス》一

又云正道《ノ》大慈悲《ハ》出世《ノ》善根《ヨリ》生《ストノタマヘリ》此二句《ハ》名《ク》二荘厳性功徳成就《ト》一至乃性《ハ》是本《ノ》義《ナリ》言《イフコヽロハ》此《コレ》浄土《ハ》随《シテ》二順法性《ニ》一不《ス》三乖《ソムカ》二法本《ニ》一事同《シ》二華厳経《ノ》宝王如来性起《ノ》義《ニ》一又言《イフコヽロハ》積《ツム》習《ナラウ》成《シテ》二性《ヲ》一指《ユヒ》《ス》二法蔵菩薩《ヲ》一集《メテ》二諸《ノ》波羅蜜《ヲ》一積習《シテ》所《ナリ》二成《セル》一亦言二性《ト》一者《ハ》是聖種性《ナリ》序《ハシメニ》法蔵菩薩於《テ》二世自在王仏《ノミモトニ》所一悟《トル》二无生忍《ヲ》一介時《ノ》位《ヲ》名《ク》二聖種性《ト》一於《テ》二是性《ノ》中《ニ》一発《シテ》二四十八大願《ヲ》一修二起《シタマヘリ》此土《ヲ》一即曰《フ》二安楽浄土《ト》一是《レ》彼《ノ》因《ノ》所得《ナリ》果《ノ》中《ニ》説《ク》二因《ヲ》一故《ヘニ》名《テ》為《ス》二性《ト》一又言二性《ト》一者《ハ》是必然《ノ》義《ナリ》不改《カイノ》《アラタマル》義《ナリ》如《シトノ》下海性一味《ニシテ》衆流入《ル》者《ノ》必為《ナテ》二一味《ト》一海《ノ》味不《ルカ》中随《テ》二彼《ニ》一改《タマラ》上也又如《シ》下人身《ノ》性不浄《ナルカ》故《ニ》種種《ノ》妙好《ヨキコト》色香美《ミ》《ヨシ》味《ミ》入《リヌレハ》二身《ニ》一皆為《ナルカ》中不浄《ト》上安楽浄土《ハ》諸《ノ》往生者《ヒト》无《シ》二不浄《ノ》色一无《シ》二不浄《ノ》心一畢竟《シテ》皆得《エシム》二清浄平等无為法身《ヲ》一以《ノ》二安楽国土清浄性成就《シタマヘルヲ》一故《ヘナリ》正道《ノ》大道大慈悲《ハ》出世《ノ》善根《ヨリ》生者《ストイフハ》平等《ノ》大道也平等《ノ》道《ヲ》所《ユ》三以《ヘ》名《テ》為《スル》二正道《ト》一者《ハ》平等《ハ》是諸法《ノ》體相《ナリノ》以二諸法平等《ナルヲ》一故発心等《ヒトシ》発心等《シキカ》故《ニ》道等《ヒトシ》道等《シキカ》故《ニ》大慈悲等《ヒトシ》大慈悲《ハ》是仏道《ノ》正因《ナルカ》故《ニ》言《ノタマヘリ》二正道大慈悲《ト》一慈悲《ニ》有《リ》三三縁一一者衆生縁是小悲《ナリ》二者法縁是中悲《ナリ》三者无縁是大悲《ナリ》大悲《ハ》即是出世《ノ》善也安楽浄土《ハ》従《リ》二此《ノ》大悲一生《セルカ》故《ヘナレハナリ》故《ニ》謂《ヒテ》二此大悲《ヲ》一為《ス》二浄土之根《ト》一故曰《フナリト》二出世善根生《ト》一

又云問曰尋《タツヌルニ》二法蔵菩薩《ノ》本願力及竜樹菩薩《ノ》所讃《ヲ》一皆似《ユタリ》下以《テ》二彼《ノ》国《ニ》声聞衆多《ナルヲ》一為《スルニ》《ヨシ》中奇《キト》《アヤシム》上此《レ》

有《ルヤ》二何《ノ》義《ト》一答曰声聞《ハ》以《テ》二実際《キワ》《ヲ》一為《ス》二証《ト》一計《ルニ》不《ス》四応《ラ》三更《ニ》能《ク》生《ス》二仏道《ノ》根芽《クキ》《ケヲ》一而《ルヲ》仏以《テ》二本願《ノ》不可思議《ノ》神力《ヲ》一摂《シテ》令《ルニ》三生《セ》二彼《コニ》一必当《シ》《ニ》下復以《テ》二神力《ヲ》一生《セシム》中其《ヲシテ》无上道心《ヲ》上譬《ハ》如《シ》下鴆《チム》鳥《テウ》入《レハ》二水《ニ》一魚蚌《カイ》咸《トク》死《ス》犀牛触《フルレハ》二之《ニ》一死《スル》者《ノ》皆活《ヨミカヘルカ》上如《キ》二此《ノ》一不《ス》三応《ラ》二生《ス》一而生《シテ》生《セシム》所以《コノユヘニ》可《シ》二奇《トス》一然《ニ》五不思議《ノ》中《ニ》仏法最不可思議《ナリ》仏能《ク》使《メタマフ》三声聞《ヲシテ》復生《セ》二无上道心《ヲ》一真《トニ》不可思議之至也

又云不可思議力者《ハ》捴《スヘテ》指《ス》二彼《ノ》仏国土《ノ》十七種荘厳功徳力不可得思議《ナルコトヲ》一也諸経《ニ》説《テ》言《ク》有《リ》二五種《ノ》不可思議一一者衆生多少不可思議二者業力不可思議三者竜力不可思議四者禅定力不可思議五者仏法力不可思議《ナリ》此《ノ》中《ニ》仏土不可思議《ニ》有《リ》二二種《ノ》力一一者業力謂《ク》法蔵菩薩《ノ》出世《ノ》善根《ト》大願業力《ノ》所成《ナリ》二者正覚《ノ》阿弥陀法王《ノ》善《ク》住持力《ヲシテ》所《ナリ》二摂《シタマフ》一

又云示《ストイフ》二現自利利他《ヲ》一者《ハ》略《シテ》説《キツ》二彼《ノ》阿弥陀仏《ノ》国土《ノ》十七種《ノ》荘厳功徳成就《ヲ》一示《シタマヘルカ》二現如来《ノ》自身利益大功徳力成就《ト》利益他功徳成就《トヲ》一故《ニトノタマヘリ》 言《ニ》二略《ト》一者《ハ》彰《アラハス》下彼《ノ》浄土《ノ》功徳无量《ニシテ》非《ルコトヲ》中唯十七種《ノミニ》上也夫《レ》須弥《ヲ》之《ヲ》入《レ》二芥子《ニ》一毛孔《ニ》之《ヲ》納《ム》二大海《ヲ》一豈《ニ》山海之神《ナラムヤ》乎毛芥之力《ナラムヤ》乎能神《ノ》者《ヒトノ》神之耳《ナラクノミト》

又云何《ニ》者《ノカ》荘厳不虚作住持功徳成就偈《ニ》言《ノタマヘリ》下観《ニ》二仏本願力《ヲ》一遇《マウアフテ》无《ク》二空《ク》過《ル》者《ノ》一能令《ムルカ》三速《スカニ》満《ニ》二足功徳大宝海《ヲ》一故《ニト》上不虚作住持功徳成就者《ハ》蓋《ケタシ》是阿弥陀如来《ノ》本願力也至乃所《ノ》言《フ》二不虚作住持者《ハ》依《テナリト》二本法蔵菩薩《ノ》四十八願《ト》今日《ノ》阿弥陀如来《ノ》自在神力《トニ》一願以《テ》成《ス》二力《ヲ》一力以《テ》就《ク》二願《ニ》一願不《ス》二徒《イタツラニ》然《ナラ》一力不《ス》二虚設《マウク》《ナラ》一力願相《アイ》府《カナフテ》畢竟《シテ》不《ス》二差《タカハ》一故《ニ》曰《フ》成就《ト》一出抄

鸞和尚造也

〔讃阿弥陀仏偈曰《ク》曇鸞和尚造南无阿弥陀仏 釈名无量寿傍経《ト》一〕奉讃《ホメタテマツリテ》亦曰《フ》二安養《ト》一 成仏已《ヨリ》来《タ》歴《ヘタマヘリ》二十劫《ヲ》一寿

綻ハ破也 崩也、落也 頽字又 通也 跡也 直剎反 轍字車也

命方《マサ》将ニ无シケム有コト量法身ノ光輪偏シテ法界ニ照スノ世ノ盲冥ヲ故ニ頂礼シタテマツル 智慧ノ光明不ス可量故ニ仏ヲ又号ス无量
光トノ有量諸相蒙ル光暁ウヲノ是故ニ稽首シタテマツル 真実明ヲ解脱ノ光輪无シ限《カキル》斉《ヒトシ》故ニ仏ヲ又号ス无辺光ト蒙ル光触《フル、》ヲ
者ノ離ル有無ヲ是ノ故ニ稽首マツル平等覚ヲ光雲ノコトクニシテ 无㝵ナルコトニシテ如シ虚空ノ故ニ仏ヲ又号ス无㝵光ト一切ノ有礙ケ蒙ル光
沢ヲ是ノ故ニ頂礼マツル難思議ヲ清浄ノ光明无シ有コト対故ニ仏ヲ又号ス无対光ト遇マウアフ斯ノ光ニ者ノハ業《ナリワイ》繋《ツナクナリ》除コル是ノ故ニ稽
首マツル畢竟依ヲ仏光照耀シテスクル最《モトモ》第一ナリ故ニ仏ヲ又号ス光炎王ト三塗《ミチ》ノ黒闇蒙ル光啓《ヒラク》ケイヲ是故ニ頂礼マツル大応供ヲ道
光明朗《ホカラカナリ》ニシテ色超絶シタマヘリ故ニ仏ヲ又号ス清浄光ト一タヒ蒙フルニ光照ヲ罪垢《アカ》除コル皆得エシム解脱ヲ故ニ頂礼シタテマツル 慈光遐ハルカニ
被カラシメ施ス安楽ヲ故ニ仏ヲ又号ス歓喜光ト光ノ所ノ至ル処ニ得エシム法喜ヲ稽首シ頂礼マツル大安慰ヲ仏光能ク破ス无明ノ闇ヲ故ニ
仏ヲ又号ス智慧光ト一切諸仏三乗衆咸ク共ニ嘆誉《ホム》ス故ニ稽首マツル光明一切ノ時普ク照ス故ニ仏ヲ又号ス不断
光ト聞ク光力ノ故ニ心不スシテ断ヘ皆得エシム往生ヲ故ニ頂礼マツル其ノ光除テハ仏ヲ莫ケム能ク惻ハカルコト故ニ仏ヲ又号ス難思光ト十方諸仏
嘆シ往生ヲ称セシム其ノ功徳ヲ故ニ稽首マツル神光ハ離タルコトヲ相ヲ不可名ナツク故ニ仏ヲ又号ス无称光ト因テ光ニ成仏シタマフ光リ赫《カ、ヤク》カク然タリ諸
仏ノ所ナリ嘆《ホム》シタマフ故ニ頂礼マツル光明照曜シテ過キタリ日月ニ故ニ仏ヲ号ス超日月光ト釈迦仏嘆シタマフコトヲ 尚不ス尽キ故ニ我稽首シタテマツルト
无等等ヲ乃至本師竜樹摩訶薩誕《ウム》タンス形像ヲ始ハシメテ理《コトワル》ル頽タイ反カウヲ綱《ツナ》関クワン閉《フサク》ヘイシテ邪扇《アフキ》センヲ開ク正轍テチヲ是レ閻浮提ノ一切ノ眼コナリ伏《シタカイ》
承《ウケタマハル》ショウシテ尊語ヲ歓喜地ニシテ帰シテ阿弥陀ニ生セシム安楽ニ我従无始循《メクリテ》シウ三界ニ為ニ虚妄輪《ミタル》ノ所ラル回転セ一念一時ニ所ノ
造ル業足繋ツナカレ六道ニ滞トヽマル三塗ニ唯ヤヽ願ハ慈光護シテ念ヲ我令メタマヘ我ヲシテ不ラ失《ウシナフ》セ菩提心ヲ我讃ス仏恵功徳ノ音ヲ願ハ聞キカシメテ
十方ノ諸ノ有縁ニ欲オモハムト得ムト往生ヲ安楽ニ者ノ普ク皆如クシテ意ノ无ラシメム郭㝵所有功徳若ハ大小回施シテ一切ニ共ニ往生セシメム
南无シ不可思議光ニ一心ニ帰《ヨル》命《オホセ》シ稽《イタス》首《カウヘ》シ礼マツル十方三世ノ无量慧同シク乗シテ一如ニ号ス正覚ト二智円満シテ道

平等摂化 随縁故若干 我帰阿弥陀浄土即是帰命 諸仏国我以一 心讃一 仏願偏十方无㝵人如是十方无量仏咸各至心頭面礼 已上抄出

光明寺和尚云問曰弥陀浄国為当是報是化也答曰是報非化云何得知如大乗同性経説西方安楽阿弥陀仏是報仏報土又无量寿経云法蔵比丘在世饒王仏所行 菩薩道時発四十八願一一願言若我得仏十方衆生称我名号願生我国下至十念若不生者不取正覚今既成仏 即是酬因之身也又観経中上輩三人臨命終時皆言阿弥陀仏及与化仏来迎此人然報身兼化共来授 手故名為与以此文証故知是報然報応二身者眼目之異名前翻 報作応後翻応作報凡言報者因行不虚定招来果以果応因故名為報又三大僧祇所修万行必定応得菩提今既道成即是応身斯乃過現諸仏弁立三身除斯已外更无別體縦使无窮八相名号塵沙剋體而論衆帰化摂今彼弥陀現是報也

問曰既言報者報身常住永无生滅何故観音授記経説阿弥陀仏亦有入涅槃時此之一義若為通釈

答曰入不入義者唯是諸仏境界尚非三乗浅智所闚豈況小凡輒能知也雖然必欲知者敢引仏経以為明証何者如大品経涅槃非化品中説云仏告須菩提於汝意云何若有化人作化人是化頗有実事不空者不須菩提言不也世尊仏告須菩提色即是化受想行識即是化乃至一切種智即是化須菩提白仏言世尊若世間法是化

出世間ノ法亦是化ナリヤト 所ユル二謂イハ一四念処四正勤《ツトム》四如意足《タル》五根五力七覚分八聖道分三解脱門仏十力四无所畏《オソル》キ四无㝵智十八不共法并ニ諸法ノ果及賢《カシコシ》聖人所ユル二謂イハ一須陀洹斯シ陀含阿那含阿羅漢辟支仏菩薩摩訶薩諸仏世尊是ノ法亦是化ナリヤイナヤト不仏告ハク二須菩提ニ一一切ノ法皆是化ナリテ於二是ノ法ノ中ニ一有リ二声聞ノ法ノ変化一有リ二辟支仏ノ法ノ変化一有リ二菩薩ノ法ノ変化一有リ二諸仏ノ法ノ変化一有リ二煩悩ノ法ノ変化一有リ二業因縁ノ法ノ変化一以ノ二是ノ因縁ヲ一故ニ須菩提一切ノ法皆是化ナリトノタマヘリ 須菩提白シテ二仏ニ一言サク世尊是ノ諸ノ煩悩断ハ所ユル二謂イハ一須陀洹《オン》果斯陀含果阿那含果阿羅漢果辟支仏道ハ断ス二諸ノ煩悩ノ習《ナラウ》シウヲ一皆是変化ナリヤヤト不仏告ハク二須菩提ニ一若有ル二法ノ生滅ノ相一者ハ皆是変化ナリトノタマヘリ 須菩提言サク世尊何等ノ法カ非ルヤラサルト二変化ニ一仏ノ言ハクシ若シ法ノ无生无滅ナル是非スト二変化ニ一須菩提言サク何等ラカ是不生不滅ニシテ非ルヤサルト二変化ニ一仏ノ言ハク无キ二誑《クルウ》相一涅槃是ノ法非スト二変化ニ一世尊如キ二仏自《ミツカラ》説タマフカ一諸法平等ニシテ非ス二声聞ノ作ニ一非ス二辟支仏ノ作ニ一非ス二諸ノ菩薩摩訶薩ノ作ニ一非ス二諸ノ仏ノ作ニ一有仏无仏諸法性常ニ空ナリ性空ナル即是涅槃ナリ云何涅槃ノ一法非ルヤトサル三如ク二化ノ一仏告ハク二須菩提ニ一如シ二是ノ一如シ二是ノ一諸法ハ平等ニシテ非ス二声聞ノ所作ニ一乃至性空ナレハ即是涅槃ナリ若シ新《アタラシ》発意ノ菩薩聞カ下是一切ノ法皆畢竟シテ性空ナリ乃至涅槃モ亦皆如中化ノ上者ハ心則チ驚怖《オトロキオソル》キヤウフシナムニ為ニ是レ新発意ノ菩薩ノ一故ニ 分四別スルヲ生滅ノ者ハ如シ二化ノ一不生不滅ノ者ノハ不アラサルヲ三如キニ化ノヤ一邪今既ニ以テ二斯ノ聖教ヲ一験《アキラカニ》知ヌ弥陀ハ定テ是報也縦使《タトヒ》後ニ入ラム二涅槃ニ一其ノ義无ケム二妨《サマタケ》ハウ一諸ノ有智ノ者ノ応シトニ知ル一

問曰彼ノ仏及土既ニ言ニ報トハ一者報法高妙ニシテ小聖難シ二階《カナヒ》一垢鄣ノ凡夫云何カ得ムヤ二入ルコトヲ一答曰若シ論セハ二衆生ノ垢鄣ヲ一実ニ難シ二忻《ネカヒ》趣《オモムキ》シ一正シクテ由ニ託《ツク》タクスルニ三仏願ニ一以テ作リテ二強縁ト一致タスト三使ムルコトヲ二五乗斉ヒトシク入ラ一

又云従ニ我今楽生弥陀一已下ハ正シク明ス三夫人別シテ選フコトヲ二所求ヲ一此ハ明ス二弥陀ノ本国四十八願ナルコトヲ一 願願

皆発《セリ》二増上《ノ》勝因《ヲ》一依《テ》因《ニ》一起《セリ》三於二勝行《ヲ》一依《テ》行《ニ》一感《カムス》二於二勝果《ヲ》一依《テ》果《ニ》一感二成《セリ》勝報《ヲ》一依《テ》報《ニ》一感二成《セリ》極楽《ヲ》一依《テ》楽《ニ》一顕二通《ス》悲化《ヲ》一依《テ》三於二悲化一顕二開《セリ》智慧之門《ヲ》一然《ニ》悲心无尽《ニシテ》智亦无窮《ナリ》悲智雙《ナラヘ》行《シテ》即広《ク》開《ケリ》二甘露《ヲ》一因《ヨテ》茲《コレニ》一法潤《ニン》《ウルオウ》普《ク》摂《シタマフ》二群生《ヲ》一也諸余《ノ》経典《ニ》勧《ムル》処弥《ヒロク》多《シ》衆聖斉《ヒトシクシテ》二心《ヲ》一皆同《シク》指《オシフ》讃《シタマフ》有《テ》二此《ノ》因縁一致《ス》下使《シメタマフコトヲ》中如来蜜《ヒソカニ》遣《ハシテ》《ツカ》二夫人《ヲ》一別選《シテハ》上也

又云西方寂静无為《ノ》楽《ミヤコハ》畢竟逍遙《シテ》離《タリ》二有无《ヲ》一大悲薫《シテ》二心《ニ》一遊《フ》二法界《ニ》一分身《シテ》利《ルコト》二物《ヲ》一等《シクシテ》无《シ》二殊《コトナルコト》一帰《イサ》去《イナム》来魔郷《ニハ》不《ス》三可二停《トヽマル》一曠劫《ヨリ》来《タ》流二転《セリ》《シテ》六道《ニ》一尽《コト〱ク》皆逕《ヘタリ》到《ル》処《ニ》无《シ》二余《ノ》楽一唯聞《ク》二愁歎《ノ》声《ヲ》一畢《ヘテ》二此《ノ》生平《ヲ》一後入《ラムト》二彼《ノ》涅槃《ノ》城《ニ》一（或本生死也）

又云極楽《ハ》无為涅槃《ノ》界《ナリ》随縁《ノ》雑善恐《オソラクハ》難《シ》二生一故《ニ》使《シメタマヘリ》下如来選《テ》二要法《ヲ》一教《ヘテ》念《セシメテ》二弥陀《ヲ》一専《ニシテ》復専《ラナラ》上

又云従《シタカヒテ》仏《ニ》一逍遙《シテ》帰《ス》二自然《ニ》一自然《ハ》即是弥陀《ノ》国《ナリ》无漏无生還《テ》即真《ナリ》行来進止《ニ》常《ニ》随《テ》二仏《ニ》一証二得《ヘト》无為法性身《ヲ》一

又云弥陀《ノ》妙果号《オハカウシテ》曰《フト》二无上涅槃《ト》一（已上抄出）

憬《ケイ》《キヤウ》興師云无量光仏（非《ルカ》二等数一故）无辺光仏（无三縁《トシテ》不《コト》二照一故《ニ》）无㝵光仏（无《カ》三有《コト》二人法《ト》而《シテ》能《ク》鄣《フルコト》一故《ニ》）无対光仏（非《ルカ》三諸菩薩之所二及一故《ニ》）光炎王仏（光明自在《ニシテサラニ》更无《カ》二為《スコト》上一故《ニ》）清浄光仏（従《リ》二无貪《ノ》善根一而現《スルカ》故《ニ》亦除二衆生貪濁之心《ヲ》一也无《カ》二貪濁之心一故《ニ》云二清浄《ト》一）歓喜光仏（従《リ》二无瞋《シンノ》善根一而《シテ》生《カ》故《ニ》能除二衆生《ノ》瞋恚《オモフイカリイカルサカリ》盛心《ヲ》一故《ニ》）智慧光仏（従《リ》二无癡《ノ》善根《ノ》心《ニ》起《コル》復《タ》除《カ》二衆生《ノ》无明品心《ヲ》一故《ニ》）不断光仏（仏之常光恒《ツネニ》為《スカ》照益《ヲ》一故《ニ》）難思光仏（非《カ》三諸《ノ》二乗《ノ》所《ノ》二惻《（ハカラフ）》度《スル》一故）无称光仏（亦非《ルカ》四余乗等《ノ》所《ニ》三堪《フルコト》二説一故《ニ》）超日月光仏（日《ヘ》応《シテツネニ》恒照《コト》不《ルコト》二周《アマネカラ》一娑婆一耀《カヽヤ》之光《ナルカ》故《ニ》）皆是蒙《カホル》二光触《ソクヲ》《フルヽ》一者《ハ》身心柔濡《ノ》願之所二致《ス》一也（已上抄要）

尓者如来《ノ》真説宗師《ノ》釈義明《ニ》知《ヌ》顕二安養浄刹《ハ》真報土《ナルコトヲ》一惑染《ノ》衆生於《シテ》二此《コヽニ》一不《ス》四能三見《コトヲ》二性一所《ルヽカ》三覆《ホハ》二

煩悩故経言我説十住菩薩少分見仏性故知到安楽仏国即必顕仏性由本願力回向

故亦経言衆生未来具足荘厳清浄之身而得見仏性

起信論曰若知雖説無有能説可説亦無能念可念名為随順若離於念名為得入

得入者真如三昧也況乎《イカニイハンヤ》无念之位在於妙覚蓋《ケタシ》以了心初生之相也而言知初相者所謂无念非菩薩十地所知而今之人尚《ナホ》未階十信即不依馬鳴大士従説入无説従念入无念抄略

夫按報者由如来願海酬《コタウ》報果成土故曰報也然就願海有真有仮是以復就仏土有真有仮由選択本願之正因成就真仏土

言真仏者大経言无辺光仏无㝵光仏又言諸仏中之王也光明中之極尊也已上

論曰帰命尽十方无㝵光如来也

言真土者大経言无量光明土或言諸智土已上

論曰究竟如虚空広大无辺際《キワ》也

言往生者大経言皆受自然虚无之身无極之體已上

論曰如来浄華衆正覚華化生又云同一念仏无別道故已上

又云難思議往生是也

仮之仏土者在下応知既以真仮皆是酬報大悲願海故知報仏土也良《マコトニ》仮仏土業因千差土復応千差是名方便化身化土由不知真仮迷《マトヒ》失如来広大恩徳因茲今

顕《ス》二真仏真土《ヲ》一斯《レ》乃《チ》真宗之正意也経家論家之正説浄土宗師之解義仰《イテ》可《シ》二敬信《ス》一特《コトニ》可《キ》二奉《ウケタマハリ》持《ス》一也可《シトナリ》知《ル》一

顕浄土真仏土文類　五

顕浄土方便化身土文類　六本

無量寿仏観経之意
至心発願之願　邪定聚機　雙樹林下往生

阿弥陀経之意也
至心回向之願　不定聚機　難思往生

顕浄土方便化身土文類　六

愚禿釈親鸞集

謹顕化身土者仏者如無量寿仏観経説真身観仏是也土者観経浄土是也復如菩薩処胎経等説即懈慢《オコタル　アナトル》界是也亦如大无量寿経説即疑城《シヤウ》胎宮是也

然濁世羣萠《ムラカリキサス》穢悪《ケカラハシ》含《カム》識《フウム　サトル》乃出九十五種之邪道雖入半満権実之法門真者甚以難実者甚以希《マレ》偽《イツハル》者甚以多虚者甚以滋是以釈迦牟尼仏顕説福徳蔵誘《イウ》《コシラヘ》引群生海阿弥陀如来本発誓願普化諸有海既而有悲願名修諸功徳之願復名臨終現前之願復名現前導生之願復名来迎引接之願亦可名至心発願之願也

是以大経願言設我得仏十方衆生発菩提心修諸功徳至心発願欲生我国臨寿終時仮令不与大衆囲遶現其人前者不取正覚

悲華経ノ大施品ニ言ク願ハ我レ成リ二阿耨多羅三藐三菩提ヲ一已ラムニ其ノ余ノ无量无辺阿僧祇ノ諸仏世界ノ所有ノ衆生若シ発シ二阿耨多羅三藐三菩提心ヲ一修シテ二諸ノ善根ヲ一欲ム三生ト二我カ界ニ一者ノ臨終之時我当《シ》ニ下与ト二大衆一囲《メクリ》繞《メクル》シテ現ス中其ノ人ノ前ニ上其ノ人見テ我ヲ一即於シテ二我カ前ニ一得ム二心ニ歓喜ヲ一以ノ三見ヲ二我ヲ一故ニ離レテ二諸ノ鄣《サハリ》閡《サハル》ケヲ一即便捨テ、身ヲ一来二生セシメムト我界ニ一上已

此ノ願成就ノ文者ヘ即三輩《トモカラ》ノ文是也観経ノ定散九品之文是也

又大経言ク又无量寿仏ノ其ノ道場《ニワ》樹ハ高サ四百万《ヨロツ》里ナリ其ノ本周囲《メクリ》五十由旬ナリ枝葉四布《ヨモニシキテ》二十万里ナリ一切ノ衆宝自然ニ合成セリ以テ二月光摩尼持海輪宝ノ衆宝之王タルヲ一而荘二厳セリ之ヲ一乃至阿難若シ彼ノ国ノ人天見ル二此ノ樹ヲ一者ノハ得ム二三法忍ヲ一一ニ者ハ音響《ヒヽキ》忍二者ハ柔順《ヤハラカニ》忍三者ハ无生法忍ナリ此レ皆无量寿仏ノ威神力ノ故ヘニ本願力ノ故ヘニ満足《タル》願ノ故ニ明了願ノ故ニ堅《カタク》固《カタシ》願ノ故ニ究竟願ノ故ヘナリト乃至又講《オコナウ》堂精《モンハラ》舎宮殿楼観皆七宝ヲモテ荘厳シ自然ニ化成セリ復以テ二真珠明月摩尼衆宝ヲ一以テ為ス二交《マシワル》露ト一覆二蓋《オヽウ》セリ其ノ上ニ一内外左右ニ有リ二諸ノ浴《アムル》ヨク池一十由旬或二十三十乃至百千由旬ナリ縦《ヨコサマ》広深浅各皆一等ナリ八功徳水湛《タン》《タヽフル》然トシテ盈《ヤウ》《ミチ》満セリ清浄香潔《ケチ》《アサヤカナリ》ニシテ味《アチワイ》如シト二甘露ノ一

又言ク其レ胎生ノ者ノハ所ノ二処スル一宮殿或百由旬或五百由旬ナリ各於シテ二其ノ中ニ一受コト二諸ノ快楽ヲ一如シ二忉利天上ノ一亦皆自然ナリ尓時ニ慈氏菩薩白シテ二仏ニ一言サク世尊何ノ因何ノ縁アテカ彼ノ国ノ人民《タミ》胎生化生ナルト仏告ハク二慈氏《ウチ》ニ一若シ有テ二衆生一以テ二疑惑心ヲ一修シテ二諸ノ功徳ヲ一願セム三生ト二彼ノ国ニ一不スシテ三了ラ二仏智不思議智不可称智大乗広智无等无倫最上勝智ヲ一於テ二此ノ諸智ニ一疑惑シテ不ス信セ一然モ猶《ナホ》信シテ二罪福ヲ一修《ツクル》二習《ナラフ》シテ善本ヲ一願セム三生ト二其ノ国ニ一此ノ諸ノ衆生生テ二彼ノ宮殿ニ一寿チ五百歳常ニ不ス三見二仏ヲ一不ス三聞二経法ヲ一不ス三見ミ二菩薩声聞聖衆ヲ一是ノ故ニ彼ノ国土ニハ謂イフ二之ヲ胎生ト一乃至弥勒当《ヘシ》ニ知ル一彼ノ化

生ノ者ハ智慧勝タルカ故ニ其ノ胎生ノ者ハ皆无キナリ二智慧一乃至仏告ク二弥勒ニ一譬ハ如シ二転輪聖王ノ一有ラム二七宝ノ牢ラウ獄《カタシイマシム》一種種ニ荘厳シ張《ハリマフク》二設シ牀《ユカ》シヤウ帳ヲ一懸タラム二諸ノ繒《ハタ》幡《ハタ》ヲ一若シ諸ノ小王子得ラム三罪ヲ於二王一輒スナワチ内レテ二彼ノ獄ノ中チニ一繋ツナクニ以テセム二金鎖《クサリ》リ反一乃至仏告ク二弥勒ニ一此ノ諸ノ衆生亦復マタ如シ是ノ一以ノ三疑二惑スルヲ仏智ヲ一故ニ生レム二彼ノ胎宮ニ一乃至若シ此ノ衆生識シリテ二其ノ本ノ罪ヲ一深ク自ミツカラクエ悔《クユル》責《セム》クシテ求メム三離レムコトヲ二彼ノ処ヲ一乃至弥勒当ニ知ル一其レ有テ菩薩一生三疑惑ヲハ一者為ス三失ストニ大利ヲ一已上抄出

如来会ニ言ク仏告ク弥勒ニ若シ有テ二衆生一随三於二疑悔ニ一積《クユ》集《ツミ》シテ善根ヲ一希《マレニ》二求セム仏智普偏智不思議智无等智威徳智広大智ヲ一於テ二自ミツカラノ善根ニ一不ス四能ハ三生スルコトヲ二信ヲ一以テ二此ノ因縁ヲ一於二五百歳ニ一住セム二宮殿ノ中チニ一乃至阿逸《ホシイマヽニ》イチ多汝チ観スルニ二殊勝智ノ者ノヲ一彼レハカ因ニ広慧ノ力ニ一故ニ受《ウク》テ三彼ノ化二生スルコトヲ於導華ノ中ニ一結跏趺座セム汝観スルニ二下劣之輩カラヲ一乃至不ス四能三修二習《ナラウ》スルコトノ諸ノ功徳ヲ一故ニ無クシテ因一奉二事セム无量寿仏ニ一是ノ諸人等ハ皆為ナシテノ二昔縁疑悔ヲ一所ナレハナリト致ス一乃至仏告ク弥勒ニ一如シ是ノ一若シ有ラムテ下随二於疑悔ニ一種テ二諸ノ善根ヲ一希中求スルコト仏智乃至広大智ヲ上於テ二自ミツカラノ善根ニ一不ス四能ハ三生コトヲ二信ヲ一由テ三聞ニ二仏ノ名ミナヲ一起カ二信心ヲ一故ニ雖モ三生ト二彼ノ国ニ、シテ一於二蓮華ノ中チニ一不ス三得二出現スルコトヲ一彼等ラノ衆生処ニ二華胎ノ中チニ一猶ナホ如ニ園《ソノ》シトオン苑《ソノ》エンオン宮殿之想ヒノ一要抄

大経〔言ク諸ノ少行ノ菩薩及修二習スル少功徳ヲ一者ノ不ル三可ラ二称計ス一皆当《シト》ニ二往生ス一

又言ク況イハンヤ余ノ菩薩由テ二少善根ニ一生ル二彼ノ国ニ一者ノ不ス三可トラ二称計ス一已上

光明寺ノ釈ニ云ク含《カン》フウミテ二華ニ一未《ス》タ出テ或アルイハ生シ三辺界ニ一或ハ堕《オツ》タセムト二宮胎ニ一已上

憬興師ノ云ク由テ三疑フニ二仏智ヲ一雖モ下生ムマレ二彼ノ国ニ一而テ在ト中辺地ニ上不ス三被カフラ二聖化ノ事ヲ一若シ胎生セハヨロシクヲ宜《ヘシト》二之重ク捨スツ一已上

首楞厳院ノ要集ニ引テ二感カン禅師ノ釈ヲ一云問菩薩処胎経ノ第二ニ説トカク西方去コトノ二此閻浮提ヲ一十二億那由他ニ有リ二懈慢界一乃至発ル二意ヲ一衆生欲スルト三生二阿弥陀仏国ニ一者ノ皆深ク着《ツク》クルヲサルシテ二懈慢国土ニ一不ス四能三前ス、ムテ進生コト二阿弥陀仏

国一ニ億千万ノ衆時ニ有二テ一人一能ク生二スト阿弥陀仏国一ニ云云以二テ此ノ経一ヲ淮《シュン》難《ナスラフ》スルニ可三シヤウ得二生一ヲ答群疑論ニ引二キ善導和尚ノ前ノ文一ヲ而釈二シテ此ノ難一ヲ又自《ミツカラ》助《タスク》成シテ云ク此ノ経ノ下ノ文ニ言ク何ヲ以ノ故ニ皆ナ由二テ懈《ケ》慢《マン》一ニ執《トル》心不二スト牢《ラウ》固《カタク カタシ》一ナラ是ニ知ヌ雑修之者ノハ為二ス執心不牢之人一ト故ニ生二ス懈慢国一ニ也若シ不二スシテ雑修一セ専ラ行二ハ此ノ業一此即執心牢固ニシテ定メテ生二極楽国一ニ乃至又報ノ浄土ニ生スル者ノハ極テ少シ化ノ浄土ノ中ニ生スル者ノハ不ス少カラ一故ニ経ノ別説実ニ不二ル相違一セ也ト 已上略抄

尒者夫レ按二スルニ楞《リヨウ》厳和尚ノ解《ハカラフ》義一ヲ念仏証拠《コ》門ノ中ニ第十八ノ願者ハ顕二開シタマヘリ別願ノ中之別願一ナリト観経ノ定散諸機者ハ勧《ス丶メ》二励《レイ》《ハケマス》シタマヘル極重悪人唯称二弥陀一ヲト也濁世ノ道俗善ク自《ミツカラ》思二量セヨト己カ能一ヲ也応シ知一

問大本ノ三心ト与二ト観経ノ三心一一異云何ソヤ答依二テ釈家之意一ニ按二无量寿仏観経一ヲ者ハ有二顕彰隠《ヲン》《カクス》蜜《カクス》ノ義一言二顕一ト者ハ即顕二シ定散諸善ヲ一開二ク三輩三心ヲ一然ニ二善三福ハ非二ス報土ノ真因一ニ諸機ノ三心ハ自利各別ニ而シテ非二ス利他ノ一心一ニ如来ノ異ノ方便忻《ネカヒシタフ》慕浄土ノ善根ナリ是レハ此ノ経之意ナリ即是顕ノ義也言二彰《アラハス》一ト者ハ彰二シ如来ノ弘願一ヲ演《ノヘ》二暢《ノフ》ス利他通入ノ一心一ヲ縁二テ達多闍世ノ悪逆一ニ彰二ス釈迦微《ミ》《スコシキ》咲《セウノソ》《エム》素《モト》懐《クワイヲ》《オモヒ》一因二テ韋提別選ノ正意一ニ開二闡《ヒラク》ス弥陀大悲ノ本願一ヲ斯レ乃チ此ノ経ノ隠《カクス》彰ノ義也是以経ニハ言ヘリ二教我観於清浄業処一ト言フ二清浄業処一ト者ハ則是本願成就ノ報土也言二教我思惟《オモフ》一ト者ハ即方便也言二教我正受一ト者ハ即金剛ノ真心也言ヘリ二諦観彼国浄業成者一ト応三シト観二知ス本願成就ノ尽十方无㝵光如来一ヲ也言ヘリ二広説衆譬《ヒト》一則十三観是也言ヘリ二汝是凡夫心想羸《ルイ》《オトリ》劣一ト則是彰三ス為二タルコトヲ悪人往生ノ機一也言ヘリ二諸仏如来有異方便一ト則是定散諸善顕三ス為二タルコトヲ方便之教一也言ヘリ二以仏力故見彼国土一ト斯乃顕二ス他力之意一ヲ也言ヘリ二若仏滅後諸衆生等一ト即是未来ノ衆生顕三ス為二ルコトヲ往生ノ正機一也言ヘリ二若有合者名為麁《ソ》想一ト是顕三ス定観難二コトヲ成シ一也言ヘリ二於現身中得念仏三昧一ト即是顕下ス定観成就之益《タスク》ハ以テ三獲《ウル》二ヲ念仏三昧ヲ一為中スルコトヲ観ノ益上ト即以二テ観門一ヲ為二セル方便之教一ト也言ヘリ二発三

種心即便往生ト一又言ヘリ二復有三種衆生当得往生ト一依ニ二此等ノ文ニ一就テ三輩ニ一有ニ三種ノ三心一復有リ二二種ノ
往生一良《マコトニ》知ヌ此レ乃シ此ノ経ニ有《ルコトヲ》二顕彰隠蜜之義一二経ノ三心将ニ三談《タンセムト》ス二一異ヲ一応キ二善ク思量ス一也大経観経
依レハ二顕ノ義ニ一異ナリ依レハ二彰ノ義ニ一一也可シ知ル一

尓者ハ光明寺ノ和尚ノ云然ニ娑婆ノ化主因カ二其ノ請《コウ》ニ一故ニ即広ク開ク二浄土之要門ヲ一安楽ノ能人顕ニ彰ス別意
之弘願ヲ一其《ソレ》要門ト者ハ即此ノ観経ノ定散二門是也定ハ即息《ヤメテ》慮《オモンハカリヲ》一以テ凝《コラス》ニ心ヲ一散ハ即廃《ハイシテ》悪ヲ一以テ修ス善ヲ一回シテ二
此ノ二行ヲ一求ニ願セヨト往生ヲ一也言ニ弘願ト一者如《シトイヘリ》二大経ノ説ノ一

又云今此ノ観経ハ即以テ二観仏三昧ヲ一為ス宗ト一亦以テ念仏三昧ヲ一為ス宗ト二一心ニ回願シテ往ニ生スルヲ浄土ニ一為スト體ト一言ニ
教之大小ト者ハ問曰此ノ経ハ二蔵之中ニハ何ノ蔵ニカ摂スル二教之中ニハ何ノ教ニカ収《オサム》ルヤ答曰今此ノ観経ハ菩薩蔵ニ収《シュ》頓
教ノ摂ナリト

又云又言ニ如是ト一者ハ即此ハ指ス二法ヲ一定散両門也是即定ル辞《コトハナリ》機行必益ス此ハ明ス三如来ノ所説言《ミコト》无キコトヲ二
錯《アヤマリ》謬《メウ》一故ニ名ク如是ト一又言如ト者ハ如シト二衆生ノ意ノ一也随テ二心ノ所楽ニ一仏即度シタマフヲ之機教相応セルヲ復称《イフ》シテス為ス二是ト一故ニ
言ニ如是ト一又言ニ如是ト一者ハ欲ス三明ト二如来ノ所説ヲ一説クコトハ二漸《ヤウヤク》一如シ二漸ノ一説コトハ二頓一如シ頓ノ一説コト相一如シ相ノ一説空ヲ一如シ空ノ一説ニ人法ヲ一
如人法ノ一説ニ天法ヲ一如天法ノ一説小一如シ小ノ一説大一如シ大ノ一説凡一如凡ノ一説聖ヲ一如聖ノ一説因一如シ因ノ一説果一如果ノ一説
苦ヲ一如苦ノ一説楽一如楽ノ一説遠一如遠ノ一説近ヲ一如シ近ノ一説同一如同ノ一説別一如シ別ノ一説浄一如シ浄一説穢一如穢ノ一説コト二一切ノ
法ヲ一千差《シナ》万別ナリ如来ノ観知歴《レキ》《フル》歴了然トシテ随テ心ニ一起テ行ヲ一各ノ益《タスク》スルコトス不同ラ一業果法然トシテ衆无シテ二錯《シャク》《アヤマリ》失一又称シテ為ニ
是ト一故ニ言ニ如是ト一

又云従ニ欲生彼国者ニ下モ至マテ二名為浄業ニ一已来タハ正シク明ス三勧ニ修スルコトヲ三福之行ヲ一此ハ明ス三一切衆生ノ機ニ有ルコトヲ二

二種一者定二者散若依定行即摂生不尽是以如来方便顕開三福以応散動根機

又云又真実有二種一者自利真実二者利他真実言自利真実者復有二種一者真実心中制作自他諸悪及穢国等行住座臥想同一切菩薩制捨諸悪我亦如是也二者真実心中勤修自他凡聖等善真実心中口業讃歎彼阿弥陀仏及依正二報又真実心中口業毀《クヰ》厭三界六道等自他依正二報苦悪之事亦讃歎一切衆生三業所為善若非善業者敬而遠之亦不随喜也又真実心中身業合掌礼敬四事等供養彼阿弥陀仏及依正二報又真実心中身業軽慢《カロメアナトル》厭捨此生死三界等自他依正二報又真実心中意業思想観察憶念彼阿弥陀仏及依正二報如現目前又真実心中意業軽賤《イヤシウス》厭捨此生死三界等自他依正二報至乃又決定深信釈迦仏説此観経三福九品定散二善証賛彼仏依正二報使人忻慕《ネカイシタウ》至乃又深心深信者決定建立自心順教修行永除疑錯《アヤマル》不為一切別解別行異学異見異執之所退失傾《カタフク》動也至乃次就行立信者然行有二種一者正行二者雑行言正行者専依往生経行行者是名正行何者是也一心専読誦此観経弥陀経无量寿経等一心専注思想観察憶念彼国二報荘厳若礼即一心専礼彼仏若口称即一心専称彼仏若讃歎供養即一心専讃歎供養是名為正又就此正中復有二種一者一心専念弥陀名号行住座臥不問時節久近念念不捨者是名正定之業順彼仏願故若依礼誦等即名為助業除此正助二行已外自余諸善悉名雑行若修前正助二

行ヲ一心常ニ親《シン》近《コン》シ憶念不ス断ヘ一名テ為二无間ト一也若シ行スルハ後ノ雑行ヲ一即心常ニ間断ス雖モ四可ト三回向シテ得ウ二生ヲ一衆テ名クル疎《ソ》《ウトシ》雑之行ト一也故ニ名ク二深心ト一三者回向発願心言二回向発願心ト一者過去及以今生ノ身口意業ニ所ノ二修スル一世出世ノ善根及随下喜シテ他一切ノ凡聖ノ身口意業ニ所ノ二修スル一世出世ノ善根ヲ上以テ二此ノ自他所修ノ善根ヲ一悉ク皆真実ノ深信ノ心ノ中ニ回向シテ願ス三生ト二彼ノ国ニ一故ニ名クル二回向発願心ト一也ト

「又云定善ハ示メス二観ヲ一縁ナリト

又云散善ハ顕ス二行ヲ一縁ナリト

又云浄土之要難シト逢アヒフ一文 抄出

又云如観経ノ説ノ一先マツ具シテ三心ヲ一必得ウ往生ヲ一何等ヲカ為スル三ト一一者ハ至誠心所ユル謂ハ一身業ニ礼二拝ス彼ノ仏ヲ一口業ニ讃二嘆シ称揚ス彼ノ仏ヲ一意業ニ専二念シ観察ス彼ノ仏ヲ一凡ソ起ニ二三業ヲ一必須《モチヰルカ》真実ヲ一故ニ名クト二至誠心ト一至乃三者ハ回向発願心所作ノ一切ノ善根悉ク皆回シテ願ス二往生ヲ一故ニ名ク二回向発願心ト一具シテ二此ノ三心ヲ一必得ル二生ヲ一也若シ少《カケヌレハ》ニ二一心一即不ス三得二生ヲ一如シ二観経ニ具ニ説カ一応シ知ル一至乃又菩薩ハ已ニ勉《マヌカレテ》二生死ヲ一所作ノ善法回シテ求ム二仏果ヲ一即是自利ナリ教二化シテ衆生ヲ一尽ス二未来際ヲ一即是利他ナリ然ニ今ノ時ノ衆生悉ク為ニ二煩悩ノ一繋縛《ツナキシハル》セラレテ未タ三勉《マヌカレ》ス二悪道生死等ノ苦ヲ一随テ二縁ニ一起シテ行ヲ一一切ノ善根具速《サニスミヤカニ》回シテ願セム三往二生ムト阿弥陀仏国ニ一到リ二彼ノ国ニ一已テ更ニ无ケム三所ノ二畏《オソル、》キ一如キノ上ノ一四修自然任運《マカセハコフ》ウンニシテ自利利他无シ三不ルコト二具足セ一応シ知ル一又云若シ欲スルテ、下捨テ、専ラ修セムト中雑業ヲ上者ノハハ百時ニ希マレニ得ウ二一二ヲ一千時ハ希ニ得ウ二五三ヲ一何ヲ以ノ故ニ乃マシ由カ下雑縁乱動ス失スルニ中正念ヲ上故ニ与二仏ノ本願一不ルカ二相応セ一故ニ与教相違セルカ故ニ不ルカ三順セ二仏語ニ一故ニ係《カクル》念不ルカ二相続セ一故ニ憶想間断スルカ故ニ回願不ルカ二慇《ネムコロニ》イン重真実ナラ一故ニ貪瞋諸見ノ煩悩来タリ間断スルカ故ニ無キカ三有ルコト二慚《ハチ》愧《ハツ》懺《クイ》悔《クュ》ノ心一故ニ懺悔ニ有リ二三品一至乃上中下ナリ上品懺悔者ハ身ノ毛孔ノ中ヨリ血ヲ流シ眼ノ中ヨリ血出スオハ者名ク二上品ノ懺悔ト一中品ノ懺悔

者偏身熱汚《アツキアセ》従毛孔出眼中血流者名中品懺悔下品懺悔者偏身徹熱《トオリアツク》眼中涙出者名下品懺悔此等三品雖有差別是久種解脱分善根人致使今生敬法重人不惜身命乃至小罪若懺《クユ》即能徹心髄能如此懺者不問久近所有重鄣皆頓《タチマチニ》滅尽若不如此縦使日夜十二時急走《ハシル》終是無益差不作者応知雖不能流涙《ナミタ》流血等但能真心徹《トホリ》到《イタル》者即与上同 上已

又云捴不論照摂余雑業行者

又云如来出現於五濁随宜方便化群萠或説多聞而得度或説少解証三明或教福《サイワイ》恵《メクム》雙除鄣或教禅念座思量種種法門皆解脱

又云万劫修功実難続一時煩悩百千間若待娑婆証法忍六道恒沙劫未《シ》期門門不同名漸教万劫苦行証无生畢命為期専念仏須臾命断仏迎将一食之時尚有間如何《イカンカ》万劫不貪瞋貪瞋鄣受人天路三悪四趣内安身 要抄

又云定散倶回入宝国即是如来異方便韋提即是女人相貪瞋具足凡夫位 上已

論註曰有二種功徳相一者従有漏心生不順法性所謂凡夫人天諸善人天果報若因若果皆是顛倒皆是虚偽《ヘツラウ》故名不実功徳 上已

安楽集云引大集経月蔵分言我末法時中億億衆生起行修道未《ラシト》有一人得者当今末法是五濁悪世唯有浄土一門可通入路

又云未《ル》満一万劫已来恒未《ス》勉火宅顛倒墜《オツ》堕《オツ》故各用功至重獲報偽《ヘツラウ》也 上已

然今拠大本超発真実方便之願亦観経顕彰方便真実之教小本唯開真門無方便之善是以三経真実選択本願為宗也復三経方便即是修諸善根為要也依此按方便之願有仮有真亦有行有信願者即是臨終現前之願也行者即是修諸功徳之善也信者即是至心発願欲生之心也依此願之行信顕開浄土之要門方便権仮従此要門出正助雑三行就此正助中有専修有雑修就機有二種一者定機二者散機也又有二種三心亦有二種往生二種三心者一者定三心二者散三心定散心者即自利各別心也二種往生者一者即往生二者便往生便往生者即是胎生辺地雙樹林下往生也即往生者即是報土化生也亦此経有真実斯乃開金剛真心欲顕摂取不捨然者濁世能化釈迦善逝宣説至心信楽之願心報土真因信楽為正故也是以大経言信楽如来誓願疑蓋无雑故言信也観経説深心対諸機浅信故言深也小本言一心二行無雑故言一也復就一心有深有浅深者利他真実之心是也浅者定散自利之心是也依宗師意云依心起於勝行門余八万四千漸頓則各称所宜随縁者則皆蒙解脱然常没凡愚定心難修息慮凝心故散心難行廃悪修善故是以立相住心尚難成故言縦尽千年寿法眼未曾開何況无相離念誠難獲故言如来懸知末代罪濁凡夫立相住心尚不能得何況離相而求事者如似无術通人居空立舎也言門余者門者即八万四千仮門也余者則本願一乗海也

凡就一代教於此界中入聖得果名聖道門云難行道就此門中有大小漸頓一乗

二乗三乗権実顕蜜竪《シュ》出竪超上則是自力利他教化地方便権門之道路也於シテ二安養浄刹ニ一入聖証果スルヲ一名ニ浄土門ト一云ヘリ二易行道ト一就ニ此ノ門ノ中ニ一有ル下横出横超仮真漸頓助正雑行雑修専修上也正者五種ノ正行也助者ハ除テ二名号ヲ一已外ノ五種是也雑行者ハ除テ二正助ヲ一已外ヲ悉ク名ク二雑行ト一此レ乃チ横出漸教定散三福三輩九品自力仮門也横超者ハ憶二念シテ本願ヲ一離ルヽ二自力之心ヲ一是ヲ名ル二横超他力ト一也斯レ即チ専ノ中之専頓ノ中之頓真ノ中之真乗ノ中之一乗ナリ斯レ乃チ真宗也已ニ顕シ真実行之中ニ一畢ヌ

夫レ雑行雑修其ノ言ハ一ニシテ而其ノ意惟レ異ナリ於《オイテ》二雑之言ニ一摂二入ス万行ヲ一対シテ二五正行ニ一有リ二五種ノ雑行一雑ノ言ハ人天菩薩等ノ解行雑セルカ故ニ曰ヘリ二雑ト一自リ本ト一非ス二往生ノ因種ニ一廻心回向之善ナリ故ニ曰フ二浄土之雑行ト一也復就テ二雑行ニ一有リ二専行一有リ二専心一復有リ二雑行一有リ二雑心一専行者ハ専ラ修ス二一善ヲ一故ニ曰フ二専行ト一専心者ハ専スルカ二回向ヲ一故ニ曰ヘリ二専心一雑行雑心者諸善兼《ケン》《カネテ》行ルカ故ニ曰フ二雑行一定散心雑スルカ故ニ曰フ二雑心ト一也亦就テ二正助ニ一有リ二専修一有リ二雑修一就テ此ノ雑修ニ一有リ専心一有リ雑心一就テ専修ニ一有リ二種一一ニハ者唯称ス二仏名ヲ一二ニハ者有リ二五専一就テ二此ノ行業ニ一有リ二専心一有リ二雑心一五専者ハ一ニハ専礼二ニハ専読三ニハ専観四ニハ専名五ニハ専讃嘆ナリ是ヲ名ク二五ノ専修ト一専修其ノ言ハ一ニシテ而其ノ意ロ惟レ異ナリ即是レ定専修ナリ復散専修也専心者ハ専ラ二五正行ヲ一而シテ無キカ二二心一故ニ曰フ二専心ト一即是定専心ナリ復是散専心也雑修者助正兼行スルカ故ニ曰フ二雑修ト一雑心者ハ定散ノ心雑スルカ故ニ曰フ二雑心ト一也応シ知ル一

凡ソ於《オイテ》二浄土ノ一切諸行ニ一綽和尚ハ云ヒ二万行ト一導和尚ハ称ス二雑行ト一感禅師ハ云ヘリ二諸行ト一信和尚ハ依レリ二感師ニ一空聖人ハ依《リタマフ》二導和尚ニ一也拠《ヨリテ》二経家ニ一披《ヒラクニ》二師釈ヲ一雑行之中ノ雑行雑心雑行専心専行雑心ナリ亦正行之中ノ専修専心専修雑心専修雑心ハ此レ皆ナ辺地胎宮懈慢界ノ業因ナリ故ニ雖モ三生スト二極楽ニ一不ス三見《ミタテマツラ》二三宝ヲ一仏心ノ光明不ル三照二摂セ余ノ雑業ノ行者ヲ一也仮令之誓願良《マコト》ニ有ル由《ユヘ》一哉《カナ》仮門之教忻慕《ネカイシタフ》之釈是レ弥《イヨ〳〵》明《アキラカ》也

二経之三心依レハ二顕之義ニ一異也依レハ二彰《内ニアラハス》之義ニ一一也三心一異之義答ヘ竟ヌ

「又問大本ト観経ノ三心ト与二小本ノ一心一一異云何ソヤ答今就テ二方便真門ノ誓願ニ一有リ行一有リ信一亦有リ真実一有リ方便ノ願者ハ即植《ウヘル》諸徳本之願一是也行者ハ此ニ有リ二二種一一ニハ者善本二ニハ者徳本也信者即至

廿願也

心回向欲生之心是也就テ二機ニ一有リ定一有リ散一往生者ハ此レ難思往生是也仏者ハ即化身ナリ土者即疑城《ミヤコ》胎宮是也准《ナスラウ》シュン二知スルニ観経ニ一此経ニ亦応シル三有二顕彰隠蜜之義一言ト二顕一者ハ経家ハ嫌《キラフ》ケン貶《オトシム》ヘンシテ一切諸行ノ少善ヲ一開二示《シメス》シ善本徳本ノ真門ヲ一励《ハケマシテ》二自利ノ一心ヲ一勧ム二難思ノ往生ヲ一是以テ経ニハ説キ二多善根多功徳多福徳因縁ト一釈ニハ云ヘリ二九品倶ニ回テ得ヨ不退ト一或ハ云ヘリ二無過念仏往西方三念五念仏来迎ト一此レハ是此ノ経ノ示ス二顕ノ義ヲ一也此レ乃チ真門ノ中之方便也言ト二彰ト一者ハ彰ス二真実難信之法ヲ一斯レ乃チ光《ヒラク》二闡シテ不可思議ノ願海ヲ一欲《オホス》四令メムト三帰セ二无㝵ノ大信心海ニ一良《マコトニ》勧《スヽメテ》既恒沙ノ勧メナレハ信モ亦恒沙ノ信ナリ故ニ言ヘル二甚《ハナハタ》難ト一也釈ニ云ヘリ二直ニ為テ弥陀ノ弘誓重レルニ一致スト三使ムルコトヲ二凡夫念スレハ即生ト一斯レハ是レ開ク二隠彰ノ義ヲ一也経ニ言ヘリ二執持ト一亦言ヘリ二一心ト一執ノ言ハ彰ス三心堅牢《カタクカタシ》ラウニシテ而不ルコトヲ二移転《ウツリウツル》イセ一也持ノ言ハ名ク二不散不失ニ一也一之言者ハ名ク二无二ニ一之言《ミコト》也心之言者ハ名ク二真実ニ一也斯《コノ》ハ経大乗修多羅ノ中之无問自説経也尓者ハ如来所《ユヘ》ハ四以興三出《シタマフ》於二世一恒沙ノ諸仏証護《マモル》ノ正意唯在ル二斯ニ一也是ヲ以テ四依弘経ノ大士三朝《テウ》浄土ノ宗師開テ二真宗念仏ヲ一導《チヒク》二濁世ノ邪偽《イツハル》ヲ一三経ノ大綱《ツナ》カウ雖モ三有ト二顕彰隠蜜之義一彰シテ二信心ヲ一為ス二能入ト一故ニ経ノ始メニ称ス二如是ト一如是之義ハ則善ク信スル相也今按スルニ二三経ヲ一皆以テ金剛ノ真心ヲ為セリ二最要ト一真心即是大信心ナリ大信心ハ希有最勝真妙清浄ナリ何ヲ以ノ故ニ大信心海ハ甚タ以テ巨《カタシ》リ八反入一従ヨリ二仏力一発起スルカ故ニ真実ノ楽邦《クニ》ハウ甚タ以テ易シ二往キ一籍《ヨテ》二願力ニ一即生スルカ故ナリ今将ニ三談セムト二一心一異ノ義ヲ一当ニ此ノ意ナル一也三経一心之義答ヘ竟ヌ

「夫レ濁世ノ道俗応シ下速《スミヤカニ》テ入二円修至徳ノ真門ニ一願フ中難思往生ヲ上就テ二真門之方便ニ一有リ善本一有リ徳本一復有リ二

定専心復有散専心復有定散雑心雑心者大小凡聖一切善悪各以助正間雑心称念名号良教者頓而根者漸機行者専而心者間雑故曰雑心也定散之専心者以信罪福心願求本願力是名自力之専心也善本者如来嘉名此嘉名者万善円備《ソナハル》一切善法之本故曰善本也徳本者如来徳号此徳号者一声称念至徳成満衆禍《ワサワイ》皆転十方三世徳号之本故曰徳本也然則釈迦牟尼仏開演功徳蔵勧《メクム》化十方濁世阿弥陀如来本発果遂《ハタシトケム》之誓悲引諸有群生海既而有悲願名植諸徳本之願復名係《カク》念定生之願復名不果遂者之願亦可名至心回向之願也

此果遂之願者廿願也

是以大経願言設我得仏十方衆生聞我名号係念我国植諸徳本至心回向欲生我国不果遂者不取正覚

又言於此諸智疑惑不信然猶信罪福修習善本願生其国此諸衆生生彼宮殿

又言若人无善本不得聞此経清浄有戒者乃獲聞正法已上

無量寿如来会言若我成仏无量国中所有衆生聞説我名以己《オノレカ》善根回向極楽若不生者不取菩提已上

平等覚経言非有是功徳人、不得聞是経名唯有清浄戒者乃還聞斯正法悪憍慢蔽《オホフ》懈怠《オコタル》難以信於此法宿世時見仏者楽聴聞世尊教人之命希可得仏在世甚難値有信慧不可致若聞見精進求已上

観経言仏告阿難汝好持是語持是語者即是持無量寿仏名已上

阿弥陀経言不可以少善根福徳因縁得生彼国聞説阿弥陀仏執持名号 已上

光明寺和尚云自余衆行雖名是善若比念仏者全非比校也是故諸経中処処広讃念仏功能如无量寿経四十八願中唯明専念弥陀名号得生又如弥陀経中〔一日七日専念弥陀名号得生又十方恒沙諸仏証成不虚也又此経定散文中唯標専念名号得生此例非一也広顕念仏三昧竟〕

「又云又決定深信弥陀経中十方恒沙諸仏証勧一切凡夫決定得生至乃諸仏言行不相違失縦令釈迦指勧一切凡夫尽此一身専念専修捨命已後定生彼国者即十方諸仏悉皆同賛同勧同証何以故同體大悲故一仏所化即是一切仏化一切仏化即是一仏所化即弥陀経中説至乃又勧一切〔凡夫一日七日一心専念弥陀名号定得往生次下文云十方各有恒河沙等諸仏同賛釈迦能於五濁悪時悪世界悪衆生〕悪煩悩悪邪无信盛時指賛弥陀名号勧励衆生称念必得往生即其証也又十方仏等恐畏衆生不信釈迦一仏所説即共同心同時各出舌相徧覆三千世界説誠実言汝等衆生皆応信是釈迦所説所讃所証一切凡夫不問罪福多少時節久近但能上尽百年下至一日七日一心専念弥陀名号定得往生必无疑也是故一仏所説一切仏同証成其事也此名就人立信也 要抄

又云然望仏願意者唯勧正念称名往生義疾不同雑散之業如此経及諸部中処処広歎勧令称名将為要益也応知

又云従ヨリ二仏一告阿難汝好持是語一已下ハ正シク明スト下付二嘱シテ弥陀ノ名号ヲ一流中通スルコトヲ於二遐《ハルカニ》カ代ニ上上ヨリ来タ雖モ三説ト二定散両門之益ヲ一望ノソマムニハ二仏ノ本願ノ意ヲ一在リト下衆生ヲシテ一向ニ専ラ称スルニ中弥陀仏ノ名ヲ上

又云極楽ハ无為涅槃ノ界ナリ随縁ノ雑善恐《オソラ》クハ難シ二生一故ニ使メタマヘリト下如来選テ二要法ヲ一教エテ念セシメテ二弥陀ヲ一専ラニシテ復専ナラ上

又云劫欲ホッスルト二尽《ツキム》一時五濁盛《サカリ》ナリ衆生邪見ニシテ甚タ難シ信シ一専ニシテ専ナレト指授《サック》シテ帰セシメシニ二西路ニ一為ニ他ノ破壊セラレテ還テ如シ故モトノ一

曠劫ヨリコノカタ已来常ニ如シ二此ノ一非ス二是レ今生ニ始テ自ミツカラ悟サトルニ一正シク由テ四不ルニ三遇ハ二好キ強縁ニ一致ストルコトヲ四使三輪回シテ難カラ二得度シ一

又云種種ノ法門皆解脱スレトモ無シ四過スキタルハ三念仏シテ往ニ二西方ニ一上尽シ二一形ヲ一至マテ二十念三念五念ニ一仏来迎シタマフ直ニ為モテ二弥陀ノ弘誓重カサナレルヲ一致ストルコトヲ下使中凡夫念スレハ即生セ上

又云一切如来設マウケタマフコト二方便ヲ一亦同シ二今日ノ釈迦尊ニ一随テ二機ニ一説ニ法ヲ一皆蒙フル二益ヲ一各得テ二悟解ヲ一入レト二真門ニ一乃至仏教多門ニシテ八万四ナリ正シク為メナリ二衆生ノ機不同ナルカハ、一欲三覓《モトム》メムト二安身常住ノ処ヲ一先マツ求テ二要行ヲ一入レト二真門ニ一

又云尒ソレ比コノコロ日自ミツカラ見二聞スルニ諸方ノ道俗ヲ一解行不同ニシテ専修ニ有リ異一但使ムレ下専ニシテ意ヲ一作サハ上者十ハ即チ十ナカラ生ス修スルハ雑ヲ一不レ二至心ナラハ一者千カ中ニ无シト二一リモ一已上

智昇師礼懺儀文云光明寺礼賛也

元照律師ノ弥陀経ノ義疏ニ云ク如来欲ス三明サムト二持名ノ功勝タルコトヲ一先マツ貶《オトシム》ヘンシテ二余善ヲ一為ス二少善根ト一所ユル謂ハ一布施持戒立寺造《ツクル》像礼誦《ヨム》シュ座禅懺《クユ》念苦行一切福業若シ无レハ二正信一回向願求スルニ皆為ス二少善ト一非ス二往生ノ因ニ一若シ依テ二此ノ経ニ一執二持セハ名号ヲ一決定シテ往生セム即知ヌ称名ハ是レ多善根多福徳也ト昔シ、作シ二此ノ解ヲ一人尚ナホ遅《オツシ》疑シキ近カクテ得テ二襄シヤウ陽ヤウノ石セキ碑《アラハス》ヒノ経ノ本文ヲ一理《コトハリ》冥符《カナイカナフ》ミヤウフセリ始メテ懐イタク二深信ヲ一彼レニ云ク善男子善女人聞テ三説ヲ二阿弥陀仏ヲ一一心ニシテ不ス二乱レ一専ニ称セヨ名号ヲ一以テノ称名ヲ故ニ諸罪消滅ス即是レ多功徳多善根多福徳因縁ナリト已上

孤コ山ノ疏ニ云ク執持名号者ハ執ハ謂ク執《トリ》受《ウク》ナリ持ハ謂ク住持ナリ信力ノ故ニ執受在リ心ニ一念力ノ故ニ住持シテ不スト忘レ一已上

大本ニ言ハク如来ノ興世難ク二値マウアヒ一難シ見マツリ一諸仏ノ経道難ク得一難シ二聞キ、一菩薩ノ勝法諸波羅蜜得コト二聞コトヲ一亦難シ遇ヒ二善知識ニ一聞キ、法ヲ一能ク行スルコト此亦為ス二難シト一若シ聞テ二斯ノ経ヲ一信楽受持スルコトノ難中之難无ケム四過テ二此ニ一難ハ三是ノ故ニ我法如ク是ノ一作シキ如ク是ノ一説ク如ク是ノ一教シフ応シト下当ニ信順シテ如ク二法ノ一修行ス上已

涅槃経ニ言ク如シ二経ノ中ニ説カ一一切梵行ノ因ハ善知識ナリ一切梵行ノ因雖モ二无量ナリト一説ケハ二善知識ヲ一則チ已ステニ摂尽シヌ如シ二我カ所説ノ一一切悪行ハ邪見ナリ一切悪行ノ因雖モ二无量ナリト一若説ケハ二邪見ヲ一則已ニ摂尽シヌ或ハ説トカク阿耨多羅三藐三菩提ハ信心ヲ為ス因ト一是レ菩提ノ因雖モ二復タ无量ナリト一若シ説ケハ二信心ヲ一則已ニ摂尽シヌト又言ク善男子信ニ有リ二二種一一者ハ信二者求ナリ如キ是ノ一之人雖モ三復有ト二信一不ル三能二推《モトメ》スイ求ニ一是ノ故ニ名テ為ス二信不具足ト一信ニ復有リ二二種一従リ二聞一生ス二従思一生ス是ノ人ノ信心従二聞一而シテ生シテ不ス四従二思一生セ三是ノ故ニ名テ為ス二信不具足ト一復有二二種一一ニハ信ス三有コトヲ二道一二ハ信ス二得者ヲ一是人ノ信心唯信シテ三有コトヲ二道一都スヘテ不四信セ三有コトヲ二得道之人一是ヲ名テ為ス二信不具足ト一復有リ二二種一一者信正二者信邪ナリ言ハム下有リ二因果一有ト中仏法僧上是ヲ名ク信正ト一言テ三无ト二因果三宝ノ性異一信スル二諸ノ邪語富《フ》闌《ラン》那等ヲ一是ヲ名ク二信邪ト一是ノ人雖モ三信スト二仏法僧宝ヲ一不ス三信セ二三宝同一性相ヲ一雖モ三信スト二因果ヲ一不ス三信セ二得者ヲ一是ノ故ニ名テ為ス二信不具足ト一是ノ人成二就スト不具足信ヲ一至乃善男子有リ四ノ善事一獲《ウル》クキヤク二得セム悪果ヲ一何等オカ為スル四ト二一者ハ為ノ勝他ノ一故ニ読二誦ス経典ヲ一二者ハ為ノ二利養ノ一故ニ受二持セム禁《イマシム》戒ヲ一三者為ノ二他属ノ一故ニ而シテ行セム二布施ヲ一四者ハ為ノ二非想非非想処ノ一故ニ繋念思惟《オモフ》セム是ノ四ノ善事得エム二悪果報ヲ一若シ人修四習《ナラフ》セムノ如二是一四事ヲ三是ヲ名ク二没シテ没シ已テ還テ出ツ出已テ還テ没ト一何カ故ソ名ル二没ト一楽フカ二三有ヲ一故ニ何故ソ名ル二出ト一以ノ三見ヲ二明ヲ一故ニ明者ハ即是聞キクナリ二戒施定ヲ一何以ノ故ニ還テ出没スルヤ増二長シ邪見ヲ一生スルカ二憍慢ヲ一故ニ是ノ故ニ我レ於テ二経ノ中ニ一説トカク二偈ヲ一若シ有テ二衆生一楽テ二諸有ヲ一為ニ二有ノ一造二作スル善悪ノ業ヲ一是ノ人ハ迷《マトヒ》メイ二失スルナリ涅槃道ヲ一是ヲ名ク二暫《シハラク》サン出還復没ト一行シテ三於二黒闇生死海ヲ一雖モ三得ト二解脱ヲ一雑スルハ二煩悩ヲ一是ノ人還テ受ク二悪果報ヲ一是ヲ名ク二暫クト出還復没ト一如来ニ

則有二種涅槃一者有為二者无為有為涅槃无常楽我浄无為涅槃有常人深信是二種戒俱有因果是故名為戒戒不具足是人不具信戒二事所楽多聞亦不具足云何名為聞不具足如来所説十二部経唯信六部未信六部是故名為聞不具足雖復受持是六部経不能読《ヨミ》誦《ヨム》為他解説无所利益《マス》是故名為聞不具足又復受是六部経已為論議故為勝他故為利養故為諸有故持読誦説是故名為聞不具足抄略

又言善男子第一真実善知識者所謂菩薩諸仏世尊何以故常以三種善調御故何等為三一者畢竟軟《ナン》《ヤハラカナリ》語二者畢竟訶《セメ》責《セム》三者軟語訶責以是義故菩薩諸仏即是真実善知識也復次善男子仏及菩薩為大医故名善知識何以故知病知薬応病授《サツクル》薬故譬如良《ラウ》医善八種術先観病相相有三種何等為三謂風熱水風病之人授之蘇油熱病之人授之石蜜水病之人授之薑《キヤウ》湯《タウ》以知病根授薬得差《イユル》故名良医仏及菩薩亦復如是知諸凡夫病有三種一者貪欲二者瞋恚三者愚癡貪欲病者教観骨相瞋恚病者観慈悲相愚癡病者観十二縁相以是義故諸仏菩薩名善知識善男子譬如船師善度人故名大船師諸仏菩薩亦復如是度諸衆生生死大海以是義故名善知識抄出

華厳経言汝念善知識生我如父母養我如乳母増長菩提分如医療衆疾《ヤマヒ》如天灑《シヤ反》甘露如日示《オシフ》正道如月転《ウツル》浄輪

又言如来大慈悲出現於世間普為諸衆生転无上法輪如来无数劫勤《ツトム》苦為衆生云何諸世間能報大師恩已上

光明寺和尚云、唯恨《コン》衆生疑不疑、浄土対面不相忤、莫論弥陀摂不摂、意在専心回不回、或道従今至仏果、長劫讃仏報慈恩、不蒙弥陀弘誓力、何時何劫出娑婆、何《イカン》期《マツ》今日至宝国、実是娑婆本師力、若非本師知識勧、弥陀浄土云何入、得生浄土報慈恩。

又云、仏世甚難値、人有信慧難遇、聞希有法、此復最為難、自信教人信、難中転更難、大悲弘普化、真成報仏恩。

弘智字昇法師懺儀文也

又云、帰去来、他郷不可停、従仏帰本家、還本国一切行願自然成、悲喜《カナシミヨロコフ》交流、深自度、不因釈迦仏開悟、弥陀名願何時聞、荷仏慈恩実難報。

又云、十方六道同此輪回、無際循循《ナカク》、沈愛波而沈苦海、仏道人身難得、今已得、浄土難聞、今已聞、信心難発、今已発。已上

真知、専修而雑心者、不獲大慶喜心、故宗師云、無念報彼仏恩、雖作業行心生軽慢《カロメアナトル》、常与名利相応故、人我自覆、不親近同行善知識、故楽近雑縁、自障障他往生正行故。悲哉垢障凡愚、自従無際已来、助正間雑、定散心雑故、出離無其期、自度流転輪回、超過微塵劫、回帰仏願力、回入大信海、良可傷嗟《ナケキナケケ》、深可悲歎《ナケク》、凡大小聖人、一切善人、以本願嘉《ヨシ》号為己善根故、不能生信、不了仏智、不能了知建立彼因故、無入報土也。

是以、愚禿釈鸞、仰論主解義、依宗師勧化、久出万行諸善之仮門、永離双樹林下之往生、回入善本徳本真門、偏発難思往生之心、然今特《ヒトリ》出方便真門、転入選択願海、速離難思往生心、欲《オモフ》遂難思議《ハカラフ》往生、果遂之誓良有由哉、爰久入願海、深知仏恩、為報謝《ムクウ》至徳。

摭《ヒロフテ》真宗簡《カン》要恒《ツネ》常称念不可思議徳海弥《イヨ、、》喜愛斯特頂戴《イタ、ク》斯也

信知聖道諸教為在世正法而全《マタク》非像末法滅之時機已失時乖《ソムク》機也浄土真宗者在世正法像末法滅濁悪群萌斉《ヒトシク》悲引也是以拠経家披《ヒラキ》師釈弁《ワキマウ》説人差別者凡諸経起説不過五種一者仏説二者聖弟子説三者天仙説四者鬼神説五者変化説尒者四種所説不足信用斯三経者則大聖自説也

大論釈四依云欲入涅槃時語諸比丘従今日応依法不依人応依義不依語応依智不依識《シルニ》応依了義経不依不了義依法者法有十二部応随此法不応随人依義者義中无諍《アラソフ》好悪罪福虚実故語《コトハ》已得義義非語也如人以指指月以示教我看《ミル》視《ミル》指而不視月人語《カタル》言我以指指月令汝知之汝何看指而不視月此亦如是語為義指語非義也以此故不応依語依智者智能籌《ハカライ》量分別善悪識《サトル》常求楽不入正要是故言不応依識依了義経者有一切智人仏第一一切諸経書《フミ》中仏法第一一切衆中比丘僧第一无仏世衆生仏為此重罪不種見仏善根人 已上

尒者末代道俗善可知四依修法也

「然拠正真教意披古徳伝《ツタウ》説顕開聖道浄土真仮教誡《イマシム》邪偽《イツワル》異執外教勘《カムカフ》決《サタム》如来涅槃之時代開示正像末法旨《ムネ》際《キワ》

是以玄忠寺綽和尚云然修道之身相続《ツク》不絶逕一万劫始証不退位当今凡夫現名信想軽毛亦曰仮名亦名不定聚亦名外凡夫未出火宅何以得知拠菩薩瓔珞経

具ニ弁《ヘンスルニ》《ワキマフ》ニ入道行位ヲ法一尓ナルカ故ニ名ニ難行道一ト

又云有下明ラシテ教興《コウノ》《オコル》所由ヲ約《ヤクシ》《ヨル》時ニ被《ラシメテ》《カフル》機ニ勧中帰スルコト浄土上ニハ者若機ト教ト時ト乖《ケハク》離シテ修シ難ク入リ難シ正法念経ニ云ク

行者一心ニ求メム道ヲ時キニ常ニ当三観二察ス時方便一ヲ若シ不三得二時一ヲ無シ方便一是名為二失一ト不三名二利一ト何ントナラハ者如下攅《キリテ》《ウルホエル》湿

木ヲ以テ求ニ火ヲ火不三可二得一非ルカ時ニ故ニ若折《オリテ》乾《カレ》タル薪《タキヽ》ヲ以テ覓《モトムル》水ヲ水不三可二得一無《キカ》智上故ニ大集月蔵経ニ云ク仏滅度ノ

後ノ第一ノ五百年ニハ我カ諸ノ弟子学《マナフ》ニ慧ヲ得ム堅固ナルコトヲ第二ノ五百年ニハ学ニ定ヲ得ム堅固ナルコトヲ第三ノ五百年ニハ学ニ多聞読

誦ヲ得ム堅固ナルコトヲ第四ノ五百年ニハ造ニ立シ塔寺ヲ修《カタク》シ福ヲ《カタシ》懺悔ルコトヲ得ム堅固ナルコトヲ第五ノ五百年ニハ白法隠《カクレ》滞《タイシテ》《トヽマル》多ク有ラム諍《シヤウシュ》《アラソフ》訟《ウタフ》

微《スコシキ》有テ善法ム得ム堅固ナルコトヲ計ルニ今ノ時ノ衆生ヲ即当下仏去《玉テ》世ノ後ノ第四ノ五百年上ニ正シク是懺悔修福シテ応三称二仏名

号ヲ時ノ者ナリ一念称スルニ阿弥陀仏ヲ即能除ク却セム八十億劫ノ生死之罪ヲ一念既ニ尓ナリ況《イハム》ヤ修スルハ常念ヲ即是恒

懺悔スル人也

又云弁《ワキマフ》セ経ノ住滅ヲ者謂ク釈迦牟尼仏一代正法五百年像法一千年末法一万年ニハ衆生減《ケムシ》

尽《ツキ》諸経悉ク滅セム如来悲ニ哀シテ痛《イタム》焼《ヤク》ノ衆生ヲ特《コトニ》ニ留テ此経ヲ止住セムコト百年ナラムト

又云大集経ニ云ク我カ末法ノ時ノ中ニ億億ノ衆生起シ行ヲ修セムニ道ヲ未三有ラ二一人モ得ル者ノ一当今末法ニシテ是五濁

悪世ナリ唯有テ浄土ノ一門ノミ可キ通入ス路ナリト 上已

元仁者後堀川院諱茂仁聖代也

尓ハ者穢悪濁世ノ群生不三知二末代ノ旨際ヲ一毀《ソシル》僧尼ノ威儀ヲ一今ノ時ノ道俗思ニ量セヨ己カ分ヲ一

按《カンカフ》レ三時教ヲ者勘ニ如来般《ハチ》涅槃ノ時代ヲ当レリ周ノ第五ノ主穆《ホク》王五十一年壬申《ミツノヘ》ニ従ニ其ノ壬申至テ我カ元

仁元年甲申《キノエ》ニ二千一百八十三歳也又依ニ賢劫経仁王経涅槃等ノ説ニ已ニ以テ入テ末法ニ六百八

十三歳也

披閲末法燈明記 最澄製作 曰夫範衛一如以流化者法王光宅四海以乗風者仁王然則仁王法王牙顕而開物真諦俗諦逓因而弘教所以玄籍盈宇内嘉猶溢天下爰愚僧等攀容天網俯仰厳科未遑寧処然法有三時人亦三品化制之旨依時興讃毀之文逐人取捨夫三石之運減衰不同後五之機慧悟又異豈拠一途済就一理整乎故詳正像末之旨際試彰破持僧之事於中有三初決正像末次定破持僧事後挙教比例初決正像末出諸説不同且述一説大乗基引賢劫経言仏涅槃後正法五百年像法一千年此千五百年後釈迦法滅尽不言末法准余所説尼不順八敬而懈怠故法不更増故不依彼又涅槃経於末法中有十二万大菩薩衆持法不滅此拠上位故亦不同問若尓者千五百年之内行事云何答依大術経仏涅槃後初五百年大迦葉等七賢聖僧次第持正法不滅五百年後正法滅尽至六百年後九十五種外道競起馬鳴出世伏諸外道七百年中竜樹出世摧邪見幢於八百年比丘縦逸僅一二有得道果至九百年奴為比丘婢為尼一千年中開不浄観瞋恚不欲千一百年僧尼嫁娶毀謗僧毗尼千二百年諸僧尼等俱有子息千三百年袈裟変白千四百年四部弟子皆如猟師売三宝物爰曰千五百年牧睒弥国有二僧牙起是非遂殺害仍教法蔵於竜宮也涅槃十八及仁王等復有此文准此等経文千五百年後無有戒定慧也故大集経五十一言我滅度後初五百年諸比丘等於我正法解脱堅固 初得聖果名為解脱

次ノ五百年ニハ禅定堅固ナラム次ノ五百年ニハ多聞堅固ナラム次ノ五百年ニハ造寺堅固ナラム後ノ五百年ニハ闘《トウ》《タヽカフ》諍《シヤウ》《アラソフ》堅固ナラム白法隠没セムト 云云 此ノ意初ノ三分ノ五百年ハ如ク次テノ一戒定慧ノ三法堅固ニ得ム二住コトヲ一即上ノ所引正法五百年像法一千ノ二時是也造寺已後ハ竝《ナラヒニ》是末法ナリ故ニ基《キ》般若会ノ釈ニ云ク正法五百年像法一千年此ノ千五百年ノ後之正法滅尽セムト故ニ知ヌ已後ハ是属ス末法ニ一問若シ尓ラハ者今ノ世ハ正シク当ルヤ二何ノ時ニカ一答滅後ノ年代雖三有ト二多説一且《シハラク》挙ク二両説ヲ一一ニハ法上師等依テ二周《シウ》異ノ説ニ一言ク仏当テ三第五ノ主穆《ホク》王満五十一年壬申《ミツノヘサルニ》一入滅シタマフトシ 若依ハ二此ノ説ニ一従二其壬申一至マテカ二我延暦二十年辛巳《トノミニ》二一千七百五十歳ナリト 二ニハ費長房等依ハ二魯《ロ》春秋ニ一仏当テ二周《シウ》ノ第二十ノ主匡《クヰヤウ》王班《ハン》四年壬子《ミツノヘ》ニ一入滅シタマフ 若依ハ此ノ説ニ一従二其ノ壬子一至マテ二我延暦二十年辛ノ巳ニ二一千四百十歳ナリ故ニ如キハ今ノ時ノ一是最末ノ時也彼ノ時ノ行事既テニ同セリ末法ニ一然ハ則於テハ末法ノ中ニ一但有リ二言教ノミ一而テ無ケム行証一若シ有ラハ我カ法一可シ三有ニ二破戒一既ニ無シ戒法一由テカ三破セムニ二何ノ戒ヲ一而有ラムヤ二破戒一破戒尚《ナホ》無シ何況ヤ持戒ヲヤ故ニ大集ニ云ク仏涅槃ノ後無戒満ミタムト州《クニ、》一云云 問諸経律ノ中ニ広ク制シテ二破戒ヲ一不ス四聴《ユルサ》三入コトヲ二衆ニ一破戒尚尓ナリ何況無戒オヤトニ而今重ネテ論スルニ二末法ヲ一無シ戒一豈《アニ》無シテ瘡《カサ》《キス》一自ラ以テ傷イタマムヤト哉答此ノ理不ス然ラ一正像末法ノ所有ノ行事広ク載《ノセタリ》諸経ニ一内外ノ道俗誰《タレ》カ不ラム二披《ヒ》《ヒラク》諷《フウ》《ミル》セ一豈ニ貪二求シテ自身ノ邪活《クワチ》ヲ一隠二蔽《ヘイ》セム持国之正法ヲ一乎《ヤ》但シ今ノ所論スル一末法ニハ唯有ラム二名字ノ比丘一此ノ名字ヲ為セム二世ノ真宝ト一無ラムヤ二福田一設ヒ末法ノ中ニ有ラ二持戒一者ハ既テニ是怪《クエ》《アヤシミ》異《イ》ナリ如シ三市ニ有ラムカ二虎《トラ》一此レ誰《タレ》カ可キヤ信ス一

問 正像末ノ事已ニ見タリ二衆経ニ一末法ノ名字ヲ為セムコトハ二世ノ真宝ト一出タリヤ二聖典ニ一答 大集ノ第九ニ云ク譬ハ如シ三真金ヲ為カ二無価《ケ》《アタイ》ノ宝ト一若シ無ク二真金一者ハ銀ヲ為ス二無価ノ宝ト一若シ無ク銀一者ハ鍮《チウ》石偽宝ヲ為ス二無価ト一若シ無クハ二偽宝一赤白銅《トウ》《アカヽネ》鉄《テチ》《クロカネ》白錫《ラウ》鉛《エン》《ナマリ》ヲ為ス二無価ト一如キ是二一切世間ノ宝ラナレトモ 仏法無価ナリ若シ無マシマサスハ二仏宝一者ハ縁覚無上ナリ若シ無クハ二縁覚一羅漢無上ナリ若シ無クハ二羅漢一余ノ賢聖衆以テ無上ナリ若シ無クハ二余ノ賢聖衆一得定ノ凡夫以テ為ス二無上ト一若シ無クハ二得定ノ凡夫一浄持戒ヲ以テ

為無上一。若無二浄持戒一、漏戒比丘以為無上一。若無二漏戒一、剃除鬚髪身著二袈裟一名字比丘為二無上宝一。比二余九十五種異道一最為二第一一。応三受二世供一、為二物一初福田。何以故。破二能身一衆生所二怖畏一故。有三護持養育安二置是人一、不久得二忍地一。已上経文 此文中有二八重一無価。所謂如来像、縁覚、声聞及前三果、得定凡夫、持戒、破戒、無戒名字。如二其次一名為二正像末之時一無価宝也。初四正法時、次三像法時、後一末法時。由此明知、破戒無戒咸是真宝。問。伏観二前文一、破戒名字莫三不二真宝一。何故涅槃大集経、国王大臣供二破戒僧一、国起二三災一、遂生二地獄一。破戒尚尒、何況無戒。而尒如来於二一破戒一、或毀或讃。豈一聖之説、有二両判之失一。答。此理不然一。涅槃等経二、且制二正法之破戒一、非二像末代之比丘一。其名雖同一而時有異一。随時制許、是大聖旨、破於世尊一。無二両判失一。問。若尒以何知涅槃等経、但制二止正法所有破戒一、非二像末僧一。答。如下所引大集所説八重真宝上、是其証也。皆為下当時無価上故。但正法時、破戒比丘穢二清浄衆一故、仏固禁制不三入二衆一。所二以然一者、涅槃第三云、如来今以二无上正法一付二嘱諸王大臣宰相比丘比丘尼一。乃至 有二破戒毀二正法一者、王及大臣四部衆応二当苦治一。如是王臣等得二无量功徳一。乃至 是我弟子真声聞也。得二福无量一。乃至 如是制文、往往衆多。皆是正法所二明之制文一、非二像末教一。所二以然一者、像季末法不三行二正法一、無三法可二毀一、何名二毀法一。無三戒可二破一、誰名二破戒一。又其時大王無三行而可二護一。由何出二三災一及於失二戒慧一。又像末無二証果人一。如何明四被三聴二護二聖一。故知上所説、皆約下正法世有二持戒一時上有二破戒一故。次像法千年中、初五百年持戒漸減、破戒漸増。雖三有二戒行一而無二証果一故。涅槃七云、迦葉菩薩白二仏言一、世尊如二仏所説一有二四種魔一。若魔所説及仏

所説我当三云一何而得二分別一 有二諸衆生一随二逐魔行一復有三随二順仏説一者一如是等輩復云一

何知仏告二迦葉一我涅槃七百歳後是魔波旬漸起当三頻壊二我之正法一譬如三猟師身服二法

衣一魔波旬亦復如是作二比丘像比丘尼像優婆塞優婆夷像一亦復如是 至乃 聴下諸比丘

受二畜奴僕使牛羊象馬乃至銅鉄釜鍑大小銅盤所須之物一耕田種殖販売市易儲

穀米上如是衆事仏大悲故憐二愍衆生一皆聴レ畜レ之 如是経律悉是魔説 云云 既云二七百歳後一

波旬漸起一故知彼時比丘漸貪二畜八不浄物一作二此妄説一即是魔流也此等経中明指二年

代一具説二行事一不三可二更疑一其挙二一文一余皆準知次像法後半持戒減少破戒巨多故涅槃

六云 至乃 又十輪言若依二我法一出家造二作悪行一此非二沙門一自称二沙門一亦非二梵行一自称二梵行一

如是比丘能開二示一切天竜夜叉一切善法功徳伏蔵一為二衆生善知識一雖三不二少欲知足一剃

除鬚髪被二著法服一以二是因縁一故能為二衆生一増二長善根一於二諸天人一開二示善道一乃至破戒比丘

雖二是死人一而戒余才如二牛黄一此雖レ死 而人故取レ之亦如三麝香復有二用一云云 既云三迦羅

林中有二一鎮頭迦樹一此喩下像運已衰破戒濁世僅有中一二持戒比丘上又云破戒比丘

雖二是死人一猶如三麝香死而有二用一為二衆生善知識一明知此時漸許二破戒一為二世福田一同二前大

集一次像季後全是無戒仏知二時運一為レ済二末俗一讃二名字僧一為二世福田一又大集五十二云

若後末世於二我法中一剃二除鬚髪一身著二袈裟一名字比丘若有二檀越一捨二於供養一得二無量福一又

賢愚経言若檀越将来末世法欲レ尽正使下蓄二妻挟中子上四人以上名字僧衆応下当礼

敬如中舎利弗大目連等上又云若打二罵破戒一無四知三身着二袈裟一罪同三出二万億仏身血一若有二

衆生一為《ニ》二我法《ノ》一剃除鬚髪《シ》被《キル》二服《キル》《セムハ》袈裟《ヲ》一設《ヒ》不《ストモ》三持《タ》二戒《ヲ》一彼等《ラハ》悉《ク》已《ニ》涅槃《ノ》為《ニ》二印《オシテ》之一所《ル、》二印《セ》一也乃至大悲経《ユ》云《ク》仏告《ハク》阿難《ニ》一於《テ》二将来世《ニ》一法欲《セム》二滅尽《セムト》一時当《ニ》有《テ》二比丘比丘尼一於《テ》二我法《ノ》中《ニ》一得《タラムモノ》二出家《ヲ》一已《オノレカ》手《ニ》牽《ヒキ》二児《ノ》《コ》臂《ヲ》《ヒチ》一而《テ》共《ニ》遊行《シテ》彼《ノ》酒家《ヨリ》至《ラム》二酒家《ニ》一於《テ》二我法《ノ》中《ニ》一作《ナサム》二非梵行《ヲ》一彼等《ラ》雖《モ》三為《タリト》二酒《ノ》因縁一於《テ》二此賢劫《ノ》中《ニ》一当《シト》《ニ》下有《マシテ》二千仏一興《オコリ》出《シタマハムニ》我《カ》為《ナラム》中弟子《ト》上次《ニ》後《ニ》弥勒当《ニ》三補《ツク》二我《カ》所《ヲ》一乃至最後盧《ル》至如来《マテ》如《キ》是一次第《ニ》汝応《シ》二当《ニ》知《シル》一阿難於《テ》二我法《ノ》中《ニ》一但使《メム》下性《ハ》是沙門《ノ》行《ニシテ》自《ラ》称《セム》二沙門《ト》一形《ハ》似《テ》二沙門《ニ》一尚《ヒサシク》有《ラ》中被上着《コト》二袈裟《ヲ》一者《ハ》於《テ》二賢劫《ニ》一弥勒《ヲ》為《シテ》二首《ト》一乃至盧至如来《マテ》彼《ノ》諸《ノ》沙門如《ノ》是一仏所《ノミモトニシテ》於《テ》二无余涅槃《ニ》一次第《ニ》得《ム》三入《コトヲ》二涅槃《ニ》一無《ケム》三有《コト》二遺《ユ》余《ノコリアマル》《ヲ》一何以《ノ》故《ニ》如来一切沙門《ノ》中《ニ》乃至一《タヒ》称《シ》二仏《ノ》名《ミナヲ》一一《タヒ》生《セム》二信《ヲ》一者《ノ》、所作《ノ》功徳終《ニ》不《シ》二虚設《ナラ》《マウク》一我《レ》以《テ》二仏智《ヲ》一惻《ハカリ》《シキ》二知《スルカ》法界《ヲ》一故《ヘナリト》　云云　乃至此等《ラノ》諸経《ニ》皆指《シテ》二年代《ヲ》一将来末世《ノ》名字比丘《ヲ》為《スト》二世《ノ》尊師《ト》一若《シ》以《テ》二正法時《ノ》制《トヽム》文《ヲ》一而制《セ》二末法世《ノ》名字僧《ヲ》一者《ハ》教機相《ヒ》乖《ソムキ》人法不二合《セ》一由《テ》此《ニ》一律《ニ》云《ク》制《ル》二非制《ヲ》一者《ハ》則《チ》断《ス》二三明《ヲ》一所二記《シルシ》説《スル》一是有罪《リト》一此《ノ》上《ニ》引《テ》二経《ヲ》一配《ハイ》《アテ》当《シ》《アツ》已《オ》訖《ハヌ》後《ニ》挙《テ》二教《ヲ》一比例《レイセハ》者末法法尒《トシテ》正法毀《クキ》壊《シ》《ソシリヤフル》三業無《シ》記《シルシ》一四儀有《ラム》乖《クヱ》《ソムクコト》一且《シハラク》《カツ〳〵》如《シト》二像法決疑経《ニ》云《カ》乃至又遺《ユイ》教経云乃至又法行経云乃至鹿《ロク》子母経云乃至又仁王経云《カ》乃至已上抄略

顕浄土方便化身土文類　六

愚禿釈親鸞集

夫拠《テ》二諸《ノ》修多羅《ニ》一勘《カム》二決《シテ》真偽《ヲ》一教二誡《セ》外教邪偽《ノ》異執《ヲ》一者《ハ》涅槃経《ニ》言《ハク》帰三依《セ》於《ニ》二仏一者《ハ》終《ニ》不《レト》三更《マタ》帰二依《セ》其《ノ》余《ノ》諸天神《ニ》一略出

般舟三昧経《ニ》言《ハク》優婆夷聞《テ》二是《ノ》三昧《ヲ》一欲二学《ナハムトハ》一者乃至自帰二命《シ》仏《ニ》一帰二命《シ》法一帰二命《セヨ》比丘僧《ニ》一不《レ》四得《エ》三事《ツカフルコトヲ》二

余道不得拝於天不得祠鬼神不得視吉良日已上

又言優婆夷欲学三昧至不得拝天祠祀神上略出

「大乗大方等日蔵経巻第八魔王波旬星宿品第八之二言爾時佉盧虱吒《シチタ》告天衆言是諸月等各有主檔《タウ》汝可救済四種衆生何者為四救地上人諸竜夜叉乃至蝎《カチ》等如斯之類皆悉救之我以安楽諸衆生故布置星宿各有分部乃至模呼羅《マクコラ》時等亦皆具説随其国土方面之処所作事業随順増長佉盧虱吒於大衆前合掌説言如是安置日月年時大小星宿《シウ》何者名為有六時也正月二月名暄暖《クワン》時三月四月名種作時五月六月求降《カウ》雨時七月八月物欲熟時九月十月寒涼之時十有一月合十二月大雪之時是十二月分為六時又大星宿《シウ》其数有八所謂歳星《サイセイ》熒惑《ケイコク》鎮星太白辰星日月荷羅睺《カラコ》星又小星宿《シウ》有二十八所謂従昴《ハウ》至胃《キ》諸宿是也我作如是次第安置説其法已汝等皆須亦見亦聞一切大衆於意云何我所置法其事是不二十八宿及八大星所行諸業汝喜楽不為是為非宜各宣説爾時一切天人仙人阿脩羅竜及緊那羅等皆悉合掌咸作是言如今大仙於天人間最為尊重乃至諸竜及阿脩羅無能勝者智慧慈悲最為第一於無量劫不忘憐愍一切衆生故獲福報誓願満已功徳如海能知過去現在当来一切諸事天人之間無有如是智慧之者如是法用日夜刹那及迦羅時大小星宿月半月満年満法用更無衆生能作是法皆悉随喜安楽我等善哉大徳安穏衆生是時佉盧虱吒仙人復作是言此十二月一年始終如此方便大小星等刹那時法皆已説竟又復安置四天

大王於須弥山四方面所《シヨ》各置一王是諸方所各領衆生北方天王名毘沙門是其界内多有夜叉南方天王名毘留荼倶是其界内多有鳩槃荼西方天王名毘留博叉是其界内多有諸竜東方天王名題頭頼吒是其界内多乹闥婆四方四維皆悉擁護一切洲渚《スシヨ》及諸城邑亦置鬼神而守護之尒時佉盧虱吒仙人為於諸天竜夜叉阿脩羅緊那羅摩睺羅伽人非人等一切大衆皆称善哉歓喜無量是時天竜夜叉阿脩羅等日夜供養佉盧虱吒次復於後過無量世更有仙人名伽力伽出現於世復更別説置諸星宿小大月法時節要略尒時諸竜在佉羅坻山聖人住処尊重恭敬光味仙人尽其竜力而供養之已上抄出

「日蔵経巻第九念仏三昧品第十言尒時波旬説是偈已彼衆之中有一魔女名為離暗此魔女者曽於過去植衆徳本作是説言沙門瞿曇名称福徳若有衆生得聞仏名一心帰依一切諸魔於彼衆生不能加悪何況見仏親聞法人種種方便慧解深広乃至設《タトヒ》千万億一切魔軍終不能得須臾為害如来今者開涅槃道女欲往彼帰依於仏即為其父而説偈言乃至修学三世諸仏法度脱一切苦衆生善於諸法得自在当来願我還如仏尒時離暗説是偈已父王宮中五百魔女姉妹眷属一切皆発菩提之心是時魔王見其宮中五百諸女皆帰於仏発菩提心益大瞋忿怖畏憂愁乃至是時五百諸魔女等更為波旬而説偈言

若有衆生帰仏者　彼人不畏千億魔

何況《ヤ》欲《オモフ》三度《セムト》二生死《ノ》流一　到《ラムニ》三於二無為涅槃《ノ》岸《キシ》一
若《シ》有《アリテ》下能《ク》以《テ》二一香華一　持中散《スルコト》三宝仏法僧《ニ》上
発《サム》三於二堅固勇猛《ノ》心《ヲ》一　一切《ノ》衆魔不《シ》三能《ハ》二壊《コト》一至乃
我等過去《ノ》無量《ノ》悪　一切亦滅《シテ》無《ケム》三有《コト》二余一
至誠専心《ニ》帰《シタテマツリ》二仏《ニ》一已《オハラハ》　決《サタメテ》得《エムト》二阿耨菩提《ノ》果《ヲ》一

尒《ノ》時《ニ》魔王聞《キ、》二是《ノ》偈一已《リテ》倍《マシテ》二大《キニ》瞋恚怖畏《ヲ》一煎《コカシ》二心《ヲ》一憔《セウ》悴《スイ》憂愁《シテ》独《リ》坐《ス》二宮《ノ》内《ニ》一是《ノ》時《ニ》光味菩薩摩訶薩聞《テ》二仏《ノ》説法《ヲ》一一切衆生尽《コト、、ク》離《レ》二攀《ヘン》縁《ヲ》一得《エシムト》四梵行《ヲ》一至乃応《シ》四浄《ク》洗浴《シ》着《キテ》二鮮《セン》潔《ケチノ》衣《ヲ》一菜《サイ》食長斎《サイシテ》勿《ナカル》三噉《タン反》《コト》二辛《カラク》臰《クサキモノヲ》一於《シテ》二寂静処《ニ》一荘二厳《シテ》道場《ヲ》一正念結跏《シ》或《ハ》行《シ》或《ハ》坐《シテ》念《シテ》二仏《ノ》身相《ヲ》一無《レ》三使《コト》二乱心一更莫《ナカレ》三他縁《シ》念《コト》二其《ノ》余《ノ》事《ヲ》一或《ハ》一日夜或七日夜不《レ》三作《サ》二余業《ヲ》一至心念仏《スレハ》乃至見《ミタマヘル》二仏《ヲ》一小念《ハ》見《テマツリ》小《ヲ》一大念《ハ》見《マツル》二大《ヲ》一乃至無量念者《ハ》見《ラムト》二仏色身無量無辺《ヲ》一抄略

「日蔵経巻第十護塔品第十三《ニ》言《ク》時《ニ》魔波旬与《ト》二其《ノ》眷属八十億衆一前後《ニ》囲遶《シテ》往《シセシム》二至仏所《ニ》一到《リ》已《テ》接足《シテ》頂二礼《シタテマツル》世尊《ヲ》一説《トカク》四如《ノ》二是偈《ヲ》一三至乃

三世《ノ》諸仏大慈悲　受《タマヘ》二我《カ》礼《ヲ》一懴《セシム》二一切《ノ》殃《ツミヲ》一
法僧二宝《モ》亦復然《シカナリ》　至心帰依《シタマヘルニ》无《ナシ》三有《コト》二異一
願《ハ》我《レ》今日所《ロナリ》下供中養《シ》　恭敬《シ》尊重《シタマヘル》世《ノ》導師《ヲ》上
諸悪永《ク》尽《シテ》不《シ》二復《タ》生《セ》一　尽《ツクスマテ》二寿《ヲ》一帰二依《セムト》如来《ノ》法《ニ》一

時《ニ》魔波旬説《キ》二是偈一已《テ》白《シテ》二仏《ニ》一言《マフサク》世尊如来於《テ》二我及諸《ノ》衆生《ニ》一平等無二《ノ》心《ニシテ》常《ニ》歓喜《シ》慈悲含《カム》

忍セムトノ仏言ノタマハク如キ是ノ時ニ魔波旬生シテ二大歓喜ヲ一発シ二清浄心ヲ一重ネテ於テ二仏前ニ一接足頂礼シ右ニ遶コト三帀シテ恭敬合掌シテ
却シリソキテ住シテ二一面ニ一瞻二仰シタテマツルニ世尊ヲ一心ニ無ナシト二厭足一上已

「大方等大集月蔵経巻第五諸悪鬼神得敬信品第八ノ上ニ言、諸ノ仁者於テ下彼ノ遠二離スル邪見ヲ一因縁ニ上獲エム十種ノ功徳ヲ一何等ヲカ為スル二十ト一ニ一者心性柔軟ナンニシテ善伴侶賢良ナラム二者信シテ三有コトヲ二業報乃至奪タチ命ヲ一不ス三起コサ二諸ノ悪ヲ一三者帰二敬シテ三宝ヲ一不ス三信セ二天神ヲ一四者得テ三於テ二正見ニ一不ス三択エラハ二歳次日月ノ吉凶クヰヨウヲ一五者ハ常ニ生テ二人天ニ一離ル二諸ノ悪道ヲ一六者得エ二賢善ノ心闘コトヲ一人讃誉セシム七者棄ステヽ三於テ二世俗ヲ一常ニ求メム二聖道ヲ一八者離テ二断常見ヲ一信ス二因縁ノ法ヲ一九者常ニ与ト下正信正行正発心ノ人上共ニ相アヒ会アツマリアハム遇十者得エシム三生コトヲ二善道ニ一以テ四是ノ遠二離スル邪見ヲ一善根ヲ三廻二向セム阿耨多羅三藐三菩提ニ一是ノ人速ニ満セム二六波羅蜜ヲ一於ニ二善浄仏土ニ一而シテ成ラム二正覚ヲ一得エ二菩提ヲ一已テ於シテ二彼ノ仏土ニ一功徳智慧一切善根荘二厳セム衆生ヲ一来ニ生シテ其ノ国ニ一不ス三信セ二天神ヲ一離テ二悪道ノ畏ヲ一於シテ二彼ニ一命終シテ還テ生セムト二善道ニ一抄略

「月蔵経巻第六諸悪鬼神得敬信品第八ノ下ニ言、仏ノ出世甚タ難シ法僧モ亦復難シ衆生ノ浄信難シ離コト二諸難ヲ一亦難シ哀二愍コト衆生ヲ一難シ知足第一ニ難シ得コト三聞コトヲ二正法ヲ一難シ能ク修スルコト第一ニ難シ得テ三知トヲ二難ヲ一平等ナレハ於テ二世ニ一常ニ受ク二楽ヲ一此ノ十平等処ハ智者常ニ速ニ知ラムト乃至尒ノ時ニ世尊於シテ二彼ノ諸ノ悪鬼神衆ノ中ニ一説キタマフ二法ヲ一時ニ於シテ二彼ノ諸ノ悪鬼神衆中ニ一彼ノ悪鬼神ハ咎ムカシテ於テ二仏法ニ一作ナセリシカトモ二決定ノ信ヲ一彼カレ於イテ二後ノ時ニ一近チカツキテ二悪知識ニ一心ニ見ル二他ノ過トカヲ一以テ二是ノ因縁ヲ一生ル二悪鬼神ニ一出略

「大方等大集経巻第六月蔵分中ニ諸天王護持品第九言

「尒ノ時ニ世尊示スカ二世間ヲ一故ニ問トフテ二娑婆世界ノ主大梵天王ニ一言マハマク此四天下ニ是レ誰カ能ク作ナスト二護持養育ヲ一時ニ娑婆世界主大梵天王作ナサク四如キノ二是言ヲ三大徳婆伽婆兜率陀天王共トモニ二無量百千ノ兜率陀天子ト一護二持シ

養育セシム北《ホク》鬱《ウツ》単《タン》（北州也）越《オチ》ヲ㆒他化自在天王共ニ㆓無量百千ノ他化自在天子ト㆒護㆓持シ養育セシム東弗婆提ヲ㆒化楽天王共ニ㆓無量百千ノ化楽天子ト㆒護㆓持シ養育セシム南閻浮提ヲ㆒須夜摩天王共ニ㆓無量百千ノ須夜摩天子ト㆒護㆓持シ養育セシム西瞿陀尼ヲ㆒大徳婆伽婆毗沙門天王共ニ㆓無量百千ノ諸夜叉衆ト護㆓持シ養育セシム北鬱単越ヲ㆒提頭頼吒天王共ニ㆓無量百千ノ乾闥婆衆ト㆒護㆓持シ養育セシム東弗婆提ヲ㆒毗楼勒天王共ニ㆓無量百千ノ鳩《ク》槃茶《タ》衆ト㆒護㆓持シ養育セシム南閻浮提ヲ㆒毗楼博叉天王共ニ㆓無量百千ノ竜衆ト㆒護㆒持シ養育セシム西瞿陀尼ヲ㆒大徳婆伽婆天仙七宿《シウ》三曜三天童女護㆓持シ養育セシム北鬱単越ヲ㆒彼ノ天仙七宿者ハ虚《キヨ》危《クヰ》室《シチ》壁《ヘキ》奎《ケイ》婁《ロウ》胃《ヰ》ナリ三曜者ハ鎮星歳星熒《ケイ》惑《コク》星ナリ三天童女者鳩槃弥那迷沙ナリ大徳婆伽婆彼ノ天仙七宿ノ中ニ虚《キヨ》危《クヰ》室《シチ》ノ三宿ハ是鎮星ノ土境ナリ鳩槃ハ是辰《シム》ナリ壁奎《ケイ》ノ二宿ハ是歳星ノ土境ナリ弥那ハ是辰ナリ婁《ロウ》胃ノ二宿ハ是熒惑《コク》ノ土境ナリ迷沙ハ是辰ナリ大徳婆伽婆如キ㆓是ノ㆒天仙七宿三曜三天童女護㆓持シ養育セシム北鬱単越ヲ㆒大徳婆伽婆天仙七宿三曜三天童女護㆓持シ養育セシム東弗婆提ヲ㆒彼ノ天仙七宿者昴《ハウ》畢《ヒチ》觜《シ》参《シム》井《セイ》鬼《クヰ》柳《リウ》ナリ三曜者ハ太白星歳星月ナリ三天童女者ハ毗利沙弥偸《チウ》那羯《カチ》迦吒《タ》迦ナリ大徳婆伽婆彼ノ天仙七宿ノ中ニ昴《ハウ》畢ノ二宿ハ是太白ノ土境ナリ毗利沙ハ是辰ナリ觜《シ》参《シム》井《セイ》ノ三宿ハ是歳星ノ土境ナリ弥偸《チウ》那ハ是辰ナリ鬼柳ノ二宿ハ是月ノ土境ナリ羯《カチ》迦吒迦ハ是辰ナリ大徳婆伽婆如キ㆓是㆒天仙七宿三曜三天童女護㆓持シ養育セシム東弗婆提ヲ㆒大徳婆伽婆天仙七宿三曜三天童女護㆓持シ養育セシム南閻浮提ヲ㆒彼ノ天仙七宿者星《セイ》張《チヤウ》翼《ヨク》軫《シム》角《カク》亢《カウ》氐《テイ》ナリ三曜者日辰星太白星ナリ三天童女者ハ線《シヤク》訶《カ》迦若《ニヤ》兜羅ナリ大徳婆伽婆彼ノ天仙七宿ノ中ニ星張翼ハ是日ノ土境ナリ線《シヤク》訶ハ是辰ナリ軫角ノ二宿ハ是辰星ノ土境ナリ迦若《ニヤ》ハ是辰ナリ亢《カウ》氐《テイ》ノ二宿ハ是太白ノ土境ナリ兜羅ハ是辰ナリ大徳婆伽婆如㆓是㆒天仙七宿三曜三天童女護㆓持シ養育セシム南閻浮提ヲ㆒大徳婆伽婆

彼《ノ》天仙七宿三曜三天童女護持《シ》養育《セシム》西瞿陀尼《ヲ》彼《ノ》天仙七宿者《ハ》房《ハウ》心《シム》尾《ヒ》箕《キ》斗《ト》牛《キウ》女《チヨナリ》三曜者熒惑星歳星鎮星《ナリ》三天童女者毗離支迦擅《タ》毟《ト》婆摩伽羅《ナリ》大徳婆伽婆彼《ノ》天仙七宿《ノ》中《ニ》房心《ノ》二宿《ハ》是熒惑《ノ》土境《ナリ》毗利支迦《ハ》是辰《ナリ》尾箕斗《ノ》三宿《ハ》是歳星《ノ》土境《ナリ》擅《タ》毟《ト》婆《ハ》是《レ》辰《ナリ》牛女《ノ》二宿《ハ》是鎮星《ノ》土境《ナリ》摩伽羅《ハ》是辰《ナリ》大徳婆伽婆如是天仙七宿三曜三天童女護持《シ》養育《セシム》西瞿陀尼《ヲ》大徳婆伽婆此《ノ》四天下《ニ》南閻浮提《ハ》最《モ》為《ス》殊勝《ナリト》何《ヲ》以《ノ》故《ニ》閻浮提《ノ》人《ハ》勇健聡《ソウ》慧《ニシテ》梵行相応《ス》仏《ニ》婆伽婆於《イテ》中《ニ》出世《シタマフ》是《ノ》故《ニ》四大天王於《ニ》此《コヽ》倍増《シテ》護持《シ》養育《セシム》此《ノ》閻浮提《ヲ》有《リ》十六《ノ》大国謂《イハク》鴦《アウ》伽摩伽陀国傍伽摩伽陀国阿槃多国支提国《ナリ》此《ノ》四大国《ハ》毗沙門天王与《ト》夜叉衆囲遶《シテ》護持《シ》養育《セシム》迦尸《シ》国都薩羅国婆蹉《シヤ》国摩羅国此《ノ》四《ノ》大国《ハ》提頭頼吒天王与乹闥婆衆囲遶《シテ》護持《シ》養育《セシム》鳩羅婆国毗時国槃遮《シヤ》羅国跡那国此《ノ》四《ノ》大国《ハ》毗楼勒叉天王与《ト》鳩槃茶《タ》衆囲遶《シテ》護持養育《セシム》阿湿《シフ》婆国蘇《ソ》摩国蘇羅吒国甘満闍国此《ノ》四《ノ》大国《ハ》毗楼博叉天王与《ト》諸《ノ》竜衆囲遶《シテ》護持《シ》養育《セシム》大徳婆伽婆過去《ノ》天仙護持《シ》養育《セシカ》此《ノ》四天下《ヲ》故《ニ》亦皆如《キ》是《ノ》分布安置《チセシムテ》於後《ニ》随《テ》其《ノ》国土城邑《オウ》《ムラ》村《シユ》落塔寺園林樹下塚《チヨ》《ツカ》間山谷曠野河泉《セン》陂《ハ》泊《ハク》乃至海中宝洲《ス》天祠《シニ》於《イテ》彼《ノ》卵《ラン》《カイコ》生胎生湿《シフ》生化生《ニ》諸竜夜叉羅刹餓鬼毗舎遮富単那迦吒富単那等生《シテ》於《ニ》彼《ノ》中《ナカ》還住《シテ》彼《ノ》処《ニ》無《シ》所繋属《スル》不《ス》受《ウケ》他《ノ》教《オシヘヲ》是《ノ》故《ニ》願《ハ》仏於《イテ》此《ノ》閻浮提《ノ》一切国土《ニ》彼《ノ》諸鬼神分布安置《シテ》為《メノ》護持《ノ》故《ヘ》為護《カ》一切諸《ノ》衆生《ヲ》故《ニ》我等於《イテ》此《ノ》説《ニ》欲《フト》随喜《セムト》仏《ノ》言《ノタマハク》如《キ》是《ノ》大梵如《シト》汝《カ》所説《ノ》尒時《ニ》世尊欲《オホシメテ》重《テ》闡《ムト》此《ノ》義《ヲ》而《シテ》説《テ》偈言《ノタマハク》

示現《スルカ》世間《ニ》故《ニ》　導師問《ハマク》梵王《ニ》　於《イテ》此《ノ》四天下《ニ》

誰《レカ》護持《シ》養育《セムト》　如二是一天師梵　諸天王《ヲ》為《シテ》二首《ト》一
兜率他化天　化楽須夜摩　能《ク》護下持《シ》養育《セシム》
如《キ》二此《ノ》一四天下《ヲ》上　四王及眷属　亦復能《ク》護持《セシム》
二十八宿等　及以十二辰　十二天童女
護二持《セシム》四天下《ヲ》一　随《テ》二其《ノ》所生《ノ》処《ニ》一　竜鬼羅刹等
不《ス》三受二他《ノ》教《ヲ》一者《ハ》　還《ヘテ》三於《テ》二彼《カシコニ》一作《サシム》護《ヲ》一　天神等差別《シテ》
願《シテ》仏令《シメタマヘリ》二分布《セ》一　憐二愍《セムカ》衆生《ヲ》一故《ニ》　熾二然《ナラシム》正法《ノ》燈《ヲ》一

尒《ノ》時《ニ》仏告《テ》二月蔵菩薩摩訶薩《ニ》一言《ノタマハク》　了二知《スルニ》清浄土《ヲ》一此《ノ》賢劫《ノ》初《ハシメ》人寿四万歳《ノ》時鳩留孫仏出三興《シタマフ》《ヒキ》　於二世一彼《ノ》仏為《ニ》二無量阿僧祇億那由他百千《ノ》衆生《ノ》一廻《シテ》二生死《ニ》一輪二転《セシム》正法輪《ヲ》一追《オフテ》廻《シテ》二悪道《ニ》一安二置《セシム》善道及解脱《ノ》果《ヲ》一彼《ノ》仏以《テ》二此《ノ》四大天下《ヲ》一付二嘱《セシム》娑婆世界《ノ》主大梵天王他化自在天王化楽天王兜率陀天王須夜摩天王等《ニ》一護持《ノ》故《ニ》養育《ノ》故《ニ》憐二陀《ノ》衆生《ヲ》一故《ニ》令《シメムカ》三三宝《ノ》種不《ラ》二断絶《セ》一故《ニ》熾然《ナラムカ》故《ニ》地《ノ》精気衆生《ノ》精気正法《ノ》精気久《シク》住《セシメ》増長《セムカ》故《ニ》令《メムカ》下諸《ノ》衆生《ヲシテ》休中息《セ》三悪道《ヲ》上故《ニ》趣二向《セムカ》三善道《ニ》一故《ニ》以《テ》二四天下《ヲ》一付二嘱《セシム》大梵及諸天王《ニ》一如《キ》二是《ノ》一漸次《ニ》劫尽《ツキ》諸天人尽《ツキ》一切善業白法尽滅《シテ》増二長《セム》大悪諸《ノ》煩悩溺《ニヤクヲ》一人寿三万歳《ノ》時拘那含牟尼仏出三興《シタマハムニ》於二世一彼《ノ》仏以《テ》二此《ノ》四大天下《ヲ》一付下嘱《シタマフ》娑婆世界主大梵天王他化自在天王乃至四大天王及諸《ノ》眷属《ニ》上護持養育《ノ》故《ニ》乃至令《メムカ》下一切衆生休二息《シテ》三悪道《ヲ》一趣中向《セ》三善道《ニ》上故《ニ》以《テ》二此《ノ》四天下《ヲ》一付二嘱《シタマフ》大梵及諸天王《ニ》一如《ヤ》二是《ノ》一次第《ニ》劫尽《ツキ》諸天人尽《ツキ》白法亦尽《ツキテ》増二長《セム》大悪諸《ノ》煩悩溺《ヲ》一人寿二万歳《ノ》時迦葉如来出三興《シタマフ》於二世一彼《ノ》仏以《テ》二此《ノ》

四大天下一ヲ付下嘱シタマヘリ娑婆世界ノ主大梵天王他化自在天王化楽天王兜率陀天王須夜摩天王憍《ケウ》尸《シ》迦帝釈四天王等及ヒ諸ノ眷属上ニ護持養育ノ故ニ乃至命下メムカ一切衆生ヲシテ休二息セシメ三悪道一ヲ趣中向セ三善道上ニ故ニ彼ノ迦葉仏以二テ此ノ四天下一ヲ付二嘱シ大梵四天王等ニ一及付二タマヘリ諸天仙衆七曜十二天童女二十八宿等ニ一護持ノ故ニ養育ノ故ニ了二知スルニ清浄士一ヲ如キ是ノ次第ニ至下マテ今イマ劫濁煩悩濁衆生濁大悪煩悩濁闘諍悪世ノ時《トキ》人寿百歳上ニ一切ノ白法尽《ツキ》一切諸悪闇《クラクカスカナリ》翳エイナラム世間ハ譬ハ如二シ海水ノ一味ニシテ大鹹一カムナルカ《シハイシ》大煩悩ノ味遍三満セム於二世一集会ノ悪党《タウ》ニ手執二リ髑髏ヲ一血ヲ塗二ラム其ノ掌ニ一共ニ相ヒ殺害セム如二是ノ悪一衆生ノ中ニ我今出二世シテ一菩提樹下ニ一初テ成二正覚一レリ受下ヲ提テ経名也イハク《ヒトナリ》謂アツマル波《ヒトナリ》利ノ諸ノ商《シャウ》人ノ食ヲ上為二彼ノ等一レカ故ニ以二テ此ノ閻浮提一ヲ分二布セシム天竜乾闥婆鳩槃茶夜叉等ニ一護持養育ノ故ニ以テ是ヲ一大集十方所有ノ仏土一切無余ノ菩薩摩訶薩等悉ク来二集セム此コヽニ一乃至於イテ二此ノ娑婆仏土ニ一其ノ処ノ百億ノ日月百億ノ四天下百億ノ四大海百億ノ鉄囲山大鉄囲山百億ノ須弥山百億ノ四阿脩羅城百億ノ四大天王百億ノ三十三天乃至百億ノ非想非非想処如キ二是ノ一略セリ二数ヲ一娑婆ノ仏土我於ニ二是ノ処一而シテ作ナス二仏事ヲ一乃至於テ下娑婆仏土ノ所有ノ諸梵天王及諸ノ眷属魔天王他化自在天王化楽天王兜率陀天王須夜摩天王帝釈天王四大天王阿脩羅王竜王夜叉王羅刹王乾闥婆王緊那羅王迦楼羅王摩睺羅伽王鳩槃茶王餓鬼王毗舎遮《シャ》王富単那王迦吒富単那王等ニ上悉ク将セムニ二眷属ト一於コヽニ二此一大集セリ為ニ三聞二法ヲ一故ニ乃至於コヽニ二此一娑婆仏土ノ所有ノ諸ノ菩薩摩訶薩等及諸ノ声聞一切無ク余一悉ク来二集セリ此ニ一為ニ二聞法ノ一故ニ我レ今マ為ニ二此ノ所集ノ大衆ノ一顕二示セシム甚深ノ仏法ヲ一復為ノ三護カ二世間ヲ一故ニ以テ二此ノ閻浮提所集ノ鬼神ヲ一分布安置ス護持養育スヘシト爾ノ時ニ世尊復問テ二娑婆世界主大梵天王ニ一言ノタマハク過去ノ諸仏以テ二此ノ四大天下ヲ一曾カツテ付二嘱シテ誰ニ一令シメタマフトサ三作二護持養育ヲ一時ニ娑

婆世界ノ主大梵天王言マフサク過去ノ諸仏以テ二此ノ四天下ヲ曾テ付二嘱シタマヘリキ我レ及憍尸迦ニ一令シメ三作サ二護持一而テ我
有リヤ二失一不イナヤ彰ハス二己オノレカナ名及ヒ帝釈ノ名ヲ一但称セシム二諸余ノ天王及宿曜辰ヲ一護持養育スヘシト　尒時ニ娑婆世界主大梵
天王及憍尸迦帝釈頂二礼仏足ヲ一而シテ作ク二是ノ言ヲ一大徳婆伽婆大徳修伽陀我レ今マ謝スヘシ二過ヲ一我如クシテ二小
児ノ一愚癡無智ニシテ於シテ二如来ノ前ミマヘニ一不ラムヤ二自ミツカラ称セ名ヲ一大徳婆伽婆唯ヤ、願ハ容恕ショシタマヘ　大徳修伽陀唯ヤ、願ハ容恕シタマヘ
諸来ノ大衆亦願ハ容恕シタマヘ　我於イテ二境界ニ一言説教令ス得テ二自在ノ処ヲ一護持養育スヘシ　乃至令メムカ三諸ノ衆生ヲシテ趣ムカ二善
道ニ一故ニ我等曾ムカシ於シテ二鳩留孫仏ノミモトニ一已受ウケタマリテ二教勅ヲ一乃至令シム三三宝ノ種已ニ作ナラ二熾然一拘那含牟尼仏迦葉
仏ノ所モトニシテ我レ受ウケタマハリシコト二教勅ヲ一亦如シ二是ノ一於イテ二三宝種ニ一已ニ勤ネムコロニシテ熾然ナラシム地ノ精気ケ衆生ノ精気正法ノ味醍醐ノ
精気久ク住シ増長セシムルカ故ニ亦如キモ二我カ一今イマ於シテ二世尊ノ所ミモトニ一頂二受シ教勅シテ於己レカ境界ニ一言説教令ス得テ二自在ノ処ヲ一休二
息セシメ一切闘諍飢饉ヲ一乃至令ルカ三三宝ノ種不サラ二断絶セ一故ニ三種ノ精気久住シテ増長セシムルカユヘニ故遮ヤ二障シテ悪行ノ衆生ヲ一護二
養スルカ行法ノ衆生ヲ一故ニ休二息セシメ衆生ヲシテ三悪道ヲ一趣二向スルカ三善道ニ一故ニ為ノ四令メムカ三仏法ヲシテ得エ二久シク住セムコトヲ一故ニ勤ネムコロニ作ナスト二護
持ヲ一仏ノ言ノタマハク　善哉カナ善哉カナ妙丈夫汝チ応ヘシト三如クナル二是ノ一尒ノ時ニ仏告テ二百億ノ大梵天王ニ一言ノタマハク　所有ノ行法住シ二法ニ一順シテ二
法ニ一厭二捨セム悪ヲ一者ノハ今悉ク付二嘱ス汝ナン等タチカ手ノ中ウチニ一汝等タチ賢首於テ下百億ノ四天下各各ノ境界ニ上言説教令ス得テ二自在ノ
処ヲ一所有ノ衆生弊悪麁ソ獷クワウ悩害於テ二他ニ一無シ三有コト二慈愍一不シテ三観二後世ノ畏ヲ一触二悩セム剎利心及婆羅門毗舎首
陀ノ心ヲ一乃至触二悩セム畜生心ヲ一如キ二是ノ一作ナス二殺生ヲ一因縁乃至作ナス二邪見ヲ一因縁随テ二其ノ所作ニ一非時ノ風雨アラム乃至
令メ下地ノ精気衆生ノ精気正法ノ精気作ナサ中損減ノ因縁ヲ上者ハ汝応ヘシ四遮止シテ令ム三住セ二善法ニ一若シ有テ二衆生一欲オモハムト三得二善ヲ一
者ノ欲ハム三得ト二法ヲ一者ノ欲ハム三度セムト二生死ノ彼岸ニ一者ノ所四有ラム三修二行コト檀波羅蜜ヲ一者ノ乃至修二行セム般若波羅蜜ヲ一者ノ所有ノ
行法住セム法ニ一衆生及為ニ二行法ノ一営マム二事ヲ一者ノ彼ノ諸ノ衆生汝ナン等タチ応ヘシ下当ニ護持養育ス上若シ有テ二衆生一受持シ読誦シテ為ニ二

他演説種種解説経論汝等当与彼諸衆生念持方便得堅固力入所聞不忘智信諸法相令離生死修八聖道三昧根相応若有衆生於汝境界住法奢摩他毗婆舎那次第方便与諸三昧相応勤求修習三種菩提者汝等応当遮護摂受勤作捨施勿令乏少若有衆生施其飲食衣服臥具病患因縁施湯薬者汝等応当令彼施主五利増長何等為五一者寿増長二者財増長三者楽増長四者善行増長五者慧増長汝等長夜得利益安楽以是因縁汝等能満六波羅蜜不久得成一切種智時娑婆世界主大梵天王為首共百億諸梵天王咸作是言如是如是大徳婆伽婆我等各各於己境界弊悪麁獷悩害於他無慈愍心不観後世畏乃至我当遮障与彼施主増長五事仏言善哉善哉汝応如是尒時復有一切菩薩摩訶薩一切諸大声聞一切天竜乃至一切人非人等讃言善哉善哉大雄猛士汝等如是法得久住令諸衆生得離悪道速趣善道尒時世尊欲重顕此義而説偈言

我告月蔵言　入此賢劫初　鳩留仏付嘱
梵等四天下　遮障諸悪故　熾然正法眼
捨離諸悪事　護持行法者　不断三宝種
増長三精気　休息諸悪趣　令向諸善道
拘那含牟尼　復嘱大梵王　他化化楽天
乃至四天王　次後迦葉仏　復嘱梵天王

化楽等四天　帝釈護世王　過去諸天仙
為諸世間故　安置諸曜宿《シウ》　令護持養育
至於濁悪世　白法尽滅時　我独覚無上
安置護人民　今《イマ》於大衆前　数《シハ》数悩乱我
応当捨説法　置我令護持　十方諸菩薩
一切悉来集　天王亦来此　娑婆仏国土
我問大梵王　誰昔《ムカシ》護持者　帝釈大梵天
指示余天王　於時釈梵王　謝過導師言
我等所王処　遮鄣一切悪　熾然三宝種
増長三精気　遮鄣諸悪朋　護持善朋党　已上抄出

「月蔵経《ケチソウキヤウ》巻第七諸魔得敬信品第十言

「尓時復有百億諸魔倶共同時従座而起合掌向仏頂礼仏足而白仏言世尊我等亦当発大勇猛護持養育仏之正法熾然三宝種久住於世間令地精気衆生精気法精気皆悉増長若有世尊声聞弟子住法順法三業相応而修行者我等皆悉護持養育一切所須令无所乏　乃至

於此娑婆界　初入賢劫時　拘楼孫如来
已嘱於四天　帝釈梵天王　護持令養育

熾燃三宝種　増長三精気　拘那含牟尼
亦嘱四天下　梵釈諸天王　護持令養育
迦葉亦如是　已嘱四天下　梵釈護世王
護持行法者　過去諸仙衆　及以諸天仙
星辰諸宿曜　亦嘱令分布　我出五濁世
降伏諸魔怨　而作大集会　顕現仏正法 乃至
一切諸天衆　咸共白仏言　我等所王処
皆護持正法　熾燃三宝種　増長三精気
令息諸病疫　飢饉及闘諍 乃至略出

「提頭頼吒天王護持品云仏言日天子月天子汝於我法護持養育令汝長寿无諸
衰患尒時復有百億提頭頼吒天王百億毗楼勒叉天王百億毗楼博叉天王百億毗沙
門天王彼等同時及与眷属従座而起整理衣服合掌敬礼作如是言大徳婆伽婆我
然
等各各於己天下懃作護持養育仏法令三宝種熾燃久住三種精気皆悉増長 乃至
我今亦与上首毗沙門天王同心護持此閻浮提北方諸仏法 已上略抄
「月蔵経巻第八忍辱品第十六言仏言如是如是如汝所言若有愛己猒苦求楽応当護
持諸仏正法従此当得無量福報若有衆生為我出家剃除鬚髪被服袈裟設不持戒彼
等悉已為涅槃印之所印也若復出家不持戒者有以非法而作悩乱罵辱毀呰以手刀

杖打縛斫截《チャウハクシャクスルコトシ》《クタキキル》上 若奪《ウハヒ》二衣鉢一ヲ及奪《ウハヽム》二種種ノ資生ノ具一ヲ者ノ是人則壊《スルナリ》二三世ノ諸仏ノ真実ノ報身一ヲ則排《ハラフナリ》二一切天人ノ眼目一ヲ是人為《アヒ》四欲《フカ》三隠二没《セムト》諸仏所有ノ正法三宝種一ヲ故ニ令《シム》四諸ノ天人ヲシテ不ラ三得二利益一ヲ堕《セム》二地獄一ニ故ニ為《ナスナリト》二三悪道増長シ盈満一ヲ上已

「又言ク、介時ニ復有テ二一切天竜乃至一切迦吒富単那《タンナ》人非人等一皆悉ク合掌シテ作《サク》四如ノ是一言ヲ三我等於《イテ》下仏ノ一切声聞弟子乃至若シ復タ不《レトモ》三持タ二禁《キム》戒一ヲ剃《ソル》二除シ鬚《ヒケ》髪ヲ一箸《キム》二袈裟ヲ片《カタニ》一者ノニ上作《サム》二師長ノ想一ヲ護持養育シテ与《アタヘテ》二諸ノ所須一ヲ令《メム》三無《カラ》二乏《ホフ》少一若シ余ノ天竜乃至迦吒富単那等作シ二其悩乱一ヲ乃至悪心ヲシテ以テ二眼ヲ一視ミハ之ヲ一我等悉ク共ニ令《シメム》二彼ノ天竜富単那等所有ノ諸相欠《クエチ》《カケ》減シ《オトル》醜《シユ》《ミニクシ》陋《ルナラ》《ミニクシ》一令《シメム》下下彼ヲシテ不ラ下復タ得エ中与《アタフルコトヲ》中 我等共ニ住シ共ニ食ヲ上 亦一復不シ三得エ二同処ニシテ戯《ニシテケ》《タワフレワラフ》咲《セウ》ク一如ノ是一擯《ヒン》《オイヽタスウツ》罰《ハチセムト》上已

〔又言ク、離テ三於ニ占《セム》《ウラ》相ヲ一修二習セシメ正見ヲ一決定シテ深ク信《スヘシト》二罪福ノ因縁ヲ一出抄〕

首楞厳経ニ言ク、彼等ノ諸魔彼ノ諸鬼神彼等ラノ群邪亦有テ二徒衆一各各自《ミツカラ》謂《ハムテ》成二无上道一ヲ我カ滅度ノ後末法之中ニ多カラム二此魔民一多ラム二此鬼神一多ラム二此妖《エウ》《ホロフ》邪一熾《サカリ》二盛ニシテ世間ニ一為ナテ二善知識ト一令メム三諸ノ衆生ヲシテ落《オトス》二愛見ノ坑《アナニ》ニ一失シ二菩提ノ路ヲ一詿《クエン》《クルイマトウ》惑無識ニシテハ恐《オソラク》 令メム三失セ二心ヲ一所過之処ニ其ノ家耗《モウ》《チル》散シテ成テ二愛見ノ魔ト一失《セムト》二如来ノ種ヲ一上已

灌《クワン》頂経ニ言ク、三十六部ノ神王万億恒沙ノ鬼神ヲ為シテ二眷《クエン》属ト一陰《カクシ》ヲ相《オモヒ》一番ニ代《カハリテ》 護ルト下受クル二三帰ヲ一者《ヒトヲ》上上已

地蔵十輪経ニ言ク、具ニ正シク帰依シテ遠二離セムモノハ 一切妄執吉凶ヲ一終ニ不《レト》三帰二依セ邪神外道ニ一

又言ク、或ハ執シテ二種種ニ若ハ少若ハ多吉凶之相ヲ一祭《マツリ》テ二鬼神ヲ一乃至而生シ二極重大罪悪業ヲ一近ツク二无間罪ニ一如キノ是之人《ヒト》若シ未《スハ》タ下懺中悔シ除滅セ如キノ是一大罪悪業ヲ上不《ラムモ》四令メ三出家シテ及受ケ二具戒ヲ一若ハ令《メムモ》下出家シテ或ハ受ケ中具戒ヲ上即一便得《エムト》罪ヲ一上已

集一切福徳三昧経ノ中ニ言ク不レ三向ハ二余乗ニ一不レトセ三礼二余天ヲ一已上

本願薬師経ニ言ク若有テ二浄信ノ善男子善女人等一乃至尽形《マテニ》不三事《レトツカヘ》二余天ニ一

又言ク又信シテ二世間ノ邪魔外道妖《エウ》《ホロフ》蠥《ケキ》《ホロフ》之師ノ妄説ヲ一禍《クワ》福《フク》《ワサワイサイワイ》便チ生《セム》恐動《ラクハヤ、モスレハ》心不ス二自正《ミタ、シカラ》一卜《ホク》《ウラ》問《シテ》覓《ミヤクメ》《モトメ》禍ヲ一殺《セム》《コロス》二種種ノ衆生ヲ一解《サトス》二奏《ソウシ》《マフス》神明ニ一呼《ヨハフテ》二諸ノ魍《マウ》魎《リヤウヲ》一請《ウケコウ》二乞《コチシ》《コウ》福祐《ユヲ》一欲《スルニ》三冀《ネカハムト》《キ反》二延《エン》年ヲ一終ニ不ス三能ハ二得一愚癡迷《マトイ》惑シテ信シテ二邪《ヲ》倒《タウ》一見《シテ》遂《スイニ》《ツイニ》令《シメ》二横死セ一入テ三於二地獄ニ一無三有《ケム》二出《コト》期《マツ》一乃至八ニ者横ニ為ニ二毒薬厭《イトイ》禱《タウ》《イノル》呪《シュ》《マシクノル》咀《ショシ》《ノリ》起《タツ》屍《シ》《シニカハネ》鬼等ノ之一所二中《ラルト》《アタル》害セ一《ソコナウ》抄出

已上

菩薩戒経言出家ノ人ノ法ハ不ス下向テ二国王ニ一礼拝セ上不ス下向テ二父母ニ一礼拝セ上六親《シタシ》ニ不ス二務《ツカヘ》ム一鬼神ヲ不ス二礼セ一已上

仏本行集経第四十二巻ニ優婆斯那品言尒時ニ彼ノ三迦葉兄弟有リ二一ノ外甥《セイ》《オイ》螺《ラ》《モト、リ》髻《ケ》《モト、リ》梵志一

其ノ梵志ヲ名ク優婆斯《シ》那ト一乃至恒《ネ》ニ共ニ二二百五十ノ螺髻梵志弟子ト一修二学《シキ》仙道ヲ一彼レ聞《クニ》二其ノ舅《キウ》《オチ》迦葉三人ヲ一諸ノ

弟子往三詣《シテ》於二彼ノ大沙門ノ辺一阿舅剃二除シ鬚髪ヲ一着《キルト》二袈裟衣ヲ一見《ミ》已テ向二舅《オチ》ニ一而テ説テ偈ヲ一言ク舅等虚《シク》祀《マツルコト》二火ヲ一

百年亦復空《シク》修《シキ》二彼ノ苦行ヲ一今日同《シク》捨《コト》二於此ノ法ヲ一猶《ナホ》如《クスルオヤ》四蛇ノ脱《ヌクカ》三於二故《フルキ》皮ヲ一尒時ニ彼ノ舅《オチ》迦葉三人同《シク》共ニ

以テ偈ヲ一報《コタウ》シテ二其ノ外甥《セイ》《オイ》優波斯那ニ一作《サク》四如《キノ》二是一言ヲ三我等昔《シ》空《シク》祀《マツリテ》二火神ヲ一亦復徒《イタツラ》ニ修《シキ》三於二苦行ヲ一我等今日捨《コト》二

此ノ法ヲ一実ニ如《クスト》四蛇《シャ》ノ脱《ヌクカ》三於二故《フルキ》皮ヲ一抄出

起信論曰或有テ二衆生ノ一無《レハ》二善根力ノ一則為ニ二諸魔外道鬼神ノ一所《ラル》二誑惑セ一若ハ於《シテ》二座中ニ一現《シテ》二形ヲ一恐《オソレオソル》怖《フセシム》或ハ

現《ス》二端《タ、シイツクシトモ》正ノ男女等ノ相ヲ一当《シ》三念《ス》二唯心ノ境界ヲ一則チ滅《シテ》終ニ不《ス》三為《ナ》二悩《ナヤミヲ》ヲ一或ハ現《シ》二天像菩薩像ヲ一亦作《シテ》二如来像ノ相好

具足《セルヲ》一若ハ説キ二陀羅尼ヲ一若ハ説キ二布施持戒忍辱精進禅定智慧ヲ一或ハ説《カム》二平等空无相無願無怨無親

無因無果畢竟空寂是レ真ノ涅槃ナリト一或ハ令メ三人ヲシテ知《ラ》二宿《シウ》命過去之事ヲ一亦知ル二未来之事ヲ一得《エ》二他心智ヲ一弁《ワキマウ》

才無導《ナラシムク》能令《シム》衆生《ヲシテ》貪著《セ》世間ノ名利之事ニ又令《セシメ》使人《ヲシテ》数《シハ〳〵》瞋リ数《シハ〳〵》喜《ヨロコハ》性无常ノ准《ナラヒナラハ》上シユン反或ハ多ク慈愛シ

多ク睡《ネフ》リ多ク宿《ヤトル》多ク病ス其ノ心懈怠《ナリ》或ハ羣《ニハカニ》起シテ精進ヲ後ニハ便《チ》ク休廃《スタルハイス》シテ生於不信ニ多ク疑シ多慮《オモンハカリ》或ハ捨テ、本ノ勝行ヲ更ニ

修《セシメ》ニ雑業ヲ若ハ著《セシメ》《ツククルオストモ》世事ニ種種ニ牽《ケン》《ヒキ》纏《テンセラル》《マツウ》亦能ク使ム人ヲシテ得諸ノ三昧ノ少分相似《アイニタリ》《シセルヲ》皆是外道ノ所得ナリ非ス真ノ

三昧ニ或ハ復令ム人ヲシテ若ハ一日若ハ二日若ハ三日乃至七日住シテ於定中ニ得エ自然ノ香美《ミ》《ヨシ》飲食ヲ身心

適《シヤク》《チヤク》《スナハチマサニトモタマ〳〵トモ》悦《エチシテ》不飢《ケ》《ウエ》不渇《カハカ》使ム人ヲシテ愛著セ或亦令ム人ヲシテ食ニ無分斉《キワ》乍《サ》《タチマチニ》多ク乍少《クシテ》顔色変《カハル》異ス以ノ是ノ

義ヲ故ニ行者常ニ応シ智慧ヲシテ観察シテ勿《カル》令《コト》此ノ心ヲシテ堕《タセ》於邪網《マウ》《アミ》ニ当シ勤《ツトメテ》正念ニシテ不取不着《スシテ》則チ能ク遠離是ノ諸ノ

業ヲ応シ知ル外道ノ所有ノ三昧ハ皆不スレ離見愛我慢《アナトル》之心ヲ貪著スルカ世間ノ名利恭敬ニ故ナリト 已上

弁正論 法琳《リンノ》撰ニ曰ク十喩《イウ》九《キウ》箴《シム反ヘン》《イマシム》篇《ツラヌ》答《タフスリ》《コタウ モ、》李道士十異九述《シユツ》《ノフ》外一異曰ク

「太子老君ハ託《タクシテヲ》《ツク》神《タマシイ》玄《クエン》妙玉女ニ割《ヒラキ》左腋《エキヲテ》《ワキ》而生タリ釈迦牟尼ハ寄《テ》《ヨセ》胎《ヲ》《ハラム》摩邪夫人ニ開《ヒラキ》右《イウ》脇《ケフヲテ》而出《タリト》 乃至

「内一喩曰ク

「老君ハ逆《タカヒ》常ニ託《ツキテ》牧《ホク》《マキ》女ニテ而左ヨリ出ツ

「世尊ハ順テ化ニ因リ聖《セイ》母《ホ》ニテ而右ヨリ出《タマフト》

「開士ノ曰ク案ルニ慮《リヨ》景《ケイ》裕《ユ反》戴《タイ》詵《シン反キ》韋処玄等カ解《カイ》五千文及ヒ梁元帝《クエンテイ》周弘《コウ》政《セイ》等カ老義類ヲ云ク太上ニ有四

謂ク三皇及堯《ケウ》舜《シユン》是也言《イフコヽロハ》上古ニ有此ノ大徳之君臨《ノソメリ》万民ノ上ニ故ニ云太上ト也郭《クワク》荘云時ニ之ヲ所ノ

賢《トスル》《カシコシ》者《ノヲス》為君ト材《サイ》不《サル》称《セラレ》世ニ者ノヲス為臣ト老子非帝ニ非皇ニ不在四種之限《カキリ》ニ有何《テカ》ノ典《テン》《フミ》拠《キヨ》《ヨハ》輒《タヤスク》称スル太上トヤ邪撿《カフカフル》ニ

道家カ玄妙及ヒ中胎朱《シユ》韜《タウ》王礼等ノ経《ケイ》幷ニ出塞《サイ》記ヲ云ク老ハ是李リ母《ホカ》所生不云ハ有ト玄妙玉女既ニ非ス正《セイ》

説尤仮《カリノ》謬《ヘウ》談也仙人玉録《ロク》云仙人無妻《サイ》玉女無夫雖受女形《ケイ》畢竟《ツイ》不産若有茲《コノ》瑞《スイ》誠《マ》曰可嘉《ヨシ》何《イツレソ》為《セム》史記無文周《シウ》書《シヨ》不載《サイ》求虚責実信矯《キヤウ》盲者之言耳礼云退《シリソキ》官《ツカサ》無位者左遷《センス》論語云左衽《シム》者非礼也若以左勝右者道上行道何不左旋《メクラ》而還右転《メクルヤ》邪国之詔《セウ》書皆云如右並《ナラヒ》順《シタカフ》天之常也 乃至

「外四異曰

「老君文王之日為隆《リウ》周《シウ》之宗《ソウ》師

「釈迦荘《サウ》王之時為罽《ケイ》賓《ヒン》之教主

「内四喩曰

「伯楊《ヤウハシヨク》職《ツカサ》処小臣忝《カタシケナク》充《アタレリ》蔵吏《クニノカミナリ》不在文王之日亦非隆周之師

「牟尼位居太子身証《シタマヘリ》特《トク》尊当昭《セウ》王之盛《セイ》《サカリ》年為閻浮教主 乃至

「外六異曰

「老君降《カウシテ》《クダル》世始自周文之日訖《オハレリ》于孔《コウ》丘《キウ》之時

「釈迦下《カ》生肇《ハシメ》於浄飯《ホム》《イヰ》之家当我荘王之世

「内六喩曰

「迦葉生桓《クワン》王丁《テイ》《ヒノトウ》卯《ハウ》之歳《トシ》終景王壬《シン》《ミツノエムマ》午《コ》之年雖訖《オフト》《オワル》孔丘之時不出姫《キヨ》昌《シヤウ》《ワウナリ》之世

「調御誕《タンシテ》《ムマル》昭《セウ》王甲《カウ》寅《イン》《トラ》之年終穆王壬《シン》申《シン》《サル》之歳是為浄飯《ホム》《イヰ》之胤《イン》《タネ》本出荘王之前

「開士曰孔《コウ》子《シ》至周見老聃《サン》而問礼焉史記具顕為文王師則無典《テン》《フミ》証出於周末《スエ》其事可

尋《タツヌ》周《ノ》初《メニ》史《シ》文《フンニ》不載《ノセ》至乃

「外七異《ニ》曰

「老君初《メテ》生《テ》周《ノ》代《ニ》晩《クマニ》《クレ》適《ユク》流《リウ》沙《サニ》不測《ハカラ》始終《ヲ》莫《ナシ》知《コト》方所《ヲ》

「釈迦《ハ》生於西国《ニ》終《リヌ》彼《ノ》提河《ニ》弟子捉《ウチ》《タヽキ》胷《ヌヲ》群《アツマリ》胡《クンコ》《アツマル》大《ニ》叫《サケフ》《ケウ》

「内七喩曰

「老子《ハ》生《テ》於頼《レイ》郷《ケイニ》葬《サウ》《ハフラル》於槐里《クワイリニ》詳《ツマヒラカンス》 乎《ニ》秦佚《シンイチ》之弔《テウ》《トフラフ》責《セメ》在遁《リトン》《ノカル》天之形《ケイニ》

「瞿曇《ハ》出《テ》彼王宮《ニ》隠《クレタマフ》 慈鵠《カク》《ツル》樹《シュウニ》《キ》伝《ツタワリテ》 乎漢《カン》明之世《ニ》秘《ヒ》《ヒソカニ》在蘭台《マシマスランタイ》之書《ニ》

「開士曰荘子内篇《ヘンニ》云《ク》老聃《サン》死《テ》秦佚《シンイチ》弔《トフラフ》焉三號《コニ》《タヒサケムテ》而出《ツ》弟子怪《アヤシムテ》問《フ》非夫子之徒《ル》《トモカラニ》歟《カ》秦佚《シンイチ》曰《ク》向《サキニ》吾入《テ》見《ニ》少《オサナキ》者《ヲ》哭《コクス》《ナク》之如《ヲ》哭其《クカ》父《ノ》老者哭之如《ヲ》哭其子《ノ》古《ヲ》《イニシヘ》者謂之遁《ヲ》《トン》《ノカル》天之形《ケイト》《カタチ》始以為其《メハオモヘラク》《ノ》人也而《ニ》今非也遁者《ハ》隠也天者免縛《ヘンハク》也形者身也言《イフコヽロハ》始以老《テ》子為免《ス》縛形之仙《ト》今則非也嗟《アヽ》《ナゲク》其諂《イツハレルテン》《フミ》典取人之情《ロヲ》故《コトサラニ》不免《マヌカル》死《マヌカレヲ》非我《スト》友《トモニ》至乃

「内十喩答外十異

「外従《リ》生左右異一 内従生有勝劣

「内喩《サトシテ》《シム反》曰

「左衽《ハ》則戎《シュ》《ニシノエヒスキタノエヒス》狄《テキノ》所尊《ム》右命《ハ》為中華《クワ》所尚《トタトム》故春秋《ニ》云《ク》冢郷《チョウケイハシ》無命介《カイ》郷《ハ》有之不亦左乎《ヤ》史《シ》記《ニ》云藺《リン》相如《ショハ》功大《キニシテ》位在廉頗《リソ》《ハカ》右《ニ》恥《ハツ》之《ヲ》又云張儀相右《ニ》秦《シンヲ》而左《シテ》魏《ニス》《クキヲ》犀首《セイシュ》相《シャウ》右《ニ》韓《キヲ》而左《シテ》魏《ニスヲ》蓋《ニ》云不便《タヨリナラヤ》也礼《ニ》云左道乱《ラン》群殺《オハス》之豈《アニ》非右《スハ》優《マサリテ》而左《ハ》劣《ルニヤ》也皇甫《ホ》謐《ヒチカ》高士伝《ニ》云《ク》老子《ハ》楚《ソ》之相人

家《イエトス》ニ温水之陰《キタニ》一押《ヒトシ》ニ事《ヲ》常従《シヨウ》子《ニ》一及《テ》三常子有《ニ》ニ疾《ヤマフリ》一李耳往《テ》問《フ》疾《ヲ》一焉《コヽニ》嵆《ケイ》康《カウノ》云《ク》李耳従《シテ》涓《ケン》子《ニ》一学《ナフ》ニ九《キウ》仙之術《シユツヲ》一撥《ハイスルニ》《スツ》太史《シニ》云等《ヒ》衆《カシウ》画《クワヲ》《カクトモ》《エ》一不五云四老子剖《ヒライテ》ニ左腋《エキヲ》一生《ト》三既《ニ》無《シ》ニ正出《ク》一不《タルコト》三可ニ承《シヨウ》信一明《シ》矣験《アキラカニ》知《ヌ》揮《フルヒ》戈《クワヲ》《ホコヲ》一操《アヤツレハ》翰《ヲ》《フテヲ》一蓋《ケタシ》文武《フ》之先五烝《ヤ》三光《ハ》寔《マコトニ》陰陽之首《ハシメナリ》是以《テ》釈門《ニハ》右《ニ》転《スルコトマタ》且快《タノシクス》ニ人用《ヲ》一張陵《チヤウリヨウ》左道信《ニスス》ニ逆《ケキ》天《ノ》常《ニ》一何《イ》者《トナレハ》釈迦超《テ》ニ无縁之慈《ヲ》一応《キヨウス》ニ有機之召《テウニ》《メス》《マネクトモ》一語《ル》其《ノ》迹《ヲ》《アト》一也 乃至

「夫《レ》釈氏者天上天下《ニ》介《カイ》然《トシテ》《シカラシム》居《キヨス》ニ其《ノ》尊《ニ》三界六道卓《タク》尒《シトシテ》《シカラシム》推《オス》ニ其《ノ》妙《ヲ》一乃至

「外論曰老君作《スハントタヽ》ニ範《ノリ》一唯孝《カウ》《ケウ》唯忠《チウ》《コヽロサシ》救《スクヒ》世《ヲ》一度《ス》人《ヲ》一極《メ》慈《ヲ》一極《ム》愛《ヲ》一是以声《セイ》《コヱ》教《カウ》永伝《ヘ》百《ハク》王不改《アラタマ》一玄《ハルカナリ》風長《ク》被《カフラシメテ》万古无《シ》差《タカフコト》一所以《コノユヘニ》治《オサメ》ニ国《ヲ》一治《ルニ》家《ヲ》一常然《タリ》揩《カイ》《カナウ》式《シヨクタリ》《ノリ》釈教《カウハ》棄《ステ》義《ヲ》一棄《テ》親《ヲ》一不仁《ナラ》《アハレミ》一不孝《ナラ》一闍王殺《セル》父《ヲ》一翻《ホンシテ》《ヒルカヘス》説《ク》三無《シト》ニ僁《トカ》一調達射《イテ》兄《ヲ》《アニ》一无間《ニ》得罪《ヲ》一以《テ》此《ヲ》一導《ヒク》凡《ヲ》一更《ラニ》為《ナス》三長《マスコトヲ》ニ悪《ヲ》一用《モテ》斯《ヲ》一範《ハン》《ノリトスル》世《ニ》一何《ソ》能《ク》生《ムヤ》善《ヲ》一此《レ》逆順之異十也

「内喩《ニ》《オシヘ》曰義《ハ》乃道徳所ニ卑《イヤシウスル》一礼《レイハ》生《ス》ニ忠信之薄《ウスキヨリ》一璅《サ》仁譏《ソシリ》於匹《ヒチ》婦《フヲ》《カタシメ》一大孝《カウハ》存《ス》三乎ニ不遺《クキヲシ》一然《シテム》対《テクキヨウ》凶一歌《ウタヒ》咲《ワラフ》《ス》乖《タカフ》ニ中夏之容《カタチニ》一臨《ノテ》ニ喪《モニ》一扣《タヽク》盆《ホトキヲ》《カハラ》一非ニ華《クワ》俗《ソク》之訓《オシヘニ》一原壌《シヤウ》母死《テ》騎《ノル》棺《クワン》而弗《ス》ニ譏《ソシラ》一子桑《サウ》死《スルトキ》子貢《コウ》弔《トフラフ》四子相《ヒ》視《ミテ》歌《フ》而孔《コウ》子時《ニ》助《タスケテマツリヲ》祭而咲《ワラフ》荘子妻《メ》死《ス》扣《タヽキ》ニ盆《ホトキヲ》一而歌《フ》也故教《ルニ》之《ヲ》一以《ス》孝《カウヲ》《オシフ》一所《ユ》四以《ヘ》敬《ケイスル》《ウヤマフ》三天下之為《タルヲ》ニ人父一也教《ルニ》之《ヲ》一以《テス》忠《ヲ》《ネムコロ》一所以敬《スル》三天下之為《タルヲ》ニ人君一也化《クワ》周《シ》《アマネシ》万《ハン》国《ニ》一乃明《メイ》辟《ヘキ》之至仁《ルナリ》形《アラハル》三于ニ四海《ニ》一実《ニ》聖《セイ》王之臣孝《ナリ》仏経《ケイニ》言識体《ハクシヨクテイ》輪《リン》ニ回《クワイス》六趣《ニ》一無三非《アラサル》ニ父母《ニ》一生死変《ハン》易《エキス》《ヤク》三界熟《タレカ》弁《ワマエム》ニ怨《オン》親《ヲ》《アタ》《シタシ》一又言《ク》无《フ》明覆《フ》ニ慧《ケイ》眼《カンヲ》一未《タ》《ス》三往《ス》ニ生《セイ》死《ノ》中《ニ》一往来《テ》之所作《ス》更《ニ》牙《タカヒニ》為《タリ》ニ父子一怨《エン》親数《シハ〱》為ニ知識一知識数《シハ〱》為ニ怨親一是以沙門捨《テ》俗《シヨク》《ヨ》一趣《オモムク》レ真《ニ》一均《ヒトシウス》三庶《シヨ》類《ルイヲ》於ニ天属《ニ》一遺《ステヽ》栄《エイヲ》《サカヘ》一即《ツク》道《ニ》一等《ヒ》三含《スカム》気《キヲ》於ニ己《コ》《オレノ》親《ニ》一行普,正《キ》之心等,普《キ》親之志且《マタ》道《ハ》尚《タトフ》ニ清虚《ヲ》一尒《ソレハ》《ナンチハ》重《クス》ニ恩愛《ヲ》一法《ハ》貴《タフ》ニ平等《ヲ》一尒《ソレ》《ナンチハ》簡《キラハムヤ》ニ怨《エン》《アタ》親《ヲ》《シタシ》一豈《アニ》非惑《ニ》一也《ヤ》勢《セイ》《ヨソオイ》競《ケイ》《アラソイ》遺《ワスル》親《ヲ》一文史《シ》明事斉《セイ》桓楚《クワンソ》穆《ホク》此レ其ノ流《トモカラ》也欲《オモフ》三以テ訾《ソシラムト》二聖ヲ一豈《アニ》不レ謬《アヤマ》レルニ一哉ヤ尒《ナンチカ》レ道之劣十也乃至二皇統《スヘテ》化《クワ》一須《シユ》弥四域キヤ経云応声菩薩為伏義ト吉祥菩薩為女媧《クワト》也居《オリ》渟《テイ》風之初《メニ》三聖立テヽ言ヲ一空寂所問経ニ云迦葉ヲ為老子ト儒《シユ》童ヲ為孔子ト光浄ヲ為顔《カン》回《クワイ》一也興《オコス》二已《スイ》澆《ケウ》之末《スエヲ》一玄《ハルカナリ》虚《キヨ》沖一之旨《ムネ》黄老盛《サニス》二

其ノ談《オシフ》ヲ一詩書《シヨ》礼楽之文周《シウ》孔《コウ》隆《タカクス》二其ノ教ヲ一明ニシ謙《ケムヲ》ヘル一守《マモル》ル質《シチヲ》一乃登《ノホルニ》聖ニ一之階《カイ》梯《テイナリ》三畏《キ》五常《シヤウハス》為二人天之由《》漸《セント》一蓋《ケタシ》冥《ミヤウニ》苻《カナフ》三於二仏理《リニ》一非二正《スヤ》弁極《キヨク》談二一猶ヲ謗《ソシル》三道ヲ於二瘖《オム》聾《リヨウ》一魔《オシマトイテ》方ヲ二而莫《ナカレ》三窮《キワムルコト》二遠《エン》邇《シヲ》一問《フ》二律ヲ於菟《ト》馬ニ一知テ済《ワタルヲ》一而不三測《ハカラ》二浅深ヲ一因斯ニ一而談《スルニ》殷《イン》周《シウ》之世ハ非四釈教所《カウノ》三宜《ヨロシク》二行《カウスル》一也猶炎威《ヨソオイ》赫《カヽヤカス》耀《ヒカリヲ》一童子不下能中正シク目ヲ一而視《シテ》上迅《コトシン》雷《ライ》奮《フルヒ》撃《ウツ》懦《タン》夫不下能中張《ハリ》二耳ヲ一而聴《コトヲ》上是以テ河《カ》池《チ》涌《ユ》浮《ウカフ》昭《セウ》王懼《オソル》三於誕《タンスルコトヲ》二神ヲ一雲霓《ケイ》変《ハンシ》二色ヲ一穆《ホク》后《コウ》欣《ヨロコフ》三亡《ウシナハムコトヲ》二聖《セイヲ》一周書異記ニ云昭王廿四年四月八日江河泉《セン》水悉《タ》泛《ハン》漲《チヤウセリ》穆王五十二年二月十五日暴《アラキ》風起《タチテンウ》樹木折《オレ》天陰《クモリ》雲黒《クラシ》有二白虹《コウ》之怪《クエイ》一也豈ニ能ク越《コエテ》二葱《ソウ》河ヲ一而稟《ウケ》化ヲ踰《コエテ》二雪嶺《レイヲ》一而効《イタサムヤ》誠《マコトヲ》一浄名ニ云ク是盲《メシヒ》者遇《マウアヘリ》非二日月ノ咎《トカニ》一適《タマヽヽ》欲三窮《キワメント》二其ノ鑿《シヤクケイ》竅之弁ヲ一恐ハ傷《イタム》二吾《ワカ》子混《コン》沌《トム》之性ヲ一非三尒《ソレ》所二知一其ノ盲一也

「内ニハ建造ス像塔ヲ一指《オシフル》二

「自漢明二已下訖《オフ》三于斉《セイ》梁《リヤウ》王公守《シウ》牧《ホク》清信士女及比丘比丘尼等冥ニ感《カナフ》シ至聖ヲ一国ニ観《ミル》二神光ヲ一者ノ凡ソ二百余人至《テハ》下如キニ見二迹《アト》ヲ万山ニ浮ヘ二耀《ヒカリヲ》滬《コ》瀆《トクニ》一清台之下《モトニ》観二満月之容《カタチ》ヲ一維《ヰヨウ》門之外ニ観《ルカ》中相輪之影《ケヲ》上南平ハ獲《エ》三応ヲ於二瑞《スイ》像ニ一文宣ハ感《ス》三夢ヲ於二聖牙《カニ》一蕭《サウ》后《コウ》一鋳《タヒイテ》剋《ウル》成《シ》宗《ソウ》皇四模《タヒホ》而不《シテ》就《ナラ》一其ノ例《レイ》甚《ハタオヽシ》衆不三可二具《サニノフ》陳二一豈ニ以二尒《ナムチカ》之無目ヲ一而斥《キラハム》二彼之有《イウ》霊《レイヲヤ》一哉然ルニ徳《トシテ》無四不ル二備《ソナハラ》一者ノ謂テ三之ヲ為ス二涅《テイ》槃ト道《トシテ》無四不二通《トウセ》一者ノ名テ三之ヲ為ス二菩提《テイト》一智《トシテ》无四不二周《アマネカラ》一者ノ称シテ三之ヲ為二仏陀ト一以二此漢語《キヨヲ》一訳《ツクリツタウ》ス二彼ノ梵言ヲ一則彼此之仏照然《トシテ》可信一也

何以明之夫仏陀者漢言大覚也菩提者漢言大道也涅槃者漢言无為也而吾子終《シウ》日践《フンテ》菩提之地不知大道即菩提異号也稟《ウケテ》形於大覚之境未閑《ナラハ》大覚即仏陀之訳名也故荘周《シウ》公且《マタ》有大覚者而後知其大夢也郭《カク》註《チウ》云覚者聖人也言患《ウレヘ》在懐者皆夢也註云夫子与子淤《オ》未能忘《ワスレ》言而神解故非大覚也君子曰孔《コウ》丘《キウ》之談茲《コヽ》亦尽矣涅《テイ》槃寂《セキ》照不可識《ショク》識不可智智則言《ケン》語《キヨ》断而心行滅故忘言也法身乃三点四徳之所成粛《セウ》然《セントシテ》無累《ルイナリ》故称解《カイ》脱此其神解而患《クエン》息也夫子雖聖遙以推功仏何者按劉《リウ》向《キヤウ》古旧《キウ》二録《リヨクヮク》云仏流《リウ》経於中夏一百五十年後老子方説五千文然而周之与老並見仏経所説言《ケン》教《カウ》往往可験《カウカヘツ》 至乃

正法念経云人不持戒諸天減少阿修羅盛善竜無力悪竜有力悪竜有力則降霜《シヤウ》雹《ハウ》非時暴風疾雨五穀不登疾疫《シチヤク》競《キヨイ》起人民飢饉《コンス》牙相残《サン》害若人持戒多諸天増足威光修羅減少悪竜無力善竜有力善竜有力風雨順時四気和暢《チヤウナリ》甘雨降稔《ネイ》穀《コク》豊人民安楽兵戈《クワ》戦《セン》息疾疫不行也 至乃

「君子曰道士大霄《セウカイン》隠書元上真書等云元上大道君治在五十五重无極《キヨク》大羅天中玉京之上七宝台金床《シヤウ》玉机仙《セン》童《トウ》玉女《キヨクチヨ》之所侍《シ》衛住卅二天三界之外按神仙五岳《カク》啚《ツヲ》云大道天尊治大玄都《ミヤコ》玉光州金真之郡《クキン》天保之県《クエン》元明之郷《ケイ》定《テイ》志之里《リヲ》災《サイ》所不及霊《レイ》書《シヨ》経《ケイ》云大羅是五億五万五千五百五十五重《チウ》天之上天也五岳啚云都者都也太上大道道之中道神明君冣《サイ》守静《セイヲ》居太玄之都諸天内音《イム》云天与諸仙鳴楼《ロウ》都之鼓朝晏《アンシテ》玉京《キヤウ》以

楽《タノシマシムト》道君ヲ

「案スルニ道士ノ所ノ上ル経ノ目《ナヲ》皆云ク依テ宋《ソウ》人陸脩《シウ》《ナカシ》静《セイ》ニ而列《ツラネタリ》一千二百廿《シヽウ》八巻《ケンヲ》本《モト》無シ雑書諸子之名而ニ道士今列ルニ乃有二千四十巻其ノ中ニ多取テ漢書芸《ケイ》文志ノ目《ナヲ》忘《ミタリニ》註シテ八百八十四巻ヲ為ス道ノ経論ト（乃至）案レ陶《タウ》朱《シユヲ》ハ者即是范《ハン》蠡《レイナリ》親《マノアタリ》事《ツカヘテ》ノ越王勾《コウ》践《センニ》君臣悉ク囚《トラワレテ》於呉《コニ》嘗《ナメ》屎《フンヲ》飲《ノンテ》尿《ネウヲ》亦以テ甚《ハタシ》矣又復范《ハン》蠡《レイ》之子ハ被《ラル》戮《コロサ》於斉《セイニ》父既ニ有《アラハ》変《ハン》化《クワ》之術何ソ以テ不能変化《シテ》免《マノカル、コト》ヲ之案ニ造立天地ノ記ヲ称《スラク》老子託《タク》生《スイウ》幽王ノ皇后《コウノ》腹《ラノ》中ニ即是幽王之子ナリ又身《ミ》為《タリ》柱《チウ》史《シ》復是幽王之臣ナリ化胡《コ》経ニ言ク老子在《テハ》漢ニ為ス東方朔《サクト》若審《アキラカニシカラハ》尒者知ヌ幽王為ニ犬戎《シユノ》所ル殺豈《アニ》可《ケム》不ル愛《シテ》君父ヲ与《アタヘテ》神符ヲ令《シメ》君父ヲシテ不《サラ》死《セヤ》邪（乃至）指ス陸脩《シウ》静《セイカ》目録ツ既ニ無正本何ソ謬《アヤマリ》之甚《ハナハタシキヲヤ》也然ニ脩静為《ナスコト》目《ナヲ》已《ステニ》是大偽《クキナリ》《アヤマリ》今玄都録復是偽中之偽《ナリ》《イツワル》矣（乃至）

「又云大経ノ中ニ説《カク》道ニ有リ九十六種唯仏ノ一道是於《テハ》正道ナリ其ノ余ノ九《キウ》十五種《シヨウニ》皆是外道ナリト朕《チン》《ワレ》捨テ、外道ヲ以テ事《ツカフ》如来ニ若有テ公卿能ク入此誓ニ者ノハ各可発菩薩ノ心ヲ老子周《シウ》公《コウ》孔《コウ》子等雖モ是如来ノ弟子トシテ而為《ナストヲ》化既ニ邪ナリ止是世間之善ナリ不能隔《ヘタテ、》凡成《コトト》聖公卿百官侯《コウ》王宗《ソウ》室宜《シクカヘシ》《ヘシ》反偽《ノ》《イツワリ》就《ツキ》真ニ捨テ邪ヲ入ル正ニ故ニ経教成実論ニ説テ云ク若シ事テ外道ニ心重ク仏法ハ心軽シ即是邪見ナリ若シ心一等ナル是无記ニシテ不当《アタラ》若シ善悪事《ツテニ》仏ニ強《コワクシテ》孝《カウ》子ニ心少者乃是清《セイ》信ナリ言清ト者ハ清ハ是表裏《ウラ》リ倶ニ浄ク垢《アカ》穢《ケカレ》惑累《カサナル》皆尽ス信ハ是信シテ正ヲ不ル邪ナラ故ニ言フ清信仏弟子ト其ノ余等《ヒトシク》皆邪見ナリ不ル得称《コトヲ》清信ト也（乃至）捨テ、老子之邪風ヲ入流《セヨトナリ》法之真教ニ（已上抄出）

光明寺ノ和尚云ク上方ノ諸仏如シ恒沙ノ還テ舒《ノヘタマフコトハ》舌相ヲ為《メナリ》娑婆ノ十悪五逆多ク疑謗シ信シ邪ヲ事《ツカヘ》ニ鬼ニ

餧《アカシメテ》神魔ヲ妄《ミタリニ》想テ求テ二恩ヲ一謂《モヘハ》三有《ラムト》二福一災《ワサワイ》鄣禍《クワ》《ワサワイ》横《マニウタ、》転弥《イヨく》多シ連年ニ臥ス三病ノ於二床《ユカ》枕《マクラニ》一聾《ミヽシヒ》盲《メシヒ》脚《アシ》折《オレ》手《テ》攣《ヒキ》撅《オル》

承《ショウ》《ウケ》事《シテ》《ツカヘ》神明ニ得中ルモノ、此ノ報ヲ上如何《イカンソ》不三捨《ステ、》念《ムト》セ二弥陀ヲ一上已

天台ノ法界次第ニ云ク一ニハ帰ス二依仏ニ一経ニ云ク帰三依《セム》於二仏ニ一者ノ終《イニ》不《レト》更《カヘテ》《マタ》帰二依セ其ノ余ノ諸ノ外天神ニ一也又云ク謂ク

帰二依《セム》仏ニ一者ノ終ニ不三堕《オツ》二悪趣ニ一云ヘリ二ニ帰二依スニ法ニ一謂ク大聖ノ所説ハ若ハ教若ハ理帰依シ修習《セヨト》《ナラフ》也三ニ帰二依スニ僧ニ一謂ク

帰《スルカ》下心《テタル》ヲ出二家ヲ一三乗正行之伴上ニ故ニ経ニ云ク永ク不下《ルナリト》復《マタ》更《カヘテ》帰中依セ其ノ余ノ諸ノ外道ニ上已

慈雲大師云ク然ニ祭祀《サイシ》《マツリ マツル》之法ハ天竺ニハ韋陀支那ニハ祀典《シ》既ニ未《トイヘリ》四逃《ノカレ》ス三於二世論ニ一真《スレハ》ヲ二誘《コシラフル》俗ヲ一之権方《ナリト》又

高麗《ライノ》観法師云ク餓鬼道梵語ニハ闍《シヤ》黎《レイ》多此ノ道亦偏《ミツ》ス諸趣ニ一有ル二福徳一者ノハ《ナル》作ル二山林塚《チヨ》《ツカ》広神ト一無《キ》二福徳一

者ノハ居ニ不浄処ニ一不ス三得《エ》二飲食ヲ一常ニ受ク二鞭《ヘン》《ムチ》打《チヤウヲ》《ウツ》一塡《フサキヲ》河ヲ塞《キテ》《フサク》海ヲ受《ルコト》苦ヲ無量ナリ諂《テン》《ヘツラフ》誑《クルウ》ノ心意ナリテ作ル二下品ノ五逆十悪ヲ一感《ウク》ス二

此道ノ身ヲ一上已

神智法師釈《シテ》云ク餓鬼道ハ常ニ飢《ウヘタルヲ》フ曰フ二餓鬼ト之言ハ帰スニ尸子ニ曰ク古者名ニ人死ヲ一為ス二帰人ト一又天神ヲ云フ

鬼ト地神ヲ曰フ二祇《マコト》ト也至乃形《ウエタル》《タチ》或ハ似タリ人ニ或ハ如シ二獣《シユ》《ケタモノ》等ノ一心不二正直ナラ一名テ為ス二諂誑ト一

大智律師ノ云ク神ハ謂ク鬼神ナリ惣《スヘテ》収《オサムト》ス二四趣天修鬼獄ヲ一

度律師ノ云ク魔ハ即悪道ノ所収《シユナリト》

止観ノ魔事境ニ云ク二ニハ明ス二魔ノ発相ヲ一者通シテ管ニ属スルヲ皆称シテ為ス二魔ト一細ニ尋《タツヌレハ》ニ枝異ヲ一不ス三出テ二三種ヲ一一ニハ者慢《マン》悵鬼

二ニハ者時媚《ミ》鬼三ニハ者魔羅鬼ナリ三種ノ発相各各不同ナリト

源信依ル二止観ニ一云ク魔者依テ二煩悩《ハウルナリ》ニ一而妨《サマタク》ク二菩提ヲ一鬼者起シテ病悪ヲ一奪《ウハフ》ヲ命根ヲ一上已

論語ニ云ク季《キ》路問《トハク》《ツカヘムカト》フ事フ二鬼神ニ一子ノ曰ク不三能ハ二事ル《コト》人ニ一焉《イツクンソ》ク能事《ヘムヤト》ヘ二鬼神ニ一抄出已上

「竊以《ヒソカニオモンミレハ》聖道ノ諸教ハ行証久廃《シクスタレ》浄土ノ真宗ハ証道今盛ナリ然ニ諸寺ノ釈門昏《クラク》二教ニ一分シテ不三知ラ二真仮ノ門戸《コ》ヲ一

洛《ラク》都ノ儒《シュ》林迷《マトフ》二行ニ一分テ無三弁シコト二邪正ノ道路ヲ一斯ヲ以テ興福寺ノ学徒奏《ソウ》下達ス

「太上天皇号後《ノチノ》鳥羽院ト諱《イミナ》尊成《セイ》

「今上号土御門院諱為《タメ》仁《ヒト》聖《セイ》暦《レキ》承《ショウ》元丁卯《ヒノトノ》ノ歳仲春上旬之候ニ主上臣下背《ソムキ》法《ハウ》ニ違《タカフ》シ義ニ成二忿《イカリ》ヲ一結《スフ》怨《ウラミ》ヲ因テ茲《コレ》ニ真

宗興隆ノ大祖《ソ》源空法師并ニ門徒数輩《カスノトモカラ》不三考《カムカヘ》二罪科《クワヲ》一猥《ミタリカワシク》坐《ツミス》二死罪ニ一或ハ改テ二僧儀ヲ一賜《タマフテ》二姓名ヲ一処ス二遠流ニ一

予《ワレ》ハ其ノ一也尓者已ニ非ス僧ニ非ス俗ニ是ノ故ニ以テ二禿《トク》ノ字ヲ一為ス姓ト空師并ニ弟子等坐《ツミシテ》二諸方ノ辺州ニ一経《ヘタリキ》二五年ノ居《キヨ》

諸ヲ一

佐土院

「皇帝諱《イミナシウ》守《モリ》成聖《セイ》代建《ケン》暦辛未《カノトノヒツシノ》歳子《ネ》月ノ中旬第七日ニ蒙テ二勅免《メンヲ》一入《シフ》洛シテ已後空居《タマヒキ》下洛陽ノ東山ノ西ノ

麓《フモト》鳥部《ヘ》野ノ北ノ辺《リ》大谷ニ上同《シキ》二年壬申寅《イン》月ノ下旬第五日午時入滅《シタマフキ》奇瑞《スイ》不三可二称計ス一見《タリ》二別伝ニ一

然ニ愚禿釈ノ鸞建仁辛《シン》酉《イウノ》暦《レキ》棄《ステ》二雑行ヲ一分テ帰ス二本願ニ一元久乙丑《キノトノ》歳蒙《フテ》二恩恕《ショヲ》一分書《シキ》二選択ヲ一同《シキ》年ノ初夏《ソカ》

中旬第四日ニ選択本願念仏集ノ内題ノ字并ニ南无阿弥陀仏往生之業念仏為本ト与二釈ノ綽空ノ

字一以テ二空ノ真筆ヲ一令《メタマヒキ》三書二之ヲ一同《シキ》日空之真影《エイ》申預《アツカリテ》奉《マツル》二図画《エン》一同二年閏《ウルウ》七月下旬第九日真影《エイノ》

銘ニ以二真筆ヲ一令四書三南无阿弥陀仏ト与《トヲ》二若我成仏十方衆生称我名号下至十声若不生者

不取正覚彼仏今現在成仏当知本誓重願不虚衆生称念必得往生之真文ヲ一又依テ二夢ノ告ニ一

改メテ二綽空ノ字ヲ一同《シキ》日以テ二御筆ヲ一令《メタマヒ》三書二名之字ヲ一畢ヌ本師聖人今年ハ七旬《コロ》三ノ御歳也選択本願念仏

集者ハ依テ二禅定博陸月輪殿兼《ケン》実《シチ》法名円照之教命《カウメイ》ニ一所ル三令二撰集セ一也真宗ノ簡要念仏ノ奥《アウ》義摂三在《セリ》二于斯ニ一見ル者ノ易シ

徴字フチ反ス

諭《サトリ》一誠《マコトニ》是《レ》希有最勝之華《クワ》文无上甚深之宝典也渉《ワタリ》年《ヲ》一渉《テ》日《ヲ》一蒙《フル》二其《ノ》教誨《ヲ》一之人雖《モ》二千万《ト》一云《ヒ》親《ト》一云《ヒ》二疎《ソト》《ウトキヤ》一獲《ウル》二此《ノ》見写《ヲ》《ウツス》一之徒《モカラ》甚《タ》以《テ》難《シ》介《ルニ》既《テニ》書二写《シヤシ》製《セイ》作《サクヲ》一啚二画《セリ》真影《ヲ》一是専念正業之徳也是決定往生之徴《チ》《シルシ》也仍《ヨンテ》抑《テ》《オサヘ》二悲喜之涙《ヲ》一註《ス》二由来之縁《ヲ》一慶《ヨロコハシイカナ》哉樹《タテ》二心《ヲ》弘誓《ノ》仏地《ニ》一流《ス》二念《ヲ》難思《ノ》法海《ニ》一深《ク》知《リテ》二如来《ノ》矜《オヽキナル》哀《ヲ》一良《トニ》仰《アフク》二師教《ノ》恩厚《カウヲ》《アツシ》一慶喜弥《イヨく》至《リ》至孝《カウ》弥重《シ》因《テ》茲《レニ》一鈔《セウシ》二真宗《ノ》詮《ヲ》一摭《ヒロフ》二浄土《ノ》要《ヲ》一唯念《テ》二仏恩《ノ》深《キコトヲ》一不《ス》三恥《ハチ》二人《シン》倫《リンノアサケリヲ》《トモカラ》嘲一若見二聞《セム》斯《ノ》書《ヲ》一者信順《ヲ》為《シ》因《ト》一疑謗《ヲ》為《シテ》縁《ト》一信楽《ヲ》彰《シ》《アラハ》三於二願力《ヲ》一妙果《ヲ》顕《ハサムト》三於二安養一矣安楽集《ニ》云《ク》採《トリ》《サクリ》二集《メテ》真言《ヲ》一助二修《セシム》《オコナウ》往益《ヲ》一何《トナレハ》者欲《ス》下使《メムト》下前《ニ》生《ム》者《ノハ》導《ヒキ》二後《ヲ》一後《ニ》生《ム》者《ヒトハ》訪《トフラヘ》前《ヲ》一連続《ソク》《ツク》无窮《ニシテ》願《ハ》不《ラ》中休《ヤム》止《セ》上為《ノ》三尽《サムカ》《ツクス》二无辺《ノ》生死海《ヲ》故《ヘナリト》 已上

介者末代《ノ》道俗可《キ》二仰《テ》信敬《ス》一也可知如《シ》二華厳経《ノ》偈《ニ》云《カ》一若《シ》有《リトモ》下見《テ》三菩薩修二行《スルヲ》種種《ノ》行《ヲ》一起《コト》中善不善《ノ》心《ヲ》上菩薩皆摂取《セムト》 已上

顕浄土真実教行証文類六

弘安陸癸未二月二日釈明性譲預之

沙門性信 （花押）

補注

見出し項目下の（　）内の数字は、本文の頁と行数を示す。
例えば（一〇2）は、一〇頁二行目であることを表わす。

竊(ひそ)かにおもんみれば…（一〇2）　以下は、不可思議なる阿弥陀仏の誓願活動があるゆえ、提婆・阿闍世・韋提などによって王舎城の悲劇が演ぜられ、かような悪逆苦悩に沈む人々の救われる往生浄土の他力念仏の勝(すぐ)れた教法が説き示されるに至ったことを示す。この一段は、「**恵日なり**」までの第一項と、「**闍提を恵(めぐ)まむと欲(おぼ)す**」までの第二項と、「**真理なりと**」までの第三項に分かってみられる。第一項は、弥陀の難思の弘誓の因位の本願（全体的には四十八願、根本的には第十八願）が大船となり、その光明の果力が智慧の日光となり、因願果力あいまって、無明の因により生死の難度海に沈む生きとし生けるものをつねに救済する活動を展開されていることを明らかにするのである。第二項は、かような阿弥陀仏の本願力の救済活動の因縁の積極的な具体化が観経に説き示されるような、提婆・阿闍世・韋提希夫人などによる王舎城の悲劇の演出と、それに対応しての、かような悲劇中の人たる五逆・謗法・断善根といった極悪人を救う弥陀・釈迦二尊による他力念仏往生の浄土教の開示であることを説き示すのである。かくして、第三項に至り、本願力救済の活動態である南無阿弥陀仏の名号法が仏を念ぜしめ信ぜしめて悪逆を転じて真実の証(さと)りをえしめる真理であることを讃歎するのである。第一項は大無量寿経の意により、第二項は観経の意に主としてよるとも理解されうる。第三項は強いていえば阿弥陀経の意によるともいえる。観経に出す王舎城悲劇の物語は、善導の観経疏の序分義に涅槃経や四分律などによりくわしく説き示し、親鸞がその手記の「観経弥陀経集註」などに早くより注意する所で、本書の後篇に示す念仏迫害や流罪など親鸞自身の内外にわたる鎌倉時代の苦悩の反映を顧みたい。

しかれば凡小…遅慮することなかれ（一〇8）　の一段は、釈尊の生涯の教説の中で最も時代に適した愚かな凡夫の実践し易い他力念仏の勝法に、未信の人は早く帰依し、已信の人はますますその喜びを深め、迷妄の世界に永遠にとどまらないように勧めるのである。この一段は、「**徳海にしくなし**」までの第一項と、「**宿縁を慶(よろこ)べ**」までの第二項と、「**遅慮することなかれ**」までの第三項に分かってみられる。第一項は、大経や観経などに説く、阿弥陀仏の本願力による他力念仏浄土往生の教えが、仏教全体の中で、末法時代の愚かな悲劇的人生を救う時代即応の最も適切な教法であることを主張するのである。第二項は、浄土の証(さと)りをねがうも自力の修行や信仰に迷い、信仰がなくてますます心くらく悪の重い人には、とくに釈尊の指示に従って、弥陀他力念仏（行信）の最勝の実践道に入るべく、また弥陀本願力弘誓に生かされる他力念仏（行信）の実践者は真実に救われる因縁の深かったことを、永遠の過去より現在に顧みて喜べと勧めるのである。かくして第三項に至り、今日この世界にまれな他力で救うという勝れた実践の正法を聞き、遅疑(ちぎ)逡巡(しゅんじゅん)する所なくただちに信じなさいと誡めるのである。

ここに愚禿…嘆ずるなりと（一〇15）　の一段は、インド・中国・日本の浄土教伝統の諸祖の教えを深く聞信して、弥陀本願力救済の深いご恩を味わいつつこの教行信証を書くとの意味を示す。「**西蕃月支の聖典**」は無量寿経（大経）・観無量寿経（観経）・阿弥陀経（小経）の三部経と竜樹（二〇〇頃）の十住毘婆娑論、天（世）親（四五〇頃）の無量寿経優婆提舎願生偈（浄土論）などを指す。「**東夏日域の師釈**」は中国の曇鸞(四七六―五五〇?)・道綽(五六二―六四五)・善導(六一三―六八一)などの論釈、日本の源信の往生要集、法然の選択集などを指す。

親鸞(一〇15)　自撰の法諱。叡山にあった頃の名は範宴。父有範の片諱をとったのであろう。法然の門に入り綽空と改名、法然一門が一二〇四(元久元)年十一月七日延暦寺の非難をなだめるために提出した七箇条起請文にも「僧綽空」の署名があり、その翌年四月十四日選択集を書写したとき、内題等十四字とともに「釈綽空」の字を法然が自筆で書き与えている。次いで夢告により善信と改名、同年閏七月二十九日、法然から善信の名を書き与えられた(二五八頁八行補注参照)。親鸞の法諱を自撰した年月は詳かでないが、「論主」として仰ぐ天親(世親)と、「宗師」として依る曇鸞の名から各一字をとったものと考えられる。(家永)

大無量寿経　真実の教 浄土真宗(一四1)　と六巻の列名は坂東本は欠脱して、その存否が明らかでない。しかし、西本願寺本や高田専修寺の専信書写本などには記載されているので、坂東本にも同様の記載があったものと推測される。しかしながら、後に存覚の六要鈔の所釈本が示すように、六巻の列名を除いて、大無量寿経等は顕浄土真実教文類一と示す題号の次に位置せしめられるべきもので、真実の教えである浄土真宗を説き示すのは大無量寿経であることを最初に標示したものと理解される。

謹んで浄土真宗…教行信証あり(一五3)　は、本書の前五巻に述べる救済の体系が往還二廻向よりなり、迷いの我々が往生成仏せしめられる往相廻向に教行信証の各巻の内容が開説されることを、まず総括的に示すのである。しかして師法然伝統の選択本願の他力念仏を実践する往生浄土の真実の宗教は、阿弥陀仏が迷いの我々を往生し成仏せしめる往相廻向と、往生成仏即時に他の迷える人々を救いに還らしめる還相廻向との、本願力の二種廻向という救済活動に基礎づけられていることを明らかにするのである。行巻や信巻などの引用文によれば、この二種廻向の構想や用語は、直接的には、曇鸞の往生論註によっていることは明らかである。しかし、論註それ自体では、浄土往生人それ自身が廻向する二種廻向である。親鸞は法然の本願他力の主張をうけて、特に論註の終わりの釈(覈求其本(かくぐごほん)の釈)の意向により、弥陀本願力の二種廻向と意味内容を深め理解しなおしたのである。行巻や信巻の引用文を改点し読みなおして仏の廻向にしてある辺りの理解などによれば、その辺の意向を窺いうる。往相は往生人が迷いの穢土より悟りの浄土に往く相状で自利(自身への利益)であり、還相は他の迷える人を仏道に入り悟らしめる利他(他人への利益)であって、往還二廻向は自利・利他の利益を廻向し与えられるということで、大乗仏教の自利即利他という根本精神に法然伝統の浄土真宗が立つものであることを基礎づけられていることに注意したい。第十八願の誓いが「若し生れずは(自利)、正覚を取らじ(利他)」と自利即利他という無我・縁起因縁生の理念に立つことも顧みたい。かくして、往相廻向の教行信証は仏の本願力が教え行ぜしめ、信ぜしめ証せしめるの意味となる。往生即成仏の自利満足すればただちに利他還相を展開せしめる意味で、証巻に還相廻向をおかれる。行信の実践の因により証の果を得せしめられる所、それは真仏土なるゆえ、往相廻向の証に真仏土を今は収められているともいいうる。したがって、教行信証は教に詮(あら)わされた行信の実践の因により証真仏土に至らしめられるの意味である(一四三頁三行補注参照)。

それ真実の教を…(一五5)　は、真実の教は大経に説き示される、弥陀・釈迦二尊が協力して迷える人々を救う本願力名号南無阿弥陀仏法を開顕する以外にはないことを明らかにするのである。大経は、全般的にいって釈尊が、阿弥陀仏の因位の誓いの本願、名号南無阿弥陀仏の浄土の成就のことを説いて、往生を勧めるのである。しかし、ここでは、その意味を認めながらも、弥陀・釈迦二尊が直接協力して迷いの人々に救いを呼びかけられる意向を打ち出している。阿弥陀仏は親鸞の体験ではつねに釈尊とともに生命ある具体的な救済の呼びかけ者である。

何を以てか出世の大事…(一五9)　は、正依の大経(無量寿経)を中心に異訳の如来会・平等覚経、さらに憬興の釈文を援用して、釈尊が五徳瑞現の姿を示し、恵むに真実の利をもってせんと欲すと明言される教説により、大経の所説こそ現代に行なわれるべき釈尊出世の本懐なることを強調するのである。即ち阿弥陀仏の本願・名号法による他力念仏の救いを説くことが釈尊のこの世に出られた最終の目的であることを強調するのである。言いかえるならば、浄土真宗の教えを説くことが出世の最も大事なことであることを力説するのである。この記述は後の化巻(本)で、三願転入(第十九願より第二十願へ、さらに第十八願へと転ずること)を述べて、次に自力修行の聖道門の教えが末法時代の今日には実践されがたく、浄土真宗の教法のみが、正法(釈尊滅後五百年間)・像法(正法の後一千年間)・末法(像法の後一万年間)の三時を超えて、永遠の過去より永遠の未来に亘って行なわれうる、大聖釈尊の自ら説かれた教説であることを強調される一段と相応ずる見解である。その意味で、釈尊が五徳瑞現という驚くべき瑞相《ずいそう》を示して大経を説かれることは、親鸞が比叡山を下って、法然より大経を中心とする三部経の説法を聞き廻心する、法然との出会いの驚異的な転向の事実と密接に相応ずる理解を示すことを注意したい。この下の見解は法華経方便品(大正蔵九、七頁)に「唯一大事因縁有る故に世に出現する」と示す如き経説に関連する法華天台出世本懐説に関連があるか、とも推測される。**如来会**は、「一切如来」等の経文を引用して、釈尊の出世本懐は同時に一切の諸仏の出世の本意であることを助顕される意向がみられる。一念多念証文などの理解を参照されたい。**平等覚経**の引用文の中で「仏意を知るに縁りて若《も》し妄れずは仏辺にありて仏に侍《つか》へたまふなり」は、現行の経文(大正蔵十二、二七九頁)には、「予《あらかじ》め仏意を知り若《なんじ》忘れず仏辺に在て仏に侍《つか》たてまつる」とある如き異同あり。「予」が「縁」となり「若《なんじ》」が「若《もし》」と読まれ、「忘」が「妄」となっている。

しかれば則ち…(一七13)　は六句をもって、上の経証により大経開顕の本願名号の教法が釈尊出世本懐の最も勝れた時代に適した教法であることを讃歎するのである。初めの四句は大経の意により、「十方称讃」等は小経(阿弥陀経)の意により、「時機純熟」等は観経の意によったともみられる。

諸仏称名の願　浄土真実の行　選択本願の行(二〇1)　なる標挙は、坂東本の場合、西本願寺本・高田専修寺本などと同様に、「顕浄土真実行文類二」なる題号の前に位置せしめるも、六要鈔の所釈本が示すように、叙述の体裁《ていさい》、意味内容よりは、題号の後、本文の前に位置せしめることが、より整備された型《かた》であろう。信巻以下の場合も同様にみられる。大経に説き詮《あらわ》されている本願・名号が具体的に諸仏の称揚となり、衆生の称名念仏となっている実態が往生浄土の真実行であるとの意向を標示するのである。

謹んで往相の…(二一2)　は、真如海の活動である本願力名号が諸仏に称揚され、衆生の称名念仏となっている実態が大行であり、それが真実行であると示すのである。上の標挙で、「諸仏称名の願」と挙げて、「選択本願の行」等と細注する。この説明様式は坂東本の原本や高田専修寺本などの諸古写本によればかなりの変遷・書き加えがあって、親鸞腐心の説明であることが推測される。それは、第十七願の誓いにより諸仏の名号を咨嗟し称揚することが、そのまま選択本願なる第十八願の「乃至十念」なる衆生の称名念仏であることを釈示する意図に由来していると考えられる。しかも、今は「**大行とは則ち無碍光如来の名を称するなり**」と、衆生の称名をもって解釈される。この釈は、下の称名破満の自釈や、行・信両巻の論註讃嘆門下の釈を引用されることなどに顧みれば、論註下巻の讃嘆門下の釈に同致する説明の仕方である。しかるに論註は、その下で称名破満を明かすに名号破満をもって説明するのである。したがって、かような意向によれば、大行が衆生の称名念仏であることを釈する所には自から名号南無阿弥陀仏それ自体が本来大行として衆生の無明の暗《やみ》を破し成仏の志願を満足せしむることを意味されていると理解される。そこには、真如一実の宝海の具体的な救済の顕現活動の廻向態としての南無阿弥陀仏の名号それ自体が大行であることはもちろん、その名号が活動し躍動せしめられる諸仏称揚、さらに衆生の称名念仏に至るまで、真実行・大行であるとの主張も了解せしめられうるであろう。大行の大行としての根源性は名号にあり、選択本願海にあり、真如海にある。真如海が色もなく形もない自然法爾の本然態(法身)とすれば、光寿二無量の真仏土は本然態の具体的な顕現態(報身・浄土)というべく、名号は具体的な顕現態の直接的な救済活動態としての廻向態ともいいうるであろう。その廻向の活動態としての活動の実体が諸仏称名であり、選択本願の誓いに信順する衆生の称名念仏であり、真実行・大行とされるのである。行巻全体としては、かような意味内容の真実行が衆生の称名念仏を軸として汎く明かされることが注目される。

「**真如一実の功徳宝海**」は真実行の本質性・本質内容を示すもので、一念多念証文などに示す近似した釈文の理解も顧みられるが、そこには、彼の一乗海釈などに呼応して、親鸞独特の深い仏教理解の一端を閃(ひら)かすもののあることを注意しておきたい。

「**諸仏称揚の願**」等始めの三名は第十七願の誓いの文についての願名であり、法然などがすでに用いていたと推測されるが、次の「**往相廻向の願**」等の二名は、第十七願の誓いの意味内容よりつけた親鸞独特のものである。「**往相廻向**」は廻向態としての名号称揚をとくに誓っているとの意味よりつけ、「**選択称名**」は選択された称名すなわち第十八願選択本願の乃至十念の称名とならざるはない名号の咨嗟称揚を選択された願といったほどの意味であろう。浄土文類聚鈔に示す願名「往相正業の願」は、この後の二名の意味を含めて示される名称と理解される。往相廻向の正しき行業である称名とならざるはない名号の称揚を選び誓う願との意味である。

諸仏称名の願…(二一7)　は、大経およびその異訳などの十七願文などを引用して、称揚され、聞かれ、称名となる南無阿弥陀仏の名号が衆生の一切の無明の暗を破し、悟らしめる大行であることを、明らかにするのである。この下の諸引用文全般として注意されることは、如何に阿弥陀仏の本願力名号それ自体の躍動力が自発的にその名声を限りなく称揚されて、一切の生きとし生けるものに聞信せしめられ、自らの歩みを運んで真実の救いを実現しようとされているか、といった意味と、その聞信せしめられる救済の対象が「貧窮」なるもの、「諸天人民蜎飛蠕動の類」「阿闍世王」なる「ただ五逆と誹謗正法とをば除く」のものにおかれ、次の信巻の見解と相応じて、如何に貧しく愚悪な修行不可能なものが救いの対象となっているか、といったことを力説される意向が窺われることである。貧しく愚悪なる第一人者は親鸞それ自身の上に見出されてくる。

如来会の法蔵菩薩重誓偈の引用文中、「心あるいは常行に堪へざらむものに施せむ。広く貧窮を済(す)ひてもろもろの苦を免(まぬ)れしめ、世間を利益して安楽ならしめむと」は、原文は「心或不《バ》下堪《ヘ》二常行《ノ》施《ニ》一　広済《ヒテ》二貧窮《ヲ》一免《レシメ》二諸苦《ヲ》一　利二益《シテ》世間《ヲ》一使《メ》中安楽《ナラ》上　不レ成《ラ》二救世之法王《ト》一」(大正蔵十一、九五頁)とあり、「心或は常行の施に堪へ　広く貧窮を済ひて諸苦を免れしめ世間を利益して安楽なら使(し)め不(ず)ば救世の法王と成(な)らず」と読むべきで、「心」は法蔵菩薩の「心」である。今は改点して、救われる衆生の「心」とされ、修行(常行)不可能な貧窮の凡夫救済の意味を力説される意向がみられる。

また**平等覚経の偈文**の「いまし還(か)りてこの正法を聞く」(二一四頁)は、この下、化巻本(二〇六頁)にも引用するのであるが、現行本の原文は「乃《シ》逮《オヨベリ》レ聞《クニ》二此《ノ》正法《ヲ》一」(大正蔵一二、二八八頁)、「いましこの正法を聞くに逮(およ)べり」とある。行巻では、坂東真蹟本「還」を「逮」とする如きも、化巻では、「還」とする。西本願寺古写本はまた「還」とする。

しかして、引用文は、正依の**無量寿経**および異訳の**如来会**では第十七願文や同願成就文、重誓偈文などが主として引かれるが、**大阿弥陀経・平等覚経**では無量寿経の第十七・十八両願合誓に当たる文が引かれ、無量寿経の「**其《ノ》仏本願力**」文と終わりの**悲華経**の正依第十八願に当たる文などと相まって、本願力の躍動が、諸仏の称揚称名となり、逆悪なる衆生に聞信されその称名となって、それが、**称名破満釈**に示す如き衆生の一切の無明煩悩を破し、衆生の成仏の志願を満足せしめる称名破満の念仏・南無阿弥陀仏の大行となることを強調するのである。

十住毗婆沙論に曰く…(二五3)　は、竜樹・天親・曇鸞・道綽・善導・源信・法然等の伝統を中心に、あまねく日・韓・支にわたる浄土教関係の諸論釈文を引き、念仏が最も勝れて修し易い願行具足した信の一念に往生決定し必ず証悟に至らしめる他力廻向の大行であることを説くのである。この下で、竜樹の**十住論**では、入初地品・地相品・浄地品・易行品等の文を引いて、念仏が、阿弥陀仏の本願に誓われた第一希有の大行として、念仏者を自然に必ず仏になるべく決定づける初歓喜地に等しい地位とする信方便易行の道であることを明らかにし、天親の**浄土論**を引いては、念仏の大行が大乗仏教相応の自利利他具足する本願力救済の行であることを証明し、曇鸞の**論註**を引いては、竜樹・天親二祖の意向を承けて、念仏が、大乗仏教の因縁生無生なる法性の真理にかなった往還二廻向具足する仏願力他力廻向の大乗無上の易行の道なることを力説するのである。**十住論**の文中「一毛を以て百分となして、一分の毛を以て大海の水を分かち取るがごときは、二三渧の苦すでに滅せむがごとし。大海の水は余のいまだ滅せざるもののごとし。…心大きに歓喜せむ」は、原文は「如下以二一毛一為二百分一、以三一分毛二分中取大海水、若二三渧上。苦已滅者如二大海水一。余未レ滅者如二二三渧一。心大歓喜」(大正蔵二六、一一五頁)とあり、「一毛を以て百分と為し、一分の毛を以て大海水の若(も)しは二三渧を分かち取るが如し。苦已に滅せむ者大海水の如し。余の未だ滅せざる者、二三渧の如し。心大いに歓喜す」と読むべきであろう。原文では苦が已(す)に滅すること大海の水の如し、の意味となり、親鸞の読み方では、苦の未だ滅しない者が大海水の如し、の意味となる。それは念仏者の初歓喜地といわれる境地についての親鸞の主体的な読み方ともみなされうる。**論註**の文につき、「帰命」の「命」の字に「使也教也」等頭註するのは、命がすべて仏の「使令」であり「教命」であり、「本願の大道」であり、「音信」であり、「計策」であり、「召喚」であることを説明するのである。下の六字釈参照。また「称」の字についての「銓(はかり)也」等の頭註は、正直に、ありのままに、私のはからいをまじえてない意味である。道綽の**安楽集**の四文は念仏が一切の諸悪・一切の悪魔・貪(むさぼ)り・瞋(いか)り・愚痴等の一切の諸障を改変し、生老病死の苦悩を超えしめる絶対的価値(大利)をもつ行業なることを強調するのである。

光明寺の和尚善導については十文を引くのであるが、最初の**往生礼讃**の五文は、念仏は、阿弥陀仏が特別に第十八の深重の誓願を発して誓い成就される重罪の悪人を、その光明名号をもって摂化し、信ぜしめ称せしめるばかりで仏願力によって浄土に往生さすという易行であることを証明し、次の**観経疏玄義分**の二文、**観念法門**の二文は、念仏が弘願第十八願の誓いの成就される大願業力躍動の行として、その体南無阿弥陀仏に浄土往生の願も行も具足して、必ず善悪の凡夫を願力で摂取し往生せしめる勝れた行であることを明らかにし、最後に**般舟讃**の文を引き、それが、弥陀・釈迦二尊の巧みなはからいにより一声で滅罪して真如界に転入さす勝れて修し易い行業であることを力説するのである。しかして、特に南無阿弥陀仏の**六字釈**を善導の釈によって展開して、玄義分の釈では、南無の釈としての帰命と発願廻向は衆生の阿弥陀仏に帰命し発願廻向する意味であったのを、帰命については仏が衆生に帰命信順をよびかける仏の招喚の勅命であると転釈し、発願廻向も仏が発願して衆生の行を廻施される大慈悲心であると転釈し、阿弥陀仏行を選択本願と釈して第十八願の誓いの乃至十念の称名行となっている名号本願力行であるとの意味を説き示し、もって、南無阿弥陀仏の六字が全く仏の救済をよびかけ、自から歩みを運んで救いを実行しつつある本願力救済活動態であることを強調するのである。南無阿弥陀仏の本願力名号が衆生を仏ならしめる願行を全く完全にもちきるという意味である。「教行信証」よりは後の作と推測される尊号真像銘文には、玄義分の六字釈それ自体の意味に従いつつ、南無阿弥陀仏の六字は衆生が阿弥陀仏選択本願力に全く帰命し信順して往生を願う信心のすがたとして説明されている。親鸞では、南無阿弥陀仏は六字そのままが仏の救う道(本願力名号救済の法)であると同時に衆生の救われる道(信心=救われる機)として、それは救いの唯一絶対道(機法一体の南無阿弥陀仏)たらしめられるのである。かようにして、南無阿弥陀仏の本願力名号の絶対的願行具足の救済活動力が活動するゆえ、その活動する所には必ず衆生の聞信があらしめられ、それゆえに、そこには必ず浄土往生の真実の正因が決定され、必ず仏となる不退の位を得せしめられるのであって、不退転の位は、衆生のはからいを超絶する聞信の初一念にあり、そのことを大経の十八願成就文には即得往生と言い、十住論には自帰即入必定と、「**即得**」「**必定**」の言葉をもって説き示すというのである。

法照(—八三頃)の**五会法事讃文**以下新羅の**憬興**(六八一頃)の述文賛、**元照**(一〇四八—一一一六)の観経疏文等に及ぶのであるが、法照は特に後善導の意味で引き(唯信鈔文意参照)、憬興より元照さらに**飛錫**(七六八頃)に至る浄土教関係諸師の釈文は法照に続き、よってもって善導の念仏義を充塞し、日本の源信(—一〇一九)・法然(—一二一二)に展開され親鸞に至る意味で引証されていると考えられる。後に出す正信念仏偈、あるいは和讃・二門偈などにみられる竜樹・天親等と配列する七祖伝統観によれば、かような理解を深くせざるを得ない。しかし、憬興等以下の諸師の諸文は必ずしも歴史的な厳密な配列にはなっていないが、法照より飛錫・慈雲(九六四—一〇三二)・元照・用欽(一二四一頃)・戒度(一一八九頃)に及び宗暁(一一五一—一二一四)の**楽邦文類**に至る中唐より南宋にわたっての浄土教関係諸師の引用は、親鸞の念仏実践への中国の浄土教思想の直接的な歴史的背景を物語るものとして興味深い。そこには、親鸞自らも物語るように、天台・律・三論・法相・禅系の人など仏教各宗の念仏者を出すのであるが、中唐ころ以降の禅浄律一致的な傾向、台浄律一致的な実践傾向をもつ中国浄土教思想を、日本の源信・法然の念仏の伝統の中に歴史的に直接受けとめる親鸞の念仏の意義内容の特殊性を顧みたい。しかも特に、法照の五会(えこ)法事讃に示す五会(えこ)念仏は日本天台の円仁(七九四—八六四)によって常行堂の念仏として取り入れられ、さらに不断念仏・山の念仏として展開され、源信・法然・親鸞などへの伝承が結果されたことをさらに顧慮する場合、竜樹・天親・曇鸞・道綽・善導への念仏の伝統への回顧とともに、この法照以後の念仏の伝統の親鸞の念仏の実践内容に対してもつ歴史的意義は多大である。また法照・飛錫・慈雲・元照・用欽・戒度・宗暁など天台関係者の多いことも注意しておきたい。

引用の法照の**五会法事讃文**は、その大半を文暦二(一二三五)年親鸞(六十三歳)書写の平かな唯信鈔(高田専修寺真蹟本)の紙背の「見聞集」と題するものに記する所で、その一部を同門なる聖覚(一一六七—一二三五)の唯信鈔に引用し、すでに師法然の選択集(第三・十四章)に引き、その自著唯信鈔文意にも釈示する所であるが、念仏が無上の勝れた実践法であり、貧富・智愚を問わずあらゆる人々が平等に易く修しうる行であることを証明するのである。憬興の**述文賛**は十文のうち、始めの三文は念仏の法体南無阿弥陀仏の証りの成就が衆生を往生成仏せしめることを内容として完成されておることを示し、後六文は、然るゆえ、西方浄土は、弥陀・釈迦二尊の善巧によって、聞名不退転位に至り、念仏するところ、自然に本願力により往生しうる往(ゅ)き易い国土であることを証明するのである。**楽邦文類**による張掄の文、本拠不明の**慶文**の文、**元照**の観経疏五文(**慈雲**の往生浄土懺願儀序の文、往生浄土決疑行願門二文を含む)、小経疏三文、**戒度**・**用欽**の文、**嘉祥**の観経疏、**法位**の大経疏文、**飛錫**の念仏三昧法王論の文など、これらの諸文は、相まって念仏行は、大乗仏教の実相真如、縁起因縁性、空を悟られた大慈悲智慧願海により成就された不可思議功徳の名号本願力の躍動せしめられる勝れた行なるゆえ、賢者たると愚者たると、出家者たると俗人たると、罪の軽重を問わず、各人に平等に実行され易く、平生より臨終にわたって一切の罪障・魔事を排除し滅して無量の功徳を得せしめる完全円満なる唯一絶対の行である、と念仏行の勝れて易なる行であることを明らかにするのである。

源信の**往生要集**の四文は、念仏行が万人に等しく実践され、第十八願に特別に誓う極重悪人の救われる唯一の実践で無上の功徳をもつものであることを証明し、最後に、法然の**選択集**では、以上の諸経論釈の意向を総括して、称名念仏行南無阿弥陀仏が弥陀の選択し本願に誓われた浄土往生を正しく決定する行業であることを力説するのである。

「**明かに知んぬ**」等以下は、直接的には今の法然の説くところを承けつつ、祖釈文全体を顧みて、かように念仏行は、師法然の示し、浄土教伝統の諸祖の明かされるように、如来選択の本願に帰依する名号の躍動態なるゆえ、それは、凡聖自力の行に非ず、如来廻向の行である、と説いて、選択の願海への帰依、念仏の実践を勧めるのである。しかしてさらに、「**しかれば**」等以下においては、特に十住論・論註・礼讃などの引用を顧みて、真実の念仏の実践者は本願力他力に摂取されるゆえ初歓喜地に等しく、必ず仏になるべく決定づけられた正定聚の人であると示し、また善導の礼讃などに示すように、それは、本願力他力によって光明の悲母となり名号の慈父となって、内外の因縁により信ぜしめられ念仏せしめられて救われてゆく者にほかならない、と讃述するのである。

おほよそ往相回向の…(五四11)　は、称名が無上の価値をもつゆえ、数の多少にかかわらない絶対易行としての大行であることを力説するのである。初めに行の一念を「**選択易行の至極を顕開す**」と示すのは、大経(**大本**)の終わりに説き示す弥勒に付属される乃至一念得大利の意味によれば、乃至一念の称名の一声に無上大利の功徳を得せしめられるというゆえ、そこには、選択本願に誓われる乃至十念の称名念仏行が易行であって、その称名行の初めの一声(行の一念)に仏となるべき無上の功徳を得せしめられるということは称名の初一声(行の一念)が易行であるということの至極の意味を顕わされているというのである。そして、初一声より二声・三声と続けられる、一声・一声が無上の価値をもつということになれば、称名の一声と十声と内容価値が違うわけではなく、さらに十声でも一声でもいずれも無上絶対の仏となるべき価値をもつということは、衆生の称名の力とか、信じた力とかがその価値の決定にはかかわらず、価値の決定は仏願力にのみあることを意味するわけである。その意味では、如来の本願の誓いのいわれを聞信して本願力の絶対の救いに信順せしめられる聞信の一念に、仏となるべく仏願力により決定づけられるということにもなる。したがって、かような意味で、善導の礼讃には、第十八願の文について、「**名号を称すること下至十声聞等に及ぶまで、定んで往生を得しむ**」と釈示して、第十八願の乃至十念の誓いの乃至が多ければ百声・九十声より乃至十声でも九声でも二声でも初一声でもさらには聞信の一念でも、定んで浄土に往生し仏となるとの意味を明らかにされていると引証するのである。そこで、善導の解釈によれば本願の「**乃至**」は多声より少声なる一声に、さらに聞に至るという「**下至**」の意味であり、またそこには、一声でも多声でもよいという「**一多包容**」の意味が含められていると釈示するのである、いずれにせよ、称名念仏行は、仏となるべき願行具足の本願力名号南無阿弥陀仏の躍動する行業として、数の多少にかかわらない選択本願に誓われた絶対易行としての至極としての大行なのである、といった、かような意味のことを力説されるのである。このような意味で、真実の称名念仏行のある所には必ずすでに真実の信心があるというべく、行と信とは常に不離である等の意味を示すべく「**専心**(信)**専念**(行)」等の文を善導により引かれており、またいま「**行の一念**」に対応して「**信の一念**」を出し、「**往相回向の行信**」として最初に出される意味も理解されてくる。かような理解は師法然の選択集の第三本願章・第五利益章などの意句を承けるものと考えられることを注意しておきたい。乃至の釈は一念多念証文や浄土文類聚鈔などを参照されたく、行信不離の理解については末燈鈔第十一章(覚信宛て)などを参考にされたい。

「**しかれば大悲の願船**」等は、本願力名号の躍動する念仏大行の徳を、行一念釈の結びとして讃述するのである。現世においては多くの禍の波を転じ、証(さと)りを得れば直ちに還相救済の活動を展開するというのである。「**安楽集に云く**」等は、称名念仏の実践は一念・十念といった数にかかわらないことを証明するのである。

これ乃ち真実の…(五六1)　は、四句をもって念仏・名号が大行として勝れた行であることを讃嘆する結びの語とするのである。**円融真妙の正法**という円融の語は総序に「円融至徳の嘉号」と示し、この次に「円融満足」と説き、信巻の始めに「極速円融の白道」などと示すように、よく用いられる言葉であるが、一念多念証文に「円融トマウスハ　ヨロツノ功徳善根ミチ〳〵テ　カクルコトナシ　自在ナルコヽロナリ」と明かされる如き説明以外には余り説明がない。しかし、この行巻によく引用された元照の観経疏などにも用いている所で、そこには親鸞独特の信仰の哲理が潜(ひそ)められていることを注意しておきたい。その用語が天台教学で用いる三諦円融等の理念に関係するところが多いと推測されることは、いうまでもないであろう。

他力と言ふは…(五六3)　は、念仏の大行が、本願力であり、絶対不二の誓願一仏乗海であることを強調して、その本質的意義を明らかにするのである。「**他力と言ふは**」以下が他力釈であり、「**一乗海と言ふは**」以下が一乗海釈であるが、いずれも先の行一念釈の前に、阿弥陀仏を「他力と曰ふ」と出し、また、その釈下で「一乗真実の利益なり」との説明を出すのを承けて、この両釈が展開されてくると理解される。「**他力と言ふは、如来の本願力なり**」と釈して、論註を引き証明することが、行巻全体に明かされる行すなわち念仏の大行が本質的に南無阿弥陀仏として躍動する本願力であり、他力である以外の何物でもないことを解明するとともに、さらに、**一乗海釈**を展開して、一乗が大乗であり仏乗であり、涅槃・究竟法身を得る、第一義乗誓願一仏乗であることを明らかにして、涅槃経・華厳経・論註などを引用して、その意味を証明することは、念仏の大行が他力であり本願力であるということの真に根源的な本質的意義内容を明らかにすることによって、その絶対唯一性を強調するものとして注意したい。

「他力と言ふは、如来の本願力なり」と説明する下に引証する論註の阿耨多羅三藐三菩提釈の文意によって、すでに、華厳経などにより、本願力他力の本質が生死を出離する一無碍道であり、生死即涅槃なりと知る入不二無碍の法門であることを示唆するのであるが、**一乗海釈**に至るや、かような意向を承けて、**「一乗」**が究竟法身の涅槃であり、第一義乗・誓願一仏乗なる絶対他力不二の救済海なることを力説し、それを証明するのに、涅槃経の実諦・一道清浄・一切衆生悉有仏性・非一非非一等の経説や華厳経の唯一法・一道・一法身・一心・一智慧と説く文などを引用し、さらに、一乗海の**「海」**を説明して、「久遠よりこのかた、凡聖所修の雑修雑善の川水を転じ、逆謗闡提恒沙無明の海水を転じて、本願大悲智慧真実…大宝海水となる」と、自力の修善者・極悪者の起死回生の転成釈を展開し、さらに「煩悩の氷とけて功徳の水となる」との経説などを引証するのである。そこには、後の証巻・真仏土巻などに涅槃経や論註、善導の注疏などを引いて、証・真仏土の本質的な意義を明らかにするのに相応じて、他力本願力が証・真仏土の躍動する一乗絶対他力救済界なる誓願一仏乗であるとの本義を明らかにするとともに、さらに、それが生死即涅槃とか煩悩即菩提とかいった内容で示されてくる大乗仏教的な根本理念を本質とする絶対唯一の救済の躍動力であることを示される意向が理解される。

従って、かような意向をもって、次に、**「教に就いて」**四十八対を示して、「本願一乗海を按ずるに、円融満足極速無碍絶対不二の教なり」等の釈を出し、さらに「弘誓一乗海は無碍無辺最勝深妙…不可思議の至徳を成就したまへり」等と述べ、二十八喩をもって歎釈し、また終わりに、「よく愚痴海を竭(かわ)かして、よく願海に流入せしむ(往相廻向)。一切智船に乗ぜしめてもろもろの群生海に浮ぶ(還相廻向)」、等といった往相(自利)廻向に即する還相(利他)廻向なる自利即利他の救済展開を物語るわけで、よってもって、そこには念仏の大行が、本質的には、本願力であり誓願一仏乗海であり、さらに大乗仏教的な実践的根本理念(相依相成・無我・縁起・因縁生の理念)に立つ唯一無二の実践道であるという主張を了解せしめられうるであろう。なお、「一乗海」の用語は、後に引証する善導の観経疏玄義分の「頓教一乗海」の用語によられたのであろうが、「一乗」の説明下の自釈はほとんどその説明用語が勝鬘経の一乗章(大正蔵一二、二二〇頁)のことばと等しいことが注意される。その絶対性強調の意味では、法華経方便品(大正蔵九、七―八頁)の主張や用語も顧みられる(一五頁九行補注参照)。

おほよそ誓願について…(六四3)　は、行巻の最後に至り、信巻を別開するに当たって、特に**正信念仏偈**をおき、一実真如海の活動態である本願力名号の具体的な顕われとしての行(念仏)・信(信心)の要義を三経七祖の伝統を通じて讃述するのである。いま、**「真実の行信」**は前の福智蔵をうけて第十八願の行信の意味であり、**「方便の行信」**は前の方便蔵をうけて第十九願・二十願の方便仮の行信を示すのである。方便仮の行信は下の第六化身土巻に明かされるところである。したがって、今は第六化巻に明かされる方便仮の第十九・二十願の行信の実践を中心とする仮方便の教に応対して、それを簡(えら)び、真実の第十八願の行信の実践を中心とする教の意味を明らかにするという意向の書き出しである。しかして、**「真実の行の願は諸仏称名の願なり」**は第十七願を標示する行巻、**「真実の信の願は至心信楽の願なり」**は第十八願を標示する信巻を意味し、その行・信両巻の内容につき**「これ乃ち選択本願の行信なり」**と示して、第十八願の誓いの行信が行・信両巻に明かすところだと明示するのである。しかして、**「往生は則ち難思議往生なり」**と示して、かような真実の行信により得るのが第十一願を標示して明かす証巻の難思議往生の証果(第二十二願による還相廻向を含む)であるとし、**「仏土は則ち報仏報土なり」**と示して、その証果の場は、第十二・十三願を標示して明かす真仏土巻の光明無量、寿命無量の真実の浄土なのであると示すのである。かくして、**「これ乃ち誓願不可思議一実真如海なり」**等と明かして、選択本願なる第十八願の行信の実践を中心にみられ開かれてくる第十七願行巻・第十八願信巻・第十一願証巻・第十二・十三願真仏土巻の五願による行・信・証・真仏土の内容は真如一乗実相絶対真如海の躍動し、そこより展開されてくるものにほかならず、その全体が教巻に示す「**大無量寿経の宗致**」であり、「**他力真宗の正意**」にほかならないと結論づけるのである。大無量寿経の宗致は教巻に明かすように本願(第十八願)であり名号にほかならないわけで、結局、一乗絶対真如海の救済活動が第十八願力なる本願力名号として打ち出され、その展開が五願の開示となり、教・行・信・証・真仏土巻の往還二廻向の内容(教巻は第十七願諸仏称揚より開く)が開かれ、絶対他力救済の真宗の正意はこれ以外にないと示すのである。したがってこの一段は、第六化巻に簡《えら》ばれる前真実五巻の内容を真宗の正意と明示して、浄土真宗の大綱を五願開示によって明らかにし、しかも、その全体が方便仮の行信に対応される第十八願の誓いの真実の行信の実践を中心に明かされていることが知られる。その真実の行(念仏)・信(信心)が本願力名号行の具体的な活動の顕われにほかならないゆえ、この行巻の終わりにおいて、以上のようなことを論述し、さらに「**ここを以て知恩報徳のために**」等と述べて、かような本願力他力による称名念仏の実践のよろこびと感謝の中に知恩報徳の念《おもい》より、三経(「大経の真言」)、七祖(「大祖の解釈」)の伝統を通じて、正信念仏偈を作り、真実の行信の要義を明らかにするというのである。

「**正信念仏偈**」は六十行百二十句よりなり、最初の二十二行四十四句は三経とくに大経により論述する依《ル》ㇾ経《ニ》段であり、後の三十八行七十六句は七高僧につき論述する依《ル》ㇾ釈《ニ》段である。その依経段の中心、最初の「帰命」等の二句は総論であり、後の四十二句は別論であるが、「法蔵」等の十八句は弥陀の因位発願と果上の摂化(普放等)とを明かすのであり、「如来」等二十四句は釈尊の教説の意味を明らかにするのである。次の依釈段の中で、最初の「釈尊」等の四句は、七祖についての総論であり、後の七十二句は別論である。その別論のうち、「釈迦」等十二句は竜樹章であり、次の「天親」等十二句は天親章であり、さらに「本師」等十二句は曇鸞章である。しかして、「道綽」等八句は道綽章、「善導」等八句は善導章、「源信」等八句は源信章、「本師」等八句は源空章である。かくして、最後に「弘経」等四句は、最初の「帰命」等二句に相応じて、三経七祖の教えにより正信念仏すべく勧め結ぶ結論である。かようにして、この正信念仏偈は、本願力名号の絶対他力救済に全く信順し任《まか》せて、報謝のよろこびの念仏に精進すべく、正信念仏の実践的意義を論じ明らかにするのである。詳細は日本古典文学大系の『親鸞集』を参照されたい。

それおもんみれば…(七一3)　は、本書の最初に出す序を、本書全体の序として総序とみるのに応対して、信巻に特別に附する別序とも見なされるべきものである。この下では、法然伝統の念仏行(称名)の実践の要諦が如来選択の願心より起こさしめられる他力廻向の信の裏づけにこそ求められるべきことを強調し、宗教一般とくに仏教的・浄土教的な実践全体の受けとめの要点が他力廻向の信の実践に帰着せしめられることを力説する意味で、特別に序を置かれたと考えられる。「**末代の道俗、近世の宗師**」と当時の出家・在家の人々を特に名ざして、それらの人々が「**自性唯心に沈みて**」等と記して、自己の心性の上にただちに証《さと》りを見出すごとき聖道門自力仏教的な実践や、「**定散の自心に迷ふて**」などと述べる浄土門内の自力的な実践にとどまるごとき立場に対応して、浄土門他力廻向の念仏の実践の究極点としての他力廻向の信の立場を強調力説するのである。したがって、それは下の化巻全体の所顕、とくにその本巻の聖道門や浄土門内の要門・真門の実践に応対せしめられる意向が強い。「**末代の道俗、近世の宗師**」と指示する点は、化巻(末)終わりの後書きの『諸寺の釈門、教に昏《くら》くして真仮の門戸を知らず」とか「興福寺の学徒…奏達す」等と述べる記述や、化巻(本)要真二門下に「濁世の道俗」(一九三‐二〇五頁)等とよび、聖道門下に「末代の道俗」(二一五頁)、「今の時の道俗」(二一七頁)と述べ、元仁元(一二二四)年に至る仏滅年代を明らかにして末法時代を強調する、かような全巻にわたる歴史的な現実性強調の底流に対応する記述であることを注意したい。「**如来選択の願心**……**大聖矜哀**《こうあい》」等と述べる弥陀如来と大聖釈尊との二尊救済観は、上の教巻や下の信巻の善導観経疏二河譬の特別の関心などに注意すれば、親鸞の一貫した信仰うけとめの態度であることが了解される。「**三経の光沢を蒙りて、ことに一心の華文を開く**」等の記述が、信巻の三心一心問答を展開しこの信内容の具体的な解明を指すことは明らかであろう。それは化巻(本)の要門・真門下の信内容の解明と応対するものである。

この序文の前に坂東本では、後に信巻の終わりに出す涅槃経の「悉知義」因縁の文を別記するのであるが、それは、備忘のための記載か、悪臣の逆悪性を特別に述べるために記述したのか、明らかでない。また坂東本では、この信巻序以下の各巻で「愚禿釈親鸞集」なる撰号即ち著者名が出されることが注意される。

至心信楽の願　正定聚の機(七一11)　なる標挙は、記入の形式よりは題号・本文の前の袖書(そでかき)ともみられる記入で、各巻の標挙と同様に本文記述後の書入れかとも推測される。標挙の意味内容よりは下の第六化巻(本)の袖書「至心発願の願　邪定聚の機」・「至心回向の願　不定聚の機」に対応するもので、「至心発願の願」なる第十九願、「至心回向の願」なる第二十願の誓いに対して、唯今は「至心信楽の願」なる第十八願の至心信楽と示す信の誓いの意義を明らかにすることを直接的には標示されていることを注意したい。以上の別序に「定散の自心」と示されるものが第六化巻に明かす第十九・二十願の自力の信心と理解されるゆえ、かような別序の記述に即応して、唯今は十九・二十の自力の信に対して第十八願の他力の金剛の真信の意味内容を明らかにするとの意向を示し、さらに上の行巻の標挙に「諸仏称名の願　浄土真実の行　選択本願の行」と標示した「選択本願の行」なる第十八願に誓われる「乃至十念」の称名行(名号)にともない裏づけられる信であることをも自(おのずか)ら示されていることを注目しておきたい。「正定聚の機」は、かような他力の信を得る人は現実の人生において正しく仏(ぶつ)となるべく決定づけられるという、現世での利益を得ることを標示し、それは下の本文中に明らかにするのである。

謹んで往相の廻向を按ずるに、大信あり…(七二3)　は、まず、行巻の最初の記述に応対して、真実の行(願力・名号・称名)にともなう真実の信が真如海の活動する第十八願にとくに選択し誓われた大悲廻向の他力の大信であることを総括的に明らかにするのである。その中で、最初に「**長生不死の神方**」などと十二の歎名を以て大信の宗教的・救済的価値、本質的意義を明らかにし、次に「**この心即ちこれ念仏往生の願より出でたり**」等と示して、その信が第十八願に誓うところであることを述べ、最後に「**しかるに常没の凡愚**」等と明かして、この真実の信は自力によるかぎり得がたいということと、この信を得れば真理に叶(かな)い顚倒虚偽ならず大慶喜心を得るなどの無上の価値を得ることを歎述するのである。

十二歎名については、最初の「**長生不死の神方**」は宗教的な諸傾向一般に対し、「**忻浄厭穢の妙術**」は仏教界・浄土教界一般に応対して、真実の大信の実践的な価値を強調し、「**選択廻向の直心**」等四句は、大信が如来選択された他力廻向の真実心であることを力説し、「**心光摂護の一心**」等四句は、大信が現世・来世にわたって無上の利益を与えるものであることを説き、「極速円融の白道」等二句は、大信が真如界躍動のものであるという本質をもつものであることを明らかにするのである。「**世間難信**」「**易往無人**」等の句については、当時の宗教界の歴史的現実性を反映する意味がみられ、「**証大涅槃の真因**」はこの十二句中もっとも強調したい所であったかとも窺われる。

「**念仏往生の願**」と「**選択本願**」は法然より伝承する願名であり、「**本願三心の願**」等以下三名は親鸞の名づけるところである。親鸞の命名(めいめい)は第十八願が三心を誓い、至心信楽を誓い、往相廻向の他力の信心を誓うという意味を示して、第十八願の誓いが絶対他力の信心往生を誓う所にその主点があることを明らかにしている。この点、法然は選択集を中心に第十八願の誓いの主点は称名念仏往生にあることを明らかにして、念仏往生の願と名づけているのである。ここでは、特に、師法然の称名念仏往生の主張も如来選択の本願(第十八願)他力に絶対信順することであり、法然の称名念仏往生の主張がそのまま絶対他力信心往生にほかならないことを明らかにすべく、念仏往生の願名と信心往生の願名とを、如来の選択された本願なることを特に示す選択本願の願名とともに併記されたことが注目される。上述の行巻の正信偈前の文に「これ乃ち選択本願の行信なり」等と示して、第十八願を主軸として五願開示の意向を明かされた下の見解などにも対応して理解されたい(六四頁三行補注参照)。なお「本願」なる名称が、教行信証ではもちろん、現存の親鸞の著作ではほとんど第十八願の特名(四十八願の根本の願として)として用いられていることを注意したい。

至心信楽の本願の文、大経に言はく…(七二12)　は、大経および異訳如来会の第十八願文および成就文、東方偈の文、論註の文、善導の観経疏や礼讃の三心釈文、往生要集の文などを引用して、悪人・凡夫の救われる真実の大信の意義内容を明らかにする証明とするのである。この中で全般的に注目される点は、第十八願成就文について「至心に回向せしめたまへり」と改点する如く、善導の観経疏三心釈などに多くの改点を施し、化巻の引用に対応してしばしば省略などをなして、真実の信の他力廻向なることを強調力説することである。しかして、善導の観経疏三心釈を、二河譬などにまでわたって、全般的に引用して信自体の意義内容を具体的に解明しようとする意図も特に注目される。

大経や如来会の十八願文・同成就文の引証は、至心・信楽・欲生の三心の誓いが、唯除五逆等とまで示される五逆・誹謗正法の極悪人をこそ、如来の他力廻向の一念(一心)の浄信で救わずにはおかないとの誓意をもつことを明らかにしようとし、次の「**また言はく、法を聞きて**」等の大経東方偈や如来会の二文は、下の真仏弟子釈下の引証と呼応して、信を得る人が大慶喜心を得て仏の善き親友とされ、大威徳の者(ひと)とされ、諸の聖尊に重愛せられるといった如き大利益を得せしめられることを証明するのである。大経東方偈の文は「**また言はく、法を聞きて**」等として前引の如来会の文に同ずる如くであるが、そうでなく魏訳大経の文で、存覚の六要鈔が「上人幾(いくば)くならず帰寂の間、再治に及ばず」と、とくに注意する所である。**論註**の文は、その下巻の始めの讃嘆門の釈文で、次の**讃弥陀偈**の文とあいまって、真実の信が本願成就文の一念の浄信であり、浄土論に一心と示されるものなることを明らかにするとともに、それは行巻に「無碍光如来の名を称するなり」と示した念仏行に裏づけられ、それと不離なるものであることを明らかにするのである。しかしてさらに、その信が、如来は実相身(自利＝正覚)に即する為物身(利他＝往生)という衆生の往生に即して仏の正覚を成就されるという、いわれを信知する二知三信(淳心・一心・相続心)の一信心にほかならないことを説き示すのである。**観経疏**の三文は**礼讃**の一文とあいまって、真実なき五濁悪世の人々をどこまでも救わんとして得せしめられる信が三心の信心であって、その意はまったく迷いの世を離脱する縁なきものが仏願力により必ず浄土に往生し証(さと)らしめられることを深く確信せしめられる深心の一心のほかなく、その一心の所には仏願の誓いに順じて、選択集の第二章に示されるように、専念弥陀名号の称名を相続せしめられる、といったことを証明し、**往生要集**の二文は、真実の信の得られるところ、そこには、諸魔障(さ)えず、生死に没せず、煩悩悪業に破壊(はえ)されず、しかも常に大悲に照らし護られるといった如き無上の利益のあることを明かすのである。

かようにして、最後に「しかれば、もしは行もしは信」等と結んで、真実の行に伴なう真実の大信がまったく如来の他力廻向のものなることを高揚するのである。この結びは、前の行巻の初めに「謹んで往相の廻向を按ずるに、大行あり大信あり」と示すものと対応していることも注意したい。

問ふ、如来の本願すでに至心・信楽・欲生の誓を発したまへり…(八四13)　は、上の別序に「三経の光沢を蒙りて、ことに一心の華文を開く。しばらく疑問を至して遂に明証を出だす」と示す意向に応じて、第十八願の至心・信楽・欲生の三心の信の誓いの意義内容が如何なる意味であるかを、特に問答を設けて、字訓(中国的な文字をよみとく意味)により(字訓釈)、誓意それ自体のもつ宗教的な意味内容により(法義釈)、解明する一段であって、次の大信海釈や第十八願成就文による一念釈とともに、親鸞自身の信体験を具体的に打ち出す最も重要なところである。字訓釈によって解明する第一問答と、法義釈によって解明する第二問答との二問答により説明するのであるが、要は、至心・信楽・欲生の三心(観経の隠彰の意味での至誠心・深心・廻向発願心に当たる。化巻の釈下参照)は如来より廻向し発起せしめられるもので、天親の浄土論に説く「一心」、本願成就文の「信心(信)歓喜(楽)の一念」と示す信楽(深心)の一心のほかなく、それこそ如来の絶対他力の救いに全く疑いなくまかせて信順する信心のほかないということを明らかにする以外にはないのである。字訓釈が浄土論の一心と示す指示に関連して三心即一の意味を明らかにする意向が強く、法義釈が本願の誓意それ自体の内容を忖度(そんたく)することにより三心即一の意義を解明するものであることは、その内容の説明様式によれば明らかであろう。

「私に三心の字訓をうかがふに」等の字訓釈は、中国の辞典である**広韻**や**玉篇**などにより、文字の訓(よみとくこと)からその意義を拡充し、説明を展開されていることが推測されるが、至心を真実誠種の心とし、欲生を願楽覚知の心と説き、中間の信楽を真実誠満の心、欲願愛悦の心などと説明し、三心いずれも疑蓋無雑と示される如き意向によれば、三心は中間の信楽の一心に摂められ、それが全く他力に信順する無疑の一信心以外にないと明かされる意味は容易に窺いうるであろう。至心に真実誠種を語り、欲生に大悲廻向をみられる如き説明によれば、その無疑の信楽の一心が如来の真実大悲心を本質とすることなども、自から推測せしめられうるであろう。かような字訓釈による説明方式が、上(七二頁一二行補注)に言及した第十八願成就文などの改点により特殊の意味を明らかにしてゆくいわゆる転声釈と称される方式などとともに、日本天台伝統の解釈法で、それは、仏教体験を一般的な文字・文章の理解を超えて打ち出してゆこうとする理解法であると考えられることを注意しておきたい。化巻(本)の終わりに大智度論の「義に依りて語に依らず」等を引用される意向によれば、字訓釈・転声釈のごとき、かなり親鸞の意識的な説明理解の方式であったかとも推測される。

「また問ふ、字訓のごとき」等以下の法義釈は、至心・信楽・欲生の三心を、上引の善導の**観経疏**の深心釈の意向などを顧みることにより、三心おのおのについて、衆生に真実心なく(機無)、従って如来が大悲円融清浄真実心の至徳を成就して(円成)、煩悩悪業邪智の衆生海に廻施し(廻施)、得せしめられる心(成一)であることを力説し、しかるがゆえに、それは如来の大悲廻向の他力の救いの心に全く信順するという無疑の一心の信心を誓うもの以外にはないと強調することが注意される。したがって、結論的には字訓釈と帰一せしめられるのである。かようにして、そこには、仏に三心の成就あって、衆生に三心の領受ありとの意味を全般的に明かすのであるが、至心釈に仏の大智願海真実心成就を、欲生釈に大悲勅命廻向心成就を説き、信楽釈にその仏の悲智二徳をそのままに領受する衆生の信心を説き示すといった、いわゆる仏二生一といった意味あいのこともみられ、またさらに、行巻の六字釈などと照応せしめると、仏は至心智慧(阿弥陀仏行)・欲生心慈悲(発願廻向)をもって信楽(帰命)することを勅命して疑いなき大悲心を成就して救い(摂取)をよびつづけ、その仏の救い(摂取)の勅命のさけびの声に向かって、このもしく(楽)、疑いはれ(信)、信順して(信楽)、一心一向に心を至らし(至心)、浄土に生まれることを願う(欲生)一信心のほかないといった、仏二心(至・欲)、成一(信楽)→衆生一心(信楽)、摂二(至・欲)という仏三生三の意味あいも見られてくる。衆生の三心とする場合は至心は信楽の体(本質)であり、欲生は信楽の楽の意味あいを強く示す義別にほかならないのであって、三心の相状(すがたぶり)は信楽(このもしく疑いはれる)の一信心のほかないのであるとの意味などが詳しくみられる。また尊号真像銘文などには、至心は仏の真実心であり、信楽欲生は仏の真実心領受の心として、仏一生二とも見なされる釈を示されていることが顧みられる。しこうして、かような三心は、いずれにしても、本願力名号の真実に絶対信順する信心なるゆえ、真実至心の体(本質)は至徳の尊号名号であり、その名号を体(本質)とする至心を体とし本質とするのが信楽の相(すがた)であって、その信楽を体(本質)とする以外にないのが欲生の義別心で、三心の信心の体(本質)は名号本願力以外にないことなどが説明されるのである。

至心釈下には**大経**・**如来会**・**光明寺善導観経疏散善義文**がまず引かれるが、真実は仏にのみあって、仏の真実心中に願行成就して衆生に真実の功徳を得せしめるべく常に躍動しつづけられていることを明らかにするのである。善導の疏文は特に改点して、衆生の真実心を仏の真実心に読みかえられていることが注意される。しこうして、そこではさらに、善導疏文の「真実」等の説明に**涅槃経**の真実仏性の文を引用して、上の行巻の一乗海釈などの所顕と相応じて、真実の根源性が大乗仏教的真如空の理念に基礎づけられることを顧慮するのである。この下の涅槃経文の「実諦は」等の一文が高田専修寺蔵の親鸞の文暦二(一二三五)年書写の唯信鈔文の紙背に記する涅槃経文の中に出てくることを注意したい。次に信楽釈下では、**大経**の第十八願成就の信心歓喜の文、同**如来会**の一念浄信文等を引いて、信楽が衆生の信の一心であることをまず明らかにし、次に**涅槃経文**を引いて、その信こそが仏性であり、しかるがゆえに信は仏果実現の正因であり、しかも聞思し得道の人あることを具体的に受けとめる確信であることを明らかにし、華厳経の諸文を引用しては、信には、如来と等しく、一切の人間的疑惑心を断たれ、自利即利他の大慈悲心を得せしめられるといった無上の価値利益を与えられることを説き、最後に**論註の文**を引き、この信楽こそ、浄土論には如実修行相応と説き、一心と示したのであって、真実報仏土能入の正因である、といったことを明らかにして、もって三心即一の信楽・信心正因の意味を強調するのである。涅槃経の仏性をいう文のうち「二十五有にあたはず」は、現行原本は「二十五有を捨つることあたはず」(不レ能レ捨二二十五有一)とある。後に欲生心釈下では、**大経・如来会**の第十八願成就文の後半、**論註**の往還二廻向文、**善導疏**の廻向発願心釈文などを引き、しかもほとんど改点して、欲生心が全く荘厳仏土を源底とする如来の本願力大悲廻向心信順のところに起こさしめられるものなることを力説するのである。光明寺善導疏の廻向発願心釈文のうち「回向発願して生るるものは」は、現行本は「廻向発願して願生するものは」(廻向発願願生者)となる。上引の善導観経疏三心釈文全引の下も同様である。この下の諸引用文で衆生の廻向を全面的に仏の廻向に読みかえられている点は注目すべき点である。

「**真《まこと》に知んぬ、二河の譬喩の中に**」等は、善導疏に準じて欲生心釈下に二河譬の説明をおかれたと推測されるが、上の三心釈全体にもかかわって、上述の信心が本願力廻向の唯一絶対の、絶望的苦悩海にありながらその苦悩海を乗り切らす真実道であることを力説するのである。善導の観経疏の**玄義分・序分義・定善義**の引用は、この他力の信こそ苦悩突破の唯一の金剛の如く堅固な信心であることを証明するのである。

「**信《まこと》に知んぬ、至心・信楽・欲生、その言、異なりといへども**」等は、以上の第十八願自体の誓意についての三心の説明を全体的に結んで、三心は無疑の一心であり、金剛心、真実の信心であって、第十八願の誓いにより名号願力全領の信には必ず乃至十念の称名(名号)を自《おのず》から称えしめられると示すのである。しこうして、称名(名号)には必ずしも願力廻向の信心が具しないと説き、下の化巻の真門下に明かすような他力廻向の信心のない自力の称名の場合を対比して、かような場合でない、他力の称名の自然に必具する他力の信を今三心即一の真実信心とすることを反顕するのである。そこには法然伝統の専修称名の実践には、かような他力廻向の信の裏づけられることを強調しようとする意向が窺われる。この下、末燈鈔第十二章、覚如の本願鈔等参照されたい。かくして、「**論主**」等と明かして、かような他力の信を**浄土論**では一心と示し、かかる信のある称名を如実修行と示すというのである。

おほよそ大信海を按ずれば…(九五4) は、大信海釈・大菩提心釈を展開して、上述のような他力廻向の信の絶対平等救済性や大乗仏教的な本質的意義を強調力説するのである。大信海釈は「**貴賤・緇素を簡《えら》ばず**」等と示して、信の絶対平等救済性を力説し、大菩提心釈は「**しかるに菩提心について二種あり**」等と示して、竪超・竪出(聖道門、竪超は天台顕教・真言密教・禅等の現実に直ちに覚りをみてゆく頓教、竪出は修行し漸次覚ってゆくことを説く法相・三論など)・横出・横超(浄土門、横出は浄土門中の自力にとどまるもの、下の化巻に明かす、要門自力諸行や真門自力念仏の実践門)などと相対比較し、他力の信がよこさまに迷いをこえるという絶対他力の横超の大菩提心であり、しかるがゆえに、それは願作仏心(自利)、度衆生心(利他)なる自利即利他なる大乗仏教的大菩提心としての本質性をもつものなることを強調するのである。大信海釈の絶対平等救済性も大乗仏教的な自利即利他性実現の本義より出されてくるもので、この両釈はあいまって、他力の信の大乗仏教的な本義を打ち出すものと理解される。それは上に「真如一実の信海」と示し、信心仏性義を語られる意向などと相応ずるものと考えられる。大信海釈には末燈鈔一、二十二章、御消息集(略本)三章等を、大菩提心釈には愚禿鈔の二雙(にそう)(超と出)、四重(竪超・横超・竪出・横出)判などを参照されたい。大菩提心釈の主張が高弁の摧邪輪の主張に応対するかとも推測されることも考慮すべきであろう。

論註の引用は、信が願作仏心(自利)、度衆生心(利他)なる自利即利他の大菩提心たりうるものであって、しかも如来廻向のものであることを明らかにするのである。廻向の釈は、改点して、願生者の廻向を如来の廻向とされている。**元照**の阿弥陀義疏などの諸文等は、他力の信が絶対平等救済性のものとして、如何なる悪人凡夫も仏たらしめる世間難信なる無上の浄土門の法であることを明らかにするのである。元照疏の文はすでに早く親鸞自筆の観経弥陀経集註の終わりに抜書する所として注意される。戒度の**聞持記**は、親鸞にとっては、一二一七年刊行の新刊書である。その聞持記の文として引用する「阿弥陀如来は……不可思議光」は現行のものにはない。**楽邦文類**の善月の後序の文中、「因《テ》二得《ニ》一以《テ》言《フ》レ之《ヲ》」(得るに因(よ)りて以(も)って之(これ)を言(い)ふ)は、原文は「因《テ》得二以《テ》言《フコトヲ》レ　之《ヲ》」(因りて以て之を言ふことを得)と読むのが一般的であろう。

悪人(九七8)　ここに「悪人」が「屠沽下類」の注の中に用いられていることに着目し、親鸞の悪人正機説の社会的基礎として商人を挙げる見解(赤松俊秀)があるが、ほかに、殺人を業とする武士が中世では「悪人」の典型と目せられていたことに基づき、悪人正機説が東国下級武士の体験を媒介として形成されたとする見解(家永三郎)もある。しかし、中世の「悪」が、生業に基づく行為についての価値判断よりも、そのような生業を余儀なくされる宿業のもたらすところと意識されていたという指摘があり(田村圓澄)、また、親鸞の東国における門弟との関係に徴し、最も苦しい宿業をになう耕作農民を悪人正機説の社会的基盤と考える(二葉憲香・笠原一男・重松明久等)のが妥当であろう。ただし、親鸞における「悪人」は、化身土巻の「悪人往生の機」の箇所(一九四頁)に説かれているとおり、「仏滅後諸衆生」の総体を指すもので、具体的には耕作農民に親近せしめて使用されているという(古田武彦)のが、いっそう精密な解釈であり、したがって、親鸞の「悪人」が、具体的には当時の歴史的条件下の被抑圧身分層を媒介として形成せられながらも、究極において人間存在の本質的否定相を表現しているという理解(家永三郎)も成立しうるのではないか。一九四頁四行・七行補注参照。(家永)

それ真実の信楽を按ずるに、信楽に一念あり…(九七18)　は、上の第三問答の法義釈において、第十八願の三心の誓いそれ自体の意義につき、大信海釈などとあいまって解明されてきたのに応じて、さらに第十八願の成就文につき、三心即一の信楽なる信一念の意義を明らかにするのである。まず総括的に説明して「**時剋の極促**」等と示し、信の一念が如来の絶対真実他力海に帰入せしめられる極めてきりつめた短い時間の広大難思といった絶対的な歓喜の心であることを明らかにし、次に正しく「**ここを以て大経に言(のたま)はく**」と第十八願の成就文を引き、改点して「**信心歓喜せむこと乃至一念せむ、至心に廻向したまへり**」等と読み、信一念が如来の至心廻向による聞名信心(信)・歓喜(楽)の一念であって、その一念に浄土に往生し仏になるべく決定づけられる(不退転)ことを確証するのである。この下は行巻の六字釈の「必得往生」の説明の下を顧み理解されたい。しかして、**如来会**成就文を引いて、一念が信心歓喜であることを、また大経や如来会の**東方偈**の文を引いて、信一念が仏願力による聞名の一念であることを、明らかにし、さらに**涅槃経**を引き、その聞信は半信半疑であったり、十分に納得(なつとく)して人に説き示されなかったり、議論や、他人に勝れ自己の利益のみのためにするような、いわゆる聞不具足のものでないことを明らかにするのである。**光明寺善導疏文**は、一心・専心といった信の一念には専念の称名行が必ず伴なうということを示し、行巻の行一念釈に対応して行信が不離であることを力説するものと理解される。次下に「宗師の専念と云へるは」等と特別にさらに説明を加えるあたり、師法然の善導により勧める専修称名にはこの信一念ありとの意向を打ち出そうと意図されているかとも窺われる。

「**しかるに経に聞と言ふは**」等以下は、上の信一念の総括的説明や成就文の引用などの意向を承けて、正しく、その第十八願成就文につき解釈して、信一念の意義内容を具体的に解明するのである。この下ではとくに、

「聞」の説明に、聞ということが仏願が悪逆なる衆生のために起こされて(生起)、本願を立て因を修して(本)、今日仏果を成就して(末)、衆生に救いをよびかけ救済活動をしつづけられていることを信じて疑心のないことだと、聞ということがそのまま信・無疑ということであることを力説されていることと、「**乃至**」の説明に「多少の言を摂する」と示し、行一念釈の下の「**一多包容**」等と解するのに相応じて、相対的な多いとか少ないとかいう限定を超え、それにかかわらない無限定の絶対本願力信順の意味のあることをみられることと、「**一念**」を「信心二心なきが故に」とその存在性(信相)の面より釈して、上に「時剋の極促」と時間性の面より釈示する意味に照応せしめられていることが注意される。全体的には信一念の信心が本願力廻向の絶対的一念的に信順し得せしめられる絶対無二唯一心の信で、しかるがゆえに、それは真実報(浄)土往生の真実の因たりうるものなることを明らかにするのである。「**金剛の真心を獲得すれば、横に五趣八難の道を超へ、必ず現生に十種の益を獲**」等は、成就文の「即ち往生を得、不退転に住せむ」についての釈で、信の一念をうる即時に現在で必ず浄土に往生し仏果を完全にうべき身の上に定められるという現生(現在の生涯)正定聚の安定した境地に入らしめられるという利益のあることを力説するのである。その正定聚の利益の内容を、あるいは本質的に、あるいは現象的に、または内的に外的にと、諸種の方面より十種に分かち説き示すのである。それは親鸞の信体験における確信的事項とも理解される。その現世利益和讃の内容などとあわせ理解されるべきことがらである。この成就文の「即得往生」(即ち往生を得)の理解については、一多証文や、唯信鈔文意の即得往生文釈、銘文の横超釈等を参照されたい。以下に横超断四流釈・真仏弟子釈などが展開されて、この下の内容はさらに具体的に明らかにされることを注意したい。

「**しかれば願成就の一念は**」等以下は、上の法義釈全体、あるいはさらにその前の論註の引用文などに示された、信一念についての内容・本質を明らかにする、あるいは一般的あるいは特殊的な名目、または説明的名称などを総括的に羅列して、三心即一心と示される願成就文の信一念の信の内容が如何なるものであるかを一括して説明するのである。**専心**であり、**深信**であり、**決定心**であり、**真心**であり、**大慶喜心**であり、**金剛心**であるなどと明かし、さらに、**願作仏心**(自利)、**度衆生心**(利他)であり、**大菩提心・大慈悲心・平等心**であることなどを、特に論註の用語(上巻、性功徳の釈、下巻、善巧摂化章釈下等)などにより述べ、信が大乗仏教的な真理に根ざし、それを本質とすることを明らかにされることが注目される。またさらに、**論註**や**善導疏**により、「是心作仏是心是仏」等にまで言及することは、親鸞の信の本質が仏(阿弥陀仏)・凡(凡夫・衆生)一体、生仏不二といった大乗仏教的根本理念に根拠するものであることを強調するものとして注意される。

かようにして、「**かるがゆへに知んぬ、一心これを如実修行相応と名づく**」等と明かして、本願成就文についての信一念の説明を終わり、さらに「**三心即ち一心なり、一心即ち金剛真心の義、答へ竟んぬ。知るべし**」と述べて、字訓釈・注義釈全体の問答を終わるのである。この三心釈の問答解明の下は、全般的に浄土文類聚鈔の三心問答解釈の下を参照されたい。止観の文は、今三心即一の信を菩提心というのは具体的に凡夫が仏果菩提を求め仏果を得るという外界にはたらく慮知心のことであって、不変の本体心というような意味のものでないことを明らかにするものかと理解される。

横超断四流と言(い)**ふは**…(一〇〇11) 以下、真仏弟子釈に及ぶ一段は、上の信一念釈の下で第十八願成就文の「即ち往生を得、不退転に住せむ」と示す意により「金剛の真心を獲得すれば、横に五趣八難の道を超へ、必ず現生に十種の益を獲(う)」等と説明したのであるが、その意向をうけて、上より述べてきた往相廻向の大信、真実の信心全体につき、信の与える利益を積極的に具体的に明らかにするのである。横超断四流釈は、大信それ自体のもつところの、信一念に往生を決定し、浄土に往生すれば即時に成仏するという大利益のあることについて述べ、真仏弟子釈は、信一念は往生決定した金剛心の人が現世で如何なる利益を得るかを具体的に明らかにして、現生十益の意味を積極的に解明するのである。

まず**横超断四流釈**は、上の二河譬の釈下に引いた善導の観経疏の「横超二断《セヨ》四流《ヲ》一(横(よこさま)に四流を超断せよ)の語や横超の大菩提心の釈などに関連してみられてくるが、「横超」と「断《ズ》二四流《ヲ》一」とに分かって説明するのである。「**横超**」の釈は、上の菩提心釈と同じく、聖道門の竪超(天台・真言・禅等の現世で直ちに覚るという頓教)・竪出(声聞・縁覚の二乗小乗教や、声聞・縁覚・菩薩の三乗の修行して漸次に覚るという三論・法相等の漸教)や浄土門の横出(化巻に明かす要門・真門)に対比して、横超浄土真宗の真実信の人は凡夫のままで臨終の死の一念に浄土に往生し、よこさまに(横に)直ちに仏(無上正真道)になるという往生即成仏(超証)する大利益のあることを力説するのである。**大経**の始めの二文は、かような大利益は法蔵菩薩が無上殊勝の願を他に超えて立てられて無上絶対の覚りを成就し、十方諸仏に超えた絶対他力の願力名号摂取の救済を展開される故なることを明らかにし、**大経**の後の一文と**大阿弥陀経**の文は正依大経、異訳を通じて、横に迷いを超絶して自然に往生即成仏の大益を得ると説くことを証し、横超の利益の内容意義を明らかにする証明とするのである。「易《クシテ》レ往《キ》而無《シ》レ人」(往き易くして人なし)等は行巻所引の憬興の述文賛の文を顧みられたい。この横超釈の下は愚禿鈔の二雙四重判、銘文の「必《ス》得《テ》二超絶《シテ》去《ルコトヲ》一」(必ず超絶して去ることを得て)文の釈や、一多証文・唯信文意等の横超に関連した説明を参照されたい。「**断二四流**一」の釈は、如来の往相廻向の信心(一心)を得せしめられるや、信の一念に直ちに仏の願力により地獄・餓鬼などの迷いの因果、生老病死の苦悩のきずなを断ち切って往生即成仏に決定する大利益を内的に得せしめられることを強調するのである。この信一念の生死断絶の意味内容を明らかにし念仏往生を勧めるのが、次の**大経**や**善導**の諸文である。信の一念に凡夫のままで内的に生老病死などの四流を直ちに断つ徳(価値・利益)を得せしめられ、横さまに臨終の一念に往生即成仏の無上仏果を超証せしめられるとするのが横超断四流釈の意味である。

次に**真仏弟子釈**は、遙かに化巻(末)に明かす仏教外の邪偽とされる迷信的な諸宗教に対し、さらに化巻(本)に明かす仏教内の聖道門(竪出・竪超)や浄土門内の自力的な実践に止まる要真二門(横出)の仮方便の諸段階のものに対応して、絶対他力廻向の浄土真宗の真実の信心ある金剛心の人こそ大涅槃を超証する釈迦諸仏の弟子として真実の仏教者なのだ、ということを力説し、その人こそ、必ず仏果を得ることに決定づけられた正定聚の人として、上述のような現生(世)に十種の利益のあることを具体的に明らかにし、上の横超断四流の釈に照応するのである。したがって、この下は信巻全体はもちろん、釈尊の真実教を大無量寿経とする教巻以下の示す所や、化巻後序の諸寺の釈門、興福寺の学徒等と明かす鎌倉仏教徒全体の釈尊の真仏教に還れの意向にも応対して展開する主張であることが、理解される。引用中の第一文「**大本に言はく**」等の三十三願文は転悪成善の益を、次の第二文「**たとひわれ仏を得たらむに**」等の三十四願文は至徳具足の益を、如来会の第三文は第一文の意味をさらに明らかにするとみられる。「**また、法を聞きて**」等の大経二文、如来会二文、観経の一文は諸仏称讃の益を明かし、**安楽集**の文は、「諸部の大乗」等は至徳具足の益、「涅槃経に依るに」等は諸仏護念の益、「大智度論に依るに」等は智恩報徳の益、「大経に云はく」等は常行大悲の益を明かすことなどが推測される。「**光明師の云く**」等善導の般舟讃の文や次の「また云く」等の**礼讃**第一文は知恩報徳の益を、「また云く」等**礼讃**の第二文、次の「また云く」等**観念法門**の文は心光常護の益を、「また云く、心歓喜」等、**観経疏序分義**の文は心多歓喜の益を、「また云く、若念仏者」等は諸仏称讃の益を、それぞれ明かすものと考えられる。「**王日休云く**」等以下は、大経等の諸文を引用し、さらに自釈を加えて、他力の信を得た真仏弟子たる人は信の一念に正定聚に入るという利益を得て、その人は、次には必ず仏になるべく決定づけられているという意味において、それは次生に必ず覚りを窮め仏となる等覚という位にある弥勒と等同の徳をもち、否(ない)さらには、五十六億七千万年を経(へ)て成仏する弥勒に比較すれば、念仏者はその生涯の終わる臨終の一念に大槃涅槃の仏果を超証するとの無上の徳をもつことを、強調するのである。この下の理解には、二巻鈔上巻、一多証文、末燈鈔二・三・七・十八章、正像末和讃二十五・二十六・二十七等々を参照されたい。当時興福寺奏状の起草者であった法相の貞慶等が盛んに弥勒浄土願生を主唱していたことなどにも応対するかと注意される。「**禅宗の智覚**」等、楽邦文類の二文は、禅者であった智覚も、天台の智顗も、華厳の杜順らの各宗の高僧も、さらに劉雷・柳子厚・白楽天といった学者・文人なども全部念仏願生したことを明かして、真実の念仏者・真仏弟子を讃嘆するのである。

かようにして、最後に真仏弟子の真実に応対する、化巻に明かす仮・偽の教に止まる人々に言及し、「**誠に知んぬ**」等と限りなく悲歎すべき自己の姿について述べるのである。

それ仏、難治の機を説きて…(一〇八17)　は、上に述べてきたような第十八願に誓われる他力廻向の大信によって正しく救われるべき対象は、大乗の法をそしり、五逆罪を犯し、一闡提断善根という、本願の誓いにも「唯除五逆誹謗正法」と示して、救済の対象からは正しく除かれる如き最悪の人であることを明らかにするのである。行巻の正信念仏偈の前に「その機は則ち一切善悪大小凡愚なり」と明かし、歎異抄に「善人なをもて往生をとぐ、いはんや悪人をや」と示される凡愚・悪人に当たるのである。この下では全般的にいって、まず涅槃経を汎(ひろ)く引用して治癒しがたい死に至る病の絶望的な極悪人が大悲の本願力(第十八願)心より重病を治療し救われることを明らかにし、次にその本願第十八願につき、「唯除五逆誹謗正法」と示されることの本義を明らかにして、五逆・謗法の重罪人こそ正しく救われる対象であることを根本的に解明するのである。

「**それ仏、難治の機を説きて、涅槃経に言(のたま)はく**」等以下では、涅槃経によりまず釈尊の大乗仏教の妙薬によってしか救われることのない瀕死(ひんし)の重病人として一謗大乗・二五逆罪・三一闡提の教化しがたく治癒しがたい三病人を総括的に明らかにするのである。この下で、「仏・菩薩に従ふて聞治を得已りて、すなはちよく阿耨多羅三藐三菩提心を発せむ」は、現行本では、次の「もし声聞・縁覚……三菩提心」以下三十四字を入れて次に出てくる文である。しかして「**また言はく、その時に王舎大城に阿闍世王あり**」等以下は、引き続き涅槃経を長く引き、父を殺すなどの極悪人阿闍世の苦悩の救いは六師外道などの仏教以外の教えでは救われず、釈尊の有無の対立を超える仏教によってこそ永生の道が与えられることを詳述し、最後に「**また言はく、善男子、羅閲祇の王頻婆沙羅**」等以下は、さらに重ねて涅槃経を引き、阿闍世を中心とする王舎城の悲劇を述べ常住涅槃の釈尊の教えにより真実に救済されることを結論的に明らかにするのである。かくして「**ここを以て、いま大聖の真説に拠るに**」等と自釈をもって、難化・難治の極悪の三病が第十八の本願の他力廻向の真実信心・金剛心によってのみ治癒し救われることを明らかにするのである。この下に引用する涅槃経文の一部が二、三箇所、親鸞六十三歳(文暦二(一二三五)年)書写のひらかな唯信鈔の紙背に、「見聞集」と題する五会法事讃とともに記する、「涅槃経」と題するもの(高田専修寺蔵)の中に出てくることを注意したい。また六師外道に言及する下で第四番目の「悉知義」臣因縁の下の一部が坂東本では最初の別序の前の扉内に記入されていることを顧みたい。

後の涅槃経(北本三十四巻)(大正蔵一二、五六五頁)の引用文(今の坂東本和訳七二七頁)、「舎利弗等、大智を聴聞して」とあるは、現行原本(大正大蔵経本など)では「舎利弗等聡明大智にして」となるのが一般的であろう。

「**それ諸大乗に拠るに、難化の機を説けり。いま大経には**」等以下は、**論註・善導疏文**等を引用して、大経の第十八願の誓いの中に「唯除五逆誹謗正法」と示すのは、要するに、五逆・誹謗正法といったことが如何なる内容のものであるかということを明らかにするとともに、かようなことを犯す悪人はとても救われ得ないものであるが、仏の大悲は、五逆・謗法者が救いから除かれるものと、その罪の重いことを知らせて反(かえ)ってかような重罪人をこそ救うという救済の意志を打ち出されていることを、力説するのである。**光明寺善導の観経疏**などにより、特に仏の大悲は五逆・謗法を造ることを恐れるゆえ罪を造らないようにとどめ(抑止(おくし))てまで反って造ればどこまでも摂取し救われるのである、ということを強調される意向が、特に注目される。この理解には、銘文の始めの第十八願の説明に「唯除五逆誹謗正法トイフハ唯除ハタヽノソクトイフコトハナリ。五逆ノツミヒトヲキラヒ謗法ノオモキトカヲシラセントナリ。コノフタツノツミノオモキコトヲシメシテ十方一切ノ衆生ミナモレス往生スヘシトシラセントナリ」との理解を示すことを顧みたい。最後の**永観の往生拾因**による五逆の説明の如き、大乗の五逆の説明はすべての人に五逆罪の何等かがあることを示すとともに、親鸞の時代の念仏迫害等をそこに含めることを具体的に示唆しているともみられる。

謹んで真実の証を顕はさば…(一三九3)　前三巻に明かした往相廻向の教えに詮(あら)わされた行信の因に応ずる真実の証果を、明らかにするのである。したがって、行・信二巻の最初に第十七・十八両願を標したように、まず本文に先だって、「必至滅度の願、難思議往生」と標示して、第十一願の必至滅度(必ず滅度に至らしむ)の誓願の力によって必ずさとらしめ(証果)られるという、われわれの思議を超えた難思不可思議な浄土往生による証果なるの意味を明示して、真実証果の内容を明らかにするのである。正信念仏偈の前の五願開示の意向によれば(六四頁三行補注参照)、この第十一願のはたらきも第十八願の誓いの根本意志によるゆえ、第十八願の「若不生者」(もし生まれざれば)の誓意によるのが難思議往生と理解されるわけで、それは、次の化身土巻の最初に方便の願である第十九願・第二十願につき「至心発願の願、雙樹林下往生」「至心廻向の願、難思往生」と標示される意向に応対し、三願(十八・十九・二十)・三往生の意味を示すことを注意したい。

かようにしてか、真実の証果を、「**利他円満の妙位、無上涅槃の極果なり**」と、利他なる他力仏力円満する他力廻向の無上のさとりを極めるものと示されるのである。浄土文類聚鈔に、いまこの下に出す「**必至滅度の願、証大涅槃の願**」の願名以外にさらに、「往相証果の願」なる願名を出すのは、その証果がかような往相廻向の他力により得せしめられる証果であるとの意味を特に明らかにすることは、いうまでもなかろう。ところで、この証果を「無上涅槃の極果」とし、それを得せしめる第十一願名を「必至滅度、証大涅槃」と示して、第十一願の誓いが成仏の究極を誓うことを力説するのであるが、次に出す第十一願文それ自体が示すように、そこでは、滅度に至るまでの正定聚と滅度の両方が浄土中の証果の内容として誓われているのである。大経等の浄土経典を始め、曇鸞・道綽・善導らの浄土教の伝統者の多くの主張は浄土に往生して正定聚不退転に位し、そこで修行し成仏するという構想に立つものが多い。しかし、親鸞の場合、ここでも、「**往相回向の心行を獲れば、即の時に大乗正定聚の数に入るなり**」と示すように、往相廻向の他力の信心を得る信一念即時に現生(世)で正定聚の人となり往生即成仏すべく決定づけられるのである。その意味はすでに信巻で第十八願成就文の信一念釈(九七頁一八行補注参照)、さらには横超断四流釈(一〇〇頁一一行補注参照)などに力説されていたところである。したがって、第十一願の「住二定聚一」(定聚に住し)、すなわち正定聚に住するとの誓いを、極力現生(世)の信一念に正定聚に住するという現生正定聚の意味に理解しようとすることが特色である。この意向を、次の経論釈文の引用によって、如何に証拠づけ明らかにしようと努められているかが注目される。それと同時に、この証果が「涅槃の極果なり」と示し、次に「**滅度・無為法身・実相・法性・真如・一如**」等の証果の究竟位を示す熟語を羅列して、その内容を示すように、信巻の横超断四流釈などとあいまって、浄土往生即成仏し一如たらしめられるという、往生即成仏の意義を強調することが注意される。かように、往生即成仏し一如たらしめられるゆえ、「しかれば弥陀如来は如より来生して」等と明かして、そこに、浄土往生人の得る証果が、救いを展開される阿弥陀仏と同一ならしめられる弥陀同体・一如のさとりであることを示唆することが顧みられる。成仏の証果は次の真仏土に同(どう)じ開かれてくるのである。この現生正定聚と往生即成仏の主張とは、親鸞の悪人正機説を確立した大乗仏教的体験より出されてきた必然的な救いの論理としての特異の結論であることを注意したい。

必至滅度の願文…(一三九11)　上に示した現生正定聚・往生即成仏の意味を、第十一願文以下の経論釈文を引用することによって明らかにし、もって、証果の内容・本質を具体的に解明するのである。**大経・如来会の第十一願文・同成就文**を引用するうち、「また言はく、かの国の衆生、もしまさに生れむ者、皆ことごとく無上菩提を究竟し、……邪定聚および不定聚は、かの因を建立せることを了知することあたはざるが故なり」と示す如来会の十一願成就文は「もしまさに生れむ者」(若当生者)の所に正定聚の意味をみれば、現生正定聚の証明の引用文とみられる。また次の「浄土論に曰く、……剋念して生れむと願ぜむものと、また往生を得るものとは、即ち正定聚に入る」と示すは、**論註**原文の「剋念願生」をとくに改点して現生正定聚の意味の証明にしようとしたものと推測される。論註の原文は「剋念して生れむと願ずるものもまた往生を得、即ち正定聚に入る」(剋念願生亦得往生即入正定聚)と読むのが一般的で、その意味では、浄土に往生して正定聚に入るとの意味以外にはみられない。親鸞の今の改点では、「剋念願生」(剋念して生れむと願ぜむものと＝現生)と、「亦得往生」(また往生を得るものとは＝浄土)との、現生(此土)・浄土(彼土)の此彼二土にわたって正定聚のあることを示すことになっている。浄土の正定聚とは、親鸞では、次の還相廻向の下で示唆するように、無上の仏果を極めた菩薩の因の位を示現しての還相摂化の活動のすがたとみなされる。この辺の理解は、その晩年の作である一念多念証文に、第十八願の成就文の「即得往生」の釈に引き続いて、大経・如来会の第十一願文・同成就文および論註の今の「剋念願生」の文などを解釈する下を顧みられたい。末燈鈔第三章なども参照されたい。**大経**の「ことごとく同じく一類にして……みな自然虚無の身、無極の体」等の文、「**浄土論に曰く**」等として以下に引く、**論註**の三文、**安楽集**の文、**光明寺善導観経疏**などの文はいずれも、阿弥陀仏の大願業力によって浄土に往生すれば、往生即成仏して無上の悟りを極め、有無の相対を離れる法性平等の証果を得ることを強調する意向を示す引用である。論註の「同一に念仏して……四海の内みな兄弟」の文は、行巻引用(五三頁)や曇鸞和讃第二十五等などに顧みれば、そこにも、現生正定聚の意をみられてくる。第十一願文の「国中人天、不住定聚」等を、一念多念証文に「定聚ニモ住シテカナラス滅度ニイタラスハ」と和訳し、同成就文の「生彼国者」等を、「カノクニ、ムマレントスルモノハミナコト〱ク正定聚ニ住ス」と和訳する如き、願文それ自体について現生正定聚の意味を明らかにみてゆこうとした意向は明らかであろう。

それ真宗の教行信証を案ずれば…(一四二18)　以上、往相廻向の教行信証を明かし終わって、はるかに教巻の始めに、「謹んで浄土真宗を按ずるに、二種の廻向あり。一つには往相、二つには還相なり。往相の廻向について真実の教行信証あり」と示した所見に応対するのである。かくして、次に、自らの自利としての証果の究竟するところ、直ちに、還相利他摂化の救済活動を展開せしめられることを述べてゆこうとするわけである。絶対悪なる浄土願生者としては、往相の自利も、還相の利他も、いずれも如来の他力廻向の救済活動の中に開かれてくるほかはない。しかし、かような往還二廻向救済の体験は、徹底した大乗仏教的な自利即利他なる縁起因縁生無我の深い実践的な理念に力強く基礎づけられた、絶望的な極悪人の立場より必然的に構成された結論であると考えられる。

二つに還相の回向と言ふは…(一四三3)　以上に述べたように、往相廻向の証果の究竟(くきよう)されるところ、直ちに展開される浄土往生者の菩薩の姿を示しての利他救済につき、明かすのである。かくして、教巻の始めに「謹んで浄土真宗を按ずるに、二種の廻向あり。一つには往相、二つには還相なり」と示す見解に照応するのである。往相の教行信証とともに還相も真実証果の中に開かれながら弥陀廻向のものであることを明確にする意味で、次に「**これ必至補処の願より出でたり。また一生補処の願と名づく**」等と、第二十二願名を出して、阿弥陀仏の願力の裏づけのあることを示すのである。「必至補処・一生補処」は願文により名づけた名称であるが、次にいま一つ出す「**還相回向の願**」なる願名は、親鸞特異の理解の意味より名づけた名称である。行巻に第十七願を標示して「往相廻向の願」とし、信巻に第十八願を「往相信心の願」となし、浄土文類聚鈔に第十一願を「往相証果の願」と名づけたのに相応ずる願名である。大経の第二十二願それ自体の意味では「必至補処の願」とか「一生補処の願」とかみることが適当であろう。しかし、親鸞は、第二十二願の誓いの内容に示す「その本願の自在の所化」等(一四五頁参照)という、浄土の菩薩の自由な活動の展開に言及する点にかえって注目して、第二十二願を、仏果を極めた往生人の、菩薩の姿を積極的に打ち出しての利他の救済活動を誓われた還相廻向の願と理解したのである。迷界より浄土の悟りに至る教行信証のみならず、証果の自利満足のところに、還相の利他を展開することまで、まったく仏廻向として還相廻向を明かすことは、弥陀往相廻向の見解とともに、親鸞特異の主張である。悪人正機を確信する大乗仏教者親鸞としての体験において始めて可能な救済の体系である。

したがって、次に引用し、所見の証明とする、**浄土論**や**論註**も、すべて親鸞特異の還相廻向観を明らかにするものとして、自家薬籠中のものとし改点などを加え、主張の証(あかし)しとするのである。大経や浄土論や論註などは直接的に親鸞の意味する如き往還二廻向観を明かしてはいない。往還二廻向を具体的に明かすのは、いま以下に引用するように、浄土論を解釈する論註であるが、浄土論に説く一心五念の実践による浄土願生を、行巻の他力釈の下に引用した論註の終わりに示す説明のように、それが弥陀の第十八願と十一願と二十二願との誓いの裏づけによって速やかに達成されると理解し、その理解を深め強調すれば、親鸞の如き特異の見解が積極的に出されてくることは可能である。親鸞特異の往還二廻向の理解が論註の指示を自家薬籠中のものとして結果されたとみる古来の伝統的な理解は穏当と思われる。論註自体は浄土願生者がする往還二廻向を述べ、阿弥陀仏の往還二廻向を語ってはいない。親鸞にとっては、かような弥陀往還二廻向義は、論註はもちろん浄土論・大経の弥陀救済の本旨とするのである。したがって、以下浄土論・論註、そこに出す第二十二願文などにより、往相廻向にあいまつ還相廻向の意味を明らかにするのである。この還相廻向の理解については、浄土文類聚鈔に「もしは往、もしは還、一事として如来清浄願心の廻向成したまふ所にあらざることとあることとなし」(光延寺本)と示し、正像末和讃第五十首に「南無阿弥陀仏の廻向の　恩徳広大不思議にて　往相廻向の利益には　還相廻向に廻入せり」(讃弥陀偈讃一八、天親讃一〇、曇鸞讃一六等参照)等を参照されたい(一五頁三行補注参照)。

浄土論に曰く、出第五門…(一四三6)　浄土論、主として論註の文によって、還相廻向の内容・意義を具体的に明らかにするのである。「**浄土論に曰く**」等の論文と、「**論註に曰く**」等の註文との最初の二文は、まず、阿弥陀仏の大悲本願力廻向によって、浄土に往生し仏果を得た人が生死の薗(その)に入り還相摂化の救済を展開せしめられることを明らかにされていると理解される。この二文はすでに、信巻の欲生心釈下に引用し、また関連する論註の往相廻向文は行巻の論註の諸文の連引の最後に出し、いずれも書誌学的には後期の補充した書き加えと推測されることを注意したい。「**また言く、即ちかの仏を見たてまつれば**」等以下、⑴未証浄心の菩薩の見仏超証の文、⑵菩薩四種功徳活動の文、⑶浄入願心章の文、⑷さらには善巧摂化章以下利行満足章に至る諸文を連引するのであるが、⑴「**また言く、即ち**」等、第二十二願文を証(あかし)しとするなどして、七地以下の未証浄心の菩薩が見仏により八地以上の菩薩と等しく寂滅平等を証(さと)ると説き、報生三昧の自由自在な救済摂化活動を説き示し、⑵「**菩薩を観ぜば、いかんが菩薩の**」等、菩薩の四種功徳活動の文を引き、菩薩の活動は真如にかなうゆえ「不行にして行ずる」といったことより書き始めて、「一仏土において身、動揺せずして十方に遍す」といった不動而至の活動の功徳や、「一心一念に…遍く十方世界に至りて、衆生を教化す」といった一念遍至の活動の功徳等を説き明かす、かような諸文を引用する如き、無上仏果を極め証(さと)りを等しくする還相の菩薩が、縁起因縁生無我の理念による自利即利他の仏の世界の救済活動者として、如何に自由自在な衆生救済摂化の働きをするか、かような意味のことを詳しく具体的に明らかにされようとしていることが了解されうるであろう。⑶「**已下はこれ解義の中の第四重なり**」等、浄入願心章の文を引き、諸仏菩薩についての二種法身広略相入論を展開して、浄土の願心荘厳の三厳二十九種の広門の活動相の一切が「無相の故によく相ならざることとなし。…無知の故によく知らざることとなし」といった略門一法句法性法身より開出される方便法身の広門相(すがた)にほかならないことを説き示す如き、それは、還相摂化の華麗な救済活動のすべてが無上涅槃の極果なる真如・一如界より必然的に展開されたものであることを明らかにし、もって、還相摂化展開の根源性と還相展開の必然性を本質的に解明しようとされているかと窺われる。そこには親鸞の往相廻向論にあいまつ還相廻向論の展開がいかに大乗仏教的な根本理念に立つものであるかを十分了解せしめられて余りあるであろう。⑷さらに「**善巧摂化とは、かくのごときの菩薩は**」等と示す、善巧摂化章より利行満足章に至る引用の如き、還相の菩薩の、因より果に上り、果より因に降る、因果にわたる全体の救済摂化の活動が、無我柔軟(にゅうなん)の心を完成する智慧・慈悲(自利)・

方便(利他)の自利即利他精神に内容づけられる摂化自在の働きであることを、本質的に具体的に解明されようとされる意向が付度される。したがって、この下にもまた、親鸞の、論・論註の理解を通しての、大乗仏教的な根本理念の了解が如何なる内容のものであったかを深く窺わしめられうるであろう。いずれにしても、かように、往相廻向にあいまつ還相廻向の展開を具体的に詳かに説明するに当たって、論・論註の諸文を連引して証明されることは、親鸞の証果の理解の内容が、如何に大乗仏教的な根本理念に立つ、活動的な華麗な、智慧と慈悲の極められる自由にして平等な、いわゆる自由即平等の理想的な世界として把捉されていたか、かような意向を理解せしむるに足るものである。しかし、これらの諸文はいずれも、全般的には原意を転用して還相菩薩の本質や活動相を明らかにするものとして引用されていると理解されることを注意しておきたい。原文は全般的には、無上仏果に至る一心五念の実践による菩薩の往還・自利利他の実践活動の姿として示されているのである。引用の善巧摂化章より下(しも)の名義摂対章の下で(一五四頁)、「権に通ずれば則ちつぶさに衆機に省(はぶ)くの智なり」(通《スレバ》レ権則備省二衆機一之智《ナリ》)とあるは、現行原本では一般に「権に通ずれば則ちつぶさに衆機を省(かえり)みる。機を省みるの智」(通レ権則備省二衆機一、省レ機之智)とある。

しかれば大聖の真言…(一五八5)　最後に往相の証果を極め、還相を必然的に展開する証果を開顕する意義を明らかにして、真実の証果を明かす結びとするのである。以上の叙述によって、無上の真実大涅槃を証(さと)ることは本願力他力によることが明らかとなったのであるが、還相摂化の活動まで阿弥陀仏の廻向によるということは、仏願力の利他・他力の本(正)意の究(きわ)まりを顕わすというのである。かような往還二廻向の大利益を得せしめる意味で天親論主は浄土論に一心願生を勧め(信巻参照)、宗師曇鸞大師は論註の終わりに(行巻、他力釈下所引、証巻、還相廻向釈下所引の論註文参照)、覈求其本(かくぐごほん)の釈を展開して、第十八願・十一願・二十二願の三願を引用し、往還二廻向の釈を示すなどして、往相も還相も全く仏願力の大悲廻向により、利他・仏力・他力によるという深義を親切に顕示されたのであるとし、よってもって、以上の全四巻の全体を顧みて、証巻に往相の証果にあいまつ還相廻向の意義を明らかにされた結びとするのである。

謹んで真仏土を按ずれば…(一六一4)　往相廻向の行信の因によって得るところの証果、還相の展開される証海の本源が、光明無量を誓う第十二願、寿命無量を誓う第十三願の大悲の誓願に報いる、不可思議光如来であり、無量光明土であるところの、真実報仏土であることを、総括的に明らかにするのである。不可思議光も無量光明も相対性・有限性を超える絶対無限性・永遠性をもつものであることを、大乗仏教的な理念の深い把握の中に示唆されることを注意したい。この巻では、最初に「光明无量の願」「寿命无量の願」と第十二・十三願を標示されるゆえ、この最初の総論の下で「**大悲の誓願**」と示されるのが第十二・十三願であることは明らかであるが、行巻の初めに、第十七願を標して次に「大悲の願」と呼び、証巻に第十一願を標し、往相廻向の証果を結論する下で「大悲回向の利益なり」と示し、この巻の終わりに、「選択本願の正因に由りて、真仏土を成就せり」と明かし、さらに「大悲の願海に酬報せり。かるがゆへに知んぬ、報仏土なりといふことを」と説き示して、しかも化身土巻では、第十九・二十願を「悲願」としか呼ばれない、といった、かような意向によれば、行巻の正信念仏偈の前文に示す、選択本願なる第十八願を根本の願とする第十七・十八・十一・十二・十三願の五願開示の理解(六四頁三行補注参照)に顧みる場合、「大悲の願」はとくに真実五願に名づけ、今も選択本願なる第十八願を根柢とする第十二・十三の「大悲の誓願」に報いた真実報仏土なのだ、との見解を示されていると窺われる。かような理解は、下に引用する、善導の観経疏玄義分の一一の願が第十八願のほかかない。四十八願に報いる弥陀報仏土と示す文意やその次に引く序分義の文、あるいは、その前に引く論註の不可思議力、大願業力所成の文、さらには、その前の不空羂索神変真言経の阿弥陀仏清浄報土の文などに顧みれば、よりその了解を深からしめられうるであろう。第十八願を根本とする第十二・十三願成就の報仏土果海は真実五願をもって、往還二廻向教行信証の救済摂化を展開する仏正覚(さとり)の果海としての本源の世界なのである。またこの巻の終わりや次の化身土巻の内容によれば、それは、第十九・二十願等の方便仮の救済をも展開する選択本願第十八願成就の真実報仏土としての本源の世界と示される意向も窺われる。

大経に言はく…（一六一7）　**大経**や**異訳如来会**などの第十二・十三願、同成就文などを引用して、浄土が光寿二無量の世界として、生きとし生けるものの憂(うれ)え悲しみをなくして歓喜せしめざるはないといった明るい世界であることを強調するのである。特に、光明かがやく報仏土であることを示す意味で、無量光・無辺光等の十二光をもって明かすことを注意したい。最初に出す「**不可思議光如来**」は異訳**如来会**に出す十二光中の一名である。しかも後に曇鸞の讃阿弥陀仏偈の十二光説明文を引用し、さらに終わりには袋綴(ふくろと)じを切って紙背に憬興の述文賛の十二光説明文を書き入れている（坂東本）ごとき、後に引く天親の浄土論の「尽十方無碍光如来」文とともに、いかに、浄土を無碍不可思議な、すべてを明るくする絶対的な光明救済界と見ようとされていたか注目させられる。讃阿弥陀仏偈によれば、十二光の説明に、「有無を離る」とか、「平等覚」とか、「畢竟依」等といった説明を示すので、そこに、仏界の本質的な内容理解を得せしめられるが、憬興の説明では、清浄光は貪欲を、歓喜光は瞋恚を、智慧光は愚痴をなくするといったごとく、光明の救済のはたらきを具体的に身近に了解せしめられる。末燈鈔第十四章の慶信宛て書状、善性本第四通の蓮位の慶信宛て書状（親鸞聖人全集、親蹟書簡第四通、中外版聖典所収、親鸞聖人御消息第三十二通等参照）などによれば、慶信に、南無阿弥陀仏と称えるのみならず、南無無碍光仏と称えてもよく、父の覚信も南無無碍光如来・南無不可思議光如来と称えてなくなった、等のことを伝え、その他、唯信鈔文意、一念多念証文、末燈鈔第二通などで、尽十方無碍光如来・南無不可思議光仏などを力説し、最後晩年の八十八歳に至って、なお弥陀如来名号徳（真宗聖教全書二、親鸞聖人全集、和文篇等所収）を著わして十二光の説明をし、尽十方無碍光如来・不可思議光仏を力説されるあたり、親鸞の終世を通して思慕するところがいずれにあったかが偲ばれる。今日真蹟と伝える五・六の晩年になる名号本尊も、西本願寺蔵のものなどが「南無阿弥陀仏」とあるほかは、専修寺・妙源寺蔵のものなど、いずれも「帰命尽十方無碍光如来」とか「南無不可思議光仏」である。それは絶えず浄土の明るさを具体的に求めつづけたということに尽きるであろう。

不空羂索経は、かような不可思議光如来の無量光明土が第十八願を根本とする第十二・十三願に報いた真実の報仏土であることを、大経やその異訳以外の一般経典により証明されたものと窺われる。これにつづいて次に涅槃経を引用してくるのである。

涅槃経に言はく…（一六四17）　**涅槃経**十三文を引き、浄土の本質や存在性を明らかにするのである。第一文は真仏土が、虚無・不生不滅・不老不死・無愛無疑を本質とする無上上、真実解脱の涅槃で、仏性・無尽・決定なる絶対唯一無限・無碍の存在なることを明らかにし、第二文は、衰(おとろ)うることのない光明智慧海であり、第三文は、無為常住仏性の存在として衆病を除く徳をもつことを明かすのである。第四文より七文にわたっては、浄土涅槃界は、常（第四文）・楽（第五文）・我（第七文）・浄（第六文）の四徳を、その本質的存在性としてもつことを明らかにするのである。第八・九文は、涅槃は無生・無相・仏性の存在として、五逆・一闡提・断善根の人々にまでことごとく有らしめられるので、一切衆生が未来に悟りを得せしめられうることを明らかにし、第十文より第十三文では、涅槃は、本質的には法身として一切の生老病死を離れた、此に非ず・彼に非ず、長に非ず・短に非ずといった常楽我浄の第一義諦の仏性としての存在で、一切衆生にことごとく有らしめられるのであるが、衆生は煩悩に覆われること深くして見ることを見ず、十住の菩薩ですら少分しか見ることができない、といったことを明かすのである。この涅槃経の引用文を中心に後に親鸞の自釈を示すのであるが、かような引用を通して、そこには、親鸞独特の体験をもって、涅槃経のもつ大乗仏教的な根本理念を自家薬籠中のものとして理解し、光寿二無量の真仏土の存在の本質的な裏づけとされていることを、了解せしめられうるであろう。それは、証巻に示す、無上涅槃・法性・真如・無為法身なる証果の本質、二種法身の法性法身の内容に同ぜしめられ、さらに行巻、一乗海釈下の一乗仏性論や信巻の信心仏性論に通ぜしめられるものであることを、容易に了解されうるであろう。
この涅槃経の引用中、第八文(一六九頁)の「この経の中において、衆生の仏性は非内非外にして、なを虚空のごとしと説きたまふ。非内非外にして、それ虚空のごとくして有なり。内外は虚空なれども、名づけて一とし、常とせず」は、「この経の中において、衆生の仏性は非内非外なること、なほし虚空の非内非外なるが如しと説く。もしそれ虚空に内外あらば、虚空を名づけて一となし、常となさず」(於二此経中一、説三衆生仏性非内非外、猶如二虚空非内非外一。如其虚空有二内外一者、虚空不二名為レ一為レ常)と読むのが普通であろう。また、「汝言ふところの」(一六九頁)の次に、現行の涅槃経原文には、原文で「一闡提輩有二善法一者、是義不レ然。何以故」の十五字がある。第九文は「また言はく、善男子、如来は」(大正蔵一二、五六二頁下段)等以下は、坂東本では二枚ばかり後世の筆と推測されるが、その終わりの方に出す、「人に随ひ、意に随ひ、時に随ふが故に、如来知諸根力と名づけたてまつる」(一七一頁)(随レ人随レ意随レ時故名二如来知諸根力一)の文(大正蔵一二、五六四頁)は、涅槃経の原文では第九文の終わりの「世諦の法を説きて第一義諦とす」(一七三頁)(大正蔵一二、五六四頁上段)の次に出てくる文である。第十文の「また言はく、迦葉」(又言迦葉)等は、坂東本では後の挿入で、別紙に書き貼りつけてある。また坂東本では、第十二文の「少しき仏性を見る」等以下二枚が別筆である。

浄土論に曰く…(一七五9) 涅槃経に引き続いて、浄土論・論註・善導疏文などを引き、真仏土の本質と存在性を明らかにするのである。まず**浄土論**の文は、真仏土が尽十方無碍光如来の世界で、迷いの三界を超え、勝れた虚空の如く絶対無限の世界であることを明かし、次に**論註**の第一文は、それが凡夫の煩悩あるままで涅槃の悟りを転じ成ぜしむる不可思議界であり、しかも、同第二文は、それが、法性真如に随順し、法の根本存在にかなった、法蔵菩薩建立の土で、必ずすべてを存在の本然(ほんねん)に入らしめ一味平等ならしめる、必然・本然・自然の大慈悲界であることを明らかにし、同第三文は、しかるがゆえに、浄土は不可思議本願力界として、小乗声聞二乗の人まで生ぜしめて大乗の無上道を悟る心を生ぜしめる最も不可思議な世界である、とするのである。かくして、論註第四文では、以上の如くなるゆえ、真仏土が法蔵の大願業力と阿弥陀仏の住持力によってなる不可思議力界であることを明らかにし、同第五文では、しかるがゆえ、それは自利即利他の絶対救済力功徳の成就する世界であると明かすのである。かようにして、論註第六文では、阿弥陀仏が因願と果力相(あい)一致し相(あい)かなう本願力成就の存在であることを明らかにし、最後に讃阿弥陀仏偈の十二光讃嘆帰依の文を引き、阿弥陀仏の存在性と本質性とを明らかにし、曇鸞による引証を終わるのである。

かようにして、**光明寺**の**和尚善導**の**観経疏玄義分**を引証しては、弥陀浄土が、一切法皆空・不生不滅の真理を本質とし第十八願を根本とする四十八願成就する念仏往生の報仏土であって、それは仏願力により人・天・声聞・縁覚・菩薩の五乗の人が平等に往生せしめられる仏土なることを力説し、「**また云く、我今**」等と、同序分義を引いては、かような四十八願成就の慈悲・智慧きわまる浄土なるゆえ、釈尊は観経の説法で韋提希(いだけ)夫人に弥陀浄土を特別に選ばしめられたとし、次に同**観経疏定善義**の「西方寂静無為」等の文、**法事讃**下巻の「極楽は無為涅槃の界なり」等の文、同「仏に従ひて逍遙して自然に帰す」等の文、同「弥陀の妙果」等の文を引用し、最後に**憬興**の**述文賛**の十二光説明の文を引き、もって、弥陀浄土が有無を離れた無為自然を本質とする大慈悲救済の無上涅槃界なることを明らかにし、引用を終わるのである。

以上のような、論釈の引証を通じて、それが、上の涅槃経の引用などとあいまって、如何に阿弥陀仏浄土・真仏土を、大乗仏教的な真如法性の真理を本質とする智慧・慈悲極まる絶対本願力他力による平等救済界であることを力説しようとされているか、容易に了解せしめられうるであろう。法事讃の「無為涅槃の界」の文については唯信鈔文意の理解を参照されたい。論註の第六文、不虚作住持功徳釈の力願相府の文(一七八頁)は行巻の一乗海釈下(六一頁)に引用し、同論註の第二文、正道大慈悲(性功徳)釈文の一部の「発心等し」等(一七六頁)は信巻の願成就の一念転釈文(九九頁)の下に出し、また善導の観経疏定善義の西方寂静無為等の文(一八三頁)は証巻の始め(一四二頁)に出すのであって、真仏土の正覚の果海が大行となり大信となり無上の証果を実現せしめる根源の世界であることを示唆されていることに注意したい。それは上述の涅槃経の仏性論が本質的に行巻の一乗海釈や信巻の信心仏性論などに通ぜしめられる意向とあいまつ、親鸞の救済体験の基本構造の一環を示すものである。

この浄土論以下の引用で書誌的に注意しなければならない点は、曇鸞の論註の第六文、不虚作住持功徳釈文の終わりの「差はず。かるがゆへに成就と曰ふと。抄出」(不レ差故曰二成就一抄出)(一七八頁)が、坂東本では袋綴(ふくろとじ)の折り目を切って、その中に挿入してある紙に書き入れられていることである。そして、なお、次の「讃阿弥陀仏偈に曰く」(讃阿弥陀仏偈曰)が欠けていることである。これは前文の論註文の終わりと同様に挿入紙に書き入れて挿入するか、貼りつけてあったのではないかと推測される。西本願寺本には、いずれも整備して書写されている。それと、次に讃阿弥陀仏偈の文が終わって、「光明寺の和尚云く」とされる中間に、三十字余りが切り取られていることである。道綽の安楽集の報仏土論の文でもあったのかも知れぬが不明である。最後に、憬興の述文賛の文が袋綴じを五行目辺より切って紙背に書き入れられていることを注意したい。そのためか、善導の法事讃の「号して無上涅槃と曰ふと。已上抄出」(号曰二无上涅槃一已上抄出)は、紙背に書き入れられている。坂東本には、かような訂正の跡が多くみられる。

しかれば如来の真説、宗師の釈義…(一八四10)　以上に引用してきた大経やその異訳の諸文または涅槃経等に示される釈迦如来の教説や、論・論註・善導疏等の釈義の意によれば、西方の阿弥陀仏の安養の浄土が真実の報仏土であると顕わされていることが明らかに知られるが、迷いの惑染の衆生は無明の煩悩に覆われるがゆえに、此土現世において仏性を修し顕わして、現生(世)に浄土を現成し、仏性を具体的に見るということは不可能である、と示すのである。したがって、上に引用した涅槃経にも(一七三頁以下)、第十住(地)の菩薩にして始めてよく少分、仏性を見ると説き示されているのである。一切の衆生は本願力の廻向によって安楽浄土に往生せしめられて、始めてその本質・本性たる不生不滅・実相・無生・虚空無為などと示される如き仏性を実践的に顕わし見ることができるのである。したがって、またその意味で涅槃経(一六七頁)にも衆生は未来に清浄の身を得たとき始めて仏性を見ることができると示されている、と主張するのである。この主張は、真仏土が真実報仏土であるということと、それなるがゆえに、上引の涅槃経の第八文・第十二文の指示などに顧みれば明らかなように、われわれが現世で自力で真仏土の悟りを得、仏性を見るということは絶対に不可能であると力説するのである。これは、行巻の一乗海釈下に涅槃経や華厳経などを引き、他力・本願力・一乗の本質として、実諦・一道・一実・仏性・唯一法・一心などのことを示し、「しかれば、これらの覚悟は、みな以て安養浄刹の大利、仏願難思の至徳なり」(六〇頁)と示される、かような意向と相応ずるもので、大乗仏教的な悟りの究竟は、本願力他力の廻向により真仏土に往生せしめられて真実の証果を得せしめられること以外には絶対に不可能であることを、意味深く強調されていると理解される(五六頁三行補注参照)。

したがって、次に「**起信論に曰く**」等と示して、唐の飛錫(七四一—七七八頃)の念仏三昧宝王論巻下の無心念仏理事雙修論十五(大正蔵四七、一四二頁中段。浄土宗全書六、七四九頁下段)の起信論による浄土教的な実践の主張の文を引いて、前の自釈の意味をさらに仏教哲学的に意味深く説明するのである。起信論は次下の化身土巻(末)に直接引用するので、親鸞は直接読んでいたと推測されるが、いま引用の念仏三昧宝王論の釈文は、起信論の心真如門釈下の「もし説くといへども……得入とす」(若知下雖レ説無レ有二能説可レ説、雖レ念亦無中能念可上レ念、名為二随順一。若離二於念一名為二得入一)といった文と、同心生滅門釈下の始覚の究竟覚の説明下の「しかも初相を知ると言ふは、いはゆる無念なり」(而言レ知二初相一者即謂無念)という二文を中心にして、大乗仏教の根本真理である心真如・無念・無説なる究竟覚の位で得られる不生不滅なる絶対一心の体得は、馬鳴が起信論で勧められているように、西方願生といった相対差別の場に説き顕わされる説の立場、浄土を願生するという相対の念仏願生の実践という念の立場より入るべきであることを説き示す釈文なのである。それは正しく、上に諸経論釈文を引き、大乗仏教の悟りの究竟、仏性の開覚は他力廻向の念仏の実践のところにのみ可能であると力説される意向を、さらに意義深く裏づけるものである。

起信論文の引用について、「説くといへども能説のありて説くべきもなく」(雖《モ》レ説《ト》無《ク》五有《ル》二能説《ノ》一可《キ》四説《モ》三)は、「説くといへども能説の説くべきあることなく」(雖《モ》レ説《ト》 無レ有《ルコト》二 能説可《キ》レ説《ク》)と読むのが一般的であろう。次にそれにつづいて「また能念の念ずべきもなしと」(亦無《ト》中能念《ノ》可《キモ》中念《ス》上)とあるは、その直前に「念ずといへども」(雖レ念《モスト》)の二字(漢文)があるのが正しい。宝王論の現行本にも起信論の原文にもある。なお「しかも初相を知ると言ふは、いはゆる無念は」(而言《カモ》三知《フト》二初相《ヲ》一者所《ハ》二謂一無念《ハ》)は、宝王論の現行本とは等しいが、起信論(大正蔵三二)の現行本は「しかして初相を知ると言ふは、即ち謂く無念なり」(而言《シテ》レ知《フハ》二初相《ヲ》一者、即謂《チ》無念《ナリ》)とある。これらの異同は全般的に意味内容を変えるものではないと考えられる。

それ報を按ずれば…(一八五3)　真仏土巻の最後に至り、真報仏土は阿弥陀仏の四十八願海に報いて結果された浄土であるが、その願海には選択本願なる第十八願の真実、第十九・二十願等の方便仮の願等あるゆえ、その報仏土浄土の中に真仮が分かたれるのである、しかし、真仮みな大悲真実の願海(第十七・第十八・第十一・第十二・第十三願等)、その根本たる第十八願の選択本願に報いて成就された真報仏土中の存在であって、仮方便の化身土は次巻に明かす、との意向を示すのである。第十七・第十八・第十一・第十二・第十三の真実五願が大悲の願として、選択本願なる第十八願より開かれた五願であるとすることは、行巻の正信念仏偈の前の文などを中心にみられるところで、その下の六四頁三行補注、さらには真仏土巻始めの一六一頁四行補注の下を参照されたい。四十八願全体を第十八願の誓いとすることは、真仏土巻の次上に引用する善導の観経疏玄義分の文意や、この意を承けて展開する親鸞書写の西方指南鈔(上の本・末)(古本漢語燈録巻七・八所収の逆修説法)、同書写と伝える三部経大意(以上は、石井教道編、法然上人全集、真宗聖教全書四、親鸞聖人全集等所収)などの法然の第十八願を本体・根本とするとの説明、あるいは次の化身土巻の第十九願について、「仮あり真あり」(二〇〇頁)とし、第二十願について「真実あり方便あり」(二〇三頁)と示す理解を顧みられたい。末燈鈔の第二章に「第十八ノ本願成就ノユヘニ阿弥陀如来トナラセタマヒテ不可思議ノ利益キハマリマシマサヌ御カタチヲ天親菩薩ハ尽十方無碍光如来トアラハシタマヘリ」との意向は、上のような見解を整えて示すものである。したがって、次の化身土巻に明かされる方便化(仮)土は、真実報仏土中の方便化身土なのである。真実報仏土以外にある化身土ではない。かような見解は、中国などにみられた一般的化身土観とは異なるもので、親鸞の兄事した同門隆寛(一一四八—一二二七)の極楽浄土宗義や具三心義などに近い見解が示されるが、親鸞の救済体系の教義構造の中に示されてきた独特のものと考えられる。

「**選択本願の正因に由りて、真仏土を成就せり**」等以下は、上に述べたような全般的意向を含めて、選択本願なる根本願の第十八願の正因により真仏土が成就されていることを明らかにして、**大経**や**浄土論**などの指示を証明に出して、往生即成仏の真仏土の絶対救済的な存在性を簡明に整えて明らかにするのである。そこには、第十八願を根本願とする大慈悲願海成就の報仏土果海としての、前真実五巻に示す往相廻向の教行信証と還相廻向の往還にわたる救済摂化展開の根源界としての意義を明らかにされる。しかもさらに、「**仮の仏土とは、下にありて知るべし**」と示して、化身土巻に明かす第十九願・二十願の方便仮の救済の誓いに報い結果される仮の仏土に言及することによって、第十八願海に結果される真実報仏土の正覚果海より方便仮の救済摂化も展開されることを明らかにして、真報仏土の救済の意志が、如何に、あらゆる段階の人にも及ぼされる絶対的な大慈悲救済界であるか、その真仏土の存在意義を強調するのである。「**良**《まこと》**に仮の仏土の業因千差なれば**」等と述べて、下に明かす第十九願や二十願の自力の諸行や自力念仏の実践の因は、自力なるゆえ実際の行業が千差万別であって、その結果としての化身土の報いも、内容的には、千差万別であるにもかかわらず、真報仏土は、絶対他力廻向の万人共通する一の信心、他力一行の称名念仏によって、万人平等の無上の一果を得せしめられることを明らかにし、かようにして、よってもって、「**真仮を知らざるに由りて、**

如来広大の恩徳を迷失す」等と結論的に述べて、真実他力廻向の念仏(行信)に生かされることが如何に歓喜し感謝すべきことであるか、多くの人は真実他力の信による真実の生き方を知らざるゆえ、自縄自縛(じじょうじばく)の無限の苦悩に沈んでいるのであるが、今はかようなすべての人々を真に無限の苦悩より解き放つべく真仏土の存在の意義を明らかにし、もって、浄土真宗の救済の意義を鮮明にして真宗の正意を述べ、すべての人々に、この真宗の法を勧めるのであるとし、終わるのである。

至心発願の願、至心回向の願…(一八八2・4)　の標挙は、坂東本では他筆かと推測される向《む》きもあり、西本願寺本は表紙が欠けて有無が明らかでなく、親鸞の手持本としてあったか、どうか疑われないではない。しかし、建長七(一二五五)年書写の高田本や、康永二(一三四三)年存覚延べ書きの延文五(一三六〇)年善如写本などの古写本には表紙裏に記入するゆえ、親鸞在世中より書き入れられていたと考えることが穏当であろう。これまでの各巻の表紙裏の標挙がその一巻の内容の全体の標示であったように、この標挙は化巻の主要部分の意向を標示するものである。信巻の標挙の「至心信楽の願、正定聚の機」なる袖書きの下で注意した(七一頁一一行補注)ように、唯今の標挙は正しく信巻のそれに応対せしめられている。しかも、今「雙樹林下往生」「難思往生」等が加えられているのは、真実の証果「難思議往生」(証巻)に応対する方便仮の証果を今は一括して説き示される意向を標示されるのである。至心信楽の願なる第十八願を根本とする前真実五巻の五願開示の教行信証真仏土に応対して、至心発願の願なる第十九願による観経開説の教行信証化身土、至心廻向の願なる第二十願による阿弥陀経(小経)開説の教行信証化身土を明かすとの意向を示されているのである。ただ、化身土巻の内容は前真実五巻の教の意義を明らかにし、区別して勧める意味で述べられるゆえ、以上の第五巻真仏土に応対して、まず方便化身土を打ち出し、結果の明らかに区別される面より述べ始めて、その化身土に往生する方便仮の教の内容が如何なるものであるかを解明されてゆくという叙述であって、その辺、前真実五巻の叙述の順序とは必ずしも一致しないのである。しかし、教行信証が、かような三願(十八・十九・二十)、三経(大経・観経・小経)の体系を中心に、その真実の救済構造を組織的に明らかにしてゆこうとすることは、親鸞独特の大乗仏教的な体験の深化の中より打ち出されたものとして注目すべきであろう。大経・観経・小経の三経は法然が善導の意向などを承けて浄土教の正しく依るべき正依の三経として選択集の中にとくに明確に規定し用いた所である。

謹んで化身土を顕はさば…(一八九3)　まず前巻の真仏土に照応して、第十九願要門・第二十願真門の自力心の行者の往生する化身土につき、全般的に一括して明かすのである。前巻の終わりに示したように、化身土といっても、速やかに自力に執着する往生人を真仏土の人たらしめようとする弥陀の絶対他力救済の第十八願の根本的な大悲摂化の意志に報いる、真実報仏土中の応現としての方便仮の化身土なのである。化身土というのは方便仮の誘引(みちびき引き入れる手だて)の応化した仏身と仏土という意味である。その化の仏身は観経の第九真身観の阿弥陀仏であり、化土は観経全体に説き示す浄土であるというのである。下に説き示すように、親鸞は善導・法然の観経の理解により、さらに進展せしめて、観経は表面的(顕説)には第十九願の誓いにより定善(阿弥陀仏および浄土を心を定めて観念すること、前十三観)・散善(普通の散心で菩提心を起こし読経する等の諸善を修すること、後三観)の二善の実践による弥陀浄土往生を説き、裏面(隠彰)では第十八願の真実の他力念仏一行往生を説き、表面の顕説は方便の仮りの真実へ誘引する説法とみるのである。その表面の顕説の方便誘引の説法の前十三観の定善の説法では、(1)日想観(2)水想観(3)地想観(4)宝樹観(5)宝池観(6)宝楼観等の、浄土の土地や樹木や池や楼閣といった建築物などについて観念し、さらに(7)華座観(8)像観(9)真身観(10)観音観(11)勢至観といった、阿弥陀仏の真身を中心としての華座や仏像や阿弥陀仏に附侍する観音や勢至を観念するなどして、弥陀浄土中の人になるように観念を深め、浄土へ近づく実践を進めてゆくことを説くのである。また散善の説法は上上品より上中下三品にわたり下下品に至るまで、三観(十四・十五・十六観)九品に分かって、各品に応じて、浄土願生のための発菩提心や読経・持戒・念仏の実践や臨終の来迎、往生後の九品の浄土の状態などを説き示すのである。したがって今は、かような観経の方便誘引仮の説法の中に説き示される浄土中の中心者である第九の真身観の阿弥陀仏が化身土の仏であり、その仏を中心に定散二善十六観にわたり説き示される九品の浄土などが、その化土である、というのである。

菩薩処胎経巻三の懈慢界説(大正蔵一二、一〇二八頁上段)は、下に往生要集下巻の大文第十の文を引用される意向によれば、それによられたことが推測される。阿弥陀仏の浄土にゆく途中にある快楽きわまりない国と説かれている。大経の疑城胎宮は、下にその胎化段の文を引かれるゆえ、それによられたことは明らかであるが、大阿弥陀経の巻下や平等覚経の巻三の三輩の往生を説く中で、中下の二輩のものが阿弥陀仏国には生ずるが信決定せず国界の辺鄙《かたほとり》の七宝城の快楽にとらわれて阿弥陀仏の所に至らず五百歳とどまる、と説き示すゆえ、これらの意向も参考にしたものかとも推測される。疑城という語は、正しくは楽邦文類第一の守護国界主経(大正蔵四七、一六一頁上段)によるという下に出している。

以下の引用文に、化土の状態を示す意味で、大経の第二十八願の見道場樹の願の成就文の「道場樹は、高さ四百万里なり」(一九〇頁)等の文を出し、唯今示す観経の第九真身観の仏が「仏身の高さ六十万億」等と有限的に示し、その九品の浄土また各品の実践に応じて九品の差別ある有限性をもって説き示される如き意向に顧みれば、真仏土を「不可思議光如来、無量光明土」として無限性において語ろうとされたことと彼此応対して、化身土を、前巻の終わりに「良《まこと》に仮の仏土の業因千差なれば、土もまた千差なるべし。これを方便化身・化土と名づく」と示されるように、自力の信行の実践に応現する無限なる報仏土中の千差万別の有限の状態を示す方便仮の浄土とみられたと理解される。

教行信証よりは後の製作と推測される、建長七年(八十三歳)八月の奥書や、康元二年(八十五歳)三月の奥書のある三経往生文類の略本や広本になると、大経の三輩や見道場樹の願の成就文、往生要集に示す処胎経の懈慢界の文などは、第十九願の成就文、観経顕説の教説として取り扱われているゆえ、真身観の仏、九品の浄土、懈慢界などは第十九願の自力諸行の実践に応現する化土であるとみ、また大経胎化段の疑城胎宮を説く文は第二十願の成就文とされているゆえ、今の疑城胎宮は第二十願の自力疑心の念仏者の実践に応現する化土であると見なされていたかと考えられる。かような意向の反映が、建長七年の奥書のある、愚禿鈔の上巻には「一には疑城胎宮、二には懈慢辺地」と示し、また同年の消息末燈鈔第二章にも懈慢辺地と疑城胎宮とを一応区別して述べられている。教行信証の場合も、後に要門の行信などを明かす下で「胎生・辺地・雙樹林下の往生なり」(二〇一頁)と示し、真門の下では「仏とは即ち化身なり。土とは即ち疑城・胎宮これなり」等(二〇四頁)と明かされている。「辺地」の語は大経下巻にも出し、それは必ずしも疑城胎宮などと区別しがたい。かような意味で、大経胎化段に示される疑城胎宮などは比較的に第二十願真門の化身土に近く、辺地懈慢、真身観の仏、九品の浄土等は第十九願要門の化身土に近い意味で理解されていたと了解しておきたい。いま教行信証の初めにおいては、以下の引用文によっても明らかなように、第十九・二十願、要真二門の浄土を合して方便仮の化身土として示されていると考えられる。

しかるに濁世の群萠、穢悪の含識…(一八九6) は、まず第十九願を中心に要門開説の意義を明らかにし、さらに経論釈文を引き、化土の状態を全般的に解明するのである。「**しかるに濁世**」等は、まず自釈をもって、濁世の穢悪の多くの人々が現在、かつてのインドの六派哲学に関連する九十五種の邪道とみなされる如き邪偽(一〇八頁(信巻)、二二六―二五五頁(化巻)等参照)なる迷信的な宗教の道を捨てて、半字教小乗とか満字教大乗とか、権方便の教、真実の教とか種々に位置づけられる仏教の諸法門には入ったけれども、真実なるものは甚だ少なく、真実ならざる虚偽なるものが大変に多いゆえに、釈尊は少善根福徳因縁(小経参照)としての価値しかもたない福徳蔵としての諸善行による浄土往生の要門の道を観経に開説し、阿弥陀仏はその釈尊開説の根源となる第十九願の誓願を発起されて迷いの人々を教化し、真実他力念仏の人となるべく方便誘引される、というのである。したがって、この自釈は、最初に明かした方便化身土に往生する法門である第十九願要門福徳蔵の開説の意義をまず述べるのである。福徳蔵は小経の「少善根福徳の因縁」(二〇六頁)の語により名づけられたと推測されるが、第二十願の真門の自力念仏の教を功徳蔵と名づけ(二〇五頁)、第十八願の真実弘願他力念仏の教を福智蔵と名づけて、福徳蔵・功徳蔵を方便蔵として応対せしめられる意向(六四頁(行巻終わり)参照)のあることを注意しておきたい。またこの下の親鸞の自釈の背後には信巻の真仏弟子釈下(一〇二頁以下、一〇八頁参照)の如きに端的に示され、教行信証全体に打ち出される、宗教一般についての真・仮・偽相対し簡《けん》別する宗教批判構想のあることを考えて理解していただきたい。

「**修諸功徳の願**」等の願名は、いずれも、次に出す第十九願の文によってつけられた十九願名である。諸の功徳を修して(**修諸功徳**)、至心に発願し(**至心発願**)浄土往生を願えば、臨終にその人の前に現われ導いて生まれさすべく(**臨終現前・現前導生**)、来迎し引接する(**来迎引接**)との願であることを示すのである。修諸功徳と至心発願は親鸞の名づけるところである。臨終現前は静照(—一〇〇三)の四十八願釈に、現前導生は智光(—七八〇頃)の無量寿経論釈に、来迎引接は真源(一一三頃)(了慧の無量寿経鈔参照)や法然の法語(西方指南鈔上本等)などにみられるところである。

「**ここを以て大経の願に言はく**」等は、第十九願文を出し、**悲華経**のそれに相当する無諍念王の願文を出し、その願成就の文は大経下巻に説く**三輩**の修善念仏臨終来迎往生の文であり、**観経**の**定散二善九品**の臨終来迎往生を説く文であるとするのである。この臨終来迎が平安朝浄土教の一特色であったことはいうまでもなかろう。

「**また大経に言はく、また無量寿仏のその道場樹**」等以下は、経釈文を汎《ひろ》く引用して化身土の相状を詳《つまびら》かにするのである。この下は大体第十九願要門の開説について説き明かす下であるゆえ、化身土も要門の浄土につき引用文をもって説明すべきであるが、上にも言及した(一八九頁三行補注)ように、大経の胎化段の文なども引用して真門の化身土と合わせて説き示されている。その辺り、三経往生文類を顧みれば明らかである。最初の大経の第一文の「無量寿仏のその道場樹」等の第二十八願見道場樹の願成就文等は、主として、「道場樹は、高さ四百万里なり」と示されるように、第十九願要門の往生人の往生する化身土の状態を明かす意味で引かれていると理解される。それは三経往生文類の見解によればより明らかである。讃阿弥陀仏偈和讃に「七宝講堂道場樹　方便化身ノ浄土ナリ」等とあるも顧みられる。この引用文中、三法忍を得ることを説き、「**無量寿仏の威神力の故に、本願力の故に**」と説き示す辺りは、この化身土がまた第十八の本願力により成就される真実報仏土中の存在であることを示唆するものかと考えられる。大経の第二文の「**また言はく、それ胎生**」等は、胎化段の文で、次の**如来会**の文とともに、それは、三経往生文類の所見によれば、第二十願の成就文として、真門の疑心自力念仏者の往生する疑城胎宮の化身土の意味を主として示されることが窺われる。もちろん、今は要門の化身土の意味にも合わせて示されていると考えられる。疑惑和讃二十二首を参照されたい。大経の第三文「**大経に言はく、もろもろの小行の菩薩**」等は、次の如来会の文とともに、少善根福徳の要門の諸行往生者について引用される意味が強い。**光明寺善導疏**の文と**憬興**の述文賛の文は、三経往生文類によれば、第二十願真門の化身土を主として示すものとみられる。善導疏の「華に含《ふく》みて」(含華)は観経の要門の九品含華の浄土に近い表現かも知れない。疑惑和讃「本願疑惑ノ行者ニハ　含花未出ノヒトモアリ」等は正しくこの善導疏の意によるものである。**首楞厳院源信**の**往生要集**の巻下大文第十の懈慢国の文は、三経往生文類によれば、第十九願要門の化身土の示す意味が強い。この往生要集の文意により、行巻の終わりの正信念仏偈に「専雑の執心　浅深を判じて　報化二土正しく弁立せり」(専雑執心判浅深　報化二土正弁立)(六七頁)と示されていることは明らかであろう。以上の経釈文によれば、要真二門の化身土の相状はだいたい了解されるであろう。けだし、上引の大経の胎化段の文は、「化生の者は智慧勝れたるが故に、その胎生の者はみな智慧なきなり」(一九一頁)と示し、次の如来会の文とあいまって、疑心自力念仏胎生者(仮)と他力念仏化生(真実)者と真仮を対比して、その得失を明らかにし、真実の他力念仏を勧める意向を示されていることを注意したい。

したがって、かように経釈文を引き終わって、次に「**しかれば、それ楞**

厳の和尚の解義」等と自釈を展開して、往生要集の大文第八念仏証拠門の意味により、懈慢辺地胎生の化身土のとざされた不自由な往生でなく、第十八願の絶対他力念仏による真仏土の絶対自由即平等の悟りを得ることを勧めるのである。往生要集が全般的には広く念仏、諸行の往生を説きつつ、終局的には第十八願の他力念仏を説き勧めると、かく念仏証拠門などにより主張することは、師法然の「往生要集略料簡」(または釈)(漢語燈六)などの広・略・要三例の見解を親鸞がいま承けて主張するものと考えられることを注意したい。

この下で、坂東本は、大経の小行菩薩文、次の如来会文・光明寺善導疏文等約六十字、四行余りが切り取られて脱落しており、憬興の文は首楞厳院要集文を記する袋綴じ紙を切断した紙背に補記された形式の記入となっておる。また楞厳院の要集の文の中で、「かるがゆへに懈慢国に生ず」(一九三頁)の次の、原漢文で「也若不雑修専行此業此即執心牢固定生極楽国」(なり。もし雑修せずして、専らこの業を行ふは、これ即ち執心牢固にして、定んで極楽国に生ぜむ)の二十字は上段欄外への補記であり、さらに、「しかれば、それ楞厳の和尚」等の自釈につき、「者夫按楞厳和尚解義……濁」の原漢文で四十七字は袋綴じ切り開きの紙背に記入されている。それにつづく、原漢文で「世道俗善自思量已能也応知」(世の道俗、よく自ら己が能を思量せよとなり。知るべし)の十二字が、次の「問ふ、大本の三心」等を記する袋綴じ紙の切り開きの紙背に記入されておる。これらも上段欄外補記もやや後の記入かと推測される。憬興の述文賛が補記されている形式は真仏土巻の終わりの十二光の釈文の場合と等しく、注意される。

問ふ、大本の三心と観経の三心と…(一九三12)　特別に問答を設《もう》けて、観経開説の第十九願要門の三心の意義の解明を中心に、その実践行業一般の意義をも明らかにして、化身土への往生の方便仮の実践行業の内容が如何なるものであるかを説き示し、もって上の信巻の問答を中心に行巻にわたり明かす第十八願弘願の真実他力念仏の実践内容に応対せしめ、仮を廃捨して真実の実践につくべく意図するのである。この巻の最初に、「至心発願の願、至心回向の願」等と標示して、第二十願真門とともに、「至心信楽の願」と標する信巻の第十八願弘願の信に対応せしめた、その意向を正しくいま明らかにするのである。かような意図を明らかにしてゆくために、まず善導の観経疏に示す特異の観経観によって、観経に隠(隠彰)・顕(顕説)があるという立論より始めてゆくのである。善導の疏においては、観経は始めより順次に読んでゆくと、王舎城の牢獄中の韋提《いだい》希夫人に対して、釈尊が定(観念)・散(散心の諸善)二善十六観要門の自力諸行を説き浄土往生を勧められたが、終わりに至るや「持二無量寿仏名一」と示して、第十八願の弘願他力称名念仏往生を結論的に実践すべくとくに勧め、その意味で、終わりより一経全体を逆にみてゆけば、第十八願の他力念仏を説かざるはない、という見解を示しているのである。法然は選択集の第十二章などを中心に、その意味をさらに強調したのである。したがって、親鸞は、その意向を承けて、上(一八九頁三行補注)にも言及したように、観経には隠・顕の両説のあることを、善導の観経疏の文などを引証して、まず主張してくるのである。すなわち、「顕と言ふは」として、観経は、顕説の表面では、各人が自力で各別に異なる三心の信心を発起して定・散二善三福の諸行を実践して浄土を慕い忻《ねが》って願生する要門の法を説くのであるとし、次に、「**彰と言ふは**」等と示して、しかし、隠彰の裏面では、第十八願弘願の万人に共通する他力廻向の一心の念仏を説き示し、これこそ釈尊の微咲されて本意であることを彰わし、韋提が特別に西方浄土を選んだ正しき意図に応じて阿弥陀仏が大慈悲の第十八願の本願による救いを開き明らかにされた本旨とするところなのである、というのである。かような隠・顕の二意ある含みをもって、隠彰の意味によって述べるのが、総節の始めの「しかれば則ち、浄邦縁熟して」等の叙述である。観経は表面的には、かような親切さのこめられた方便誘引の仮の説法が展開されているというのである。かような意味で、「**ここを以て経には教我観於清浄業処と言へり**」等と示して、以下十三文を出して、顕説要門の説法の経文それ自体のところに隠彰弘願の意味を示されていることを実証的に明らかにし、もって、隠彰の意味によると大経の三心も観経の三心も異ならないと結論づけるのである。かようにして、次に、「**しかれば光明寺の和尚の云く**」等と、善導の観経疏玄義分以下、序分義・散善義にわたる八文、礼讃の二文、観念法門・法事讃各一文、般舟讃二文、論註一文、安楽集二文など、十七文を引用して、第十八願弘願の念仏の教に応対しつつ、第十九願要門観経顕説の教やその信心・行業の実践内容などにつき具体的に明らかにしてゆくのである。**観経疏玄義分**の、第一文・第二文は、観経に釈尊開説の要門観仏(観念)三昧中心の教と阿弥陀仏の顕彰される弘願の念仏(称名)三昧中心の隠・顕の両説のあることを明らかにし、同**序分義**の第三(また如是と言ふは等)、第四(欲生彼国者等)文は、観経の定・散二善の要門の説法がどこまでも一切衆生の意図に応じた釈尊の方便誘引の教説として顕開されたものであることを明かし、同**散善義**の、第五三心釈の文(また真実等)は、要門の信・行を具体的に明らかにし、次の第六・七・八の**序分義**の二文(定善は等)と**散善義**の一文(浄土の要等)は、定・散二善の教が方便誘引の教であることを明かすのである。第九の**礼讃**の文は要門の自力の信を明かし、第十の礼讃の文、第十一の観念法門の文は要門の雑業諸善は真実の得益のないことを明らかにするのである。このうち、観経疏散善義の三心釈文(「また云く、また真実に二種あり」等以下)(一九六頁)や、礼讃の三心釈文(一九八頁)など、信巻の引用と相応じて相互に出没・改点等があって、如何に今の要門の信・行が、真実を自らが起こして、廻向発願して願生するという自力の信・行の実践であるか、ということを明らかにしようとされているか、自(おのずか)ら窺いうるであろう。また礼讃の第二文では(「また云く、もし専を捨てて」等)(一九八頁)自力の諸行雑業(ぞうごう)を修するものは十三の失(失うところ即ち欠点)があると示す中の九失までを出すのである。後の四失の文は真門下の終わり(二一四頁)に出し、専修念仏に四つの得(得益)があるとする礼讃の文は行巻(三八頁)に出し、その間、同一の連続する文をかように分散引用して、如何に他力念仏・自力諸行・自力念仏の実践的意義を解明しようとされているか、容易に忖度しうるであろう。第十二・十三・十四文である「また云く、如来五濁」等以下の**法事讃**の二文、**般舟讃**の一文等は、要門の自力諸行浄土往生の教えが、如何に聖道門自力仏教の中に出された、それらの人々を誘引し浄土を願わしめようとする方便誘引欣慕の教えであるか、その辺の意味を明らかにしようとする引意が窺われる。次の第十五の**論註**の一文、第十六・十七の**安楽集**の二文など、凡夫人天の自力の実践といったものが如何に真実の実践たり得ないかを明らかにして、末法時代の今時、浄土の他力の一門にこそよるべく勧め、聖道門を捨てるはもちろん、浄土門の要門も、なお方便誘引忻慕といった仮の教えの段階にとどまるものなることを、引証するのである。

以上の中で、善導の観経疏散善義の三心釈文が終わって、次に引く、「また云く、定善」等の序分義二文と散善義の一文と礼讃の「また云く、観経の説のごとし」(如観経説)(一九八頁)に至る短文は袋綴じの切り開きの紙背に補記された部分である。さらに、次の礼讃の文の終わりの「真心徹到」の「徹到」より以下、観念法門一文、法事讃一文、般舟讃二文と次の「論の註に曰く、二種の功」(一九九―二〇〇頁)に至るまでは袋綴じ切り開きの補記である。

かようにしてか、さらに「**しかるに、いま大本に拠るに真実方便の願を超発す**」等と、さらに自釈を展開して、三経の真仮を総括的に論じ、要門の根柢の第十九願意に溯り、観経開説の要門の教・行・信・証に具体的に言及し、さらに聖道仏教全体の中に浄土門を位置づけるなどして、横超他力浄土真宗の第十八願の他力念仏一行の実践に対比して、第十九願要門の実践である行信の内容が如何なるものであるかを具体的に詳細に解明して、終わるのである。この下で、「**しかるに、いま大本**」等は、まず、三経の真仮を明らかにするのである。観・小二経の隠彰の意によれば大経と一致して選択本願第十八願の他力念仏を明かし、観経・小経の顕説では方便仮の自力諸善・自力念仏を明かすというのである。今は観経隠顕を論ずる下なるゆえ、小経意は略して「三経の方便は、即ちこれもろもろの善根を修する」等となすのである。次に「**これに依りて方便の願を按ずるに**」等と述べて、第十九願は誓願自体の内容につけば方便仮であるがその願の根柢意志につけば真実第十八願絶対他力救済に意あって(一八五頁三行補注)、それは真実への方便誘引の仮の願であると明かし、その方便仮の誓いの行・信について述べるのである。しこうして、「**この願の行信に依りて**」等として、第十九願意を開説する観経の顕説要門方便権仮の教の実践行に正業・助業・雑業の三行があり、正・助二行の五正行の実行につき専・雑二修がある等のことを述べて、さらに自力各別の要門の信や往生の証果などに言及するのである。かくして、「**またこの経に真実あり**」等と示して、第十九願の根柢の意志に応じて、開説の観経にも隠彰真実があって、隠彰では、大経と等しく、第十八願の三心即一心の信楽なる信心正因を説き、その点、小経の真実の一心を説くのとも一致するというのである。

次に、「**宗師の意に依るに**」等以下は、善導の観経疏の玄義分・定善義などの文意を参照して、自力聖道仏教の如く、無相空の理念に自らの修行の力でこの世で体達し悟ろうとすることの困難なることを説きつつ、それらの聖者的な修行道が、すべて難行道で、人々を浄土門へ誘引しようとする自力の利他教化地である方便の権(か)りの道であって(末燈鈔第一章参照)、浄土門は安養浄土へ他力で往生し証果を得せしめられる易行道であることを明らかにし、この他力易行道の浄土門の中に、第十八願の弘願の教のように絶対他力念仏を実践する、行巻の中に明かした如き、横超浄土真宗の教があり、また自力諸善行である、雑行・雑修正助二業を修する如き横出の要門の教があることを解明して、もって観経顕説要門の教えの位置づけを明らかにするのである。かようにして、さらに「**それ雑行・雑修その言一つにしてその意これ異なり**」等と示して、要門の実践行である雑行・雑修につき、その実行に当たって専心・雑心などのあることなどを論じて、雑行と五正行専雑二修について詳細な区別を示し、最後に、それらの実践行がすべて、辺地胎宮懈慢界の化身土への往生行たるほかないことを明らかにし、要するに、大経・観経二経の三心は顕説の意味では異なり、隠彰の意味では同一であるとして、大経・観経の一異の問答を終わるのである。

この要門下の要門の自力の信心を中心にしての正雑二行論の繁雑とまでみられる分別は、法然の選択集の二行章や大経釈(漢語燈一)の下で、善導の深心釈下の就行立信の釈(化巻では、一九七頁参照)や、往生礼讃の専雑二修論(同上、一九八頁参照)などによって、称名一行専修の主張を展開する、その意向を承けて必然的に示されてきたものかと推測される。もちろん親鸞の絶対他力廻向の立場よりの再分別で、法然の場合とはかなり内容の理解が異なってきておる。法然では、雑行は雑修であり、五正行の正行は専修である。親鸞の場合は、雑行は弥陀行ならざる雑業であり、正行は専ら弥陀につく行で、その中に専雑二修が実践的に分かたれる。法然門下としての同門では、長西の著とされる専雑二修義の理解などを顧みられたい。なお、この要門の信・正雑二行の見解については愚禿鈔下巻の理解を参照されたい。

則ちこれ悪人往生の機、即ちこれ未来の衆生、往生の正機(一九四4・7)　『歎異抄』に「善人なをもて往生をとぐ、いはんや悪人をや。しかるを世のひとつねにいはく、悪人なを往生す、いかにいはんや善人をやと。この条、一旦そのいはれあるにたれども、本願他力の意趣にそむけり。そのゆへは、(中略)煩悩具足のわれらは、いづれの行にても生死をはなるることあるべからざるをあはれみたまひて、願をおこしたまふ本意、悪人成仏のためなれば、他力をたのみたてまつる悪人、もとも往生の正因なり。よて善人だにこそ往生すれ、まして悪人はと、おほせさふらひき」とあるのは、親鸞が語ったところを唯円の筆録した一節で、悪人正機説と呼ばれ注目をひいているが、ここで示されたような形での悪人正機説が、親鸞の筆をとって著作したものには見当たらず、醍醐寺本『法然上人伝記』に「善人尚以往生、況悪人乎事、口伝有レ之」とあるところから、法然の言葉をそのまま祖述したとする見解もあり(松本彦次郎)、『後世物語聞書』の「いはゆる弥陀の本願はすべてもとより罪悪の凡夫のためにして聖人賢人のためにあらず」とあるのから示唆せられて成立したとする見解(家永三郎)、さらにこれが覚如の『口伝抄』にも見えるところに着目し、覚如の教団確立と結びつけて考える学説(田村圓澄)も出ているが、古田武彦は、『教行信証』にこのように、「未来衆生」すなわち末法の衆生たる「悪人」を「往生正機」とする明文のあることを引き、悪人正機説は親鸞自身の著作中に正説されているとする。九七頁八行補注参照。(家永)

また問ふ、大本と観経の三心と小本の一心と、一異いかんぞや…(二〇三15)　上の大経・観経の三心一異問答に応じ続くものとして、大経・観経の三心と小経の一心(信)との一異問答を展開し、小経にもまた隠顕のあることを論じて、第二十願真門の信の意義の解明を中心に真門一般の実践的意義を明らかにし、よってもって、三経に明かし勧める信が如何なるものであるかを、結論的に明らかにするのである。したがって、化身土巻の最初に標示した「至心回向の願」等の標示に相応じて、この下の解明は進められ、第十九願要門の信とあいまって、第十八願弘願の他力の信を解明するという教行信証の中心骨格を形成するのである。まず、「**いま方便真門の誓願について**」等と示して、小経開説の真門の根源をなす第二十願を出し、「**真実あり方便あり**」と説明して、第十九願の場合(二〇〇頁)と同様に、第二十願の根柢には第十八願真実の救済意志の流れていることを明らかにし、かような根柢意志より出された方便誘引の誓いが、正しく第二十願の、善本徳本の称名念仏を自らが至心に廻向し欲生する信をもって実践すれば、浄土に往生することを果たしとげるという、真門の方便の教を開出する誓いだというのである。それは、自力廻向の信をもってする自力称名の行の実践という自力の行信なるゆえ、往生は難思往生であり、証果の仏土は化身土・疑城胎宮であると、真門の教・行・信・証に言及するのである。かようにして、まず第二十願意を中心に真門の教・行・信・証一般を明かし、次に、「**観経に准知するに、この経にまた顕彰隠密の義あるべし**」等と述べて、観経に準じてまた小経に隠顕のあることを論ずるのである。この隠顕を論ずる下で注意されることは、その顕説義の解明に当たり「**経家は一切諸行の少善を嫌貶して……自利の一心を励まして**」等とあるが、これは小経の修因段に「不下可以二少善根、福徳《ノ》因縁《ヲ》一得上生《ズルコトヲ》二彼国《ニ》一……執二持《スルコト》名号《ヲ》一若《シバ》一日……七日一心不乱《ナラン》」等とある経説によったもので、次の「**経には多善根・多功徳・多福徳因縁と説き**」と示す文も、下(二〇九頁)に元照疏を引き言及するように、小経の一心不乱の念仏に関連した襄陽石碑の小経文であるということと、またその次の「**釈には九品ともに回して**」等の法事讃下巻の文が上の小経の「少善根」等の文に関しての讃文であり、同じく法事讃の「**無過念仏往西方、三念五念仏来迎**」の文は、次の隠彰の下に出す「**直ちに弥陀の弘誓、重**」等の文と連続した一文であって、下に(二〇八頁)、若干略して引証する如くであるということである。さらに、その法事讃の「無過念仏往西方」等の前に続く、前文の「如来五濁に出現して、……種種の法門みな解脱す」の文は、上の観経の隠顕を明かす下の顕説要門の意味の説明下(一九九頁)に引証するのである。「九品ともに回して」の法事讃文の次の小経の「一心不乱」に関連する讃文である「極楽は無為涅槃の界なり。……教えて弥陀を念ぜしめて」等の文は、また下(二〇八頁)に引き、小経顕説真門意の証明とするのである。かような親鸞の、小経の一心不乱の文などを中心とする法事讃文の分断引証の証明に顧みれば、小経の顕説は、観経開説の要門の諸行諸善の実践者に応対しつつ、諸行諸善を少善根としてしりぞけ、自力の一心不乱の称名念仏を善の本であり徳の本であり、多善根多功徳であって、臨終には来迎ありとして勧める如き、方便誘引の教説であると示されていることが理解される。しかして、その隠彰意は、不可思議難信の第十八願の弘願の他力の唯一無二の一心の信心の念仏を勧めるとするのである。「**直ちに弥陀の弘誓、重なれるに為(よ)りて**」(直為弥陀弘誓重)等の法事讃の文については一念多念証文の釈を参照されたい。かくして、かような隠彰弘願の他力念仏を説くところに、釈尊が阿弥陀経を説くに当たって、問い無くして積極的に終始説かれた無問自説の経としての出世本懐の意味がみられ、諸仏の証明し護会される正しき意向があるとするのである(一多証文参照)。さらに「**ここを以て四依弘経の大士**」等と述べて、かような隠彰他力念仏を勧めるために、大・観・小の三経の意によられたインド・中国・日本の三朝にわたる七祖などの浄土真宗の念仏の勧めがあったとして、小経の隠彰の説明を終わるのである。

かようにして最後に、「**三経の大綱、顕彰隠密の義ありといへども**」等と述べて、大経・観経・阿弥陀経の三経は、観・小二経の隠彰の意によれば、終局的には一致して他力弘願の金剛の真心、他力の大信心を説き勧める以外にはないと示して、三経の三心・一心一異の問答を終わるのである。

それ濁世の道俗、速かに円修至徳の真門に入りて…(二〇五4)　上に大・観二経の三心と小経の一心との一異を問答するに当たって、明らかにしてきた小経の隠顕についての、顕説とする第二十願意開説の真門方便仮の教の意味内容について明らかにしてくるのである。しかして最後に(「悲しきかな、垢障の凡愚」等)、三願(第十八願・第十九願・第二十願)転入の救いの開説あることを歓び、仏教者のすべてが(「信(まこと)に知んぬ、聖道」等)、この浄土の三経に一致して開説し勧められる浄土真宗の教えに帰依すべきことを勧誘するのである。

「それ濁世の道俗」等と真門の自力念仏による難思往生を勧めるのは、自力聖道門より浄土門に入るといえども、なお自力諸善行を修して浄土往生を願う要門にとどまる如き人々に対して、善本・徳本の称名念仏しなさいと勧め、自(おのず)から弘願他力に帰入せしめようとする意図が窺われる。

「真門の方便につきて善本あり徳本あり。また定専心あり、また散専心あり」等と述べるのは、正しく真門の内容につき述べるのであるが、真門の実践者は称名を専修しながら、修する信が自力なるゆえ、或は定(さだ)まり(観念する如き場合)、或は散(ち)って(普通の心)、要門の行者の助正二業をまじえ(間雑)修する自力の雑心に近い心で称名するゆえ、その辺の真門の信心の内容に特に注意して明かすのである。したがって、**「良(まこと)に教は頓にして根は漸機なり」**等と示し、真門の教は称名一行専修しなさいと弘願の頓証の教と変わらないのであるが、それを受けとめる根機(衆生)は漸次(ぜんじ)に修して証るような自力の定散のはからいの信で実行するのであって、それは、行は専称一行だが心は定散心まじわり、助正間雑する雑心であり、本願力他力を求めながら仏智の他力を十分信ぜず、自から罪となるか福となるかをつねに専らはからい問題とする、定散自力の信仰心に止まるのである、と自力の信につき詳論するのである。その反面、**「善本とは」**等と真門念仏者に称えられる念仏の名号法は一切善の根本となり、一切の多くの禍(わざわい)をみな無上の徳に転ずる絶対的価値内容をもつものなることを強調するのである。かような教頓(本願力・名号・他力念仏)、機漸(仏智疑惑の自力の定散の信心)といった真門の念仏者を要門自力諸行の実践者と弘願の他力念仏者との中間に細別し体系づけて明らかにすることは、善導の観経疏の要門弘願の説を承け展開した法然の但諸行、助念仏・自力念仏に簡ぶ選択本願他力念仏一行専修の主張(選択集第二章・第四章・第十二章や、大経釈、西方指南鈔上末、和語燈巻二の念仏往生要義抄等、参照)を徹底的に強調した親鸞の主張の場合に、始めて必然的に結果されたものと考えられることを注意したい。親鸞の兄事した同門の隆寛がその著極楽浄土宗義や具三心義などに、親鸞に近い三願三門の体系に近似した救済の体系を早くより示していることも、顧みておきたい。かようにして、

「しかれば則ち釈迦牟尼仏は」等と述べて、この真門方便の誘引の功徳蔵を釈尊が阿弥陀経に開説し、阿弥陀仏がその根源をなす第二十願の果遂(かすい)の願を誓われたと述べ、二十願の諸願名を明かして自釈を一応終わるのである。願名は四名とも大体、二十願の文についての文名であるが、係念定生(真源・法然)以外は大体親鸞の立名といってもよいであろう。しかし、至心廻向の願とすることは親鸞特異の立名であり、果遂(かすい)の願とすることが単に化身土往生という意味にとどまらず、第十八願弘願の法門に転入し真仏土の証果を極めしめるとの意味をもつことは、親鸞独特の意味である。大経和讃第十六首など顧みられたい。なお、この下の理解には、上にも言及したが(一八九頁三行補注)、親鸞が疑惑讃二十三首などをもって自力の疑惑心を特に誡めておることを注目したい。

「ここを以て大経の願に言はく…」は、大経の第二十願文を始めとして、大・観・小の三経や善導の疏文などを汎(ひろ)く引用して、真門の法義の内容を詳らかにするのである。この下の引用文の引意は理解しがたい点が多いのであるが、**大経**や**如来会**の二十願文を引くは、善本徳本の自力念仏者を他力弘願に現世で転入せしめるか、化土に往生して真土に転入せしめることを果遂せずにはおかないとの誓いとみ、第二の**大経胎化段**の文は、真門念仏者が仏智を疑惑する胎生のものであることを明かす引意であることは明らかである。第三の**大経東方偈文**、第五の**平等覚経東方偈文**は、持戒諸善の要門や、善本・功徳の真門の自力念仏を修して始めて弘願他力の正法に入ることができるとして、真門が弘願に転入する方便教なることを示し、観経の**持無量寿仏名文**や小経の**執持名号文**は、観経の要門や小経の少善根要門の者に専修念仏を勧める所に教頓機漸(教は頓にして機は漸なり)の真門の自力念仏のあることを示し、いずれにしても、真門が要門の者を

弘願へ転入せしむる如き自力念仏一行専修の法門であることを引証されていると理解される。「**光明寺の和尚の云く**」等以下、善導の観経疏定善義・散善義・法事讃・般舟讃・礼讃より元照や孤山智円の小経疏に至る諸文は、いずれも要門的な自力修善を捨てて他力の弘願念仏専修に入らしむべく専修念仏を勧め弘願転入を果遂するところに、真門の一心不乱の多善根となる念仏の勧めがあることを明らかにしようとされているかと、忖度される。

「**大本に言はく、如来の興世**」等以下、大経一文、涅槃経三文、華厳経二文、光明寺善導の般舟讃・礼讃・法事讃等の諸文は、値(あ)いがたく見がたい釈尊の出世による真実の善知識としての教化によって、聞き難く、信楽受持することのむつかしい大経弘願他力の信心他力の念仏を得せしめられたのであるゆえ、真実の仏弟子、真実の仏教徒として、自ら信じ、他の人にも信を得せしめて、自力の信に迷うことなく、真に仏恩を報ずる身とならせていただくよう勧めるのである。この下で、信巻に引く涅槃経の信不具足や聞不具足の文とともに、礼讃の自信教人信の文を信巻の終わりの真仏弟子釈に照応していままた引用することなど注意したい。

かようにして、「**悲しきかな、垢障の凡愚**」等と述べて、自他ともに、無始以来、助正二業を間(まじ)え修し定散の自力心のまじえうる要門の段階にとどまり、また本願の名号を自己の善根とする自力疑心の真門の実践にさ迷っていたことを反省し、第十九願の要門より第二十願の真門に廻入し、さらに第十八願の弘願他力の念仏門に転入せしめられたことを喜び、その歓びの感謝の心より真宗の簡要を集めて、この教行信証を書くに至ったと歎述するのである。

かくして、最後に、「**信(まこと)に知んぬ、聖道の諸教は**」等と述べて、大・観・小の三経に説く第十八願弘願他力の浄土真宗の教法は、自力聖道門の諸教が末法の今日、時代的にも人間的にもまったく不相応の教えとなったのに対し、それは、正・像・末の三時に通じて濁悪の生きとし生けるものを平等に救う絶対永遠の大聖釈尊のみずから説かれた真実の説法であることを強調し、大智度論の「法に依りて人に依らざるべし、義に依りて語に依らざるべし」等の四依法の指示の文を引き、末法時代の出家者(道)も俗人(俗)もみな、真実の仏説たる他力真実の念仏法に依るべきことを勧め、要・真・弘三門の法義の叙述を終わるのである。

以上の中で、(1)引用の平等覚経の文の「いまし還(かへ)りてこの正法を聞く」(二〇六頁)は、行巻の引用(二四頁)も、坂東本では、同様であるが、現行の平等覚経の原本では「還」は「逮」となり「いましこの正法を聞くに逮(およ)ばん」とするのが一般的であろう。(2)次に、「光明寺の和尚の云く」の観経定善義の文(二〇七頁)が、坂東本では、「弥陀経の中のごとし」の次の、原文で「一日七日……顕㆓念仏三昧㆒竟」の五十一字が脱落し、(3)さらに次の散善義の文も「また云く」等以下に修正の跡があり、「弥陀経の中に説かく、乃至また……勧めて」(又勧一切凡夫等)の「又勧」の下が、原漢文で四十八字脱落し、「悪煩悩悪邪」より記載される。(4)また坂東本では、この散善義の文の「信を立つと名づくるなり。抄要」(二〇八頁)と、次の「また云く、しかるに仏願の意」等の散善義の第二文との中間に、約百五十字ばかり、削除した跡が残されている。(5)また坂東本では、般舟讃文の「機に随ふて法を説くにみな」(二〇九頁)の次の「益を蒙る。……真門に入れと」が袋綴じの切り開きの紙背記入となっている。

ここを以て…果遂の誓まことに由あるかな(二一四11)　古来、三願転入を述べた一節として名高いが、三願転入が論理を説いた義説であるか、時間的経過を追った事実であるか、また事実とすれば、具体的にどのような時期に比定すべきか、諸家の見解が分かれている。いま、事実と見る場合、吉水入室の時に難思議往生の位に入ったとする説が早くから宗内で行なわれ(崇廓『六要鈔助覧』、僧鎔『本典一渧録』、柔遠『六要鈔指玄録』等。詳細は竜谷大学『仏教大辞彙』参照)、いわゆる後序の「建仁辛酉暦、棄㆓雑行㆒兮帰㆓本願㆒」という一節に徴しても、弘願転入の時は、建仁元年法然の教えに帰依したとき以外に求められないとする見解が現代の学者の間でもなお有力である(宮崎円遵・笠原一男等)。しかし、吉水入室の時に雙樹林往生を出、吉水門下にある間は難思往生の位にあり、真宗建立の時をもって弘願に入ったというように、時間的順序を追って解する見解も宗門にあって(峻諦『大経会疏』)、とくに弘願転入の時期を越後在住の頃に求める説も出ている(山田文昭『真宗史の研究』)。史学者の間では、三願転入と直接結びつけてではないが、寛喜三年に親鸞が三部経読誦の誓願を放棄した事実に注目し、この年、史上稀有の大飢饉のあったことが絶対他力の信仰を確定させたのではなかったかとする説(川崎庸之)、三願転入の告白の直後に「信知、聖道諸教(中略)全非二像末法滅之時機一云々」と末法の機を強調し、二時通塞の引文を掲げた後に「我元仁元年(中略)已入二末法一六百八十三歳也」と記されている文脈の配置にかんがみ、願海転入の「今」が末法計算の起点である「元仁元年」に当たると読むほかないとする説(家永三郎)、同時代の「今」という用語は例外なくその文執筆の現在を指しており、この箇所における「今」を建仁元年に溯及させることはできないとする説(古田武彦)等がある。(家永)

しかるに正真の教意に拠りて古徳の伝説を披く…(二一六1)　上に、三願法門の真仮を論じ、浄土門における浄土真宗の第十八願弘願法門の絶対真実性を明らかにし、聖道門の諸教は末法時代には全く不相応の教であることに言及したので、それに応じて、まず同一仏教といっても、末法時代の今日、聖道門が如何に時機不相応の教法であるかを、古徳の伝説たる道綽の安楽集などによって明らかにするのである。しかしてさらに、巻を改めて仏教を知らない仏教外の教の邪偽性について言及する意向を示すのである。信巻の終わりの真仏弟子釈下において、「真の言は偽に対し仮に対するなり」(一〇二頁)と述べ、「仮と言ふは、即ちこれ聖道の諸機、浄土の定散の機なり」(一〇八頁)と示すのに応対する叙述である。この下で、安楽集を引き、正・像・末三時の意義内容を明らかにして、末法の五濁悪世の今日は浄土一門のみが悟りを得る道だと力説するにとどまらず、次に「**しかれば穢悪濁世の群生、末代の旨際を知らず、僧尼の威儀を毀る。今の時の道俗おのれが分を思量せよ**」と述べ、具体的に親鸞五十二歳なる元仁元(一二二四)年までの仏滅計算をなし、最澄の作と伝える末法燈明記を引証する如き、上述までの親鸞の念仏の体験が俄かに歴史的な現実性の中に浮かび上がらしめられてくるのである。「末代の旨際を知らず、僧尼の威儀を毀る」といった強い抵抗の姿勢を打ち出して、その具体的な内容を末法燈明記の主張に代弁せしめていると理解される。そこには、燈明記の「もし、破戒を打罵(ちようめ)し、身に袈裟を着たるを知ることなからむ、罪は万億の仏身より血を出だすに同じからむと」(二二四頁)(原文は諸本で可なり異同あり)といった如き主張を引き、末法時代には無戒名字の僧が真実の宝(たから)であって、唯(ただ)、称名信心のみにて悟りに入ることができるのだとの主張を引証する如き、当時の国家権力的な統制やそれに従う仏教界の一般常識などに強く抗議する態度が窺われる。したがって、この一段の下の主張は、末法意識の強調によって、聖道門を方便仮とし、浄土門の他力念仏一行専修を強調し、当時の念仏迫害の状勢にきびしく対決していることが忖度される。それは、正しく、最後の後書きの叙述の態度に即応するものである。

このうち、安楽集の引文の第二文の「堅固を得て」(得堅固)(二一六頁)の下は、原文で百三十一字が省略されている。末法計算は大体、末法燈明記によられたのではないかと推測されるが、「二千一百八十三歳……六百八十三歳」は、正確には「二千一百七十三歳……六百七十三歳」である。この末法計算の記述の部分が坂東本では表裏五行ずつの袋綴じとなり、表裏約六行百字くらいを省略された跡がある。「末法燈明記」の原文は、伝教大師全集巻三、真宗全書、日本大蔵経などに収め、別行の刊本もあるが、今の所引文と対比する場合かなり異同が多い。(1)坂東本の「二聖に聴護せらるることを明かさむ」(二二二頁)(被三明聴二護二聖一)は、原文で西本願寺本は「明四被三聴二護二聖一」となり、伝教全集本では(四八九頁)、「彼明レ聴レ護二聖一」となる。(2)「また云はく、もし、破戒を打罵(ちやうめ)し、身に袈裟を着たるを知ることなからむ」(二二四頁)(又云若打二罵破戒一無四知三身着二袈裟一)は、西本願寺本は同じだが、伝教全集本の原文では(四九二頁)、「又大集云、若打二罵破戒無戒、身著二袈裟一罪」となる。(3)また「共に遊行してかの酒家より酒家に至らむ。わが法の中において非梵行を作さむ。かれら酒の因縁たりといへども、この賢劫の中において、まさに千仏ましまして興出したまはむに、わが弟子となるべしと」(二二四頁)(共遊行彼酒家至二酒家一於二我法中一作二非梵行一彼等雖三為二酒因縁一於二此賢劫中一当下有二千仏一興出我為中弟子上)は、伝教全集の原文では(四九二頁)、「当レ有下…共遊行、従二酒家一至二酒家一、於二我法中一作中悲梵行上、彼等雖レ為二酒因縁一於二此賢劫一一切皆当レ得二般涅槃一、斯賢劫中、当下有二千仏一興中出世上、我為二第四一」とある如くである。詳細は中江玄道編『教行信証』および附録等を参照されたい。坂東本は、末法燈明記引用の最後の一頁が半切の切紙となる。

元仁元年(二一七12)　元仁元年は一二二四年に当たり、貞応三年十一月二十日の改元により元仁となった。元仁元年の年時が何故にここに記されているかについては、推測が分かれている。古くから、これを教行信証著作の年とする見解が広く行なわれていた。その後、恵信消息によりこの年が女覚信の生まれた年であることが確認され、これを「沈二没於愛欲広海一」の自歎の文と関連させ、最愛の女の生年をもって正像末三時計算の起点とし、後から記入したとする説(中沢見明)が出たのを始め、さまざまの解釈が出ている。この年は北条泰時の時代に入ろうとする最初の年で、鎌倉武家政権下被抑圧者農民の解放を断念しなければならぬような固定感が生じたであろうことと、またこの年念仏禁断令の出されていることから、親鸞の究極的な立場を導き出した特殊の回想をもって記されたとする説(川崎庸之)、三願転入の文との文脈関係からみて三願転入の完了した年として記されたとする説(家永三郎)、この年、貞応三年五月十七日に延暦寺から専修念仏停止の奏状が上奏され(『停止一向専修記』)、八月五日専修念仏禁制が宣下されたとの記録(『歴代皇紀』)があり、これに着目し、仏教を国権の下に隷属せしめようとする政策を批判するためにこの年『教行信証』の起草を始めたことを示すものとする説(宮崎円遵)、親鸞が釈迦の入滅を周穆王五十一年壬申としていたところから、この部分を草稿本から書き改めた時に最も身近な申歳として元仁元年甲申を選んだとする説(禿諦住・赤松俊秀)、坂東本原本ではじめ「仁」の字が「年」と書かれ「仁」と書き改められていることを指摘し、文暦元年に相当する周穆王五十一年より「二千一百八十三歳」の文字との関連からすれば、はじめは念仏弾圧の年である文暦元年と書こうとしていたが、その発端が元仁元年の延暦寺奏状にあることに気づき、元仁と書き改めたとする説(小川貫弌・笠原一男)、坂東本原物をデンシトメーターで検討の結果、「我元年」は草稿本の単純誤写にすぎず、また、次註に示す冠註の記入年代が天福二年八月六日以前に限定されているのであるから、その冠註と同時、またはそれ以前に書かれた元仁元年の文字もまた右の年時以前に成立していたはずであり、したがってこの文字が教行信証の著作年時を示すものであるという従前の説が結論としては正しいとする説(古田武彦)などがある。(家永)

元仁とは後堀川院諱茂仁の聖代なり(二一七12)　最近坂東本原物のデンシトメーターによる検証の結果、「後堀川」の字体が他の部分と筆蹟を異にし、この三字は親鸞の筆蹟ではなく、最初は「院諱茂仁」と書かれていたと認められ、後堀川を「院」と呼ぶのは、他の書式から考えると、退位後崩までの院政期間、すなわち貞永元年十月四日から天福二年八月六日までの約一年十カ月の期間に限られ、これが坂東本執筆年時を確定しうる唯一の箇所であるとする説(古田武彦)が発表された。(家永)

それもろもろの修多羅に拠りて、真偽を勘決して、外教邪偽の異執を教誡せば…(二一六3)　上述の「邪偽異執の外教を教誡す」(二一六頁一行補注参照)に応じ、さらに信巻の真仏弟子釈下に「真の言は偽に対し仮に対するなり」(一〇二頁)と明かし、「偽と言ふは、則ち六十二見・九十五種の邪道これなり」等(一〇八頁)と示すのに応対して説き示してくる一段である。最初に、涅槃経・般舟三昧経などを引き、仏教以外の諸天神や鬼神に帰依し、余道に入り、日の良し悪しをみるごときことを強く排除するように、大集経・起信論・弁正論等の諸経論釈文を汎く引き、卜占(うらない)や現世祈禱的な宗教行為はもちろん、孔子の教えや老子の教えなどを参酌する中国的な宗教である道教的な教えに帰依することも邪偽の教に入るものとして強く排するのである。悲歎述懐和讃に「五濁増ノシルシニハ　コノヨノ道俗コトゴトク　外儀ハ仏教ノスガタニテ　内心外道ニ帰敬セリ」等と、四・五首にわたって述べるように、それは、親鸞自身の内的反省悲歎を通して、仏教を真実に知らざる日本宗教界の迷信邪教的な現実を深くとらまえて、その主張を展開するものと理解される。それは、もちろん仏道への帰依、他力念仏への帰入を強く勧める意図に立っての主張である。

大集経の文は十文ばかり引くが、要するに、この世界護持の諸天諸神いずれも諸天神の悪道・悪鬼神の道を捨て仏法に帰依することを説いて、仏道への帰入を勧める意味で引用されていると理解される。その第六・七文の中には現世利益和讃五・六・八首等に相応する意向もみられる。仏道に帰依することが如何に利益されることが多く、仏教者への迫害が如何に悪報を受けるか、釈尊は如何に濁悪の血潮にみつるこの世界に仏教を説かれるに至ったか、といったことなども示される意向が窺われる。次の（二四四頁）、**華厳経**の文、**首楞厳経**の文、**灌頂経**の文、**十輪経**の二文、**福徳三昧経**の文、**薬師経**の二文、**菩薩戒経**の文、**仏本行集経**の文など、仏教外の邪神外道に帰して、占いや吉凶禍福にとらわれ願うことが如何に恐るべき結果をもたらすかを示し、さらに仏教の出家者は、鬼神を礼せざるはもちろん、父母や国王に向かってすら礼せないほどの尊い価値をもつことを説き、仏道への帰依を迦葉の帰仏の因縁などを説き示して勧めることなどが注目される。**起信論**は外道鬼神の道に迷わされざることを強く説き示し、**弁正論**は、道教的傾向一般に対し、孔老の道は仏道へ入る方便・階梯の意味では存在の意義があるが、所詮それは世間の善にとどまるもので、老子などの邪風を捨てて出世間の唯一の真実道である仏道に入るべく説き勧めるのである。**光明寺善導**の**法事讃**の文以下**論語**に至る諸文が、外道鬼神の道が邪道であって、如何に人生に不幸をもたらすかを力説し、仏道に帰入することを強く勧めることは容易に了解しうるであろう。

(1)坂東本は、「それもろもろの修多羅に拠りて」以下の前に「顕浄土方便化身土文類六」等と、題号・撰号をおいて、巻を新たにするのである。この下、西本願寺本・高田専修寺本などは巻を新たにせず、前の末法燈明記の文に引き続き書かれている。坂東本はこの最初の二枚（大集経の第一文の始めまで）を晩年書き改められている。それは巻を新たにされた結果と推測される。(2)またこの下で、坂東本につき、全般的に注意されることは、大集経の文の記入紙が、全体的に巻き紙の巻子本であったと推測されることである。それも大体、大別二種類くらいあったもので、教行信証製作の際、そのまま（あるいは切断し、あるいは続けたままで）袋綴じの冊子本の体裁に整理し綴られたと推定される。(3)大集経文の次に出される「また言はく、占相を離れて」等の華厳経の文は坂東本に欠けているが、大集経文の最後に「已上○」と小圏（○）があるゆえ、どこかに記入されていたか、または記入漏れとなったものかと推測される。(4)また坂東本では、弁正論の最後、光明寺和尚文のところに削除の跡がある。(5)また坂東本では、終わりの「止観の魔事境」の文と次の「源信、止観に依りて云く」と示す往生要集の文との間に約八行一二〇字ばかりが削除されたと推測される跡がある。

次に、(1)大集経第一文中の（二二七頁）、「わが置くところの法は、その事これ二十八宿および八大星の所行諸業にあらず。汝が喜楽は、是のために、非のためにせず」（我所《カノ》二置《ク》一法其事是《コレ》 不《アラス》二二十八宿及八大星所行諸業《ニ》一、汝《カ》喜楽《ハ》不《ス》下為《タメニ》二是《セノ》一為《ニセ》中非《ヒノ》上）の坂東本などの読みは、一般的には「我が置く所の法、其の事是なりや不（い）や。二十八宿および八大星の所行の諸業、汝喜楽するや不（い）や。是と為さんや非と為さんや」（我所《カノ》レ置《ク》法、其事是《ナリヤ》 不《ヤ》。二十八宿及《ヒ》八大星《ノ》所行《ノ》諸業、汝喜楽《スルヤ》 不《ヤ》。為《ソヤ》レ是《ト》為《ソヤ》レ非《ト》）と読むべきであろう。(2)また次下の（二二七頁）、「皆ことごとく随喜し安楽せむ。われら、善哉（よいかな）」（皆悉《ク》随喜《シ》安楽《セム》 我等善哉《ヨイカナ》）は、一般的には「皆悉く我等を随喜せしめ安楽ならしむ。善いかな」（皆悉《ク》随二喜《セシメ》 安楽《ナラシム》 我等《ヲ》一。善哉《イカナ》）と読むべきであろう。(3)また（二三一頁）、「二つには業報乃至奪命あることを信じて」（二者信《シテ》三有《コトヲ》二 業報乃至奪命一）は、一般的には「二には業報有ることを信じて乃至命を奪へども」（二者信《シテ》レ有《ルコトヲ》二 業報一乃至奪《ヘトモ》レ命《ヲ》）と読むべく、(4)また次下の「賢善の心明かなることを得、人、讃誉せしむ」（得二賢善《ノ》心明《コトヲ》一人讃誉《セシム》）は、一般的には「賢善の心を得て、明人に讃誉せらる」（得《テ》二賢善《ノ》心《ヲ》一明人《ニ》讃誉《セラル》）と読むべきであろう。(5)また（二三六頁）、「清浄士を了知するに」（了二知《スルニ》 清浄士《ヲ》一）は、一般的には「了知清浄士」であろう。西本願寺本等に「士」を「土」とする。かように読み方には種々問題点があるが、詳しくは、中井玄道編『教行信証』および附録などを参照されたい。なお弁正論は巻六より巻八にわたり引用するが、その引用文の用語に異同が多い。大正蔵経五十二巻（五二四頁以下）所収本などを対照し、中井玄道編『教行信証』および附録などにより校異されたい。

竊におもんみれば、聖道の諸教は行証ひさしく廃れ…(二五七15)　最後の後書きである。これを後跋とか後序とかもいっている。聖道仏教の衰頽し、浄土真宗の盛んなことを確信をもって述べつつ、その浄土真宗の教えは、あらゆる念仏迫害の中を通して生き抜いてきた法然の教えによるもので、その法然の教えは選択集に結集されており、選択集に説き示される念仏の奥義によりいま浄土真宗の最も大事な実践内容を明らかにしたというのである。かくして、最後に「**慶しいかな**」等以下で、直接的には師法然、遠くは法然の承ける善導等の浄土教諸祖の教えによって、その教法をうけたことを喜ぶあまり感謝の意味で、ここに教行信証を著わし、浄土真宗の最も主要な点を明らかにしたのであって、信ずるにしても、疑いのしるにしても、それを因縁として、この浄土真宗の念仏の法に生きていただきたいと念願して終わるのである。

この下は、上の元仁元年に至る末法年代の計算の下とあいまって、親鸞の法然への入門の経緯《けい》や、念仏迫害・流罪のことなどを記述し、その中に浄土真宗の念仏の法を浮かび上がらせてくるので、この視点より教行信証の全体の内容が顧みられる場合、総序以下の全体の主張が、極めて歴史的・現実的な人間的な生命の世界のものとしての色彩を豊かならしめられてくる。「**諸寺の釈門**」等は、当時の既成仏教界全体が仏教の真実性がいずれにあるかを知らないことを述べ、「**洛都の儒林**」等は京都の知識階級・上層階級の国家権力に深く拘わる人々が、何が邪偽であり、何が正しいかを明確に弁別しえないことを批判し、しかるがゆえに、「**ここを以て、興福寺の学徒**」等と、笠置の貞慶(一一五五—一二一三)による興福寺の学徒を代表しての元久二(一二〇五)年十月の「興福寺奏状」の起草と、それの太上天皇後鳥羽上皇への上奏があり、承元元(一二〇七)年の法然一門の死刑流罪事件に発展したことを明かすのである。この下を坂東本では、原文で「奏二達ス太上天皇ニ一…今上…聖暦承元丁《ヒノトノ》卯歳仲春上旬之候ニ上」と句読訓点するのであるが、歴史的には、「奏上達ス太上天皇」で切るのが正しい。「今上…聖暦承元」等は下につき、流罪に拘わる年月である。親鸞自身の句読訓点が、晩年の記憶が十分でなくなったためか、続く内容として、かく句読訓点して差し支えないと考えたのか、明らかでない。「**僧儀を改めて**」等の下は、流罪のために強制的に還俗させられ(法然は藤井元彦、親鸞は藤井善信と伝える。蓮如本『歎異抄』奥書等参照)、そこに必然的に「**非レ僧非レ俗**」(僧にあらず俗にあらず)の結果をみ、「**禿の字を以て姓とす**」といった経過となり、愚禿釈親鸞の愚禿と称するに至ったという、愚禿の成り立ちの経過を明らかにされているかと推測される。坂東本では西本願寺本と同様、後鳥羽院・土御門院・佐土院等の院号は、上の元仁元年の下の後堀川院等とともに後の上欄書き入れである。法然の入滅につき「**別伝に見えたり**」は、現存のものでは何を指すのか、源空和讃の内容では、西方指南抄(中末)所収の源空聖人私日記が一番近いようだが、あるいは私日記の素材となったかとも推定される同抄(中本)所収の法然上人臨終行儀(醍醐本の法然上人伝記の御臨終日記、拾遺漢語燈の臨終詳瑞記参照)のようなものか、とも推測される。選択集の相伝のことを述べる下の「夢の告《げつ》」は、恵信文書に出る「聖徳太子の示現《じげん》の文」なのか、あるいは、高田本山に親鸞の真蹟の部分のある「親鸞夢記」(真仏筆の経釈文聞書に収む、覚如の親鸞伝絵三の「行者宿報設女犯」等の文、親鸞聖人全集(言行篇)等参照)を指すのか、歴史家の判定にまちたい。

坂東本では、選択集の相伝を述べる下の終わり二枚は切り紙の表裏書である。最初は袋綴じであった部分の書き改めと推測される。

興福寺の学徒…禿の字を以て姓とす(二五七17)　蓮如自筆本『歎異抄』末尾に「後鳥羽院之御宇、法然聖人他力本願念仏宗を興行す。于時興福寺僧侶敵奏之上、御弟子中狼藉子細あるよし無実風聞によりて、罪科に処せらるゝ人数事。一、法然聖人幷御弟子七人流罪、又御弟子四人死罪におこなはるゝなり。聖人は土佐国番多といふ所へ流罪、罪名藤井元彦男云々。生年七十六歳なり。親鸞は越後国、罪名藤井善信云々。生年三十五歳なり。浄聞房備後国、澄西禅光房伯耆国、好覚房伊豆国、行空法本房佐渡国、幸西成覚房善恵房二人同遠流にさだまる。しかるに無動寺之善題大僧正これを申あづかると云々。遠流之人々已上八人なりと云々。被レ行二死罪一人々、一番西意善綽房、二番性願房、三番住蓮房、四番安楽房、二位法印尊長之沙汰也。親鸞改二僧儀一賜二俗名一。仍非レ僧非レ俗。然間以二禿字一為レ姓、被レ経二奏聞一了。彼御申状于レ今外記庁納云々。流罪以後愚禿親鸞令レ書給也」とあるのと符合する(古田武彦は、この流罪記録は、重要な部分が切断削除されているが、鎌倉時代の公式上訴文書である目安の体裁をもっており、親鸞関係の古文書が引用されたものであるとする)。なお、興福寺学徒の奏達とは、貞慶が起草し、元久二年十月に、法然一門の処罰を請うた奏状をいい、「立二新宗一失」「図二新像一失」「軽二釈尊一失」「妨二万善一失」「背二霊神一失」「暗二浄土一失」「誤二念仏一失」「損二釈衆一失」「乱二国土一失」の九失をあげて、浄土宗を攻撃している。朝廷では評議を重ね、結局南都側の要求を容れて法然一門の処罰を決行したのであるが、親鸞がこれに対しいかに強い抗議の意を表明し、かつその念を永く持していたかは、この『教行信証』の一節により窺われる。なお、法然らの処刑を伝える公家の記録や浄土宗側で作られた法然伝の類には、親鸞が連坐したことを全く記していない。(家永)

今上諱為仁(二五七18)　土御門院を「今上」と呼ぶことについては、早くから学者の間で問題とされ、土御門の天皇在位期間の下限である承元四年以前でなければならないとすれば、他方、冠註に仁治三年の追号「後鳥羽院」が使用され、順徳院の諡号が使用されていない(順徳院の諡号撰定は建長元年)こと、また本文中に元仁元年の文字のあることと矛盾し、そこから教行信証全体の真偽、少なくともこの文字を含む後序の真偽が疑われるにさえいたったが、坂東本の親鸞自筆であることの確認されて後、そうした疑問は否定されたものの、何故に元仁元年の文字を含む教行信証が、承元四年以前退位の土御門を「今上」と呼ぶかという問題は残る。最近古田武彦は、古代・中世の史籍における「今上」の用例がほとんどみな執筆時点の現在の天皇を指すものであることから考えて、土御門を「今上」と記すこの部分は、承元の法難以後、土御門の退位以前、すなわち越後流罪中に記されたものとしなければならぬとし、従来後序と呼ばれている部分に含まれる「予」「居諸」という用語や平出・闕字の書式など、親鸞の著作としては異例の多いのは、これが流罪中に提出された奏状(奏状の提出されたことは蓮如本『歎異抄』奥書等により知られる)の原文をそのまま引用したものとしてはじめて自然に解釈されるとした。すなわち、「竊以」から「五年居諸」までは、奏状の一部の原文であり、さらに、その後にある「皇帝」から「見二別伝一」までは法然入滅の賛文、「建仁」から「本願」までは吉水入室の記録、「元久」から「決定往生之徴」までは元久の文書を、それぞれ原文のまま引用したものであって、従来「竊以」以下を総括して「後序」と呼んできたけれど、右の部分が往年の文書・記録の引用である以上、そのあとにある「慶哉」以下のみを「後序」と呼ぶべきであるとの新説を発表した。(家永)

僧にあらず俗にあらず(二五八3)　『往生拾因私要抄』所引『明義進行集』に、賀古の沙弥教信について「不僧不俗之形」と言っており、親鸞が「われはこれ賀古の教信沙弥の定なり」と語っていたという『改邪鈔』の記述とあわせ考えると、賀古の沙弥教信の行業を範としたと考えられ、かつまた、女犯の夢告(『親鸞夢記』)により窺われる自覚的な結婚への決断や、『浄肉文』の抄写から推察される肉食への関心などとあわせて、因襲的な僧儀への積極的訣別の意志を表示したものと見られる。(家永)

建仁辛酉の暦、雑行を棄てて本願に帰す(二五八8)　「このもん(文)ぞ、殿のひへ(比叡)のやま(山)にだうそう(堂僧)つとめておはしましけるが、やま(山)をいでて、六かくだう(角堂)に百日こもらせ給て、ごせ(後世)の事いのり申させ給ける、九十五日のあかつきのごじげん(御示現)のもん(文)なり。ごらん候へとて、かきしるしてまいらせ候」という端裏書のある恵信消息に「やまをいでて、六かくだうに百日こもらせ給て、ごせをいのらせ給けるに、九十五日のあか月(暁)、しやうとくたいし(聖徳太子)のもん(文)をむすびて、じげん(示現)にあづからせ給て候ければ、やがてそのあか月いでさせ給て、ごせのたすからんずるえんにあいまいらせんとてたづねまいらせて、ほうねん(法然)上人にあいまいらせて、又六かくだうに百日こもらせ給て候けるやうに、又百か日、ふるにもてるにもいかなるだい事にもまいりてありしに、たゞごせの事は、よき人にもあしきにもおなじやうにしやうじ(生死)いづべきみちをば、たゞ一すぢにおほせられ候しを、うけ給はりさだめて候しかば、しやうにん(上人)のわたらせ給はんところには、人はいかにも申せ、たとひあくだう(悪道)にわたらせ給べしと申とも、せぜしやうじやう(世々生々)にもまよひければこそありけめとまで思まいらするみ(身)なればと、やうやうに人の申候し時もおほせ候しなり」と記されているところの、法然の門に投じ、専修念仏の道に入ったことを記したものである。このように、この前後のいわゆる後序の部分は、親鸞の伝記についての、親鸞の自らの記述による根本史料ともいうべきものとして重要である。(家永)

夢の告(二五八14)　綽空の名を善信と改めたのは、『高田正統伝』所伝、建久二年九月十二日磯長廟参籠の夜得た夢告の語からとったものという説(古田武彦)がある。(家永)

梵語一覧表

（主として頭注に関しての梵語の音訳語・意訳語・固有名詞を示す。）

総序

（一〇 3） 調達 Devadatta
（一〇 3） 闍世 Ajātaśatru（阿闍世）
（一〇 4） 韋提 Vaidehī
（一〇 5） 闡提 icchantika（一闡提）

教巻

（一五 10） 世尊 bhagavat
（一六 2） 阿難 Ānanda
（一七 1） 優曇鉢樹 udumbara

行巻

（二一 12） 恒砂 gaṅgānadī-vāluka
（二二 2） 不退転 avaivartika
（二二 11） 無央数 asaṃkhyeya（阿僧祇）
（二二 12） 比丘 bhikṣu
（二三 11） 迦葉仏 Kāśyapa
（二四 14） 阿耨多羅三藐三菩提 anuttara-samyak-saṃbodhi
（二四 15） 阿僧祇 asaṃkhyeya
（二五 3） 般舟三昧 pratyutpanna-buddha-saṃmukhāvasthita-samādhi
（二五 7） 波羅蜜 pāramitā
（二五 11） 涅槃 nirvāṇa
（二五 18） 須陀洹 srota-āpanna
（二六 6） 竜 nāga
（二六 6） 夜叉 yakṣa
（二六 6） 乾闥婆 gandharva
（二六 6） 声聞 śrāvaka
（二六 6） 辟支（仏） pratyekabuddha
（二六 16） 燃灯 Dīpaṃkara
（二六 16） 弥勒 Maitreya
（二七 7） 薩婆若智 sarvajñā
（二八 17） 阿惟越致 avinivartanīya, avaivartika
（二九 12） 世自在王仏 Lokeśvara-rāja
（三〇 17） 修多羅 sūtra
（三一 7） 竜樹 Nāgārjuna
（三二 2） 婆藪槃頭 Vasuvandhu
（三三 5） 大乗 mahāyāna
（三五 4） 伊蘭 eraṇḍa
（三五 4） 牛頭栴檀 gośīrṣa-candana
（三六 11） 摩訶衍 mahāyāna（大乗）
（三七 3） 目連 Mahāmaudgalyāyana
（三九 17） 観音 Avalokiteśvara
（三九 17） 勢至 Mahāsthāmaprāpta
（四一 16） 娑婆 sahā
（五〇 16） 畺良耶舎 Kālayaśas
（五三 2） 波利質多 pālijāta
（五三 2） 瞻蔔華 campaka
（五三 2） 波師迦華 vārṣika
（五三 5） 月利沙 śirīṣa
（五五 13） 大般涅槃 mahāparinirvāṇa
（五六 6） 阿修羅 Asura
（五八 4） 滅度 nirvāṇa（涅槃）
（五八 17） 禅定 dhyāna
（六一 10） 法蔵菩薩 Dharmākara
（六三 9） 閻浮檀 Jambū-nada
（六五 6） 如来 tathāgata
（六五 15） 分陀利華 puṇḍarīka
（六六 2） 楞伽 Laṅkā
（六六 15） 三蔵流支 Bodhiruci（菩提流支）

信巻

（八〇 1） 解脱 mokṣa
（八六 5） 三昧 samādhi
（九一 8） 波羅蜜 pāramitā
（九三 3） 奢摩他 śamatha
（九三 3） 毗婆舎那 vipaśyanā
（九五 8） 阿伽陀 agada
（一〇〇 9） 質多 citta
（一〇四 5） 波若 prajñā（般若）
（一一〇 9） 富闌那 Purāṇa-kāśyapa（パーリ語 Pūraṇa-kassapa）
（一一一 3） 提婆達多 Devadatta

（一二一 9）迦羅羅　kalala
（一二一 13）末伽梨狗賒梨子　Maskarī-gosāli-putra（パーリ語 Makkhali-gosāla）
（一二三 7）阿鼻　avīci
（一二三 13）刪闍邪毗羅胝子　Sañjaya-vairaṭī-putra（パーリ語 Sañjaya-velaṭṭhi-putta）
（一二三 11）阿耆多翅舎欽婆羅　Ajita-kesakam-bala（パーリ語 Ajita-kesakamba-la）
（一二四 13）迦羅鳩駄迦旃延　Pakuda-kātyā-yana（パーリ語 Pakudha-kaccā-yana）
（一二四 14）尼乾陀若犍子　Nirgrantha-jñāta-putra（パーリ語 Nigaṇṭha-nāta-putta）
（一二四 15）耆婆　Jīvaka
（一二五 11）迦毗羅　Kapila
（一二五 12）瞿曇　Gotama, Gautama
（一二五 15）蓮華比丘尼　Utpalavarṇā
（一二八 11）優鉢羅華　utpala
（一二九 2）舎婆提　śrāvastī
（一二九 2）毗瑠璃王　Viḍūḍabha
（一二九 3）瞿伽離比丘　Kokālika
（一二九 3）須那刹多　Sunakṣatra
（一三〇 3）毗富羅　Vipula
（一三三 3）栴檀　candana
（一三三 11）摩伽陀　Magadha
（一三五 14）阿闍世　Ajātaśatru
（一三五 15）毗婆尸　Vipaśyin
（一三六 4）羅閲祇　Rājagṛha
（一三六 12）曼陀羅　mandārava
（一三六 18）舎利弗　Śāriputra
（一三八 1）毗提夫人　Vaidehī（韋提希夫人）
（一二三 17）首楞厳三昧　śūraṃgamasam-ādhi
（一三五 5）羅漢　arhat, arhattva（阿羅漢）
（一三五 11）卒都波　stūpa

証巻

（一四五 10）閻浮提　jambū-dvīpa
（一四六 17）真如　tathatā
（一四七 5）須弥　sumeru
（一五二 2）王舎城　Rājagṛha
（一五四 9）般若　prajñā

真仏土巻

（一六二 4）声聞　śrāvaka
（一六二 4）縁覚　pratyekabuddha
（一六四 5）泥梨　niraya
（一六四 6）辟茘　preta
（一六九 2）一闡提　icchantika
（一七〇 1）訶利勒　harītakī
（一七〇 12）善星　Sunakṣatra
（一七〇 14）難陀　Nanda
（一七〇 14）羅睺羅　Rāhula
（一七四 7）阿摩勒菓　āmalaka
（一八一 7）須菩提　Subhūti
（一八一 13）斯陀含　sakṛdāgāmin
（一八一 13）阿那含　anāgāmin
（一八五 1）馬鳴　Aśvaghoṣa

化身土巻

（一九〇 18）忉利（天）　trāyastriṃśa
（一九一 1）慈氏　Maitreya（弥勒）
（一九二 1）阿逸多　Ajita
（二〇〇 4）韋提　Vaidehī
（二一八 13）大迦葉　Mahākāśyapa
（二一八 18）毗尼　vinaya
（二一九 1）袈裟　kāṣāya
（二一九 2）狗睒弥　Kauśāmbī
（二二三 1）波旬　pāpīyas（魔波旬）
（二二三 12）沙門　śramaṇa
（二二三 18）迦羅（迦）　kālaka
（二二四 1）鎮頭迦　tinduka
（二二四 7）檀越　dānapati
（二二六 6）優婆夷　upāsikā
（二二六 15）模呼羅　muhūrta
（二二七 11）緊那羅　Kiṃnara
（二二七 16）迦羅　kāla
（二二八 3）毗沙門　Vaiśravaṇa
（二二八 3）毗留荼倶　Virūḍhaka
（二二八 4）鳩槃茶　Kumbhāṇḍa
（二二八 4）毗留博叉　Virūpākṣa
（二二八 5）題頭頼吒　Dhṛtarāṣṭra
（二二八 7）摩睺羅伽　Mahoraga

（二二八 11）光味仙人 Jyotirasa（殊致阿羅婆）
（二三二 5）婆伽婆 bhagavat（世尊）
（二三二 5）兜率陀 tuṣita
（二三二 6）欝単越 Uttarakuru
（二三二 7）弗婆提 Pūrvavideha
（二三二 8）須夜摩 suyāma
（二三二 8）瞿陀尼 Aparagodāniya
（二三四 14）羅　刹 rākṣasa
（二三四 14）毗舎遮 piśāca
（二三四 14）富単那 pūtana
（二三四 14）迦吒富単那 kaṭapūtana
（二三五 5）他化天 paranirmitavaśa-vartin
（二三五 5）化楽天 nirmāṇarati
（二三五 15）鳩留孫 Krakucchanda
（二三六 6）拘那含牟尼 Kanakamuni
（二三六 12）憍尸迦 Kauśika
（二三七 3）提　謂 Trapuṣa
（二三七 3）波　利 Bhallika
（二三七 12）鳩槃茶 Kumbhāṇḍa
（二三九 5）刹　利 kṣatriya
（二三九 5）婆羅門 brahman
（二三九 5）毗　舎 vaiśya
（二三九 5）首　陀 śūdra
（二四六 17）陀羅尼 dhāraṇī
（二四七 17）摩邪夫人 Māyā
（二四九 3）浄　飯 Śuddhodana
（二四九 11）提　河 Ajiravatī
（二五六 15）韋　陀 veda

解説

歴史上の人物としての親鸞

家永三郎

一

一般に有力な宗教教団の開祖とされる人物は、神秘と権威のとばりの内にとじこめられ、その人と思想とを、歴史上の存在として客観的に認識することの容易でないのが普通となっている。親鸞の場合、特に親鸞その人が夢想もしなかったにちがいない大伽藍を本山とする膨大な教団の組織が成立したために、後世の教団の伝説や教義による変容を除去して、親鸞の人と思想との客観像を復原するためには、厳密な科学的研究の発達をまたねばならず、それが可能となったのも、それほど古いことではない。

親鸞についての科学的な研究は、明治の実証主義史学者が親鸞を後世本願寺教団の作り出した架空の人物ではないかと疑ったところからその緒が開かれた。親鸞の名が同時代の宗門外の記録・文書類に全然見えず、宗門内の伝記類も後世に作られたものが多いことなどの事情から、田中義成・八代国治はその存在を疑う談話を行ない、それが世にもれ、「親鸞抹殺説」として衝撃を与えたという。しかしながら、同じ実証主義史学の研究者である辻善之助が、坂東本『教行信証』等を手がかりとして、親鸞の筆蹟の調査を進め、『親鸞聖人筆蹟之研究』(大正9)を公刊し、歴史的存在についての疑惑を解消し、次いで宗門内からではあるが、親鸞の妻恵信の自筆消息が鷲尾教導『恵信尼文書の研究』(大正12)に公表され、親鸞の伝記が、自著以外の確実な同時代文献からも窺いうることとなり、親鸞の歴史的研究に大きな礎石をすえた。その前年（大正11）に中沢見明が『史上の親鸞』を公にし、覚如の『親鸞伝絵』や洞院公定の『尊卑分脈』等所伝の親鸞の世系をはじめ、多くの所伝を後世の造作とするなど、宗門人としては比類のない批判的見解を発表している。中沢の所見はその後の研究の進展により否定されたものが多いとはいえ、上記のように、親鸞の学問的研究が、宗門内外の学者の、教団の権威と伝承から脱却した批判を通過して展開されたことは、その後においても、宗門外研究者の積極的発言が多かったこととあいまち、親鸞研究の密度と科学性とを高からしめるに役立ったのではあるまいか。

大正デモクラシー期の批判的精神が宗教王国の神秘のとばりを破ったのを、親鸞研究史上第一次の画期点であったとすれば、敗戦に伴なう日本史の科学的研究への呪縛が解けた戦後を第二次の画期点というべきであろう。親鸞の全集として、比較的に整った最初のものである中外出版株式会社版『新撰真宗聖典』（大正12）に次ぎ、はるかに周到な書誌学的用意に基づき編集された興教書院版『真宗聖教全書 宗祖部』（昭和15）が、『教行信証』のいわゆる後序中の重要な字句を伏字にしなければならないような客観的条件のもとで、科学的な研究の活潑化は期待すべくもなかったところ、戦後の史学界の全面的な飛躍的展開のなかで、親鸞の研究は、日本仏教史のなかでも、もっとも多くの活気に富む状況を呈し、戦前には想像も及ばなかった新知見の続出を見ることとなったのである。

史的唯物論の史家である服部之総の『親鸞ノート』（昭和23）、『続親鸞ノート』（同25）は、川崎庸之「いわゆる鎌倉時代の宗教改革について」（『歴史評論』昭和23）とともに、親鸞研究に新生面を開く端緒となった。両者はいずれも親鸞を、真宗史の枠から解放し、日本中世社会の構造の中に位置づけようとする試みにおいて、明治・大正のアカデミズム史家の立場からは着想できなかった新しい視点をすえるとともに、とくに服部の著作では、親鸞消息の編年推定とそのいわゆる護国思想の新解釈などを提示することにより、旧来のアカデミックな研究の型に囚われない発言であったにもかかわらず、というより、むしろそうであったが故に、戦後の親鸞研究の活潑な盛り上がりを促す最大の刺戟となったのである。服部が特に重視した晩年の親鸞と東国門徒をめぐる諸事件については、戦前すでに宗門内の山田文昭の『親鸞とその教団』(昭和9)において解明が試みられていたが、服部の提示した線に沿い、森竜吉「自然法爾消息の成立について」(『史学雑誌』昭和26)、笠原一男『親鸞と東国農民』(昭和32)等によりさらに精密化され、特に親鸞と世俗権力との緊張関係をめぐっては、宗門内の研究者の間でも、宮崎円遵「『教行信証』に現はれた『元仁元年』の年紀について」(『竜谷史壇』昭和26)、同「親鸞の立場と『教行信証』の撰述」(慶華文化研究会編『教行信証撰述の研究』昭和29)等の論考を生み出し、ことに二葉憲香『親鸞の研究』(昭和37)等では、親鸞の思想を理解する上でのキイ・ポイントとされるにいたっている。歴史上の親鸞を包括的に叙述した著作としては、戦後に単行本となったものに限ってみても、前引笠原の著等のほか、宮崎円遵『親鸞とその門弟』正(昭和31)・続(昭和36)、松野純孝『親鸞』(昭和34)、赤松俊秀『親鸞』(昭和36)、『続鎌倉仏教の研究』(昭和41)、古田武彦『親鸞』(昭和45)等、豊かな新知見をふくむものが続々として刊行された。

親鸞の著作は、後述のとおり、大部分が晩年のものに限られている上に、伝記史料がとぼしく、壮年期までの経歴を絶対年代にかけて具体的に辿ることは、僅少の史料を手がかりに多分の推測を加えて行なうほかなく、諸家の所見も一様ではないが、その点で、『教行信証』の唯一の自筆本である坂東本の筆蹟・用紙の年代的鑑別が、小川貫弌「阪東本『教行信証』の成立過程」(前引『教行信証撰述の研究』)等において進められ、坂東本原本の復原・修理と原寸影印本刊行に際しての、赤松俊秀の実物に即した研究(「影印本解説」昭和31、前引『続鎌倉仏教の研究』)において、いっそう精密の域に達し、そこから従来明確を欠いたこの主著の成立過程を探る道が広められたのである。その点では、古田武彦の筆蹟・用語の両面からする一連の研究、「親鸞の奏状と教行信証の成立」(『真宗史の研究』昭和41)、「坂東本の史料科学的研究」(『仏教史学』昭和42)、「原教行信証の成立」(『日本思想史研究』昭和43)、さらに同人の、蓮如自筆本『歎異抄』についての同手法の「歎異抄蓮如本の原本状況」(『史学雑誌』昭和41)もまた、注目に値しよう。

親鸞の思想の形成については、つとに戦前において、天台本覚門思想との関係を重視した望月信亨『略述浄土教理史』(大正10)、島地大等『日本仏教教学史』(昭和8)等があった。浄土宗の学者であるが故にかえって親鸞を客観的に論ずる自由のあった望月の見解は、そのほか一念義との関係の指摘とともに、親鸞の思想の源流を論じたものとして創見に富んでいる。一念義・隆寛・聖覚等法然同門諸家からの影響については、戦前の鈴木宗忠「教行信証の成立に関する思想的考察」(『文化』昭和14)や、戦後には松野前引書等で追求されており、松野においては、さらに法然同門諸家との関係にとどまらず、越後における不断念仏行・善光寺如来信仰・弥勒信仰・密教等の民間信仰との関連など、親鸞の思想をとりまく精神的環境にまで目が配られている。

親鸞の思想の形成については、そのほかに、悪人正機説の源流、平安朝浄土信仰との関連、社会的階層との関係等、重要な問題が多く、それらを取り上げた研究として、服部之総前引書等のほか、家永三郎『中世仏教思想史研究』(昭和22、増補版同30)、慶華文化研究会編前出書、古田武彦「親鸞に於ける悪人正機説について」(『日本歴史』昭和31)、赤松俊秀『鎌倉仏教の研究』(昭和32)、田村圓澄『日本仏教思想史研究　浄土教篇』(昭和34)、竜谷学会編『親鸞聖人研究』(昭和35)、重松明久『日本浄土教成立過程の研究』(昭和39)等がある。

親鸞の思想の源流を考えるときに、単に日本内部についてのみではなく、大陸思想よりの影響を看過してならないことは、すでに戦前の春日礼智「親鸞教学に影響を及ぼせる宋代の浄土教」(『支那仏教史学』昭和17)等に指摘されており、戦後には石田充之「親鸞聖人の宋代浄土教受容の意義」(竜谷学会編前引書)・小川貫弌「親鸞聖人にみる宋朝文化の種々相」(同)等において説かれているとおりであろう。

親鸞の著作については、宮崎円遵『真宗書誌学の研究』(昭和24)にもっとも綜合的な調査がまとめられているほか、高田専修寺伝来本の書誌に多年綿密な研鑽を積んだ生桑完明の『親鸞聖人撰述の研究』(昭和45)が公にされている。これまでその名の高さにもかかわらず完備したもののなかった全集が、法蔵館版『定本親鸞聖人全集』(初刊本十八冊昭和31～、再刊本九冊昭和44～)の刊行により、はじめて世に提供されたことも、戦後の研究史上における重要事に数えられよう。

そのほかに、親鸞の伝記・思想についての研究文献は汗牛充棟もただならぬものがあって、一個人の枚挙しうる限りではない。しばらく『現代語訳しんらん全集20研究』(昭和33)、前記定本全集『別冊ノート』(昭和45)、平春生「『教行信証』関係論文一覧」(前引『教行信証撰述の研究』)等の文献書目に譲ることとする。

二

親鸞研究が近年いかに活潑をきわめているかは、前章の貧しい視野の限界内での粗描からも窺われると思うが、研究が活潑であるだけに、とぼしい現存史料をめぐる諸家の見解の対立・相違もいちじるしく、歴史上の親鸞について安定した概説を提示することは困難といわねばならぬけれど、できるだけ学説史を総括する形で、以下の叙述を試みた次第である。

まず、親鸞の世系については、『尊卑分脈』藤原南家貞嗣流の条下で親鸞の実弟権律師尋有が日野家の藤原有範の子とされていることに基づき、親鸞を有範の子とする本願寺の所伝が、かつて中沢の主張したような造作でないことは、ほぼ認められているが、なお、異論がないでもない(司田純道『親鸞伝研究序説』昭和44、その他)ことを一言しておく。親鸞が承安三(一一七三)年の生まれであることは、その著作に自ら記した年齢から逆算して明らかである。妻恵信の語るところによれば、青年時代比叡山の堂僧をつとめていたという。この堂僧が常行三昧堂で不断念仏を勤める堂僧と解する説によれば、念仏との縁は、法然の専修の教えに接するに先だち、叡山の念仏において結ばれていたことになるが、これには異論もある。それはともかく、親鸞は二十九歳まで、おそらく山にあって、後の著作に示されるような仏典への広い研鑽の機会に恵まれたのであろう。鎌倉新仏教は、禅宗のように、もっぱら中国仏教の移植という形で成立したところもあるが（禅宗にあっても、栄西のように、旧仏教の要素を強く温存したものもあった）、多くは平安仏教を源泉とし、特に天台宗の教学から脱化している。親鸞もその例外ではなく、天台教学がその已証の成立に重要な要素となっていることの指摘されるのも、その仏家としての出発点にかんがみてゆえなしとしない。

しかしながら、新仏教が旧仏教の連続延長線上に成立したのではなく、同時にその断絶の面を、もとよりいっそう重視しなければならない。親鸞においては、建仁元（一二〇一）年に山を離れ、聖徳太子信仰の霊場である六角堂に参籠し、夢告を受け、その暁に「ごせのたすからんずるえん」を求めて法然を訪れ、百か日「ふるにもてるにもいかなるだい事にもまいりてありしに、ただごせの事はよき人にもあしきにもおなじやうにしやうじいづべきみちをばただ一すぢにおほせられ候し」教えに心より帰服し、その忠実な門弟となって一向専修の徒に転じたのであった（「恵信消息」）。法然との邂逅において、親鸞の浄土信仰はその基本的方向を決定されたのであるが、さらにその思想をその師法然の教えにそって発展させ飛躍させるにいたる契機となったのは、承元の、法然の一門すなわち専修念仏の徒に対する弾圧と、そのために予期することなくして営まれた東国農村での生活であった。

法然とその門弟らの専修念仏の唱導は、法然がつとめて摩擦を回避する姿勢をとったにもかかわらず、その思想の論理において旧仏教と正面から衝突するものであり、さらに一部門弟の行業にいたっては、旧仏教と癒着した貴族支配体制の秩序感覚への反逆という印象を与えないではおかなかった。承元元（一二〇七）年に、朝廷は、貞慶の起草した浄土宗を弾劾する興福寺の奏状を容れ、住蓮・安楽ら四人を死罪に、法然・幸西ら八人を遠流に処した。親鸞もまた遠流に坐した一人として、越後国国府に配せられたのである。この時から親鸞は、「僧に非ず俗に非ず、是の故に禿の字を以て姓と為す」と自ら宣言している。仏徒の精神を堅持しつつも、因習的な僧侶の形相を脱却する機会となったといえよう。それはまた、親鸞が公然と結婚し子女を儲け、人間性に反する戒律をその行動において無視した事実と関連してくる。

親鸞が六角堂において、「行者宿報設女犯　我成玉女身被犯　一生之間能荘厳　臨終引導生極楽」という救世観音の夢告を受けたという自記は、親鸞の結婚が、自覚的な思想的動機に出たものであることを物語っているけれど、結婚の時期と妻の数とについては、多くの異なる見解がある。宗門内外の学者から抹殺されてきた、藤原兼実の女玉日を妻の一人に数える所伝を再生させようとする見解が最近出ているが、確実な存在である恵信一人を妻としたとするか、恵信のほかに伝説上の玉日の位置を埋めるいま一人の女性をも妻に数えるか、のいずれかを採る考え方が広く行なわれているようである。恵信の消息には、承元五(一二一一)年三月三日男明信(栗沢信蓮房)が生まれたことを記しているから、親鸞が恵信と結婚したのがこの年以前であることだけは明白であるけれど、在京中に結婚し、処刑に連坐したのもその故であるとする説と、越後で恵信と結ばれたとする説と、推定は分れている。恵信との間には、そのほかに女小黒女房・男有房(益方入道)・女高野禅尼・女覚信尼のあったことが確かであり、系図には男善鸞(慈信房)をも恵信の子とするものがあるけれど、善鸞については、後述のように、「まゝはゝにいゐまどわされたる」という一件があって「まゝはゝ」を何人にあてるかについて見解が分れているため、ここにも問題がある。また親鸞晩年の、あるいは遺言状とも解せられている常陸の門徒にあてて「いまごぜんのはゝ」と「そくしやうばう(即生房)」の身の上を託した消息があり、即生房を親鸞の男、今御前の「はゝ」(この読み方についても異論がある)をその母で恵信以外の妻とする説、あるいは後者を即生房の妻とする説、あるいは今御前の母を覚信とする説などあって、親鸞に一人の妻恵信ならびに少くとも三男三女があったことまでは確実であるが、それから先は推測が多岐に分れている。恵信が、晩年越後国に住み、土地・下人をもっていたこと、その所生の子の呼び名栗沢・高野・小黒等の地名を越後国府付近に求めることができるところから、兵部大輔三善為教(『玉葉』所見越後介三善為則に比定されている)の女という系図の所伝が一般に認められているが、女ではなく、三善氏に仕えていた女性とする説もある。親鸞が家庭を営んだのは、古代において、貴族仏教界から離脱し、肉食妻帯等の破戒行を避けずに、持経・念仏等に成仏・往生を託した沙弥・聖等の民間仏教の流れがあったことをかえりみるときに、親鸞の宗教の本質をなすものの歴史的源流にかかわるところを窺わしめるが、そのような伝統の単なる延長線上において考えるだけでなく、親鸞においては、「沈二没愛欲広海一」する苦悩が同時に絶対他力への投帰と不可分に結合する積極的意味を帯びていた点に留意する必要がある。

師法然は、建暦元(一二一一)年に勅免を蒙って帰洛し、翌年入滅したが、親鸞は帰洛せず、自ら進んで関東に移り住んだ。建保二(一二一四)年に上野国邑楽郡佐貫と認められる地点を通過して常陸に入ったことが「恵信消息」に語られている。この地で衆生利益のため浄土三部経千部読誦を発願し、数日の後に名号を外にして誦経の意義なきを思い返して中止したのは、おそらく親鸞がいまだ究竟の境地に達していなかったことを示す事実であろう。『伝絵』によれば、常陸では笠間郡稲田に住んだとある。親鸞の思想が東国の地に弘まるようになったのは、このとき以後であった。

もっとも、親鸞は終生寺院を建立せず、教権にひきいられた教団を組織しなかった点で、後世の真宗教団とその志向を異にしていたから、親鸞について、布教とか教団とかいう言葉を用いることは、誤解を招く虞なしとしない。「親鸞は弟子一人ももたずさふらう。そのゆへは、わがはからひにて、ひとに念仏をまふさせさふらはばこそ、弟子にてもさふらはめ、弥陀の御もよほしにあづかて念仏まふしさふらうひとを、わが弟子とまふすこと、きはめたる荒涼のことなり」とはその自ら断言したところであり、実際に消息でも、同信の人々を「同朋」あるいは「同行」と呼んでいた。日本仏教史上類例のとぼしい無教会主義が親鸞の宗教の一大特質を成していたのである。とはいえ、「同朋」「同行」が同信を軸とする集団を形成することも自然であって、「かさまの念仏者」「ひたちの人々の御中」といった親鸞の用語には、そのような自然発生的な同行の地域的集団を明らかに意識しているから、それらを、後世の本願寺教団などとは全く異質であるにせよ、一種の教団として見ることができるし、親鸞の思想に感化された人々を普通の用語によって便宜門弟と呼ぶことも、客観的にはあながち不当ともいえないであろう。そのような意味での門弟の名は、親鸞との往復文書等の根本史料のほかに、『親鸞聖人門弟交名牒』『常楽寺伝二十四輩名位之事』等を綜合すると、およそ七十数人を数えることができ、越後時代の門弟と思われる越後国府の住人一人、京都居住の八人を除く残りのほとんどすべてが、常陸・下野・下総・武蔵・陸奥等の関東・東北の住人で占められているから、常陸在住の期間に、親鸞の思想の感化がこれらの広範な地域に広まったことが認められる(『交名牒』等所見の門弟の周辺にまた同信者の集団があった事実もあるので、名の記録されている七十数人のみが同信者の全部ではない)。

この事実はまた、親鸞の思想の完成が、これら東国の人々との精神的交流の中でなされた事実をも推認させるに足りるといわなければならない。京都の貴族仏教の牙城の中で暮らしてきた親鸞にとり、東国の後進地帯への移住は、まったく新しい社会的環境に身を投じたことであり、本来その師法然がめざした、あらゆる階層をもらさず救済の対象とする念仏の信仰を、現実に東国農村の人々との接触を通じ、かれらの切実な生活からにじみ出る宗教的要求と契合せしめる方向に徹底させる結果となった。囚われない自由人の眼で親鸞を見た木下尚江が、その著『法然と親鸞』(明治44)において、

北越の曠野に投げ出された親鸞は、こゝに始めて社会の基礎を見た。人生の機関を見た。貴族に生れ、寺に成人し、都会と云ふ贅沢な消費地の外は何も知らなかった彼は、滄浪涯なき越後の海岸に始めて赤裸々な労働生活と云ふものを見た。京人の飽くなき浪費を維持する納税種族の汗血を見た。彼れが遺伝の貴族的思想京人的道徳は、此の一朝の実験に依て、深き慚愧の水に全然洗ひ落とされた。

五年にして彼も赦罪の特恩に接した。然れども彼は直に京都へ帰らない。彼は旅行自由の身となると共に、河に沿ふて峻はしき山路を信州に出で、善光寺に参詣し、浅間の峯の烟を眺め、碓氷の高嶺を攀ぢて上野へ下りた。(中略)彼は両毛の野を過ぎ、大刀根の水を渡り、紫匂ふ筑波の双峯に招かれて、こゝ奥州の境なる常陸の国まで流れ来た。

承久三年の夏、京都が再び東夷の大軍に蹂躙せられて、三上皇の遠島と云ふ大騒動の時、彼既に四十九歳、下野常陸の間を遍歴して、仏智仏恩の布教に余念なかつた。鎌倉政府の厳命に依つて、壮丁が徴発され、馬匹が徴発され、兵糧が徴発される惨憺の状況を、彼は普ねく親しく見た。彼もさすがに京の事が心に懸つたであろう。然れども東夷に対する京人の思想其ものが、一片空想の傲慢に過ぎないことを理解した彼は、故郷の人の為め、日夜に愛憐の涙を絞つた。今や彼は京人の味方でも無い。鎌倉の味方でも無い。彼は此の悩める一切衆生の味方である。

と述べているのは、もとより想像を交えた文芸的表現にとどまるにせよ、親鸞の思想の発展を東国農村との関係においてとらえている点で、戦後の親鸞研究の基本的着想にきわめて早い時期に到達した先駆的立言とも見ることができよう。

東国の農村には、在地領主である武士があり、名主・百姓があり、下人・所従などの隷属民がいた。前述のように、親鸞の門弟として名の伝えられている七十数人のうち、大番役を勤仕するために武蔵国から上京したしむしの入道殿・正念房のように武士であることの明確な人物のほかにも、高田の入道その他武士出身と推察せられる人物が少くないようである。他方、『三河念仏相承日記』によれば、建長八年に「下人弥太郎男、出家後随念」をふくむ「主従四人」が上洛したことを記しているのを見れば、下人身分のもののふくまれていたことが判明する。もともと専修念仏の本旨は末法の一切衆生をあまねく弥陀の悲願により摂取しようとするにあり、その徹底した平等の精神において、もっぱら貴族への奉仕を事とする天台・真言の旧仏教から明確に区別されるところに大きな特色があった。それは、特定の身分・階級に依拠するものではなく、あらゆる人々をあまねく往生させることを求めるものでありながら、何といっても耕作農民が大多数を占め、商人・猟師・漁夫その他の貧しい被支配層の人民をふくむ東国農村において伝道の生活を始めた親鸞にとり、摂取不捨の平等主義が、とりわけ従来貴族仏教の求める功徳に堪え得なかった下層民衆のために切実な意味をもつことを痛感しないではいられなかったであろうことも、また当然であったといわねばならない。後に述べるごとく、親鸞の思想の大きな特色をなす悪人正機説の「悪人」は、人間の本質を悪とする普遍的人間観の表現であるとはいえ、殺人を業とする武士において人間の本質をなす悪性がもっとも容易に自覚されるものであったことは平安末鎌倉期の文献に数多くの徴証があり、かつて私は、親鸞の悪人正機説形成の触媒を東国における武士との交渉に求めてみたこともあったし、前記のとおり、門弟の内に多くの武士をふくむ事実は、そのような推定を依然として維持するに足りるのであるが、親鸞がいっそう広い下層民衆との接触によってその思想を深めて行ったであろうことも、また明白であった。『教行信証』に宋の戒度の『阿弥陀経義疏聞持記』を引き、「具縛凡愚、屠沽下類、刹那超越成仏之法、可レ謂二一切世間甚難信一也。〔割註〕屠謂レ宰殺、沽即醞売。如レ此悪人、止由二十念一便得二超往一。豈非二難信一」と記し、『唯心鈔文意』に『五会法事讃』の偈文を釈して、

屠はよろづのいきたるものをころしほふるものなり、これはれうしといふものなり。沽はよろづのものをうりかうものなり、これはあき人なり。かやうのものどもは、みないし、かわら、つぶてのごとくなるわれらなり。如来の御ちかひをふたごゝろなく信楽すれば、摂取のひかりのなかにおさめとられまいらせて、かならず大涅槃のさとりをひらかしめたまふは、すなわちいし、かわら、つぶてを、よくこがねとなさしめむがごとしとたとへたまへるなり。

と述べ、『歎異抄』所伝の遺語に

またうみ、かわにあみをひき、つりをして世をわたるものも、野やまにしゝをかり、とりていのちをつぐともがらも、あきなゐをし、田畠をつくりてすぐるひとも、たゞおなじことなり。

と言っているのも、親鸞の眼がそのような階層に属する人々に暖く注がれていたことを示している。『一念多念文意』の

ゐなかのひと〴〵の文字のこゝろもしらず、あさましき愚癡きわまりなきゆへに、やすくこゝろえさせむとて、おなじことをとりかへし〳〵かきつけたり。こゝろあらむひとは、おかしくおもふべし、あざけりをなすべし。しかれども、ひとのそしりをかへりみず、ひとすぢにおろかなるひと〴〵を、こゝろへやすからむとてしるせるなり。

という奥書（『唯信鈔文意』にも同文がある）を見ても、親鸞がことさら文字に親しむ機会に恵まれない東国農村の底辺の民衆との精神的連帯に深く意を用いていたのを窺うに足りよう。

親鸞にとって東国への移居が決定的な意味をもっていたことは疑いをいれない。建仁元年二十九歳にして法然の門に投じ専修念仏に帰依した親鸞は、その師のためには悪道に堕するをも憚らない全面的信頼を終生維持していた（『歎異抄』）から、法然の教えを「浄土真宗」と呼び、法然の浄土宗から分立した一流を唱道する意図を全く意識していなかったけれど、客観的にみて、親鸞の宗教思想が法然のそれを乗り越えて深化・前進していることもまた否定できないところである。「建仁辛酉暦、棄二雑行一兮帰二本願一」したのちも、親鸞の思想には、多くの発展があった。建仁元年をもって親鸞がすでに究竟の境地に入ったとすることは、法然の思想と親鸞の思想との差異のよって来るところと東国居住の重要な意味の理解を不可能ならしめるものといわねばなるまい。

『教行信証』の有名な三願転入の一節は、親鸞の思想の核心にふれるところであるが故に、その解釈についての見解も鋭く対立している。あるいはこれを超時間的な論理の段階を示すにとどまるものと見る説があり、歴史的な時間の順序を追った展開を示すとする見解があり、後者においても、具体的にどの年時に比定するかについて諸説があるが、私はかねてから「然今特出二方便真門一転二入選択願海一」とあるその直後に「信知、聖道諸教（中略）全非二像末法滅之時機一」と末法の機を強調した後に「我元仁元年（中略）已以入二末法一六百八十三歳也」の文が配置されている文脈の関連に照らしてみれば、「転二入選択願海一」した「今」が「元仁元年」と無関係でありえないのは確実と考えていた。最近古田武彦が、坂東本『教行信証』の原本状況と「今」という用語の同時代の用例とについての綿密な実証に基づき、この「今」がその文章を書いている時点での現在という意味以外に解しがたいこと、「元仁元年」の文字はその文字を書いた時点の年時を示すものであって、後年からの年時算定の起点として記入されたものでないという新説を提示した。いずれにしても、親鸞の思想が法然への投帰の後において大きな前進があったことだけは、法然に見られぬ多くの「已証」を形成した事実に徴し、異論の余地がないであろう。

寛喜三(一二三一)年四月に親鸞が風邪で病臥したことが恵信の消息に日記に基づいて記されていて、『口伝鈔』はこれを東国時代のこととしており、少くともこの頃にはまだ東国に居住していたようであるが、その後のある時期に京都に帰った。帰洛の時期、動機、ならびに妻恵信が同行したかどうか等についての明確な史料はなく、諸説さまざまである。『親鸞伝絵』によれば、五条西洞院にしばらく居を占めたという。

帰洛の後も、親鸞の思いは常に東国で縁を結んだ同行の人々の上に向けられていた。東国の門弟たちは、しばしば文を送って教えを求め、親鸞は、あるいは消息をもってこれに答え、あるいは、著作を送ってその所信を示した。東国よりはるばる上洛し、親しく親鸞に面謁して教えを求めるものも少くなかった。建長三、四年頃から、東国の門徒の間にいくたびか動揺があった。建長三(一二五一)年に常陸国中の念仏者の中に有念無念の論争が生じたり、同四年に信見房が門徒を異義に誘ったりした事件があったが、ことに建長七、八年を中心とする法難は、親鸞の心をいたましめるものがあった。これに関連する東国門弟宛ての消息が数多く残っているが、その多数は年の記入を欠き、近年その編年の研究がいちじるしく進んだものの、なお諸説必ずしも判定を同じくせず、さらにその文義の解釈、それらから窺われる事件の推移についての認識についても、諸家の見解にかなり重大な相違が見られ、いま逐一紹介するいとまがない。ここには、建長八年に近接した時点で、鎌倉幕府において門徒が訴を受け、性信がもっぱらこれに対処し、やがて解決を見たこと、領家・地頭・名主が念仏の停止を企てたこと、それは親鸞の男善鸞が東国に下り、親鸞から夜秘事を伝授されたと偽り、異義を立て、常陸・下野の門徒を誘ってその正信を乱したばかりでなく、「まゝはゝにいゐまどわされた」などと六波羅・鎌倉の幕府権力者に告げたことと結びついており、ついに建長八(一二五六)年五月二十九日、親鸞をして父子の義を絶つのやむなきにいたらしめたことなどが認められる、というごく大筋を述べておくにとどめる。とにかく親鸞と東国の門弟にとり、大きな危機であったが、性信らの処置の適切であったためであろう、建長八年の後まもない頃に訴訟は門徒側に有利に解決し、危機は克服されたのであった。

親鸞は、青年時代法然の膝下にあった頃に『観無量寿経』『阿弥陀経』の研鑽の成果である『集註』を遺している。建保五(一二一七)年仁和寺で発見された善導の『般舟讃』がいまだ引用されていないことから、その年以前の著作と認められているが、すでにそこには独自の思想的傾向が濃厚に窺われるとされている(石田充之「『観経弥陀経集註』に示される親鸞聖人の思想について」『竜谷大学論集』昭和35)。その主著『教行信証』の著作年代については、見解が分れているけれど、赤松の前引坂東本原本の精密な調査によれば、同本は年代を異にする筆蹟・料紙から成り、文暦二(一二三五)年六十三歳前後の筆蹟による台本が康元二(一二五七)年八十五歳前後までの多年にわたる改訂により切り継ぎ書き改められて行ったことが判明するとされており、また、前引古田の同本原本に対する調査の結果によれば、『教行信証』所見の「元仁元年」は少くとも当該部分原稿の起草された時点の年を示すもので、かつまた当該部分の冠註「院諱茂仁」の用語よりしてこの冠註の執筆は貞永元(一二三二)年十月四日より天福二(一二三四)年八月六日までの約一年十月間に限定されると主張されている。古田説に従うとするならば、親鸞の主著『教行信証』は、天福二年すなわち親鸞六十二歳の年までその起草時期をさかのぼらせうることとなるのであるが、前引両経『集註』のごとき吉水時代の述作は別とし、主著以外の著作のほとんど大部分は晩年帰洛後と認められる七十歳後半代から八十八歳入滅二年前の最晩年に書あるいは書写されており、それらの著作はすべてその時期に著作されたものと認められる。これを奥書の日付に従って列挙すれば、次のとおりである。

『浄土和讃』『高僧和讃』　宝治二(一二四八)年書　七六歳
『唯信鈔文意』　建長二(一二五〇)年書　七八歳

『尊号真像銘文』（略本）　建長七（一二五五）年書写　八三歳
『浄土文類聚鈔』　同年
『浄土三経往生文類』（略本）　同年書
『愚禿鈔』　同年書
『皇太子聖徳奉讃』　同年書
『入出二門偈』　建長八（一二五六）年書写　八四歳
『四十八誓願』　同年書
『一念多念文意』　同年以前
『往相廻向還相廻向文類』　康元元（一二五六）年書　八四歳
『大日本国粟散王聖徳太子奉讃』　康元二（一二五七）年書　八五歳
『浄土三経往生文類』（広本）　同年書写
『正像末和讃』　正嘉元（一二五七）年書
『一念多念証文』（一念多念文意と略同内容）　同年書写
『尊号真像銘文』（広本）　正嘉二（一二五八）年書　八六歳
『弥陀如来名号徳』　文応元（一二六〇）年書写　八八歳

これら成書の形をとるもののほかに、門弟等に与えた消息・名号や師法然著作集・上宮太子伝・仏典等の書写、夢記などがあり、ことに消息は、特定の事情のもとでの思想の説示として、後述語録所記の法語とともに、成書の形をとったものに劣らぬ重要な著作といえよう。それらは、門徒の手により早くから『五巻書』（顕智編）・『末燈鈔』（従覚編）・『親鸞聖人御消息集』(編者不明)・『御消息集』(善性編)・『親鸞聖人血脈文集』(横曾根門徒編)等の消息集としてまとめられているほかに、自筆原本あるいは写本の形で伝えられているものがあって、それらのうちから重複するものを省いて四十三通(数え方で通数に僅少の相違が出る)を算する。消息類もおおむね建長年間をさかのぼるものがないようで、このような全著作の編年の晩年への集中は、生涯をかけて正信の確立のために精進して倦むことをしらなかった思想家の真面目を物語るとともに、東国の門弟との交信の必要もまた、帰洛後の著作活動を促した事情として数えられるのであろうか。また、著作ではないけれど、東国の門弟唯円が京都の親鸞を訪れ直接に聴いた法語の記録である『歎異抄』には、親鸞自ら筆をとって書いた著作よりもいっそう生々しい口調をもって親鸞の思想の極致を示す法語が書きとめられており、蓮如以後、宗門内でとかく忘れられがちであったこの語録の意義は、近代に入って以後、とくにキリスト教の影響を受けた知識人に再評価されるようになり、もっとも広く愛読されるところとなった。

正嘉二(一二五八)年、親鸞は三条富小路の実弟天台僧尋有の坊に居住していたが、弘長二(一二六二)年、越後に住む妻恵信と再会する機会を迎えることなく、男道性らにみとられながら、九十年の生涯をとじた。

東国では、弟子真仏を中心とする下野の高田門徒、性信を中心とする下総の横曾根門徒、順信を中心とする常陸の鹿島門徒、奥州大網にある善鸞の子如信の一派その他が教団を形成して活動し、やがて京都では女覚信とその子孫により、本願寺教団の成立を見、ついにその流れを汲むいわゆる浄土真宗なる宗派は、日本仏教中最大の教団に拡大するのであるけれど、それらについては、親鸞その人の思想とおのずから別に考えられる必要があろう。少くとも巍々として聳える本願寺の大伽藍のごときが、およそ親鸞の全く意図しなかったものであることだけは、疑いをいれる余地がない。

三

親鸞の思想の源流については、研究史の粗描のうちに簡単にふれたし、またその思想の具体的内容については他の編者の精密な解説が掲げられるので、ここには最後に日本思想史上における親鸞の思想の意義につき、あえて大胆な巨視的位置づけを試みることとしたい。

親鸞の著作が晩年に集中していることと、建長七、八年前後の東国における教団の危機をめぐる劇的な波瀾とが、近年とみに研究者の関心を惹き、その克服を契機として展開されたいわゆる「如来等同」、厳密な形で表現すれば「まことの信心の人をば、諸仏とひとしと申なり。又補処の弥勒とおなじとも申也」という高次の心境に親鸞の到達した究竟の境地を見出そうとする見解をも生み出した。親鸞の心境の動きを編年的に客観情勢の推移との関連で追ってみるかぎり、そのような見方も成立しうるであろうけれど、日本思想史の大局から見るならば、親鸞の思想においてもっとも重視しなければならないのは、「諸仏とひとし」のごとき通仏教的命題の強調された事実(『教行信証』信巻所引『華厳経』の「与諸如来等」という句は、赤松によれば文暦二年にすでに書かれていたと認定される部分にある)よりも、その論理的前提をなす現実世界の実相へのたじろぐことのない凝視に基づく徹底した否定の論理と、その否定を媒介としてのみ成立する究竟の境地との鋭いパラドックスが、みごとな理論的実践的体系をとって示された点にあるのではないかと考えられる。

そもそも仏教は、インド・中国にわたるその教義的発展を通じ、本来そうした否定の論理を契機とする、いわば弁証法的思考を内在させてきたはずであったが、日本に移植された仏教が、その定着の過程において、そうした論理構造を明確にさせてきたとは言いがたく、むしろ現実肯定と連続の論理を基調とする民族的伝統思考様式に仏教を同化させることにより、否定の論理の尖鋭な顕在化を妨げてきたというのが、大勢であろう。僧院の机上の思弁としてどのような教学の研鑽が行なわれようとも、六世紀以来の豪族、七世紀以降の律令政府および律令制下の貴族、九世紀以降の荘園制貴族等に護持されることにより、伽藍仏教として繁栄してきた日本仏教が、現世の支配層の欲求を呪術的に充足させる機能を主軸として展開してきた形跡は、否むことができまい。もとよりそれらを縫って、現世を超えた浄土を志向する念仏の信仰や、貴族の世界と別個に、貴族仏教と形態を異にする沙弥・聖等の民間仏教の流れが存したことも重要であり、前者においては、源信・永観等を経て法然につらなる浄土教学の系譜(井上光貞『日本浄土教成立史の研究』その他)が、後者においては、在家往生・悪人成仏・専修念仏・一念往生等の鎌倉新仏教的信仰形態の先駆的行業(前引家永・重松著書その他)が、それぞれ親鸞の思想の成立を導く思想史的前提として辿られるのであるが、大勢においては、前記の基本的傾向が主流を占め、それらの系列のものにあっても、基本的傾向を思想的に乗り越える論理を自覚するまでにはいたっていなかったのである。それは、仏教渡来以後の日本の古代国家が、不断にその内的矛盾に悩まされ、絶えず質的変化をとげつつも、体制の全面的危機に直面するまでにはいたらなかった歴史的条件の然らしむるところであったろうが、十一世紀頃以来、体制の危機がようやく顕在化し、貴族支配体制の維持の困難が自覚され始めるのと平行して、仏説に見える末法の世に入ったとの恐怖感がこれと相伴い、さらに十二世紀の源平の争乱を通じて貴族の権威が現実に地に堕ちる光景を現出したことは、貴族の心理に「天下破滅」「仏法王法滅尽」という深刻な危機意識を醸成せしめないではおかなかった(寺崎修一「日本末法思想の史的考察」『文化』昭和9)。それはまた必然的に貴族体制護持をおもな社会的任務としてきた天台・真言等の貴族仏教の権威の破綻をもたらさないではやまなかったのである。法然が顕密の聖道門を捨閉閣抛して、専修念仏の浄土宗を開きえたのも、このような、古代国家の体制的危機の自覚と相表裏して浸透した末法思想を契機とすることなしにはありえないところであったろう。そしてそれはまた、当然に内在的論理と現実肯定とを主軸とした古代思想を内側から突破する否定の論理を主軸とした新しい世界観の確立を可能ならしめたのである。そして、そのような否定の論理をもっとも徹底した形態において完成させたのが、親鸞の思想であった。そこには、現実世界の意義が根底から否定され、価値の百八十度的な転換の上に、高次の救いの世界が展開されてくるのである。このような尖鋭なパラドックスにおいて人生を把握し、その理論的基礎と実践的指針とをみごとに開示した哲学的思想は、日本思想史上前後にほとんど類例を絶するのではあるまいか。従来親鸞の思想の極致を悪人正機説に求めようとする人々の多かったのは、それだけの理由があったのである。これを直截に示す『歎異抄』所伝の

煩悩具足のわれらは、いづれの行にても生死をはなるゝことあるべからざるをあはれみたまひて、願をおこしたまふ本意、悪人成仏のためなれば、他力をたのみたてまつる悪人、もとも往生の正因なり。よて善人だにこそ往生すれ、まして悪人は。

という法語が特に有名であるが、『教行信証』に「是以極悪深重衆生、得二大慶喜心一獲二諸聖尊重愛一也」(信巻)、「一切群生海自レ従二無始一已来乃至今日至二今時一、穢悪汚染無二清浄心一、虚仮諂偽無二真実心一。是以如来悲二憫一切苦悩衆生海一、(中略)以二如来至心一回二施諸有一切煩悩悪業邪智群生海二」(同)、「難化三機、難治三病者憑二大悲弘誓一、帰二利他信海一、矜二哀斯一治、憐二憫斯一療。(中略)濁世庶類穢悪群生、応レ求二念金剛不壊真心二」(同)、「観経定散諸機者、勧三励極重悪人唯称二弥陀一也。濁世道俗善自思二量己能一也。応レ知。(中略)経(中略)言二汝是凡夫心想羸劣一。則是彰三為二悪人往生機一也。(中略)言二若仏滅後諸衆生等一。即是未来衆生顕レ為二往生正機一也」(化身土巻)などと記され、逆謗の摂取こそ如来の本願であることを明らかにするために涅槃経阿闍世逆害の一節を長々と引用したその内に「譬如下一人而有二七子一、是七子中遇レ病、父母之心非レ不二平等一、然於二病子一心則偏重上。大王如来亦爾。於二諸衆生一非レ不二平等一、然於二罪者一心則偏重。於二放逸者一仏則慈念。不放逸者心則放捨」(信巻)の句の含まれていること等を、『浄土文類鈔』の「広大心行、唯欲レ引二逆悪闡提一」、『高僧和讃』の「罪障功徳の体となる、こほりとみづのごとくにて、こほりおほきにみづおほし、さはりおほきに徳おほし」等その他著作の随処に説かれているところをあわせ見れば、親鸞の思想構造の中に占める悪人正機の意味の重さを理解するに足りよう。

親鸞において極悪深重の衆生とは「無始」以来の人間の本質の象徴であったにちがいないが、それが抽象的学解的思弁

のみから出た観念ではなく、親鸞の個人的体験を媒介としこれを普遍的世界像に昇華せしめたものであることは、ほとんど大部分が仏典の引用により構成されている、高度に知的な著作である『教行信証』の中にさえ、「悲哉、愚禿鸞、沈㆔没於㆓愛欲広海㆒、迷㆔惑於㆓名利大山㆒、不㆑喜㆑入㆓定聚之数㆒、不㆑快㆑近㆓真証之証㆒。可㆑恥可㆑傷矣」という痛切きわまる感懐の言葉が述べられており、『正像末法和讃』の「愚禿悲歎述懐」にも「浄土真宗に帰すれども　真実の心はありがたし。虚仮不実のこのみにて　清浄の心もさらになし」との悲情が吐露されていること、まして所感を率直に述べた『歎異抄』所伝の法語中に、「念仏まふしさふらへども、踊躍歓喜のこゝろのおろそかにさふらふこと、またいそぎ浄土へまひりたきこゝろのさふらはぬは、いかにとさふらふべきことにてさふらうやらん」という門弟唯円の問いに対する答えとして、

> 親鸞もこの不審ありつるに、唯円房おなじこゝろにてありけり。よく〱案じみれば、天におどり地におどるほどによろこぶべきことをよろこばぬにて、いよ〱往生は一定おもひたまふなり。よろこぶべきこゝろをおさへてよろこばざるは煩悩の所為なり。しかるに、仏かねてしろしめして、煩悩具足の凡夫とおほせられたることなれば、他力の悲願はかくのごとし、われらがためなりけりとしられて、いよ〱たのもしくおぼゆるなり。

と語られていることや、同書に特に親鸞の「つねのおほせには」として「弥陀の五劫思惟の願をよく〱案ずれば、ひとへに親鸞一人がためなりけり。されぱそれほどの業をもちける身にてありけるを、たすけんとおぼしめしたちける本願のかたじけなさよ」という「述懐」の伝えられていることなどから容易に理解せられるところである。仏教が大陸より移植せられた外来の思想であり、ことにそれが自由な知的思索の理論としてではなく、宗教的権威を帯びた「教」として信奉せられたかぎり、その理論的体系に日本人の内発的思惟の所産とはなしがたい移植性が最後まで一掃されることは不可能であったにしても、このような切実な個人的体験がみずみずしく脈うちながら構築されて行った親鸞の思想体系は、日本仏教の中でもとりわけ日本人自らの仏教として、日本人の生活に即しつつ日本的伝統の制約を超えた民族的＝人類的精神

遺産としての高みに達しえたのであった。そしてそのような親鸞の個人的体験が、同時に平安末以来の末法到来の歴史的変動をくぐりぬけることにより体得された民族的経験と重なり合うものでもあったことを考えるとき、親鸞の思想の歴史的意義はいよいよ明らかになるのではあるまいか。

このように、私は、親鸞の思想の核心を、民族的＝個人的苦悩を契機として形成された徹底的な否定の論理を軸とする尖鋭な矛盾の自覚において見、そこに古代以来の日本思想がようやくにして到達しえた一つの思想的頂点を見ようとするのであって（拙著『日本思想史に於ける否定の論理の発達』昭和15はそのような観点に立ち、親鸞の思想を焦点とする日本思想史の一断面を描いた試みであった）、諸仏等同の究竟の境地も、このような深い苦悩に裏打ちされたパラドックスとの不可分の関連を常に配慮しながら考察しないと、平板な汎神論の表現として見過ごされてしまうおそれなしとしないように思われるのである。

親鸞において、日本の思想ははじめて妥協のない否定の論理をもつことができたのであるが、しかしながら、「火宅無常の世界は、よろづのことみなもてそらごとたわごと、まことあることなきに、たゞ念仏のみぞまことにておはします」（『歎異抄』所伝法語）という、人生を全面的否定の相において把握する親鸞の思想には、普遍的超歴史的洞察は充実していても、内在的な社会的矛盾の超克のための歴史的展望は含まれていない。それにもかかわらず、否、そうであるが故にこそ、現実世界の一現象にすぎない支配者の政治権力あるいは権威のごときもまた、この全面的な否定の前に例外となりうるものでなかったのである。服部の新説をめぐり、その解釈につきはなばなしい論争のくりひろげられた親鸞消息の「ひがごとにふれて、念仏のひとびとにおほせられつけて、念仏をとゞめんと、ところの領家、地頭、名主の御はからひのさふららんこと、よくよくやうあるべきことなり。（中略）この世のならひにて、念仏をさまたげん人は、そのところの領家、地頭、名主のやうあることにてさふらはめ、とかくまふすべきにあらず」という一節の真義も、こうした親鸞の思想の全論理構造のコンテキストの中において解釈しなければならないのであって、そこに親鸞の「護国思想」を見ようとすることは、文理解釈の上から無理であるばかりでなく、親鸞の基本論理を解体することなしには不可能といわねばならない(古田武彦「親鸞『消息文』の解釈について」『史学雑誌』昭和30、河田光夫「念仏弾圧事件と親鸞―消息集の解釈をめぐる問題点」『日本文学』昭和32)。親鸞はその生涯において、師法然とともに処罰を受けた承元の法難をはじめとし、元仁(元〔一二二四〕年)・嘉禄(三〔一二二七〕年)・文暦(元〔一二三四〕年)・建長等の念仏禁止の法難を、あるいは体験し、あるいは見聞したはずであるが、承元の法難について示した「主上臣下、背レ法違レ義、成レ忿結レ怨。(中略)不レ考二罪科一、猥坐二死罪一、或改二僧儀一賜二姓名一処二遠流一」という、峻厳なプロテストは、『教行信証』化身土巻に『菩薩戒経』を引き、

出家人法、不下向二国王一礼拝上、不下向二父母一礼拝上、六親不レ務、鬼神不レ礼。

と明言した、その基本的原理の具体的発動にほかならなかった。このような権力に対する自律的姿勢が、様態こそ異なれ、鎌倉新仏教の開祖に共通するところであったことは、注目に値しよう。「危亡のもとゐはみだりに世俗にしたがふなり。世俗にほむるところをきく時は、真賢をうることなし。俗を化するを聖人とすべし。俗にしたがふは至愚なるべし」(『正法眼蔵』仏道)という出家精神に立脚し、「帝者に親近せず、帝者にみえず、丞相と親厚ならず、官員と親厚ならず」(同、行持)「帝者の僧尼を礼拝するとき、僧尼答拝せず。これ出家の功徳すぐれたるゆゑなり」(同、三十七品菩提分)と言い放った道元や、「此日本国の一切衆生のためには、釈迦仏は主なり師なり親なり。天神七代地神五代人王九十代の神と王とすら、猶釈迦仏の所従なり。何況や其神と王との眷属等をや」(妙法尼御返事)、「仏と申は三界の国主、三界の諸王は皆此の釈迦仏より分ち給て、諸国の総領別領等の主となり給へり」(神国王御書)と力説した日蓮においてはもとより、旧仏教側の人にあってさえ、華厳宗を復興した高弁の建礼門院が授戒に際し戒師に対する礼を尽くさなかったのを咎めた言葉として伝えられている「高弁は湯浅の権守が子にて、下もなき下臈なり。然れども釈子と成て年久しく行へり。釈門持戒の比丘は神明をも

拝せず、国王大臣をも敬せず、又高座に登らずして戒を授け法を説ば、師弟共に罪に堕するなりと経に誡められたり」(『妙慧上人伝記』)という例等をあわせ見るならば、親鸞の対権力意識もまた、そのような鎌倉仏教における真俗二諦の鋭い矛盾関係の鮮烈な自覚の一環として理解するのが適切と考えられる。現実の徹底的否定を媒介とする成仏ないし往生の弁証法的論理のみが、このように世俗的権力と世俗道徳を相対化し、仏世界を俗世界に優先させ、世俗権力による宗教の自律性破壊に正面からプロテストしえたのであり、ここにもまた世俗権力と体制の支持する正統道徳の権威を根底から批判ないし否定した例のきわめてとぼしい日本思想史の上において、親鸞およびその同時代の仏教界の巨人のみが発揮しえた稀有の思想的水準があったことを重視しなければならない。

しかしながら絶対否定は、否定の否定を媒介として絶対肯定に還帰する。それは、即自的肯定を止揚した高次の肯定ではあるが、その微妙な論理構造は、現実との緊張した対決の姿勢をいささかでも崩すときに見失われ、安易な現実への妥協に堕するおそれなしとしない。悪人正機の正説と造悪無碍の異義とが、深層において全く異なるものでありながら表見上紙一重の差でもありえたのと同様に、信心為本が王法為本に転化するのも、僅かに一歩の差にすぎなかった。親鸞が展開した否定の論理のエネルギーは、一向一揆という農民闘争の起爆剤としてはたらいた時期があったとしても、やがて教団の組織の維持・拡大という無上命令の前に、その基本的論理構造は似て非なる安心の説法に変質せしめられることを免れなかったのである(山折哲雄『人間蓮如』)。加藤周一が「親鸞――一三世紀思想の一面――」(『日本文化研究』8)において、

一三世紀のはじめに頼朝は、内部から崩れかけていた古代貴族社会に、致命的な一撃をあたえた。同じとき、同じ関東の天地で、親鸞の宗教は、古代仏教のもとに保存されてきた現世主義の壁を、遂につき破ることに成功した。そのために費された精神的エネルギーの大きさは比類のないものである。(中略)

親鸞の否定の論理は鋭く、肯定の論理は、現世の場において、弱かったというよりも、ほとんど欠如していたらしい。

(中略)おそらく伝統的現世主義を決定的にうち破るためには、(中略)外面的な善悪概念を否定する超越的思想が必要であった。——そこまでが親鸞のみごとにやりとげたことである。しかしそれだけでは倫理の内面化はおこらない。それがおこるためには、超越的絶対者に加えるに自由意志があり、両者の緊張関係において価値がきまらなければならない。それは親鸞のやらなかったことである。彼の体系には業報の強調があって、自由意志の要素が欠けていた。(中略)宗教的な現世否定の論理があっても、人間的な世界での倫理の内面化が行われなかったのは、その意味で、当然であろう。(中略)

これは一三世紀以降、日本思想史上に、再び超越的な思想のあらわれることがなかったという事実の、いちばん深い理由だろうと思われる。

と言ったのを、近代人の非歴史的な超越的批判として聞き流すことは容易であるかもしれないが、親鸞の思想を、日本思想史の全系列において客観的に位置づけ、あるいは私たち日本人にとっての精神的遺産としての意義を再評価するためには、このような超越的批判をくぐらせることは、決して無用のわざではあるまい。私もかつて「親鸞の念仏」(『中世仏教思想史研究—増補版—』所収)において、いささか親鸞に超越的批判を加えたことがあった。それはともかく、中世日本では、民衆の願望を思想にまで昇華せしめようとする場合には宗教の形をとるほかなく、社会の構造的認識に立脚する歴史の具体的矛盾と対決する思想の生まれたのは近世に入ってからである。そして、その時期になると、加藤の指摘するとおり、すでに超越的否定の思想は歴史から姿を消していた。そのような論理的断絶に日本思想史の展開を枠づけた重要な制約を見るのであるが、それだけに、中世日本の生み出した最高の思考の結晶としての親鸞の思想を近世以後の断絶から救い出すための再評価の必要が改めて要求されるともいうことができるであろう。

『教行信証』の思想と内容

星野元豊

一　『教行信証』とはどんな書物か

『教行信証』は親鸞の主著であり、浄土真宗のよって立つ根本聖典として、何よりもまず宗教書である。しかしそれは親鸞の信仰の語られた単なる信仰告白書でもなく、また単なる教条の羅列されたものとも異なり、深い思想と論理によって貫かれている思想書である。『教行信証』はその表題の示すように、文類の形式をとっている。親鸞は経典と論と祖師たちの解釈書の文を自由に集めて、それをもって自己の思想を示すとともに自らの理解と解釈を補って『顕浄土真実教行証文類』と題したのである。

まず目につくことは、教行信証の上に「顕浄土真実」の文字が冠せられていることである。親鸞は何よりもその教行信証が真実であることを主張しようとしているのである。ここに『教行信証』が必然的に哲学を説かざるをえなかった理由があろう。そこには灼熱の宗教的生命の火花が散るかと思えば、冷徹なる思索の深淵が寂然としてたたえられている。宗教的生命と哲学的生命が渾然として一如となったところ、それが『教行信証』の世界である。親鸞自らがこれを企図していたことは、その総序が端的に示している。それは宗教的感激に満ちあふれているにもかかわらず、その底には確固たる真理主張がなされ、価値批判がなされている。例えば「難信金剛の信楽は、疑ひを除き徳を獲しむる真理なりと。しかればば凡小修し易き真教、愚鈍往き易き捷径なり。大聖の一代の教、この徳海にしくなし」(一〇頁)とは哲学的基礎づけなくしてはいいえない言葉である。まことに『教行信証』は親鸞の全生涯をかけての血みどろな苦闘の体験の上にきずかれた深い信仰と思索の書である。

年少にして比叡に登り、山にとどまった二十年にわたる修行時代、おそらく彼も普通の青年たちと同じ悩みを悩んだにちがいない。愛慾の悩みもあったろう。名誉への心も動いたであろう。さらに人生に対してのいろいろな疑問も湧いてきたにちがいない。しかし彼はそれら諸々の悩みがそもそも何に基づいているかを山において学んだのではないかと思う。悩みの基、それは〝私〟というものが存在しているということである。自己存在こそが一切の悩みの根源ではないであろうか。彼が叡山で身をもって学んだもの、それは自己存在が解決されがたき生死の絶対矛盾的存在であるということであった。彼の生命が絶対生ではなくして、生死的生命であるということであった。しかも仏教では生死は即涅槃であり、煩悩は即菩提であるという。これの悟りこそが究極の目的であり、成仏とはこの悟りに至ることであるという。そのためには一切の煩悩を断ち切ることが要求され、それにはいろいろな修行が必要とされる。親鸞は真剣にこの問題に取り組み、真剣に修行したにちがいない。しかし永年の努力にもかかわらず、彼が得たものは悟りではなくして、むしろ逆に悟りえない自己の無力さであり、修行に耐ええない自己の弱さであり、断ちがたき煩悩の熾烈さであり、ますます不可解になってゆく自己存在の矛盾であった。この自己存在の底にひそむ暗黒、迫りくる不安、焦躁、それは独り親鸞だけのものではなくして、人間のすべてがもつべき不安である。自己存在の生死的矛盾こそは人間に普遍的なものである。この点を明らかにすることなくしては人間のありとあらゆること、人生のすべてが根をもたない浮草に等しい。多くの人はそれに気づかない。しかしひとたびこの問題に出逢うとき、人はその問題がいかに重要であり、根本的であるかに気づくであろう。

あらゆる文化といわれ文明といわれているものも、この問題を素通りしては無意味となる根本問題なのである。親鸞はこの問題の解決にその全生涯をかけたのである。

親鸞は自己をみつめ、また当時の仏教教団の堕落ぶりをみるにつけ、到底、自力聖道門では誰れ一人として問題を解決することができないと見きりをつけた。「信に知んぬ、聖道の諸教は在世・正法のためにして、全く像末・法滅の時機にあらず。すでに時を失し機に乖けるなり」(二一四頁)といい、「しかれば穢悪濁世の群生、末代の旨際を知らず、僧尼の威儀を毀る。今の時の道俗おのれが分を思量せよ」(二一七頁)。すでに時は末法である。そして救いの対象である機も穢悪の凡夫である。従ってすでに聖道門の時代ではない。僧侶・比丘尼の威儀が乱れていることを徒らにそしるより、僧侶も俗人もともに自分自身の分際を考えてみるがよかろう。親鸞の批判は手きびしい。それは他にいうよりも、まず親鸞自身が自分に投げかけた言葉であったろう。

親鸞は山を下って吉水の法然の門を叩いた。ここではじめて親鸞はその悩みを根本的に解決しえたのである。彼はひたすら師法然に信順した。「たとひ法然聖人にすかされまひらせて、念仏して地獄におちたりとも、さらに後悔すべからずさふらう」(『歎異鈔』)というほどの傾倒ぶりであった。親鸞は法然の『選択集』を讃嘆して、「選択本願念仏集は禅定博陸〈月輪殿兼実、法名円照〉の教命によりて撰集せしむるところなり。真宗の簡要、念仏の奥義、これに摂在せり。見るもの諭りやすし。誠にこれ希有最勝の華文、無上甚深の宝典なり」(二五八頁)といい、『和讃』には「智慧光のちからより、本師源空あらはれて、浄土真宗ひらきつつ、選択本願のべたまふ」(『高僧和讃』)と法然を浄土真宗の開祖と仰いでいる。このように法然を開祖とし、『選択集』を希有最勝の華文、無上甚深の宝典としながら、親鸞はなぜまた『教行信証』を書かねばならなかったのであろうか。彼は信巻別序において、「しかるに末代の道俗、近世の宗師、自性唯心に沈みて浄土の真証を貶す、定散の自心に迷ふて金剛の真信に昏し。ここに愚禿釈の親鸞、諸仏如来の真説に信順して、論家・釈家の宗義を披閲す。広く三経の光沢を蒙りて、ことに一心の華文を開く。しばらく疑問を至して遂に明証を出だす」(七一頁)といっているように、「唯心の弥陀、己心の浄土」といって、自分自身の本性が阿弥陀仏であり、仏とは自分の心の生み出した理想的人格であり、心のもちようでこの現実の世界が浄土ともなりうるという考えが一般に拡がっていた。これはいつの時代にもある思想であり、ともすれば現代でも受けいれやすい考え方であるが、親鸞はこれを否定するとともに、浄土門の中でも十八願の念仏以外の諸行を修することによっても往生できるとする諸行往生説を正そうとした。そのため三部経と七祖の聖典を引いて真の念仏を明証しようとしたのである。この意図のもとに彼は「真宗の詮を鈔し、浄土の要を摭ふ」(二五九頁)て『教行信証』を作成したのである。それ以外に法然の念仏義を訂正しようとか、『選択集』を補塡しようとか、そんな意志はなかったにちがいない。当時、外的には、念仏に対する圧迫はなお残存しており、内的には、法然門下に異論続出する状況にあって、親鸞はただ法然の道を正しく継承するとき、十八願の念仏は信として凝縮せざるをえないと確信した、この確信のもとに、教行証という組み立ての中にあえて信を挿入して「教行信証」としたのであろう。一般に、教を理解して、その教のままに修行して、その結果として証を開くという教行証が順序である。親鸞は標題にも「顕浄土教行証文類」と書き、総序にも「真宗の教行証」と教行証の語を用いているが、これについては論議はあるにしても、とにかく内容的には行と証との間に信を挿入している。しかし信が挿入されることにより全巻の内容は一変して、それが親鸞の特色となり、「教行信証」といわれる極めて独創的な内容をもった組み立てとなったのである。『教行信証』は深い哲学的な書物であるとはいえ、その一字一句には親鸞が命をかけてもがき苦しんだ体験の熱い血潮が脈打っている。それゆえにわたくしが求めたいことは、親鸞が全心身をかけた問題——それは人間の根本問題である——を読者自らの問題として読んでほしいということである。それなくして、どれだけ注釈書を読破し、いろいろな論争や解釈に力を注いでも、畢竟、空理空論に終わって、真の『教行信証』の理解とはならないと思うからである。

二 『教行信証』の構成

親鸞は教巻の劈頭に、「謹んで浄土真宗を按ずるに、二種の廻向あり。一つには往相、二つには還相なり。往相の廻向について真実の教行信証あり」（一五頁）と述べ、さらに証巻には、「それ真宗の教行信証を案ずれば、如来の大悲回向の利益なり。かるがゆへに、もしは因もしは果、一事として阿弥陀如来の清浄願心の回向成就したまへるところにあらざることあることなし」（一四二頁）という。ここで示されていることは、教行信証の根柢に廻向があるということである。ここで親鸞が廻向といっているものは、普通仏教の常識でいわれている廻向とは全く逆である。普通には私たちの方から仏の方へさしむけるのを廻向といっている。ところが親鸞では上掲の文からも理解できるように、逆に仏より衆生の方へさしむけるのが廻向である。親鸞は廻向に往相・還相の二相を見出した。往相とは衆生が浄土へ往生する面をいい、還相とは一度往生して再び衆生を救わんがためにこの世へ還って救済の働きをする面をいうのである。前者は自利、後者は利他の働きである。そして往相も還相もともに如来よりの廻向として、如来の救済の働きそのものである。

いま『教行信証』の構成においては、往相の廻向に中心をおき、往相廻向に教行信証を分けてこれを説明し、還相廻向は証の必然的結果として現われるものとして、証巻の終りにこれを説明しているが、教行信証すべてが廻向を根柢に置いて形成されているのである。しかしその廻向という仏の働きは証と真仏土を根源としてそこから出ているのである。廻向成立の原理、換言すれば救済成立の原理はこの証と真仏土にあるのである。そしてまた教行信証の真実性もここに根拠づけられている。このようにして、証は教行信証という組織の形成される根元であるとともにそれの真実性の理論的根拠であるということができよう。

それで『教行信証』の内面的理解のために、わたくしは次のような点に留意して解説したいと思う。すなわち、教行信証の根柢に廻向があり、さらにその根柢をなすものは証であるが、いま証を根柢として廻向の働きが起こり、そこに教行信証が組織づけられる事実的過程を述べるとともに、それがいかにして可能かという論理的根拠を明らかにしようと思う。前者は教行信証の成立する事実的過程であり、後者はその成立の原理である。親鸞の説いた順序は、はじめに総序、次に教、行を述べ、次に信巻だけに特別の序を置き、さらに証と真仏土を説き、最後に化身土を述べるという順である。従って解説もその順序に従うべきであるかもしれない。しかし時代はすでに七百年を隔てている。日本の思想界も西洋思想の影響を受けて、その思考形式も異なってきている。現代の読者にその解説をしようとするとき、その叙述の仕方もおのずから異なって然るべきであろう。わたくしはその意味からいっても内面的解説の方が本来的な解説であると思うので、原本の形式にとらわれることなく、仏教に全く無関係な人たちにも理解できるような解説を試みたいと思う。しかし原本を直接読まれる方の便をもおもんばかって、できるかぎり簡潔に各巻の中心点と問題点を述べることとしよう。

教巻について

親鸞は各巻の初めに標挙といって、その巻の肝要となるものをあげているが、教巻には「大無量寿経」(真実の教、浄土真宗)と示している。

まず教とは釈迦の説いた教であるが、その諸々の教のうちで、釈迦が本心を吐露した真実の教が説かれたものは「大無量寿経」であるという、そしてその経の宗要《かなめ》は如来の本願を説くにあり、その本体は名号であると端的に打ち出している。次に「大無量寿経」が何故に釈迦の本心を示した経典(これを出世本懐といっている)であるかということを述べているが、その論証は実に簡単である。それはこの経を説くとき、釈尊のすがたが悦びに満ちて、五つの徳(これを五徳瑞現という)

を輝かしていた。それで弟子の阿難がその理由を尋ねたのに対して、釈迦は「お前の問いは一切の人々に真実の利をもたらすであろう。このようなすがたを示すことは稀なことだ」と答えた。それでこの五徳瑞現とこの問答によって出世本懐の証拠だというのである。出世本懐については、後に日蓮宗との間に論争を引き起こしたが、すでに以前から一般に「法華経」は出世本懐経として承認されていた。しかしそれにしても経典の文句や表現のみを拠りどころとして出世本懐を論じても結局は水かけ論に終わるほかないのではなかろうか。古来、『教行信証』注釈の古典的名著といわれる存覚の『六要鈔』は機の利鈍に注目して、末法濁世の凡夫を救うのはひとり弥陀の本願であるとして、この点で「法華経」に対して「無量寿経」の出世本懐であることを主張している。たしかに一歩進んだ見解である。しかしさらにそれが論理的に真実であることの論証がなければならない。かかる論証があってはじめて、経を信ずる者も信ぜない者をも納得せしめることができるのである。親鸞は教巻を結ぶにあたって、「しかれば則ちこの顕真実教の明証なり。誠にこれ如来興世の正説、奇特最勝の妙典、一乗究竟の極説、速疾円融の金言、十方称讃の誠言、時機純熟の真教なり。知るべしと」(一七頁)と書いているが、この言葉は『教行信証』全体を読み終えたとき、はじめて納得しうるものであろう。真実教たる所以は『教行信証』全体がこれに対して答えているのである。教巻は「大無量寿経」が真実教であることを冒頭にかかげて、以下その論証をしようというのである。

ところで「無量寿経」は一つの神話的物語によって語られている。それを簡単に述べておきたい。

今を去る大昔、世自在王如来という仏の時代にすぐれた王がいて、この如来の説法を聞いて感動して出家成道の決意を起こし、法蔵という一介の修行者となった。法蔵は世自在王仏に「どうぞ諸仏の浄土の成り立つ原因とその行について教えて下さい。わたくしはそれらのすぐれたところをみな揃えた浄土を建立したいと思います」とたのんだ。世自在王仏は法蔵の志願を賞でて、二百十億の諸仏の浄土のありさまを見せられた。そこで法蔵は堅い決意のもとに四十八の願をたて、この願が成就しなければ、自分も仏と成らないと誓った。五劫という永い間思惟し、ついにこの願が成就して、一切衆生残らず往生成仏できる極楽浄土ができ上がり、自ら無量寿仏という仏となった。法蔵が仏になってからすでに十劫という歳月がたっている。

浄土教の祖師たちはこの物語から仏の救いの真実を汲みとった。親鸞は浄土真宗の祖師として竜樹・天親・曇鸞・道綽・善導・源信・源空の七祖を選んだが、それら祖師たちを通じて、この物語は宗教的・思想的に深化されて、生命をもった真実として親鸞の中に息づいているのである。その思想的展開が『教行信証』にほかならない。

行巻について

親鸞は行巻の標挙に「諸仏称名の願」という弥陀の四十八願中の第十七願をかかげ、「浄土真実の行、選択本願の行」という細註をつけた。諸仏称名の願というのは「たとひわれ仏を得たらむに、十方世界の無量の諸仏ことごとく咨嗟してわが名を称せずは、正覚を取らじ」(二一頁)という誓願である。無量の諸仏が自分の名号をほめたたえねば、仏とならないというのは、一見駄々子のような願だとも取れる。しかし親鸞はこれを、十方諸仏が大衆の中で常に説法師子吼して名号を讃嘆し、我々によびかけていることを意味していると解した。諸仏の称名は四六時中、私を取りまき、機会あるごとに私の信仰心を目ざめさそうとしているのである。称名といい、名号といっても、決して固然としたものではなくて、常に動いている働きそのものである。親鸞は行巻のはじめに、「謹んで往相の廻向を按ずるに、大行あり大信あり。大行とは則ち無碍光如来の名を称するなり。この行は即ちこれもろもろの善法を摂し、もろもろの徳本を具せり、極速円満す、真如一実の功徳宝海なり。かるがゆへに大行と名づく。しかるにこの行は大悲の願より出でたり。即ちこれ諸仏称揚の願と名づけ、また諸仏称名の願と名づく、また諸仏咨嗟の願と名づく、また往相廻向の願と名づくべし、また選択称名の願と名づくべきなり」(二一頁)と書いている。往相廻向における行は無碍光如来の名を称することである。そしてそれは諸仏称名の願から出たというのである。諸仏のよびかけの称名によって、私がそれを聞信して私が称名するとき、この諸仏称名の願はその目的を果たすのである。諸仏のよびかけが私の称名として行ぜられるところ、そこに往相廻向の大行がある。それは仏の本願力が私の上に称名となったものであり、私には何に一つの働きもない、それでまた不廻向の行といわれるのである。かく諸仏の称名が私の称名として実現するところが南無阿弥陀仏である。親鸞は南無阿弥陀仏の六字を分析した善導の句を引き、独自の解釈をほどこしている。古来、六字釈といわれているものである。後に詳述するように阿弥陀仏のよび声がそのまま私の南無の働きとなり、私の南無と帰命する働きがそのまま阿弥陀仏の救いの働きであるところ、それが生きた南無阿弥陀仏である。そこでは諸仏の称名即私の称名、私の称名即諸仏の称名である。それで称名が大行であり、真如一実の功徳宝海であり、そこに金剛の信心が成就するのである。

ところで諸仏の称名が現実に私の称名となるということは具体的にはどういう過程を経ての事態なのであろうか。詳しくは後にふれるが、親鸞は父母の喩をもって示している。往相の行の成立には、名号の父の働きとそれに応ずるために私を育てはぐくむ光明の母の働きとがあり、さらにそれを外縁として、信心の業識による信心求念の決断があって、はじめて往相の行が完遂されることを説いている。両重因縁の喩といわれ論議のあるところである。さらに親鸞は、私が仏の名号を聞いてそれが私の行となったとき、そこには自然に行の一念があるという。行の一念とはわかりやすくいえば、一と声の念仏であるが、一と声の念仏が私の口をついて出るとき、これこそ無上の功徳を具足した証拠であるというのである。それは一枝の梅花に春の到来を知るの風情である。そこで親鸞は「これ乃ち真実の行を顕はす明証なり。誠に知んぬ、選択摂取の本願、超世希有の勝行、円融真妙の正法、至極無碍の大行なり。知るべしと」(五六頁)と結んでいる。これで実際上、行巻は終わったといってもいいが、それに付加して重点的に「他力」と「一乗海」について述べている。行の基礎をなすものは他力であるが、「他力と言ふは、如来の本願力なり」（五六頁）といい、他力の根柢として本願力の自然の働きを示して、その形而上的基礎づけをなしている。次に一乗海について述べているが、それは大行を「真如一実功徳宝海」といった点を明らかにしようとしたものである。一乗は大乗無上の法門すなわち最上の乗り物であって、それの目的とするところは無為涅槃海である、それは逆謗・闡提等一切を呑み尽くす海に喩えて一乗海というのである。親鸞は「涅槃経」「華厳経」を引き、唯一最上の乗り物として念仏を讃嘆するのである。このあと念仏を諸善と比較して、念仏の勝れていること、また念仏者の勝れていることを述べている。

行巻の最後に親鸞は「正信偈」とよばれている有名な偈文を書いた。一切衆生の救済される道はこの行巻において説かれた。しかし行は単に仏の側の働きにとどまらず、それが浄土へ往生したいという私の往相の働きとして働くところ、即ち私の信となるところにその行が大行として完成するのである。だから往相の廻向について大行あり、大信ありというのである。それでこの正信偈を書くにあたって、信の序となり、行の結びとなるべきものを付した。

「おほよそ誓願について真実の行信あり、また方便の行信あり。その真実の行の願は諸仏称名の願なり。その真実の信の願は至心信楽の願なり。これ乃ち選択本願の行信なり。その機は則ち一切善悪大小凡愚なり。往生は則ち難思議往生なり。仏土は則ち報仏報土なり。これ乃ち誓願不可思議一実真如海なり。大無量寿経の宗致、他力真宗の正意なり」（六四頁）。

ここで「大無量寿経の宗致、他力真宗の正意なり」といっているように、この句は真宗の中核を最も簡明に述べたものである。弥陀の誓願にも真実の行信と方便の行信とがあるが、その真実の行が十七願の諸仏称名の願であり、その真実の信が至心信楽の願である十八願である。この十七願は選択本願の行であり、十八願は選択本願の信である。その救済の対象は一切衆生である。そしてその往生は化巻に明らかにされた真実と方便の三種の往生のうちの真実の難思議往生である。

これについては特に証巻に論ぜられている。そして往生する仏土は真実の報身仏のいます報土であって、これについては真仏土巻に述べられている。これこそ誓願不可思議の働きであり、到りついたところは真如海なのである。この一句において真宗の中心点はすべて述べられている。行巻では救済の働きは述べられているが、それが現実において信者の側に働いた状態については何んら語られていない。諸仏の称名が私に受けとめられ、私の信となって浄土往生を願うようになるのだが、その純粋の信仰とはいかなるものか、真実信である至心信楽について述べたのが信巻である。正信偈は両巻の橋渡しとして行巻と信巻との中心的なものがすべて凝縮して述べられ、さらに浄土真宗の伝統の七人の祖師の肝要を示し、讃嘆している。それで正信偈は浄土真宗のエッセンスが述べられたものとして、浄土真宗の信者の間にも読経され、尊重されているのである。

信巻について

信巻には特別の序文がついている。なぜ信巻だけに序文をつけたかについていろいろ説があるが、それはともかく親鸞は信巻の標挙に「至心信楽の願」と十八願をかかげ、下に「正定聚の機」と書いている。信巻で明らかにしようとした中心はこの二つである。

まずここでは信心という主体の側に重点がおかれて述べられている。親鸞は天親の「世尊、我れ一心に尽十方無碍光如来に帰命し、安楽国に生ぜんと願ず」という願生偈の「一心」こそ他力信心の極と解した。ところが十八願文では、至心・信楽・欲生の三心と乃至十念したものが往生するとされている。従って信心の極としての一心とこの三心との関係が明らかにされねばならない。それが三一問答とよばれて、問答体で説かれているところである。親鸞によれば、もともと涅槃の真因は信心一つであるから、天親は三心を合して一心としたのであると解し、三心の字訓を解釈し、至心も信楽も欲生もともに疑いの雑じることのない意味をもっているから、これを一心としたのであるとなし、第二にはその法義の上から解釈している。まず至心について、如来が清浄の真心をもって濁悪の衆生救済の唯一の道として名号を成就し、至心をもってこれを衆生に廻施したのが衆生の至心である。かく廻施された至心だから疑いの雑じらない真実である。そして如来の至心の私における実現が信楽である。だから信楽を如来の満足大悲円融無碍の信心海というのである。「次に欲生と言ふは、則ちこれ如来、諸有の群生を招喚したまふの勅命なり」(九二頁)という。私の欲生は如来の我れに来たれとよびたまう命令の現われたものである。仏のよび声の動的な実現が私の欲生にほかならない。

かく三心すべて如来の働きであるから疑いが雑じらず、不顛倒、不虚偽なのであり、従って真実なのである。如来の成就した南無阿弥陀仏が私の至心となり、その相が信楽であり、その働きの内容が欲生であって、それらの統一された極が一心である。一口には、如来の救いの働き即私の信の働き、私の信の働き即如来の救いの働きであり、この「即」の完全な顕現が南無阿弥陀仏である。逆にいえば、如来の南無阿弥陀仏が私の南無阿弥陀仏となったその一点が一心である。

さらにこの信心は不可称、不可説、不可思議の超越的世界であり、それは「横超断四流」の境として、煩悩の根の断ち切られた世界であり、正定聚の位であるというのである。往相の信心を起こしたとき、煩悩の根が絶たれ正定聚に住するという理解は現生正定聚とよばれ、親鸞の最も特色あるものであり、これこそ親鸞を不朽ならしめたものである。親鸞はこの信心を横超の菩提心と名づけた。菩提心は仏教一般においては、いやしくも仏道を志すものは菩提心を起こさねばならないといわれている。ところが栂尾の明恵は法然を批判して、法然は往生の業は念仏を本とするといい菩提心を欠いているとと非難したので、菩提心の問題が当時やかましく論ぜられていた。それに対して親鸞は信心こそ最もすぐれた菩提心だとしたのである。

最後に五逆・謗法・闡提の徒も回心すれば皆往生できることを論じて信巻を終えている。

証巻について

標挙には「必至滅度の願、難思議往生」と記されている。従来の浄土教では、浄土に往生して、そこで正定聚に住し、その後成仏すると解せられている。ところが親鸞では上述のように現生正定聚が主張され、この現実で、信を獲たときすでに正定聚に入るのであって、往生は成仏である。この証巻はそれで、獲信の結果の証がどのようなものかをまず示している。この証を得ることについての願は第十一願である。それは、「たとひわれ仏を得たらむに、国の中の人天、定聚に住し、必ず滅度に至らずは、正覚を取らじ」と誓われている。親鸞は必至滅度の願、証大涅槃の願とよんだ。ではその証は何かといえば、「謹んで真実の証を顕はさば、則ちこれ利他円満の妙位、無上涅槃の極果なり」（一三九頁）といい、さらに「しかるに煩悩成就の凡夫、生死罪濁の群萠、往相回向の心行を獲れば、即の時に大乗正定聚の数に入るなり。正定聚に住するが故に、必ず滅度に至る。必ず滅度に至るは即ちこれ常楽なり、常楽は即ちこれ畢竟寂滅なり、寂滅は即ちこれ無上涅槃なり、無上涅槃は即ちこれ無為法身なり、無為法身は即ちこれ実相なり、実相は即ちこれ法性なり、法性は即ちこれ真如なり、真如は即ちこれ一如なり。しかれば弥陀如来は如より来生して、報・応・化、種種の身を示し現じたまふなり」（一三九頁）といっている。信の必然的な究極は仏教の究極の証である涅槃、真如そのものである。証とか滅度とかいえば、いかにも静的なものに考えられよう。しかし本来、滅度は静的なものではなくして、全く動的にこの現実に働き続けている活動体なのである。それゆえに親鸞は「真如は一如なり」といい、それに続いて「しかれば弥陀如来は如より来生して、報・応・化、種種の身を示し現じたまふなり」というのである。如来はこの現実にその時、その場、その対象に応じて変現自在に働くのである。そして実は私の往生するところ、そこから如来が生まれてきたのである。従って如来の働きはいわゆる還相廻向の働きとして活動しているといってよかろう。いや如来の働きこそ同時にそれは還相廻向の働きなのである。証巻は、証とは何であるか、それは動的な大悲の働きそのものであり、従って如来の救済の働きであるとともに還相の働きであることを示したものである。

親鸞は『往生論註』を引用して還相廻向の論理を展開しているが、それはまさしく真宗の救済成立の根拠の論証である。従って証巻こそは『教行信証』の中心をなすものといえるであろう。読者は心をひそめて、この点に注目して読んで頂きたいと思う。筆者の内面的な解説もここから説き起こしてゆきたいと思う。

真仏土巻について

浄土教において救済の中心的役割をなしているのは浄土であるが、真宗においても変わりはない。ところで親鸞は浄土往生について極めて簡潔に、「その機は則ち一切善悪大小凡愚なり。往生は則ち難思議往生なり。仏土は則ち報仏報土なり。これ乃ち誓願不可思議一実真如海なり。大無量寿経の宗致、他力真宗の正意なり」(六四頁)といっている。真仏土巻では証巻に示された証の具体的なあらわれとして、真宗の目ざす仏身仏土が報仏報土であり、それが一切衆生の往生しうる唯一の仏土であることを示そうとしているのである。標挙としてあげられたものは第十二願「光明無量の願」、第十三願「寿命無量の願」である。仏身仏土ともに空間的には光明として十方に遍満し、時間的には寿命として無窮である。このようにして「極楽は無為涅槃界」であり、往生とは「自然虚無の身、無極の体」を得ることにほかならない。「涅槃経」十三文を引き、真仏真土の根柢をそれぞれの面より明らかにしているが、すでに証巻をふまえて、その解明は自由奔放、まことに目をみはらせるものがある。それは往相・還相ならびに教行信証の究極の終帰するところであるとともに、往還廻向、教行信証の出てくる根源である。わたくしは従来、浄土真宗について一般にいだかれていた観念は真仏土巻を熟読することによって打ち砕かれるであろうと思う。

なお付け加えたいことは、「無量寿経」に説かれた浄土、また親鸞が『浄土和讃』に表現した浄土はいかにも神話的である。その意味で、キリスト教界で主張されたブルトマン(Rudolf Bultmann)の非神話化(Entmythologisierung)が浄土教においても必要と思われる。しかし、親鸞のこの真仏土巻こそは最も鮮かな非神話化である。ブルトマンの非神話化のもつ誤りはそこでは訂正されて、根柢から見事に非神話化されている。その意味からいえば、真仏土巻は最も現代的意義をもって読まれるべき巻であろう。

化身土巻について

親鸞は真仏土巻に続いて化身土巻を付したが、これの標挙としてあげたものは、第十九願と第二十願とである。彼はこの二願を方便の願と解しており、それらの願を経て究極の他力救済の第十八願に導くことが本意であることを示しているのである。これが古来、三願転入といわれているもので、親鸞自らの体験とともに三願の関係をも示している。

さらに浄土真宗と聖道門とを比較してその真仮を示し、次に真宗と他の宗教・思想とを比較してその真偽を明らかにしようとしている。これは真仮・真偽の論として真宗の真理論ということができよう。しかし、実質的な真理論はすでに証巻・真仏土巻において完成されている。この巻においては、仏教全般を聖道門と浄土門に分けて、聖道門は難行道であり、時代はすでに末法であって、到底それを修行しえないがゆえに聖道門は不適当であると判定しているが、しかしそれだけではない、むしろ彼は聖道門を究極には弘願に入らしめる方便権化の教だというのである。聖道門のみならず、浄土門のうちでも弘願以外のものはすべて方便であると解した。のみならず教そのものを判別して、十九願・二十願は廃せられるべきものとして、三願の廃立をなし、十八願こそ弥陀の本願であることを示している。親鸞は「観無量寿経」には隠れた意味と表にあらわされた意味のあることを指摘し、表面は定散二善をすすめているが、その裏にひそかに弘願の十八願へ導くように説かれているという。古来、顕彰隠密とか隠顕とかいわれているものである。「観経」のみならず、「阿弥陀経」にも同様、隠顕のあることを主張し、表面は二十願を説いているけれども、その裏では十八願へ導くことをめざしているという。

最後に親鸞は仏教以外の他の宗教・思想等についても触れ、仏による以外は他の天神に帰依してはならないといましめ、これらを外道とよび、その代表として、ともすれば大乗仏教と類似と思い誤られがちな道教をあげ、これと対決している。

三　救済の原理的構造

救済成立(廻向成立)の根拠

往相の廻向

浄土真宗とは一口には、仏より衆生への廻向の宗教である。この廻向という仏の働きは証を根源として、それの動きでたものである。親鸞は証巻の冒頭に「謹んで真実の証を顕はさば、則ちこれ利他円満の妙位、無上涅槃の極果なり」(一三九頁)といい、さらに「無上涅槃は即ちこれ無為法身なり、無為法身は即ちこれ実相なり、実相は即ちこれ法性なり、法性は即ちこれ真如なり、真如は即ちこれ一如なり。しかれば弥陀如来は如より来生して、報・応・化、種種の身を示し現じたまふなり」(同上)という。証は仏教の究極の無上涅槃である。もし強いて身体的表現をとれば、色もなく、形もなく、常住で一切に遍ねき法身である、流転生滅することなき常住不変、不生不滅の法身である。これこそが絶対真実の相そのものであり、また一切のものの本性そのものである。このような一切万有の体性を真如というのである。真如は唯一絶対、差別のない平等であり、絶対無そのものである。如来とはこの真如から生まれ出てきたものだから如来というのである。それはこの現実に向かって、あるいは報身として、あるいは応身、あるいは化身として、その対象に応じて変現自在に救済の働きをするのである。これが救済の成立する根源である。われわれはしばらくこれについて考えてみよう。

現実にあって、衆生と真如とは全くその世界を異にしている。真如は衆生にとって全くの他者である。そのために真如から如来がこの現実に向かって来生する、それが廻向であるが、それはまず往相の廻向として働く。換言すれば、衆生が涅槃の証を開くために浄土へ往きたいと願う働きとして廻向されるのである。一切衆生をして仏の方へ向かわしめ、浄土へ往生したいと願わしめ、浄土へ往生することによって涅槃の証を開かしめるとともに、還相の働きを起こして逆に衆生救済の働きをなさしめる。このような働きをするのが廻向である。ここで中心的な働きをしているものは浄土である。浄土の働きは、現実においては世界を異にしている衆生と真如との間の仲保者的役割を果たしているのである。

拙著『浄土』において、浄土を仲保者としての役割をなすものとして、その意義を論じたところ、その言葉についてかなり疑問が提出された。たしかに仲保者という言葉はキリスト教神学的概念であって、直ちに仏教的ではないかもしれない。しかしそのようなセクト的見解を離れて、広く宗教哲学的用語としてこの言葉をとるならば、あながち不適当ではないと思っている。

浄土は仲保者的役割を果たすものとして荘厳され、建立されているのである。従ってまず、(1)浄土と真如、(2)浄土と衆生というこの二組の関係を解明することが浄土真宗解明の本質的なことであり、これを解明しえたとき、真宗における救済とはいかなるものであり、救済がいかにして成立するかという救済成立の論理を明らかにすることができるであろう。そしてこれが『教行信証』の中心なのである。親鸞は曇鸞の『往生論註』を引いて、まず浄土の荘厳を分類して、国土の荘厳十七種、如来の荘厳八種、菩薩の荘厳四種となし、これを三厳二十九種の荘厳と呼んでいる。浄土はこの三厳二十九種の荘厳によって飾られているのである。また涅槃・真如を一法句と呼んでいる。そしてこの三厳二十九種の荘厳を広と呼び、一法句を略と呼んで、この広と略とは互いに相入するというのである。そして、「菩薩もし広略相入を知らざれば、則ち自利利他するにあたはず」(一四九頁)という。広略相入は真如と浄土との関係であるが、これがわからねば、自分が仏となることも、また衆生を救うこともできないというのである。従って広略相入は浄土建立の根拠であるとともにその論理であるといえよう。ではその広略相入とはいかなることであろうか。

真如と浄土

真如と浄土との関係についてかくいっている。

「何が故ぞ広略相入を示現するとならば、諸仏菩薩に二種の法身あり。一つには法性法身、二つには方便法身なり。法性法身に由りて方便法身を生ず、方便法身に由りて法性法身を出だす。この二の法身は異にして分つべからず、一にして同じかるべからず。この故に広略相入して、統ぬるに法の名を以てす」(一四九頁)。

いま浄土の広と一法句の略との相入が実現されるのは、仏に法性法身と方便法身との二種類の法身があるからであるという。この二つの法身は異なったものではあるけれども、しかも分けることのできないものであり、一つのものといえるけれども、しかし全く同じものということはできない。この二つの法身はこのようなものであるが、これをその根柢において統一するものが一法句である。一法句を土台として法性法身から方便法身が生まれ、また方便法身によって法性法身が明らかになるというのである。それでこのことをより一層明らかにするために、まず根柢をなしている一法句がいかなるものであるかを明白にしなければならない、これについては次のように述べられている。

「「一法句とは、謂く清浄句なり。清浄句とは、謂く真実の智慧、無為法身なるが故に」とのたまへり。この三句は展転してあひ入る。何の義に依りてかこれを名づけて法とする、清浄を以ての故に、何の義に依りてか名づけて清浄とする、真実の智慧、無為法身を以ての故になり」(一四九頁)。

一法句というのは清浄句である、清浄句というのは真実の智慧、無為法身のことである、この三つは互いに相入って一つになる。なぜ法と名づけるかといえば、清浄だからである。なぜ清浄かといえば、真実の智慧、無為法身だからである。そうすると一法句の本体をつきつめてゆくと真実の智慧、無為法身ということになる。だからつまるところ真実の智慧、無為法身から浄土が生まれ、如来が生まれ、そこに救済が成立し、その救済が真実であるということになるのである。従ってこの真実の智慧、無為法身こそ救済成立の根柢であり、その真実性の根拠である。ではこの真実の智慧、無為法身とはどのようなものなのか。曇鸞の説明は極めて深遠である。まず真実の智慧を説明して、「真実の智慧は実相の智慧なり。実相は無相なるが故に、真智、無知なり」(同上)という。真実の智慧というのは実相の智慧である、すなわち実相を証する智慧が真実の智慧である。ところがその知られる対象であるところの実相はもともと相というもののないもの、無相である。すなわち普通の意味でなんらかの形とか色とかいうもののない無相である。従って認識とか知識とかの対象としてあるようなものではない。しかしこのばあいにもいろいろなことが考えられる。例えば動的なものは認識の対象として、静的には知られないともいわれる。また情的なものは知的には知ることができないといわれる。いま実相が知ることができないというのは、そのようなばあいと同様な意味で知ることができないといわれているのではない。本来実相は無相であるから、その意味で知られないというのである。だからもし、そのような無相を知る働きがあるとするならば、それは知る働きのない知る働きとして、無知の知とでもいうよりほかないものであろう。言葉をかえて説明すれば、智慧はノエシス的な働きのものであるが、その知られるべき対象であるノエマの実相はもともと知られるべき相のない無相である。実相はノエマではあるが、ノエマとして知られるべき相のないノエマである。このようなノエマをノエマとするノエシスは、ノエシスとしての働きをもちながらも、しかも知ることのないノエシスであるといえよう。むしろ知られるものなくして知られ、知るものなくして知る、境知如々、無相であり、無知である。実相を知る智慧は実相が無相であるから、知る働きなくして知る智慧であり、そのままで知るのである。それで真智は無知であるといわれるのである。もののありのままを知るということは、知る主体の側になんらかの作為があっては、ありのままに知ることはできない。もし真に知るというならば、作為なくして知るというような働きでなくてはならない。だからありのままに知る智慧は作為のない知る作用でなければならない。それゆえに、「真実を以てして智慧に目《な》づくることは、智慧は作にあらず非作にあらざることを明かすなり」(同上)といわれるのである。智慧はなんら作為しない、自ら知ろうとする働きはない、しかし作為がないといっても全く働かないというのではない、単なる非作ではない、そこにはやはり智慧として知る働きがあるのである。従ってそれは非作の作といわれるのである。このような非作の作としての智慧にして、はじめて真実という名に値するのである。ありのままを作為なくして、ありのままに知るがゆえに真実である。しかしここでありのままをありのままに見るといった場合、それは一般にいわれている如き、純粋客観的にものを見るということと直ちに同じではない。ここでは「真智は無知なり」といわれ、「智慧は作にあらず」といわれているように、客観的にものを認識するというような、そんな働きをも止めるのである。西田幾多郎が従来の哲学の認識論を批判して、「従来の認識論は、誰の自己でもない様な、抽象的な、意識的自己の立場から世界を考へた。故に自己が単に受働的に、映す世界が客観的と考へられるか、又は反対に個人的自己を越えた意識一般と云ふ如きものの構成の世界が客観的と考へられた」(『全集』第十巻、三五〇頁)。しかしそのような世界は客観的世界といっても、抽象的・意識的自己の立場から考えられた対象界であって、我々の自己がそれに於て働く世界ではないといい、従来の認識論を主観主義と批判しているが、それは従来の認識論の知が常に作為分別の立場にあるものであり、抽象的・意識的立場に立っていて、真にありのままに見るという無知の立場に立っていないことを批判しているのである。たとえザッハリッヒな立場を主張しているような哲学であっても、結局は意識的自己の立場を離れたものではない。西田哲学が行為的直観という如きことを主張するのも真智を目ざしたものといえるのではないであろうか。

真実の智慧はこのように、一切の知る立場を離れ、知る働きを絶して知るから、真実の智慧なのである。それで「心は智の相なりといえども、実相に入れば則ち無知なり」(『往生論註』下)といわれるのである。知ることを止めるといっても、全然なにもしないというのではない、それは一切の人間的な分別を止める、作為分別しないということである。知るものなくして知る、無知にして知る、無にして知るのである。無にして知るがゆえに、そこにはもののありのままがそのまま現われるのである。無にして知るところに、ものの実相、すなわち真実がそのままに現前するのである。それで『往生論註』に「正遍知は真なり、正なり、法界の如くにして知るなり。法界無相なるが故に、諸仏は無知なり。無知をもっての故に知らざること無きなり。無知にして知なるはこれ正遍知なり」(『往生論註』上)といっているのも、同様のことがらを述べたものである。また同書に、「凡心は知有れば則ち知らざるところあり、聖心は無知なるが故に、知らざるところなし、無知にして知なり、知即無知なり」(『往生論註』下)といっている。無知であればこそ、一切をそのままに知るのである。そして無知であればこそ、知らざるところなく、また知らざることがないのである。一般に知る場合、そこには知る立場がある。従って、ある一つの立場に立ってものを見るかぎり、必ずそこには知らないところがある。たとえば、物を見る目は目自身を見ることはできない。また自分の背中は見ることができぬ。何か一つの立場に立てば、全般にわたって、あまねく平等に知ることはできない。無知は知るという立場を絶して、立場がない、全くの無であるから、一切に遍して知ることができるのである。そして平等にわけへだてなく、偏見なしに知ることができるのである。それゆえに「無知にして知なるはこれ正遍知なり」といわれるのである。凡心は知る立場があるから知らざるところがあるのであり、無知は知らざるところがないのである。

般若、方便、慈悲

いま、ものをありのままに知ることは、無知にしてはじめて可能であることを見てきたのであるが、この無知はそれゆえに如実智といわれている。「如実知とは、実相のごとくして知るなり」(一五一頁)といわれるのである。

ところでものをありのままに知るという場合、二つのことが考えられる。第一は、ものの変相や偽相・仮相ではなくして、ものの実相すなわちものの本質・本体を知る場合である。この場合、われわれはもののありのままを知ったという。真実の智慧は実相の智慧なりといわれるとき、そこではかかる本体を知ることを意味しているのである。ここで「実のごとく知る」ということのうちには、ものの真実と虚偽とに対する判断が含まれている。この判断は単なる主観の分別的な判断ではなくして、無分別の分別ともいうべき判断である。そこではじめて、ものの真実と虚偽とがあらわならしめられるような判断である。それは判断するものなくして判断する判断である。ものの本体があらわになるということ自体が、ものの真実があらわになるということであり、そこでは自然に、そのままで真偽判断がなされるのである。それゆえにこそこの智慧が如実智といわれ、真実の智慧といわれるのである。従ってそこでは二つのことが自然になされているということができる。すなわち、そこでは純粋の本質(本体)そのものが把握されうるとともに、真偽の判断もなされているのである。いわば本質問題と真理問題とが同時に解決されているのである。

ところがそれに対して、ありのままをありのままに知るということの第二の場合は、現象の森羅万象のありのままがそのまま、すなわち変化すれば変化するまま、動けば動くままに知ることをありのままに知るというばあいである。無知は万象の動きのまま、変化のまま、一切の変化するさまざまな相をそのままに知るのである。無知は一切処に遍して、何ものにも障碍されることなく、あらゆる面をそのままに万遍に知るのである。それゆえに、「無知の故によく知らざることなし。この故に一切種智即ち真実の智慧なり」(一四九頁)といわれるのである。一切種智とは、一切の存在をその種々雑多な様相のままをその様相のままに知る智慧である。差別を差別のままに知る智慧である。このようにして無知は二つの働きをする。すなわち実相の智慧と一切種智とである。ものの実相を知る真実の智慧は般若とか実智とか呼ばれている。それに対して、現象のありのままを知る一切種智は権智とか方便智とか呼ばれている。それで、「般若とは如に達するの慧の名なり、方便とは権に通ずるの智の称なり」(一五四頁)という。実相は真如である。その真如の方向すなわち内への方向へ向かうのが般若である。それで般若というのは真如に体達する慧のことをいうのである。真実智慧とか実智とか呼ばれているのはこの般若智のことである。それに対して方便(権智)というのは、あらゆる現象へ向かう智のことで、般若を内へ向かう智慧とすれば、方便・権智とは外へ向かってあらゆる現象の種々相をとらえる智慧の働き、すなわち一切種智の働きをいうのである。それで、「如に達すれば則ち心行寂滅なり、権に通ずれば則ちつぶさに衆機に省くの智なり。〔機を省みるの智〕つぶさに応じて無知なり。寂滅の慧、また無知にしてつぶさに省く。しかれば則ち智慧と方便と、あひ縁じて動じ、あひ縁じて静なり」(一五四頁)といわれる。この句は多少説明を必要としよう。般若の智慧は真如に達すれば、そこではすでに真如と一枚になって、知るものもなく、知られるものもない。心行ともに滅して寂滅である。知るものも、知る働きもない、一如であり、無知である。知るものも知られるものもない境知如々、そのままである。ところが外に向けられた無知は万物の種々相にあまねくゆきわたり、その一々についてつぶさに知らないということはない。上に述べたように、ここでは智慧は一応、智と慧とに分けられ、慧とは内に向かって本体・実相を知る働きをいい、智は外に向かって一切の現象を知る知とされている。このようにこの両者は一応分かれているが、ともに無知そのものの働きとして、無知は内に向かっては般若となり、外に向かっては権智・方便となるのである。森羅万象すべての差別相を知る無知はそのままその本体を知る般若である。そしてまた般若の無知は寂滅の慧そのまま差別相を知る方便・権智である。この般若と方便という二つの働きをもつことによって、智慧は真実智慧として完全なのである。それで、「しかれば則ち智慧と方便と、あひ縁じて動じ、あひ縁じて静なり。動、静を失せざることは智慧の功なり、静、動を廃せざることは方便の力なり」(一五四頁)といわれるのである。無知は絶対静なる般若(ここでは単に智慧といわれている)と絶対動なる権智・方便の動静二つの働きが離れずに互いに縁じあうことによって、無知も生きたものとして働くのである。この無知が生きたものとして働くとき、無知はそのままではありえない。「実相を知るを以ての故に、則ち三界の衆生の虚妄の相を知るなり。衆生の虚妄を知れば、則ち真実の慈悲を生ずるなり」(一五一頁)といわれている。般若において実相を知り、方便において衆生の種々相を知るならば、必然的に衆生のあり方が虚妄であることを痛感せざるをえないであろう。そして実相がいかなるものであり、衆生の虚妄がいかなるものであり、その虚妄がどこから来ており、何に由来しているかを知るならば、この虚妄から救い出したいという心が生まれるのは当然である。ここに真実の慈悲が生ずるのである。真の慈悲とはこのように真実の智慧に基づいたものであり、真実の智慧から生まれ出たものでなければならない。一般には愛とか慈悲とかいうとき、智慧とは無関係に情緒的・感情的なもののように考えられがちである。宗教において、最高の愛としてアガペーといわれるものでも、情的に理解されがちである。そして多くの宗教では「神は愛なり」といわれているごとく、愛を根柢的・根本的なものとしがちである。これに対して仏教では智慧が根柢であって、慈悲は智慧から生まれてきたものである。ここに仏教の特質がある。仏教において慈悲とはパトス的なものではなくしてロゴス的である。

智慧の主体的側面における働きについて

いま般若と方便という二つの働き、すなわち実相への認識と現象への認識の働きによって、実相が無相であり、三界が虚妄であることを知り、そこから慈悲が生ずることを述べた。しかし慈悲が生じたからといって、直ちに救済が具体化するということにはならない。いま般若と方便の働いたのは実相と三界の衆生の存在の面すなわち客体的面である。そしてそこに慈悲が生まれたのであるが、この慈悲が客体に対して具体的に自由に活動するためには主体の側においても、それに対する準備的な条件とでもいうべきものが必要になってくる。

それには三種の菩提門相違の法というのを捨て去ることが要求されている。次のようにいわれている。

「「なんらか三種。一つには智慧門に依りて、自楽を求めず、我が心自身に貪著するを遠離せるが故に」とのたまへり、進むを知りて退くを守るを智と曰ふ、空無我を知るを慧と曰ふ。智に依るが故に自楽を求めず、慧に依るが故に我が心自身に貪著するを遠離せり」(一五三頁)。

ここではさきに客体に向けられていた真実智慧の働きは主体に向けられている。智が進むを知って退くを守るというのは、一切現象界、三界の衆生の虚妄を知れば、これを救済しようとする慈悲心が起こらざるをえない、いたずらに自分のことのみに満足していることはできない。智はまさに溺れつつある衆生を知って、自分の楽だけに満足することを止めさす働きをもっている。それに対して、慧はやはり内へ向かう働きをもっている。自己の本体を知り、自己が本来空であり、無我であることを知るならば、自然に自己自身に貪著する心を抱かなくなるであろう。主体の側に対しても、智慧はこのような働きをするのである。ここで救済の具体的条件は整ったようである。しかし自分の楽しみだけに満足しないとか、自身に貪著しないということだけでは消極的である。なお救済の積極的な働きがあって然るべきであろう。ここに慈悲門が開かれているのである。

「「二つには慈悲門に依れり、一切衆生の苦を抜いて、無安衆生心を遠離せるが故に」とのたまへり。苦を抜くを慈と曰ふ、楽を与ふるを悲と曰ふ。慈に依るが故に一切衆生の苦を抜く、悲に依るが故に無安衆生心を遠離せり」(一五三頁)。

ここでは慈悲は抜苦与楽として積極的な働きとして示されている。苦を抜き楽を与え、衆生の心を安らかならしめる、これが慈悲の働きであるが、これの具体的な実現はいかにしてなされうるか、その具体化にあたって示されたのが方便である。

「「三つには方便門に依れり、一切衆生を憐愍したまふ心なり、自身を供養し恭敬する心を遠離せるが故に」とのたまへり」(一五三頁)。

一応、智慧と慈悲とで救済の主体的条件は整ったが、更にこれが現実に具体化されるために方便門が立てられた。ここでは一切衆生を憐愍したまう心が方便であるといえば、慈悲と変わらないように思えるし、また自身を供養し恭敬する心を遠離するといえば、慧の働きである自身に貪著する心を遠離するというのと大差ないように思われるが、実は方便門において、はじめて智慧と慈悲の二つの働きが現実的に具体化されてくるのである。方便を説明して次のようにいっている。

「正直を方と曰ふ、己を外にするを便と曰ふ。正直に依るが故に一切衆生を憐愍する心を生ず、己を外にするに依るが故に自身を供養し恭敬する心を遠離せり」(一五三頁)。

この句は相当の説明を必要とする。「正直を方といふ」とは、方は正といって、方正でまっすぐなこと、偏頗な片寄ったことのないまっすぐで平等なわけへだてのないことをいうのである。わけへだてなく平等であるから、一切衆生を憐愍する心が生ずるのである。怨親平等、自他平等の心が正直である。次に外己を便というのは、便は便宜の意味で、「よく機宜に逗《とどま》るを便という」といわれているように、衆生の機の宜《よろしき》に随うことが便である。自己を外にして、自分のことをかまわずに、救済の対象に従って、その機のあり方に応じて働くのが外己である。わが身のことは忘れ去って、利己的な立場をすて、利他的立場に立って、自らを無にして、それぞれの救済の対象に応じて智慧と慈悲とが働くことが方便である。救済の対象は千差万別である。そのいろいろな機の性質や在り方に応じて救済の仕方もいろいろな形をとることにおいて、救済も真に具体的に実現することができるのである。普通、方便というと、「ウソも方便」といわれるように、なにか一つの〝てだて〟・手段・テクニックというように解せられているが、本来の意味はそうではない。「正直を方といふ」「外己を便といふ」というように、方正、平等、偏することなく、全く無差別に、しかも自己を度外視して働くのが方便である。自己を無にして、機の在り方に従い、水の流れるがごとく動く、しかもその底は絶対無の湛然寂静というのが救済の働きである。それで次のようにいわれる。

「しかれば則ち智慧と方便と、あひ縁じて動じ、あひ縁じて静なり。動、静を失せざることは智慧の功なり、静、動を廃せざることは方便の力なり。この故に智慧と慈悲と方便と、般若を摂取す、般若、方便を摂取す」(一五四頁)。

ここで注意すべきことは、方便という語が広狭二種類に使われていることである。ここでは智慧と慈悲と方便と三者を合して般若と対立せしめて方便(広義)とよばれている、それに対して、智慧と慈悲と方便とを三種門として、その一つとして方便(狭義)といっている場合とがある。しかしそれかといって、二種類の方便があるというのではない。分析的には一応、智慧と慈悲と方便とに分けられるが、それが現実に実際的に働く場合には、一括されて方便(広義)として活動するのであって、そのときには般若の静に対するのである。

般若は寂滅の無知そのものであるが、しかし単なる寂滅ではない、寂滅のまま一切現象の動くままを知るのであり、一切の存在に働くのである。一切の迷妄を救う働きをするのである。すなわちそのままが方便の働きである。般若が単なる寂滅にとどまるならば、生きた般若ではない。般若は生きたものとして寂滅のまま無限の活動である。絶対静即絶対動である。そして方便の活動はそのままが寂滅の無知として絶対静である。般若が即方便として動であるときのみ般若は生きた般若であり、方便はそれが即寂滅の智慧であることにおいて、真に方便として正しく働くことができるのである。それで次のようにいわれるのである。

「もし智慧なくして衆生のためにする時んば、則ち顚倒に堕せむ。もし方便なくして法性を観ずる時んば、則ち実際を証せむ」(一五四頁)。

もし実相の智慧なく、実相の理に体達することなくして、ただ衆生のために救済しようとすれば、いわゆる愛見の大悲（これはまた衆生縁の慈悲といい、生死に迷っている衆生のあるのを見て、これを救済しようとする慈悲で、小乗の菩薩の慈悲といわれている。自分だけ救われたらよいとするようなものよりはましであるけれども、しかし衆生が存在するという実有の見解に立っており、そこに救済しようという利益のすがたがあるかぎり、これを仏教では真実の慈悲とは考えない、愛見の大悲とそしっているのである）に堕し、顚倒の妄見に堕しているのである。また逆に方便の働きなくして、ただ法性のみを空なりと観じているときは、実際（実際とは真如のことであるが、ここでは単に空理のことで、声聞・縁覚はただ自分だけが悟りにはいって、有の差別相を見ることができず、衆生を救済しようとしない。従ってこのような自利利他完全でないものは完全な悟りとはいいえない）を証するだけで、真の救済の働きをすることができない。このようにして般若即方便の般若こそ生きた般若であり、方便即般若の方便こそ真の方便として、誤りなく正しく救済の実をあげうるのである。従って慈悲も智慧において真の慈悲であり、生きとし生けるものに即応して具体的に働くことにおいてのみ、真の生きた救済がなされうるのである。

救済における無為法身のはたらき

いままで救済活動の原理ともいうべきものを述べてきたのであるが、いま智慧・慈悲・方便の三者の統一的活動によって救済が具体化されるとき、それはどのように具体化されるのか。ここでわれわれは前にたちかえってみよう。一切の救済の根源は真実智慧、無為法身であった。ところが今まで述べてきたのはその真実智慧の面であって、無為法身の面はしばらく除外しておいた。救済の具体的現実化はこの無為法身にあるのである。そこでいま無為法身について語られていることに目を向けてみよう。

「無為法身は法性身なり。法性寂滅なるが故に法身は無相なり。無相の故によく相ならざることなし」(一四九頁)。法性身とは法性法身のことである。法とは一切万法のことで、一切の存在のことである。性とは本性のことである。法身というのはこの性の如実の顕現を身という言葉で示しているのである。従って法性法身というのは一切の存在の本性といえよう。この本性が寂滅であるというのである。そこには生もなく滅もなく、とるべき相もない、全くの無である、空々寂々である。それゆえに法性身といっても絶対無そのもので、とるべき身もなく、相もない、無相である(多くの人がしばしば絶対無という語を用いるが、ここでは厳密には西田幾多郎の絶対無、久松真一の東洋的無である)。絶対無はとるべき相がない、無相であるからまたいかなる相をもとりうるのであり、相ならざるなしである。しかしこの「無相の故に相ならざるなし」というのは無相が一定の相をとりうる可能態というごときものと解してはならない。無相は可能態ではない。それはそれ自身無であって、西田幾多郎が周辺なくして到るところが中心となりうる無限大の球とか、円とかいう表現をかりて示そうとした絶対無そのものにほかならない。それ自身無であって、一切の存在を生みうる無である。絶対無の自己限定として相ならざることなき無である。ここに浄土建立の根拠があるのである。浄土の荘厳はこのような絶対無の自己限定として相好(正報)荘厳(依報)が成立しているのである。それゆえに「相好荘厳即ち法身なり」(一四九頁)といわれるのである。この湛然寂静の無そのままに相好荘厳端厳絶妙の浄土があるのである。かくして真如の絶対無は知的面においては無知として、存在の面においては無為法身として、知らざることなき、在らざることなき無限の活動そのものである。

「無為を以てして法身を樹つることは、法身は色にあらず非色にあらざることを明かすなり」(一四九頁)。法身は絶対無の存在として顕現したものであるが、それを無為と名づけるのは、絶対無は本来働かない、動作しない寂滅だからである。しかしそのまま働くものとして、ものでなく、またものでないのでもないことを示そうとしたのである。

そこで智慧に般若と方便との二つの働きの面があったと同様に、法身も法性法身と方便法身の二つの働きがあり、両者の働きによって救済が完成するのである。次のようにいわれる。

「何が故ぞ広略相入を示現するとならば、諸仏菩薩に二種の法身あり。一つには法性法身、二つには方便法身なり。法性法身に由りて方便法身を生ず、方便法身に由りて法性法身を出だす。この二の法身は異にして分つべからず、一にして同じかるべからず。この故に広略相入して、統ぬるに法の名を以てす。菩薩もし広略相入を知らざれば、則ち自利利他するにあたはず」(一四九頁)。

さきにも浄土と真如との関係を論ずるに際して引用した文である。法性法身と方便法身は一応異なったもので、方便法身は法性法身から出てきたものであるが、しかし両者は決して異なったものではない、同一のもので不可分である。しかしまた全く同一だということはできない。だから互いに両者相入しあうのである。この原理を知ることによって自らも悟り、他人をも救うことができるという。まことに最も肝心のところが示されている。方便法身とは法性法身が一切衆生救済のために自らを阿弥陀仏と示現したものにほかならない。この点を端的に示しているのは親鸞では『唯信鈔文意』である。次のようにいっている。

「しかれば仏について二種の法身まします、ひとつには法性法身とまうす、ふたつには方便法身とまうす、法性法身とまうすは、いろもなし、かたちもましまさず。しかればこころもおよばず、ことばもたえたり。この一如よりかたちをあらはして方便法身とまうす、その御すがたに法蔵比丘となのりたまひて不可思議の四十八の大誓願をおこしあらはしたまふなり。この誓願のなかに、光明無量の本願、寿命無量の弘誓を本としてあらはれたまへる御かたちを、世親菩薩は尽十方無碍光如来となづけたてまつりたまへり。この如来すなはち誓願の業因にむくひたまひて報身如来とまうすなり、すなはち阿弥陀如来とまうすなり。報といふはたねにむくひたるゆへなり。この報身より応化等の無量無数の身をあらはして、微塵世界に無碍の智慧光をはなたしめたまふゆへに尽十方無碍光仏とまうすひかりの御かたちにて、いろもましまさず、かたちもましまさず、すなはち法性法身におなじくして無明のやみをはらひ、悪業にさへられず、このゆへに無碍光とまうすなり。無碍は有情の悪業煩悩にさへられずとなり。しかれば阿弥陀仏は光明なり、光明は智慧のかたちなりとしるべし」。

法性法身は方便法身たることによって、はじめてその法身としての役割を果たしうるのであり、方便法身は法性法身に基づくことによってはじめて真実の救いを完遂しうるのである。

以上、真実智慧と無為法身と二つに分けて説明したが、この二つは、二つのものではなくして共に一法句の二つの面を取り出して述べたものである。従って真実智慧、無為法身こそが一法句の本体なのである。一法句は真実智慧であることにおいて真実なのであり、無為法身であることにおいて絶対自由なものとして現実に生きて無限に働く活動体なのである。一法句は今まで述べてきたように絶対無であって、なんらかこれを現わそうとすれば、すでにこれに限定を加えたことになり、そのものを如実に示すことはできない。しかし単に黙していてはこれを示すことができない。この一法句を現わすために使われた論理的表現が次の言葉である。

「真実を以てして智慧に目づくることは、智慧は作にあらず非作にあらざることを明かすなり。無為を以てして法身を樹つることは、法身は色にあらず非色にあらざることを明かすなり。非にあらざれば、あに非のよく是なるにあらざらむや。けだし非なき、これを是と曰ふなり。自ら是にして、また是にあらざることを待つことなきなり。是にあらず非にあらず、百非の喩へざるところなり。この故に清浄句と言へり。清浄句とは、謂く真実の智慧、無為法身なり」(一四九頁)。

かつてルドルフ・オットーは宗教の非合理性を示すには否定をもってするよりほかはないが、その否定は多弁を要するといったが、まさしくその通りである。ここの文はもと曇鸞の『往生論註』の句であるが、極めて難解、古来解釈の多いところである。法身は非色といい、次に非非色といっている。この場合、非色の非は次の非非色すなわち非色に非ずの非とはその否定の性質を異にする。色に非ずの非は普通の否定の非である。しかし次の非色に非ずの非は否定ではあっても、上の最初の否定とは質が異なっている。これを説明したのが次の「非干非者、豈非非之能是乎」である。普通に色(もの)に非ずといっておいて、次に非色に非ずという。色でないが、しかし色でないのでもないといえば、普通には、ではやはり色ではないかとつめよるはずである。しかしいまここでは、否定の否定は肯定であるというような論理をいっているのではない。ここでいわれていることは、否定を否定したその否定は絶対否定すなわち仏教的表現をとれば、愍絶ともいうべき否定であり、そこでは否定と肯定とともに絶した否定である。普通には否定のないのを肯定というが、しかしここで無為法身とか無知とかいわれているものは普通の肯定において認められているようなものではなくして、それ自身、自然に本来、是なのであって、是に非ずとして否定されるような是ではない。否定に相対的な是ではなくして、否定も肯定も絶した手のとどかない是なのである。だからいくら否定を重ねても到底これを現わし示すことのできないものである。百返非を重ねても示すことのできない絶対否定なのである。このことをうまく喩えて示しているのは賢首の『大乗起信論義記』である。『大乗起信論』の離言真如を論ずるに際して「謂く言説の極、言に因つて言を遣る」を解して、「言に因つて」という言と「言を遣る」といわれているところの遣られる言とは質的に異なっている。遣る言は否定だ肯定だとがやがや論じているのを「黙れ」と卓を叩くようなものである。「黙れ」と大喝する声も声にはちがいないが、それは否定・肯定を論じている声とは違って、その声を制止する声である。絶対否定という否定はこのような「黙れ」という声と同じである。一法句は百非の喩えざるものとして一切の限定を超えたもので外からこれを規定することのできないものである。このように一切の限定を超えたものであるから、これを清浄というのである。一法句は真実智慧、無為法身であることによって自由自在の活動をなしえて、しかも有無を絶して百非の喩えざる寂滅そのものである。そしてそのまま静即動、動即静、般若即方便、方便即般若である。かく非と即とをもって絶対無の超越的自在の活動を示さんとする仏教の論理を鈴木大拙は「即非の論理」と呼んでいる。

自然《じねん》の救済

いま絶対無たる真如が真実智慧、無為法身であることによって、無が種々に自己限定して正しく救済の働きをなすことが可能であること、一口にいえば広略相入が可能となり、従って救済が実現されうるというその根拠を見てきたのであるが、では真実智慧、無為法身の救済とは本来いかなる救済であるのか。親鸞はやはり『往生論註』を引いて、還相菩薩の行為としてこれを説明している。

「大慈悲を以て一切苦悩の衆生を観察して、応化身を示して、生死の薗、煩悩の林の中に回入して、神通に遊戯し、教化地に至る」(一五七頁)。

生死煩悩の林であるこの現世に出現して、神通に自由自在に遊ぶが如く、一切苦悩の衆生を、それぞれに応じて救済の道を設けて救済するというのである。さらにこれを説明して、「遊戯に二つの義あり。一つには自在の義。菩薩衆生を度す、たとへば師子の鹿を搏つに、所為はばからざるがごときは、遊戯するがごとし。二つには度無所度の義なり。菩薩、衆生を観ずるに、畢竟じてあらゆるところなし。無量の衆生を度すといへども、実に一衆生として滅度を得るものなし。衆生を度すと示すこと遊戯するがごとし」(一五七頁)。

遊ぶが如く救済するというのであるが、その遊戯に二義ありとして、一は自在の意味であり、二には度無所度の意味であるという。先輩はこれを前者は俗諦門、後者は真諦門としている。すなわち普通現実において救済は獅子が鹿を搏つように、たやすくまことに自由自在、それは遊んでいるのと変わりはない。ところがその救済の真諦、すなわちその根柢のところ、本来的なところ、究極の真実においては度無所度であるという。救済というものを原理的な面から見るとき、それは度無所度だというのである。度無所度とは「度して度するところなし」と読むのであるが、原理的にはこれこそ本当の救済である。真実智慧、無為法身の世界、般若の世界では、衆生とは畢竟、空である。そこには救わるべき衆生の相もなければ、衆生の体もない、衆生は本来、無所有(あらゆるところなし)である。もともと無所有であるから、それは救済する必要はない。真諦の上から見れば、そのままでいいのである。生死即涅槃であり、煩悩即菩提である。ただ衆生一念の迷妄によって、本来空であるにもかかわらず有無と執するところに一切の分別が生ずるのである。そこに貪慾が生じ、瞋恚が生まれ、愚痴が出る、そしてそれによっていろいろな罪悪が生ずるのである。そして、本来空であるものを有無と執するがゆえに迷倒の凡夫といわれるのであり、そこに苦の根源があり、罪と死の根源がある。しかし人は本来空を知らず、苦の根源、罪と死の根源を知らない、それゆえにこれを離脱することができない。いまこの顚倒せる現実、苦悩の現実を方便智によって観察するとき、必然的に大慈悲をもって一切苦悩の衆生の一々に応じて、それぞれに応化身を示して、生死の園、煩悩の林の中に廻入しなければならない理由があるのである。

ところで上に述べたごとく、救済には般若と慈悲と方便の三者が、主体面に客体面に綜合して働くのであるが、もともと般若即方便、方便即般若であって、救済といっても衆生本来無所有であるかぎり、もともとは度無所度である。そのままでいいのである。そこには本来、度されるものもなく、度するものもない。度すという面からいえば、度して度するということがないのである。また度して度する相がない、度して度するというおもいがない。無量の衆生を度しながらしかも度するということがないのである。古人はこれを「幻人の幻刀を振うて幻人を殺すが如し」といっているが、まことに適切である。本来は生死即涅槃であるから、わざわざ生死を出離する必要はないのである。本来は煩悩即菩提であるからわざわざ煩悩を断ずる必要はないのである。ただ迷倒の凡夫に対して方便によって応化するから救済する(度する)ということがいわれるのである。しかしそれはどこまでも度して度することのない度無所度である。このようにして智慧と慈悲と方便の三者が一致して働くところ、そこに上にあげた遊戯の二義が含まれているのである。

いま方便の働きにおいて働いているものが如来とその願心、および浄土である。換言すれば衆生救済の本願力とその実践、一口には浄土の建立である。それで、「本願力と言ふは、大菩薩、法身の中において、常に三昧にましまして、種種の身、種種の神通、種種の説法を現ずることを示すこと、みな本願力より起これるを以てなり。たとへば阿修羅の琴の鼓するものなしといへども、しかも音曲自然《じねん》なるがごとし。これを教化地の第五の功徳の相と名づくとのたまへり」(一五七頁)。

真実智慧、無為法身が働くとき、具体的には本願力として働くのであるが、その本願力というのは常に三昧にあって寂滅のままそのままで種種の身、種種の神通をあらわし、種種の説法をするのである。それは為すことなくして為すのであり、行なうことなくして行なうのであり、説くことなくして説くのである。すべてこれ真実智慧、無為法身の自然の発現である。本願力とはこの法身の発現をいうのであるが、それは本来的には自然の発現である。自然の発現はちょうど阿修羅の琴のようである。阿修羅の琴はこれを弾ずる者がないのに、その場、その機に応じて音曲が自然にかなでられるといわれている。いま真実智慧、無為法身の救いの働きは全くその阿修羅の琴のようである。自然に救いの働きがなされるのである。救う者もなく救われるものもない、そのままで救われているのである。浄土も如来も自然の発現である。親鸞は善導の美しい表現を引いてこれを讃嘆している。「西方寂静無為の楽《みやこ》は、畢竟逍遙して有無を離れたり」(一八三頁)といい、「仏に従ひて逍遙して自然に帰す。自然は即ちこれ弥陀の国なり。無漏無生、還りて即ち真なり。行来進止に常に仏に随ひて、無為法性身を証得す」(一八三頁)。極楽は自然の楽なのである。仏の救いは自然である。従ってこれを私の方から見れば往生もまた自然である。それゆえに親鸞は端的に「往生と言ふは、大経には「皆受自然虚無之身無極之体」と言へり」

(一八五頁)といっている。救うも自然、往生も自然、一切が自然の働きである。

わたくしはさきに真如をあらわすのに西田哲学の絶対無を借りた。しかし絶対無というとき、しばしば静的な空虚を連想しがちである。しかし真如の絶対無は生きた最も充実したものである。その意味において自然という言葉はその内容を示すのに適切であるといえよう。自然は最も生生した活動的な充実しきった無であり、天地の万物すべてがそこから生み出される。生むとか生まぬとかいうのではない、時満ちて自然に生まれるように、そのまま生まれるのである。一切はこの自然に基づいてある。否、基づくというよりも、一切は即一である。一即一切、一切即一である。廻向も本来ここから生まれたものである。しかしここでは廻向するも廻向されるもない、ただ自然そのままである。

廻向とは迷倒の凡夫が存在するという事実のところに成立する事態である。迷倒の現実において成立する働きである。この迷倒の現実のところにおいて、自然は真実智慧、無為法身の働きとして、この現実に向かって方便として働きかけるのである。それは迷倒、罪濁の凡夫、有無の見にとらわれた人間の眼に耐え得、その心に理解し得られるがごときものとして、救済主としての阿弥陀仏と救われゆくところの国土、浄土が建立されるのである。夢幻にも似た浄土の荘厳はそのためにあるのである。それにもかかわらず、現代のさかしらな人間たちは科学的知識に訓練された現代人にとって、このような浄土など信ずる能わざるものである、原始未開人ならいざ知らず、現代人に対してなお浄土を説くがごとき、愚や極まれりというべしという。俗間、浄土教の呪術化された布教に対する警告としては一応もっともなようである。しかしかかる発言は自体、宗教に対する無知を暴露したものにほかならない。何故なら浄土を信ずるということと科学的知識ということとはなんら関係ないことだからである。科学的知識がないから浄土を信ずることができるのではない、無知蒙昧なるがゆえに浄土を信ずることができるのではない、浄土は煩悩成就の凡夫、生死に繋縛された凡夫のために存在するのである。それゆえに自己が生死流転の自己であり、迷倒の自己であり、罪濁の現実であることを理解したものには浄土の存在は十分に理解されうるであろう。自分の力では生死を出離しえないもの、煩悩を断じえないもの、どこまでも我執にとらわれてこれを離脱しえないもの、そのようなもののために浄土は建立されているのである。それゆえに自己の煩悩に悩み、自己の底深く巣くう我執の執拗さと凄まじさに戦くものにのみ浄土は欠くことのできないものとして求められるのである。科学的知識がいかに発達しようと科学がどれだけ進歩しようと、私の存在の底に渦まく煩悩は一厘一毛といえども消されず、私の存在の底にこびりついている我執は離れ難い。科学的知識の世界と浄土の求められる世界とはその世界が異なるのであり、次元が異なるのである。それにしても浄土の荘厳は現代人には適しない。この点ブルトマンの非神話化の提唱は浄土教においても傾聴すべきものをもっているが、今はこれについて論ずることは割愛したい。かく浄土は我々の感覚には異質的であるにもかかわらず、それらに障碍されないで、なお浄土が願生の対象たりうるのは、浄土を求める世界が異なった次元の世界であるからである。

問題は浄土が我々の何に対して働きかけているか、そして我々の何が浄土を対象としているかを明白にするということである。

後に述べるごとく、浄土は我々の煩悩の対象として我々に働きかける、方便法身は我々をして無為法身を証得せしめんがための導き役をなすのである。「弥陀仏は自然のやうをしらせんれう」(『自然法爾章』)なのであり、浄土はそれを我々が願生することによって「自然に正覚を成る」(同上)国土なのである。

『教行信証』において強調されているものの一つに浄土が報土であるということがある。すでに浄土三部経の浄土を報仏報土としたのは道綽であり、善導も「是報非化」と浄土の報土であることを強調したが、何故このように報仏報土が強調されたのか。もちろん当時の弥陀の浄土を化土となす風潮に抗したという理由もあろうが、しかし浄土が応化身土でなく、報土であるということには、もっと根本的に重要な理由がなければならない。親鸞は浄土も阿弥陀仏もともに法蔵の願と修行の結果はじめて成立したものであるから、その因に対して報であると解した。従ってここでは法蔵の願行ということが前提されて報といっているのである。応化身ではなくして何故に報身かといえば、応身とは共世身といわれ、この現世の穢土に存在し、形色のあるものをいうのである。浄土と阿弥陀仏とはこのような現実的存在ではなく、信仰の対象である。もし報でなく応身ということになれば、浄土往生も此土の出来事ということになり、阿弥陀仏も現実のひとということになろう。それでは浄土教の性格は破壊され、浄土の存在意義はない。後に述べるごとく浄土と弥陀の彼岸性は浄土の大きな働きの一つである。しかし浄土は単なる彼岸的存在ではなくして、此岸的表象をもって示される。あくまで彼土でありながら、此土的な映現をもって凡夫に示されるところに浄土と如来の特質があるといえよう。浄土は合凡夫的に此岸的でありながら本来彼岸的存在として、極楽は無為涅槃界であり、自然である、西方寂静無為の楽である。極楽の相は即無相であり、西方は即無方である。絶対無が合凡夫的に自己を此岸的表象をもって限定したところが浄土であり、弥陀である。報とは凡夫救済のための他力的表象を最もよく示したものといえよう。

四　救済の現実的構造

往生への具体的過程

浄土と人間

われわれはここで浄土と人間との関係に焦点をあてて考察してみよう。

さきにも述べたように人間は迷倒の凡夫として真如法性に対しては背面的関係にある。普通一般に仏と人間とは対応的関係のごとく考えられている。しかし本来、真の仏と人間との関係は逆対応的関係である、背面的である。人間は仏に面して立つのではなくして、仏に背を向けて反仏的方向に向いているのである。迷倒の凡夫とか、倒見の凡夫とかいわれるのはこのことを指したものである。迷い逆立ちしているとは、言葉を換えれば反仏的方向に向いているということである。人間の人間的方向とは仏に反した方向である。従って人間は人間的方向においては永劫に仏に出逢うことはない。人間的方向とは反仏的方向として地獄への方向である。このような関係が真の仏と人間との現実的関係である。

しかし真の仏はくりかえし述べたごとく、静止している仏ではない。般若は即方便の働きをすることにおいて真の般若である。一切衆生を救う仏にしてはじめて真の仏である。それゆえに真の仏は人間の人間的方向を絶対否定した超絶せる仏であるとともに常に人間に向かって働いて止まない動的な仏である。その仏の動的な働きはいわゆる巧方便廻向の働きとして人間に働きかけ反仏的方向の人間を向仏的方向に向かしめる働きをするものでなければならない。反仏的方向を向仏的方向に逆転せしめる働きをするものこそ巧方便廻向としての浄土の働きである。そのためには浄土は人間の人間的方向、換言すれば反仏的方向線上に立つものでなければならない。すなわち浄土は反真如的に合人間的存在として存在しなければならない。仏の自己否定的存在として迷倒的に存在しなければならない。そうでなければ、迷倒の凡夫は救済しがたいのである。地獄の衆生を救うためには仏自らも地獄に堕ちねばならない。三界雑生の火中に身を投ずることによって方便法身はその方便法身としての役割を果たしうるのである。このようにして浄土は反仏的方向線上に建てられており、阿弥陀仏はこの反仏的方向線上の対象なのである。しかしこの浄土はいつも「法性に随順して法本に乖か」（一七五頁）ざる浄土である。法性を離れて浄土はない。親鸞は善導の『浄土法事讃』の文を引き「阿弥陀仏も涅槃に入る時あり」という「観音授記経」の文について述べ、方便法身が人間の対象として人間的形態をとっていることを示している。大体、阿弥陀仏が死ぬ時があるというのはおかしな話であるが、これは人間的意識に応じて説いたものにすぎない。しかしここで方便といっても、それが偽りとか嘘とかいうのではない、方便が方便としてその役割を果たすのは方便即般若だからである。方便法身即法性法身であるからである。この両者の不一不異の関係こそが方便をして本当に方便たらしめるものである。では浄土がこのようなものであるとき、浄土を願生するとか、往生するとかいうことはどのような意味をもつのであろうか。

往生とか願生とかいうが、もともと生というのは有の根本であって煩悩のおこるもとである。仏教では生死があると執するのを法執といい、この生死を受ける者があると思うのを人執として、この二執が三界を流転する根本であり、いろいろな惑いの元始であるといわれている。とすれば浄土へ生ずるというのは仏教の原理に反するようである。しかしここで往生とか願生とかいうときの「生」はこの三界の虚妄の生とは同じではない。浄土へ生ずるというのは、凡夫の妄情に応じて生といったのであって、この生は無生に即した生である。生といっても即無生である。浄土の働きは、生を生としながら生即無生たらしめるところにあるのである。仏は無為にしてよく為すのであり、智を働かして生死に住せず無為である。大悲を働かして涅槃に住することなくよく為すのである。生の絶対否定のみが涅槃であると考えるのは概念にとらわれているからである。生即無生の原理こそ浄土往生の原理である。

しかしこのような浄土へ誰れが往き、いかにして往くのか。親鸞は天親の「安楽国へ願生せん」の偈をとりあげ、『往生論註』の文を引いて解明している。仏教の立場からすれば、衆生といっても畢竟は無生で虚空の如きものであるといわれている。とすれば、誰れが往き、いかにして往くのか。これに対して次のように答えている。「「衆生無生にして虚空のごとし」と説くに二種あり。一つには、凡夫の実の衆生と謂ふところのごとく、凡夫の所見の実の生死のごとし、この所見の事、畢竟じてあらゆることなけむ、亀毛のごとし、虚空のごとしと。二つには、謂く諸法は因縁生の故に、即ちこれ不生にして、あらゆることなきこと虚空のごとしと。天親菩薩、願生するところはこれ因縁の義なり。因縁の義なるが故に仮に生と名づく。凡夫の実の衆生、実の生死ありと謂ふがごときにはあらざるなり」(三三頁)と。虚空的存在といったばあい、二種が考えられる。一つは凡夫の倒見を虚空という、凡夫はあだな生死を実の生死と思っているが、それは幻のごときものでしかありえない。これはあだなものであるから虚空という場合である。これに対してすべてのものは因縁によって生じたものであるが、因縁によって生じたものは仮りのもので、それ自身に自性のあるものではない。その体は空である。虚空といってもこの二つは全然異なっている。前者は縄をみて蛇と見誤るのと同じで妄見のゆえに空といわれるのであり、後者は因縁仮名のゆえに空といわれるのである。それは家や林のように因縁によって形成されたものであって、材木等を寄せ集めて形造られたものを家といい、樹木のより集まったものを林と仮りに名づけているのであって、バラバラにしてしまえば、家もなく、林もない。家といい、林といっても因縁仮名のものである。天親が浄土へ往生したいと願う生はこのような因縁生であると説明している。

では往生とはどういうことになるのか。これに対してさらに問答を続けている。

「問ふて曰く、何の義に依りて往生と説くぞや。答へて曰く、この間の仮名の人の中において五念門を修せしむ、前念と後念と因と作る。穢土の仮名の人、浄土の仮名の人、決定して一を得ず、決定して異を得ず。前心・後心またかくのごとし。何を以ての故に、もし一ならば則ち因果なけむ、もし異ならば則ち相続にあらず。この義一異を観ずる門なり、論の中に委曲なり」(三三頁)。

この世の人間は因縁によって存在しているもので固有の実体のないもので、仮りに人と名づけられたものである。それで浄土へ往生したものを浄土の仮名人と呼ぶならば、穢土の仮名人と浄土の仮名人とは決して同じではない、しかし全然異なったものともいえない。何故なら同一人が往生して、穢土の仮名人が浄土の仮名人になってこそ、救われたということができるのである。これは前心と後心との関係と同様である。もし前心と後心とが全く同じであれば、前心が因となって後心が相続するということはありえない。しかし両者が全く異なっていても相続ということはない、相続ということの底には同一ということがなければならない。すなわち前心と後心の不一不異ということがあって相続するということが成立するのである。この関係はいわゆる非連続の連続の関係である。穢土の仮名人が浄土の仮名人となるという往生も同様である。穢土と浄土とは絶対断絶している、穢土の仮名人の死が同時に浄土の仮名人の生であるが、そこには不一不異の関係がなければならない、非連続の連続の関係がなければならない。このようにして浄土への生は非連続の連続の関係において成立する因縁生的生であって、生といっても本来的には無生の生である。それゆえにまた往生といっても、その往は不往の往ということができよう。本来的には往生といっても不往の往、無生の生である。生即無生、往即不往である。これを土台としてそこに因縁生的な穢土の仮名人と浄土の仮名人との不一不異の往生が成立するのである。そしてその往生の状態は往のまま不往、不往のまま往、生のまま無生、無生のまま生として自然そのものである。むしろ自然のところに往生があるといえよう。それゆえに往生というのは自然虚無の身、無極の体を受けることだといわれるのである。往きついてみれば、往くも往かぬもない、ただ自然そのものである。

ここで一応問題を整理しておきたいと思う。原理的には浄土は無生の浄土であり、従ってそこへ往生するといっても、生即無生、往即不往である。しかし浄土願生にあたって、その往生が論ぜられるのは浄土と人間との関係においてである。往生は現実的に現象的なものとして論ぜられねばならない。より砕いていえば、この穢土から浄土へ往生するというところで論ぜられるのである。そのとき、この往生を客観的に見ると、その生は因縁生の生であって、穢土の仮名人が浄土の仮名人へと因縁生的に生ずるのである。単なる妄情でとらえられるような生ではないと主張しているのである。

浄土は凡夫の願生の対象として建立されたが、一体、人間はいかにして浄土を願生し、いかにして浄土へ往生するのであろうか。

いま衆生救済のために絶対無たる真如は浄土として、また阿弥陀仏として凡夫に向かって働きかけてくる。しかしその働きの中心として活動するものは名号である。すでに述べたごとく、仏は大衆の中にあって、現に称名を勧めて説法獅子吼しているのである。それは応身のごとく、この世に形をもって現われるのではなくして、摂取の心光として、形而上的な働きとして働きかけるのである。親鸞は名号の父と光明の母の喩をもってこれを示した。

「良《まこと》に知んぬ、徳号の慈父ましまさずは能生の因闕けなむ。光明の悲母ましまさずは所生の縁乖《そむ》きなむ。能所の因縁和合すべしといへども、信心の業識にあらずは光明土に到ることなし。真実信の業識これ則ち内因とす。光明名の父母これ則ち外縁とす。内外の因縁和合して報土の真身を得証す。かるがゆへに宗師は、「光明名号を以て十方を摂化したまふ、ただ信心をして求念せしむ」と言へり」(五四頁)。

ここに二つの喩がある。第一の喩において光明の母の育みと名号の父のよびかけの働きによって往生するとし、第二の喩においては光明名号の父母は外縁であって、信心の業識が内因であり、これらによって往生することを述べている。二つの喩が重なっているので、古来両重因縁と呼ばれて、論議のあるところである。ここで第一の場合、名号と光明との因縁によって生まれる結果は往生か信心か論議されているが、それはともかくとして、ここで重要なことは、名号が諸仏の称名によって私に呼びかけても、私の方でそれを聞く耳をもたねば畢竟無駄である、従って諸仏称名を聞きうるために光明の母が常に私を温め育ててくれたのである。光明は私をして名号を受けとめるように育む働きをするのである。しかしさらに親鸞が第二の喩で示していることは、たとえ光明と名号とが私を目あてに働きかけていても、私の方に信心の業識がなければ往生できないということである。業識とは過去の業により今生の識を得るから業のことを業識といったのであるが、信心の業識といったばあい、親鸞はどのようなものを意味していたのであろうか。彼は次に善導の『礼讃』の文をひき「光明名号を以て十方を摂化したまふ、ただ信心をして求念せしむ」という。ここで信心の業識は善導の言葉をかれば、「信心をして求念せしむ」にあたるであろう。古来、信心の業識が信心の成立するための業識なのか、信心を業識に喩えて、信心という業識なのかの論がある。ここで筆者の頭に浮かぶのは、かつてエーミル・ブルンナーがカール・バルトに対して投げかけた信仰可能性の問題すなわち結合点の問題である。バルト神学において、人間はいかにして神の言を聞きうるか、聞きうるためには聞く耳(結合点)をもたねばならないではないかという問いである。いま信心の業識を信心成立のための業識と解すれば、ブルンナーの質問は親鸞においては簡単に解決されうるが、そのかわり、その業識とは何かという難問題が残されることになろう。それはともあれ、ここでは信心の業識を往生の内因としているのである。わたくしは信心の業識を信心求念ということであると解したい。もしかく解するならば、信心求念こそ往生の主体的働きであるということである。求念という語はその主体的・能動的な働きを示している。名号が衆生において具体的な働きとなって浄土を願生するところ、換言すれば名号が信ずる者の主体となって主体的に働くことにおいてはじめて生きた信心なのである。その主体化のかまえ、主体化への決断が信心の業識といわれるにふさわしいものではないであろうか。光明の母の育みによって名号を領受せんとの決断、そのかまえができて、そこで名号が受けいれられて衆生の信心として主体化されて、必然的に衆生の行として現われるのである。ここに往相廻向の行信が成立する。このように、かまえだの決断などというと、あるいは他力義を破壊するとの非難が出そうである。しかしそれこそ他力ということを概念化して理解している証拠だとわたくしは思う。私の信のかまえも決断も他力である。それはたしかに私自身が決断するのであるが、その決断それ自身仏の働きである。これを概念的にのみ理解するところに、他力義を損するとか、ブルンナー的に人間のどこかに結合点がなければならないとかいう疑問が起こるのである。強いていえば、この決断はバルトの言葉をかりて「新たに創造された」というよりほかないであろう。もともとこれらの疑問は、仏と私の関係を平面的に仏が呼びかけ、それに私が応ずるというような応答的なものと考えるところから起こるのである。信仰の事態は静的平面的ではなくして、動的である。仏の呼びかけと私の決断の二つの働きは事態的には先後関係はない、同一の事態である。仏の呼びかけが私の上に具体化したのが私の信心である。私が決断することが仏が働いていることである。信心の事態においては仏の働き即私の働き、私の働き即仏の働きである。そしてこの「即」を成り立たしめるものこそ光明の悲母の働きである。光明と名号の働きかけは、私がある時、ある機縁によって突如として目覚めることを待っているのである。問題は私がいつ目覚めるかである。その手だてが方便の働き、浄土の働きである。では光明名号の働き、浄土の働きによって、どのようにして私が真実の信を獲て救われてゆくのか。

三願転入

救済についての原理的解明はすでに述べたところであるが、その具体的な過程を示しているものは、古来真宗学で親鸞の三願転入と呼ばれているものである。親鸞はこの三願転入を自己の入信過程として告白している。従って学者の間では三願転入は親鸞独りの体験であって、あえて三願という過程を経ずして直接に十八願の信へ入ることも可能であるという主張もなされている。親鸞は真仮を分かち、仮を廃し真実を立て、要門(十九願)・真門(二十願)・弘願(十八願)に分けて、弘願を勧めているところから見ても、その廃した要門、真門を経なければならない理由はない、直ちに十八願の信心にはいりうるということも否定できない、それでなければ廃立はその意味を失うではないかというのがこれらの論者の主張である。私はこのような主張は親鸞の説明を単に理性的・観念的にのみ解して主体的に理解しないところから生まれた誤りであると思う。神学(宗学)というものはどこまでも主体的(決して主観的ではない)な学問でなければならない。自らを外において客観的・理性的に観察することは、いかにも『教行信証』そのものに即したようであって、実は主観的・観念的に歪めているのである。宗教の書物は自ら主体的にそのものに成りきることによってのみ、真に事態的に正しく理解しうるのである。このような立場に立つとき、三願転入はひとり親鸞にかぎらず、弘願に至る必然的過程であることをわたくしは以下のべてみたいと思う。

親鸞は「真の言は偽に対し仮に対するなり」(一〇二頁)として、真に対して偽と仮とを区別したが、仮については「仮と言ふは、即ちこれ聖道の諸機、浄土の定散の機なり」(一〇八頁)といい、仮を聖道と浄土の定散と規定し、更に「偽と言ふは、則ち六十二見・九十五種の邪道これなり」(一〇八頁)と、仏教以外の教えを偽として、とくに卜占祭祀をきびしく排斥している。そして聖道の諸教は釈迦の在世正法の時代の教えであって、像法や末法の時代および濁悪の我々には役に立たないからこれを仮とし、浄土門のうちでも定散の教えは仮であるというのである。そしてここで十九願・二十願を仮とし、それ自体真でないと判定している。従って真仮を判断するとなれば、十九願・二十願を仮として廃している。たとえ、念仏を中心としていても、十九願・二十願にとどまるならばそれは誤りであるとして、それ等にとどまることを戒めているのである。これ等の願自体は仮であるが、しかし同時にそれは方便として大きな役割を果たしていると親鸞は評価した。願自体を仮としてこれにとどまることを廃したのと方便としてこれを認めたのとを混同してはならない。三願転入における十九願・二十願は方便としての役割を荷っているのである。このような理解の立場に立つとき、十九願・二十願・十八願の三願の関係構造は、浄土と人間との間において煩悩の凡夫が、その煩悩のまま真実の信を得ることができるように形成されているのである。十九願は弘願の要法へ入る門であるから要門といい、二十願は法は真実であるが、それを修するものが自力である、それで十九願の要門に対して、これを真門という、そして十八願を弘願というのである。従って客観的(自体的)には三願転入の関係構造は仏の側においてみれば、本願の遂行のための必然的要素として形成され、それが人間の側においては、獲信の心的過程として三願転入がなされるのである。すなわち三願の関係構造こそは仏の側にあっては、人間と浄土との間における救済の具体的構造を示したものであり、それに応じて私の側においては獲信のために三願転入の過程をとるのである。もともと三願のみならず、四十八願全体がそのような関連をもって建てられたのであるが、三願はそのエッセンスである。

親鸞は三願についてその機を分かち、十九願の機を邪定聚の機（必ず悪道に退堕するもの、ここでは自力の機を指す）とし、二十願の機を不定聚の機（悪道に堕するかどうかいまだ不定のもの、ここでは名号を称えるが、その称える名号をおのれが善としてこれを廻向して往生しようとするもので、半自力・半他力などといわれている）として、十八願を正定聚の機といい、またその往生を分類して、十九願の往生は雙樹林下往生（釈迦が沙羅雙樹の下で往生したので、この現実の娑婆世界で仏の死ぬ姿として、化土往生のすがたを象徴したもの）、十八願の往生を難思議往生（他力によって報土に往生するのは思議しがたいものであるから、これを難思議という）としている。そして、二十願の往生を難思往生（名号は他力の名号であるが、これを称える機に自力の信が雑じるから議の一字をはぶいて難思という）としている。この十九願を主に説いたのが「観無量寿経」であり、二十願を主に説いたのが「阿弥陀経」であり、十八願を説いたのが「無量寿経」である。

古来、宗学ではこれら三願・三経・三機・三往生を分類組織して「三三の法門」と呼んで、次のように示している。

	三門	三願	三経	三機	三往生
仮	要門	十九願	観無量寿経	邪定聚	雙樹林下往生
仮	真門	二十願	阿弥陀経	不定聚	難思往生
真	弘願	十八願	無量寿経	正定聚	難思議往生

これが三願そのものについての親鸞の判定である。われわれは次に三願の組織とそれに応ずるわれわれの側の転入の趣きを見てみよう。

すでに述べたように、背面的関係にある真如と人間の間において、その仲保者的役割をなすものとして浄土が建立されたのであった。すなわち浄土は人間の反仏的方向線上に、そのはるか彼方に輝いている。しかもその浄土と人間との間には死の一線が引かれているのである。この浄土がわれわれに示すものはいったい何であろうか。

われわれは普通、人間的煩悩に支配されて、背仏的に自己肯定線上に前方のみをみつめ、前方のみを求める。そのわれわれがふとした機縁によって——われわれの周囲にはこの機縁は満ち満ちている。弥陀の呼び声は十方に響流し、摂取の光明はわれわれを照し育む——浄土に面するとき、死後に往くという浄土はわれわれに死を告示する。死線をへだてての浄土の存在は何よりもわれわれに主体的に死を告げるのである。それはわれわれの存在を脚下からゆさぶる。われわれは人間肯定線上において浄土に面することによって逆に自己の脚下に向かしめられるのである。普通ひとは自己を反省するという、しかしそのばあい、反省される自己は人間肯定線上に対象化されて観察されるにすぎない。このような反省とか自覚とかいうものでは、自己の脚下はみられない。そこでは客観化された自己しかみられない、客観化された自己は生きた自己ではない。現に生きて観る自己はなんら反省されていないのである。自己肯定線上においては、永遠に真の自己をみることはできない。真に自己をみるということは、自己の脚下をみるということでなければならない。自己の脚下はただ主体的に自己をみるときのみ、はじめてみられるのである。彼岸の浄土は人間をしてはじめて主体的に自己をみせしめるのである。このときはじめて人間は自己存在が絶対的生ではなくして、死を裏にもった生死的存在であることを知るのである。一瞬一瞬われわれは死に面しているのである。われわれの生命は一度的である。しかも生命は非可逆的である。人間存在は一瞬一瞬が絶対危機に立っているのである、その存在の底は無限の暗黒である。そしてこれが人間存在の事実なのである。浄土の彼岸性は人間存在の危機をつきつける。浄土が応土(現実世界)でなく、報土であるという意義の一つはここにあるであろう。このような自己存在の危機に面した者にとって、あくまで浄土はイデア的存在としてその面前にかがやいて、浄土への願生をいざなっているのである。十九願はこのような状況において与えられるのである。

「たとひわれ仏を得たらむに、十方の衆生、菩提心を発し、もろもろの功徳を修し、心を至し発願してわが国に生れむと欲はむ。寿終の時に臨んで、たとひ大衆と囲繞してその人の前に現ぜずは、正覚を取らじ」(一八九頁)。

自己の絶対危機に目覚めさせられて、なんとかこの危機を脱却したいと望む者にとって何よりもの願である。しかも独りこの娑婆を旅立つ死の不安におびえている者に、臨終に迎えに来て大勢でとりまいて浄土へつれてゆくことをこの願は約束している。そのためには普通に善といわれているものを積めばよいというのである。善因善果、悪因悪果という常識的な合理性をもった人間にとって、この願は最も受けいれやすい願であるということができる。この願によって、自己存在の危機におびえたものを至心に発願し往生を願えと引きつけているのである。自力我執の凡夫は至心に発願することだけは可能であると考えよう。しかしいざこれを実践しようとすれば実は不可能なのである。これを十分みこしながら、至心に発願せよと教え、自らこれの不可能をさとらしめようとするのが十九願である。この願の役割は凡夫をして漸次に真実の信に導くところにあるのである。親鸞は化身土巻の初めにこの願をかかげ、現在のような濁世の凡夫ではたとえ仏門に入っても、真なるものは少なく、実なる者は稀れである。偽なる者、虚なる者が多い。このような迷える衆生を誘引せんがためにこの願ができたのだと解している。この十九願の説かれているのは「観無量寿経」であるが、それは一つのドラマティックな物語によって説かれている。

世尊が霊鷲山において弟子たちに「法華経」を説いておられた。その時、霊鷲山にほど近い王舎城に阿闍世という王子がいたが、悪友にそそのかされて父の頻婆娑羅王を囚えて牢獄につないだ。后の韋提希夫人は夫の頻婆娑羅王が餓死するのをおそれて、ひそかに王のもとに食事を運んでいた。これを知った阿闍世は非常に怒り、母をも囚えて獄に入れた。韋提希夫人はなげき悲しみ、救いを世尊に求めたのである。これを知った世尊は弟子目連と阿難をつれて空中から牢獄を訪れた。夫人は世尊に対して「どうぞ私のために憂いのない世界を教えて頂きとう存じます。この世は悪いことに満ち満ちています」と泣きくずれた。その頼みに応じて世尊はいろいろな清らかな世界を眼前に見せられたが、この世界のうち弥陀の浄土をみて夫人は「私はあの阿弥陀仏の極楽世界に生まれたいと思います。どうぞあそこへ往くためにはどのように思惟し、どのように受けとめたらよいか教えて下さい(教我思惟、教我正受)」と願った。そこで世尊は十六の観法の方法をお説きになった。この説法の終わったとき、弟子の阿難がこのお経の名前と要点とを聞いたところが、世尊は次のように答えた。

「この経をば観極楽国土無量寿仏観世音菩薩大勢至菩薩と名づける。また浄除業障生諸仏前と名づける。決して忘れないようにせよ。この三昧を行ずる者は現身に無量寿仏および二大士を見ることができる。仏の名と二菩薩の名を聞くだけで無量劫の生死の罪を除く、だから憶念するということになったらなおさらのことである。もし念仏する人があればこれは極めてすぐれた人で、観音・勢至もそのよい友達となるであろう」。

さらに続けてこう付け加えている。

「汝好くこの語を持て、この語を持てとは即ちこれ無量寿仏の名を持てとなり」。

無量寿仏の名を忘れるなよ、阿弥陀仏の名号をたもち伝えよと結んでいるのである。

親鸞は阿難に対する世尊の答え、特に最後の句に深く打たれた。彼は「観経」の表面にあらわれたものとその裏面にひそむ深い意味をこの句から汲みとったのである。それにしても「観経」にとかれた韋提の心情こそ、親鸞その人の心にほかならない、否、すべての人間の抱くごく素直な心のすがたではないであろうか。

韋提は悪子阿闍世によって人間の浅間しい心と濁世の起悪造罪のありさまを痛いほど体験した。そしてそこからなんとかして脱却したいと願ったのである。彼女は弥陀の浄土へ往きたいと願い、そこへ往く方法を教えてほしいと世尊に請うたのである。いかに思惟したらよろしいかと問うている。当然の問いではあるが、しかしよく考えてみると思い上がった問いである。そこには人間のあくなき主我性の傲慢がある。これに対して世尊はまず定善の方法を説かれた。ところがこの定善を行なうばあい、われわれの側にこれを修すべき心構えが要求されている。定善には「息慮凝心」が必要である。しかし凡夫韋提に慮をやめ心を凝《こ》らすというようなことはとても不可能であろう。定善が駄目なばあい、散善という方法が説かれている。ところが散善には「廃悪修善」がなされねばならない。そしてそのためには三つの心が必要であるという。親鸞はこれを善導に従って「観経」の三心とよんでいる。

「観経」の三心

「観無量寿経」には、「仏阿難および韋提希に告げたまはく、上品上生とは、若し衆生有りて彼の国に生まれんと願ぜん者は、三種の心を発して即便ち往生す、何等をか三と為す、一には至誠心、二には深心、三には廻向発願心なり、三心を具する者は必ず彼の国に生ず」と説かれている。浄土へ往生するには三心が必要であるというのである。善導はこの三心に注目し、上品の者にかぎらず、すべての機に三心のあるべきであると解した。ではまず至誠心とはどのような心なのであろうか。善導は、「至とは真なり、誠は実なり。一切衆生の身口意業に修するところの解行、必ずすべからく真実心の中に作すべきことを明かさんと欲す。外に賢善精進の相を現じ内に虚仮を懐くことを得ざれ。貪瞋邪偽奸詐百端にして悪性侵《や》め難きこと蛇蝎に同じきは、三業を起こすと雖も名づけて雑毒の善と為す。亦虚仮の行と名づく。真実の業と名づけず。若しかくの如き安心起行を作さん者は、たとひ身心を苦励して、日夜十二時に急に走《もと》め急に作すこと、頭燃を灸ふが如くする者すべて雑毒の善と名づく。此の雑毒の行を廻して彼の浄土に生ぜんことを求めんと欲はば、これ必ず不可なり。何をもつての故に、正しく彼の阿弥陀仏の因中に菩薩行を行ぜし時、乃至一念一刹那も三業の修したまふところ皆これ真実心の中に作したまふ。凡そ施為趣求したまふところ、皆真実なるに由りてなり」(『観経疏』散善義――意味を変えて七六頁に引く)。

至誠心とは身も心も行ないもすべて真実の心をもってなすとき、これを至誠心というのである。従って外面的にも賢善精進でなければならず、内面も虚仮の心をもってはならない。身も心もすべて真実なのが至誠心である。そうでなければいかに精進努力してもそれは雑毒の善でしかないというのが善導の理解であった。たしかにそうにちがいなかろうが、しかしそうだとすれば、はたして煩悩の凡夫に至誠心は可能であろうか。とても不可能というよりほかない。

三心の第二は深心である。

「深心といふは即ちこれ深く信ずるの心なり。また二種あり。一つには決定して深く自身は現にこれ罪悪生死の凡夫、曠劫已来、常に没し、常に流転して、出離の縁あること無しと信ず。二つには決定して深く、かの阿弥陀仏の四十八願は衆生を摂受したまふ、疑ひ無く慮り無く、彼の願力に乗じて定んで往生を得と信ず」(『観経疏』散善義――一部読みを変えて七六頁に引く)。

前者は機の深信といわれ、後者は法の深信といわれているものである。善導はさらに信仰の内容について、「観無量寿経」に説かれてあることを信ぜよ、仏の言葉を信ぜよと細かく述べており、また浄土往生の行についても、弥陀の名号を称することを正定業といい、三部経を読誦するとか、仏を礼拝したり讃嘆供養したりすることなどを補助的なものとして助業と呼び、その他の諸善万行を雑行となし、雑行を棄てよと教えている。いずれにしろ機・法の二種の深信が中心として要求されているのである。

三心の第三は廻向発願心といわれる。

「廻向発願心と言ふは、過去および今生の身口意業に修するところの世・出世の善根および他の一切の凡聖の身口意業に修するところの世・出世の善根を随喜して、この自他所修の善根を以て、ことごとくみな真実の深信の心のうちに廻向して、かの国に生れむと願ず。かるがゆゑに廻向発願心と名づくるなり。また廻向発願して生ぜんとする者は必ず須らく決定して真実心の中に廻向し、得生の想を作さんと願ふべし」(『観経疏』散善義——一部を一九七頁に引く)。

廻向発願心とは過去現在になした一切の善を真実心をもって廻向して浄土に往生しようと願う心である。「決定して真実心の中に廻向して得生の想をなす」ということは当然あって然るべきことだと思うが、しかしはたして可能であろうか。ともあれ「観経」では至誠心・深心・廻向発願心の三心が要求されている。くだいていえば至誠心はまごころであり、深心は深く信ずる心、廻向発願心はなんとかして善を修してそれを廻向して浄土に往生したいと願う心である。この三心は一般に浄土門に共通して求められているものとして代表的なものと見てよかろう。それでこの三心は三願のそれぞれに適応して要求されている。いま十九願には「至心、発願、欲生」が、二十願には「至心、回向、欲生」が、十八願には「至心、信楽、欲生」が要求される。ここで内容的にはどうであれ、とにかく表面は至心と欲生は三願に共通している。異なるのは発願・回向・信楽であるが、親鸞はそれぞれの願の特色を取り出して、十九願には「至心発願の願」、二十願には「至心回向の願」、十八願には「至心信楽の願」と彼独特の名をつけている。この名称はよくその願の本質を示しているといえよう。しばらくそれについて述べてみよう。

十九願の機は韋提に代表されるように、この世の苦を悩んだ者であり、それはいつも前方をみつめ、彼方に苦の無い、幸福の理想を追い求める人間である。十九願はこのような者に与えられたのであった。かの浄土をあこがれ彼処へ往きたいと望む心を決断せしめるものこそ十九願の心である。それは浄土往生の決断の心である。いうまでもなくこの決断は煩悩の凡夫が人間肯定線上にあってイデア的浄土を忻求する心である。自己の生死的存在におびえ、必死になって忻求する心として、それは人間的まごころの溢れたものである。従ってその心はいかに深く思いつめた深心であろうと、親鸞が看破ったごとく、どこまでも人間的なものとして「決定して自心を建立する」(『愚禿鈔』下)決断である。それはまごころをもって自己の善根を廻向して浄土往生を願う心である。このようにして十九願の三心は日常的な人間の浄土願生の出発点をなすものといえよう。

だが十九願によって自ら実践しようとするとき、一体、誰れがその要求される三心を行なうことができるであろうか。これについてすでに世尊は韋提に対して「汝はこれ凡夫心想羸劣」と厳しくきめつけているが、ひとり韋提のみならず、法然も親鸞も三心の修し難きことを告白せざるをえなかった。親鸞の次の告白をみるがよい。

「しかるに常没の凡愚、定心修し難し、息慮凝心の故に。散心行じ難し、廃悪修善の故に。ここを以て立相住心なを成じ難きが故に、「たとい千年の寿を尽くすとも法眼いまだかつて開けず」と言へり。いかにいはんや無相離念誠に獲難し。かるがゆへに、「如来はるかに末代罪濁の凡夫を知ろしめす。立相住心なを得ることあたはずと。いかにいはんや、相を離れて事を求むるは、術通なき人の空に居て舎を立てんがごときなり」と言へり」(二〇一頁)。

聖道門に見きりをつけ、浄土門に救いをもとめたが、定善、散善を要求する十九願ではとうてい救われ難いことを思い知らされざるをえなかった。十九願はたしかに誰れでも納得しやすい願であるにもかかわらず、それを実行に移そうとすると、たちまち困惑せざるをえない。ところが「観経」をよくみると、定散に破れた心になお一脈の救いの道が示されている。親鸞は「観経」のうちに含まれたその道こそがむしろ「観経」の本意であるとみた。彼は「無量寿仏観経を按ずれば、顕彰隠密の義あり」(一九三頁)として、実は定散二善を説き三心を説いたのは、自力に執着している人間をして浄土を忻わしめるための方便であって、本意は他力に入らしめるにあると解した。そしてその論拠をこの経の最後の「汝よくこの語を持て、この語を持てとは即ちこれ無量寿仏の名を持てとなり」という句に求めたのである。そこで親鸞は「観経の定散の諸機は、極重悪人、唯称弥陀と勧励したまへるなり。濁世の道俗、よく自ら己が能を思量せよとなり。知るべし」

(一九三頁)と。これが親鸞が「観経」において読みとった結論であったのである。表面(顕)には定散二善を説いているが、その内心(隠)では定散二善の不可能なことをさとらしめるためである。「よく自ら己が能を思量せよ」と親鸞はきびしく反省を求めているのである。しかし「観経」はかく突き放しただけで終わっているのではない。むしろ裏面では念仏の功徳の大きいこと、念仏のみが凡夫の辿りうる唯一の道であることを示している。このことを親鸞は自ら体をもって読みとったのである。

十九願に破れても、人間存在の底の矛盾は一厘も解決されない。自己の力に対する自信は微塵に砕かれてしまった。そこには何もなしえない無力な自己が独り残るのみである。かりそめにも見せられた浄土ははるか彼方に遠ざかるのみである。この時この人に残されたただ一つの道、念仏の道とはどのような道なのか。そこに開かれていたのは二十願であった。

「たとひわれ仏を得たらむに、十方の衆生、わが名号を聞きて、念をわが国に係けて、もろもろの徳本を植ゑて、心を至し回向して、わが国に生れむと欲はむ、果遂せずは正覚をとらじ」(二〇五頁)。

徳本とは如来の徳号なりといわれているから、二十願は名号を聞いて往生したいと願い一心に称名すれば往生できるというのである。諸の善をなし、それを廻向することの不可能な者にとって、名号を聞いて一心に称名すればよいという二十願はたしかによろこばしいおとずれである。「観経」には五逆十悪というような大罪を犯した下品下生の者も十声の念仏で往生することが説かれている。だが一体、名号を聞くとか、称名するとかいうことはどういうことなのであろうか。

念仏と二十願

称名といったばあい、ごく普通にはただ南無阿弥陀仏と称えることであると考えられている。いま「観経」に説かれている下品下生の者の十念の念仏をみても、臨終の苦しみに逼られて仏を念ずる遑《いとま》さえない状態で息たえだえにようやくにして称えた称名である。とすれば、それはただ口で称えたもののようである。このように解するならば、名号とは呪文であり、称名は呪文を称えるという呪術ではないであろうか。おそらくかく解することも決して無理なことではない。ところが善導はこれについて、「今この観経の中の十声称仏には即ち十願十行ありて具足す」といい、「いかんが具足するや」と問うて、次のように答えている。

「南無と言ふは、即ちこれ帰命なり。またこれ発願回向の義なり。阿弥陀仏と言ふは、即ちこれその行なり。この義を以ての故に必ず往生を得」(『観経疏』玄義文――四一頁に引く)と。

善導のこの句は古来、六字釈といわれて有名なものであり、それについて諸宗諸派それぞれに解釈され、また学者によってその理解も異なるが、とにかく今すなおに読んでみよう。南無阿弥陀仏の南無というのは帰命ということである。従って阿弥陀仏の命のままに従いますというのが南無阿弥陀仏の端的な意味である。ところがそれには発願廻向の意味が含まれているというのであるが、これはどういうことであろうか。われわれが阿弥陀仏に帰命するのは、自己の生死の苦から逃れんがためである。救われたいという願いなくしては帰命しないであろう。そのかぎり、帰命ということのうちには発願の意味は含まれていよう。だが廻向とはどういうことか。いま諸善万行に望みを失った者にとって廻向すべきなにものもないとすれば、何をどう廻向するのか。そこではもう帰命するということを廻向するよりほかはない。すなわち私の全身心を捧げて仏の仰せのままになるのであるから、ここで廻向とは私の全身心を捧げるということよりほかには解しようがない。次の阿陀弥仏がその行とは何の行なのか、そのとは何を指すのか、これは南無を指すと解するより外はない。とすれば阿弥陀仏というのは南無の行ということになる。しかし南無の対象である阿弥陀仏が南無の行とは一体どういうことを意味するのであろう。善導は、「ただ念仏の衆生をみそなはして、摂取して捨てざるが故に、阿弥陀と名づく」(『往生礼讃偈』――三九頁に引く)といっている。阿弥陀仏は単に南無の対象ではなくして、むしろ摂取不捨の行である。阿弥陀仏とは単なる対象的存在ではなくして、むしろ救済の働きそのものである。阿弥陀仏とはかかる働きそのものの中にのみ存在する作用人格とでもいうべきものであろう。それでいまこの解釈どおりにとれば、南無と帰命する働きがそのまま阿弥陀仏という摂取の働きであり、南無の働き「即」摂取不捨の行である。極言すれば、南無即阿弥陀仏といえよう。むしろ逆に阿弥陀仏という救いの働きがそのまま現実に全現したのが私の南無の働きである。私の南無が先にあるのではなくして、一切衆生が救われねば自分も仏とならないという仏の誓願があって、その具体的な現われが摂取不捨の働きであり、それの現実的実現が南無の働きである。従ってその順序からいえば、私の発願廻向の前にすでに仏の発願廻向があったといわねばならない。仏の発願廻向なくして私の発願廻向はない。仏の発願廻向が現実に私の発願廻向となったのである。これこそ善導の真意であり、これこそ南無阿弥陀仏の最もザッハリッヒな理解ではないであろうか。これを大胆率直に披瀝したのは親鸞であった。

「しかれば南無の言は帰命なり。帰の言は〈至なり〉、また帰説なり、説の字は〈悦の音〉、また帰説なり、説の字は〈税の音、悦税二つの音は告なり、述なり、人の意を宣述なり〉。命の言は〈業なり、招引なり、使なり、教なり、道なり、信なり、計なり、召なり〉。ここを以て帰命は本願招喚の勅命なり。発願回向といふは、如来すでに発願して衆生の行を回施したまふの心なり。即是其行と言ふは、即ち選択本願これなり。必得往生といふは、不退の位に至ることを獲ることを彰はすなり。経には「即得」と言へり、釈には「必定」と云へり。即の言は、願力を聞くに由りて、報土の真因決定する時剋の極促を光闡せるなり。必の言は〈審なり、然なり、分極なり〉、金剛心成就の貌なり」(四二頁)。

ここでは実にはっきりしている。「帰命は本願招喚の勅命なり」といいきっている。私の帰命は裏をみれば、仏の本願の招喚そのものである。そして「発願回向といふは、如来すでに発願して衆生の行を回施したまふの心なり」という。発願廻向は全く如来が発願し、南無の行を衆生に廻向したのである。そして「必得往生といふは、不退の位に至ることを獲ることを彰はすなり」という。信が決定したとき、不退転の位に住するのであり、それはまた往生の決定にほかならない。後に述べるように現生正定聚といわれているものである。私の南無のところにすでに私は救われているのである。救いの出来事は未来に起こるのではない、現実に起こっているのである。何故なら私の南無阿弥陀仏が「即」仏の行であり、仏の救いの大行が「即」私の南無阿弥陀仏であるからである。南無阿弥陀仏は現実における仏の具体的・全面的な救いの働きそのものである。それゆえにそれは真如一実の功徳大宝海といわれるのである。絶対寂滅の真如そのものの現実における最も生きた具体的なすがた、それが南無阿弥陀仏である。そして南無阿弥陀仏こそは信の結晶そのものであり、信の根源的事実である。

いま称名とはいかなるものであるかをみたが、さて二十願はこのような称名を要求しているのである。換言すれば、私の弥陀への絶対帰命が求められているのである。十九願の一切の善根を修することに絶望したものにとって、絶対帰命は残された道として可能なようにもみえる。しかしはたしてそうであろうか。ここで私が帰命するのは、帰命せよという命令に従って自己の一切を捨てんと決意し努力するのである。しかしよく考えてみると、自己を捨てようと努力するのは自己である。それは自己否定しようと自己の全力をふりしぼっているのである。自己を否定しようとする力は自己の力である。これは自己を否定すべく自己の力に頼っていることにほかならない。自己否定の努力の底には依然として自己肯定がある。至心になればなるだけ自力の力は燃えさかる。しかも二十願の機はここで思うであろう。自分は一切を捨てて帰命せよとの命に従って自己放棄に懸命となった。それゆえに仏の救いはあるであろうと。このことは自己放棄をただ一つの回向として自己の救いを期待しているのである。それは親鸞がいみじくもいったように「本願の嘉号を以ておのれが善根とする」(二一四頁)ことにほかならない。だから親鸞はこの願を「至心回向の願」と呼んだのである。

顧みれば十九願において自力の限りを尽くして往生すべく努力したが、知らされたものは自己の無力であった。それゆえにこそ、自己の無力性に徹して自己の一切を捨てるべく努めたにもかかわらず、自己否定の努力の底にはまだ自力の執心が執拗にこびりついている。自己肯定的努力はもちろん、自己否定的努力も駄目なのである。まさに絶対のディレンマ、人間性の悲劇の極であろう。

しかし念仏を勧めている願に十八願がある。法然はこの十八願を王本願と呼んで注目した。十八願とは、

「たとひわれ仏を得たらむに、十方の衆生、心を至し信楽してわが国に生まれむと欲うて乃至十念せむ、もし生まれざれば正覚を取らじと。ただ五逆と誹謗正法を除く」(七二頁)。

この十八願が二十願と異なっているところは至心信楽ということと乃至十念ということであり、五逆と正法を誹謗する者は除くということである。まず十念ということであるが、善導はこの十という数にとらわれていない、一声でも仏願力で往生できると解している。このことはすでに「無量寿経」の本願成就文といわれているものにも、「諸有衆生、その名号を聞きて信心歓喜せむこと乃至一念せむ、至心に回向せしめたまへり、かの国に生まれむと願ぜば即ち往生を得、不退転に住せむ、ただ五逆と誹謗正法とおば除く」(七三頁)となっており、ここでは十念といわず一念といわれている。問題は数ではなくて本当に念仏するか否かである。とすれば二十願との本質的な違いはどこにあるのか。それは至心信楽という句であり、信心歓喜という句である。この点に注意して善導の解釈の文をみると、「弥陀世尊もと深重の誓願を発して、光明・名号を以て十方を摂化したまふ。ただ信心をして求念せしむれば、上一形を尽くし、下十声・一声等に至るまで、仏願力を以て往生を得易し」(『往生礼讃偈』――三八頁に引く)といっている。ここでは仏が十方を摂化すること、仏の願力によって往生するということが中心であり、衆生は仏力によって信心をして求念せしめられることになっている。十声一声の念仏はその必然的な結果にほかならない。このような立場に立つとき、十八願の「至心信楽　欲生我国　乃至十念」という文の中心は至心信楽である。また成就文の「諸有衆生　聞其名号　信心歓喜　乃至一念」においても、「聞其名号　信心

歓喜」がその中心であることに気づかざるをえない。二十願に破れたものに至心信楽の句は心を引くものである。十八願の特色はここにあろう。かくして親鸞は引用の異訳「無量寿如来会」の文に彼独特の送り仮名を附した。

「他方《ノ》仏国《ノ》所有《ノ》有情聞《テ》二無量寿如来《ノ》名号《ヲ》一能《ク》発《シテ》二一念浄信《ヲ》一歓喜《セシメ》　愛下楽《シテ》所有《ノ》善根回向上《シタマヘルヲ》　願三生《セント》二無量寿国《ニ》一者《ハ》随《テ》願《ニ》一皆生レ得《ムト》二不退転乃至无上正等菩提《ヲ》一除《クト》二五无間誹謗正法及謗聖者《ヲ》一」(三〇五頁)。

ここでは十念とか称名とかいわず、一念浄信と明確に信が打ち出されている。中心は信楽である。親鸞はここに至心信楽こそ十八願の核心なりとして、十八願を「至心信楽の願」と名づけたのである。

十八願の信

二十願に絶望したものにとってただ信ずるだけで救われるという十八願は、救いの光明であるにちがいない。実行は不可能でも思うことだけはできるであろう。生死巌頭に立ったものにとって至心に信ずること、一心にたのむことは可能ではなかろうか。

しかし至心に信ずるとはどういうことなのか。私たちは普通、信ずるというとき、いまだ未確定なものに対して信ずるという。確実なもの、現実に実現しているものに対しては信ずる必要はない、信ずるということのうちにはどんなに固い信であっても、そこには「万一」ということが含まれている。万一を含まない信はありえない。いま十八願における信は我々にとって未知なものに対する信である。しかもそこには一厘一毛の疑いがあってはならないという。しかしそのような信が私に可能であろうか。たとい絶体絶命の境地におかれているとはいえ、一厘の疑いをさしはさまない信は不可能にちかい。だから親鸞も十八願の信に対しては「一代諸教の信よりも　弘願の信楽なをかたし　難中之難とときたまひ　無過此難とのべたまふ」(『浄土和讃』)といわざるをえなかったのである。「真実の浄信、億劫にも獲がたし」(一〇頁)といい、

「真実の信楽実に獲ること難し」(七二頁)という。至心に信じようとしたものの偽らざる告白である。しかし弥陀の本願を信ずることができないということは仏の本願に対する不信である。それはたとい積極的に法を謗らないにしても、本質的には謗法の罪を犯していることではないか。信じきれない私こそ謗法の大罪人である。しかしひるがえって考えてみると、疑うということは理性的存在者としての人間本来の宿命的なものではないであろうか。煩悩熾盛の泥凡夫が本願を信楽することができると思うことじたい、人間の慢心ではなかろうか。かくいえば、煩悩の凡夫こそ本願の目あてではないかと反駁するであろう。その通りである、しかしこの反駁は単なる観念的なものである。ここでいっていることはそんなことではなくして、弥陀の本願を人間的に信じようとすることが間違っているというのである。本来、本願は人間的には信ずることはできないのである。それゆえにこそ曠劫已来出離之縁あることなき凡夫なのである。謗法の罪人は他人ではなくしてこの私なのである。だが仏の誓願は十方衆生を救うという。「観経」には五逆十悪を作る下品下生の者も往生できるといわれ、「涅槃経」には五逆・謗法・闡提も往生できると示され、善導は「仏願力を以て五逆と十悪と罪滅し生を得しむ。謗法闡提回心すれば皆往く」(『法事讃』上)といっている。それゆえに『教行信証』の総序には「しかれば則ち、浄邦縁熟して調達・闍世をして、逆害を興ぜしむ。浄業機彰はれて、釈迦、韋提をして安養を選ばしめたまへり。これ乃ち権化の仁、済しく苦悩の群萠を救済し、世雄の悲、正しく逆謗闡提を恵まむと欲す」(一〇頁)という。王舎城の逆害こそはまさしく逆謗闡提を救わんがための実証であると親鸞はみたのである。これこそ親鸞が身をもってかちえた事実から迸り出た言葉である。弥陀の誓願を信ずることさえできない謗法闡提の私こそ弥陀悲願の対象にほかならない。

「弥陀の五劫思惟の願をよくよく案ずればひとへに親鸞一人がためなりけり」(『歎異鈔』)という述懐も自然に湧き出るであろう。古来、「悪人正機説」として、『歎異鈔』の「善人なをもて往生をとぐ、いはんや悪人をや」という有名な言葉に代表されて、親鸞のすぐれた特色とされているものである。たしかにそれは本願の呼び声に接して不信の自己を徹底的に見つめた者の呟かずにはおれなかった述懐であろう。親鸞の罪悪深重、虚仮不実の告白もここから生まれたものである。謗法こそ罪悪の極である。親鸞の罪悪への徹見は多くの人の胸をうち、共感をよび、その罪悪観は彼の特色として高く評価されてきている。たしかに罪悪深重煩悩熾盛の痛烈なる体験は他に比をみない。ところが親鸞のこの罪悪観に共鳴する人たちが、道徳的罪悪の深化したものとして理解しがちであるように思う。より正確にいうと、人間的反省に反省を加えた極、獲られた罪悪観ととりがちであった。例えば「わが身は罪深き悪人なりと思いつめて」というごとき表現によって示されるような罪悪の自覚と同一視されがちであった。しかし親鸞の罪悪はただ如来の本願力に遇うた時にのみ、はじめて知らされる罪悪深重である。仏の光に照らし出されて見せしめられる悪業煩悩である。人間的な罪悪の自覚とは全く質的に異なり、次元を異にしたものなのである。人間的罪悪と親鸞のいう罪悪とは絶対に混同することの許されないものである。もしそれが一厘でも混同されるとき、親鸞の罪悪観はたちまち甘いセンチメンタリズムに堕するか、すべてを深刻ぶって表現する道学者の罪悪観に顚落するであろうからである。わたくしは今までいく度かその例を見ているがゆえに、人間的罪悪観と親鸞の罪悪観との区別を厳しく誡めたいと思う。といってわたくしは血肉なき概念的な罪悪論を正しいとするものではない、罪悪深重煩悩熾盛は体験の事態である、従って体験の事態として理解さるべきものであるが、上に述べたごとく、あくまで摂取の光明の中にあっての自覚であることが忘れられてはならない。わたくしはこのようなことから、あえてこの説明をする以前には罪悪という言葉を使うことを避けた。かくして親鸞にとっては、本願の呼びかけに応じようとしない不信の私こそ罪悪深重というに値するものなのである。

話をもとへもどそう。信ずることさえできない謗法の私が救われる、それはどういうことであろうか。

「親鸞にをきては、ただ念仏して弥陀にたすけられまひらすべしと、よきひとのおほせをかふりて信ずるほかに別の子細なきなり。念仏はまことに浄土にむまるるたねにてやはんべるらん、また地獄におつべき業にてやはんべるらん。惣じてもて存知せざるなり」（『歎異鈔』）。

この句をじっと味わってみよう。そこに人間のもつ不信から絶対信への転換がうかがわれないであろうか。「信ずるほかに別の子細なきなり」。この信は普通の信ではない。善導も、「弥陀の摂と不摂とを論ずるなかれ、意専心にして廻すると廻せざるとに在り」（『般舟讃』）といっているが、まさにその通りであろう。「廻するか廻せざるか」。信とは廻することにほかならない。それは人間的な心で信ずる信ではない。このような人間的信を捨てて、すべてを弥陀に廻すること、すなわち「まかす」ことである。まかすということと普通の信とは全く質的に異なっている。普通の信は不信に対するものとして相対的である。それに対してまかすということは身心ひっくるめた挙体的な信である。至心信楽の絶対信は私の全身心を根こそぎまかすという実践である。人間的な信・不信とは全く質的に異なった異次元の信である。それは私の身心を挙げて弥陀に投托することである。弥陀の願力の中へ投棄することである。そこには人間的な信も疑もない。それらすべてが投棄されて、そこに働いているものは弥陀の働きのみである。今まで主格的に働いていた人間の主我性は全く投棄されて、絶対転換がなされているのである。絶対信とはこのような絶対的放棄、絶対転換にほかならない。絶対信とは人間的な信ではなくして弥陀の働きそのものである。だから他力の信というのである。「如来苦悩の群生海を悲憐して、無碍広大の浄信を以て諸有海に回施したまへり。これを利他真実の信心と名づく」（八八頁）といわれるのである。

以上のべてきたように、十九願から二十願、さらに十八願に到って、ついに煩悩のまま弥陀の願海に投托したのであるが、しかしひるがえって考えるとき、これは凡夫の努力ではなくして、まさしく浄土を中心において構成された三願の構造そのものから生まれたものにほかならない。それゆえに十九願、二十願が方便の願といわれ、二十願は必然的に十八願へ導くがゆえに果遂の願といわれるのである。三願はともに十方衆生をその救済の対象においているが、それとともに三願に共通なことは欲生我国ということ、すなわち浄土へ往生を願わしめるということである。浄土は三願に共通して衆生の目ざす対象として、衆生をして欲生せしめるように建立されている。従って浄土を中心においてこれへの欲生心を絶えずかりたてつつ三願転入の過程を経過さすのである。浄土の彼岸性によって自己の生死的存在を自覚せしめ、たえずこれによって欲生をうながし、はげまして自力的自己否定から絶対的な挙体的な自己投棄へと導くという三願転入の構成はまことに美事である。

十八願の至心信楽はこのようにして、煩悩の凡夫のまま弥陀に投げ出したすがたにほかならない。この投げ出すということが至心信楽である。まかすということが信である。それをのぞいて他力の信などというものはない。この信は凡夫の起こす信ではなくして如来の信である。

本願の三心

親鸞は十八願の三心について全く独特な理解を示した。そこから先輩祖師の文章の破格的な読み方をしたのである。明らかに無茶な送り仮名・返り点をつけているが、それは彼が祖師たちの伝統を尊びながら、しかも彼は彼が達した真実の声に従わざるを得なかったからである。『教行信証』が文類の形をとりながら全く彼独自の文章になっているのは、ひとえに真実そのものに随順するという彼の態度から生まれたものにほかならない。

三心はすでにのべたごとく、至誠心・深心・廻向発願心であるが、まず善導の、「欲明一切衆生身口意業所修解行　必須真実心中作　不得外現賢善精進之相内懐虚仮」(『観経疏』散善義)というについて、親鸞は次のように送り仮名・返り点をつけて読みかえた。「欲《オモフ》下下明《ムト》下一切衆生《ノ》身口意業《ノ》所修《ノ》解行必《ス》須《モチヰルコトヲ》《ム》中　真実心《ノ》中《ニ》作《シタマヒシヲ》《ヘルヲ》上　不《レ》四得《エ》三外《ニ》現《コトヲ》二　賢善精進之相《ヲ》一内《ニ》懐《ウタイテ》《エ》二　虚仮《ヲ》一」(三〇六頁)と読んだ。「須」を「もちゐる」と読み、「真実心中に作すべし」という句を「真実心の中に作したまへるを須ゐることを明さむと欲ふ」と送り仮名をつけた。さらに「外に賢善精進の相を現じ、内に虚仮を懐くことを得ざれ」

というのを「外に賢善精進の相を現ずることを得ざれ、内に虚仮を懐いて」と読みかえた。これではその意味は全く逆転してしまう。すなわち我々の自力の行動を止めて如来の行動、如来のなされた修行そのものをいただけ、如来はすべて真実心をもって修行しておられるのである。だから単に表面だけをいくら飾ってみても、所詮凡夫であれば内心は虚仮不実、煩悩のかたまりである。だからそんな表面だけ賢善精進をよそおうことなんか止めて、自己の一切をほうりだして如来にまかせよ、という意味になってしまった。このおもむきを『唯信鈔文意』は明瞭に示している。

「「不得外現賢善精進之相」といふは、浄土をねがふひとは、あらはにかしこきすがた、善人のかたちをふるまはざれ、精進なるすがたをしめすことなかれとなり。そのゆへは「内懐虚仮」なればなりと。内はうちといふ、こころのうちに煩悩を具せるゆへに虚なり、仮なり。虚はむなしくして実ならず、仮はかりにして真ならず。しかればいまこのよを如来のみのりに末法悪世とさだめたまへるゆへは、一切有情まことのこころなくして、師長を軽慢し、父母に孝せず、朋友に信なくして悪をのみこのむゆへに、世間出世みな心口各異、言念無実なりとをしへたまへり。心口各異といふは、こころとくちにいふことみなをのをのことなり、言念無実といふは、ことばとこころのうちと実ならじといふなり。実はまことといふことばなり、この世の人は無実のこころのみにして、浄土をねがふ人はいつはりへつらひのこころのみなりときこえたり。よをすつるも、名のこころ、利のこころをさきとするゆへなり。しかれば善人にもあらず、賢人にもあらず、精進のこころもなし、懈怠のこころのみにして、うちはむなしく、いつはり、かざり、へつらふこころのみつねにして、まことなるこころなきみとしるべし」。

凡夫は底の底まで虚仮不実である。とすれば、至誠心とは何なのか。親鸞は至誠心の文に続く「凡所施為趣求亦皆真実」という句もまた読みかえた。もともと「施為、趣求する所、亦皆真実なり」としか読めない、すなわち弥陀が法蔵菩薩の時、真実心をもって修行され、それをまた真実心をもって衆生に施されたのであるという意味であるのに、「おほよそ施したまふところ趣求を為す、またみな真実なり」(七六頁)と読んでいる。如来の施しが私の願生心となって浄土を求めている、だから私の願生心はそのまま如来の真実なのであるという意味に変えてしまった。善導では施為・趣求ともに弥陀の行為であるのに、親鸞では施すのは弥陀の廻向であり、趣求は衆生の願生心になっているのである。これは親鸞の体験であろう。しかしその体験は単なる個人的なものではなくして、十八願のはたらきの真実である。

いま十八願の三心についてしばらく考察してみよう。十八願においては人間的主我性はその根柢からくつがえされ、そこに主導的に働いているものは如来の真実である。従って十八願で要求されている三心はすべて如来の真実に貫かれているのである。この状況をもたらしたものはいうまでもなく私の挙体的な投托である。挙体的なまかすという事態によって私の主我性が根こそぎに棄てられたのである。しかしこの挙体的投托の事態はすでにくりかえし述べたように私の力によっては起こらない。この投托の事態を引き起こしたものは如来の大悲心の働きである。私の主我性が根こそぎに引き抜かれて、如来の働きのうちに包みこまれたのである。そこに主我性の根絶という事態が生まれたのである。この状況を横超断四流といっている。断は主我性の絶対否定である。親鸞は「断と言ふは、往相の一心を発起するが故に、生としてまさに受くべき生なし、趣としてまた到るべき趣なし。すでに六趣・四生、因亡じ果滅す、かるがゆへに即ち頓に三有の生死を断絶す。かるがゆへに断と曰ふなり。四流とは則ち四暴流なり、また生・老・病・死なり」(一〇一頁)といっている。暴流とは煩悩のことであり、獲信のところに煩悩の根は断ち切られているのである。私の力によって私の煩悩を断ち切ることは不可能である。何故なら私の存在の根源ともいうべき煩悩を私の力で断ち切ることは不可能だからである。断はどこまでも他からの否定でなければならない。

かくのごとく信の決定とは断四流の事態であるがゆえに、親鸞はこれを正定聚の位としてとらえ、現生に正定聚に入ることを主張したのである。これは親鸞の最もすぐれた特色であり、彼の偉大さもここにあるといえよう。普通は往生して後に正定聚の位に入るといわれているが、親鸞はこれを獲信の端的にとらえた。一般に宗教は未来の事として理解されがちである。特に浄土教にはその色彩が濃厚である。しかし親鸞にとって、救いは単なる未来の事ではなかった。救いは現実における生々しい事実だったのである。すでに三有の生死の断絶という事実、入正定聚という事態が今、獲信のその時起こっているのである。この親鸞の宗教の現実的性格こそ彼をして不朽ならしめるものである。

しかし横超断四流といわれても、この事態において現実的に煩悩がなくなるというのではない。煩悩は煩悩としてあるが、その煩悩はすでに人間的・主我的な「我」としては働かないのである。そこでは我を働かすものが変わったのである。我を律するものが人間的自律ではなくして、如来の真実である。

このようにして十八願の三心は至心も欲生も私の至心、私の欲生でありながら、それは如来の真実によって貫かれた如来的至心、如来的欲生である。親鸞の次の和讃は上に述べたおもむきをよく示している。「無慚無愧のこの身にて　まことのこころはなけれども　弥陀の廻向の御名なれば　功徳は十方にみちたまふ」(『正像末和讃』)。信の世界にては煩悩のまま功徳は十方にみちみちているのである。「五濁悪世の有情の　選択本願信ずれば　不可称不可説不可思議の　功徳は行者の身にみてり」(同上)。煩悩の主我性が断ぜられるとき、我がそのまま絶対の弥陀海に包まれていることを知るのである。それは「久遠よりこのかた、凡聖所修の雑修雑善の川水を転じ、逆謗闡提恒沙無明の海水を転じて、本願大悲智慧真実恒沙万徳の大宝海水となる」(六〇頁)のである。私がそのまま真如海の中にあるのである。いや煩悩の私そのまま真如海なのである。この一味となったところ、そこには逆謗の私の屍骸もとどまらない。「名号不思議の海水は　逆謗の屍骸もとどまらず　衆悪の万川帰しぬれば　功徳のうしほに一味なり」(『高僧和讃』)。

これが信の世界である。そこは人間的な信も疑もとどかない、何ものも障碍することのできない金剛心なのである。至心・信楽・欲生という本願の三心はこの金剛の信心に成立しているのである。

如来は清浄の真心をもって円融無碍、不可思議不可称不可説の至徳である名号を成就して、至心をもってこれを一切衆生に回施したもうたのである。これが衆生の至心である。だからその至心に疑いの心などまじりようはない。このようにして至心は名号をその体としているのである。かく南無阿弥陀仏においては如来の救いの至心の働きはそのまま私の南無阿弥陀仏として、私の帰命の至心の働きなのである。

「次に信楽と言ふは、則ちこれ如来の満足大悲、円融無碍の信心海なり。この故に疑蓋間雑あることなし。かるがゆへに信楽と名づく。即ち利他回向の至心を以て信楽の体とするなり」（八七頁）という。すなわち如来の至心の私の上における実現が信楽である。

「次に欲生と言ふは、則ちこれ如来、諸有の群生を招喚したまふの勅命なり」（九二頁）という。私の欲生は如来の本願の招喚したまう命令が私において実現したものだというのである。

ところでこの三心の衆生の側における関係について、至心の体が南無阿弥陀仏の尊号であり、信楽の体が至心、欲生の体が信楽であるという。これを具体的にいえばこういえよう。如来の至心が南無阿弥陀仏を体として衆生の上に現われたとき、まず私の至心として、さらにそれが具体的な相としては信楽となり、そのはたらきの内容が欲生である。本源は南無阿弥陀仏である。南無阿弥陀仏が衆生の上に全現したのが真実信心そのものであり、その凝縮こそ天親が「世尊よ我れ一心に帰命す」と叫んだ一心にほかならない。

このような信仰の世界を親鸞は次のように表現した。

「おほよそ大信海を按ずれば、貴賤・緇素を簡ばず、男女老少を謂はず、造罪の多少を問はず、修行の久近を論ぜず、行にあらず善にあらず、頓にあらず漸にあらず、定にあらず散にあらず、正観にあらず邪観にあらず、有念にあらず無念にあらず、尋常にあらず臨終にあらず、多念にあらず一念にあらず、ただこれ不可思議不可説不可称の信楽なり」（九五頁）。

さすがに親鸞も絶対信の世界は不可思議不可称不可説として、非をもって示すよりほかなかった。しかしその信の世界のはたらきについては、「大信心は、則ちこれ長生不死の神方、忻浄厭穢の妙術、選択廻向の直心、利他深広の信楽、金剛不壊の真心、易往無人の浄信、心光摂護の一心、希有最勝の大信、世間難信の捷径、証大涅槃の真因、極速円融の白道、真如一実の信海なり」(七二頁)と称讃している。

菩提心

上に一言ふれたように、親鸞は他力の信心を大菩提心であるとして次のようにいっている。

「菩提心について二種あり。一つには竪、二つには横なり。また竪についてまた二種あり。一つには竪超、二つには竪出なり。竪超・竪出は権実・顕密・大小の教に明かせり。歴劫迂廻の菩提心、自力の金剛心、菩薩の大心なり。また横についてまた二種あり。一つには横超、二つには横出なり。横出とは、正雑・定散、他力のなかの自力の菩提心なり。横超とは、これ乃ち願力廻向の信楽、これを願作仏心といふ。願作仏心即ちこれ横の大菩提心なり。これを横超の金剛心と名づくるなり」(九五頁)。

これは浄土真宗の教判として、二雙四重の判釈とよばれているものである。親鸞は横超他力の信心が菩提心であると断定したのである。彼はこう和讃している。「自力聖道の菩提心　こころもことばもおよばれず　常没流転の凡愚は　いかでか発起せしむべき」(『正像末和讃』)、「正法の時機とおもへども　底下の凡愚となれる身は　清浄真実のこころなし　発菩提心いかがせん」(同上)と自力の菩提心が凡夫に不可能なことを述べて、「浄土の大菩提心は　願作仏心をすすめしむすなはち願作仏心を　度衆生心となづけたり」(同上)という。親鸞は信心が大菩提心であり、それが願作仏心であり、それが度衆生心であるというのである。信心そのものが願作仏心即是度衆生心であるという。願作仏心とは仏たらんと願う心であるから信心が願作仏心であることはわかるが、それが「即」度衆生心すなわち衆生を救済せんとする心であるというのである。これはいかに解すべきであろうか。これを説明して和讃には「度衆生心といふことは　弥陀智願の廻向なり廻向の信楽うるひとは　大般涅槃をさとるなり」(同上)と。なるほど我々の願作仏心が弥陀智願の廻向であるから当然それは度衆生心という働きをもつものであることに異論はないかもしれない。しかしそれだけでは決して事態は明らかではない。それは神は全知全能である、ゆえに神から与えられればなんでも可能であるという説明と同じである。

では願作仏心即是度衆生心とはどういう事態を意味するのであろうか。以上の説明から明らかなように、願作仏心は凡夫がおこす願作仏心である。その願作仏心がそのまま度衆生心であるということでなければならない。即是とは当相即是というように、その当体が即是でなければならない、そうでなければ即是ということにはならない。願作仏心は信相、度衆生心は信徳などと解しては全く概念化された解釈でしかない。それでは信心が菩提心であるという本来の意味は死んでしまう。親鸞が曇鸞をうけついでいった願作仏心即是度衆生心は、もっと生きた信心の原本的事実そのものを端的にとりだした言葉である。

信心の事態についてはすでに念仏についての六字釈のところでもふれたが、如来は救済の働きのうちにおいてのみ如来として生きるのである。すなわち如来は常に現実に働いている、生死の園、煩悩の林の中におり立ってこそ煩悩の凡夫を救いうるのである。キリスト教におけるイエスの受肉も同様である。穢れた肉の姿をとってこそキリストなのである。如来は本来、現実的でなければならない。如来が穢土におり立つということは仏の自己否定である。大悲とはこのような仏の自己否定でなければならない。仏は自己否定することにおいて生きるのであり、仏たりうるのである。極めてパラドキシカルないい方ではあるが、仏は死することにおいて生きるのである。如来とは自己否定即自己肯定という絶対矛盾的存在なのである。

しかし如来の自己否定は単なる否定ではなくして、自己否定は救済の働きそのものである。すなわち背仏的にある衆生をして巧方便によって涅槃の証を得せしめる働きでなければならない。親鸞はこの間の消息を『往生論註』を引いて次のように述べている。

「おほよそ回向の名義を釈せば、謂く、おのれが所集の一切の功徳を以て一切衆生に施与して、共に仏道に向かへしめたまふなりと。巧〔方〕便とは謂く、菩薩願ずらく、おのれが智慧の火を以て一切衆生の煩悩の草木を焼かむと、もし一衆生として成仏せざることあらば、われ仏にならじと。しかるに衆生、いまだことごとく成仏せざるに、菩薩すでに自ら成仏せむは、たとへば火擿して、一切の草木を擿むで焼きて尽くさしめむと欲するに、草木いまだ尽きざるに、火擿すでに尽きむがごとし。その身を後にして身を先にするを以ての故に、方便と名づく」(一五二頁)。

如来の衆生救済の働きのうちにおいて如来が如来たりうるということを、一切の草木を焼き尽くさないうちに火擿(火つけ木)の方が先に焼けてしまったという譬で巧みにあらわしている。如来は煩悩の林の中におり立つ、時には自ら極悪非道の者となる。親鸞は父を殺さんとした逆害者阿闍世をも権化のひととして如来の救いの手とみているのである。如来の働きはここではケノシス的である。それでなければ救い難き謗法闡提の徒を救うことは不可能であろう。如来は人間的に人間の対象として相対的存在でなければならない。しかし単なる相対的存在ではなくして、自らは絶対無として対を絶したものでありながらしかも相対的でなければならない。人間に対しながらしかも絶対である。単に対を絶したものは真の絶対ではない。真の絶対は対を絶しながら、しかもすべてに対するところがなければならない、対を絶して、しかも対を内に包むものである。対してしかも対を絶する、対しながら対することがない、無対でなければ真の絶対ではない。如来は絶対無として無対であり、無碍であり、無辺である。

このような如来の働きについて親鸞は『往生論註』を引き、四つに分けて説明している。まず第一は「不動而至」である。

「一仏土において身、動揺せずして十方に遍す、種種に応化して実のごとく修行してつねに仏事をなす。……八地已上の菩薩は、常に三昧にありて、三昧力を以て身、本処を動ぜずしてよく遍く十方に至りて、諸仏を供養し、衆生を教化す」(一四七頁)。

真如は寂滅の不動である。しかし真如は絶対界の不動のまま不断の動である。不動のまま空間的には十方に遍し、時間的には不断の活動である。それで「常転無垢輪」といわれている。不動のまま常に教化の活動を続けているというのである。真如の第二の働きは「一念遍至」といわれる。

「二つには、かの応化身、一切の時、前ならず後ならず、一心一念に大光明を放ちて、ことごとくよく遍く十方世界に至りて、衆生を教化す。種種に方便し、修行所作して、一切衆生の苦を滅除するが故に」(一四七頁)といわれる。真如の働きは一念にして十方に遍し、一念にして一切時に働くのである。そこには前もなければ後もない、常に働き、普く照らして止まらない。真如は超空間的即空間的、超時間的即時間的であり、それは空間的、時間的に一即一切、一切即一的に働き、具体的である。真如の第三の働きは「無相供養」といわれる。

「三つには、かれ一切の世界において、余なくもろもろの仏会を照らす。大衆余なく広大無量にして、諸仏如来の功徳を供養し恭敬し讃嘆す」(一四八頁)。

時間的・空間的に自由自在に行動し、一切世界余すところなく供養する。心に分別なく計画なく、しかも機に応じて働く、像なくしてあらゆる形を現じ、声なくして無量に説法する、無碍自在である。真如の第四の働きを「示法如仏」という。

「四つには、かれ十方一切の世界に三宝ましまさぬところにおいて、仏法僧宝、功徳大海を住持し荘厳して、遍く示して如実の修行を解らしむ」(一四八頁)。

仏法僧の三宝の無いところまで十方一切を教化し、仏法を示すというのである。かく意味は四つに分けられるが、ともに真如そのものの働きである。それは働くことなくして働き、形なくして種種に応化する、しかもそのままである。自然法爾である。

以上、真如の働きについて簡単に述べたが、この働きこそ如来にほかならない。またそれは具体的には私の信心となって生きているのである。親鸞はこの私の信心の端的に示されたものを天親の「我れ一心」の一心となし、「一心これを如実修行相応と名づく」(一〇〇頁)という。では如実修行相応とはどういうことをいうのであろうか。親鸞は「真如はこれ諸法の正体なり。体、如にして行ずれば則ちこれ不行なり。不行にして行ずるを、如実修行と名づく」(一四六頁)と曇鸞の句を引用して如実修行を規定している。そうであるならば真実信心こそはまさしく如実修行相応ということができよう。それで親鸞は「如実修行相応は　信心ひとつにさだめたり」(『高僧和讃』)と和讃しているのである。また「尽十方の無碍光仏一心に帰命するをこそ　天親論主のみことには　願作仏心とのべたまへ」(同上)とも和讃している。一心の内実となるものこそ願作仏心即是度衆生心である。願作仏心はいうまでもなく凡夫の一心である。しかしこの一心こそはほかならぬ本願力廻向の一心である。そこに働いているものは上述の如来の不行の行としての働き、如実修行そのものである。そしてその如来の不行の行こそ、凡夫の信心の願作仏心にほかならない。信心においては如来の度衆生心がそのまま私の願作仏心であり、願作仏心がそのまま度衆生心である。願作仏心をほかにして度衆生心はない、願作仏心即是度衆生心即是願作仏心である。これが真実信心の内実の論理である。ここでは私の願作仏心、如来の度衆生心などとあえて分ける必要はない。あえて分けようとするとき、大信海はすでに対象化されて、生きた大信海ではない。不可称不可説不可思議の大信海の内実はただ端的に願作仏心即是度衆生心なのであり、そのまま大菩提心なのである。

人間存在の根本事実

真実信の世界は依然煩悩成就の凡夫の世界でありながら、そこにおいて私を律するものは煩悩ではなくして如来の真実であった。この真実の光に照らされて私に示されるものは、現実の私のあらわなる相であり、如来の救済の事実である。古来、私のありのままを機の真実といい、救済の事実を法の真実と呼んでいる。この二つが信の内容として信においてたしかめられるところから、前者を機の深信、後者を法の深信と呼び、信はこの両者を具しているので二種深信と呼ばれている。これが信の内容の中核をなすものとして、善導・法然等の注目したところである。もと二種深信は善導の「散善義」において「観経」の三心を述べる際の深心のところの文である。

「二者、深心。深心と言ふは、即ちこれ深信の心なり。また二種あり。一つには決定して深く、自身は現にこれ罪悪生死の凡夫、曠劫よりこのかた常に没し常に流転して、出離の縁あることなしと信ず。二つには決定して深く、かの阿弥陀仏の四十八願は衆生を摂受して、疑ひなく、慮りなく、かの願力に乗じて定んで往生を得と信ず」(七六頁)。

親鸞はこの文を信巻に引いて弘願の三心の意味に変えてしまっている。『愚禿鈔』にはこの文をかかげ「今この深信は、他力至極の金剛心、一乗無上の真実信海なり」(『愚禿鈔』下)とはっきりと十八願の信心と規定している。

機の深信というのは救済の対象たる「私」のありのままの相の領解であり、法の深信とは救済についての領解である。ここで深く信ずとあるところから、従来しばしば人間的信・不信の信と思われがちであった。しかしすでに解明したように深信とは信不信を止揚した全体人間としての在り方である。従って徒らな誤解を避けるために領解という言葉を使ったが、人間がその主我性を断ぜられたところにおける機の真実の自覚が機の深信なのである。信における機のあらわな認識が機の深信なのである。機の真実とは「自身は現にこれ罪悪生死の凡夫」ということである。人間は生死的存在である。しかもこの生死的存在こそは絶対罪悪の存在なのである。すでに述べたように、宗教的な罪悪深重は道徳的罪悪の深刻化したものでもなく、また罪悪の集積でもなく、また道徳的悪の根源をいうのでもない。それらとは質的に異なり、次元を異にした宗教的原罪である。罪悪の根本は仏に背いているということである。従って人間は本質的に迷倒、罪悪の凡夫である。そこに六道輪廻の根源があり、生死罪濁の本源がある。迷倒のところに自己の本源を忘れ、自己の在り方に迷うのである。そして自己の主我に執着するのである。信の世界において主我性が断ぜられて、執着から脱却して、はじめて自己が罪悪生死の凡夫であることをほんとうに知ることができるのである。主我性が中心になっているところでは、すべて物は主我的立場から対象化されてしまう。ものの真実はそこにおいては見ることはできない、自己も同様対象化せられてしかみられない、真の生きた具体的な現実の自己の事実は見られないのである。主我性の断ぜられたところにおいてはじめて、ものはそのありのままを見られることができるのである。自己のありのままの真実もそこに見られる。「自身は現にこれ」という表現はそのありのままの真実をいいあらわしたものにほかならない。「曠劫よりこのかた常に没し常に流転して、出離の縁あることなし」ということは単に時間的に曠劫已来をいうのではなくして、本源的に自身は罪悪生死の凡夫ということを示したものである。普通では曠劫已来などということは我々からはいうことができないし、常に没し常に流転するなどともいうことができないはずである。それは本源的にもともと流転輪廻をのがれえない、現にここにおいてそうであるとの徹見である。従って曠劫已来尽未来際、とうてい常に流転輪廻することを脱却することができないと深信することができるのである。『歎異鈔』の「地獄は一定すみかぞかし」という告白もこの事実の徹見にあるのである。

しかしそれと同時に信の世界にあっては、流転輪廻を離脱しえない地獄一定の私がすでに如来の手に救われている、如来の光に摂取されているという事実がそこにある。この事実の認識が法の深信である。かの阿弥陀仏の四十八願は衆生を摂受して疑い無く慮り無く、かの願力に乗じて定んで往生を得と信ずるからといって、ただひたすらに私が信ずるのだなどと思い誤ってはならない。繰り返しいうごとく、信ずるとは人間的信・不信を超えた、人間的主我性の断絶された全体人間の在り方である。そこでは次のことがはっきりと認識せしめられる、すなわち堕地獄の私のために四十八願が成就して、いま断四流という事態がこの私に起こっていること、すでに私は救われていること、摂取の心光はすでに私のところにきていたこと、信の世界において主我性が断絶されて自己をみたとき、自己はすでに救いの場の中に存在しているのである。四十八願はこれから働くのではなくして、すでに働いていたのである。自己存在の根柢には仏の願力がすでに届いていたのである。これから四十八願がようやく働きを開始して、私を摂受し、そして浄土へ往生させて下さるということを疑いなく一心に信ずるのが法の深信と考えることの、いかに観念的な思考であることか。

自己存在の根柢は無限の智慧と無限の慈悲とを深く内に含んだ底無き絶対無である。しかし、この事実は信の世界においては法の深信の事実として我々に認識されるのである。信の世界の認識は信慧といわれるごとく、単なる情的なものではなくして、ものとなって見、ものとなって聞くといいうるような、ものの本当の意味におけるありのままの客観的認識なのである。

それでわたくしがここでいいたいのは、二種深信は単に真宗における信仰の真実ではないということである。それはただ端的に真実なのである。真宗にかぎらず、仏教徒にかぎらず、仏を信ずるものも信じないものも、宗教を否定するものにも真実として妥当しうる人間存在の真事実なのである。ただ二種深信では法蔵の発願と成就という浄土教的表現をもってこの自己存在の根本事実が示されているというにすぎない。論理的・哲学的な表現でこれを示すならば、真如という絶対無そのものを根柢として、そこにおいてあらしめられている存在、それが自己存在である。しかしこの人間的自己は絶対無たる真如に対しては背面的にあるのである。絶対無に対しては逆転的にあるのである。逆転的に在りながらそれは絶対無の外に在ることはできない。絶対無の内に包まれて在りながら、絶対無を根源としてそこに自己存在の根柢をもちながら、自ら自主独立的実在として執着するところに迷いがあり、自らを対象的実在と見るところに倒見があり、煩悩生死があるのである。しかもこの煩悩熾盛、罪悪生死の凡夫は絶対無の外にはない、本来、絶対無において在らしめられているのである。これが現在の根本事実である。たれがいかに否定しようとしても否定できない今の私の存在の根本事実である。そしてこの根本事実は、ただ信の世界において私にはじめてあらわになるのである。

この根本事実こそは人間的世界のあらゆるもののよって立つ原点である。一切はこの根本事実からであり、一切はこの根本事実のところまで戻らねばならない。親鸞の人間的行動はここから生まれ、彼の発言はここからなされているのである。この原点をかえりみることなしに、いかに深く人間親鸞を究明しても、それは親鸞を表面的に理解したにすぎないであろう。わたくしはあえて以上のような叙述をしたが、従来の言葉を使うならば、親鸞は機法二種深信の深い根柢のところにいつもその足場をおいていたということである。ただわたくしがこの語を使わなかったのは、機法二種深信を観念的に理解し、そしてそこから親鸞を観念的に解釈するような従来しばしば見られた誤りを避けるためと、さらに機法二種深信の示すものが、さきにもいうごとく、最も普遍的な真実であることを一般に理解してもらいたいためにほかならない。人間親鸞の真骨頂は二種深信の根柢に足場をおいていたところにある。絶対無(それは本願力とも、如来とも、その他いろいろ名づけられている)から支えられ、絶対無の地盤の上に逆転的に顚倒して在る自己、それが今、此処に現実に存在する自己の相である。この顚倒的自己の認識が機の真実として、真宗的には機の深信として表現されているのであり、絶対無に支えられてあらしめられている自己の認識の真宗的表現が法の深信である。先輩は機法二種一具といって、法の深信と機の深信とは互いに離れてはありえない、それらは一つの信心にともに備わっているとしているが、まことに適切である。機法二種深信は一つの信心の本質的内容である。機法二種の深信が同時に一つに現在の時点においてとらえられるところ、そこに真の安心といわれるものがあり、親鸞の足場はそこにすわっているのである。親鸞の行動も親鸞の教えもそこから語られているのである。だから親鸞の教えを単に未来教のごとく考えることは大きな誤りである。たしかに浄土教は浄土を説くものとして、聖道門に対して未来教といえよう。しかし親鸞はその中にあって、現実のところに重点をおき、現実の安心にその宗教の本質を主張した。そこに親鸞の際立った特色があるのである。そしてそこに浄土教の諸師を超えた親鸞の偉大さがあったのである。宗教の問題は未来にあるのではない。宗教を現実には無関係な、少なくとも関係の薄いものと思うところに、宗教についての大きな謬見があるのである。そしてかく思い誤らしめた大半の責任は専門宗教者にある。宗教が単に未来の問題として取り上げられるとき、それは真の宗教とは全く無縁の迷妄の宗教となるであろう。そして宗教が未来の問題を中心としたものと考えられるところに宗教がアヘンといわれる所以もあるのである。宗教の問題は未来の問題ではなくして、あくまで現実の問題である。それは現実の私の存在にかかわる最も緊要な問題として即今の問題である。私が生きているかぎり一瞬といえどもゆるがせにしておくことのできない今の問題なのである。そして現実の世界の政治も教育も道徳も学問も芸術もそれなくしてはその根基を失うような現実そのものの根源にかかわる問題である。だから親鸞は何よりも現実即今の問題として師法然の教えを受けとめたのであった。問題になっているのは生死の問題に直面しての現実の安心である。親鸞は善導を引いて「弥陀の摂と不摂を論ずることなかれ。意専心にして廻すると廻せざるとにあり」(一〇四頁)といっている。問題は往生するとかしないとかいうことにあるのではなくして、現実に信を獲るか否か、それが問題だというのである。まして浄土教を現実の問題解決においてとらえた親鸞にとって、弥陀が救うか救わないか、往生するかしないか、それは問題ではない。今、真実信心を獲てほんとうに安心するということが問題なのである。親鸞は獲信を最大の転回点としている、それで再び善導の句を引いて「厭へば則ち娑婆永く隔つ、忻へば則ち浄土に常に居せり」(一〇一頁)という。中心問題は獲信である。未来的色彩のある善導にしてすでにこれらの句のあることは注目すべきである。

『教行信証』は宗教の現実問題としての真実信心の理論的基礎づけであり、あたかも未来教そのものと思われがちな浄土教が実は現実そのものの問題、人間存在の根本問題解決の教えであり、煩悩の凡夫一切が救われうる(現実に安心をうる)唯一の道であることを基礎づけたものであり、未来教的なものを現実的なものとして解釈し直したものであり、そしてそれが本来的な正しい解釈であることを論理的に明白ならしめた書である。

自然法爾

親鸞は晩年、自然法爾ということを述べている。それについては『自然法爾章』とよばれる一片の法語が残されているのみであるが、その意幽深、晩年の思想を代表するものであろう。『教行信証』においては特別にこの語を使ってはいないが、その理は十分に尽くされているといってよかろう。『自然法爾章』では次のようにいわれている。

「自然といふは自はおのづからといふ、行者のはからひにあらず、しからしむといふことばなり、然といふはしからしむといふことば、行者のはからひにあらず、如来のちかひにてあるがゆへに。法爾といふは如来の御ちかひなるがゆへにしからしむるを法爾といふ。この法爾は御ちかひなりけるゆへに、すべて行者のはからひなきをもちて、このゆへに他力には義なきを義とすとしるべきなり」。かく如来のちかいの自然法爾なることを述べて、さらにその具体的働きの自然法爾を述べ、「自然といふはもとよりしからしむるといふことばなり。弥陀仏の御ちかひの、もとより行者のはからひにあらずして、南無阿弥陀仏とたのませたまひて、むかへんとはからはせたまひたるによりて、行者のよからんとも、あしからんともおもはぬを、自然とはまふすぞとききてさふらふ」といい、さらにそのちかいの内容そのものも自然法爾であることを示して「ちかひのやうは無上仏にならしめんとちかひたまへるなり、無上仏とまふすはかたちもなくまします、かたちもましまさぬゆへに自然とはまふすなり、かたちましますとしめすときは無上涅槃とはまふさず、かたちもましまさぬやうをしらせんとて、はじめに弥陀仏とぞききならひてさふらふ。弥陀仏は自然のやうをしらせんれうなり」といい、次に「この道理をこころゑつるのちには、この自然のことはつねにさたすべきにはあらざるなり、つねに自然をさたせば、義なきを義とすといふことはなを義のあるべし。これは仏智の不思議にてあるなり」と結んでいる。この文だけではいかなる天才といえども、その深い意味は絶対に理解しえないにちがいない。ただ『教行信証』を読んだ読者はそれがいかに『教行信証』の核心をついたものであるか、そしてそれが底知れぬ深さをたたえたものであるかを理解することができるであろう。『教行信証』の世界は自然法爾の世界である。もともと自然は涅槃である、真如である。そして信の世界は真如一実の信海と呼ばれているように、そのまま自然と一味の世界である。如来の働きと私の働きが「即同一」となってこの現実に実現しているのが真実信心である。真実信心とはこの「即同一」の現実における事態である。信の世界におけるこの「即同一」こそは自然そのものであり、現実的なるものすべての原点である、現実的世界のよって立つ原点である。親鸞の世界観と行動はここから生じている。化身土巻における諸教と諸思想との対決はここにその足場をおいているのである。しかしこれは決して特別な立場ではない。この立場は最も普遍的なそして真に客観的な立場であり、そしてこの立場においてのみ、ものの真実が主張されうる立場である。

信の世界では如来の働き「即」私の働き、私の働き「即」如来の働きである。この「即」のところ、そこは全くの無である、寂滅である。親鸞は「涅槃経」を引き、真実を説明して「真実と言ふは即ちこれ如来なり、如来は即ちこれ真実なり、真実は即ちこれ虚空なり、虚空は即ちこれ真実なり」(八七頁)といっている。信の世界の底は寂滅の無である、虚空である、空々寂々である。信の世界が如来と私とが一枚になった無の世界といえば、古来いわれているような神人合一の神秘とでもいうべきものと解されるかもしれない。しかしそれは神秘的な恍惚というようなものとは本質的に異なったものであり、最もはっきりとした明白な真実そのものなのである。如来の働きと私の働きとが一枚になったところは、主我性の否定された無の世界である、無そのものの世界、そのままの世界である。すべてのものがそのままにあらしめられている世界である。それは自然と呼び法爾と名づくるに相応しい自然法爾の世界である。親鸞が最後に到達した世界を自然法爾という言葉で示したのはまことに適切であったということができる。それは神秘的ではなくして最も明らかな世界なのである。だから「無量寿経」を引いて親鸞は「智慧明かに達し、功徳殊勝なることを得べし」(一〇三頁)という。自然といえば何もしないことのように考えられるが、決してそうではない。自然とはもののことわりのままにまかすということである。おのずから理の必然に従うということである。従ってそれは最も根本的な意味において合理的である。自然の道理に従順なのが自然であり、そのまま最も合理的なのである。一切の批判はこの自然の道理の合理性から生まれるのである。それゆえに自然とはそのまま放任するとか、なりゆきにまかせるとかいうことではなくして、自然の道理、如来の道理、如来の真実に随順するということである。だから他力の信者は「広大勝解者」(一〇三頁)といわれるのであり、真の仏弟子といわれるのである。もし自然をまかすということであるといえば、如来の真実にまかすということになろう。真実にまかして、真実から生かされて生きてゆくところに、自然の生き方があるのである。

『教行信証』解題

石田充之

一　写刊本について

『教行信証』は、くわしくは、『顕浄土真実教行証文類』と名づける全篇六巻よりなる漢文体の書物である。浄土真宗の開創者親鸞(一一七三—一二六二)の主著として、真宗の根本聖典とされるものである。かような意味で、この書物は、浄土真宗では、略して『本典《ほんでん》』とか『本書《ほんじょ》』とかなど呼んでいる。この書物の内容を簡略にしたとも推測されるものに、『浄土文類聚鈔』一巻があって、古来これを『略文類《りゃくもんるい》』とか『略典《りゃくでん》』または『略書《りゃくじょ》』とか通称するのに対して、この書は『広文類《こうもんるい》』とか『広典《こうてん》』または『広書《こうじょ》』などと呼ばれる。

この書物は、浄土一宗の独立を主唱した法然(一一三三—一二一二)の主著『選択本願念仏集《せんじゃくほんがんねんぶつしゅう》』に示す念仏の実践的な意義を、親鸞の体験をもって、徹底化して組織的に明らかにしたものであって、その後の製作とみられる『和讃』や『唯信鈔文意』などの遺著や法語の全般的な意向・基本精神を代表するものともみなされうる。この書物の親蹟本によれば、親鸞が終世それを所持して、その内容にたびたび手を加えた跡が窺われるのであって、その辺の意向を裏づけられうる。したがって、本書は、その後七百年以上を経た今日に至るまで、その信仰をうけつぐ人々によってたびたび書写し刊行され、また注釈されて、その内容を十分に理解し敷衍すべく努められてきたのである。

現在、親鸞の真蹟とみられるものが京都の東本願寺に所蔵され、坂東本《ばんどうぼん》とか報恩寺本《ほうおんじぼん》、または草稿本《そうこうぼん》とか呼ばれ、これと内容のもっとも近い古写本が西本願寺にあって、古来清書本《せいしょぼん》とよび、三重県津市の真宗高田派専修寺には、親鸞の弟子専信の書写した(建長七〔一二五五〕年)ものと推測される古写本がある。近時(大正十一〔一九二二〕年、昭和三十一〔一九五六〕年)、東本願寺所蔵の真蹟本は二回に亘り、西本願寺の古写本は一回、それぞれコロタイプ版の影印本として刊行された。

その後の古写本では、今日、親鸞の曾孫、本願寺第三代の法主覚如(一二七〇―一三五一)の長子存覚(一二九〇―一三七三)の書写した古写本(元亨四〔一三二四〕年、京都市常楽台蔵)や、その甥《おい》第四代の法主善如(一三三三―一三八九)の写した和訳延書本《のべがき》(延文五〔一三六〇〕年、西本願寺蔵、康永二〔一三四三〕年に存覚の延書きしたもの)、第六代法主巧如(一三七六―一四四〇)より芸範に応永年間(一三九四―一四二七)に与えられた写本(新潟県高田市浄興寺蔵)、第八代法主蓮如(一四一五―一四九九)の筆写本(宝徳二〔一四五〇〕年、西本願寺蔵)、その他文明二年(一四七〇)の奥書きのある古写本(山口県明厳寺蔵)などが注意される。

その後、徳川時代以降になるや、寛永版本(寛永十三〔一六三六〕年、東本願寺蔵版本となる)、正保版本(正保三〔一六四六〕年)、明暦版本(明暦三〔一六五七〕年、西本願寺蔵版本となる)、寛文版本(寛文九〔一六六九〕年または同十三〔一六七三〕年)、悟澄(一八〇〇―一八七二)開版本(天保七・八年頃〔一八三六・三七〕)、仏光寺派本山蔵版本(天保十四〔一八四三〕年)、高田派本山蔵版本(明治四十五〔一九一二〕年)などをみるに至るのである。その他、明治十八(一八八五)年完成の『縮刷蔵経』や、昭和六(一九三一)年刊行の『大正大蔵経』八十三巻、昭和十五(一九四〇)年出版の『真宗聖教全書』二(宗祖部)、昭和三十三(一九五八)年以降出版の『親鸞聖人全集』などに収載されて今日に及ぶのである。山本晃紹訳の英訳本(昭和三十五〔一九六〇〕年)や竜谷大学翻訳部出版の英訳本(昭和四十一〔一九六六〕年)、西本願寺出版(昭和三十六〔一九六一〕年)の七百回大遠忌《だいおんき》記念の『聖典意訳教行信証』なども顧みられる。かようにして、この書物が、親鸞に出発する真宗教団において、いかに浄土真宗の根本精神を伝えるものとして重視されてきたか想察しうるであろう。かような写刊本の理解については、中井玄道校訂『教行信証』二附録の異本解説(大正九〔一九二〇〕年)や、『親鸞聖人真蹟国宝顕浄土真実教行証文類影印本解説』所収の藤島達朗の「教行信証の書誌」(昭和三十一(一九五六)年)などを参照されたい。

二　注釈書について

『教行信証』は教巻・行巻・信巻・証巻・真仏土巻・化身土巻の六巻よりなる漢文体のかなり大部の著作であるため、七百年間に亘っては、以上のように多数の写刊をみるに至るのであるが、その当初より門弟信者の数多くに読まれ十分理解されたのではない。この書物の全巻に亘っての注釈書は、親鸞滅後約一世紀後の十四世紀半ばに当たる延文五(一三六〇)年に作られた存覚の『六要鈔』六巻がその最初のものである。ほかでは、その大意を述べた同じく存覚の作かと推測される(西本願寺系統では、その父覚如の作とみる意向も強い。真宗法要・真宗仮名聖教・真宗聖教全書三、等に収む)、簡単な『四法大意』一巻があるにとどまる。その後は、南北朝時代より室町・桃山時代といった戦乱相つづく政治的・社会的な多くの影響などもあって、約三世紀をへだてる江戸時代(元和元(一六一五)年)に入り東西本願寺派に学寮の創設などもみられてくる十七世紀(西本願寺派は寛永十六(一六三九)年に、東本願寺派は寛文年間(一六六一—一六七二)創設)後半頃になって、始めて一部の有力な学僧によって注釈書のかなりなものも出されてくるといった状態であった。それは寛永版本(一六三六)の刊行など相次ぐ時代に相応ずる時期である。

その初期の主なものとしては、高田派普門(一六三六—一六九二)の『教行信証師資発覆鈔』二百五十巻(一六七一以降)、同慧雲(一六一三—一六九一)の『教行信証鈔』二十二巻(一六六五)や、東本願寺派慶山の『教行信証螢耀鈔』一巻(一六七九)、西本願寺派円性(一六三三—一七〇八)の『教行信証冠履鈔』七巻(一六九三)などがまず注意されてくる。かようにして、その後、西本願寺派智暹(一六九〇—一七六八)の『教行信証樹心録』十巻(一七六〇、真宗全書)、僧鎔(一七二三—一七八三)の『本典一渧録』(一七七三以降、真宗叢書)、慧雲(一七三〇—一七八二)の『教行信証義例』一巻(一七六二、刊本)、玄智(一七三四—一七九四)の『教行信証光融録』四十巻(一七九四、真宗全書)や、東本願寺派慧琳(一七一五—

一七八九)の『教行信証六要鈔補』九巻(一七八七、真宗全書)、鳳嶺(一七四八―一八一六)の『教行信証報恩記』十三巻(一八〇五、真宗全書)などが著わされてくる十八世紀中ごろ以降になるに従って、ようやく注釈書の多くをみるに至るのである。それは元禄時代(一六八八―)前後ごろ以降の儒学や国学または一般文学の隆盛と大体に歩みを等しくし、真宗の一般民衆への伝道布教の強化などともあゆみを共にしておるのである。

その後のものとしては、西本願寺派では、僧鎔(富山県)に出発する空華《くうげ》学派《がくは》と呼ばれる、柔遠(一七四二―一七九八)に『教行信証頂戴録』六巻(一七九二、真宗叢書)、道隠(一七四一―一八一三)に『教行信証略讃』十八巻(刊本)、さらに後には善譲(一八〇八―一八八六)に『教行信証敬信記』十九巻(一八五二、真宗全書)があり、慧雲に出発する芸轍(広島県)には、苃園《せいえん》派の大瀛《だいえい》(一七六〇―一八〇四)に『教行信証義例略讃』一巻(一七九八、刊本)、同門の石泉学派の僧叡(一七五三―一八二六)に『教行信証随聞記』六十三巻(一八二三、真宗全書)、『教行信証述聞』六巻(刊本)、さらに同系の義山(一八二四―一九一〇)に『教行信証摘解』九巻(一八九一、真宗叢書)などが後にみられる。道隠などに多少の関係をもつ豊前学派(大分県)の、月珠(―一八五六)に『広文類対問記』十巻(一八五四、刊本)、その弟子円月(一八一八―一九〇二)に『本典仰信録』九巻(一八九七、真宗叢書)などがある。その他、越後派興隆の『教行信証徴決』十八巻(一八二三、真宗全書)や、三業惑乱事件(一七六二頃―一八〇六頃)の主役者で『本書諸例』一巻をのこす智洞(一七三六―一八〇五)の弟子でかつてあった、南紀(和歌山県)の芳英(一七六二―一八二八)の『教行信証集成記』七十五巻(一八二三、真宗全書)、筑前派(福岡県)の宝雲(一七九一―一八四七)の『教行信証好密』(一八四〇、刊本)、同南渓(一七八三―一八七三)の『教行信証提耳』(一八四三以降)なども顧みられる。

東本願寺派では、鳳嶺と同門の深励(一七四九―一八一七)に『教行信証講義』九巻(一八〇五、刊本)、『広文類会読記』十八巻(一八〇六、真宗大系)、同じく同門の宣明(一七五〇―一八二一)に『教行信証聞誌』九巻(一八一六、続真宗大系)、その弟子の霊暀(一七七五―一八五一)に『教行信証文類講義』九巻(一八二二以降、刊本)があり、深励と同門の法海(一七六八―一八三四)に『教行信証指授鈔』十八巻(真宗全書)、霊暀の弟子法住(一八〇六―一八七四)に『教行信証金剛録』八巻(一八四二以降、続真宗大系)、鳳嶺の系統より出る南条神興(一八一四―一八八七)に『広文類論草』五巻(一八六三、刊本)等がみられ、さらに細川千巌(一八三四—一八九七)の『教行信証講義』四巻(続真宗大系)、占部観順(一八二四—一九一〇)の『教行信証拾穂録』六巻(一八六三、続真宗大系)などが出されているのである。

かようにして、十七世紀後半より起こった『教行信証』の注釈は、十八世紀には漸次盛んになり、その終りころより十九世紀に亘り、西本願寺派を中心に隆盛を極めるのであるが、かような傾向は、西本願寺派の十八世紀後半の三業惑乱事件の内容などを中心にみる場合、結果として、そこに、真宗は祖師親鸞それ自身の精神に還れ、とでもいった運動の一端を示しているともみられる。

しかし、特に最近のものでは、是山恵覚(一八五七—一九三二)の指導になる『本典研鑽集記』二巻(一九三七)・山辺習学・赤沼智善共編の『教行信証講義』三巻(一九四一)、梅原真隆の『教行信証新釈』四巻(一九五九)、加藤仏眼の『教行信証豎徹』(一九六七)等が全巻に亘る注釈書として顧みられる。その他、神子上恵隆の『教行信証概説』一巻(一九四三)、大原性実の『教行信証概説』一巻(一九五九)や、大江淳誠の『教行信証の体系』一巻(一九五〇)、『教行証文類と相承の釈義』(一九七九)、あるいは金子大栄校訂の『教行信証』一巻(一九五七、岩波文庫)、桐渓順忍の『教行信証に聞く』四巻(一九八〇)、星野元豊の『講解教行信証』四巻(一九七九)等もある。

三　坂東真蹟本について

『教行信証』については、その製作以後七百年間に亘って、以上のような写本や刊本または注釈説明書などが出されて、その内容の理解・普及につとめられてきたのであるが、今日現存する唯一つともいうべき親鸞の親蹟本である坂東本それ自体は、書誌学的にみて、どのような内容形態を示しているのか、その一端を概観しておきたい。そこには、製作者親鸞それ自身の息《い》吹《ぶ》きの一斑も受けとめられてくるであろう。現在、坂東本は、総序・教巻・行巻の第一冊と、信巻の第二冊、証巻の第三冊、真仏土巻の第四冊、化身土巻(本)の第五冊、化身土巻(末)の第六冊よりなっている。第三・四冊なる証巻・

真仏土巻の外題の左側袖書《そでが》きに「釈蓮位」とあるゆえ、大体親鸞は、この書物を晩年に至るまで所持していたと思われるが、最後に、京都での常随の弟子であったと推測される蓮位に与えたと考えられる。しかして、第一冊の終り行巻の奥書きに「弘安陸癸未二月二日釈明性譲預之」とあり、第六冊化巻の最後にも同様の奥書きがあって、「沙門性信（花押）」と記入されている。この奥書きについては可なり問題が多いと考えられるが、性信（一一八七—一二七五）は下総《しもふさ》飯沼《いいぬま》在の親鸞の有力門弟であり、茨城県水海道市豊岡町の報恩寺の開基である。この報恩寺が東京浅草の報恩寺へと分かれていったのである。明性は、『親鸞門弟交名牒《ちょう》』によれば、親鸞の弟子である飯沼の善性の門弟であったかと推測されるわけで、もしこの奥書きによるとすれば、弘安六（一二八三）年に明性が譲られ預かったものが報恩寺に所蔵され伝えられるに至ったかと推測される。

とにかく、かようにして、東京浅草の本願寺に保管され、大正十二（一九二三）年の大震災にも辛《から》くも焼失の難をまぬかれ、今日に伝えられるに至ったのである。したがって、最初の総序・教巻の始めの方はかなり損傷して部分的に欠けている。しかし、コロタイプの影印本などによれば明らかなように、その当初の全貌《ぜんぼう》を十分にうかがうことができる。本書はかつて草稿本とも呼ばれていたが、それは西本願寺の古写本の如く書写し整えられたものに比較してのことであって、全般的にみて或る段階で清書されたものとみるのが穏当であろう。初稿のものでない一応整理し清書されたものであることは確かである。しかし、影印本をみれば明らかなように、何回かの加筆・訂正・補充や、不備な点などがみられ、その意味では、清書本でありながら草稿本とも呼ばれる状況がみられないことはない。

全般的にいって、坂東本の原本は、当初は三つ穴の紙捻綴《かんぜよりとじ》のものであったことが明らかで、その大半は美濃《みの》紙（楮紙）の袋綴《ふくろとじ》（合わせ目を綴じる）であるが、宿《しゆく》紙（綸旨《りんじ》紙）を用いた折目《おりめ》綴《とじ》（折り目を綴じる）の部分（第二冊、信巻）、雁皮《がんぴ》紙（斐紙、写経紙）の数枚の挿入・折目綴（第一冊、行巻）、美濃紙ようの継貼《つぎはり》紙の巻子《かんす》本《ぼん》（巻紙《まきがみ》）の折り込み袋綴（そのままの折り込みと、補紙を用いて綴じた場合がある）の部分（第六冊、化巻（末））、あるいは数枚の別筆（第一冊行巻、第四冊真仏土巻）や、その他全巻に亘っての訂正・削除・補充・頭注書き入れ・袋綴紙の切り開きの紙背への書き入れ、または若干の欠落（第五・六冊、化巻の下）などのあることが注意される。その大半を形成する美濃紙の袋綴の大部分は大体に八行書きであり朱訓がある。第六冊の化巻（末）の巻子本の折り込み部分にも朱訓がみられる。しかし、第一冊の総序・教巻・行巻の始め十三枚、第二冊の信巻始め三枚や、行巻の雁皮紙五枚、信巻の宿紙四十六枚などには朱訓を欠いている。しかも第一冊の総序・教巻・行巻の始め十三枚（十住毘婆沙論の「或有《ハ》二勲《リ》行精進《ノモノ》一」まで）、第二冊の信巻の始め三枚（序文と本文の如来会の「心心《ニ》廻向《セシム》　願《シテ》三生《ト》二我国《カニ》一乃至十念《セム》」まで）は七行書きで、八行書きを新たに書き改めまたはそこに新たに書き加えられた形跡がうかがわれる。

行巻の雁皮紙五枚は、第一枚目は『論註』の二種廻向文の前後（相応者《ハ》……行《セ》中念仏三昧《ヲ》上父王、の間）であり、第二枚目は継ぎ足した六字釈の前の六行（人命欲《スル》二終《ムト》一……弘誓門《ノヲ》一已上抄要）の『観念法門』や『般舟讃』の文で別筆と推測される部分で、第三枚目は他力釈の下の『論註』の引用文の下（出《テ》二第五門《ニ》一……无㝵者謂《ハ》知《クルナリ》ヽ）の同じく別筆部分であり、第四・五枚目は一乗海釈前後の『論註』引用文（従《シタカヘハ》二　転輪王行《ノクニ》一……）より『涅槃経』引用文（……一者世間畢竟二者）に亘る部分である。信巻の宿紙四十六枚は、三心釈の下の信楽釈下の、『涅槃経』の信心仏性文前後三枚（有海《ニ》一是《ヲ》名《ク》二利他真実信心《ノト》一……恭敬本《ノナリ》　亦為《ス》ヽ）と、欲生心釈下の「大経」の第十八願成就文、『浄土論註』の二種廻向文など引用（他真実欲生心《ノヲ》……仏土功徳成就荘厳）の一枚と、三心釈の結びより大信海釈・大菩提心釈以下（「漏之体也已上　信知《ニヌ》至心信楽欲生」等以下）、終りの「涅槃経」の引用の大部分に至る（「唯《ヤ》願《ハ》如来以《テ》二此《ノ》大衆《ヲ》一」まで）四十二枚の部分である。

第六冊の化巻（末）の巻子本の折り込み部分というのは、「大集経」十文引用中のほとんど全部に亘る部分で、後に書き改められたと推測される「大集経」文の最初の一枚と中間の一・二箇所と終りの半葉ばかりを除いては、ほとんど一連の巻子本記載のものと考えられる。それも、化巻（末）の二十三枚目の、「大集経」第七・八文の「諸魔信品第十言」の下の、「時従二座一而起《テ》……」より二十五枚目の裏の二行目「北法《ト》諸仏法《ノヲ》一已上略抄」に至る部分は、筆跡上、それ以前の大部分と別の巻子本であったかと推測される。なお朱訓の有無では、第四冊目、真仏土巻の「涅槃経」の第八文の終りより第九文の途中に亘る（意業取業求業……説《タ》ニ無量《ノ》名《ヲ》ニ）二枚は朱訓を欠き、八行書きの大部分よりは後の筆跡であることが注意されている。

かように、綴《と》じ方や朱訓の有無や紙質・行数などが筆跡の差異とあいまって注目されてくるのであるが、特に注目されるのは、第一冊の総序・教巻・行巻始めの十三枚に至る七行書き部分と雁皮紙の部分、第二冊目の信巻の始め三枚七行書き部分と四十六枚の宿紙の部分は一様に朱訓を欠くとともに、使用文字の上で「惡・本・无・廻・出」等を用い、他の大部分の八行書き美濃紙の朱訓のある部分は「悪・李・无・回・出」等を用いることが注目される。第六冊の化巻（末）の巻子本の「大集経」文は「惡」と「悪」などを混用していることが顧みられる。

かような使用文字の差異などに注意して、今日現存する親鸞の他の親蹟とみられる、(1)『観経弥陀経集註』（西本願寺蔵、コロタイプ版刊行、四十五歳ごろまでのものか）、(2)寛喜二（一二三〇）年五十八歳書写（？）の『唯信鈔』、(3)文暦二（一二三五）年六十三歳書写の平かな『唯信鈔』（紙背に「見聞集」と表記する『五会法事讃』文と、「涅槃経」と表記する『涅槃経』文を記入す。以上、高田専修寺蔵）、(4)建長七（一二五五）年八十三歳六月書写の『尊号真像銘文』（福井県の法雲寺蔵、コロタイプ刊行）、(5)同年十月の「かさまの念仏者のうたかひとわれたる事」と題する消息（東本願寺蔵、コロタイプ刊行）、(6)康元元（一二五六）年八十四歳より翌年に亘り書写する『西方指南抄』（高田専修寺蔵）、(7)康元二（一二五七）年八十五歳書写の『唯信鈔文意』、同年作の『正像末和讃』始め九首（以上、高田専修寺蔵、コロタイプ刊行）、同年作の『一念多念文意』（東本願寺蔵、コロタイプ刊行）などと相互比較すると、多少の異例とみられる点はあるが、「悪・李・无・回・出」の文字は文暦二年六十三歳の平かな書きの『唯信抄』以前のものに使われている。「惡・本・无・廻・出」等の文字は建長七年八十三歳ころ以後のものには大体一致して使われている。ただ、『観経弥陀経集註』等が「廻」を用い、その終りに「阿弥陀経文」が一箇所「惡」を使い、寛喜二年五十八歳書写（？）の『唯信鈔』の奥書きに「本」が使われ、また八十三歳の「かさまの念仏者」宛ての消息に「悪」がみえ、八十五歳作の『一念多念文意』に一箇所「悪」が使われている等の多少の異例はある。

したがって、かような親蹟の諸本の内容と比較される場合、大体に、その大部分を占める美濃紙・八行書きの朱訓のある部分は六十三歳ころ以前に書かれ、総序・教巻や、行巻・信巻の始めや、行巻の雁皮紙、信巻の宿紙の部分などは、それ以後晩年に亘っての訂正・補筆ではないかと推測されるのである。ただ、第六冊の化巻(末)の「大集経」文を写す巻子本の部分は大体に「悪」と「惡」とを混用する如き内容で、八行書き以前の筆蹟とみるか、以後とみるか問題である。全般的には化巻(末)が八行書き部分成立後に巻子本などの増補があって別冊とされたと推測されるような点からは、八行書きより後で、七行書き訂正よりは以前の筆写とみられるようなことが有力かも知れない。

以上のような交渉の結果として、現存の坂東本は一種の清書本だが、その内容に二段階ないし三段階ぐらいの成立過程がみられてくる。関東より帰洛直後なる六十三歳過ぎ頃までに、八行書きの清書本が一応成り、その後晩年に亘り、巻子本の補充や、七行書き雁皮紙・宿紙などに亘る数回の訂正・補充があったという成立の過程である。しかしながら、現存する古写本、文明本(山口県、明厳寺蔵)の教巻の奥や、存覚延書きの善如写本(西本願寺蔵)の真仏土巻の奥などによれば、寛元五(一二四七)年親鸞七十五歳の年に、在洛門弟の尊蓮が六十六歳で写したと記するゆえ、それら古写本の原型を勘案しても、大体七十五歳ころまでには、現存坂東本にほとんど近い内容のものができておったのではないかと推測される。しかし、建長七(一二五五)年書写の高田専修寺本や、坂東本に最も近い西本願寺古写本などが化巻に本末を分かたないのに、現存坂東本が本末を分かつ如き一例は、その他の筆跡などの形態とともに、坂東本の現型に七十五歳以後のかなり晩年に亘っての訂正・補充のあったことを示している。またさらに本書の製作年時の問題にかかわって常に問題とされる、化巻に記する元仁元年甲申(一二二四)の年号など、仏滅より計算して末法の時なることを明らかにするためであったとしても、製作年時に全く無関係とは考えられない。したがって詳論は避けるが、大体に結論としては、元仁元年の前なる五十歳前ころより準備されて、六十歳ころには大体原型ができておって、それを帰洛直後の六十三歳ころに整理し清書したのが、現存の坂東本の大部分を占める「悪・李・无・回・出」等の文字を使う朱訓のある八行書きの部分であり、その後七十五歳ころまでおよびさらに八十五歳頃までにも亘って、改訂・削除・増補されたのが、「悪・本・旡・廻・出」等の文字を使う朱訓のない七行書き・雁皮紙・宿紙などの部分で、第六冊の巻子本はその中間に位置せしめられる部分とでも推定したら如《い》かがかと考えられる。従って、現存の坂東本は、『教行信証』の製作が五十歳ころより七十五歳ころ、さらにその後にまでも亘るという長期に亘る製作であることを示しているともいえる、かと思われる。文暦二（一二三五）年六十三歳書写の平かな『唯信抄』の紙背に記する『五会法事讃』の文や「涅槃経」の文などは行巻や信巻・真仏土巻等に亘って、かなり多く出し、さらに、親鸞の四十五歳以前の書写ともみられる『観経弥陀経集註』の終りに記入する元照の「小経義疏」の四文の如きは、信巻の大菩提心釈下にそのまま記入してきたと推測される点など彼此勘案すると、化巻の巻子本の綴《と》じ込みの形式などとあいまって、親鸞が平素気がついた必要な諸経論釈文の抜粋などをかなり多くもっていて、それを『教行信証』の製作に当たっては活用して書き上げたことなどのことも推測されるのである。なお、書誌的にいって坂東本に最も近い内容をもつと推測される西本願寺古写本が、使用文字では、「李と本、无と旡」とは混用するが、「悪と惡、回と廻」等は大体に坂東本の形式をそのままに踏襲しておることなどを注意しておきたい。行巻の別筆については最近（小川貫弌「草本『教行信証』の異筆者」（『印度学仏教学研究』十八巻一号））、門弟顕智（一二二六―一三一〇）の筆ではないかと推測されていることも顧みておきたい。また、全巻に亘って、「敬」を「〓」とし、「竟」を「〓」とする如き、中国の宋朝風の欠画文字の使われていることも指摘されている。以上については、小川貫弌「阪東本『教行信証』信巻の筆蹟」（『印度学仏教学研究』二巻二号、昭和二十九年三月）、同「親鸞筆蹟の研究」（『しんらん全集』十、昭和三十二年十月）、赤松俊秀「教行信証の成立と改訂」（親鸞聖人真蹟国宝顕浄土真実教行証文類影印本解説、昭和三十一年十一月）、稲葉秀賢「教行信証解説」（親鸞聖人全集『教行信証』昭和三十六年三月）等を参照されたい。

四　思想の形成について

『教行信証』は、その終りに、流罪の一件より法然への入門、『選択集』の相伝を述べ、「真宗の簡要、念仏の奥義、これに摂在せり」と明かし、その浄土真宗の念仏の実践的な意義内容を明らかにすべく、この書を製作した、との意向を示していることなどからも明らかなように、それは、『選択集』の念仏の意義、法然主唱の他力念仏専修の意味を明らかにする書ともいってよい。そのことが自己の真実に救われる道、自己の真実に生きる道を解明するということになることはいうまでもなかろう。かようなことは法然門下全体にも通じることであって、承元（一二〇七）の法難後も、法然入滅後、嘉禄（一二二七）の法難などを中心に、政治的・宗教的な権力による迫害は相次いで続出している。民衆的な新生の念仏者集団は全く無権力であった。しかし、その迫害・弾圧の中を通して、真実の念仏の生き方を終始指導していったものが『教行信証』などの法然門下による著作である。

したがって、法然の入滅（建暦二（一二一二）年）直後に『選択集』が刊行され、華厳の高弁（一一七三―一二三二）の『摧邪輪』三巻などの起草による反論がなされたと推測される（『摧邪輪』の序分等参照）のに引き続いて、親鸞の尊敬した同門の隆寛（一一四八―一二二七）は、はやくも、建保四（一二一六）年には『具三心義』二巻（金沢文庫蔵、隆寛律師全集一）を、引き続いて承久一（一二二〇）年には『極楽浄土宗義』三巻（金沢文庫に中・下二巻蔵・隆寛律師全集）などを著わしている。また聖覚（一一六七―一二三五）は親鸞のたびたび写した『唯信鈔』（大正蔵経八三、真宗聖教全書二、等）を承久三（一二二一）年に作っている。さらに同門の幸西（一一六三―一二四七）は建保六（一二一八）年に『玄義分抄』（戊午叢書）一巻を著わしている。またこの年には法然を尊敬した真言の静遍（一一六六―一二二四）は『続選択文義要鈔』三巻（上・中二巻大部分欠、仏教古典叢書）を出し、法然門下の逸才浄土宗西山派祖証空（一一七七―一二四七）は、建保三（一二一五）

年ころより承久三(一二二一)年、さらに嘉禄二(一二二六)年ころに亘り善導の諸著を講じ『観経疏観門義』二一巻(西山全書三等)など一連のものを相次いで著わすに至っている。現存するもののみについても、嘉禄三年の大迫害に至るまでにも、以上のような諸著が京都を中心に講述し著わされている。親鸞の『教行信証』の執筆やその用意が元仁元(一二二四)年ころを起点としてすでに五十歳前後より始まっていたとすれば、それは、以上のような同門や法然鑽仰者の必至の活動に時を同じくして、その関東時代より開始されていたことが理解されうるであろう。

かようにして、嘉禄の大法難の直後の安貞二(一二二八)年には、遠く九州にあった同門の浄土宗鎮西派祖弁長(一一六二—一二三八)が『末代念仏授手印』一巻(浄土宗全書十)を著わし、またその後嘉禎三(一二三七)年には『徹選択本願念仏集』二巻(浄土宗全書七)などを著わし、また同門の源智(一一八三—一二三八)がこのころ『選択要決』一巻(同上)を京都方面で書き、さらに同門の長西(一一八四—一二六六)の如き、『観経疏光明抄』十八巻(現存五冊、金沢文庫蔵、『宗学研究』九等以下所収)を同じく京都方面で弘長元(一二六一)年ごろ講述し著わしていることなどが顧みられる。『教行信証』の現型に近いものの一応の清書完成が、帰洛後であって、しかも寛元五(一二四七)年ごろであったとすれば、法然門下のかような活動期に亘ることが推測されうる。長西の如きは、親鸞とともに法然門下としては最も遅くまで活動した人として注目される存在で、その辺の関連よりいえば、『教行信証』は、師法然入滅後の門下全体の最初より最後に亘る念仏伝道活動期を背景として、法然の他力念仏専修の意義を明らかにし伝えようとする意図で書かれたものとも理解される。

かような法然門下全体の著作活動を背景として、『教行信証』の位置づけが理解される場合、法然入滅後十五年の嘉禄三(一二二七)年の大法難ごろ以前の隆寛・聖覚・幸西・証空等の主張は『選択集』に示される如き浄土一宗他力称名念仏一行専修の主張を強く打ち出していることが注目されるのに対し、その後は弁長・源智より長西等の主張に至るに従って、他力念仏一行専修の主張が漸次妥協的に示されていった如き傾向がみられる。かような傾向性は簡単に論ずるわけにゆかないが、とにかく、法然門下としての現存の遺著のみを通してみられるところのかような傾向性の中に、『教行信証』の主張は、法然の『選択集』などを中心とする、聖道門自力諸行を廃し浄土門他力念仏一行を専修するという尖鋭な廃立の主張を、徹底化し深化して打ち出していることが注目される。その尖鋭さは『選択集』の鋭さに直接し、法然入滅直後の門下一般の尖鋭さに呼応するものである。

したがって、『教行信証』では、汎く仏教外の卜占祭祀等の迷信邪教的な教えより孔老の教えなどまで邪偽として斥け(第六方便化身土巻(末))、さらに仏教内でも聖道門自力教一般を方便仮とし、浄土門に入っても、観無量寿経(観経)顕説(表)第十九願要門の自力諸行往生の段階のもの、阿弥陀経(小経)顕説(表)第二十願真門の自力念仏往生の段階のものを方便仮として簡《えら》び廃し(第六方便化身土巻(本))、大無量寿経(大経)および観経・小経隠彰(裏)開説の第十八願弘願他力念仏の実践のみ真実の証果《さとり》を得るものなることを強調力説する(前真実五巻を中心とする全巻に亘り)のである。称名念仏の実践に自力・他力のあることに注意して、他力の念仏を勧めることはすでに法然に始まり、隆寛や証空等いずれも注意するところであるが、『教行信証』では、第十九願要門自力諸行・第二十願真門自力念仏・第十八願弘願他力念仏と、体系化し組織化してまで対応せしめて、真門自力念仏の実践を詳細に深く区別して他力念仏を勧め、しかも他力念仏は仏の他力廻向の念仏の実践とまで深めて詳述することが注目される。第十九願・第二十願・第十八願の三願体系の先駆的な主張はすでに隆寛にみられるところであるが、親鸞の三願体系、三願転入などの主張には、徹底した他力念仏一行実践の深化し組織化された主張の裏づけがみられる。

したがって、かような他力念仏すなわち選択本願(第十八願)の他力念仏の主張は『選択集』を承けて、直接的には、行・信両巻に示されてくるのであるが、行(称)も信(信心)も如来の本願力名号(南無阿弥陀仏)の活動するままに行ぜしめられ信ぜしめられるという実践以外にはないのである。如来(仏)の真実に絶対信順して、その真実に生かされる実践以外にはないのである。行も信もその体(本質)は名号であり、称名念仏はそのまま名号本願力の全現したものとして、称名即名号ともいわれうる。かような意味からか、行巻には「称名は則ち……これ念仏なり。念仏は則ちこれ南無阿弥陀仏なり」と示される。しかも、それのみに止まらず、他力の称名念仏は如来の具体的な救済の活動相《そう》(すがた)を示すという意味から、行巻の最初には「諸仏称名之願 浄土真実之行 選択本願之行」とまで第十七願を標示される。そして、信巻には特に別序を置き、次に「至心信楽之願 正定聚之機」と第十八願を標示して、化巻の第十九願・二十願の自力の信の解明に対応して、第十八願の他力の称名念仏の実践の裏づけに、絶対他力廻向の信順せしめられる信のあることを詳述するのである。したがって、上に言及した古来の伝統的宗学の注釈では、行巻を名号救済活動を明かし(所行)、信巻を名号への信順を明かす(能信)とみるもの(空華学派等)や、行巻を他力の称名念仏を明かし(能行・表)、信巻を称名念仏裏づけの信を明かす(能信・裏)と理解するもの(石泉学派等)、あるいは、行巻を諸仏が称名を勧める巻(教位の称名・所行)、信巻を称名即名号に信順することを明かす巻(機位の信・能信。豊前学派・東本願寺系等)などと理解するように、種々の理解を出してきたのである。

しかし、大局的にいって、親鸞の宗教体験・宗教的思想形成といった観点よりいえば、坂東真蹟本の最初にも最後にも「顕浄土真実教行証文類」と総題するように、三経の「教」により、念仏を「行」じて、浄土に往生して「証《さとり》」を得る、諸経論釈の「文を類集」する書物、と示す通り、『選択集』と同様に選択本願(第十八願)に誓われる念仏一行を専修して浄土に往生し証《さと》るといった以外のことを明かしていないのである。ただ、選択本願の他力念仏の専修といったことを、よく具体的に深めて明らかにすれば、特に別序をおいて詳述する如き他力廻向の信のある称名念仏の実践となるという意味のことを明らかにせざるを得なかったのである。この行巻と信巻に明かすことの、化巻に対応せしめての、実践的思惟のくりかえしの深化の結果が、全体的には「教・行・証」と示しつつ、内容的には「教・行・信・証」と具体化されてゆかざるを得なかった現型に示す如き形態となったと考えられる。したがって『選択集』より『教行信証』へという思想形成の展開では、行巻の拡充深化も勿論であるが、特に信巻の拡充深化が親鸞独特の体験の深化の吐露として注目される。それは、古来より、法然の称名念仏往生より親鸞の信心往生・信心正因義への展開と称せられるものである。

しかし、さらに、上に言及した、その六十歳過ぎごろまでと考えられる美濃紙八行書きの「悪・李・无・回・出」等の文字の使用箇所と、六十三、四歳ころ以後の「悪・本・无・廻・出」等の文字を使用する総序・教巻・行巻・信巻等の七行書き・雁皮紙・宿紙等の使用箇所の内容を比較し考える場合、それはあまりに憶測的ともなるが、総序は勿論、教巻の往還二廻向論、行巻の雁皮紙の『論註』二廻向文や一乗海釈、「涅槃経」実諦の文の充塞、信巻の宿紙にみられる信楽釈下の信心仏性文、欲生釈下の『論註』二種廻向文、および大信海釈・大菩提心釈以下「涅槃経」諸文の充塞など、その晩年になるに従って、他力廻向義への深化、往還二廻向義・仏性義等の大乗仏教的な裏づけが、他力念仏の実践の深まりの中における大乗仏教の再把握の結果として、なされていった状況を推測せしめられるのである。

坂東真蹟本には、他の法語・著作などとあいまって、かような親鸞の念仏の体験の深化による思想形成の終世に亘る深化の状態の一斑を窺わしめられうることを注意したい。

存覚が、『六要鈔』の信巻始めの釈下で、特に信巻の記述の不備を中心に、「此の書、大概類聚の後、上人幾《いくば》くならず帰寂の間、再治に及ばず」と述べているように、坂東真蹟本によれば、信巻のみならず全巻に亘って、絶えざる深化と完成をめざす親鸞自身にとって、それは、一応の完成であって、完全無欠といったものではなかったことを推測せしめられる。したがって、上に述べた諸古写本の如きを相互に比較すれば、後世の版本などにみられてくる各巻始めの「題号・撰号・標挙・本文」といった叙述の体裁や、信巻や化巻を本・末に分かつ如き形式は、約百年後に存覚が『六要鈔』を書く頃までに整備された結果としてのものかとも推測せしめられるほどである。坂東真蹟本によれば、行巻始めの「諸仏称名之願 浄土真実之行 選択本願之行」と示す如き標挙は、他の諸巻もあいまって、題号・本文等の内容の一応完成後、終りに書き入れられたといった感じを深くする。

なお、信巻などにみられる第十八願成就文や善導の『観経疏』三心釈文、あるいは『論註』の二種廻向文などについての句《く》読《とう》訓点の変更を行なっての独特の読み方や、全巻に亘って、六十有余部の諸経論釈文を用い、特に当時泉涌寺の俊芿(一一六六―一二二七)などのもち帰った新来の新刊書であったかとも推測される元照(一〇四八―一一一六)の『観経疏』(大正蔵経三七)や『阿弥陀経疏』(同上)、あるいは宗暁(一一五一―一二一四)の『楽邦文類』(一二〇〇年刊行、大正蔵経四七)、戒度(―一一八九頃)の『観経疏正観記』(一一八一年著)、『阿弥陀経聞持記』(一二一七年刊行。以上、浄土宗全書五)などを駆使しての、文字を超えての自己の体験の絶えざる深化と進展を期する新鮮で自由な創造的な態度など、その思想形成について注意せしめられるところである。叡山仏教の自力的・自覚的な把握に絶望せしめられざるを得なかった絶望的人間性の深味の中に、法然による善導の指示を得、源信は勿論のこととして、道綽・曇鸞などの浄土教の教えを得て、さらに宋代浄土教の新鮮味を受容して、『楽邦文類』などの如く文類集の形式をとりつつ、しかも全宗教に関連して、教・行・信・証・真仏土・化身土といった、組織的・体系的な宗教的救済体系あるいは宗教的実践体系ともいわれるものを打ち立て、大乗仏教的な生き方の現成を極めて意味深く打ち出したことは、東洋思想史上とくに日本思想史上注目すべきことである。以上については、拙論「教行信証の御製作について」(拙著『親鸞教学の基礎的研究』昭和四十五年十月)等を参照されたい。

日本思想大系 11
親鸞

1971 年 4 月 26 日　第 1 刷発行
1987 年 3 月 10 日　第 13 刷発行
1990 年 12 月 7 日　新装版第 1 刷発行
1991 年 6 月 20 日　新装版第 2 刷発行
2017 年 4 月 11 日　オンデマンド版発行

校注者　星野《ほしの》元豊《げんぽう》　石田《いしだ》充之《みつゆき》　家永《いえなが》三郎《さぶろう》

発行者　岡本 厚

発行所　株式会社 岩波書店
〒 101-8002 東京都千代田区一ツ橋 2-5-5
電話案内 03-5210-4000
http://www.iwanami.co.jp/

印刷／製本・法令印刷

ISBN 978-4-00-730585-6　　Printed in Japan